上海市
地方性法规汇编

2017年版

上海市人民代表大会常务委员会
法制工作委员会　编

法律出版社
LAW PRESS · CHINA

《上海市地方性法规汇编》编审委员会名单

编 辑 说 明

上海市人民代表大会常务委员会设立于 1979 年 12 月 29 日。自 1980 年至 2017 年,上海市人民代表大会及其常务委员会共制定地方性法规 253 件,修改地方性法规 298 件次,其中已废止和自然失效的地方性法规为 73 件、现行有效的为 180 件;作出法规解释和法律性问题决定 35 件,修改法律性问题决定 1 件次,现行有效的法规解释和法律性问题决定为 20 件。

现将现行有效的 180 件地方性法规、20 件法规解释和法律性问题决定汇编成册。汇编按制定的时间顺序编排,对经过一次或多次修改的,仍然按原来制定的时间编排,其文本按最新的修正文本编入。为方便查阅和参考,将上海市地方性法规检索目录以及自 1980 年至 2017 年通过的地方性法规、法规解释和法律性问题决定(包括已经废止和自然失效)目录附录于后,以供查阅。

上海市人大常委会法制工作委员会

2017 年 12 月

前　　言

殷一璀

在上海市第十四届人大届末之际，常委会法制工作委员会编辑了这本《上海市地方性法规汇编》(2017 年版)，收录了上海市现行有效的 180 件地方性法规、20 件法规解释和法律性问题决定，我感到非常及时，很有意义。

法规汇编是一项重要的法规整理工作，对提高法规文件的质量，使法规更好地在社会生活中实施和发挥作用，具有积极意义。自上海市第十二届人大以来，市人大常委会连续在届末开展法规汇编工作，并在汇编过程中提高了现行法规的立法技术质量。

党的十八届四中全会决定更加强调法在社会生活中的实施，强调立法的系统性、整体性。因此，在这次汇编过程中，我们从方便社会各方面学习、查询和运用法规出发，既按照法规制定的时间顺序编排目录，也提供了按照法规所属领域分类的检索目录，同时还提供了自 1980 年以来上海市所有地方性法规、法规解释和法律性问题决定的立改废情况目录。通过这样的编排，既呈现了市人大立法工作届届相承、继往开来的丰硕成果，也反映了新形势下市人大立法工作的整体面貌。

在历届市人大及其常委会打下的扎实基础上，上海市第十四届人大及其常委会共制定地方性法规 30 件、修改地方性法规 74 件次，制定法律性问题决定 10 件、修改法律性问题决定 1 件次。这些新收录的内容，集中反映了 5 年来市人大及其常委会深入贯彻落实党的十八大、十八届历次全会和党的十九大精神，在市委的坚强领导下，围绕全面深化改革和推进上海经济社会发展，发挥立法的引领和推动作用，努力提高立法质量，依法积极履行立法职责的成果。例如，着眼服务改革创新和国家重大战略实施，制定了《关于促进改革创新的决定》《中国(上海)自由贸易试验区条例》《促进科技成果转化条例》；着眼提升城市管理和社会治理法治化水平，制定了《社会信用条例》，修改了《道路交通管理条例》《烟花爆竹安全管理条例》；着眼民生持续改善和权益保障，制定了《食品安全条例》《急救医疗服务条例》和《老年人权益保障条例》；着眼环境资源保护和生态文明建设，制定了《大气污染防治条例》《水资源管理若干规定》，修改了《环境保护条例》；着眼社会主义民主政治和法治上海建设，制定了《预算审查监督条例》《居委会工作条例》，修改了《街道办事处条例》《村委会组织法实施办法》。特别要说明的是，本届市人大常委会支持人民代表大会发挥立法功能，将《代表法实施办法》等 5 件法规提请人民代表大会讨论通过，促进了代表大会立法的常态化。

“法律是治国之重器”。《上海市地方性法规汇编》(2017 年版)实际也展现了 30 多年来地方人大立法所坚守的原则和规律：立法必须有政治立场、道德追求；必须坚持以人民为中心，恪守维护人民群众根本利益的理念；必须把握时代主题、时代特征；必须把握运用法治方式、法治思维实施国家和社会治理的要求。立法既要发挥人大的主导作用,也要发挥政府的重要作用,还要发挥代表的主体作用,更要凝聚全社会的智慧和力量。秉持这些原则和规律,上海市第十四届人大及其常委会与时俱进地改进和加强了立法工作,并围绕重大立法事项向市委请示报告、加强民主立法、加强立法工作组织协调、建立基层立法联系点等建章立制,进一步夯实了工作的基础。

此次汇编工作,凝聚着全体市人大常委会组成人员、广大人大代表的心血,凝聚着人大立法工作者的智慧结晶。大家兢兢业业、勤勉履职,使得地方人大立法工作得以薪火相传、日益精进。《上海市地方性法规汇编》(2017 年版)是大家工作的又一座界碑。

2017 年 10 月

目 录

1985 年

1986 年

1987 年

1988 年

1990 年

1992 年

1993 年

1994 年

1995 年

1996 年

1997 年

1998 年

1999 年

2000 年

2001 年

2002 年

2003 年

2004 年

2005 年

2006 年

2007 年

2008 年

2009 年

2010 年

2011 年

2012 年

2013 年

2014 年

2015 年

2016 年

2017 年

附 录

扫描二维码即可查看全书内容

上海市水产养殖保护规定

（1985 年 12 月 27 日上海市第八届人民代表大会常务委员会第十九次会议批准　根据 1988 年 11 月 10 日上海市第九届人民代表大会常务委员会第四次会议通过和 1989 年 1 月 28 日上海市第九届人民代表大会常务委员会第六次会议修正的《关于修改〈上海市水产养殖保护规定〉的决定》第一次修正　根据 1997 年 7 月 10 日上海市第十届人民代表大会常务委员会第三十七次会议《关于修改〈上海市水产养殖保护规定〉的决定》第二次修正　根据 1997 年 10 月 21 日上海市第十届人民代表大会常务委员会第三十九次会议《关于修改〈上海市水产养殖保护规定〉的决定》第三次修正　根据 2010 年 9 月 17 日上海市第十三届人民代表大会常务委员会第二十一次会议《关于修改本市部分地方性法规的决定》第四次修正）

第一章　总　　则

第一条　为了保护水产养殖，保障水产养殖者的合法权益，发展水产事业，满足人民需要，根据宪法和有关法律，结合本市的具体情况，制定本规定。

第二条　本规定适用于本市管辖范围内的渔业水域。

本规定所称的渔业水域是指鱼类、虾蟹类、贝类的产卵场、索饵场、越冬场、洄游通道和养殖或增殖鱼类、虾蟹类、贝类、藻类以及其他水生植物的水域。

渔业水域内有经济价值的水生动物和植物及其亲体、幼体、卵子、孢子、种子等，均按本规定加以保护。

第三条　本市渔业行政管理部门负责组织各级水产、渔政监督管理机构实施本规定。

本市公安、工商行政管理、环境保护、农业、水利、港航监督等部门，应协同实施本规定。

第二章　渔业水域的利用和管理

第四条　本市管辖的渔业水域，各级人民政府应统筹兼顾，合理安排，综合利用，加强管理。

第五条　凡已由单位或个人经营的渔业水域和划给渔业专业队作为生产、生活基地的渔业水域，确认其使用权。

第六条　凡尚未利用的渔业水域，由市、县（区）人民政府按照职权，根据地理条件、面积大小和历史状况，因地制宜，划分使用范围。

第七条　渔业水域实行分级经营：

（一）跨省、市的渔业水域，与有关省商定经营办法；

（二）跨县（区）的渔业水域，由有关县（区）协商经营；

（三）跨乡的渔业水域，可由县（区）经营，或由有关乡联合经营；

（四）乡范围内通外河（湖）的渔业水域，由乡组织水产专业队经营，也可组织专业户经营；

（五）园沟宅河、池塘等小型渔业水域，可组织农民联户承包或由个人承包。

第八条　市、县（区）人民政府应根据本规定第四条、第五条、第六条的规定，核发养殖使用证，确认使用权。

跨县（区）的渔业水域，由有关县（区）商定后核发养殖使用证。

第九条　依法划定的渔业水域的使用权受法律保护，任何单位和个人不得侵犯。

禁止任何人在划定的渔业水域偷、抢水产品。

第十条 凡领取养殖使用证的，应按市渔业行政管理部门规定，适时放养水产苗种，不得闲置。

第十一条 凡在允许捕捞的渔业水域从事捕捞作业的，应向渔业行政管理部门申请领取捕捞许可证。领取捕捞许可证的，应按规定缴纳水产资源增殖保护费。

无捕捞许可证的，一律不得从事捕捞作业。

第十二条 在渔业水域内设置渔箔、渔簖等生产设施，不得影响引水、排水和航道畅通。

第十三条 填没属市管商品鱼生产基地的精养鱼塘，须经市渔业行政管理部门批准；填没其他精养鱼塘等渔业水域，须经县（区）人民政府批准，按规定支付有关费用后，方得进行。

征用属市管商品鱼生产基地的精养鱼塘，须经市渔业行政管理部门同意；征用其他精养鱼塘等渔业水域，须经县（区）人民政府同意。

第二章 水产资源的繁殖保护

第十四条 市、县（区）人民政府应鼓励、支持单位和个人对水产资源的繁殖保护。

禁止捕杀鱼类、虾蟹类、贝类等的苗种、幼体和繁殖期的亲体。

第十五条 因养殖和其他特殊需要，必须捕捞沿江、沿海的蟹苗、鳗苗等资源的，须经市渔业行政管理部门批准，由所在县（区）人民政府统一组织捕捞，合理利用；未经批准的，一律不得捕捞。

第十六条 水闸应根据需要建造过鱼设施，或适时开闸纳苗，以利鱼、蟹洄游。

第十七条 捕捞作业不得破坏水产资源。取缔鱼鹰，禁止使用破坏水产资源的捕捞工具和捕捞方法。

第十八条 任何单位和个人不得污染渔业水域，破坏水产资源。

因防疫或防治病虫害须在渔业水域内投注药物的，应事先与渔政监督管理机构协商，兼顾水产资源的繁殖保护，采取措施，防止损害水产资源。

第四章 渔政监督管理机构

第十九条 市、县应设立渔政监督管理机构。区、乡根据需要设立渔政监督管理机构。

渔政监督管理机构的职权是：维护国家和水产经营者的合法权益；监督检查渔业法律、法规的贯彻执行；负责对水产资源的保护和管理；维护渔业生产秩序；处理渔业生产纠纷等。

第二十条 各级渔政监督管理机构的渔政检查员，由市渔政监督管理机构统一考核，发给渔政检查员证。

渔政检查员在执行任务时，必须统一标志，出示渔政检查员证件，秉公执法。被检查的单位和个人应服从检查。

第五章 奖励与处罚

第二十一条 对保护水产资源有显著成绩的单位和个人，以及检举、制止破坏水产资源行为的有功人员，县（区）人民政府或市渔业行政管理部门应给予表彰、奖励。

第二十二条 凡违反本规定有关条款的，由渔政监督管理机构按下列规定处理：

（一）违反本规定第九条第一款的，应即纠正；造成损失的，应予赔偿；

（二）违反本规定第九条第二款的，应赔偿损失，并处罚款；

（三）违反本规定第十条，领取养殖使用证后无正当理由不适时放养水产苗种或者不按市渔业行政管理部门规定的数量放养水产苗种的，注销其养殖使用证；

（四）违反本规定第十二条的，责令撤除其设施；拒不撤除的，予以没收；

（五）违反本规定第十三条的，应责令其恢复原状，赔偿损失；

（六）违反本规定第十四条第二款的，应赔偿损失，没收其渔获物及捕捞工具，已出售的，

追缴非法所得,并处罚款;

(七)违反本规定第十一条、第十五条、第十七条第一款的,应赔偿损失,没收其渔获物及捕捞工具,并处罚款;

(八)违反本规定第十八条造成水产资源损失的,应予赔偿,并责令其限期治理,处以罚款。

第二十三条 凡未经许可,进入养殖经营者的水域垂钓的,应赔偿损失,由渔政监督管理机构追回渔获物;不听劝阻的,处以罚款。

第二十四条 渔政监督管理机构对正在进行的违反渔业法规的行为,应立即予以制止,并可采取必要的措施。

渔政监督管理机构对违法行为进行处罚时,应将处罚决定书送达当事人执行。

第二十五条 渔政监督管理人员玩忽职守、徇私舞弊的,应由渔政监督管理机构给予行政处分。

第二十六条 凡违反本规定应按《中华人民共和国治安管理处罚法》处罚的,由公安机关依法处理。

违反本规定情节严重构成犯罪的,由司法机关依法追究刑事责任。

第二十七条 当事人对渔业行政管理部门或者其所属的渔政监督管理机构作出的行政处罚决定不服的,可以依照《中华人民共和国行政复议法》或者《中华人民共和国行政诉讼法》的规定,申请行政复议或者提起行政诉讼。

第六章 附 则

第二十八条 本规定经上海市人民代表大会常务委员会修订,自1989年3月1日起施行。

上海市监护治疗管理肇事肇祸精神病人条例

(1986年8月29日上海市第八届人民代表大会常务委员会第二十三次会议通过)

第一章 总 则

第 条 为了加强对肇事、肇祸精神病人的监护、治疗和管理,维护社会秩序,保障人民生命财产安全和保护精神病人的合法权益,根据《中华人民共和国宪法》和其他法律的有关规定,结合本市实际情况,制定本条例。

第二条 本条例所指的肇事精神病人,是指不能辨认或者不能控制自己行为而违反《中华人民共和国治安管理处罚条例》后果较重的精神病人;肇祸精神病人是指不能辨认或者不能控制自己行为而违反《中华人民共和国刑法》以及其他严重危害社会治安的精神病人。

第三条 精神病人的监护人、家属或其所在单位,精神病人住所地的居民委员会、村民委员会以及卫生、公安、民政部门,应加强对精神病人的治疗、监护和管理,预防精神病人肇事、肇祸。

第四条 经精神病司法医学鉴定确认为肇事、肇祸的精神病人,应分别对其实行强制性监护治疗:有肇事行为的精神病人送卫生部门所属医院诊治;有肇祸行为的精神病人送精神病人管治医院监护治疗。

第五条 外省市的精神病人在本市肇事的,本市有近亲属的,由其近亲属领回严加看管和治疗,或送回原住所地;本市无近亲属的,由民政、公安部门共同负责遣送回原住所地。外省市的精神病人在本市肇祸的,由公安机关遣送回原住所地。

第二章　监护人及其职责

第六条　不能辨认或者不能控制自己行为的精神病人，依法由有监护能力的配偶、父母、成年子女、其他近亲属担任监护人。关系密切的其他亲属、朋友愿意承担监护责任的，经精神病人所在单位或者住所地的居民委员会、村民委员会同意，也可以担任监护人。

对担任监护人有争议的，由精神病人的所在单位或者住所地的居民委员会、村民委员会在近亲属中指定。对指定不服的，可以向人民法院起诉，由人民法院裁决。

没有第一款规定的监护人或其近亲属不宜作监护人的，由精神病人的所在单位担任监护人；无工作单位的，由精神病人住所地的居民委员会、村民委员会或民政部门担任监护人。

第七条　监护人应当履行监护职责，负责对精神病人的看管和医疗，保护其人身和财产等合法权益。

监护人依法履行监护的权益，受法律保护。

监护人不履行监护职责，致使精神病人肇事、肇祸，造成他人经济损失或人身伤害的，应负责赔偿损失或承担医疗费用，情节严重的并追究行政责任。监护人尽了监护责任的，可以适当减轻他的民事责任。担任监护人的居民委员会、村民委员会不承担赔偿责任。

第三章　肇事精神病人的管理治疗

第八条　有下列肇事行为之一的精神病人，应由其监护人、家属送医院诊治，拒不送往医院诊治的，由其住所地公安机关强制送往卫生部门所属医院诊治：

（一）行凶、殴打他人致伤的；

（二）侮辱妇女的；

（三）损毁公私财物的；

（四）妨害交通安全的；

（五）其他扰乱公共秩序，妨害社会治安的。

第九条　需强制住院治疗的肇事精神病人，卫生部门所属医院凭市或区、县公安机关签发的《收治肇事精神病人入院通知书》，办理入院手续。

第十条　肇事精神病人在强制住院期间，病情尚未缓解、稳定或痊愈的，监护人或家属不得领回。病情已缓解、稳定或痊愈的，由医院通知其监护人或家属办理出院手续；拒不办理出院手续的，由其住所地公安机关协助送回。既无家属又无生活来源的，由民政部门收容安置。

第十一条　有肇事行为的可疑精神病人，可由其住所地公安机关将其强制送精神病医疗机构诊断。经两名以上精神病科专业医生（其中至少一名应是主治医师以上）诊断，确认是精神病人的，予以强制住院治疗；不是精神病人的，由公安机关依法处理。

受害人、肇事人和他们的家属对诊断结果提出异议的，可向市精神病司法医学鉴定领导小组申请复核。

第十二条　肇事精神病人在强制住院期间的医疗费用，有工作单位的，按劳保、公费医疗规定办理；实行劳动合同制的职工，按国务院有关规定办理。无工作单位的，由监护人、家属承担；既无家属又无生活来源的，由民政部门承担。

第十三条　肇事精神病人在强制住院期间，其监护人或家属到医院无理纠缠、寻衅闹事，不听教育劝阻的，视情节轻重依法追究责任。

第四章　肇祸精神病人的监护治疗

第十四条　对有杀人、放火、爆炸、强奸、抢劫、投毒等行为或严重危害社会治安的肇祸精神病人，由上海市精神病人管治医院监护治疗。

第十五条　有肇祸行为的可疑精神病人，必须对其进行精神病司法医学鉴定。经鉴定确认是精神病人的，由肇祸所在地的公安机关填写《肇祸精神病人监护治疗审批表》，报市公安局批准，予以监护治疗。

受害人、肇祸人和他们的家属对精神病司法医学鉴定提出异议的,可向市精神病司法医学鉴定领导小组申请复核。

第十六条 肇祸精神病人在监护治疗期间的医疗费用,有工作单位的,按劳保、公费医疗规定办理;实行劳动合同制的职工,按国务院有关规定办理。无工作单位的,由监护人、家属承担;既无家属又无生活来源的,其医疗费用及市精神病人管治医院所需有关费用,由市公安局在公安事业费中列支。

第十七条 肇祸精神病人在监护治疗期间,住所地公安机关不得注销其户口;但其在住所地的粮油供应关系应予停止,由精神病人管治医院统一造册另行申请。

第十八条 肇祸精神病人经过监护治疗后,病情已缓解、稳定或痊愈的,由医院对其精神状态作出鉴定,经市公安局批准出院,并通知其监护人或家属领回。没有正当理由拒不领回的,由报送公安机关责成监护人或家属领回。

第五章 附 则

第十九条 本条例经上海市人民代表大会常务委员会通过,自1986年10月1日起施行。

第二十条 本条例颁布施行后,《上海市对肇事精神病患者实行强制住院的暂行规定》即行废止。本市过去有关肇事肇祸精神病人的管理规定与本条例有抵触的,以本条例为准。

上海市区县和乡镇人民代表大会代表直接选举实施细则

(1987年1月8日上海市第八届人民代表大会常务委员会第二十五次会议通过 根据1989年11月18日上海市第九届人民代表大会常务委员会第十二次会议《关于修改〈关于本市区、县及乡、镇人民代表大会代表直接选举的实施细则〉的决定》第一次修正 根据1992年8月19日上海市第九届人民代表大会常务委员会第三十五次会议《关于修改〈关于本市区、县及乡、镇人民代表大会代表直接选举的实施细则〉的决定》第二次修正 根据1995年8月23日上海市第十届人民代表大会常务委员会第二十次会议《关于修改〈上海市人民代表大会常务委员会关于本市区、县及乡、镇人民代表大会代表直接选举的实施细则〉的决定》第三次修正 根据2005年12月29日上海市第十二届人民代表大会常务委员会第二十五次会议《关于修改〈上海市区县及乡镇人民代表大会代表直接选举实施细则〉的决定》第四次修正 2011年4月12日上海市第十三届人民代表大会常务委员会第二十六次会议修订 根据2016年4月21日上海市第十四届人民代表大会常务委员会第二十八次会议《关于修改〈上海市区县和乡镇人民代表大会代表直接选举实施细则〉等5件地方性法规的决定》第五次修正)

第一章 总 则

第一条 根据《中华人民共和国全国人民代表大会和地方各级人民代表大会选举法》(以下简称选举法)、《中华人民共和国地方各级人民代表大会和地方各级人民政府组织法》和《全国人民代表大会常务委员会关于县级以下人民代表大会代表直接选举的若干规定》,结合本市实际,制定本实施细则。

第二条 中华人民共和国年满十八周岁的公民,不分民族、种族、性别、职业、家庭出身、宗教信仰、教育程度、财产状况和居住期限,都有选举权和被选举权。

依照法律被剥夺政治权利的人没有选举权和被选举权。

第三条 每一选民在一次选举中只有一个投票权。

第四条 中国人民解放军驻沪部队选举区、县人民代表大会代表,依照《中国人民解放军选举全国人民代表大会和县级以上地方各级人民代表大会代表的办法》办理。

第五条 区、县和乡、镇人民代表大会的代表应当具有广泛的代表性,应当有适当数量的基层代表,特别是工人、农民和知识分子代表;应当有适当数量的妇女代表,并逐步提高妇女代表的比例。

第六条 区、县和乡、镇人民代表大会代表的选举经费,列入财政预算,由国库开支。

第二章 选举机构

第七条 在区、县和乡、镇人民代表大会代表换届选举期间,市设立区县乡镇选举工作委员会,区、县和乡、镇分别设立选举委员会。

市设立的区县乡镇选举工作委员会,在市人民代表大会常务委员会的领导下,指导区、县和乡、镇人民代表大会代表的选举工作,可以根据本实施细则对选举工作提出具体实施意见。区县乡镇选举工作委员会下设办公室。

区、县设立的选举委员会,在区、县人民代表大会常务委员会的领导下,主持区、县和指导乡、镇人民代表大会代表的选举。区、县选举委员会由十五人至二十九人组成,由各政党、各人民团体和有关主管部门的人员参加。区、县选举委员会组成人员,由区、县人民代表大会常务委员会任命。区、县选举委员会下设办公室,负责有关选举的具体工作。办公室由人民代表大会常务委员会工作机构和民政、公安等部门的有关人员组成。

乡、镇设立的选举委员会,在区、县人民代表大会常务委员会的领导下,主持本级人民代表大会代表的选举。乡、镇选举委员会由九人至十三人组成,由区、县人民代表大会常务委员会任命。乡、镇选举委员会下设办事机构。

选举委员会的组成人员为代表候选人的,应当辞去选举委员会的职务。

第八条 区、县和乡、镇选举委员会履行下列职责:

(一)制定本级人民代表大会代表的选举工作计划;

(二)划分选举本级人民代表大会代表的选区,分配各选区应选代表的名额;

(三)宣传有关法律法规,培训选举工作人员;

(四)进行选民登记,审查选民资格,公布选民名单;受理对于选民名单不同意见的申诉,并作出决定;

(五)确定选举日期;

(六)汇总和公布代表候选人名单,了解核实并组织介绍代表候选人的情况;根据较多数选民的意见,确定并公布正式代表候选人名单;

(七)委派人员主持投票选举;

(八)确定选举结果是否有效,公布当选代表名单;

(九)受理对选举中违法行为的检举和控告;

(十)法律法规规定的其他职责。

选举委员会应当及时公布选举信息。

第九条 在区、县人民代表大会代表选举期间,经区、县选举委员会批准,街道、乡镇、企业事业单位或者有关主管部门可以设立五人至十三人的选举工作组,作为区、县选举委员会的派出机构,负责所辖选区的选举工作。选区成立选举工作小组,由有关单位派员参加,负责本选区的选举工作。选举工作小组由区、县选举委员会委托选举工作组批准,报区、县选举委员会备案。

在乡、镇人民代表大会代表选举期间，经乡、镇选举委员会批准，村民委员会、居民委员会、企业事业单位可以设立三人至五人的选举工作小组，负责本选区的选举工作。

第三章 代表的名额和分配

第十条 区、县人民代表大会的代表名额基数为一百二十名，每五千人可以增加一名代表，人口超过一百六十五万的，代表总名额不得超过四百五十名；乡、镇人民代表大会的代表名额基数为四十名，每一千五百人可以增加一名代表，但是，代表总名额不得超过一百六十名。代表名额基数与按人口数增加的代表数相加，即为区、县或者乡、镇人民代表大会的代表总名额。

区、县人民代表大会代表的具体名额，由市人民代表大会常务委员会依照选举法确定，报全国人民代表大会常务委员会备案。乡、镇人民代表大会代表的具体名额，由区、县人民代表大会常务委员会依照选举法确定，报市人民代表大会常务委员会备案。

区、县和乡、镇人民代表大会的代表总名额经确定后，不再变动。如果由于行政区划变动或者由于重大工程建设等原因造成人口较大变动的，该级人民代表大会的代表总名额依照选举法的规定重新确定。

第十一条 区、县和乡、镇人民代表大会代表名额，由区、县和乡、镇选举委员会根据各选区的人口数，按照每一代表所代表的城乡人口数相同的原则进行分配。人口特别少的村，一般要有乡、镇人民代表大会代表。

第十二条 中国人民解放军驻沪部队的代表名额，由所在区、县人民代表大会常务委员会根据驻军建制或者人数与驻军有关领导机关、人民武装部协商决定。

第四章 选区划分

第十三条 区、县和乡、镇人民代表大会的代表名额分配到选区，按选区进行选举。选区的划分，应当便于选民参加选举活动和选举的组织工作，便于选民了解代表，便于代表联系选民和接受选民监督。

第十四条 选区的大小，按照每一选区选一名至三名代表划分。

本行政区域内各选区每一代表所代表的人口数应当大体相等。

第十五条 选区可以按照居住状况划分，也可以按照单位划分。

机关、团体、企业事业单位，产生一名以上代表的，可以划分为一个或者几个独立选区；选民少的机关、团体、企业事业单位，可以几个单位划为联合选区，也可以和所在地居民委员会、村民委员会划为混合选区。

第十六条 设在乡、镇行政区域内的区、县属单位的职工，应当参加区、县和乡、镇人民代表大会代表的选举；中央和市属单位的职工，参加区、县人民代表大会代表的选举，不参加乡、镇人民代表大会代表的选举。

第十七条 驻在外区、县的区、县属机关、团体和企业事业单位的职工，参加本区、县人民代表大会代表的选举。

第五章 选民登记

第十八条 凡年满十八周岁具备选民资格的中华人民共和国公民，按选区进行选民登记。

年满十八周岁选民年龄的计算，以当地的选举日为标准。

第十九条 每一选民只能在一个选区进行选民登记。选区设立选民登记站，负责选民登记工作：

（一）机关、团体、企业事业单位的职工以及在校学生，是本市常住户口的，一般在所在单位和学校进行登记。

（二）本市农民在所在村或者工作单位进行登记。

（三）没有工作单位的本市居民，一般在其户口所在地进行登记。不居住在户口所在地的本市居民，取得选民资格证明后，也可以在现居住地进行登记。

（四）离休人员一般在原工作单位或者接受管理单位进行登记，也可以按照本人要求，凭选民资格证明在户口所在地或者现居住地进行登记。

（五）退休人员一般在户口所在地进行登记，也可以按照本人要求，凭选民资格证明在原工作单位、受聘单位或者现居住地进行登记。

（六）中央各有关部门和各省、市、自治区驻沪办事机构的工作人员，在所在单位进行登记。

（七）机关、团体、企业事业单位的分支机构或者下属单位的职工，一般在分支机构或者下属单位所在区、县进行登记。

（八）中国人民武装警察部队驻上海市部队的人员，参加所在区、县人民代表大会代表的选举，在所在部队进行登记。

（九）在外国驻沪领事馆、外国驻沪机构工作的中国籍职工，在市有关主管单位所在的选区进行登记。

（十）户口不在本市、现居住在本市的人员，一般在户口所在地参加选举；取得户口所在地的选民资格证明后，也可以在现居住地或者工作单位进行登记。

（十一）户口已从外省、市、自治区迁出，现居住在本市而没有报进户口的，可以在现居住地进行登记。

（十二）旅居国外的中华人民共和国公民，在本市区、县和乡、镇人民代表大会代表选举期间在本市的，可以在本市原籍地或者出国前居住地进行登记。

（十三）其他人员和依法准予行使选举权利人员的选民登记，由区、县选举委员会或者乡、镇选举委员会研究决定。

区、县和乡、镇人民代表大会代表换届选举时，通过市选民登记信息管理系统进行登记的具有本市户口的人员，可以不办理选民资格证明，其选民资格，由相关的区、县和乡、镇选举工作机构进行核对、确认。

第二十条 选民小组的编划，一般为四十人左右，选民小组长由选民推选。

第二十一条 无法行使选举权利的精神病患者和其他无行为能力的人，不列入选民名单，但应当取得医院的证明或者征得其监护人的同意，并经选举委员会确认。

间歇性精神病患者，病发时不行使选举权利，但应当取得医院的证明或者征得其监护人的同意，并经选举委员会确认。

第二十二条 因危害国家安全或者其他严重刑事犯罪案被羁押，正在受侦查、起诉、审判的人，经人民检察院或者人民法院决定，在被羁押期间停止行使选举权利。停止行使选举权利的决定，应当在选举日的五日以前送达区、县或者乡、镇选举委员会。

第二十三条 下列人员依法准予行使选举权利：

（一）被判处有期徒刑、拘役、管制而没有附加剥夺政治权利的；

（二）被羁押，正在受侦查、起诉、审判，人民检察院或者人民法院没有决定停止行使选举权利的；

（三）正在取保候审或者被监视居住的；

（四）正在受拘留处罚的。

第二十四条 选民名单应当在选举日的二十日以前公布。选民名单公布以后，选民情况如有变动，应当在选举日的二日以前予以补正、公布。

第二十五条 对于公布的选民名单有不同意见的，可以在选民名单公布之日起五日内向选举委员会提出申诉，选举委员会对申诉意见，应当在三日内作出处理决定。申诉人如果对处理决定不服，可以在选举日的五日以前向所在地的区、县人民法院起诉，区、县人民法院应当在选举日以前作出判决。区、县人民法院的判决为最后决定。

第二十六条 选民凭选民证参加区、县或者乡、镇人民代表大会代表的投票选举。选民证由区、县或者乡、镇选举委员会制发。

第六章　代表候选人的提出

第二十七条　代表候选人应当在选民名单公布后按照选区提名产生。

第二十八条　代表候选人按下列办法提名：

（一）各政党、各人民团体，可以联合或者单独向选举委员会推荐代表候选人，并由选举委员会推荐到有关选区；被推荐的代表候选人应当参加该选区的选举。各政党、各人民团体联合或者单独推荐的代表候选人的总人数，一般不超过本级人民代表大会应选代表名额总数的百分之二十；

（二）选民十人以上联名，可以推荐代表候选人，但每一选民联名推荐的代表候选人的人数，不得超过本选区应选代表的名额。

推荐者应当向选举委员会如实介绍代表候选人的情况。接受推荐的代表候选人应当向选举委员会如实提供个人身份、简历等基本情况。提供的基本情况不实的或者不接受推荐的，选举委员会应当向选民通报。

第二十九条　各级选举机构必须将选民十人以上联名推荐的代表候选人和各政党、各人民团体推荐的代表候选人，都列入代表候选人名单，如实汇总上报，不得调换或者增减。选举委员会汇总的代表候选人名单及代表候选人的基本情况，在选举日的十五日以前按选区公布。

第三十条　正式代表候选人的人数应当多于应选代表名额的三分之一至一倍。

第三十一条　代表候选人名单公布后，由各该选区的选民小组讨论、协商，确定正式代表候选人名单。如果所提候选人的人数超过本实施细则第三十条规定的最高差额比例，由选举委员会交各该选区的选民小组讨论、协商，根据较多数选民的意见，确定正式代表候选人名单；对正式代表候选人不能形成较为一致意见的，进行预选，根据预选时得票多少的顺序，确定正式代表候选人名单。正式代表候选人名单及代表候选人的基本情况应当在选举日的七日以前公布。

第三十二条　选举委员会应当向选民介绍代表候选人的情况。推荐代表候选人的政党、人民团体或者选民，可以在选民小组会上如实介绍所推荐的代表候选人的情况。选举委员会应当组织代表候选人与选民见面，由代表候选人如实介绍本人的情况，回答选民的问题。但是，在选举日必须停止代表候选人的介绍。

第三十三条　公民参加区、县和乡、镇人民代表大会代表的选举，不得直接或者间接接受境外机构、组织、个人提供的与选举有关的任何形式的资助。

违反前款规定的，由选举委员会决定不列入代表候选人名单；已经列入代表候选人名单的，由选举委员会决定从名单中除名；已经当选的，由代表资格审查委员会提出代表当选无效的意见，报告区、县人民代表大会常务委员会或者乡、镇的人民代表大会主席团确定其当选无效。

第七章　选 举 程 序

第三十四条　区、县和乡、镇人民代表大会代表的选举，应当严格依照法定程序进行，并接受监督。任何组织或者个人都不得以任何方式干预选民自由行使选举权。

第三十五条　在选民选举人民代表大会代表时，选举委员会应当根据各选区选民分布状况，按照方便选民投票的原则分设若干投票站或者召开选举大会进行选举。因患有疾病或者有其他特殊原因行动不便的选民，可以在流动票箱投票。流动票箱由选举委员会统一制作，使用时应当有两名以上监票人员负责；在流动票箱投票的选民，由选举委员会登记造册，本人在登记名册上签名或者盖章；投票结束后，由监票人封好投票口并签名。

第三十六条　投票日期从选举日起，一般为一至三天。

第三十七条　选民凭选民证领取选票。选举一律采用无记名投票的方法。

第三十八条 投票站或者选举大会,应当由选举委员会委派的人员主持,并向选民交待选举注意事项。选举前应当由选民推选监票人员、计票人员。选举时应当设有秘密写票处。

代表候选人及其近亲属不得主持本选区的投票选举,也不得担任监票人员和计票人员。

第三十九条 选民外出或者有其他特殊原因不能参加选举,经选举委员会同意,可以书面委托其他选民代为投票。每一选民接受的委托不得超过三人,并应当按照委托人的意愿代为投票。

选民如果是文盲或者因残疾不能写选票的,可以委托他信任的人代写。

第四十条 正在取保候审或者被监视居住的,被判处管制而没有附加剥夺政治权利的,在现工作单位或者户口所在地的选区参加选举。

被判处有期徒刑而没有附加剥夺政治权利的,参加所在监狱的选举。

被判处拘役而没有附加剥夺政治权利的,被羁押,正在受侦查、起诉、审判,人民检察院或者人民法院没有决定停止行使选举权利的,正在受拘留处罚的,一般可以委托有选举权的亲属或者其他选民,在原工作单位或者户口所在地的选区代为投票;无亲属或者其他选民可以委托的,也可以在流动票箱投票。

第四十一条 选举人对代表候选人可以投赞成票,可以投反对票,可以另选其他任何选民,也可以弃权。

第四十二条 投票结束后,由监票、计票人员和选举委员会委派的人员,当场开箱计票,核对投票人数和票数,统计选举结果,作出记录,由监票人签字。因特殊情况不能在当天开箱计票的,应当经过本级选举委员会批准,另定日期,召集选民小组长和有关人员开箱计票。

各选区在计票结束后,应当向选民或者选民小组长公布选举结果,报告本选区选民数、参加投票人数、有效票数、废票数、当选代表得票数和未当选者得票数。

第四十三条 每次选举,选区全体选民的过半数参加投票,选举有效。所投的票数,多于投票人数的无效,等于或者少于投票人数的有效。每一选票所选的人数,多于规定应选代表人数的作废,等于或者少于规定应选代表人数的有效。

第四十四条 代表候选人获得本选区参加投票的选民过半数的选票,始得当选。

获得过半数选票的代表候选人的人数超过应选代表名额时,以得票多的当选。如遇票数相等不能确定当选人时,应当就票数相等的代表候选人再次投票,以得票多的当选。

获得过半数选票的当选代表的人数少于应选代表的名额时,不足的名额另行选举。另行选举时,根据在第一次投票时得票多少的顺序,按照本实施细则第三十条规定的差额比例,确定候选人名单,如果只选一人,候选人应为二人。另行选举以得票多的当选,但是得票数不得少于选票的三分之一。如果仍选不足,暂作缺额处理。

第四十五条 选举委员会应当根据选举法的规定,确认各选区的选举结果是否有效,并公布当选代表名单。

第四十六条 代表资格审查委员会依法对当选代表是否符合宪法、法律规定的代表的基本条件,选举是否符合法律规定的程序,以及是否存在破坏选举和其他当选无效的违法行为及时进行审查,提出代表当选是否有效的意见,向区、县人民代表大会常务委员会或者乡、镇的人民代表大会主席团报告。

代表资格审查委员会收到对当选代表的举报,应当及时交有关机关依法调查处理;对于当选代表有关问题线索清晰但尚未核查清楚的,由有关机关继续调查,代表资格审查委员会可以延迟提出其当选有效或者当选无效的意见。

区、县人民代表大会常务委员会或者乡、镇的人民代表大会主席团根据代表资格审查委员会提出的报告,确认代表的资格或者确定代表的当选无效,在每届人民代表大会第一次会议前公布代表名单。

第四十七条 区、县和乡、镇人民代表大会代表由区、县和乡、镇人民代表大会发给代表证。

第四十八条 公民不得同时担任两个以上无隶属关系的行政区域的人民代表大会代表。

第八章 对破坏选举的制裁

第四十九条 为保障选民自由行使选举权和被选举权，对有下列行为之一，破坏选举，违反治安管理规定的，依法给予治安管理处罚；构成犯罪的，依法追究刑事责任：

（一）以金钱或者其他财物贿赂选民，妨害选民自由行使选举权和被选举权的；

（二）以暴力、威胁、欺骗或者其他非法手段妨害选民自由行使选举权和被选举权的；

（三）伪造选举文件、虚报选举票数或者有其他违法行为的；

（四）对于控告、检举选举中违法行为的人进行压制、报复的。

国家工作人员有前款所列行为的，还应当依法给予行政处分。

以本条第一款所列违法行为当选的，其当选无效。

第五十条 主持选举的机构发现有破坏选举的行为或者收到对破坏选举行为的举报，应当及时依法调查处理；需要追究法律责任的，及时移送有关机关予以处理。

第九章 附　　则

第五十一条 本实施细则自2011年5月20日起施行。

上海市保护和发展邮电通信规定

（1988年4月7日上海市第八届人民代表大会常务委员会第三十六次会议通过　根据1994年6月14日上海市第十届人民代表大会常务委员会第十次会议《关于修改〈上海市保护和发展邮电通信规定〉的决定》第一次修正　根据1997年8月13日上海市第十届人民代表大会常务委员会第三十八次会议《关于修改〈上海市保护和发展邮电通信规定〉的决定》第二次修正　根据2010年9月17日上海市第十三届人民代表大会常务委员会第二十一次会议《关于修改本市部分地方性法规的决定》第三次修正）

第一章 总　　则

第一条 为了保护通信自由和通信秘密，保障邮电通信的正常进行，促进上海邮电事业的发展，以适应上海改革、开放和人民生活的需要，根据《中华人民共和国邮政法》和有关法律、法规，结合本市实际情况，制定本规定。

第二条 本规定适用于上海市的邮电通信事务和通信建设。

第三条 邮电部门应当与邮电通信事务和通信建设有关的部门加强合作，共同努力，为社会提供迅速、准确、安全、方便的邮电通信服务。

第四条 邮电部门应当依靠社会各部门的力量，实行多种渠道筹集资金、多种形式联合建设、多种技术手段并用的方针，加快邮电通信设施的建设和更新改造，不断提高邮电通信能力。

第五条 上海市邮政、电信管理部门（以下简称市邮电管理部门）是本市邮电通信的主管部门，负责全市通信行业的管理工作。

第二章　通信自由和通信秘密的保护

第六条　邮电部门应当采取必要措施,加强邮电通信的保护、保密工作,保障用户的通信自由和通信秘密。除因国家安全或者追查刑事犯罪的需要,由区县以上(含区县,下同)国家安全机关、公安机关、人民检察机关依照法律规定的程序对通信进行检查外,任何组织或者个人不得以任何理由侵犯公民的通信自由和通信秘密。

上述国家机关检查通信应当出具书面证明,并通知区县以上邮电部门。

第七条　邮电工作人员对用户使用邮电业务的情况和通信秘密,必须严加保密。除法律另有规定外,邮电部门不得向任何单位或者个人提供用户使用邮电业务的情况;也不得应任何单位或者个人的要求,停止或者中断他人使用邮电业务。

单位收发人员对邮件、电报负有保护和及时传送的责任,不得私拆、隐匿、毁弃邮件或者电报,不得撕揭邮票。

第八条　海关应当依照法律规定,按时监管查验国际邮递物品。扣留、没收国际邮递物品时,应当书面通知邮政机构及相关邮件的收件人或者寄件人。

第三章　邮电通信的规划和建设

第九条　市邮电管理部门应当根据上海城市总体规划和社会对邮电通信的需求,会同城市规划管理部门及有关通信设备的研究、制造部门,制定本市邮电通信发展规划,列入上海城市发展规划。

第十条　邮电通信发展规划,包括邮电局、所(含电话局、所,下同)、网路设备和电信管线,均应纳入城市建设规划和市政工程建设年度计划。

新建住宅区、开发区应当将邮电局、所和电信管线列入公建、市政配套范围。

旧市区及县城的改建、扩建和乡、镇建设,应当将邮电局、所和电信管线列入地区改造规划和建设规划。

郊区县邮电局房征地,由各区县统一安排落实。

邮电局、所的设计标准,依照邮电部规定并结合上海城市发展需要确定。

第十一条　新建的办公楼、高层建筑,在设计时应当安排电话线路交接架间和楼内电话布线,各单元的厅(室)应当安排室内电话布线和电话插座。

新建的多层建筑,在设计时应当安排楼内电话布线,各单元的厅(室)应当安排室内电话布线和电话插座。四百户以上的多层建筑群应当设置电话线路交接架间;一百户以上的多层建筑群应当设置公用电话间。

上述通信设施由市建设委员会会同市邮电管理部门制定设计标准,纳入建筑设计条例或者规范,列为验收项目,由邮电部门参加验收。所需费用纳入建设项目总概算。新建建筑未依照本条第一款、第二款规定安排电话线路的,由建设单位承担补建费用。

第十二条　新建建筑群、居民区,以及距离电话局较远的高层建筑、大型企业事业单位,建设单位应当根据邮电网点设置规划的要求,提供必要的建筑面积作通信机房,通信机房的土建费用由邮电部门承担。

第十三条　高层建筑应当在地面层设置邮政信报箱间,但地面层设有值班室或者信报总收发室的可以不另设。

多层住宅应当在每幢楼的地面层适当部位安装与住户室号相适应的上海市住宅标准信报箱。

市郊农村的行政村或者自然村应当逐步设立投递信报箱(群)。

信报箱间和信报箱是建筑物的组成部分,应当列入住宅建筑设计标准和竣工验收项目。新建建筑未依照本条第一款、第二款规定设置信报箱间、信报箱或者已设置的信报箱不符合标准的，由建设单位承担补设或者改装的费用。

上海市住宅信报箱的设计标准，由上海市建设委员会会同市邮电管理部门制定。

第十四条 邮电部门应当根据社会需要增设通信服务设施，改善邮电服务。邮电部门在方便群众的地方设置信筒（箱）、邮亭、报刊亭、公用电话亭，并进行流动服务，有关部门应当协助和配合。

第十五条 电话管线的布设，应当依照国家规定的电信技术标准纳入市政规划。

新建或者改建道路、桥梁、地下铁道、隧道，应当依照规划要求，预设电话地下管线。邮电部门应当向市政工程部门提供有关设计资料，并由市政工程部门依照地下管线综合计划负责综合协调，组织施工。

邮电部门需要单独施工的，应当依照规定向有关部门办理申请手续，市政、公安、公用等部门应当配合邮电部门创造施工和运输条件。

第十六条 邮电部门设置电杆和埋设电缆，应当节约用地，少占或者不占农田。借用或者占用土地，应当依照有关规定办理申请使用手续。

邮电部门进行通信线路施工或者检修时，应当爱护农作物和树木，在施工中损坏青苗、树木的，应当依照规定赔偿。

允许邮电部门无偿在桥梁、隧道、人防工程和公私房屋等建筑物、构筑物上附挂通信线路。但不得影响建筑物、构筑物的结构强度和使用，并注意市容和景观。在附挂前应当通知建筑物、构筑物的管理人或者使用人。桥梁、隧道、人防工程等市政工程上附挂通信线路的方案，应当征得相关部门同意。附挂通信线路的建筑物、构筑物检修时，建筑物、构筑物的管理人或者使用人应当提前通知邮电部门，邮电部门应当无偿给予配合。

因建筑物、构筑物新建、改建、扩建需要改变通信线路走向，迁改通信线路工程所需费用，应当依照规定标准由提出迁改的单位承担。

第十七条 供电部门对邮电通信机房应当按重要用户优先安排供电，邮电部门必须设置自备备用电源，确保通信用电不间断。

第十八条 市政府有关部门应当鼓励企业、事业、服务业、机关、社会团体和邮电部门采取联合投资、联合建设等多种形式，合作发展通信事业。

联合建设实行互利互惠的原则，参加联合建设的用户，邮电部门应当给予优惠。

郊区县以下的农村邮电通信，可以本着谁举办、谁经营、谁得益的原则，由邮电部门与乡、村签订建设与办理邮电业务的协议。

境外企业、团体或者个人在本市从事通信业务的经济技术合作，依照国家有关规定执行。

第十九条 邮电部门的公共通信网和各部门的专用通信网应当互相支持、互为补充、协调发展。

在邮电部门已有通信设施的地方，除军队、铁路和个别有特殊需要的部门以外，各部门应当尽量利用邮电通信设施，避免重复建设。

邮电部门应当支持各部门建设内部专用通信设施。各部门的专用通信设施只用于内部通信，未经市邮电管理部门批准及工商行政管理部门登记，不得对外营业、出租。

邮电部门应当制定并公布各部门专用通信设施接入市内电话网和长途通信网的技术标准。

需要进入邮电通信网的专用通信设施，必须经市邮电管理部门核准，符合上述技术标准，并由建设单位分担扩充邮电通信网的部分建设费用。承担扩充邮电通信网建设费用的建设单位，邮电部门应当给予优惠。

第二十条 市区和郊区县无线通信网的建设，应当执行国务院、中央军委颁布的《无线电管理条例》，经城市规划管理部门审核后，报上海市无线电管理委员会批准。

申办放开经营的电信业务的，须经市邮电管理部门批准；其中需要申办频率指派、台站使用手续的，依照市无线电管理委员会的规定办理。

本条前款所指的放开经营的电信业务是：无线电寻呼业务；800 兆赫集群电话业务；450

兆赫无线电移动通信业务；国内甚小天线地球站通信业务；电话信息服务业务；计算机信息服务业务；电子信箱业务；电子数据交换业务；可视图文业务；经国务院或者邮电部门允许经营的其他电信业务。

第二十一条 邮电部门应当和其他部门在科研、设计、制造、施工等方面开展多种形式的合作，共同发展通信事业。

第二十二条 邮电部门应当制定优先采用的各类通信设备的制式、标准和技术要求。通信设备制造单位应当依照邮电部门制定的制式、标准和技术要求组织生产。

各单位购买国外通信设备需要进入邮电通信网的，必须符合国家或者本市通信设备制式、标准和技术要求，并应当事先报告市邮电管理部门，市邮电管理部门应当会同有关部门进行审核，并提供技术咨询等服务。

用户安装、使用的通信终端设备，应当符合强制性国家标准、行业标准、地方标准和有关管理规定。

任何单位或者个人不得擅自在公用通信网上安装电话机、传真机以及其他通信终端设备。

第二十三条 市政府有关部门应当支持通信单位、工厂企业、科研设计单位、高等院校、金融机构实行跨隶属、跨所有制、跨地区的多种形式的横向经济联合，共同开发通信新技术，推动通信网和通信设备的现代化。

凡应用新技术改造原有通信工业，发展新产品和配套关键元器件，可以申请享受有关的优惠政策。

第二十四条 市政府有关部门和金融机构，应当在资金、信贷、物资等方面支持邮电通信事业的发展，邮电部门经过批准可以采用集股、发行债券等多种办法筹集资金。

第四章 邮电运输的保障

第二十五条 本市铁路、公路、水运、航空等运输单位，均负有载运邮件、报刊的责任，并保证邮件、报刊优先运出。邮电部门应当与承运单位签订运邮合同，并共同遵守。

邮件、报刊增多超出运输计划时，邮电部门可以向有关运输单位办理加车（船）托运，有关运输单位应当优先接收和发运，防止邮件、报刊积压。

承运单位因故临时停运或者改变运行时间、停靠地点时，应当依照合同规定的时限通知邮电部门。未依照规定通知，造成邮件、报刊积压的，由承运单位组织疏运并承担所需费用。

第二十六条 车站、机场、港口、码头应当统一安排邮件装卸和转运作业的场所和出入通道。

设施不全的车站、机场、港口、码头，应当创造条件，方便邮电部门装卸转运邮件、报刊的作业；改建、扩建时，应当将邮件、报刊装卸转运作业设施纳入改建、扩建规划，由邮电部门同步建设；也可以由运输单位统一建设，租赁给邮电部门使用。

第二十七条 运输和投递邮件、电报、报刊的邮电专用车和执行抢修任务的电信抢修车及其邮电工作人员进出港口，通过渡口、桥梁、隧道、检查站、高速公路时，有关单位应当优先放行；需要通过禁行路线或者在禁止停车地段停车的，由公安部门核准通行、停车。上述车辆上的工作人员应当带有邮电专用标志。

邮电车辆或者邮电工作人员在运递邮件、电报途中违反交通法规，执勤民警应当记录后先予放行，待其完成本次运递任务后，再行处理；因严重肇事不能放行的，执勤民警应当迅速通知邮电部门。

第五章 邮电通信设施的安全和保护

第二十八条 通信线路必须确保安全通畅。任何单位或个人都应当严格遵守《国务院、中央军委关于保护通信线路的规定》。

第二十九条 严禁任何单位或者个人破坏邮电通信设施或者妨碍邮电机构、邮电工作人员的正常工作。

严禁非法复制、销售和使用重号的无线移动电话、无线寻呼机等通信终端设备；严禁盗用他人电信号码、记账代号。

除经区县以上工商行政管理部门和公安机关核准经营的收购单位或者个人外，其他任何单位和个人不得收购通信电线、通信电缆等邮电通信器材。发现盗卖邮电通信器材的，应当报告公安机关或者邮电部门。

严禁在邮电营业场所门前及出入通道或者信筒（箱）、电话亭周围设摊、堆物。

第三十条 因市政工程或者其他建设的需要，必须拆迁邮电局（所）、信筒（箱）、邮亭、报刊亭、电话亭或者邮电机线等设施时，有关建设单位应当事先与邮电、规划、市政等部门商量，并负责安排适当的迁移或者重建场地，所需拆迁施工费用由有关建设单位负责。

第三十一条 在电话地下管线上方和规定侧向、架空明线下方进行钻探、开挖、堆物、造房等施工作业时，应当事先与市、区县邮电部门联系；可能危及通信安全的施工作业，应当征得邮电部门同意，并采取确保通信安全的技术措施后，方得动工。施工时，邮电部门应当派员监护。

第三十二条 经城市规划管理部门批准的国家一级干线无线通道，应当重点保护。未经城市规划管理部门批准和市邮电管理部门同意，不得在一级干线无线通道的净空控制范围内新建或者修建影响邮电通信的建筑物和构筑物。

第三十三条 有关单位在布设高压电、电站网路、电车、电气铁路、通信、有线广播等线路以及使用干扰性电气设备、腐蚀性设备时，必须符合有关地区保护原有电信设施的技术安全要求和技术标准，事先征得邮电部门同意，并负责采取必要措施所需的费用。

第三十四条 电信线路与行道树之间应当保持规定标准的距离。因树木自然生长而影响电信线路安全的，树木管护单位应当及时修剪。

发生自然灾害和突发事故等紧急情况时，邮电部门可以修剪危及电信线路安全的树木。

第六章 邮电通信的服务和监督

第三十五条 邮电部门及其工作人员应当忠于职守，廉洁奉公，遵守职业道德，全心全意为用户服务。

禁止邮电部门及其工作人员的下列行为：

（一）擅自改变资费标准或者增加收费项目；

（二）利用工作之便索要财物，谋取私利或者刁难用户；

（三）无故拒绝、拖延或者中止用户的邮电通信服务；

（四）故意延误邮件、电报的传递；

（五）隐匿、毁弃邮件、电报或者窃听、窃用用户电话。

第三十六条 邮电局（所）、邮亭应当在明显位置公告市邮电管理部门规定的营业时间、经办业务、通信服务质量和资费标准。

邮政信筒（箱）应当标明市邮电管理部门规定的开筒（箱）频次和时间。

因不可抗力或者特殊原因，邮电局（所）、邮亭需要改变营业时间、暂时停止或者限制办理部分邮电业务，邮政信筒（箱）需要改变开筒（箱）频次和时间，必须经市邮电管理部门批准。

邮电部门应当依照市邮电管理部门规定的时限投交邮件、电报。

邮电部门应当依照邮政编码、收件人地址、信报箱号码，妥善投递邮件、报刊，确保邮件、报刊的安全。

新建建筑的建造者或者所有人，应当依照规定向邮电部门办理邮件投递登记手续。邮电部门应当依照规定时间开通邮电业务。

第三十七条 邮电部门在市区、县城厢每个居民委员会范围内至少应当设置一个办理传呼的公用电话站；在每个街道办事处、镇人民政府范围内至少应当设置一个昼夜服务的公用电话站。经邮电部门同意，单位和个人可以代办公用电话业务。

区县人民政府应当加强对公用电话站的

领导。

第三十八条 邮电部门对安装、迁移电话和其他通信终端设备的申请，应当在十五日内将受理情况答复用户。收取安装、迁移费后应当在两个月内予以安装或者迁移；逾期的，应当退还已交款项的利息。

邮电部门接到用户电话或者其他通信终端设备发生故障的报修后，应当在四十八小时内修复。因自然灾害或者线路重大故障等原因不能如期修复的，应当向用户说明原因，超过十五日不能修复的，用户可以免交当月的月租费。

邮电部门对通信设备进行检修或者更新，需要中断通信或者变更用户号码的，应当提前公告通知用户。

发生法律效力的民事判决、裁定、调解文书，刑事判决、裁定文书，以及法律规定由人民法院执行的其他法律文书中涉及电话、无线移动电话、无线寻呼机的改名、过户事项，要求邮电部门协助执行的，由人民法院出具《协助执行通知书》，附相关的法律文书副本，经邮电部门审核用户资料，并由相关用户支付所需费用后，予以办理。

第三十九条 市邮电管理部门应当定期公布邮政、电信服务质量实行社会监督的通告，接受用户监督。

邮电部门应当设置用户意见监督电话和监督信箱，制定征询用户意见和受理用户申告制度，接受社会对通信质量与服务质量的监督。邮电部门应当在接到用户的举报或者投诉后的十日内，将处理情况答复用户。

第七章 损失赔偿、处罚及争议处理

第四十条 邮电机构对于因归责于邮电部门的原因而造成给据邮件丢失、损毁和汇款误兑，应当依照《中华人民共和国邮政法》规定承担赔偿责任；造成电报稽延或者错误以致失效的，应当依照国家有关规定退回所收资费，并依照邮电部的规定承担赔偿责任。

第四十一条 用户因损失赔偿同邮电机构发生争议的，可以要求邮电机构的上一级主管部门处理，对处理不服的可以向人民法院起诉；也可以直接向人民法院起诉。

第四十二条 凡违反本规定而造成邮电通信设施损坏或者阻断通信的，有关责任单位或者个人应当依照法律和邮电部有关规定，赔偿修复费用和阻断通信所造成的经济损失，市邮电管理部门对其可以并处赔偿金三倍以下的罚款；情节严重构成犯罪的，依法追究刑事责任。

对赔偿修复费用或者赔偿阻断通信所造成的经济损失发生争议的，任何一方均可向人民法院起诉。

第四十三条 非法复制、销售和使用重号的无线移动电话、无线寻呼机等通信终端设备或者盗用他人电信号码、记账代号，损害他人利益的，除赔偿用户损失外，由市邮电管理部门没收非法所得、通信设备和其他有关物品，并处赔偿金五倍以下的罚款。

破坏邮电通信设施，盗窃邮件报刊，盗卖或者非法收购通信器材，妨碍邮电机构或者邮电工作人员正常工作，情节较轻的，依照《中华人民共和国治安管理处罚法》的规定处罚。

有本条第一款、第二款行为，情节严重构成犯罪的，依法追究刑事责任。

第四十四条 隐匿、毁弃或者私自开拆他人邮件、电报，侵犯公民通信自由权利的，依照《中华人民共和国治安管理处罚法》的规定处罚；情节严重构成犯罪的，依法追究刑事责任。

对撕揭他人邮票的，应归还他人或者赔偿相应损失，并由公安机关依照《中华人民共和国治安管理处罚法》的有关规定予以处罚。

第四十五条 邮电工作人员私自开拆、隐匿、毁弃邮件、电报，侵犯公民通信自由权利或者违反国家有关通信保密规定，泄露国家重要机密的，依法追究刑事责任。

邮电工作人员利用职务之便，隐瞒、掩饰或者协助他人利用邮电进行违法活动和谋取私利的，情节较轻的，由邮电部门给予行政处分；情节严重构成犯罪的，依法追究刑事责任。

邮电工作人员拒不办理依法应当办理的邮

电业务,故意延误投递邮件、电报,擅自中止对用户的邮电通信服务,擅自改变邮电业务收费标准的,由邮电部门给予行政处分。邮电工作人员玩忽职守,致使公共财产、国家和人民利益遭受重大损失的,依法追究刑事责任。

第四十六条 伪造或者冒用邮政专用标志、邮政标志服或者邮政日戳、邮政夹钳、邮袋等邮政专用品的,由市邮电管理部门或者其授权单位处以一千五百元以下罚款,并没收有关物品。

以营利为目的,伪造邮资凭证,未经许可仿印邮票图案或者印制带有"中国邮政"字样明信片的,由市邮电管理部门或者其授权单位处以五千元以下罚款,并没收非法所得和非法物品。

邮电部门应当协助公安、工商行政管理部门查处利用邮电运输进行的走私、贩毒等违法活动。

第四十七条 未经市邮电管理部门批准和工商行政管理部门注册登记,擅自将专用通信网对外营业的,由工商行政管理部门责令停业,没收非法所得,并处罚款;由邮电部门停止中继线服务。

未办理申报手续或者未取得经营许可证,擅自从事放开经营的电信业务的,由市邮电管理部门责令停止经营、停止中继线服务,没收非法所得,并可以处五万元以下罚款。

单位或者个人擅自在公用通信网上安装电话机、传真机以及其他通信终端设备的,由市邮电管理部门责令改正,并处一千元以下罚款。

第四十八条 当事人对行政处罚决定不服的,可以依照《中华人民共和国行政复议法》或者《中华人民共和国行政诉讼法》的规定,申请行政复议或者提起行政诉讼。当事人逾期不申请复议,也不提起诉讼,又不履行的,由作出处罚决定的机关申请人民法院强制执行。

第八章　附　　则

第四十九条 市人民政府可以根据本规定制定实施细则。

本规定的具体应用问题,由市邮电管理部门负责解释。

本规定经上海市人民代表大会常务委员会审议通过,自1988年7月1日起施行。

上海市人民代表大会关于代表议案的规定

(1988年4月20日上海市第九届人民代表大会第一次会议通过　根据1990年4月30日上海市第九届人民代表大会第三次会议《关于修改〈上海市人民代表大会关于代表议案的规定〉的决定》第一次修正　根据1995年1月18日上海市第十届人民代表大会常务委员会第十五次会议《关于修改〈上海市人民代表大会关于代表议案的规定〉的决定》第二次修正　根据2008年12月25日上海市第十三届人民代表大会常务委员会第八次会议《关于修改〈上海市人民代表大会关于代表议案的规定〉的决定》第三次修正　2015年1月29日上海市第十四届人民代表大会第三次会议修订　根据2016年4月21日上海市第十四届人民代表大会常务委员会第二十八次会议《关于修改〈上海市区县和乡镇人民代表大会代表直接选举实施细则〉等5件地方性法规的决定》第四次修正)

第一条 为了做好市人民代表大会代表(以下简称代表)议案工作,根据《中华人民共和国地方各级人民代表大会和地方各级人民政府组织法》、《中华人民共和国全国人民代表大会和地方各级人民代表大会代表法》等法律的规定,结合本市实际,制定本规定。

第二条 代表依法向市人民代表大会提出议案,是法律赋予代表参与管理地方国家事务的权利。

第三条 处理代表议案是本市有关机关、组织的法定职责。市和区、县人民代表大会专门委员会、常务委员会的办事机构和工作机构以及本市有关机关、组织应当为代表酝酿、准备议案提供服务保障。

第四条 代表应当通过视察、专题调研、联系原选举单位和人民群众等活动,围绕本行政区域经济社会发展中的重大问题和人民群众普遍关心的问题,提出议案。

第五条 代表议案的内容应当属于市人民代表大会的职权范围。

代表议案应当有案由、案据和方案。案由应当明确清楚,案据应当充分合理,方案应当有具体内容。提出立法议案的,应当有法规草案或者立法要旨、主要内容及其说明。

代表议案应当由代表十人以上联名提出,并有领衔代表。议案的领衔代表应当向参加联名附议的代表提供议案文本,附议代表应当审阅议案文本。代表经过集体讨论,取得一致意见后签名提出议案。

代表提出议案应当一事一案,使用市人民代表大会秘书处(以下简称大会秘书处)统一印制的代表议案专用纸,并通过"上海市人大代表议案网上处理系统"提交。

第六条 符合本规定第五条的下列事项,可以作为代表议案提出,市人民代表大会主席团、专门委员会或者议案审查委员会应当作为代表议案处理:

(一)制定、修改、废止以及解释本市地方性法规;

(二)由市人民代表大会决定的关于宪法、法律、行政法规和地方性法规在本市实施中的重大问题;

(三)由市人民代表大会对本级人民政府、人民法院和人民检察院的工作实施监督的事项;

(四)由市人民代表大会作决议、决定的重大事项;

(五)市人民代表大会职权范围内的其他事项。

第七条 下列事项不作为代表议案提出:

(一)中央国家机关职权范围内的事项;

(二)行政机关、司法机关职权范围内的事项;

(三)区、县和乡、镇人民代表大会职权范围内的事项;

(四)政党、社会团体、企业事业组织和个人的事务;

(五)其他不属于市人民代表大会职权范围内的事项。

第八条 代表议案一般应当在市人民代表大会会议期间提出。市人民代表大会会议期间提出的代表议案,是指自召开市人民代表大会会议之日起至市人民代表大会主席团决定的代表议案提出截止时间提出的议案。

市人民代表大会主席团决定的议案截止时间后形成的代表议案,按照本规定第十条处理。

第九条 市人民代表大会会议期间提出的代表议案送交大会秘书处登记、分类后,由大会秘书处送有关专门委员会研究,并提出处理意见;每届市人民代表大会第一次会议举行时,由大会秘书处送市人民代表大会议案审查委员会研究,并提出处理意见。

大会秘书处应当与提出议案的代表沟通、联系,听取其意见,对不符合本规定第五条要求的,可以建议代表修改、完善后重新提出,或者改作建议、批评和意见提出。

第十条 市人民代表大会闭会期间提出的代表议案,送交市人民代表大会常务委员会代表工作机构,做好登记、分类工作,对不符合本规定第五条的代表议案,可以建议代表修改、完善后重新提出,或者改作建议、批评和意见提出。

市人民代表大会常务委员会代表工作机构在收到代表议案之日起十五日内送市人民代表

大会有关专门委员会研究。市人民代表大会专门委员会应当充分听取提出议案的代表的意见,并在收到议案后的三十日内书面提出代表议案处理意见,交市人民代表大会常务委员会代表工作机构。

市人民代表大会下一次会议举行时,市人民代表大会常务委员会代表工作机构应当将闭会期间提出的代表议案和市人民代表大会有关专门委员会提出的代表议案处理意见,同时送交大会秘书处,与会议期间提出的代表议案一并处理。

第十一条 大会秘书处根据市人民代表大会有关专门委员会或者议案审查委员会的处理意见,向市人民代表大会主席团提出代表议案处理意见的报告,由主席团决定是否列入本次大会议程,或者先交有关专门委员会或者议案审查委员会审查,提出审查意见,再由主席团决定是否列入本次大会议程。

经市人民代表大会主席团审议通过的代表议案处理意见的报告,印发大会全体代表。

第十二条 市人民代表大会主席团决定列入本次大会议程的代表议案,提出议案的代表应当向会议提出关于议案的说明,由主席团提交各代表团进行审议,市人民代表大会有关专门委员会或者议案审查委员会对各代表团的审议意见汇总研究后,提出对代表议案审议情况的报告,由主席团决定是否将该代表议案提请大会全体会议表决。

市人民代表大会主席团决定不列入本次大会议程的代表议案,交市人民代表大会有关专门委员会或者市人民代表大会常务委员会主任会议在大会闭会后审议。

市人民代表大会主席团决定不作为议案的,由按照本规定第九条提出处理意见的市人民代表大会有关专门委员会或者议案审查委员会书面告知代表,并说明理由。

第十三条 列入大会议程的代表议案在交付大会表决前,提出议案的部分代表要求撤回,坚持提出该议案的代表不足十人的,经市人民代表大会主席团同意,大会对该议案的审议即行终止。

不列入大会议程的代表议案,提出议案的部分代表要求撤回,坚持提出该议案的代表不足十人的,该议案的办理工作即行终止。

第十四条 提出议案的代表过半数且不少于十人对市人民代表大会主席团不作为代表议案的决定有异议的,可以在主席团最后一次会议召开的四小时前向主席团书面提出复议要求。

主席团应当将代表的复议要求交市人民代表大会有关专门委员会或者议案审查委员会研究,提出处理意见。主席团复议作出决定,或者交由市人民代表大会常务委员会在大会闭会后的第一次会议上复议作出决定。复议的决定应当答复提出议案的代表。

第十五条 市人民代表大会主席团决定交市人民代表大会有关专门委员会或者常务委员会主任会议在大会闭会后审议的代表议案,有关专门委员会或者常务委员会主任会议应当在大会闭会后的三个月内提出审议结果的报告,提请市人民代表大会常务委员会会议审议。

审议结果的报告应当包括议案的主要内容,听取和采纳本市有关机关、组织和提出议案的代表意见的情况,市人民代表大会专门委员会或者常务委员会主任会议的审议意见等内容。必要时可以以附件作详细说明。

第十六条 市人民代表大会专门委员会应当召开专门委员会会议审议代表议案,必要时可以召开座谈会、论证会、听证会等,并邀请提出议案的代表参与,充分听取其对议案的办理建议。

第十七条 市人民代表大会专门委员会审议代表议案,涉及需要先征求本市有关机关、组织的意见,再进行审议的事项时,应当在大会闭会之日起十五日内,将代表议案交由本市有关机关、组织进行研究。本市有关机关、组织应当在大会闭会之日起三十日内提出意见。

本市有关机关、组织在研究代表议案时,应当先听取领衔代表对议案的说明和对议案的办理建议。

第十八条 代表议案审议结果的报告应当采纳有关机关、组织和提出议案的代表的合理意见。对于切实可行的代表议案,市人民代表大会专门委员会应当建议列入下一次市人民代表大会会议议程或者常务委员会会议议程。对于暂时不能列入会议议程的议案,专门委员会可以建议列入市人民代表大会常务委员会的立法规划或者相关工作计划,也可以建议作为常务委员会工作参考。

第十九条 市人民代表大会常务委员会会议审议代表议案审议结果的报告,应当作出决定,将代表议案提请列入市人民代表大会下一次会议议程,或者将代表议案列入市人民代表大会常务委员会会议议程,或者将代表议案审议结果的报告交本市有关机关、组织办理。必要时市人民代表大会常务委员会可以决定将代表议案列入常务委员会的立法规划、工作计划,或者作为常务委员会工作参考。

市人民代表大会常务委员会会议审议代表议案审议结果的报告时,应当邀请提出议案的领衔代表列席会议。

第二十条 本市有关机关、组织对市人民代表大会常务委员会决定交付办理的代表议案审议结果的报告,应当自交办之日起三个月内向常务委员会提出办理情况的报告,同时抄送市人民代表大会有关专门委员会。办理情况的报告应当包含有明确的办理部门、措施、时间要求等内容的办理方案。

本市有关机关、组织在办理代表议案审议结果报告时,应当听取市人民代表大会有关专门委员会和提出议案的领衔代表对拟办方案的意见。

第二十一条 本市有关机关、组织提出的办理情况的报告,由市人民代表大会常务委员会主任会议提请常务委员会会议审议。市人民代表大会常务委员会会议经审议对办理情况的报告不同意的,由有关机关、组织再作办理,并在一个月内向常务委员会提出再次办理情况的报告,同时抄送市人民代表大会有关专门委员会。

市人民代表大会常务委员会会议审议本市有关机关、组织办理情况的报告和再次办理情况的报告时,应当邀请提出议案的领衔代表列席会议。

第二十二条 市人民代表大会及其常务委员会和有关专门委员会对本市有关机关、组织办理代表议案审议结果报告的情况,应当进行督促检查。

代表对本市有关机关办理代表议案审议结果报告的情况,可以进行视察,也可以依照法律规定提出询问或者质询。

第二十三条 市人民代表大会或者其常务委员会会议审议的地方性法规草案、重大事项决定草案等吸纳了代表议案有关内容的,应当在有关起草说明中予以阐述。

第二十四条 代表议案审议结果的报告和办理情况的报告,应当通过“上海人大代表履职平台”和《上海市人民代表大会常务委员会公报》等向代表和社会公开。

第二十五条 区、县和乡、镇人民代表大会代表议案的提出和处理参照本规定执行。

第二十六条 本规定自2015年3月1日起施行。

上海市人民代表大会关于代表建议、批评和意见的规定

（1988年4月20日上海市第九届人民代表大会第一次会议通过　2012年7月27日上海市第十三届人民代表大会常务委员会第三十五次会议第一次修订　2015年1月29日上海市第十四届人民代表大会第三次会议第二次修订　根据2016年4月21日上海市第十四届人民代表大会常务委员会第二十八次会议《关于修改〈上海市区县和乡镇人民代表大会代表直接选举实施细则〉等5件地方性法规的决定》修正）

第一条　为了做好市人民代表大会代表（以下简称代表）建议、批评和意见的办理等相关工作，根据《中华人民共和国地方各级人民代表大会和地方各级人民政府组织法》、《中华人民共和国全国人民代表大会和地方各级人民代表大会代表法》等法律的规定，结合本市实际，制定本规定。

第二条　代表依法享有向市人民代表大会及其常务委员会提出对本市各方面工作的建议、批评和意见的权利。

第三条　研究办理代表建议、批评和意见并负责答复，是本市有关机关、组织的法定职责。本市有关机关、组织应当自觉接受国家权力机关监督、尊重人民主体地位，认真听取代表对工作的意见、积极回应代表和人民群众的关切，支持代表执行职务。

市人民代表大会常务委员会应当加强对代表建议、批评和意见办理工作的督促、检查。市和区、县人民代表大会专门委员会、常务委员会的办事机构和工作机构应当为代表提出建议、批评和意见提供服务保障。

第四条　代表建议、批评和意见可以由代表一人提出，也可以由代表联名提出。联名提出的，领衔代表应当使参加联名的代表了解建议、批评和意见的内容。参加联名的代表应当确认建议、批评和意见的内容能够真实表达自己的意愿。

第五条　代表建议、批评和意见可以在市人民代表大会会议期间提出，也可以在闭会期间提出。

第六条　代表应当通过视察、专题调研、联系原选举单位和人民群众等活动，围绕本行政区域经济社会发展中的重大问题和人民群众普遍关心的问题，提出建议、批评和意见。

代表提出的建议、批评和意见，应当一事一议，注重反映实际情况和问题，有具体意见和建议。

第七条　代表通过“上海市人大代表建议、批评和意见网上处理系统”提交建议、批评和意见，也可以通过书面形式提交。

第八条　下列情形不作为代表建议、批评和意见提出：

（一）不属于本市有关机关、组织职权范围的；

（二）涉及解决代表本人及其亲属等个人问题或者本单位等个别问题的；

（三）涉及具体司法案件的；

（四）代转信件或者有关材料的；

（五）属于学术探讨、产品推介的；

（六）没有实际内容的；

（七）其他不应当作为代表建议、批评和意见提出的。

对属于上述情形的，市人民代表大会秘书处（以下简称大会秘书处）或者市人民代表大会常务委员会代表工作机构向代表说明情况后，可以退回代表或者作代表来信处理。

第九条 代表提出的建议、批评和意见及其办理情况涉及国家秘密的，有关机关、组织和代表应当依法做好保密工作。

第十条 代表在市人民代表大会会议期间要求撤回所提建议、批评和意见的，可以向大会秘书处书面提出；代表在市人民代表大会闭会期间要求撤回所提建议、批评和意见的，可以向市人民代表大会常务委员会代表工作机构书面提出。

代表联名提出的建议、批评和意见，经代表一致要求可以撤回。

第十一条 代表提出的建议、批评和意见，在市人民代表大会会议期间，由大会秘书处负责受理和交办；在市人民代表大会闭会期间，由市人民代表大会常务委员会代表工作机构负责受理，并在收到之日起七个工作日内交办。

代表提出的建议、批评和意见，由大会秘书处或者市人民代表大会常务委员会代表工作机构通过“上海市人大代表建议、批评和意见网上处理系统”交办。

代表对本市行政机关、审判机关、检察机关工作提出的建议、批评和意见，分别交市人民政府、市高级人民法院、市人民检察院办理。市人民政府办公厅负责对行政机关办理的建议、批评和意见进行分办协调。

代表对市人民代表大会及其常务委员会工作提出的建议、批评和意见，交市人民代表大会有关专门委员会、市人民代表大会及其常务委员会的办事机构或者工作机构负责办理。

代表对本市其他机关、组织的工作提出的建议、批评和意见，交本市有关机关、组织负责办理。

第十二条 负责办理代表建议、批评和意见的承办单位包括市人民代表大会专门委员会，市人民代表大会及其常务委员会的办事机构和工作机构，市人民政府有关部门，区、县人民政府，市高级人民法院，市人民检察院和其他具有办理代表建议、批评和意见职责的有关机关、组织。

代表可以对承办单位的确定提出建议。交办或者分办时应当对代表的建议予以研究。

第十三条 代表建议、批评和意见需要两个以上承办单位共同研究办理的，交办或者分办时应当确定主办单位和会办单位；需要两个以上主办单位研究办理的，交办或者分办时应当明确各单位办理的内容。

第十四条 承办单位对不属于本单位职权范围的代表建议、批评和意见，应当在收到之日起七个工作日内，向市人民代表大会常务委员会代表工作机构或者市人民政府办公厅说明情况，经同意后退回，不得滞留或者自行转办。

市人民代表大会常务委员会代表工作机构或者市人民政府办公厅应当对承办单位退回的代表建议、批评和意见及时研究并交办。

代表对交办或者分办有意见的，可以向市人民代表大会常务委员会代表工作机构提出。市人民代表大会常务委员会代表工作机构会同有关机关、组织研究后及时向代表反馈处理情况。

第十五条 市人民代表大会常务委员会办公厅、市人民政府办公厅等应当于市人民代表大会闭会后一个月内组织召开代表建议、批评和意见办理工作会议，对办理工作进行部署。

第十六条 承办单位应当建立和健全代表建议、批评和意见办理工作制度，配备工作人员，实行单位负责人和工作人员分级负责制。

涉及面广、处理难度大的代表建议、批评和意见，应当由承办单位主要负责人负责研究办理，必要时可以由市人民代表大会常务委员会、市人民政府、市高级人民法院、市人民检察院或者其他有关机关、组织的负责人牵头研究，协调办理。

在研究办理代表建议、批评和意见的过程中，承办单位应当与代表加强联系沟通，可以邀请提出相关建议、批评和意见的代表参与，充分听取代表的意见和建议。

第十七条 由两个以上单位共同办理的代表建议、批评和意见，会办单位应当在收到代表建议、批评和意见之日起一个月内将会办意见书面送主办单位。主办单位答复代表时，应当向代表说明会办单位的办理意见。会办单位应当根据代表或者主办单位的要求,与主办单位共同走访和答复代表。

由两个以上主办单位共同办理的代表建议、批评和意见,各有关单位应当在充分沟通协商、形成一致意见后答复代表。

对处理难度大、各有关承办单位答复意见不一致、需要进行综合协调的代表建议、批评和意见,市人民代表大会常务委员会代表工作机构应当进行协调;对行政机关办理的代表建议、批评和意见,应当会同市人民政府办公厅进行协调。各有关承办单位应当共同向代表说明情况。

第十八条 承办单位应当针对代表建议、批评和意见的内容,区别不同情况,实事求是、具体明确地将办理结果答复代表:

(一)所提事项已经解决或者基本解决、部分解决,或者所提意见和建议已经被采纳、部分采纳的,应当将解决或者采纳的情况答复代表;

(二)所提事项已经列入年度工作方案,正在着手解决,并有明确解决时限的,应当将方案和解决时限答复代表;

(三)所提事项已经列入工作计划,逐步加以解决,并有计划解决时限的,应当将工作计划和解决时限答复代表;

(四)所提事项暂时无法解决,而所提意见和建议对加强和改进工作具有参考价值,拟在工作中研究参考的,应当将有关情况和理由答复代表。因法律、法规、政策的规定或者受条件限制确实不能解决的,应当如实向代表说明。

第十九条 承办单位应当自交办之日起三个月内将建议、批评和意见的办理结果答复代表。涉及面广、处理难度大、确实不能在限期内办理完毕的,应当向市人民代表大会常务委员会代表工作机构书面报告;承办单位为行政机关的,应当同时向市人民政府办公厅书面报告。经同意,可以适当延长,延长时间不得超过三个月,承办单位应当及时告知代表。

承办单位对市人民代表大会换届时仍未完成办理的代表建议、批评和意见,应当在换届后继续在限期内完成办理并答复该建议、批评和意见的提出人。市人民代表大会常务委员会代表工作机构督促承办单位按照规定办理。

第二十条 承办单位对代表的书面答复应当由本单位负责人审核签发,并加盖本单位公章。对代表联名提出的建议、批评和意见,承办单位应当答复每位代表。承办单位在答复代表的同时,应当将答复意见、承办人等信息录入“上海市人大代表建议、批评和意见网上处理系统”,并抄送市人民代表大会常务委员会代表工作机构;承办单位为行政机关的,应当同时将答复抄送市人民政府办公厅。

第二十一条 代表在收到承办单位对建议、批评和意见的答复后,通过“上海市人大代表建议、批评和意见网上处理系统”填写《代表建议、批评和意见办理情况意见反馈表》,对办理态度和办理结果提出意见。代表对办理态度或者办理结果不满意的,应当填写具体意见。

代表对答复不满意的,市人民代表大会常务委员会代表工作机构应当对代表的具体意见进行研究,必要时会同市人民政府办公厅共同研究,并将研究结果告知代表。对需要再次办理的代表建议、批评和意见,交承办单位再作研究办理,在一个月内再次答复代表。市人民代表大会常务委员会代表工作机构和市人民政府办公厅可以组织承办单位与代表当面沟通。

第二十二条 承办单位将办理结果答复代表后,应当对代表建议、批评和意见进行跟踪办理,落实办理结果。跟踪办理情况录入“上海市人大代表建议、批评和意见网上处理系统”。

答复承诺代表在相应期限内解决的,应当在解决问题后书面告知代表;年内尚未解决的,转下年度跟踪办理;到市人民代表大会换届时仍未解决的,应当向代表书面说明情况。因客观情况发生变化而未能落实答复意见的,承办单位应当及时向代表书面报告有关情况,书面报告应当由本单位负责人审核签发,并抄送市人民代表大会常务委员会代表工作机构;承办单位为行政机关的,应当同时将书面报告抄送市人民政府办公厅。

第二十三条 代表可以提出并经市人民代表大会常务委员会代表工作机构联系安排,对建议、批评和意见的办理情况和办理结果的落实情况进行视察。承办单位应当认真接待代表,如实介绍情况,听取代表意见。

第二十四条 承办单位应当对代表建议、批评和意见的办理情况组织自查。自查工作应当由承办单位负责人组织实施。

承办单位应当在每年年中和年末,向市人民代表大会常务委员会代表工作机构书面报告本单位办理代表建议、批评和意见的情况;承办单位为行政机关的,应当同时向市人民政府办公厅书面报告办理情况。

第二十五条 市人民代表大会常务委员会应当对办理工作或者办理结果的落实情况,组织提出建议、批评和意见的代表进行督促、检查。市人民代表大会常务委员会应当督促有关机关、组织对本单位、本系统的办理情况进行自查、开展评估考核。对于拖延、贻误办理并造成不良影响或者损失的,市人民代表大会常务委员会应当要求承办单位限期改正并报告处理结果;情节严重的,应当建议有关机关、组织依法追究承办单位负责人以及有关人员的责任。

市人民代表大会常务委员会主任会议可以按照代表建议、批评和意见的办理情况确定督办专题,对办理工作或者办理结果的落实情况进行督促、检查。

市人民代表大会各专门委员会应当对与本委员会有关的代表建议、批评和意见的办理工作或者办理结果的落实情况,组织提出建议、批评和意见的代表进行督促、检查。

市人民代表大会常务委员会代表工作机构应当加强与代表、承办单位的联系,及时听取代表的意见,督促代表建议、批评和意见办理结果的落实。

第二十六条 代表建议、批评和意见的办理情况由市人民政府、市高级人民法院、市人民检察院和市人民代表大会常务委员会代表工作机构在每年年中和下一次市人民代表大会会议召开之前,分别向市人民代表大会常务委员会报告,并通过“上海人大代表履职平台”和《上海市人民代表大会常务委员会公报》等向代表和社会公开。

第二十七条 市人民代表大会常务委员会可以根据代表建议、批评和意见集中反映的问题,确定听取和审议本市行政机关、审判机关、检察机关专项工作报告的相关议题,组织对有关法律、法规的实施情况进行执法检查。

市人民代表大会专门委员会可以根据代表建议、批评和意见集中反映的问题,组织开展工作调研。

第二十八条 区、县和乡、镇人民代表大会代表建议、批评和意见的提出和处理参照本规定执行。

第二十九条 本规定自2015年3月1日起施行。

上海市经济技术开发区条例

(1988年11月10日上海市第九届人民代表大会常务委员会第四次会议通过)

第一章 总 则

第一条 为了进一步扩大对外开放,发展对外经济技术合作和贸易,加快上海市经济技术开发区建设,根据中华人民共和国有关法律、法规,结合本市实际情况,制定本条例。

第二条 凡经中华人民共和国国务院批

准、在上海市设立的经济技术开发区(以下简称开发区),均适用本条例。

第三条 开发区应按照上海市经济发展战略和城市总体规划的要求,以吸收外资发展新兴技术和新兴产业,举办先进技术企业和产品出口企业为主。根据需要也可兴建国际贸易、国际金融、外事活动场所和举办旅游、提供寓所等服务性项目。

第四条 本市有关部门和单位应为开发区投资者提供良好的生产、经营条件,不断完善供水、供电、供煤气、排水、通信、道路、仓储运输、生活服务等基础设施和服务设施。

第五条 开发区内投资者的投资、财产、收益和其他合法权利,受中华人民共和国法律保护。

开发区内的企业、单位和个人,必须遵守中华人民共和国法律、法规,不得损害社会公共利益。

第二章 组 织 管 理

第六条 上海市人民政府主管外国投资工作的部门是开发区的管理机构,对开发区行使以下职权:

(一)组织制订和修改开发区发展规划,经市人民政府批准后组织实施;

(二)制订和发布开发区的具体管理规定;

(三)按照规定的权限,审批开发区内的投资项目;

(四)检查、督促、协调开发区各项基础设施的建设和水、电、气、通信等公用设施的供应;

(五)检查、监督、协调市有关部门和其他单位设在开发区的分支机构的工作;

(六)协调解决开发区内各项目在建设和经营过程中的问题;

(七)市人民政府授予的其他职权。

第七条 除本条例第六条授予开发区管理机构行使的各项职权以外,开发区内原由市或区人民政府各主管部门分管的基础设施、土地房产、环境保护和公安、交通、消防、文化、教育、卫生、绿化、计划生育等工作,仍由各主管部门负责管理。

第八条 开发区公司按照市人民政府批准的发展规划,负责本开发区内的基础设施建设、土地房产经营,协助投资者兴办企业,并帮助联系水、电、气、通信等公用设施的供应工作。

第三章 投资与经营

第九条 鼓励外国的公司、企业和其他经济组织或者个人在开发区内投资,举办外商投资企业或者采取我国法律允许的其他形式进行投资、经营。

国内企业、其他经济组织等也可在开发区内举办独立经营的企业或者联合经营的企业。

第十条 在开发区内进行投资,投资者应按照国家和本市的规定办理申请和审批手续。

第十一条 外商投资企业在开发区内使用土地,应按照国家和本市土地使用管理的规定办理。

第十二条 外商投资企业应在中国人民银行批准的金融机构开立帐户。如需在国外或港澳地区的金融机构开立帐户的,应事先经国家外汇管理部门批准。

第十三条 外商投资企业必须在上海市境内设置完整的会计帐簿,进行独立核算,按照规定报送会计报表,并接受财政税务部门的监督。

第十四条 开发区内的企业应在注册登记部门核准的经营范围内经营。

第十五条 开发区内的外商投资企业有权在批准的合同范围内,自行制定生产经营计划;筹措、运用资金;采购生产资料和销售产品。

第十六条 开发区内的外商投资企业可根据生产经营需要,自行确定其机构设置、人员编制、工资标准、工资形式和奖励、津贴制度。

外商投资企业招聘人员,按照国家和本市有关外商投资企业劳动人事管理的规定办理。

第十七条 开发区内的外商投资企业应按照国家和本市有关环境保护和劳动保护的规定,采取切实有效措施,防止环境污染,保证职工在安全、卫生的条件下工作。

第十八条 开发区内的外商投资企业的职工依法建立基层工会组织,开展工会活动,维护职工的合法权益。

第十九条 开发区内的企业停业解散，应向原审批部门申报理由，按规定办理手续。

第四章 优惠待遇

第二十条 开发区内的外商投资企业，除享受国家和本市规定的有关优惠待遇外，还可以享受本条例规定的优惠待遇。

经批准在开发区内设立的国内企业，除减免税优惠必须由国家批准外，可以享受本条例规定的优惠待遇。

第二十一条 开发区内的生产性外商投资企业，在一九九五年底前免征地方所得税。

第二十二条 外商投资企业在开发区内自建的房屋或者购置的新建房屋，自建成或购置的月份起，免征房产税五年。

第二十三条 开发区内的外商投资企业，按规定纳税有困难的，经企业申请、税务部门批准，可减征或免征工商统一税。

第二十四条 开发区内的外商投资企业在生产和流通过程中需要借贷的短期周转资金，经开户银行或者其他金融机构审核同意后，应确保贷放；其他信贷资金，优先贷放。

第二十五条 外商在开发区内可以按照统一规划，投资开发场地，从事基础设施项目的开发和房产经营。

从事开发区基础设施建设的外商投资企业，可享受开发区内生产性企业的优惠待遇。

第二十六条 开发区内可以建立保税仓库，为开发区内外的企业提供服务。经国家主管部门批准，还可以建立转口型保税仓库和保税加工区。

第五章 附 则

第二十七条 本条例同样适用于华侨和香港、澳门、台湾同胞的公司、企业、其他经济组织或者个人在开发区投资举办的企业。

第二十八条 开发区对外国领事机构及有关国际组织提供用地用房，另按中华人民共和国外交部和上海市人民政府外事办公室的有关规定办理。

第二十九条 本条例所指的开发区公司，是指经上海市人民政府批准的、从事开发区的开发建设和经营管理的经济实体。

第三十条 本条例自1989年1月1日起施行。

上海市人民代表大会常务委员会议事规则

（1988年11月10日上海市第九届人民代表大会常务委员会第四次会议通过 根据2001年10月24日上海市第十一届人民代表大会常务委员会第三十二次会议《关于修改〈上海市人民代表大会常务委员会议事规则〉的决定》第一次修正 根据2008年8月21日上海市第十三届人民代表大会常务委员会第五次会议《关于修改〈上海市人民代表大会常务委员会议事规则〉的决定》第二次修正）

第一章 总 则

第一条 为了提高议事效率，依法行使职权，根据《中华人民共和国宪法》、《中华人民共和国地方各级人民代表大会和地方各级人民政府组织法》、《中华人民共和国各级人民代表大会常务委员会监督法》的有关规定，结合上海市人民代表大会常务委员会(以下简称常务委员会)的工作实际,制定本规则。

第二条 常务委员会审议议案、决定问题,应当充分发扬民主,实行民主集中制的原则,集体行使宪法和法律赋予的职权。

第二章 会议的召开

第三条 常务委员会会议每两个月至少举行一次。

常务委员会会议由主任召集并主持。主任可以委托副主任主持会议。

第四条 常务委员会举行会议的日期由主任会议决定;会议议程草案由主任会议拟订,提请常务委员会全体会议决定。

常务委员会会议期间,如果需要临时调整议程,由主任或者主任会议提请常务委员会全体会议决定。

第五条 常务委员会举行会议,应当在会议举行的七日前,将开会日期、建议会议讨论的主要事项,通知常务委员会组成人员,并将会议的主要文件同时送达。

临时召集的会议不适用前款的规定。

第六条 常务委员会举行会议的时候,常务委员会组成人员应当出席会议。因病或者其他特殊原因不能出席的,必须请假。

常务委员会组成人员在常务委员会举行会议之前,应当认真研究会议文件,准备审议意见。

第七条 常务委员会会议必须有常务委员会组成人员的过半数参加,才能举行。

第八条 常务委员会举行会议的时候,下列人员列席会议:

(一)市人民政府、市高级人民法院、市人民检察院的负责人;

(二)不是常务委员会组成人员的市人民代表大会专门委员会组成人员,常务委员会副秘书长、各工作机构和办事机构负责人;

(三)各区、县人民代表大会常务委员会主任或者副主任一人。

市人民政府有关委、办、局的负责人,市中级人民法院院长、海事法院院长、市人民检察院分院检察长,由本市选举产生的全国人民代表大会代表,市人民代表大会代表和其他有关人员,根据会议审议议题的需要,经主任会议同意,可以列席会议。

第九条 列席常务委员会会议的人员有发言权,没有表决权。

第十条 常务委员会举行会议的时候,经主任会议同意,可以邀请社会有关方面人士旁听会议。

旁听人员没有发言权和表决权。

第十一条 常务委员会举行会议的时候,以全体会议的形式听取、审议议案和工作报告。根据需要,可以召开分组会议,也可以召开联组会议。

第三章 议案的提出和审议

第十二条 市人民代表大会主席团交付常务委员会审议的议案,由主任会议提请常务委员会会议审议。

第十三条 主任会议可以向常务委员会提出属于常务委员会职权范围内的议案,由常务委员会会议审议。

市人民政府、市高级人民法院、市人民检察院、市人民代表大会各专门委员会,可以向常务委员会提出属于常务委员会职权范围内的议案,由主任会议决定提请常务委员会会议审议,或者先交有关专门委员会审议、提出报告,再提请常务委员会会议审议。

常务委员会组成人员五人以上联名,可以向常务委员会提出属于常务委员会职权范围内的议案,由主任会议决定提请常务委员会会议审议,或者先交有关的专门委员会审议、提出报告,再由主任会议决定是否提请常务委员会审议;不提请常务委员会会议审议的,应当向提议案人说明,并向常务委员会会议报告。

第十四条 常务委员会的工作机构受主任会议委托,可以代拟议案草案,并向常务委员会全体会议作说明。

第十五条 向常务委员会提出议案,必须采用书面形式,写明议题、理由和具体方案。

市人民政府、市高级人民法院、市人民检察院提出议案,一般应当在常务委员会会议举行的十五日前送交常务委员会的办事机构。

常务委员会组成人员联名提出议案,一般应当在常务委员会会议举行以前提出。

第十六条 对列入常务委员会会议议程的议案,提议案机关的负责人或者提议案人应当向常务委员会全体会议作说明。

提议案的机关、有关的专门委员会和常务委员会有关工作机构,应当提供有关的书面资料。

常务委员会组成人员在审议议案时提出的重要意见、批评和建议,常务委员会办事机构应当交由有关机关或者部门研究处理。有关机关或者部门的研究处理情况一般应当在三个月内书面报告常务委员会或者有关专门委员会。

第十七条 提议案机关的负责人或者提议案人可以在常务委员会会议上对议案作补充说明。

第十八条 常务委员会会议审议议案时,提议案的机关、专门委员会或者常务委员会组成人员五人以上联名,可以提出对议案的修正案。

常务委员会的有关工作机构受主任会议委托,可以代拟对议案的修正案。

修正案必须采用书面形式,在议案交付全体会议表决的前一日提出。

修正案由主任会议决定提请常务委员会会议审议,或者先交有关专门委员会审议、提出意见,再提请常务委员会会议审议。

第十九条 列入常务委员会会议议程需要表决的议案,在审议中如认为有重大问题需要进一步研究的,经主任或者主任会议提出,出席会议的常务委员会组成人员过半数同意,可以暂不付表决,交有关专门委员会进一步研究,提出意见。

第二十条 列入常务委员会会议议程的议案,在交付表决前,提议案人要求撤回的,经主任会议同意,对该议案的审议即行终止。

第二十一条 在常务委员会举行会议的时候,市人民政府、市高级人民法院、市人民检察院、市人民代表大会各专门委员会,或者常务委员会组成人员五人以上联名,对急需提请常务委员会会议审议的重大事项,可以向常务委员会提出临时动议,经主任会议研究,出席会议的常务委员会组成人员过半数同意,即可列入常务委员会会议议程。

第二十二条 地方性法规议案的提出和审议,按照《上海市制定地方性法规条例》的有关规定执行。

人事任免议案的提出和审议,按照《上海市人民代表大会常务委员会任免国家机关工作人员条例》的有关规定执行。

第四章 听取和审议工作报告

第二十三条 常务委员会会议听取和审议市人民政府、市高级人民法院、市人民检察院专项工作报告时,报告机关的负责人应当到会作报告,市人民政府也可以委托有关部门负责人向常务委员会报告。

市人民政府、市高级人民法院、市人民检察院应当在常务委员会举行会议的二十日前,由其办事机构将专项工作报告送交市人民代表大会有关专门委员会或者常务委员会有关工作机构征求意见;市人民政府、市高级人民法院、市人民检察院对报告修改后,在常务委员会举行会议的十日前送交常务委员会。

在常务委员会会议审议专项工作报告之前,有关专门委员会可以先对报告进行初步审议,提出意见。

第二十四条 常务委员会一般在每年的八月审查和批准市人民政府提出的上一年度的本级决算草案,听取和审议市人民政府关于本年度上一阶段国民经济和社会发展计划、预算的执行情况的报告。

常务委员会在审查和批准决算的同时,听

取和审议市人民政府审计机关关于上一年度预算执行和其他财政收支的审计工作报告。

常务委员会在听取国民经济和社会发展五年规划实施情况的中期评估报告前，市人民政府应当将中期评估报告先送市人民代表大会有关专门委员会进行初步审查，或者送交常务委员会有关工作机构征求意见。

经市人民代表大会批准的国民经济和社会发展计划、预算，在执行过程中需要作部分调整的，以及经中期评估对国民经济和社会发展五年规划需要调整的，市人民政府应当将调整初步方案先送交市人民代表大会有关专门委员会进行初步审查，或者送交常务委员会有关工作机构征求意见。

第二十五条 常务委员会执法检查组根据年度执法检查计划组织进行的执法检查，应当在检查结束后两个月内向常务委员会提出执法检查报告。

执法检查组的执法检查报告由主任会议决定提请常务委员会审议；主任会议并可以决定市人民政府、市高级人民法院、市人民检察院的有关情况报告同时提请常务委员会审议。

第二十六条 常务委员会组成人员对专项工作报告、国民经济和社会发展计划执行情况报告、预算执行情况报告、审计工作报告的审议意见和执法检查报告及其审议意见，由常务委员会办事机构交由市人民政府、市高级人民法院、市人民检察院研究处理。市人民政府、市高级人民法院、市人民检察院的研究处理情况一般应当在三个月内书面报告常务委员会；在正式报告常务委员会之前，应当先由其办事机构送交市人民代表大会有关专门委员会或者常务委员会有关工作机构征求意见。

常务委员会认为必要的时候，可以对专项工作报告、审计工作报告作出决议。市人民政府、市高级人民法院、市人民检察院应当在决议规定的期限内，将执行决议的情况书面向常务委员会报告。

第二十七条 常务委员会听取的专项工作报告、国民经济和社会发展计划执行情况报告、预算执行情况报告、审计工作报告、执法检查报告及审议意见，市人民政府、市高级人民法院、市人民检察院对审议意见研究处理情况或者执行决议情况的报告，向市人民代表大会代表通报并向社会公布。

第五章 询问、质询和特定问题的调查

第二十八条 常务委员会会议审议议案或者工作报告的时候，常务委员会组成人员可以向有关地方国家机关提出询问，有关机关的负责人应当到会听取意见，回答询问；分组会议审议时，有关机关应当派人到会，听取意见，回答询问。

第二十九条 在常务委员会会议期间，常务委员会组成人员五人以上联名，可以向常务委员会书面提出对市人民政府及其所属各工作部门、市高级人民法院和市中级人民法院、市人民检察院和市人民检察院分院的质询案。

第三十条 质询案应当写明质询对象、质询的问题和内容。

第三十一条 质询案由主任会议决定交受质询机关的负责人在常务委员会会议上或者有关的专门委员会会议上口头答复，或者交受质询机关书面答复。

受质询机关一般应当在本次常务委员会会议期间作出口头答复或者书面答复，最迟应在下一次常务委员会会议闭会前作出答复。

第三十二条 质询案以口头答复的，由受质询机关的负责人到会答复。在专门委员会会议上口头答复的，提质询案的常务委员会组成人员，有权列席会议，发表意见；有关的专门委员会应当向常务委员会或者主任会议提交答复质询案情况的报告。

质询案以书面答复的，应当由受质询机关的负责人签署。

主任会议认为必要时，可以将答复质询案的情况报告印发常务委员会会议。

第三十三条 提质询案的常务委员会组成

人员的过半数对受质询机关的答复不满意的，可以提出要求，经主任会议决定，由受质询机关再作答复。

第三十四条 常务委员会认为必要的时候，可以组织关于特定问题的调查委员会，并根据调查委员会的报告，作出相应的决议。

第六章 发言和表决

第三十五条 常务委员会组成人员和列席会议的人员在全体会议上对会议议题的审议发言，第一次不超过十分钟，经主持人同意的，可以延长五分钟；第二次对同一议题的发言不超过五分钟。

对于超过时间或者与议题无关的发言，会议主持人可以加以制止。

第三十六条 在常务委员会表决议案的全体会议上，除地方性法规议案外，常务委员会组成人员如果对议案还有意见，经会议主持人同意可以发表，意见发表后，再将议案交付表决；如果同意该议案，但需要在文字上作个别修改，经出席会议的常务委员会组成人员过半数同意，可以将该议案交付表决，文字的修改部分，授权主任会议审定。

第三十七条 常务委员会会议表决议案由常务委员会全体组成人员的过半数通过。

表决结果由会议主持人当场宣布。

第三十八条 交付表决的议案，有修正案的，先表决修正案。

第三十九条 常务委员会会议表决议案，采用无记名投票方式、举手方式或者其他方式。

第四十条 常务委员会组成人员在常务委员会会议上的发言和表决，全国人民代表大会代表和市人民代表大会代表在常务委员会会议上的发言，不受法律追究。

第七章 附　　则

第四十一条 常务委员会会议上的发言，应当记录存档。

会议通过的地方性法规、决议、决定和会议情况，应当刊登常务委员会公报，并通过本市主要报纸、电台、电视台予以公布和报道。

第四十二条 本规则的解释权和修改权属于常务委员会，执行中的问题，由主任会议进行解释。

第四十三条 本规则自通过之日起施行。

上海市实施《中华人民共和国集会游行示威法》办法

（1990年1月9日上海市第九届人民代表大会常务委员会第十四次会议通过）

第一条 为了保障公民依法行使集会、游行、示威的权利，维护社会安定和公共秩序，根据《中华人民共和国集会游行示威法》，结合本市实际情况，制定本办法。

第二条 凡在本市行政区域内的公共道路、露天公共场所和水上举行集会、游行、示威，必须遵守《中华人民共和国集会游行示威法》和本办法。

第三条 各级人民政府应当依法保障公民行使集会、游行、示威的权利。

公民行使集会、游行、示威的权利，必须遵守宪法、法律和法规，不得反对宪法所确定的基本原则,不得损害国家的、社会的、集体的利益和其他公民的合法的自由和权利。

第四条 本市的集会、游行、示威的主管机关是市和区、县公安机关。

在区、县范围内举行集会、游行、示威,由举行地的区公安分局、县公安局主管;游行、示威路线和集会地点跨两个以上区、县的,由市公安局主管。

第五条 在本市举行集会、游行、示威,必须依法向主管机关提出申请并获得许可。但依照《中华人民共和国集会游行示威法》有关规定不需申请的除外。

第六条 举行集会、游行、示威,必须有负责人。负责人必须是本市常住户口或者寄住户口的公民。

申请集会、游行、示威,其负责人必须持本人居民身份证和其他身份证件,在举行集会、游行、示威的五日前向主管机关递交申请书。以信件、电报、电话或者其他方式提出申请的,主管机关不予受理。

申请书应当载明集会、游行、示威的目的、方式、标语、口号、人数,使用的车辆、船舶、音响设备的种类与数量,起止时间、地点(包括集合地和解散地)、行进路线和负责人的姓名、职业、住址。

符合上述申请条件的,负责人应当同时填写申请登记表。

第七条 以国家机关、政党、社会团体、企业事业组织的名义组织或者参加集会、游行、示威,必须经本单位负责人批准。申请书上必须有该单位负责人签名并加盖该单位的公章。签名批准的单位负责人视为集会、游行、示威的负责人。

第八条 主管机关接到集会、游行、示威申请登记表后,应当在申请举行日期的二日前,将许可或者不许可的决定通知书送达申请集会、游行、示威的负责人。不许可的,应当说明理由。逾期不送达,视为许可。由于负责人的原因,致使主管机关无法送达的,视为撤回申请。

确因突然发生的事件临时要求举行集会、游行、示威的,必须立即报告主管机关并填写申请登记表;主管机关根据申请登记表应当立即审查,作出许可或者不许可的决定。

第九条 申请举行集会、游行、示威要求解决具体问题的,主管机关可以通知有关机关或者单位同申请集会、游行、示威的负责人协商解决问题,并可以将申请举行的时间推迟五日。

有关机关或者单位应当按主管机关规定的期限将协商结果报告主管机关。

第十条 主管机关认为按照申请的起止时间、地点、行进路线举行集会、游行、示威,将对交通秩序和社会秩序造成严重影响的,在决定许可时或者决定许可后,可以变更举行集会、游行、示威的起止时间、地点、行进路线,并及时通知其负责人。

第十一条 申请举行的集会、游行、示威,有下列情形之一的,不予许可:

(一)反对宪法所确定的基本原则的;

(二)危害国家统一、主权和领土完整的;

(三)煽动民族分裂的;

(四)有充分根据认定申请举行的集会、游行、示威将直接危害公共安全或者严重破坏社会秩序的。

第十二条 集会、游行、示威的负责人对主管机关不许可的决定不服的,可以自接到决定通知书之日起三日内,向同级人民政府申请复议,人民政府应当自接到申请复议书之日起三日内作出决定。

第十三条 集会、游行、示威的负责人在提出申请后接到主管机关通知前,可以撤回申请;接到主管机关许可的通知后,决定不举行集会、游行、示威的,应及时告知主管机关,参加人已经集合的,应当负责解散。

第十四条 非本市常住户口或者寄住户口的公民,不得在本市发动、组织、参加本市公民的集会、游行、示威。

第十五条 对依法举行的集会、游行、示威,公安机关应当派出人民警察维持交通秩序和社会秩序,保障集会、游行、示威的顺利进行。

在集会、游行、示威过程中,人民警察有权

制止无关人员加入。遇有不可预料的情况时，人民警察现场负责人有权改变集会地点、行进路线或者采取其他必要措施。

第十六条 集会、游行、示威的负责人应当保证集会、游行、示威按照主管机关许可的事项进行，并应指定参加集会、游行、示威人数十分之二以上的人员协助人民警察维持秩序，严格防止其他人加入。

集会、游行、示威的负责人和维持秩序的人员应分别佩戴明显标志，标志样品应在举行集会、游行、示威的前一日送主管机关备案。

第十七条 举行集会、游行、示威，应当按照主管机关许可的事项和平地进行，不得使用暴力或者煽动使用暴力。

举行集会、游行、示威应当遵守下列规定：

（一）不得拦阻车辆、阻塞交通、破坏交通工具和交通设施；

（二）不得携带武器、管制刀具、易燃易爆等危害公共安全的物品；

（三）不得诽谤、侮辱他人或者造谣生事、扰乱公共场所秩序；

（四）不得侵占、损毁绿地、园林、公共设施；

（五）不得沿途涂写、刻画、张贴宣传品；

（六）不得进行其他违法犯罪活动或者煽动他人进行违法犯罪活动。

第十八条 依法举行的集会、游行、示威，任何人不得以暴力、胁迫或者其他非法手段进行扰乱、冲击和破坏。

第十九条 集会、游行、示威在本市的国家机关、军事机关、广播电台、电视台、外国驻沪领馆等单位所在地举行或者经过的，公安机关为了维持秩序，可以在附近设置临时警戒线。未经人民警察许可，任何人不得逾越。

临时警戒线为有金黄色标志的警戒柱、警戒带、警戒栏或者警戒标兵线。

第二十条 在下列场所周边距离十米至三百米内，不得举行集会、游行、示威，经市人民政府批准的除外：

（一）国宾下榻处；

（二）重要军事设施；

（三）航空港、火车站和港口。

前款所列场所的具体周边距离，由市人民政府规定。

第二十一条 未经市人民政府批准，不得在人民广场和外滩举行集会、游行、示威。

前款所指的外滩是指南起金陵东路、北至苏州河之间的中山东一路路段。

第二十二条 举行集会、游行、示威，有下列情形之一的，人民警察应当予以制止，任何人不得阻碍或者抗拒人民警察依法执行职务：

（一）未依法申请或者申请未获许可的；

（二）未按照主管机关许可的目的、方式、标语、口号、起止时间、地点、路线进行的；

（三）违反本办法第十七条、第十九条、第二十条、第二十一条规定的；

（四）在进行中出现危害公共安全或者严重破坏社会秩序情况的。

有前款所列情形之一，不听制止的，人民警察现场负责人有权命令解散；拒不解散的，人民警察现场负责人有权依照国家有关规定采取必要手段强行驱散，并对拒不服从的人员强行带离现场或者立即予以拘留。

非本市常住户口或者寄住户口的公民在本市发动、组织集会、游行、示威的，公安机关有权予以拘留或者强行遣回原地。

第二十三条 对违反《中华人民共和国集会游行示威法》和本办法的，依法追究集会、游行、示威的负责人和直接责任人员的法律责任。

第二十四条 外国人在本市举行集会、游行、示威适用《中华人民共和国集会游行示威法》和本办法。

外国人未经主管机关批准不得参加本市公民举行的集会、游行、示威。

第二十五条 本办法的具体应用问题，由市人民政府负责解释。

第二十六条 本办法自通过之日起施行。1987 年 9 月 23 日上海市第八届人民代表大会常务委员会第三十一次会议通过的《上海市公民游行示威暂行条例》即行废止。

上海市漕河泾新兴技术开发区暂行条例

（1990 年 4 月 8 日上海市第九届人民代表大会
常务委员会第十七次会议通过）

第一章　总　　则

第一条　为加快上海市漕河泾新兴技术开发区的建设，发展高技术、新技术及高技术、新技术产业（以下统称新兴技术及新兴技术产业），促进对外经济技术合作，推动传统工业的改造，根据国家有关法律、法规和《上海市发展新兴技术和新兴工业暂行条例》、《上海市经济技术开发区条例》，制定本条例。

第二条　经国务院批准，设立上海市漕河泾新兴技术开发区（以下简称开发区），规划面积为五平方公里。

第三条　开发区是新兴技术的研究、开发、中试、生产、经营、培训的综合性基地，其主要任务是：

（一）引进国外及国内新兴技术和资金，兴办新兴技术企业；

（二）将国内及国外新兴技术成果转化为工业化产品并推广应用；

（三）促使新兴技术企业运用开发区的条件不断研究、开发、更新技术和产品，在技术进步的基础上扩大再生产；

（四）跟踪国际新兴技术发展进程；

（五）培训中、高级专门人才。

第四条　本条例所称的新兴技术及其产品的范围包括：

（一）微电子与信息技术及其产品；

（二）光纤与现代电子通讯技术及其产品；

（三）激光技术及其产品；

（四）光、机、电一体化技术及其产品；

（五）生物工程技术及其产品；

（六）新材料技术及其产品；

（七）新能源技术、节能新技术及其产品；

（八）航天技术及其产品；

（九）其他新兴技术及其产品。

第五条　本条例所称的新兴技术企业是指开发区内从事本条例第四条规定范围内一种或多种新兴技术及其产品的研究、开发、中试、生产和进行相关的经营、服务业务（单纯的商业经营除外），并具备下列条件者：

（一）实行独立核算、自主经营、自负盈亏的经济实体，或者企业事业单位在开发区内投资建立的独立核算的分厂或生产车间；

（二）企业的负责人是具有企业管理或者科技管理经验和中级以上职称的本企业的专职人员；

（三）具有一定数量的与其从事的专业技术相称的中专以上学历的科技人员（包括相当于同等学历的科技人员）和技术工人。

第二章　管 理 体 制

第六条　上海市人民政府全面领导开发区的建设和发展。

市人民政府各部门应本着高效、负责的原则，在开发区内行使各自职权。

第七条　上海市人民政府主管外国投资工作的部门是开发区的管理机构，其职权按《上海市经济技术开发区条例》第六条的规定行使。

第八条　上海市科学技术委员会（以下简称市科委）对开发区行使下列职权：

（一）会同上海市计划委员会（以下简称市

计委)制定开发区新兴技术发展规划;

(二)组织确定并定期发布新兴技术及其产品目录;

(三)组织制订新兴技术企业具体认定办法和组织新兴技术企业和新兴技术新产品的认定、考核工作;

(四)扶持区内新兴技术研究和新兴技术企业发展。

第九条 上海市经济委员会会同市计委对开发区行使下列职权:

(一)根据开发区新兴技术发展规划,组织制定新兴技术产业发展规划;

(二)组织调整开发区内现有工业企业产品结构和编制新兴技术产品发展计划;

(三)确定开发区年度固定资产投资规模。

第十条 上海市城市规划建筑管理局对开发区行使下列职权:

(一)组织编制、审查开发区建设详细规划,报市人民政府批准后,监督规划的实施;

(二)核发建设用地规划许可证;

(三)审核建设项目建筑设计方案;

(四)核发建设工程规划许可证件。

开发区建设详细规划批准后,按照规划安排的建设项目,不再办理选址审批手续。

第十一条 上海市财政局、上海市税务局对开发区行使下列职权:

(一)根据市科委的新兴技术企业和新兴技术产品批准书,核准其享受税收优惠待遇;

(二)对区内企业和个人进行税收管理和财务监督;

(三)监督开发基金的使用。

第十二条 上海市环境保护局对开发区行使下列职权:

(一)组织、协调、监督、检查开发区的环境保护工作;

(二)审查进区项目的环境影响报告书(表)及其防治方案,监督检查治理设施;

(三)确定开发区及其环境保护带的环境质量标准和污染物排放标准。

第十三条 上海海关、上海进出口商品检验局及其他有关部门应当在开发区内设立工作机构。

第十四条 徐汇区人民政府负责开发区内的公安、消防、文化、教育、卫生、环境卫生、计划生育、绿化、商业网点管理和工商行政管理等区政工作。

徐汇区人民政府应在开发区设置街道办事处,并可根据需要设立有关机构的派出机构。

第三章 开发区内的企业事业单位

第十五条 上海市漕河泾新兴技术开发区发展总公司(以下简称开发区总公司)根据本条例和经批准的开发区发展规划,从事开发区的基础设施建设、资金筹集和运用、土地开发和土地使用权转让、房产经营、举办企业、技术及产品贸易和综合服务等工作。

开发区总公司是实行独立核算、自负盈亏、为开发区发展和区内企业事业单位服务的企业,享受新兴技术企业的优惠待遇。

第十六条 开发区总公司可根据经营业务需要在开发区内建立有关专业公司。

第十七条 开发区内可以举办从事新兴技术研究、开发、中试、生产、应用、服务或与其配套的各类企业事业单位,包括中外合资经营企业,中外合作经营企业,外资企业和全民所有制、集体所有制企业事业单位,私营企业,以及个体的研究、开发、制作、经营户。

第十八条 鼓励在开发区内投资兴建符合本条例以及列入本市新兴技术工业发展规划的项目。

鼓励在开发区内投资举办旨在推广应用新兴技术及其产品项目的设计、开发、中试、制造服务的企业事业单位,新兴技术创新发明中心,以及与发展新兴技术工业相关的加工装配出口、进口替代企业。

第十九条 本市有关部门和单位应为开发区提供并不断完善供电、供水、排水、供气、通信、道路养护、仓储、运输、生活服务等设施。

银行、保险、邮电等部门应在开发区内设立

分支机构。

第四章 环境保护

第二十条 开发区内一切单位必须遵守国家和本市环境保护的法律、法规,并根据开发区的环境质量和污染物排放等标准,控制污染,处理和处置固体废弃物及有毒物质。

开发区内的一切项目必须是无污染或少污染的项目,并且必须实行防治环境污染的配套设施与主体工程同时设计、同时施工、同时投入使用的原则。

开发区内的企业事业单位,应当使用清洁能源。

第二十一条 为确保开发区环境质量,设立开发区环境保护带。

环境保护带内各单位负有不影响开发区环境质量的义务。

第二十二条 开发区执行环境影响评价制度。开发区及其环境保护带内的企业事业单位的工程建设及科研、生产,应事先进行环境影响的预测和评价。

第五章 开发区资金

第二十三条 设立"上海市漕河泾新兴技术开发区开发基金"(以下简称开发基金)。开发基金的来源是:

(一)开发区的财政收入以一九八八年为基数(不包括超承包返回企业数、中央级财政收入及部分区县收入),一九八九年起五年内全部新增加部分;

(二)财政拨款和财政借款;

(三)其他资金。

第二十四条 开发基金主要用于:

(一)建设开发区的基础设施、生活服务设施,改善投资环境。

(二)培训新兴技术企业的经营管理和科技创业人才及聘请国内及国外专家。

(三)根据开发基金财力情况,适当支持以下项目:

1. 新兴技术成果产业化项目;

2. 应用新兴技术及其产品改造传统工业的项目;

3. 兴办新兴技术创新发明中心;

4. 扶持新兴技术科研项目;

5. 其他对开发区发展的有益用途。

第二十五条 开发基金年度使用计划由开发区总公司根据市人民政府批准的投资规模,编制年度用款计划,经财政部门审核后按计划拨款。

开发基金在市财政局专户储存、专款专用,并单独进行会计核算和结报。

第二十六条 开发区内的企业事业单位可以获得以下资金:

(一)本市安排的开发区内建设项目的专项资金。

(二)本市发展新兴技术、新兴工业的专项资金。

(三)自筹的国内和国外资金。

第六章 优惠和扶持

第二十七条 凡符合本条例第五条规定的新兴技术企业,实行下列减征或免征税收的优惠:

(一)减按百分之十五税率征收所得税。

(二)经市人民政府批准,可免购国家重点建设债券。

(三)以自筹资金新建技术开发的生产、经营性用房,自一九九〇年起五年内免征建筑税。

第二十八条 开发区内列入本市发展新兴技术和新兴工业项目计划表的单位和新产品,可享受《上海市发展新兴技术和新兴工业暂行条例》所规定的优惠待遇。

第二十九条 开发区内新兴技术企业的生产、经营性基本建设项目,按照统一规划安排建设,优先安排施工。

第三十条 开发区内新兴技术企业进出口业务的海关监管事项按下列规定办理:

(一)开发区内的新兴技术企业生产出口产品所需的进口原材料和零部件,免领进口许可证,海关凭合同和市人民政府指定部门的批准文件验放;属于国家限制进出口或者实行进出口许可证管理的产品,需按国家有关规定办理进出口批件或进出口许可证。

(二)经海关批准,在开发区内设立保税仓库和保税工厂,海关对进口的原材料和零部件进行监管,按实际加工出口数量,免征进口关税和进口环节工商统一税或产品税(或增值税);保税货物转为内销,必须经原审批部门批准和海关许可,并照章办理进口纳税手续。

(三)新兴技术企业进口仪器和设备,凭审批部门的批准文件,由海关按有关规定办理。

(四)新兴技术企业出口其生产的产品,免征出口关税。

第三十一条 新兴技术企业出口所创外汇,三年内全额留给企业;从第四年起,地方和创汇企业二八分成。地方外汇分成部分留给开发区,由开发区总公司按照国家有关规定使用。

第三十二条 所有减免的税款和分成外汇,由企业专项用于新兴技术开发和生产的发展。

第三十三条 银行对开发区内的新兴技术企业优先予以贷款支持。对外向型的新兴技术企业,优先提供外汇贷款。

全民所有制、集体所有制新兴技术企业所用贷款,经财政税务部门批准,可以税前还贷。

开发区内可设立创业投资公司,支持新兴技术创新发明项目的投入生产。

第三十四条 开发区内企业根据国内及国外人士提供新兴技术后的创利状况,可按照批准的合同规定让其分享利润。

第七章 人才管理

第三十五条 开发区内的新兴技术企业事业单位在人事、劳动工资、收益分配、人才培训等方面根据国家和本市的有关规定享有自主权。

第三十六条 允许新兴技术企业按规定招聘技校毕业生、中专毕业生、大学毕业生、留学生和国外专家。

开发区内企业可按规定聘用在原单位辞职的科技人员和管理人员,其就聘后的工龄与原工龄连续计算。

第三十七条 经市人事等部门批准,外地优秀科技人员可以到开发区工作,并报进本市户口;经市人口控制部门批准,可以减免缴纳城市建设费。

第三十八条 开发区内建立培训基地,有计划地培训发展新兴技术产业所需要的中、高级的研究、开发、中试、生产、经营和管理人才以及技术工人。

第三十九条 开发区内的企业事业单位根据工作需要和本人实际能力,择优选择干部,并可按国家有关规定有选择地聘用离、退休科技人员和管理人员。

第八章 附则

第四十条 开发区内设立的外商投资企业,除适用本条例外,同时适用《上海市经济技术开发区条例》。

第四十一条 国家对新兴技术开发区实行新的规定时,按该规定办理。

第四十二条 本条例具体执行中的事项由上海市人民政府主管外国投资工作的部门解释。

第四十三条 本条例自1990年5月1日起施行。

上海市人民代表大会常务委员会任免国家机关工作人员条例

（1990年4月8日上海市第九届人民代表大会常务委员会第十七次会议通过　1990年4月16日公布　根据2000年5月24日上海市第十一届人民代表大会常务委员会第十八次会议《关于修改〈上海市人民代表大会常务委员会任免国家机关工作人员条例〉的决定》第一次修正　根据2007年4月26日上海市第十二届人民代表大会常务委员会第三十五次会议《关于修改〈上海市人民代表大会常务委员会任免国家机关工作人员条例〉的决定》第二次修正　根据2008年11月26日上海市第十三届人民代表大会常务委员会第七次会议《关于修改〈上海市人民代表大会常务委员会任免国家机关工作人员条例〉的决定》第三次修正　根据2012年9月26日上海市第十三届人民代表大会常务委员会第三十六次会议《关于修改〈上海市人民代表大会常务委员会任免国家机关工作人员条例〉的决定》第四次修正　根据2016年4月21日上海市第十四届人民代表大会常务委员会第二十八次会议《关于修改〈上海市区县和乡镇人民代表大会代表直接选举实施细则〉等5件地方性法规的决定》第五次修正）

第一章　总　则

第一条　为了做好任免国家机关工作人员的工作，根据《中华人民共和国宪法》、《中华人民共和国地方各级人民代表大会和地方各级人民政府组织法》、《中华人民共和国人民法院组织法》、《中华人民共和国人民检察院组织法》以及全国人民代表大会常务委员会的有关规定，结合本市的实际情况，制定本条例。

第二条　任免国家机关工作人员，必须坚持“革命化、年轻化、知识化、专业化”的方针和德才兼备的标准，充分发扬民主，严格依照法律程序办事。

第三条　上海市人民代表大会常务委员会（以下简称市人大常委会）设立人事代表工作委员会。人事代表工作委员会在市人大常委会领导下负责有关任免事项的审查工作。

第二章　任免范围

第四条　本市国家权力机关中的下列人员由市人大常委会任免：

（一）在市人大常委会主任因为健康情况不能工作或者缺位的时候，根据市人大常委会主任会议的提名，由市人大常委会在副主任中推选一人代理主任的职务，直到主任恢复健康或者市人民代表大会选出新的主任为止。

（二）在市人民代表大会闭会期间，根据市人大常委会主任会议的提名，通过市人民代表大会各专门委员会的个别副主任委员和部分委员的任免。市人民代表大会各专门委员会组成人员的人选，必须在市人民代表大会代表中提名。

（三）根据市人大常委会主任会议的提名，通过市人大常委会代表资格审查委员会的主任委员、副主任委员、委员的任免。代表资格审查委员会组成人员的人选，必须在市人大常委会组成人员中提名。

（四）根据市人大常委会主任会议的提名，通过市人大常委会各工作委员会的主任、副主任、委员和市人大常委会副秘书长、办公厅主任、研究室主任的任免。

市人民代表大会各专门委员会主任委员、市人大常委会各工作委员会主任缺位或者不驻会的，根据市人大常委会主任会议的提名，由市人大常委会在副主任委员或者副主任中推选一人主持工作。

第五条 本市国家行政机关中的下列人员由市人大常委会任免：

（一）在市长因故不能担任职务的时候，根据市长或者市人大常委会主任会议的提名，从副市长中决定代理市长。

（二）根据市长的提名，决定任免个别副市长，由市人民政府报国务院备案。

（三）根据市长的提名，决定任免属于市人民政府组成人员的秘书长、委员会（办公室）主任、局长，由市人民政府报国务院备案。

市人民政府组成部门依据国务院的批复文件确定。市人民政府应当及时将市人民政府组成部门变化情况报市人大常委会备案，并提供国务院有关批复文件。

第六条 本市国家审判机关中的下列人员由市人大常委会任免：

（一）在市高级人民法院院长因故不能担任职务的时候，根据市高级人民法院院长或者市人大常委会主任会议的提名，从市高级人民法院副院长中决定代理院长。

（二）根据市人大常委会主任会议的提名，决定任免市各中级人民法院、上海知识产权法院、上海铁路运输中级法院院长。

（三）根据市高级人民法院院长的提名，决定任免上海铁路运输法院院长；任免市高级人民法院和市各中级人民法院、上海铁路运输中级法院、上海铁路运输法院的副院长、庭长、副庭长、审判委员会委员、审判员。

（四）根据市人大常委会主任的提名，任免上海海事法院院长；根据上海海事法院院长的提名，任免上海海事法院副院长、庭长、副庭长、审判委员会委员、审判员。

（五）根据上海知识产权法院院长的提名，任免上海知识产权法院副院长、庭长、审判委员会委员、审判员。

第七条 本市国家检察机关中的下列人员由市人大常委会任免：

（一）在市人民检察院检察长因故不能担任职务的时候，根据市人民检察院检察长或者市人大常委会主任会议的提名，从市人民检察院副检察长中决定代理检察长，并由市人民检察院和市人大常委会分别报最高人民检察院和全国人民代表大会常务委员会备案。

（二）根据市人民检察院检察长的提名，决定任免市人民检察院各分院、上海铁路运输检察院检察长；任免市人民检察院及各分院、上海铁路运输检察院的副检察长、检察委员会委员、检察员；任免由市人大常委会批准设立的各农场区人民检察院检察长、副检察长、检察委员会委员、检察员。

（三）根据本市各区、县人民代表大会选举结果及市人民检察院检察长的提请，批准任免本市各区、县人民检察院检察长。

第八条 除本条例第四条、第五条、第六条、第七条规定的本市国家机关工作人员由市人大常委会任免外，市人大常委会还可以根据国家的有关规定任免本市国家机关的其他工作人员。

第三章 任免程序

第九条 由市人大常委会任免的本市国家机关工作人员，提名人应当在市人大常委会举行会议的十五日以前向市人大常委会提出书面任免案；有特殊情况的，至迟应当在十日以前向市人大常委会提出书面任免案，并向市人大常委会主任会议说明情况。由市人大常委会任命的市人民政府组成人员，初任及提任的市高级人民法院和市各中级人民法院、上海海事法院、上海知识产权法院、上海铁路运输中级法院、上海铁路运输法院的审判人员和市人民检察院及各分院、上海铁路运输检察院的检察人员，提名人应当同时报送被提名人的简况、提名理由等书面材料，提出免职案时，提名人应当说明免职理由。

第十条 市人大常委会人事代表工作委员会应当对市长、市高级人民法院院长、市人民检察院检察长、上海海事法院院长、上海知识产权法院院长等提名人提出的任免案进行审查，并向常委会报告。

人事代表工作委员会在审查过程中，应当听取市人民代表大会有关专门委员会及其他有关方面的意见，可以要求提名人或者有关部门对被提名人员的情况作补充介绍。

第十一条 市人大常委会主任会议根据人事代表工作委员会审查的意见，决定将任免案提请市人大常委会会议审议。

第十二条 市人大常委会会议审议任免案的时候，提名人或者其委托的人员应当到会说明情况，答复询问。

市人大常委会会议审议市人民代表大会各专门委员会副主任委员、委员，市人大常委会各工作委员会主任、副主任、委员，市人大常委会副秘书长、办公厅主任、研究室主任，市人民政府组成人员，市高级人民法院副院长，市各中级人民法院和上海海事法院、上海知识产权法院、上海铁路运输中级法院、上海铁路运输法院的院长、副院长，市人民检察院副检察长及各分院、上海铁路运输检察院、各农场区人民检察院的检察长、副检察长的任命案时，被提名人员应当到会同市人大常委会组成人员见面。

第十三条 市人大常委会会议审议任免案时，根据需要可以分组进行审议。

分组审议后，必要时人事代表工作委员会应当向市人大常委会全体会议报告分组审议的情况。

第十四条 市人大常委会会议表决任免案前，市人大常委会组成人员认为有重大问题需要进一步研究的，经市人大常委会主任或者主任会议提议，出席会议的市人大常委会组成人员过半数同意，可以暂不付表决。

列入市人大常委会会议议程需要表决的任免案，在交付表决前，提名人要求撤回的，应当说明理由，经主任会议同意，对该任免案的审议即行终止。

第十五条 市人大常委会会议对任免案的表决，采取无记名投票、按表决器或者其他方式。

市人大常委会组成人员对任免案可以表示赞成，可以表示反对，也可以弃权，但不得另外提名任免他人。

任免案以市人大常委会组成人员的过半数通过。

表决结果由会议主持人当场宣布。

第十六条 市人大常委会任免的国家机关工作人员，由市人大常委会行文通知有关机关，有关机关接到任免通知后，应当及时通知被任免人员到职或者离职。

第十七条 市人大常委会任命的本条例第五条第一款第三项，第六条第二项、第三项、第四项、第五项，第七条第二项的人员，由市人大常委会颁发任命书。任命书由市人大常委会主任署名。

第十八条 市人大常委会决定任命或者任命的本条例第四条第二项、第三项、第四项，第五条第一款第二项、第三项，第六条第二项、第三项、第四项、第五项，第七条第二项、第三项，第八条的人员，根据《上海市实施宪法宣誓制度办法》，在就职时应当公开进行宪法宣誓。

第十九条 新的一届市人民政府领导人员依法产生后，市长应当在两个月内按程序提请市人大常委会决定任命属于市人民政府组成人员的秘书长、委员会（办公室）主任、局长。个别部门一时难以确定人选的，可以适当推迟提请任命，但市长应当向市人大常委会说明情况。

市人民代表大会换届后，市人大常委会主任会议、市高级人民法院院长和市人民检察院检察长，应当在两个月内分别按程序提请市人大常委会决定任命市各中级人民法院、上海铁路运输中级法院、上海铁路运输法院院长和市人民检察院各分院、上海铁路运输检察院检察长。一时难以确定人选的，可以适当推迟提请任命，但提名人应当向市人大常委会说明情况。

第二十条 在市人民代表大会闭会期间，市人大常委会组成人员、市长、副市长、市高级人民法院院长、市人民检察院检察长可以向市人大常委会提出辞职，由市人大常委会决定是否接受其辞职。市人大常委会接受辞职后，报市人民代表大会备案；市人民检察院检察长的辞职，须报最高人民检察院检察长提请全国人民代表大会常务委员会批准。

第二十一条 由市人大常委会任命的国家机关工作人员，因工作机构名称改变的，应当提请市人大常委会任命；工作机构名称没有改变，工作职责范围有变动，市人大常委会原任命的国家机关工作人员没有变动的，不再重新任命，但应当由原提名人就工作职责范围变动的情况报市人大常委会备案。

第二十二条 由市人大常委会任命的国家机关工作人员，因工作机构撤销、合并、名称改变或者退（离）休需免职以及在任职期间去世的，原任职务自行免除，不再办理免职手续，但应当由原提名人报市人大常委会备案。

第四章 监督、撤职

第二十三条 凡由市人大常委会任命的国家机关工作人员，应当接受市人大常委会、市人民代表大会代表和人民群众的监督，严格遵守宪法、法律，执行市人民代表大会及其常务委员会作出的决议，全心全意为人民服务。

由市人大常委会任命的国家机关工作人员受到政纪处分的，作出处分决定的机关应当将处分决定及时报送市人大常委会。

第二十四条 市人大常委会可以通过听取和审议专项工作报告、执法检查、提出询问和质询案、组织特定问题调查、审议和决定撤职案等方式，了解被任命的国家机关工作人员的工作情况，进行法律监督和工作监督。

第二十五条 在市人民代表大会闭会期间，市人大常委会可以决定撤销个别副市长的职务；可以撤销由市人大常委会任命的市人民政府其他组成人员的职务；可以撤销市各中级人民法院和上海海事法院、上海知识产权法院、上海铁路运输中级法院、上海铁路运输法院院长，市高级人民法院和市各中级人民法院、上海海事法院、上海知识产权法院、上海铁路运输中级法院、上海铁路运输法院副院长、庭长、副庭长、审判委员会委员、审判员的职务；可以撤销市人民检察院各分院、上海铁路运输检察院、各农场区人民检察院检察长，市人民检察院及各分院、上海铁路运输检察院、各农场区人民检察院副检察长、检察委员会委员、检察员的职务；可以撤销由市人大常委会任命的其他国家机关工作人员的职务。

在市人民代表大会闭会期间，市人大常委会认为市高级人民法院院长需要撤换，须报请最高人民法院报经全国人民代表大会常务委员会批准。

在本市各区、县人民代表大会闭会期间，根据各区、县人大常委会的决定和市高级人民法院的提请，市人大常委会可以批准撤换本市各区、县人民法院院长。

市人大常委会根据市人民检察院检察长的建议，可以撤换本市各区、县人民检察院检察长、副检察长、检察委员会委员。

第二十六条 市人民政府、市高级人民法院、市人民检察院和上海海事法院、上海知识产权法院，可以向市人大常委会提出对本条例第二十五条所列国家机关工作人员的撤职案。

市人大常委会主任会议，可以向市人大常委会提出本条例第二十五条所列国家机关工作人员的撤职案。

市人大常委会五分之一以上的组成人员书面联名，可以向市人大常委会提出对本条例第二十五条所列国家机关工作人员的撤职案，由主任会议决定是否提请市人大常委会会议审议；或者由主任会议提议，经全体会议决定，组织调查委员会，由以后的市人大常委会会议根据调查委员会的报告审议决定。

撤职案应当写明撤职的对象和理由，并提供有关的材料。

第二十七条 市人大常委会主任会议提出撤销职务的议案，直接提请市人大常委会会议审议。其他撤销职务的议案，先由人事代表工作委员会进行审查，提出审查的意见，再由市人大常委会主任会议决定将撤销职务的议案提请市人大常委会会议审议。

对所有撤销职务的议案，市人大常委会主任会议或者人事代表工作委员会应当听取被提出撤销职务人员的陈述。

第二十八条 撤职案在提请表决前，被提出撤销职务的人员有权在市人大常委会会议上提出申辩意见，或者书面提出申辩意见，由主任会议决定印发市人大常委会会议。

撤职案的表决采用无记名投票的方式，由市人大常委会全体组成人员的过半数通过，并由市人大常委会行文通知有关国家机关。

第五章 附 则

第二十九条 本条例的具体应用问题，由市人大常委会人事代表工作委员会负责解释。

第三十条 本条例自市人大常委会公布之日起施行，市人大常委会以前作出有关人事任免方面的规定，即行废止。

上海市人民代表大会议事规则

（1990年4月30日上海市第九届人民代表大会第三次会议通过 1990年4月30日公布 根据1993年1月9日上海市第九届人民代表大会第六次会议《关于修改〈上海市人民代表大会议事规则〉若干条款的决定》第一次修正 根据1998年1月14日上海市第十届人民代表大会常务委员会第四十一次会议《关于修改〈上海市人民代表大会议事规则〉的决定》第二次修正 根据2001年10月24日上海市第十一届人民代表大会常务委员会第三十二次会议《关于修改〈上海市人民代表大会议事规则〉的决定》第三次修正）

第一章 总 则

第一条 为了保障市人民代表大会依法行使职权，提高议事效率，根据宪法、地方各级人民代表大会和地方各级人民政府组织法、全国人民代表大会和地方各级人民代表大会选举法和市人民代表大会的实践经验，制定本规则。

第二条 市人民代表大会实行民主集中制的原则。大会审议议案，讨论、决定事项，进行选举，应当充分发扬民主，严格依法办事，集体行使宪法、法律赋予的职权。

市人民代表大会进行选举，候选人须获得全体代表过半数的选票，始得当选；市人民代表大会表决议案、决议和决定，由全体代表的过半数通过。

第三条 市人民代表大会代表应当认真履行代表职责，积极负责地参与大会对各项议案的审议、表决和选举等活动。

第二章 会议的举行

第四条 市人民代表大会会议每年至少举行一次。每年的例会一般于第一季度举行。

市人民代表大会常务委员会认为必要，或者有五分之一以上代表提议，可以临时召开市人民代表大会会议。

第五条 市人民代表大会会议由市人民代表大会常务委员会召集。每届市人民代表大会第一次会议,在本届市人民代表大会代表选举完成后的两个月内,由上届市人民代表大会常务委员会召集。

第六条 市人民代表大会会议必须有三分之二以上的代表出席,始得举行。

第七条 在市人民代表大会会议举行前,市人民代表大会常务委员会负责做好下列准备工作:

(一)提出会议议程草案;

(二)提出主席团和秘书长名单草案;

(三)提出主席团常务主席、执行主席名单草案;

(四)提出副秘书长名单草案;

(五)决定列席会议人员名单;

(六)会议的其他准备事项。

第八条 在市人民代表大会会议举行的一个月前,市人民代表大会常务委员会公布开会的日期和建议会议讨论的主要事项,并将准备提请会议审议的地方性法规草案发给代表。

临时召开的市人民代表大会会议不适用前款规定。

第九条 市人民代表大会会议举行前,代表按照选举单位组成代表团,由市人民代表大会常务委员会委托区、县人民代表大会常务委员会和上海警备区政治部召集本选举单位的代表,举行代表团全体会议,推选团长一人、副团长若干人。同时,由各代表团组织代表对市人民代表大会常务委员会提出的主席团和秘书长名单草案、会议议程草案、拟提交大会审查的政府工作报告征求意见稿以及关于会议的其他准备事项,进行讨论,提出意见,交有关机关研究。

代表团根据便于审议的原则,可以分设若干代表小组。小组召集人由代表小组会议推选。

第十条 代表团团长的主要职责是:

(一)召集并主持代表团全体会议;

(二)组织本代表团审议会议议案和有关报告;

(三)反映本代表团对议案和有关报告的审议意见;

(四)主持在本代表团会议上的询问;

(五)传达、贯彻主席团会议的决定和有关事项;

(六)处理本代表团的其他工作事项。

副团长协助团长工作。

第十一条 市人民代表大会每次会议举行预备会议。预备会议由市人民代表大会常务委员会主持。每届市人民代表大会第一次会议的预备会议,由上届市人民代表大会常务委员会主持。

预备会议的主要议程是:选举本次会议的主席团和秘书长,通过会议议程和关于会议的其他准备事项的决定。

预备会议期间,各代表团审议市人民代表大会常务委员会提出的主席团和秘书长名单草案、会议议程草案以及关于会议的其他准备事项,提出意见。

市人民代表大会常务委员会主任会议根据各代表团提出的意见,可以对主席团和秘书长名单草案、会议议程草案以及关于会议的其他准备事项提出调整意见,提请预备会议表决。

预备会议选举主席团和秘书长,实行等额选举,采用举手或者按电子表决器的方式一并表决。

每届市人民代表大会第一次会议设立议案审查委员会,国民经济和社会发展计划、预算审查委员会,根据需要设立法案委员会。委员会由主任委员一人、副主任委员若干人和委员若干人组成。委员会组成人员由市人民代表大会常务委员会在代表中提名,提请预备会议全体会议通过。

第十二条 市人民代表大会每次会议主席团人数为市人民代表大会代表总数的百分之八至百分之十。

市人民政府组成人员,市人民法院、市人民检察院负责人一般不担任主席团成员的职务。

第十三条 主席团的主要职责是:

（一）主持市人民代表大会会议；

（二）领导市人民代表大会各委员会的工作；

（三）向会议提出议案和各项决议草案；

（四）组织审议列入会议议程的议案和有关报告；

（五）依法提出市级国家机关领导人员的人选；

（六）主持会议选举，提出选举的具体办法草案；

（七）决定议案、罢免案、质询案的审议程序和处理意见；

（八）发布公告；

（九）其他需要由主席团决定的事项。

主席团会议必须有三分之二以上的主席团成员出席，始得举行。主席团的决定，由主席团全体成员的过半数通过。

第十四条　主席团第一次会议从主席团成员中推选常务主席若干人和每次大会全体会议的执行主席若干人，并决定下列事项：

（一）副秘书长的人选；

（二）会议日程；

（三）表决议案和通过决议、决定的办法；

（四）代表提出议案截止时间；

（五）其他需要决定的事项。

主席团第一次会议由市人民代表大会常务委员会主任召集，换届后的市人民代表大会第一次会议的主席团第一次会议由上届市人民代表大会常务委员会主任或者本次大会秘书长召集。

第十五条　常务主席的职责是：

（一）召集并主持主席团会议；

（二）对属于主席团职权范围内的事项向主席团提出建议；

（三）根据会议进展情况，对会议日程安排作必要的调整；

（四）召开代表团团长会议，就议案和有关报告的重大问题听取各代表团的审议意见，进行讨论，并将讨论的情况和意见向主席团报告；

（五）根据主席团的授权，处理主席团职责范围内的其他事项。

第十六条　市人民代表大会会议审议议案和有关报告，由代表团全体会议、代表小组会议审议。

主席团常务主席或者市人民代表大会专门委员会根据需要，可以就专门性问题召集有关代表进行专题审议和讨论。

各代表团审议以及专题审议的情况和意见应当向主席团报告。

第十七条　主席团认为必要的时候，或者经代表团提议、主席团同意，可以召开大会全体会议，就有关的议案和报告进行大会审议。

第十八条　市人民代表大会会议设立秘书处。秘书处由秘书长一人和副秘书长若干人组成。

秘书处在秘书长领导下，办理主席团交付的事项和处理会议日常事务工作。副秘书长协助秘书长工作。秘书处可以设立若干工作机构。

第十九条　市人民代表大会举行会议的时候，市人民代表大会代表应当出席；因病或者其他特殊原因不能出席的必须请假。对无故不出席市人民代表大会会议的代表，大会和原选举单位应当进行监督。

大会秘书处应当向主席团报告代表出席会议的情况和缺席的原因。

第二十条　市人民政府的组成人员，市高、中级人民法院院长，市人民检察院检察长、检察院分院检察长，列席市人民代表大会会议；本市选出的全国人民代表大会代表，可以列席市人民代表大会会议；其他有关机关、团体的负责人，经市人民代表大会常务委员会决定，可以列席市人民代表大会会议。

列席会议的人员因病或者其他特殊原因不能列席的应当请假。

列席会议的人员有发言权，没有表决权。

第二十一条　市人民代表大会会议公开举行。

大会全体会议设旁听席。旁听办法由市人民代表大会常务委员会规定。

市人民代表大会会议根据需要可以举行新闻发布会和记者招待会。

第二十二条 市人民代表大会会议在必要的时候，可以举行秘密会议。举行秘密会议由主席团会议决定。

第三章 议案的提出和审议

第二十三条 主席团、市人民代表大会常务委员会、市人民代表大会各专门委员会、市人民政府、市高级人民法院、市人民检察院可以向市人民代表大会提出属于市人民代表大会职权范围内的议案，由主席团决定列入会议议程。

第二十四条 市人民代表大会代表十人以上联名，可以向市人民代表大会提出属于市人民代表大会职权范围内的议案，由主席团决定是否列入会议议程，或者先交有关的专门委员会或议案审查委员会审查，提出审查意见，再由主席团审议决定是否列入大会议程。

代表联名提议案，应当在市人民代表大会常务委员会作出召开市人民代表大会会议的决定之日起至主席团决定的代表议案截止时间之前提出。

第二十五条 向市人民代表大会提出的议案，应当写明要求解决的问题、理由和方案。

第二十六条 专门委员会或者议案审查委员会在审查代表提出的议案时，可以邀请提议案的领衔人列席会议，发表意见。

大会秘书处应当将主席团通过的关于代表提出的议案审查意见的报告印发代表。

提出议案的代表半数以上对议案审查意见的报告有异议的，可以在主席团最后一次会议召开的两小时前，向主席团书面提出复议要求。主席团应当予以复议，并作出相应的决定；或者交市人民代表大会常务委员会在大会闭会后的第一次会议上复议，作出决定。主席团或者市人民代表大会常务委员会应当将复议的决定答复提案人。

第二十七条 列入会议议程的议案，提案人应当向会议提出关于议案的说明。提案人、有关的专门委员会、常务委员会有关的工作部门应当提供有关的资料。

第二十八条 列入会议议程的议案，由主席团提交各代表团进行审议，可以并交有关的专门委员会进行审议、提出报告，由主席团审议决定提请大会全体会议表决。

第二十九条 市人民代表大会各专门委员会审议议案，涉及专门性问题的，可以邀请有关方面的代表和专家列席会议，发表意见。

第三十条 列入会议议程的议案，在交付大会表决前，提案人要求撤回的，经主席团同意，会议对该议案的审议即行终止。

第三十一条 代表十人以上联名，可以对列入会议议程的议案或者准备交付大会表决的决议草案提出书面修正案。修正案最迟必须在大会表决前举行的主席团会议前两小时提出，由主席团决定是否提交代表团审议和提请大会表决，或者先交有关的专门委员会审议，提出意见，再由主席团决定是否提交代表团审议和提请大会表决。

第三十二条 列入会议议程的议案，在审议中认为有重大问题需要进一步研究的，经主席团提出，由大会全体会议决定，可以授权市人民代表大会常务委员会在本次大会闭会后审议决定，并报市人民代表大会下次会议备案。常务委员会认为必要时，可以将该议案提请市人民代表大会下次会议再次审议。

第三十三条 代表十人以上联名提出的议案，经主席团审议决定不列入本次会议议程的，交有关的专门委员会或者常务委员会主任会议，在市人民代表大会闭会后审议。有关的专门委员会或者常务委员会主任会议应当在大会闭会后三个月内提出审议结果的报告，提请常务委员会审议。

第三十四条 代表十人以上联名提出的议案，内容不属于市人民代表大会职权范围内的，由主席团决定作为代表建议、批评和意见处理。

代表在代表议案截止时间后提出的议案，作为代表建议、批评和意见处理。

第三十五条 代表向市人民代表大会提出

的对于各方面工作的建议、批评和意见，按照《上海市人民代表大会关于代表书面意见的规定》处理。

第三十六条 在市人民代表大会会议举行期间，常务委员会和各专门委员会的办事机构负责人，市人民政府办事机构和有关工作部门的负责人，市高级人民法院、市人民检察院的有关负责人，应当到会处理代表提出的对本部门的建议、批评和意见。

第三十七条 地方性法规议案的提出和审议，按照《上海市制定地方性法规条例》的有关规定执行。

提请市人民代表大会会议审议的地方性法规议案，一般应当先经市人民代表大会常务委员会初步审议，初步审议的意见应当整理印发代表。

市人民代表大会会议举行前，常务委员会可以公布准备提请会议审议的重要的地方性法规草案，征求各方面意见，并将意见整理印发代表。

第四章 工作报告、计划、预算的审查

第三十八条 市人民代表大会每年举行例会的时候，常务委员会、市人民政府、市高级人民法院、市人民检察院应当分别向会议提出工作报告，经各代表团审查后，由会议作出相应的决议。

必要时，常务委员会、市人民政府、市高级人民法院、市人民检察院应当向会议提出有关的专题报告。

第三十九条 市人民代表大会例会举行的一个月前，市人民政府有关主管部门应当就本市上年度国民经济和社会发展计划、预算执行情况以及编制本年度国民经济和社会发展计划、预算的主要情况和内容，向市人民代表大会财政经济委员会和有关的专门委员会汇报，并提供详细材料。财政经济委员会和有关的专门委员会进行初步审查、提出意见后，交市人民政府有关主管部门研究处理。市人民政府有关部门应当将处理情况及时报告财政经济委员会和有关的专门委员会。

财政经济委员会和有关的专门委员会对国民经济和社会发展计划、预算进行初步审查的时候，可以邀请有关方面的代表和专家列席会议，发表意见。

第四十条 市人民代表大会每年举行例会的时候，市人民政府应当向会议提出关于本市国民经济和社会发展计划及计划执行情况的报告、关于预算的报告，并将国民经济和社会发展计划指标（草案）、预算收支表（草案），一并在预备会议时印发代表，由各代表团进行审查，并由财政经济委员会和有关的专门委员会进行审查。

各代表团和有关的专门委员会的审查意见应当及时印发代表。

财政经济委员会根据各代表团和有关的专门委员会的审查意见，对关于本市国民经济和社会发展计划及计划执行情况的报告、关于预算的报告进行审查，向主席团提出审查结果报告，经主席团审议通过后，印发代表，并将关于本市国民经济和社会发展计划的决议草案、关于预算的决议草案提请大会全体会议表决。

每届市人民代表大会第一次会议，由大会国民经济和社会发展计划、预算审查委员会根据各代表团的审查意见，对关于本市国民经济和社会发展计划及执行情况的报告、关于预算的报告进行审查，向主席团提出审查结果报告，经主席团审议通过后，印发代表，并将关于本市国民经济和社会发展计划的决议草案、关于预算的决议草案提请大会全体会议表决。

第四十一条 本市国民经济和社会发展计划、预算经市人民代表大会批准后，在执行中需要作部分变更的，市人民政府必须及时将变更方案提请市人民代表大会常务委员会审查、批准。

第五章 选举、罢免和辞职

第四十二条 市人民代表大会常务委员会

组成人员的人选，市长、副市长的人选，市高级人民法院院长和市人民检察院检察长的人选，由市人民代表大会主席团或者市人民代表大会代表三十人以上联合提名。不同选举单位选出的代表可以酝酿、联合提出候选人。

主席团提名的候选人人数，每一代表与其他代表联合提名的候选人人数，均不得超过应选名额。

全国人民代表大会代表候选人由中央和市级各政党、各人民团体联合或者单独推荐，或者由市人民代表大会代表十人以上联名推荐。

各专门委员会的主任委员、副主任委员和委员的人选，由主席团在市人民代表大会代表中提名。

第四十三条 提出市级国家机关领导人员候选人的提名人应当书面向会议介绍候选人的基本情况和提名理由，并对代表提出的问题作必要的口头或者书面说明。

推荐全国人民代表大会代表候选人的政党、人民团体和市人民代表大会代表应当书面向会议介绍候选人的基本情况和推荐理由，并对代表提出的问题作必要的口头或者书面说明。市人民代表大会在选举全国人民代表大会代表时，提名、酝酿候选人的时间不得少于两天。

主席团应当将候选人的基本情况和提名或者推荐理由印发代表。

第四十四条 市人民代表大会会议选举市级国家机关领导人员，依法进行差额选举，如果提名的候选人人数符合选举办法规定的差额数，由主席团提交代表酝酿、讨论后，进行选举。如果提名的候选人人数超过选举办法规定的差额数，由主席团将全部候选人名单提交全体代表酝酿、讨论后，进行预选，根据在预选中得票多少的顺序，按照选举办法规定的差额数，确定正式候选人名单，进行选举。如果提名的市人民代表大会常务委员会主任、秘书长，市长，市高级人民法院院长，市人民检察院检察长的候选人只有一人，也可以等额选举。

市人民代表大会换届选举市级国家机关领导人员时，提名、酝酿候选人的时间不得少于两天。

第四十五条 市人民代表大会选举市级国家机关领导人员，获得全体代表过半数选票的候选人人数超过应选名额时，以得票多的当选。如遇票数相等不能确定当选人时，应当就票数相等的人再次投票，以得票多的当选。

获得全体代表过半数选票的当选人数少于应选名额时，不足的名额另行选举。另行选举时，可以根据在第一次投票时得票多少的顺序确定候选人，也可以依照本规则规定的程序另行提名、确定候选人。经市人民代表大会决定，不足的名额的另行选举可以在本次人民代表大会会议上进行，也可以在下一次人民代表大会会议上进行。

另行选举市人民代表大会常务委员会副主任、委员，市人民政府副职领导人员时，依照法定差额数，进行差额选举。

第四十六条 市人民代表大会补选常务委员会组成人员，市长、副市长，市高级人民法院院长，市人民检察院检察长以及出缺的全国人民代表大会代表时，候选人人数可以多于应选人数，也可以同应选人数相等。

第四十七条 在大会投票选举以前，根据代表的要求，主席团应当安排市人民代表大会常务委员会主任、副主任、市长、副市长、市高级人民法院院长和市人民检察院检察长的正式候选人与代表见面、座谈等活动，为代表了解候选人提供条件。

第四十八条 市人民代表大会举行会议的时候，主席团、常务委员会或者十分之一以上代表联名，可以提出对市人民代表大会常务委员会组成人员、专门委员会成员、市人民政府组成人员、市高级人民法院院长、市人民检察院检察长和由本市选举的全国人民代表大会代表的罢免案。

罢免案由主席团交各代表团审议后，提请大会全体会议表决；或者依照本规则第七章的规定，由主席团提议，经大会全体会议决定，组织调查委员会，由市人民代表大会下次会议根据调查委员会的报告审议决定。

对个别副市长和由常务委员会任命的市人民政府其他组成人员的罢免案，可以授权常务委员会在市人民代表大会闭会后六个月内，听取调查委员会的调查报告，并作出相应的决定，报市人民代表大会下次会议备案或者提请市人民代表大会下次会议审议。

罢免案应当写明罢免理由，并提供有关的材料。

罢免案提交大会全体会议表决前，被提出罢免的人员有权在主席团会议或者大会全体会议上提出申辩意见，或者书面提出申辩意见。在主席团会议上提出的申辩意见或者书面提出的申辩意见，由主席团印发会议。

第四十九条 市人民代表大会会议进行选举和表决罢免案，采用无记名投票方式。

大会全体会议选举或者表决罢免案的时候，设秘密写票处。

选举或者表决结果，由会议主持人当场宣布。候选人的得票数，应当公布。

第五十条 市人民代表大会会议选举的具体办法，由大会全体会议通过。

第五十一条 在市人民代表大会会议期间，常务委员会组成人员、专门委员会成员，市长、副市长，市高级人民法院院长和市人民检察院检察长提出辞职的，由主席团将其辞职请求交各代表团审议后，提请大会全体会议决定；大会闭会期间提出辞职的，由常务委员会主任会议将其辞职请求提请常务委员会审议决定。常务委员会接受辞职的决定应当报市人民代表大会备案。

在市人民代表大会闭会期间，常务委员会依法免去由市人民代表大会选举的国家机关工作人员职务的决定，应当报市人民代表大会备案。

第五十二条 市人民代表大会常务委员会组成人员、专门委员会成员的市人民代表大会代表职务被原选举单位罢免的，其市人民代表大会常务委员会组成人员、专门委员会成员的职务相应撤销，由主席团或者市人民代表大会常务委员会予以公告。

第五十三条 市人民检察院检察长的选举、罢免和辞职，经市人民代表大会通过后，应当报经最高人民检察院检察长提请全国人民代表大会常务委员会批准。

市人民代表大会罢免由本市选举的全国人民代表大会代表的决议，必须报全国人民代表大会常务委员会备案。

第六章 询问和质询

第五十四条 各代表团审议议案和有关报告的时候，有关机关应当由其负责人或者指派负责人员到会，听取意见，回答代表提出的询问。

各代表团全体会议审查政府工作报告和关于国民经济和社会发展计划及计划执行情况的报告、关于预算报告的时候，市人民政府及其所属各部门负责人应当分别参加会议，听取意见，回答询问。

主席团和专门委员会对议案和有关报告进行审议的时候，市人民政府或者有关国家机关负责人应当到会，听取意见，回答询问，并可以对议案和有关报告作补充说明。

代表在会议期间对市级国家机关提出的询问，有关机关应当在会议期间作出答复。如询问涉及的问题比较复杂的，由受询问机关提出要求，经主席团或者有关的代表团同意，可以在市人民代表大会会议闭会后作出答复。

第五十五条 市人民代表大会会议期间，代表十人以上联名，可以书面提出对市人民政府和它所属各工作部门以及市高、中级人民法院、市人民检察院和分院的质询案。

第五十六条 代表提出质询案，必须填写专用纸，写明质询对象、质询的问题和内容。

第五十七条 质询案由主席团决定交由受质询的机关在主席团会议、大会全体会议或者有关的专门委员会会议上作出口头答复，或者由受质询机关书面答复。

在主席团会议或者专门委员会会议上答复

的，提质询案的代表有权列席会议，发表意见。主席团认为必要的时候，可以将答复质询案的情况报告印发会议。

在专门委员会会议上答复的，有关的专门委员会应当将答复质询案的情况向主席团报告。

质询案以口头答复的，应当由受质询机关的负责人到会答复；质询案以书面答复的，应当由受质询机关的负责人签署，由主席团印发会议或者印发提质询案的代表，提质询案的代表可以对书面答复提出意见。

第五十八条 提出质询案的代表半数以上对受质询机关的答复不满意的，可以提出重新答复的要求，由主席团交受质询机关再作答复。

受质询机关认为质询案涉及的问题比较复杂，在会议期间答复有困难的，或者提出质询案的代表半数以上对再次答复仍不满意的，经主席团决定，可以在市人民代表大会闭会后两个月内，由受质询机关在常务委员会会议或者有关的专门委员会会议上作出答复，提质询案的代表有权列席会议，发表意见。常务委员会根据答复的情况和代表意见，必要时可以作出决定。

第五十九条 在主席团对质询案作出处理决定前，提案人要求撤回的，对该质询案的审议即行终止。

第七章 调查委员会

第六十条 市人民代表大会认为必要的时候，可以组织关于特定问题的调查委员会。

第六十一条 主席团或者十分之一以上的代表联名，可以提议组织关于特定问题的调查委员会，由主席团提请大会全体会议决定。

调查委员会由主任委员一人、副主任委员若干人和委员若干人组成，由主席团在市人民代表大会代表中提名，提请大会全体会议通过。调查委员会可以聘请专家参加调查工作。

第六十二条 调查委员会进行调查的时候，有关的国家机关、社会团体、企业、事业单位和公民都有义务如实向它提供必要的材料。提供材料的公民要求对材料来源保密的，调查委员会应当予以保密。

调查委员会在调查过程中，可以不公布调查情况和材料。

第六十三条 调查委员会应当向市人民代表大会提出调查报告。市人民代表大会根据调查委员会的报告，可以作出相应的决议。

市人民代表大会可以授权市人民代表大会常务委员会在市人民代表大会闭会期间，听取调查委员会的调查报告，并可以作出相应的决议，报市人民代表大会下次会议备案。

第八章 发言和表决

第六十四条 市人民代表大会代表在市人民代表大会各种会议上的发言和表决，不受法律追究。

第六十五条 代表要求在进行大会审议的全体会议上发言的，应当在会前向秘书处报名，由大会执行主席安排发言顺序。在进行大会审议的全体会议上临时要求发言的，经大会执行主席许可，始得发言。

代表在大会每次全体会议上发言的，每人就同一议题可以发言两次，第一次不得超过十分钟，第二次不得超过五分钟。

第六十六条 主席团成员或者列席主席团会议的代表在主席团每次会议上发言的，每人可以就同一议题发言两次，第一次不得超过十五分钟，第二次不得超过十分钟。

第六十七条 代表在市人民代表大会各种会议上的发言，由大会秘书处整理简报印发代表。

第六十八条 列入会议议程需要表决的议案和决议、决定草案，在进行大会表决的全体会议召开前，应当经过充分审议讨论。代表在审议中对议案和决议、决定草案有重要不同意见的，经主席团提出，由出席会议的代表过半数同意，可以暂不交付表决。

较多的代表对提请表决的议案、决议、决定

草案中的部分条款有不同意见的，经主席团决定，可以将部分条款分别付诸大会全体会议表决。

在进行大会表决和选举的全体会议上，代表不进行大会发言。

第六十九条 大会全体会议表决议案和决议、决定时，有修正案的，先表决修正案。

表决结果由会议主持人当场宣布。

第七十条 会议表决议案和决议、决定，采用投票方式、举手方式或者其他方式，由主席团决定。

第九章 附 则

第七十一条 本规则在市人民代表大会会议期间，由主席团解释；在市人民代表大会闭会期间，由常务委员会解释。

第七十二条 本规则自公布之日起施行。

上海市人民代表大会常务委员会主任会议议事规则

（1990 年 12 月 22 日上海市第九届人民代表大会常务委员会第二十三次会议通过 1990 年 12 月 31 日公布）

第一条 为了使市人民代表大会常务委员会主任会议处理重要日常工作制度化、规范化，根据《中华人民共和国地方各级人民代表大会和地方各级人民政府组织法》、《上海市人民代表大会议事规则》和《上海市人民代表大会常务委员会议事规则》，制定本规则。

第二条 市人民代表大会常务委员会主任、副主任、秘书长组成主任会议。

第三条 主任会议由常务委员会主任召集并主持。常务委员会主任可以委托一位副主任召集并主持主任会议。

第四条 主任会议每月至少举行一次，必要时可以临时召集。

主任会议必须有全体组成人员的过半数出席始得举行。

第五条 主任会议讨论决定问题，实行民主集中制，严格依法办事。

主任会议的决定，必须由全体组成人员的过半数同意。

第六条 主任会议处理常务委员会的重要日常工作：

（一）决定常务委员会每次会议举行的日期；拟定常务委员会会议议程草案和日程草案，提请常务委员会会议决定；确定常务委员会会议列席人员；

（二）审议市人民代表大会主席团交付常务委员会主任会议审议的代表议案，向常务委员会提出审议结果的报告；

（三）听取市人民代表大会各专门委员会提出的关于市人民代表大会主席团交付审议的代表议案的审议结果报告，提请常务委员会会议审议；

（四）提出常务委员会向代表大会作的工作报告（草案）和召集市人民代表大会有关准备事项的建议，提请常务委员会会议审议；

（五）对市人民政府、市高级人民法院、市人民检察院、市人民代表大会各专门委员会向常务委员会提出的议案，决定提请常务委员会会议审议，或者先交有关的专门委员会审议、提出报告，再提请常务委员会会议审议；

（六）对常务委员会组成人员五人以上联名提出的属于常务委员会职权范围内的议案，决定是否提请常务委员会会议审议，或者先交有关的专门委员会审议、提出报告，再决定是否提请常务委员会会议审议；

（七）对常务委员会组成人员五人以上联名书面提出的质询案，决定交受质询机关答复；

（八）提出由主任会议拟定的地方性法规（草案）和决议、决定（草案），提请常务委员会会议审议；

（九）讨论市人民政府、市高级人民法院、市人民检察院提请常务委员会任免、决定任免或批准任免的事项，听取人事工作委员会的初步审议意见，决定提请常务委员会会议审议；

（十）提出应由主任会议提名、常务委员会任免的人选；

（十一）决定常务委员会办公厅和研究室副主任的任免；

（十二）听取市人民代表大会各专门委员会、常务委员会各工作委员会提出的关于下一级人民代表大会及其常务委员会不适当的决议、本级人民政府不适当的决定和命令的初步审查意见，决定提请常务委员会会议审议；

（十三）讨论人民群众对市人民政府、市人民法院、市人民检察院和国家工作人员重要的申诉和意见，提出处理意见，必要时提请常务委员会会议审议；

（十四）听取市人民政府及其有关部门、市高级人民法院、市人民检察院的专题工作汇报，提出处理意见；对重要的专题工作汇报，提请常务委员会会议审议；

（十五）拟定常务委员会年度工作要点（草案），提请常务委员会会议审议通过，并组织实施；

（十六）向常务委员会提出属于常务委员会职权范围内的其他议案；

（十七）指导和协调市人民代表大会各专门委员会的工作，听取和讨论各专门委员会的工作汇报，对有关的重大问题，提请常务委员会会议审议；

（十八）对市人民代表大会各专门委员会和常务委员会有关部门提出的视察报告和调查报告，提出处理意见，印发常务委员会组成人员，或者提请常务委员会会议审议；

（十九）听取常务委员会各工作委员会、办公厅和研究室的工作汇报，讨论、决定有关重要事项；

（二十）讨论区、县人民代表大会常务委员会提出的需要答复的有关事项，提出处理意见；

（二十一）讨论全国人民代表大会常务委员会交办的有关事项，提出办理意见；

（二十二）处理常务委员会授权的事项和其他重要日常工作。

第七条 主任会议的议题，由秘书长提出，常务委员会主任或主任委托的副主任确定。

第八条 在主任会议举行的三天前，办公厅应将会议议题、开会日期和地点通知主任会议组成人员，并将会议文件提前送达主任会议组成人员。

临时召集的主任会议，不适用前款规定。

第九条 市人民代表大会各专门委员会和常务委员会各工作委员会负责人，副秘书长，办公厅和研究室负责人列席主任会议。经常务委员会主任或主任委托的副主任确定，市人民政府、市高级人民法院、市人民检察院以及有关部门的负责人可以列席主任会议。

第十条 主任会议通过的文件和决定的事项需要行文时，由常务委员会主任或分管的副主任签发。

第十一条 主任会议应作会议记录并编印会议纪要。会议纪要由秘书长签发，并印发常务委员会组成人员。

第十二条 主任会议讨论的重要问题和决定的事项，经常务委员会主任或主任委托的副主任同意，可以发布新闻。

第十三条 本规则自公布之日起施行。

上海市罢免和补选各级人民代表大会代表程序的规定

（1992年6月19日上海市第九届人民代表大会常务委员会第三十四次会议通过 1992年6月27日公布 根据1998年8月18日上海市第十一届人民代表大会常务委员会第四次会议《关于修改〈上海市罢免和补选各级人民代表大会代表程序的规定〉的决定》第一次修正 根据2007年4月26日上海市第十二届人民代表大会常务委员会第三十五次会议《关于修改〈上海市罢免和补选各级人民代表大会代表程序的规定〉的决定》第二次修正 根据2010年9月17日上海市第十三届人民代表大会常务委员会第二十一次会议《关于修改本市部分地方性法规的决定》第三次修正）

第一章 总 则

第一条 为了使罢免和补选各级人民代表大会代表的工作规范化、制度化，根据《中华人民共和国宪法》、《中华人民共和国全国人民代表大会和地方各级人民代表大会选举法》、《中华人民共和国地方各级人民代表大会和地方各级人民政府组织法》、《中华人民共和国全国人民代表大会和地方各级人民代表大会代表法》和其他有关法律、法规的规定，结合本市的实际情况，制定本规定。

第二条 全国和本市各级人民代表大会的代表，受选民和原选举单位的监督。选民或者选举单位都有权罢免自己选出的代表。

第三条 全国和本市各级人民代表大会的代表在任期内因故出缺，由原选区或者原选举单位补选。

第二章 罢免代表

第四条 对于区、县的人民代表大会代表，原选区选民五十人以上联名，对于乡、镇的人民代表大会代表，原选区选民三十人以上联名，可以向区、县的人民代表大会常务委员会提出罢免要求。

被提出罢免的代表有权在选民会议上提出申辩意见，也可以向区、县人民代表大会常务委员会书面提出申辩意见。

区、县人民代表大会常务委员会应当自收到罢免要求之日起的两个月内，将罢免要求和被提出罢免的代表的书面申辩意见印发原选区选民。

第五条 市人民代表大会举行会议的时候，主席团或者十分之一以上代表联名，可以提出对由市人民代表大会及其常务委员会选举的全国人民代表大会代表的罢免案。

区、县人民代表大会举行会议的时候，主席团或者十分之一以上代表联名，可以提出对由区、县人民代表大会及其常务委员会选举的市人民代表大会代表的罢免案。罢免案由主席团交各代表团审议后，提请大会全体会议表决；或者由主席团提议，经大会全体会议决定，组织调查委员会进行调查，由人民代表大会下一次会议根据调查委员会的调查报告审议决定；也可以授权常务委员会在人民代表大会闭会期间听取调查委员会的调查报告，并作出相应的决定，报人民代表大会备案。

市和区、县人民代表大会举行会议的时候，被提出罢免的代表有权在主席团会议和大会全体会议上提出申辩意见，或者书面提出申辩意见，由主席团印发会议。

第六条 在市人民代表大会闭会期间，常务委员会主任会议或者常务委员会五分之一以上组成人员联名，可以向常务委员会提出对由市人民代表大会及其常务委员会选举的全国人民代表大会代表的罢免案。

在区、县人民代表大会闭会期间，常务委员会主任会议或者常务委员会五分之一以上组成人员联名，可以向常务委员会提出对由区、县人民代表大会及其常务委员会选举的市人民代表大会代表的罢免案。市和区、县人民代表大会常务委员会举行会议的时候，被提出罢免的代表有权在主任会议和常务委员会全体会议上提出申辩意见，或者书面提出申辩意见，由主任会议印发会议。罢免案经会议审议后，由主任会议提请全体会议表决。

第七条 罢免要求和罢免案应当以书面形式提出，写明罢免理由，并提供有关材料。受理机关收到罢免要求或者罢免案后，应当及时组织调查，核实情况。联名提出罢免要求的选民如提出撤回罢免要求，应当自提出罢免要求之日起的十五日内以书面形式提出，写明撤回的理由。受理机关收到撤回罢免要求后，如坚持提出罢免区、县的人民代表大会代表要求的选民不足五十人的，罢免乡、镇的人民代表大会代表要求的选民不足三十人的，不再将罢免要求交原选区选民进行表决。

第八条 罢免区、县和乡、镇人民代表大会代表，由区、县人民代表大会常务委员会主任会议组织进行。表决罢免要求，由区、县人民代表大会常务委员会派有关负责人员主持。罢免全国和市人民代表大会代表，市和区、县人民代表大会举行会议的时候，分别由市和区、县人民代表大会主席团组织进行；在人民代表大会闭会期间，分别由市和区、县人民代表大会常务委员会主任会议组织进行。

第九条 罢免区、县和乡、镇人民代表大会代表时，原选区应当重新核对选民名单，对选民变动情况进行补正，在表决罢免要求之日的两日以前予以公布。

第十条 罢免代表，采用无记名表决方式。

第十一条 罢免区、县和乡、镇人民代表大会代表，必须经原选区过半数的选民通过。

罢免由市和区、县人民代表大会及其常务委员会分别选出的全国和市人民代表大会代表，市和区、县人民代表大会举行会议的时候，必须经各该级人民代表大会全体代表的过半数通过。在人民代表大会闭会期间，必须经常务委员会组成人员的过半数通过。

第十二条 罢免乡、镇人民代表大会代表的结果报告，由乡、镇人民代表大会代表资格审查委员会报本级人民代表大会予以公告。

罢免区、县人民代表大会代表的结果报告，由区、县人民代表大会常务委员会代表资格审查委员会报本级人民代表大会常务委员会予以公告。

罢免市人民代表大会代表的决议，由区、县人民代表大会常务委员会报市人民代表大会常务委员会备案，由市人民代表大会常务委员会代表资格审查委员会报本级人民代表大会常务委员会予以公告。

罢免全国人民代表大会代表的决议，由市人民代表大会常务委员会报全国人民代表大会常务委员会备案、公告。

第三章 补选代表

第十三条 区、县和乡、镇人民代表大会代表因故出缺的时候，由原选区选民进行补选。全国和市人民代表大会代表因故出缺的时候，分别由市和区、县人民代表大会进行补选；在人民代表大会闭会期间，分别由市和区、县人民代表大会常务委员会进行补选。

第十四条 补选区、县人民代表大会代表，由区、县人民代表大会常务委员会主任会议组织进行；补选乡、镇人民代表大会代表，由乡、镇人民代表大会主席组织进行。补选全国和市人民代表大会代表，市和区、县人民代表大会举行会议的时候，分别由市和区、县人民代表大会主席团组织进行；在人民代表大会闭会期间，分别由市和区、县人民代表大会常务委员会主任会议组织进行。

第十五条 补选乡、镇人民代表大会代表，乡、镇人民代表大会主席应当事先报告区、县人民代表大会常务委员会。补选全国和市人民代表大会代表，市和区、县人民代表大会常务委员会应当事先分别报告全国和市人民代表大会常务委员会。

第十六条 补选区、县和乡、镇人民代表大会代表，各政党、各人民团体可以联合或者单独分别向区、县人民代表大会常务委员会和乡、镇人民代表大会主席团推荐代表候选人；本选区选民十人以上联名也可以向区、县人民代表大会常务委员会或者乡、镇人民代表大会主席团推荐代表候选人。

第十七条 补选全国和市人民代表大会代表，市和区、县人民代表大会举行会议的时候，各政党、各人民团体可以联合或者单独分别向市和区、县人民代表大会主席团推荐代表候选人；代表十人以上联名也可以向大会主席团推荐代表候选人。

在人民代表大会闭会期间，各政党、各人民团体可以联合或者单独分别向市和区、县人民代表大会常务委员会推荐代表候选人；市人民代表大会常务委员会组成人员五人以上联名，区、县人民代表大会常务委员会组成人员三人以上联名，可以向本级人民代表大会常务委员会推荐代表候选人。

第十八条 推荐代表候选人，应当填写推荐表，写明推荐理由。补选代表工作的组织者应当向选民或者代表或者常务委员会组成人员介绍代表候选人的情况。推荐代表候选人的选民和政党、人民团体、代表、常务委员会组成人员，可以在选民小组或者代表小组或者常务委员会会议上介绍所推荐的代表候选人的情况。但是在补选区、县和乡、镇人民代表大会代表的当日，必须停止对代表候选人的介绍。

第十九条 补选代表时，代表候选人的名额可以多于应补选代表的名额，进行差额选举；也可以同应补选代表的名额相等，进行等额选举。补选区、县和乡、镇人民代表大会代表实行差额选举的时候，代表候选人的名额应当多于应选代表名额三分之一至一倍。补选全国和市人民代表大会代表实行差额选举的时候，代表候选人的名额应当多于应选代表名额五分之一至二分之一。如果只补选一人，候选人应为二人。

如果提出的代表候选人人数多于上述差额的时候，由补选代表的组织者，根据较多数选民或者较多数代表或者较多数常务委员会组成人员的意见，确定正式代表候选人。

第二十条 补选区、县和乡、镇人民代表大会代表的时候，原选区应当重新核对选民名单，对选民变动情况进行补正，在选举日的十五日以前予以公布。

第二十一条 补选区、县和乡、镇人民代表大会代表的时候，在选举日的十日以前公布代表候选人名单。经民主协商后，在选举日的五日以前公布正式代表候选人名单。如果所提名的代表候选人的人数与应选代表名额相等的，或者经民主协商意见比较一致的，补选代表工作的组织者也可以在选举日的五日以前一次公布正式代表候选人名单。

第二十二条 补选代表，采用无记名投票方式。

第二十三条 补选区、县和乡、镇人民代表大会代表的时候，选区全体选民的过半数参加投票，选举有效。代表候选人获得参加投票的选民过半数的赞成票，始得当选。补选全国和市人民代表大会代表的时候，代表候选人获得全体代表过半数或者常务委员会组成人员过半数的赞成票，始得当选。

第二十四条 补选结果，由补选代表工作的组织者在选举完成时予以宣布。

补选全国和市人民代表大会代表，市和区、县人民代表大会常务委员会必须将补选结果报告报送上一级人民代表大会常务委员会。

第二十五条 补选的全国和市、区、县人民代表大会代表，由本级人民代表大会常务委员会代表资格审查委员会审查其代表资格是否有效,并报本级人民代表大会常务委员会确认。补选的乡、镇人民代表大会代表,由本级人民代表大会 代表资格审查委员会审查其代表资格是否有效,并报本级人民代表大会主席团确认。

代表资格有效的代表,由本级人民代表大会常务委员会或者乡、镇人民代表大会主席团予以公告,并发给代表证。

第二十六条 补选的代表,其任期到本届人民代表大会届满为止。

第四章 附 则

第二十七条 中国人民解放军驻沪部队罢免和补选本市市和区、县人民代表大会代表,依照《中国人民解放军选举全国人民代表大会和县级以上地方各级人民代表大会代表的办法》并参照本规定办理。

第二十八条 本规定在具体应用中的问题,由市人民代表大会常务委员会代表资格审查委员会解释。

第二十九条 本规定自市人民代表大会常务委员会公布之日起施行。

上海市国防教育条例

(1992年8月20日上海市第九届人民代表大会常务委员会第三十五次会议通过 根据2010年9月17日上海市第十三届人民代表大会常务委员会第二十一次会议《关于修改本市部分地方性法规的决定》修正 2012年9月26日上海市第十三届人民代表大会常务委员会第三十六次会议修订)

第一条 为了普及和加强国防教育,发扬爱国主义精神,增强公民国防观念,促进国防建设和社会主义精神文明建设,根据《中华人民共和国国防教育法》等有关法律、行政法规,结合本市实际情况,制定本条例。

第二条 开展国防教育是全社会的共同责任,接受国防教育是公民的权利和义务。

第三条 本市通过开展国防教育,使公民增强国防观念,掌握国防基本知识,学习必要军事技能,激发爱国热情,自觉履行国防义务。

开展国防教育应当根据形势需要和实际情况,有针对性地设置教育内容。国防教育的基本内容包括国防理论、国防知识、国防历史、国防法规、国防形势与任务和国防技能等。

第四条 各级人民政府领导本行政区域内的国防教育工作。驻地军事机关按照国家和军队的有关规定,协助和支持人民政府开展国防教育。

市和区、县国防教育联席会议(以下简称联席会议)负责国防教育工作的组织、协调和检查;市和区、县国防教育办公室是同级联席会议的办事机构,负责联席会议的日常工作,并承担国防教育的服务保障、评估考核、指导监督等工作。

乡、镇人民政府和街道办事处应当确定一个部门或者专人负责国防教育工作。

第五条 各级人民政府应当将国防教育工作纳入同级国民经济和社会发展规划,并将国防教育工作所需经费列入同级财政预算。

第六条 教育部门负责在校学生的国防教

育，加强对学校国防教育的组织、指导和监督，并对学校国防教育工作定期进行考核。

文广影视、新闻出版部门负责国防教育的社会宣传教育工作。

民政、人力资源社会保障、公务员管理、司法行政、科技、卫生、体育等部门按照各自职责，做好相关的国防教育工作。

征兵、人民防空、国防科研生产、国民经济动员、国防交通、军事设施保护等工作的主管部门，依照有关法律、法规的规定，负责相关的国防教育工作。

第七条 上海警备区和区、县人民武装部负责民兵、预备役人员的国防教育。

驻沪人民解放军和人民武装警察部队根据国家和军队的有关规定，为有组织的国防教育活动选派军事教员，提供必要的军事训练场地、设施以及其他便利条件。

按照国家和军队有关规定批准开放的军营，可以在国庆节、中国人民解放军建军节和全民国防教育日向社会开放。

第八条 工会、共产主义青年团、妇女联合会以及其他有关社会团体，协助人民政府开展国防教育。

居民委员会、村民委员会应当将国防教育纳入精神文明建设工作，结合征兵工作、拥军优属以及重大节日、纪念日活动，对居民、村民进行国防教育。

第九条 国家机关应当根据各自的工作性质和特点，结合在职学习和业务培训，通过举办国防知识讲座、形势报告等方式，开展国防教育。

国家机关领导人员应当结合本地区、本单位的实际，领导、组织国防教育工作，履行国防职责。

国家机关公务员录用考试和初任培训，应当设置国防教育的内容。

第十条 小学和初级中学应当将国防教育纳入专题教育的内容，采取课堂教学与课外活动相结合的方法，通过将国防教育内容融入语文、历史、地理、体育和思想品德等课程，开展少年军校、军事夏令营、主题班会、读书演讲、知识竞赛等活动，对学生进行国防教育，使其掌握相应的国防常识。

小学和初级中学学生接受国防教育的情况，记入学生成长记录。

第十一条 普通高中和中等职业学校应当在有关课程中安排专门的国防教育内容，并通过组织开展军事训练、举办国防知识讲座等方式，对学生进行国防教育，使其掌握相应的国防知识与技能。

普通高中和中等职业学校的学生在校期间参加集中军事训练的时间累计不少于十天；集中军事训练的具体内容，按照国家有关高级中学学生军事训练大纲执行。

普通高中和中等职业学校的学生接受国防教育的情况，记入学生的学籍档案。

第十二条 高等学校应当通过设置适当的国防教育课程、组织开展军事训练等方式，对学生进行全面系统的国防教育，使其掌握相应的国防知识与技能。

高等学校学生学习国防教育课程和参加集中军事训练的时间，应当符合国家有关规定；集中军事训练的具体内容，按照国家有关高等学校学生军事训练大纲执行。

高等学校学生学习国防教育课程和参加集中军事训练的情况，记入学生的学籍档案。

第十三条 民兵、预备役人员的国防教育应当结合政治教育和组织整顿、军事训练、执行勤务以及重大节日、纪念日活动进行；在集中军事训练期间，安排国防教育课程的时间不少于政治教育总时间的百分之二十。

第十四条 企业事业单位、民办非企业单位应当将国防教育列入职工教育计划，结合政治教育、业务培训、文化体育等活动，对职工进行国防教育。

社会团体以及其他组织应当根据各自的活动特点，开展国防教育。

第十五条 社区文化活动中心或者其他社区公共文化设施应当设立国防教育场所，开展形式多样的国防教育活动。

社区学校应当结合社区教育的特点，举办国防教育讲座、报告，开设国防教育课程，开展国防教育活动。

第十六条 各级人民政府应当在全民国防教育日采取举办形势报告会、知识竞赛、文艺演出、参观国防教育基地或者纪念地、试鸣防空警报、组织军事体验活动等形式，集中开展国防教育宣传活动。

第十七条 文广影视、新闻出版部门应当指导有关单位做好国防教育题材的文学、艺术、影视作品的创作、出版、展览展示、演出、播映等工作。

广播电台、电视台、报刊、互联网站应当开展国防教育宣传，通过开设国防教育栏目、新闻报道、公益广告等方式，普及国防知识，增强公民国防观念。

第十八条 图书馆、博物馆、科技馆、纪念馆、美术馆、文化馆（站）、工人文化宫、青少年活动中心等应当根据自身特点和社会需求，通过举办讲座、展览展示、播放视听资料等方式，开展国防教育活动。

鼓励在公共绿地、城市广场等公共场所，结合整体布局和要求，设置国防教育题材的城市雕塑等。

第十九条 市和区、县人民政府应当加强对国防教育基地的规划、建设和管理，并为其发挥作用提供必要的保障。

国防教育基地应当结合自身特点，开展国防教育主题宣传活动，对有组织的中小学生免费开放，并在国庆节、中国人民解放军建军节、全民国防教育日向社会免费开放。

第二十条 国家机关、学校、企业事业单位、民办非企业单位、社会团体、居民委员会、村民委员会以及其他组织，可以按照军营开放的要求，组织有关人员、学生、居民或者村民参观军营，体验军营生活，接受国防教育。

第二十一条 市国防教育办公室建立国防教育信息网络服务平台，宣传国防和军队建设，普及国防知识，为方便社会公众接受国防教育提供相关的信息服务。

市和区、县国防教育办公室应当组织、协调有关部门通过现代远程教育、移动通信、社区信息平台等途径，宣传普及国防知识。

第二十二条 市和区、县国防教育办公室应当组织、协调有关部门做好国防教育教员的选拔、培训和管理工作，加强国防教育师资队伍建设。

国防教育教员应当从下列人员中选拔：

（一）现役军人、人民武装干部、转业退伍军人或者民兵预备役骨干；

（二）国防科技人员；

（三）具有国防知识或者技能的英雄模范人物、学校教师；

（四）其他能够胜任国防教育工作的人员。

鼓励学校及其他单位和组织聘用兼职的国防教育教员，市和区、县国防教育办公室应当帮助学校及其他单位和组织解决开展国防教育的师资需求。

第二十三条 市国防教育办公室应当会同市教育、人力资源社会保障、文广影视、新闻出版等部门，根据《全民国防教育大纲》的要求，针对不同教育对象的特点，组织编制或者开发相应的国防教育教材、国防知识读本、国防教育音像制品和网络教育资源等。

第二十四条 鼓励单位和个人对国防教育事业进行捐赠，支持国防教育工作。

鼓励开展形式多样的国防教育志愿服务活动。

第二十五条 市和区、县国防教育办公室应当会同相关部门，根据国防教育的特点，强化对负有国防教育工作职责的部门的评估考核，对其他单位和组织的国防教育工作进行指导监督。

国防教育的工作绩效纳入评选文明单位、文明社区、文明村镇和创建双拥模范区、县的考核内容。

第二十六条 市和区、县国防教育办公室及其他有关部门对在国防教育工作中成绩显著的单位和个人，按照国家和本市有关规定，给予表彰和奖励。

第二十七条 违反本条例有关规定的行为，《中华人民共和国国防教育法》和其他法律、行政法规已有处罚规定的，从其规定。

第二十八条 本条例自2012年11月1日起施行。

上海市实施《中华人民共和国归侨侨眷权益保护法》办法

（1992年11月27日上海市第九届人民代表大会常务委员会第三十八次会议通过 根据1999年7月12日上海市第十一届人民代表大会常务委员会第十一次会议关于修改《上海市实施〈中华人民共和国归侨侨眷权益保护法〉办法》的决定修正 2010年11月11日上海市第十三届人民代表大会常务委员会第二十二次会议修订）

第一条 为了保护归侨、侨眷的合法权益，根据《中华人民共和国归侨侨眷权益保护法》、《中华人民共和国归侨侨眷权益保护法实施办法》，结合本市实际，制定本办法。

第二条 归侨是指回国定居的华侨。华侨是指定居在国外的中国公民。

侨眷是指华侨、归侨在国内的眷属，包括：华侨、归侨的配偶，父母，子女及其配偶，兄弟姐妹，祖父母、外祖父母，孙子女、外孙子女，以及同华侨、归侨有五年以上扶养关系的其他亲属。

华侨、归侨去世或者华侨身份改变后，其国内眷属原依法认定的侨眷身份不变。

依法与华侨、归侨及其子女解除婚姻关系，或者与华侨、归侨解除扶养关系的，其原依法认定的侨眷身份丧失。

第三条 归侨身份由市人民政府侨务部门（以下简称市政府侨务部门）确认，并发给《上海市归侨证》。

侨眷身份由户籍所在地的区、县人民政府侨务部门（以下简称区、县政府侨务部门）确认。同华侨、归侨有五年以上扶养关系的其他亲属，其侨眷身份由区、县政府侨务部门根据公证机关出具的扶养公证审核认定。

第四条 市和区、县人民政府应当重视和加强归侨、侨眷合法权益保护工作。

市和区、县政府侨务部门是本行政区域内侨务工作的行政主管部门，应当组织、指导、协调有关部门做好保护归侨、侨眷合法权益的工作，并组织开展本行政区域内归侨、侨眷权益保护的法律、法规执行情况的监督、检查。

市和区、县人民政府有关部门应当在各自职责范围内做好归侨、侨眷合法权益的保护工作。

乡、镇人民政府和街道办事处应当做好本辖区内的归侨、侨眷权益保护工作，并明确相应的专职或者兼职工作人员。

各级人民政府和街道办事处应当根据归侨、侨眷的特点，依托社区服务网络，综合利用各种社会资源，为归侨、侨眷做好服务工作。

第五条 各级人民政府应当将侨务工作专项经费列入本级财政预算，并予以保障。

第六条 归侨、侨眷享有宪法和法律规定的公民的权利，并履行宪法和法律规定的公民的义务，任何单位或者个人对归侨、侨眷不得歧视。

国家和本市根据归侨、侨眷的特点，对归侨、侨眷所作的适当照顾的规定，有关部门和单位应当切实贯彻执行。

第七条 对经批准回本市定居的华侨，本市有关部门应当按照国家和本市有关规定办理相应的手续；属本市紧缺人才的，有关部门应当优先办理。

第八条 户籍在本市的归侨、归侨子女或者华侨子女，其户籍在其他省市的配偶要求来本市落户的，公安机关应当依据有关规定优先办理户籍。

第九条 各级归国华侨联合会（以下简称侨联）代表归侨、侨眷的利益，按照其章程开展活动，反映归侨、侨眷的合理诉求，提出意见和建议，依法维护他们的合法权益，发挥社会监督作用。

归侨、侨眷有权依法申请成立其他社会团体，按照各自的章程进行适合归侨、侨眷需要的合法的社会活动。

归侨、侨眷依法成立的社会团体的合法权益和财产受法律保护。

第十条 市人民代表大会以及归侨人数较多的区、县和乡、镇人民代表大会应当有适当名额的归侨代表。各级侨联可以依法推荐归侨代表候选人。

区、县或者乡、镇人民代表大会代表选举期间在本市的华侨，可以在本市原籍地或者出国前居住地依法参加选举。

第十一条 市和区、县民政部门对生活确有困难的归侨、侨眷应当给予救济。

对丧失劳动能力又无经济来源的归侨和经市政府侨务部门和市民政部门审核认定的无业早期归侨，应当按照国家和本市有关规定保障其基本生活，并给予优惠。

本市鼓励各类慈善机构以及其他单位和个人对生活困难的归侨、侨眷给予扶助。

第十二条 按照本市有关规定参加社会保险的归侨、侨眷，享受相应的社会保险待遇。

本市应当确保离休、退休的归侨、侨眷的养老金和早期归侨退休生活津贴按时足额发放。

在本市就业的华侨，其社会保险的登记、缴费、申领、中止、终止、支付、清算等，按照国家和本市有关规定办理。

第十三条 市和区、县人民政府的有关部门，乡、镇人民政府和街道办事处应当为归侨、侨眷的生产、就业提供指导、培训等方面的扶持与服务。

第十四条 本市鼓励归侨、侨眷参与经济社会建设，支持他们利用自身优势通过其境外亲友引进资金、技术和人才。有关部门应当根据归侨、侨眷及其境外亲友投资兴办的企业的需要，在政策咨询、资金扶持、信息需求等方面提供服务，协助其解决生产经营中遇到的困难。

第十五条 各级人民政府应当重视发挥归侨、侨眷、华侨以及其他境外学有所长人员的人才资源优势，鼓励他们在本市创业发展，或者以其他方式为本市经济社会发展服务。

归侨在本市工作一年以上并从事专业工作的，可以参加本专业职称资格评定，其在境外的本专业工作年限和成果，可以作为本专业职称资格评定的依据。

对在本市工作的华侨以及其他境外学有所长的人员，有关部门应当在创业扶持、配偶就业、子女就读等方面提供便利。

第十六条 各级人民政府应当支持归侨、侨眷在本市兴办各类公益事业。公益事业项目的权属、用途、名称不得随意更改。

归侨、侨眷及其境外亲友投资兴办的企业，通过公益性社会团体、公益性非盈利性的事业单位或者市和区、县人民政府及其有关部门，用于公益事业的捐赠支出，可以按照国家规定享受税收优惠。

归侨、侨眷境外亲友捐赠的物资用于国内公益事业的，依法减征或者免征关税和进口环节的增值税。

对介绍境外亲友、社团、企业捐赠款物用于公益事业的归侨、侨眷，有关部门依法给予鼓励和表彰。

第十七条 归侨、侨眷在本市的私有房屋，依法享有占有、使用、收益、处分的权利，任何单位或者个人不得侵占、损坏，不得非法征收、征用、拆迁。

历史遗留的归侨、侨眷私房问题，按照国家和本市有关规定妥善处理。

对归侨、侨眷落实私房政策后代为经租的

房产问题,政府有关部门应当积极采取措施妥善解决。

第十八条 征收、征用或者拆迁归侨、侨眷在本市的私有房屋或者承租的公有居住房屋,征收人、征用人或者拆迁人应当按照国家和本市有关房屋征收、征用和拆迁的规定,告知房屋所有人或者承租人,并给予合理的补偿安置。

征收、征用或者拆迁归侨、侨眷企业的合法经营场所,征收人、征用人或者拆迁人应当按照国家和本市有关规定,给予合理的补偿安置,企业需要继续经营的,应当提供帮助。

第十九条 任何单位或者个人租用归侨、侨眷在本市的私有房屋,当事人双方应当按照国家和本市有关规定办理租赁手续。租赁合同终止时,承租人应当将房屋退还出租房屋的归侨、侨眷。

承租人违反租赁合同或者国家和本市有关规定的,出租房屋的归侨、侨眷有权解除租赁合同,收回房屋使用权。

第二十条 归侨、侨眷的侨汇收入,受法律保护,任何单位或者个人不得侵吞、冒领、截留和克扣,不得强行索取、借贷或者限制其应当享有的权益。

第二十一条 归侨、侨眷需要赴境外处分财产或者接受遗产、遗赠、赠与的,有关部门应当根据归侨、侨眷的请求提供必要的协助。

归侨、侨眷从境外取回本人的财产受法律保护,任何单位或者个人不得侵犯。

第二十二条 归侨学生、归侨子女和华侨在国内的子女报考国家举办的非义务教育的学校,教育等有关部门应当按照国家和本市有关规定办理。

华侨子女来本市就读实施义务教育的学校,符合有关规定的,应当视同本地居民子女办理入学手续;就读本市普通高校的华侨学生,按本地学生收费标准收取学费。

本市侨务、教育等有关部门应当重视中华民族语言和中华优秀传统文化在华侨子女中的教育、弘扬与交流,并在政策、资金上支持和鼓励学校、社区等利用各种资源开展相关活动。

第二十三条 归侨、侨眷的通信自由和通信秘密受法律保护,任何单位或者个人不得非法开拆、毁弃、隐匿、盗窃和扣压归侨、侨眷的邮件。归侨、侨眷的给据邮件丢失、损毁或者内件短少的,邮政或者其他承运部门应当依法采取补救措施或者赔偿损失。

第二十四条 归侨、侨眷因私申请出境,公安出入境管理部门应当在规定的期限内依法办理手续。

归侨、侨眷因境外直系亲属或者兄弟姐妹病危、死亡或者限期处理境外财产等特殊情况急需出境的,公安出入境管理部门应当根据申请人提供的有效证明优先办理。

第二十五条 归侨、侨眷职工出境探望父母、配偶,归侨职工在其父母死亡后出境探望兄弟姐妹或者其定居境外的父母死亡后出境探望子女,探亲假期和工资、旅费按照国家和本市有关规定办理,所在单位不得损害其合法权益。

第二十六条 按照国家规定离休、退休、退职的归侨、侨眷获准出境定居的,按照国家有关规定享受的离休、退休、退职待遇不变。其养老金可以委托他人领取,但需每年向原单位或者负责支付养老金的社会保险经办机构提供由我国驻其所在国外交(领事)机构或者所在国的公证机构出具的本人生存证明文件。出境定居的离休、退休、退职人员临时回本市就医的,按照国家和本市有关规定享受相应的医疗待遇。

第二十七条 不符合国家规定退休条件的归侨、侨眷职工获准出境定居的,按照国家和本市有关规定办理相关手续,对于本市养老保险制度改革前归侨、侨眷职工在用人单位的工作年限,由用人单位按照规定向其本人支付一次性离职费;归侨、侨眷职工获准出境定居后,其养老保险、医疗保险关系的处理按照国家和本市有关规定执行。

归侨、侨眷获准出境定居,出境前依法参加本市补充养老保险(企业年金)的,可以按照国家和本市有关规定享受相应的社会保险待遇。

第二十八条 归侨、侨眷出境探亲或者定居的,按照规定可以兑换外汇;出境定居的,其领取的社会保险金、住房公积金、离职费，可以按照规定兑换外汇汇出或者携带出境。

第二十九条 归侨、侨眷全家出境定居，需要保留原承租的公有居住房屋，而且按照本市有关规定允许继续保持租赁关系的，房屋管理部门应当为其办理相应的手续。

第三十条 归侨、侨眷申请自费出国留学的，有关部门和所在单位应当按照国家规定及时办理有关手续。

第三十一条 归侨、侨眷在获得前往国家（地区）入境签证前，所在工作单位或者学校不得因申请出境而对其免职、辞退、解除劳动关系、停发工资或者责令退学，并且不得收取保证金、抵押金。

第三十二条 归侨、侨眷的合法权益受到侵害的，有权要求有关主管部门依法处理，或者向人民法院提起诉讼。对有经济困难的归侨、侨眷，本市法律援助机构应当依法为其提供法律援助。各级侨联应当给予支持和帮助。

第三十三条 侵害归侨、侨眷合法权益，造成归侨、侨眷财产损失或者其他损害的，应当依法承担相应的法律责任。

第三十四条 国家机关工作人员滥用职权、玩忽职守、徇私舞弊，致使归侨、侨眷合法权益受到损害的，对直接负责的主管人员和其他直接责任人员依法给予行政处分或者纪律处分；构成犯罪的，依法追究刑事责任。

第三十五条 香港特别行政区居民、澳门特别行政区居民以及外籍华人居住在本市具有中国国籍的眷属，可以参照本办法执行。

第三十六条 本办法自2011年3月1日起施行。

上海市实施《中华人民共和国义务教育法》办法

（1993年2月6日上海市第九届人民代表大会常务委员会第四十一次会议通过 根据1997年12月10日上海市第十届人民代表大会常务委员会第四十次会议关于修改《上海市实施〈中华人民共和国义务教育法〉办法》的决定修正 2009年2月24日上海市第十三届人民代表大会常务委员会第九次会议修订）

第一章 总 则

第一条 为了保障适龄儿童、少年享有平等接受义务教育的权利，促进义务教育均衡发展，加强素质教育，保证义务教育的实施，根据《中华人民共和国义务教育法》及其他有关法律、行政法规，结合本市实际，制定本办法。

第二条 本市行政区域内义务教育的实施及其有关管理活动，适用本办法。

第三条 本市义务教育在国务院领导下，实行市人民政府统筹规划实施，区、县人民政府为主管理的体制。

市和区、县教育行政部门具体负责义务教育实施工作；市和区、县其他有关行政部门在各自的职责范围内负责义务教育实施工作。

鼓励乡镇人民政府在办学条件、办学经费等方面，支持本行政区域内义务教育发展。

第四条 本市将义务教育事业纳入全市国民经济和社会发展规划。

第五条 本市实施义务教育，不收学费、杂费、教科书费、作业本费。

第六条 实施义务教育所需的经费、师资、校舍及设施设备等，由市和区、县人民政府依法予以保障。

第七条 市和区、县人民政府应当合理配置义务教育资源，缩小城乡之间、区域之间、学校之间办学条件和办学水平的差距，促进义务教育均衡发展。

第八条 市和区、县人民政府及其教育行政部门应当推进实施素质教育。

学校应当按照素质教育的要求开展教育教学活动。

第九条 本市实行义务教育督导制度。市和区、县人民政府教育督导机构应当依法开展督导工作。

第十条 发生违反义务教育法律、法规的重大事件，妨碍本市义务教育实施，造成重大社会影响的，负有领导责任的人民政府或者教育行政部门负责人应当引咎辞职。

第二章 就学管理

第十一条 凡年满六周岁的儿童，其父母或者其他法定监护人应当送其入学接受并完成义务教育。

适龄儿童、少年因身体状况需要延缓入学或者休学的，其父母或者其他法定监护人应当提出申请，由当地区、县教育行政部门或者乡镇人民政府批准。

第十二条 适龄儿童、少年免试入学。学校不得举行或者变相举行与入学挂钩的选拔考试或者测试，不得将各种竞赛成绩和各类考级证书作为入学的条件和编班的依据。

第十三条 具有本市户籍的适龄儿童、少年，在户籍所在地学校就近入学。就近入学的范围，由区、县教育行政部门根据本行政区域内学校布局以及适龄儿童、少年数量和分布状况合理确定，并向社会公布。

第十四条 父母或者其他法定监护人在本市工作或者居住期间，其同住的非本市户籍适龄儿童、少年需要在本市接受义务教育的，由其父母或者其他法定监护人持本人身份证明与就业证明或者本人身份证明与居住证明，以及适龄儿童、少年的身份证明等材料，到居住地所在区、县教育行政部门申请就读，区、县教育行政部门应当统筹解决。

第十五条 本市司法行政部门和教育行政部门按照各自职责，对未完成义务教育的未成年犯和被采取强制性教育措施的未成年人实施义务教育，所需经费由市人民政府予以保障。

本市未成年犯管教机构和未成年人强制性教育机构按照本市有关规定负责组织实施义务教育的教育教学活动。

第十六条 对已经接受九年义务教育但未能达到初中毕业文化程度的学生，区、县教育行政部门应当继续为其提供相关的文化教育或者会同区、县人力资源社会保障部门为其提供相关的职业技能培训，直至其达到法定劳动年龄。

第十七条 学校应当建立健全与家长的联系制度，建立家长委员会，对涉及学生权益的重要事项，应当听取家长委员会的意见。

第十八条 对违反学校管理制度的学生，学校应当予以批评教育，帮助学生改正错误，但不得劝退或者开除。

第三章 基本保障

第十九条 市人民政府及其有关行政部门应当按照国家规定，制定本市学校建设、学生人均公用经费、教职工编制等标准。

区、县人民政府应当确保前款标准在本行政区域实施。

第二十条 市和区、县人民政府应当将义务教育全面纳入财政保障范围，在财政预算中将义务教育经费单列。

本市依法征收教育费附加，主要用于实施义务教育。

第二十一条 市人民政府可以根据实际需要设立义务教育专项资金，用于扶持办学经费困难的地区实施义务教育。

第二十二条 本市各级人民政府应当按照义务教育管理体制和财政管理体制，加大对义务教育的投入，保证用于实施义务教育财政拨款的增长比例高于财政经常性收入的增长比例，保证按照在校学生人数平均的义务教育费用逐步增长，保证教职工工资和学生人均公用经费逐步增长。

第二十三条 区、县人民政府应当按照学校实际招收的适龄儿童、少年人数和教职工人数等情况，拨付教育经费，保证学校教育教学活动的正常开展。

对接受政府委托实施义务教育的民办学校，市教育行政部门和区、县人民政府应当按照国家和本市的有关规定，拨付相应的教育经费。

第二十四条 义务教育经费严格按照预算规定用于义务教育。任何组织和个人不得侵占、挪用义务教育经费，不得向学校非法收取或者摊派费用。

第二十五条 本市完善教师工资制度。市和区、县人民政府应当缩小区县之间、学校之间教师工资差距，推进全市教师工资水平均衡化。教师的平均工资水平应当不低于当地公务员的平均工资水平。

第二十六条 市和区、县审计机关依法对义务教育经费收支管理情况进行审计监督。

市教育行政部门应当会同市财政、统计部门对区、县人民政府义务教育经费投入和执行情况，定期进行监测，监测结果向社会公告。

第二十七条 市和区、县人民政府在组织编制或者批准城市总体规划和控制性详细规划时，应当按照国家和本市有关规定，制定、调整学校设置规划，合理布局。

本市健全和完善教育公建配套制度。新建居民区根据规划需要设置学校的，应当与居民区的建设同步进行。

第二十八条 新建居民区配套建设的学校，由区、县教育行政部门管理，不得擅自改变使用性质。

因建设需要拆迁学校的，拆迁人应当根据规划布局重建或者给予补偿。

区、县教育行政部门应当妥善安排学校拆迁后有关学生的就学。

第二十九条 区、县人民政府应当组织相关部门定期对学校的校舍、场地、设施设备等进行安全检查；对需要维修、改造的，及时予以维修改造。

第三十条 市和区、县教育行政部门应当根据国家和本市有关规定，定期对教师组织培训，提高教师的职业素养和专业水平。

学校应当制定教师培训计划，合理安排教师参加各类培训。

第三十一条 区、县教育行政部门应当根据国家规定的任职条件依法聘任校长。

第四章 均衡发展

第三十二条 本市完善义务教育经费财政转移支付的制度，加大对财力薄弱区、县的财政转移支付规模，支持和引导区、县人民政府增加对义务教育的投入，缩小城乡之间、区域之间义务教育经费的差距。

义务教育经费转移支付的方案，由市财政部门会同市教育行政部门制定，报市人民政府批准后实施。

区、县人民政府应当按照规定，将市级义务教育转移支付资金全部用于义务教育。

第三十三条 市教育行政部门应当统筹规划本市教育教学设施设备的配置，促进城乡之间、区域之间教育教学设施设备的均衡。

区、县人民政府及其教育行政部门应当均衡配置本行政区域内学校的教育教学设施设备。

第三十四条 市教育行政部门应当统筹规划本市教师队伍建设，推动城乡之间、区域之间校长、教师的合作交流与合理流动。

区、县教育行政部门应当建立校长、教师合作交流制度，均衡配置本行政区域内的教师资源，使每所学校有一定比例的高级职务教师。在教师培训、骨干教师配备等方面，应当向农村学校和其他师资力量相对薄弱的学校倾斜。

学校校长、教师合作交流和合理流动的具体办法，由市教育行政部门规定。

第三十五条 本市鼓励中心城区学校校长、教师到农村学校支援义务教育工作。在校长任职、教师职务评聘、教师业务进修、培训以及报考本市高等学校教育类专业的研究生等方面,同等条件下对其予以优先考虑。

具有高级职务的教师到农村学校支援义务教育,到达法定退休年龄时、仍在农村学校任教的,可以按照本市有关规定适当延长退休年龄。

对于长期在农村学校任教的优秀校长和具有高级职务的优秀教师,可以适用前两款的规定。

第三十六条 区、县人民政府及其教育行政部门不得将学校分为重点学校和非重点学校。学校不得设置或者变相设置重点班和非重点班。

第三十七条 市和区、县教育行政部门应当推动城乡之间、区域之间、学校之间教育设施和设备、课程、师资等资源共享,提高资源使用效益。

第五章 素质教育

第三十八条 实施素质教育应当符合教育教学规律,将德育、智育、体育、美育等有机统一,注重培养学生独立思考能力、创新能力和实践能力,促进学生全面发展。

第三十九条 学校应当坚持育人为本、德育为先,寓德育于教育教学之中,对学生加强爱国主义、中华传统美德、生命、心理健康、法制和日常行为规范等教育,形成学校、家庭、社会相互配合的思想道德教育体系,促进学生养成良好的思想品德和行为习惯。

教师应当为人师表,恪守职业道德,以自身良好的品德、言行影响和教育学生。

第四十条 市教育行政部门应当按照国家要求推进教育教学内容、课程设置、考试、招生和评价制度等改革,促进实施素质教育。

学校应当根据素质教育的要求,改进和创新教育教学方法,按照国家确定的教育教学内容和课程设置开展教育教学活动。

第四十一条 学校应当根据学生的身心特点和成长规律,科学合理安排学生的课业,不得占用思想品德、体育、音乐、美术、社会实践等课时;组织学生开展各项体育锻炼活动和多种形式的课外活动,培养学生的自我管理能力,提高学生身心素质。学生家长应当积极配合学校实施素质教育,共同促进学生全面发展。

教师不得利用课余时间强制或者变相强制学生参加有偿补课等活动。

第四十二条 学校应当组织学生开展与其身心特点相适应的社会公益活动。

第四十三条 市教育行政部门应当建立健全以素质教育为主要指标的学校评价体系和以学生综合素质为主要指标的学生评价体系。区、县教育行政部门可以根据市教育行政部门制定的评价体系,结合本行政区域的实际情况,制定具体评价办法,并不得以升学率作为评价学校教育质量、以学科考试成绩作为考核教师和评价学生的单一标准。

第四十四条 市教育行政部门应当以实施素质教育为目标,按照国家教育方针和课程标准组织编审教科书,推进中小学课程改革。

第四十五条 学校应当按照素质教育的要求,组织学生开展文化、科技等活动,有计划地组织学生参观博物馆、科技馆、纪念馆和爱国主义教育基地等场馆。

爱国主义教育基地、图书馆、青少年宫、儿童活动中心应当对学生免费开放。博物馆、科技馆、纪念馆等场所,应当按照有关规定对学生免费或者优惠开放,为学校开展素质教育提供支持。

第六章 法律责任

第四十六条 本市各级人民政府未履行对义务教育经费保障职责的,依法由上级人民政府责令限期改正;情节严重的,对直接负责的主管人员和其他直接责任人员依法给予行政处分。

市或者区、县人民政府未按照国家有关规定制定、调整学校的设置规划、未定期组织相关部门对学校校舍、场地、设施设备等进行安全检查并及时维修、改造的,依法由上级人民政府责令限期改正;情节严重的,对直接负责的主管人员和其他直接责任人员依法给予行政处分。

区、县人民政府或者其教育行政部门将学校分为重点学校和非重点学校的,由上级人民政府或者其教育行政部门责令限期改正、通报批评；情节严重的，对直接负责的主管人员和其他直接责任人员依法给予行政处分。

第四十七条 侵占、挪用义务教育经费或者向学校非法收取、摊派费用的，依法由上级人民政府或者其教育行政部门、财政部门、价格行政部门和审计机关根据职责分工责令限期改正；情节严重的，对直接负责的主管人员和其他直接责任人员依法给予处分。

第四十八条 适龄儿童、少年的父母或者其他法定监护人无正当理由未依照本办法规定送适龄儿童、少年入学接受义务教育的，由当地区、县教育行政部门或者乡镇人民政府给予批评教育，责令限期改正。

第四十九条 学校有下列情形之一的，由学校所在地区、县教育行政部门给予批评教育，并责令限期改正；情节严重的，应当对直接负责的主管人员和其他直接责任人员依法给予处分：

（一）举行或者变相举行与入学挂钩的选拔考试或者测试，将各种竞赛成绩和各类考级证书作为入学条件和编班依据的；

（二）占用思想品德、体育、音乐、美术、社会实践等课时的；

（三）利用课余时间强制或者变相强制学生参加有偿补课等活动的；

（四）设置或者变相设置重点班和非重点班的；

（五）对违反学校管理制度的学生予以开除或者劝退的。

第五十条 对擅自改变新建居民区配套建设的学校使用性质的，按照《上海市城市规划条例》的有关规定予以处罚。

第七章 附 则

第五十一条 社会组织或者个人依法举办的民办学校实施义务教育的，依照《中华人民共和国民办教育促进法》有关规定执行；《中华人民共和国民办教育促进法》未作规定的，适用《中华人民共和国义务教育法》和本办法。

第五十二条 本办法自2009年6月1日起施行。

上海市实施《中华人民共和国残疾人保障法》办法

（1993年2月6日上海市第九届人民代表大会常务委员会第四十一次会议通过 根据1999年7月12日上海市第十一届人民代表大会常务委员会第十一次会议关于修改《上海市实施〈中华人民共和国残疾人保障法〉办法》的决定第一次修正 2013年11月21日上海市第十四届人民代表大会常务委员会第九次会议修订 根据2017年11月23日上海市第十四届人民代表大会常务委员会第四十一次会议《关于修改本市部分地方性法规的决定》第二次修正）

第一章 总 则

第一条 为了维护残疾人的合法权益，发展残疾人事业，保障残疾人平等地充分参与社会生活，共享社会物质文化成果，根据《中华人民共和国残疾人保障法》等法律、行政法规，结合本市实际，制定本办法。

第二条 残疾人在政治、经济、文化、社会和家庭生活等方面享有同其他公民平等的权利。

残疾人的公民权利和人格尊严受法律保护。任何组织和个人不得歧视残疾人。

鼓励残疾人发扬乐观进取精神，自尊、自信、自立、自强，为社会主义建设贡献力量。

残疾人应当遵守法律、法规、规章和公共秩序，履行应尽的义务，尊重社会公德。

第三条 各级人民政府应当加强对残疾人事业的领导，将残疾人事业纳入国民经济和社会发展规划，建立健全残疾人社会保障体系和服务体系，将残疾人事业经费列入同级财政预算，建立稳定且与经济社会发展相适应的经费保障机制。

各级人民政府应当将残疾人基本公共服务纳入政府基本公共服务体系，为残疾人提供适合其特殊需求的基本公共服务。

市和区人民政府设立残疾人工作委员会，负责组织、协调、指导、督促有关部门做好残疾人事业的工作。

发展改革、民政、财政、教育、人力资源社会保障、卫生计生、文广影视、建设交通等部门应当按照各自职责，做好残疾人工作，保障残疾人合法权益。

第四条 各级残疾人联合会代表残疾人的共同利益，维护残疾人的合法权益，团结教育残疾人，为残疾人服务。

各级残疾人联合会依照法律、法规、章程或者接受政府委托，开展残疾人工作，动员社会力量，发展残疾人事业。

第五条 全社会应当发扬人道主义精神，理解、尊重、关心、帮助残疾人，支持残疾人事业。

鼓励社会组织和个人向残疾人事业进行捐赠，为残疾人提供志愿服务。

第六条 残疾人的扶养人必须对残疾人履行扶养义务。

残疾人的监护人必须履行监护职责，尊重被监护人的意愿，维护被监护人的合法权益。

残疾人的亲属、监护人应当鼓励和帮助残疾人增强自立能力。

禁止对残疾人实施家庭暴力，禁止虐待、遗弃残疾人。

第二章 残疾评定

第七条 残疾评定遵循自愿申请的原则。

残疾评定申请人应当向户籍所在地的街道或者乡、镇残疾人联合会提出残疾评定申请，由区残疾人联合会组织申请人到卫生计生部门指定的医疗机构接受残疾评定。

第八条 医疗机构应当按照国家规定的残疾标准作出残疾评定，并为残疾评定申请人提供便利。

第九条 残疾评定申请人对医疗机构的残疾评定结论有异议的，可以按照本市有关规定，申请残疾复查鉴定。

市卫生计生部门聘请有关专家组成残疾鉴定机构，负责残疾复查鉴定。残疾鉴定机构的鉴定结论为最终结论。

第十条 经有关医疗机构评定或者经残疾鉴定机构鉴定为残疾的人员，可以向户籍所在地的区残疾人联合会领取残疾人证。

第三章 预防与康复

第十一条 市和区人民政府应当根据国家和本市有关规定，有计划地组织开展残疾预防工作，完善残疾预防工作机制，针对遗传、疾病、药物、事故、灾害、环境污染和其他致残因素，组织有关部门，动员社会力量，采取措施，预防残疾发生，减轻残疾程度。

第十二条 卫生计生部门应当做好婚前、孕前卫生指导、咨询和医学检查等工作，加强出生缺陷监测，实行残疾儿童首诊报告制度，建立和完善残疾儿童的筛查、诊断和早期干预机制。

卫生计生部门和残疾人联合会应当建立残疾儿童筛查、残疾预防干预信息共享制度，加强信息收集、监测和研究，监控残疾的发生和发展。

民政部门应当引导申请结婚登记的人员自愿参加婚前卫生指导、咨询和医学检查。

第十三条 市和区人民政府应当建立健全残疾统计和分析报告制度，每年向社会公布残疾人口变动的主要信息和数据。

第十四条 各级人民政府和卫生计生、财政、教育、民政等部门应当采取措施，为残疾人康复创造条件，建立和完善残疾人康复服务体系，提供全程、系统的康复服务项目，帮助残疾人恢复功能或者补偿功能，增强其参与社会生活的能力。

市和区人民政府应当根据经济社会发展情况，制定和完善残疾少年儿童康复救助、残疾人辅助器具适配补贴等残疾人康复补贴政策，推行重度残疾人护理津贴制度。

第十五条 卫生计生部门应当在二、三级综合性医疗机构设立康复医学科（室），举办符合社会需求的康复医疗机构，开展康复医疗与训练、科学研究、人员培训和技术指导工作，逐步改善康复医学人员的工作条件。

卫生计生部门应当按照社会办医的有关规定，支持社会力量兴办康复医疗机构，并对其进行管理和监督。

各级残疾人联合会应当加强残疾人康复服务机构建设，提升康复服务能力。

第十六条 各级人民政府应当保障辖区内各类社区残疾人康复服务机构的正常运行，完善社区残疾人康复服务设施，整合各方资源开展残疾人托养、日间照料或者居家养护服务。

社区残疾人康复服务设施的建设、改造及运行管理费用，应当纳入地方财政预算；税务部门应当按照国家规定，减免有关税收。

民政、卫生计生等部门和残疾人联合会应当组织、指导城乡社区服务组织、医疗预防保健机构、残疾人组织、残疾人家庭和其他社会力量，开展社区康复工作。

第十七条 特殊教育学校、普通学校或者其他教育机构附设的特教班、残疾人福利企业和社会福利机构等根据需要，设置康复场所，指导和帮助残疾人进行功能、自理能力、劳动技能的训练，为残疾人提供康复服务。

第十八条 科技、经济信息化、民政、财政等部门和残疾人联合会应当鼓励和扶持残疾人辅助器具产业发展，构建辅助器具的研发、生产、供应、评估、适配、训练服务体系，完善辅助器具综合信息服务平台，为有需求的残疾人提供系统性的辅助器具适配服务。

第十九条 教育部门应当指导医学院校和其他有关院校有计划地开设康复医疗和辅助器具适配课程或者专业，培养相关专业人才。

卫生计生部门应当加强康复医学人才的培养，将康复医学、辅助器具适配技术纳入社区医疗卫生人员培训内容，使其具备基本的康复医疗技术。

第二十条 各级人民政府及其有关部门应当充分利用广播、电视、报刊、网络等媒体，采用多种形式，宣传残疾预防知识，增强全社会残疾预防意识；开展残疾人康复工作宣传服务，向残疾人、残疾人亲属、有关工作人员和志愿工作者普及康复知识，传授康复方法，提高残疾人的自我康复意识。

第四章　教　　育

第二十一条 各级人民政府应当将残疾人教育纳入教育事业发展规划，完善残疾人教育体系，保障残疾人教育经费投入，使残疾人教育事业与残疾人入学需求相适应。

鼓励社会力量兴办特殊教育机构，资助残疾人教育事业。

第二十二条 本市各级教育部门应当逐步提高普通教育机构接收符合条件的残疾人的能力。普通教育机构应当为所接收的残疾人学习提供便利和帮助。

第二十三条 教育、卫生计生等部门应当指导和协调有关教育机构与医疗机构建立合作机制，为接受学前教育、义务教育、高中阶段教育的残疾儿童、学生，提供有针对性的教育与康复、保健服务，促进残疾儿童、学生身心全面发展。

第二十四条 残疾儿童、学生接受学前教育、义务教育、高中阶段教育，依照本市有关规定，享受相应的免费待遇。

第二十五条 普通学前教育机构应当接收能适应其生活的残疾儿童就读，保障残疾儿童接受学前教育的权利。

区教育部门应当根据本辖区的教育资源以及残疾儿童的数量和分布情况，举办专门的特殊教育学前班或者设置专门的学前特殊教育机构，接收不具备接受普通学前教育能力的残疾儿童就读。

第二十六条 义务教育阶段的普通学校应当招收能适应其学习生活的适龄残疾儿童、少年随班就读，保障残疾儿童、少年接受义务教育的权利。

教育部门应当举办相应的特殊教育学校或者班级，接收不具备接受普通教育能力的适龄残疾儿童、少年就读，并采取措施改善办学条件，提高教育质量。

对义务教育年龄段内不能到学校就读的重度残疾儿童、少年，教育部门应当建立统一的学籍管理制度，组织开展送教上门服务。

第二十七条 市人民政府及其教育部门应当采取措施，支持和鼓励普通高级中学、职业学校和高等学校创造条件，增加残疾学生的入学机会，扩大招收残疾学生的专业和规模。

普通高级中学、职业学校和高等学校对具备学习能力且生活能够自理、达到录取要求的残疾考生，同等条件下优先录取，不得因其残疾而拒绝招收；职业学校、高等学校对适合残疾人学习的专业，可以安排一定比例的招生名额，招收残疾学生，并可以根据专业特点适当降低对身体条件的要求。

普通高级中学、职业学校和高等学校应当根据残疾学生的身心特点，制定相应的教育计划和教学方案，开发残疾学生的潜能，提供相应服务，帮助残疾学生完成学业、适应社会。

第二十八条 教育部门及有关机构、学校应当利用现代信息技术，发展残疾人远程教育，建设网络学习平台，开发网络学习资源，设置适合残疾人学习的专业与课程，为残疾人接受终身教育创造条件。

鼓励残疾人接受成人高等教育、远程教育，参加高等教育自学考试。

参加成人学历教育的残疾人，依照本市有关规定，享受相应的学费补贴。

第二十九条 教育部门应当加强特殊教育师资队伍建设，完善特殊教育教师职前培养和在职培训制度，使特殊教育教师掌握开展特殊教育的专业知识和技能。

普通师范院校应当开设特殊教育课程或者讲授有关内容，使普通教师掌握必要的特殊教育知识和技能。

鼓励教师长期从事特殊教育工作。特殊教育教师根据国家有关规定，享受特殊教育津贴。对从事特殊教育累计满二十五年的，享受的特殊教育津贴计入退休金；对作出突出贡献的特殊教育教师，在职称评定、晋级等方面应当优先。

第五章 劳动就业

第三十条 各级人民政府应当对残疾人劳动就业进行统筹规划。对具有一定劳动能力、生活能够自理、达到法定就业年龄的残疾人，按照集中与分散相结合的方针，通过多渠道、多层次、多种形式安排劳动就业，并采取优惠政策予以扶持，使残疾人劳动就业逐步普及、稳定、合理。

各级人民政府应当开发适合残疾人就业的公益性岗位，完善相关政策，促进残疾人就业。

第三十一条 各级人民政府应当鼓励社会力量依法兴办残疾人福利企业、盲人按摩机构和其他福利性单位，集中安排残疾人就业，并加大在生产、经营、技术、资金、物资、场地等方面的扶持力度；税务部门应当按照国家规定，给予税收优惠。

残疾人福利企业应当妥善安排残疾职工的生产和生活，积极研制和采用残疾职工专用设备,兴建福利设施,开展文体活动,提高残疾职工的文化水平和健康水平。

市和区人民政府及其发展改革、经济信息、民政等部门应当落实相关政策,确定适合残疾人生产、经营的产品、项目,优先安排残疾人福利性单位生产或者经营,并根据残疾人福利性单位的生产特点确定某些产品由其专产。提倡其他企业为残疾人福利性单位提供合适的生产项目。

政府采购部门在同等条件下,应当优先购买残疾人福利性单位的产品或者服务。

第三十二条 国家机关、社会团体、企业事业单位、民办非企业单位均须按照本单位在职职工总数的一定比例,安排残疾人就业;对符合其招收、招聘条件的残疾人,应当录用。安排残疾人就业的具体比例,由市人民政府根据国家有关规定和本市实际情况确定。

国家机关、社会团体、企业事业单位、民办非企业单位安排残疾人就业超过前款规定比例的,按照规定标准给予经济奖励;达不到前款规定比例的,应当按照本市有关规定,缴纳残疾人就业保障金。

国家机关、事业单位应当提供适合残疾人就业的岗位,依照公开、公平的原则招录残疾人;对残疾人能够胜任的其他岗位,同等条件下应当优先招录符合条件的残疾人。

残疾人就业保障金,由人力资源社会保障部门所属的社会保险经办机构征收。残疾人就业保障金应当按照有关规定合理有效安排使用,并接受财政、审计等部门的监督管理。

第三十三条 各级人民政府应当鼓励、扶持残疾人自主择业、自主创业。

对从事个体经营的残疾人,有关部门应当依法免除行政事业性收费、给予税收优惠,并在经营场地等方面给予照顾;区人民政府给予适当的社会保险费补贴。

第三十四条 市和区人力资源社会保障部门设立的公共就业服务机构,应当为残疾人免费提供就业服务。

市和区残疾人联合会举办的残疾人就业服务机构,应当组织开展免费的职业指导、职业介绍和职业培训,为残疾人就业和用人单位招用残疾人提供服务和帮助。

鼓励各级各类职业培训机构举办有助于残疾人就业的职业技能培训项目。

市和区人民政府对残疾人在职业培训机构接受职业技能培训,按照本市有关规定给予适当的经费补贴。

第三十五条 各级人民政府和农村基层组织应当组织和扶持农村残疾人从事种植业、养殖业、手工业和其他形式的生产劳动。

对从事农业生产劳动的农村残疾人,发展改革、农业、人力资源社会保障等部门应当在生产服务、技术指导、技能培训、农用物资供应、农副产品收购和信贷等方面给予帮助。

第三十六条 用人单位在职工招用、转正、晋级、职称评定、培训进修、劳动报酬、生活福利、休息休假、社会保险等方面,不得歧视残疾人。

用人单位应当根据残疾职工的生理、心理特点,为其安排适当的工种和岗位,提供相应的劳动条件和劳动保护,并根据实际需要对劳动场所、劳动设备和生活设施进行改造。

第六章　文化生活

第三十七条 文广影视、新闻出版、体育等部门应当指导有关单位采取下列措施,丰富残疾人的精神文化生活:

(一)通过广播、电影、电视、报刊、图书、网络、戏剧、音乐、舞蹈、美术、曲艺、公益广告等形式反映残疾人的工作、生活等情况,为残疾人提供服务;

(二)有计划地组织和扶持盲文读物、盲人有声读物及其他残疾人读物的编写和出版,在公共图书馆开设盲文读物、盲人有声读物阅览室,完善无障碍数字图书馆的服务功能;

(三)在新闻、科普、纪实类等电视节目中加配手语或者字幕,在有条件的影剧院开设无障碍电影专场,举办无障碍电影日活动;

（四）组织和扶持残疾人开展群众性文化、娱乐活动，举办特殊艺术演出和展览，参加国内和国际性比赛和交流；

（五）广泛开展残疾人群众性体育活动，举办残疾人体育运动会，推广适合残疾人身心特点的健身康复项目，在公共体育设施和残疾人综合服务设施中配置适合残疾人的健身康复器材器械。

文广影视、新闻出版、体育等部门和有关单位应当为残疾人参与文化、体育活动进行专业指导，提供优惠服务。

第三十八条 残疾人参加全国性、国际性残疾人文化、体育活动的集训、演出和比赛期间，所在学校应当保留其学籍，所在单位应当保障其福利待遇不变；对无固定收入的残疾人，组织者应当给予补助。

体育、人力资源社会保障、教育、财政等部门和残疾人联合会应当采取措施，培育、选拔残疾人竞技体育后备人才，完善残疾人运动员补贴、就学、安置等方面的保障措施。

第三十九条 实行政府定价或者政府指导价管理的游览参观点，对持有效证件的残疾人免费开放。

实行市场调节价的游览参观点，可以参照前款规定执行。

第七章 社会保障与服务

第四十条 国家机关、社会团体、企业事业单位、民办非企业单位和其他组织应当采取措施，保障残疾人接受社会救助、参加社会保险和享受社会福利的权利。

第四十一条 各级人民政府应当根据国家和本市有关规定，对符合救助条件的残疾人实施救助。

民政部门对申请最低生活保障的残疾人家庭进行经济状况认定时，依照有关规定，对其获得的部分津贴、补贴，不计入家庭收入；对享受最低生活保障的重残无业残疾人提高救助标准。

鼓励社会力量、慈善机构对残疾人给予救助。

第四十二条 市和区人民政府按照国家和本市有关规定，对重度和生活困难残疾人参加城镇居民社会养老保险、城镇居民基本医疗保险、新型农村社会养老保险、新型农村合作医疗个人缴费部分给予适当补贴。

第四十三条 人力资源社会保障部门应当将符合规定的残疾人医疗康复项目纳入各类基本医疗保险支付范围，减轻残疾人医疗康复负担。

重度残疾人及其他符合条件的残疾人除享受医疗保险待遇外自行承担的医疗费用，可以依照本市有关规定，享受相应补助。

第四十四条 住房保障房屋管理部门应当对符合条件的残疾人家庭，优先安排廉租住房；对符合条件的残疾人家庭申请公共租赁住房、共有产权保障住房，应当在受理、选房、配房等方面给予帮助。

第四十五条 市和区人民政府应当根据实际情况，对残疾人搭乘公共交通工具和有需求的双下肢残疾人乘坐无障碍出租车辆出行，提供便利和优惠，具体办法由市人民政府有关部门会同市残疾人联合会另行制定。

盲人持有效证件免费乘坐市内公共汽车、电车、地铁、渡船等公共交通工具。盲人读物邮件免费寄递。

第四十六条 民政部门在编制福利彩票公益金项目年度资金使用计划和预算时，应当安排一定经费用于残疾人社会福利事业支出，经批准后组织实施；经费的使用和管理情况，依法定期向社会公告。

第四十七条 各级人民政府可以通过政府购买服务等方式，扶持和培育有关社会组织，为残疾人提供多种形式的社会服务。

鼓励和支持社会力量兴办残疾人康复、教育、托养、无障碍信息交流、心理咨询等服务机构或项目。

第四十八条 公共交通运营单位、医疗机构、公用事业单位和物业服务单位应当为残疾人购票、医疗、燃气安装、房屋修理等,提供优先和辅助性服务。

第八章　无障碍环境

第四十九条　市和区人民政府负责组织编制无障碍环境建设发展规划,并组织实施。

建设交通部门负责无障碍设施工程建设活动的监督管理工作,会同有关部门制定无障碍设施工程建设标准,并对无障碍设施工程建设情况进行监督检查。

经济信息化等部门在各自职责范围内,做好无障碍信息交流建设工作。

第五十条　新建、改建、扩建道路、公共建筑、公共交通设施、居住建筑、居住区,应当符合无障碍设施工程建设标准。无障碍设施工程应当与主体工程同步设计、同步施工、同步验收并投入使用。未按照无障碍设施工程建设标准设计的,施工图设计文件不予审查通过;未按照无障碍设施工程建设标准施工的,有关行政主管部门对竣工验收报告不予备案。

建设项目所有权人或者管理人负责对无障碍设施进行维护,确保无障碍设施正常使用;无障碍设施维护资金由建设项目所有权人承担。

第五十一条　市和区人民政府对符合条件的重度残疾人家庭设置无障碍设施,给予适当的补贴。

第五十二条　公共服务机构和公共场所应当通过语音和文字提示并逐步采用手语、盲文等方式,为残疾人提供信息交流服务。

第五十三条　公共交通运营单位应当根据实际需要,逐步配置无障碍车辆,并设置便于识别的无障碍运营标志。

公共交通运营单位应当在运营车辆上配备语音和字幕报站系统,并保持正常使用。

第五十四条　大中型公共场所的公共停车场(库)和大型居住区的停车场(库),应当按照无障碍设施工程建设标准,在便于残疾人停车的位置设置并标明无障碍停车位,供肢体残疾人驾驶或者乘坐的机动车专用。

第五十五条　盲人可以携带导盲犬出入公共场所或者乘坐公共交通工具。

盲人携带导盲犬出入公共场所或者乘坐公共交通工具,应当为导盲犬佩带导盲鞍、携带导盲犬使用证件,并遵守国家和本市的其他有关规定。

第九章　法 律 责 任

第五十六条　违反本办法第三十二条第二款规定,国家机关、社会团体、企业事业单位、民办非企业单位未按照规定缴纳残疾人就业保障金的,由人力资源社会保障部门责令限期缴纳;逾期仍不缴纳的,除补缴欠缴数额外,还应当自欠缴之日起,按日加收千分之五的滞纳金。滞纳金并入残疾人就业保障金。

拒不缴纳残疾人就业保障金、滞纳金的,由人力资源社会保障部门依法申请人民法院强制征缴。

第五十七条　政府有关部门和残疾人联合会的工作人员有下列情形之一的,由其所在单位或者上级机关依法对直接负责的主管人员和其他直接责任人员给予警告处分;情节较重的,给予记过处分;情节严重的,给予记大过处分:

(一)未依法履行职责,损害残疾人合法权益的;

(二)对侵害残疾人权益的行为未及时制止或者未给予受害残疾人必要帮助的。

第五十八条　违反本办法有关规定的其他行为,《中华人民共和国残疾人保障法》和其他法律、行政法规已有处理规定的,从其规定。

第十章　附　　则

第五十九条　残疾军人除享受国家给予的特别保障外,同时享受社会残疾人的相关待遇。

第六十条　本办法自2014年4月1日起施行。

上海市信访条例

（1993年10月22日上海市第十届人民代表大会常务委员会第五次会议通过 2003年8月8日上海市第十二届人民代表大会常务委员会第六次会议第一次修订 2012年12月26日上海市第十三届人民代表大会常务委员会第三十八次会议第二次修订）

第一章 总 则

第一条 为了保障公民、法人和其他组织的民主权利及其他合法权益，规范信访工作和信访行为，保持国家机关与人民群众的密切联系，促进国家机关的工作，根据宪法、《中华人民共和国各级人民代表大会常务委员会监督法》、国务院《信访条例》和其他有关法律、行政法规的规定，结合本市实际情况，制定本条例。

第二条 本条例所称信访，是指公民、法人和其他组织采用书信、电子邮件、传真、电话和走访等形式，向国家机关提出建议、意见或者投诉请求，依法应当由相关国家机关处理的活动。

本条例所称信访人，是指采用前款规定的形式，向国家机关提出建议、意见或者投诉请求的公民、法人和其他组织。

第三条 信访是公民、法人和其他组织依法参与管理社会公共事务、监督国家机关依法履行职责的重要途径，是国家机关密切联系人民群众，维护公民、法人和其他组织合法权益的重要渠道。

第四条 本条例适用于本市各级国家机关的信访工作和信访人的信访活动。

第五条 本市信访工作应当遵循下列原则：

（一）尊重人民群众意见，改进国家机关工作；

（二）属地管理，分级负责，分类处理；

（三）依法、及时、就地解决问题与疏导教育相结合。

第六条 各级国家机关应当建立、健全人民建议征集制度，并可以通过信访渠道，征集、梳理、分析信访人对社会公共事务提出的建议和意见。对有利于促进国民经济和社会发展、改进国家机关工作的建议和意见，应当予以采纳。

信访人提出的建议、意见，对国民经济和社会发展、改进国家机关工作以及保护社会公共利益有贡献的，由有关国家机关给予奖励。

第七条 各级国家机关的负责人应当经常听取人民群众通过信访渠道提出的建议、意见，检查、指导信访工作，及时研究处理反映比较集中的信访事项。

第八条 各级人民代表大会代表可以通过参与国家机关的信访工作，了解、反映人民群众的意见和要求。

第九条 有关专业机构、社会团体和专业人员、社会志愿者等可以受国家机关邀请参与信访工作，为信访人和信访工作提供专业咨询和服务，代信访人提出信访事项。

居民委员会、村民委员会应当协助国家机关做好相关信访工作。

第十条 国家机关建立信访工作人员培训、交流、激励机制，提高信访工作人员的能力和水平。

对在信访工作中作出优异成绩的单位或者个人，由有关国家机关给予奖励。

第十一条 各级国家机关应当保障信访工作所需经费。

第十二条 本市建立信访信息共享机制，实现国家机关之间信访信息的互通共享。

第二章 信访人的权利和义务

第十三条 信访人依法信访受法律保护，任何组织和个人不得打击报复。

第十四条 信访人在信访活动中，享有下列权利：

（一）了解信访工作制度及信访事项的处理程序；

（二）要求信访工作机构提供与其提出的信访事项有关的咨询；

（三）对与信访事项有直接利害关系的信访工作人员提出回避申请；

（四）向办理机关查询本人信访事项的办理结果并要求答复；

（五）要求对涉及商业秘密、个人隐私等事项予以保密；

（六）法律、法规规定的其他权利。

第十五条 信访人在信访活动中，应当履行下列义务：

（一）不得损害国家利益、社会公共利益和其他公民的合法权益；

（二）如实反映情况，不得捏造、歪曲事实，不得诬告、陷害他人；

（三）遵守信访秩序；

（四）法律、法规规定的其他义务。

第十六条 依法应当通过行政许可等行政程序处理或者依法可以通过诉讼、仲裁、行政复议等法定途径解决的事项，信访人应当依照法定程序向有关国家机关或者机构提出。

第十七条 信访人提出信访事项，一般应当采用书信、电子邮件、传真、电话形式；采用走访形式的，应当在国家机关公布的接待时间内到指定的接待场所提出。

信访人提出投诉请求的，应当提供明确的请求、事实、理由和真实姓名（名称）、住址、联系方式。

第十八条 多人共同提出相同建议、意见和投诉请求的，提倡采用书信、电子邮件、传真、电话形式；采用走访形式的，应当推选代表提出，代表不得超过五人。信访人代表应当向其他信访人如实告知信访办理意见及相关信息。

第三章 信访工作机构和信访工作人员

第十九条 市和区、县人民代表大会常务委员会应当设立或者确定负责信访工作的机构，配备相应的工作人员。信访工作机构履行下列职责：

（一）受理、转送、交办信访事项；

（二）承办上级和本级人民代表大会及其常务委员会转送、交办的信访事项；

（三）督查、协调信访事项的办理和通报信访事项的办理情况；

（四）研究、分析信访情况，提出工作建议；

（五）依法应当由人民代表大会常务委员会信访工作机构履行的其他职责。

第二十条 市和区、县人民政府应当设立信访工作机构和统一的信访接待场所；市和区、县人民政府工作部门及乡镇人民政府和街道办事处应当按照有利于工作、方便信访人的原则，设立或者确定负责信访工作的机构，配备信访工作人员，具体负责信访工作。

市和区、县人民政府信访工作机构是本级人民政府负责信访工作的行政机构，履行下列职责：

（一）受理、转送、交办信访事项；

（二）承办上级和本级人民政府转送、交办的信访事项；

（三）协调处理重要信访事项；

（四）督促检查信访事项的办理；

（五）研究、分析信访情况，开展调查研究，及时向本级人民政府及有关行政机关提出工作建议；

（六）代表本级人民政府指导、考核本级人民政府其他工作部门和下一级人民政府的信访工作；

（七）依法应当由政府信访工作机构履行的其他职责。

第二十一条 各级人民法院、人民检察院应当根据需要设立或者确定负责信访工作的机构，配备相应的工作人员。

第二十二条 信访工作机构应当建立、健全信访工作制度，向社会公布信访工作机构的通信地址、电子信箱、电话、信访接待的时间和地点、查询信访事项办理进展及结果的方式等相关事项。

第二十三条 信访工作人员在信访工作中，应当遵守下列规定：

（一）文明接待，尊重信访人，不得刁难和歧视；

（二）按照信访工作程序，依法公正办理信访事项，不得敷衍塞责，推诿拖延；

（三）坚持原则，秉公办事，不得徇私舞弊、接受馈赠或者收受贿赂；

（四）遵守保密制度，不得泄露工作秘密，不得扩散信访人要求保密的内容，不得将检举、控告材料及有关情况透露或者转送给被检举、控告的人员或者单位；

（五）依照规定妥善保管信访材料，不得丢失、隐匿或者擅自销毁；

（六）依法应当遵守的其他规定。

第二十四条 信访工作人员与信访人或者信访事项有直接利害关系的，应当提出回避。

信访工作人员的回避，由信访工作机构负责人决定；信访工作机构负责人的回避，由所在国家机关负责人决定。

第二十五条 信访工作人员的人身权利受法律保护。信访工作人员的人身自由和安全受到威胁等侵害时，当地公安部门应当及时依法处理。

第四章 受理和办理

第一节 一般规定

第二十六条 各级国家机关收到信访人提出的建议、意见或者投诉请求，应当予以登记，并根据不同情况作出受理、转送、交办、解释、告知等处理。

第二十七条 各级国家机关在其法定职权范围内，受理信访人提出的信访事项。

涉及两个或者两个以上机关职责范围的信访事项，由首先收到该信访事项的机关受理并牵头办理；受理有争议的，由其共同的上一级机关指定办理或者直接办理。

第二十八条 对重大、复杂、疑难的信访事项，国家机关可以依法举行听证。听证应当公开举行，通过听证程序查明事实，分清责任。

第二节 人民代表大会及其常务委员会信访事项的受理和办理

第二十九条 信访人可以向本市各级人民代表大会及其常务委员会提出下列信访事项：

（一）对人民代表大会及其常务委员会颁布的地方性法规，通过的决议、决定的建议、意见；

（二）对人民政府、人民法院、人民检察院工作的建议、意见；

（三）对国家工作人员的申诉和意见；

（四）依法可以向人民代表大会及其常务委员会提出的其他信访事项。

第三十条 人民代表大会常务委员会信访工作机构收到信访事项的，应当予以登记，并在十五日内分别作如下处理：

（一）属于本级人民代表大会及其常务委员会职责范围的信访事项，转送人民代表大会各专门委员会、人民代表大会常务委员会各工作委员会及其他工作机构，并由人民代表大会常务委员会信访工作机构统一答复信访人；

（二）属于下一级人民代表大会及其常务委员会职责范围的信访事项，转送下一级人民代表大会常务委员会信访工作机构或者主席团；

（三）属于本级行政机关、人民法院、人民检察院职责范围的信访事项，转送有权处理的国家机关；

（四）属于下一级行政机关、人民法院、人民检察院职责范围的信访事项,转送下一级人民代表大会常务委员会信访工作机构。

第三十一条 对有下列情形之一的信访事项,人民代表大会常务委员会信访工作机构应当作交办处理:

(一)上一级人民代表大会及其常务委员会交办的信访事项;

(二)复杂、疑难或者影响较大,信访工作机构需要了解形成原因及办理结果的信访事项;

(三)其他应当交办的信访事项。

对前款所列信访事项,办理机关应当自受理之日起六十日内办结,并将办理情况书面向交办机关报告;情况复杂的,经办理机关负责人批准,可以适当延长办理期限,但延长期限不得超过三十日。法律、行政法规另有规定的,从其规定。

第三十二条 各级人民代表大会常务委员会信访工作机构应当加强信访事项的督办,可以向相关国家机关和部门提出工作建议,并可以将建议的采纳情况向本级人民代表大会常务委员会报告。

第三节 人民政府及其工作部门信访事项的受理和办理

第三十三条 信访人可以向人民政府及其工作部门提出下列信访事项:

(一)对本行政区域的经济、文化和社会事务的建议、意见;

(二)对人民政府及其工作部门作出的决定、制定的规范性文件的建议、意见;

(三)对人民政府及其工作部门和所属工作人员职务行为的建议、意见或者不服其职务行为的投诉请求;

(四)对法律、法规授权的具有管理公共事务职能的组织及其工作人员职务行为的建议、意见或者不服其职务行为的投诉请求;

(五)对提供公共服务的企业、事业单位及其工作人员职务行为的建议、意见或者不服其职务行为的投诉请求;

(六)对村民委员会、居民委员会及其成员职务行为的建议、意见或者不服其职务行为的投诉请求;

(七)依法可以向行政机关提出的其他信访事项。

第三十四条 人民政府信访工作机构收到信访事项的,应当予以登记,并在十五日内分别作如下处理:

(一)依法应当由本级人民政府或者其工作部门处理的,转送有权处理的行政机关;

(二)依法应当由下级人民政府或者其工作部门处理的,转送有权处理的行政机关;

(三)对转送并需要反馈办理结果的,有关行政机关应当在指定期限内反馈办理结果。

第三十五条 人民政府信访工作机构以外的政府工作部门收到信访事项的,分别作如下处理:

(一)人民代表大会常务委员会信访工作机构、人民政府信访工作机构、上级主管部门转送、交办的信访事项,属于本机关法定职权范围的,应当自收到转送、交办之日起十五日内决定是否受理并告知信访人,并按要求通报转送、交办机构;不属于本机关法定职权范围的,应当及时将相关材料退回转送、交办机构;

(二)信访人直接提出的信访事项,能够当场答复是否受理的,应当当场书面答复;不能当场答复的,应当自收到信访事项之日起十五日内告知。

受理或者不予受理情况应当书面告知信访人,但是信访人的姓名(名称)、住址、联系方式不清的除外。不予受理的,还应当说明理由。

第三十六条 信访人提出的信访事项,属于本机关法定职权范围并符合本条例第三十三条规定的,应当受理;属于本机关法定职权范围但应当通过相关法定程序处理的,按照相关法定程序处理。

对不属于本机关职权的信访事项或者依法应当通过诉讼、仲裁、行政复议等法定途径解决的信访事项,不予受理并告知信访人向有关国家机关或者机构提出。

第三十七条 信访事项应当自受理之日起

六十日内办结;情况复杂的,经本行政机关负责人批准,可以适当延长信访处理期限,但延长期限不得超过三十日,并告知信访人延期理由。法律、行政法规另有规定的,从其规定。

第三十八条 对投诉请求类信访事项,依法负有处理职责的行政机关(以下简称信访处理机关)经调查核实,应当依照有关法律、法规、规章及其他有关规定,分别作出以下处理,并出具书面信访处理意见,但是信访人的姓名(名称)、住址、联系方式不清的除外:

(一)请求事实清楚,符合法律、法规、规章或者其他有关规定的,予以支持;

(二)请求事由合理但缺乏法律依据的,应当做好解释工作;

(三)请求缺乏事实根据或者不符合法律、法规、规章或者其他有关规定的,不予支持。

信访处理意见应当载明具体信访诉求、信访事项的事实认定情况、处理意见及依据、信访人不服信访处理意见申请复查的途径、期限和应当提交的材料。

信访处理机关依照本条第一款第一项规定作出支持信访人投诉请求处理意见的,有关单位或者个人应当执行,信访处理机关应当对执行情况进行督促检查。

第三十九条 信访人对投诉请求类信访事项的处理意见不服的,可以自收到信访处理意见之日起三十日内,向信访处理机关的上一级行政机关申请复查。收到复查申请的行政机关应当自收到复查申请之日起三十日内向信访人出具书面信访复查意见。

信访复查意见应当载明复查申请人和被申请人、信访复查的具体请求、复查请求的事实认定情况、复查意见及依据、信访人不服复查意见申请复核的途径、期限和应当提交的材料。

第四十条 信访人对投诉请求类信访事项的复查意见不服的,可以自收到信访复查意见之日起三十日内,向复查机关的上一级行政机关申请复核。收到复核申请的行政机关应当自收到复核申请之日起三十日内出具书面信访复核意见。

信访复核意见应当载明复核申请人和被申请人、信访复核的具体请求、复核请求的事实认定情况、最终复核意见及依据。

第四十一条 市和区、县人民政府信访工作机构对下列事项实施督查,可以通报或者提出改进建议:

(一)本级人民政府各部门及下一级人民政府办理信访事项时遵守、执行法律法规和政策的情况;

(二)上一级人民政府信访工作机构和本级人民政府转送、交办信访事项的办理情况;

(三)本级和上级机关作出的信访办理意见的执行情况;

(四)其他需要督查的工作。

收到改进建议的行政机关应当在三十日内书面反馈情况;未采纳改进建议的,应当说明理由。

第四十二条 有下列情形之一的,信访受理程序终结。信访人仍然以同一事实和理由提出投诉请求的,各级人民政府信访工作机构和其他行政机关不再受理,并应当对信访人做好说服、解释等工作:

(一)经行政机关复核完毕的;

(二)经市人民政府所属工作部门或者区、县人民政府核查完毕,且核查结果经市人民政府信访工作机构审核同意的。

前款第二项规定的信访事项核查应当履行调查核实、听证评议、集体研究、结论告知等程序,具体办法由市人民政府另行规定。

第四节 人民法院、人民检察院信访事项的受理和办理

第四十三条 各级人民法院、人民检察院依法受理下列信访事项:

(一)对人民法院、人民检察院工作的批评、建议和意见;

(二)对人民法院、人民检察院工作人员的违法失职行为的举报、控告;

(三)依法应当由人民法院、人民检察院受理的其他信访事项。

公民、法人和其他组织对具体案件处理结果不服等申诉事项,应当通过诉讼等法定途径提出。

第四十四条 各级人民法院、人民检察院收到信访事项的,应当予以登记;属于其职责范围的,应当依照法律、法规或者相关规定办理。

第五章 信访秩序

第四十五条 信访人不得有下列妨碍信访秩序和影响他人信访权利的行为:

(一)将老人、病人、残疾人和婴幼儿等弃置于信访接待场所;接待完毕仍滞留于信访接待场所。

(二)煽动、串联、胁迫、诱使、操纵他人信访或者阻止他人退出群体性信访。

(三)威胁、诽谤、辱骂、殴打信访工作人员;限制信访工作人员人身自由;故意损坏信访接待场所的公共设施、公共财物。

(四)扬言放火、爆炸、投毒、凶杀或者携带危险品、管制器具进入信访接待场所;投寄不明物质,制造恐怖气氛,危害公共安全或者他人人身安全。

(五)其他妨碍信访秩序和影响他人信访权利的行为。

禁止以信访为名,从事下列妨碍工作秩序、社会秩序的活动:

(一)向境内外媒体或者各类组织发布有关信访事项的虚假信息。

(二)在国家机关办公场所周围、公共场所非法聚集,围堵、冲击国家机关;拦截公务用车;堵塞交通,妨碍交通管理秩序。

(三)以非法进入住宅或者其他方式干扰国家机关工作人员正常生活。

(四)以信访或者信访代理为名,牟取不正当利益。

(五)其他妨碍工作秩序、社会秩序的活动。

第四十六条 精神病患者的信访事项,由其监护人代为提出。

信访工作机构对来访时不能控制自己行为、妨碍信访秩序的精神病患者,应当通知其监护人或者所在地区。精神病人的监护人或者经常居住地乡镇人民政府、街道办事处应当将其带回。

第四十七条 信访工作机构对前来走访的传染病患者、疑似传染病患者,应当通知市和区、县卫生等部门按照《中华人民共和国传染病防治法》的有关规定处理。

第四十八条 信访人携带危险品、管制器具进入信访接待场所的,信访工作人员和保安人员应当及时阻止,并由公安机关依法处理。

信访人在信访接待场所自杀、自残的,信访工作人员和保安人员应当及时阻止,并通知公安机关和卫生部门、医疗机构。公安机关和卫生部门、医疗机构应当及时到场并采取紧急措施。

第六章 法律责任

第四十九条 因下列情形之一导致信访矛盾发生,造成严重后果的,对直接负责的主管人员和其他直接责任人员,依照有关法律、行政法规的规定给予行政处分;构成犯罪的,依法追究刑事责任:

(一)超越或者滥用职权,侵害信访人合法权益的;

(二)应当作为而不作为,侵害信访人合法权益的;

(三)适用法律、法规、政策错误或者违反法定程序,侵害信访人合法权益的;

(四)无正当理由拒不执行信访办理意见的;

(五)打击报复信访人的。

有前款情形之一的,市和区、县人民政府信访工作机构可以向同级行政监察机关或者责任人员所在单位提出行政处分建议。

第五十条 各级国家机关工作人员在信访事项办理过程中,违反本条例规定的,由其所在单位或者上级主管部门通报批评;情节严重的,由其所在单位或者上级主管部门给予行政处分;构成犯罪的,依法追究刑事责任。

第五十一条 信访人违反本条例规定,妨碍信访秩序、工作秩序、社会秩序和他人信访权利的,有关国家机关工作人员应当及时予以劝阻、教育,不服从劝阻、教育的,由公安机关依法予以警告、训诫或者制止;违反《中华人民共和国治安管理处罚法》、《中华人民共和国集会游行示威法》等法律、法规的,由公安机关依法采取行政强制措施或者予以行政处罚;构成犯罪的,依法追究刑事责任。

第七章 附 则

第五十二条 本市各人民团体和承担社会公共管理职能的企事业单位的信访工作,参照本条例执行。

第五十三条 本条例自2013年4月1日起施行。

上海市实施《中华人民共和国野生动物保护法》办法

(1993年10月22日上海市第十届人民代表大会常务委员会第五次会议通过 根据1997年8月13日上海市第十届人民代表大会常务委员会第三十八次会议关于修改《上海市实施〈中华人民共和国野生动物保护法〉办法》的决定第一次修正 根据2010年9月17日上海市第十三届人民代表大会常务委员会第二十一次会议《关于修改本市部分地方性法规的决定》第二次修正 根据2015年6月18日上海市第十四届人民代表大会常务委员会第二十一次会议《关于修改〈上海市环境保护条例〉等8件地方性法规的决定》第三次修正 根据2016年2月23日上海市第十四届人民代表大会常务委员会第二十七次会议《关于修改〈上海市河道管理条例〉等7件地方性法规的决定》第四次修正)

第一章 总 则

第一条 为了保护、拯救珍贵、濒危野生动物,保护、发展和合理利用野生动物资源,维护生态平衡,根据《中华人民共和国野生动物保护法》(以下简称《野生动物保护法》)的规定,结合本市实际情况,制定本办法。

第二条 本办法规定保护的野生动物,是指珍贵、濒危的陆生、水生野生动物和有益的或者有重要经济、科学研究价值的陆生野生动物。

珍贵、濒危的水生野生动物以外的水生野生动物的保护,依照《中华人民共和国渔业法》的规定。

第三条 野生动物资源属国家所有。

国家保护依法开发利用野生动物资源的单位和个人的合法权益。

第四条 凡在本市从事野生动物的保护管理、驯养繁殖、教学、科研、资源开发、经营利用的单位和个人,必须遵守本办法。

第五条 任何单位和个人都有保护野生动物资源的义务,对侵占或者破坏野生动物资源的行为有权检举和控告。

第六条 本市各级人民政府的主管农(林)业、渔业行政部门(以下统称为野生动物行政主管部门),负责国家野生动物保护法律、法规及本办法的实施，分别主管辖区内陆生、水生野生动物的保护工作。制定保护、发展和合理利用野生动物资源的规划和措施。

市、区、县野生动物保护管理站、渔政管理检查站（以下统称为野生动物保护机构），在野生动物行政主管部门领导下，负责日常管理工作。野生动物保护管理站依据行政主管部门的委托，依法处理违法行为。渔政管理检查站依照《中华人民共和国渔业法》规定的职权，依法处理违法行为。

公安、工商、海关、动植物检疫、商品进出口检验、环保、畜牧、园林、交通运输、邮政、商业、外贸、旅游、教育、科研、医药、卫生等有关部门应当积极配合野生动物行政主管部门做好野生动物保护工作。

第七条 野生动物保护机构的业务经费纳入同级财政预算。

市设立野生动物保护基金。基金来源包括财政专项拨款、野生动物保护机构自行筹集、国内外单位或者个人捐赠。野生动物保护基金由市野生动物行政主管部门管理，应当全部用于本市的野生动物保护事业。

第二章 野生动物的保护和管理

第八条 本市重点保护的野生动物名录，由市人民政府制定并颁布。

第九条 本市各级人民政府应当开展保护野生动物的宣传教育，可以确定适当时间为保护野生动物宣传月、爱鸟周等，提高公民保护野生动物的意识。

第十条 保护野生动物生存环境，不允许污染破坏，在重点保护野生动物主要生息、繁衍场所，禁止堆积、倾倒污染物。经批准建设的项目，其污染排放量不得超过规定的排放标准。

在本市野生动物的主要生息、繁衍、索饵地区或者水域，可以划定野生动物自然保护区或者禁猎区、禁渔区。

本市野生动物自然保护区的划定，由市野生动物行政主管部门提出，经市人民政府批准后公布；禁猎区的划定，由区、县野生动物保护机构提出，经区、县人民政府批准后公布。

第十一条 禁止任何单位和个人非法猎捕国家和本市重点保护的野生动物。本市有关部门或者单位因教学、科研、养殖、展览、交换、赠与、药用和其他特殊情况，需要猎捕国家重点保护野生动物的，依照《野生动物保护法》第十六条规定办理；需要猎捕本市重点保护野生动物的，必须经区、县野生动物保护机构审核，报同级野生动物行政主管部门批准并领取特许猎捕证、狩猎证或者捕捞证等许可证件。

第十二条 取得许可证件的单位和个人，必须依照许可证件规定的种类、数量、地点、期限、工具和方法进行作业，防止误猎、误捕、误伤野生动物或者破坏其生存环境。

对误伤的野生动物应当立即采取抢救措施；对误捕的野生动物必须立即放生；对已死亡的国家重点保护野生动物，应当立即报告当地野生动物保护机构处理。

第十三条 禁止使用军用武器、气枪、炸药、毒药、猎套、地弓等工具，或者采用火攻、电击等方法猎捕野生动物。

第十四条 确需进入本市野生动物自然保护区或者禁猎区内，对野生动物进行考察、教学实习、采集标本或者摄影、录像的单位和个人必须分别向市或者区、县野生动物保护机构提出申请，经批准后予以安排。

第十五条 国家鼓励驯养繁殖野生动物。

驯养繁殖野生动物的单位和个人，应当依照下列规定办理手续：

（一）驯养繁殖国家一级保护野生动物的，必须向市野生动物行政主管部门提出申请，经审核后报请国务院野生动物行政主管部门批准。

（二）驯养繁殖国家二级保护野生动物的，由市野生动物行政主管部门审核批准并发给驯养繁殖许可证。

（三）驯养繁殖本市重点保护野生动物的，由区、县野生动物行政主管部门审核批准并发给驯养繁殖许可证。

第十六条 取得驯养繁殖许可证的单位和个人,必须按许可证核定的野生动物种类进行驯养繁殖并认真管理;终止驯养繁殖野生动物时,必须办理注销驯养繁殖许可证手续,并依照有关规定妥善处理好驯养繁殖的野生动物。

不允许任何单位和个人伤害和虐待驯养的野生动物。驯养繁殖单位应当依照本办法制定具体的管理规则。

第十七条 经营本市重点保护野生动物及其产品的,应当在工商行政管理部门办理登记手续后,向市野生动物行政主管部门提出申请,由市野生动物行政主管部门批准并发给经营野生动物及其产品许可证。

第十八条 猎捕本市少数有益的或者有重要经济、科学研究价值的非重点保护野生动物,必须取得狩猎证,服从猎捕量限额管理。

经批准,猎捕、经营、利用野生动物及其产品的单位和个人,必须向市野生动物保护机构缴纳野生动物资源保护管理费。具体收费标准和收费方法依照国家规定执行。

野生动物资源保护管理费应当全部用于野生动物保护工作。

第十九条 因教学、科研、养殖、展览、药用和其他特殊情况,需要出售、收购、交换、赠与国家一级保护野生动物及其产品的,必须经国务院野生动物行政主管部门或者授权的单位批准;需要出售、收购、交换、赠与国家二级保护野生动物及其产品以及本市重点保护野生动物及其产品的,必须经市野生动物行政主管部门审核批准。

第二十条 运输、邮寄、携带国家和本市重点保护野生动物及其产品出市境的,必须凭有关许可证件,向市野生动物行政主管部门提出申请,经批准后发给野生动物准运证。交通运输、邮政等部门凭野生动物准运证准予运输、邮寄、携带。

运输、邮寄、携带国家重点保护野生动物及其产品进入上海市境内的单位和个人,必须持有外省、自治区、直辖市野生动物行政主管部门出具的有关证件。

第二十一条 进口、出口野生动物及其产品的单位和个人,必须依照《野生动物保护法》第二十四条规定和中华人民共和国濒危物种进出口管理机关的有关规定办理手续。

第二十二条 野生动物保护机构设检查员,对野生动物的保护、猎捕、驯养繁殖等活动进行检查和监督管理。被检查的单位或者个人必须服从野生动物保护检查员的检查和监督管理。

检查员执行野生动物保护检查任务时,必须出示野生动物保护管理检查证。

第二十三条 工商行政管理部门对经营野生动物及其产品的活动,应当进行监督管理。

第三章 奖励和惩罚

第二十四条 有下列事迹之一的单位和个人,由区、县以上野生动物行政主管部门给予奖励:

(一)在野生动物保护管理、宣传教育、资源调查、科学研究、开发利用方面有突出贡献或者显著成效的;

(二)严格执行野生动物保护法律、法规,在拯救、保护和驯养繁殖国家和本市重点保护野生动物方面取得显著成效的;

(三)发现违反野生动物保护法律、法规行为,及时制止或者检举有功的;

(四)在查处破坏野生动物资源案件中有重要贡献的;

(五)在基层从事野生动物保护管理工作五年以上并取得显著成绩的。

第二十五条 非法捕杀国家重点保护野生动物的,依照《中华人民共和国陆生野生动物保护实施条例》第三十三条执行。

非法捕杀本市重点保护野生动物的,由野生动物行政主管部门处以相当于猎获物价值五倍以下的罚款。

第二十六条 在禁猎区、禁猎期或者使用禁止使用的工具和方法猎捕非国家或者本市重点保护野生动物的,由野生动物行政主管部门没收猎获物、猎捕工具和违法所得,并处以相当于猎获物价值八倍以下的罚款。

第二十七条 破坏野生动物生息、繁衍场所的，由市野生动物行政主管部门责令其停止破坏行为，赔偿损失，限期恢复原状，并处以相当于恢复原状所需费用三倍以下的罚款。

第二十八条 未经许可，擅自驯养繁殖国家或者本市重点保护野生动物的，由野生动物行政主管部门没收其驯养繁殖的野生动物和违法所得，并处以三千元以下的罚款。

第二十九条 超越驯养繁殖许可证规定范围驯养繁殖国家或者本市重点保护野生动物的，由野生动物行政主管部门没收违法所得，处三千元以下的罚款，并没收其超越驯养繁殖的野生动物，吊销驯养繁殖许可证。

第三十条 未经批准，擅自经营、运输、携带国家重点保护野生动物及其产品的，由工商行政管理部门会同野生动物行政主管部门没收实物和违法所得，并处以相当于实物价值十倍以下的罚款；擅自经营、运输、携带市重点保护野生动物的，没收实物和违法所得，并处以相当于实物价值五倍以下的罚款。

超过限额猎捕非重点保护野生动物的，由野生动物行政主管部门处以超额部分价值五倍以下的罚款。

第三十一条 伪造、倒卖、转让有关许可证件的，由野生动物行政主管部门会同工商行政管理部门吊销证件、没收违法所得，并处以五千元以下的罚款。

伪造、倒卖、转让特许猎捕证或者野生动物进出口证明书的，由野生动物行政主管部门会同工商行政管理部门没收违法所得，并处以五万元以下的罚款。

第三十二条 凡有下列行为、尚未构成犯罪的，由公安机关依照《中华人民共和国治安管理处罚法》的规定处罚：

（一）拒绝、阻碍保护野生动物的执法人员依法执行公务的；

（二）哄抢、盗窃或者破坏野生动物保护管理设备或者设施的；

（三）哄抢、盗窃国家和本市重点保护的野生动物及其产品的；

（四）未取得持枪证持枪猎捕野生动物的。

第三十三条 违反野生动物保护规定，情节严重，构成犯罪的，依法追究刑事责任。

第三十四条 野生动物行政主管部门或者工商行政管理部门在作出行政处罚决定时，必须出具行政处罚决定书，在收缴罚款、没收违法所得时，必须出具财政部门制定的罚没款统一收据。罚没款全部上缴国库。

工商行政管理部门等有关部门没收的实物，交野生动物行政主管部门一并处理。

第三十五条 当事人对野生动物行政主管部门或者其他部门的具体行政行为不服的，可以依照《中华人民共和国行政复议法》或者《中华人民共和国行政诉讼法》的规定，申请行政复议或者提起行政诉讼。

第三十六条 野生动物行政主管部门及野生动物保护机构的工作人员玩忽职守、滥用职权、徇私舞弊的，由其所在单位或者上一级行政主管部门给予行政处分；情节严重，构成犯罪的，依法追究刑事责任。

第四章 附 则

第三十七条 本办法的具体应用问题由上海市农（林）业、渔业行政主管部门负责解释。

第三十八条 本办法自1994年1月1日起施行。

上海市实施《中华人民共和国土地管理法》办法

（1994年2月4日上海市第十届人民代表大会常务委员会第七次会议通过　根据1997年5月27日上海市第十届人民代表大会常务委员会第三十六次会议关于修改《上海市实施〈中华人民共和国土地管理法〉办法》的决定第一次修正　2000年11月17日上海市第十一届人民代表大会常务委员会第二十三次会议修订　根据2010年9月17日上海市第十三届人民代表大会常务委员会第二十一次会议《关于修改本市部分地方性法规的决定》第二次修正）

第一章　总　　则

第一条　根据《中华人民共和国土地管理法》（以下简称《土地管理法》）和《中华人民共和国土地管理法实施条例》（以下简称《土地管理法实施条例》），结合本市实际情况，制定本办法。

第二条　本市贯彻十分珍惜、合理利用土地和切实保护耕地的基本国策。本市各级人民政府应当采取措施，全面规划，严格管理，保护、开发土地资源，制止非法占用土地的行为。

第三条　市人民政府土地管理部门（以下简称市土地管理部门）统一负责全市土地的管理和监督工作，并可以设立派出机构，负责指定区域的土地管理工作。

区（县）人民政府土地管理部门［以下简称区（县）土地管理部门］负责本行政区域内土地的管理和监督工作，业务上受市土地管理部门领导。区（县）土地管理部门可以根据需要设立派出机构。

市和区（县）人民政府的规划、农业、水务等行政管理部门，按照各自职责，协同实施本办法。

第二章　土地的所有权和使用权

第四条　农民集体所有的土地由其所有权代表依法向区（县）土地管理部门提出土地登记申请。其中，属于村农民集体所有的，由村民委员会提出申请；已经属于村民小组的农民集体所有的，由村民小组提出申请。

农民集体土地所有权登记，区（县）土地管理部门应当公告。公告期间土地所有权没有争议的，由区（县）人民政府登记造册，核发证书。

第五条　农民集体所有的土地依法用于非农业建设的，按照《上海市房地产登记条例》办理集体土地使用权登记。

单位和个人依法使用国有土地的，按照《上海市房地产登记条例》办理国有土地使用权登记。

第六条　农民集体所有的土地、单位和个人依法取得使用权的土地，由市或者区（县）土地管理部门勘测定界、埋设土地界桩。

任何单位和个人不得擅自移动或者毁损土地界桩。

第七条　依法征收农民集体所有的土地或者依法收回土地使用权的，由原土地登记机关注销土地登记。

第三章　土地利用总体规划和年度计划

第八条　本市各级人民政府应当依照《土地管理法》、《土地管理法实施条例》的规定，组织编制土地利用总体规划。市土地利用总体规划,由市土地管理部门会同市计划、经济、建设、规划、农业、水务、交通、财政等有关部门编制。区(县)土地利用总体规划,由区(县)人民政府组织有关部门编制。乡(镇)土地利用总体规划,由乡(镇)人民政府编制。

第九条 市土地利用总体规划,经市人民政府审查同意后,报国务院审批。

区(县)土地利用总体规划,报市人民政府审批。

乡(镇)土地利用总体规划,经区(县)人民政府审查同意后,报市人民政府审批。

土地利用总体规划应当严格执行;未经原审批部门同意不得调整。

第十条 市和区(县)土地管理部门应当会同有关部门,根据本市或者本区(县)国民经济和社会发展计划、国家产业政策、土地利用总体规划,以及城市规划实施和土地开发利用的现状,编制土地利用年度计划。

土地利用年度计划应当包括下列内容:

(一)农用地转用计划指标;

(二)耕地保有量计划指标;

(三)土地开发整理计划指标;

(四)经营性项目建设用地计划指标。

区(县)土地管理部门编制的土地利用年度计划,经区(县)人民政府审查同意,由市土地管理部门综合平衡后纳入市土地利用年度计划。

第十一条 市土地利用年度计划中的经营性项目建设用地计划指标,报市人民政府审批;其他计划指标,经市人民政府审查同意后,报国务院审批。

第十二条 市土地管理部门根据市土地利用年度计划,确定并下达各区(县)分解计划指标。

市和区(县)土地管理部门应当根据分解计划指标,合理安排各类建设项目用地,控制建设用地总量。

无农用地转用指标或者超出农用地转用计划指标的,不得批准新增建设用地;无经营性项目建设用地计划指标或者超出经营性项目建设用地计划指标的,不得批准经营性项目建设用地;未完成耕地保有量计划指标或者土地开发整理计划指标的,核减下一年度同等数量的农用地转用计划指标。

第十三条 市人民政府应当将土地利用年度计划的执行情况列为国民经济和社会发展计划执行情况的内容,向市人民代表大会报告。

第十四条 市土地管理部门应当定期进行土地利用现状调查;并会同市规划等有关部门,根据土地调查结果、城市总体规划确定的区域使用功能和国家有关标准,评定土地等级。

市土地管理部门应当将土地调查和等级评定结果向社会公布。

第四章 耕地保护

第十五条 非农业建设应当节约使用土地,不占或者少占耕地。农业生产结构调整不得破坏耕地土壤耕作层。

禁止闲置、荒芜耕地。禁止占用耕地建窑、建坟或者擅自在耕地上建房、挖沙、采石、采矿、取土,以及向耕地倾倒垃圾、渣土等废弃物。

区(县)土地管理部门应当会同农业部门,依照《土地管理法》和《基本农田保护条例》的规定,以乡(镇)为单位划定基本农田保护区,严格管理。

第十六条 单位和个人经批准占用耕地进行非农业建设的,在办理建设用地审批手续时,应当提出与所占耕地数量和质量相当的耕地开垦方案,并负责实施;也可向市或者区(县)土地管理部门缴纳耕地开垦费,专项用于组织开垦新的耕地。

第十七条 市土地管理部门应当会同市农业、水务、财政等有关部门,根据土地利用总体规划和建设占用耕地状况,编制土地开垦计划,报市人民政府审批。

有滩涂等耕地后备资源的区(县)人民政府应当组织土地、农业、水务、财政等有关部门,根据土地开垦计划,制定土地开垦方案,并向市土地管理部门备案。

第十八条 土地开垦方案由区(县)土地管

理部门和农业、水务部门组织实施。

利用滩涂开垦土地的，由水务部门组织实施，并应当符合滩涂管理、环境保护等法律、法规的规定。

第十九条 区（县）土地管理部门应当会同农业、水务等有关部门，根据土地利用总体规划和其他相关规划，制定本区（县）内空闲地、废弃地和田、水、路、林、村综合整治的土地整理规划，报区（县）人民政府批准，并向市土地管理部门备案。

乡（镇）人民政府应当根据土地整理规划和土地利用年度计划中的土地开发整理计划指标，制定土地整理方案，经区（县）土地管理部门批准后组织实施。

第二十条 土地开垦和土地整理应当保护和改善生态环境，符合河道和湖泊输水、行洪、蓄洪的要求，并按照土地、农业、水利等有关技术标准和规程实施。禁止毁坏森林开垦耕地或者围湖造田。

第二十一条 土地开垦竣工后，应当由市土地管理部门会同市农业部门，按照新增耕地的质量标准验收。

土地整理竣工后，应当由区（县）土地管理部门会同农业、水务等有关部门验收。验收合格的地块有新增耕地的，应当由市土地管理部门会同市农业部门复核认定。

第二十二条 土地开垦和土地整理新增的耕地，应当纳入年度的耕地保有量计划指标和土地开发整理计划指标。

超出年度的耕地保有量计划指标和土地开发整理计划指标的新增耕地，可以结转折抵下一年度的土地开发整理计划指标，也可以经区（县）土地管理部门审核，用作折抵非农业建设占用耕地的补偿指标，其中，跨区（县）折抵耕地补偿指标的，应当经市土地管理部门审核。

第二十三条 按照《土地管理法》第四十二条规定应当进行土地复垦的，由用地单位和个人自行复垦，或者委托有关专业单位复垦。用地单位和个人没有条件复垦或者复垦不符合要求的，应当向区（县）土地管理部门缴纳土地复垦费，由区（县）土地管理部门组织复垦。

第五章 建设用地

第二十四条 建设占用土地，应当符合城市规划，使用土地利用总体规划确定的现有建设用地。确需占用农用地的，应当符合下列规定：

（一）控制在土地利用总体规划确定的中心城和城镇、村庄建设用地规模范围内，但能源、交通、水利等基础设施和军事设施建设项目除外；

（二）具有土地利用年度计划中的农用地转用计划指标。

第二十五条 农用地转为建设用地，应当按照下列规定审批：

（一）在中心城建设用地规模范围内，由市和区（县）土地管理部门按照土地利用年度计划拟订农用地转用方案、补充耕地方案[涉及征收农民集体所有的土地的，应当会同乡（镇）人民政府同时拟订征收土地方案]，分批次逐级上报国务院审批。

（二）在城镇、村庄建设用地规模范围内，由区（县）土地管理部门按照土地利用年度计划拟订农用地转用方案、补充耕地方案[涉及征收农民集体所有的土地的，应当会同乡（镇）人民政府同时拟订征收土地方案]，分批次逐级上报市人民政府审批；其中，超出市人民政府征收土地批准权限的，应当报国务院审批。

第二十六条 使用现有建设用地或者经国务院批准的新增建设用地，有下列情形之一的，由市土地管理部门审查，拟订供地方案，报市人民政府审批：

（一）城市规划确定的本市重要地区和重要道路两侧的建设用地；

（二）国务院、国务院有关部门、国家计划单列企业和市人民政府批准的建设项目；

（三）跨区（县）的建设项目；

（四）其他需要由市人民政府批准的建设用地。

除前款规定外使用现有建设用地或者经国务院批准的新增建设用地的，由区（县）土地管理部门审查，拟订供地方案，报区（县）人民政府审批，并向市土地管理部门备案。

第二十七条 建设占用未利用地的，应当由市土地管理部门审查，拟订供地方案，报市人民政府审批；但是，国家重点建设项目和军事设施等建设项目的用地，应当报国务院审批。

第二十八条 建设占用中心城以及城镇、村庄建设用地规模范围外的农用地的，由市土地管理部门组织区（县）土地管理部门拟订农用地转用方案、补充耕地方案和供地方案［涉及征收农民集体所有的土地的，应当会同乡（镇）人民政府同时拟订征收土地方案］，报市人民政府审批；其中，由国务院、国务院有关部门、国家计划单列企业和市人民政府批准的大型基础设施建设项目，军事设施建设项目，以及超出市人民政府征收土地批准权限的，应当报国务院审批。

第二十九条 建设单位应当在建设项目可行性研究论证时，向市或者区（县）土地管理部门提出建设用地预申请。

市或者区（县）土地管理部门应当自受理建设用地预申请之日起十五日内，根据土地利用总体规划、土地利用年度计划对建设项目用地有关事项进行审查，提出预审报告。

建设项目可行性研究报告报批时，应当附具市或者区（县）土地管理部门的建设项目用地预审报告。

第三十条 建设项目批准后，建设单位应当持下列文件材料，向市或者区（县）土地管理部门提出建设用地申请：

（一）项目可行性研究报告的批复及相关文件；

（二）建设用地规划许可证；

（三）法律、行政法规规定需要提供的其他材料。

市或者区（县）土地管理部门应当自受理建设用地申请之日起三十日内，拟订供地方案，并按照建设用地的审批权限报批。

第三十一条 按照《土地管理法》、《土地管理法实施条例》的规定征收农民集体所有的土地的，应当由区（县）人民政府在被征地所在的乡（镇）、村予以公告。公告期不少于十日。

区（县）土地管理部门、劳动和社会保障部门应当按照经批准的征收土地方案以及国家和本市有关规定，会同有关部门分别拟订征地补偿、安置方案，在被征地所在的乡（镇）、村予以公告，听取被征地的村民委员会或者村民小组以及农村村民的意见。公告期不少于三十日。

征地补偿、安置方案经区（县）人民政府批准后，由区（县）土地管理部门、劳动和社会保障部门分别组织实施。

第三十二条 征收农民集体所有的土地的，应当按照下列规定支付征地费用：

（一）向被征地的村民委员会或者村民小组支付土地补偿费；

（二）向被征地上的房屋、青苗等附着物的所有人支付有关的补偿费；

（三）向被征地的农村村民支付安置补助费。

前款规定的征地费用，应当按照经批准的征地补偿、安置方案确定的标准、期限和方式支付，任何单位和个人不得截留、侵占或者挪用。区（县）人民政府以及土地、劳动和社会保障等有关部门应当加强对征地费用支付和使用情况的监督。

除本条第一款的规定外，征收耕地的，用地单位和个人应当按照本办法第十六条的规定，提出并实施耕地开垦方案或者缴纳耕地开垦费；征收菜地的，用地单位和个人应当向市或者区（县）土地管理部门缴纳新菜地开发建设基金。

第三十三条 建设项目经批准使用国有土地的，由市或者区（县）人民政府颁发建设用地批准书。以划拨方式使用国有土地的，由市或者区（县）土地管理部门向土地使用者核发国有土地划拨决定书；以出让、租赁等方式有偿使用国有土地的，由市或者区（县）土地管理部门与土地使用者签订国有土地有偿使用合同。

除按照《土地管理法》第五十四条规定可以

以划拨方式取得国有土地使用权外，用地单位和个人均应当以出让、租赁等方式有偿取得国有土地使用权，缴纳土地使用权出让金、土地租金等土地有偿使用费。

出让、租赁国有土地使用权的，应当按照法律、法规的规定办理。

以划拨方式取得的国有土地使用权不得转让，但因依法转让房地产等情形随之发生转让的除外。

第三十四条 农村集体经济组织使用农民集体所有的土地兴办乡(镇)村企业，或者与其他单位、个人以农民集体所有土地使用权入股、联营等方式共同兴办乡(镇)村企业的，应当在土地利用总体规划确定的工业用地区或者中心村范围内进行，并按照本办法建设用地的有关规定办理用地审批手续。

以农民集体所有土地使用权入股的股份不得转让，但因乡(镇)村企业破产、兼并等情形致使股份依法发生转移的除外。

农村村民使用农民集体所有的土地兴办企业，或者使用其宅基地以外的农民集体所有的土地从事非农业生产经营的，应当征得村民委员会或者村民小组书面同意，并按照本办法建设用地的有关规定办理用地审批手续。

第三十五条 乡(镇)村公共设施和公益事业建设使用农民集体所有的土地的，应当经乡(镇)人民政府审核，并按照本办法建设用地的有关规定办理用地审批手续。

第三十六条 农村村民新建住宅，应当在土地利用总体规划确定的中心村或者居民点范围内进行。农村村民一户只能拥有一处宅基地，其宅基地的面积不得超过市人民政府规定的标准。

农村村民申请住宅用地，应当经书面征求村民委员会或者村民小组意见，并由乡(镇)人民政府审核同意后，按照本办法建设用地的有关规定办理用地审批手续。

农村村民在中心村或者居民点范围内新建住宅的，其原有的宅基地应当由村民委员会、村民小组依法收回；农村村民应当在规定的期限内拆除其原有的宅基地上的建筑物、构筑物和其他附着物，由区(县)土地管理部门或者乡(镇)人民政府负责复垦还耕。

第三十七条 有偿使用的国有建设用地闲置超过一年的，市或者区(县)土地管理部门可以按照下列规定，向用地单位和个人征收土地闲置费：

(一)以出让方式取得国有土地使用权的，征收不超过土地使用权出让金百分之二十的土地闲置费；

(二)以租赁方式取得国有土地使用权的，征收不超过一年土地租金的土地闲置费；

(三)以其他方式取得国有土地使用权的，征收不超过一年土地有偿使用费的土地闲置费。

建设占用的耕地闲置超过一年的，可以按照前款规定加倍征收土地闲置费。

第三十八条 有偿使用的国有建设用地或者建设占用的耕地闲置超过一年的，用地单位和个人可以采取下列方式作出处理：

(一)建设临时绿地，条件许可的可以恢复耕种；

(二)依法办理有关手续后，改变土地用途进行开发；

(三)经市或者区(县)人民政府批准，有偿置换其他建设用地进行开发；

(四)经市或者区(县)人民政府批准，交还土地使用权，并取得适当的补偿；

(五)法律、法规规定的其他方式。

未按照前款规定的方式处理，土地闲置超过二年的，经市或者区(县)人民政府批准，依法可以无偿收回土地使用权。

第三十九条 依法收回土地使用权的，市或者区(县)土地管理部门应当提前予以公告。公告期不少于三十日。

依法收回使用权的国有土地，市和区(县)土地管理部门可以委托有关专业单位进行前期开发和储备利用，并纳入经营性项目建设用地计划指标管理。

依法收回使用权的土地原为农民集体所有

的耕地的，应当交由原村民委员会或者村民小组恢复耕种。

第四十条 本办法涉及的耕地开垦费、土地复垦费、新菜地开发建设基金、土地有偿使用费、土地闲置费以及征地补偿、安置费用的标准，由市土地、农业、劳动和社会保障等有关部门拟订，经市物价和财政部门审核后，报市人民政府批准。

市和区（县）土地管理部门收取的耕地开垦费、土地复垦费、新菜地开发建设基金、土地有偿使用费和土地闲置费，应当按照规定上缴财政，专项使用和管理。其中，新增建设用地的土地有偿使用费的百分之三十，应当上缴中央财政。

第六章 法律责任

第四十一条 违反本办法第六条第二款规定，擅自移动或者毁损土地界桩的，由市或者区（县）土地管理部门责令限期改正，可以并处一百元以上一千元以下的罚款；情节严重的，处以一千元以上一万元以下的罚款。

第四十二条 违反本办法第十五条第二款、第三款规定，有下列情形之一的，由市或者区（县）土地管理部门责令限期改正，可以并处被破坏或者被占用耕地每亩三万元以下的罚款：

（一）在农业生产结构调整中破坏耕地土壤耕作层的；

（二）闲置、荒芜耕地，占用耕地建窑、建坟或者擅自在耕地上建房、挖沙、采石、采矿、取土，以及向耕地倾倒垃圾、渣土等废弃物的。

第四十三条 违反本办法第三十三条第四款规定，非法转让以划拨方式取得的国有土地使用权的，由市或者区（县）土地管理部门没收非法所得，可以并处非法所得百分之五十以下的罚款。

第四十四条 违反本办法第三十四条第二款规定，非法转让以农民集体所有土地使用权入股的股份的，由市或者区（县）土地管理部门责令限期改正，没收非法所得，并处以非法所得百分之五以上百分之二十以下的罚款。

第四十五条 违反本办法第三十二条第二款规定，截留、侵占或者挪用征地费用的，依法予以追回，并由其所在单位或者上级主管部门依法给予行政处分；构成犯罪的，依法追究刑事责任。

第四十六条 以出让、租赁等方式有偿使用土地的单位或者个人，未按期足额缴纳土地有偿使用费的，责令其限期缴纳，并按日加收滞纳款额千分之三的滞纳金；逾期一年以上未足额缴纳土地有偿使用费的，可以依法收回土地使用权。

第四十七条 市或者区（县）土地管理部门直接负责的主管人员和其他责任人员玩忽职守、滥用职权、徇私舞弊的，由其所在单位或者上级主管部门依法给予行政处分；构成犯罪的，依法追究刑事责任。

第四十八条 当事人对市或者区（县）土地管理部门的具体行政行为不服的，可以依照《中华人民共和国行政复议法》或者《中华人民共和国行政诉讼法》的规定，申请行政复议或者提起行政诉讼。

当事人对具体行政行为逾期不申请复议，不提起诉讼，又不履行的，作出具体行政行为的市或者区（县）土地管理部门可以申请人民法院强制执行。

第七章 附 则

第四十九条 本办法中有关用语的含义：

（一）中心城建设用地规模范围，是指土地利用总体规划确定的本市外环线以内区域；

（二）城镇、村庄建设用地规模范围，是指土地利用总体规划确定的本市外环线以外的新城、中心镇、集镇、中心村和工业用地区等区域。

第五十条 本办法自2001年1月1日起施行。

上海市公园管理条例

(1994年7月22日上海市第十届人民代表大会常务委员会第十一次会议通过 根据1997年5月27日上海市第十届人民代表大会常务委员会第三十六次会议《关于修改〈上海市公园管理条例〉的决定》第一次修正 根据2003年10月10日上海市第十二届人民代表大会常务委员会第七次会议《关于修改〈上海市公园管理条例〉的决定》第二次修正 根据2010年9月17日上海市第十三届人民代表大会常务委员会第二十一次会议《关于修改本市部分地方性法规的决定》第三次修正 根据2015年7月23日上海市第十四届人民代表大会常务委员会第二十二次会议《关于修改〈上海市建设工程材料管理条例〉等12件地方性法规的决定》第四次修正 根据2017年11月23日上海市第十四届人民代表大会常务委员会第四十一次会议《关于修改本市部分地方性法规的决定》第五次修正)

第一章 总 则

第一条 为了加强本市公园建设和管理,保护和改善生态环境,美化城市,增进人民身心健康,根据国家有关法律、法规的规定,结合本市实际情况,制定本条例。

第二条 本条例所称的公园是公益性的城市基础设施,是改善区域性生态环境的公共绿地,是供公众游览、休憩、观赏的场所。

第三条 本条例适用于本市范围内已建成和在建的综合性公园、专类公园、历史文化名园以及规划确定的公园建设用地。

第四条 市绿化行政管理部门主管本市公园管理工作,负责本条例的实施。

区人民政府绿化行政管理部门(以下简称区绿化行政管理部门)是本辖区内区属公园行政主管部门,业务上受市绿化行政管理部门领导。

市或者区人民政府有关管理部门应当按照各自的职责,协同市或者区绿化行政管理部门实施本条例。

第五条 市绿化行政管理部门主要职责:

(一)编制本市公园的发展规划、建设计划,提出新建公园规划许可的审核意见,审批建成公园的调整规划;

(二)制定公园管理规范、技术标准、操作规程;

(三)制定有关公园的科技进步和人才培养目标;

(四)负责市属公园的建设、养护和管理;

(五)负责有关法律、法规的贯彻实施。

区绿化行政管理部门主要职责:

(一)编制所属公园的总体规划;

(二)负责所属公园的建设、养护和管理;

(三)负责有关法律、法规的贯彻实施。

第六条 公园管理机构主要职责:

(一)依法实施公园的规划建设,加强财产管理,保证设备设施完好,提高园林艺术水平,创造优美环境;

(二)实行优质服务,维护公园秩序,保障游客安全;

(三)开展符合社会主义精神文明的科学普及教育和文化娱乐活动;

(四)受市或者区绿化行政管理部门委托,处理游客违反本条例行为。

第七条 市或者区人民政府应当将公园建设纳入国民经济和社会发展计划,并单列专项经费保证公园的养护和管理。

市或者区人民政府可以通过接受捐赠、资助和社会集资等渠道筹集公园建设、养护、管理经费。

第八条 公园应当得到全社会的保护。对违反本条例的行为,公民有举报和控告的权利。

对在本市公园的规划、建设、保护和管理中成绩显著的单位和个人,由市或者区绿化行政管理部门给予表彰和奖励。

第二章 规划和建设

第九条 本市公园发展规划和建设计划根据城市绿地系统规划以及合理布局的原则进行编制,经市人民政府批准后实施。

新建公园的总体规划根据本市公园发展规划和建设计划编制,其各项用地比例应当符合国家的有关规定。

第十条 公园建设项目的设计方案应当符合下列条件:

(一)符合批准的公园的总体规划;

(二)符合国家有关规定、技术标准和规范要求;

(三)承担设计的单位必须具有相应的资格。

公园建设单位应当在施工前将建设项目设计方案报绿化行政管理部门备案,建设项目设计方案发生变更的,应当重新向原备案部门备案。

第十一条 公园建设项目的建设单位和施工单位应当按备案的设计进行施工,不得任意改变。

第三章 保护和管理

第十二条 本市公园发展规划确定的公园建设用地,任何单位和个人不得擅自改变或者侵占。城市规划确需改变公园建设用地性质的,市城市规划管理部门应当征得市绿化行政管理部门同意后,报市人民政府批准,并就近补偿相应的规划公园建设用地。

第十三条 任何单位和个人不得侵占、出租公园用地,不得以合作、合资或者其他方式,将公园用地改作他用。

各类建设项目不得穿越或者使用公园用地。

市政工程、公用设施、高压供电走廊等建设项目因特殊需要穿越或者使用公园用地的,应当征得市绿化行政管理部门同意后,报市人民政府批准,并就近补偿不少于占用面积的土地和补偿经济损失。

已建成的公园绿化用地的比例未达到国家有关规定的,应当逐步调整达到。

第十四条 市绿化行政管理部门应当对本市公园实行分类分级管理,并会同市有关部门对重点园林给予重点保护和管理。

第十五条 公园的植物、动物、园林设施管理应当做到:

(一)按照园林植物栽植和养护的技术规程,加强养护和管理,提高园林艺术水平;

(二)加强对观赏动物的饲养、保护、繁育和研究,扩大珍稀、濒危动物种群,依法做好动物的引进、交换、调配工作;

(三)保持建筑、游乐、服务等设施完好,标牌齐全完整;

(四)依法对古树名木、文物古迹、优秀近代建筑实行重点保护。

第十六条 公园的环境管理应当做到:

(一)保持环境整洁,环境卫生设施完好;

(二)保持水体清洁,符合观赏标准;

(三)保持安静,噪声不得超过环境保护部门规定的标准;

(四)不得焚烧树枝树叶、垃圾或者其他杂物;

(五)不得设置影响公园景观的广告。

任何单位和个人不得向公园排放烟尘或者有毒有害气体;不得向公园水体倾倒杂物、垃圾或者排放不符合排放标准的污水。

市或者区城市规划管理部门应当对公园周围的建设项目加以控制,使其与公园景观相协调。

第十七条 公园的安全管理应当做到：

（一）健全安全管理制度，加强水上活动、动物展出、游乐设施、节假日游园活动等管理，落实措施，保障游客安全；

（二）设备、设施的操作人员应当持证上岗；

（三）除老、幼、病、残者专用的非机动车外，其他车辆未经许可不得进入公园。

第十八条 公园门票、游乐设施、展览以及其他活动、有关服务设施的收费标准和审批程序，按物价管理部门的规定执行。

第十九条 设置游乐设施项目不得有损公园绿化及环境质量，并须符合下列要求：

（一）设置在规划确定的区域内；

（二）与公园景观相协调；

（三）技术、安全指标达到国家的有关规定。

游乐设施项目竣工后，须经技术监督管理部门验收的，应当验收合格方可使用，并定期维修保养。

第二十条 商业服务设施设置应当服从公园规划布局，与公园功能、规模、景观相协调，并经市或者区绿化行政管理部门批准。

因公园建设需要搬迁或者撤销公园内商业服务设施的，有关单位和个人应当服从。

第二十一条 公园内举办展览以及其他活动，应当符合公园的性质功能，坚持健康、文明的原则，不得有损公园绿化和环境质量。

举办全国性的展览以及其他活动，由市绿化行政管理部门批准；举办局部性的展览以及其他活动，由市或者区绿化行政管理部门批准。举办对本市有重大影响的展览以及其他活动，由市人民政府批准。

第二十二条 公园应当每天开放，因特殊情况需要停闭的，须经区绿化行政管理部门批准。

第二十三条 游客应当文明游园，爱护公园绿化，保护公园设施，维护公园秩序，遵守游园守则。

游客游园禁止以下行为：

（一）损毁公园花草树木及设施、设备；

（二）携带枪支弹药、易燃易爆物品及其他危险品；

（三）伤害公园动物；

（四）设置经营或者擅自营火、烧烤、宿营；

（五）法律、法规禁止的其他行为。

第四章 法律责任

第二十四条 有下列行为之一的，由市或者区绿化行政管理部门责令其停止设计、施工或者使用，限期改正；造成损失的，应当赔偿；对直接责任人员处以赔偿费百分之一至百分之五的罚款：

（一）公园建设项目设计方案不符合公园的总体规划或者不符合国家有关规定、技术标准和规范要求的；

（二）未按资格等级承担设计任务的；

（三）擅自改变公园设计或者未按备案的设计进行施工的；

（四）公园建设项目竣工后，未按规定进行验收的。

第二十五条 有下列行为之一的，由市绿化行政管理部门责令其限期改正，恢复原状；造成公园用地损失的，应当赔偿，并处以绿地建设费用四至五倍的罚款；对直接责任人员处以罚款数额百分之一至百分之五的罚款：

（一）擅自改变公园规划建设用地性质的；

（二）侵占、出租公园用地或者以合作、合资以及其他方式，将公园用地改作他用的；

（三）公园内部用地比例未按国家有关规定执行的；

（四）各类建设项目擅自穿越或者使用公园用地的。

第二十六条 有下列行为之一的，由市或者区绿化行政管理部门责令其停止侵害；造成损失的，应当赔偿，并按环境保护和环境卫生有关规定给予处罚：

（一）向公园水体排放不符合排放标准的污水或者向公园水体内倾倒杂物、垃圾的；

（二）向公园排放烟尘、有毒有害气体或者

在公园内焚烧树枝树叶、垃圾及其他杂物的；

（三）公园内的噪声超过环境保护部门规定标准的；

（四）设置广告影响公园景观的。

第二十七条 因公园管理责任造成游客伤害的，应当赔偿；构成犯罪的，依法追究刑事责任。

第二十八条 有下列行为之一的，由市或者区绿化行政管理部门责令其停止活动，限期改正，没收违法所得；造成公园用地损失的，应当赔偿，并处以绿地建设费用四至五倍的罚款；对直接责任人员处以罚款数额百分之一至百分之五的罚款：

（一）擅自制定公园门票、展览以及其他活动票价的；

（二）公园游乐设施技术指标未达到国家有关规定或者擅自在公园内设置游乐设施的；

（三）擅自在公园内设置商业服务设施的；

（四）擅自在公园内举办各种展览以及其他活动的；

（五）举办展览以及其他活动，有损于公园绿化、环境质量的。

第二十九条 违反本条例第二十三条第一款规定的，由市或者区绿化行政管理部门给予教育制止，责令其改正；造成损失的，应当赔偿。

违反本条例第二十三条第二款禁止行为之一的，由市或者区绿化行政管理部门责令其改正；造成损失的，应当赔偿，并可处赔偿费一至二倍的罚款；违反《中华人民共和国治安管理处罚法》的，由公安部门给予处罚；构成犯罪的，依法追究刑事责任。

第三十条 市或者区绿化行政管理部门对违反本条例的行为给予处罚的，应当向当事人出具行政处罚决定书。

市或者区绿化行政管理部门对违反本条例的行为处以罚没款的，罚没款按规定上缴国库。

公园用地的赔偿费应当上缴市或者区绿化行政管理部门，用于公园绿化建设。

第三十一条 市或者区绿化行政管理部门、公园管理机构及其工作人员违反本条例，玩忽职守、滥用职权、徇私舞弊的，由其上级管理部门或者所在单位给予行政处分；造成损失的，依法予以赔偿；构成犯罪的，依法追究刑事责任。

第三十二条 当事人对有关行政管理部门的具体行政行为不服的，可以按照《中华人民共和国行政复议法》或者《中华人民共和国行政诉讼法》的规定，申请行政复议或者提起行政诉讼。

当事人在法定期限内不申请复议，不提起诉讼，又不履行的，作出具体行政行为的部门可以申请人民法院强制执行。

第五章 附 则

第三十三条 本条例实施的应用问题由市绿化行政管理部门负责解释。

第三十四条 绿化赔偿费和罚款标准由市绿化行政管理部门制定，报市人民政府批准后执行。

第三十五条 本条例自1994年10月1日起施行。

上海市城市道路管理条例

（1994 年 8 月 25 日上海市第十届人民代表大会常务委员会第十二次会议通过　根据 1997 年 5 月 27 日上海市第十届人民代表大会常务委员会第三十六次会议《关于修改〈上海市城市道路桥梁管理条例〉的决定》第一次修正　根据 2003 年 10 月 10 日上海市第十二届人民代表大会常务委员会第七次会议《关于修改〈上海市城市道路桥梁管理条例〉的决定》第二次修正　2006 年 10 月 26 日上海市第十二届人民代表大会常务委员会第三十一次会议修订　根据 2010 年 9 月 17 日上海市第十三届人民代表大会常务委员会第二十一次会议《关于修改本市部分地方性法规的决定》第三次修正）

第一章　总　　则

第一条　为了加强本市城市道路管理，保障城市道路完好，充分发挥其使用功能，促进城市经济和社会发展，根据国务院《城市道路管理条例》和其他有关法律、行政法规，结合本市实际情况，制定本条例。

第二条　本条例所称城市道路包括市区和城镇范围内供车辆、行人通行的，具备一定技术条件的道路、桥梁、隧道及其附属设施。城市道路分为快速路、主干路、次干路和支路。

第三条　本条例适用于本市行政区域内城市道路的规划、建设、养护、维修和路政管理。

第四条　市建设行政管理部门主管本市城市道路管理工作，负责实施本条例。市建设行政管理部门所属的上海市市政工程管理处（以下简称市市管处）负责本市城市道路的具体管理工作，并依照本条例的授权实施行政许可和行政处罚。

区、县人民政府市政工程行政管理部门（以下简称区、县市政工程管理部门）负责其职责范围内城市道路的行政管理工作，业务上受市建设行政管理部门指导。

本市其他有关行政管理部门按照各自的职责，协同实施本条例。

第二章　规划和建设管理

第五条　市建设行政管理部门负责组织编制城市综合交通规划中的城市道路规划（以下简称城市道路规划）。城市综合交通规划经市规划管理部门综合平衡报市人民政府批准后，纳入城市总体规划。

编制控制性详细规划，应当与城市道路规划相衔接。审批部门在审批控制性详细规划时，应当征求市建设行政管理部门的意见。

第六条　市建设行政管理部门和区、县市政工程管理部门应当按照职责分工，根据城市道路规划，制定城市道路年度建设计划，经发展和改革、建设和交通等有关行政管理部门综合平衡并按照规定的程序报经批准后实施。

第七条　市和区、县人民政府应当保证城市道路建设资金的投入。

本市鼓励国内外企业、其他组织和个人按照城市道路规划和年度建设计划，投资建设城市道路。投资者的合法权益受法律保护。

第八条　城市道路的设计、施工应当符合国家和本市有关技术规范和规程，与城市景观相协调，并且按照规划预留绿化用地、建设无障碍设施。

第九条　新建、改建、扩建快速路、主干路、次干路时,建设单位应当按照有关规定同步建设监控城市道路运行和安全状况的信息管理设施(以下简称城市道路信息管理设施)。

市建设行政管理部门和区、县市政工程管理部门应当运用城市道路信息管理设施监控城市道路运行状况和技术状态,及时发布适应交通需求的信息。

第十条 新建快速路、主干路、次干路时,建设单位应当在城市道路交叉口设置管线过路预埋管道。

地下管线穿越城市道路施工时,应当通过管线过路预埋管道铺设,因技术等原因无法实施的除外。

第十一条 新建的城市道路与快速路或者铁路相交的,应当建设立体交通设施。

已建的城市道路与快速路或者铁路相交的,应当逐步建设立体交通设施。

第十二条 城市道路建设工程施工前,市市管处或者区、县市政工程管理部门应当会同公安交通管理部门共同制定疏导交通的措施。

主干路扩建施工过程中不得减少原有机动车道数量。

第十三条 本市中心城、新城、中心镇范围内的城市道路上不得新建架空线。

前款规定范围内的城市道路扩建、改建、大修时,沿途已建架空线应当同步埋设入地。因没有地下管位架空线无法埋设入地需要保留的,管线产权单位应当向市建设行政管理部门提出申请,经市建设行政管理部门审核同意,可暂时予以保留。市建设行政管理部门应当自受理申请之日起二十日内作出同意或者不同意的决定。暂时保留的架空线在条件具备时,应当及时埋设入地。

因建设工程施工或者举办重大活动等原因需要在本条第一款规定范围内的城市道路上架设临时架空线的,应当事先将临时架空线架设方案报市建设行政管理部门或者区、县市政工程管理部门备案。建设工程施工或者重大活动结束后十五日内,架设单位应当拆除临时架空线,恢复城市道路原状。

第三章　养护和维修管理

第十四条 市建设行政管理部门和区、县市政工程管理部门应当定期对城市道路进行检查和检测,制定城市道路的养护、维修计划,经市、区县有关行政管理部门批准后组织实施。

第十五条 市市管处和区、县市政工程管理部门应当通过招投标方式,选择符合条件的单位进行城市道路的养护、维修。

承担城市道路养护、维修的单位应当严格执行城市道路养护、维修的有关技术规范和规程,确保养护、维修工程的质量。

市市管处和区、县市政工程管理部门应当对养护、维修工程的质量进行监督检查,保证城市道路的安全和完好。

第十六条 企业、其他组织或者个人投资建设的城市道路,建设单位应当按照有关的技术规范和规程进行养护、维修,并接受市建设行政管理部门和区、县市政工程管理部门的监督。

建设单位自愿无偿移交城市道路,且其移交的城市道路符合市建设行政管理部门规定的接管条件的,市市管处或者区、县市政工程管理部门应当按规定程序接管,并承担养护、维修责任。

第十七条 城市道路遭受损坏影响交通和安全时,市市管处和区、县市政工程管理部门应当及时组织维修。

城市道路附属设施应当符合城市道路技术规范;缺损时,有关产权单位应当立即补缺、修复或者采取其他安全措施。市市管处和区、县市政工程管理部门发现城市道路附属设施缺损时,应当先行采取警示性措施,并督促有关部门和产权单位及时处理。

第十八条 城市道路养护、维修作业现场应当设置明显、规范的标志,采取安全措施,保障行人、行车安全。

城市道路养护、维修作业应当避让交通高峰时间,并在规定的期限内修复完工。在中心城区域内施工,还应当采用低噪声、防扬尘的施工设备和施工方法,减少对环境的污染。

第十九条 机场、港口、铁路站场、工厂等内部的专用道路,由建设单位负责养护、维修和管理。

第四章 路政管理

第二十条 城市道路范围内禁止下列行为:

(一)车辆载物拖刮路面;

(二)建设永久性的建筑物或者构筑物;

(三)沿路建筑物底层向外开门、窗占用道路;

(四)占用桥面、隧道堆物、设摊,占用道路堆放超过道路限载的重物;

(五)直接在路面拌和混凝土等有损道路的各种作业;

(六)利用桥梁、隧道进行牵拉、吊装等施工作业;

(七)挪动、毁损窨井盖等城市道路附属设施;

(八)法律、行政法规规定的其他损害、侵占城市道路的行为。

第二十一条 禁止擅自占用城市道路。因建设工程施工、沿街建筑物或者构筑物维修,以及经市或者区、县人民政府批准举办重大活动,确需临时占用城市道路的,应当向市市管处或者区、县市政工程管理部门提出申请。市市管处或者区、县市政工程管理部门应当按照临时占路控制总量进行审核,并在受理申请之日起十五日内作出同意或者不同意的决定。影响交通安全的,还应当征得公安交通管理部门同意。

临时占路控制总量,由市建设行政管理部门确定并定期公布。

经批准临时占用城市道路的,应当按规定缴纳临时占路费。临时占路费上缴财政,用于城市道路的养护、维修和管理。

第二十二条 临时占用城市道路的期限不得超过三个月。

经批准临时占用城市道路的,应当按照批准的范围、期限、用途占用,不得损坏城市道路及市政公用、交通等设施。在被占用的城市道路上堆物的,应当设置安全防围设施。

临时占用城市道路期满后,占用人应当及时恢复城市道路原状,损坏的应当修复或者赔偿。需要继续占用城市道路的,应当办理延期审批手续,并按照累进制缴纳临时占路费。

市政公用设施施工占用城市道路超过批准的掘路施工期限的,视同临时占路。

第二十三条 本市严格限制挖掘城市道路,对挖掘城市道路施工实行总量控制,推进管线工程非开挖技术施工。

城市道路、轨道交通、各类管线等工程建设单位,应当将掘路施工计划报市建设行政管理部门。市建设行政管理部门应当综合平衡各类掘路施工计划,制定综合掘路计划,优先安排综合掘路工程。

掘路控制总量和综合掘路计划由市建设行政管理部门确定并定期公布。

第二十四条 禁止擅自挖掘城市道路。因建设工程施工,确需挖掘城市道路的,应当向市市管处或者区、县市政工程管理部门提出申请,并提供下列材料:

(一)建设工程规划许可证;

(二)施工组织设计方案;

(三)最大限度减少对交通影响、保障通行安全的交通组织方案;

(四)掘路工程修复方案。

市市管处或者区、县市政工程管理部门应当按照掘路控制总量、综合掘路计划进行审核,并自受理申请之日起二十日内作出同意或者不同意的决定。影响交通安全的,还应当征得公安交通管理部门同意。

第二十五条 新建、改建、扩建的城市道路交付使用后五年内或者大修的城市道路竣工后三年内不得挖掘;因建设工程施工确需挖掘的,由市市管处或者区、县市政工程管理部门提出初步审查意见,经市建设行政管理部门审核,报市人民政府批准。

经批准提前挖掘前款规定城市道路的,应当按照提前挖掘的时间缴纳一至五倍掘路修复费。

第二十六条 挖掘城市道路施工应当符合国家和本市有关技术规范和规程。

挖掘城市道路施工前，建设单位应当查明被挖掘城市道路的地下管线情况，并组织管线产权单位向施工单位进行现场及技术资料的交底。

挖掘城市道路施工期间，施工单位应当采用低噪声、防扬尘的施工设备和施工方法，回收利用建筑材料，在施工现场和周边设置明显、规范的指示标志，采取安全措施，配备交通疏导人员。

城市道路的横向掘路应当避让交通高峰时间，采取临时措施保障通行，并应当在主体工程施工完毕后四十八小时内修复城市道路。

挖掘城市道路主体工程施工完毕，建设单位应当及时修复城市道路，组织竣工验收，并且及时通知市市管处或者区、县市政工程管理部门以及公安交通管理部门。

掘路修复工程实行质量保修制度，保修期为一年。

第二十七条 禁止擅自占用城市道路人行道（以下简称人行道）设置各类设施。

占用人行道设置交通标杆、路灯杆、电杆、消火栓、邮筒、废物箱、公共交通站牌、道路停车场计费表的，设置单位应当在设置前征求市市管处或者区、县市政工程管理部门对设置方案的意见，共同确定设置位置。城市道路新建、改建、扩建时，需要设置上述设施的，设置单位应当同步设置。

占用人行道设置公共交通站亭、出租车扬招牌、电话亭、书报亭、非机动车停放亭（点）、阅报栏、流动厕所等设施的，应当在宽度大于三米的人行道上设置，且应当保证设置设施后的人行道通行宽度不小于一点八米。设置单位应当向市市管处或者区、县市政工程管理部门提出申请，提供设施设置规划方案和管理方案，经批准后方可设置。市市管处或者区、县市政工程管理部门应当自受理申请之日起二十日内作出同意或者不同意的决定。

占用人行道设置广告牌的，应当遵守户外广告设施设置的有关规定，不得影响城市道路通行和安全。禁止占用宽度小于三米的人行道设置广告牌。

第二十八条 占用城市道路设置各类设施，需要挖掘城市道路的，设置单位还应当办理掘路审批手续；对城市道路造成损坏的，设置单位应当及时予以修复。

城市道路进行养护、维修和检测时，设置单位应当予以配合；城市道路扩建、改建时，设置单位应当及时拆除或者迁移其设施。

设置单位自行废除或者迁移设施时，应当及时恢复城市道路原状。

第二十九条 公共汽车、电车以及其他固定线路的客运车辆的站点设置应当符合国家有关城市道路技术规范。在已建城市道路上新增、迁移客运车辆站点需要加固城市道路的，应当采取加固措施，费用由设置单位承担。

第三十条 车辆或者车辆载运货物后的总重量超过城市道路限载量或者通行条件但确需通行的，应当事先向市市管处或者区、县市政工程管理部门提出申请，经批准后方可通行。市市管处或者区、县市政工程管理部门应当自受理申请之日起十五日内作出同意或者不同意的决定。需要对城市道路采取加固措施后才能通行的，应当采取加固措施，费用由申请人承担。

第三十一条 建设工程施工可能损坏城市道路的，建设单位应当在施工前，与市市管处或者区、县市政工程管理部门签订城市道路保护协议，并按照保护协议的有关要求进行施工。

第三十二条 禁止擅自依附桥梁、隧道架设管线。需要依附桥梁、隧道架设管线的，应当向市市管处或者区、县市政工程管理部门提出申请，经批准后方可架设。申请人应当提供相应的建设工程规划许可证、建筑工程施工许可证、施工组织设计方案、安全评估报告、管线架设设计图纸、事故预警和应急抢救方案以及桥梁、隧道专家审查委员会的审查意见。市市管处或者区、县市政工程管理部门应当自受理申请之日起十五日内作出同意或者不同意的决定。

管线产权单位应当对依附桥梁、隧道架设的管线进行定期检查，确保安全。桥梁、隧道改建、扩建时，管线产权单位应当及时拆除或者迁移其依附桥梁、隧道架设的管线。

第三十三条 城市道路遭受损坏，影响通行安全时，市市管处或者区、县市政工程管理部门应当通知公安交通管理部门，并立即设立危险警告牌；严重影响通行安全时，市建设行政管理部门或者区、县市政工程管理部门应当会同公安交通管理部门采取封路、封桥措施。

建设工程施工需要封路、封桥的，市建设行政管理部门和市公安交通管理部门应当联合发布封路、封桥通告。

第三十四条 市市管处或者区、县市政工程管理部门应当按照桥梁、隧道的安全保护要求，确定桥梁、隧道的安全保护区域。

在桥梁、隧道安全保护区域内从事河道疏浚、河道挖掘、建筑打桩、地下管道顶进、爆破、基坑开挖等作业的，应当制定安全保护措施，向市市管处或者区、县市政工程管理部门提出申请，并提交安全保护方案，经批准后方可实施。市市管处或者区、县市政工程管理部门应当自受理申请之日起十五日内作出同意或者不同意的决定。

第三十五条 使用桥梁桥孔（以下简称桥孔）应当保证桥梁的安全。桥孔只限于临时用于绿化、设置市政道班房或者停放车辆。需要临时使用桥孔的单位，应当同桥孔产权单位签订临时使用及设施保护协议。

第三十六条 市建设行政管理部门应当制定本市城市道路应急预案，区、县市政工程管理部门应当按照城市道路应急预案制定其所管辖的城市道路应急预案。

城市道路发生事故或者紧急情况时，市建设行政管理部门或者区、县市政工程管理部门应当按照应急预案组织实施应急处置和救援。相关单位和个人应当服从指挥，配合应急预案的实施。

第三十七条 地下管线发生泄漏、爆裂等事故损坏城市道路的，地下管线产权单位应当负责先行修复，并可以依法向责任者追偿。

在城市道路或者地下管线施工中发生管线损坏事故时，施工单位应当立即采取措施，及时通知相关管线产权单位组织抢修，同时报告相关管理部门，并承担相应赔偿责任。赔偿费按照市政工程定额和实际损坏情况确定。

第三十八条 已建成的城市道路，不得擅自废弃或者调整使用功能。

确需废弃城市道路的，由市建设行政管理部门会同市规划管理部门审核，并征求市公安交通管理部门的意见，经审核同意后方可废弃。

确需调整城市道路使用功能的，由市建设行政管理部门按照规划管理有关规定提请市规划管理部门审核调整。市规划管理部门审核调整前，应当征求市公安交通管理部门的意见。

第三十九条 本条例规定的临时占路费、掘路修复费等的收费标准和收费办法，由市建设行政管理部门提出方案，经市价格行政管理部门会同市财政行政管理部门核定后执行。

第五章 法律责任

第四十条 违反本条例的行为，法律、行政法规有处罚规定的，从其规定。市建设行政管理部门可以在其法定权限范围内委托市市管处实施行政处罚。

第四十一条 违反本条例第十三条第二款规定，架空线应当埋设入地而拒不埋设入地的，由市建设行政管理部门责令限期改正；逾期不改正的，处三千元以上三万元以下的罚款。

违反本条例第十三条第三款规定，架设临时架空线未报备案的，由市建设行政管理部门或者区、县市政工程管理部门责令限期改正；逾期不改正的，可以处二百元以上二千元以下的罚款。

违反本条例第十三条第三款规定，未在规定期限内拆除临时架空线的，由市建设行政管理部门或者区、县市政工程管理部门责令限期改正，并可以处五百元以上五千元以下的罚款。

第四十二条 违反本条例第二十条规定，在城市道路范围内从事禁止行为的，由市市管处或者区、县市政工程管理部门责令限期改正，并可以处二千元以上二万元以下的罚款。

违反本条例第二十条规定，在城市道路范围内从事禁止行为，其他法规有处罚规定的，由相关部门依照其他法规予以处罚。

第四十三条 违反本条例规定，有下列行为之一的，由市市管处或者区、县市政工程管理部门责令限期改正；逾期不改正，未造成城市道路损坏的，处五百元以上五千元以下的罚款；造成城市道路损坏的，处五千元以上二万元以下或者修复费三至五倍的罚款：

（一）违反本条例第二十六条第一款规定，未按照技术规范和规程施工的；

（二）违反本条例第二十七条第一款、第三款规定，擅自占用人行道设置设施的；

（三）违反本条例第二十八条第二款、第三款规定，未及时拆除、迁移设施或者未及时恢复城市道路原状的；

（四）违反本条例第二十九条规定，未加固城市道路的；

（五）违反本条例第三十二条第一款规定，擅自依附桥梁、隧道架设管线的；

（六）违反本条例第三十四条第二款规定，擅自在桥梁、隧道安全保护区域内作业的。

第四十四条 市建设行政管理部门及市市管处、区县市政工程管理部门的工作人员违反本条例规定，有下列行为之一的，由其所在单位或者上级主管部门给予行政处分；构成犯罪的，依法追究刑事责任：

（一）不依照本条例规定的条件、程序和期限实施行政许可的；

（二）城市道路损坏影响交通安全时，未按照规定及时采取措施造成后果的；

（三）未按照规定对城市道路进行检查、检测，造成后果的；

（四）选择不符合条件的单位承担城市道路养护、维修作业的；

（五）发现违法行为不及时查处，或者包庇、纵容违法行为，造成后果的；

（六）其他玩忽职守、滥用职权、徇私舞弊的行为。

第六章 附 则

第四十五条 本条例下列用语的含义：

道路附属设施，包括路名牌、护栏、导向岛、安全岛、道路信息管理设施、行道树及道路绿化、窨井盖等。

桥梁附属设施，包括桥孔、挡土墙、桥栏杆、人行扶梯（电梯）、桥名牌、限载牌、桥梁信息管理设施等。

隧道附属设施，包括防护、排水、养护、交通安全、消防、救助、通讯、通风、照明、测量、观光、隧道信息管理等设施。

快速路，是指城市道路中设有中央分隔带，具有四条以上的车道，全部或者部分采用立体交叉与控制出入，供车辆以较高的速度行驶的城市道路。

主干路，是指在城市道路网中起骨架作用的城市道路。

次干路，是指城市道路网中与主干路相连接的区域性干路。

支路，是指城市道路网中干路以外连接次干路或者供区域内部使用的城市道路。

第四十六条 本条例自2007年1月1日起施行。

上海市征兵工作条例

（1994年10月20日上海市第十届人民代表大会常务委员会第十三次会议通过　根据1997年10月17日上海市第十届人民代表大会常务委员会第三十九次会议《关于修改〈上海市征兵工作条例〉的决定》第一次修正　根据2002年6月20日上海市第十一届人民代表大会常务委员会第四十次会议《关于修改〈上海市征兵工作条例〉的决定》第二次修正　根据2010年9月17日上海市第十三届人民代表大会常务委员会第二十一次会议《关于修改本市部分地方性法规的决定》第三次修正）

第一章　总　　则

第一条　为了保障本市公民依法履行兵役义务和征兵工作的顺利进行，根据《中华人民共和国宪法》、《中华人民共和国兵役法》、《征兵工作条例》以及其他有关法律、法规的规定，结合本市实际情况，制定本条例。

第二条　本条例适用于本市行政区域内的国家机关、社会团体、企业（包括外商投资企业、私营企业，下同）、事业单位、基层群众性自治组织、个体工商户和公民。

第三条　保卫祖国、抵抗侵略是中华人民共和国每一个公民的神圣职责，依照法律服兵役是我国公民的光荣义务。凡具有本市常住户籍的公民，在规定的年龄内都有依法服兵役的义务。

第四条　本条例所称的适龄公民，是指当年十二月三十一日以前年满十八至二十二岁，或者符合国务院、中央军委当年征兵命令规定的服现役年龄的男性公民。

本条例所称的应征公民，是指经兵役登记和初步审查合格的适龄公民。

对女性公民的征集，按照国务院、中央军委征兵命令的规定执行。

第五条　市人民政府和上海警备区领导本市的征兵工作。市人民政府征兵办公室负责办理全市的征兵工作。

区、县人民政府领导本区、县的征兵工作。区、县人民政府的兵役机关会同有关部门组成征兵办公室，负责办理本区、县的征兵工作。

第六条　征兵工作人员在办理征兵工作时，应当严格执行征兵命令以及其他有关规定，确保新兵质量，不得玩忽职守、徇私舞弊。

第七条　依法做好征兵工作是本市各级国家机关、社会团体、企业、事业单位、基层群众性自治组织、个体工商户和公民的共同责任。

公安、卫生、人事、劳动、民政、财政、教育、交通、工商行政、新闻出版、广播电视等政府有关职能部门，应当按照各自职责做好征兵工作。

第八条　征兵工作所需经费，由同级财政列支。

各单位自行解决征兵工作以及兵役登记所需经费。

第九条　在征兵工作中作出显著成绩的单位和个人，由市人民政府、上海警备区或者市和区、县人民政府征兵办公室予以表彰、奖励。

第二章　宣 传 教 育

第十条　征兵宣传教育工作应当按照国务院、中央军委的征兵命令以及市人民政府、上海警备区的征兵命令和其他有关规定进行。

第十一条　市和区、县人民政府应当加强征兵宣传教育工作的领导，并将其纳入爱国主义教育、国防教育和法制宣传教育规划。

征兵宣传教育的具体工作由各级人民政府征兵办公室会同有关部门组织实施。

市和区、县人民政府的有关部门应当指导和支持乡、镇、街道以及其他单位开展征兵宣传教育活动。

第十二条 报刊、广播、电视等宣传部门应当加强依法服兵役和参军光荣为内容的宣传教育。

乡、镇、街道以及其他单位应当向公民进行爱国主义、革命英雄主义和依法服兵役的教育，鼓励公民依法履行兵役义务；在征兵工作期间，应当依法悬挂、张贴有关征兵工作的宣传品。

第十三条 各类中等以上学校应当将兵役法制教育纳入德育教育大纲，并设置必要的课时。

第三章 兵役登记

第十四条 区、县人民政府征兵办公室负责本行政区域内的兵役登记工作。

乡、镇人民政府和街道办事处承办本辖区的兵役登记工作。适龄公民在户籍所在地的乡、镇和街道参加兵役登记和应征。

兵役登记工作应当在每年的九月三十日以前完成。

第十五条 乡、镇人民政府和街道办事处应当按照市和区、县人民政府征兵办公室的要求，告示和书面通知户籍在本辖区内的适龄公民按时履行兵役登记手续，并在兵役登记工作结束时向区、县人民政府征兵办公室如实报告兵役登记结果。

公安派出所应当根据区、县人民政府征兵办公室的要求，提供本地区当年适龄公民的名单以及其他有关情况。

第十六条 本市征兵工作实行兵役证制度。

兵役证由市人民政府征兵办公室印制，由区、县人民政府征兵办公室负责管理、审核和组织发放。

兵役证不得转借、涂改和伪造。

第十七条 兵役证按照下列规定保管和使用：

（一）兵役证由适龄公民保管，遗失兵役证的，应当及时向发证单位申请补发；

（二）经兵役登记的适龄公民变更户籍所在地或者就业单位，应当及时到发证单位办理兵役登记变更的手续；

（三）十八至二十四周岁的男性公民，在就业（含临时就业）、就学、申请出境、办理工商营业执照或者其他专业证件时，应当向有关部门或者单位出示兵役证，有关部门或者单位必须予以查验。

第十八条 适龄公民应当在每年规定的期限，携带本人居民身份证和学历证明或者携带兵役证到指定的兵役登记地点，履行兵役登记手续。适龄公民参加兵役登记应当视为出勤。适龄公民在履行兵役登记手续时必须反映本人的真实情况，不得隐瞒或者弄虚作假。

区、县人民政府征兵办公室在征兵工作中应当依据不同情况，如实在公民的兵役证上注明应征、缓征、免征、不征、拒征、已征，或者注明转服、免服、不服预备役等情况。

第十九条 当年经兵役登记确定的应征公民，在年度征兵工作结束前，未经市人民政府征兵办公室批准，不得出境。

第四章 体格检查和政治审查

第二十条 国家机关、社会团体、企业、事业单位应当根据市人民政府和上海警备区下达的征兵任务，组织应征公民参加体格检查，并且按照要求做好对应征公民的政治审查。

第二十一条 征兵体格检查工作在市和区、县人民政府征兵办公室统一组织和协调下，由市和区、县卫生部门负责实施。

市和区、县人民政府的征兵办公室、卫生局以及有关医院抽调人员分别组成市和区、县征兵体格检查组，设立征兵体格检查站，组织实施体格检查工作。

第二十二条 医务人员应当按照规定对应

征公民实施体格检查。

医务人员在从事征兵体格检查工作期间，原单位应当为其保留福利待遇。

第二十三条 兵役登记后确定为应征公民的对象(包括已被招工、招干的)，应当按照区、县人民政府征兵办公室的通知要求参加体格检查，并且如实反映健康状况。应征公民参加体格检查应当视为出勤。

第二十四条 征兵政治审查工作在市和区、县人民政府征兵办公室统一组织和协调下，由市和区、县公安机关负责实施。

市和区、县公安机关负责抽调人员组成政治审查组，组织各承办单位对应征公民实施政治审查，有关单位和公民应当予以配合，如实提供情况。

第二十五条 政治审查工作人员应当遵守政治审查工作的各项规定和纪律。

政治审查工作人员在从事征兵政治审查工作期间，原单位应当为其保留福利待遇。

第五章 新兵审定和交接输送

第二十六条 区、县人民政府征兵办公室应当根据应征公民所在乡、镇人民政府、街道办事处或者单位的意见，召集体格检查、政治审查等部门以及接兵部队集体审定兵员。

区、县人民政府和区、县人民政府兵役机关应当召集有关部门和接兵部队，依据军兵种对兵员的要求，在审定的兵员中，择优批准政治、身体、文化、年龄合格的公民入伍。

第二十七条 应征公民所在地乡、镇人民政府、街道办事处或者单位，应当将批准入伍的应征公民名单张榜公布，接受公民监督。

被批准入伍的应征公民，应当履行兵役义务，其所在单位应当支持。

第二十八条 区、县人民政府征兵办公室办理应征公民的批准入伍手续，并发给《应征公民入伍通知书》。

被批准入伍的公民凭《应征公民入伍通知书》到户籍所在地的公安派出所办理户籍注销手续。

有关单位应当按时向区、县人民政府征兵办公室移交被批准入伍公民的档案材料。

第二十九条 区、县人民政府征兵办公室应当在新兵输送一天前，在其所在地与接兵部队办理新兵及其档案材料的交接手续，并协助接兵部队将本地区的新兵安全、按时送达指定的车站、码头。

第三十条 各级征兵办公室应当为部队接兵人员提供工作条件。

在市和区、县人民政府领导下，部队接兵人员协助征兵办公室共同做好征兵工作。

第六章 优待和安置

第三十一条 本市应征入伍的义务兵及其家属，有权享受国家和本市规定的对义务兵及其家属的各项优待。

第三十二条 义务兵及其家属优待金的支出纳入市和区、县人民政府的财政预算，其发放标准和管理办法由市人民政府制定。

义务兵及其家属优待金用于义务兵家属的优待、缴纳义务兵个人的社会保险费和义务兵退役后的补助等方面。

第三十三条 应征公民入伍后享受以下优待：

(一)原租赁的公房，租赁和使用权应当予以保留；

(二)其家庭住房分配或者拆迁配房时，应当享受与其他公民同等的待遇；

(三)原农村户籍所在地土地被征用的，应当享受与其他公民同等的待遇；

(四)享受国家和本市规定的其他有关优待。

第三十四条 义务兵在校入伍未完成学业的，退役后可以回原学校复学。义务兵在职入伍的，退役后可以回原单位复工复职，原单位给予的待遇不得低于同工龄的同类职工。

义务兵退役后，也可以按照下列规定予以优待：

（一）报考国家公务员或者本市高等院校、中等专业学校的，按照有关规定予以优待。

（二）入伍前为城镇无业人员需要安置就业的，区、县人民政府有关部门应当提供相应的培训，并按照有关规定予以安置。任何机关、团体、企业、事业单位都有安置退役义务兵的义务。

（三）城镇义务兵退役后自谋职业的，由区、县人民政府给予一次性经济补助，并给予政策优惠。

前款所列的优待规定，由市人民政府另行制定具体办法。

第三十五条 本市逐步建立和完善义务兵风险基金，基金的来源、管理和使用办法，由市人民政府另行制定。

第七章 法律责任

第三十六条 对违反本条例规定，有下列行为之一的单位，由区、县人民政府征兵办公室责令改正，经教育不改的，视情节轻重处以同地区当年义务兵及其家属优待金平均标准两倍以上十倍以下罚款：

（一）不按规定组织公民进行兵役登记的；

（二）隐瞒适龄公民人数或者不接受征兵任务的；

（三）不实施或者不配合有关部门对应征公民进行体格检查、政治审查的；

（四）阻挠公民参加兵役登记、体格检查或者应征入伍的；

（五）隐瞒真实情况、弄虚作假以及采用其他手段庇护公民逃避服兵役的；

（六）录用或者录取受到本条例第三十七条、第三十八条规定处罚的公民就业、就学的。

对有前款行为的单位主要负责人和直接责任人，应当予以行政处分；情节严重的，区、县人民政府征兵办公室并可以对其处以同地区当年义务兵及其家属优待金平均标准五倍以下罚款。

单位违反本条例规定，不接受安置退役义务兵的，由市或者区、县人民政府安置部门责令限期改正，逾期不改正的，处以二万元以上二十万元以下罚款；对单位主要负责人和直接责任人，可以处以二千元以上二万元以下罚款。

第三十七条 有关行政管理部门违反本条例规定，不依法履行职责的，市和区、县人民政府应当责令改正，经教育不改的，由其上级主管部门对其主要负责人和直接责任人给予行政处分。

从事征兵工作的人员在征兵工作中不依法履行职责，玩忽职守、弄虚作假、徇私舞弊、收受贿赂尚不够刑事处罚的，由其所在单位予以行政处分。

第三十八条 有下列行为之一，经教育不改的，在职人员，由其所在单位予以辞退或者解除其劳动合同；待业人员，由劳动部门收回待业证；个体工商户，由工商行政管理部门吊销其营业执照：

（一）逃避、拒绝兵役登记或者征兵体格检查的；

（二）隐瞒真实情况、弄虚作假情节严重的；

（三）被批准入伍后逃避、拒绝应征的；

（四）转借、涂改兵役证以及违反兵役证其他使用规定的。

有前款所列行为之一的人员，一年内国家机关、社会团体、企业、事业单位和个体工商户不得录用或者录取，工商行政管理部门或者其他有关部门不得为他们办理工商营业执照或者其他专业技术证书，公安机关不得为他们办理出境手续；区、县人民政府征兵办公室并可以处以同地区当年义务兵及其家属优待金平均标准两倍以下罚款。

第三十九条 连续两年有前条所列行为之一，经教育不改的，或者入伍后在新兵训练期间擅自离开部队被除名的，两年内国家机关、社会团体、企业、事业单位和个体工商户不得录用或者录取，工商行政管理部门或者其他有关部门不得为他们办理工商营业执照或者其他专业技术证书，公安机关不得为他们办理出境手续；区、县人民政府征兵办公室并可以处以同地区当年义务兵及其家属优待金平均标准两倍以上五倍以下罚款。

第四十条 伪造兵役证的，由区、县人民政府征兵办公室处以五千元以上五万元以下罚款，伪造的兵役证予以没收。

第四十一条 违反本条例规定，应当给予治安管理处罚的，由公安机关依照《中华人民共和国治安管理处罚法》的规定予以处罚；构成犯罪的，依法追究刑事责任。

第四十二条 违反本条例规定，应当予以处分、处罚而有关部门未予处分、处罚的，市和区、县人民政府征兵办公室可以制发建议书，督促有关部门依法实施处分、处罚。

第四十三条 依据本条例作出的行政处罚决定，应当出具行政处罚决定书。

收缴罚款时，应当出具市财政局统一印制的罚没款收据。罚款全部上缴国库。

第四十四条 当事人对区、县人民政府征兵办公室及有关行政管理部门的具体行政行为不服的，可以依照《中华人民共和国行政复议法》或者《中华人民共和国行政诉讼法》的规定，申请行政复议或者提起行政诉讼。

当事人对具体行政行为在法定期限内不申请复议，不提起诉讼，又不履行的，作出具体行政行为的行政管理部门可以申请人民法院强制执行。

第八章 附 则

第四十五条 市人民政府可以根据本条例制定实施细则。

第四十六条 本条例自 1994 年 11 月 1 日起施行。

上海市烟花爆竹安全管理条例

（1994 年 10 月 20 日上海市第十届人民代表大会常务委员会第十三次会议通过 根据 1997 年 5 月 27 日上海市第十届人民代表大会常务委员会第三十六次会议《关于修改〈上海市烟花爆竹安全管理条例〉的决定》修正 2015 年 12 月 30 日上海市第十四届人民代表大会常务委员会第二十六次会议修订）

第一章 总 则

第一条 为了加强烟花爆竹安全管理，改善大气环境质量，保障公共安全和人身、财产安全，根据《烟花爆竹安全管理条例》，结合本市实际情况，制定本条例。

第二条 本市行政区域内烟花爆竹的生产、经营、储存、运输、燃放和销毁处置等活动，适用本条例。

第三条 市和区、县人民政府组织本条例的实施。

市人民政府建立市烟花爆竹安全监管工作联席会议制度，综合协调烟花爆竹安全管理工作中的重大事项。

区、县人民政府应当加强对本辖区烟花爆竹安全管理、执法工作的组织领导。

第四条 安全生产监督管理部门负责烟花爆竹的安全生产监督管理。

公安部门负责烟花爆竹的公共安全管理。

质量技术监督、工商行政、交通、城管执法、国资监管、环保、气象、教育、绿化市容、住房城乡建设、经济信息化、通信管理、财政等部门按照各自职责，依法做好烟花爆竹安全管理的相关工作。

第五条 本市按照国家规定，对烟花爆竹经营、运输和举办焰火晚会以及其他大型焰火燃放活动,实行许可证制度。

未经许可,任何单位和个人不得经营、运输烟花爆竹,不得举办焰火晚会以及其他大型焰火燃放活动。

第六条 本市各级人民政府及其有关部门应当定期组织开展烟花爆竹安全管理的宣传,并在重大节日期间加大对烟花爆竹燃放安全管理的宣传力度。

鼓励移风易俗,倡导使用电子鞭炮、礼花筒等安全、环保的替代性产品。

广播、电视、报刊、互联网等媒体应当开展烟花爆竹安全管理和移风易俗的公益宣传。

学校和未成年人的监护人应当对未成年人开展烟花爆竹安全知识的教育,引导未成年人不燃放烟花爆竹。

第七条 乡、镇人民政府和街道办事处应当将烟花爆竹安全管理纳入基层社会治理工作,加强组织协调和指导监督。

居民委员会、村民委员会、物业服务企业应当配合做好烟花爆竹安全管理的有关工作,加强对居民、村民、业主的宣传教育,引导移风易俗和依法、文明、安全燃放烟花爆竹。

第八条 烟花爆竹相关行业协会应当加强行业自律管理,组织制定并公布行业自律管理制度,引导烟花爆竹经营者依法经营,宣传禁止燃放烟花爆竹相关规定以及安全燃放知识,开展烟花爆竹安全教育培训。

第九条 鼓励单位和个人通过“12345”市民服务热线、“110”报警电话等途径,举报非法生产烟花爆竹和经营、储存、运输、燃放烟花爆竹等活动中的违法行为。对查证属实的,有关行政管理部门应当按照规定对举报人给予奖励。

第十条 本市烟花爆竹经营、储存、运输单位和焰火晚会以及其他大型焰火燃放活动的燃放作业单位(以下称燃放作业单位),应当根据安全需要依法投保相应的保险险种;鼓励其投保相关的责任保险。

第十一条 违法经营、储存、运输、燃放烟花爆竹的有关信息,纳入本市公共信用信息服务平台。

第二章 经营和运输安全管理

第十二条 本市禁止生产烟花爆竹。

在禁止燃放烟花爆竹的区域内,任何单位和个人不得经营、储存、运输烟花爆竹。

第十三条 本市对烟花爆竹经营实行统一采购、统一批发。

从事烟花爆竹批发的企业和从事烟花爆竹零售的经营者,应当依法取得相应的经营许可证,在经营许可证规定的许可经营范围、有效期和经营场所内经营。

采购、销售的烟花爆竹,应当符合有关技术标准和本市关于准予经营的烟花爆竹规格、品种的规定。本市准予经营的烟花爆竹规格、品种应当通过媒体向社会公布。

第十四条 烟花爆竹经营单位的布点,应当遵循合理布局、总量控制、逐步减少的原则。

第十五条 烟花爆竹零售点的设置应当符合国家和本市有关规定,实行专店或者专柜销售,并配备必要的安全防护措施。

禁止将烟花爆竹零售点与居住场所设置在同一建筑物内。

第十六条 除准许经营烟花爆竹的批发企业、零售经营者和燃放作业单位外,禁止其他单位和个人以经营为目的储存烟花爆竹。

禁止烟花爆竹零售经营者在经营场所以外储存烟花爆竹。

第十七条 烟花爆竹的批发企业、零售经营者和燃放作业单位应当如实记录烟花爆竹经营、燃放情况,鼓励采取信息化手段记录烟花爆竹流向信息。

本市可以根据公共安全需要,对购买烟花爆竹实行实名制登记等安全管控措施。

第十八条 经由道路、铁路、水路、航空运输烟花爆竹的,依照道路、铁路、水路、航空运输安全管理的有关法律、法规、规章的规定执行。

禁止携带烟花爆竹搭乘公共交通工具。

禁止托运、邮寄、快递烟花爆竹或者在托运、邮寄、快递的行李、包裹和邮件中夹带烟花爆竹。

公安、交通等部门应当加强对烟花爆竹运输安全的监督、检查。

第十九条 经由本市港口出口烟花爆竹的，应当以集装箱形式运输，不得在本市装箱作业。

第三章 燃放安全管理

第二十条 禁止在外环线以内区域燃放烟花爆竹。

禁止在外环线以外区域的下列场所燃放烟花爆竹：

（一）国家机关驻地；

（二）文物保护单位；

（三）车站、码头、机场等交通枢纽，轨道交通设施以及铁路线路安全保护区内；

（四）易燃易爆危险物品生产、经营、储存单位；

（五）输变电、燃气、燃油等能源设施安全保护区内；

（六）医疗机构、幼儿园、学校、养老机构；

（七）商场、集贸市场、公共文化设施、宗教活动场所等人员密集场所；

（八）区、县人民政府划定并公布的其他区域、场所。

禁止燃放烟花爆竹的场所应当设置禁放警示标识，并做好安全提示和防范工作。

第二十一条 重污染天气期间，本市一律禁止燃放烟花爆竹。

市环保、气象部门应当通过新闻媒体及时发布重污染天气预报信息，并提示市民在此期间禁止燃放烟花爆竹。

第二十二条 举办焰火晚会以及其他大型焰火燃放活动的，主办单位应当依法向市或者区、县公安部门提出申请，取得《焰火燃放许可证》，并由符合行业标准规定条件的燃放作业单位燃放。

第二十三条 燃放烟花爆竹应当遵守下列安全燃放要求：

（一）不得燃放本市未准予经营的烟花爆竹；

（二）不得在建筑物、构筑物内燃放或者从阳台、窗户向外抛掷烟花爆竹；

（三）不得向烟花爆竹零售点、行人、车辆、建筑物、构筑物、在建工地、树木、河道、公共绿地、窨井等投掷烟花爆竹；

（四）不得影响道路交通安全；

（五）不得采用其他危害公共安全和人身、财产安全的方式燃放。

第四章 法律责任

第二十四条 违反本条例规定的行为，法律、行政法规有处理规定的，依照有关法律、行政法规的规定处理。构成违反治安管理行为的，依法给予治安管理处罚；构成犯罪的，依法追究刑事责任。

第二十五条 违反本条例第十三条第二款规定，超出经营许可证规定的许可经营范围、有效期或者在经营许可证规定的经营场所外经营烟花爆竹的，由相对集中行使行政处罚权的公安部门责令停止非法经营活动，没收非法经营的烟花爆竹及违法所得，对烟花爆竹批发企业、零售经营者处二万元以上十万元以下的罚款。

违反本条例第十三条第三款规定，采购、销售的烟花爆竹不符合本市关于准予经营的烟花爆竹规格、品种规定的，由相对集中行使行政处罚权的公安部门责令停止非法经营活动，没收非法经营的烟花爆竹及违法所得，对烟花爆竹批发企业处二万元以上十万元以下的罚款，对烟花爆竹零售经营者处一千元以上五千元以下的罚款；情节严重的，依法吊销烟花爆竹经营许可证。

第二十六条 违反本条例第十六条规定，非法储存烟花爆竹的，由公安部门没收非法储存的烟花爆竹及违法所得，处五千元以上五万元以下的罚款；情节严重的，处五万元以上十万元以下的罚款。

第二十七条 违反本条例第十八条第二款、第三款规定，携带烟花爆竹搭乘公共交通工具，或者托运、邮寄、快递烟花爆竹以及在托运、邮寄、快递的行李、包裹、邮件中夹带烟花爆竹的，由公安部门没收非法携带、托运、邮寄、快递、夹带的烟花爆竹，可以并处二百元以上一千元以下的罚款。

第二十八条 违反本条例，有下列情形之一的，由公安部门责令改正，没收其烟花爆竹，处一百元以上二百元以下的罚款；情节严重的，处二百元以上五百元以下的罚款：

（一）违反本条例第二十条规定，在禁止燃放的区域内燃放烟花爆竹的；

（二）违反本条例第二十一条规定，在重污染天气期间燃放烟花爆竹的；

（三）违反本条例第二十三条规定，不遵守安全燃放要求的。

单位违反本条例第二十一条规定，在重污染天气期间燃放烟花爆竹的，除对单位进行处罚外，环保等有关部门还可以对单位主要负责人和直接责任人员处一百元以上五百元以下的罚款。

第二十九条 对没收的非法烟花爆竹以及烟花爆竹经营单位弃置的废旧烟花爆竹，由公安部门就地封存并组织销毁、处置。

第三十条 行政管理部门及其工作人员违反本条例，有下列情形之一的，由上级行政管理部门或者监察机关责令改正；依法对直接负责的主管人员和其他直接责任人员给予警告或者记过处分；情节较重的，给予记大过或者降级处分；情节严重的，给予撤职处分：

（一）对不符合法定条件的烟花爆竹经营、运输、燃放申请予以许可的；

（二）对违法生产、经营、储存、运输、燃放烟花爆竹的行为不依法查处的；

（三）未按规定将封存的烟花爆竹销毁、处置的；

（四）对举报人的举报不受理、不及时调查处理的。

第五章　附　　则

第三十一条 安全生产监督管理部门可以依法将烟花爆竹经营许可权委托公安机关消防机构行使。

第三十二条 需要对禁止燃放烟花爆竹的区域和时间临时调整的，由市人民政府决定并向社会公告。

第三十三条 本条例自2016年1月1日起施行。

上海市环境保护条例

（1994年12月8日上海市第十届人民代表大会常务委员会第十四次会议通过　根据1997年5月27日上海市第十届人民代表大会常务委员会第三十六次会议《关于修改〈上海市环境保护条例〉的决定》第一次修正　2005年10月28日上海市第十二届人民代表大会常务委员会第二十三次会议第一次修订　根据2011年12月22日上海市第十三届人民代表大会常务委员会第三十一次会议《关于修改本市部分地方性法规的决定》第二次修正　根据2015年6月18日上海市第十四届人民代表大会常务委员会第二十一次会议《关于修改〈上海市环境保护条例〉等8件地方性法规的决定》第三次修正　2016年7月29日上海市第十四届人民代表大会常务委员会第三十一次会议第二次修订　根据2017年12月28日上海市第十四届人民代表大会常务委员会第四十二次会议《关于修改本市部分地方性法规的决定》第四次修正）

第一章　总　　则

第一条　为保护和改善环境，防治污染，保障公众健康，推进生态文明建设，促进绿色发展和绿色生活，根据《中华人民共和国环境保护法》和其他有关法律、行政法规，结合本市实际情况，制定本条例。

第二条　本条例适用于本市行政区域内的环境保护及其相关的管理活动。

海洋环境的保护按照海洋环境保护相关的法律、法规执行。

第三条　本市各级人民政府应当对本行政区域的环境质量负责，推进本行政区域内的生态文明建设和环境保护工作，使经济社会发展与环境保护相协调。市和区人民政府应当制定环境保护目标和年度实施计划，组织推进环境基础设施建设，推进环境信息公开，持续改善本行政区域的环境质量。

市和区人民政府应当对本级人民政府有关行政管理部门和下一级人民政府的环境保护职责履行和目标完成情况进行督察。环境保护目标和任务的完成情况作为对本级人民政府有关行政管理部门及其负责人和下一级人民政府及其负责人考核的内容。督察和考核结果应当向社会公布。

本市按照国家规定实行领导干部自然资源资产离任审计制度。

各级人民政府应当每年向同级人民代表大会或者其常务委员会报告环境保护工作以及任期内的环境保护目标实现情况，对发生的重大环境事件应当及时向同级人民代表大会常务委员会报告，依法接受监督。

第四条　企业事业单位和其他生产经营者应当遵守环境保护相关法律、法规，防止、减少环境污染和生态破坏，依法主动公开环境信息，履行污染监测、报告等义务，对所造成的损害依法承担责任。

企业事业单位和其他生产经营者应当通过清洁生产、绿色供应、资源循环利用等措施，转变生产经营方式，保护环境。

第五条　公民依法享有获取环境信息、参与和监督环境保护的权利，有权举报和监督环境违法行为，通过环境侵权诉讼等方式维护自身环境权益。

公民应当增强环境保护意识，践行绿色生

活方式，主动保护环境。

第六条 市环境保护行政主管部门（以下简称市环保部门）对本市环境保护实施统一监督管理，加强环境规划、标准制定和执法工作。区环境保护行政主管部门（以下简称区环保部门）按照职责分工对本辖区的环境保护实施监督管理。

本市发展改革、经济信息化、交通、公安、住房城乡建设、规划国土、水务、农业、质量技术监督、绿化市容、食品药品监督、城管执法、工商、安全监管等相关行政管理部门，按照职责分工负责本领域、本行业的生态环境保护、污染防治和监督管理工作，并在相关规划、政策、计划制定和实施中落实绿色发展和环境保护要求。

第七条 乡、镇人民政府和街道办事处应当在区环保等相关行政管理部门的指导下，对辖区内社区商业、生活活动中产生的大气、水、噪声等污染防治工作进行综合协调。发现其他生产经营活动中存在环境污染问题的，应当及时向区环保等有关部门报告。

对因前款规定的环境污染引发的纠纷，当事人可以向乡、镇人民政府或者街道办事处申请调解。

第八条 本市通过经济、金融、技术等措施，支持和推进环境保护科学技术研究、开发和应用，鼓励环境保护产业发展，加强环境保护信息化建设，促进环保技术应用信息的交互和共享，提高环境保护科学技术水平。

第九条 各级人民政府及其有关部门应当加强环境保护宣传和普及工作，组织开展环境保护法律法规和环境保护知识宣传，提高市民的环境保护意识和知识水平，营造环境保护的良好氛围。

教育行政部门、学校应当将环境保护知识纳入学校教育内容，培养学生的环境保护意识。

报刊、电视、广播、网络等媒体应当开展环境保护法律法规和环境保护知识的宣传，对环境违法行为进行舆论监督。

第十条 对保护和改善环境有显著成绩的单位和个人，按照国家和本市评比表彰有关规定，给予表彰、奖励。

第十一条 市人民政府应当根据国家有关规定，与相关省建立长三角重点区域、流域生态环境协同保护机制，定期协商区域内污染防治及生态保护的重大事项。

本市环保、发展改革、经济信息化、规划国土、住房城乡建设、交通、农业、公安、水务、气象等相关行政管理部门应当与周边省、市、县（区）相关行政管理部门建立沟通协调机制，采取措施，优化长三角区域产业结构和规划布局，协同推进机动车、船污染防治，完善水污染防治联动协作机制，强化环境资源信息共享及污染预警应急联动，协调跨界污染纠纷，实现区域经济、社会和环境协调发展。

第二章　规划、区划和标准

第十二条 市环保部门应当会同本市有关行政管理部门组织编制市环境保护规划和相关环境保护专项规划，报市人民政府批准。

区环保部门应当根据市环境保护规划和相关环境保护专项规划，结合本区实际，会同有关行政管理部门编制区环境保护规划，报区人民政府批准；区人民政府在批准前应当征求市环保部门的意见。

环境保护规划应当纳入市和区国民经济和社会发展规划、城市总体规划。

经批准后的环境保护规划和相关环境保护专项规划，由环保部门会同有关行政管理部门组织实施。

第十三条 市环保部门应当会同有关行政管理部门，根据城市总体规划和国家环境质量标准，编制本市地表水环境功能区划、大气环境质量功能区划、城市区域噪声环境功能区划，报市人民政府批准后公布实施。

第十四条 本市发展改革、规划国土和其他有关行政管理部门编制土地利用、区域开发建设等规划以及进行城市布局、产业结构调整时，应当符合环境功能区划的要求。

各级人民政府及其有关行政管理部门在组

织区域开发建设时，应当符合环境功能区划的要求。凡不符合环境功能区划的建设项目，不得批准建设。

对环境质量达不到环境功能区划要求的地区以及环境污染严重、环境违法情况突出的地区，区人民政府应当采取产业结构调整、区域生态整治等方式实施综合治理，市住房城乡建设、环保、规划国土等行政管理部门应当予以指导。

第十五条 市和区人民政府在组织编制全市和各区总体规划、土地利用总体规划时，应当根据本行政区域生态环境状况，在饮用水水源保护区、自然保护区、野生动物重要栖息地和重要的湿地等重点生态功能区、生态环境敏感区和脆弱区等区域划定生态保护红线，建立生态保护红线制度，实施分类分级管控和严格保护。

本市相关控制性详细规划的编制，应当符合生态保护红线的控制要求。

第十六条 市人民政府可以根据本市实际，对国家环境质量标准和国家污染物排放标准中未作规定的项目，制定地方标准；对国家已作规定的项目，可以制定严于国家的地方标准。

第三章 绿色发展

第十七条 本市提倡绿色发展和绿色生活。

市发展改革、环保等有关行政管理部门应当制定绿色发展和绿色生活行动指南，指导单位和个人在生产和生活中节约资源、减少污染，推动建立有利于环境保护的生产和生活方式。

第十八条 本市根据国家规定建立、健全生态保护补偿制度。

对本市生态保护地区，市或者区人民政府应当通过财政转移支付等方式给予经济补偿。市发展改革部门应当会同有关行政管理部门建立和完善生态补偿机制，确保补偿资金用于生态保护补偿。

受益地区和生态保护地区人民政府可以通过协商或者按照市场规则进行生态保护补偿。

第十九条 本市相关行政管理部门在制定产业政策时，应当充分考虑环境保护的需要，对环境影响情况进行分析和评价，并听取环保部门和相关专家的意见。

本市发展改革、经济信息化和规划国土行政管理部门应当推进产业结构调整和布局优化，推动清洁生产。

市经济信息化、发展改革、规划国土和环保等有关行政管理部门应当优化产业布局，逐步将排放污染物的产业项目安排在城乡规划确定的产业园区内。

第二十条 市经济信息化部门会同市发展改革等有关行政管理部门制定本市产业结构调整指导目录时，应当根据本市环境质量状况和重点污染物排放总量控制计划，将高污染、高能耗产业纳入淘汰类、限制类产业目录。

对列入淘汰类、限制类产业目录的排污单位，可以采取差别电价、差别排污收费、限制生产经营或者停止生产经营等措施。其中，列入限制类产业目录的排污单位，应当按照环保部门和经济信息化部门的要求，实施清洁化改造。

第二十一条 本市鼓励企业对产品设计、原料采购、制造、销售、物流、回收和再利用等各个环节实施绿色改造，提升全产业链的污染预防和控制水平。

第二十二条 本市发展改革、住房城乡建设、规划国土等行政管理部门在城市建设过程中应当采取措施，推动绿色建设技术应用，推进绿色建筑发展和海绵城市建设。

第二十三条 市和区人民政府应当采取措施优先发展公共交通，建设公交专用道、非机动车道等交通设施，鼓励公众购买和使用清洁能源机动车。

本市倡导和鼓励公众选择公共交通、自行车等方式出行。

市交通、绿化市容、邮政等行政管理部门应当分别制定公共交通、环卫、邮政、物流等行业机动车、船清洁能源替代推进方案。国家机关、事业单位和国有企业应当率先使用清洁能源机动车、船。

第二十四条 国家机关、企业事业单位应当厉行节约,使用节约资源、节约能源的产品、设备和设施,推行电子化办公。市机关事务管理部门应当加强对国家机关和事业单位推进绿色办公的指导。

国家机关、事业单位采购办公用品时,在技术、服务等指标满足采购需求的前提下,应当优先采购保护环境的产品和再生产品。

第二十五条 本市通过财政资金支持、政府优先采购等措施,鼓励企业提高资源、能源利用效率,开展资源循环利用,推动循环经济发展。

基层群众性自治组织、社会组织可以通过组织居民开展捐赠、义卖、置换等活动,推动居民闲置物品的再利用。

第二十六条 宾馆、商场、餐饮、沐浴等服务性企业应当采用有利于资源循环利用和环境保护的产品,采取环保提示、费用优惠、物品奖励等措施,引导消费者减少使用一次性用品,市旅游、商务行政管理部门应当加强指导。

第四章 环境监督管理

第二十七条 本市实行重点污染物排放总量控制制度。

市环保部门应当根据国家核定的本市重点污染物排放总量目标,结合本市环境容量以及经济、社会发展水平,拟定本市重点污染物排放总量控制计划,报市人民政府批准后组织实施。市环保部门可以根据本市环境保护的需要,制定国家未作规定的其他污染物的排放总量控制计划,报市人民政府批准后组织实施。

区环保部门应当根据本市重点污染物排放总量控制计划,结合本辖区实际情况,拟订本辖区重点污染物排放总量控制实施方案,经区人民政府批准后组织实施,并在批准后十五日内报市环保部门备案。

第二十八条 现有排污单位的重点污染物排放总量指标,由市或者区环保部门根据区域环境容量,按照公平合理、鼓励先进和兼顾历史排放情况等原则,综合考虑行业平均排放水平以及排污单位的减少污染物排放措施等因素确定。对未达到行业平均排放水平的排污单位,严格核定其排放总量指标。

新建、改建、扩建排放重点污染物的建设项目,排污单位应当在环境影响评价阶段向市或者区环保部门申请或者通过排污权交易,取得重点污染物排放总量指标。

排污单位应当遵守总量管理相关规定,污染物排放达到规定的总量指标限值的,应当停产。

本市推进企业减少污染物排放,对在污染物排放符合法定要求的基础上进一步减少污染物排放的排污单位,市和区人民政府应当依法采取财政、税收、价格、政府采购等方面的政策和措施予以鼓励和支持。

第二十九条 编制有关开发利用规划,应当依法进行环境影响评价。未依法进行环境影响评价的开发利用规划,审批部门不予审批。

市和区环保部门在审查规划环境影响评价时,应当综合考虑区域生态承载能力、行业排污总量等因素。

第三十条 市环保部门可以根据国家建设项目环境影响评价名录,结合本市实际情况,制定本市建设项目环境影响评价补充名录,并向社会公开。列入国家和本市环境影响评价名录的建设项目,应当进行环境影响评价,并按照分类管理的规定报环保部门审批或者备案。

环保部门受理建设项目环境影响评价申请后,需要对环境影响评价文件进行技术评估的,可以委托相关机构进行技术评估。技术评估的时间最长不超过三十天,不计入审批期限。

已经完成环境影响评价的规划中包含的建设项目,其环境影响评价工作应当依照有关规定予以简化。

第三十一条 新建、改建、扩建建设项目,建设单位应当根据环境影响评价文件以及环保部门审批决定的要求建设环境保护设施、落实环境保护措施。环境保护设施应当与主体工程同时设计、同时施工、同时投入使用。

第三十二条 乡、镇或者产业园区有下列情形之一的，环保部门可以暂停审批该区域内产生重点污染物的建设项目的环境影响评价文件：

（一）重点污染物排放量超过总量控制指标的；

（二）未按时完成淘汰高污染行业、工艺和设备任务的；

（三）未按时完成污染治理任务的；

（四）配套的环境基础设施不完备的；

（五）市人民政府规定的其他情形。

企业集团有前款第一项、第二项、第三项情形之一的，环保部门可以暂停审批该企业集团产生重点污染物的建设项目的环境影响评价文件。

第三十三条 本市依法实施排污许可制度。固定污染源单位应当按照国家和本市的规定，向市或者区环保部门申请排污许可证。

排污许可证应当载明允许排放的污染物种类、浓度、总量、排放方式、排放去向以及相关环境管理要求等内容。排污单位应当按照排污许可证载明的要求排放污染物。

本市对排污许可证载明事项实施动态管理。因污染物排放标准、总量控制要求等发生变化，需要对相应的许可内容进行调整的，环保部门可以依法对排污许可证载明事项进行调整。

第三十四条 本市鼓励开展重点污染物排放总量指标交易。市环保部门应当会同相关行政管理部门逐步建立本市重点污染物排放总量指标交易制度，完善交易规则。

第三十五条 环保部门应当会同有关行政管理部门建立健全环境监测网络，组织开展环境质量监测、污染源监督性监测和突发环境事件的应急监测。

重点排污单位、产业园区以及建筑工地、堆场、码头、混凝土搅拌站等相关单位，应当按照国家和本市有关规定安装自动监测设备，与环保部门联网，保证监测设备正常运行，并对数据的真实性和准确性负责。

对污染物排放未实行自动监测或者自动监测未包含的污染物，排污单位应当按照国家和本市的规定，定期进行排污监测，保存原始监测记录，并对数据的真实性和准确性负责。

在本市从事环境监测的机构应当按照规定向市环保部门备案；向社会出具具有证明作用数据、结果的，还应当依法取得检验检测机构的资质认定。环境监测机构应当按照国家和本市环境监测规范开展环境监测，保证监测数据的真实性和准确性，并对监测数据和监测结论负责。

自动监测数据以及环保部门委托的具有相应资质的环境监测机构的监测数据，可以作为环境执法和管理的依据。

第三十六条 市和区人民政府应当根据实际情况，组织编制本辖区的突发环境事件的应急预案。

根据国家有关规定应当制定突发环境事件应急预案的企业事业单位，应当根据市和区应急预案，在开展突发环境事件风险评估和应急资源调查的基础上，制定本单位突发环境事件应急预案。应急预案应当向市或者区环保部门备案。

第三十七条 本市推行环境污染防治协议制度。

有下列情形之一的，环保部门可以与相关排污单位签订污染防治协议，明确污染物排放要求以及相应的权利和义务：

（一）根据本市环境治理要求，对排污单位提出严于法律、法规、国家和本市有关标准，以及排污许可证规定的排放要求的；

（二）排污单位根据自身技术改进可能和污染防治水平，主动提出削减排放要求的；

（三）排污单位申请排放国家和本市尚未制定排放标准的污染物的。

排污单位与环保部门签订污染防治协议，并实现约定的污染物减排目标的，环保部门应当给予奖励和支持。

违反协议约定的，应当按照协议承担责任。

第三十八条 环保部门及其环境监察机构和其他负有环境保护监督管理职责的部门，有权通过现场检查、自动监测、遥感监测、无人机巡查、远红外摄像等方式对排放污染物的企业事业单位和其他生产经营者进行监督检查。现场检查时,执法人员可以采取现场监测、采集样品、查阅和复制有关资料等措施。

被检查的单位应当如实反映情况,提供必要的资料,不得隐瞒情况,拒绝和阻挠检查。

第三十九条 有以下情形之一的,市或者区环保部门和其他负有环境保护监督管理职责的行政管理部门,可以对有关设施、设备、物品采取查封、扣押等行政强制措施:

(一)违法转移、处置放射源、危险废物的;

(二)有关证据可能灭失或者被隐匿的;

(三)其他违反法律、法规规定排放污染物造成或者可能造成严重污染的。

第四十条 有下列情形之一的,市环保部门应当会同相关行政管理部门约谈区人民政府主要负责人,约谈情况向社会公开:

(一)未完成环境质量改善目标的;

(二)贯彻实施国家和本市重大环境保护、绿色发展政策措施不力的;

(三)未完成重大污染治理任务的;

(四)发生严重环境污染事故或者对生态破坏事件处置不力的;

(五)其他依法应当约谈的情形。

第五章 环境污染防治

第四十一条 产业园区管理机构应当做好园区环境基础设施规划,配套建设大气环境监测、污水收集处理、固体废物收集贮存转运、噪声防治等环境基础设施,建立环境基础设施的运行、维护制度,并保障其正常运行。

第四十二条 排污单位应当按照环境保护设施的设计要求和排污许可证规定的排放要求,制定操作规程,并保持环境保护设施正常运行。

环境保护设施需要维护、修理或者出现故障而暂停使用的,应当立即向市或者区环保部门报告,并停止相关的生产经营活动。

禁止擅自拆除或者闲置环境保护设施。排污单位需要拆除或者闲置环境保护设施的,应当在拆除或者闲置三十日前,报市或者区环保部门同意。

第四十三条 排污单位应当按照国家和本市的有关规定建立环境管理台账,并对台账的真实性和完整性负责,台账的保存期限不得少于五年,但法律、法规另有规定的除外。

排污单位关闭、搬迁的,应当按照规定事先向市或者区环保部门报告,并制定残留污染物清理和安全处置方案,对未处置的污水、有毒有害气体、工业固体废物、放射源和放射性废物及其贮存、处置的设施、场所进行安全处理。

第四十四条 排污单位可以委托具有相应能力的第三方机构运营其污染治理设施或者实施污染治理。排污单位委托第三方机构运营其污染治理设施或者实施污染治理的,应当签订委托治理合同,并按照规定向市或者区环保部门报告。

接受委托的第三方机构应当遵守环境保护法律、法规和相关技术规范的要求,履行委托治理合同约定的义务。排污单位委托第三方机构运营其污染治理设施或者实施污染治理的,不免除排污单位的法律责任。

第四十五条 本市探索建立环境污染责任保险制度,鼓励石油、化工、钢铁、电力、冶金等相关企业投保环境污染责任险。

第四十六条 出现污染天气或者预报出现重污染天气以及根据国家要求保障重大活动的,有关行政管理部门应当根据应急预案的规定,采取暂停或者限制排污单位生产,停止易产生扬尘的作业活动或者采取降尘措施,限制高污染机动车行驶等应急措施,并向社会公告。

第四十七条 本市逐步淘汰高污染机动车。本市对高污染机动车实施区域限行措施。高污染机动车的范围、限行区域和限行时间,由市交通行政管理部门会同市环保、公安交通行政管理部门提出方案,报市人民政府批准后公布。

运输单位或者个人不得使用高污染机动车

从事经营性运输活动。相关托运单位应当在托运合同中明确要求承运单位或者个人不得使用高污染机动车从事运输活动。

船舶在上海港口水域航行、作业、靠泊时，应当符合本市船舶排放相关要求。进入国家确定的船舶大气污染物排放控制区时，应当使用符合要求的燃油；需要转换燃油的，应当记录燃油转换信息。船舶进港靠泊，具备岸电使用条件的，靠泊期间应当使用岸电。

第四十八条 建筑工地、堆场、码头、混凝土搅拌站等单位应当遵守本市扬尘控制标准。具体标准由市环保部门会同市住房城乡建设、交通行政管理部门制定。

道路扬尘污染及其他扬尘污染防治按照本市有关规定执行。

第四十九条 直接向环境排放水污染物的排污单位，应当接受环保部门的监督管理，其污染物排放不得超过国家或者本市规定的排放标准。

本市水务部门应当负责推进排污单位污水纳管工作。排污单位向城市污水集中处理设施排放一类水污染物的，不得超过国家或者本市规定的排放标准，并应当在车间处理设施排放口和总排放口设置监测点，接受环保部门的监督管理。向城市污水集中处理设施排放二类水污染物的，应当符合排污纳管要求，由水务部门按照有关法律、法规进行监督管理。

排污单位排放的污水应当从污水排放口排出，禁止通过暗管、渗井、渗坑或者雨水排放口等方式排放污水，禁止生产性污水外运处理。

禁止运输剧毒化学品的船舶进入黄浦江及其他内河水域，禁止运输危险化学品的船舶进入太浦河饮用水水源保护区水域。

第五十条 市环保部门应当会同市规划国土、经济信息化、农业、水务等有关行政管理部门定期开展土壤和地下水环境质量调查、污染源排查。发现存在环境风险的，应当责令土地使用者制定相应的风险防控方案，并采取防范措施。对土壤和地下水造成污染的，排污单位或者个人应当承担修复责任。责任主体灭失或者不明确的，由区人民政府依法承担相关修复责任。

储油库及加油站、生活垃圾处置、危险废物处置等经营企业和其他重点污染物排放单位应当按照国家和本市的规定，定期对土壤和地下水进行监测，并将监测结果向市或者区环保部门报告。发现存在环境风险的，土地使用者应当采取风险防范措施；发现污染扩散的，土地使用者应当采取污染物隔离、阻断等治理措施。

生产、销售、贮存液体化学品或者油类的企业以及生活垃圾处置企业应当按照国家和本市的要求进行防渗处理，防止污染土壤和地下水。

经营性用地和工业用地出让、转让、租赁、收回前，应当按照国家和本市有关规定进行土壤和地下水的环境质量评估，并根据评估结果采取风险防控措施或者开展土壤修复。工业用地以及生活垃圾处置等市政用地转为居住、教育、卫生等用地，且有土壤和地下水污染的，应当予以修复。具体规定由市环保部门会同市规划国土、经济信息化等行政管理部门另行制定。

第五十一条 市环保、农业部门应当会同规划国土等有关行政管理部门，划定农用地土壤环境质量类别，并分别采取相应的管理措施，保障农产品质量安全。

本市农业等有关行政管理部门应当采取有效措施，加强对畜禽、水产养殖污染的防治以及对使用化肥、农药、农用薄膜、养殖环节投入品的监督管理和指导，防止污染土壤、水体。

农业生产者应当科学地使用化肥、农药、农用薄膜和养殖环节投入品。畜禽养殖场应当保证其畜禽粪便和污水的综合利用或者无害化处理设施正常运转，保证污水达标排放，防止污染水环境。

禁止将含重金属、难降解有机污染物的污水以及未经检验或者检验不合格的城市垃圾、污水处理厂污泥、河道底泥用于农业生产。

非农业用地转变为农业用地的，应当开展土壤和地下水环境质量评估，经评估符合农业用地和地下水环境质量标准的，方可用于农业生产。

第五十二条 本市加强对用于环境污染治理和生态环境保护的微生物菌剂的环境安全管理。

微生物菌剂提供单位应当对所提供的微生物菌剂进行环境安全评价。开展环境安全评价的单位,应当具备微生物分类鉴定、特性检测和环境保护研究或者评价的能力,并根据有关技术导则进行评价。微生物菌剂应用单位应当使用通过环境安全评价的微生物菌剂。

第五十三条 本市采取措施推进固体废物的减量化,鼓励对固体废物进行资源化再利用,不能资源化再利用的固体废物应当进行无害化处置。对危险废物实行资源化再利用的,其再利用标准应当符合质量技术监督行政管理部门的管理规定。产生单位应当在资源化再利用前组织技术论证,并将技术论证报告、再利用方案、去向等内容向市或者区环保部门备案。再利用单位应当按照备案的再利用方案进行综合利用。不能再利用的,应当按照国家和本市有关规定进行安全处置。

产业园区管理机构收集贮存危险废物的,应当按照有关规定向市环保部门办理相关手续。

危险废物运输应当符合国家和本市危险废物运输的有关规定。禁止将境外或者外省市的危险废物以及不作为生产原料的其他固体废物转移到本市。禁止将危险废物委托给无危险废物经营许可证的单位或者个人收集、贮存、处置。禁止擅自倾倒危险废物和其他工业固体废物。

拟退役或者关闭危险废物集中处置设施、场所的,经营单位应当在退役或者关闭前三个月报市或者区环保部门核准,并按照环保部门的要求做好后续工作。

第五十四条 排放环境噪声的单位和个人应当采取有效措施,使其排放的环境噪声符合国家和本市规定的环境噪声排放标准。

除抢修、抢险外,禁止在夜间从事产生环境噪声污染的建筑施工作业。但因混凝土连续浇筑等原因,确需在夜间从事建筑施工作业的,施工单位应当在施工作业前,向所在地区环保部门提出申请。区环保部门应当在三个工作日内作出审批决定,并书面通知申请人;不予批准的,应当说明理由。经批准在夜间施工作业的施工单位应当在施工作业现场的显著位置公示行政许可的内容。

市人民政府或者其授权的部门可以在中高考、全市性重大活动等期间,规定一定区域禁止从事产生环境噪声污染的施工作业。

社会生活噪声和交通噪声的污染防治按照国家和本市有关规定执行。

第五十五条 禁止在中心城区或者其他居民集中区域设立商用辐照装置、γ探伤源库。禁止在居民住宅楼、商住综合楼内生产、使用、贮存放射性同位素或者Ⅰ类、Ⅱ类射线装置。禁止将含放射源探伤装置存放在居民住宅楼、商住综合楼以及其他公共场所。

核技术利用单位应当严格按照有关法律、法规、规章和技术标准的要求,从事生产、销售、使用、转让、进口、贮存放射性同位素和射线装置的活动。

在本市从事移动探伤的单位应当在开始作业十日前,向所在地区环保部门报告,并按照规定对移动探伤源建立实时定位跟踪系统。

发现无主放射源及放射性废物的,市或者区环保部门应当立即委托有相应资质的单位收贮或者处置,所需费用由市或者区财政负担。

第五十六条 设置产生电磁辐射污染的设施或者设备,设置单位应当采取有效的屏蔽防护措施,确保环境中电场、磁场符合国家有关规定和防护要求。

第五十七条 本市严格控制建筑物外墙采用反光材料。建筑物外墙采用反光材料的,应当符合国家和本市有关标准;环保部门应当组织光反射环境影响论证,住房城乡建设行政管理部门应当加强对建筑物外墙采用反光材料建设的监督管理。

室外灯光广告、照明设备应当符合本市环境照明技术规范的要求,不得影响周围居民的正常生活。未按照技术规范要求使用的,由绿化市容、住房城乡建设行政管理部门责令限期改正。

第六章 信息公开和公众参与

第五十八条 市环保部门应当定期发布环境状况公报。

市和区环保部门以及其他负有环境保护监督管理职责的部门,应当依法公开环境质量、环境监测、环境保护规划、环境保护行动计划、环境行政许可、环境行政处罚、重点排污单位名单和地址、排污费的征收和使用情况等信息。

发生突发环境事件,市和区人民政府及其环保部门应当依法、及时发布有关信息。

市环保部门应当建立环境保护信息平台,负有环境保护监督管理职责的部门应当将本领域的环境保护信息按照规定向环境保护信息平台归集,并共享相关信息。

第五十九条 有下列情形之一的,排污单位应当按照要求公布排放污染物的名称、排放方式、排放总量、排放浓度、超标排放情况以及防治污染设施的建设和运行情况等信息:

(一)实行排污许可管理的;

(二)重点污染物排放量超过总量控制指标的;

(三)污染物超标排放的;

(四)国家和本市规定的其他情形。

排污单位应当在市环保部门建立的企业事业单位环境信息公开平台上发布前款规定的环境信息。

第六十条 本市规划编制部门在有关开发利用规划报送审批前,应当向社会公开规划的环境影响评价文件,征求公众意见。

对依法应当编制环境影响评价文件的建设项目,建设单位应当按照规定在报批前向社会公开环境影响评价文件,征求公众意见。负责审批的环保部门受理环境影响评价文件后,应当通过网站等方式向社会公开环境影响评价文件,征求公众意见。环境影响评价文件中涉及国家秘密、商业秘密或者个人隐私的内容,依法不予公开。

建设单位在建设过程中应当向社会公示施工期间采取环保措施的情况。

第六十一条 本市推进企业环境信用管理制度建设。市和区环保部门应当按照规定采集、记录排污单位、第三方机构等企业及相关负责人环境信用信息,并定期进行信用评价。环境信用信息应当通过政府网站等方式向社会公开,同时纳入本市公共信用信息服务平台。

市环保部门和相关行政管理部门应当建立环境信用奖惩机制,将环境信用信息作为行政监管的依据。

第六十二条 本市推动石油、化工、钢铁、涉重金属排放、垃圾处置等重点排污单位定期向公众介绍企业的排污情况和污染防治情况,主动接受公众的监督。

第六十三条 公民、法人和其他组织发现任何单位和个人有污染环境和破坏生态行为的,可以通过市民服务热线、政府网站等途径向环保等有关部门举报。

接受举报的部门应当对举报人的相关信息予以保密,保护举报人的合法权益。

第六十四条 本市推动发展环保志愿者组织,鼓励环保志愿者及环保社会组织积极开展环境保护宣传,推动绿色生活方式,监督环境违法行为。

本市鼓励和支持符合法律规定的环保社会组织依法提起环境公益诉讼。

第七章 法律责任

第六十五条 违反本条例规定的行为,法律、行政法规已有处罚规定的,从其规定。

第六十六条 企业事业单位和其他生产经营者有下列行为之一,受到罚款处罚,被责令改正,拒不改正的,依法作出处罚决定的行政机关可以自责令改正之日的次日起,按照原处罚数额按日连续处罚:

(一)未按要求取得排污许可证,违法排放污染物的;

（二）超过污染物排放标准或者超过重点污染物排放总量控制指标排放污染物的；

（三）违反法律、法规规定，无组织排放大气污染物的；

（四）不正常运行环境保护设施，违法排放污染物的；

（五）通过暗管、渗井、渗坑、雨水排放口等逃避监管的方式排放污染物的；

（六）违反建设项目管理制度，主体工程投入生产或者使用且排放污染物的；

（七）擅自倾倒危险废物，或者对危险废物未采取相应防范措施，造成危险废物渗漏或者造成其他环境污染的；

（八）违反放射性污染防治规定，生产、销售、使用、转让、进口、贮存放射性同位素或者射线装置的；

（九）法律、法规规定的其他实施按日连续处罚的行为。

第六十七条 违反本条例第二十八条第三款规定，排污单位超过规定的总量指标限值排放污染物的，由市或者区环保部门责令停产整治，处十万元以上一百万元以下的罚款；情节严重的，报经有批准权的人民政府批准，责令停业、关闭。

第六十八条 违反本条例第三十条第一款规定，建设单位开工建设前未依法备案的，由区环保部门责令备案，处五千元以上五万元以下的罚款。

第六十九条 违反本条例第三十三条第一款规定，未依法取得排污许可证排放污染物的，由市或者区环保部门责令停产整治，处十万元以上一百万元以下的罚款；情节严重的，报经有批准权的人民政府批准，责令停业、关闭。

违反本条例第三十三条第二款规定，未按照排污许可证的要求排放污染物的，由市或者区环保部门责令改正，处十万元以上五十万元以下的罚款；情节严重的，责令停产整治。

第七十条 违反本条例第三十五条第二款、第三款规定，有下列行为之一的，由环保、住房城乡建设、交通等行政管理部门按照职责分工责令改正，处二万元以上二十万元以下的罚款；拒不改正的，责令停产整治：

（一）未按照规定安装、使用污染物排放自动监测设备，或者未按照规定与环保部门联网，并保证监测设备正常运行的；

（二）未按照规定进行排污监测并保存原始监测记录的。

第七十一条 违反本条例第三十六条第二款规定，突发环境事件应急预案未向环保部门备案的，由市或者区环保部门责令限期改正，可以处一万元以上三万元以下的罚款。

第七十二条 违反本条例第四十二条第一款、第二款规定，未制定操作规程或者未按照规定及时报告的，由市或者区环保部门责令限期改正，处五千元以上五万元以下的罚款；未停止生产经营活动的，处二万元以上二十万元以下的罚款。

违反本条例第四十二条第三款规定，未经同意擅自拆除或者闲置环境保护设施的，由市或者区环保部门责令改正，处二万元以上二十万元以下的罚款。

第七十三条 违反本条例第四十三条第一款规定，未按照规定建立、保存环境管理台账或者台账记载内容不完整、弄虚作假的，由市或者区环保部门责令改正，处二万元以上二十万元以下的罚款；拒不改正的，责令停产整治。

违反本条例第四十三条第二款规定，未按照规定向环保部门报告，或者未对相关污染物以及设施、场所进行安全处理的，由市或者区环保部门责令改正，处二万元以上二十万元以下的罚款。

第七十四条 违反本条例第四十六条规定，拒不执行暂停或者限制生产措施的，由环保部门处二万元以上二十万元以下的罚款；拒不执行扬尘管控措施的，由住房城乡建设、交通等有关行政管理部门或者城管执法部门依据各自职责处一万元以上十万元以下的罚款；拒不执行机动车管控措施的，由公安机关依照有关规定予以处罚。

第七十五条 违反本条例第四十七条第二

款规定，未在委托合同中明确承运单位或者个人不得使用高污染机动车运输的，由交通行政管理部门责令改正，处二百元以上二千元以下的罚款。

违反本条例第四十七条第三款规定，船舶进入上海港口国家确定的船舶大气污染排放控制区，使用不符合要求的燃油的，或者不按照要求使用岸电的，由海事部门责令改正，处一万元以上十万元以下的罚款。

第七十六条 违反本条例第四十八条第一款规定，扬尘排放不符合本市扬尘控制标准的，由区环保部门责令改正，处一万元以上十万元以下的罚款；拒不改正的，责令停产整治。

第七十七条 违反本条例第四十九条第一款、第二款规定，直接向环境排放水污染物或者向城市污水集中处理设施排放一类水污染物超过国家或者本市规定的排放标准，由市或者区环保部门责令改正或者限制生产、停产整治，处十万元以上一百万元以下的罚款；情节严重的，报经有批准权的人民政府批准，责令停业、关闭。

违反本条例第四十九条第三款规定，通过雨水排放口排放污水或者生产性污水外运处理的，由市或者区环保部门责令改正，处二万元以上二十万元以下的罚款。

违反本条例第四十九条第四款规定，船舶运输剧毒化学品进入黄浦江或者其他内河水域，或者运输危险化学品进入太浦河饮用水水源保护区水域的，由海事部门责令改正，处十万元以上二十万元以下的罚款。

第七十八条 违反本条例第五十条第一款规定，未承担修复责任的，由市或者区环保部门责令修复，处二十万元以上一百万元以下的罚款；拒不修复的，可以代为履行修复义务，相关修复费用由责任人承担。

违反本条例第五十条第二款规定，未按照规定定期对土壤和地下水进行监测，并报告监测结果，未采取风险防范措施或者未采取污染物隔离、阻断等治理措施的，由市或者区环保部门责令改正，处二万元以上二十万元以下的罚款。

违反本条例第五十条第三款规定，未按照要求进行防渗处理的，由市或者区环保部门责令改正，处二万元以上二十万元以下的罚款。

第七十九条 违反本条例第五十二条规定，有下列情形之一的，由市环保部门责令限期改正，处一万元以上十万元以下的罚款；造成环境危害的，责令消除影响，处十万元以上五十万元以下的罚款：

（一）微生物菌剂提供单位未进行环境安全评价提供微生物菌剂的；

（二）微生物菌剂应用单位擅自使用未通过环境安全评价的微生物菌剂的。

第八十条 违反本条例第五十三条第一款规定，产生单位在资源化再利用前未组织技术论证或者未向环保部门备案的，由市或者区环保部门责令停止违法行为，限期改正，处一万元以上十万元以下的罚款。再利用单位接收未经备案的危险废物或者未按照备案的再利用方案进行综合利用的，由市或者区环保部门责令停止违法行为，限期改正，处二万元以上二十万元以下的罚款。

违反本条例第五十三条第三款规定，将危险废物委托给无危险废物经营许可证的单位或者个人收集、贮存、处置，或者擅自倾倒危险废物或者其他工业固体废物的，由市或者区环保部门责令停止违法行为，限期改正，处二万元以上二十万元以下的罚款。

第八十一条 违反本条例第五十四条第一款规定，工业企业噪声超过国家和本市规定的环境噪声排放标准的，由市或者区环保部门责令改正，处二万元以上二十万元以下的罚款。

违反本条例第五十四条第二款、第三款规定，未经批准、未按照批准的要求从事施工作业，或者在禁止施工的特定期间从事施工作业的，由所在地区环保部门责令改正，处一万元以上十万元以下的罚款。

第八十二条 违反本条例第五十五条第一款规定，有下列行为之一的，由市或者区环保部门责令改正，处一万元以上十万元以下的罚款：

(一)在中心城区或者其他人口集中区域设立商用辐照装置、γ探伤源库的;

(二)在居民住宅楼、商住综合楼内生产、使用、贮存放射性同位素或者Ⅰ类、Ⅱ类射线装置的;

(三)将含放射源探伤装置存放在居民住宅楼、商住综合楼以及其他公共场所的。

违反本条例第五十五条第二款规定,从事生产、销售、使用、转让、进口、贮存放射性同位素或者射线装置的活动的,由市或者区环保部门按照法律、法规和规章的规定处理;对于可能严重危害社会安全的,责令立即停止相关作业活动。

第八十三条 违反本条例第五十六条规定,致使环境中的电场、磁场不符合国家的规定和防护要求的,由市或者区环保部门责令限期改正,处一万元以上十万元以下的罚款。

第八十四条 违反本条例第五十九条规定,排污单位未按照要求公开环境信息的,由环保部门或者其他负有环境保护监督管理职责的部门责令改正,处二万元以上二十万元以下的罚款。

第八十五条 因严重违法排放污染物受到行政处罚且尚未改正的排污单位,在其改正违法行为之前,供电企业应当根据市电力运行主管部门的通知向其征收高于普通电价的电费。

市或者区人民政府对排污单位作出责令停业、关闭决定的,以及市或者区环保部门对排污单位作出责令停产整治决定的,供电企业应当依法采取措施,中止对排污单位供电。

第八十六条 为排污单位或者个人提供生产经营场所的出租人,应当配合负有环境保护监督管理职责的部门对出租场所内违反本条例规定的行为开展执法检查,提供承租人的有关信息。出租人拒不配合的,由负有环境保护监督管理职责的部门处二千元以上二万元以下的罚款。

第八十七条 违反本条例规定,排污单位有下列违法排污行为之一的,除对单位进行处理外,环保等有关行政管理部门还可以对单位主要负责人和直接责任人员处一万元以上十万元以下的罚款:

(一)超过污染物排放标准或者超过重点污染物排放总量控制指标的;

(二)未取得排污许可证排放污染物的;

(三)被环保部门责令限产、停产整治,拒不执行的;

(四)擅自倾倒危险废物或者通过暗管、渗井、渗坑等方式排放污染物的;

(五)发生环境污染事故的。

第八十八条 环境影响评价机构、环境监测机构、环境安全评价机构以及从事环境监测设备和防治污染设施维护、运营等第三方机构,未按照法律、法规和相关技术规范的要求提供有关环境服务活动,或者在有关环境服务活动中弄虚作假的,由环保部门和其他负有环境保护监督管理职责的部门责令停业整顿,处十万元以上五十万元以下的罚款,并对其主要负责人处一万元以上十万元以下的罚款。对造成的环境污染和生态破坏负有责任的,除依照有关法律、法规规定予以处罚外,还应当与造成环境污染和生态破坏的其他责任者承担连带责任。

第八十九条 本市环保部门和其他负有环境保护监督管理职责的部门有下列行为之一的,对直接负责的主管人员和其他直接责任人员给予记过、记大过或者降级处分;造成严重后果的,给予撤职或者开除处分,其主要负责人应当引咎辞职:

(一)不符合行政许可条件准予行政许可的;

(二)对环境违法行为进行包庇的;

(三)依法应当作出责令停产、限产的决定而未作出的;

(四)对超标排放污染物、采用逃避监管的方式排放污染物、造成环境事故以及不落实生态保护措施造成生态破坏等行为,发现或者接到举报未及时查处的;

(五)未按照规定实施查封、扣押,情节严重的;

(六)篡改、伪造或者指使篡改、伪造监测数据的；

（七）应当依法公开环境信息而未公开的；

（八）将征收的排污费截留、挤占或者挪作他用的；

（九）法律、法规规定的其他违法行为。

第九十条 排污单位或者个人违反环境法律、法规规定，除依法承担相应的行政责任外，造成环境损害或者生态破坏的，还应当承担相应的生态环境损害赔偿责任。

第八章 附 则

第九十一条 本条例自2016年10月1日起施行。

上海市少数民族权益保障条例

（1994年12月9日上海市第十届人民代表大会常务委员会第十四次会议通过）

第一章 总 则

第一条 为了保障少数民族的合法权益，维护和发展各民族的平等、团结、互助的社会主义民族关系，促进各民族共同繁荣，根据中华人民共和国宪法、有关法律和国务院颁布的《城市民族工作条例》，结合本市实际情况，制定本条例。

第二条 本条例适用于本市行政区域居住的由国家正式认定的除汉族以外的各民族。

本市各机关、团体、企业事业单位和公民应当遵守、执行本条例。

第三条 少数民族公民享有宪法和法律规定的权利，并履行宪法和法律规定的义务。任何组织和个人应当尊重少数民族的风俗习惯，不得侵犯少数民族公民的合法权益。

第四条 市人民政府应当将适应本市少数民族需要的经济、文化教育事业列入国民经济和社会发展计划。

第五条 新闻出版、文艺创作、影视广播等宣传部门应当做好民族宣传工作，宣传民族法律、法规和政策。

各宣传单位应当尊重少数民族的风俗习惯、宗教信仰。严禁在各类出版物、广播、影视、音像、戏曲和其他活动中出现歧视、侮辱少数民族，伤害民族感情的语言、文字和图像。

第六条 市民族事务委员会是本市民族事务行政主管部门，区、县民族事务部门是所在地区民族事务行政主管部门。

市和区、县民族事务行政主管部门对本市和所辖地区贯彻、执行有关民族法律、法规和本条例负有指导、协调、督促和检查的职责。

第二章 少数民族的平等权利

第七条 市和区、县人民代表大会中应当有少数民族代表。市人民代表大会常务委员会和少数民族人口较多的区、县人民代表大会常务委员会组成人员中，应当有少数民族成员。其他区、县人民代表大会常务委员会组成人员中，可以有少数民族成员。

第八条 各级人民政府应当重视少数民族干部工作。人事部门应当制定计划，并落实具体措施，选拔和培养德才兼备的少数民族干部。

少数民族人口相对集中的区和街道，以及直接为少数民族生产、生活服务的部门或者单位，在领导成员中应当有少数民族公民。

各级人民政府的民族事务行政主管部门的

工作人员中应当有适当数量的少数民族公民。

第九条 依法成立的少数民族社会团体的财产和正当活动受法律保护。

第十条 少数民族公民受到歧视、侮辱,有权向有关国家机关提出申诉或者控告,有关国家机关必须依法调查处理。

少数民族公民有使用本民族语言、文字进行诉讼的权利。司法机关应当对不通晓汉语、汉文的诉讼参与人提供翻译。

第十一条 各级人民政府应当鼓励国家机关、企业事业单位录用少数民族公民。

国家机关录用工作人员、企业事业单位录用职工时,不得以生活习俗等理由拒绝录用少数民族公民。

有关部门和单位对确实需要下岗待业的少数民族职工,有再就业条件的,应当优先安排技能培训,为其再就业创造条件。

区、县、乡、镇民政部门和街道办事处应当采取措施,切实保障丧失劳动能力和无经济来源的少数民族公民的基本生活。

第三章 少数民族的经济、文化、教育

第十二条 各级人民政府对于发展少数民族需要的经济、文化教育事业,应当在资金上给予支持,合理增配民族事业专项资金。

各级民族事务行政主管部门和有关单位,应当合理使用专项资金,不得扣减、挪用、截留。

区、县人民政府根据本地区少数民族的实际情况,经市有关部门批准,可以设立少数民族事业发展基金。

第十三条 各级人民政府和财税、信贷等有关部门对以少数民族为主要服务对象的从事食品生产、加工、经营和饮食服务业的国有企业和集体企业,采取以下扶持措施:

(一)在贷款额度、还款期限、自有资金比例等方面给予优惠;

(二)根据实际需要和条件,给予贴息贷款;

(三)依照有关税收法律、法规的规定给予减税或者免税;

(四)对其经营场地的租金和各种费用,给予照顾。

第十四条 民族贸易企业和民族用品定点生产企业按照国家规定享受优惠待遇。

第十五条 各级人民政府有关部门对少数民族社会团体兴办的各类经济实体,应当给予扶持。

第十六条 各级人民政府有关部门应当组织和推动本市和民族地区对口支援以及各项协作活动。各级民族事务部门应当鼓励少数民族社会团体、民族贸易企业、民族用品定点生产企业和少数民族经济实体参与上述活动。

第十七条 各级人民政府应当重视少数民族教育工作,加强对民族学校的领导,制定扶持政策,提高教师待遇,增强师资力量,增加办学经费,优化教学设施,提高教学质量。

各类学校应当进行民族政策和民族知识的宣传教育,并列入计划。

第十八条 各类学校招生应当按照国家和本市有关规定,对义务教育以后的少数民族考生给予放宽录取标准。

各类学校应当全面关心民族班和散读的少数民族学生,适当提高其助学金、奖学金、生活补助的比例。

第十九条 各级人民政府应当根据实际情况,帮助少数民族开展具有民族特点的、健康的文化、艺术和体育活动。

第四章 少数民族的风俗习惯、宗教信仰

第二十条 少数民族公民有保持或者改革自己风俗习惯的自由,任何组织或者个人不得干涉。对于保持本民族风俗习惯的少数民族公民,应当予以尊重。

第二十一条 各级商业主管部门应当重视清真食品(含清真饮食、副食,下同)供应网点的合理布局,保证市场清真食品货源和少数民族其他生活必需的食品供应。在火车站、主要客运码头、机场、商业中心地段和少数民族相对集

中的住宅小区应当设置清真食品商业网点。

第二十二条 凡需在本市生产、经营清真食品的单位和个人，必须经市或者区、县民族事务行政主管部门同意后，按程序申报。凡经营清真食品的厂、店（摊），必须在招牌上标明“清真”字样。

清真食品的主辅原料，必须符合少数民族的习惯。清真食品的运输车辆、计量器具、储藏容器和加工、销售场地应当保证专用。

清真食品单位不得随意改变其服务方向，确实需要改变服务方向的，必须事先征得市民族事务委员会的同意。

第二十三条 清真食品单位的领导成员和职工中，应当保持适当比例的有清真饮食习惯的少数民族公民。清真单位的职工应当自觉尊重少数民族的饮食习惯。

清真食品单位实行承包或者租赁时的承包人或者租赁者、个体清真食品经营者，一般应当是具有清真饮食习惯的少数民族公民。不具备上述条件的，其承包人、租赁者、经营者，必须事先接受清真食品行业培训，并取得合格证书。

第二十四条 拆迁清真食品供应点，应当坚持同等条件“拆一还一”、就近安置的原则。因市政建设需要而拆迁的，应当事先征求市或者区、县民族事务行政主管部门的意见，统筹安排；因非市政建设需要而拆迁的，应当征得市或者区、县民族事务行政主管部门的同意。在拆迁过渡期间应当设立临时清真食品供应点，并给予必要的经济补偿。

第二十五条 有清真饮食习惯的少数民族公民所在的机关、学校和企业事业单位应当设立清真食堂或者提供清真伙食。对不具备上述条件的，应当按照规定发给少数民族公民清真伙食补贴。

市级医院和区、县中心医院等应当为有清真饮食习惯的病人提供清真伙食。

第二十六条 对因城市建设等原因需要拆迁少数民族公民住房的，有关部门应当尊重其风俗习惯，给予适当照顾，妥善安置。

第二十七条 宾馆、旅社、招待所和公共场所等不得以生活习俗和语言不同为理由拒绝接待少数民族公民。

第二十八条 少数民族公民参加本民族的重大节日活动，其假期和待遇按照国家有关规定执行。

第二十九条 对因婚嫁来到本市的少数民族公民，有关部门应当按照国家和本市有关规定给予妥善安置，优先报入户口，并在生活、就业和子女教育等方面给予关心和帮助。

因婚嫁由外地到本市乡镇企业工作的少数民族职工的探亲待遇，参照国家有关规定执行。

第三十条 少数民族的丧葬习俗应当受到尊重。各级人民政府有关部门应当采取措施，做好少数民族的殡葬服务。

回民墓地应当予以保护，不得随意侵占。

各级人民政府对少数民族公民自愿实行丧葬改革的，应当给予支持。

第三十一条 少数民族公民有宗教信仰自由，其合法的宗教活动受法律保护。任何组织和个人不得强制少数民族公民信仰宗教或者不信仰宗教，不得歧视信仰宗教或者不信仰宗教的少数民族公民。任何人不得利用宗教进行破坏社会秩序、损害公民身体健康、妨碍国家教育制度的活动。

第五章 奖励、处罚

第三十二条 对为民族团结进步事业做出显著成绩和贡献的集体、个人，市和区、县人民政府应当给予表彰、奖励。

获得全国和市级民族团结进步先进称号的个人，可以分别享受市级劳动模范和区、县、局级先进工作者的待遇。

第三十三条 违反本条例的有关规定，损害少数民族公民合法权益的，有关部门应当责令其立即停止侵权行为，并由本单位或者上级部门给予批评教育或者行政处分；违反《中华人民共和国治安管理处罚条例》的，由公安机关处罚；违反其他法律、法规的，由有关机关处罚；构成犯罪的，依法追究刑事责任。

第六章　附　　则

第三十四条　在本市合法临时居住的少数民族公民可参照本条例有关规定执行。

第三十五条　本条例具体应用问题由市民族事务委员会负责解释。

第三十六条　本条例自1995年3月1日起施行。

上海市实施《中华人民共和国妇女权益保障法》办法

（1994年12月8日上海市第十届人民代表大会常务委员会第十四次会议通过　根据1997年5月27日上海市第十届人民代表大会常务委员会第三十六次会议关于修改《上海市实施〈中华人民共和国妇女权益保障法〉办法》的决定第一次修正　根据2007年4月26日上海市第十二届人民代表大会常务委员会第三十五次会议关于修改《上海市实施〈中华人民共和国妇女权益保障法〉办法》的决定第二次修正）

第一章　总　　则

第一条　为了保障妇女的合法权益，促进男女平等，发挥妇女在社会主义现代化建设中的作用，根据《中华人民共和国妇女权益保障法》，结合本市实际情况，制定本办法。

第二条　依法保障妇女的权益是全社会的共同责任。本市行政区域内的一切国家机关、社会团体、企业、事业单位、基层群众性自治组织和公民应当遵守本办法。

第二条　本市应当逐步完善各项制度，贯彻落实男女平等基本国策，消除对妇女一切形式的歧视。

本市采取必要措施，保护妇女依法享有的特殊权益。

第四条　市和区县人民政府根据中国妇女发展纲要，制定本行政区域妇女发展规划，并将其纳入国民经济和社会发展规划。

各有关部门应当在各自职责范围内做好妇女发展规划的实施以及监测、评估和分性别监测统计工作。

第五条　各级人民政府领导本行政区域内的妇女权益保障工作。

市和区县人民政府成立妇女儿童工作委员会，下设办事机构，配备专职工作人员，提供工作经费。

乡、镇人民政府和街道办事处成立妇女儿童工作委员会，配备工作人员，提供工作经费。

各级人民政府有关部门以及人民法院、人民检察院应当按照各自的职责，保障妇女权益。

第六条　各级妇女儿童工作委员会主管本办法的实施，履行下列职责：

（一）组织宣传男女平等基本国策以及保障妇女权益的法律、法规、规章和公共政策，检查、督促有关法律、法规、规章和公共政策的贯彻实施；

（二）研究、决定妇女权益保障工作的重大事项，参与涉及保障妇女权益重大问题的法规、规章和公共政策的制定；

（三）协调、指导有关部门做好妇女权益保障工作；

（四）督促有关部门依法查处侵害妇女权益的行为；

（五）表彰、奖励在妇女权益保障工作中成绩显著的组织和个人；

（六）其他应当由妇女儿童工作委员会履行的职责。

第七条 本市各级妇女联合会代表和维护各族各界妇女的利益，发挥社会监督职能，支持、协助各级妇女儿童工作委员会维护妇女的权益，有权向有关部门提出意见和建议；有权支持受侵害的妇女向人民法院提起诉讼。

工会、共产主义青年团以及其他社会团体应当在各自的职责范围内维护妇女的权益。

第八条 妇女应当自尊、自信、自立、自强，运用法律维护自身合法权益。

妇女应当遵守法律、法规，尊重社会公德，履行法律、法规所规定的义务。

第二章 政治权利

第九条 各级人民代表大会的代表中应当有适当数量的妇女代表，并逐步提高妇女代表的比例。

第十条 各级国家机关、社会团体、企业和事业单位应当重视选拔妇女担任领导干部，通过各种形式加强对女干部的培养。

各级妇女联合会及工会女职工委员会等团体会员可以推荐女性领导干部。国家机关、社会团体、企业和事业单位应当重视妇女组织的推荐意见。

第十一条 各单位职工代表大会的女代表比例应当与本单位的女职工比例相适应。

第十二条 各级人民政府应当支持同级妇女联合会、工会女职工委员会的工作。

国家机关、社会团体、企业和事业单位应当重视本单位妇女组织的工作，为妇女组织的活动提供必要的条件。

第十三条 本市在制定地方性法规、规章和公共政策时，对涉及妇女权益的重大问题，应当通过适当方式听取妇女联合会和工会女职工委员会的意见。

企业、事业单位在制定规章制度或者研究涉及女职工的劳动保护、生活福利、社会保险等事项时，应当听取本单位女职工委员会的意见。

第十四条 各单位制定的规章制度，不得含有歧视妇女的内容。

第三章 文化教育权益

第十五条 学校和有关部门应当依照国家有关规定，保障女性在入学、升学、取得学位、派出留学等方面享有与男子平等的权利。除特殊专业外，学校不得以性别为由拒绝录取女性或者提高对女性入学的标准。

学校应当加强男女平等基本国策的教育。

学校应当根据女学生的特点进行心理、生理、卫生、保健教育，提供必要的卫生保健设施。

第十六条 各级人民政府应当支持劳动、人事、教育等部门和社会团体兴办适合女性特点的职业教育事业。

各单位应当有计划地对女职工进行上岗、在岗、转岗的职业教育和技能培训，提高女职工的素质。

第十七条 国家机关、社会团体、企业和事业单位应当重视培养女性专业人才，保障妇女从事科学、技术、文学、艺术和其他专业活动的权利，并提供必要的条件。

第十八条 各级人民政府应当重视扫除妇女中的文盲、半文盲工作。扫盲工作由有关教育部门组织实施。

第四章 劳动和社会保障权益

第十九条 各级人民政府应当通过多种途径创造条件，促进妇女就业。

各单位在招工、招聘时，除国家规定不适合妇女从事的工种或者岗位外，不得以性别为由拒绝录用妇女或者提高妇女的录用标准。

报刊、电视、广播以及其他新闻媒介不得违反国家有关规定，传播限制妇女就业的招工、招聘启事。

第二十条 各单位应当保障女职工享有与

男子平等的劳动权益，实行男女同工同酬。

用人单位与职工方经平等协商，可以对女职工的特殊保护签订专项集体合同。

各单位在录用女职工与其签订劳动（聘用）合同或者服务协议时，应当依法约定女职工的岗位、劳动报酬、劳动安全卫生等事项，并不得以任何形式规定限制女职工结婚、生育的内容。

有下列情形之一的，用人单位不得解除女职工的劳动（聘用）合同，但法律、行政法规另有规定的除外：

（一）患职业病或者因工负伤并被确认丧失或者部分丧失劳动能力的；

（二）患病或者负伤，在规定的医疗期内的；

（三）在孕期、产期、哺乳期内的；

（四）有法律、行政法规规定的其他情形的。

各单位应当严格考核制度，不得以年龄和性别的原因裁减女职工。裁减女职工应当依照有关规定的程序进行。

女职工退休年龄依照国家和本市有关规定执行。

女职工与用人单位发生劳动争议，可以依法申请仲裁。

第二十一条 在晋职、晋级、评聘专业技术职称和职务、享受福利待遇等方面，应当坚持男女平等的原则，不得歧视妇女。

第二十二条 各单位应当执行国家和本市有关女职工劳动保护的法律、法规，保障妇女在工作和劳动时的安全和健康，采取必要措施预防女职工职业病的发生，并不得安排不适合妇女从事的工作和劳动。

第二十三条 妇女在经期、孕期、产期、哺乳期受特殊保护，并依照国家和本市规定享受相应的假期和待遇。

女职工在孕期或者哺乳期不适应原工作岗位的，可以与用人单位协商调整该期间的工作岗位或者改善相应的工作条件。用人单位不得降低其原工资性收入。

经二级以上医疗保健机构证明有习惯性流产史、严重的妊娠综合症、妊娠合并症等可能影响正常生育的，本人提出申请，用人单位应当批准其产前假。

经二级以上医疗保健机构证明患有产后严重影响母婴身体健康疾病的，本人提出申请，用人单位应当批准其哺乳假。

女职工按有关规定享受的产前假、哺乳假期间的工资不得低于其原工资性收入的百分之八十；调整工资时，产前假、产假、哺乳假视作正常出勤。

第二十四条 各单位应当每两年安排本单位女职工进行一次妇科病、乳腺病的筛查。有条件的单位可以增加筛查次数和项目。

市和区县人民政府应当至少每两年安排退休妇女和生活困难的妇女进行一次妇科病、乳腺病的筛查。

鼓励社会团体、企业和事业单位为生活困难的妇女进行妇科病、乳腺病的筛查提供帮助。

第二十五条 本市按照国家规定实施生育保险制度，建立健全与妇女生育相关的保障制度。

各级人民政府和有关部门应当按照有关规定为生活困难的妇女提供必要的生育救助；鼓励社会团体、企业和事业单位为生活困难的妇女生育提供帮助。

第五章 财产权益

第二十六条 夫妻对共有财产享有平等的权利。不得以妇女无劳动收入、劳动收入少等理由非法限制、剥夺妇女的财产权。

第二十七条 各级人民政府及有关部门应当采取措施保障妇女在农村土地承包经营、集体经济组织收益分配、土地征收或者征用补偿费使用以及宅基地使用等方面享有与男子同等的权利。

村民会议、村民代表会议或者村民委员会在制定村民自治章程、村规民约或者讨论决定土地承包经营、集体经济组织收益分配、土地征收或者征用补偿费使用分配以及宅基地使用时，不得以妇女未婚、结婚、离婚、丧偶等为由，侵害其合法权益。

第二十八条 妇女享有与男子平等的财产继承权。对生活有特殊困难、缺乏劳动能力的妇女应当给予照顾。

丧偶儿媳对公、婆尽了主要赡养义务的，作为公、婆的第一顺序继承人，继承权不受其子女代位继承的影响。

丧偶妇女有权处分继承的财产，任何组织或者个人不得干涉。

第六章 人身权利

第二十九条 妇女的生命健康权不受侵犯。禁止下列行为：

（一）对胎儿进行非医学需要的性别鉴定和非医学需要的选择性别的人工终止妊娠；

（二）溺、弃、残害女婴；

（三）歧视、虐待生育女婴的妇女和不育的妇女；

（四）虐待、遗弃病、残妇女和老年妇女；

（五）以各种手段摧残女性未成年人身心健康；

（六）其他侵害妇女生命健康权的行为。

第三十条 妇女的人身自由不受侵犯。禁止下列行为：

（一）以恋爱、征婚、招聘为名或者用其他方式玩弄女性；

（二）非法搜查妇女的身体；

（三）非法拘禁或者以其他方法非法限制、剥夺妇女的人身自由；

（四）绑架或者拐卖妇女。

第三十一条 妇女的人格尊严不受侵犯。禁止下列行为：

（一）在影视、音像、广播、书籍或者报刊等传播媒介中进行有损女性尊严的宣传和活动；

（二）在广告、装潢、招贴中含有歧视或者侮辱女性的内容；

（三）宣扬或者散布妇女的隐私；

（四）未经妇女本人同意，以营利为目的在商标、广告、出版物、橱窗装饰以及其他场合使用妇女的肖像；

（五）侮辱、诽谤妇女。

第三十二条 禁止以语言、文字、图像、电子信息、肢体行为等形式对妇女实施性骚扰。受害妇女有权向有关单位和部门投诉。

有关部门和用人单位应当采取必要措施预防和制止对妇女的性骚扰。

第三十三条 禁止卖淫、嫖娼。

禁止雇佣、容留妇女与他人进行猥亵活动。

禁止引诱、容留、介绍妇女卖淫。

禁止组织、协助组织、强迫妇女卖淫。

禁止为前四款所列行为提供场所或者其他条件。

第七章 婚姻家庭权益

第三十四条 妇女的婚姻自主权不受侵犯。禁止任何单位或者个人干涉妇女结婚、离婚的自由。

夫妻在办理离婚期间，男方不得侵害和限制女方的人身权利和行动自由。

婚姻关系解除后，男方不得以任何借口纠缠女方。

第三十五条 妇女有依照国家规定生育子女的权利，也有不生育的自由。

女方依照计划生育的要求中止妊娠的，在手术后六个月内，男方不得提出离婚；女方提出离婚，或者人民法院认为确有必要受理男方离婚请求的，不在此限。

第三十六条 禁止对妇女实施家庭暴力。

预防和制止家庭暴力工作应当纳入本地区、本单位社会治安综合治理工作范围。

各级人民政府应当积极开展预防和制止家庭暴力的法制宣传教育，加强公民道德建设，促进家庭和睦。

第三十七条 公安部门应当将家庭暴力案件纳入接警受理范围，及时出警，对正在实施的家庭暴力应当及时制止，做好调查取证工作。

司法行政、民政部门应当按照各自职责，根据受侵害人的请求，依法为受侵害人提供法律援助或者必要的救助。各级人民调解组织应当积极参与预防和制止家庭暴力，做好调解工作。

第三十八条 居民委员会、村民委员会和有关单位对正在实施的家庭暴力应当及时予以劝阻，参与对家庭暴力的调解，并可以根据受侵害人请求，出具相关证明或者提供帮助。

各级妇联组织和其他社会团体应当为受侵害妇女提供法律咨询、心理疏导等帮助，为依法向人民法院提起刑事自诉或者民事诉讼的家庭暴力受侵害人提供必要的帮助。

鼓励公民、法人和其他组织为家庭暴力的受侵害人提供多种形式的帮助。

第三十九条 维护一夫一妻的婚姻制度。禁止下列行为：

（一）重婚；

（二）有配偶者与他人同居或者明知他人有配偶而与其同居，妨害一方或者双方婚姻家庭关系。

第四十条 父亲死亡、丧失行为能力或者有其他情形不能对未成年子女履行监护职责的，任何人不得干涉母亲对未成年子女的监护权。

任何人不得剥夺离婚妇女对其子女的探视权。

第四十一条 夫妻离婚时，双方对子女随哪一方共同生活发生争议，有下列情形之一，而且子女随母亲生活对成长无不利影响的，应当优先考虑女方的要求：

（一）子女在两周岁以下的；

（二）女方已做绝育手术或者因其他原因丧失生育能力的；

（三）子女随母亲生活时间较长的；

（四）女方无其他子女，而对方尚有其他子女的；

（五）男方有严重品行问题，子女随父亲生活对成长不利的；

（六）有其他应当优先考虑女方情形的。

第四十二条 夫妻离婚时，应当合理分割夫妻共同财产，不得因女方劳动收入少或者无劳动收入而少分或者不分财产给女方；禁止隐匿、侵吞、变卖、转移或者毁损夫妻共同财产。

夫妻共有的房屋或者共同租赁的房屋，离婚时，应当按照法律的规定处理。

第八章 法律责任

第四十三条 违反本办法规定，侵害妇女权益，应当予以行政处罚的，由有关部门分别按照法律、法规的规定处罚；造成财产损失或者其他损失的，依法承担民事责任；构成犯罪的，依法追究刑事责任。

第四十四条 妇女权益受到侵害时，有权要求有关部门依法处理，或者依法向仲裁机构申请仲裁，或者依法向人民法院提起诉讼。

妇女权益受到侵害时，有权向妇女儿童工作委员会、妇女联合会、工会女职工委员会投诉，以上组织有权要求有关部门或者单位查处。

第四十五条 对严重侵害妇女权益的行为和造成严重社会影响的侵害妇女权益事件，市和区县妇女儿童工作委员会可以向有关部门发出督促执行书。有关部门应当自接到督促执行书之日起十五个工作日内依法处理并作出答复。逾期不作出答复也不处理的，妇女儿童工作委员会可以建议同级人民政府责令其改正，并可以建议有关部门对直接负责的主管人员和其他直接责任人员给予行政处分。

第四十六条 受到性骚扰或者家庭暴力的妇女，可以依法提请公安机关对违法行为人进行处罚，也可以依法向人民法院提起民事诉讼。

公安、司法行政机关、民政等部门及其工作人员未依法及时制止对妇女的家庭暴力或者未依法给予受侵害妇女必要救助，造成严重后果的，由其所在单位或者上级机关依法对直接负责的主管人员和其他直接责任人员给予行政处分。

第九章 附　　则

第四十七条 本办法自1995年3月8日起施行。

上海市工会条例

（1995年2月8日上海市第十届人民代表大会常务委员会第十六次会议通过　根据1997年5月27日上海市第十届人民代表大会常务委员会第三十六次会议《关于修改〈上海市工会条例〉的决定》第一次修正　根据2002年9月24日上海市第十一届人民代表大会常务委员会第四十三次会议《关于修改〈上海市工会条例〉的决定》第二次修正　根据2010年9月17日上海市第十三届人民代表大会常务委员会第二十一次会议《关于修改本市部分地方性法规的决定》第三次修正）

第一章　总　　则

第一条　为了保障工会在国家政治、经济和社会生活中的地位，确定工会的权利和义务，发挥工会在社会主义现代化建设事业中的作用，根据《中华人民共和国宪法》、《中华人民共和国工会法》以及其他有关法律、法规，结合本市的实际情况，制定本条例。

第二条　在本市行政区域内的企业、事业单位、机关和工会均应当遵守本条例。

本市设置在外省市的企业、事业单位在处理与本单位工会的关系以及与上级工会关系时，也应当遵守本条例。

第三条　工会是在中国共产党领导下职工自愿结合的工人阶级的群众组织，是党联系职工群众的桥梁和纽带，是国家政权的重要的社会支柱，是职工合法权益的代表者和维护者。

第四条　工会必须遵守宪法和法律，支持改革开放和社会主义现代化建设，依照中国工会章程独立自主地开展工作，具有下列职责：

（一）维护职工合法权益是工会的基本职责。工会在维护国家整体利益的同时，代表和维护职工的合法权益。

（二）组织和教育职工依法行使民主权利，参与对国家事务、经济和文化事业、社会事务的管理，协助人民政府开展工作，维护社会主义国家政权。

（三）动员职工积极参加社会主义精神文明建设，教育职工提高思想道德、技术业务和科学文化素质，建设有理想、有道德、有文化、有纪律的职工队伍。

（四）动员和组织职工积极参加社会主义经济建设，努力完成生产和工作任务。

第五条　工会通过平等协商和集体合同制度，协调劳动关系，维护企业职工劳动权益。

工会依照法律规定通过职工代表大会或者其他形式，组织职工参与本单位的民主决策、民主管理和民主监督。

第六条　工会必须密切联系职工，听取和反映职工的意见和要求，关心职工的生活，帮助职工解决困难，全心全意为职工服务。

第七条　工会的合法权益受法律保护，任何企业、事业单位、机关和个人不得侵害。

第二章　工会组织

第八条　企业、事业单位、机关中以工资收入为主要生活来源的体力劳动者和脑力劳动者，均有依法参加和组织工会的权利，并有退出工会的自由。

第九条　工会各级组织按照民主集中制原则建立。

市和区、县建立地方总工会。

同一行业或者性质相近的行业,可以建立市或者区、县产业工会。

街道、乡镇建立地区工会。

经济开发区、工业(科技)园区等企业较为集中的区域可以建立基层工会的联合会。

企业、事业单位、机关有会员二十五人以上的,应当建立基层工会委员会;不足二十五人的,可以单独建立基层工会委员会,也可以由两个以上单位的会员联合建立基层工会委员会,也可以选举组织员一人,组织会员开展活动。

建立工会组织必须报上一级工会批准。

不按照中国工会章程组建的任何组织,不得以工会的名义开展活动,也不得替代工会行使职权。

第十条 企业、事业单位在筹建的同时应当支持职工筹建工会。

已经开业尚未建立工会组织的企业、事业单位,应当从开业之日起六个月内支持、帮助职工建立工会。

上级工会应当帮助、指导未建立工会的企业、事业单位的职工组建工会,企业、事业单位应当予以支持,并提供必要的条件。

第十一条 任何单位和个人不得阻挠职工依法组建工会,不得随意撤销、合并工会组织,不得将工会的办事机构归属于其他工作部门。

对没有建立工会组织的企业、事业单位,有关部门要积极支持、配合上级工会组织,指导职工建立工会,对于阻挠组建工会的违法行为,应当依法予以纠正。

第十二条 基层工会组织所在的企业终止,或者所在的事业单位、机关被撤销,该工会组织相应撤销,并报上一级工会备案。

第十三条 工会委员会和经费审查委员会由会员大会或者会员代表大会选举产生。企业主要负责人的近亲属不得作为本企业基层工会委员会成员的人选。

各级工会建立女职工委员会,女会员不足二十五人的设女职工委员。

市和区、县总工会,市产业工会以及街道、乡镇等工会,可以建立为职工服务的法律服务机构。

各级工会可以建立工会劳动法律监督组织。

第十四条 工会主席、副主席由会员大会或者会员代表大会选举产生,也可以由工会委员会选举产生,实行任期制。

第十五条 市和区、县总工会,市产业工会,具有社会团体法人资格。

依法建立的街道、乡、镇工会,区、县产业工会和基层工会具备下列条件,并报区、县总工会或者市产业工会核准后,取得社会团体法人资格:

(一)已经建立工会委员会;

(二)有必要的财产或者经费;

(三)有自己的名称和办公场所;

(四)能够独立承担民事责任。

依法具有或者取得社会团体法人资格的工会,其主席是法定代表人。

第三章 工会的权利和义务

第十六条 各级人民政府可以召开会议或者采取其他适当方式,向同级工会通报政府的重要工作部署和与工会工作有关的行政措施,研究解决工会反映的职工群众的意见和要求。

各级人民政府劳动行政部门应当会同同级工会和企业方面代表,建立劳动关系三方协商机制,共同研究解决劳动关系方面的重大问题。

街道办事处以及经济开发区、工业(科技)园区所在地负责劳动管理的部门,可以会同街道、经济开发区、工业(科技)园区的工会组织和企业方面的代表建立劳动关系三方协商机制,共同研究解决地区内劳动关系方面的重大问题。

第十七条 市和区、县人民政府制定国民经济和社会发展计划,市人民政府研究起草涉及职工切身利益的重大问题的法规、规章时,应当听取同级工会的意见。

市和区、县人民政府及有关部门在研究制定就业、工资、物价、安全生产、生活福利、社会保险等重大政策、措施时，或者成立涉及上述事项的社会监督机构时，应当吸收同级工会参加，听取工会的意见。

市和区、县总工会可以对就业、劳动报酬、物价、安全生产、生活福利、社会保险、职工队伍状况等问题进行调查分析，向人民政府提出意见或者建议。

第十八条 国有企业、国有控股企业、集体企业以及事业单位的职工代表大会（职工大会）是企业、事业单位实行民主管理的基本形式，是职工行使民主管理权力的机构，依照法律、法规以及国家和本市的其他有关规定审议、通过、决定企业、事业单位的重大决策事项和涉及职工切身利益的事项。

国有企业、国有控股企业、事业单位的工会委员会是职工代表大会（职工大会）的工作机构，负责职工代表大会（职工大会）的日常工作，检查、督促职工代表大会（职工大会）决议的执行。集体企业的工会委员会，应当支持和组织职工参加民主管理和民主监督。其他企业、事业单位的工会委员会，依照法律规定组织职工采取与本单位相适应的形式参与民主管理。

企业、事业单位违反职工代表大会（职工大会）制度和其他民主管理制度的，工会有权要求纠正。

第十九条 企业、事业单位研究经营管理和发展的重大问题应当听取工会的意见；召开讨论有关工资、福利、劳动安全卫生、社会保险等涉及职工切身利益的会议，必须有工会代表参加。

第二十条 企业设立监事会的，工会的代表应当作为监事会成员候选人。

企业董事会中没有工会代表的，董事会研究决定有关职工劳动报酬、生活福利、安全生产以及劳动保护、社会保险等涉及职工切身利益的问题时，应当事先听取工会的意见，并邀请工会的代表列席会议。

董事会研究决定生产经营的重大问题、制定重要的规章制度时，应当听取工会的意见，取得工会的合作。

工会的代表列席董事会会议的费用，按照董事会成员的经费渠道列支。

第二十一条 工会代表职工与企业、实行企业化管理的事业单位通过平等协商，就劳动报酬、工作时间、休息休假、劳动安全卫生、保险福利以及其他事项，依法签订集体合同；也可以专门就工资事项，依法签订工资协议。集体合同草案、工资协议草案应当提交职工代表大会或者全体职工讨论通过，并依照有关规定报送劳动行政部门和上一级工会。

产业工会以及经济开发区、工业（科技）园区等企业较为集中区域的工会联合会可以代表职工与相应企业方面的代表进行平等协商，依法签订集体合同。

工会提出签订、变更集体合同的，企业、实行企业化管理的事业单位在接到书面通知后应当按照有关规定与工会平等协商。企业、实行企业化管理的事业单位无正当理由拒绝平等协商，或者因签订集体合同发生争议，双方协商解决不成的，工会可以要求当地政府的劳动行政部门依法协调处理。

因履行集体合同发生争议，经协商解决不成的，工会可以向劳动争议仲裁委员会申请仲裁，仲裁机构不予受理或者对仲裁裁决不服的，可以依法向人民法院提起诉讼。

第二十二条 企业、事业单位起草劳动合同文本时，应当征求本单位工会的意见。

工会应当指导职工签订劳动合同，并依法监督劳动合同的履行。

工会发现企业、事业单位与职工未依法签订劳动合同的，有权要求纠正，或者建议政府有关部门依法处理。

第二十三条 企业、事业单位处分职工，工会认为有法律依据不足、事实理由不充分、处分不当或者超过法定处理权限等情形的，有权提出意见。

企业单方面解除职工劳动合同时，应当事先将理由通知工会，工会认为企业违反法律、法规和有关合同，要求重新研究处理时，企业应当研究工会的意见，并将处理结果书面通知工会。

第二十四条 企业依法建立劳动争议调解委员会。劳动争议调解委员会主任由工会代表担任，办事机构设在工会。

区、县总工会，市产业工会和街道、乡镇工会可以会同有关方面的代表，建立劳动争议调解组织。

劳动争议当事人可以向本企业劳动争议调解委员会申请调解，也可以向前款所述的劳动争议调解组织申请调解。

政府建立劳动争议仲裁委员会应当有同级工会的代表参加。

第二十五条 企业、事业单位违反劳动法律、法规规定，有下列侵犯职工劳动权益情形，工会应当代表职工与企业、事业单位交涉，要求企业、事业单位采取措施予以改正；企业、事业单位应当予以研究处理，并向工会作出答复；企业、事业单位拒不改正的，工会可以请求当地人民政府依法作出处理：

（一）克扣、无故拖欠职工工资的；

（二）不提供劳动安全卫生条件，或者劳动安全卫生设施和条件不符合国家规定的；

（三）随意延长劳动时间或者不按规定支付延长劳动时间报酬的；

（四）侵犯女职工和未成年工特殊权益的；

（五）其他严重侵犯职工劳动权益的。

第二十六条 工会依照国家规定对新建、扩建企业和技术改造工程中的劳动条件和安全卫生设施与主体工程同时设计、同时施工、同时投产使用进行监督。对工会提出的意见，企业或者主管部门应当认真处理，并将处理结果书面通知工会。

第二十七条 工会发现企业、事业单位的经营、管理者违章指挥，强令职工冒险作业，或者在生产过程中有明显重大事故隐患和职业危害的，有权提出建议，企业、事业单位应当及时予以答复和解决；发现危及职工生命安全的情况时，工会有权向企业、事业单位建议组织职工撤离危险现场，企业、事业单位必须及时作出处理决定。

职工因工伤亡事故和其他严重危害职工健康问题的调查处理，必须有工会参加。工会应当向有关部门提出处理意见，并有权要求追究直接负责的主管人员和有关责任人员的责任。对工会提出的意见，有关部门应当及时研究，给予答复。

第二十八条 工会有权到企业、事业单位的生产、工作、营业等场所调查和监督劳动法律、法规的执行情况，有关方面应当予以支持。

工会对企业、事业单位侵犯职工合法权益的问题进行调查时，有关单位应当予以协助，如实说明情况，提供有关资料，不得阻挠或者拒绝调查。

工会在调查中应当依法保守企业、事业单位的商业秘密。

第二十九条 工会参与监督社会保险基金的管理、使用和职工最低工资、最低生活保障线的实施。

工会有权督促企业、事业单位、机关依照有关规定，为职工交纳养老、医疗、工伤、失业、生育等社会保险基金。

第三十条 企业、事业单位有关人员非法扣留职工居民身份证等合法证件和对职工非法搜身、拘禁以及侮辱人格、体罚、殴打等侵害职工合法权益的，工会有权制止并应当提出处理建议。负责处理的部门应当在三十日内将处理意见告知工会。

第三十一条 企业、事业单位发生停工、怠工事件，本单位工会应当立即向上级工会报告，并应当代表职工同企业、事业单位或者有关方面协商，反映职工的意见和要求，提出解决意见；协商不成的，上级工会应当及时与劳动行政部门、单位的主管部门等到事发单位了解情况，共同协商，妥善处理。

对于职工的合理要求，企业、事业单位应当予以解决。工会协助企业、事业单位做好工作，尽快恢复生产、工作秩序。

第三十二条 职工合法权益受到侵害的，工会应当支持职工依法提出申诉、申请仲裁、提起诉讼，并提供法律帮助。

第三十三条 工会应当支持企业、事业单位的经营、管理者依法进行生产、经营活动和科学管理,会同企业、事业单位教育职工以国家主人翁态度对待劳动,爱护国家和企业的财产,组织职工开展群众性的合理化建议、技术革新活动,进行业余文化技术学习和职工培训,组织职工开展文娱、体育活动。

第三十四条 工会协助企业、事业单位、机关组织职工参加疗养、休养活动,办好职工集体福利事业,做好社会保险工作。

第三十五条 根据政府委托,工会与有关部门共同做好劳动模范和先进生产(工作)者的评选、表彰、培养和管理工作,宣传他们的事迹,关心他们的工作和生活。

第三十六条 工会协助人民政府和有关单位做好离退休人员的工作,关心他们的生活,维护他们的合法权益。

第四章 工会的人员和财产

第三十七条 市和区、县总工会的专职工作人员的编制,由市总工会与市和区、县编制管理部门协商确定。产业工会和街道、乡镇等工会专职工作人员的编制,由其上一级工会与有关方面协商确定。

企业、事业单位有职工二百人以上的,应当配备必要的专职工会工作人员。专职工会工作人员的人数,由上一级工会与企业、事业单位协商确定。职工不足二百人的,可以配备专职或者兼职工会工作人员。

第三十八条 工会主席、副主席、委员任期未满的,不得随意调动其工会工作岗位或者劳动合同约定的岗位,因工作需要调动的,应当事先征得本单位工会委员会的同意;工会主席、副主席的调动,还应当征得上一级工会的同意。

调动工会筹建负责人的工作,应当事先征求上一级工会的意见。

征求上一级工会的意见应当采取书面形式。上一级工会应当在接到书面意见之日起十五日内予以答复,逾期未答复的,视为同意。

基层工会专职主席、副主席或者委员自任职之日起,其劳动合同期限自动延长,延长期限相当于其任职期间;非专职主席、副主席或者委员自任职之日起,其尚未履行的劳动合同期限短于任期的,劳动合同期限自动延长至任期期满。但是,任职期间个人严重过失或者达到法定退休年龄的除外。

基层工会专职主席、副主席或者委员任期期满不再担任专职工会职务的,所在单位应当妥善安排其工作。

第三十九条 基层工会工作人员的劳动报酬和其他福利待遇由其所在单位承担。

基层工会专职主席、副主席和委员的劳动报酬和其他福利待遇,国家和本市有规定的,按照规定执行;没有规定的,可以由本单位工会或者上级工会与用人单位协商约定。

街道、乡镇以上各级工会以及所属企业、事业单位工作人员和离退休人员的待遇,按照国家和本市的有关规定执行。

第四十条 基层工会委员会需要占用生产(工作)时间召开会议或者开展活动的,应当事先与所在单位的主管人员商定。

工会兼职委员每月可以有三个工作日从事工会工作,其工资照发,待遇不受影响;超过三个工作日的,应当事先征得所在单位的主管人员同意。

第四十一条 建立工会的企业、事业单位、机关应当于每月十五日前按照上月全部职工工资总额的百分之二向工会拨缴当月的工会经费。工资总额按国家统计局的规定计算。成立工会筹备组织的企业、事业单位、机关,应当自成立工会筹备组织之日起按前款规定向工会拨缴工会经费。

各级工会应当按规定的比例向上一级工会上解经费。

第四十二条 工会应当根据经费独立原则,建立预算、决算和经费审查监督制度。

各级工会经费收支情况应当由同级工会经费审查委员会审查,并且定期向会员大会或者会员代表大会报告,接受监督。工会的经费、财产和国家拨给工会使用的不动产,任何单位和个人不得侵占、挪用和任意调拨。

工会所属的为职工服务的企业、事业单位，其合法权益受法律保护，任何单位和个人不得随意改变其隶属关系。

工会组织合并，其经费、财产归合并后的工会所有；工会组织撤销，其经费和财产由上级工会处置。

第四十三条 各级人民政府和企业、事业单位、机关，应当为同级工会提供必要的办公场所和设施。

第五章 法律责任

第四十四条 工会对违反本条例规定侵犯其合法权益的，有权提请人民政府或者有关部门予以处理，或者向人民法院提起诉讼。

第四十五条 违反本条例规定，阻挠职工依法参加和组织工会或者阻挠上级工会帮助、指导职工筹建工会的，由劳动行政部门责令其改正；拒不改正的，由劳动行政部门提请市或者区、县人民政府处理；以暴力、威胁等手段阻挠造成严重后果，构成犯罪的，依法追究刑事责任。

第四十六条 违反本条例规定，随意调动工会主席、副主席、委员的工会工作岗位或者劳动合同约定的岗位以及工会筹建负责人工作的，本单位工会或者上级工会可以向劳动行政部门提出，由劳动行政部门责令改正、恢复原工作；造成损失的，给予赔偿。

工会主席、副主席、委员或者工会筹建负责人对用人单位擅自变更劳动合同的，可以依法申请劳动仲裁，对仲裁裁决不服的，可以向人民法院提起诉讼。

对依法履行职责的工会工作人员进行侮辱、诽谤或者进行人身伤害，构成犯罪的，依法追究刑事责任；尚未构成犯罪的，由公安机关依照《中华人民共和国治安管理处罚法》的规定处罚。

第四十七条 违反本条例规定，有下列情形之一的，由劳动行政部门责令恢复其工作，并补发被解除劳动合同期间应得的报酬；职工、工会工作人员不愿恢复工作的，由劳动行政部门责令给予本人年收入二倍的赔偿，并依照解除劳动合同的规定给予经济补偿：

（一）职工因参加工会活动而被解除劳动合同的；

（二）工会工作人员因履行本条例规定的职责而被解除劳动合同的。

第四十八条 违反本条例规定，有下列情形之一的，由市或者区、县人民政府责令改正，依法处理：

（一）妨碍工会组织职工通过职工代表大会和其他形式依法行使民主权利的；

（二）非法撤销、合并工会组织的；

（三）妨碍工会参加职工因工伤亡事故以及其他侵犯职工合法权益问题的调查处理的；

（四）无正当理由拒绝进行平等协商的。

第四十九条 侵占、挪用或者任意调拨工会财产、经费拒不返还的，工会可以向人民法院提起诉讼，要求返还，并赔偿损失。

第五十条 违反本条例规定，不按照《中国工会章程》组建，以工会名义开展活动，或者替代工会行使职权的组织，由社会团体登记管理部门依法取缔。

第五十一条 企业、事业单位和机关逾期未缴或者少缴工会经费的，工会应当向其发出催缴通知书，限期缴纳；逾期仍未缴纳的，基层工会或者上级工会可以依法向人民法院申请支付令；拒不执行支付令的，工会可以依法申请人民法院强制执行。

第五十二条 工会工作人员违反本条例规定，损害职工或者工会权益的，由同级工会或者上级工会责令改正，或者予以处分；情节严重的，依照《中国工会章程》予以罢免；造成损失的，应当承担赔偿责任；构成犯罪的，依法追究刑事责任。

第六章 附则

第五十三条 本条例自1995年5月1日起施行。

上海市技术市场条例

（1995年4月7日上海市第十届人民代表大会常务委员会第十七次会议通过 根据1997年7月7日上海市第十届人民代表大会常务委员会第三十七次会议《关于修改〈上海市技术市场条例〉的决定》第一次修正 根据2003年6月26日上海市第十二届人民代表大会常务委员会第五次会议《关于修改〈上海市技术市场条例〉的决定》第二次修正）

第一章 总 则

第一条 为了促进本市技术市场的健康发展，保障当事人的合法权益，根据《中华人民共和国科学技术进步法》、《中华人民共和国合同法》以及其他有关法律、行政法规，结合本市实际情况，制定本条例。

第二条 公民、法人和其他组织在本市从事技术交易和技术交易服务，适用本条例。

技术交易包括技术开发、技术转让、技术咨询、技术服务等交易活动。

技术交易服务包括技术交易场所服务、技术交易经纪服务、技术交易咨询服务、技术评估服务、技术信息服务等。

第三条 本市各级人民政府应当加强对技术市场的培育和扶持，引导技术市场健康发展。

第四条 市科学技术行政部门是本市技术市场的主管部门，负责本条例的实施。

市和区、县工商行政、税务等有关部门依法对技术市场实施监督管理。

第二章 技术交易准则

第五条 从事技术交易，必须遵循自愿平等、有偿互利、诚实信用和协商一致的原则。

第六条 技术交易的当事人应当对其拥有的技术的合法性承担责任。

当事人一方明知或者应知另一方非法占有他人技术而与之进行技术交易，视为侵害他人技术权益。

第七条 技术交易当事人转让技术，应当将该技术在实施过程中可能发生的技术风险的责任在合同中约定。

第八条 技术交易项目的价款、使用费或者报酬，由当事人根据研究开发成本、应用后的经济效益和社会效益、许可使用范围以及技术市场供需状况等因素议定；也可以经无形资产评估机构评估后，由当事人议定。

第九条 技术的拥有者可以将其技术作价向技术交易当事人另一方投资入股。

第十条 从事技术交易，应当根据《中华人民共和国合同法》和其他有关法律、法规的规定签订技术合同。

第十一条 技术交易涉及国家安全、社会公共利益、国家重大经济利益、环境保护，应当遵守有关法律、法规的规定。

第十二条 技术交易中禁止下列行为：

（一）窃取或者侵占他人拥有的技术从事技术交易；

（二）以欺骗、胁迫等手段从事技术交易；

（三）法律、法规禁止的其他行为。

第三章 技术交易服务机构

第十三条 鼓励设立各类技术交易服务

机构。

各类技术交易服务机构应当依照有关法律、法规的规定，按照服务规范，为技术交易提供场所、经纪、咨询、评估、信息等服务。

第十四条 各类技术交易服务机构应当遵循公正、公开、公平和客观、真实、科学的原则。

第十五条 设立技术交易服务机构应当具备下列条件：

（一）有明确的业务方向和与其相对应的专用名称；

（二）有与服务范围、规模相适应的专业人员和管理人员；专职的专业人员中应当具有一定数额的中级以上的专业技术人员；

（三）有固定的场所和必需的资金、设施；

（四）有组织章程和服务规范。

第十六条 设立技术交易服务机构，应当在设立后的十五日内向市科学技术行政部门备案。

设立经营性技术交易服务机构，应当按照国家有关规定向所在地的工商行政部门登记注册，在办理登记后的十五日内向市科学技术行政部门备案。

第十七条 本市设立技术市场基金，为加快技术在应用领域的扩散，促进技术市场的发展，提供各种形式的支持。

技术市场基金的设立和管理办法，由市人民政府制定。

第四章 技术市场的管理

第十八条 市科学技术行政部门的主要职责是：

（一）宣传、执行有关技术市场的法律、法规，检查技术市场遵守有关法律、法规的情况；

（二）管理技术市场基金；

（三）负责管理技术合同的认定登记工作；

（四）统一考核技术市场经营管理人员；

（五）负责技术市场的统计和分析；

（六）对繁荣技术市场作出贡献的单位和个人进行表彰、奖励；

（七）依法处理技术交易中的违法行为。

区、县科学技术行政部门的主要职责是：

（一）宣传、执行有关技术市场的法律、法规，检查本区、县内技术市场遵守有关法律、法规的情况；

（二）负责本区、县技术合同的认定登记工作；

（三）负责本区、县举办的技术交易会的备案工作；

（四）负责本区、县技术市场的统计；

（五）对繁荣技术市场作出贡献的单位和个人进行表彰、奖励；

（六）对本区、县技术交易中违反本条例的行为进行调查，提出处理意见。

上海市技术市场办公室在市科学技术行政部门领导下具体负责本市技术市场的日常管理工作。

第十九条 公民、法人和其他组织应当加强对拥有的技术的自我保护。

第二十条 本市实行技术合同认定和登记制度。技术交易的当事人持所订立的技术合同向技术合同认定登记机构申请认定和登记。经认定和登记的，由技术合同认定登记机构发给认定登记证明。

技术合同经认定和登记后，当事人享受国家和本市的有关优惠政策。未经认定和登记或者不予认定的合同，不得享受国家和本市的有关优惠政策。

第二十一条 法人和其他组织可以从技术交易的收益中提取一定比例，作为对该技术项目直接完成人的奖励。

第五章 法律责任

第二十二条 在技术交易中发生争议时，当事人一方或者双方可以根据技术合同中的仲裁条款或者事后达成的书面仲裁协议，向国家规定的仲裁机构申请仲裁。当事人未在技术合同中订立仲裁条款，事后又未达成书面仲裁协议的，可以向人民法院提起诉讼。

当事人一方在仲裁裁决规定的期限内不履行仲裁裁决的，当事人另一方可以向有管辖权的人民法院申请执行。

第二十三条 伪造、骗取技术合同认定登记证明的，由市科学技术行政部门处以五百元以上二千元以下的罚款。非法享受的税收等优惠，由有关部门追回。

第二十四条 在技术交易中，违反本条例第十一条规定的，由有关部门依法处理。构成犯罪的，依法追究刑事责任。

第二十五条 技术交易服务机构在业务活动中有欺骗、胁迫等行为的，由工商行政部门根据情节轻重，没收其违法所得，责令改正，责令停业，并处以违法所得一至三倍的罚款。

第二十六条 技术市场管理人员玩忽职守，贪污受贿，徇私舞弊的，根据情节轻重，由所在单位给予行政处分。构成犯罪的，依法追究刑事责任。

第二十七条 当事人对科学技术行政部门或者其他行政部门的具体行政行为不服的，可以依照《中华人民共和国行政复议法》和《中华人民共和国行政诉讼法》的规定，申请复议或者提起诉讼。

当事人逾期不申请复议，不提起诉讼又不履行行政处罚决定的，作出行政处罚决定的行政部门可以申请人民法院强制执行。

第六章 附　　则

第二十八条 本条例的具体应用问题，由市科学技术行政部门解释。

第二十九条 本条例自1995年7月1日起施行。

上海市档案条例

（1995年6月16日上海市第十届人民代表大会常务委员会第十九次会议通过　根据1997年12月10日上海市第十届人民代表大会常务委员会第四十次会议《关于修改〈上海市档案条例〉的决定》第一次修正　根据2004年11月25日上海市第十二届人民代表大会常务委员会第十六次会议《关于修改〈上海市档案条例〉的决定》第二次修正　根据2010年9月17日上海市第十三届人民代表大会常务委员会第二十一次会议《关于修改本市部分地方性法规的决定》第三次修正　根据2017年11月23日上海市第十四届人民代表大会常务委员会第四十一次会议《关于修改本市部分地方性法规的决定》第四次修正）

第一章 总　　则

第一条 为了加强档案事业的建设，有效地保护和利用档案，为国民经济和社会发展服务，根据《中华人民共和国档案法》及其实施办法，结合本市实际情况，制定本条例。

第二条 本市法人、其他组织以及个人的档案的管理和利用，适用本条例。国家另有规定的除外。

第三条 本条例所称档案，是指法人、其他组织以及个人从事政治、军事、经济、科学、技术、文化、宗教等活动直接形成的对国家和社会具有保存价值的各种文字、图表、音像等形式的历史记录。

第四条 本市各级人民政府领导本行政区

域的档案事业,应当把档案事业的建设列入本地区国民经济和社会发展计划,重视档案宣传教育,根据档案事业发展的需要,保证档案机构、人员编制和经费的落实。

第五条 市和区设置档案行政管理部门。

市档案行政管理部门是本市档案事业的行政主管部门,负责本条例的实施,对本市的档案事业依法实行统筹规划,组织协调,统一制度,监督和指导。

区档案行政管理部门主管本区的档案事业,对本区的档案工作实行监督和指导,业务上受市档案行政管理部门的监督和指导。

第六条 市和区其他行政部门应当按照各自的管辖范围,负责本系统的档案工作,业务上受同级档案行政管理部门的监督和指导。

法人和其他组织应当加强对档案工作的管理,为档案工作提供必须的条件,保障档案工作正常开展。

第七条 档案工作应当遵循统一领导、分级管理,维护档案完整、准确与安全,便于社会利用和保守国家秘密的原则。

第二章 档案机构

第八条 地方国家档案馆包括具有公共性质的综合档案馆和专门档案馆。

综合档案馆是按行政区域设置的,收集和永久保管多种门类的档案并向社会提供利用的机构。

专门档案馆是收集和永久保管特定领域或者特殊载体的档案并向社会提供利用的机构。

第九条 部门档案馆是收集和长期保管本部门及其所属单位形成的档案并在一定范围内提供利用的机构。

第十条 综合档案馆的设置,由同级人民政府批准;专门档案馆和部门档案馆的设置,经市档案行政管理部门审核后,由市人民政府批准。

第十一条 乡、镇人民政府分管档案工作的机构管理本机关的档案,并对本乡、镇其他组织的档案工作实行监督和指导。

乡、镇人民政府应当配备工作人员从事档案工作。

第十二条 法人和其他组织的档案机构管理本组织的档案,指导文书部门和业务部门文件材料的收集、整理和归档工作,并对所属单位的档案工作进行监督和指导。

法人和其他组织配备的档案工作人员,应当保持相对稳定。

法人和其他组织应当根据档案工作的要求组织档案工作人员参加档案业务培训。

第十三条 市级行政部门的档案机构可以制定本系统专业档案工作的业务标准和技术规范,经市档案行政管理部门审核同意后实施。

第十四条 档案工作人员应当忠于职守,遵守纪律,具备专业知识。

第十五条 从事档案鉴定、评估中介业务的人员,应当具备档案基础理论知识和档案价值鉴定、档案等级评估的专业知识。

第三章 档案管理

第十六条 法人和其他组织及其工作人员在职务活动中形成的材料,由文书部门或者业务部门收集齐全并整理,定期交档案机构集中管理。

市人民政府各部门以及依法进行行政管理的市人民政府派出机构制定的行政规范性文件,应当在报送备案的同时,送交市综合档案馆;区人民政府及其各部门和乡、镇人民政府制定的行政规范性文件,应当在报送备案的同时,送交所在地的区综合档案馆。

国家和本市档案行政管理部门规定应当归档的材料,不得拒绝归档或者据为己有。

第十七条 涉及行政区划变动,法人和其他组织的建立、变更和撤销,重点建设工程和重大科学技术研究项目的批准,以及市或者区其他有重大影响的活动,有关部门应当按照规定期限向同级档案行政管理部门提供信息。

市或者区组织或者承办的在国内外有重大

影响的全国性、国际性会议(以下称重要会议)和本行政区域重大的政治、经济、科学、技术、文化、宗教等活动(以下称重大活动)所形成的档案,应当依照规定及时移交市或者区综合档案馆。

市和区档案行政管理部门应当及时对重要会议、重大活动的档案建立和档案进馆工作进行指导和监督。

第十八条 反映本行政区域重大活动的档案,是重点收集和保管的档案。

重点收集和保管的档案的具体范围,由市或者区档案行政管理部门确定,并通知有关的法人、其他组织或者个人。

第十九条 保管属于重点收集和保管的档案的法人、其他组织或者个人,应当自接到通知之日起六十日内向市或者区档案行政管理部门登记。登记后情况发生变化的,应当自变化之日起六十日内向原登记部门更改或者撤销登记。

市或者区档案行政管理部门接受登记后,应当将登记认定情况通知相关的档案馆和档案保管者。

第二十条 法人和其他组织的建设工程、科学技术研究、技术改造、重要设备更新等项目的验收、鉴定,应当由该组织的档案机构以及按照规定有接收该档案任务的档案馆对项目档案进行验收。

市或者区人民政府确定的重点建设工程和重大科学技术研究项目进行验收、鉴定时,应当由市或者区档案行政管理部门组织该项目主管部门的档案机构以及按照规定有接收该档案任务的档案馆对项目档案进行验收,并出具共同签署的档案验收认可文件。

未经档案验收或者档案验收不合格的项目,不得进行项目竣工验收、鉴定。

第二十一条 国家机关、国有企业事业组织和国家所有的其他组织的档案归国家所有,列入国有资产管理的范围。

非国家所有的组织的档案归该组织所有,国家和本市另有规定的除外。

个人在非职务活动中形成的档案或者以继承、受赠等合法方式获得的档案归个人所有。

第二十二条 综合档案馆收集档案范围的规定,由市档案行政管理部门制定并公布实施。

专门档案馆和部门档案馆收集档案范围的规定,由市专业主管部门制定,经市档案行政管理部门审核同意后实施。

企业事业组织档案馆收集档案范围的规定,由本组织制定,经市档案行政管理部门审核同意后实施。

第二十三条 法人和其他组织应当按照下列规定向有关档案馆移交档案:

(一)列入市综合档案馆收集范围的档案,自形成之日起满二十年,向市综合档案馆移交;

(二)列入区综合档案馆收集范围的档案,自形成之日起满十年,向区综合档案馆移交;

(三)列入专门档案馆收集范围的档案,自形成之日起满六个月,向专门档案馆移交;

(四)列入部门档案馆或者企业事业组织档案馆收集范围的档案,于形成之日的次年六月三十日前向部门档案馆或者企业事业组织档案馆移交;

(五)列入综合档案馆收集范围的撤销机构的档案和非常设机构组织或者承办的重要会议、重大活动的档案,应当自机构撤销或者会议、活动结束之日起六个月内向有接收该档案任务的综合档案馆移交。

列入综合档案馆收集范围,依法可以随时向社会开放的档案,可以提前向综合档案馆移交。

专业性强或者需要保密的档案,经同级档案行政管理部门同意,可以延长向档案馆移交的期限。

第二十四条 部门档案馆中列为永久保管的档案,在本馆保管满三十年,应当向市综合档案馆移交。国家另有规定的除外。

第二十五条 档案馆和其他档案机构应当建立健全档案管理制度,配置适宜保管档案的专门库房和设施,采用现代先进技术设备,按照国家和本市的规定接收、整理、保管档案,防止档案的破损、褪色、霉变和散失。

禁止擅自销毁档案。

第二十六条 因保管条件恶劣，可能导致档案不安全或者严重损毁的，可以按照下列规定处理：

（一）列入档案馆收集范围的档案，经市或者区档案行政管理部门检查和同意，由有关档案馆提前接收入馆；

（二）其他档案，由档案行政管理部门督促档案保管者改善保管条件或者在征得其同意后由综合档案馆代为保管或者收购，其中涉及国家利益和安全的非国家所有的档案，经市档案行政管理部门批准，可以由综合档案馆征购。

第二十七条 鼓励法人、其他组织以及个人向综合档案馆捐赠、寄存其所有的档案。

向国家捐赠重要或者珍贵档案的，市或者区人民政府应当给予奖励。

第二十八条 国家所有的档案，任何组织和个人不得赠送、交换、出售。国家另有规定的除外。需要向国内外组织或者个人赠送、交换、出售其复制件的，必须经市主管部门和市档案行政管理部门审查批准。

非国家所有的档案或者其复制件，档案所有者可以向国家档案馆寄存或者出售。严禁违反国家规定，将非国家所有的档案卖给、赠送给外国人或者外国组织。

赠送、交换、出售非国家所有的档案或者赠送、交换、出售档案复制件，必须遵守国家保密规定，不得损害国家、集体或者其他公民的利益。

第二十九条 法人、其他组织以及个人需要携带、运输、邮寄符合国家规定的档案或者其复制件出境的，应当经市档案行政管理部门批准。

档案或者其复制件出境，依法应当经国家档案行政管理部门批准的，按照国家规定办理审批手续。

第三十条 法人、其他组织以及个人对档案界定及进馆档案范围有异议的，按照管辖范围，由市或者区档案行政管理部门作出决定，书面通知当事人。

第四章 档案的利用和公布

第三十一条 国家档案馆应当按照国家规定，分期分批向社会开放档案，并定期公布开放档案的目录。

市和区综合档案馆是同级人民政府公开信息的集中查阅场所，应当提供其保管的政府机关主动公开的政府信息，方便公众查阅。

第三十二条 法人、其他组织以及个人凭身份证、工作证或者介绍信等合法证明，可以利用已经开放的档案。

外国组织或者个人利用本市已经开放的档案，应当经市有关主管部门介绍和有关档案馆同意。

第三十三条 法人、其他组织以及个人利用档案馆未开放的档案或者其他组织保存的档案，应当经有关档案馆或者有关组织同意，并应当遵守国家保密规定，不得擅自抄录、复制档案或者泄露档案内容。

第三十四条 寄存在档案馆的档案，归寄存者所有。档案馆如需要向社会提供利用，应当征得寄存者的同意。

第三十五条 档案馆和其他档案机构应当为档案的利用创造条件，提供服务。

因国家或者公共利益需要利用档案的，档案馆和其他档案机构应当提供。

第三十六条 利用档案时，任何人不得涂改、伪造、损毁、丢失档案。

第三十七条 向社会公布档案，可以通过报纸、刊物、图书、声像出版物、电子出版物、缩微品、计算机信息网络、电台、电视台等媒介，采取刊印、陈列、展览、宣读、网络传播、播放等形式。

第三十八条 档案馆保管的档案，由档案馆公布。必要时应当征得形成档案的组织的同意，或者报请其主管部门批准后公布。

国家机关、社会团体和国有企业事业组织保管的档案，由保管档案的组织公布，重要的档案应当经其主管机关批准后公布。

其他组织和个人的档案，由档案所有者公布，法律、法规规定应当报经市或者区档案行政管理部门批准的除外。

向社会公布档案，应当遵守国家保密规定，不得损害国家、集体或者其他公民的利益。任何组织和个人不得擅自公布不属于自己所有的档案。

第三十九条 档案馆和其他档案机构提供利用重要、珍贵的档案，应当用缩微品或者其他形式的复制件代替原件。档案复制件载有档案收藏组织法定代表人的签名或者印章标记的，具有与档案原件同等效力。

第四十条 档案馆和其他档案机构应当加强对档案的研究整理。档案馆和有条件的其他档案机构应当编辑出版档案史料。

第四十一条 市和区综合档案馆应当建立档案信息网络，为公民、法人和其他组织提供服务。

专门档案馆、部门档案馆、企业事业组织档案馆以及其他档案机构，应当定期向市或者区综合档案馆报送档案目录。国家另有规定的除外。

第四十二条 档案馆提供档案利用应当按照国家和本市的规定收取费用。

组织和个人利用其所移交、捐赠的档案，档案馆应当无偿和优先提供。

第五章 法律责任

第四十三条 有以下行为之一的，由市或者区档案行政管理部门或者有关组织对直接责任人给予行政处分：

（一）损毁、丢失属于国家所有的档案的；

（二）擅自提供、抄录、公布、销毁属于国家所有的档案的；

（三）涂改、伪造档案的；

（四）擅自出售、赠送、交换属于国家所有的档案的；

（五）违反国家规定，将档案卖给、赠送给外国人或者外国组织的；

（六）擅自泄露档案内容的；

（七）擅自设置地方国家档案馆和部门档案馆的；

（八）拒不按照规定对档案统一管理的；

（九）拒绝向档案机构移交应当归档的材料或者应当进馆的档案的；

（十）拒绝接收应当归档的材料或者应当进馆的档案的；

（十一）逾期未办理档案登记、变更手续的；

（十二）对未经档案验收或者档案验收不合格的重点建设工程和重大科学技术研究项目进行竣工验收、鉴定的；

（十三）明知所保存的档案面临危险而不采取措施，造成档案损失的；

（十四）档案工作人员玩忽职守，造成档案损失的。

第四十四条 在利用档案馆的档案中，有前条第一项、第二项、第三项违法行为的，由市或者区档案行政管理部门给予警告，根据有关档案的价值和数量，对组织可以并处一万元以上十万元以下的罚款，对个人可以并处五百元以上五千元以下的罚款。

企业事业组织或者个人有前条第四项、第五项违法行为的，由市或者区档案行政管理部门给予警告，根据有关档案的价值和数量，对组织可以并处一万元以上十万元以下的罚款，对个人可以并处五百元以上五千元以下的罚款；有违法所得的，没收违法所得，并可以依法征购所出售或者赠送的档案。

第四十五条 违反本条例规定，造成档案损失的，应当赔偿损失；其中，造成国家所有的档案损失的，由市或者区档案行政管理部门责令直接责任人赔偿损失。

第四十六条 擅自携带、运输、邮寄档案或者其复制件出境的，由海关按照《中华人民共和国海关法》的有关规定给予处罚。依法没收的档案或者其复制件应当移交市档案行政管理部门。

第四十七条 违反本条例规定，构成犯罪的，依法追究刑事责任。

第四十八条 当事人对市和区档案行政管理部门的具体行政行为不服的，可以依照《中华人民共和国行政复议法》或者《中华人民共和国行政诉讼法》的规定，申请行政复议或者提起行政诉讼。

当事人对具体行政行为逾期不申请复议，不提起诉讼，又不履行的，作出具体行政行为的市或者区档案行政管理部门可以申请人民法院强制执行。

第四十九条 档案行政管理人员进行执法监督检查时，应当出示行政执法证件。

妨碍档案行政管理人员依法执行公务，违反《中华人民共和国治安管理处罚法》的，由公安部门依法处理；构成犯罪的，依法追究刑事责任。

第五十条 档案行政管理部门直接负责的主管人员和其他直接责任人员玩忽职守、滥用职权、徇私舞弊的，由其所在单位或者上级主管部门依法给予行政处分；构成犯罪的，依法追究刑事责任。

第六章 附 则

第五十一条 本条例自 1995 年 10 月 1 日起施行。

上海市出租汽车管理条例

（1995 年 6 月 16 日上海市第十届人民代表大会常务委员会第十九次会议通过 根据 1997 年 5 月 27 日上海市第十届人民代表大会常务委员会第三十六次会议《关于修改〈上海市出租汽车管理条例〉的决定》第一次修正 根据 2001 年 1 月 17 日上海市第十一届人民代表大会常务委员会第二十五次会议《关于修改〈上海市出租汽车管理条例〉的决定》第二次修正 根据 2003 年 10 月 10 日上海市第十二届人民代表大会常务委员会第七次会议《关于修改〈上海市出租汽车管理条例〉的决定》第三次修正 根据 2006 年 6 月 22 日上海市第十二届人民代表大会常务委员会第二十八次会议《关于修改〈上海市出租汽车管理条例〉的决定》第四次修正 根据 2011 年 12 月 22 日上海市第十三届人民代表大会常务委员会第三十一次会议《关于修改本市部分地方性法规的决定》第五次修正 根据 2015 年 6 月 18 日上海市第十四届人民代表大会常务委员会第二十一次会议《关于修改〈上海市环境保护条例〉等 8 件地方性法规的决定》第六次修正）

第一章 总 则

第一条 为了加强本市出租汽车的管理，提高出租汽车服务质量，保障乘客、用户和出租汽车经营企业、个体工商户（以下简称经营者）及其从业人员的合法权益，适应城市经济发展和人民生活的需要，根据国家有关法律、法规，结合本市实际情况，制定本条例。

第二条 本条例所称的出租汽车，是指按照乘客和用户意愿提供客运服务或者车辆租赁服务的客车。

客运服务是指按照乘客意愿提供运送服务，并且按照里程和时间收费的出租汽车经营活动。

车辆租赁服务是指向用户出租不配备驾驶

员的客运车辆，并且按照时间收费的出租汽车经营活动。

第三条 本条例适用于本市出租汽车经营者、从业人员和乘客、用户以及与出租汽车业务相关的单位、个人。

第四条 市交通行政管理部门是本市出租汽车行业的行政主管部门，负责本条例的组织实施；其所属的上海市城市交通运输管理处（以下简称市运输管理处）负责具体实施本市出租汽车客运的日常管理工作，并直接对黄浦、卢湾、徐汇、长宁、静安、普陀、闸北、虹口、杨浦等区的出租汽车客运进行日常管理和监督；市交通行政管理部门所属的上海市交通委员会执法总队（以下简称市交通执法总队）具体负责本市出租汽车客运监督检查工作，并按照本条例的规定实施行政处罚。

浦东新区以及闵行、宝山、嘉定、金山、松江、南汇、奉贤、青浦、崇明等区、县交通行政管理部门（以下简称区、县交通行政管理部门）负责组织本行政区域内的出租汽车客运管理工作。区、县交通行政管理部门所属的交通运输管理机构（以下简称区、县运输管理机构）负责具体实施本行政区域内出租汽车客运日常管理和监督工作；区、县交通行政管理部门所属的交通行政执法机构（以下简称区、县交通执法机构）负责具体实施本行政区域内出租汽车客运监督检查工作，并按照本条例的规定实施行政处罚。

本市有关行政管理部门应当按照各自职责，协同实施本条例。

第五条 本市的出租汽车应当与其他公共交通客运方式协调发展。

出租汽车的数量、停车场（库）、营业站和调度网络等的发展规划和计划，由市交通行政管理部门根据城市建设和社会、经济发展的实际情况编制，报市人民政府批准后实施。

第六条 出租汽车行业应当统一管理、合法经营、公平竞争。

出租汽车的营运收费标准和费用征缴标准，应当按照国家和本市有关规定统一制订，做到公平、合理。

第七条 出租汽车行业管理部门及其工作人员应当依法管理，秉公办事，文明服务。

第八条 经营者应当遵守国家法律、法规和本条例，维护乘客、用户的合法权益和从业人员的正当权益。

第二章 经营资质管理

第九条 从事客运服务的企业，必须符合下列条件：

（一）有符合规定要求的客运车辆和相应的资金；

（二）有符合规定要求的停车场地和经营场所；

（三）有符合规定要求的质检、安全等管理人员和驾驶员；

（四）有与经营方案相配套的经营管理制度。

第十条 从事客运服务的个体工商户，必须符合下列条件：

（一）有符合规定要求的客运车辆和相应的资金；

（二）有符合规定要求的停车场地；

（三）有驾驶出租汽车二年以上的经历；

（四）有市交通行政管理部门等部门认可的出租汽车经营企业出具的接受委托管理的证明。

第十一条 出租汽车驾驶员必须具备下列条件：

（一）有本市常住户籍；

（二）有初中以上文化程度；

（三）有本市公安部门核发的机动车驾驶证；

（四）经出租汽车职业培训合格；

（五）遵守法律、法规。

被取消客运服务资格的驾驶员，自取消资格之日起五年内不得担任出租汽车驾驶员。

第十二条 从事车辆租赁服务的经营者，必须符合第九条第（一）、（二）、（四）项的规定。

第十三条 从事客运服务或者车辆租赁服务的企业和个人,应当向市交通行政管理部门提出申请并且提供有关的文件和资料;其中从事区域性客运服务的企业,只需向区、县交通行政管理部门提出申请并且提供有关的文件和资料。

市交通行政管理部门或者区、县交通行政管理部门应当在收到申请和有关的文件、资料后三十日内,根据本市出租汽车行业发展的计划以及申请者的条件作出审核决定。核准的,发给许可凭证;不核准的,书面通知申请人。

第十四条 经核准从事客运服务或者车辆租赁服务的企业和个人,应当持市交通行政管理部门或者区、县交通行政管理部门核发的许可凭证,分别向有关部门办理专用车辆牌照和保险等手续。

对按照前款规定办妥手续的,由市交通行政管理部门或者区、县交通行政管理部门发给经营资质证书,由市运输管理处或者区、县运输管理机构发给车辆营运资格证件,由市运输管理处发给驾驶员营运资格证件。

经核准从事区域性出租汽车营运的,应当在核准的区域内营运。

本市车辆未经批准不得用于出租汽车经营活动;非本市车辆不得用于起点和终点在本市行政区域内的出租汽车经营活动。

第十五条 从事客运服务的个体工商户聘用的驾驶员应当符合本条例第十一条的规定,并须自聘用之日起十日内向市运输管理处备案。

被聘用的驾驶员发生违反本条例的行为,聘用者应当承担相应的法律责任。

第十六条 市交通行政管理部门、区、县交通行政管理部门应当每年对经营者的资质进行复审。

第十七条 经营者变更工商登记项目或者歇业的,应当凭有关部门的证明,自变更或者歇业之日起十日内向市交通行政管理部门或者区、县交通行政管理部门办理有关手续。

第三章 客运服务管理

第十八条 经营者应当加强对客运服务车辆的管理:

(一)不得将客运服务车辆交于无准营证的人员驾驶;

(二)客运服务车辆需连续停业十天以上的,须向市运输管理处或者区、县运输管理机构备案;

(三)客运服务车辆需退出营业的,须向市运输管理处或者区、县运输管理机构办理注销手续;

(四)符合其他有关规定。

客运服务车辆必须达到下列要求:

(一)车身、车厢和行李厢整洁;

(二)路码表和空调等设施完好;

(三)营运资格证件和专用车辆牌照清晰、有效;

(四)车厢内规定位置设置收费标准、企业名称、监督电话、车牌号等服务标志;

(五)中、小客车按照规定装置计价器;

(六)小客车按照规定装置防劫车设施和顶灯;

(七)符合客运服务规范对车辆的其他要求。

经市运输管理处批准的特种客运服务车辆可不受前款第(四)、(五)、(六)项规定的限制。

第十九条 客运服务实行扬手招车、电话预订和站点租乘等方式。

经营者及其从业人员应当为乘客提供方便、及时、准点、安全、文明的服务,对老、弱、病、残、孕以及急需抢救的人员优先供车。

遇有抢险救灾、主要客运集散点供车严重不足、重大活动等特殊情况时,经营者应当服从市运输管理处或者区、县运输管理机构的统一指挥。

第二十条 经营者及其从业人员应当执行由市物价部门批准的收费标准,并且按照规定使用由市交通行政管理部门会同市税务部门印制的车费发票。

客运车费中包括乘客意外伤害保险费。

第二十一条 市交通行政管理部门、区、县交通行政管理部门应当会同公安部门在本市商业中心地区、居住区和主要道路上,根据方便乘客的原则和道路条件设置有明显标志的出租汽车上、下乘客的临时停靠点。

第二十二条 机场、火车站、客运码头、长途汽车站和其他客流集散的公共场所,以及新建居住区、经济技术开发区,应当设置出租汽车营业站及相应的停车场地。

各主要的出租汽车营业站向全行业开放,由市运输管理处或者区、县运输管理机构指定的有关企业进行日常管理,但不得独揽经营业务。进站营业的车辆必须服从统一调度,接受管理。

统一规划、建设的出租汽车营业站及相应的停车场地,需关闭或者改变用途的,应当经城市规划管理部门和公安部门批准,并自批准之日起十日内向市交通行政管理部门或者区、县交通行政管理部门备案。

第二十三条 向全行业开放的出租汽车营业站的调度员应当遵守下列规定:

(一)佩戴服务标志,衣着整洁,文明礼貌;

(二)有车必供,按序调派,并且及时调集车辆疏散乘客;

(三)制止驾驶员拒绝运送乘客和不服从调派的行为。

第二十四条 客运服务驾驶员应当遵守下列规定:

(一)衣着整洁,文明礼貌,不在车厢内吸烟;

(二)携带符合规定的营运资格证件;

(三)上、下客时按照规定停车;

(四)按照合理路线或者乘客要求的路线行驶;

(五)按照规定操作计价器;

(六)按照标准收费并且出具车费发票;

(七)符合其他有关客运服务规范的要求。

第二十五条 客运服务驾驶员不得拒绝乘客的运送要求,有下列行为之一的属拒绝运送乘客的行为:

(一)所驾驶的车辆开启空车标志灯后,遇乘客招手,停车后不载客的;

(二)所驾驶的车辆开启空车标志灯后,在营业站内不服从调派的;

(三)所驾驶的车辆开启空车标志灯后,在客运集散点或者道路边待租时拒绝载客的;

(四)载客营运途中无正当理由中断服务的。

第二十六条 乘客应当遵守本条例和交通管理的规定,不得在车辆行驶中、遇红灯停驶时或者禁止停车的地方拦车。

乘客应当文明乘车,并且遵守下列规定:

(一)不乱扔废弃物,不吸烟,不污损车辆;

(二)不携带易燃、易爆等危险品;

(三)不提出使驾驶员违反本条例和交通管理规定的要求;

(四)醉酒者和精神病患者乘车须有人监护;

(五)遵守其他的有关规定。

第二十七条 乘客应当按照规定的标准支付车费及有关费用。

乘客遇有下列情况之一时,可拒绝支付车费:

(一)租乘的中、小客车无计价器或者有计价器不使用的;

(二)驾驶员不出具车费发票或者有关凭证的;

(三)租乘的客车在起步费里程内发生故障,无法完成运送服务的。

第二十八条 遇有乘客需要出市境或者夜间去郊县、冷僻地区时,客运服务驾驶员可要求乘客随同到就近的公安机关办理验证登记手续,并报告其所在的客运服务企业。乘客应当予以配合。

第二十九条 客运服务驾驶员对不遵守本条例第二十六条、第二十八条规定的乘客可拒绝提供运送服务。

第三十条 客运服务驾驶员发现乘客在车

辆上的失物，应当及时设法归还；无法归还的，应当及时上交所在企业。企业应当妥善保管，并及时报告市运输管理处或者区、县运输管理机构。

乘客在客运服务车辆上失物的，可凭车费发票向客运服务企业或者市运输管理处、区、县运输管理机构挂失。

第三十一条 经营者应当按照规定向市运输管理处或者区、县运输管理机构填报客运服务统计报表。

第三十二条 经营者应当按照规定缴纳营业税、养路费和客运管理费等税、费。

第四章 车辆租赁服务管理

第三十三条 经营者应当建立、健全车辆租赁服务管理制度，并遵守下列规定：

（一）按照批准的经营范围营业；

（二）按照市物价部门核定的标准收费；

（三）使用由市交通行政管理部门会同市税务部门印制的车费发票；

（四）按照规定向市运输管理处填报车辆租赁服务统计报表；

（五）按照规定缴纳营业税、养路费和客运管理费等税、费。

第三十四条 租赁服务车辆必须达到下列要求：

（一）机件性能完好；

（二）车身、车厢和行李厢整洁；

（三）空调、音响等设施完好；

（四）营运资格证件和专用车辆牌照清晰、有效。

租赁服务车辆不得装置计价器和顶灯。

租赁服务车辆需退出营业的，经营者应当向市运输管理处办理有关注销手续。

第三十五条 用户承租车辆，应当提交有关证明或者证件。经营者可要求用户提供相应的财产抵押担保或者由具有代偿能力者提供担保。

租赁服务车辆的驾驶员，必须持有中华人民共和国有效机动车驾驶证。

第三十六条 经营者从事车辆租赁服务，应当按照法律、法规的有关规定，与用户签订租赁合同。

第三十七条 用户承租车辆后，不得擅自转租或者利用承租的车辆从事营运活动。

第五章 检查和投诉

第三十八条 市运输管理处、市交通执法总队、区、县运输管理机构和区、县交通执法机构应当加强对出租汽车的监督和检查。客运管理人员在客流集散点和道路上对出租汽车执行检查任务时，应当穿着识别服装，佩戴值勤标志。

市运输管理处、区、县运输管理机构应当对经营者与从业人员签订的经营承包合同进行监督。

第三十九条 市运输管理处、区、县运输管理机构和出租汽车经营企业应当建立投诉受理制度，接受对违反本条例行为的投诉和社会监督。

投诉者应当提供有关证据。

第四十条 市运输管理处或者区、县运输管理机构接受投诉后，应当在接受之日起一个月内处理完毕，但情况复杂的，可以在三个月内处理完毕。

经营者接受投诉后，应当在接受之日起十日内作出答复。对答复有异议的，可以向市运输管理处或者区、县运输管理机构投诉。

第四十一条 出租汽车从业人员发生违反本条例行为或者被投诉后，其所在企业应当在规定期限内指派专人陪同从业人员到市运输管理处或者区、县运输管理机构接受查询。

市交通执法总队和区、县交通执法机构对客运服务驾驶员违反本条例的行为实行记录制度。达到一定记录次数的客运服务驾驶员，应当参加由市运输管理处组织的教育培训。记录制度的具体规定由市交通行政管理部门制定。

第四十二条 乘客与出租汽车从业人员对

供车、收费有争议时,可以当即到市运输管理处或者区、县运输管理机构处理。租乘时起至受理时止的车费由责任者承担。

乘客投诉计价器失准的,市运输管理处或者区、县运输管理机构应当当即封存计价器及其附设装置,并且将其送技术监督部门校验。由此发生的费用由责任者承担。

第四十三条 投诉超过标准收费的,受理单位查实后可以对投诉者奖励。

第六章 法律责任

第四十四条 对经营者违反本条例的行为,由市交通执法总队、区、县交通执法机构按照下列规定给予处罚:

(一)违反第九条,第十条,第十二条的,责令限期整改;

(二)违反第十七条,第十八条第二款,第二十二条第二款,第三十四条,第四十条第二款,第四十一条的,责令其改正,可处二百元以上二千元以下罚款;

(三)违反第十八条第一款,第十九条第三款的,责令其改正,可处二千元以上五千元以下罚款;

(四)违反第二十条第一款,第三十三条第(一)、(二)、(三)项的,没收其非法所得,可并处一千元以上五千元以下罚款;

(五)违反第二十二条第三款的,责令其限期改止;逾期不改正的,可处一百元以上一千元以下罚款。

经营者违反第三十一条,第三十二条,第三十三条第(四)、(五)项的,按照法律、法规的有关规定给予处罚。

经营者违反本条例情节严重的,由市交通执法总队、区、县交通执法机构责令其部分或者全部车辆暂停营业十五天以下,或者由市交通行政管理部门、区、县交通行政管理部门取消其出租汽车的经营资格。

第四十五条 对客运服务驾驶员违反本条例的行为,由市交通执法总队、区、县交通执法机构按照下列规定给予处罚:

(一)违反第十四条第三款的,责令其立即改正,可并处二百元罚款;

(二)违反第二十条第一款,第二十四条第(四)、(五)、(六)项的,没收其非法所得,可并处二百元以上二千元以下罚款;

(三)违反第二十二条第二款,第二十四条第(一)、(二)、(三)、(七)项的,责令其改正,可并处警告或者五十元以上二百元以下罚款;

(四)违反第二十五条的,责令其暂停营业十五天,并处二百元罚款。

驾驶员违反本条例情节严重的,由市交通执法总队、区、县交通执法机构责令其暂停营业十五天以下,或者取消其客运服务的营运资格。

第四十六条 对违反第二十三条的营业站调度员,由市交通执法总队、区、县交通执法机构责令其改正,可并处二十元以上一百元以下罚款;情节严重的,取消其调度资格。

第四十七条 乘客违反第二十六条第二款,造成车辆损失的,应当予以赔偿;违反第二十七条第一款的,可以到公安机关或者市交通执法总队、区、县交通执法机构处理。

第四十八条 用户违反第三十七条的,由市交通执法总队、区、县交通执法机构责令其改正,没收非法所得,可并处一千元以上三千元以下罚款。

第四十九条 擅自从事出租汽车经营的,由市交通执法总队、区、县交通执法机构没收其非法所得,并处二千元以上五万元以下罚款。

有前款规定的违反行为的,市或者区、县交通行政管理部门可以将车辆扣押,并且出具扣押证明。扣押后按期履行行政处罚决定的,市或者区、县交通行政管理部门应当立即解除扣押,并归还扣押的车辆;逾期不履行行政处罚决定的,市或者区、县交通行政管理部门可以将扣押的车辆按照有关规定拍卖。

第五十条 对拒绝接受或者阻碍客运管理人员检查的,由市交通执法总队、区、县交通执法机构责令其改正,并处二百元罚款;情节严重的,可以责令其暂停营业十五天以下。

妨碍客运管理人员执行公务，违反《中华人民共和国治安管理处罚法》的，由公安机关给予行政处罚；构成犯罪的，依法追究其刑事责任。

第五十一条 对被取消出租汽车经营资格的经营者，市交通行政管理部门、区、县交通行政管理部门应当提请工商部门依法吊销营业执照，并且由税务、公安部门注销税务登记，收缴车费发票和出租汽车专用牌照。

第五十二条 对违反本条例行为的处罚，可以合并适用。

第五十三条 对违反本条例的行为作出行政处罚决定前，市或者区、县交通行政管理部门可以滞留驾驶员营业资格证件，并且出具滞留证明，要求当事人在规定的期限内到指定地点接受处理。

市交通执法总队、区、县交通执法机构作出行政处罚，应当按照《中华人民共和国行政处罚法》的规定执行。

第五十四条 当事人对具体行政行为不服的，可以按照《中华人民共和国行政复议法》和《中华人民共和国行政诉讼法》的规定，申请行政复议或者向人民法院起诉。

当事人对行政处罚决定逾期不申请复议、不起诉又不履行的，由作出行政处罚决定的机关申请人民法院强制执行。

第五十五条 客运管理人员或者有关行政管理人员违反本条例，滥用职权、徇私舞弊、玩忽职守的，由其所在单位或者上级主管部门给予行政处分；构成犯罪的，依法追究其刑事责任。

第七章 附 则

第五十六条 本条例的具体应用问题，由市交通行政管理部门负责解释。

第五十七条 本条例自1995年9月1日起施行。

上海市红十字会条例

（1995年6月16日上海市第十届人民代表大会常务委员会第十九次会议通过 根据2010年9月17日上海市第十三届人民代表大会常务委员会第二十一次会议《关于修改本市部分地方性法规的决定》修正）

第一条 根据《中华人民共和国红十字会法》（以下简称红十字会法），结合本市实际情况，制定本条例。

第二条 本市各级红十字会是从事人道主义工作的社会救助团体。

第三条 市和区、县建立红十字会，并设置工作机构，配备专职工作人员。

乡镇、街道建立红十字会，并可以根据工作需要配备工作人员。

全市性行业可以根据工作需要建立行业红十字会，并配备工作人员。

机关、企业、事业单位、村民委员会和居民委员会等可以建立基层红十字会。

第四条 上级红十字会指导下级红十字会的工作。

本市红十字会根据红十字会法及本条例的规定，独立自主地开展工作。

第五条 本市的单位和居住在本市的公民，承认中国红十字会章程并缴纳会费的，可以自愿参加红十字会，成为红十字会的团体会员或者个人会员。

第六条 各级红十字会可以吸收自愿为红

十字会工作的社会各界人士为志愿工作者，协助红十字会开展工作。

第七条 各级红十字会理事会由会员代表大会选举产生。各级红十字会的会长和副会长由同级理事会选举产生。选举方法和具体程序由市红十字会另行制定。

市和区、县及全市性行业红十字会可以设名誉会长和名誉副会长。名誉会长和名誉副会长由同级理事会聘请。

第八条 市和区、县红十字会应当依法取得社会团体法人资格。

全市性行业、乡镇、街道红十字会，具备条件的可以依法取得社会团体法人资格。

第九条 根据医疗卫生单位的申请和实际需要，并报经市卫生行政管理部门同意，市红十字会可以命名医疗卫生单位为红十字单位。红十字单位应当遵守中国红十字会章程，履行红十字义务。

第十条 市和区、县红十字会的主要职责：

（一）宣传、贯彻、执行红十字会法；

（二）开展救灾的准备工作，在自然灾害、突发事件中对伤病人员和其他受害者进行救助；

（三）制定、实施本地区内群众性现场初级救护的培训规划，组织、培训群众性红十字救护队，普及卫生救护和防病知识；

（四）开展自愿无偿捐献遗体的工作，开展非血缘关系骨髓移植供者动员、宣传、组织和数据检索的工作，协助卫生行政管理部门开展输血献血工作，推动无偿献血；

（五）开展失散亲属人员的寻亲工作；

（六）培养红十字青少年，开展红十字青少年活动；

（七）在依照国际红十字和红新月运动基本原则的前提下，完成人民政府或者上级红十字会委托的事项；

（八）根据中国红十字会总会部署，参加国际和国内的人道主义救援工作；

（九）开展其他人道主义方面的工作。

市红十字会负责发展与境外的红十字会和红新月会的合作交流活动，考核和命名群众性红十字救护队的工作。

第十一条 乡镇、街道红十字会在区、县红十字会指导下，负责本地区的红十字工作，并在依照国际红十字和红新月运动基本原则的前提下，完成乡镇人民政府和街道办事处委托的有关事项。

第十二条 全市性行业和基层红十字会应当在本系统、本单位范围内开展红十字工作，并在依照国际红十字和红新月运动基本原则的前提下，完成上级红十字会委托的事项。

第十三条 红十字会经费的主要来源：

（一）红十字会会员按照规定缴纳的会费；

（二）国内外组织和个人捐赠的款物；

（三）红十字会的动产、不动产和所属单位上缴的收入；

（四）红十字会所在单位的资助；

（五）各级人民政府的拨款。

第十四条 红十字会有权接受并处分境内外组织或者个人所捐赠的救助物资。

红十字会在处分捐赠款物时，应当尊重捐赠者的意愿。接受海关规定减免税的境外捐赠的货物，不准转让、出售和移作他用，并应当在监管年限内接受海关监管。

第十五条 各级红十字会为开展救助工作，可以在本地区、行业、单位内进行募捐活动。具体办法由市红十字会另行制定。

第十六条 各级红十字会应当建立捐赠或者募捐所得款物的专项审查监督制度。

第十七条 红十字会接受用于救助和公益事业的捐赠或者募捐款物，依照国家税法有关规定享受减免税优惠待遇。

本市单位和个人向红十字会捐赠款物，捐赠者可以依照国家税法有关规定享受减免税优惠。

第十八条 在自然灾害和突发事件中，执行救助任务的人员和标有红十字标志的物资、交通工具享有优先通行的权利。

在执行其他特殊任务时，使用特有灯具和红十字标志的交通工具优先通行。

在进行紧急救助时，佩有红十字标志的人

员有优先使用公用通讯工具的权利。

第十九条 海关、检疫、交通运输部门和其他有关部门应当重点安排、优先办理红十字会接受国内外捐赠的救灾物资的有关事项。在救灾情况下，有关部门应当协调解决救灾物资的转运。

第二十条 各级红十字会应当建立经费审查监督制度。红十字会的经费使用应当与其宗旨相一致，并依照国家有关法律、法规的规定，接受同级人民政府的监督检查。红十字会经费的来源和使用情况，每年向同级红十字会理事会报告。

第二十一条 各级人民政府应当对红十字会兴办的与其宗旨相符的社会福利事业给予扶持。

第二十二条 对为红十字事业作出突出贡献的单位和个人，由市或者区、县人民政府给予表彰、奖励。

第二十三条 各级红十字会的财产受法律保护，任何单位和个人不得侵占、截留、挪用。

第二十四条 任何组织和个人不得拒绝、阻碍红十字会工作人员依法履行职责。

在自然灾害和突发事件中，阻碍红十字会工作人员依法履行职责的，由公安部门按照《中华人民共和国治安管理处罚法》处罚；构成犯罪的，依法追究刑事责任。

第二十五条 红十字标志的使用，按照国家有关规定执行。

第二十六条 本条例自1995年8月1日起施行。

上海市反不正当竞争条例

（1995年9月28日上海市第十届人民代表大会常务委员会第二十一次会议通过 根据1997年8月13日上海市第十届人民代表大会常务委员会第三十八次会议《关于修改〈上海市反不正当竞争条例〉的决定》第一次修正 根据2011年12月22日上海市第十三届人民代表大会常务委员会第三十一次会议《关于修改本市部分地方性法规的决定》第二次修正）

第一章 总 则

第一条 为保障社会主义市场经济健康发展，鼓励和保护公平竞争，制止不正当竞争行为，保护经营者和消费者的合法权益，维护社会经济秩序，根据《中华人民共和国反不正当竞争法》和有关法律、行政法规的规定，结合本市实际情况，制定本条例。

第二条 凡在本市从事商品生产、销售或者营利性服务（以下所称商品包括服务）的法人、其他经济组织和个人（以下统称经营者），以及从事行政管理的有关行政机关和授权组织，必须遵守本条例。

第三条 本条例所称的不正当竞争，是指经营者在市场交易中，违反自愿、平等、公平、诚实信用的原则和公认的商业道德而损害其他经营者的合法权益、扰乱社会经济秩序的行为。

第四条 市和区、县工商行政管理部门对不正当竞争行为进行监督检查。法律、行政法规规定由其他部门监督检查的，依照其规定执行。

政府行业主管部门和行业协会可以制定本行业公平交易的自律性规范，配合监督检查部门履行职责。

第五条 本市国家机关鼓励、支持和保护一切组织和个人对不正当竞争行为进行社会监督。

对检举、揭发和协助查处不正当竞争行为的组织和个人,监督检查部门应当为其保密,并可以根据有关规定给予奖励。

第六条 国家机关工作人员不得支持、包庇、参与不正当竞争行为。

第二章 不正当竞争行为

第七条 经营者不得从事下列假冒注册商标行为:

(一)未经注册商标所有人的许可,在同一种商品或者类似商品上使用与其注册商标相同的商标;

(二)销售明知是假冒注册商标的商品;

(三)伪造、擅自制造他人的注册商标标识或者销售伪造、擅自制造的注册商标标识。

第八条 经营者不得擅自使用知名商品特有的名称、包装、装潢,或者使用与知名商品近似的名称、包装、装潢,造成与他人的知名商品相混淆,使购买者误认为是该知名商品。

前款所称的知名商品是指:

(一)使用经认定的驰名商标或者著名商标的商品;

(二)经国家有关行政机关、行业总会认可的在国际评奖活动中获奖的商品;

(三)为相关消费者所共知、具有一定市场占有率和较高知名度的商品。

第九条 经营者不得擅自使用他人的企业名称或者姓名以及代表其名称、姓名的标志、图形、文字、代号,引人误认为是他人的商品。

经营者不得擅自转让或者出租本企业的名称。

经营者不得以伪造的企业名称从事经营活动。

第十条 经营者不得在商品或者包装上采用下列手段,作引人误解的虚假表示:

(一)伪造或者冒用认证标志、名优标志等质量标志,使用被取消的质量标志;

(二)伪造或者冒用专利标志,使用已经失效的专利号;

(三)伪造或者冒用质量检验合格证明、许可证号、准产证号或者监制单位;

(四)伪造或者冒用商品的生产地、制造地、加工地;

(五)虚假表述商品的性能、用途、规格、等级、制作成份和含量;

(六)伪造生产日期、安全使用期和失效日期或者对日期作模糊标注。

第十一条 公用企业或者其他依法具有独占地位的经营者,不得采取下列限制竞争的行为:

(一)限定消费者购买、使用其提供的或者其指定的经营者提供的商品,排斥经过法定机构检验、符合技术标准要求的其他经营者的同类商品;

(二)强制消费者购买其提供的或者其指定的经营者提供的不必要的商品或者配件;

(三)对抵制上述各项行为的消费者拒绝、中断、拖延、削减提供必要的商品或者滥收费用。

第十二条 政府及其所属部门不得滥用行政权力,限定他人购买其指定的经营者提供的商品,限制其他经营者正当的经营活动。

政府及其所属部门不得滥用行政权力,限制外地商品进入本地市场,或者限制本地商品流向外地市场。

第十三条 经营者不得采用财物或者其他手段进行贿赂以销售或者购买商品。在帐外暗中给对方单位或者个人回扣的,以行贿论处;对方单位或者个人在帐外暗中收受回扣的,以受贿论处。

经营者销售或者购买商品,可以以明示方式给对方折扣,可以给中间人佣金。经营者给对方折扣、给中间人佣金的,必须如实入帐。接受折扣、佣金的经营者必须如实入帐。

第十四条 经营者不得利用广告或者其他方法,对商品的价格、质量、性能、制作成份、用途、生产者、有效期限、产地、售后服务以及对推销商品、提供服务附带赠送礼品的品种和数量作引人误解的虚假宣传。

前款所称其他方法，包括下列行为：

（一）组织虚假鉴定或者进行欺骗性的销售诱导；

（二）在经营场所内对商品作引人误解的虚假的说明、解释或者其他文字标注；

（三）作引人误解的现场虚假演示和说明；

（四）张贴、散发、邮寄引人误解的虚假的商品说明、图片和其他介绍资料；

（五）利用大众传播媒介作引人误解的虚假宣传报道。

广告经营者、广告发布者不得在明知或者应知的情况下，代理、设计、制作、发布虚假广告。

第十五条 经营者不得采用下列手段侵犯商业秘密：

（一）以盗窃、利诱、胁迫或者其他不正当手段获取权利人的商业秘密；

（二）披露、使用或者允许他人使用以前项手段获取的权利人的商业秘密；

（三）违反约定或者违反权利人有关保守商业秘密的要求，披露、使用或者允许他人使用其所掌握的商业秘密。

第三人明知或者应知前款所列违法行为，获取、使用或者披露他人的商业秘密，视为侵犯商业秘密。

本条所称商业秘密，是指不为公众所知悉、能为权利人带来经济利益、具有实用性并经权利人采取保密措施的技术信息和经营信息，包括原料配方、工艺流程、技术诀窍、设计资料、管理方法、营销策略、客户名单、货源情报等。

第十六条 经营者不得以排挤竞争对手为目的，以低于成本的价格销售商品。但有下列情形之一的除外：

（一）销售鲜活商品；

（二）处理有效期限即将到期的商品或者其他积压的商品；

（三）季节性降价；

（四）因清偿债务、转产、歇业、拆迁降价销售商品。

第十七条 经营者销售商品，不得违背购买者的意愿搭售商品或者附加其他不合理的条件。

前款所称其他不合理的条件，是指对商品的价格、销售地区和经营对象等方面的限制。

第十八条 经营者不得从事下列欺骗性有奖销售：

（一）谎称有奖；

（二）采取不正当手段让内定人员中奖；

（三）对所设奖项的种类、中奖概率、获奖方法、开奖日期等作虚假的表示；

（四）将有中奖标志的商品、奖券与没有中奖标志的商品、奖券不同时投放市场，或者将有不同中奖标志的商品、奖券不同时投放市场；

（五）利用有奖销售手段推销质次价高的商品。

抽奖式的有奖销售，最高奖的金额不得超过五千元；以物品或者其他经济利益的形式作为奖励的，按照同一地区、同一期间、同一档次、同种商品的价格折算，其金额不得超过五千元。

第十九条 经营者不得捏造、散布虚伪事实，损害竞争对手的商业信誉、商品声誉。

第二十条 投标者之间不得采用下列手段串通投标，以损害招标者的利益或者社会公共利益：

（一）抬高或者压低投标标价；

（二）轮流以高价位或者低价位中标；

（三）其他损害招标者利益或者社会公共利益的手段。

投标者与招标者不得采用下列手段相互勾结，以排挤竞争对手的公平竞争：

（一）擅自开启标书，获取其他投标者的报价或者其他投标条件；

（二）非法获取或者泄露招标底价等暂不公开的信息；

（三）通过贿赂等不正当手段，在审查、评选标书时，对同样的标书实行差别对待。

第三章 监督检查

第二十一条 对不正当竞争行为，由市和区、县监督检查部门按照职责分工和规定程序进行查处。

第二十二条 监督检查部门在监督检查不正当竞争行为时，有权行使下列职权：

（一）询问被检查的经营者、利害关系人和证明人，并要求提供证明材料或者与不正当竞争行为有关的协议、帐册、单据、文件、记录、业务函电等资料；

（二）查询、复制前项所述与不正当竞争行为有关的资料；

（三）检查与不正当竞争行为有关的财物，必要时可以责令被检查的经营者说明该财物的来源和数量，暂停销售，听候检查，不得转移、隐匿、销毁该财物。

第二十三条 监督检查部门在监督检查不正当竞争行为时，被检查的经营者、利害关系人和证明人应当如实提供有关资料或者情况，不得拒绝、拖延或者提供虚假陈述。

第二十四条 监督检查部门工作人员监督检查不正当竞争行为时，应当出示检查证件。

对不出示检查证件的，被检查的经营者、利害关系人和证明人有权予以拒绝。

第二十五条 监督检查部门在监督检查不正当竞争行为的过程中，对经营者的商业秘密，应当予以保密。

第四章 法律责任

第二十六条 经营者违反本条例规定，给被侵害的经营者造成损害的，应当承担损害赔偿责任；被侵害的经营者的损失难以计算的，赔偿额为侵权人在侵权期间因侵权所获得的利润，并应当承担被侵害的经营者因调查该经营者侵害其合法权益的不正当竞争行为所支付的合理费用。

被侵害的经营者合法权益受到不正当竞争行为损害的，可以向人民法院提起诉讼。

第二十七条 经营者违反本条例规定的，由监督检查部门依照下列规定予以处罚：

（一）违反本条例第七条规定的，依照《中华人民共和国商标法》的规定予以处罚；

（二）违反本条例第八条规定的，责令停止违法行为，没收违法所得，收缴并销毁其擅自使用的商品标识、包装、装潢，可以处以违法所得一倍以上不满二倍的罚款；情节严重的，处以违法所得二倍至三倍的罚款，可以吊销营业执照；销售伪劣商品，构成犯罪的，依法追究刑事责任；

（三）违反本条例第九条和第十条规定的，责令公开更正，没收违法所得和作案工具，可以处以违法所得一倍至二倍的罚款；情节严重的，处以违法所得二倍至三倍的罚款；

（四）违反本条例第十一条规定的，由市监督检查部门责令停止违法行为，可以处以五万元以上不满十万元的罚款；情节严重的，处以十万元以上二十万元以下的罚款。被指定的经营者借此销售质次价高商品或者滥收费用的，没收违法所得，可以处以违法所得一倍以上不满二倍的罚款；情节严重的，处以二倍至三倍的罚款；

（五）违反本条例第十二条规定的，由上级机关责令其改正；情节严重的，由同级或者上级机关对直接责任人员给予行政处分。被指定的经营者借此销售质次价高商品或者滥收费用的，没收违法所得，可以处以违法所得一倍以上不满二倍的罚款；情节严重的，处以二倍至三倍的罚款；

（六）违反本条例第十三条规定构成犯罪的，依法追究刑事责任；不构成犯罪的，没收违法所得，可以处以一万元以上不满十万元的罚款；情节严重的，处以十万元以上二十万元以下的罚款；

（七）违反本条例第十四条第一款规定的，责令停止违法行为，消除影响，可以处以一万元以上不满十万元的罚款；情节严重的，处以十万元以上二十万元以下的罚款。违反本条例第十

四条第三款规定的,依照《中华人民共和国广告法》的规定予以处罚;

(八)违反本条例第十五条规定,责令停止违法行为,可以处以一万元以上不满十万元的罚款;情节严重的,处以十万元以上二十万元以下的罚款;

(九)违反本条例第十六条规定的,责令停止违法行为,可以处以低于成本价格销售商品总额一倍以上不满二倍的罚款;情节严重的,处以二倍至三倍的罚款;

(十)违反本条例第十七条规定的,责令停止违法行为,没收违法所得,可以处以一万元以下的罚款;情节严重的,责令停业整顿,可以吊销营业执照;

(十一)违反本条例第十八条规定的,责令停止违法行为,可以处以一万元以上不满五万元的罚款;情节严重的,处以五万元以上十万元以下的罚款;

(十二)违反本条例第十九条规定的,责令停止违法行为,消除影响,可以处以一万元以下的罚款;

(十三)违反本条例第二十条规定的,其中标无效。可以处以一万元以上不满十万元的罚款;情节严重的,处以十万元以上二十万元以下的罚款。对经营者的有关责任人员可以处以一千元以上一万元以下的罚款;

(十四)阻碍监督检查部门行使本条例第二十二条第(三)项规定职权的,处以被销售、转移、隐匿、销毁财物的价款一倍以上三倍以下的罚款;

(十五)阻碍监督检查部门行使本条例第二十三条规定的职权,拒绝提供有关资料或者情况的,处以一千元以上一万元以下的罚款。

前款第(二)、(三)、(四)、(五)项行为没有违法所得的,处以十万元以下的罚款。

监督检查部门依照本条例进行罚款时,应当出具市财政部门统一印制的罚没款收据,罚没款全部上缴国库。

第二十八条 本条例所称情节严重是指下列之一的情形:

(一)违法经营额在五十万元以上或者违法所得在五万元以上的,但违反本条例第十条规定,其违法经营额在二十万元以上或者违法所得在二万元以上的;

(二)因不正当竞争行为受行政处罚未满一年又从事不正当竞争行为的;

(三)利用职权进行不正当竞争行为,牟取经济利益五万元以上的;

(四)给被侵权者造成重大经济损失或者严重后果的。

第二十九条 当事人对具体行政行为不服的,可以按《行政复议条例》和《中华人民共和国行政诉讼法》的规定,申请行政复议或者提起诉讼。

当事人在法定期限内不申请复议、不提起诉讼又不履行行政处罚决定的,作出行政处罚决定的部门,可以依据《中华人民共和国行政诉讼法》的规定,申请人民法院强制执行。

第三十条 监督检查部门工作人员应当遵纪守法、秉公执法。对玩忽职守、滥用职权、徇私舞弊、索贿受贿、故意包庇、枉法执行者,给予行政处分;构成犯罪的,依法追究刑事责任。

第五章 附 则

第三十一条 本条例具体应用中的问题,由市工商行政管理局负责解释。

第三十二条 本条例自 1995 年 12 月 1 日起施行。

上海市消防条例

（1995年10月27日上海市第十届人民代表大会常务委员会第二十二次会议通过　根据1997年10月17日上海市第十届人民代表大会常务委员会第三十九次会议《关于修改〈上海市消防条例〉的决定》第一次修正　根据2000年1月25日上海市第十一届人民代表大会常务委员会第十六次会议《关于修改〈上海市消防条例〉的决定》第二次修正　根据2003年6月26日上海市第十二届人民代表大会常务委员会第五次会议《关于修改〈上海市消防条例〉的决定》第三次修正　2010年1月13日上海市第十三届人民代表大会常务委员会第十六次会议修订）

第一章　总　　则

第一条　为了预防和减少火灾危害，加强应急救援工作，保护人身、财产安全，维护公共安全，根据《中华人民共和国消防法》和有关法律、行政法规的规定，结合本市实际，制定本条例。

第二条　本市行政区域内的消防工作以及相关应急救援工作，适用本条例。

第三条　本市各级人民政府负责本行政区域内的消防工作。

市和区、县人民政府应当将消防工作纳入国民经济和社会发展规划并组织实施，保障消防工作与经济建设和社会发展相适应。

第四条　市和区、县人民政府公安机关对本行政区域内的消防工作实施监督管理，并由本级人民政府公安机关消防机构负责实施。

第五条　维护消防安全是全社会的共同责任。本市机关、团体、企业、事业等单位（以下统称单位）和个人都有保护消防设施、预防火灾、报告火警的义务。

第六条　本市各级人民政府及其有关部门应当组织开展经常性的消防宣传教育。

公安机关及其消防机构应当加强消防法律、法规的宣传，并督促、指导、协助有关单位做好消防宣传教育工作。

单位应当加强对本单位人员的消防宣传教育。

教育、人力资源等部门和学校、有关职业培训机构应当将消防知识纳入教育、教学、培训的内容。

广播、电视、报刊、网站等传播媒体应当积极开设消防安全教育栏目，开展公益性消防宣传教育。

工会、共产主义青年团、妇女联合会等团体应当结合各自工作对象的特点，采取各种形式做好消防宣传教育工作。

居、村民委员会应当协助人民政府以及公安机关等部门加强消防宣传教育。

第七条　本市对在防火、灭火和应急救援等工作中做出重大贡献或者对举报违反消防安全行为有功的单位和个人，予以表彰、奖励。

第八条　每年11月9日为本市消防活动日。

第二章　消防安全责任

第九条　本市各级人民政府应当依法落实消防工作责任制。

上级人民政府应当与下一级人民政府签订年度消防工作责任书，确定消防工作责任目标，并对完成情况进行考核。

第十条　市和区、县人民政府应当履行下列消防工作职责：

（一）建立消防工作联席会议制度，研究并协调解决消防工作重大问题；

（二）对本级政府有关部门履行消防安全职责的情况进行监督检查；

（三）组织政府有关部门开展有针对性的消防安全检查；

（四）将公共消防设施建设和消防工作经费纳入本级财政预算，保障资金投入；

（五）法律、法规规定的其他消防工作职责。

第十一条 乡、镇人民政府和街道办事处应当组织、指导、督促本区域内的单位和个人做好消防工作，指导、支持、帮助居、村民委员会开展群众性消防工作，组织做好火灾事故善后处理工作。

第十二条 发展改革、建设交通、规划国土资源、财政等部门在规划制定、调整和实施工作中，应当按照本条例有关规定履行相关职责。

质量技监、工商等部门应当按照各自职责加强对消防产品质量和消防产品生产、销售单位的监督。

安全监管部门负责易燃易爆危险化学品相关的安全监督管理工作，组织编制和实施易燃易爆危险化学品事故应急救援预案。

教育、卫生、文广影视、旅游、经济信息化、商务、民政、民防、住房保障房屋管理等部门应当根据本系统、本行业的特点，有针对性地开展消防安全检查，及时督促整改火灾隐患。

第十三条 居、村民委员会应当确定消防安全管理人，组织居、村民制定防火安全公约，宣传家庭防火和应急逃生知识，进行防火安全检查。

第十四条 公安机关消防机构履行下列职责：

（一）贯彻、执行消防法律法规，依法开展消防监督检查工作，督促整改火灾隐患；

（二）负责建设工程消防设计的审核、备案，建设工程竣工后的消防验收、备案，公众聚集场所投入使用、营业前的消防安全检查；

（三）开展消防法律法规宣传，组织消防安全专门培训，管理或者指导消防队伍的建设和训练，根据需要指导单位开展消防演练；

（四）负责消防产品使用环节的监督检查；

（五）组织、指挥、承担火灾扑救工作，负责调查火灾原因，统计火灾损失；

（六）参加政府统一领导的应急救援工作；

（七）推广消防科学技术研究成果；

（八）上级主管部门认为应当由公安机关消防机构履行的其他职责。

公安派出所根据上级公安机关的要求实施日常消防监督检查，进行消防宣传教育，保护火灾现场，协助调查火灾原因。

第十五条 单位应当履行下列消防安全责任：

（一）实行消防安全责任制，制定并落实消防安全制度、消防安全操作规程；

（二）按照国家和本市有关规定配置消防设施和器材、设置消防安全标志，并定期组织检验、维修，确保消防设施和器材完好、有效；

（三）保障疏散通道、安全出口、消防车通道畅通，保证防火防烟分区、防火间距符合消防技术标准；

（四）改善防火条件，组织防火检查，及时消除火灾隐患；

（五）针对本单位的特点对员工进行消防宣传教育，制定灭火和应急疏散预案，定期组织消防演练；

（六）组织火灾自救，保护火灾现场，协助调查火灾原因。

单位的主要负责人是本单位的消防安全责任人。

同一建筑物由两个以上单位管理或者使用的，应当由建筑物的管理、使用各方共同协商，在签订的协议中明确各自消防安全工作的权利、义务和违约责任。

第十六条 依法确定的消防安全重点单位除应当履行本条例第十五条规定的责任外，还应当履行下列消防安全责任：

（一）确定消防安全管理人，组织实施本单位的消防安全管理工作；

(二)建立消防档案,确定消防安全重点部位,设置防火标志,实行严格管理;

(三)实行每日防火巡查,并建立巡查记录;

(四)对员工进行消防安全培训,管理本单位的专职消防队、志愿消防队。

第十七条 物业服务企业应当履行管理区域内的消防安全责任,提供消防安全防范服务。

物业服务企业承接物业管理时,应当查验共用消防设施的完好状况,做好查验、交接记录,并告知业主委员会,未成立业主委员会的,应当及时告知全体业主。

物业服务企业应当加强消防安全巡查,发现火灾隐患及时采取相应措施;做好管理区域内共用消防设施的日常维护保养工作,对需要动用专项维修资金进行维修、更新和改造的,应当及时提出相应方案并向业主委员会报告,未成立业主委员会的,应当及时向全体业主报告,由全体业主依法作出决定。发生危及房屋安全等紧急情况,需要立即动用专项维修资金对共用消防设施进行维修、更新和改造的,按照国家有关住宅专项维修资金管理的规定办理。

第十八条 任何个人都应当遵守消防法律、法规,学习必要的消防知识,懂得安全用火用电用气、燃放烟花爆竹和其他防火、灭火常识及逃生技能,增强自防自救能力。

监护人应当对被监护人进行火灾预防教育。

第三章 火灾预防

第十九条 市公安机关消防机构应当会同市发展改革、建设交通、规划国土资源等部门按照统筹兼顾、科学合理、与经济和社会发展相适应的原则,组织编制市消防规划。

市消防规划应当包括消防安全布局、消防站、消防供水、消防通信、消防车通道、消防装备等内容。

市消防规划经市人民政府批准后纳入城乡规划,由有关部门按照各自职责具体实施。

第二十条 城乡消防安全布局不符合消防安全要求的,应当及时调整、完善。

对下列情形,区、县人民政府应当组织有关部门按照市消防规划,制定方案予以解决:

(一)耐火等级低的建筑密集区;

(二)严重影响城乡消防安全的工厂、仓库、码头及其他重大危险源。

第二十一条 纳入规划的公共消防设施建设用地,任何单位和个人不得侵占或者擅自改变使用性质。

第二十二条 公共消防设施应当纳入市政设施基本建设计划。市和区、县人民政府应当组织有关部门依照消防规划和技术标准,建设、配置和维护消防站、消防车通道、消防通信、消火栓等公共消防设施。

公共消防设施、消防装备不足或者不适应实际需要的,公安机关应当书面报告本级人民政府。接到报告的人民政府应当及时核实情况,组织有关部门增建、改建、配置或者进行技术改造。

第二十三条 建设工程消防设计应当符合国家消防技术标准。没有国家标准的,应当符合本市消防技术标准。国家和本市消防技术标准没有规定的,或者拟采用特殊消防技术标准的,应当按照国家有关规定办理。

承接建设工程消防设计的单位,应当具有相应资质,配备消防设计审核人员并建立消防设计自审制度。

第二十四条 大型人员密集场所和其他特殊建设工程的建设单位应当按照国家和本市有关规定,将消防设计文件报送公安机关消防机构审核。未经依法审核或者审核不合格的,负责审批该工程施工许可的部门不得给予施工许可,建设单位、施工单位不得施工。

除前款规定外的其他需要进行消防设计的建设工程,建设单位应当按照国家和本市有关规定,在取得施工许可之日起七个工作日内将消防设计文件报公安机关消防机构备案。公安机关消防机构应当对备案的建设工程消防设计进行抽查,经依法抽查不合格的,应当停止施工。

按照国家和本市有关规定，建设单位委托的负责审查建设工程设计文件的技术服务机构，应当对建设工程消防设计进行严格审查。

第二十五条 经公安机关消防机构审核同意的消防设计，未经原审核机构批准，任何单位和个人不得更改；经公安机关消防机构备案的消防设计需要更改的，建设单位应当将更改后的消防设计文件重新备案。

第二十六条 施工单位应当依照经公安机关消防机构审核同意或者备案的消防设计进行施工。

建设工程施工现场的消防安全由施工单位负责。实行施工总承包的，由总承包单位负责。建筑物进行局部改建、扩建和内装修时，建设单位应当与施工单位在订立的合同中明确各方对施工现场的消防安全责任。

施工单位应当指定专人负责施工现场的消防工作，落实消防安全管理制度，配备必要的灭火器具。建筑物施工高度超过二十四米时，施工单位应当随施工进度落实消防水源。

第二十七条 需要进行消防设计的建设工程竣工，依照下列规定进行消防验收、备案：

（一）经公安机关消防机构审核的建设工程，建设单位应当向公安机关消防机构申请消防验收，未经验收或者验收不合格的，禁止投入使用；

（二）其他建设工程，建设单位在验收后应当报公安机关消防机构备案，公安机关消防机构应当进行抽查，经抽查不合格的，应当停止使用。

前款规定的建设工程中，设有火灾自动报警系统、固定灭火系统、防排烟系统的，建设单位在申请验收、备案时，应当提交由符合国家规定条件的检测机构出具的对相关系统的检测报告。

第二十八条 公安机关消防机构对建设工程被其责令停止施工、使用和建设工程经消防设计、竣工验收抽查不合格等情形，应当及时函告同级建设行政主管部门。

同级建设行政主管部门接到函告后，应当依法查处。

第二十九条 搭建临时建筑物、构筑物或者改变建筑物用途，应当符合消防安全要求。

第三十条 公众聚集场所在投入使用或者营业前，建设单位或者使用单位应当向当地公安机关消防机构申报，经消防安全检查合格后，方可投入使用或者营业。

第三十一条 建筑构件、建筑材料、建筑保温材料和室内装修、装饰材料的防火性能应当符合国家标准；没有国家标准的，应当符合行业标准。

第三十二条 消防产品应当符合国家标准；没有国家标准的，应当符合行业标准。

从事生产、销售、维修消防产品的单位，应当严格执行产品质量和标识的技术标准或者有关规定。

第三十三条 火灾自动报警系统、固定灭火系统和防排烟系统等技术性能较高的消防设施，应当由有资质的单位安装，并由符合国家规定条件的单位定期检测。

配置火灾自动报警系统的单位，应当与城市火灾自动报警信息系统联网。

第三十四条 居民聚居区、大型商业区、党政机关、学校、铁路干线、名胜古迹、风景游览区以及其他重要场所周边，在国家规定的距离范围内不得新建、改建、扩建易燃易爆危险物品的生产设施或者储存场所。已经建成的易燃易爆危险物品的生产设施或者储存场所周边，在国家规定的距离范围内不得建造居民聚居区、大型商业区。

第三十五条 生产、储存、销售、运输、携带、使用或者销毁易燃易爆危险物品的，应当遵守国家和本市有关易燃易爆危险物品的安全管理规定。

禁止非法携带易燃易爆危险物品进入公共场所或者乘坐公共交通工具。

禁止邮寄或者在邮品中夹带易燃易爆危险物品。

禁止擅自携带火种进入生产、储存、装卸易燃易爆危险物品的场所。

居民存放少量易燃易爆危险物品的，应当选择合适的容器，存放在安全的地方，配置必要的灭火器具。

第三十六条 禁止在具有火灾、爆炸危险的场所擅自动用明火或者吸烟。需要动用明火作业的，应当事先按规定办理本单位内部的审批手续，作业人员应当遵守安全规定，并采取严密的消防安全措施。

进行电焊、气焊等具有火灾危险作业的人员和自动消防系统的操作人员，应当持证上岗；在进行电焊、气焊、气割、砂轮切割以及其他具有火灾、爆炸危险作业时，应当严格遵守消防安全操作规程。

人员密集场所禁止在营业、使用期间进行电焊、气焊、气割、砂轮切割、油漆等具有火灾危险的施工、维修作业。

第三十七条 电器产品、燃气用具的安装、使用及其线路、管路的设计、敷设、维护保养、检测，应当符合国家和本市的消防技术标准和管理规定。

第三十八条 公共汽车、电车、出租车、轨道列车、渡轮等公共交通工具应当配备必要的消防器材，保持完好、有效，并设置明显标识和使用说明。

公共交通运营单位应当加强对工作人员的消防安全培训，使其能够熟练使用消防器材，并在火灾等突发事件发生时引导、协助乘客及时疏散。

公共交通运营单位应当通过广播、电视、宣传手册等形式，向乘客宣传防火措施、消防器材的使用方法和避难、逃生方式等消防安全知识。

第三十九条 人民防空工程、普通地下建筑物、地铁、地下通道等地下空间的产权人、物业管理单位或者使用人应当遵守国家和本市有关地下空间消防安全的管理规定。

第四十条 生产、储存、经营易燃易爆危险物品的场所不得与居住场所设置在同一建筑物内，并应当与居住场所保持安全距离。

生产、储存、经营其他物品的场所与居住场所设置在同一建筑物内的，应当符合国家和本市有关消防安全规定。

建筑物的所有人、管理人发现违法设置上述场所的，应当及时劝阻，并向公安机关消防机构报告。

第四十一条 单位和个人应当做好消防设施的保护工作，禁止下列行为：

（一）损坏、挪用或者擅自拆除、停用消防设施、器材；

（二）埋压、圈占、遮挡消火栓；

（三）占用防火间距，破坏防火防烟分区；

（四）占用、堵塞、封闭疏散通道、安全出口、消防车通道。

人员密集场所的门窗不得设置影响逃生和灭火救援的障碍物。

禁止指使、强令他人从事违反消防安全规定的生产和作业。

第四十二条 本市易燃易爆危险物品生产、储存、运输、销售企业和公众聚集场所经营单位按照国家的有关规定投保火灾公众责任险。

第四十三条 下列人员应当接受消防安全培训：

（一）消防安全管理人员；

（二）消防工程的设计、施工、监理、维修人员，消防产品的检验维修人员和自动消防设施的操作人员；

（三）易燃易爆危险物品的作业人员；

（四）消防技术服务机构的执业人员。

消防安全重点单位的消防安全管理人、自动消防设施的操作人员、易燃易爆危险物品仓库保管人员应当持有相应的上岗证书。

第四十四条 单位应当按照本单位灭火和应急疏散预案及国家有关规定，定期组织消防演练。消防安全重点单位应当每年进行至少两次消防演练。

物业服务企业和人员密集场所的经营、管理单位，应当组织员工开展有针对性的消防演练，培训员工在火灾发生时组织、引导在场人员有序疏散的技能。

托儿所、幼儿园、学校、敬老院、养老院、福利院、医院等单位的灭火和应急疏散预案,应当包含在火灾发生时保护婴幼儿、学生、老人、残疾人、病人的相应措施。

第四十五条 符合国家规定条件的消防技术服务机构可以提供消防产品质量认证、消防设施检测、消防安全监测、消防技术咨询、消防安全评估、火灾损失核定等方面的技术服务,并对所提供的服务承担相应的法律责任。公安机关消防机构及其他有关部门应当对其进行监督。

第四十六条 公安机关消防机构在消防监督检查中发现有火灾隐患的,应当通知有关单位或者个人立即采取措施消除隐患;接到通知的单位或者个人,应当采取有效措施,及时整改。

第四十七条 公安机关消防机构在消防监督检查中发现以下情形,不及时消除可能严重威胁公共安全的,应当依照规定对危险部位或者场所采取临时查封措施:

(一)可燃物资仓库和生产、储存、装卸、使用易燃易爆危险物品的场所存在重大火灾隐患的;

(二)生产、储存、经营易燃易爆危险物品的场所与居住场所设置在同一建筑物内的;

(三)人员密集场所违反消防技术标准和管理规定,储存、经营、使用易燃易爆危险物品的;

(四)人员密集场所损坏或者擅自拆除、停用消防设施,堵塞疏散通道、安全出口的;

(五)其他不及时消除可能严重威胁公共安全的情形。

未经采取临时查封措施的公安机关消防机构同意,不得拆封或者使用被查封的场所、部位。

第四章 消防组织

第四十八条 市和区、县人民政府依照国家有关规定和市消防规划建立公安消防队、专职消防队,建设固定营房,配备消防车辆和器材装备。

乡、镇人民政府应当根据当地经济发展和消防工作的需要建立专职消防队、志愿消防队。

第四十九条 下列单位应当建立单位专职消防队,承担本单位的火灾扑救工作:

(一)大型火力发电厂、民用机场、港口、易燃易爆危险物品装卸专业码头、大型修造船厂、城市轨道交通综合维修基地;

(二)生产、储存易燃易爆危险物品的大型企业;

(三)储备可燃的重要物资的大型仓库、基地;

(四)火灾危险性较大,且与最近的公安消防队、政府专职消防队相距超过五公里的其他大型企业。

第五十条 专职消防队应当按照国家和本市有关规定建设固定营房,配备消防人员、消防车辆和器材装备,并经市公安机关消防机构验收。

未经市公安机关消防机构同意,不得撤销专职消防队。

第五十一条 公安消防队、专职消防队承担火灾扑救工作,并依照国家规定承担重大灾害事故和其他以抢救人员生命为主的应急救援工作。

第五十二条 单位以及居、村民委员会根据需要,建立志愿消防队等多种形式的消防组织,开展群众性自防自救工作。

第五十三条 公安消防队、专职消防队应当制定、实施业务训练计划,维护、保养装备器材,并严格执行执勤制度。

专职消防队的执勤、业务训练、火灾扑救、应急救援,按照公安消防队有关规定执行。专职消防队员应当接受培训,取得相应的消防职业等级证书。

志愿消防队应当根据实际情况开展有针对性的业务训练,提高扑救火灾的技能。

公安机关消防机构应当对专职消防队、志愿消防队等消防组织进行业务指导。

第五十四条 专职消防队的组建单位应当与消防队员依法签订劳动或者聘用合同,在合同期间按照规定为其办理各项社会保险，并提供相应的福利待遇。

单位应当保障专职消防队的建设经费和消防业务经费。

第五十五条 公安消防队和专职消防队的消防车、消防艇，应当设置专用标志、安装示警设备，并纳入特种车辆、船艇管理，在执行火灾扑救和应急救援等任务时免缴道路、航道通行费。

第五十六条 依法建立的消防协会在市公安机关消防机构及其他有关部门的指导和监督下，依照协会章程开展消防学术交流和消防宣传教育，推广先进消防技术，进行消防行业自律管理。

第五章 灭火救援

第五十七条 任何个人发现火灾都应当迅速报警；任何单位和个人都应当为报警无偿提供便利。不得谎报火警，制造混乱。

任何单位和个人都有为扑救火灾提供帮助的义务。在消防队未到达火灾现场前，有关单位应当迅速组织力量扑救，减少火灾损失。

禁止组织未成年人参加火灾扑救。

人员密集场所发生火灾时，该场所的现场工作人员有组织、引导在场人员疏散的义务。

第五十八条 公安消防队、专职消防队接到出警命令后应当在六十秒内出动消防车，赶赴火灾现场。

消防车、消防艇前往执行火灾扑救或者应急救援任务，在确保安全的前提下，不受行驶速度、行驶路线、行驶方向和指挥信号的限制，其他车辆、船舶以及行人应当让行，不得穿插超越。交通管理指挥人员应当保证消防车、消防艇迅速通行。

第五十九条 公安机关消防机构统一组织和指挥火灾现场扑救，应当优先保障遇险人员的生命安全。

公安消防队、专职消防队参加火灾以外的其他重大灾害事故的应急救援工作，由市或者区、县人民政府统一领导。

第六十条 公安机关消防机构有权调动专职消防队和交通、供水、供电、供气、通信、医疗救护等有关部门进行火灾扑救，投入灭火抢险。参加火灾扑救的单位和个人应当服从火场总指挥员的统一指挥。

为阻止火灾蔓延，避免重大损失，火场总指挥员有权决定使用各种水源，划定警戒区，在火场周围实施交通管制，截断电力、可燃气体和可燃液体的输送，限制用火用电，利用临近建筑物和有关设施，拆除或者破损毗邻建筑物、构筑物或者设施等。

市或者区、县、乡、镇人民政府应当根据扑救火灾的紧急需要，组织人员、调集所需物资支援灭火。

第六十一条 公安机关消防机构有权根据需要封闭火灾现场。任何单位和个人都不得扰乱火灾现场秩序，不得妨碍火灾原因调查，未经公安机关消防机构同意，不得进入火灾现场，禁止擅自清理火灾事故现场。

第六十二条 火灾扑灭后，由公安机关消防机构负责调查火灾原因，统计火灾损失。

发生火灾的单位和相关人员应当按照公安机关消防机构的要求保护现场，接受事故调查，如实提供与火灾有关的情况。

公安机关消防机构根据火灾现场勘验、调查情况和有关的检验、鉴定意见，及时制作火灾事故认定书，作为处理火灾事故的证据。

第六十三条 外单位的专职消防队、志愿消防队参加扑救火灾所损耗的燃料、灭火剂和器材装备，由火灾发生地的人民政府补偿。火灾发生单位参加的保险中含有施救费用的，保险公司支付的施救费用应当优先用于补偿外单位专职消防队、志愿消防队的损耗。

参加应急救援造成的损耗补偿，参照前款规定执行。

第六章 法律责任

第六十四条 违反本条例规定的行为，法律、行政法规有处理规定的,依照有关法律、行政法规的规定处理。

第六十五条 违反本条例规定生产、储存、运输、经营、携带、使用、销毁易燃易爆危险物品的,由公安机关消防机构责令停止违法行为,可以对易燃易爆危险物品采取查封、扣押等强制措施。

对不符合消防安全技术规定,可能造成重大危害的易燃易爆危险物品及其容器,公安机关消防机构可以予以收缴销毁。

第六十六条 人员密集场所在营业、使用期间进行电焊、气焊、气割、砂轮切割、油漆等具有火灾危险的施工、维修作业的,由公安机关消防机构处五千元以上五万元以下罚款。

第六十七条 违反本条例规定,有下列行为之一的,由公安机关消防机构处警告或者二千元以上二万元以下罚款;情节严重的,处二万元以上二十万元以下罚款:

(一)搭建临时建筑物、构筑物或者改变建筑物用途不符合消防安全要求的;

(二)建筑物施工高度超过二十四米,施工单位没有随施工进度落实消防水源的;

(三)组织未成年人参加火灾扑救的。

第六十八条 单位违反本条例第十五条、第十六条、第十七条、第三十六条第二款的规定,由公安机关消防机构责令限期改正;逾期不改正的,对其直接负责的主管人员和其他直接责任人员给予警告或者由有关部门依法给予处分。

第六十九条 当事人逾期不履行停产停业、停止使用、停止施工决定的,由作出处罚决定的公安机关消防机构强制执行。对经济和社会生活影响较大、执行确有困难的,由公安机关消防机构提出意见,并由公安机关报请本级人民政府依法决定。本级人民政府组织公安机关等部门实施。

被责令停止施工、停止使用、停产停业的,应当在整改后向公安机关消防机构报告,申请施工、使用、生产、经营,经检查合格,方可恢复。

公安机关消防机构应当自收到书面申请之日起三个工作日内进行检查,自检查之日起三个工作日内作出决定,送达当事人。

第七十条 公安机关消防机构的工作人员执行职务,应当自觉接受社会监督。任何单位和个人都有权对公安机关消防机构的工作人员在执法中的违法行为进行检举、控告。收到检举、控告的机关,应当按照职责及时查处。

公安机关消防机构的工作人员在消防工作中滥用职权、玩忽职守、徇私舞弊,有下列行为之一,尚不构成犯罪的,依法给予行政处分:

(一)对不符合消防安全要求的消防设计文件、建设工程、场所准予审核合格、消防验收合格、消防安全检查合格的;

(二)无故拖延消防设计审核、消防验收、消防安全检查,不在法定期限内履行职责的;

(三)发现火灾隐患不及时通知有关单位或者个人改正的;

(四)利用消防设计审核、消防验收和消防安全检查谋取利益的;

(五)利用职务为用户、建设单位指定或者变相指定消防产品的品牌、销售单位或者消防技术服务机构、消防设施施工单位的;

(六)将消防车、消防艇以及消防器材、装备和设施用于与消防和应急救援无关的事项的;

(七)其他滥用职权、玩忽职守、徇私舞弊的行为。

第七章 附 则

第七十一条 本条例自2010年4月1日起施行。

上海市文化娱乐市场管理条例

(1995年10月27日上海市第十届人民代表大会常务委员会第二十二次会议通过　根据1997年7月7日上海市第十届人民代表大会常务委员会第三十七次会议《关于修改〈上海市文化娱乐市场管理条例〉的决定》第一次修正　根据1998年11月5日上海市第十一届人民代表大会常务委员会第六次会议《关于修改〈上海市文化娱乐市场管理条例〉的决定》第二次修正　根据2000年7月13日上海市第十一届人民代表大会常务委员会第二十次会议《关于修改〈上海市文化娱乐市场管理条例〉的决定》第三次修正　根据2003年6月26日上海市第十二届人民代表大会常务委员会第五次会议《关于修改〈上海市文化娱乐市场管理条例〉的决定》第四次修正　根据2010年9月17日上海市第十三届人民代表大会常务委员会第二十一次会议《关于修改本市部分地方性法规的决定》第五次修正　根据2015年6月18日上海市第十四届人民代表大会常务委员会第二十一次会议《关于修改〈上海市环境保护条例〉等8件地方性法规的决定》第六次修正)

第一章　总　　则

第一条　为了加强本市营业性文化娱乐场所和文化娱乐经营活动的管理,保障文化娱乐市场的健康发展,丰富人民群众的文化生活,根据国家的有关法律、法规,结合本市实际情况,制定本条例。

第二条　本条例所称的营业性文化娱乐场所是指以营利为目的的下列场所:

(一)舞厅、卡拉OK厅;

(二)游戏机房;

(三)游艺机房;

(四)国家或者本市确定的其他文化娱乐场所。

本条例所称的文化娱乐经营活动是指:

(一)营业性文化娱乐场所中的各类营业性表演活动(包括时装表演活动);

(二)营业性餐厅中的各类表演活动;

(三)文化娱乐经纪机构和经纪人的中介活动。

第三条　本条例适用于在本市开办营业性文化娱乐场所和从事文化娱乐经营活动以及对营业性文化娱乐场所和文化娱乐经营活动的管理。

第四条　依法开办营业性文化娱乐场所和从事文化娱乐经营活动受法律保护。

文化娱乐经营活动应当文明、健康、有益、安全。

禁止从事有损国家利益和社会公共利益的文化娱乐活动。

第五条　本市对开办营业性文化娱乐场所和从事文化娱乐经营活动实行许可证制度。

第二章　机构与职责

第六条　市文化行政管理部门是本市文化娱乐市场的主管部门,主要职责是:

(一)贯彻执行国家和本市的有关法律、法规,负责本条例的实施;

(二)制定本市文化娱乐市场发展规划,实行宏观调控;

(三)负责本市文化娱乐市场的监督和管理;

（四）负责本市文化娱乐市场管理人员和从业人员的考核；

（五）对为繁荣本市文化娱乐市场做出成绩的单位和个人给予表彰和奖励；

（六）对违反本条例的行为进行处罚。

市文化行政管理部门主管的市社会文化管理处负责本市文化娱乐市场的具体管理工作，并依照本条例的授权实施行政处罚。

第七条 区、县文化行政管理部门负责本区、县文化娱乐市场的管理，业务上受市文化行政管理部门的监督和指导，主要职责是：

（一）贯彻执行国家和本市的有关法律、法规；

（二）根据本市文化娱乐市场的发展规划，制定本区、县文化娱乐市场的发展计划并组织实施；

（三）负责本区、县营业性文化娱乐场所和文化娱乐经营活动的监督和管理；

（四）对为繁荣文化娱乐市场做出成绩的单位和个人，给予表彰和奖励；

（五）对违反本条例的行为进行处罚。

第八条 各级公安、工商行政、卫生、物价、财政、税务、环保以及其他有关部门应当依法履行各自职责，协同文化行政管理部门实施本条例。

第三章 申请与审批

第九条 开办营业性文化娱乐场所和从事文化娱乐经营活动，应当向文化行政管理部门提出申请；未经文化行政管理部门批准，不得开办营业性文化娱乐场所和从事文化娱乐经营活动。

第十条 开办营业性文化娱乐场所应当符合下列条件：

（一）具有符合标准的经营场所及配套设施；

（二）场所的建筑结构安全合理，消防设施齐全有效，并取得消防合格证书；

（三）卫生、通风、防噪声等设施符合标准；

（四）有规定数额的注册资金；

（五）有必要的管理制度。

第十一条 成立营业性演出队应当符合下列条件：

（一）有熟悉业务并经市文化行政管理部门考核合格的负责人；

（二）有必要的乐器和表演的节目；

（三）有必要的管理制度。

第十二条 成立营业性时装表演队应当符合下列条件：

（一）有具备一定专业知识和管理能力的负责人；

（二）有固定的办公地点、排练场所和演出必需的器材设备；

（三）有规定数额的资金；

（四）有必要的管理制度。

第十三条 在本市营业性文化娱乐场所从事演出的人员，应当具备一定的艺术表演才能。

艺术表演团体在职的专业演员要求在营业性文化娱乐场所从事演出的，应当取得所在单位的同意。

第十四条 设立文化娱乐经纪机构应当符合下列条件：

（一）有具备一定业务水平和管理能力的负责人及熟悉业务的从业人员；

（二）有固定的办公地点和与经营范围相适应的设施；

（三）实行独立核算、自主经营、自负盈亏；

（四）有规定数额的注册资金；

（五）有必要的管理制度。

第十五条 文化娱乐经纪人应当具有一定的文化水平和从事文化娱乐业务的经历。具体条件，由市人民政府的有关部门另行规定。

第十六条 开办营业性文化娱乐场所或者从事文化娱乐经营活动的，应当按照国家有关规定向所在地的工商行政管理部门申请营业执照，并按照下列规定办理审批手续：

（一）开办涉外营业性文化娱乐场所的，应当向市文化行政管理部门提出申请。市文化行政管理部门应当在接到申请书之日起二十日内作出审批决定。对符合条件的，发给《文化经营许可证》。

（二）开办非涉外营业性文化娱乐场所的，应当向所在地的区、县文化行政管理部门提出申请。区、县文化行政管理部门应当在接到申请书之日起二十日内作出审批决定。对符合条件的，发给《文化经营许可证》。

（三）组建营业性演出队或者营业性时装表演队的，应当向市文化行政管理部门提出申请，市文化行政管理部门应当在接到申请书之日起十五日内作出审批决定。对符合条件的，发给《演出许可证》。

（四）设立文化娱乐经纪机构（中外合资、合作经营的文化娱乐经纪机构除外）的，应当向市文化行政管理部门提出申请。市文化行政管理部门应当在接到申请书之日起二十日内作出审批决定。对符合条件的，发给《文化经营许可证》。

（五）个人从事文化娱乐经纪活动的，应当自领取营业执照之日起二十日内向所在地的区、县文化行政管理部门备案。

申请开办营业性文化娱乐场所的，还应当同时向卫生行政管理部门申请卫生许可证。

第四章　经 营 管 理

第十七条　营业性文化娱乐场所应当在醒目位置展示《文化经营许可证》。

演出队、时装表演队和演出人员在营业性文化娱乐场所演出时，应当携带《演出许可证》。

第十八条　营业性文化娱乐场所不得聘用无《演出许可证》的演出队从事演出。

第十九条　《文化经营许可证》、《演出许可证》不得出借、出租、涂改或者伪造。

《文化经营许可证》、《演出许可证》每年验证一次。

第二十条　在营业性文化娱乐场所演出，当事人各方应当就演出内容、时间、场次、收入分成以及违约责任等签订书面演出合同，并向市或者区、县文化行政管理部门备案。

第二十一条　营业性文化娱乐场所不得超过规定的人员容量标准售票或者接纳消费者。营业性文化娱乐场所人员容量的具体标准由市文化行政管理部门规定。

第二十二条　营业性文化娱乐场所应当使用经国家批准的音像出版单位出版、发行的激光视盘和其他音像制品。

游戏机房和游艺机房使用的机种及其游戏和游艺内容，必须报市文化行政管理部门审核。

第二十三条　禁止营业性文化娱乐场所进行赌博和色情活动。

营业性舞厅、卡拉 OK 厅不得接纳未成年人。营业性游戏机房除国家法定节假日外，不得接纳未成年人。

禁止营业性文化娱乐场所转承包经营。

第二十四条　营业性文化娱乐场所必须执行国家和本市有关物价管理的法律、法规，并实行明码标价。

第二十五条　外省、自治区、直辖市表演队或者个人来本市从事文化娱乐经营活动，应当持所在地省、自治区、直辖市文化行政管理部门的批准文件，向市文化行政管理部门办理从事文化娱乐经营活动的手续。

第二十六条　外国或者香港特别行政区、澳门特别行政区、台湾地区表演团体和个人来本市营业性文化娱乐场所进行演出，应当向市文化行政管理部门办理相关许可手续。

第二十七条　无《文化经营许可证》的单位需要举办临时性文化娱乐经营活动的，应当向市文化行政管理部门申请《临时性文化经营许可证》。

第二十八条　营业性文化娱乐场所发布的演出广告内容必须真实、合法、健康，禁止弄虚作假欺骗消费者。

第二十九条　文化娱乐经纪机构和经纪人，一年内未从事经营活动的，由市文化行政管理部门取消其经营资格，收回《文化经营许可证》，并由工商行政管理部门注销其工商登记。

第三十条　不得在公共图书馆、博物馆、中小学校、少年儿童活动场所以及本市规定的其他场所内举办营业性文化娱乐活动。

第三十一条 从事文化娱乐经营活动的单位和个人应当将文化娱乐活动的营业报表，向市或者区、县文化行政管理部门备案。

第三十二条 文化娱乐市场的稽查人员对营业性文化娱乐场所和文化娱乐经营活动遵守本条例的情况进行稽查。

稽查人员在执行公务时应当出示稽查证件。

第三十三条 对检举或者协助查处文化娱乐经营活动中的违法案件有贡献的单位和个人，文化行政管理部门应当给予表彰和奖励。

第五章 法律责任

第三十四条 对违反本条例规定，未按规定携带《演出许可证》的，由市社会文化管理处或者区、县文化行政管理部门给予警告，并可以对单位（含个体工商户，下同）处以五百元以上五万元以下的罚款，对个人处以五十元以上五千元以下的罚款，有违法所得和非法财物的，没收违法所得和非法财物。

违反前款规定，情节严重的，市文化行政管理部门或者区、县文化行政管理部门可以并处责令停业、吊销《文化经营许可证》、《演出许可证》。

第三十五条 对违反本条例规定，有下列行为之一的，由市社会文化管理处或者区、县文化行政管理部门没收其违法所得和非法财物，并对单位处以一千元以上十万元以下的罚款，对个人处以二百元以上二万元以下的罚款：

（一）聘用无《演出许可证》的演出队的；

（二）出借、出租、涂改或者伪造《文化经营许可证》、《演出许可证》的；

（三）外省、自治区、直辖市表演队或者个人未向市文化行政管理部门办理手续，在本市从事文化娱乐经营活动的；

（四）未经许可，组织外国或者香港特别行政区、澳门特别行政区、台湾地区的表演团体或者个人来本市营业性文化娱乐场所演出的。

违反前款规定，情节严重的，市文化行政管理部门或者区、县文化行政管理部门可以并处责令停业、吊销《文化经营许可证》、《演出许可证》。

第三十六条 营业性文化娱乐场所进行转承包经营的，由市或者区、县文化行政管理部门暂扣或者吊销其《文化经营许可证》。

第三十七条 在营业性文化娱乐场所表演或者播放反动、淫秽、色情作品的，或者在营业性文化娱乐场所进行赌博、色情活动和其他违反《中华人民共和国治安管理处罚法》的活动的，由公安部门依法处理；构成犯罪的，依法追究刑事责任。

第三十八条 文化行政管理部门或者市社会文化管理处对违反本条例的单位和个人给予行政处罚，应当出具行政处罚决定书。收缴罚没款应当出具市财政部门统一制发的罚没款收据。罚没款全部上缴国库。

市或者区、县文化行政管理部门应当在作出吊销《文化经营许可证》处罚决定之日起七日内，将处罚决定抄告有关行政管理部门。

第三十九条 当事人对文化行政管理部门或者市社会文化管理处的具体行政行为不服的，可以依照《中华人民共和国行政复议法》或者《中华人民共和国行政诉讼法》的规定申请复议或者提起诉讼。

当事人对文化行政管理部门或者市社会文化管理处的行政处罚决定逾期不申请复议，不提起诉讼，又不履行的，文化行政管理部门或者市社会文化管理处可以申请人民法院强制执行。

第四十条 文化行政管理部门和市社会文化管理处的工作人员必须忠于职守、廉洁奉公、秉公执法。对玩忽职守、滥用职权、徇私舞弊的，由其所在单位或者上级主管部门给予行政处分；构成犯罪的，依法追究刑事责任。

第六章 附则

第四十一条 本条例所称游艺机是指经市

文化行政管理部门审核,允许向未成年人开放的游戏机。

第四十二条 本条例的实施细则由市人民政府制定并颁布施行。

第四十三条 本条例自1996年1月1日起施行。

上海市宗教事务条例

(1995年11月30日上海市第十届人民代表大会常务委员会第二十三次会议通过 根据2005年4月21日上海市第十二届人民代表大会常务委员会第十九次会议《关于修改〈上海市宗教事务条例〉的决定》第一次修正 根据2015年6月18日上海市第十四届人民代表大会常务委员会第二十一次会议《关于修改〈上海市环境保护条例〉等8件地方性法规的决定》第二次修正)

第一章 总 则

第一条 为了保障公民宗教信仰自由,依法管理宗教事务,维护宗教和睦与社会和谐,根据国务院《宗教事务条例》及其他有关法律、行政法规,结合本市实际情况,制定本条例。

第二条 公民有宗教信仰自由。任何组织和个人不得歧视信仰宗教的公民和不信仰宗教的公民。

信仰宗教的公民和不信仰宗教的公民、信仰不同宗教的公民应当相互尊重、和睦相处。

第三条 本条例所称宗教事务,是指按照国家有关规定依法成立的宗教团体、依法登记的宗教活动场所、依法认定的宗教教职人员、信教公民与国家、社会、个人之间存在的各项相关社会公共事务。

第四条 宗教团体、宗教活动场所、宗教教职人员、信教公民的合法权益和正常的宗教活动受法律保护。

宗教活动必须在宪法、法律、法规允许的范围内进行,任何组织和个人不得利用宗教进行违法活动。

第五条 坚持宗教不干预国家行政、司法、学校教育和社会公共教育的原则。

坚持维护国家主权和独立自主自办的原则,宗教团体、宗教活动场所和宗教事务不受外国势力支配。

第六条 市人民政府宗教事务部门(以下简称市宗教事务部门)是本市宗教事务的行政主管部门。

区、县人民政府宗教事务部门(以下简称区、县宗教事务部门)是所在区、县宗教事务的行政主管部门,接受市宗教事务部门的工作指导。

市和区、县宗教事务部门对本市和所辖地区的宗教事务负有指导、协调、管理、监督的职责。

市和区、县宗教事务部门可以委托乡、镇人民政府和街道办事处,对本行政区域内的宗教事务进行管理。居民委员会、村民委员会应当配合各级人民政府做好相关工作。

本市各级人民政府有关部门应当依法履行各自职责,实施本条例。

第二章 宗教团体

第七条 成立宗教团体,应当按照国务院《社会团体登记管理条例》的有关规定,经市或者区、县宗教事务部门审核同意后,向同级民政部门申请登记。

第八条 宗教团体应当遵守宪法、法律、法规，接受政府相关部门的行政管理。

宗教团体在坚持其宗旨，按照各自的章程开展活动的同时，应当协助政府贯彻执行有关宗教的法律、法规；对宗教教职人员和信教公民进行爱国主义和法制的教育，引导宗教与社会主义社会相适应；维护宗教教职人员和信教公民的合法权益；组织或者协助宗教活动场所开展正常的宗教活动。

第九条 宗教团体可以进行宗教文化学术研究和交流。

印刷、出版和发行宗教报纸、宗教期刊、宗教图书、宗教电子出版物和宗教音像制品等（以下统称宗教出版物），应当按照国家与本市有关出版管理的规定办理。

宗教团体、宗教活动场所（以下统称宗教组织）需要印制宗教出版物以外的宗教印制品（以下简称宗教印制品）的，应当按照国家与本市的有关规定办理。

第十条 本市宗教团体同香港特别行政区、澳门特别行政区和台湾地区的宗教团体友好交往，应当遵循互不隶属、互不干涉、互相尊重的原则。

第十一条 宗教团体、宗教活动场所可以按照国家有关规定申办以自养为主要目的的企业、事业单位，可以举办社会公益活动。其税收按照国家有关规定享受优惠。

第三章 宗教教职人员

第十二条 宗教教职人员的身份由市有关宗教团体按照有关规定认定。经认定的宗教教职人员的身份应当报市和区、县宗教事务部门备案。

第十三条 符合参加本市社会保障基本条件的宗教教职人员，可以参照本市有关规定自愿参加社会保险。

第十四条 凡经认定并备案的宗教教职人员可以依照本教规定的职责，在依法登记的宗教活动场所主持宗教活动。

第十五条 本市宗教教职人员应邀到外地，或者外地宗教教职人员应邀到本市主持宗教活动或者在宗教活动场所任职的，应当经市有关宗教团体同意后，报市和区、县宗教事务部门备案。

第四章 宗教活动场所

第十六条 本条例所称宗教活动场所，是指按照国家有关规定依法登记，供信教公民在本市进行宗教活动的寺院、宫观、清真寺、教堂（以下称寺观教堂）及其他固定宗教活动处所。

第十七条 筹备设立宗教活动场所，应当符合国家规定的条件，由宗教团体向拟设场所所在区、县宗教事务部门提出申请，区、县宗教事务部门应当自收到申请之日起三十日内，对拟同意的，提出审核意见，报市宗教事务部门审批。市宗教事务部门应当自收到区、县宗教事务部门的报告之日起三十日内作出批准或者不予批准的决定。宗教活动场所筹建完成后，按照有关规定履行登记手续。

非宗教组织不得建立宗教活动场所、设置宗教设施。

第十八条 宗教活动场所应当建立管理组织，实行民主管理。宗教活动场所应当建立、健全人员、财务、会计、治安、消防、档案、环境保护、文物保护、卫生防疫等各项制度，接受政府相关部门的指导、监督、检查。

宗教活动场所每年应当向所在区、县宗教事务部门提交上一年度的管理情况报告。

任何组织和个人进入宗教活动场所，应当遵守宗教活动场所的各项规定，尊重宗教教职人员的宗教信仰习惯。

第十九条 宗教活动场所终止、合并、分立、迁移，宗教活动场所法定代表人、主要负责人任职或者离任以及变更登记其他内容的，应当向原登记机关办理相应的变更登记手续。其中终止的，财产按照有关规定处理。

第二十条 宗教组织可以接受个人和团体

自愿的布施、乜贴、奉献和其他捐赠(包括遗赠)。接受外国宗教组织和个人的捐赠,按照国家有关规定办理。地方性宗教团体、宗教活动场所接受国(境)外捐赠宗教书刊、音像制品以及捐款,由市宗教事务部门审批。

宗教组织接受的捐赠,应当按照国家有关规定使用。

非宗教组织不得接受或者变相接受各类宗教性的捐献。

第二十一条 在宗教活动场所内,宗教活动场所管理组织可以经营销售宗教用品、宗教艺术品和经批准的宗教出版物。

第二十二条 在宗教活动场所内拍摄电影、电视片,设立商业、服务性网点,应当征得宗教活动场所管理组织和市宗教团体同意。

第二十三条 在宗教活动场所外修建大型露天宗教造像的,应当按照国家有关规定办理审批手续。

宗教活动场所内改建或者新建建筑物,根据不同规模,应当事先征得区、县或者市宗教事务部门同意。

第二十四条 宗教活动场所内不得进行有悖于社会公德或者本教教义的占卜命运、驱鬼治病等活动。

第五章 宗教活动

第二十五条 宗教活动应当在依法登记的宗教活动场所和经宗教事务部门指定的场所内进行。

非宗教组织不得举行宗教活动。

第二十六条 举办超过日常规模的大型宗教活动,或者在宗教活动场所外举行大型宗教活动,依法应当取得市宗教事务部门批准的,市宗教事务部门应当自收到申请之日起十五日内作出批准或者不予批准的决定;不需要市宗教事务部门批准的,应当向举办地所在区、县宗教事务部门备案。

主办上述活动的宗教组织,应当采取有效措施防止意外事故的发生,并按照有关规定报公安、消防部门审批。

第二十七条 信教公民可以在宗教活动场所内,按照各教的教义、教规和习惯参加宗教活动,家庭信教成员也可以在本人的家里过宗教生活。

第二十八条 信教公民集体举行的宗教活动必须由宗教教职人员或者符合规定条件的人员主持。

第二十九条 任何组织和个人不得在宗教活动场所内进行不同信仰或者不同宗教之间的宣传和争论,也不得在宗教活动场所外传教。

第三十条 宗教活动不得影响社会秩序、工作秩序、生活秩序。

任何组织和个人不得利用宗教蛊惑蒙骗他人,进行危害社会和公民生命财产安全的违法活动。

第三十一条 宗教活动场所可以为已在婚姻登记机关办理结婚登记的信教公民举行宗教婚礼仪式。

第六章 宗教院校

第三十二条 设立宗教院校,应当由市宗教团体向市宗教事务部门提出申请,市宗教事务部门应当自收到申请之日起三十日内提出意见,拟同意的,报国务院宗教事务部门审批。

第三十三条 宗教事务部门应当支持宗教团体培养爱国爱教、遵守国家法律法规、有较高宗教造诣的宗教教职人员。

第三十四条 宗教院校招生,必须坚持招生条件,根据考生本人自愿的原则,经当地宗教团体推荐,通过考试,择优录取。

第三十五条 宗教院校应当加强内部管理,接受政府相关部门的管理和指导。

第三十六条 宗教院校的非本市户籍的毕业生,在本市稳定从事宗教主要教职三年以上的,由所在宗教组织及市宗教团体推荐,经市宗教事务部门核实,其户籍可以按照有关规定报入本市。

第三十七条 宗教院校的经费,主要由各宗教团体自筹。

第七章　宗 教 财 产

第三十八条　宗教财产是指宗教组织依法使用的土地,依法所有或者管理、使用的房屋、构筑物、各类设施、用品、工艺品、文物、宗教收入、各类捐赠以及从事经营服务活动的合法收益和其他合法拥有的财产。

宗教组织依法所有或者管理、使用的财产受法律保护,任何组织和个人不得侵占、挪用、私分和损毁。

宗教组织应当向所在地的区、县人民政府宗教事务部门报告财务收支情况,并以适当方式向信教公民公布。

第三十九条　宗教活动场所收藏、使用的文物以及受国家委托代管、使用的文物,不得擅自馈赠或者转让,其他单位和个人不得擅自占用。

第四十条　宗教房地产应当由市宗教团体或者宗教活动场所按照有关规定申请登记,领取房地产权证书,报市宗教事务部门备案。

第四十一条　宗教活动场所和宗教建筑中属于文物保护单位、优秀历史建筑或者市级以上宗教重点保护单位的,在城市规划中应当划定其保护范围和周边建设控制范围。在保护和控制范围内的各项建设活动,应当执行有关规定。

前款所列的宗教活动场所,未经市城市规划部门批准和征求市宗教事务部门的意见,不得改作他用。

第四十二条　因市政建设确需拆迁宗教活动场所的,拆迁人应当与市有关宗教团体协商取得同意,并征求市宗教事务部门的意见后,按照原有建筑面积重建或者给予相应的补偿。

第四十三条　因城市建设需要拆除和动用宗教房地产,应当事先征得市有关宗教团体或者宗教活动场所管理组织的同意和征求市宗教事务部门的意见,并与有关宗教团体或者宗教活动场所管理组织签订协议,给予合理从优补偿、妥善安置。

第四十四条　宗教组织未用于宗教活动的房屋、构筑物,可以按照有关规定出租。宗教活动场所用于宗教活动的房屋、构筑物及其附属的宗教教职人员生活用房不得转让、抵押或者作为实物投资。

第八章　涉外宗教事务

第四十五条　外国人可以在本市宗教活动场所内参加宗教活动。本市宗教活动场所可以应外国人的要求为其举行道场、法会、洗礼、婚礼、葬礼等宗教仪式。

在本市的外国人集体进行宗教活动应当在本市依法登记的宗教活动场所内由市宗教团体组织,必要时,可以在市宗教事务部门指定的场所或者临时地点进行。外国人集体进行宗教活动时,由场所或者临时地点所在区、县的宗教事务部门负责管理。

第四十六条　市宗教团体可以按照有关规定,邀请以宗教教职人员身份来访的外国人在本市宗教活动场所讲经、讲道。

第四十七条　外国人在本市进行宗教活动,应当遵守中国的法律、法规,不得成立宗教团体、建立宗教办事机构、开设宗教活动场所和宗教院校;不得在中国公民中发展教徒、委任宗教教职人员、散发宗教宣传品以及进行其他传教活动。

第四十八条　外国人可以与本市宗教组织、宗教界人士进行友好往来和文化学术交流活动。

本市宗教组织、宗教界人士与外国人在开展友好往来和文化学术交流活动中,应当坚持独立自主、相互尊重、互不干涉、平等友好的原则。

第四十九条　本市宗教组织和宗教界人士应邀出访或者邀请国外宗教组织、宗教界人士来访,应当按照有关规定办理手续。

第五十条　任何组织在对外进行经贸、文化、教育、卫生、体育,以及其他交往活动中,不得接受附加的宗教条件。

第九章　法律责任

第五十一条　违反本条例的规定，侵犯宗教团体、宗教活动场所和信教公民合法权益的，强制公民信仰宗教或者不信仰宗教的，由市或者区、县宗教事务部门责令改正；有违反治安管理行为的，依法给予治安管理处罚；造成损失的，依法承担民事责任。

第五十二条　擅自设立宗教活动场所的，由市或者区、县宗教事务部门予以取缔，没收违法所得；有违法房屋、构筑物的，由建设主管部门依法处理；有违反治安管理行为的，依法给予治安管理处罚。

第五十三条　未经批准在宗教活动场所外修建大型露天宗教造像的，由市或者区、县宗教事务部门责令停止施工，限期拆除；有违法所得的，没收违法所得。

第五十四条　未经市宗教团体认定的人员主持宗教活动、进行非法传教活动、利用宗教进行诈骗活动的，由市或者区、县宗教事务部门责令停止活动；有违法所得的，没收违法所得；有违反治安管理行为的，依法给予治安管理处罚；构成犯罪的，依法追究刑事责任。

第五十五条　利用宗教进行危害国家安全、公共安全，侵犯公民人身权利、民主权利，妨害社会管理秩序，侵犯公私财产等违法活动，违反《中华人民共和国治安管理处罚条例》、《中华人民共和国国家安全法》和其他法律、法规的，由有关部门按照规定处罚；构成犯罪的，依法追究刑事责任。

第五十六条　宗教团体、宗教活动场所有下列行为之一的，由市或者区、县宗教事务部门责令改正；情节较重的，由有关部门依法处理；有违法所得的或者非法财物的，由有关部门予以没收：

（一）未经批准或者备案，举办超过日常规模的大型宗教活动，或者在宗教活动场所外举行大型宗教活动的；

（二）未经批准设立宗教院校的；

（三）违反国家规定接受和使用境内外捐献的。

第五十七条　宗教教职人员在宗教活动中违反法律、法规或者规章的，由宗教事务部门依法追究其法律责任；情节较重的，可建议有关市宗教团体暂停或者取消其宗教教职人员的身份。

第五十八条　行政部门作出行政处罚决定时，应当出具行政处罚决定书。

收取罚没款时，应当出具市财政部门统一印制的罚没款收据。罚没款按照规定上缴国库。

第五十九条　当事人对宗教事务部门的具体行政行为不服的，可以依法申请行政复议；对行政复议决定不服的，可以依法提起行政诉讼。

第六十条　宗教事务部门以及其他行政管理部门的工作人员在宗教事务工作中滥用职权、玩忽职守、徇私舞弊的，由所在单位或者上级主管部门给予行政处分；情节严重构成犯罪的，依法追究刑事责任。

第六十一条　外国人违反本条例，宗教事务部门和有关部门应当予以劝阻制止；违反外国人入境出境管理行为或者治安管理规定的，由公安机关依法进行处罚；构成犯罪的，依法追究刑事责任。

第十章　附　　则

第六十二条　侨居国外的中国公民和香港特别行政区、澳门特别行政区、台湾地区的居民在本市进行宗教活动，按照国家规定和本条例的有关规定执行。

第六十三条　本条例自1996年3月1日起施行。

上海市测绘管理条例

（1995年12月29日上海市第十届人民代表大会常务委员会第二十四次会议通过　根据1997年5月27日上海市第十届人民代表大会常务委员会第三十六次会议《关于修改〈上海市测绘管理条例〉的决定》第一次修正　根据2002年2月1日上海市第十一届人民代表大会常务委员会第三十六次会议《关于修改〈上海市测绘管理条例〉的决定》第二次修正　根据2010年9月17日上海市第十三届人民代表大会常务委员会第二十一次会议《关于修改本市部分地方性法规的决定》第三次修正）

第一章　总　　则

第一条　为了加强本市测绘管理，规范测绘行为，保障测绘事业发展，促进测绘事业为经济建设、城市建设和社会发展服务，根据《中华人民共和国测绘法》和有关法律、法规，结合本市实际情况，制定本条例。

第二条　在本市行政区域内从事测绘活动，适用本条例。

第三条　本条例所称测绘活动，是指天文测量、大地测量、重力测量、界线测量、工程测量、地形测绘、地籍测绘、地下管线测绘、航道、海洋与滩涂测绘以及卫星测量、摄影与遥感测绘、数字化测绘等；建立与各种地图相应的地理信息系统；编制地下综合管线图和各种地图；使用和管理测绘成果；设置、使用和维护测量标志，进行测绘管理等与测绘有关的活动。

第四条　上海市测绘管理部门（以下简称市测绘管理部门）负责本市测绘管理工作。

本市其他有关部门和区、县有关部门应当按照各自的职责，管理本部门或者本行政区域内的测绘工作。

第五条　本市测绘使用与国家测绘系统相联系并相对独立和统一的上海平面坐标系统、吴淞高程系统，执行国家规定的等级和技术标准。

大于、等于五千分之一比例尺的地形图测绘，应当按照上海统一的平面坐标系统进行分幅和编号；小于五千分之一比例尺的地形图测绘，应当纳入国家基本比例尺的地形图系列。

第六条　单位和个人应当为测绘提供便利，不得妨碍和阻挠测绘人员依法从事测绘活动。

第七条　市测绘管理部门负责对测绘工作进行监督检查。测绘监督检查人员执行公务时，应当出示检查证件，并对涉及的技术秘密和业务秘密予以保密。

被监督检查者应当提供有关资料和设备。

第二章　测绘活动管理

第八条　市测绘管理部门会同市有关部门编制本市基础测绘和其他重大测绘项目规划，报市人民政府批准并报国务院测绘行政主管部门备案后，组织实施。

本市其他有关部门编制的本部门专业测绘规划，报市测绘管理部门备案后，组织实施。

第九条　市测绘管理部门会同有关行政主管部门编制本市地籍测绘规划，并组织协调有关测绘机构实施。

第十条　行政区域界线测绘，按照国务院和市人民政府规定的办法进行。

土地、建筑物、构筑物以及地面上其他附着物的权属界址线测绘，按照县级以上人民政府确定的权属界线的界址点、界址线或者提供的有关登记资料和附图进行。

第十一条 承担测绘任务的单位应当经国家有关部门或者市测绘管理部门审查合格，取得《测绘资格证书》后，方可从事测绘活动。

外省市测绘单位在本市从事测绘活动的，应当持有效的《测绘资格证书》，向市测绘管理部门备案。

境外组织在本市从事测绘活动的，应当持国家规定的批准文书，向市测绘管理部门备案。

第十二条 取得涉及测绘的《工程勘察证书》的单位，可以在核定范围内从事测绘活动。

《工程勘察证书》的发证机关应当在发出涉及测绘的《工程勘察证书》后三十日内，向市测绘管理部门备案。

第十三条 测绘资格按照国家有关规定分为甲、乙、丙、丁四级。

甲级测绘资格由市测绘管理部门初审后，报国务院测绘行政主管部门审批；乙、丙、丁级测绘资格由市测绘管理部门审批。

第十四条 申请测绘资格应当具备下列条件：

（一）有规定数量的专业技术人员、技术工人和质量检验人员；

（二）有相应的仪器设备和设施，主要仪器设备有计量检定合格证书；

（三）有固定的工作场所；

（四）有技术、质量与资料管理制度。

第十五条 申请甲级测绘资格的，市测绘管理部门应当自收到申请材料之日起三十日内作出初审意见，合格的，报国务院测绘行政主管部门审批；不合格的，书面通知申请人。

申请乙、丙、丁级测绘资格的，市测绘管理部门应当自收到申请材料之日起三十日内作出审核决定，合格的，颁发《测绘资格证书》；不合格的，书面通知申请人。

第十六条 《测绘资格证书》不得涂改、转让、转借和出租。

第十七条 持有《测绘资格证书》的单位，必须按照规定的业务范围、作业区域和作业限额从事测绘活动。

第十八条 承担测绘任务的单位，应当在测绘前按照规定向市测绘管理部门进行测绘项目登记。未经登记的，不得从事测绘活动。

测绘项目登记的范围和具体办法，由市测绘管理部门制定，报市人民政府批准后施行。

列入国家测绘规划的项目，不再登记。

第十九条 市质量技术监督管理部门按照有关规定，对测绘仪器设备进行计量检定。

测绘单位不得使用未经计量检定或者经计量检定不合格的仪器设备进行测绘。

第二十条 地下管线建设单位应当按照全市统一的技术标准及时、准确地测量地下管线的空间位置，编制地下管线竣工图；市测绘管理部门应当进行监督检查，并组织地下综合管线的测绘。

地下管线建设单位应当按照规定向市城市建设档案管理机构报送地下管线竣工图。市城市建设档案管理机构应当在收到地下管线竣工图后两个月内提供给市测绘管理部门。市测绘管理部门应当组织编制统一的地下综合管线图。

第二十一条 需要在本市申请航线、航带进行民用航空摄影测量的任何单位，应当向市测绘管理部门提出申请，经审核同意的，由市测绘管理部门向有关军事主管部门办理民用航空摄影测量手续。

第三章 测绘成果管理

第二十二条 本条例所称测绘成果，是指通过测绘活动完成的地理坐标数据、地形地貌影像、各类地图等有关资料。

第二十三条 测绘单位完成的测绘成果，应当向市测绘管理部门汇交测绘成果目录，天文测量、大地测量、重力测量、卫星测量的数据和图件以及正式印制的地图应当汇交副本。

市测绘管理部门应当组织编制地形、地籍合一的地形图，地形测绘和地籍测绘单位应当提供有关图件。

市测绘管理部门定期编制本市测绘成果目

录，并向有关使用单位提供。

第二十四条 测绘单位提供的测绘成果资料必须标明《测绘资格证书》编号。

测绘成果盖有"上海市测绘管理办公室测绘资料专用章"，方可在城乡规划、土地管理、建设管理等领域使用。

第二十五条 使用军事部门测绘成果的，应当按照国家规定的程序，向有关军事测绘主管部门办理使用手续。

第二十六条 市测绘管理部门对测绘成果实施质量监督。

测绘单位不得提供质量不合格的测绘成果。

第二十七条 测绘成果属于知识产权的，适用有关法律的规定，任何单位和个人未经成果所有权人许可，不得复制、转让或者转借。

市测绘管理部门保管测绘单位汇交的测绘成果，应当遵守前款规定。

第二十八条 有密级的基础测绘成果需要公开使用的，必须报市测绘管理部门同意，经解密处理后，方可公开使用。

有密级的其他测绘成果需要公开使用的，必须经成果所有权人同意，作解密处理并报市测绘管理部门备案后，方可公开使用。

测绘成果所有权人向其他组织和个人提供本市未公开的测绘成果的，应当按照国家有关规定办理。涉及国家秘密的测绘成果，应当经市保密行政主管部门审查批准。

保密地图或者内部地图（含内部书刊地图插页，下同）不得公开出版、发行、展示或者销售。

第二十九条 编制本市保密地图、内部地图的单位，必须在印刷前将试印样图送市测绘管理部门审核，经批准后方可印刷。

公开出版上海市行政区域内地图（含书刊地图插页）的单位，必须在印刷前将试印样图送市测绘管理部门审核，经批准后方可印刷。公开出版的地图上必须标明地图审核登记号和测绘日期。

公开展示、悬挂、刊登、播映标有国界线和行政区域界线的各类地图和示意图，应当按照中华人民共和国国界线标准样图和上海市行政区域界线标准样图制作。

第三十条 印刷保密地图和内部地图的单位，必须具备规定的保密条件。

第四章 测量标志管理

第三十一条 本条例所称测量标志，是指测绘单位为进行测量而埋设或者建造的金属觇标、木质觇标和标石等标志。测量标志分为永久性测量标志和临时性测量标志。

第三十二条 建造永久性测量标志的单位，施工前应当按照有关规定向市测绘管理部门提出申请。

市测绘管理部门应当在收到建造永久性测量标志的申请后三十日内作出审批决定。

任何单位和个人不得阻止测绘单位依法使用测量标志用地和在建筑物上建造测量标志。

第三十三条 区、县有关部门应当为永久性测量标志指定保管单位或者保管人员。

建造永久性测量标志的单位应当与保管单位或者保管人员签订测量标志保管书，并按照规定办理交接手续。

保管单位或者保管人员应当定期向市测绘管理部门报告保管情况。

第三十四条 使用永久性测量标志的人员应当持测绘单位的证件，并接受保管单位或者保管人员的查询。

保管单位或者保管人员不得干扰使用永久性测量标志的人员按照规定使用测量标志，不得向使用人员索取保管费。

使用永久性测量标志的人员应当使测量标志保持原状，因使用不当造成测量标志损坏的，应当立即通知保管单位或者保管人员，并按照有关规定予以赔偿。

第三十五条 建造永久性测量标志的单位应当负责标志的日常保养与维修。

第三十六条 任何单位和个人都有保护永久性测量标志和临时性测量标志的义务，不得从事危及测量标志安全的活动。

第三十七条 遇有特殊情况需要拆迁永久性测量标志或者危及永久性测量标志安全和使用效能时,任何单位和个人必须取得建造永久性测量标志单位的同意,并向市测绘管理部门提出申请。

市测绘管理部门批准拆迁永久性测量标志后,应当会同原建造单位对迁建工作作出安排,并通知测量标志所在地区、县有关部门及保管单位或者保管人员。

第五章 法律责任

第三十八条 对违反本条例的行为,由市测绘管理部门按照下列规定进行处理:

(一)违反本条例第十一条规定的,责令停止违法行为,没收违法所得和测绘成果,并处测绘约定报酬一倍以上两倍以下的罚款;

(二)违反本条例第十六条规定的,责令停止测绘一至两年或者予以吊销《测绘资格证书》的处罚;

(三)违反本条例第十七条规定的,责令停止测绘,没收违法所得,可并处违法所得百分之五十至百分之一百的罚款。

(四)违反本条例第十八条第一款、第二十一条、第三十四条第一款规定的,责令停止测绘;

(五)违反本条例第二十三条第一款、第二十四条、第二十五条、第二十二条第一款规定的,责令限期改正;逾期未改正的,停止提供国家和本市的基础测绘成果;

(六)违反本条例第二十六条第二款规定的,责令测绘单位补测或者重测;情节严重的,责令停业整顿,降低资质等级直至吊销《测绘资格证书》;给用户造成损失的,依法承担赔偿责任;

(七)违反本条例第二十九条第一款规定的,责令限期改正;逾期未改正的,取消地图编制资格。违反本条例第二十九条第二款、第三款规定的,责令限期改正;逾期未改正的,并处以三百元以上一万元以下的罚款。

处以罚款应当出具市财政部门印制的统一收据,罚没款按照规定上缴国库。

第三十九条 违反本条例第十九条第二款、第二十七条、第二十八条、第三十条规定的,按照有关法律、法规处理。

第四十条 违反本条例第三十六条或者阻挠测绘人员依法从事测绘活动的,依照《中华人民共和国治安管理处罚法》的规定予以处罚;构成犯罪的,依法追究刑事责任。

第四十一条 测绘管理人员玩忽职守、滥用职权、徇私舞弊的,给予行政处分;构成犯罪的,依法追究刑事责任。

第四十二条 当事人对市测绘管理部门的具体行政行为不服的,可以按照《中华人民共和国行政复议法》和《中华人民共和国行政诉讼法》的规定,申请行政复议或者提起行政诉讼。

当事人逾期不申请复议,不提起诉讼,又不履行行政处罚决定的,市测绘管理部门可以依法申请人民法院强制执行。

第六章 附 则

第四十三条 本条例的具体应用问题,由市测绘管理部门负责解释。

第四十四条 本条例自1996年4月1日起施行。

上海市道路运输管理条例

（1996年1月26日上海市第十届人民代表大会常务委员会第二十七次会议通过 根据1997年8月13日上海市第十届人民代表大会常务委员会第三十八次会议《关于修改〈上海市道路运输管理条例〉的决定》第一次修正 根据2003年11月13日上海市第十二届人民代表大会常务委员会第八次会议《关于修改〈上海市道路运输管理条例〉的决定》第二次修正 2005年10月28日上海市第十二届人民代表大会常务委员会第二十三次会议修订 根据2010年9月17日上海市第十三届人民代表大会常务委员会第二十一次会议《关于修改本市部分地方性法规的决定》第三次修正 根据2011年12月22日上海市第十三届人民代表大会常务委员会第三十一次会议《关于修改本市部分地方性法规的决定》第四次修正）

第一章 总 则

第一条 为了维护本市道路运输市场秩序，保障道路运输安全，保护道路运输各方当事人的合法权益，促进道路运输业的健康发展，根据《中华人民共和国道路运输条例》，结合本市实际，制定本条例。

第二条 本条例适用于本市行政区域内的道路运输经营及其管理活动。

前款所称道路运输经营，包括道路旅客运输经营（以下简称客运经营）、道路货物运输经营（以下简称货运经营）和道路运输相关业务。客运经营包括省际的班线客运经营、包车客运经营和旅游客运经营。道路运输相关业务，包括道路旅客运输站（场）（以下简称客运站）经营、道路货物运输站（场）（以下简称货运站）经营、机动车维修经营、机动车驾驶员培训、机动车综合性能检测、公共停车场（库）经营和道路货物运输代理经营。

本市公共汽车和电车、出租汽车客运管理不适用本条例。

第三条 市交通行政管理部门主管本市道路运输管理工作，负责组织实施本条例。市交通行政管理部门所属的上海市城市交通运输管理处（以下简称市运输管理处）和上海市城市交通行政执法总队（以下简称市交通执法总队）为市道路运输管理机构；市运输管理处负责具体实施本市道路运输的日常管理工作，并直接对黄浦、卢湾、徐汇、长宁、静安、普陀、闸北、虹口、杨浦等区的道路运输进行日常管理和监督；市交通执法总队具体负责本市道路运输监督检查工作，并按照《中华人民共和国道路运输条例》和本条例的规定实施行政处罚。

浦东新区以及闵行、宝山、嘉定、金山、松江、奉贤、青浦、崇明等区县交通行政管理部门负责组织领导本行政区域内的道路运输管理工作。区县交通行政管理部门所属的区县道路运输管理机构按照规定的职责负责具体实施本行政区域内的道路运输管理工作，并按照《中华人民共和国道路运输条例》和本条例的规定实施行政处罚。

本市有关行政管理部门按照各自的职责，协同实施本条例。

第四条 市交通行政管理部门应当按照法定程序，根据本市经济和社会发展的需要，编制道路运输发展规划和专业系统规划，分别纳入市国民经济和社会发展计划以及城市总体规划。

第二章 基本管理

第五条 从事客运经营、货运经营、客运站经营、货运站经营、机动车维修经营、机动车驾驶员培训的，应当具备国家规定的与其经营业务相适应的条件。具体条件中的专业标准、技术规范可以由市交通行政管理部门会同有关部门制定并公布。

需要从事客运经营、机动车驾驶员培训的，应当向市交通行政管理部门提出申请；需要从事危险货物运输经营的，应当向市运输管理处提出申请；需要从事危险货物经营以外的货运经营、客运站经营、货运站经营、机动车维修经营的，应当向市运输管理处或者所在地的区县道路运输管理机构提出申请。市交通行政管理部门和市运输管理处、区县道路运输管理机构受理申请后，应当按照法定条件和程序进行审查，作出许可或者不予许可的决定。

第六条 从事机动车综合性能检测、公共停车场（库）经营的，应当在取得营业执照后十五日内，向市运输管理处或者所在地的区县道路运输管理机构备案。

第七条 依据本条例第五条规定取得道路运输经营许可的经营者需要合并、分立或者变更许可事项的，应当向原审批机关申请办理变更手续。

客运经营者、客运站经营者需要终止经营的，应当在终止经营三十日前告知原审批机关，并同时向社会公告。

第八条 从事危险货物运输的驾驶人员、装卸管理人员、押运人员应当经市交通行政管理部门考试合格，取得上岗资格证后，持证上岗。

从事危险货物运输以外的货运经营以及客运经营的驾驶人员、培训机动车驾驶员的教练员，应当经市运输管理处考试合格，取得上岗资格证后，持证上岗。

考试发证机构不得组织强制性考前培训或者指定培训点。

第九条 实行政府定价、政府指导价的道路运输服务价格，由市交通行政管理部门提出方案，经市物价行政管理部门批准后执行。

道路运输经营者应当遵守国家和本市价格规定，并按照规定明码标价。

第十条 从事道路运输经营依法应当具备的经营许可证件、车辆营运证、上岗资格证、营运标志、机动车维修范围标志牌、机动车维修合格证等证件、标志牌，由市运输管理处统一监制，任何单位和个人不得伪造、涂改、转让或者出租。

第十一条 本市积极推进建立道路运输公共信息网络系统，具体实施办法由市人民政府制定。

第十二条 市交通执法总队可以依法在本市主要的公路道口对道路运输经营车辆的经营资质和经营行为进行检查。市其他行政管理部门需要委托市交通执法总队对车辆运输的货物依法进行检查、控制的，应当经市人民政府批准。

道路运输管理机构的工作人员应当严格按照职责权限和程序加强对道路运输经营活动的监督检查，做好检查记录。

第十三条 任何单位和个人有权对道路运输经营中的违法行为和服务质量以及交通行政管理部门、道路运输管理机构工作人员的违法行为，向市交通行政管理部门、区县交通行政管理部门、道路运输管理机构进行举报和投诉。

交通行政管理部门和道路运输管理机构应当建立举报、投诉制度，公开举报和投诉电话、通信地址或者电子邮件信箱，依法及时调查处理举报和投诉，并将处理结果回复举报、投诉人。

第三章 客运、货运管理

第十四条 本市对客运班线实行有期限经营，经营期限为四年到八年。市运输管理处应当根据班线客运经营者的资质条件、服务质量等确定相应的经营期限。

班线客运经营者依法取得客运班线经营权后，应当在一百二十日内正式营运。超过规定期限六十日未营运的，视为放弃客运班线经营权。

客运班线经营期限届满需要延续经营的，班线客运经营者应当在届满六十日前向原审批机关提出申请。

第十五条 本市建立客运班线经营状况评议考核制度。市运输管理处可以每年对班线客运经营者的基本资质条件和营运服务质量进行评议考核。考核应当公开、公平、公正，考核结果作为延续或者注销客运班线经营权的依据之一。

第十六条 客运经营者的客运车辆应当按照规定的线路和公布的班次行驶，在批准的客运站点停靠，禁止沿途揽客。禁止超过核定人数运输旅客。

定线旅游客运应当按照班线客运管理，非定线旅游客运应当按照包车客运管理。

第十七条 因特殊情况发生旅客严重滞留的情况，市运输管理处应当及时采取有效措施，进行疏散；客运经营者应当服从市运输管理处的统一调度、指挥。

第十八条 市交通行政管理部门应当会同市公安交通行政管理部门根据本市道路运输发展规划、货运市场需求以及市内道路交通条件，制定允许在市内全天通行的营业性货运车辆运力发展年度计划。公安交通行政管理部门可以根据道路和交通流量的实际情况，在一定区域、时间内限制货运车辆通行。

允许在市内全天通行的营业性货运车辆应当具有独立的封闭结构车厢，车辆的外形和安全、环保等技术性能应当符合国家和本市规定的有关标准和条件。禁止使用客运车辆从事货运经营活动，禁止使用货运车辆从事客运经营活动。

第十九条 本市道路运输车辆应当按照国家和本市的规定悬挂和使用与其运输经营业务相符合的营运标志。

第二十条 客运经营者、货运经营者应当按照国家和本市的规定定期对营运车辆进行维护和检测。市运输管理处、区县道路运输管理机构应当按照国家营运车辆技术等级划分和评定要求，每年对营运车辆进行车辆技术等级评定，并同时实施年度审验。

客运经营者和货运经营者应当按照国家和本市的规定建立车辆技术档案，及时、完整、准确记载车辆检测、技术等级评定等有关内容。

第二十一条 在外省市注册的货运经营者从事起讫地均在本市的货运经营活动的，应当到市运输管理处或者区县道路运输管理机构备案。

第四章 机动车维修与检测管理

第二十二条 本市鼓励发展以便利、快捷为特点，以机动车常见故障排除和养护为主要内容的机动车维修服务（以下简称机动车快修）。机动车快修应当符合本市汽车快修企业技术条件。

本市中心城区内鼓励发展连锁经营的机动车快修，不再新设机动车专项维修点。

第二十三条 机动车维修经营者应当在经营场所的醒目位置悬挂机动车维修范围标志牌，公示经营许可证、机动车维修工时定额和工时单价、材料配件进销价差率、机动车维修质量保证期。

第二十四条 机动车维修经营者承接机动车二级维护、总成修理、整车修理的，应当与托修方签订维修合同，并建立维修档案，做好维修记录。

第二十五条 机动车维修经营者应当建立配件登记档案，记录配件的名称、供应商名称和地址、制造企业名称和地址、进货日期、进货单价等。

机动车维修经营者提供的配件应当标明原厂配件、副厂配件、修复配件或者旧配件，供用户选择。使用修复配件或者旧配件的，应当征得托修方同意，并保证维修质量。禁止使用假冒伪劣配件维修机动车。

第二十六条 机动车维修经营者应当按照有关技术标准对机动车进行维修；尚无标准的，应当参照机动车制造企业提供的维修手册、使用说明书和有关资料进行维修。

机动车维修经营者承接机动车二级维护、总成修理、整车修理的，应当进行维修前诊断检验、维修过程检验和维修竣工质量检验。维修竣工质量检验合格的，应当由维修质量检验人员签发全国统一样式的机动车维修合格证。机动车维修经营者不具备维修质量检验能力的，应当委托具有资质的机动车综合性能检测站进行维修质量检验。

进行机动车维修竣工质量检验的，应当按照有关技术标准进行检验，确保检验结果准确，如实提供检验结果证明，并对检验结果承担法律责任。

第二十七条 机动车维修经营者应当按照公示的机动车维修工时定额、工时单价、材料配件价格收取费用；机动车制造企业未提供机动车维修工时定额的，应当执行市交通行政管理部门制定的机动车维修工时定额。

机动车维修经营者与托修方结算费用时，材料费和工时费应当分项计算，并出具市运输管理处统一监制的机动车维修结算清单。

第二十八条 机动车维修经营者、机动车综合性能检测站应当加强对检测、计量仪器设备的日常维护和校正，确保其技术性能指标达到标准要求。用于机动车维修质量检验、营运车辆技术等级评定等的检测、计量仪器设备，应当按照国家和本市的规定进行强制周期检定。

道路运输管理机构在监督检查中发现前款规定的检测、计量仪器设备不准确或者逾期未进行强制周期检定的，应当责令其限期校正或者检定，并移交质量技术监督行政管理部门依法处理。

第五章 其他相关业务管理

第二十九条 机动车驾驶员培训机构应当遵守下列规定：

（一）在经营场所的醒目位置公示经营许可证、收费标准、训练区域等；

（二）按照国务院交通主管部门规定的教学大纲进行培训；

（三）聘用取得教练员上岗资格证的人员从事教学工作；

（四）严格考试纪律；

（五）按规定做好培训记录，建立学员档案。

机动车驾驶员培训机构及其教练员在培训过程中不得弄虚作假，对结业考试不合格的学员，不得颁发培训结业证书。

第三十条 客运站、货运站、公共停车场（库）的设置和建设，应当符合本市道路运输专业规划及国家和本市的有关标准。

市和区县规划行政管理部门及建设行政管理部门在审查客运站、货运站、公共停车场（库）建设工程的规划方案和初步设计方案时，应当分别征求市交通行政管理部门和区县交通行政管理部门意见。

未经批准不得改变客运站、货运站、公共停车场（库）的用途和服务功能。

第三十一条 客运站经营者应当遵守下列规定：

（一）合理安排运行班次和发车时间；

（二）按照客运经营者根据政府指导价确定的票价售票；

（三）对无故停班或者连续三日不进站经营的，及时向市运输管理处或者所在地的区县道路运输管理机构报告；

（四）严格执行各项站务收费规定；

（五）工作人员佩戴服务证上岗。

第三十二条 货运站经营者应当遵守下列规定：

（一）按照国家规定的安全操作规程装卸、储存、保管货物；

（二）严禁有毒、易污染物品与食品混装；

（三）仓储等经营场所符合消防安全条件，各种消防器材、设施配备齐全有效；

（四）工作人员佩戴服务证上岗。

第三十三条 道路货物运输代理经营者受理运输危险货物和法律、行政法规规定应当办理有关手续后方可运输的货物业务的,应当了解运输货物的品名、性质、数量和应急处理方法,查验有关凭证。不得受理运输国家规定的禁运货物。

道路货物运输代理经营者应当将受理的运输业务交给具有合格资质的货运经营者承运。

第六章 法律责任

第三十四条 违反本条例的行为,《中华人民共和国道路运输条例》及其他有关法律、行政法规已有处罚规定的,从其规定。

第三十五条 违反本条例的下列行为,由市交通执法总队、区县道路运输管理机构予以处罚:

(一)违反本条例第六条规定,未履行备案义务的,责令限期改正;逾期不改正的,处二百元以上二千元以下的罚款。

(二)违反本条例第八条第二款规定,教练员未取得上岗资格证上岗从业的,责令停止上岗,并处二百元以上二千元以下的罚款。

(三)违反本条例第十条规定,转让或者出租营运标志、机动车维修范围标志牌、机动车维修合格证的,责令停止违法行为,收缴有关证件、标志牌,并处二百元以上二千元以下的罚款;伪造或者涂改营运标志、机动车维修范围标志牌、机动车维修合格证的,收缴有关证件、标志牌,没收违法所得,可以并处二千元以上二万元以下的罚款;构成犯罪的,依法追究刑事责任。

(四)违反本条例第十九条规定,未按规定悬挂和使用营运标志的,责令改正,可以处一百元以上五百元以下的罚款。

(五)违反本条例第二十条第二款规定,未建立车辆技术档案的,责令改正,可以处三百元以上三千元以下的罚款。

(六)违反本条例第二十一条规定,未履行备案义务的,责令改正,可以处二百元以上二千元以下的罚款。

(七)违反本条例第二十三条第一款规定,未履行公示义务的,责令限期改正;逾期不改正的,处二百元以上二千元以下的罚款。

(八)违反本条例第二十四条规定,未建立维修档案、未履行记录义务的,责令限期改正;逾期不改正的,处二百元以上二千元以下的罚款。

(九)违反本条例第二十五条第一款规定,未建立配件登记档案、未履行记录义务的,责令限期改正;逾期不改正的,处二百元以上二千元以下的罚款。

(十)违反本条例第二十六条第三款规定,未如实提供检验结果证明的,责令改正,有违法所得的,没收违法所得,并处违法所得二倍以上十倍以下的罚款;没有违法所得的,处二千元以上二万元以下的罚款;构成犯罪的,依法追究刑事责任。

(十一)违反本条例第二十九条第一款第五项规定,未做好培训记录、未建立学员档案的,责令限期改正;逾期不改正的,处二百元以上二千元以下的罚款。

(十二)违反本条例第二十九条第二款规定,教练员在培训过程中弄虚作假的,处二百元以上一千元以下的罚款;情节严重的,吊销教练员上岗资格证。

(十三)违反本条例第三十一条第三项规定,未履行及时报告义务的,处二百元以上二千元以下的罚款。

(十四)违反本条例第三十三条规定,受理运输国家规定的禁运货物或者将受理的运输业务交给不具有合格资质的货运经营者承运的,没收违法所得,并处二千元以上二万元以下的罚款;构成犯罪的,依法追究刑事责任。

(十五)道路运输经营者在经营活动过程中,因情况变化丧失或者部分丧失第五条规定的经营条件,仍从事经营活动的,责令限期改正,可以处二千元以上二万元以下的罚款;逾期不改正的,吊销其道路运输经营许可证件。

第三十六条 市交通执法总队、区县道路运输管理机构在实施监督检查过程中，发现无车辆营运证又无法当场提供其他有效证明的车辆从事经营活动的，可以暂扣其营运车辆，并责令当事人在规定的期限内到指定的地点接受处理。

市交通执法总队、区县道路运输管理机构在暂扣物品时，应当向当事人出具暂扣物品文书和清单，告知执法依据、理由和接受处理的地点、时限；对暂扣的物品应当妥善保管、不得使用，不得在告知当事人接受处理的时限内收取或者变相收取保管费。

当事人应当在规定时限内到指定地点接受处理。逾期不来接受处理的，市交通执法总队、区县道路运输管理机构可以依法作出行政处罚决定，并将处罚决定书送达当事人。当事人履行处罚决定后，取回暂扣物品。当事人无正当理由逾期不履行行政处罚决定，经公告三个月后仍不来接受处理的，市交通执法总队、区县道路运输管理机构可以依法处理暂扣物品。

第三十七条 当事人对市交通行政管理部门、区县交通行政管理部门、道路运输管理机构的具体行政行为不服的，可以依照《中华人民共和国行政复议法》或者《中华人民共和国行政诉讼法》的规定，申请行政复议或者提起行政诉讼。

当事人对具体行政行为逾期不申请复议，不提起诉讼，又不履行的，作出具体行政行为的市交通行政管理部门、区县交通行政管理部门、道路运输管理机构可以申请人民法院强制执行。

第三十八条 从事道路运输管理和执法的工作人员玩忽职守、滥用职权、徇私舞弊、索贿受贿的，由其所在单位或者上级主管机关给予行政处分；构成犯罪的，依法追究刑事责任。

第七章 附 则

第三十九条 本条例自2006年1月1日起施行。

上海市实施《中华人民共和国农业技术推广法》办法

（1996年1月26日上海市第十届人民代表大会常务委员会第二十五次会议通过 根据2010年9月17日上海市第十三届人民代表大会常务委员会第二十一次会议《关于修改本市部分地方性法规的决定》修正）

第一章 总 则

第一条 为了加强农业技术推广工作，促使农业科研成果和实用技术应用于农业生产，保障农业发展，实现农业现代化，根据《中华人民共和国农业技术推广法》，结合本市实际情况，制定本办法。

第二条 本办法所称农业技术，是指应用于本市范围内种植业、林业、畜牧业、渔业的科研成果和实用技术，包括良种繁育、肥料施用、饲料配制、病虫草害防治、栽培和养殖技术，农副产品加工、保鲜、贮运技术，农业机械、农用航空技术，农田水利、土壤改良、水土保持、农村供水、农村能源利用、农业环境保护技术，农业气象以及农业经营管理技术等。

本办法所称农业技术推广，是指在本市范围内通过试验、示范、培训、指导以及咨询服务等方式,把农业技术普及应用于农业生产的产前、产中、产后全过程的活动。

第三条 本办法适用于本市范围内与农业技术推广工作有关的单位和个人。

第四条 市农业委员会是本市农业技术推广行政主管部门,负责农业技术推广的组织和协调工作。

市和区、县的农业、林业、蔬菜、畜牧、渔业、农机、水利、农垦、粮食等行政部门(以下统称农业技术推广行政部门)按照各自的职责,负责有关农业技术推广的实施和管理工作。

第五条 各级人民政府应当加强对农业技术推广工作的领导,组织农业、科技、教育等部门制定规划,采取措施,促进农业技术推广事业的发展。

第六条 各级科学技术行政部门应当对农业技术推广工作予以支持和指导。

各级教育部门应当办好农业专业学校,开展农业职业教育和技术培训,提高农业科技人员和农业劳动者素质。

各级财政、税务、银行、供销合作社等部门应当在各自职责范围内,支持农业技术推广工作。

第七条 农业技术推广应当遵循下列原则:

(一)有利于高产、优质、高效农业的发展;

(二)尊重农业劳动者的意愿;

(三)因地制宜,经过试验、示范;

(四)国家、农村集体经济组织扶持;

(五)实行有关科研单位、学校、推广机构、村级农业服务组织与群众性科技组织、农村专业协会、科技人员、农业劳动者相结合;

(六)讲求农业生产的经济效益、社会效益和生态效益。

第八条 鼓励和支持科技人员开发、推广应用先进的农业技术,鼓励和支持农业劳动者和农业生产经营组织应用先进的农业技术。

鼓励和支持引进国内外的先进农业技术,进行消化、吸收和创新,促进国内外农业技术的交流和合作。

第二章 农业技术推广体系

第九条 农业技术推广,实行农业技术推广机构与农业科研单位、有关学校、村级农业服务组织以及群众性科技组织和农业技术人员相结合的推广体系。

农业技术推广以农业技术推广机构为主组织实施。

鼓励和支持供销合作社、其他企业事业单位、社会团体以及社会各界的科技人员,到农村开展农业技术推广服务活动。

第十条 市和区、县农业技术推广机构是国家事业单位,受同级农业技术推广行政部门的领导和上级农业技术推广机构的指导。

乡、镇农业技术推广机构是国家在基层的事业单位,受同级人民政府和上级农业技术推广行政部门的双重领导。

村应当建立农业服务组织,并配备相应的农业技术人员。

第十一条 农业技术推广机构的职责是:

(一)参与制定农业技术推广计划并组织实施;

(二)组织农业技术的专业培训;

(三)提供农业技术、信息服务;

(四)对确定推广的农业技术进行试验、示范;

(五)指导下级农业技术推广机构、村级农业服务组织、群众性科技组织和农民技术人员的农业技术推广活动。

第十二条 村级农业服务组织和群众性科技组织应当配合农业技术推广机构做好以下各项工作:

(一)实施农业技术推广计划;

(二)组织应用先进的农业科研成果和成熟适用的农业技术;

(三)进行农业技术的试验、示范;

(四)为农业劳动者和农业生产经营组织做好农业生产过程中农业技术等服务工作。

第十三条 本市各农场、林场、牧场、渔场应当认真做好本场农业技术推广工作，并加强与农业技术推广机构的协作，面向社会，积极开展农业技术推广、服务活动。

第十四条 农业技术推广人员享有以下权利：

（一）依法从事农业技术推广工作，参加学术讨论；

（二）技术成果依法受到保护；

（三）参加业务培训、进修；

（四）按照有关规定进行有偿服务，获得合法收入；

（五）检举和制止违法推广行为。

第十五条 农业技术推广人员应尽下列义务：

（一）宣传贯彻农业的法律、法规、规章制度和方针、政策；

（二）承担和完成农业技术推广的计划和项目；

（三）搞好试验、示范，组织技术培训，普及科技知识；

（四）为农业生产经营组织和农业劳动者提供农业信息、农业技术服务；

（五）反映农业技术推广情况，提出措施和建议；

（六）总结经验，提高和完善实用农业技术。

第三章 农业技术的推广与应用

第十六条 农业技术推广计划由农业技术推广行政主管部门会同有关部门制定。

农业技术推广计划中的重点项目应当列入市和区、县的科技发展计划，由农业技术推广行政部门与科学技术行政部门按照各自的职责，相互配合，组织实施。

第十七条 农业科研单位和有关学校应当把农业生产中需要解决的技术问题列为研究课题，其科研成果可以通过农业技术推广机构推广，也可以由农业科研单位和有关学校直接向农业劳动者和农业生产经营组织推广。

第十八条 各级农业技术推广机构和组织应当做好农业科学技术知识的宣传普及工作，通过各种形式的活动，提高农业劳动者应用农业科学技术的能力。

第十九条 农业技术推广机构向农业劳动者和农业生产经营组织推广农业技术，除本条第二款另有规定外，实行无偿服务。

农业技术推广机构、农业科研单位、有关学校及科技人员，以技术转让、技术服务、技术承包等形式，向农业劳动者和农业生产经营组织提供农业技术的，根据《中华人民共和国技术合同法》、《中华人民共和国专利法》的规定，可以实行有偿服务，其合法收入受法律保护。

第二十条 禁止向农业劳动者和农业生产经营组织推广未在推广地区经过试验证明具有先进性、适用性的农业技术。

禁止向农业劳动者和农业生产经营组织强行推广农业技术。

在推广农业技术中禁止销售和使用假冒伪劣种苗、农药、兽药、化肥、饲料、农机具。

第四章 农业技术推广的保障措施

第二十一条 各级人民政府在财政预算内应当保障用于农业技术推广的资金，并逐年增长。

第二十二条 本市建立农业技术推广专项资金。专项资金可以按照下列渠道筹集：

（一）国家和本市各级人民政府的财政拨款；

（二）国家和本市农业发展基金中用于农业技术推广的部分；

（三）大宗农产品的技术改进费；

（四）国家扶持的区域性开发和基地建设资金的农业技术推广部分；

（五）区、县和乡、镇以工补农资金中提取一定比例的资金；

（六）国内外有关组织和个人提供的资助、捐赠等。

农业技术推广专项资金实行专款专用，任

何单位或者个人不得截留或者移作他用。

农业技术推广专项资金的筹集、使用和管理办法，由市人民政府另行规定。

第二十三条 各级农业技术推广机构中的国家农业技术人员经费，按照有关规定的标准，列入同级人民政府的财政预算。

乡、镇农业技术推广机构中列入集体事业编制的农民技术人员的经费，由乡、镇人民政府列入财政预算，统筹解决。

村级农民技术人员的经费，由村集体经济组织统筹解决。

第二十四条 农业技术推广机构以及村级农业服务组织，在保证搞好农业技术推广与服务工作的前提下，可以按照有关规定，兴办为农服务的企业，其财产不受侵占，收益主要用于农业技术推广与服务工作。

各级财政、税务、银行、工商行政管理等部门应当按照有关规定，对为农服务的企业，在资金、税收、信贷、企业登记等方面给予优惠或者提供方便。

第二十五条 各级人民政府应当保障农业技术推广机构有农业技术推广的试验基地、实验设施、办公场所；改善科技人员的工作条件、生活条件。

任何单位和个人不得侵占或者无偿调拨农业技术推广机构的试验基地、生产资料及其他财产。

第二十六条 各级人民政府有关部门应当按照有关规定，核定、落实农业技术推广机构的人员编制。

农业技术推广机构中具有中等以上专业水平的技术人员不应少于编制人数的百分之八十。

任何部门不得占用农业技术推广机构的人员编制。

第二十七条 各级农业技术推广机构中的专业技术人员，符合下列条件之一的，按照国家和本市有关规定享受相应的待遇：

（一）乡、镇农业技术推广机构的专业技术人员，符合有关规定的就地办理由农业户口转为非农业户口；

（二）在职专业技术人员到农业第一线从事农业技术推广工作，按照有关规定享受浮动工资待遇；

（三）从事农业技术推广工作满二十五年的专业技术人员，由市农业技术推广行政主管部门颁发荣誉证书；

（四）作出重大贡献的农业专业技术人员，按照有关规定发给特殊津贴。

第二十八条 农业技术推广行政部门和农业科研单位及有关学校在评聘专业技术职务时，应当将从事农业技术推广工作的专业科技人员的实绩，作为专业技术职务申报、考评的重要内容。

第二十九条 市农业技术推广行政主管部门应当按照国家的有关规定，对经过培训、申报、考核和评审后符合条件的农民技术人员，授予相应的专业技术职称，并发给资格证书。

第五章 奖励与处罚

第三十条 在农业技术推广工作中，有下列情况之一的单位和个人，由市和区、县人民政府或者农业技术推广行政部门给予表彰和奖励：

（一）在推广农业科技成果，促进农业生产发展中，取得显著成绩的；

（二）在农业技术推广管理工作中有突出贡献的；

（三）在普及农业科学知识，培训农业技术人才，提高农业劳动者素质中，有突出业绩的；

（四）在组织领导和保障措施上积极支持农业技术推广工作，作出重要贡献的。

第三十一条 违反本办法第二十条规定的单位和个人，由农业技术推广行政部门或者有关行政部门按照各自的职责和权限，根据情节轻重给予处罚：

（一）违反第一款、第二款规定的，由市或者区、县农业技术推广行政部门责令其停止推广，造成经济损失的，责令其赔偿经济损失，并对直接责任者给予行政处分；

（二）违反第三款规定的，由市或者区、县有关行政部门按照有关法律、法规的规定进行处罚；情节严重构成犯罪的，依法追究刑事责任。

第三十二条 违反本办法第二十二条第二款规定的，由各级人民政府指定有关部门责令退还，并对有关责任人员给予行政处分；情节严重构成犯罪的，依法追究刑事责任。

第三十三条 违反本办法第二十五条第二款规定的，由农业技术推广行政主管部门责令退还或者赔偿，并对有关责任人员给予行政处分。

第三十四条 当事人对行政主管部门的具体行政行为不服的，可以依照《中华人民共和国行政复议法》和《中华人民共和国行政诉讼法》的规定，申请复议或者提起诉讼。

当事人逾期不申请复议，不提起诉讼，又不履行处罚决定的，作出处罚决定的部门可以申请人民法院强制执行。

第六章　附　　则

第三十五条 本办法的具体应用问题由市农业委员会负责解释。

第三十六条 本办法自1996年4月1日起施行。

上海市职业病防治条例

（1996年1月26日上海市第十届人民代表大会常务委员会第二十五次会议通过　根据2003年6月26日上海市第十二届人民代表大会常务委员会第五次会议《关于修改〈上海市职业病防治条例〉的决定》修正）

第一章　总　　则

第一条 为了防治职业病，保护劳动者的身体健康，根据国家有关法律、法规，结合本市实际情况，制定本条例。

第二条 本条例所称的职业病，是指国家规定的在劳动过程中接触职业危害因素而引起的疾病。

本条例所称的职业危害因素，是指国家或者本市规定的危害劳动者身体健康的化学、物理、生物等因素的总称。

第三条 本条例适用于本市范围内有职业危害因素作业（以下简称有害作业）的企业、事业单位和个体经济组织（以下统称单位）以及从事有害作业的劳动者。

第四条 职业病防治工作应当贯彻预防为主、防治结合、综合治理的原则。

第五条 各级人民政府应当加强对职业病防治工作的领导，在制定本地区经济和社会发展规划时，统筹安排职业病防治工作。

第六条 市卫生行政管理部门是本市职业病防治工作的主管部门。区、县卫生行政管理部门负责本行政区域内的职业病防治工作。

市和区、县的劳动行政管理部门和其他有关行政管理部门依照各自的职责，协同卫生行政管理部门开展职业病防治工作。

第七条 各级工会对职业病防治工作实行群众监督，维护劳动者的合法权益。

第八条 有有害作业的单位必须设置相应的防护设施，建立劳动卫生制度，并采取有效治理措施，改善劳动条件，使作业场所职业危害因素的浓度或者强度符合国家和本市的卫生标准。

单位的法定代表人应当将作业场所的职业危害因素及其后果预先告知劳动者。

第九条 劳动者有了解作业场所职业危害因素及其后果和所采取的治理措施的权利。

劳动者有接受劳动卫生培训的权利。

劳动者有依法要求单位改善有害作业的劳动条件和获得职业病预防、治疗的权利。

作业场所职业危害因素的浓度或者强度超过国家和本市卫生标准而未采取治理措施,又无必要的个体防护措施的,劳动者有权检举、控告和拒绝操作。

劳动者在劳动过程中应当遵守劳动卫生制度,严格执行劳动卫生操作规范。

第二章 预 防

第十条 卫生行政管理部门应当加强对单位的劳动卫生监督,加强对劳动者的健康监护和劳动卫生知识的宣传教育,进行职业病防治的技术指导。

市和区、县卫生行政管理部门设立劳动卫生监督员,执行卫生行政管理部门交付的执法检查任务。

第十一条 禁止将有害作业转移给没有相应防护设施的单位。

第十二条 涉及有害作业的新建、改建、扩建、技术改造和技术引进项目(以下统称建设项目),其劳动卫生防护设施必须与主体工程同时设计、同时施工、同时验收使用,并符合国家和本市的卫生标准。

涉及有害作业的建设项目设计的审查和工程验收应当有卫生行政管理部门和其他有关行政管理部门参加。卫生行政管理部门应当根据国家和本市的卫生标准对建设项目进行卫生学评价,提出审核意见。

第十三条 单位使用新化学品作为生产原材料的,应当在使用前向市卫生行政管理部门登记备案并提供其毒性评审资料。

第十四条 有害作业场所应当与其他作业场所分开,并配备必要的劳动卫生防护设施。

易发生急性职业性中毒事故的作业场所,应当配备紧急防范设备和医疗急救用品,并确定专职或者兼职急救人员。

有剧毒、放射源或者产生放射线的作业场所,应当设置安全标志,并采取相应的防护措施,加强防范管理。

第十五条 单位对有害作业应当制订劳动卫生操作规程,建立各种相应的规章制度,并加强管理。

第十六条 发生职业病的单位,应当立即向所在地的区、县卫生行政管理部门和其他有关部门报告,并采取相应的防护措施。

第十七条 单位应当按照国家和本市的有关规定建立劳动卫生档案,记录生产工艺流程及职业危害因素影响劳动者健康的有关资料。

第十八条 卫生行政管理部门应当组织有有害作业的单位的法定代表人和单位内有关部门负责人进行劳动卫生知识和相应的法律、法规知识的培训。

单位应当组织从事有害作业的劳动者进行劳动卫生知识和相应的法律、法规知识的培训。

第三章 测 定

第十九条 本市对作业场所职业危害因素检测机构实行资质认可制度。除国家另有规定的外,未经市卫生行政管理部门认可的,不得从事作业场所职业危害因素的委托测定。

单位确定的自测人员应当报所在地的区、县卫生行政管理部门备案。

实施资质认可制度的具体办法由市卫生行政管理部门制定,经市人民政府批准后施行。

第二十条 单位应当按照国家和本市的规定对作业场所中职业危害因素的浓度或者强度进行测定;也可以委托经市卫生行政管理部门认可的检测机构进行测定。

作业场所职业危害因素的浓度或者强度超过国家和本市卫生标准的,单位应当及时采取有效的治理措施。

第二十一条 单位应当定期将作业场所职

业危害因素浓度或者强度测定结果报送所在地的区、县卫生行政管理部门和其他有关部门，并向职工公布。

第二十二条 卫生行政管理部门对本行政区域内单位的职业危害因素浓度或者强度测定工作实施质量控制，并进行抽查测定。抽查测定不得收取费用。

第二十三条 单位对卫生行政管理部门的抽查测定结果有异议的，可以在接到测定报告之日起十五日内，向市卫生行政管理部门的监测鉴定委员会申请复核。

第二十四条 检测机构和人员必须严格执行国家和本市的卫生标准和统一的检测技术规范，测定必须科学、真实，不得弄虚作假。

第二十五条 职业危害因素的浓度或者强度超过国家或者本市卫生标准的，由卫生行政管理部门责令其限期治理，并征收超标费。

超标费的具体收费标准和征收、使用办法由市人民政府另行制定。

第四章 健 康 保 护

第二十六条 单位应当组织从事有害作业的劳动者进行上岗前和定期的职业性健康检查，并应当及时将检查结果告知劳动者本人和建立健康档案。

单位应当对曾长期从事过有害作业的并可能患晚发职业病的离休、退休和调离岗位的劳动者，进行定期职业性健康检查。

职业性健康检查的范围、内容、间隔时间和职业禁忌症的范围，按照国家和本市的有关规定执行。

第二十七条 单位不得安排有职业禁忌症的劳动者从事与该禁忌症相关的有害作业。

第二十八条 从事职业性健康检查的医疗卫生机构，必须经市卫生行政管理部门审核批准。

第二十九条 急性职业病可以由初诊医疗卫生机构诊治。慢性职业病和急性职业病医疗终结后疑有后遗症的，由经市卫生行政管理部门审核批准的医疗卫生机构诊断。国家另有规定的除外。

第三十条 从事职业病诊断的医疗卫生机构应当按照国家和本市规定的职业病诊断标准，对患者的职业史、既往史、现场劳动卫生学调查、临床症状及相应的理化检查结果进行综合分析后，集体作出职业病的诊断。

第三十一条 从事职业病诊断的医疗卫生机构应当将职业病诊断证明书送交职业病患者及其所在单位。

第三十二条 劳动者或者单位对职业病诊断有异议的，可以向上海市职业病诊断鉴定委员会申请鉴定。对上海市职业病诊断鉴定委员会作出的鉴定结论有异议的，可以向国家职业病诊断鉴定委员会申请鉴定。

第三十三条 从事职业病诊断的医疗卫生机构应当按照国家和本市的有关规定进行职业病报告。

第三十四条 单位对被确诊患有职业病的劳动者，应当及时安排治疗或者疗养，并定期复查。

第三十五条 劳动者终止或解除劳动合同后发现患有职业病的，其职业病的医疗费用由造成该职业病的单位负责，具体实施办法由市人民政府制定。

第五章 法 律 责 任

第三十六条 违反本条例规定的，由卫生行政管理部门责令限期改正，并根据情节轻重按照下列规定给予行政处罚：

（一）违反本条例第八条第一款的，处以二千元以上二万元以下的罚款；

（二）违反本条例第八条第二款的，处以警告；逾期不改正的，对单位的法定代表人处以五百元以上二千元以下的罚款；

（三）违反本条例第十一条的，处以三千元以上五万元以下的罚款；

（四）违反本条例第十二条的，处以二千元以上二万元以下的罚款；

（五）违反本条例第十三条的，可以处以一

千元以上五千元以下的罚款；

（六）违反本条例第十四条的，可以处以一千元以上一万元以下的罚款；

（七）违反本条例第十六条、第十七条、第二十条、第二十一条的，可以分别处以五百元以上二千元以下的罚款；

（八）违反本条例第十九条第一款、第二十四条、第二十八条的，没收违法所得并分别处以一千元以上一万元以下的罚款；

（九）违反本条例第二十六条第一款、第二款，第二十七条，第三十四条的，按照每人次五百元处以罚款。

有前款所列行为之一，情节严重的，除按照前款规定处罚外，可以责令停止有害作业操作。

第三十七条 卫生行政管理部门对违反本条例的单位进行行政处罚时，凡涉及其他行政管理部门监督分工范围的，应当会同其他行政管理部门处理。

第三十八条 卫生行政管理部门作出行政处罚，应当出具行政处罚决定书。收缴罚没款应当出具市财政部门统一印制的罚没财物收据。罚没款收入按照规定上缴财政。

第三十九条 卫生执法人员在监督检查中，认为有可能引起急性职业中毒事故的，可以采取控制措施。

第四十条 拒绝、阻碍卫生执法人员依法执行职务，未使用暴力、威胁方法的，由公安部门按照《中华人民共和国治安管理处罚条例》处理；构成犯罪的，依法追究刑事责任。

第四十一条 当事人对卫生行政管理部门的具体行政行为不服的，可以依照《中华人民共和国行政复议法》和《中华人民共和国行政诉讼法》的规定，申请复议或者提起诉讼。

当事人逾期不申请复议，不提起诉讼，又不履行处罚决定的，作出处罚决定的部门可以申请人民法院强制执行。

第四十二条 卫生行政管理部门的工作人员必须忠于职守，秉公执法。对玩忽职守、徇私舞弊、滥用职权的，由其所在单位或者上级主管部门给予行政处分；构成犯罪的，依法追究刑事责任。

第六章 附 则

第四十三条 本条例的具体应用问题由市卫生行政管理部门解释。

第四十四条 本条例自1996年5月1日起施行。

上海市价格管理条例

（1996年6月20日上海市第十届人民代表大会常务委员会第二十八次会议通过 根据2010年9月17日上海市第十三届人民代表大会常务委员会第二十一次会议《关于修改本市部分地方性法规的决定》修正）

第一章 总 则

第一条 为了适应社会主义市场经济体制的价格管理、监督机制，规范价格行为，维护市场价格秩序，保护国家利益以及经营者和消费者的合法权益，促进本市经济和社会发展，根据国家有关法律、法规，结合本市实际情况，制定本条例。

第二条 本条例所称的价格包括商品价格和服务价格。

商品价格是指除工资、利率、汇价、证券及

期货价格以外的各种价格。

服务价格是指经营性服务收费，以及行政事业性收费的标准。

本市行政区域内的企业、事业单位、个体工商户以及其他组织和个人从事与价格行为有关的活动，必须遵守本条例。

第三条 价格管理实行间接管理为主，直接管理为辅，促进公开、公平、合法、正当的价格竞争，建立在政府调控下的主要由市场形成价格的机制。

第四条 上海市物价局（以下简称市物价局）是本市的价格行政主管部门，负责本市的价格平衡工作，统一组织实施本市的价格管理和监督工作。

区、县人民政府价格行政主管部门受市物价局的业务指导，负责本行政区域内的价格监督管理工作。

市和区、县物价检查所是同级价格主管部门的监督检查机构，依法行使价格监督检查和处理价格违法行为的职责。

第五条 市和区、县价格主管部门在价格管理方面的主要职责是：

（一）贯彻执行和监督实施价格法律、法规及上级价格主管部门制定的有关价格的行政措施和调控方案；

（二）按照价格管理权限，拟定本级政府定价目录内的价格，制定或者拟定本级政府指导价目录内的定价原则、作价办法、基准价和浮动幅度、最高限价和最低限价；

（三）组织、指导、协调价格监督检查工作；

（四）指导、协调行业协会或者行业价格协调组织以及重要商品交易市场的价格工作；

（五）监测市场价格水平、供求状况、重要商品或者服务的成本，建立价格信息网络；

（六）组织、指导价格信息咨询机构开展价格信息交流、咨询服务、价格鉴证以及价格评估工作。

第六条 工商、公安、财政、税务、技术监督以及其他有关行政管理部门和负有行政管理职能的组织，根据各自职责，协同同级价格主管部门做好价格监督管理工作。

第七条 行业协会或者行业价格协调组织接受价格主管部门的指导、监督或者委托，配合价格主管部门依法做好本行业的价格协调和监督工作。

第八条 建立以政府价格主管部门监督检查为主体的，有社会监督、消费者监督、新闻舆论监督、行业监督等共同参与的价格监督体系。

第二章 价格的制定

第九条 价格的制定形式分别为政府定价、政府指导价以及经营者定价。

政府定价由市和区、县人民政府及其价格主管部门按照价格管理权限直接规定商品或者服务的统一价格。

政府指导价由市和区、县人民政府及其价格主管部门和负有价格行政管理职能的组织，按照价格管理权限规定的基准价及其浮动幅度，指导经营者在上述规定的范围内制定的价格。

经营者定价由从事商品生产、销售或者提供有偿服务的企业、事业单位以及其他经济组织和个体工商户（以下简称经营者），对实行政府定价和政府指导价以外的商品或者服务价格，依法自主制定和调整。

第十条 关系国计民生或者属于资源稀缺、公用事业以及其他不适宜由经营者自主定价的重要商品或者服务项目，实行政府定价或者政府指导价。

政府定价或者政府指导价应当依据国家或者上级人民政府制定的年度价格总水平控制目标，经济和社会发展的需要，社会或者行业平均成本，参照市场供求状况制定。

第十一条 行政事业性收费项目应当以法律、法规及相应的规章为依据，由市财政局会同市物价局审定。收费标准由市物价局会同市财政局审定。重要的收费项目和收费标准报市人民政府审定。

市人民政府以及市财政局、市物价局应当

根据实际情况的变化，取消不适宜的收费项目或者调整收费标准。

第十二条 实行政府定价和政府指导价的商品或者服务项目，应当列入定价目录。

定价目录根据国家颁布的价格分工管理目录和本市实际情况，由市物价局会同有关部门拟定或者修订，经市人民政府审核同意，报国务院价格主管部门审定后公布。

第十三条 经营者应当依据商品或者服务的质量、成本以及市场供求状况等因素合法、合理、规范地制定价格，取得合法利润。

经营者改善管理，实现技术进步和依法以拍卖、竞价、招标等形式取得的收益，是其合法利润。

第三章 价格的管理

第十四条 根据国家和本市物价控制目标，市和区、县人民政府及其价格主管部门、有关行政管理部门以及负有行政管理职能的组织，应当依照各自的职责，加强对价格的调控、管理和监督，确保国家和本市年度价格总水平目标的实现。

第十五条 市和区、县人民政府可以根据实际情况，对重要农产品及其他对人民生活有重要影响的行业，实行阶段性价格保护；建立主要食品、农业生产资料等的价格风险和调节基金制度；建立主要食品、日用工业品和防灾救灾物资等重要商品的储备制度。

第十六条 当重要商品和服务价格显著上涨或者有可能显著上涨，市人民政府可以对部分价格采取限定差价率或者利润率、规定限价、实行提价申报制度和调价备案制度等干预措施。

以上行政措施的实施和解除，应当及时向社会公布。

市人民政府采取第一款规定的干预措施，应当报国务院备案。

第十七条 市和区、县价格主管部门应当建立价格监测制度，定期对本行政区域内价格水平的变化作出分析和预测。有关市场价格信息应当公开。

价格主管部门和价格管理人员应当严守国家价格秘密和为经营者保守技术秘密、商业秘密。

第十八条 行业协会或者行业价格协调组织应当依法开展行业内的价格管理、协调工作，向政府及其价格主管部门提出本行业有关实施政府定价或者政府指导价的建议，指导本行业经营者的定价行为，协调本行业的价格争议，引导、鼓励本行业的非会员单位参与行业的价格协商。

行业协会或者行业价格协调组织不得利用其所占据的市场优势，实行价格垄断。

第十九条 行政事业性收费应当实行收费许可证、收费票据和年度审验、票据稽核等管理制度。各项收费收入应当纳入各级财政预算管理。具体办法由市人民政府规定。

行政事业性收费单位应当亮证收费，公开收费项目和收费标准。不得无证收费、超标准收费、扩大范围收费、使用非法票据收费以及从事无服务事实的收费。不得将自身职责范围内的行政事务或者公务活动，交由他人进行营利性的经营收费。

第二十条 各类交易市场的主办者，应当负责市场内的价格管理工作，维护市场价格秩序，纠正价格违法行为，配合价格监督检查机构查处价格违法事件。

第二十一条 经营者应当遵守价格法律、法规和规章，执行政府定价和政府指导价以及政府的行政措施。定价时应当遵守本条例规定的原则，实行诚实、公平、公正交易和信用服务。

经营者应当根据自身的经营规模，建立定价调价、削价优惠、价格资料等价格管理的规章制度；设立价格管理机构或者指定价格管理人员。

经营者应当服从价格主管部门的管理，配合价格主管部门做好价格的采集、审验等管理工作，接受价格监督检查机构的监督检查，如实反映情况，提供真实资料；认真听取消费者和社会各界的批评和意见,规范经营行为。

第二十二条 经营者销售、收购商品或者提供服务,应当明码标价,做到一货一签,标识醒目。

商品标签上应当准确、清晰地标明品名、产地、规格、计价单位、零售价格以及其他与该商品的价格构成有重要影响的内容。

提供服务应当在其经营场所的醒目位置公布其收费价目表,准确标明收费项目名称、等级或者规格、服务范围、计价单位、收费标准等主要内容。

经营者不得高于标价出售商品,不得收取任何未予标明的费用。

第二十三条 经营者销售商品或者提供服务,应当陈列样品或者公布质量标准,保证质量与价格相符。不得有以次充好、混充规格、降低质量,或者偷工减料、掺杂使假、虚报用工用料等价格欺诈行为。

经营者不得谎称降价、优惠价、折扣价、处理价、最低价或者极品等,以不真实、无依据或者畸高的标价误导、诱骗、欺诈消费者。

经营者不得以不提供购货发票或者服务票据为条件降低价格。

第二十四条 市物价局可以根据国家有关制止牟取暴利的规定,公布本市实施反暴利规定的商品和服务项目。

对本市公布实施反暴利的商品或者服务项目,经营者自行制定价格时,其标价水平、差价率或者利润率不得超过市物价局认定的这一商品或者服务,在同一地区、同一时期、同一档次、同种类商品或者服务的市场价格水平或者收费水平的合理幅度。

第二十五条 经营者应当参与正当的市场竞争,不得与其他经营者串通、商定并执行垄断价格或者哄抬市场价格,不得为他人规定商品价格水平。

经营者不得为排挤竞争对手以低于成本价格倾销商品,销售鲜活、呆滞、季节性商品或者因清偿债务、转产、歇业降价销售的除外。

第四章 价格的监督

第二十六条 市和区、县人民政府价格主管部门依法对本级人民政府的有关部门或者下级人民政府以及经营者执行价格法律、法规和行政措施的情况进行监督检查。

政府有关部门应当协助、配合价格主管部门开展价格监督工作。

第二十七条 市和区、县物价检查所根据市物价局规定的职责,执行价格监督检查。

价格监督检查人员执行公务,应当依法办事,文明执法,佩带识别标志,并出示证件。

第二十八条 职工物价监督组织、消费者组织以及其他社会团体,可以开展群众性的价格监督活动,监督经营者的价格行为和行政事业单位的收费,并向价格监督检查机构提出对价格违法行为的处理建议。

第二十九条 消费者有权获得商品或者服务价格的真实情况;有权拒绝经营者的价格欺诈或者价格歧视行为以及各类非法收费;有权要求得到损害赔偿;有权向价格检查机构投诉、举报价格违法行为。

价格监督检查机构对消费者的举报应予受理,并对举报有功者实施奖励,负责为举报者保密。

第三十条 新闻舆论单位应当运用舆论工具,宣传价格法律、法规,正确引导生产、经营和消费,揭露价格违法行为,对经营者和行政事业性收费实行价格舆论监督。

第三十一条 行业协会或者行业价格协调组织,可以接受价格监督检查机构的委托,对本行业的商品或者服务价格实行检查,督促经营者执行政府定价、政府指导价和政府干预措施,监督本行业经营者的价格行为。

第三十二条 经营者有权获得价格主管部门有关法律、法规以及价格信息的服务和帮助;有权对价格主管部门和价格监督检查机构的工作提出批评和建议;有权检举、控告侵犯其依法享有的价格权益的行为;有权拒绝各类非法收费;有权对价格检查机构的检查和处罚进行申辩和解释。

第五章 法律责任

第三十三条 违反本条例规定,由价格监督检查机构依照下列规定实施处罚:

(一)违反第十八条第二款规定的,责令消除影响,处一千元以上一万元以下罚款;

(二)违反第十九条第二款规定的,没收违法所得,处违法所得一倍以上三倍以下或者一千元以上一万元以下罚款;情节严重的,处违法所得三倍以上五倍以下或者一万元以上三万元以下罚款;

(三)违反第二十条规定的,对市场的主办者给予通报批评或者由其所在单位、上级主管部门给予行政处分;

(四)违反第二十一条第一款、第三款规定的,没收违法所得,处违法所得一倍以上三倍以下或者一千元以上一万元以下罚款;情节严重的,处违法所得三倍以上五倍以下或者一万元以上五万元以下罚款;

(五)违反第二十二条第一款规定的,责令改正,没收违法所得,可以并处一千元以上五千元以下罚款。违反第二十二条第二款规定的,处一百元以上二千元以下罚款。违反第二十二条第三款、第四款规定的,没收违法所得,责令改正,可以处违法所得一倍以上三倍以下或者一千元以上一万元以下罚款;情节严重的,处违法所得三倍以上五倍以下或者一万元以上三万元以下罚款,可以提请工商行政管理部门依法责令停业整顿、吊销营业执照;

(六)违反第二十三条第一款、第二款规定的,没收违法所得,处违法所得一倍以上三倍以下罚款。违反第二十三条第三款规定的,处一千元以上一万元以下罚款。违反第二十三条第一款、第三款规定,情节严重的,处违法所得三倍以上五倍以下或者一万元以上三万元以下罚款,可以提请工商行政管理部门依法责令停业整顿、吊销营业执照;

(七)违反第二十四条第二款规定的,没收违法所得,处违法所得一倍以上三倍以下或者一千元以上一万元以下罚款;情节严重的,处违法所得三倍以上五倍以下或者一万元以上三万元以下罚款;

(八)违反第二十五条第一款规定的,处一千元以上一万元以下罚款;情节严重的,处一万元以上三万元以下罚款。违反第二十五条第二款规定的,处低于成本价销售商品总额一倍以上二倍以下的罚款;情节严重的,处二倍以上三倍以下的罚款。

上款所列,凡情节严重的,应当分别对主管负责人员和直接责任人处三百元以上三千元以下罚款,并由其所在单位或者上级主管部门给予行政处分。

违反本条例规定给消费者造成损失或者损害的,应当给予补偿或者赔偿;构成犯罪的,依法追究刑事责任。

法律、法规对行使行政处罚权的机关另有规定的,从其规定。

对同一价格违法行为不得作两次以上的罚款。

第三十四条 本条例第三十三条所称情节严重,是指下列情形之一:

(一)违法金额在二十万元以上或者违法所得在二万元以上的;

(二)因价格违法行为受行政处罚未满一年又发生同类价格违法行为的;

(三)伪造、涂改、销毁账册等价格资料或者阻碍、抗拒价格监督检查的;

(四)给国家、消费者造成重大经济损失或者严重后果的。

第三十五条 价格监督检查机构作出行政处罚时,应当出具行政处罚决定书。当场收缴罚款的,应当开具市财政部门统一制发的罚款收据。罚没收入全部上缴国库。

第三十六条 当事人对价格监督检查机构以及其他有关部门的具体行政行为不服的,可以依照《中华人民共和国行政复议法》或者《中华人民共和国行政诉讼法》的有关规定,申请复议或者提起诉讼。

当事人在法定期限内不申请复议,不提起诉讼,又不履行行政处罚决定的,作出行政处罚决定的部门可以依照《中华人民共和国行政诉讼法》的规定,申请人民法院强制执行。

第三十七条 阻碍价格监督检查人员执行公务,伤害价格监督检查人员的,由公安机关依照《中华人民共和国治安管理处罚法》的规定给予处罚;情节严重构成犯罪的,依法追究刑事责任。

第三十八条 价格监督检查人员滥用职权、徇私舞弊、贪污受贿、玩忽职守、泄露国家价格机密或者经营者的技术秘密、商业秘密的,依照国家有关规定给予行政处分;情节严重构成犯罪的,依法追究刑事责任。

第六章 附　　则

第三十九条 本条例的具体应用问题,由市物价局负责解释。

第四十条 本条例自 1996 年 10 月 1 日起施行。

上海市科学技术进步条例

(1996 年 6 月 20 日上海市第十届人民代表大会常务委员会第二十八次会议通过　根据 2000 年 7 月 13 日上海市第十一届人民代表大会常务委员会第二十次会议《关于修改〈上海市科学技术进步条例〉的决定》修正　2010 年 9 月 17 日上海市第十三届人民代表大会常务委员会第二十一次会议修订)

第一章 总　　则

第一条 为了促进科学技术进步,发挥科学技术第一生产力的作用,推动经济建设和社会发展,实施科教兴国战略,建设创新型城市,根据《中华人民共和国科学技术进步法》和其他有关法律、行政法规,结合本市实际,制定本条例。

第二条 在本市从事科学研究、技术开发、科学技术成果的推广应用、科学技术普及以及相关的服务和行政管理活动,适用本条例。

第三条 本市科学技术工作,应当面向经济建设和社会发展,实行自主创新、重点跨越、支撑发展、引领未来的指导方针,增强科技创新能力,提高市民科学素养,促进科学技术成果向现实生产力转化。

本市支持科学技术基础研究,鼓励科学技术研究开发与高等教育、产业发展相结合,鼓励自然科学与人文社会科学交叉融合和相互促进。

第四条 全社会都应当尊重劳动、尊重知识、尊重人才、尊重创造,营造良好的科技创新氛围。

第五条 市人民政府领导全市科学技术进步工作,组织有关部门开展科学技术发展战略研究,组织制定科学技术进步发展规划,确定本市科学技术发展的目标、任务和重点领域,保障科学技术进步与经济建设和社会发展相协调。

区、县人民政府应当根据全市的科学技术进步发展规划,结合本地区经济建设和社会发展实际,采取有效措施,推进科学技术进步工作。

第六条 市科学技术行政部门负责本市科学技术进步工作的综合管理和统筹协调。区、县科学技术行政部门负责本行政区域的科学技术进步工作。

市和区县发展改革、经济和信息化、农业、教育、财政、人力资源和社会保障、国有资产管理等部门在各自的职责范围内，负责有关的科学技术进步工作。

第七条 市国民经济和社会发展规划应当体现促进科学技术进步的要求，并将重大科学技术项目、高新技术产业发展等作为规划的重要内容。

第八条 市人民政府应当确定本市高新技术发展的重点领域、重点区域、重点工程和重点项目，制定扶持高新技术产业开发区的优惠政策，并为高新技术研究、高新技术成果转化和高新技术产业化提供良好的环境。

区、县人民政府应当对本行政区域内高新技术产业开发区的建设、发展给予引导和扶持。

第九条 市人民政府推进科学技术进步的政策、措施以及经费投入情况，应当根据政府信息公开的有关规定予以公开。市和区、县科学技术行政部门应当充分发挥科技信息平台的功能，汇总相关部门推进科学技术进步的政策、措施，为公民、法人或者其他组织提供服务。

市科学技术行政部门应当编制科学技术进步年度报告，总结和反映科学技术进步发展规划的实施、研究开发经费的投入和使用、科学技术成果的水平和应用、科学技术进步对经济增长的贡献等情况。

第十条 本市鼓励和支持企业、高等院校、科学技术研究开发机构、科学技术社会团体依法开展国内外科学技术合作与交流。

第十一条 本市设立科学技术奖，对在科学技术进步活动中做出重要贡献的组织和个人进行奖励。具体办法由市人民政府制定。

第二章　企业技术进步

第十二条 本市建立以企业为主体、市场为导向、产学研相结合的技术创新体系，积极落实国家和本市的各项科技创新政策，引导创新要素向企业聚集，培育一批具有核心竞争力的创新型企业。

鼓励企业、高等院校、科学技术研究开发机构采取多种方式建立合作机制，保障科学技术研究开发与产业发展紧密结合，提高科学技术成果的转化效率。

利用财政性资金设立的科学技术研究项目的管理机构对于具有明确市场应用前景的项目，应当鼓励企业联合科学技术研究开发机构、高等院校共同实施。

按照国家和本市有关规定认定的高新技术企业和高新技术成果转化项目，可以享受国家和本市的有关优惠政策。

第十三条 根据国家和本市的产业政策和技术政策，鼓励引进国外先进技术、装备。

利用财政性资金和国有资本引进重大技术、装备的，应当进行技术消化、吸收和再创新。相关部门和企业应当落实对消化、吸收和再创新的经费保障。项目审批部门应当将技术消化、吸收和再创新方案作为审批或者核准的重要内容。

第十四条 鼓励企业实施技术标准战略。支持企业参与地方标准、行业标准、国家标准和国际标准的制定。

制定地方标准，应当听取相关企业、行业协会、科学技术研究开发机构的意见。

第十五条 本市设立创业投资引导基金，通过参股创业投资企业、为创业投资企业提供融资担保等方式，引导社会资金投向创业投资企业，重点推动高新技术产业领域的创业发展。具体办法由市发展改革部门会同有关部门制定。

本市设立创业投资风险救助专项资金，由创业投资企业自愿提取的风险准备金与政府匹配的资金组成，用于补偿创业投资企业对高新技术成果转化项目和高新技术企业投资失败的部分损失。具体办法由市科技、财政部门会同有关部门制定。

第十六条 本市建立促进科技与金融结合的扶持机制，通过引导、激励、风险分担等方式鼓励金融资源向科技创新领域集聚，鼓励和支持金融机构开发适合科技型企业需求的金融产品和金融服务。

市金融服务、知识产权等部门应当与金融机构、相关中介服务机构合作建立知识产权质押融资服务平台，为企业知识产权质押融资提供知识产权展示、登记、评估、咨询和融资推荐等服务。

第十七条 国有企业应当建立健全有利于技术创新的分配制度，完善激励约束机制。

国有企业负责人对企业的技术进步负责。国有企业的创新投入、创新能力建设、创新成效、消化吸收再创新等情况，纳入国有企业负责人业绩考核范围。

第十八条 本市安排科技型中小企业创新资金，资助中小企业开展技术创新，推动科技型中小企业创新创业。

市和区、县人民政府设立的高新技术创业服务中心应当为符合条件的高新技术创业项目和企业提供必要的场地、设施条件，提供政策咨询以及财务、营销、融资等方面的培训和推介服务。

市和区县科技、经济信息化等部门应当健全中小企业服务机构的服务功能，引导创业投资机构向科技型中小企业投资，鼓励科技型中小企业开发新产品、新技术或者拓展运用成熟技术，扶持具有创新优势的科技型中小企业加速发展。

第三章 科学技术研究开发机构与科学技术人员

第十九条 本市安排自然科学资金，支持重点基础性科学研究课题以及优秀中青年科学技术人员从事科学研究。

市科学技术行政部门应当会同有关部门确定利用财政性资金设立的科学技术研究开发机构的功能定位和布局。

第二十条 市科技、教育等部门应当充分发挥科学技术研究开发机构、高等院校、企业的科学技术优势，支持重点领域的科学技术研究，逐步形成一批重点实验室、科学研究中心、工程技术研究中心等科学技术创新基地。

第二十一条 本市鼓励企业建立研究开发机构，支持研究开发机构采用多种形式与企业结合组建为科技型企业或者企业研究开发中心，支持有条件的已转制为企业的研究开发机构继续从事共性技术研发和公益性服务。

第二十二条 市和区、县人民政府应当加强科学技术人才队伍建设，围绕本市优先发展的科学技术重点学科、重点产业、重大项目，培养、引进科学技术创新人才和创新团队，并为其开展科学技术研究活动和实施产业化提供便利。

企业应当鼓励职工的合理化建议活动，支持工会组织职工开展技术改进和技术创新活动。

第二十三条 市和区县人民政府、企业事业组织应当采取措施，改善科学技术人员的工作条件，保障科学技术人员接受继续教育的权利，提高科学技术人员工资和福利待遇，并对有突出贡献的科学技术人员给予优厚待遇。

鼓励科学技术研究开发机构、高等院校、企业通过科学技术人员兼职、岗位流动等多种方式，实行人才交流。

鼓励科学技术人员创办企业，依法实施科技成果转化。

科学技术人员参加科学技术普及、技术服务、技术咨询活动的情况，可以计入专业工作经历，作为职称评定的依据之一。

第二十四条 科学技术成果完成单位将其职务科学技术成果实施转化的，可以根据不同的转化方式，按照国家和本市有关规定，约定成果完成人应当获得的股权、收益或者奖励。

职务科学技术成果被授予专利权的，被授予专利权的单位应当对发明人、设计人给予奖励；发明创造专利实施后，应当根据其推广应用的范围和取得的经济效益，对发明人或者设计人给予合理的报酬。

被授予专利权的单位可以与发明人、设计人约定或者在其依法制定的规章制度中规定对职务发明创造给予奖励、报酬的方式和数额；单位未与发明人、设计人约定，也未在其依法制定的规章制度中规定对职务发明创造给予奖励、报酬的方式和数额的，应当执行国家规定的奖励、报酬标准。

第二十五条 科学技术人员应当遵守学术规范，恪守职业道德，诚实守信，努力提高自身的科学技术水平，不得在科学技术活动中弄虚作假。

利用财政性资金设立的科学技术研究项目，项目管理机构应当为项目申请单位、项目承担单位以及参与项目的科学技术人员，建立科研诚信档案，作为对科学技术人员聘任专业技术职务或职称、审批相关机构和人员申请科学技术研究项目等的依据。

第二十六条 本市鼓励科学技术人员自由探索、勇于承担风险。原始记录能够证明承担探索性强、风险高的科学技术研究项目的科学技术人员已经履行了勤勉尽责义务仍不能完成该项目的，不影响其继续申请本市利用财政性资金设立的科学技术研究项目。

第四章 科学技术资源共享与服务

第二十七条 市科学技术行政部门应当会同有关部门定期开展科学技术基础条件资源调查，并建立以下科学技术资源的信息系统：

（一）科学技术研究基地、科学仪器设备；

（二）科学技术文献、科学技术数据、科学技术自然资源、科学技术普及资源；

（三）专业技术服务资源、科学技术人才资源。

市科学技术行政部门应当及时向社会公布科学技术资源的分布、使用情况。

第二十八条 科学技术资源的管理单位应当向社会公布所管理的科学技术资源的共享使用制度和使用情况，并根据使用制度安排使用。法律、行政法规规定应当保密的，依照其规定。

科学技术资源的管理单位向社会开放科学技术资源，应当与用户约定服务内容、收费数额、知识产权归属、保密要求、损害赔偿、违约责任、争议处理等权利义务事项。

市科学技术行政部门应当会同有关部门制定科学技术资源共享扶持政策，推动科学技术资源的管理单位向社会开放科学技术资源。

第二十九条 市人民政府应当建立和完善研发公共服务平台，为科学技术研究开发机构、高等院校和企业提供科学技术资源信息查询、科学技术服务推介等服务，促进科学技术资源的整合和有效利用，支持科学技术创新活动。

第三十条 市和区、县人民政府应当培育和发展技术市场，鼓励社会力量和科技人员创办从事技术评估、技术经纪、技术咨询等活动的中介服务机构；规范中介服务机构的行为，增强行业自律，提高中介服务机构的专业水平和服务能力。

第五章 科学技术普及

第三十一条 市和区、县科学技术行政部门应当制定科普工作规划，加强科学技术知识的普及工作。

鼓励科学技术、教育、文化、新闻出版、广播影视、卫生等机构和社会团体开展多种形式的科学技术知识的宣传。

第三十二条 市和区、县人民政府应当加强科学技术普及场馆、设施建设和管理，鼓励和扶持社会力量建设科学技术普及场馆、设施。

鼓励企业、高等院校、科学技术研究开发机构依托自身优势，向公众开放科学技术普及场馆、实验室、陈列室等场地和设施，开展科学技术普及活动。

以政府财政投资建设的科学技术普及场馆，应当常年向公众开放，对青少年实行优惠。

第三十三条 市科学技术行政部门应当会同有关部门对科学技术普及工作的管理人员、新闻媒体从业人员、科学技术普及场馆的设计和讲解人员等进行培训。

第三十四条 科学技术行政部门、教育行政部门以及科学技术协会、学校、科普教育基地应当鼓励和积极组织青少年参加科学技术知识的普及活动,形成学科学、爱科学、讲科学、用科学的社会风尚。

第三十五条 利用财政性资金的科学技术研究项目适合科学技术普及的,项目管理机构应当在项目合同中要求项目承担者提交关于科学技术研究成果推广应用的科学技术普及报告。

第三十六条 市科学技术行政部门应当建立科学技术普及评估指标体系,构建科学技术普及监测工作网络,定期对市民的科学素质进行测评,对科学技术普及场馆运行情况、科学技术普及项目和重大科学技术普及活动的开展情况进行考核、评估。

第六章 保障措施

第三十七条 本市建立以政府投入为引导,以企业投入、市场融资、外资引进等多渠道社会投入为主体的科学技术经费投入体制。

本市逐步提高科学技术经费投入的总体水平。市和区、县财政用于科学技术经费的年增长幅度,应当高于本级财政经常性收入的年增长幅度。全社会科学技术研究开发经费应当占本市国内生产总值的百分之二点五以上。

第三十八条 市和区、县财政性科学技术资金应当主要用于下列事项的投入:

(一)对实现国家战略、保障国家安全、促进本市经济社会发展具有重要作用的科学技术研究开发;

(二)为国家在本市实施的重大科学技术项目提供配套支持;

(三)为从事公益性研究的科学技术研究开发机构提供运行保障;

(四)支持建设科学技术基础设施、购置科学技术仪器设备以及建设完善研发公共服务平台;

(五)支持科学技术成果的应用转化、科技型中小企业创业孵化和科技型中小企业的技术创新活动;

(六)支持科学技术基础研究和科学技术人才培养;

(七)支持科学技术普及;

(八)其他与国家和本市经济社会发展相关的科学技术进步工作。

市财政、科技部门应当会同有关部门建立和完善财政性科学技术资金的绩效评价制度,提高财政性科学技术资金的使用效益。

审计机关、财政部门应当依法对财政性科学技术资金的管理和使用情况进行监督检查。

第三十九条 从事技术开发、技术转让、技术咨询、技术服务活动的,按照国家规定享受税收优惠。

企业开发新技术、新产品、新工艺发生的研究开发费用可以按照国家有关规定,税前列支并加计扣除。

第四十条 利用财政性资金设立的科学技术研究项目,项目管理机构应当履行下列职责:

(一)制定项目资金的申请、管理办法,并通过政府网站予以公布;

(二)通过政府网站公布项目名称、项目内容、申请资格条件等信息;

(三)组织专家评审,并依据当事人的申请公开其评审结果;

(四)通过政府网站公布项目立项结果和项目承担者;

(五)实施项目执行中的全过程管理和项目成果验收;

(六)对项目成果推广应用等情况进行后续评估。

法律、法规规定科学技术研究项目应当保密的,按照其规定执行。

第四十一条 对于利用财政性资金设立的科学技术研究项目,市科技、财政部门应当会同有关部门建立政府科研项目共享信息系统。

项目管理机构应当在立项前,使用前款规定的信息系统进行检索、核对,避免重复立项,并将实施项目全过程管理的信息及时录入信息系统,实现项目名称、项目内容、申请资格条件、项目承担者、项目完成情况等信息的及时采集和共享。

第四十二条 对于境内公民、法人或者其他组织自主创新的产品，经纳入本市政府采购自主创新产品目录，且性能、技术等指标能够满足政府采购需求的，政府采购应当优先购买；首次投放市场的，政府采购应当率先购买。

政府采购的产品尚待研究开发的，采购人应当运用招标方式确定科学技术研究开发机构、高等院校或者企业进行研究开发，并予以订购。

第四十三条 市和区、县人民政府应当保障农业科学技术进步的投入，完善农业科学技术进步管理机制和服务体系，支持公益性农业科学技术研究开发机构和农业技术推广机构开展农业科学技术的研究开发及应用，发展高效生态现代农业。

第七章 法律责任

第四十四条 虚报、冒领、贪污、挪用、截留用于科学技术进步的财政性资金，依照有关财政违法行为处罚处分的规定责令改正，追回有关财政性资金和违法所得，依法给予行政处罚；对直接负责的主管人员和其他直接责任人员依法给予处分。

第四十五条 抄袭、剽窃他人科学技术成果，或者在科学技术活动中弄虚作假的，由科学技术人员所在单位或者单位主管机关责令改正，对直接负责的主管人员和其他直接责任人员依法给予处分；获得用于科学技术进步的财政性资金或者有违法所得的，由有关部门追回财政性资金和违法所得；情节严重的，由所在单位或者单位主管机关向社会公布其违法行为，禁止其在一定期限内申请本市科学技术研究项目。

第四十六条 滥用职权，限制、压制科学技术研究开发活动的，对直接负责的主管人员和其他直接责任人员依法给予处分。

第四十七条 科学技术行政部门和其他有关部门及其工作人员，玩忽职守、滥用职权、徇私舞弊的，由其所在单位或者上级部门对直接负责的主管人员和其他直接责任人员依法给予行政处分；构成犯罪的，依法追究刑事责任。

第四十八条 当事人对科学技术行政部门和其他有关部门的具体行政行为不服的，可以依照《中华人民共和国行政复议法》或者《中华人民共和国行政诉讼法》的规定，申请复议或者提起诉讼。

当事人对具体行政行为在法定期间内不申请复议、不提起诉讼又不履行的，作出具体行政行为的部门可以申请人民法院强制执行。

第八章 附　　则

第四十九条 本条例自2010年11月1日起施行。

上海市供水管理条例

（1996年6月21日上海市第十届人民代表大会常务委员会第二十八次会议通过　根据2003年10月10日上海市第十二届人民代表大会常务委员会第七次会议《关于修改〈上海市供水管理条例〉的决定》第一次修正　根据2006年6月22日上海市第十二届人民代表大会常务委员会第二十八次会议《关于修改〈上海市供水管理条例〉的决定》第二次修正　根据2010年9月17日上海市第十三届人民代表大会常务委员会第二十一次会议《关于修改本市部分地方性法规的决定》第三次修正　根据2017年12月28日上海市第十四届人民代表大会常务委员会第四十二次会议《关于修改本市部分地方性法规的决定》第四次修正）

第一章　总　则

第一条　为了加强供水管理，维护供水企业和用户的合法权益，保障生活、生产用水和其他建设用水，发展供水事业，根据有关法律和国务院《城市供水条例》，结合本市实际情况，制定本条例。

第二条　本条例所称供水，是指原水供水、公共供水和自建设施供水。

第三条　本条例适用于本市行政区域内供水、用水及其相关管理活动。

第四条　上海市水务局（以下简称市水务局）是本市供水行政主管部门，负责本条例的组织实施。市水务局所属的上海市水务行政执法总队（以下简称市水务执法总队）具体负责本市供水的监督检查工作，并按照本条例的规定实施行政处罚。

区供水行政主管部门负责本区供水范围内的供水管理，业务上受市水务局领导。

本市有关行政管理部门应当按照各自职责，协同实施本条例。

第五条　市、区人民政府应当将供水事业纳入国民经济和社会发展计划。

市水务局应当根据本市城市建设和社会经济发展的实际需要，编制全市供水发展规划，经市城市规划部门综合平衡后，纳入城市总体规划。

第六条　本市供水工作实行开发水源与计划用水、节约用水相结合，保障供水与确保水质相结合的原则。

第七条　本市实行有利于供水事业科技进步的政策，鼓励供水和节约用水科学技术研究，推广先进技术，改善水质，提高水的重复利用率。

第八条　对在本市供水、节约用水工作中作出显著成绩的单位和个人，由各级人民政府及其有关部门给予奖励。

第二章　供水水源管理

第九条　市人民政府应当组织市城市规划、水务、地质矿产、环境保护部门编制本市供水水源开发利用规划。

第十条　编制供水水源开发利用规划的基本原则：

（一）符合本市开发利用水资源和防治水害综合规划的要求，并与水长期供求计划相协调；

（二）优先利用地表水，严格控制和合理开采地下水；

（三）优先保证生活用水，统筹兼顾工业用水和其他建设用水。

第十一条 以地表水作为供水水源的,应当向水务部门办理取水许可;以地下水作为供水水源的,应当向市水务局办理取水许可。

第十二条 严格保护地下水源。

用于人工回灌地下的自来水水质,应当符合国家规定的生活饮用水卫生标准。

有下列情形之一的,不予批准取用地下水:

(一)可以利用地表水供水的;

(二)在地下水超采区域内的;

(三)在建筑物或者构筑物安全保护区内的;

(四)易造成地下水污染的。

第十三条 市、区环境保护部门应当会同市水务局和同级城市规划、建设、卫生等部门按照国家规定的标准,在供水水源地划定饮用水水源保护区,报同级人民政府批准后公布,并对饮用水水源实施保护和管理。

第三章 供水工程建设

第十四条 供水工程的新建、改建、扩建,应当按照本市供水发展规划及其年度建设计划进行。

供水工程的新建、改建、扩建,应当按照规定的审批权限,经市水务局或者区供水行政主管部门以及其他有关部门审核批准后实施。

第十五条 建设单位应当将供水工程的设计、施工任务委托持有相应资质证书的设计、施工单位承担。禁止无证或者超越资质证书规定的经营范围承担供水工程的设计、施工任务。

供水工程的设计、施工应当遵守国家和本市的有关技术标准和规范。

第十六条 供水工程竣工后,应当按照国家有关规定进行验收。

未经验收或者验收不合格的供水工程,不得投入使用。

第四章 供水设施保护

第十七条 在供水设施的上下或者两侧应当划定安全保护范围。在安全保护范围内,禁止从事下列活动:

(一)建造建筑物或者构筑物;

(二)开挖沟渠或者挖坑取土;

(三)打桩或者顶进作业;

(四)其他损坏供水设施或者危害供水设施安全的活动。

第十八条 在原水引水管渠的上下或者两侧,应当划定保护范围和控制范围,并设置保护范围的永久性识别标志。

在原水引水管渠的保护范围内,禁止从事危及管渠、输水安全和原水水质的活动。

第十九条 在供水输配管道及其附属设施的上下或者两侧埋设其他地下管线的,应当符合国家和本市的有关技术标准和规范,并遵守管线工程规划和施工管理的有关规定。

在供水设施安全保护范围外从事建设工程施工可能影响供水设施安全的,建设单位应当在开工前向供水企业查明有关情况;建设工程施工时影响供水设施安全的,建设单位应当与供水企业商定相应的保护措施,并会同施工单位组织实施。

第二十条 任何单位和个人不得擅自改装、迁移或者拆除原水供水、公共供水设施。

建设工程确需改装、迁移或者拆除原水供水、公共供水设施的,建设单位应当在申请建设工程规划许可证前,报市水务局或者区供水行政主管部门审批。经审核批准的,建设单位应当会同施工单位和供水企业采取相应的补救措施。

第五章 供水用水管理

第二十一条 供水企业应当按照国家有关规定实行职工持证上岗制度。

第二十二条 供水企业应当设置水质检测机构,建立、健全水质检测制度,确保供水水质符合国家规定的标准。自来水供水企业应当确保供水水质符合生活饮用水卫生标准。

市水务局、区供水行政主管部门和市、区卫

生部门应当按照各自职责定期对公共供水全过程进行水质监测。

第二十三条 供水企业应当在供水输配管网上设立供水水压测压点，做好供水水压的测压工作，确保供水水压符合规定的标准。

市水务局、区供水行政主管部门应当对供水水压进行监测。

第二十四条 供水企业或者供水设施权属单位应当按照各自职责对供水设施进行检修、清洗和消毒，确保其正常、安全运行。

第二十五条 原水供水企业、公共供水企业、自建设施对外供水企业和供水设施权属单位应当按照规定的供水水压标准，保持不间断供水，禁止擅自停止供水。

因供水工程施工或者供水设施检修等原因，确需临时停止供水或者降低供水水压的，原水供水企业、公共供水企业、自建设施对外供水企业或者供水设施权属单位应当经市水务局或者区供水行政主管部门批准，并在临时停止供水或者降低供水水压的二十四小时前通知用户。

第二十六条 供水设施在运行中发生故障时，原水供水企业、公共供水企业、自建设施对外供水企业或者供水设施权属单位应当在接报后立即组织抢修，并在二十四小时内抢修完毕，但特殊情况除外。抢修时应当采取有效的安全和卫生防护措施。

因不可抗力事件或者供水设施抢修等原因，临时停止供水或者降低供水水压的，原水供水企业、公共供水企业、自建设施对外供水企业或者供水设施权属单位应当在抢修的同时通知用户，并向市水务局或者区供水行政主管部门报告；连续超过二十四小时不能正常供水的，原水供水企业、公共供水企业、自建设施对外供水企业或者供水设施权属单位应当采取应急供水措施，保证生活用水的需要。

供水设施抢修时，有关单位和个人应当给予支持和配合，不得阻挠或者干扰抢修工作的进行。

第二十七条 本市公共供水的用水单位自行建设供水进户计量水表以外的供水输配管道及其附属设施，经公共供水企业验收合格后，方可投入使用，并实施统一管理。

第二十八条 禁止将产生或者使用有毒、有害物质单位的生产用水管网系统与公共供水管网系统直接连接。

第二十九条 供水企业与用户应当签订供用水合同。

供水企业应当对用户的用水装表计量，并按照规定期限抄表。

供水企业应当按照规定向市水务局或者区供水行政主管部门填报供水统计报表。

第三十条 供水价格由市水务局或者区供水行政主管部门拟定，经同级物价部门审核后，报同级人民政府批准。

第三十一条 用户应当按时缴纳水费。

禁止用户下列行为：

（一）在供水输配管网上直接装泵抽水或者采用其他方式盗用供水；

（二）擅自向其他单位或者个人转供公共供水。

第三十二条 消防供水设施实行专用。因特殊情况确需通过消防专用供水设施用水的，应当征得供水企业的同意，并报公安消防部门批准。

第三十三条 本市实行计划用水和节约用水。

市水务局和区供水行政主管部门应当定期对用水单位核定并下达年度和月度用水计划指标，并按月进行考核。

超计划用水的单位，对超计划部分除缴纳水费外，还应当缴纳加价水费。

第三十四条 供水设备、供水管材和用水器具应当符合国家标准或者行业标准或者地方标准。地方标准由市水务局协同市技术监督部门制定。

禁止生产、销售和使用不符合标准的供水设备、供水管材和用水器具。

市水务局应当会同市技术监督部门对供水设备、供水管材和用水器具的开发和使用进行监督。

第三十五条 市水务局和区供水行政主管部门应当定期对供水企业安装的计量水表进行检测。

按照规定列入强制检定目录的计量水表，应当由市技术监督部门资质认可的计量检定机构进行强制检定。

第六章 法律责任

第三十六条 违反本条例规定，有下列行为之一的，由市水务局或者区供水行政主管部门责令其停止违法行为，并处以五千元以上五万元以下的罚款；造成损失的，由责任方依法赔偿损失；对负有直接责任的主管人员和其他直接责任人员，由其所在单位或者上级机关给予行政处分：

（一）违反供水发展规划及其年度建设计划或者未经批准兴建供水工程的；

（二）无证或者超越资质证书规定的经营范围进行供水工程的设计或者施工的；

（三）未按照国家规定的技术标准和规范进行供水工程设计或者施工的。

第三十七条 违反本条例规定，有下列行为之一的，由市水务局或者区供水行政主管部门予以处罚：

（一）供水水质或者用于人工回灌地下的自来水水质不符合国家规定标准的，责令其限期改正，并处以二万元以上二十万元以下的罚款；

（二）供水水压不符合规定标准的，责令其限期改正，并可处以二千元以上二万元以下的罚款；

（三）未按照规定对供水设施进行检修、清洗、消毒或者在供水设施发生故障后未在规定时间内组织抢修的，责令其限期改正，并处以一千元以上一万元以下的罚款；

（四）未按照规定履行临时停止供水或者降低供水水压的通知义务的，责令其限期改正，并处以三千元以上三万元以下的罚款；

（五）擅自停止供水或者未按照规定采取应急供水措施的，责令其限期改正，并处以三千元以上三万元以下的罚款；

（六）未按照规定装表计量或者抄表的，责令其限期改正，并可处以五百元以上五千元以下的罚款。

有前款所列行为之一，情节严重的，经市或者区人民政府批准，可以责令其停业整顿；造成损失的，由责任方依法赔偿损失；对负有直接责任的主管人员和其他直接责任人员，由其所在单位或者上级机关给予行政处分。

第三十八条 违反本条例规定，未经批准擅自取用地下水的，由市水务局责令其停止取水，并限期将深井填实。

第三十九条 本条例第三十六条、第三十七条、第三十八条规定的行政处罚，市水务局可以委托市水务执法总队实施。

第四十条 违反本条例规定，有下列行为之一的，由市水务执法总队或者区供水行政主管部门责令其限期改正，并处以五千元以上五万元以下的罚款；造成损失的，由责任方依法赔偿损失；对负有直接责任的主管人员和其他直接责任人员，由其所在单位或者上级机关给予行政处分：

（一）损坏供水设施或者危害供水设施安全的；

（二）涉及供水设施的建设工程施工时，未按照规定的技术标准和规范施工或者未按照规定采取相应的保护或者补救措施的；

（三）使用不符合标准的供水设备、供水管材和用水器具的；

（四）擅自改装、迁移、拆除供水设施或者经批准但未采取相应补救措施的；

（五）将产生或者使用有毒、有害物质单位的生产用水管网系统与公共供水管网系统直接连接的。

有前款第（四）、（五）项所列行为之一，情节严重的，经市或者区人民政府批准，可以在一定时间内对其停止供水。

第四十一条 违反本条例规定，有下列行为之一的，由市水务执法总队或者区供水行政

主管部门予以处罚:

(一)盗用供水的,责令其限期改正,向供水企业补缴供水水费,并处以补缴供水水费五倍以上十倍以下的罚款;

(二)擅自转供公共供水的,责令其限期改正,并处以转供水水费五倍以上十倍以下的罚款;

(三)阻挠或者干扰供水设施抢修工作的,责令其改正,并处以五百元以上五千元以下的罚款。

有前款第(一)、(二)项所列行为之一,情节严重的,经市或者区人民政府批准,可以在一定时间内对其停止供水。

第四十二条 市水务局或者市水务执法总队或者区供水行政主管部门违法审批,或者作出其他错误决定,由上级行政机关责令其纠正,或者予以撤销;造成直接经济损失的,依法赔偿。

第四十三条 对违反本条例的行为,除本条例已规定处罚外,由有关行政管理部门依照有关法律、法规予以处罚;构成犯罪的,依法追究刑事责任。

第四十四条 供水行政管理人员玩忽职守、滥用职权、徇私舞弊的,由其所在单位或者上级行政主管部门给予行政处分;构成犯罪的,依法追究刑事责任。

第四十五条 当事人对行政管理部门的具体行政行为不服的,可以依照《中华人民共和国行政复议法》或者《中华人民共和国行政诉讼法》的规定,申请行政复议或者提起行政诉讼。

当事人在法定期限内不申请复议,不提起诉讼,又不履行具体行政行为的,作出具体行政行为的部门可以依照《中华人民共和国行政诉讼法》的规定,申请人民法院强制执行。

第七章　附　　则

第四十六条 本条例有关用语的含义:

(一)供水企业,包括原水供水企业、公共供水企业和自建设施供水企业。

(二)原水供水,是指原水供水企业以原水引水管渠及其附属设施,向自来水供水企业提供水源。

(三)公共供水,是指自来水供水企业以公共供水输配管道及其附属设施,向单位和个人的生活、生产和其他建设提供用水。

(四)自建设施供水,是指有关单位以其自行建设的供水输配管道及其附属设施,主要向本单位的生活、生产和其他建设提供用水,不包括农业、渔业和畜牧业的自建设施供水。

(五)供水设施,包括自来水处理厂和供水专用的取水口、水库、水池、深井、引水管渠、输配管网、泵站、公用给水站、房屋水箱等。

第四十七条 原水引水管渠保护、计划用水和节约用水、取水许可制度实施等具体规定,由市人民政府制定。

第四十八条 本条例自1996年10月1日起施行。

上海市外商投资企业审批条例

(1996年8月23日上海市第十届人民代表大会
常务委员会第二十九次会议通过)

第一章　总　　则

第一条 为了扩大对外开放和经济技术合作,便于中外投资者在上海市设立外商投资企业,根据《中华人民共和国中外合资经营企业法》、《中华人民共和国中外合作经营企业法》和《中华人民共和国外资企业法》等法律、法规,结合本市的实际情况,制定本条例。

第二条 本条例所称的外商投资企业,是指中外合资经营企业、中外合作经营企业、外资企业。

本市外商投资企业的设立以及设立后合同、章程的修改,适用本条例。

第三条 鼓励外国投资者在本市设立下列外商投资企业:

(一)采用先进技术、设备或者科学管理方法的;

(二)能提高产品档次,开拓国际市场的;

(三)能促进本市现代化建设的。

申请设立外商投资企业有下列情况之一的,不予批准:

(一)危害国家安全或者损害社会公共利益的;

(二)污染环境或者损害人体健康的;

(三)违反法律、法规规定的。

第四条 上海市人民政府(以下简称市人民政府)应当根据国家颁布的指导外商投资方向的规定和外商投资产业指导目录,结合本市的实际情况,制定和公布本市的指导外商投资方向和外商投资产业指导目录。

中、外方投资者应当根据本市公布的指导外商投资方向和外商投资产业指导目录,选定投资项目。

第五条 上海市外国投资工作委员会(以下简称市外资委)主管本市外商投资企业的审批工作。

在本市设立外商投资企业,由市外资委、浦东新区管理委员会、外高桥保税区管理委员会、区和县人民政府以及市人民政府其他有关主管部门(以下统称审批机关)按照国家和本市规定的权限负责审核、审批。

按照法律、法规的规定应当由国务院有关部门审批的项目,由市外资委会同上海市计划委员会或者上海市经济委员会初审后上报。

第二章 外商投资企业的设立

第一节 中外合资经营企业

第六条 中、外方投资者确定设立合资企业的意向后,应当对拟合资项目进行初步可行性研究,由中方投资者编制项目建议书及其附件,并报送审批机关审批,同时抄送有关部门。

有关部门应当在收到项目建议书及其附件之日起十日内提出预审意见,送审批机关。

第七条 审批机关应当在收到项目建议书及其附件之日起二十日内,作出批准或者不批准的决定,并将审批决定抄送有关部门。

市外资委以外的审批机关在将审批决定抄送有关部门的同时,应当抄送市外资委。

第八条 经批准后的项目建议书作为编制可行性研究报告的依据,有效期为一年。由于特殊原因需要延长有效期的,中方投资者应当在期满三十日前向原审批机关提出申请。经批准后,有效期可以延长,但延长的期限不得超过半年。

第九条 项目建议书经批准后,中、外方投资者应当向工商行政管理部门办理合资企业名称的预先核准手续。

第十条 项目建议书经批准后,中、外方投资者应当逐项落实项目的资金、场地、技术、设备、原材料、外汇收支安排以及基础设施配套等事项,并对市场销售、规划选址、环境保护、劳动保护、经济效益等作出分析评估,在此基础上共同编制可行性研究报告,订立合资企业合同、章程,并报送审批机关审批。

中、外方投资者以固定资产、流动资产、无形资产和其他资产作价投资的,必须按照国家有关规定进行资产评估。

可行性研究报告和合同、章程的有关内容,按照法律、法规的规定须事先经有关部门审核的,应当获得有关部门的同意。

第十一条 审批机关应当在收到可行性研究报告和合同、章程及其附件之日起三十日内,作出批准或者不批准的决定。

第十二条 可行性研究报告和合同、章程经批准后，由中方投资者持有关文件向审批机关申领批准证书。

审批机关应当在收到有关文件之日起三日内，颁发批准证书。

第二节 中外合作经营企业

第十三条 中、外方投资者设立中外合作经营企业的申报和审批，比照本条例第六条至第十二条的规定办理。

第三节 外资企业

第十四条 外国投资者设立外资企业的申报和审批，比照本条例第六条至第十二条的规定办理。

外国投资者设立外资企业，按照国家的有关规定，委托具有相应资格的咨询代理机构办理申请和报批等事项。

第三章 外商投资企业合同、章程的修改

第一节 中外合资经营企业

第十五条 合资一方向合资他方转让全部或者部分出资额，应当经企业董事会会议一致通过并作出决议后，报原审批机关批准。

合资一方向合资企业外其他投资方转让全部或者部分出资额，应当征得合资他方书面同意，经企业董事会会议一致通过并作出决议后，报原审批机关批准。

转让出资额的申请经批准后，合资各方应当及时修改企业合同、章程，并报原审批机关批准。

第十六条 合资企业增加其注册资本，应当经企业董事会会议一致通过并作出决议后，报原审批机关批准。

如申请增加的注册资本超过原审批机关审批权限的，原审批机关应当转报上级审批机关审批。

合资企业在经营期内一般不得减少其注册资本。如确有正当理由需减少注册资本的，应当按照国家有关规定报原审批机关批准。

第十七条 合资企业变更经营范围，可以在合资各方认缴的注册资本按期到位的前提下，报原审批机关批准。

如申请变更的经营范围超出原审批机关审批权限的，原审批机关应当转报上级审批机关审批。

第十八条 合资各方共同要求延长合资期限的，应当在合资期满六个月前，报原审批机关审批。

合资各方共同要求提前终止合同的，应当经企业董事会会议一致通过并作出决议后，报原审批机关批准。

根据国家有关规定或者合同约定，部分合资方提出提前终止合同的，应当报原审批机关批准。

合资企业经批准解散后，应当按照法律、法规的规定进行清算。

第十九条 合资企业在变更合资方的同时，需要变更注册资本、经营范围和经营期限中的一项或者一项以上内容的，应当先申请变更合资方，经原审批机关批准后，再申请变更其他内容。

第二十条 除本条例第十五条至第十九条规定的变更内容以外，合资企业合同、章程中其他内容的变更，按照法律、法规的规定办理。

第二十一条 审批机关应当在收到第十五条至第二十条规定的有关变更申请书及其附件之日起三十日内，作出批准或者不批准的决定。

第二节 中外合作经营企业

第二十二条 中外合作经营企业合同、章程的修改，比照本条例第十五条至第二十一条的规定办理。

第三节 外资企业

第二十三条 外资企业章程的修改，比照

本条例第十五条至第二十一条的规定办理。

第四章 法律责任

第二十四条 中、外方投资者在申请设立外商投资企业,修改其合同、章程或者提前终止合同的过程中,隐瞒实际情况或者弄虚作假的,审批机关可以不予受理其申请、不予批准或者撤销批准证书。造成后果的,由有关部门依法处理。

第二十五条 审批机关和有关部门在审核、审批过程中,违反法律、法规和本条例规定的,应当承担法律责任。

第二十六条 审批机关和有关部门的工作人员在审核、审批工作中玩忽职守、徇私舞弊、索贿受贿的,应当给予行政处分;构成犯罪的,依法追究刑事责任。

第二十七条 中、外方投资者或者外商投资企业对审批机关的审核、审批决定或者有关部门的具体行政行为不服的,可以按照《行政复议条例》和《中华人民共和国行政诉讼法》的规定,申请行政复议或者提起行政诉讼。

第五章 附 则

第二十八条 中、外方投资者在本市设立其他投资形式企业的,按照国家以及本条例的有关规定办理审批手续。

第二十九条 中、外方投资者应当在领取外商投资企业批准证书之日起三十日内,向工商行政管理部门办理登记注册,领取营业执照;营业执照签发的日期,为该企业的成立日期。

外商投资企业应当在营业执照签发之日起三十日内,向税务、海关、外汇管理等部门办理有关手续。

第三十条 香港、澳门、台湾地区的公司、企业和其他经济组织或者个人以及在国外定居的中国公民在本市设立企业的,参照本条例的规定办理。

第三十一条 市外资委根据本条例制定实施细则,报市人民政府批准后施行。

本条例的具体应用问题,由市外资委负责解释。

第三十二条 本条例自1996年10月1日起施行。1986年6月20日上海市第八届人民代表大会常务委员会第二十二次会议通过的《上海市中外合资经营企业、中外合作经营企业、外资企业的申请和审批规定》同时废止。

上海市人民代表大会常务委员会关于市人民政府制定规章设定行政处罚罚款限额的规定

（1996年9月26日上海市第十届人民代表大会常务委员会第三十次会议通过　根据2006年8月11日上海市第十二届人民代表大会常务委员会第二十九次会议《上海市人民代表大会常务委员会关于修改〈上海市人民代表大会常务委员会关于市人民政府制定规章设定行政处罚罚款限额的规定〉的决定》第一次修正　根据2014年4月23日上海市第十四届人民代表大会常务委员会第十二次会议《上海市人民代表大会常务委员会关于修改〈上海市人民代表大会常务委员会关于市人民政府制定规章设定行政处罚罚款限额的规定〉的决定》第二次修正）

根据《中华人民共和国行政处罚法》第十三条的规定，在没有相应法律、法规的情况下，市人民政府制定规章对违反行政管理秩序的行为，可以设定一定数量的罚款，其限额由市人民代表大会常务委员会规定。据此，对本市此类规章设定罚款的限额及有关事项作如下规定：

一、对违反行政管理秩序的行为设定罚款的限额为三十万元。

二、个别规章对某些违反行政管理秩序的行为设定罚款，确需超过上述限额的，由市人民政府提请市人民代表大会常务委员会审议决定。

三、市人民政府制定规章时，可以在罚款限额的规定范围内，根据过罚相当的原则，对公民、法人或者其他组织设定不同的罚款幅度；根据经营活动中违反行政管理秩序行为的不同情况，规定适当的罚款计算方法。

四、本规定自1996年10月1日起施行。

上海市滩涂管理条例

（1996年10月31日上海市第十届人民代表大会常务委员会第三十一次会议通过　根据2010年9月17日上海市第十三届人民代表大会常务委员会第二十一次会议《关于修改本市部分地方性法规的决定》修正）

第一条　为了加强滩涂资源管理，合理开发利用滩涂，促进经济建设和社会发展，保障人民生命财产安全，根据国家有关法律、法规，结合本市具体情况，制定本条例。

第二条　本条例适用于本市行政区域内长江口、东海和杭州湾沿岸以及岛屿四周的滩涂。现有港区以及国家和本市确定的规划港区除外。

本条例所称开发利用滩涂，是指滩涂的促淤、圈围、利用和保护。

第三条 本市滩涂属国家所有。

任何单位或者个人不得非法占用滩涂。

第四条 开发利用滩涂应当根据本市城乡建设需要，遵循统筹规划、因地制宜、合理开发、有偿使用的原则。

本市鼓励和支持国内外投资者开发利用滩涂，谁投资谁受益。

本市依法保护开发利用滩涂的单位或者个人的合法权益。

第五条 市和滨江沿海各区、县人民政府应当统一规划，加强领导，采取有效措施促进滩涂的开发利用。

第六条 市水务行政管理部门主管本市开发利用滩涂管理工作，负责组织实施本条例。

上海市滩涂管理处（以下简称市滩涂管理处）具体负责本市开发利用滩涂的管理工作。

滨江沿海各区、县水行政主管部门具体负责本行政区域内开发利用滩涂的管理工作，业务上受市水务行政管理部门的领导。

本市城市规划、房屋土地、港务、航道、海监、海洋、环境保护、财政、物价、农业、渔业等部门，应当按照各自职责，协同实施本条例。

第七条 本市开发利用滩涂总体规划由市水务行政管理部门会同有关部门编制，经市城市规划管理部门综合平衡后，纳入全市城市总体规划，报市人民政府批准后实施。

开发利用滩涂规划应当与航道、港口、环境保护、土地利用、海洋开发等专业规划相协调，滩涂的圈围规划线不得超过驳岸规划线。

第八条 促淤工程应当根据本市开发利用滩涂总体规划，结合长江口、杭州湾的整治规划组织实施。

第九条 市和区、县人民政府应当采取多渠道、多层次、多元化的方式，筹集开发利用滩涂资金。

开发利用滩涂资金来源主要有：

（一）土地垦复基金；

（二）滩涂使用费；

（三）国家和本市的财政拨款；

（四）国内外投资者的投资。

前款资金应当用于开发利用滩涂，任何单位或者个人不得截留或者挪用。

第十条 开发利用滩涂必须具备下列条件：

（一）符合开发利用滩涂总体规划；

（二）滩势稳定或者滩涂处于淤涨状态；

（三）对周围地区的生态环境、水产资源、航道、河势、防汛工程设施等无不利影响。

第十一条 本市开发利用滩涂，实行许可证制度。

开发利用滩涂的项目在八十公顷以下（含八十公顷）的，向滩涂所在地的区、县水行政主管部门提出申请；开发利用滩涂在八十公顷以上的，向市滩涂管理处提出申请。申请应当说明开发利用项目的用途、范围、使用方式及其开发利用期限等。

第十二条 市滩涂管理处或者区、县水行政主管部门应当自收到开发利用滩涂的单位或者个人的书面申请之日起十五日内提出初审意见，报市水务行政管理部门审批。

市水务行政管理部门应当自收到市滩涂管理处或者区、县水行政主管部门的初审意见之日起三十日内作出审批决定。

市水务行政管理部门在作出审批决定之前，应当征询市级相关部门的意见；其中由市滩涂管理处初审的项目，市水务行政管理部门在作出审批决定之前，还应当征求滩涂所在地的区、县水行政主管部门的意见。

对批准开发利用滩涂的，由市水务行政管理部门核发《滩涂开发利用许可证》，确认其滩涂使用权；不予批准的，应当向申请者书面说明理由。

第十三条 单位或者个人经批准开发利用滩涂后，需要改变开发利用项目的用途、范围、使用方式及其开发利用期限的，应当按照原申报程序办理变更登记手续。

单位或者个人经批准开发利用滩涂后，需要转让滩涂使用权的，应当按照原申报程序办理审批手续。

第十四条 促淤和圈围滩涂工程，必须由具有相应资质的单位承担,并按照有关技术规程进行设计和施工。

第十五条 滩涂圈围工程竣工后,市水务行政管理部门应当组织市城市规划、房屋土地管理部门和滩涂所在地的区、县水行政主管部门及相关部门进行工程验收。

工程不符合规定标准的,开发利用滩涂的单位或者个人必须返工重建。返工重建的经费,由开发利用滩涂的单位或者个人承担。

第十六条 圈围滩涂形成的土地属国家所有。

圈围滩涂工程竣工验收后,开发利用滩涂的单位或者个人应当持验收合格证明材料和《滩涂开发利用许可证》,向市或者区、县房屋土地管理部门办理《国有土地使用证》。房屋土地管理部门应当按照国家和本市土地管理的有关规定实施管理。

本市圈围滩涂形成土地的使用费标准,由市人民政府规定。

第十七条 经批准开发利用滩涂的单位或者个人享有下列权利:

(一)圈围滩涂形成土地后,依法取得土地使用权。在使用期限内可以依法转让、出租、抵押或者用于法律允许的其他经营活动,其合法权益受法律保护;

(二)圈围滩涂用于农业生产及其关键性配套设施建设的,由市水务行政管理部门会同有关部门在经济上给予补助;

(三)圈围滩涂从事社会公益事业的,经市水务行政管理部门批准,予以减免滩涂使用费。

第十八条 在滩涂上从事养殖、捕捞作业,铺设海底电缆、管道,冲滩拆船以及搭建房屋、棚舍的,不得影响防汛安全。

第十九条 单位或者个人开发利用滩涂时,未经区、县水行政主管部门同意,不得从事下列行为:

(一)拆除已失去功能的护滩、保岸、促淤工程设施;

(二)在滩涂上割青、放牧;

(三)在滩涂设置或者扩大排污口。

第二十条 禁止任何单位或者个人从事下列行为:

(一)未取得《滩涂开发利用许可证》开发利用滩涂;

(二)拆除或者损坏护滩、保岸、促淤工程设施;

(三)倾倒废液、废渣或者其他废弃物污染滩涂;

(四)危害滩涂完整和堤防安全;

(五)损毁护滩防浪作物或者砍伐堤防防护林。

第二十一条 开发利用滩涂的单位或者个人具有护滩保岸的义务,汛期应当服从所在地的区、县防汛指挥机构的统一指挥。

第二十二条 国家因国防、防汛或者重大经济建设和社会发展需要依法收回滩涂使用权的,原开发利用滩涂的单位或者个人应当服从。建设单位应当向原开发利用滩涂的单位或者个人给予合理补偿。

第二十三条 单位或者个人开发利用滩涂,应当缴纳滩涂使用费。滩涂使用费征收和使用的具体办法,由市人民政府另行制定。

第二十四条 对在滩涂资源的保护和开发以及科学研究等方面作出显著成绩的单位或者个人,由市和区、县人民政府或者同级水行政主管部门给予表彰、奖励。

第二十五条 单位或者个人违反本条例规定的,由市滩涂管理处或者区、县水行政主管部门责令其停止违法行为,限期恢复原状或者采取补救措施,其中造成经济损失的,应当依法承担赔偿责任,对直接责任者可以由其所在单位或者上级机关给予行政处分。

第二十六条 违反本条例规定,有下列行为之一的,由市滩涂管理处或者区、县水行政主管部门没收其违法所得,并按照下列规定处以罚款:

(一)违反本条例第十三条第一款规定,擅自改变开发利用项目的用途、范围、使用方式及其开发期限的,处以一千元以上二万元以下的罚款;

（二）违反本条例第十三条第二款规定，擅自转让滩涂使用权的，处以违法所得的百分之五十以下的罚款；

（三）违反本条例第十九条第一项、第二十条第二项及第四项规定，擅自拆除或者损坏护滩、保岸、促淤工程设施以及危害滩涂完整和堤防安全的，处以三千元以上五万元以下的罚款；

（四）违反本条例第十九条第二项规定，擅自在滩涂上割青、放牧的，处以一百元以上二千元以下的罚款；

（五）违反本条例第十九条第三项规定，擅自在滩涂设置或者扩大排污口的，处以一千元以上三万元以下的罚款；

（六）违反本条例第二十条第一项规定，无证开发利用滩涂的，处以二千元以上四万元以下的罚款；

（七）违反本条例第二十条第三项规定，擅自倾倒废液、废渣或者其他废弃物污染滩涂的，处以一千元以上三万元以下的罚款；

（八）违反本条例第二十条第五项规定，损毁护滩防浪作物或者砍伐堤防防护林的，处以一百元以上一万元以下的罚款。

违反本条例规定，属于其他行政管理部门管理职权的，由有关部门按照相关法律、法规予以处罚。

第二十七条 单位或者个人违反本条例规定，有下列情形之一的，由市水务行政管理部门吊销其《滩涂开发利用许可证》：

（一）自获准圈围滩涂之日起满两年，无正当理由未圈围的；

（二）擅自改变滩涂使用范围、用途，情节严重的；

（三）拒不缴纳滩涂使用费的。

第二十八条 市水务行政管理部门、市滩涂管理处或者区、县水行政主管部门作出行政处罚，应当出具行政处罚决定书。收缴罚没款应当出具市财政部门统一印制的罚没财物收据。

罚没收入按规定上缴国库。

第二十九条 当事人对行政管理部门作出的具体行政行为不服的，可以按照《中华人民共和国行政复议法》和《中华人民共和国行政诉讼法》的规定，申请行政复议或者提起行政诉讼。

当事人在法定期限内不申请复议，不提起诉讼，又不履行具体行政行为的，作出具体行政行为的部门可以依据《中华人民共和国行政诉讼法》的规定，申请人民法院强制执行。

第三十条 拒绝、阻碍行政管理人员执行职务，违反《中华人民共和国治安管理处罚法》的，由公安部门依法处罚；情节严重构成犯罪的，依法追究刑事责任。

第三十一条 行政管理人员应当遵纪守法，秉公执法。对玩忽职守、滥用职权、徇私舞弊尚未构成犯罪的，予以行政处分；构成犯罪的，依法追究刑事责任。

第三十二条 本条例的具体应用问题，由市水务行政管理部门负责解释。

第三十三条 本条例自1997年1月1日起施行。

1986年6月20日上海市第八届人民代表大会常务委员会第二十二次会议批准的《上海市滩涂管理暂行规定》同时废止。

上海市排水管理条例

（1996年12月19日上海市第十届人民代表大会常务委员会第三十二次会议通过　根据2001年8月20日上海市第十一届人民代表大会常务委员会第三十次会议《关于修改〈上海市排水管理条例〉的决定》第一次修正　根据2003年10月10日上海市第十二届人民代表大会常务委员会第七次会议《关于修改〈上海市排水管理条例〉的决定》第二次修正　根据2006年6月22日上海市第十二届人民代表大会常务委员会第二十八次会议《关于修改〈上海市排水管理条例〉的决定》第三次修正　根据2010年9月17日上海市第十三届人民代表大会常务委员会第二十一次会议《关于修改本市部分地方性法规的决定》第四次修正）

第一章　总　则

第一条　为了加强本市排水管理，确保排水设施完好和正常运行，防治洪涝灾害，改善水环境，保障人民生命财产安全，促进经济和社会发展，根据有关法律、法规，结合本市实际情况，制定本条例。

第二条　本条例所称排水，是指对产业废水、生活污水（以下统称污水）和大气降水的接纳、输送、处理、排放的行为。

第三条　本条例适用于本市行政区域内的排水及其相关的管理活动，但农业、畜牧业生产排水和水利排灌除外。

第四条　本市实行排水许可和排水设施使用收费制度。

第五条　上海市水务局（以下简称市水务局）是本市排水行政主管部门。市水务局所属的上海市水务行政执法总队（以下简称市水务执法总队）具体负责本市排水的监督检查工作，并按照本条例的规定实施行政处罚。

区（县）排水行政主管部门按照其职责权限，负责辖区内排水的监督和管理，业务上受市水务局的领导。

本市有关行政管理部门应当按照各自的职责，协同实施本条例。

第六条　市属公共排水系统由上海市城市排水有限公司（以下简称市排水公司）负责经营；区（县）属公共排水系统由所在区（县）的排水经营单位负责经营。

公共排水系统内排水设施的运行单位，通过招投标方式确定。

第二章　规划与建设管理

第七条　排水设施建设应当遵循统一规划、配套建设和分散处理与集中处理相结合的原则。

第八条　本市排水系统规划由市水务局会同有关行政管理部门根据国民经济和社会发展计划组织编制，经市城市规划部门综合平衡后，纳入全市总体规划。

区（县）属排水系统规划由区（县）排水行政主管部门组织编制，经市水务局审核后，纳入区（县）域规划。

第九条　编制排水系统规划应当按照地形、地质、降雨量、污水量和水环境等要求进行；新建地区应当实行雨水、污水分流。

第十条　市水务局和区（县）排水行政主管部门应当按照排水系统规划，分期安排公共排水设施的建设计划，并且组织实施。

第十一条　自建排水设施的建设计划，应当符合所在地详细规划和排水系统规划。其中开发区、工业区等自建排水设施建设计划，应当纳入其综合开发计划；住宅区自建排水设施建设计划，应当纳入本市或者区（县）住宅配套建设计划。

接入市属公共排水系统和中心城区内的自建排水设施建设计划，报市水务局审核批准后实施。

接入区（县）属公共排水系统和区（县）内的自建排水设施建设计划，报区（县）排水行政主管部门审核批准后实施。

第十二条 城市规划部门在审批新建、扩建、改建项目时，涉及市属或者区（县）属公共排水系统的，应当征求市水务局或者区（县）排水行政主管部门的意见。

第十三条 排水设施的建设资金，采取政府投资、贷款、受益者集资、单位自筹等多种方式筹措。

第十四条 现有的和经规划确定的排水设施用地未经法定程序调整规划，不得改变用途。

第十五条 排水设施的建设应当遵守国家和本市规定的技术标准，并且符合保护周围建筑物、构筑物等相关设施的技术要求。

在实行雨水、污水分流制的地区，雨水和污水管道不得混接。

因施工确需临时封堵排水管道的，建设单位应当向市水务局或者区（县）排水行政主管部门提出申请，经批准后方可实施。施工期间，应当采取临时排水措施。施工结束后，应当按照要求予以恢复。

第十六条 排水设施建设项目的设计、施工，应当委托持有相应资质证书的单位承担。禁止无证或者超越资质证书规定的经营范围承担排水设施建设项目的设计、施工。

第十七条 接通排水设施排放污水的单位和个体经营者（以下统称排水户），应当按照规定建设相应的污水处理设施，并且在排放口设置具有格栅和闸门等设施的专用检测井。

第十八条 排水设施建设项目竣工后，建设单位应当按照国家规定组织验收。

未经验收或者验收不合格的排水设施建设项目，不得交付使用。

建设单位应当建立完整的排水设施建设项目竣工档案，并且在竣工验收后六个月内送交市城市建设档案馆或者区（县）城市建设档案机构。

第三章 运行管理

第十九条 排水户排放的污水水质，应当符合国家和本市规定的污水排入排水设施水质标准（以下简称排水标准）。

经污水处理厂处理后的水质，应当符合国家和本市规定的污水处理标准。

第二十条 排水户应当向市水务局或者区（县）排水行政主管部门提出排水许可申请。

排水户提出申请时，应当提交下列资料：

（一）本单位平面布置图；

（二）生产产品种类和用水量；

（三）排放污水的水质、水量；

（四）污水的处理工艺；

（五）依法应当提供的其他资料。

市水务局或者区（县）排水行政主管部门受理后，应当征求本条例第三十二条所称养护维修责任单位意见，并且在二十日内给予排水户书面答复；同意的，核发初审批准文件。

市水务局或者区（县）排水行政主管部门对排水户提供的有关资料，应当按照保密要求严格管理。

第二十一条 市水务局或者区（县）排水行政主管部门应当自排水户提出排水之日起十日内进行试排水监测。

市水务局或者区（县）排水行政主管部门对符合排水标准的，核发《排水许可证》；不符合排水标准的，不予发放《排水许可证》，并且限期治理。

第二十二条 各类施工作业临时排水中有沉淀物，足以造成排水设施堵塞或者损坏的，应当由排水户先行沉淀，达到排水标准后，方可排放。

第二十三条 《排水许可证》有效期为五年。排水户应当在《排水许可证》期满三个月前,申请续期。

第二十四条 排水户应当按照《排水许可证》规定的排水总量、排放口数量和排放的主要污染物及其浓度,排放污水。

第二十五条 排水户需要变更排水主体或者排水许可内容的,必须提前十五日向市水务局或者区(县)排水行政主管部门申请排水许可变更登记,经原发证机关批准后方可排放。

第二十六条 在合流污水输送干线的截流范围内和污水管网覆盖地区,排水户应当将污水纳入输送干线和管网,不得任意排放。

第二十七条 在污水排放量超过排水设施受纳量的区域或者在汛期,市排水公司或者区(县)排水经营单位应当采取控制排水量和调整排水时间的调度措施。

排水户应当服从调度,不得强行排水。

第二十八条 市排水公司实施合流污水输送干线中段放泄的,应当报市水务局批准;使用紧急排放口排水的,应当报市人民政府批准。

第二十九条 市水务执法总队或者区(县)排水行政主管部门应当对排水户排入排水设施的污水进行监测,并且建立排水监测档案。

排水户应当接受排水监测,并且如实提供有关资料。

第三十条 电力、通讯、交通等有关部门应当对排水设施的安全运行给予保障。在汛期应当优先满足防汛的特殊要求。

第三十一条 排水设施使用费的征收、使用和管理办法,由市人民政府规定。

排水设施使用费应当用于排水设施的建设、运行和管理,不得挪作他用。

第四章 设施养护管理

第三十二条 排水设施养护维修责任按照下列规定划分:

(一)公共排水系统内的排水设施,由通过招投标方式确定的运行单位负责;

(二)道路规划红线外街坊里弄内的排水设施,由房屋管理部门或者物业管理单位负责;

(三)自建排水设施,由产权单位或者被委托单位负责。

养护维修责任单位应当加强对排水设施的养护维修,并且接受市水务局或者区(县)排水行政主管部门的监督检查。

第三十三条 养护维修责任单位应当按照国家和本市有关污水处理厂、泵站和排水管道等养护维修技术标准,对排水设施进行养护维修,保证排水设施完好和正常运行。

汛期之前,养护维修责任单位应当对排水设施进行全面检查维修,确保汛期安全运行。

第三十四条 养护维修责任单位应当在发现污水冒溢或者接到报告后两小时内赶到现场,及时进行维修、疏通或者采取其他措施,使其尽快恢复正常运行。

第三十五条 排水设施发生事故,养护维修责任单位应当立即组织抢修,采取有效的安全防护措施,并且及时向市水务局或者区(县)排水行政主管部门报告。

排水设施抢修时,有关单位和个人应当支持、配合,不得阻挠。

第三十六条 抢修排水设施或者特殊维护作业时,养护维修责任单位应当向沿线排水户通告暂停排水时间,并且尽快恢复正常排水。对生产、生活环境可能造成严重影响的大范围暂停排水,应当报经市人民政府或者所在地区(县)人民政府批准,并且发布通告。

沿线排水户应当按照通告要求暂停排水。

第三十七条 对有可能影响排水设施安全的,有关单位或者个人应当按照下列规定提出保护方案,并且征得养护维修责任单位的同意:

(一)在污水输送干线管道、直径八百毫米以上的排水管道或者雨水、污水泵站外侧二十米内进行打桩施工的,应当事先提供桩基设计、打桩工艺及控制打桩土体位移措施的有关方案;

(二)在污水输送干线管道、直径八百毫米以上的排水管道或者雨水、污水泵站外侧实施

基坑工程,基坑边缘与管道外侧或者泵站边缘的距离小于基坑开挖深度四倍的,应当事先提供基坑设计方案;

（三）在污水输送干线管道、直径八百毫米以上的排水管道或者雨水、污水泵站外侧十米以内建造建筑物、构筑物或者堆载物品,使地面荷载大于或者等于每平方米两吨的,应当事先提供作业方案。

在污水输送干线管道、直径八百毫米以上的排水管道或者雨水、污水泵站的外侧三米范围内,建造建筑物或者构筑物、打桩、爆破、堆放超过地面限载的重物、进行深度大于管顶高程的开挖施工和井点法降低地下水位的施工等行为的,应当提出确保排水设施安全的可行性研究报告和专家论证意见,在征得养护维修责任单位的同意后,报市水务局或者区(县)排水行政主管部门批准。

第三十八条 排水设施应当设置安全保护区。安全保护区的范围、识别标志和管理办法,由市人民政府规定。

第三十九条 禁止下列损害排水设施的行为:

（一）堵塞排水管道;

（二）擅自占压、拆卸、移动排水设施;

（三）向排水管道倾倒垃圾、粪便;

（四）向排水管道倾倒渣土、施工泥浆、污水处理后的污泥等废弃物;

（五）擅自向排水设施排放污水;

（六）向排水管道排放有毒有害、易燃易爆等物质;

（七）擅自在安全保护区范围内爆破、打桩、修建建筑物、构筑物;

（八）损害排水设施的其他行为。

第五章 法律责任

第四十条 违反本条例第十五条第二款、第十七条、第二十三条、第二十四条、第二十五条、第二十七条第二款、第二十九条第二款、第三十五条第二款、第三十六条第二款规定,或者有第三十九条第(一)、(二)、(三)项行为的,由市水务执法总队或者区(县)排水行政主管部门责令其限期改正,并可予以警告或者对单位处五千元以上五万元以下的罚款,对直接责任人处五百元以上五千元以下的罚款。

第四十一条 违反本条例第十五条第三款、第二十六条、第三十七条规定,或者有第三十九条第(四)、(五)、(六)、(七)、(八)项行为的,由市水务执法总队或者区(县)排水行政主管部门责令其限期改正,并可予以警告或者对单位处一万元以上十万元以下的罚款,对直接责任人处一千元以上一万元以下的罚款。

第四十二条 违反本条例第十九条第一款规定,排水户向排水管道、泵站、污水处理厂排放的污水水质超标的,由市水务执法总队或者区(县)排水行政主管部门责令其限期改正,并可予以警告或者处以下罚款:

（一）排水量在每日二十立方米以下的,处一千元以上五千元以下的罚款;排水量超过每日二十立方米的,处五千元以上五万元以下的罚款;

（二）排放的污水严重超标,损坏排水设施、影响污水运行或者影响防汛安全的,对单位处五万元以上十万元以下的罚款,对直接责任人处一千元以上一万元以下的罚款。

第四十三条 违反本条例第十七条、第二十二条、第二十四条、第二十九条第二款规定,情节严重并且拒不改正的,由市水务局或者区(县)排水行政主管部门吊销其《排水许可证》。

第四十四条 违反本条例规定,有下列行为之一的,由市水务局或者区(县)排水行政主管部门责令其限期改正,并予以处罚:

（一）擅自实施中段放泄或者使用紧急排放口排水的,处一万元以上十万元以下的罚款;

（二）擅自大范围暂停排水的,处五千元以上五万元以下的罚款;

（三）未按照规定的技术标准养护维修排水设施的,处一千元以上一万元以下的罚款;

（四）污水冒溢,未按照规定的时间赶到现场或者未采取措施的,予以警告或者处一千元以上一万元以下的罚款。

第四十五条 违反本条例第二十六条、第二十七条第二款、第三十六条第二款规定，或者有第三十九条第（五）、（六）项行为，情节严重并且拒不改正的，市水务局或者区（县）排水行政主管部门应当封堵其排放口，但必须提前书面通知排水户。

第四十六条 本条例第四十三条、第四十四条、第四十五条规定的行政处罚，市水务局可以委托市水务执法总队实施。

第四十七条 违反本条例规定，属其他部门管理职权的，由相关部门依法予以处罚。

第四十八条 违反本条例规定，造成排水设施损坏或者堵塞的，应当依法承担疏通、维修责任以及相应的赔偿责任。

因养护维修责任单位过错造成他人损失的，应当依法承担相应的赔偿责任。

第四十九条 妨碍行政管理人员执行公务，违反《中华人民共和国治安管理处罚法》的，由公安部门依法处罚；构成犯罪的，依法追究刑事责任。

第五十条 排水管理部门未履行本条例规定的职责、违法审批或者作出其他错误决定的，由上级行政机关责令其纠正，或者予以撤销；造成直接经济损失的，依法赔偿。

第五十一条 排水执法人员玩忽职守、滥用职权、徇私舞弊，未构成犯罪的，给予行政处分；构成犯罪的，依法追究刑事责任。

第五十二条 市水务局、市水务执法总队或者区（县）排水行政主管部门对当事人作出行政处罚，应当按照《中华人民共和国行政处罚法》的规定执行。

第五十三条 当事人对市水务局、市水务执法总队或者区（县）排水行政主管部门的具体行政行为不服的，可以按照《中华人民共和国行政复议法》和《中华人民共和国行政诉讼法》的规定，申请行政复议或者提起行政诉讼。

当事人对具体行政行为在法定期限内不申请复议，不提起诉讼，又不履行的，作出具体行政行为的部门可以依据《中华人民共和国行政诉讼法》的规定，申请人民法院强制执行。

第六章 附 则

第五十四条 本条例有关用语的含义：

（一）排水设施，是指公共排水设施和自建排水设施，包括排水管道、泵站、污水处理厂及其附属设施和具有排水功能的河道、湖泊、沟渠等。

（二）自建排水设施，是指产权单位自行投资建设用于本区域排放污水的排水管道、泵站、污水处理厂及其附属设施。

（三）市属公共排水系统，是指本市中心城区范围的公共排水设施网络以及接入中心城区公共排水设施网络的部分排水设施。

（四）区（县）属公共排水系统，是指各区（县）自成体系并具有独立排水功能的公共排水设施网络。

第五十五条 具有排水功能的河道、湖泊、沟渠的规划、建设、养护和管理，按照国家和本市有关法律、法规执行。

第五十六条 本条例的具体应用问题，由市水务局负责解释。

第五十七条 本条例自1997年5月1日起施行。

上海市人才流动条例

（1996 年 12 月 19 日上海市第十届人民代表大会常务委员会第三十二次会议通过　根据 2003 年 6 月 26 日上海市第十二届人民代表大会常务委员会第五次会议《关于修改〈上海市人才流动条例〉的决定》第一次修正　根据 2015 年 6 月 18 日上海市第十四届人民代表大会常务委员会第二十一次会议《关于修改〈上海市环境保护条例〉等 8 件地方性法规的决定》第二次修正）

第一章　总　　则

第一条　为了加强本市人才流动的管理，规范人才流动秩序，保障单位和个人合法权益，维护社会公共利益，促进经济建设和社会发展，根据国家有关法律、法规的规定，结合本市实际情况，制定本条例。

第二条　本条例所称的人才流动，是指具有专业技术或者管理能力的人员，通过与单位相互选择而实现个人的职业或者工作单位的变动。

第三条　本条例适用于本市范围内发生的人才流动及其相关的行为和活动。

法律、法规另有规定的，从其规定。

第四条　人才流动应当遵循促进人才资源合理配置，尊重人才择业自主权、尊重单位用人自主权的原则。

鼓励人才向国家重点加强的行业、部门以及国家重点建设工程和重点科研项目流动。

第五条　上海市人事局（以下简称市人事局）是本市人才流动工作的行政主管部门。其主要职责是：

（一）管理和指导本市人才流动工作；

（二）负责人才交流服务机构的设立审批和监督管理；

（三）引导人才向国家和本市重点加强的行业、部门以及重点建设工程和重点科研项目流动；

（四）处理人才流动中的争议；

（五）负责本条例的实施。

区、县人事局在市人事局的指导下，负责本行政区域内的人才流动工作。

第二章　人才流动中单位和个人的行为规范

第六条　单位和个人在人才流动中，必须遵守法律、法规的规定，不得侵犯各方的合法权益，并自觉履行聘用合同（以下简称合同）约定的义务。

第七条　人才流动不受单位性质、个人身份、专业和性别的限制。但法律、法规另有规定的除外。

第八条　人才流动可以通过以下渠道实现：

（一）委托人才交流服务机构推荐；

（二）通过各类人才交流会洽谈；

（三）通过各种新闻媒介刊登、播放人才招聘、求职启事；

（四）其他有利于促进人才流动的渠道。

第九条　刊登、播放人才招聘、求职启事的内容应当准确，不得违反法律、法规的规定。

第十条　单位和个人在相互选择时，应当据实向对方介绍各自的基本情况和要求，并提供必要的证明文件或者其他相关材料。

第十一条　单位不得采用不正当手段招聘人才，不得以任何名义向应聘人员收取费用。

第十二条 单位和个人确定聘用关系时，应当在平等自愿、协商一致的基础上签订合同，并可以就服务期限、培训、住房以及保守技术秘密、商业秘密等方面约定有关事项。

第十三条 个人因人才流动需要提前解除合同或者辞职，应当按照法律、法规规定的期限通知单位。

第十四条 个人因人才流动需要提前解除合同或者辞职，与单位所签订的合同中有服务期限、培训费用和住房补偿等约定的，应当按照合同的约定处理有关事宜。

没有合同约定，而单位确为个人出资培训或者提供住房的，单位可以索取补偿。补偿的具体办法由市人事局规定。

第十五条 单位在收到个人提前解除合同的书面通知或者辞职的书面申请后，对没有合同纠纷或者已经履行合同约定义务的，应当按照规定期限为其办理离职手续。

第十六条 个人在人才流动中不得有下列行为：

（一）泄露国家秘密；

（二）侵犯单位的知识产权；

（三）侵犯单位的商业秘密；

（四）有关法律、法规禁止的其他行为。

第十七条 担负国家和本市重点工程、重点科研项目的主要技术、管理责任人员，在工程、项目完成前未经单位同意不得流动。

涉及国家秘密的人员的流动，应当事先征得保密部门的同意，并按照有关规定办理。

正在接受司法机关或者行政机关依法审查、尚未结案的人员，未经审查机关同意不得流动。

第十八条 个人到外省市单位工作，需要办理有关手续的，由有关单位按照人事管理权限为其办理手续。

单位需要从外省市引进本市紧缺、急需的人才，向市或者区、县人事局提出申请，经批准后办理有关手续。

第十九条 单位招聘在海外的出国留学人员或者引进外国专家，应当按照国家和本市的有关规定办理手续。

第三章　人才交流服务机构

第二十条 人才交流服务机构是指按照公开、公平、公正的原则，为单位和个人之间的相互选择提供中介服务的机构。

第二十一条 设立人才交流服务机构，应当具备下列条件：

（一）有开展人才交流服务活动必需的场所、设施；

（二）有经过专业培训的专职工作人员；

（三）有健全可行的工作规范和章程；

（四）能够独立承担民事责任。

第二十二条 市属单位及在本市的中央、外省市所属单位需要设立人才交流服务机构的，应当向市人事局提出申请；区、县属单位需要设立人才交流服务机构的，应当向所在地的区、县人事局提出申请。个人不得设立人才交流服务机构。

市或者区、县人事局应当自收到有关申请之日起三十日内作出审批决定，经审查合格的，发给《上海市人才交流服务许可证》。其中须办理工商登记的，应当到工商行政管理部门办理登记手续。

未经批准的不得从事人才交流服务活动。

第二十三条 人才交流服务机构的服务范围是：

（一）接受单位的委托，为其招用或者聘用所需人才；

（二）接受个人的委托，向单位推荐；

（三）为单位和个人提供人才供需信息和咨询服务；

（四）举办与人才流动有关的各类培训；

（五）其他经批准的服务项目。

市或者区、县人事局所属的人才交流服务机构，还可以根据市或者区、县人事局的委托，按照国家有关规定办理流动人员人事档案保管、人事代理等事项。

第二十四条 人才交流服务机构应当据实

开展中介服务,不得提供虚假情况。

第二十五条 人才交流服务机构的收费项目和标准,由市物价局会同市财政局和市人事局核定。

第四章 人才流动中的争议处理

第二十六条 处理人才流动争议,应当按照合法、公正、及时的原则,维护当事人的合法权益。

第二十七条 发生人才流动争议时,当事人应当按照法律、法规的规定和合同约定,协商解决争议事宜;也可以向本单位的上级主管部门人事争议调解机构申请调解。

第二十八条 当事人协商或者调解不成的,可以向单位所在地的区、县人事局申请裁决。其中当事人属在本市的中央、外省市所属单位,以及重大、复杂的人才流动争议案件,可以直接向市人事局申请裁决。

第二十九条 市或者区、县人事局应当自收到当事人申请裁决的书面申请之日起七日内作出受理或者不受理的决定。

决定受理的,市或者区、县人事局应当自受理申请之日起六十日内作出裁决。

第三十条 当事人对市或者区、县人事局的裁决不服的,可以依法向人民法院提起诉讼。

第五章 法律责任

第三十一条 单位违反本条例第十一条规定,采用不正当手段招聘人才,对该人员原所在单位造成损失的,应当承担赔偿责任。

第三十二条 单位违反本条例第十五条规定,不按照规定的期限为个人办理离职手续,给个人造成损失的,应当承担赔偿责任。

第三十三条 个人违反本条例第十六条规定,在人才流动中有禁止行为,给单位造成损害的,应当承担赔偿责任。泄露国家秘密,不够刑事处罚的,可以给予行政处分;构成犯罪的,依法追究刑事责任。

第三十四条 人才交流服务机构违反本条例第二十四条规定,故意提供虚假情况,给当事人造成损失的,应当承担赔偿责任。

第三十五条 对违反本条例的下列行为,由市或者区、县人事局按照以下规定予以处罚:

(一)违反本条例第二十二条第三款规定,未经批准设立的人才交流服务机构,依法予以取缔,没收违法所得,并可以根据情节轻重处以五千元以下的罚款。

(二)人才交流服务机构违反本条例第二十四条规定,不据实中介、提供虚假情况的,予以警告或者处以五千元以下的罚款;情节严重的,吊销其《上海市人才交流服务许可证》。

第三十六条 单位违反本条例第十一条规定,向应聘人员收取费用的;人才交流服务机构违反本条例第二十五条规定,不按照规定的收费项目和标准收取费用的,由物价部门按照有关规定予以处罚。

第三十七条 市或者区、县人事局工作人员玩忽职守、滥用职权、徇私舞弊,侵犯单位、个人、人才交流服务机构合法权益的,由市或者区、县人事局按照管理权限予以行政处分;构成犯罪的,依法追究刑事责任。

第三十八条 当事人对行政管理部门的具体行政行为不服的,可以依照《中华人民共和国行政复议法》或者《中华人民共和国行政诉讼法》的规定,申请行政复议或者提起行政诉讼。

当事人在法定期限内不申请复议、不提起诉讼,又不履行的,作出具体行政行为的部门可以申请人民法院强制执行。

第六章 附　　则

第三十九条 人才流动中有关人员的养老保险、失业保险以及医疗保险事宜,按照国家和本市的有关规定执行。

第四十条 在本市的外国企业常驻代表机构和其他外国常驻机构需要招聘人才的,按照国家和本市的有关规定办理。

第四十一条 本条例的具体应用问题，由市人事局负责解释。

第四十二条 本条例自1997年4月1日起施行。

上海市母婴保健条例

（1996年12月19日上海市第十届人民代表大会常务委员会第三十二次会议通过 根据2010年9月17日上海市第十三届人民代表大会常务委员会第二十一次会议《关于修改本市部分地方性法规的决定》修正）

第一章 总 则

第一条 为了保障母亲和婴幼儿健康，提高出生人口素质，根据《中华人民共和国母婴保健法》和有关法律、法规，结合本市实际情况，制定本条例。

第二条 本条例适用于本市行政区域内母婴保健活动及其管理。

第三条 母婴保健工作实行以保健为主，保健与医疗相结合的方针。

第四条 各级人民政府领导母婴保健工作，应当将母婴保健事业纳入本地区国民经济和社会发展计划，增加母婴保健经费投入，为母婴保健工作提供必要条件和保障。

第五条 市卫生行政部门是本市母婴保健工作的主管部门，负责本条例的实施。区、县卫生行政部门负责本辖区内母婴保健工作。

各级财政、民政、教育、劳动、公安、计划生育等行政部门应当在各自职责范围内，协同卫生行政部门做好母婴保健工作。

市和区、县卫生行政部门设立母婴保健监督员，执行对母婴保健工作的监督检查任务。

第六条 本市实行母婴保健技术服务执业许可证制度。

第七条 本市鼓励和支持母婴保健领域的宣传、教育、科研工作，普及母婴保健科学知识，推广先进、实用的母婴保健技术。

第八条 对在母婴保健工作中做出显著成绩和在母婴保健科学研究中取得显著成果的单位和个人，由各级人民政府予以奖励。

第二章 保健机构与人员

第九条 本条例所称的医疗保健机构，是指各级妇幼保健所、妇幼保健院、妇产科医院、儿童(儿科)医院和开展母婴保健业务的其他医疗机构。

第十条 市妇女保健所、市儿童保健所和市计划生育技术指导所根据各自职责，从业务上指导全市各级医疗保健机构的母婴保健工作。

区、县妇幼保健所从业务上指导本辖区内医疗保健机构的母婴保健工作。

第十一条 地段医院和乡、镇卫生院负责开展本地区孕产妇、婴幼儿保健服务。

第十二条 申请从事母婴保健技术服务的医疗保健机构，必须符合国家和本市规定的条件和技术标准，并按照下列规定办理审批手续：

(一)从事终止妊娠术、节育手术、助产等技术服务的，向所在地的区、县卫生行政部门提出申请。区、县卫生行政部门在收到申请之日起三十日内作出审查决定，对审查合格的，发给《母婴保健技术服务执业许可证》；对审查不合格的，说明理由并书面通知申请人。

(二)从事婚前医学检查、遗传病诊断、产前诊断和人工授精等技术服务的，向市卫生行政部门提出申请。市卫生行政部门在收到申请之日起三十日内作出审查决定，对审查合格的，发给《母婴保健技术服务执业许可证》；对审查不合格的，说明理由并书面通知申请人。

第十三条 从事终止妊娠术、节育手术、助产等技术服务的医务人员，应当经所在地的区、县卫生行政部门考核合格，取得所在地的区、县卫生行政部门发给的《母婴保健技术考核合格证书》。

从事婚前医学检查、遗传病诊断、产前诊断和人工授精等技术服务的医务人员，应当经市卫生行政部门考核合格，取得市卫生行政部门发给的《母婴保健技术考核合格证书》。

第十四条 本市实行孕产妇死亡、婴儿死亡和新生儿出生缺陷、伤残儿首次诊断等报告制度。

第三章 婚前保健

第十五条 医疗保健机构应当为公民提供婚前保健服务。

婚前保健服务包括下列内容：

（一）婚前卫生指导：关于性卫生知识、生育知识和遗传病知识的教育；

（二）婚前卫生咨询：对有关婚配、生育保健等问题提供医学意见；

（三）婚前医学检查：对准备结婚的男女双方可能患影响结婚和生育的疾病进行医学检查。

第十六条 准备结婚的男女双方，应当持下列证件到一方户口所在地的婚前医学检查单位接受婚前医学检查：

（一）居民身份证或者其他有效身份证明和户籍证明；

（二）工作单位或者户口所在地的居（村）民委员会出具的《婚姻状况证明》。

第十七条 婚前医学检查包括对下列疾病的检查：

（一）严重遗传性疾病；

（二）指定传染病；

（三）有关精神病。

婚前医学检查的具体项目，按照国务院卫生行政部门的规定执行。

第十八条 男女双方在接受婚前医学检查时，应当如实回答医务人员有关健康状况的询问，配合检查。

男女双方在接受婚前医学检查时，有权拒绝回答与检查无关的问题。

第十九条 开展婚前医学检查业务的医疗保健机构应当依法提供保健服务，不得擅自超越服务范围，不得随意增减检查项目。

从事婚前医学检查业务的医务人员及有关人员应当依法为受检者保密。

第二十条 进行婚前医学检查的医师发现被检查者患指定传染病且在传染期内或者患有关精神病且在发病期内的，应当提出医学意见；准备结婚的男女双方应当暂缓结婚。

第二十一条 对婚前医学检查诊断患有医学上认为不宜生育的严重遗传性疾病的当事人，医师应当向男女双方说明情况，提出医学意见；经男女双方同意，采取长效避孕措施后，可以结婚。但《中华人民共和国婚姻法》规定禁止结婚的除外。

第二十二条 婚前医学检查单位应当向接受婚前医学检查的当事人出具《婚前医学检查证明》。

第二十三条 婚前医学检查的当事人对检查结果有异议，可以按照本条例第四十五条第一款的规定申请医学技术鉴定，经鉴定后，取得《母婴保健医学技术鉴定证明》。

《婚前医学检查证明》与《母婴保健医学技术鉴定证明》不一致的，以《母婴保健医学技术鉴定证明》为准。

第二十四条 婚姻登记机关在办理结婚登记时，应当查验《婚前医学检查证明》或者《母婴保健医学技术鉴定证明》。

第四章 孕产期保健

第二十五条 医疗保健机构应当为育龄妇

女、孕产妇和新生儿提供孕产期保健服务。

孕产期保健服务包括下列内容：

（一）为孕育健康后代提供医学指导和咨询；

（二）为孕产妇建立保健卡，提供定期产前、产后检查服务；

（三）对有高度危险因素的孕妇进行监护、随访和治疗；

（四）为孕产妇安全分娩提供助产、引产技术服务；

（五）对胎儿生长发育进行监护，提供咨询和医学指导；

（六）为新生儿生长发育、哺乳和护理等提供医疗保健服务，进行定期访视；

（七）经市卫生行政部门认定的其他项目。

第二十六条 经检查，医师发现或者怀疑育龄夫妻患有严重遗传性疾病的，应当提出医学意见。育龄夫妻应当根据医师的医学意见，采取相应的措施。

第二十七条 对患有严重疾病，妊娠可能危及孕妇生命安全或者可能严重影响孕妇健康和胎儿正常发育的，医疗保健机构应当予以医学指导和重点监护。对继续妊娠可能危及其健康的，医师应当及时提出终止妊娠的医学意见。

第二十八条 由于接触致畸物质，妊娠可能危及孕妇生命安全或者可能严重影响孕妇健康和胎儿正常发育的，医疗保健机构应当提出医学意见。

第二十九条 经产前检查，医师发现或者怀疑胎儿异常的，应当对孕妇进行产前诊断。

经产前诊断，确定胎儿有严重遗传性疾病或者严重缺陷的，医师应当及时提出终止妊娠的医学意见。

第三十条 医疗保健机构施行终止妊娠或者节育手术，应当经孕妇本人签字同意。孕妇无行为能力的，应当经其监护人签字同意。

第三十一条 医疗保健机构应当制定、完善产时监护制度，改善产科条件，加强产科管理。

医师和助产人员应当严格执行产科常规制度和操作规程，提高助产技术和服务质量。

第三十二条 医疗保健机构应当按照有关规定，为新生儿出具《出生医学证明》。

第三十三条 本市提倡母乳喂养婴儿，提高母乳喂养率。

各有关单位应当保证哺乳期妇女的正常哺乳时间。

第三十四条 本市实行新生儿疾病筛查制度。

从事新生儿疾病筛查业务的医疗保健机构，应当负责做好对新生儿疾病的检查、诊断、治疗和随访工作。

第三十五条 禁止采用技术手段对胎儿进行性别鉴定。医学上认为确有需要进行胎儿性别鉴定的，由市卫生行政部门指定的医疗保健机构鉴定。

第三十六条 生育过严重缺陷患儿的妇女需要再次生育的，夫妻双方应当在妊娠前到市卫生行政部门指定的医疗保健机构接受医学检查。必要时其缺陷患儿也应当接受医学检查。

医疗保健机构应当根据检查情况，提出医学意见。

第三十七条 在本市暂住的外来流动人员中的孕妇，可以到本市居住地的地段医院或者乡、镇卫生院登记，建立保健卡，接受孕产期保健服务。

外来流动人员孕产妇应当住院分娩。

第五章 婴幼儿保健

第三十八条 医疗保健机构应当为婴幼儿提供保健服务。

婴幼儿保健服务包括以下内容：

（一）为婴幼儿保健提供科学育儿及医学的指导和咨询；

（二）对婴幼儿进行定期体格检查和生长发育监测；

（三）进行小儿常见病、多发病的防治；

（四）对体弱、伤残、弱智儿提供康复保健服务；

（五）开展计划免疫；

（六）经市卫生行政部门认定的其他项目。

第三十九条 新生儿出生后一个月内，监护人应当携新生儿到其母亲户口所在地的地段医院或者乡、镇卫生院进行登记，领取儿童保健卡。

儿童保健卡是医疗保健机构对婴幼儿定期进行体格检查等系统保健服务的记录，作为婴幼儿入托儿所、幼儿园、小学的健康证明。

第四十条 在本市暂住的外来流动人员中的婴幼儿，应当由其监护人到本市居住地的地段医院或者乡、镇卫生院为其登记，领取儿童保健卡，并且接受婴幼儿系统保健。

第四十一条 托儿所、幼儿园应当设立保健室。其中实行寄宿制的，还应当设立隔离室。

托儿所、幼儿园应当根据收托儿童人数配备相应的卫生保健人员。

托儿所、幼儿园应当对保健员、保育员、营养员进行职业培训。

第四十二条 托儿所、幼儿园的保健员、保育员、营养员应当接受有关专业知识培训和技术等级考核，取得相应的技术等级证书。

托儿所、幼儿园工作人员每年应当到单位所在地的区、县妇幼保健所进行健康检查，领取托儿所、幼儿园工作人员健康证明书。

第六章 医学技术鉴定

第四十三条 本市成立上海市母婴保健医学技术鉴定委员会。

市母婴保健医学技术鉴定委员会依法对医疗保健机构作出的有异议的婚前医学检查、遗传病诊断和产前诊断结果进行医学技术鉴定。

第四十四条 市母婴保健医学技术鉴定委员会成员由市卫生行政部门提名，报经市人民政府批准。

市母婴保健医学技术鉴定委员会的成员必须具有临床经验和医学遗传学知识，并具有卫生专业高级技术职称。

第四十五条 当事人对婚前医学检查、遗传病诊断和产前诊断结果有异议的，可以在接到诊断书之日起十五日内，向市母婴保健医学技术鉴定委员会提出书面申请。

市母婴保健医学技术鉴定委员会应当在收到书面申请之日起三十日内作出鉴定结论。特殊情况可以适当延长，但是延长时间不得超过六十日。

第四十六条 市母婴保健医学技术鉴定委员会在作出鉴定结论后，应当出具《母婴保健医学技术鉴定证明》。

第四十七条 市母婴保健医学技术鉴定委员会成员应当依法进行医学技术鉴定，不得滥用职权，玩忽职守，徇私舞弊。

医学技术鉴定实行回避制度。凡与申请鉴定人有利害关系、可能影响公正鉴定的人员，应当回避。

第七章 法律责任

第四十八条 对取得《母婴保健技术服务执业许可证》的医疗保健机构聘用未取得《母婴保健技术考核合格证书》人员的或者未取得《母婴保健技术服务执业许可证》的医疗保健机构，从事本条例规定的技术服务或者出具本条例规定的有关医学证明的，卫生行政部门应当予以制止，并给予警告或者处以二千元以上五千元以下的罚款；情节严重的，处以一万元以上三万元以下的罚款。

对未取得《母婴保健技术考核合格证书》的人员从事本条例规定的技术服务或者出具本条例规定的有关医学证明的，卫生行政部门应当予以制止，并给予警告或者处以一千元以上五千元以下的罚款；情节严重的，处以五千元以上一万元以下的罚款。

对聘用未取得托儿所、幼儿园工作人员健康证明书的人员从事托儿所、幼儿园工作的，卫生行政部门应当予以制止，并给予该单位警告或者处以五百元以上二千元以下的罚款。

第四十九条 从事母婴保健工作的人员违反本条例规定，出具有关虚假医学证明或者进行胎儿性别鉴定的，由医疗保健机构或者卫生行政部门给予行政处分；情节严重的，依法取消执业资格。

第五十条 当事人对卫生行政部门的具体行政行为不服的，可以按照《中华人民共和国行政复议法》和《中华人民共和国行政诉讼法》的规定，申请行政复议或者提起行政诉讼。

当事人在法定期限内不申请复议，不提起诉讼，又不履行行政处罚决定的，作出行政处罚决定的部门可以依据《中华人民共和国行政诉讼法》的规定，申请人民法院强制执行。

第五十一条 卫生行政管理人员应当遵纪守法，秉公执法。对玩忽职守、滥用职权、徇私舞弊的，由其所在单位或者上级主管部门给予行政处分；构成犯罪的，依法追究刑事责任。

第八章 附 则

第五十二条 本条例自1997年3月1日起施行。

上海市授予荣誉市民称号规定

（1997年1月15日上海市第十届人民代表大会常务委员会第三十三次会议通过 根据1998年8月18日上海市第十一届人民代表大会常务委员会第四次会议《关于修改〈上海市人民代表大会常务委员会关于授予外国人“上海市荣誉市民”称号的办法〉的决定》修正）

第一条 为了鼓励和表彰对本市经济、社会发展和促进对外交流与合作等方面作出突出贡献的外国人、华侨和市外其他人士，根据《中华人民共和国地方各级人民代表大会和地方各级人民政府组织法》的规定，制定本规定。

第二条 具备下列条件之一的外国人、华侨和市外其他人士，可以授予“上海市荣誉市民”称号：

（一）推进本市对外交往，建立友好城市关系，开展交流合作贡献突出的；

（二）为本市制订城乡发展规划，环境、资源保护和重大技术政策方面提出重要建议贡献突出的；

（三）促进本市经济建设和高新技术发展贡献突出的；

（四）为本市开拓国内外市场，促进经贸活动贡献突出的；

（五）为发展本市科学、教育、文化、卫生、体育事业贡献突出的；

（六）资助本市发展社会公益事业和慈善事业贡献突出的；

（七）其他方面贡献突出的。

第三条 符合授予“上海市荣誉市民”称号条件的，由区、县人民政府和市人民政府各工作部门以及其他市级机关工作机构推荐。推荐单位应当填写由市人民政府统一印制的《上海市荣誉市民推荐书》，并向有关主管部门申报：

（一）被推荐人是外国人的，向市人民政府外事行政主管部门申报；

（二）被推荐人是华侨的，向市人民政府侨务行政主管部门申报；

（三）被推荐人是市外其他人士的，向有关市级主管部门申报。

第四条 市人民政府外事、侨务及其他有关市级主管部门收到推荐“上海市荣誉市民”的申报后，应当提出初审意见。由市人民政府外事办公室负责协调、综合平衡后，再报市人民政府审核。由市人民政府提请市人民代表大会常务委员会审议决定。

第五条 经市人民代表大会常务委员会审议决定授予"上海市荣誉市民"称号的,由市人民政府举行仪式,颁发《上海市荣誉市民证书》和证章。证书由市长签署。

对获得"上海市荣誉市民"称号的人士应当给予礼遇。

第六条 本规定自1997年1月15日起施行。

上海市街道办事处条例

(1997年1月15日上海市第十届人民代表大会常务委员会第三十三次会议通过 根据2011年12月22日上海市第十三届人民代表大会常务委员会第三十一次会议《关于修改本市部分地方性法规的决定》修正 2016年9月14日上海市第十四届人民代表大会常务委员会第三十二次会议修订)

第一条 为了加强街道办事处建设,规范和保障街道办事处依法履职,提高公共服务和管理水平,密切政府与群众联系,根据《中华人民共和国地方各级人民代表大会和地方各级人民政府组织法》和有关法律、行政法规的规定,结合本市实际,制定本条例。

第二条 街道办事处是区人民政府的派出机关,依法在辖区内履行相应的政府服务和管理职能。

第三条 街道办事处在中国共产党街道工作委员会的领导下,按照职能清晰、权责一致、运转协调、保障有力、依法高效的原则履行职能。

第四条 街道办事处的设立、变更或者撤销,应当根据地域条件和居民分布状况,符合便于联系群众、有效服务和管理的原则。

街道办事处的设立、变更或者撤销,由区人民政府提出,经市民政局审核后,报市人民政府批准。

第五条 街道办事处以辖区内的公共服务、公共管理、公共安全为工作重点,履行下列职能:

(一)统筹落实社区发展的重大决策和社区建设规划,参与辖区公共服务设施建设规划编制,推动辖区健康、有序、可持续发展;

(二)组织实施与居民生活密切相关的卫生、文化体育、社区教育、为老服务等社区公共服务,落实人力资源社会保障、民政、计划生育等领域的相关政策;

(三)综合协调辖区内的城市管理、人口管理、社会管理、安全管理、住宅小区和房屋管理等地区性、综合性工作;

(四)组织开展对辖区内各类专业执法工作的群众监督和社会监督;

(五)动员社会力量参与社区治理,整合辖区内社会力量,形成社区共治合力,为社区发展服务,推动社区公益慈善事业发展;

(六)指导居民委员会等基层群众性自治组织建设,健全自治平台,组织社区居民和单位参与社区建设和管理;

(七)承担辖区社会治安综合治理工作,反映社情民意,化解矛盾纠纷,维护社区平安;

(八)做好国防教育和兵役等工作;

(九)法律、法规、规章规定的其他职能和区人民政府交办的其他事项。

法律、法规、规章规定属于市、区人民政府职能部门承担的职责,市、区人民政府职能部门应当严格依法履行。

区人民政府应当根据街道办事处的职能定位,明确街道办事处的职责任务,制定街道办事处行政权力和行政责任清单。

第六条 街道办事处按照精简、高效的原则,下设社区服务、社区管理、社区自治、社区平安等工作机构。

区人民政府应当根据街道面积、人口规模等实际情况和工作需要,合理配置街道办事处的行政编制和事业编制。

第七条 街道办事处实行主任负责制,街道办事处主任、副主任由区人民政府任命。

第八条 街道办事处应当根据本条例的规定,制定和完善内部工作规则,明确议事、决策、执行等工作程序,建立岗位职责、业务培训、考核奖励等工作制度。

第九条 街道办事处根据履行职能的需要,可以设置或者依托相关服务管理机构和平台,为社区居民提供社区事务受理、公共文化、公共卫生等公共服务,开展城市网格化管理和社会治安综合治理等工作。

第十条 本市建立市、区人民政府职能部门将职责范围内的行政事务委托或者交由街道办事处承担的准入制度;政府职能部门未经审核批准,不得将职责范围内的行政事务委托或者交由街道办事处承担。

市级职能部门在起草地方性法规、政府规章草案以及制订规范性文件和其他文件时,确需将职责范围内的行政事务委托或者交由街道办事处承担的,应当作出专项说明,听取相关部门、区人民政府、街道办事处的意见,并按照规定程序报批。

区人民政府应当建立区级职能部门将职责范围内的行政事务委托或者交由街道办事处承担的审核机制,并在审核过程中听取街道办事处的意见。

经审核批准,政府职能部门将职责范围内的行政事务委托或者交由街道办事处承担的,应当同时为街道办事处提供相应保障措施,并赋予街道办事处在工作履职、人事任免、资产资金等方面的管理权。

第十一条 对责任部门明确的执法和管理事项,市、区人民政府职能部门及其派出机构应当依法履行职责,街道办事处依法予以配合和监督。

市、区人民政府职能部门应当建立主动服务基层的工作机制,支持、配合街道办事处履行服务和管理职能。

区人民政府对其职能部门、区人民政府职能部门对其派出机构和机构主要负责人进行考核时,应当将群众满意度评价和街道办事处意见作为重要依据。

第十二条 对辖区内需要多部门协同解决的综合性事项,街道办事处有权对相关职能部门及其派出机构,按照职责就近、管辖有利的原则,进行统筹协调、考核督办。

街道办事处可以召集由政府职能部门及其派出机构参加的联席会议,协调解决辖区内各类公共服务、管理和安全事项。

街道办事处所属的城市网格化综合管理机构对巡查发现的辖区内城市管理、市场监管、街面治安等问题,应当及时派单调度、督办核查,指挥协调相关职能部门派出机构及时予以处置。

城管执法、公安、市场监管等执法和管理机构应当加强协作,接受街道城市网格化综合管理机构的派单调度,及时反馈处置情况,并接受督办核查。

第十三条 市、区人民政府及其职能部门在制定与街道有关的社区建设规划和公共服务设施建设规划、研究事关街道辖区内群众利益的重大决策和重大事项时,应当征求街道办事处的意见,并将处理情况及时向街道办事处反馈。

第十四条 街道办事处应当以服务群众、方便群众为导向,整合社区公共资源,健全公共服务网络,创新公共服务供给方式,增强社区基本公共服务的便捷性,提高社区基本公共服务的水平。

市、区人民政府职能部门应当按照推动基本公共服务均等化的要求,通过制定标准、组织业务培训、合理配置资源等方式,为街道办事处开展公共服务提供支持和保障。

第十五条 对群众反映的责任部门不明确的公共服务和管理事项,街道办事处应当认真听取研究群众的诉求,统筹协调区级职能部门及其派出机构推动解决;对经协调未能解决或者不属于街道办事处统筹协调职责的事项,应当及时向区人民政府反映。

第十六条 街道办事处应当动员辖区内企事业单位、社区组织和居民等社会力量参与社区治理,支持人民团体、群众活动团队、社区志愿者依法开展活动,为社区发展服务。

街道办事处应当扶持社区生活服务、公益慈善、文体活动、纠纷调解等社会组织发展,通过与社会组织合作、购买服务等方式,将适合社会组织提供的公共服务和承接的公共事项,交由社会组织承担。

第十七条 街道办事处应当建立健全基层民主协商机制,通过社区代表会议、社区委员会等形式,组织辖区内企事业单位、社区组织和居民对涉及群众切身利益、关系社区持续发展的社区公共事务进行沟通和协调,听取意见和建议,开展民主协商。

街道办事处可以根据议题需要,约请区人民政府有关职能部门列席社区代表会议、社区委员会会议,推动社区相关问题的解决。

第十八条 街道办事处应当推动建立和完善居民区治理体系,在人员、经费和公共服务设施等方面,建立相应的保障机制。

街道办事处应当指导居民委员会等基层群众性自治组织制定并根据自治章程开展自治活动,通过加强业务培训、建立群众评价机制、引入专业社会组织等方式,提升居民委员会等基层群众性自治组织的自治能力。

街道办事处应当落实居民委员会等基层群众性自治组织协助行政事务和印章使用的规范管理制度。

街道办事处应当依法指导和监督辖区内住宅小区业主大会、业主委员会的组建及日常运作。

第十九条 街道办事处的行政事业经费和办公用房,由区人民政府按照国家和本市有关规定予以保障。

第二十条 公安、市场监管、住房城乡建设、规划国土资源、民政、经济信息化、人力资源社会保障等部门应当依法将人口、法人、房屋等基础信息向街道办事处开放,实现职能部门业务数据在街道层面的信息共享。

第二十一条 区人民政府应当根据国家和本市有关规定,配备与街道规模和工作需要相适应的社区工作者队伍,从事相关公共服务和管理工作。

区人民政府和街道办事处应当加强对社区工作者的日常管理、业务培训和考核奖惩。

本市建立社区工作者岗位等级序列,以及与岗位等级和绩效考核相衔接的薪酬体系。

第二十二条 区人民政府应当建立健全街道办事处的工作考核机制。

对街道办事处的工作考核,应当听取其辖区内居民委员会等基层群众性自治组织、社区居民、辖区内企事业单位等各方代表的评议和意见。

第二十三条 市、区人民政府职能部门及其工作人员违反本条例规定,有擅自将职责范围内的行政事务委托、交由街道办事处承担,不接受街道办事处统筹协调、考核督办,或者未征求街道办事处意见等情形的,由同级人民政府予以纠正、通报批评;情节较重的,由同级人民政府或者监察机关对负有直接责任的主管人员和其他直接责任人员,依法予以行政处分。

第二十四条 街道办事处及其工作人员违反本条例规定,未依法履行统筹社区发展、组织公共服务、实施综合管理、维护社区平安等职责的,由区人民政府或者街道办事处予以纠正、通报批评;情节较重的,由区人民政府或者监察机关对负有直接责任的主管人员和其他直接责任人员,依法予以行政处分;构成犯罪的,依法追究刑事责任。

第二十五条 政府职能部门派出机构及其

工作人员违反本条例规定，不按规定接受派单调度、统筹协调、督办核查，或者未依法履行职责的，街道办事处有权向其派出部门提出处理建议，由其派出部门依法处理；情节较重的，应当依法予以行政处分；构成犯罪的，依法追究刑事责任。

第二十六条 本条例自2016年11月1日起施行。

上海市音像制品管理条例

（1997年5月28日上海市第十届人民代表大会常务委员会第三十六次会议通过 根据2003年6月26日上海市第十二届人民代表大会常务委员会第五次会议《关于修改〈上海市音像制品管理条例〉的决定》第一次修正 根据2010年9月17日上海市第十三届人民代表大会常务委员会第二十一次会议《关于修改本市部分地方性法规的决定》第二次修正）

第一章 总 则

第一条 为了保障音像事业的健康、有序发展，促进音像事业的繁荣，丰富人民群众的文化生活，推进社会主义精神文明和物质文明建设，根据国务院《音像制品管理条例》及有关法律、法规，结合本市实际情况，制定本条例。

第二条 本条例适用于本市行政区域内录有内容的录音带、唱片、激光唱盘、录像带、激光视盘（含数码激光视盘）、激光唱视盘等音像制品的出版、制作、复制、进口、批发、零售、出租和放映等经营活动及其管理。

第三条 音像制品经营活动，应当遵守法律、法规，坚持为人民服务、为社会主义服务的方向。

鼓励传播有益于经济发展和社会进步的思想、道德、科学技术和文化知识的音像制品经营活动。

第四条 本市保护音像制品著作权人和音像制品经营者的合法权益。

第五条 本市对音像制品的经营活动实行许可证制度。

第二章 管理部门及其职责

第六条 市新闻出版行政管理部门（以下称市出版行政管理部门）是本市音像制品经营活动的主管部门，其主要职责是：

（一）贯彻执行国家和本市的有关法律、法规，负责本条例的实施；

（二）负责制定、组织实施本市音像事业的发展规划，并对音像制品经营单位的设立实行总量调控；

（三）负责对音像制品经营活动的监督和管理；

（四）负责对音像制品经营、管理人员的培训和考核；

（五）负责对音像制品的鉴定；

（六）对繁荣音像事业作出突出成绩的单位和个人进行表彰、奖励；

（七）对违反本条例的行为实施行政处罚。

第七条 区、县主管音像制品的行政管理部门，负责对本辖区内音像制品经营活动的监督和管理，业务上受市出版行政管理部门的监督和指导，其主要职责是：

（一）贯彻执行国家和本市的有关法律、

法规；

（二）根据本市音像事业的发展规划，制定本辖区内音像事业的发展计划并组织实施；

（三）负责对本辖区内音像制品批发、零售、出租和放映等经营活动的监督和管理；

（四）对繁荣音像事业作出突出成绩的单位和个人进行表彰、奖励；

（五）对违反本条例的行为实施行政处罚。

第八条 各级工商行政管理部门、公安部门以及其他行政部门应当依法履行各自职责，协同市出版行政管理部门或者区、县主管音像制品的行政管理部门实施本条例。

第三章 申请与审批

第九条 从事音像制品经营活动，应当具备下列条件：

（一）有适应业务需要并具备规定资格的工作人员；

（二）有规定数额的资金；

（三）有必要的财务、统计等管理制度，其中音像制品放映单位还应当有必要的场务、票务管理制度；

（四）有必需的设备和符合规定条件的经营场所。

第十条 申请从事音像制品经营活动的，按照下列规定办理审批手续：

（一）申请设立音像出版（包括图书出版单位出版配合本版图书的音像制品）、复制单位，由申请单位的上级行政主管部门报市出版行政管理部门审核。市出版行政管理部门应当自收到申请之日起三十日内提出审核意见，经市人民政府同意后，由市出版行政管理部门报国务院新闻出版行政部门审批。

（二）申请从事音像制作或者音像制品批发业务的单位，应当报市出版行政管理部门审批。市出版行政管理部门应当自收到申请之日起三十日内作出审批决定。

（三）申请从事音像制品零售或者出租业务的，应当报所在地的区、县主管音像制品的行政管理部门审批。区、县主管音像制品的行政管理部门应当自收到申请之日起二十日内作出审批决定。

（四）连锁经营单位从事音像制品零售、出租业务的，应当向市出版行政管理部门申请，市出版行政管理部门应当自收到申请之日起三十日内作出审批决定。

（五）在客运交通工具内从事音像制品零售或者出租业务的，应当向市出版行政管理部门提出申请。市出版行政管理部门应当自收到申请之日起三十日内作出审批决定。

经市出版行政管理部门或者区、县主管音像制品的行政管理部门审核批准的，由批准部门发给音像制品经营许可证。取得音像制品经营许可证的，应当按照国家有关规定，向工商行政管理部门申请营业执照。其中，申请设立音像复制单位的，还应当同时向公安部门申请特种行业许可证。

第十一条 音像制品经营者变更名称、地址、法定代表人或者主要负责人的，应当向原发放音像制品经营许可证的行政管理部门办理变更手续。

音像制品经营者终止经营的，应当向原发放音像制品经营许可证的行政管理部门办理注销手续。

音像制品经营者改变经营范围的，应当按照本条例第十条的规定，重新办理审批手续。

第四章 对经营活动的管理

第十二条 音像制品经营者应当在经营场所的醒目位置展示音像制品经营许可证。

未经市出版行政管理部门或者区、县主管音像制品的行政管理部门许可，任何单位和个人不得从事音像制品经营活动。

第十三条 音像制品经营许可证不得伪造、涂改、出借、出租或者转让。

第十四条 禁止经营有下列内容的音像制品：

（一）危害国家统一、主权和领土完整的；

（二）煽动民族分裂、破坏民族团结的；

（三）泄露国家秘密的；

（四）宣扬淫秽、迷信或者渲染暴力的；

（五）诽谤、侮辱他人的；

（六）有国家禁止出版、传播的其他内容的。

第十五条 音像出版单位可以制作、复制、销售本单位出版的音像制品；销售非本单位出版的音像制品的，应当按照本条例第十条的规定办理审批手续。

第十六条 音像出版单位应当根据批准的选题计划出版音像制品。

第十七条 音像制品出版选题计划的审批和音像制品内容的审核，按照国家有关规定执行。

第十八条 音像出版单位应当在出版的音像制品及其包装的明显位置，标明出版单位的名称、地址、版号以及出版时间、著作权人姓名等事项。

第十九条 音像出版单位不得向任何单位或者个人转让、出租、出售本单位的名称或者版号。

第二十条 音像出版单位应当自音像制品出版之日起三十日内向市出版行政管理部门送交样品。

第二十一条 音像出版、制作单位制作故事类录像制品的，参照本条例第十条第一款第二项规定的程序向市出版行政管理部门另行办理审批手续。

音像出版、制作单位与香港特别行政区、澳门特别行政区和台湾地区或者外国的组织、个人合作制作音像制品的，应当按照国家有关规定办理审批手续。

第二十二条 音像复制单位接受委托复制音像制品的，应当要求委托方提交有关证明文件，并凭委托方的委托书复制音像制品。

音像复制单位应当与委托方签订书面合同，并按照合同的约定复制音像制品。

音像复制单位不得接受非音像出版单位和个人的委托，复制经营性的音像制品。

第二十三条 音像复制单位未经委托不得自行复制音像制品；不得从事音像制品的销售业务。

第二十四条 音像复制单位接受香港特别行政区、澳门特别行政区和台湾地区或者外国的组织、个人委托复制音像制品的，应当将委托方提供的母带、模版报送市出版行政管理部门审核，并持著作权人的授权书向著作权行政管理部门登记。复制的音像制品的交付应当遵守国家有关规定。

第二十五条 音像复制单位应当保存所复制的音像制品的样品和委托方提供的复制委托书及有关证明文件，保存的期限不少于三年。

第二十六条 音像制品经营者进口用于出版或者销售的音像制品的，应当按照国家有关规定，办理审批手续。

第二十七条 供研究、教学参考的进口音像制品，不得用于复制、批发、零售、出租或者放映等经营活动。

第二十八条 音像制品批发单位可以从事音像制品零售业务。

第二十九条 音像制品出租、放映单位用于经营的音像制品，必须向持有音像制品经营许可证的出版、批发或者零售单位购买。

音像制品零售单位用于经营的音像制品，必须向持有音像制品经营许可证的出版或者批发单位购买。

第三十条 符合下列条件之一的音像制品，可以用于批发、零售、出租或者营业性放映：

（一）经国家有关行政部门批准的音像出版单位出版的；

（二）国家有关行政部门批准进口的。

音像出版单位出版时声明供家庭专用的音像制品，不得用于营业性放映。

第三十一条 禁止音像制品经营者转承包经营。

第三十二条 在中小学、幼儿园、托儿所、医院以及本市规定的其他场所内不得进行音像制品的营业性放映活动。

第三十三条 举办音像制品展销等临时性经营活动的，举办者应当在举办临时性经营活动的十五日前,向区、县主管音像制品的行政管理部门提出申请。区、县主管音像制品的行政管理部门应当自收到申请之日起十日内作出审批决定。其中参加展销活动的经营者,应当持有音像制品经营许可证。

音像制品经营者在其经营场所内举办音像制品展销活动的,不必另行申请。

第三十四条 音像制品经营者应当将音像制品的经营报表送市出版行政管理部门或者区、县主管音像制品的行政管理部门备案。

第三十五条 对出版后被国家和本市规定禁止经营的音像制品,音像制品经营者应当及时上交市出版行政管理部门或者区、县主管音像制品的行政管理部门。经营者由此造成的损失按照国家有关规定向原供货单位索赔。

对依法查处的禁止经营的音像制品,由市出版行政管理部门统一销毁。

第三十六条 市出版行政管理部门或者区、县主管音像制品的行政管理部门的管理人员,应当遵纪守法、秉公执法。

市出版行政管理部门或者区、县主管音像制品的行政管理部门的检查人员对音像制品经营活动进行检查时,应当出示行政执法证件。

第三十七条 对检举或者协助查处音像制品违法经营活动有功的单位和个人,市出版行政管理部门或者区、县主管音像制品的行政管理部门应当给予表彰和奖励。

第五章 法律责任

第三十八条 违反本条例,有下列行为之一的,由市出版行政管理部门或者区、县主管音像制品的行政管理部门根据违法行为的情节,给予警告、没收违法音像制品、没收违法所得的处罚,违法经营额一万元以上的,并处违法经营额五倍以上十倍以下的罚款;违法经营额不足一万元的,并处一万元以上五万元以下的罚款:

(一)未取得音像制品经营许可证或者超越许可范围从事音像制品经营活动的;

(二)音像出版单位向其他单位或者个人转让、出租、出售本单位名称或者版号的;

(三)音像出版、制作单位未经批准制作故事类录像制品的;

(四)未经批准与香港特别行政区、澳门特别行政区和台湾地区或者外国的组织、个人合作制作音像制品的;

(五)音像复制单位自行复制、批发、零售音像制品的;

(六)未经批准进口音像制品的;

(七)批发、零售、出租或者营业性放映供研究、教学参考的进口音像制品的;

(八)批发、零售、出租或者营业性放映非音像出版单位出版的音像制品的;

(九)批发、零售、出租或者营业性放映未经批准进口的音像制品的;

(十)经营本条例禁止经营的音像制品的。

有本条第一款所列行为,情节严重的,由市出版行政管理部门或者区、县主管音像制品的行政管理部门责令停产停业,没收违法从事出版、复制经营活动的主要专用工具、设备,吊销音像制品经营许可证。其中,吊销音像制品出版、复制经营许可证,必须经国务院新闻出版行政部门批准。

有本条第一款所列行为,构成犯罪的,依法追究刑事责任。

第三十九条 从事音像制品经营活动侵犯他人著作权的,由著作权行政管理部门依照《中华人民共和国著作权法》给予行政处罚。

从事音像制品经营活动,违反国家有关工商行政管理法律、法规的,由工商行政管理部门依照有关法律、法规给予行政处罚。

从事音像制品经营活动,违反《中华人民共和国治安管理处罚法》的,由公安部门给予行政处罚。

第四十条 当事人对市出版行政管理部门或者区、县主管音像制品的行政管理部门的具体行政行为不服的,可以按照《中华人民共和国行政复议法》和《中华人民共和国行政诉讼法》的规定,申请行政复议或者提起行政诉讼。

当事人对市出版行政管理部门或者区、县

主管音像制品的行政管理部门作出的行政处罚决定在法定期限内不申请复议，不提起诉讼，又不履行的，市出版行政管理部门或者区、县主管音像制品的行政管理部门可以依据《中华人民共和国行政诉讼法》的规定，申请人民法院强制执行。

第四十一条 市出版行政管理部门或者区、县主管音像制品的行政管理部门的管理人员玩忽职守、滥用职权、徇私舞弊的，由其所在单位或者上级主管部门给予行政处分；构成犯罪的，依法追究刑事责任。

第六章 附 则

第四十二条 本条例所称的音像制品经营许可证，是《音像制品出版经营许可证》、《音像制品制作经营许可证》、《音像制品复制经营许可证》、《音像制品批发经营许可证》、《音像制品零售经营许可证》和《音像制品出租经营许可证》的统称。

第四十三条 营业性文化娱乐场所放映非故事类的音像制品的管理，按照《上海市文化娱乐市场管理条例》执行。

第四十四条 本条例自1997年10月1日起施行。

上海市道路交通管理条例

（1997年7月10日上海市第十届人民代表大会常务委员会第三十七次会议通过　根据1999年7月12日上海市第十一届人民代表大会常务委员会第十一次会议《关于修改〈上海市道路交通管理条例〉的决定》第一次修正　根据2000年4月10日上海市第十一届人民代表大会常务委员会第十七次会议《关于修改〈上海市道路交通管理条例〉的决定》第二次修正　根据2001年5月24日上海市第十一届人民代表大会常务委员会第二十八次会议《关于修改〈上海市道路交通管理条例〉的决定》第三次修正　2016年12月29日上海市第十四届人民代表大会常务委员会第三十四次会议修订）

第一章 总 则

第一条 为了加强道路交通管理，保障道路交通有序、安全、畅通，根据《中华人民共和国道路交通安全法》及其实施条例等有关法律、行政法规，结合本市实际，制定本条例。

第二条 本市行政区域内道路交通规划与设施、车辆和驾驶人、道路通行、道路停车、综合治理等活动，适用本条例。

第三条 本市道路交通管理应当坚持适应超大型城市特点，与城市规划、建设相协调；坚持绿色交通理念，优先发展公共交通；坚持动态交通和静态交通协调发展，合理配置道路资源；坚持依法管理，严格查处道路交通违法行为；坚持以人为本，为公众提供便捷、高效的服务。

第四条 市、区人民政府应当保障道路交通管理工作与经济建设和社会发展相适应。

公安机关负责道路交通安全管理工作。

交通行政管理部门负责道路与交通设施的规划、建设、管理，以及交通综合协调等工作。

规划国土资源、住房城乡建设、财政、经济

信息化、司法行政、质量技术监督、工商行政、环境保护、城管执法等部门应当按照各自职责,共同做好道路交通管理工作。

第五条 本市加强道路交通文明建设,各级人民政府应当以弘扬尊法守法,绿色、安全、文明出行等理念为重点,通过宣传教育,不断提高社会公众的道路交通安全意识和交通文明素质。

第二章 交通规划与设施

第六条 市交通行政管理部门根据城市总体规划和综合交通发展规划,组织编制道路交通专业规划,纳入相应的城乡规划。

编制控制性详细规划应当与道路交通相关专项规划相衔接,并征求市交通行政管理部门、市公安机关以及专家和公众的意见,根据意见对规划草案予以修改完善。

第七条 市级系统层面的道路交通基础设施专项规划,由市交通行政管理部门与市规划国土资源行政管理部门共同组织编制;市级项目层面的道路交通基础设施专项规划,由市交通行政管理部门组织编制。区级层面的道路交通基础设施专项规划,由区交通行政管理部门会同区规划国土资源行政管理部门组织编制,并报市交通行政管理部门与市规划国土资源行政管理部门备案。

在编制前款规定的道路交通基础设施专项规划时,应当征求市公安机关以及专家和公众的意见。

第八条 本市实施公共交通优先发展战略。市交通行政管理部门应当会同市公安机关,根据公共交通客运需求和道路通行情况,编制本市公交专用道专业规划,构建适应超大型城市特点和符合优先发展公共交通战略的公交专用道体系。

设置公交专用道,应当综合道路功能定位、交通流量、客流需求等因素,并根据实际情况予以调整。公交专用道上应当设置专用标志、标线,明示通行时间。

在公交专用道上设置的公交站点,可以利用信息化手段公布公交线路、车辆、班次到站时间等信息。

第九条 交通行政管理部门应当定期组织开展客流调查以及公共汽(电)车的线路普查,会同公安机关以及住房城乡建设等部门制定公共汽(电)车线路的新辟、调整、终止计划,优化公共汽(电)车客运线网,推进与轨道交通网络以及其他交通方式的有效融合和衔接,提高公共交通系统的整体效率。

交通行政管理部门应当会同公安机关科学、合理地设置公共汽(电)车具体的线路和站点,方便乘客候车、乘车,方便公共汽(电)车停靠,方便路面公共交通与轨道交通等交通方式的换乘。

第十条 本市倡导慢行优先,改善慢行交通环境,保障慢行交通通行空间。完善非机动车和行人的过街通道,优化交叉路口设计;完善系统、连续的非机动车道网络,优化非机动车标志、标线配置;加强轨道交通站点周边非机动车道、步行通道的建设和管理。

改建、扩建城市道路,应当保障非机动车和行人安全通行。机动车和非机动车、行人混合通行且存在交通安全隐患的道路,应当设置隔离设施。

第十一条 交通行政管理部门会同公安机关等相关部门对根据国家和本市规定需要开展交通影响评价的建设项目,依法组织开展交通影响评价。规划国土资源行政管理部门应当结合交通影响评价意见,对该项目的建设工程设计方案进行审核。

第十二条 建设项目的交通设计应当符合国家和本市相关技术标准。建设项目的出入口与道路衔接的,规划国土资源行政管理部门对其建设工程设计方案进行审核时,应当按照有关规定征求交通行政管理部门、公安机关的意见。

第十三条 新建、改建、扩建道路,建设单位应当编制道路交通组织方案,并经公安机关审核同意;其中交通标志、标线和可变车道、路口诱导屏的设计,应当经交通行政管理部门审核同意。

新建、改建、扩建的道路应当经公安机关和交通行政管理部门验收合格后,方可交付使用。

任何单位和个人不得擅自设置、移动、占用或者损毁交通标志、标线等交通设施。

第十四条 已经投入使用的道路,公安机关可以根据道路交通管理的需要,及时调整道路交通组织方案。公安机关负责交通信号灯的新增和调整;交通行政管理部门负责交通标志、标线的新增和调整。

对于常发性拥堵区域和路段,市公安机关应当会同市交通行政管理部门以及所在地的区人民政府,制定优化道路交通组织方案并推进实施。

第十五条 城市快速路(含高架道路,下同)、隧道、桥梁等道路应当按照科学、安全、畅通的原则,设置限速标志、标线。

第十六条 交通行政管理部门、公安机关应当按照有关规定和标准,科学、规范、合理地设置交通信号灯、交通标志和标线等交通设施,并依据职责分工,保持各项交通设施功能完好。对配时不合理的交通信号灯或者容易造成辨认错误的交通标志、标线,交通行政管理部门、公安机关应当及时进行科学合理的调整。

交通设施损毁、缺失或者存在安全隐患的,设施管理养护单位应当及时修复、更换,排除隐患。

道路两侧及隔离带上种植的树木或者其他植物,设置的广告牌、管线等,应当与交通设施保持必要的距离,不得遮挡路灯、交通信号灯、交通标志,不得妨碍安全视距,不得影响通行。

第十七条 设置横跨道路的管道、横幅等物体的,物体下沿距地面不得小于五点二米;在沿街建筑物上向人行道延伸物体的,物体下沿距地面不得小于二点五米,物体边缘距车行道不得小于零点二米。

第十八条 新建轨道交通站点、公共汽(电)车站点,应当按照规划要求,配套建设机动车和非机动车停车设施。

鼓励区人民政府对其辖区内现有轨道交通站点、公共汽(电)车站点进行停车设施改造,满足社会公众绿色出行需求。

第三章 车辆和驾驶人

第十九条 机动车和按照本市有关规定应当注册登记的非机动车以及其他通行工具,应当经公安机关注册登记,取得车辆号牌、行驶证或者行车执照等登记凭证后方可上道路行驶;自行车、残疾人手摇轮椅车等非机动车实行自愿登记。

经注册登记的车辆,发生登记事项变更、所有权转移、用作抵押以及报废、灭失等情况的,应当按照规定办理变更登记、转移登记、抵押登记和注销登记。

第二十条 市人民政府应当根据本市交通发展规划、道路通行条件、道路交通管理和环境保护的实际情况,采取相应的车辆登记限制措施,并向社会公布。

第二十一条 本市对车辆号牌的发放实行总量调控。

机动车号牌额度年发放量、发放以及注册登记办法,由市交通行政管理部门会同市公安机关和其他有关部门提出,报市人民政府批准后实施。

第二十二条 尚未注册登记的机动车,因提取车辆、申请注册登记需要临时上道路行驶的,应当取得公安机关核发的临时行驶车号牌。

公安机关根据前款规定核发临时行驶车号牌,不得超过两次;每张临时行驶车号牌的有效期限不得超过十五日。

第二十三条 本市对符合国家和本市标准要求的电动自行车、残疾人机动(电动)轮椅车实行产品目录管理制度。禁止生产、销售不符合国家和本市要求的电动自行车、残疾人机动(电动)轮椅车。

在电动自行车、残疾人机动(电动)轮椅车的销售场所,销售者应当在显著位置张贴本市电动自行车和残疾人机动(电动)轮椅车的产品目录。

禁止拼装、加装、改装的非机动车上道路行驶；任何单位和个人不得伪造、变造或者使用伪造、变造的非机动车号牌、行车执照，禁止使用其他非机动车的号牌、行车执照。

第二十四条 向本市公安机关申领机动车驾驶证，应当持本市户籍证明或者《上海市居住证》等在本市居住、居留的证明。

在道路上学习机动车驾驶技能，应当在教练员随车指导下进行。禁止教练员酒后教练机动车。

第二十五条 公安机关对机动车驾驶人违反道路交通安全法律、法规的行为，除依法给予行政处罚外，实行驾驶证累积记分制度。

禁止由他人替代记分，禁止替代他人记分，禁止介绍替代记分。

第二十六条 现场发现的道路交通违法行为，公安机关未当场作出行政处罚决定的，应当出具《道路交通安全违法行为处理通知书》或者《公安交通管理行政强制措施凭证》。当事人应当在接到上述通知书、凭证之日起十五日内接受调查、处理。当事人逾期未接受调查、处理，违法事实清楚的，公安机关可以依法作出行政处罚决定。

第二十七条 交通技术监控设备记录的道路交通违法行为，公安机关调查核实无误后，应当及时录入道路交通违法信息管理系统，并通过邮寄等方式将处理通知送达机动车所有人或者管理人；也可以通过手机短信等方式提醒有关当事人。驾驶人或者机动车所有人、管理人应当自处理通知送达之日起十五日内接受调查、处理；对违法行为无异议的，可以通过网络或者电话等形式接受处理。驾驶人或者机动车所有人、管理人逾期未接受调查、处理，违法事实清楚的，公安机关可以依法作出行政处罚决定。

交通技术监控设备记录的超限运输等道路运输违法行为，交通行政管理部门调查核实无误后，通过邮寄等方式将处理通知送达道路运输企业。道路运输企业应当自处理通知送达之日起十五日内，到交通行政管理部门接受调查、处理。道路运输企业逾期未接受调查、处理，违法事实清楚的，交通行政管理部门可以依法作出行政处罚决定。

第二十八条 公安机关应当为单位和个人查询道路交通违法、机动车驾驶证审验、变更机动车登记信息等提供便利。

机动车所有人、管理人和驾驶人应当经常查询车辆或者其本人交通安全记录；登记的通讯地址、电话等联系方式发生变更的，应当在变更之日起三十日内向公安机关备案。

第四章 通行管理

第二十九条 下列车辆，可以上本市道路行驶：

（一）经注册登记的机动车，但全挂车、三轮汽车、轻便三轮摩托车、普通正三轮摩托车以及外省市号牌低速货车除外；

（二）按照本市有关规定注册登记的非机动车；

（三）自行车、残疾人手摇轮椅车；

（四）市人民政府允许上道路行驶的其他车辆。

外省市号牌拖拉机以及前款规定以外的其他车辆和其他通行工具，不得上道路行驶。

第三十条 市公安机关根据必要、合理和有利交通畅通的原则，可以对机动车、非机动车以及行人采取均衡交通流量、分隔车辆通行时间、划定限制通行区域和核发机动车通行凭证、限制通行、禁止通行、疏导等交通管理措施。

采取前款规定的交通管理措施，应当通过设置交通标志、标线或者发布通知、决定等方式明示。车辆驾驶人和行人应当遵守上述交通标志、标线指示和通知、决定规定。

第三十一条 禁止货运机动车在城市快速路、高速公路客车专用道行驶。

交通行政管理部门应当通过设置交通标志、标线等方式予以明示。

第三十二条 城市快速路禁止拖拉机、非机动车、行人通行，并禁止下列机动车行驶：

（一）摩托车；

（二）轮式专用机械车；

（三）铰接式客车；

（四）全挂拖斗车；

（五）拖挂施工机具的车辆；

（六）专项作业车；

（七）带挂车的汽车；

（八）悬挂教练汽车号牌和试验用临时行驶车号牌的机动车；

（九）设计最高时速低于六十公里的机动车。

第三十三条 公交专用道在规定时段内供公共汽（电）车专用行驶，其他车辆不得驶入，但下列车辆可以借用公交专用道行驶：

（一）执行紧急任务的特种车辆；

（二）实施清障施救作业的车辆；

（三）正在运载学生的符合《校车安全管理条例》规定的校车；

（四）正在载人的核定载客人数二十人以上的载客汽车；

（五）根据交通信号指示允许借用公交专用道的车辆。

双休日和全体公民放假节日全天允许其他车辆驶入公交专用道。

第三十四条 驾驶机动车上道路行驶，不得有下列行为：

（一）同方向有两条以上机动车道的道路未设置限速标志、标线的，在城市道路（城市快速路除外）上的最高行驶速度超过每小时六十公里，在公路（高速公路除外）上的最高行驶速度超过每小时八十公里；

（二）一次连续变换两条车道；

（三）机动车驾驶人未使用安全带；

（四）在高速公路上行驶时，超过座位数搭载乘客；

（五）安排未满十二周岁未成年人乘坐副驾驶座位；

（六）驾驶家庭乘用车携带未满四周岁的未成年人时，未配备或者未正确使用儿童安全座椅；

（七）拨打接听手持电话、浏览电子设备等妨碍安全驾驶的行为；

（八）道路交通安全法律、法规规定的其他禁止行为。

第三十五条 驾驶非机动车上道路行驶，不得有下列行为：

（一）违反规定，不在非机动车道内行驶或者未靠车行道的右侧行驶；

（二）通过设置有交通信号的路口，不按照交通信号的指示通行；

（三）逆向行驶；

（四）驾驶残疾人机动（电动）轮椅车未随身携带本市残疾人证；

（五）驾驶残疾人机动（电动）轮椅车载人或者驾驶其他非机动车违反国家和本市有关规定载人；

（六）非下肢残疾的人驾驶残疾人机动（电动）轮椅车；

（七）道路交通安全法律、法规规定的其他禁止行为。

倡导驾驶电动自行车、残疾人机动（电动）轮椅车上道路行驶时佩戴安全头盔。

第三十六条 行人应当遵守下列规定：

（一）在人行道内行走，无人行道或者人行道有障碍物无法行走时，可以在距道路或者障碍物边缘一米宽度内行走；

（二）行人通过路口或者横过道路，应当走人行横道或者过街设施；通过有交通信号灯的人行横道，应当按照交通信号灯指示通行；通过没有交通信号灯、人行横道的路口，或者在没有过街设施的路段横过道路，应当在确认安全后通过；

（三）不得跨越、倚坐道路隔离设施；

（四）道路交通安全法律、法规的其他规定。

第三十七条 机动车乘坐人在配有安全带的座位就座时，应当使用安全带。

第三十八条 车辆和行人在道路上通行，应当遵守下列让行规定：

（一）同方向行驶的右转弯机动车和左转弯

非机动车均被放行的,通过路口时左转弯非机动车优先通行;

(二)相对方向行驶的左转弯机动车和非机动车均被放行的,通过路口时非机动车优先通行;

(三)车辆在有交通信号控制的路口遇放行信号时,先予放行的车辆和行人优先通行;

(四)车辆驶入、驶出、穿越道路时,在道路内正常行驶的车辆、行人优先通行;

(五)行人因无人行道或者人行道有障碍物借用非机动车道、机动车道时,行人优先通行;

(六)道路交通安全法律、法规规定的其他让行规定。

第三十九条 本市外环线以内以及公安机关规定的其他区域为机动车禁鸣喇叭区域。

第四十条 交通行政管理部门、公安机关应当加强对道路交通情况的实时监测。发现道路交通拥堵的,公安机关应当及时派员进行指挥疏导。

车辆在道路上发生故障、交通事故或者违反交通标志、标线指示,已经或者可能造成道路交通拥堵,驾驶人未及时自行移动车辆的,公安机关应当采取措施,尽快恢复交通。

第四十一条 本市实行机动车交通事故快速处置机制。对事实清楚、车辆可以移动的机动车物损交通事故,当事人应当在固定证据后迅速撤离现场。撤离现场后,可以至交通事故保险理赔服务中心集中办理交通事故处理、勘验定损、保险理赔等业务。具体规定由市公安机关会同保险监督部门制定。

第四十二条 交通事故死亡人员身份无法确定的,本市道路交通事故社会救助基金管理机构可以要求保险公司和事故责任人承担赔偿责任,并代为保管赔偿款。

第五章 停车管理

第四十三条 本市道路停车泊位的设置实行总量控制,并建立道路停车泊位动态调整机制。本市外环线以内一般不再新增全天性道路停车泊位,逐步减少现有全天性道路停车泊位。本市外环线以内,有下列情形之一的,可以设置时段性道路停车泊位:

(一)停车泊位与停车需求矛盾突出的住宅小区,其周边道路具备夜间等时段性停车条件的;

(二)停车需求集中但现有停车资源无法满足的中小学、幼儿园和医院,其周边道路条件允许的;

(三)夜间停车需求集中但现有停车资源无法满足的商业街区,其周边道路条件允许的;

(四)停车资源严重不足区域的人行道范围内,条件允许且不影响行人正常行走的。

第四十四条 公安机关应当根据本市道路停车泊位设置规划,在不影响道路交通安全、畅通的前提下,结合区域停车资源供求状况、道路通行条件和承载能力,经征求交通行政管理部门意见后,确定道路停车泊位设置方案。

交通行政管理部门应当按照道路停车泊位设置方案,划设停车泊位标线,设置道路停车标志,公示停车收费标准和道路停车规则,并按规定落实监管责任。

任何单位和个人不得以安装地锁、划设标线等方式擅自设置道路停车泊位。

在道路上停放机动车,应当在道路停车泊位内停放。

第四十五条 区人民政府应当指定专门管理部门设置非机动车道路停放点。

在道路上停放非机动车,应当使用非机动车道路停放点,不得在停放点以外区域停放。

第四十六条 设置禁止停车标志、标线或者禁止长时停车标志、标线,应当根据道路条件和通行情况,遵循规范、科学、合理的原则。

时段性临时停车需求突出的路段,可以设置禁止长时停车标志、标线并增设辅助交通标志,引导机动车在规定时段内有序临时停车。

机动车驾驶人应当遵守禁止停车或者禁止长时停车标志、标线的指示。

第四十七条 机动车在未设置禁止停车或者禁止长时停车标志、标线的路段临时停车,应当紧靠道路右侧,机动车驾驶人不得离车,上下人员或者装卸物品后立即驶离。

第四十八条 区人民政府应当根据区域停车需求,加强公共停车场(库)的建设和管理。

倡导道路沿线有条件的单位和住宅小区,建设机械式立体停车设施。

第四十九条 鼓励医院、学校和其他企业、事业单位在满足自身停车需求的情况下,向社会公众开放其专用停车场(库)。鼓励住宅小区与周边专用停车场(库)对口协作,对停车泊位的利用实行错时互补。

第五十条 交通行政管理部门应当建立道路停车泊位的信息共享机制,推进停车诱导信息化系统建设。

鼓励利用移动终端应用软件等多种媒介,方便社会公众出行前查询停车泊位信息和预订车位,实现自动计费支付等功能。

第五十一条 机动车违反约定且长期占用道路停车泊位的,道路停车泊位的管理者可以告知机动车所有人限期将机动车移出道路停车泊位。机动车所有人逾期未予移出的,道路停车泊位的管理者可以将机动车转移至路外停车场地。

第六章 综合治理

第五十二条 本市建立道路交通综合治理机制,以政府部门为主导,加强基层治理,落实单位交通安全责任,引导社会公众积极参与,通过推广使用先进技术、信用信息归集和使用、广泛开展宣传教育等多种手段,推进道路交通协调发展。

第五十三条 本市倡导出行优先选择公共交通;倡导有条件的单位推行错时上下班、居家办公等措施;倡导依法采用新能源汽车分时租赁、公共自行车租赁等方式出行。

本市倡导先取得机动车号牌额度再购置车辆,倡导先取得停车位所有权或者使用权再购置车辆,合理调控机动车拥有和使用。

第五十四条 区人民政府所属的城市网格化管理机构网格监督员,在对工作责任网格进行巡查的过程中,发现道路交通违法行为的,应当及时收集证据、上报信息,并对反馈的处置结果进行核查。

街道办事处、乡镇人民政府应当利用城市网格化管理平台,加强对道路交通相关管理事项的组织协调和指导监督。

第五十五条 公安机关在完成车辆登记和驾驶证核发等相关行政程序时,应当对车辆所有人、机动车驾驶人进行道路交通安全法律、法规的教育。

公安机关、交通行政管理部门在作出行政处罚决定,发还被暂扣的机动车驾驶证等证件,或者解除扣留车辆的行政强制措施时,应当对违法行为人进行道路交通安全和交通运输法律、法规的教育。

第五十六条 本市推广运用大数据、物联网等先进科技手段,创新交通管理工作模式,提升交通管理工作水平。

公安机关、交通行政管理部门应当充分运用先进的智能化手段,利用互联网、移动终端应用软件、交通诱导显示屏等多种媒介,及时发布实时路况、交通拥堵指数,为社会公众提供信息引导服务。公安机关可以利用直升机、无人机等开展空中巡查,配合地面交通疏导和管控。

第五十七条 本市实行道路交通违法行为记录与机动车交通事故责任强制保险费率挂钩制度,对保险周期内有多次或者严重道路交通违法行为记录的,应当提高其保险费率。

鼓励电动自行车、残疾人机动(电动)轮椅车所有人投保第三者责任保险。

第五十八条 有下列情形之一的,相关信息纳入本市公共信用信息服务平台:

(一)实施严重道路交通违法行为,依法被处以暂扣机动车驾驶证、吊销机动车驾驶证、拘留等行政处罚的;

(二)由他人替代记分、替代他人记分或者介绍替代记分的;

(三)发生交通事故后逃逸的;

(四)一年内有五次以上道路交通违法逾期

不履行处罚决定的。

第五十九条 机关、企业、事业单位、社会组织应当加强对所属车辆和驾驶人的交通安全管理，并履行下列义务：

(一)组织制定本单位的交通安全制度，落实交通安全责任制目标，开展职工交通安全宣传教育活动；

(二)定期进行车辆安全检查，及时排除车辆故障，保障车辆安全性能，制止不符合运行安全技术条件的车辆上道路行驶；

(三)建立对所属车辆驾驶人的交通安全教育学习制度，督促车辆驾驶人遵守道路交通安全法律、法规以及相关规定；专业运输单位和机动车较多的非专业运输单位，每月应当对所属驾驶人开展不少于一次的交通安全教育；

(四)专业运输单位和车辆较多的非专业运输单位应当配备交通安全专职人员，并加强车辆营运安全管理和营运场所秩序管理；

(五)法律、法规规定的其他交通安全管理义务。

客运车辆、危险化学品运输车辆和专门为工程建设服务的车辆应当按照有关规定安装、使用符合国家标准的行驶记录仪、车载卫星定位终端或者转向可视系统，并接入相关政府部门的动态监控系统。

运输建筑垃圾、工程渣土的车辆应当按照核定的路线、时间运输建筑垃圾、工程渣土。

公安机关应当对机关、企业、事业单位、社会组织所属车辆和驾驶人交通安全管理加强指导和宣传。交通行政管理部门应当对专业运输单位安全运输加强监督管理。市交通行政管理部门、市公安机关应当建立信息交换机制，共享营运车辆、营运驾驶员及其交通安全违法、事故责任承担情况等信息。

第六十条 利用互联网、软件工具等提供召车信息的服务商，应当向交通行政管理部门提供客运服务驾驶人和车辆的信息。

第六十一条 公安机关、交通行政管理部门实施下列道路交通管理事项前，应当公告相关方案，听取与管理事项相关公众的意见：

(一)公交专用道的设置与调整；

(二)单行道的设置与调整；

(三)公共汽(电)车线路的设置与调整；

(四)道路停车泊位的设置与调整；

(五)禁止停车或者禁止长时停车标志、标线的设置与调整。

公安机关、交通行政管理部门应当及时研究公众意见，对单位和个人提出的合理化建议，应当在决策时予以采纳；对反映集中的意见不予采纳的，应当予以回应。

第六十二条 新闻出版、文广影视、教育等部门和工会、共青团、妇联等群众团体应当做好交通安全宣传教育工作。

学校应当开展交通安全专题教育活动，将交通安全教育纳入法制课程教育的内容。

机动车驾驶培训机构在开展培训过程中，应当加强对教练员、学员的交通安全教育。

广播、电视、报刊、互联网等媒体应当开展交通安全和尊法守法的宣传报道。

第六十三条 鼓励社会公众有组织地参与道路交通志愿服务，协助公安民警维护交通秩序和宣传道路交通安全法律、法规。

鼓励医院、学校配合公安机关疏导周边道路交通拥堵，劝阻周边道路交通违法行为。

社会公众发现道路交通违法行为的，可以向公安机关举报。公安机关对社会公众提供的视听资料等证据材料进行调查核实后，可以对违法车辆的所有人或者管理人依法予以行政处罚，能够确定驾驶人的，对驾驶人依法予以行政处罚。

第六十四条 交通事故当事人可以通过行政调解、人民调解、司法调解等多种方式，解决道路交通事故损害赔偿争议。

人民调解委员会、人民法院可以在公安机关事故处理场所设置调解点；保险同业公会可以组织保险公司进驻公安机关事故处理场所，及时提供保险理赔服务。

第七章 执法监督

第六十五条 公安机关、交通行政管理部门等应当严格、规范、公正、文明执法,加强对执法人员的管理、教育和培训、考核,提高执法人员的素质和道路交通管理水平。任何单位和个人都应当尊重执法人员,对其依法履行职务的行为予以配合。

第六十六条 公安机关、交通行政管理等部门及其执法人员应当严格遵守法定职权和执法程序。

公安机关、交通行政管理等部门应当推行执法标准和指引,根据道路交通执法统一的要求,为执法人员提供健全、完备、可操作的执法指引。

第六十七条 公安机关、交通行政管理部门等应当公开办事制度和办事程序,依托互联网平台和移动终端,推行预约、“一站式”等便民措施。

市交通行政管理部门应当会同市公安机关建立道路交通通行状况实时监测机制,发布交通信息,引导交通出行。

第六十八条 公安机关、交通行政管理部门与负有道路交通管理工作职责的其他部门应当紧密配合,提高工作协同性,并建立排堵保畅、信息通报、联合执法、案件移送等协作机制。

城管执法部门在执法过程中发现道路交通违法行为的,应当将相关信息通知公安机关或者交通行政管理部门。

第六十九条 作出罚款决定的行政机关应当与收缴罚款的机构分离;不得以罚款数额作为行政机关绩效考核指标。

第七十条 公安机关、交通行政管理部门等应当加强执法指导和监督,实施执法质量考评、执法责任制和执法过错追究制度,并接受社会和公众的监督,防止和纠正道路交通执法中的违法或者不当行为。

公安机关、交通行政管理部门等应当公布举报电话,受理群众的举报和投诉并及时调查处理,反馈查处结果。

第七十一条 警务辅助人员在公安民警的指导和监督下,协助开展疏导交通、劝阻、纠正交通安全违法行为、采集交通违法信息、开展交通安全宣传教育等工作;所取得的证据,经调查核实后可以作为公安机关作出行政处罚的依据。

公安机关应当加强对警务辅助人员的管理、培训、考核。考核不合格的,不得上岗。

警务辅助人员履行职责时,应当统一着装、携带证件、佩戴统一的标识。

第八章 法律责任

第七十二条 违反本条例规定的行为,《中华人民共和国道路交通安全法》及其实施条例等有关法律、行政法规有处理规定的,从其规定。

第七十三条 违反本条例第十三条第三款规定,擅自设置交通标志、标线等交通设施的,由交通行政管理部门、城管执法部门以及公安机关依据各自职责处二百元以上二千元以下罚款,并责令立即恢复原状,拒不恢复的代为恢复,所需费用由违法行为人承担。

违反本条例第十七条规定,未遵守横跨道路的管道、横幅设置规定的,由公安机关责令改正,对个人处二百元以上一千元以下罚款,或者对单位处二千元以上一万元以下罚款。

第七十四条 违反本条例第十九条第一款规定,非机动车未按规定注册登记的,由公安机关处五十元以上二百元以下罚款;其他通行工具未按规定注册登记的,由公安机关处一百元以上一千元以下罚款。

违反本条例第二十三条第一款规定,销售未纳入产品目录的电动自行车、残疾人机动(电动)轮椅车的,由工商行政管理部门处五千元以上五万元以下罚款。

违反本条例第二十三条第三款规定,使用伪造、变造的非机动车号牌、行车执照或者使用其他非机动车的号牌、行车执照的,由公安机关处二百元以上一千元以下罚款。

违反本条例第二十四条第二款规定,教练员酒后教练机动车的,由公安机关处五百元以上三千元以下罚款,并处暂扣六个月机动车驾驶证，情节严重的，并处吊销机动车驾驶证。

违反本条例第二十五条第二款规定，由他人替代记分的，由公安机关处五百元以上二千元以下罚款；替代他人记分的，由公安机关处一千元以上五千元以下罚款，情节严重的，并处暂扣一个月以上三个月以下机动车驾驶证；介绍替代记分的，由公安机关处二千元以上二万元以下罚款。替代他人记分或者介绍替代记分有违法所得的，没收违法所得。

第七十五条 违反本条例有关机动车通行管理规定的下列行为，由公安机关依据下列规定处罚：

（一）违反本条例第三十条第二款、第三十二条规定，未遵守以通知、决定等方式明示的交通管理措施，未遵守城市快速路限行规定的，处二十元以上二百元以下罚款；

（二）违反本条例第三十四条第（二）项、第（四）项规定，驾驶机动车一次连续变换两条车道，在高速公路上行驶时超过座位数搭载乘客的，处警告或者五十元以上二百元以下罚款；

（三）违反本条例第三十七条规定，在配有安全带的座位就座时未使用安全带的，对机动车乘坐人处警告或者二十元以上五十元以下罚款；

（四）违反本条例第三十一条、第四十六条第三款规定，驾驶机动车未遵守交通标志、标线指示的，依据违反交通标志、标线的规定处罚；

（五）违反本条例第四十七条规定，现场发现机动车违法临时停车的，公安机关可以口头警告，令其立即驶离，驾驶人不在现场或者虽在现场但拒绝立即驶离，妨碍其他车辆、行人通行的，处二十元以上二百元以下罚款，并可以将该机动车拖移至不妨碍交通的地点或者公安机关指定的地点停放；

（六）违反本条例第四十七条规定，交通技术监控设备记录机动车违法临时停车的，公安机关设置的警示牌、电子标识等给予的警告或者推送的即时信息视为警告、令其立即驶离，驾驶人不在现场或者虽在现场但拒绝立即驶离，妨碍其他车辆、行人通行的，处二十元以上二百元以下罚款。

违反本条例第三十四条第（四）项规定，公共汽（电）车在高速公路上行驶时超过座位数搭载乘客的，由交通行政管理部门对车辆单位处五百元以上五千元以下罚款。

第七十六条 违反本条例第三十五条第一款第（四）项、第四十五条第二款规定，驾驶残疾人机动（电动）轮椅车未随身携带本市残疾人证，在道路上停放非机动车未使用非机动车道路停放点的，由公安机关处警告或者二十元以上五十元以下罚款。

违反本条例第三十五条第一款第（五）项规定，驾驶残疾人机动（电动）轮椅车载人或者驾驶其他非机动车违反国家和本市有关规定载人的，由公安机关处二十元以上五十元以下罚款；驾驶非机动车从事客运活动的，按照有关规定处以一千元以上五千元以下的罚款。

第七十七条 违反本条例第四十四条第三款规定，擅自设置道路停车泊位的，由交通行政管理部门处五百元以上五千元以下罚款，并责令立即恢复原状，拒不恢复的代为恢复，所需费用由违法行为人承担。造成道路损坏的，违法行为人应当依法予以赔偿。

第七十八条 违反本条例第五十九条第一款规定，机关、企业、事业单位、社会组织未履行交通安全管理义务的，由公安机关或者交通行政管理部门责令改正，必要时可以责令停业整顿；造成重大交通事故的，处二千元以上一万元以下罚款；造成特大交通事故的，处一万元以上十万元以下罚款；对交通安全专职人员和其他直接责任人员，处警告或者二百元以上一千元以下罚款。

违反本条例第五十九条第三款规定，运输建筑垃圾、工程渣土的车辆未按照核定的路线、时间运输建筑垃圾、工程渣土的，责令改正，对驾驶人处五十元以上二百元以下罚款，可以并处暂扣一个月以上三个月以下机动车驾驶证；对车辆单位处五百元以上二千元以下罚款。

违反本条例第六十条规定，提供召车信息的服务商未向交通行政管理部门提供客运服务驾驶人和车辆信息的，由交通行政管理部门责令改正，处三万元以上十万元以下罚款。

第七十九条 执行职务的公安民警发现机动车在本市有道路交通违法行为逾期未接受处理记录累积达到五起以上的，可以先予扣留机动车行驶证，并通知机动车所有人、管理人或者驾驶人及时接受处理，处理完毕后，发还机动车行驶证。

第八十条 机动车一年内在本市有下列道路交通违法行为记录累积达到十起后再发生交通违法行为的，公安机关依据法律规定给予有关证照的处罚：

（一）在未设置禁止停车或者禁止长时停车标志、标线的路段违反停放、临时停车规定；

（二）违反规定驶入公交专用道；

（三）在高速公路路肩上行驶；

（四）在本市外环线以内以及公安机关规定的其他区域和路段鸣喇叭。

第八十一条 执行职务的公安民警发现有下列情形之一的，可以先予扣留车辆或者通行工具，并通知当事人及时接受处理：

（一）违反本条例第十九条第一款规定，未按规定注册登记的非机动车以及其他通行工具上道路行驶的；

（二）违反本条例第二十三条第三款规定，拼装、加装、改装的非机动车上道路行驶，使用伪造、变造的非机动车号牌、行车执照或者使用其他非机动车的号牌、行车执照的；

（三）违反本条例第三十条第二款规定，未遵守以交通标志、标线或者通知、决定等方式明示的交通管理措施，采取其他措施无法避免危害发生或者无法控制危险扩大的；

（四）违反本条例第三十五条第一款第（六）项规定，非下肢残疾的人驾驶残疾人机动（电动）轮椅车的；

（五）道路交通安全法律、法规规定可以扣留车辆或者通行工具的其他情形。

当事人接受处理后，应当立即发还车辆或者通行工具，但未按规定注册登记的非机动车以及其他通行工具，其领取人应当采取托运措施。

对拼装、加装、改装的非机动车，由公安机关依法予以恢复原状；对伪造、变造的非机动车号牌、行车执照或者使用其他非机动车的号牌、行车执照，由公安机关予以收缴。

当事人逾期未接受处理，并经公告三个月仍未接受处理的，由公安机关将拼装、加装、改装的非机动车送交有资质的企业拆解，将其他车辆和通行工具依法处理。

第九章 附 则

第八十二条 本条例自 2017 年 3 月 25 日起施行。

上海市殡葬管理条例

（1997 年 8 月 20 日上海市第十届人民代表大会常务委员会第三十八次会议通过　根据 2010 年 9 月 17 日上海市第十三届人民代表大会常务委员会第二十一次会议《关于修改本市部分地方性法规的决定》第一次修正　根据 2015 年 6 月 18 日上海市第十四届人民代表大会常务委员会第二十一次会议《关于修改〈上海市环境保护条例〉等 8 件地方性法规的决定》第二次修正）

第一章　总　　则

第一条　为了规范殡葬活动的管理，深化殡葬改革，促进社会主义精神文明建设，根据国务院《殡葬管理条例》以及其他有关法律、法规，结合本市实际情况，制定本条例。

第二条　本条例适用于本市行政区域内的殡葬活动及其管理。

革命烈士、少数民族、香港特别行政区居民、澳门特别行政区居民、台湾同胞、华侨和外国人的殡葬活动及其管理，国家和本市地方性法规另有规定的，按照规定执行。

第三条　本市殡葬活动及其管理的原则是：实行火葬，节约殡葬用地，保护环境，尊重中华民族美德，革除殡葬陋俗，提倡文明节俭办丧事。

第四条　上海市民政局（以下简称市民政局）是本市殡葬活动的行政主管部门，负责实施本条例；其所属的上海市殡葬管理处（以下简称市殡葬管理处）负责殡葬活动的具体管理工作。

区、县民政局按照各自的职责负责本辖区内殡葬活动的管理工作。

各级公安、工商、卫生、规划、园林、房屋土地、环境卫生、环境保护以及农业、交通等行政管理部门，应当按照各自职责，配合民政部门共同做好殡葬活动的管理工作。

第五条　文化、新闻出版和广播电影电视等部门，应当采取各种形式，配合民政部门共同做好殡葬改革、移风易俗的宣传教育工作。

机关、社会团体、企业、事业单位、居（村）民委员会和其他组织，应当在本单位或者本地区开展有关殡葬活动移风易俗的宣传教育工作。

第二章　殡葬服务单位

第六条　殡葬服务单位根据本市殡葬工作的规划和合理、需要、便民的原则设立。殡仪馆（含火葬场，下同）、公墓、骨灰堂的建设，应当纳入城乡建设规划。

设立殡仪馆由市民政局报市人民政府批准。

设立公墓由市民政局批准。

设立骨灰堂以及殡仪馆、公墓或者骨灰堂在其服务场所以外开设殡葬服务部，由市殡葬管理处批准。

第七条　经批准设立的殡葬服务单位，应当按照有关规定向其他行政管理部门办理相应的审批、登记手续。其中使用集体所有土地的，还应当办理土地征用手续。

第八条　经批准设立的殡仪馆、公墓、骨灰堂建成后，由市殡葬管理处发给殡葬服务证。

第九条　殡葬服务证每年验审一次。未经验审或者验审不合格的，不得继续从事殡葬服务活动。

第十条　殡仪馆、公墓、骨灰堂及其代理单位变更名称、法定代表人、经营地址或者经营服务范围以及终止经营服务的，应当向市殡葬管理处提出申请，经同意后，向有关行政管理部门办理变更或者注销手续。

第十一条 殡仪馆、公墓、骨灰堂扩大占地面积，应当按照设立审批程序向有关行政管理部门办理审批手续。

第十二条 殡葬服务单位应当加强对殡葬服务设备、设施的管理，保持殡葬服务场所和设备、设施的整洁和完好，防止环境污染。

殡葬服务单位的从业人员应当遵守操作规程和职业道德，实行规范化的文明服务，不得利用工作之便索取财物。

殡葬服务单位及其从业人员，对殡葬服务场所中妨害公共秩序或者抛撒、使用封建迷信殡葬用品的行为，应当予以劝阻、制止。

第十三条 殡葬服务的收费项目及其收费标准，应当经物价管理部门核准并予以公布，不得超项目或者超标准收费。违反规定收费的，由物价管理部门依法处理。

第三章 殡殓活动

第十四条 死者有亲属的，亲属是丧事承办人；死者没有亲属的，其生前单位或者临终居住地的居（村）民委员会是丧事承办人。

第十五条 在本市死亡的，遗体应当在本市火化。

因特殊情况需要将遗体运出本市的，应当经市殡葬管理处批准。

第十六条 丧事承办人应当自知道死者死亡之时起二十四小时内，向公安部门办理死亡证明手续，并通知殡仪馆接运遗体，但涉及医疗事故死亡的，按照有关规定办理。

无名遗体、无主遗体和涉及刑事案件的遗体，由公安、司法部门通知殡仪馆接运。

捐献的遗体按照国家和本市的有关规定办理。

第十七条 殡仪馆应当自接到通知后十二小时内接运遗体，并应当对遗体进行必要的技术处理，确保卫生，防止污染环境。

搬运遗体由殡仪馆负责，有关单位和个人应当为搬运遗体提供方便。

第十八条 殡仪馆以外的单位和个人不得从事遗体的运送、防腐、整容、更衣等殡葬经营服务活动。

第十九条 丧事承办人凭公安部门核发的死亡证明向殡仪馆办理遗体火化手续。殡仪馆应当根据公安部门核发的死亡证明火化遗体。

遗体火化后，殡仪馆应当向丧事承办人出具火化证明。

第二十条 运至殡仪馆的遗体应当在十五日内火化，因特殊情况，经丧事承办人提出并说明理由，可以延期火化。丧事承办人自遗体运至殡仪馆之日起十五日内不办理火化手续，又不说明理由的，殡仪馆应当书面通知丧事承办人限期办理。

患传染病死亡的遗体，殡仪馆应当采取防止传染的措施。殡仪馆对高度腐败的遗体应当立即火化。

第二十一条 丧事承办人举行殡殓等丧事活动，不得妨害公共秩序和公共卫生，不得危害公共安全或者侵害他人的合法权益。

第四章 骨灰安置

第二十二条 提倡和鼓励采用播撒、深埋、植树葬等不保留骨灰的安置方式。采用播撒、深埋、植树葬等方式安置骨灰的，安置地不设纪念性标志。

各有关部门和单位对采用不保留骨灰的安置方式，应当予以支持。

播撒、深埋、植树葬等骨灰安置方式的具体实施办法由市人民政府制定。

第二十三条 公墓应当凭殡仪馆出具的火化证明出售墓穴。禁止出售寿穴，但为死者的健在配偶留作合葬的寿穴、无子女的老年人或者有其他特殊情况者购买的寿穴除外。

墓穴和骨灰存放格位的购买者不得转让墓穴和骨灰存放格位。

禁止墓穴和骨灰存放格位的传销活动。

第二十四条 公墓和骨灰堂出售墓穴、骨灰存放格位时，应当与购买者签订购销合同。

墓穴、骨灰存放格位使用人的姓名不得变更。

墓穴和骨灰存放格位的购买者应当交纳墓穴、骨灰存放格位维护费。维护费专项用于墓穴和骨灰存放格位的日常维修与保养,不得挪作他用。

第二十五条 禁止在墓穴内埋葬遗体、遗骸;禁止在公墓以外建墓立碑。

第五章 殡葬设备和殡葬专用品的管理

第二十六条 焚尸炉、运尸车、尸体冷藏柜等殡葬设备,必须符合国家规定的技术标准。禁止制造、销售不符合国家技术标准的殡葬设备。

第二十七条 禁止制造、销售封建迷信殡葬用品。

第六章 法律责任

第二十八条 对违反本条例规定的单位、个体工商户和个人,按照下列规定予以处罚:

(一)未经批准擅自设立殡葬服务单位的,殡仪馆、公墓、骨灰堂擅自扩大占地面积的,制造、销售封建迷信殡葬用品的,按照国务院《殡葬管理条例》处罚;

(二)未取得殡葬服务证、殡葬服务证未经验审或者验审不合格从事殡葬服务活动的,由市殡葬管理处责令停产停业,没收违法所得,情节轻微的,可以并处二千元以上一万元以下罚款,情节严重的,可以并处一万元以上五万元以下罚款;

(三)擅自将遗体运出本市的,市殡葬管理处或者区、县民政局可以处二百元以上二千元以下罚款;

(四)违反规定出售墓穴、骨灰存放格位的,由市殡葬管理处或者区、县民政局责令停止违法活动,没收违法所得,可以并处违法所得一倍以上三倍以下罚款;

(五)在殡葬活动中妨害公共秩序、危害公共安全、侵害他人合法权益构成违反治安管理行为的,由公安部门依法给予治安管理处罚;构成犯罪的,依法追究刑事责任。

第二十九条 市、区、县民政局和市殡葬管理处应当依法管理,公正执法;因违法行政,给当事人造成直接经济损失的,应当予以赔偿。

市、区、县民政局和市殡葬管理处的工作人员玩忽职守、滥用职权、徇私舞弊、索贿受贿的,由其所在单位或者上级主管部门给予行政处分;构成犯罪的,依法追究刑事责任。

第七章 附 则

第三十条 本条例的具体应用问题由市民政局负责解释。

第三十一条 本条例自1998年1月1日起施行。

上海市酒类商品产销管理条例

(1997年10月21日上海市第十届人民代表大会常务委员会第三十九次会议通过 根据2010年9月17日上海市第十三届人民代表大会常务委员会第二十一次会议《关于修改本市部分地方性法规的决定》修正)

第一条 为了加强本市酒类商品的产销管理,保护消费者和经营者的合法权益,根据国家有关法律、法规,结合本市实际情况,制定本条例。

第二条 本条例所称的酒类商品，包括白酒、黄酒、啤酒、果酒以及其他含有乙醇的饮料。

第三条 在本市行政区域内从事酒类商品生产、批发和零售业务活动，应当遵守本条例。

第四条 上海市商业委员会是本市酒类商品产销管理的行政主管部门。

上海市酒类专卖管理局（以下简称市酒类专卖局）在上海市商业委员会的领导下，具体负责本条例的实施。

区、县酒类商品管理部门按照职责分工，在市酒类专卖局的指导下，负责本辖区内酒类商品产销管理。

第五条 本市工商行政管理、质量技术监督、卫生、物价、税务、公安等部门依照法律、法规的有关规定，协同做好本市酒类商品的产销管理工作。

第六条 本市酒类商品的生产、批发和零售，实行许可证制度。

第七条 申领本市酒类商品生产许可证的企业，应当具备符合酒类商品生产规定的注册资本、生产场地、设施、工艺、检测手段和卫生、环保条件，并具有熟悉酒类商品生产的专业技术人员。

第八条 申领本市酒类商品批发许可证的企业，应当具备符合规定的注册资本、经营场所和仓储设施，并具有熟悉酒类商品业务知识的人员。

第九条 申领本市酒类商品生产或者批发许可证的企业，应当向市酒类专卖局提出申请，市酒类专卖局应当在收到申请书之日起三十日内作出书面答复，经审核同意的，发给酒类商品生产或者批发许可证。

取得酒类商品生产许可证的企业，可以从事本企业生产的酒类商品的批发业务。

第十条 申领本市酒类商品零售许可证的企业或者个体工商户，应当向其所在地的区、县酒类商品管理部门提出申请，区、县酒类商品管理部门应当按照方便消费、合理布局的原则，在收到申请书之日起十五日内作出书面答复，经审核同意的，发给酒类商品零售许可证。

第十一条 持有本市酒类商品生产、批发或者零售许可证的企业，在取得食品卫生许可证、工商营业执照后，方可从事酒类商品的生产、批发或者零售业务。

持有本市酒类商品零售许可证的个体工商户，在取得食品卫生许可证、工商营业执照后，方可从事酒类商品的零售业务。

第十二条 持有本市酒类商品生产、批发或者零售许可证的企业以及持有本市酒类商品零售许可证的个体工商户，因名称、地址变更或者合并、撤销的，应当向发证单位办理许可证变更、注销手续。

第十三条 禁止涂改、伪造、转借、买卖酒类商品的生产、批发和零售许可证。

第十四条 酒类商品生产企业新开发的酒类商品，应当报送市酒类专卖局审检，经审检合格的方可投入生产。

第十五条 酒类商品生产企业应当保证产品质量，对其生产的每批酒类商品进行质量检验，检验合格的，出具合格证明，未经检验合格的，不得出厂销售。

第十六条 酒类商品生产企业采购酒类半成品，应当索取并查验生产企业的产品质量标准、产地县级以上质量监督检验机构或者食品卫生监督机构核发的合格证。

酒类商品批发、零售企业和个体工商户采购酒类商品，应当查验合格证明，其包装上标明优质产品的，还应当索取并查验相应的证明文件。

酒类商品批发、零售企业和个体工商户采购进口酒类商品，应当依照国家有关规定，索取并查验有关进口和质量的证明文件。

第十七条 酒类商品生产、批发、零售企业和个体工商户不得生产、批发和零售假冒伪劣或者标识不符合国家规定的酒类商品。

第十八条 酒类商品的质量，由市质量技术监督部门认可的酒类商品检测机构鉴定。

第十九条 市酒类专卖局和区、县酒类商品管理部门应当加强对本市酒类商品生产、批发、零售企业和个体工商户的监督检查，并定期进行市场抽检。

酒类商品生产、批发、零售企业和个体工商户应当接受市酒类专卖局和区、县酒类商品管理部门的监督检查,如实提供有关资料,不得拒绝、阻挠检查。

第二十条 对酒类商品生产、批发和零售活动中的违法经营行为,消费者可以向市酒类专卖局或者区、县酒类商品管理部门投诉、举报。

市酒类专卖局和区、县酒类商品管理部门对消费者或者其他人员的投诉、举报,应当及时调查处理。

第二十一条 酒类商品生产、批发、零售企业和个体工商户违反本条例规定,给消费者造成损害的,应当承担赔偿责任。

第二十二条 违反本条例规定,由市酒类专卖局或者区、县酒类商品管理部门依照下列规定予以处罚:

(一)对无生产许可证生产、批发酒类商品的,责令其改正,没收违法生产的酒类商品和违法所得,并可处以二万元以下罚款;

(二)对无批发许可证批发酒类商品的,责令其改正,没收违法所得,并可处以二万元以下罚款;

(三)对无零售许可证零售酒类商品的,责令其改正,没收违法所得,并可处以五千元以下罚款;

(四)对未按规定办理酒类商品生产、批发或者零售许可证变更、注销手续的,责令其改正,并可处以五千元以下罚款;

(五)对涂改、伪造、转借、买卖酒类商品生产、批发和零售许可证的,没收违法所得,并可处以二万元以下罚款;

(六)采购进口酒类商品,未按国家有关规定取得相应证明文件的,责令其改正,拒不改正的,可处以一万元以下罚款;

(七)对生产、批发和零售假冒伪劣酒类商品的,责令其改正,没收违法生产、批发和零售的酒类商品和违法所得,并可处以违法所得一倍以上五倍以下罚款;情节严重的,并可吊销酒类商品生产、批发或者零售许可证;构成犯罪的,依法追究刑事责任;

(八)对生产、批发和零售标识不符合国家规定的酒类商品的,责令其改正,情节严重的,并可处以违法所得百分之十五至百分之二十罚款。

吊销酒类商品生产、批发许可证的处罚,由市酒类专卖局决定。

第二十三条 对违反本条例规定的违法行为,法律、法规对行使行政处罚权的行政机关另有规定的,可由法律、法规规定的行政机关进行处罚。

对当事人的同一个违法行为,不得给予两次以上罚款的行政处罚。

第二十四条 市酒类专卖局和区、县酒类商品管理部门作出行政处罚,应当出具行政处罚决定书。收缴罚款和没收财物时,应当出具市财政部门统一制发的收据。

罚没款全部上缴国库。

第二十五条 当事人对具体行政行为不服的,可以依照《行政复议条例》和《中华人民共和国行政诉讼法》的规定,申请行政复议或者提起行政诉讼。

当事人在法定期限内不申请复议,不提起诉讼,又不履行具体行政行为的,作出具体行政行为的部门可以申请人民法院强制执行。

第二十六条 市酒类专卖局和区、县酒类商品管理部门的工作人员违反本条例,玩忽职守、滥用职权、徇私舞弊的,由其所在单位或者上级主管部门给予行政处分;构成犯罪的,依法追究刑事责任。

第二十七条 本条例的具体应用问题,由上海市商业委员会负责解释。

第二十八条 本条例自1998年1月1日起施行。

上海市实施《中华人民共和国教师法》办法

（1997 年 10 月 21 日上海市第十届人民代表大会
常务委员会第三十九次会议通过）

第一条 为了建设具有良好思想品德修养和业务素质的教师队伍，保障教师的合法权益，促进本市教育事业的发展，根据《中华人民共和国教师法》（以下简称教师法）和有关法律、法规，结合本市实际，制定本办法。

第二条 本办法适用于在本市行政区域内各级各类学校和其他教育机构（以下统称学校）中专门从事教育教学工作的教师。

第三条 市教育行政部门是本市教师工作的主管部门。

区、县教育行政部门按照各自职责负责本行政区域内的教师工作。

各级计划、劳动、人事、财政、建设、卫生、社会保险、医疗保险等行政部门应当在各自职责范围内，按照教师法和本办法的规定，负责有关的教师工作。

第四条 全社会都应当尊重教师。

各级人民政府应当加强教师队伍建设，改善教师的工作、学习和生活条件，保障教师依法享有的权利，提高教师的社会地位。

第五条 学校应当加强对教师的思想政治教育和业务培训，按照教师法以及国家和本市的有关规定，负责本校的教师工作。

学校应当通过教职工代表大会等组织形式，保障教师参加民主管理和监督。

第六条 教师应当忠诚于人民的教育事业，遵守教师的职业道德，敬业爱生，为人师表。

教师应当贯彻国家的教育方针，坚持教书育人，执行学校的教学计划，完成教育教学工作任务，保护学生的合法权益，促进学生在德智体等方面全面发展。

教师应当热爱本职工作，钻研业务，勤奋进取，勇于探索，不断提高教育教学水平。

第七条 本市按照国家规定，实行教师资格认定制度。

教师资格的取得和认定程序，按照国务院《教师资格条例》的有关规定办理。

取得教师资格的人员，首次任教应当有一年的试用期。

第八条 学校实行教师职务聘任制。教师职务聘任遵循平等、竞争、择优的原则，由学校和教师签订聘任合同，明确双方的权利和义务。

第九条 本市实行教师培训制度。

教育行政部门和学校主管部门应当制定并组织实施教师培训规划，提高现有教师的思想政治、教学业务水平。

教师应当按照国家和本市的有关规定接受培训。

市和区、县人民政府应当在每年的教育经费中明确教师培训的专项经费，教师培训经费人均标准应当高于职工培训经费人均标准。

第十条 学校实行教师年度考核制度，考核结果记入教师考绩档案，作为受聘任教、晋职晋级、确定工资、实施奖惩的依据。

市教育行政部门负责制定教师考核办法，并对考核工作进行指导、监督。

第十一条 高等师范学校应当加强对学生的思想教育和职业道德教育，培养合格人才，充实教师队伍。本市对高等师范学校的毕业生实行任教服务期制度。

本市鼓励非师范高等学校的毕业生到中小学校任教。非师范高等学校毕业生到中小学校任教连续工作满五年的，由市和区县教育行政部门参照高等师范学校毕业生在校期间专业奖学金标准，发给一次性奖励金。

第十二条 各级人民政府和有关行政部门应当对优秀教师给予表彰和奖励。对发展教育事业作出重大贡献的教师，由市人民政府授予“上海市教育功臣”的称号。

对从事教育工作满三十年（女教师满二十五年）的教师，在其退休时，由市教育行政部门授予终身从事教育荣誉证书。

各级人民政府应当支持和鼓励社会组织或者个人向依法成立的奖励教师的基金组织捐助资金，对教师进行奖励。

第十三条 对高等学校中连续担任副教授、教授职务并且能履行岗位职责的教师，每满五年由所在学校安排半学年的专业进修或者学术假。

第十四条 教师的平均工资水平应当高于本市国家公务员的平均工资水平百分之十。

中小学教师按照规定享受教龄津贴和其他津贴。教龄津贴应当逐步提高。

第十五条 本市对不设在城镇的偏远农村学校的教师，其职务工资向上浮动一个档次，连续工作满五年的予以固定，并再向上浮动一个档次。具体办法由市人事部门会同市教育行政部门制定。

第十六条 各级人民政府要建立教师工资保障机制，保证教师工资按时足额发放。

农村学校教师的工资，由县或者区人民政府统筹管理；有条件按时足额发放的地区，也可以由乡、镇人民政府负责管理。

第十七条 各级人民政府应当把教师住房建设纳入城市建设总体规划，用于教师住宅建设的财政拨款要逐年增长，并对建造教师住房给予优惠政策。教师住房人均面积应当达到或者高于全市城镇居民的人均水平。

教师在购买公有住房时，按照规定享受本市出售公有住房的有关优惠政策。

本市机关、企业、事业单位分配、出售或者出租住房时，在同等条件下，对教师家庭应当给予优先。

区、县和乡、镇人民政府应当为农村中小学教师解决住房提供方便。

第十八条 教师的医疗同当地国家公务员享受同等待遇。

对特级教师和获得国家或者上海市人民政府授予荣誉称号的教师在医疗保健方面给予照顾，具体办法由市人民政府制定。

学校应当定期组织教师进行健康检查，对年满四十五周岁的教师，每年组织一次健康检查。健康检查所需经费由教育行政部门或者办学部门予以保证。

第十九条 教师依法享受养老金待遇。各级人民政府应当按时足额发放教师养老金。

教龄满三十年（女教师满二十五年）在学校退休的中小学教师应当享受养老金优惠待遇。

具有高级专业技术职务的高等学校教师，在学校退休的按照规定享受养老金优惠待遇。

第二十条 本市公共图书馆、科技馆、博物馆、纪念馆等社会公共文化设施，应当给予教师优待。

第二十一条 社会力量所办学校教师的待遇，由举办者按照国家的规定予以保障。

第二十二条 教师对学校侵犯其合法权益的行为，或者对学校作出的处理不服，可以向市或者区、县教育行政部门提出申诉。教育行政部门应当在接到申诉的三十日内作出处理。

教师对人民政府有关行政部门侵犯其合法权益的行为，可以向同级人民政府或者上一级人民政府有关行政部门提出申诉，同级人民政府或者上一级人民政府有关行政部门应当作出处理。

第二十三条 本办法的具体应用问题，由市教育行政部门负责解释。

第二十四条 本办法自 1998 年 1 月 1 日起施行。

上海市水路运输管理条例

（1997年10月21日上海市第十届人民代表大会常务委员会第三十九次会议通过　根据2003年10月10日上海市第十二届人民代表大会常务委员会第七次会议《关于修改〈上海市水路运输管理条例〉的决定》第一次修正　根据2010年9月17日上海市第十三届人民代表大会常务委员会第二十一次会议《关于修改本市部分地方性法规的决定》第二次修正　根据2015年6月18日上海市第十四届人民代表大会常务委员会第二十一次会议《关于修改〈上海市环境保护条例〉等8件地方性法规的决定》第三次修正）

第一章　总　　则

第一条　为了维护本市水路运输市场秩序，保障水路运输经营者、旅客、货主和其他当事人的合法权益，促进水路运输事业的发展，规范水路运输管理，根据国家有关法律、法规，结合本市实际情况，制定本条例。

第二条　本条例适用于在本市行政区域内从事营业性国内国际的水路货物运输、水路旅客运输（含旅游运输）和水路运输服务（以下统称水路运输）以及相关的管理活动。

第三条　市港口行政管理部门（以下称市水路运输行政管理部门）负责本市水路运输的管理，组织实施本条例；浦东新区、嘉定区、闵行区、宝山区、金山区、松江区、青浦区、奉贤区和崇明县水路运输行政管理部门（以下统称区、县水路运输行政管理部门）负责本行政区域内水路运输的管理。

市水路运输行政管理部门所属的上海市航务管理处（以下简称市航务处）负责本市水路运输的具体管理；区、县水路运输行政管理部门所属的航务管理署（所）［以下简称区、县航管署（所）］在市航务处的业务指导下，负责本行政区域内水路运输的具体管理。

本市有关行政管理部门以及海上安全监督、船舶检验、海关等行政管理部门按照各自的职责，协同实施本条例。

第四条　水路运输的管理应当遵循保护合法经营、维护公平竞争、坚持协调发展的原则，促进水路运输为国民经济和社会发展提供安全、准点、快捷、经济、方便的服务。

第五条　市水路运输行政管理部门应当根据经济和社会发展的需要，编制本市水路运输发展规划，报市人民政府批准后组织实施。

第六条　水路运输经营者依法组织的行业协会，按照法律、法规建立行业自律机制；为经营者提供政策、信息咨询服务，维护经营者的合法权益；接受市水路运输行政管理部门的委托，对水路运输经营者的经营活动进行指导；向市水路运输行政管理部门提出意见和建议。

第二章　基本规定

第七条　本市营业性水路运输实行许可制度。

从事营业性水路运输活动，应当按照法律、法规和国家水路运输行政管理部门发布的水路运输规定，取得合法的水路运输经营资格，并在批准的经营范围内经营。

第八条　设立水路货物运输、旅客运输企业，应当具备下列条件：

（一）有与经营范围相适应的船舶，并持有船舶检验部门签发的有效船舶证书；

(二)有相应的组织机构和专业人员；

(三)主要船员持有有效的适任证书；

(四)有固定的经营场所和必要的设施,其中经营旅客运输的,还须落实客船沿线停靠站点；

(五)有与经营范围相适应的注册资金。

开设水路货物运输或者旅客运输个体工商户,应当具备前款(一)、(三)、(四)、(五)项的条件。

国家规定必须办理第三者责任保险、旅客意外伤害保险和船舶保险的,还须提供保险证明。

第九条 设立水路运输服务企业,应当具备下列条件:

(一)有相应的组织机构和专业人员；

(二)有固定的经营场所和必要的营业设施；

(三)有与经营范围相适应的注册资金。

开设水路运输服务个体工商户的条件,按照国家规定办理。

第十条 申请从事国内水路运输,应当向市航务处或者所在地的区、县航管署(所)提出；申请从事国际水路运输,应当向市水路运输行政管理部门提出。

受理机关应当按照审批权限报送相关机关审批。本市审批机关应当在规定的期限内作出书面审批决定。决定批准的,按其经营范围分别发给水路运输许可证、水路运输服务许可证或者相关批准文件。

外商投资设立水路运输企业,应当经市水路运输行政管理部门审核,并按照有关法律、法规办理审批手续。

第十一条 从事国内水路运输的本市水路货物运输、旅客运输经营者,应当按照申请核准的船舶向市航务处领取船舶营业运输证和相关的业务单据。

船舶营业运输证应当随船携带。

第十二条 本市水路运输经营者合并、分立或者变更经营范围,应当报经原审批机关批准后换领有关许可证件,变更企业名称、住所和法定代表人等事项,在办理相应工商、税务变更登记的同时,应当到原审批机关更换有关许可证件。

第十三条 本市水路运输经营者停业、歇业,应当提前三十日向原审批机关申报。在办理相关手续的同时,应当交回许可证和有关业务单据。

第十四条 临时从事跨市的营业性水路货物运输、旅客运输的,按照本条例第十条规定办理。

第十五条 本市水路运输经营者和石油、煤炭、冶金、商业、供销、外贸、林业、电力、化工、水产、环卫等部门,应当按照国家规定及时、准确地向水路运输行政管理部门报送水路运输统计表。

第十六条 本市从事水路运输经营的主要从业人员,应当接受有关水路运输法律、法规和业务技术知识的培训、考核,持证上岗。

第十七条 本市水路运输经营者应当接受市水路运输行政管理部门或者市航务处对其经营资格的年度审验,经审验合格,方可继续经营。

市水路运输行政管理部门或者市航务处应当在收到水路运输经营者填报的年度审验表后三十日内作出书面审验决定。

第十八条 本市水路运输经营者新增运力,应当按照国家有关规定办理。

禁止购置超龄、报废船舶作为新增和更新运力。

本市水路运输经营者报废、出售或者改装船舶,应当向市航务处或者区、县航管署(所)提供船舶登记机构出具的证明文件,并办理有关船舶营运证件的注销或者变更手续。

本市水路运输经营者运力增减,按照国家规定在上海航运交易所进行交易的,在办理船舶营运证件的申领或者注销时,还需向市航务处或者区、县航管署(所)提供上海航运交易所的船舶买卖证明。

第十九条 水路货物运输、旅客运输经营者应当遵守国家水污染防治的法律、法规,加强设备保养,改善运行管理,维护船舶航行、停泊水域的环境卫生,不得违反规定排放、倾倒废弃物、污染物。

第二十条 水路运输行政管理部门和市航务处、区、县航管署(所)应当加强对水路运输活动的监督、检查。水路运输行政执法人员执行公务时,应当佩戴统一标志,穿着识别服装,并出示统一的行政执法证件。

水路运输经营者应当自觉接受水路运输行政执法部门的检查,如实反映情况,提供有关资料。

第二十一条 任何单位和个人不得出借、转让、倒卖、涂改和伪造本条例规定的水路运输经营许可证件、统一发票和有关业务单据。

第三章 货物运输

第二十二条 抢险、救灾以及国家、市人民政府指令性的水路货物运输,由市水路运输行政管理部门或者市航务处组织实施。

任何单位和个人不得对水路货物运输实行部门、地区垄断。

第二十三条 以本市为起点的水路货物运输,经营者应当与托运人签订水路货物运输合同。其中国内水路货物运输合同,应当参照使用市水路运输行政管理部门和工商行政管理部门推荐的合同示范文本。

经营者和托运人在上海航运交易所从事水路货物运输交易,应当遵守国家对航运交易所规定的交易规则。

第二十四条 水路货物运输经营者运输危险货物,应当按照国家有关危险货物运输的规定执行。

托运人托运危险货物必须按照危险货物运输的规定办理,不得谎报品名、隐瞒货物性质或者在普通货物中夹带危险货物。

国家规定必须凭证运输的货物,水路货物运输经营者应当要求托运人提供有关证明。

第二十五条 在本市从事海上集装箱运输的国际水路货物运输经营者,可以在本市从事海上集装箱国际转运业务。

市水路运输行政管理部门、海上安全监督和海关等有关管理和监督部门应当按照国际惯例、国家和本市的有关规定,本着快捷、便利、安全、畅通的原则,方便国际转运。

海上集装箱国际转运的具体管理办法由市人民政府另行制定。

第二十六条 国内水路货物运输的运价,实行市场调节价。

国际水路货物运输的运价,由从事国际水路货物运输的经营者自行定价,并执行国家有关运价报送备案的规定。

第二十七条 从事国内水路货物运输的经营者在本市起运货物,应当使用市水路运输行政管理部门规定格式的水路货物运输运单。

从事国内水路货物运输的本市经营者和其他从事市内营业性水路货物运输的经营者,应当使用本市水路货物运输统一发票。

本市水路货物运输统一发票,由市税务行政管理部门监制,市水路运输行政管理部门统一印制、发放和管理;其他水路货物运输单据,由市水路运输行政管理部门或者市航务处根据国家有关规定统一印制、发放和管理。

第二十八条 国际水路货物运输提单格式实行报送备案制度。

在本市签发国际水路货物运输提单的承运人,应当将其提单的格式样本报市水路运输行政管理部门备案。

市水路运输行政管理部门应当将备案的提单格式样本供社会公开查阅。

国际水路货物运输提单格式的报送备案实施办法,由市水路运输行政管理部门规定。

第四章 旅客运输

第二十九条 水路旅客运输经营者应当为旅客提供文明、规范的服务,按照船票载明的船名、航次、日期和席位运送旅客,保证旅客安全到达目的地。

水路旅客运输经营者不得对船票价格内已

包含的服务项目另行收费或者向旅客强制提供收费服务。

第三十条 从事国内水路旅客运输的经营者应当按照核定的航线、班次和停靠站点提供服务，不得擅自取消航线或者增减班次和停靠站点。需要取消或者增减的，应当在发生变更前三十日向市水路运输行政管理部门申请变更，经批准后予以公告。

因不可抗力等因素需要临时取消班次的，应当事先公告，并办理乘客全额退票或者换票。

第三十一条 船舶的客运设施应当保证技术、卫生状况良好，安全设备齐全，符合国家规定的船舶乘客定额与舱室设备规范。

水路旅客运输经营者自有的客运站应当根据旅客发送量的规模，设立相应的候船、售票、服务等基本设施和必要的安全设施。自有客运站的设施必须符合国家规定的标准。

渡口必须有与客流量、车流量相适应的候渡室、场地、进出通道、引桥及渡船停靠设施。

第三十二条 本市水路旅客运输经营者应当维护客运站、渡口的秩序，保障客运、渡运的安全。

第三十三条 本市水路旅客运输经营者应当按照国家规定对旅客携带物品实行危险品检查。

任何人不得违反规定携带危险品和其他禁止携带的物品进站、乘船、办理托运。

旅客进站、乘船拒绝接受危险品检查的，水路旅客运输经营者可以不予承运；已携带进站、乘船的危险品，经营者应当按照国家有关规定实行监管或者处理。

第三十四条 国内水路旅客运输运价，按照本条例第二十六条第一款的规定执行。

国际水路旅客运输的运价，由国际水路旅客运输经营者自行定价。

第三十五条 国内水路旅客运输经营者应当使用符合国家规定基本格式的客运票证。

第五章 运输服务

第三十六条 水路运输服务分为船舶代理和货物、旅客运输代理。

从事船舶代理的水路运输服务经营者，可以接受承运人的委托，在协议的范围内，为承运人承揽货源或者客源，并以承运人的名义办理水路货物运输、旅客运输手续和提供相关服务。

从事货物、旅客运输代理的水路运输服务经营者，可以接受托运人、收货人或者旅客的委托，为其联系船舶、确定舱位，并以托运人、收货人或者旅客的名义，办理船舶的运输、货物装卸手续和提供相关服务。

第三十七条 水路运输服务经营者应当与委托方本着平等自愿的原则订立委托合同，按照约定的代理事项，为委托方提供合法、安全、诚实信用的服务。

第三十八条 水路运输服务经营者在从事代理业务时，必须以被代理人的名义与承运人或者托运人、收货人签订水路货物运输合同，或者向旅客出售客票。

第三十九条 水路运输服务经营者不得从事下列活动：

（一）以本企业名义为他人托运或者承运货物，收取运费差价；

（二）强行代办业务；

（三）为无水路运输经营资格或者超越经营范围的经营者提供水路运输服务；

（四）垄断、倒卖货源，或者采取不正当的手段哄抬、竞相压低运价。

第四十条 水路运输服务经营者必须按照国家和本市规定的收费标准收取代理服务费。从事国内水路运输服务的本市水路运输服务经营者必须使用市水路运输行政管理部门规定的水路运输服务统一发票。

水路运输服务统一发票的管理和使用，按照本条例第二十七条第三款的规定执行。

第六章 法律责任

第四十一条 违反本条例规定，市和区、县水路运输行政管理部门或者市航务处、区、县航管署（所）根据各自职责，按照下列规定予以处罚：

（一）违反第七条、第十一条、第十四条规定，持无效许可证件或者无证从事营业性水路运输活动的，责令停止违法经营活动，没收违法收入，并处以违法收入一倍至三倍，但最高不超过十万元的罚款；超越经营范围从事营业性水路运输活动的，处以警告或者三千元至三万元的罚款；

（二）违反第十二条、第十七条第一款、第二十条第二款规定，不按照规定办理换领许可证件、参加年度审验或者在接受执法部门检查时提供虚假资料的，处以警告或者五千元以下的罚款；

（三）违反第十三条规定，擅自停业或者歇业的，处以警告或者五百元至二千元的罚款；

（四）违反第二十一条规定，出借、转让、倒卖、涂改和伪造经营许可证件、水路运输统一票证、单据的，收缴其全部证件和票证、单据，没收违法收入，并处以违法收入一倍至五倍，但最高不超过十万元的罚款；

（五）违反第二十四条第一款规定，不按照规定从事危险货物水路运输的，处以警告，可以并处二千元至二万元的罚款；

（六）违反第二十七条第一、二款、第四十条第一款规定，不使用本市水路运输统一发票和单据的，责令改正，处以警告或者二百元至五千元的罚款；

（七）违反第二十八条第二款规定，不按规定报备提单的，处以警告或者二千元至一万元的罚款；

（八）违反第三十条规定，擅自取消航线、增减班次和停靠站点的，责令改正，处以一千元至一万元的罚款；

（九）违反第三十二条规定，不维护客运站、渡口秩序的，责令改正，处以警告或者五千元以下的罚款；

（十）违反第三十三条第一款规定，不实行危险品检查的，处以警告，可以并处五百元至五千元的罚款；

（十一）违反第三十五条规定，不使用规定格式客票的，责令改正，处以警告或者五百元至二千元的罚款；

（十二）违反第三十九条规定，以本企业名义为他人托运、承运货物，收取运费差价的，处以警告，并处以违法差价收入一倍至三倍，但最高不超过五万元的罚款；强行代办业务的，处以警告，并处以一千元至五千元的罚款；为非法经营者提供服务的，处以警告或者一千元至一万元的罚款。

有前款第（一）、（四）、（五）、（六）、（十一）、（十二）项所列行为且情节严重的，可以责令停业整顿；其中有第（一）、（四）项和前款第（二）项所列行为的，还可以吊销经营许可证件。

违反本条例规定，其他行政管理部门根据法律、法规对同一违法行为已经作了处罚的，不再重复罚款处罚。

第四十二条 违反本条例规定给他人造成损害的，应当赔偿损失，承担相应的民事责任。

第四十三条 拒绝、阻碍水路运输行政管理人员执行职务，违反《中华人民共和国治安管理处罚法》的，由公安部门依法处理。

违反本条例规定，情节严重构成犯罪的，依法追究刑事责任。

第四十四条 水路运输行政管理人员玩忽职守、滥用职权、徇私舞弊的，由其所在单位或者上级主管部门给予行政处分；构成犯罪的，依法追究刑事责任。

第四十五条 市和区、县水路运输行政管理部门或者市航务处、区、县航管署（所）作出行政处罚，应当出具行政处罚决定书。收缴罚款和没收财物时，应当出具市财政部门统一制发的收据。

罚没款全部上缴国库。

第四十六条 当事人对市、区、县水路运输行政管理部门和市航务处、区、县航管署（所）的具体行政行为不服的，可以依照《中华人民共和国行政复议法》、《中华人民共和国行政诉讼法》的规定申请复议或者提起诉讼。

当事人逾期不申请复议，不提起诉讼，又不履行处罚决定的，作出处罚决定的部门可以申请人民法院强制执行。

第七章　附　　则

第四十七条　本条例下列用语的含义是：

（一）营业性水路运输，是指为社会服务，发生各种方式运费结算的水路运输。

（二）非营业性水路运输，是指为本单位服务并对外不发生各种方式运费结算的水路运输。

（三）国际水路货物运输提单，是指用以证明国际水路货物运输合同和货物已经由从事国际水路货物运输的经营者接收或者装船，以及据以保证交付货物的单证。

（四）海上集装箱国际转运，是指国际集装箱货物，由境外装船起运，经本市口岸换装国际航线船舶后，继续运往第三国或者地区指运口岸的集装箱转运业务。

（五）渡口，是指在本市行政区域内江河、湖泊两岸专供渡运乘客、车辆的码头以及候渡设施。

第四十八条　从事与香港特别行政区和澳门特别行政区、台湾地区之间的水路运输活动，参照本条例国际水路运输的规定执行。

第四十九条　国际水路货物运输代理的管理，按照国家和本市国际货物运输代理的有关规定执行。

第五十条　本条例的具体应用问题，由市水路运输行政管理部门负责解释。

第五十一条　本条例自1998年1月1日起施行。

上海市建筑市场管理条例

（1997年10月21日上海市第十届人民代表大会常务委员会第三十九次会议通过　根据2003年10月10日上海市第十二届人民代表大会常务委员会第七次会议《关于修改〈上海市建筑市场管理条例〉的决定》第一次修正　根据2010年9月17日上海市第十三届人民代表大会常务委员会第二十一次会议《关于修改本市部分地方性法规的决定》第二次修正　2014年7月25日上海市第十四届人民代表大会常务委员会第十四次会议修订）

第一章　总　　则

第一条　为了加强本市建筑市场的管理，维护建筑市场秩序，保障当事人的合法权益，根据《中华人民共和国建筑法》等有关法律、行政法规的规定，结合本市实际情况，制定本条例。

第二条　在本市行政区域内从事建筑市场活动，实施建筑市场监督管理，适用本条例。

第三条　市建设行政管理部门负责全市建筑市场的统一监督管理。具体履行以下职责：

（一）组织制定本市建筑市场监督管理政策；

（二）组织编制工程建设地方标准和规范；

（三）建立全市统一的建设工程交易市场；

（四）负责建筑市场企业资质和从业人员资格管理；

（五）市人民政府规定的其他统一监督管理职责。

区、县建设行政管理部门按照其职责权限，负责本行政区域内建筑市场的监督管理。

本市交通、水务、海洋、绿化、民防、房屋等行政管理部门（以下简称其他有关部门）按照市人民政府规定的职责分工，负责专业建设工程建筑市场的监督管理。

本市发展改革、规划国土资源、环境保护、安全生产监督、质量技术监督、财政、公安消防、经济信息化、人力资源社会保障等行政管理部门按照各自职责，协同实施本条例。

第四条 从事建筑市场活动应当遵循依法合规、诚实守信、有序竞争的原则；禁止以任何形式垄断建筑市场，或者以不正当手段扰乱建筑市场秩序。

建筑市场管理应当坚持统一、开放、公平、公正的原则。

第五条 鼓励建筑科学技术研究和人才培训，支持开发和采用建筑新技术、新工艺、新设备、新材料和现代管理方法，推动先进、成熟、适用的新技术上升为技术标准，促进建筑产业现代化。

第六条 建筑市场相关行业协会应当建立健全行业自律和交易活动的规章制度，引导行业健康发展，督促会员依法从事建筑市场活动；对违反自律规范的会员，行业协会应当按照协会章程的规定，采取相应的惩戒措施。

第二章 市场准入和建设许可

第七条 建设工程勘察、设计、施工、监理、招标代理、造价咨询、工程质量检测等单位应当依法取得资质证书，并在资质许可范围内承接业务。

建设工程施工单位应当按照国家有关规定，取得安全生产许可证。

第八条 注册地在其他省市的单位进入本市从事建筑活动，应当向市建设行政管理部门报送国家或者省级相关行政管理部门颁发的资质证书、专业技术人员注册执业证书等相关信息。

第九条 国家规定实行注册执业制度的建筑活动专业技术人员，经资格考试合格，取得注册执业证书后，方可从事注册范围内的业务。

第十条 注册执业人员不得有下列行为：

（一）出租、出借注册执业证书或者执业印章；

（二）超出注册执业范围或者聘用单位业务范围从事执业活动；

（三）在非本人负责完成的文件上签字或者盖章；

（四）法律、法规禁止的其他行为。

第十一条 按照国家和本市有关规定配备的施工员、质量员、安全员、标准员、材料员、机械员、劳务员、资料员等施工现场专业人员，应当经过聘用单位组织的岗位培训并通过职业能力评价。

第十二条 建设单位应当在建设工程发包前，持有关文件，向市、区、县建设行政管理部门或者其他有关部门办理建设工程报建手续。

建设工程报建所需资料齐全的，建设行政管理部门或者其他有关部门应当当场予以办理；建设工程报建所需资料不齐全的，应当一次性告知办理报建手续所需资料。

第十三条 建设工程开工应当按照国家有关规定，取得施工许可。未经施工许可的建设工程不得开工。

除保密工程外，施工单位应当在施工现场的显著位置向社会公示建设工程施工许可文件的编号、工程名称、建设地址、建设规模、建设单位、设计单位、施工单位、监理单位、合同工期、项目经理等事项。

第三章 工程发包与承包

第十四条 依法必须进行招标发包的建设项目，建设单位应当在完成建设工程的项目审批、核准、备案手续后，方可进行工程总承包或者勘察、设计、施工发包。

第十五条 工程总承包、勘察、设计、施工的发包应当具备下列条件：

（一）发包单位为依法成立的法人或者其他组织；

（二）有满足发包所需的资料或者文件；

（三）建设资金来源已经落实。

政府投资的建设工程的施工发包应当具有

施工图设计文件。但是,建设工程技术特别复杂或者需要使用新技术、新工艺,经市建设行政管理部门审核同意的除外。

第十六条 建设工程的勘察、设计、施工,可以全部发包给一个承包单位实行工程总承包;也可以将建设工程的勘察、设计、施工分别发包给不同的承包单位。

发包单位不得将应当由一个承包单位完成的建设工程肢解成若干部分发包给几个承包单位。

第十七条 建设工程的发包分为招标发包和直接发包。

建设工程招标发包分为公开招标发包和邀请招标发包。

第十八条 全部或者部分使用国有资金投资或者国家融资,以及使用国际组织或者外国政府贷款、援助资金之外的建设工程,可以不进行招标发包,但是国家另有规定的除外。

政府特许经营项目已通过招标方式选定投资人,投资人具有相应工程建设资质且自行建设的,可以不进行招标发包。

第十九条 具备勘察、设计或者施工资质的单位自行投资建设工程的,可以在其资质许可范围内承担相应的工作。

在建工程追加附属小型工程或者房屋建筑主体加层工程,原承包单位具备承包能力的,可以将工程总承包或者勘察、设计、施工直接发包给原承包单位。

第二十条 依法必须公开招标发包的工程,发包单位应当按照国家和本市有关规定,在市建设行政管理部门等相关行政管理部门指定的媒介上发布招标公告。

鼓励使用市建设行政管理部门等相关行政管理部门制定的招标示范文本。

第二十一条 评标由招标人依法组建的评标委员会负责。

招标人与评标委员会成员串通确定中标人的,中标无效。

第二十二条 实行建设工程总承包的,总承包单位应当具备相应的设计或者施工资质,并建立与工程总承包业务相适应的项目管理体系。

实行总承包的建设工程,工程质量由总承包单位负责。总承包单位将所承包工程中的部分工作分包给其他单位的,总承包单位和分包单位应当就分包工程对建设单位承担连带责任。

第二十三条 两个以上的勘察、设计、施工单位可以组成联合体承包工程。联合体各方应当签订联合体协议,确定一方作为联合体主办方,并对承包合同的履行承担连带责任。

联合体各方应当在各自的资质许可范围内承接工程;资质类别相同但资质等级不同的企业组成联合体的,应当按照资质等级低的承包单位的资质许可范围承接工程。

已经参加联合体的单位不得参加同一建设工程的单独投标或者其他联合体的投标。

第二十四条 实行施工总承包的,总承包单位应当自行完成主体结构工程的施工,在主体结构工程施工中应当承担下列责任:

(一)在施工现场设立项目管理机构;

(二)按照规定在施工现场配备本单位的管理人员;

(三)加强施工现场质量和安全管理;

(四)自行采购、供应主体结构工程的主要材料;

(五)法律、行政法规规定的其他责任。

总承包单位和建设单位应当在总承包合同中对分包工程、建设工程材料和设备供应方式等内容予以明确。

建设行政管理部门和其他有关部门应当加强对总承包单位施工现场的监管。

第二十五条 建设单位需要在施工总承包范围内确定专业分包单位或者建设工程材料、设备供应单位的,应当在招标文件中明示或者事先与总承包单位进行协商,并在施工总承包合同中约定;确定的专业分包单位或者材料、设备供应单位应当接受总承包单位的管理,并由总承包单位进行相关工程款项的结算和支付。

建设单位需要将施工总承包范围外的专业

工程另行发包的，应当事先与施工总承包单位书面约定现场管理方式。

采取前两款发包方式的，建设单位与施工总承包单位的承包合同应当明确建设单位的责任。

第二十六条 工程总承包、勘察、设计、施工、监理单位承接建设工程时不得有下列行为：

（一）借用他人资质或者以他人名义承接工程；

（二）以贿赂等不正当手段承接工程；

（三）参与有利害关系的招标代理机构代理的建设项目的投标；

（四）提供伪造或者变造的资料；

（五）未以投标方式承接必须投标承包的建设工程；

（六）法律、法规禁止的其他行为。

第二十七条 承包单位不得转包工程。承包单位有下列情形之一的，属于转包行为：

（一）工程总承包单位将其资质范围内的全部设计或者施工业务交由其他单位或者个人完成；

（二）勘察、设计承包单位将全部的勘察或者设计业务交由其他单位或者个人完成；

（三）施工总承包单位将全部的施工业务交由其他单位或者个人完成。

第二十八条 施工承包单位不得违法分包工程。施工承包单位有下列情形之一的，属于违法分包行为：

（一）将建设工程分包给不具备相应资质的单位或者个人的；

（二）专业分包单位将其承包的建设工程再实行专业分包的；

（三）劳务分包单位将其承包的劳务作业再分包的；

（四）法律、行政法规规定属于违法分包的其他情形。

第二十九条 建设单位可以自主委托招标代理、造价咨询等中介服务机构。招标代理机构、造价咨询机构不得同时接受同一建设工程招标人和投标人的委托，也不得同时接受同一建设工程两个以上投标人的委托。

第三十条 建设单位可以委托具有建设工程设计、施工、监理、招标代理或者造价咨询相应资质的项目管理单位，开展工程项目全过程或者若干阶段的项目管理服务。

项目管理单位应当配备具有相应执业能力的专业技术人员和管理人员，提供工程项目前期策划、项目设计、施工前准备、施工、竣工验收和保修等阶段的项目管理服务，也可以在其资质许可范围内，为同一工程提供工程监理、招标代理、造价咨询等专业服务。

设计、施工单位从事项目管理的，不得承接同一建设工程的工程总承包、设计或者施工项目。

本市逐步推进政府投资的建设工程委托项目管理单位实行全过程管理。

第四章 工程合同和造价

第三十一条 承接建设工程总承包、勘察、设计、施工项目的，应当签订书面的建设工程合同。承接建设工程项目管理、招标代理、造价咨询、监理、检测等业务的，应当签订书面的委托合同。鼓励使用国家或者本市制定的合同示范文本。

实行招标发包的建设工程，其承发包合同的工程内容、合同价款及计价方式、合同工期、工程质量标准、项目负责人等主要条款应当与招标文件和中标人的投标文件的内容一致。

第三十二条 合同签订后三十日内，发包单位、委托单位应当向建设行政管理部门或者其他有关部门报送工程内容、合同价款、计价方式、项目负责人等合同信息。合同信息发生变更的，发包单位、委托单位应当于变更事项发生后十五日内，向原报送部门报送变更信息。

经依法报送并履行完毕的合同项目，方可作为业绩在企业申请资质升级增项、参与招标投标过程中予以使用。

第三十三条 合同履行过程中，市场价格波动超过正常幅度且合同未予约定的，合同当事人应当对合同价款的调整进行协商。

第三十四条 全部使用国有资金投资或者国有资金投资为主的建设工程的施工发包和承包应当采用工程量清单方式计价。工程量清单应当按照国家和本市的清单计价规范编制。

全部使用国有资金投资或者国有资金投资为主的建设工程实行施工招标，招标人应当在发布招标文件时，公布最高投标限价，并报送建设行政管理部门或者其他有关部门备查。

鼓励其他资金投资的建设工程的施工发包和承包采用工程量清单方式计价。

第三十五条 发包单位应当按照法律规定和合同约定，进行工程预付款、工程进度款、工程竣工价款的结算、支付。

建设工程竣工后，发包单位和承包单位应当按照合同约定进行工程竣工结算。

承包单位应当在提交竣工验收报告后，按照合同约定的时间向发包单位递交竣工结算报告和完整的结算资料。发包单位或者发包单位委托的造价咨询机构应当在六十日内进行核实，并出具核实意见。合同另有约定的除外。

竣工结算文件确认后三十日内，发包单位应当将双方确认的竣工结算文件报建设行政管理部门或者其他有关部门备案。

第三十六条 市建设行政管理部门应当会同其他有关部门制定全市工程造价信息数据标准，建立全市工程造价信息平台。

全部使用国有资金投资或者国有资金投资为主的建设工程，建设行政管理部门和其他有关部门应当将最高投标限价、中标价、竣工结算价在市建设行政管理部门指定的网站上公开，接受社会监督。

第三十七条 建设工程合同当事人可以采取投标担保、履约担保、预付款担保、工程款支付担保等担保方式，降低合同履行的风险。

发包单位要求承包单位提供履约担保的，应当同时向承包单位提供工程款支付担保。

第三十八条 建设工程合同对建设工程质量责任采用质量保证金方式的，使用财政资金的建设工程应当按照国家有关规定，将质量保证金预留在财政部门或者发包单位。

建设工程合同对建设工程质量责任采用工程质量保险方式的，不再设立建设工程质量保证金。

第五章 市场服务与监督

第三十九条 建设行政管理部门和其他有关部门应当通过全市统一的建设工程管理信息系统，实施行政许可、招标投标监督管理、合同管理、注册执业人员管理、工程质量和安全监督等监督管理活动。

市建设行政管理部门应当会同市人力资源和社会保障行政管理部门，建立施工作业人员劳务信息系统，向劳务用工单位提供实名登记的施工作业人员信息，并向劳务人员提供劳务用工单位的用工需求信息。

第四十条 市建设行政管理部门应当建立统一规范的建设工程交易中心，为建设工程交易活动提供场所、设施以及信息、咨询等服务。

第四十一条 市建设行政管理部门应当会同其他有关部门，按照国家和本市有关规定以及本市建设工程技术评审管理的实际需求，建立建设工程评标专家库和专项技术评审专家库。

在本市建设工程交易中心进行评标，以及按照国家或者本市规定开展专项技术评审活动的，应当分别从本市建设工程评标专家库或者专项技术评审专家库中选取专家。

专家在评标或者开展专项技术评审过程中，应当客观、公正地履行职责，遵守职业道德，并对所提出的评审意见承担个人责任。

第四十二条 本市实行施工图设计文件审查制度。施工图设计文件审查机构应当经市建设行政管理部门或者其他有关部门依法确定并向社会公布。

第四十三条 施工图设计文件审查机构应当按照国家或者本市有关规定开展施工图设计文件审查活动，不得有下列行为：

（一）超出范围从事施工图审查；

（二）使用不符合条件的审查人员；

（三）未按照规定的内容进行审查；

（四）未按照规定的时间完成审查；

（五）法律、法规禁止的其他行为。

第四十四条 市建设行政管理部门或者其他有关部门应当加强对审查机构和审查人员的监督检查，并定期公开监督检查结果。

第四十五条 建设行政管理部门和其他有关部门应当对建筑市场活动开展动态监督管理。发现企业资质条件或者安全生产条件已经不符合许可条件的，应当责令限期改正，改正期内暂停承接新业务；逾期未改正的，由许可部门降低其资质等级或者吊销资质证书；属于进沪的其他省市企业的，应当提请发证部门依法作出处理。

建设行政管理部门和其他有关部门在施工现场开展监督检查时，应当对合同的主要内容和现场情况进行比对。

第四十六条 市建设行政管理部门应当会同其他有关行政管理部门组织编制本市建设工程标准、管理规范、定额、计价规则等技术管理文件，并向社会公布。

第四十七条 本市推进建筑市场信用体系建设。建设行政管理部门和其他有关部门应当建立信用信息数据库，记载建筑市场活动中各单位和注册执业人员的信用信息。信用信息应当向市公共信用信息服务平台归集，并向社会公布。

政府投资建设工程的建设单位应当在招标投标活动中使用信用信息。鼓励其他主体在建筑市场活动中使用信用信息。

建设行政管理部门和其他有关部门应当根据建筑市场活动中各单位和注册执业人员的信用状况实行分类管理，加强对失信单位和人员的监管，对信用良好的单位和人员实施便利措施。

第四十八条 本市按照国家有关规定开展建设领域稽查工作，对建设行政管理部门、其他有关部门贯彻执行法律、法规、规章、标准及相关政策的情况进行监督检查。

第六章 法律责任

第四十九条 违反本条例规定的行为，《中华人民共和国建筑法》、《建设工程质量管理条例》及其他有关法律、行政法规已有处罚规定的，从其规定。

第五十条 违反本条例第八条规定，其他省市企业未按照要求报送信息的，由市建设行政管理部门责令限期改正；逾期未改正的，处五千元以上三万元以下罚款。

第五十一条 违反本条例第十条规定，注册执业人员违反规定从事执业活动或者出租、出借注册执业证书、执业印章的，由建设行政管理部门或者其他有关部门责令停止违法行为，处一万元以上三万元以下罚款；有违法所得的，没收违法所得，处违法所得两倍以上五倍以下罚款；情节严重的，提请发证部门吊销资格证书。

第五十二条 违反本条例第十二条第一款规定，建设单位未按照要求办理建设工程报建手续的，由建设行政管理部门或者其他有关部门责令限期改正，予以警告，并可以处五千元以上三万元以下罚款。

第五十三条 违反本条例第十三条第二款规定，施工单位未按照要求在建设工程施工现场进行公示的，由建设行政管理部门或者其他有关部门责令限期改正，处一万元以上三万元以下罚款。

第五十四条 违反本条例第二十六条规定，工程总承包、勘察、设计、施工、监理单位有下列情形之一的，由建设行政管理部门或者其他有关部门按照下列规定予以处罚：

（一）未取得资质证书，借用他人资质或者以他人名义承揽勘察、设计、监理工程的，责令停止违法行为，对违反规定的勘察、设计、监理单位分别处合同约定的勘察费、设计费、监理费两倍以上四倍以下罚款；对违反规定的工程总承包、施工单位处工程合同价款百分之五以上百分之十以下罚款；有违法所得的，没收违法所得;并可以责令停业整顿、降低资质等级;情节严重的,吊销资质证书。

(二)以贿赂等不正当手段承揽工程的,责令改正,对违反规定的勘察、设计、监理单位分别处合同约定的勘察费、设计费、监理费两倍以上四倍以下罚款;对违反规定的工程总承包、施工单位处工程合同价款百分之五以上百分之十以下罚款;并可以责令停业整顿、降低资质等级;情节严重的,吊销资质证书。

(三)提供伪造或者变造的资料的,责令限期改正,处十万元以上三十万元以下罚款;有违法所得的,没收违法所得;情节严重的,暂扣或者吊销资质证书。

(四)未以投标方式承接必须投标承包的建设工程的,责令停止建筑活动,处一万元以上三万元以下罚款。

第五十五条 违反本条例第二十九条规定,造价咨询机构就同一建设工程同时接受招标人和投标人或者两个以上投标人委托的,由建设行政管理部门或者其他有关部门责令限期改正,予以警告,并处三万元以上十万元以下罚款。

第五十六条 违反本条例第三十二条第一款规定,发包单位、委托单位未按照要求报送合同信息的,由建设行政管理部门或者其他有关部门责令限期改正;逾期未改正的,处一千元以上五千元以下罚款。

第五十七条 违反本条例第三十五条第四款规定,发包单位未按照要求办理竣工结算文件备案手续的,由建设行政管理部门或者其他有关部门责令限期改正,处一万元以上三万元以下罚款。

第五十八条 违反本条例第四十一条第三款规定,评审专家未客观、公正履行职责的,由市建设行政管理部门责令改正;情节严重的,取消其担任评审专家的资格。

第五十九条 施工图设计文件审查机构违反本条例第四十三条规定,未按照规定开展施工图设计文件审查活动的,由市建设行政管理部门或者其他有关部门责令改正,处一万元以上三万元以下罚款;已经出具审查合格书的施工图,仍有违反法律、法规和工程建设强制性标准的,处三万元以上十万元以下罚款;情节严重的,市建设行政管理部门或者其他有关部门不再将其列入审查机构名录。

第六十条 相关行政管理部门的工作人员违反本条例规定,有下列情形之一的,由所在单位或者上级主管部门依法给予行政处分;构成犯罪的,依法追究刑事责任:

(一)违法实施行政许可或者行政处罚的;

(二)违法干预建设工程的发包和承包的;

(三)未按照本条例规定履行监督检查职责的;

(四)发现违法行为不及时查处,或者包庇、纵容违法行为,造成后果的;

(五)其他玩忽职守、滥用职权、徇私舞弊的行为。

第七章 附 则

第六十一条 本条例有关用语的含义:

(一)建设工程,是指土木工程、建筑工程、线路管道和设备安装工程、装修工程、园林绿化工程及修缮工程。

(二)建筑市场活动,是指在建设工程新建、扩建、改建和既有建筑物、构筑物的装修、拆除、修缮过程中,各方主体进行发包、承包、中介服务,订立并履行合同等活动。

(三)政府投资,是指在本市行政区域内使用政府性资金进行的固定资产投资活动。政府性资金包括财政预算内投资资金、各类专项建设基金、统借国外贷款和其他政府性资金。

第六十二条 本条例自 2014 年 10 月 1 日起施行。

上海市特种行业和公共场所治安管理条例

(1997年12月11日上海市第十届人民代表大会常务委员会第四十次会议通过 根据2000年12月15日上海市第十一届人民代表大会常务委员会第二十四次会议《关于修改〈上海市特种行业和公共场所治安管理条例〉的决定》第一次修正 根据2003年6月26日上海市第十二届人民代表大会常务委员会第五次会议《关于修改〈上海市特种行业和公共场所治安管理条例〉的决定》第二次修正)

第一章 总 则

第一条 为了加强特种行业和公共场所的治安管理,维护社会治安秩序,保障公民、法人和其他组织的合法权益,根据《中华人民共和国人民警察法》、《中华人民共和国治安管理处罚条例》、《娱乐场所管理条例》和其他有关法律、法规的规定,结合本市实际情况,制定本条例。

第二条 本条例适用于本市行政区域内的旅馆、印章刻制、印刷、旧货、音像制品复制等特种行业和下列公共场所:

(一)舞厅、卡拉OK厅(包房)、游戏(艺)机房、台球室、游乐场等营业性娱乐场所(以下统称娱乐场所);

(二)电影院、剧场、音像制品放映场所;

(三)设置按摩项目的服务场所;

(四)咖啡馆、茶座、经营酒类的餐饮场所;

(五)体育场(馆)、游泳池(场)、溜冰场、营业性射击场;

(六)大型公众性临时活动场所。

第三条 上海市公安局是本市特种行业和公共场所治安管理工作的主管部门,负责实施本条例。区、县公安部门和专业公安部门具体负责管辖范围内的特种行业和公共场所治安管理工作。

第四条 本市工商行政、劳动和社会保障、体育、旅游、文化广播影视、绿化、商业、卫生和新闻出版等行政管理部门应当按照各自职责,配合公安部门做好特种行业和公共场所的治安管理工作。

第二章 许可和审核

第五条 开办旅馆、印章刻制、旧货业中的典当行和拍卖行、音像制品复制等特种行业的单位(含个体工商户,下同),开办咖啡馆、茶座、营业性射击场等公共场所以及举办大型公众性临时活动的单位,应当取得公安部门颁发的《上海市特种行业许可证》(以下简称《特种行业许可证》)或者《上海市公共场所治安许可证》(以下简称《公共场所许可证》)以及其他有关行政管理部门颁发的许可证和营业执照。

第六条 申领《特种行业许可证》的单位,应当具备下列条件:

(一)营业场地的布局和设施符合治安管理要求;

(二)符合该行业行政主管部门或者行业协会规定的资质条件;

(三)有治安管理制度及相应的管理措施;

(四)有符合条件的法定代表人和经营负责人;

(五)法律、法规规定的其他条件。

第七条 申领《公共场所许可证》或者开办娱乐场所的单位,应当具备下列条件:

(一)建筑物及各项设施符合消防安全要求;

(二)有与经营项目、活动人员容量相适应

的场地；

（三）营业场地的布局和设施符合治安管理要求；

（四）有符合条件的法定代表人和经营负责人。

第八条 有下列情形之一的人员，不得担任特种行业和除娱乐场所外的公共场所单位的法定代表人和经营负责人：

（一）被吊销《特种行业许可证》或者《公共场所许可证》单位的法定代表人和经营负责人，自被吊销《特种行业许可证》或者《公共场所许可证》之日起未满三年的；

（二）因犯有危害国家安全罪、危害公共安全罪、破坏社会主义市场经济秩序罪、侵犯财产罪、妨害社会管理秩序罪、贪污贿赂罪，被判处刑罚，执行期满未逾五年的。

第九条 有下列情形之一的人员，不得担任娱乐场所单位的法定代表人和经营负责人，并不得参与娱乐场所的经营管理活动：

（一）因犯有强奸罪，强制猥亵、侮辱妇女罪，组织、强迫、引诱、容留、介绍卖淫罪，赌博罪，制作、贩卖、传播淫秽物品罪，或者走私、贩卖、运输、制造毒品罪，曾被判处有期徒刑以上刑罚的；

（二）因犯罪曾被剥夺政治权利的；

（三）因违反娱乐场所的治安管理规定，被工商行政管理部门依法吊销营业执照的娱乐场所单位的法定代表人和经营负责人，自被吊销营业执照之日起未满三年的。

第十条 国家机关的在职工作人员不得担任特种行业或者公共场所单位的法定代表人和经营负责人。

第十一条 按照本条例第五条规定，需要申领《特种行业许可证》或者《公共场所许可证》的单位，应当向所在地的区、县公安部门或者有关的专业公安部门提出书面申请。公安部门应当自接到申请书之日起二十日内审核完毕，对符合条件的，应当发给《特种行业许可证》或者《公共场所许可证》；对不符合条件的，应当在上述期限内书面告知申请单位。

举办大型公众性临时活动的单位，应当在举办活动预定日的十五日前，向所在地的公安部门或者有关的专业公安部门提出书面申请。公安部门应当自接到申请书之日起五日内审核完毕，对符合条件的，应当发给《公共场所许可证》；对不符合条件的，应当在上述期限内书面告知申请单位。

禁止租借、转让、复制、涂改、伪造《特种行业许可证》或者《公共场所许可证》。

第十二条 已经取得《特种行业许可证》或者《公共场所许可证》的单位变更经营方式、经营范围、单位名称、核定的布局设施、法定代表人或者经营负责人的，应当自变更之日起十五日内向原发证的公安部门备案。

第十三条 持有《特种行业许可证》或者《公共场所许可证》的单位，应当接受原发证公安部门的年度审核。

第三章 从业管理

第十四条 特种行业和公共场所单位聘用的从业人员应当持有合法的身份证明或者务工证明，境外人员还应当符合国家和本市规定的其他条件。

第十五条 特种行业和公共场所单位聘用的保安人员应当具备下列条件：

（一）具有本市常住户口；

（二）具有初中以上学历；

（三）未受过刑事处罚，但过失犯罪除外。

特种行业和公共场所单位的保安人员、登记员、贵重物品保管员等特殊岗位的从业人员以及按摩和客房服务部门的负责人，应当接受有关法律、法规和治安业务的培训，并经公安部门考核合格，持证上岗。

特种行业和公共场所单位的经营负责人，应当接受公安部门组织的有关法律、法规和治安业务的培训。

第十六条 经营旅馆业的，应当执行住宿登记、访客管理、贵重物品保管和值班巡查等制度，并遵守下列规定：

（一）旅馆内不得存放危险物品、违禁物品；

（二）旅馆内不得从事色情、卖淫嫖娼、赌博、吸毒、贩毒以及其他违法犯罪活动；

（三）建立或者配备与其经营规模相适应的保安部门或者保安人员。

第十七条 经营印章刻制业的，承接印章刻制时，应当查验有效证件并予以登记，不得超出许可范围承接印章刻制业务；对刻制公章的，应当查验由公安部门出具的准刻证明，并按照规定的规格、式样、文字和数量刻制。

第十八条 经营印刷业的，应当遵守下列规定：

（一）执行承印验证登记、监印监销、保管、保密和发货等制度；

（二）不得承接有危害国家安全、封建迷信、色情或者淫秽内容的印刷业务以及国家和本市禁止的其他印刷业务；

（三）不得超出许可范围承接印刷业务；

（四）承接特种印件印刷业务时，须查验由公安部门和其他有关部门出具的准印证明。

第十九条 经营旧货业的，应当遵守下列规定：

（一）执行收购、寄售、典当和拍卖验证登记制度；

（二）不得收购、寄售、承典、承当或者拍卖国家和本市禁止经营的物品；

（三）不得超出许可范围收购废旧物品；

（四）不得在铁路沿线、机场、码头、军事禁区以及冶炼加工企业附近，设点收购废旧金属物品。

第二十条 经营音像制品复制业的，在承接音像制品复制业务时，应当查验有关行政管理部门出具的批准文件；不得承接无批准文件的音像制品复制业务，不得承接有危害国家安全、封建迷信、色情或者淫秽内容的复制业务以及国家和本市禁止的其他复制业务。

第二十一条 经营公共场所的，应当遵守下列规定：

（一）场所内活动的人员不得超过核定的人数；

（二）发现治安隐患及时整改；

（三）场所内不得从事色情、卖淫嫖娼、赌博、吸毒、贩毒以及其他违法犯罪活动；

（四）场所内不得从事封建迷信活动；

（五）不得影响周围单位和居民的正常工作、生活。

娱乐场所单位不得提供以营利为目的的陪侍，或者为进入娱乐场所的人员从事以营利为目的的陪侍提供方便和条件。

禁止进入娱乐场所的人员在娱乐场所内从事以营利为目的的陪侍。

第二十二条 特种行业和公共场所单位及其从业人员应当遵守本条例以及其他有关治安管理的规定。

特种行业的顾客、进入公共场所活动的人员，应当遵守法律、法规的有关规定，尊重社会公德，维护社会治安秩序。

第二十三条 特种行业和除娱乐场所外的公共场所单位发现场所内有违法犯罪活动或者违法犯罪嫌疑人、可疑物品，应当立即向公安部门报告。

娱乐场所单位发现进入场所的人员在场所内卖淫、嫖娼、赌博、吸毒，贩卖、传播淫秽书刊、影片、录像带、录音带、图片及其他淫秽物品，从事淫秽、色情或者违背社会公德的活动和封建迷信活动，或者从事以营利为目的的陪侍的，必须予以制止，并立即向公安部门报告。

娱乐场所单位发现场所内有前款所列行为之外的违法犯罪活动或者违法犯罪嫌疑人、可疑物品，应当立即向公安部门报告。

第二十四条 特种行业和公共场所单位的法定代表人或者负责人是本单位的治安责任人，负责本单位的治安防范工作，并履行下列职责：

（一）审定并落实各项治安防范制度；

（二）检查治安防范工作，提出奖惩建议；

（三）如实向公安部门反映本单位的治安状况，配合公安部门对本单位进行治安检查；

（四）及时制止违法犯罪活动，并向公安部门报告；

（五）发现治安隐患，落实整改措施。

前款规定的治安责任人的职责，不得因承包经营等原因转移给他人。特种行业和公共场所单位的承包经营人在承包期间，也应当按照前款规定承担治安防范责任。

第二十五条 公安部门对特种行业或者公共场所单位进行治安检查时，其工作人员应当持有人民警察证件并出示由市公安局统一制发的治安检查证件。被检查的单位和个人，不得妨碍、拒绝检查。公安部门的工作人员违反上述规定的，被检查单位有权拒绝检查。

公安部门的工作人员对特种行业或者公共场所单位进行治安检查时，应当文明执法，公正执法；不得玩忽职守、滥用职权、徇私舞弊；禁止对违反治安管理的人员打骂、虐待或者侮辱。

第四章 法律责任

第二十六条 违反本条例规定的人员，应当给予治安处罚的，由公安部门依照《中华人民共和国治安管理处罚条例》的规定处罚。

违反本条例规定的单位，应当给予处罚的，法律、行政法规有规定的从其规定；法律、行政法规没有规定的，由公安部门责令改正，并依照下列规定给予处罚：

（一）违反本条例第五条规定，未取得《特种行业许可证》或者《公共场所许可证》，擅自开办特种行业或者除娱乐场所外的公共场所的，予以取缔，处一千元以上一万元以下罚款；情节严重的，处一万元以上十万元以下罚款；

（二）违反本条例第十一条第三款、第十二条、第十三条规定或者第十五条第二款规定的，处警告、一千元以上一万元以下罚款；情节严重的，责令停业整顿或者吊销《特种行业许可证》、《公共场所许可证》，可以单处或者并处一万元以上五万元以下罚款；

（三）特种行业和除娱乐场所外的公共场所单位违反本条例第十四条规定或者第十五条第一款规定的，责令限期清退，并按每聘用一人处五百元以上二千元以下罚款；

（四）娱乐场所单位违反本条例第十四条规定或者第十五条第一款规定的，处警告、责令停业整顿，并处一千元以上一万元以下罚款；情节严重的，建议工商行政管理部门依法吊销营业执照；

（五）违反本条例第十六条、第十七条、第十八条、第十九条、第二十条规定或者第二十一条第一款第（二）、（三）、（五）项规定的，处警告、一千元以上一万元以下罚款；情节严重的，责令停业整顿或者吊销《特种行业许可证》、《公共场所许可证》，可以单处或者并处一万元以上十万元以下罚款；

（六）除娱乐场所外的公共场所单位违反本条例第二十一条第一款第（一）、（四）项规定的，处警告、一千元以上一万元以下罚款；情节严重的，责令停业整顿或者吊销《公共场所许可证》，可以单处或者并处一万元以上十万元以下罚款；

（七）娱乐场所单位违反本条例第二十一条第一款第（一）项规定的，处警告、责令停业整顿，并处一千元以上一万元以下罚款；情节严重的，建议工商行政管理部门依法吊销营业执照；

（八）娱乐场所单位违反本条例第二十一条第一款第（四）项或者第二款规定的，处警告、责令停业整顿，并处四千元以上二万元以下罚款；情节严重的，建议工商行政管理部门依法吊销营业执照；

（九）特种行业和除娱乐场所外的公共场所单位违反本条例第二十三条第一款规定，娱乐场所单位违反本条例第二十二条第三款规定，未向公安部门报告的，处警告、一千元以上一万元以下罚款；情节严重的，责令停业整顿或者吊销《特种行业许可证》、《公共场所许可证》；

（十）娱乐场所单位违反本条例第二十三条第二款规定，对发生在本场所内的卖淫、嫖娼活动放任不管，不采取措施制止的，责令停业整顿，并处一万元以上十万元以下罚款；情节严重的，建议工商行政管理部门依法吊销营业执照，对直接负责的主管人员和其他直接责任人员处一千元以下罚款。

违反本条例规定,有违法所得和非法财物的,由公安部门依法予以没收。

第二十七条 被吊销《特种行业许可证》或者《公共场所许可证》的,其开办单位五年内不得重新申领《特种行业许可证》或者《公共场所许可证》。

第二十八条 公安部门应当在作出吊销《特种行业许可证》或者《公共场所许可证》处罚决定之日起七日内,将处罚决定抄告有关行政管理部门。

第二十九条 公安部门的工作人员违反本条例规定,玩忽职守、滥用职权、徇私舞弊的,由其所在单位或者上级主管部门给予行政处分。

公安部门及其工作人员违法行使职权侵犯公民、法人和其他组织的合法权益造成损害的,应当依照法律、法规的规定予以赔偿。

第三十条 违反本条例规定,构成犯罪的,依法追究刑事责任。

第五章 附 则

第三十一条 本条例所称的责令改正的期限,不得超过十五日;停业整顿的期限为十五日以上六个月以下。

第三十二条 本条例的具体应用问题由市公安局负责解释。

第三十三条 本条例自1998年1月1日起施行。

上海市河道管理条例

(1997年12月11日上海市第十届人民代表大会常务委员会第四十次会议通过 根据2003年10月10日上海市第十二届人民代表大会常务委员会第七次会议《关于修改〈上海市河道管理条例〉的决定》第一次修正 根据2006年6月22日上海市第十二届人民代表大会常务委员会第二十八次会议《关于修改〈上海市河道管理条例〉的决定》第二次修正 根据2010年9月17日上海市第十三届人民代表大会常务委员会第二十一次会议《关于修改本市部分地方性法规的决定》第三次修正 根据2011年12月22日上海市第十三届人民代表大会常务委员会第三十一次会议《关于修改本市部分地方性法规的决定》第四次修正 根据2016年2月23日上海市第十四届人民代表大会常务委员会第二十七次会议《关于修改〈上海市河道管理条例〉等7件地方性法规的决定》第五次修正 根据2017年11月23日上海市第十四届人民代表大会常务委员会第四十一次会议《关于修改本市部分地方性法规的决定》第六次修正)

第一章 总 则

第一条 为了加强河道管理,保障防汛安全,改善城乡水环境,发挥江河湖泊的综合效益,根据《中华人民共和国水法》、《中华人民共和国防洪法》、《中华人民共和国河道管理条例》等法律、法规,结合本市实际情况,制定本条例。

第二条 本条例适用于本市行政区域内的河道(包括湖泊洼淀、人工水道、河道沟汊)的整治、利用、保护及其相关的管理活动。

河道内的航道,同时适用国家和本市有关航道管理规定。

本市现有港区和规划港区内河段的管理,法律、法规另有规定的从其规定。

第三条 本市河道实行统一规划、综合整治、合理利用、积极保护的原则。

本市河道修建、维护和管理(以下统称河道整治)实行统一管理与分级负责相结合的原则。

本市河道整治费用,按照政府投入同受益者合理承担相结合的原则筹集。

第四条 本市各级人民政府应当加强对河道整治工作的领导,组织有关部门、单位,动员社会力量,有计划地进行河道整治,提高河道的防洪排涝能力,发挥河道的综合功能。

第五条 上海市水务局是本市河道的行政主管部门(以下简称市水行政主管部门),负责对本市河道的监督管理和指导,并对市管河道实施管理。市水行政主管部门所属的上海市水务行政执法总队(以下简称市水务执法总队)具体负责本市河道的监督检查工作,并按照本条例的规定实施行政处罚。

区水行政主管部门是同级人民政府河道行政主管部门,按照其职责权限,负责本行政区域内河道的管理。

乡(镇)人民政府和乡(镇)水利机构按照其职责权限,负责乡(镇)管河道的管理;街道办事处按照本条例规定,对所在区域内的河道行使日常监督管理,其业务接受上级河道行政主管部门的指导。

本市各有关行政管理部门应当按照各自的职责分工,协同实施本条例。

第六条 市管河道的确定,由市水行政主管部门会同有关部门提出方案,报市人民政府批准;区管河道和乡(镇)管河道的划分,由区河道行政主管部门会同有关部门提出方案,报区人民政府批准,并报市水行政主管部门备案。

根据河道管理需要,市水行政主管部门可以将市管河道委托区河道行政主管部门实施日常监督管理;区河道行政主管部门也可以将区管河道委托乡(镇)人民政府或者街道办事处实施日常监督管理。委托管理部门应当负责落实委托管理项目所需的经费。

本市境内的长江河段以及其他跨省、市的重要河段、边界河道的管理分工,国家另有规定的从其规定。

第七条 有堤防(含防汛墙,下同)的河道管理范围为两岸堤防之间的全部水域、滩地,堤防、防汛通道或者护堤地;无堤防的河道管理范围按河道防洪规划所确定的设计洪水位划定。具体管理范围,由区以上人民政府划定。

第八条 市水行政主管部门、区河道行政主管部门应当依法加强河道监督管理,维护河道堤防等水工程安全,开展河道水质监测工作,协同环保行政管理部门对水污染防治实施监督管理。

乡(镇)人民政府和街道办事处应当加强对本区域内河道的日常检查和监督。

河道管理人员执行日常监督检查任务时,应当佩戴执法标志,持证执法。

第九条 任何单位和个人都有保护河道堤防等水工程安全、保护水环境和依法参加防汛抢险的义务,并有权制止和检举违反河道管理的行为。

第二章 河道整治

第十条 本市河道专业规划应当符合流域水利规划、区域水利综合规划和城市总体规划的要求,符合国家和本市规定的防洪排涝标准以及其他有关技术规定。

本市利用河道的其他各类专业规划应当与河道专业规划相协调。

第十一条 本市河道专业规划由市水行政主管部门会同有关部门组织编制,经市城市规划管理局(以下简称市规划局)综合平衡后,纳入本市城市总体规划。

市管河道以及中心城区内其他河道的规划,由市水行政主管部门会同有关部门负责编制,经市规划局综合平衡,报市人民政府批准后实施;中心城区外的其他河道规划,由区河道行政主管部门会同有关部门负责编制,经区规划行政管理部门综合平衡,报区人民政府批准后实施,并报市水行政主管部门、市规划局备案。

编制河道规划涉及航道的,河道行政主管

部门应当事先征求航道行政管理部门的意见。

河道规划的修改或者调整,应当经原批准机关批准。

第十二条 编制详细规划涉及河道的,应当事先征求河道行政主管部门意见,并按照规划管理权限,报规划行政管理部门批准后实施。

第十三条 市管河道以及中心城区内其他河道规划控制线(简称河道蓝线)方案,由市水行政主管部门提出,经市规划局批准后施行;中心城区外的其他河道蓝线方案,由区河道行政主管部门提出,经区规划行政管理部门批准后施行,报市水行政主管部门、市规划局备案。

河道行政主管部门提出通航河道蓝线方案前,应当征求航道行政管理部门的意见。

第十四条 市水行政主管部门或者区河道行政主管部门应当根据河道专业规划,制定河道整治年度计划,报同级人民政府批准后组织实施。

乡(镇)人民政府应当对其所管理的河道制定年度整治计划,并组织实施。

对淤积严重、影响防洪排涝的河道,市水行政主管部门或者区河道行政主管部门应当制定河道整治应急方案,并优先安排整治工程。

第十五条 河道行政主管部门进行河道整治涉及航道的,应当兼顾航运需要,并事先征求航道行政管理部门的意见。

航道行政管理部门进行航道整治,应当符合防汛安全要求,并事先征求河道行政主管部门的意见。

在重要的渔业水域进行河道、航道整治,应当兼顾渔业发展需要,并事先征求渔业行政管理部门的意见。

第十六条 沿河新建、扩建、改建的建设项目,建设单位在建设项目立项或者申请建设许可时,应当将区域内河段的部分整治项目纳入建设项目计划并与建设项目同步实施。所需经费,专用岸段由建设单位负担;非专用岸段的经营性建设项目,由建设单位按收益情况合理负担。

第十七条 河道整治需要占用的土地,由土地行政管理部门按照国家和本市的有关规定调剂解决。

河道整治所增加的土地,按照城市规划和土地利用规划安排使用,其土地转让得益应当用于河道整治。

第三章 河道利用

第十八条 河道管理范围内的建设项目,建设单位应当按照河道管理权限,将工程建设方案报送市水行政主管部门或者区河道行政主管部门审核同意。未经市水行政主管部门或者区河道行政主管部门审核同意的,建设单位不得开工建设。

第十九条 经批准在河道管理范围内的建设项目施工前,建设单位应当按照河道管理权限,将施工方案报市水行政主管部门或者区河道行政主管部门审核,并在规定的界限内进行施工。

第二十条 河道管理范围内的建设项目,按照国家有关法律、法规,进行竣工验收。

未经验收或者验收不合格的建设项目,不得投入使用。

第二十一条 需要利用河道堤顶或者平台兼做道路的,建设单位应当报市水行政主管部门或者区河道行政主管部门批准,并向土地行政管理部门办理有关手续;但在建设河道堤防时已经明确可以利用堤顶或者平台兼做道路的,不再审批。

第二十二条 设置或者扩大河道管理范围内的排水(污)口的,应当经市水行政主管部门或者区河道行政主管部门同意。擅自设置或者扩大的,由市水行政主管部门或者区河道行政主管部门责令其停建或者予以封闭。

市政、环保等行政管理部门应当定期按水系将河道排水、排污情况的有关资料,抄送市水行政主管部门或者区河道行政主管部门。

第二十三条 利用河道、水闸等水工程实施引清调水,改善水环境的,应当按照引清调水方案统一调度。

引清调水方案由市水行政主管部门会同市有关部门制定。

第二十四条 单位或者个人需要临时使用河道管理范围内水域或者陆域的，应当向市水行政主管部门或者区河道行政主管部门提出申请，取得《河道临时使用许可证》后，方可使用。

河道临时使用期不得超过两年；确需延期的，可以申请延期一次，延长期不得超过一年。使用期满后，使用单位或者个人应当负责恢复河道原状。逾期不恢复河道原状的，由市水行政主管部门或者区河道行政主管部门责成其恢复河道原状或者组织强行拆除，所需费用由使用单位或者个人承担。

临时使用河道的单位或者个人，应当承担使用范围内河道堤防的防汛安全责任。

第二十五条 经批准在河道管理范围内从事建设活动，占用河道堤防等水工程设施或者水域的，建设单位应当予以补偿；由于施工原因对河道堤防等水工程设施造成损害或者造成河道淤积的，建设单位应当承担赔偿或者清淤的责任。

第二十六条 河道管理范围内的土地确权，由土地行政管理部门按照国家和本市的有关规定予以办理。

第四章 河 道 保 护

第二十七条 禁止擅自填堵河道。

确因建设需要填堵河道的，建设单位应当委托具有相应资质的水利规划设计单位进行规划论证，并报市人民政府批准。

填堵河道需要实施水系调整的，所需经费由建设单位承担。

经批准填堵河道的，建设单位在施工前，应当按照本条例第十九条的规定办理施工审核手续。

第二十八条 对壅水、阻水严重的桥梁、码头或者其他跨河工程设施，根据国家和本市规定的防洪标准，由河道行政主管部门报经同级人民政府批准后，责成产权单位限期整改或者拆除。汛期影响行洪排涝安全的，应当服从防汛指挥部的紧急处理决定。

第二十九条 河道管理范围内不得设置阻水障碍物。

对河道管理范围内的阻水障碍物，按照谁设障、谁清除的原则，由市水务执法总队或者区河道行政主管部门提出清障实施方案，责令设障者在规定的期限内清除；逾期不清除的，由市水行政主管部门或者区河道行政主管部门强制清除，所需费用由设障者承担。

第三十条 确因工程建设需要，在沿河第一线河道堤防破堤施工或者开缺、凿洞的，建设单位应当向堤防或者防汛墙主管部门提出申请，经审核同意，报市防汛指挥部批准后，方可施工。

跨汛期的工程施工，建设单位应当落实汛期安全措施。

第三十一条 在河道中运输、存放竹木或者进行水产养殖、捕捞作业，不得影响河道行洪、排涝、灌溉以及危及水工程的安全。

汛期影响河道行洪排涝安全的下列物体，市水行政主管部门或者区河道行政主管部门应当会同交通、公安等部门采取清除措施或者进行紧急处置：

（一）在河道中存放竹木、放置养殖捕捞设施以及其他漂流物的；

（二）船舶在河道内滞留的。

第三十二条 在保证堤防安全需要限制航速的河段，河道行政主管部门应当会同航道行政管理部门设立限制航速标志。

第三十三条 水闸运行、通航、纳潮、排涝、引清调水时，应当保障防汛安全及区域内船舶的通航安全。

本市水闸管理办法，由市人民政府另行制定。

第三十四条 河道行政主管部门应当采取措施，加强河道堤防和河岸的水土保持工作，组织植树种草，防止水土流失、河道淤积。

护堤护岸林木、植被，由河道管理机构组织营造并负责维护和管理。

第三十五条 根据河道堤防的重要程度以及堤基土质条件，经市水行政主管部门或者区河道行政主管部门报同级人民政府批准后，可以在河道管理范围的相连地域划定堤防安全保护区。

在河道管理范围及堤防安全保护区内，未经市水行政主管部门或者区河道行政主管部门批准，不得从事下列活动：

（一）开采地下资源、进行考古发掘、堆放物料；

（二）设置渔簖、网箱及其他捕捞装置；

（三）爆破、取土、钻探、打桩、打井、挖筑鱼塘等影响河道堤防安全。

第三十六条 在河道管理范围内，不得从事下列活动：

（一）倾倒工业、农业、建筑等废弃物以及生活垃圾、粪便；

（二）清洗装贮过油类或者有毒有害污染物的车辆、容器；

（三）搭建房屋、棚舍等建筑物或者构筑物；

（四）损毁河道堤防等水工程设施；

（五）放牧、垦殖、砍伐盗伐护堤护岸林木；

（六）水上水下作业影响河势稳定、危及河道堤防安全；

（七）其他妨碍河道防洪排涝活动。

第五章 保障措施

第三十七条 河道整治，应当纳入本市国民经济和社会发展计划。各级人民政府应当提高投入的总体水平。

第三十八条 各级人民政府应当按照河道规划所确定的分期目标，制定年度整治计划，所需经费应当在年度财政预算中专项安排。

第三十九条 各级人民政府按照国家有关规定设立的水利建设基金，应当主要用于防洪和河道整治。

第四十条 本市按照法律规定征收河道工程修建维护管理费，具体征收、使用和管理办法由市人民政府另行制定。

第四十一条 各级人民政府应当根据国家的有关规定，安排一定比例的义务工和劳动积累工，对河道堤防工程进行修建和加固。

第四十二条 任何单位和个人不得截留、挪用河道整治费用。

审计机关应当加强对河道整治费用征收和使用情况的审计监督。

第六章 法律责任

第四十三条 违反本条例规定，擅自填堵河道的，由市水务执法总队或者区河道行政主管部门责令其限期改正或者采取其他补救措施，并可处以一万元以上五万元以下的罚款。

第四十四条 违反本条例第十八条、第十九条、第二十条第二款、第三十条第一款规定，由市水务执法总队或者区河道行政主管部门责令其停止施工，限期改正或者采取其他补救措施，并可处以一千元以上五万元以下的罚款。

第四十五条 违反本条例第三十五条第二款规定，由市水务执法总队、区河道行政主管部门或者乡（镇）水利机构责令其停止违法行为，限期改正，并可处以一万元以下的罚款。

第四十六条 违反本条例第三十六条规定，由市水务执法总队、区河道行政主管部门或者乡（镇）水利机构责令其停止违法行为，限期改正，并可处以一万元以上五万元以下的罚款。

第四十七条 街道监察队对违反本条例的行为，应当责令其停止违法行为，限期改正，并可对个人处以五十元以下的罚款，对单位处以一千元以下的罚款。

对超出前款设定的行政处罚权限的，由街道监察队移送区河道行政主管部门处理。

第四十八条 对下级河道行政主管部门或者组织作出的不适当决定，上级河道行政主管部门应当要求其改正或者予以撤销。

第四十九条 河道管理人员玩忽职守、滥用职权、徇私舞弊的，由其所在单位或者上级主管部门给予行政处分；构成犯罪的，依法追究刑事责任。

第五十条 当事人对河道行政主管部门或者组织的具体行政行为不服的,可以依照《中华人民共和国行政复议法》或者《中华人民共和国行政诉讼法》的规定,申请复议或者提起诉讼。

当事人对具体行政行为在法定期限内不申请复议,不提起诉讼,又不履行的,作出具体行政行为的部门或者组织可以申请人民法院强制执行。

第七章 附 则

第五十一条 市人民政府应当根据本条例制定具体管理办法。

第五十二条 本条例的具体应用问题,由市水行政主管部门负责解释。

第五十三条 本条例自1998年3月1日起施行。

上海市节约能源条例

(1998年9月22日上海市第十一届人民代表大会常务委员会第五次会议通过
2009年4月23日上海市第十三届人民代表大会常务委员会第十次会议修订)

第一章 总 则

第一条 为了推动全社会节约能源,提高能源利用效率,保护和改善环境,加快建设节约型社会,促进本市经济社会全面协调可持续发展,根据《中华人民共和国节约能源法》和其他有关法律、行政法规的规定,结合本市实际,制定本条例。

第二条 本条例适用于本市行政区域内节约能源(以下简称“节能”)及其相关的管理活动。

第三条 本市节能工作遵循政府引导、市场运作、技术推进和全社会参与的原则。

第四条 市和区、县人民政府应当加强对节能工作的领导,部署、协调、监督、检查、推动节能工作。

市和区、县发展改革行政管理部门负责对节能工作的综合协调和监督管理,组织拟订节能规划和政策措施,并负责协调实施。

市和区、县经济信息化、建设交通、商务、机关事务、旅游、农业等行政管理部门按照各自职责,分别负责相关领域的节能监督管理工作。

市和区、县科技、财政、统计、质量技监、规划国土资源、环保、住房保障房屋管理等行政管理部门按照各自职责,做好相关节能管理工作。

第五条 上海市节能监察中心负责本市节能日常监察工作,并依照本条例的授权和有关行政管理部门的委托,对违反节能管理法律、法规的行为实施行政处罚。

第六条 本市实行有利于节能和环境保护的产业政策,优先发展现代服务业和先进制造业,鼓励和支持发展低耗能、低排放、高附加值产业;对高耗能的产业,应当有计划、有步骤地进行调整,或者加快技术改造,降低能耗。

本市鼓励、支持开发和利用新能源、可再生能源。

第七条 本市各级人民政府及其相关部门、能源生产经营单位应当加强节能宣传,普及节能知识,增强全民的节能意识。

本市用能单位应当对本单位职工开展节能教育和培训。

本市中小学校、高等院校应当组织节能知识的宣传教育,开展节能实践活动。

本市社区应当运用多种形式普及节能知识，开展创建节能家庭活动，倡导节能环保的生活方式。

本市新闻媒体应当加强节能宣传，刊播节能公益性广告，宣传节能重要举措。

第八条 本市支持节能服务机构、行业协会以及节能产品设计、生产、销售单位，推广节能产品，指导用户正确使用节能产品，引导节能型消费。

本市鼓励单位和个人采用节能技术和使用节能产品，提高用能效率。

第九条 市和区、县人民政府对在节能或者节能科学技术研究、推广中有显著成绩的单位和个人给予表彰、奖励。

能源生产经营单位、用能单位应当对单位内部节能工作取得成绩的集体、个人给予奖励。

第十条 任何单位和个人都应当履行节能义务，有权检举浪费能源的行为。

第二章 节能管理

第十一条 市人民政府应当根据国家节能中长期专项规划、本市国民经济和社会发展中长期规划，组织编制本市节能中长期专项规划。

区、县人民政府应当根据市节能中长期专项规划，组织编制本行政区域的节能中长期专项规划。

市经济信息化、建设交通、商务、机关事务、旅游等行政管理部门应当根据市节能中长期专项规划，编制相关领域的节能规划。

第十二条 市发展改革行政管理部门应当会同相关部门，根据市节能中长期专项规划制定全市年度节能计划，确定年度节能目标和节能措施，报经市人民政府批准后实施。

第十三条 市人民政府应当根据全市年度节能计划，向市经济信息化、建设交通、商务、机关事务、旅游等行政管理部门和区、县人民政府下达节能目标。

第十四条 市经济信息化、建设交通、商务、机关事务、旅游等行政管理部门和区、县人民政府应当根据市人民政府下达的节能目标，以及各自的节能规划或者节能中长期专项规划，制定年度节能计划，确定节能措施，并报市人民政府备案。

第十五条 市和区、县人民政府应当每年向同级人民代表大会或者其常务委员会报告节能工作。

第十六条 市人民政府应当向重点用能单位下达节能目标；区、县人民政府应当向纳入本区、县节能监控的用能单位下达节能目标。

重点用能单位名单，由市发展改革行政管理部门会同相关行政管理部门确定；区、县级节能监控的用能单位名单，由区、县人民政府根据本行政区域节能管理的实际需要确定，并报市发展改革行政管理部门和相关行政管理部门备案。

第十七条 本市实行节能考核评价制度，将节能目标完成情况和节能措施落实情况，作为对市经济信息化、建设交通、商务、机关事务、旅游等行政管理部门和区、县人民政府及其负责人年度考核评价的内容。

市和区、县人民政府应当对各自监控的用能单位的节能目标完成和节能措施落实情况进行年度评价，并将评价结果向社会公布。

第十八条 对尚未制定有关节能的国家标准、行业标准的，市质量技监行政管理部门可以根据技术先进、经济合理的原则，组织制定地方标准，并按规定报国家有关部门备案。

市质量技监行政管理部门可以会同相关部门制定严于强制性国家标准、行业标准的地方节能标准，由市人民政府审定后报国务院批准；法律、法规另有规定的除外。

第十九条 本市实行固定资产投资项目节能评估和审查制度，具体实施办法由市人民政府另行制定。

第二十条 本市禁止生产、进口、销售国家明令淘汰或者不符合强制性能源效率标准的用能产品、设备；禁止使用国家明令淘汰的用能设备、生产工艺。

对国家规定淘汰期限的用能产品、设备、生

产工艺，市经济信息化行政管理部门应当会同相关部门制定淘汰计划，指导用能单位实施淘汰或者技术改造。

第二十一条 生产单位应当执行国家和本市规定的单位产品能耗限额标准。

市和区、县经济信息化行政管理部门应当按照各自权限，责令超过单位产品能耗限额标准用能的生产单位限期治理。

第二十二条 高耗能特种设备的设计文件应当包括与节能相关的内容。具有相应资质的单位应当按照国家规定进行节能审核；对不符合能源效率指标的，不予通过设计文件鉴定，生产单位不得制造。

高耗能特种设备在安装、改造和重大维修后对能源效率有影响的，应当进行能源效率检测。具有相应资质的单位应当按照国家规定进行能源效率检测；对不符合能源效率指标的，不得交付使用。

第二十三条 用能单位应当建立能源计量管理制度，按照规定配备、使用经依法检定合格的能源计量器具，加强对能源计量器具的管理，按照规定定期检定。

第二十四条 市统计行政管理部门应当会同相关部门建立健全反映本市能源调入、调出、生产、加工、转换、消费以及市场供求的能源统计指标体系，改进和规范统计方法，确保统计数据的真实、完整。

市统计行政管理部门应当对上报的统计数据进行审核和分析，并会同市发展改革行政管理部门定期向社会公布各区、县以及主要耗能行业的能源消费和节能情况。

第二十五条 能源生产经营单位不得向本单位职工无偿或者低价提供能源。

任何单位不得对能源消费实行包费制。

第二十六条 市发展改革行政管理部门应当会同相关部门建立节能信息服务平台，完善节能统计、节能政策、节能标准等专业基础数据库，定期发布节能新产品、新技术信息，为社会提供节能指导和服务。

第二十七条 本市鼓励用能产品的生产者、销售者向经国务院认证认可监督管理部门认可的从事节能产品认证的机构申请节能产品认证。

第二十八条 本市鼓励用能单位以行业内能耗先进水平的量化指标为基准，调整用能结构、加快节能技术改造、强化节能管理，提高能源利用效率。

第二十九条 本市支持节能服务业的发展。节能服务机构应当公正、客观地为用能单位提供节能咨询、设计、评估、检测、审计、认证等服务。

第三十条 行业协会应当按照法律、法规的规定，在行业节能规划的制定和实施、节能技术推广、能源消费统计、节能宣传培训和信息咨询等方面发挥作用。

第三章 合理使用与节约能源

第一节 工业节能

第三十一条 市经济信息化行政管理部门根据本市工业领域耗能状况，推动电力、钢铁、石油加工、化工、建材、装备制造等主要耗能行业节能技术改造，提升行业能源效率水平，推进有利于节能的行业结构调整，优化用能结构。

第三十二条 本市新建工业园区、产业基地在编制园区规划的同时，应当按照能源高效循环利用的生产模式，制定能源利用规划和整体节能方案。

本市改建、扩建具备集中供热条件的工业园区、产业基地时，园区管理机构应当制定集中供热的规划和实施方案，并组织实施。

第三十三条 本市鼓励工业企业采用高效、节能的电动机、风机、锅炉、窑炉、泵类等设备，采用热电联产、余热余压利用、能量系统优化以及先进的用能检测和控制等技术。

第三十四条 本市电网企业应当与取得行政许可或者报送备案的可再生能源发电企业签订并网协议和购电协议，优先全额收购其电网覆盖范围内可再生能源发电项目的上网电量，并为可再生能源发电企业提供接入、计量、结算等上网服务。

第三十五条 本市禁止新建不符合国家规定的燃煤发电机组、燃油发电机组和燃煤热电机组。

第二节 建筑节能

第三十六条 市和区、县规划行政管理部门在编制城市详细规划时,应当在建筑物的布局、形状、朝向、通风和绿化等方面考虑建筑节能的要求。

第三十七条 本市建筑工程的建设、设计、施工和监理活动,应当遵守建筑节能标准。

市建设交通行政管理部门可以根据本市实际情况,制定严于国家标准或者行业标准的地方建筑节能标准,并报国务院标准化主管部门和国务院建设主管部门备案。

第三十八条 市和区、县建设交通行政管理部门在施工图设计文件审查备案、核发施工许可证和开展安全质量监督时,应当加强对建设工程执行建筑节能标准情况的监督检查。

工程项目竣工验收备案时,市和区、县建设交通行政管理部门应当对建设单位提交的工程项目竣工验收报告中建筑节能的内容进行查验。

第三十九条 市建设交通行政管理部门应当会同市发展改革、住房保障房屋管理等行政管理部门根据建筑节能规划,组织制定既有建筑节能改造计划,明确节能改造的目标、范围和要求,报经市人民政府批准后实施。

市和区、县人民政府应当采取鼓励措施推进既有建筑节能改造计划的落实。

第四十条 本市鼓励在新建建筑和既有建筑改造中使用新型墙体材料等节能建筑材料和节能设备,推广可再生能源的利用。

第三节 交通运输节能

第四十一条 市建设交通行政管理部门应当会同相关部门加强规划统筹,推进节能型综合交通设施建设,优化综合交通集疏运结构体系,推进江海联运和海铁联运。

第四十二条 市和区、县人民政府及其相关部门应当优化城市道路网络建设,加强区域内交通及对外交通的有效衔接,完善智能化交通管理系统,提高道路通行能力和运输效率。

第四十三条 市人民政府应当加大对公共交通的投入,完善轨道交通基本网络,降低公共交通出行费用,引导市民选乘公共交通工具出行,减少交通能源消耗。

第四十四条 本市鼓励开发、生产、使用低耗能、低污染的节能环保型汽车和清洁能源汽车;鼓励新能源在城市公交和建设工程、环卫特种车辆等方面的应用和推广。

第四节 公共机构节能

第四十五条 市和区、县机关事务行政管理部门在同级发展改革行政管理部门的指导下,负责本级国家机关节能监督管理工作,并协调、推进本级其他公共机构的节能管理工作。

市和区、县教育、科技、文化、卫生、体育等行政管理部门负责本系统内国家机关以外其他公共机构的节能工作,并接受同级机关事务行政管理部门的指导。

公共机构负责人对本单位节能工作全面负责。公共机构的节能工作实行目标责任制和考核评价制度,节能目标完成情况应当作为对公共机构负责人考核评价的内容。

第四十六条 市和区、县机关事务行政管理部门应当会同相关部门,建立能源消耗监测网络,对同级公共机构能源消耗状况进行实时监测。

第四十七条 市和区、县机关事务行政管理部门应当会同相关部门,制定本级国家机关能源消耗定额和办公电器配备标准。

市教育、科技、文化、卫生、体育等行政管理部门在市机关事务行政管理部门的指导下,根据本系统能源消耗综合水平和特点,制定本系统内国家机关以外其他公共机构能源消耗定额和办公电器配备标准。

能源消耗定额和办公电器配备标准应当根

据经济社会发展状况定期调整。

第四十八条 市和区、县财政行政管理部门应当根据能源消耗定额制定能源消耗支出标准，并根据办公电器配备标准对公共机构办公电器购置经费实施管理。

第四十九条 公共机构超过能源消耗定额使用能源或者超标准配置办公电器的，应当向同级机关事务行政管理部门作出说明；无正当理由的，市或者区、县机关事务行政管理部门应当责令限期治理。

第五节　重点用能单位节能

第五十条 重点用能单位应当制订年度节能计划，采取节能措施，提高能源利用效率，控制能源消耗总量，完成市人民政府下达的节能目标。

重点用能单位和纳入区、县节能监控的用能单位超额完成下达的节能目标的，市或者区、县人民政府应当给予表彰、奖励。

第五十一条 重点用能单位应当每年向市相关行政管理部门报送上年度的能源利用状况报告。重点用能单位未完成上年度节能目标的，应当在能源利用状况报告中说明原因。

第五十二条 市相关行政管理部门应当按照法律、行政法规和国家有关规定，对重点用能单位报送的上年度能源利用状况报告进行审查。

经审查，发现重点用能单位有下列情形之一的，市相关行政管理部门应当开展现场调查，委托节能服务机构实施用能设备能源效率检测，责令实施能源审计，并提出书面整改要求，限期整改：

（一）无正当理由，未完成上年度节能目标的；

（二）能源计量数据、统计数据有明显错误的；

（三）能源利用效率低于同行业平均水平的；

（四）节能管理制度不健全、节能措施不落实、能源利用效率低的其他情形。

市相关行政管理部门应当将重点用能单位的能源利用状况报告和审查情况送市发展改革行政管理部门。

第五十三条 重点用能单位应当建立内部能源审计制度，对能源生产、转换和消费进行全面检查和监督。

第五十四条 重点用能单位应当设立能源管理岗位，在具有节能专业知识、实际经验以及中级以上技术职称的人员中聘任能源管理负责人，并报市相关行政管理部门备案。

年综合能源消费总量五万吨标准煤以上的重点用能单位，应当明确能源管理机构，设立能源计量、统计、审计等能源管理岗位，并报市相关行政管理部门备案。

第五十五条 重点用能单位应当建立、健全能源管理岗位人员培训制度，对能源计量、统计、审计和主要用能设备操作人员制定专门的节能培训计划，保证相关人员接受专业化、系统化的节能培训。

第四章　节能技术进步和节能激励措施

第五十六条 市和区、县人民政府及其相关部门应当把节能技术研究开发作为政府科技投入的重点领域，并安排资金支持企业、科研单位和高等院校研发通用性、关键性节能技术和设备，建立节能技术交易市场，促进节能技术的成果转化和应用推广。

第五十七条 市和区、县人民政府应当按照因地制宜、多能互补、综合利用、讲求效益的原则，加强农业和农村节能工作，增加对农业和农村节能技术、节能产品推广应用的资金投入。

第五十八条 市人民政府应当根据经济和社会发展情况，设立用于支持节能工作的专项资金。

专项资金主要用于以下几个方面：

（一）节能技术改造和技术升级；

（二）淘汰高耗能的落后生产能力；

（三）鼓励可再生能源和新能源利用；

（四）支持开展合同能源管理；

（五）节能技术和产品的示范和推广；

（六）节能宣传、培训；

（七）分布式供能系统推进；

（八）节能奖励；

（九）市人民政府确定的支持节能工作的其他用途。

专项资金的管理和使用，应当确保资金安排、使用的科学性和公正性，提高资金使用效益。具体办法由市人民政府另行制定。

第五十九条 市发展改革行政管理部门应当会同相关部门对专项资金支持项目的节能情况进行定期监督、检查，并可以委托节能服务机构对项目完成情况进行评估验收。

市财政、审计行政管理部门应当对专项资金的使用情况和专项资金支持项目执行情况进行监督、稽查和审计。

第六十条 企业开发节能新技术、进口节能研发用品、购置节能专用设备，按照国家规定享受税收优惠政策。

第六十一条 本市支持金融机构完善节能领域的直接融资产品，拓展节能服务机构、企业节能项目的筹资渠道，降低其筹资成本。

本市支持政策性银行和商业银行通过联合贷款、转贷款等合作方式，为起步资金大、项目投资回报期长的节能项目提供全程金融服务，根据项目不同阶段的信贷需求，提供相应的信贷产品。

第六十二条 本市鼓励政策性担保机构、金融机构对企业开展以下项目，优先给予担保或者授信支持：

（一）获得国家或者本市财税等政策性支持的节能技术研发、节能产品生产以及节能技术改造项目；

（二）得到国家或者本市相关部门表彰或者推荐，并且节能效果显著的项目。

第六十三条 本市推进能源价格改革，实行有利于节能的能源价格政策。

本市实行峰谷分时差价、季节性差价、可中断负荷补偿电价等政策；扩大两部制电价执行范围，提高两部制电价中基本电价的比重，并实行分时核定最大需量。

本市鼓励电力企业与用户运用协议避峰等措施限制高峰期电荷，合理调整用电负荷。

第六十四条 对节能目标考核评价范围内的部门或者单位进行考核评价时，可以将可再生能源利用量从实际用能量中扣除。具体办法由市发展改革行政管理部门另行制定。

第六十五条 本市公共机构应当优先采购列入节能产品政府采购清单名录的节能产品、设备。

本市采取招标价格折扣优惠、首购、订购等方式，支持政府采购节能产品。

第六十六条 本市发挥市场调节机制作用，建立节能交易平台，积极探索重点用能单位节能量指标交易。

第六十七条 本市推广电力需求侧管理，利用经济、技术等政策措施，鼓励电力消费削峰填谷，提高用电效率。

第六十八条 接受市或者区、县人民政府下达节能目标的用能单位，可以与市或者区、县人民政府签订节能自愿协议，承诺在规定期限内，通过节能技术改造等措施，超额完成下达的节能目标。

签订节能自愿协议的用能单位按照协议约定超额完成下达的节能目标的，市或者区、县人民政府可以按照超额完成的节能量给予奖励。

第六十九条 本市鼓励节能服务机构提供合同能源管理服务，为委托单位的节能改造提供咨询、评估、检测、设计、运行和管理等服务。

本市对符合条件的合同能源管理项目的前期咨询、评估、检测费用给予专项补贴；对合同能源管理项目，按照节能量进行奖励，具体办法由市人民政府有关部门制定。

第五章 法律责任

第七十条 违反本条例第二十条第一款规定，使用明令淘汰的用能设备或者生产工艺的，由市或者区、县相关行政管理部门责令停止使用，没收国家明令淘汰的用能设备；情节严重的，报请本级人民政府按照国务院规定的权限责令停业整顿或者关闭。

第七十一条 违反本条例第二十五条规定，无偿或者低价向本单位职工提供能源或者对能源消费实行包费制的，由市或者区、县相关行政管理部门责令限期改正；逾期不改正的，处以五万元以上二十万元以下罚款。

第七十二条 违反本条例第二十九条规定，从事节能咨询、设计、评估、检测、审计、认证等服务的机构提供虚假信息的，由市或者区、县相关行政管理部门责令改正，没收违法所得，并处以五万元以上十万元以下罚款。

第七十三条 违反本条例第五十一条规定，重点用能单位未按规定报送能源利用状况报告或者报告内容不实的，由市相关行政管理部门责令限期改正；逾期不改正的，处以一万元以上五万元以下罚款。

第七十四条 违反本条例第五十二条规定，重点用能单位无正当理由拒不落实整改要求或者整改没有达到要求的，由市相关行政管理部门处以十万元以上三十万元以下罚款。

第七十五条 违反本条例第五十四条第一款规定，重点用能单位未设立能源管理岗位，聘任能源管理负责人，并报市相关行政管理部门备案的，由市相关行政管理部门责令改正；拒不改正的，处以一万元以上三万元以下罚款。

违反本条例第五十四条第二款规定，年综合能源消费量五万吨标准煤以上的重点用能单位未明确能源管理机构，或者未设立专门的能源计量、统计、审计等能源管理岗位，并报市相关行政管理部门备案的，由市相关行政管理部门责令限期改正；拒不改正的，处以一万元以上三万元以下罚款。

第七十六条 违反本条例规定的其他行为，法律、行政法规有处理规定的，依照其规定进行处理。

第七十七条 市节能监察中心负责行使由市经济信息化行政管理部门依照本条例实施的行政处罚，接受市其他相关行政管理部门的委托行使本条例规定的行政处罚。

第七十八条 国家工作人员在节能管理工作中滥用职权、玩忽职守、徇私舞弊，构成犯罪的，依法追究刑事责任；尚不构成犯罪的，依法给予处分。

第六章 附　　则

第七十九条 本条例相关用语含义如下：

（一）重点用能单位，是指年综合能源消费量五千吨标准煤以上的用能单位。

（二）单位产品能耗限额，是指按照产品的计量单位计算，每一计量单位产品所分摊的综合能源消耗量（或者某一主要能源品种的消耗量）不得超过的最大数额。

（三）峰谷分时差价，是指根据用户用电需求和电网在不同时段的实际负荷情况，将每天的时间划分为高峰、平段、低谷三个时段或高峰、低谷两个时段，对各时段分别制定不同的电价标准，以鼓励用户和发电企业削峰填谷，提高电力资源的利用效率。

（四）季节性差价，是指在电力紧缺、用电负荷季节性变化大的地区实行的差别电价制度，即在电力供求紧张或缓和的不同季节内，电价可在一定范围内进行浮动。

（五）可中断负荷补偿电价，是指电力企业和用户签订合同，通过电价激励，实现在系统峰值时或紧急状态下，用户按照合同规定中断或削减负荷。通过实施可中断负荷电价，可以移峰填谷，提高电网负荷率。

（六）两部制电价，是指将电价分为基本电价和电度电价两部分，计算电费时将按用电容量乘以基本电价和按电量乘以电度电价所得的电费之和，作为总电费的计算办法。

（七）分时核定最大需量，是指用电高峰时段对两部制电价用户的最大需量按契约限额的90%执行，超过90%部分加倍收取基本电费；低谷时段用户可超契约限额用电，超用不加价。

（八）电力需求侧管理，是指通过提高终端

用电效率和优化用电方式，在完成同样用电功能的同时减少电量消耗和电力需求，达到节约能源和保护环境，实现低成本电力服务所进行的用电管理活动。

第八十条 本条例自2009年7月1日起施行。

上海市献血条例

（1998年9月22日上海市第十一届人民代表大会常务委员会第五次会议通过 根据2010年9月17日上海市第十三届人民代表大会常务委员会第二十一次会议《关于修改本市部分地方性法规的决定》修正）

第一章 总 则

第一条 为保证本市医疗临床用血需要和安全，保障献血者和用血者身体健康，发扬人道主义精神，促进社会主义物质文明和精神文明建设，根据《中华人民共和国献血法》和其他法律、行政法规的规定，结合本市实际情况，制定本条例。

第二条 在本市行政区域内的单位和个人适用本条例。

第三条 本市依法实行无偿献血制度。

本市提倡十八周岁至五十五周岁（以下称适龄）的健康公民自愿献血。

单位和公民应当自觉参与献血活动。

第四条 各级人民政府及有关部门应当采取措施广泛宣传献血的意义，普及血液和献血的科学知识，开展预防和控制经血液途径传播的疾病的教育。

广播、电影、电视、报刊等新闻媒介应当开展献血的社会公益性宣传。

各类学校应当将血液和献血的科学知识纳入健康教育的课程或者开设专题讲座。

第二章 机构及其职责

第五条 市和区、县人民政府领导管辖范围内的献血工作，负责制定和下达年度献血计划，保证献血工作经费，统一规划并负责组织、协调有关部门共同做好献血工作。

第六条 市卫生行政部门是本市行政区域内献血工作的主管部门，其主要职责是：

（一）拟订本市年度献血计划，督促、检查献血计划的实施；

（二）制定献血、采血、供血、医疗临床用血的管理制度和技术规范；

（三）负责本市采集、提供医疗临床用血的机构（以下简称采供血机构，指血液中心和血站）的设置和医疗机构应急采血的审批工作；

（四）负责本市与外省市的血液调剂工作；

（五）负责献血、采血、供血和医疗临床用血的监督管理；

（六）实施奖励和处罚。

第七条 区、县卫生行政部门负责管辖范围内献血的监督管理工作，其主要职责是：

（一）根据本市年度献血计划，拟订本区、县的年度献血实施计划，安排、指导和督促献血实施计划的落实；

（二）负责本区、县所属的采供血机构采血、供血的监督管理；

（三）负责献血、医疗临床用血的监督管理；

（四）实施奖励和处罚。

第八条 市和区、县卫生行政部门设立的血液管理机构，承担管辖范围内献血、采血、供血和医疗临床用血的日常管理工作。

第九条 各级财政、物价、教育、人事、公安、工商行政管理、劳动和社会保障、建设、广播电影电视、新闻出版、文化等行政部门应当按照各自职责,协同做好献血工作。

第十条 本市各级红十字会依法参与推动献血工作。

第三章 献血管理

第十一条 市卫生行政部门根据全市的医疗临床用血需求量和适龄公民人数,拟订本市年度献血计划,报市人民政府批准后下达至区、县人民政府。

区、县卫生行政部门根据市人民政府下达的年度献血计划,拟订本区、县的年度献血实施计划,报同级人民政府批准后,下达至各单位(包括中央和外省、市、自治区在本市的单位,下同)和乡、镇人民政府、街道办事处。

第十二条 各单位应当动员和组织本单位的适龄公民(含外来务工人员)参加献血,保证本单位年度献血计划的完成。

乡、镇人民政府、街道办事处应当动员和组织本地区内无工作单位的适龄公民(含外来暂住人员)参加献血,保证本地区年度献血计划的完成。村民委员会、居民委员会应当配合乡、镇人民政府或者街道办事处开展献血工作。

第十三条 有工作单位的公民,可以由所在单位组织献血,也可以凭本人《居民身份证》直接向所在单位或者居住地的区、县血液管理机构登记献血,其献血量计入所在单位的年度完成献血数。

无工作单位的公民,可以由居住地的乡、镇人民政府、街道办事处组织献血,也可以凭本人《居民身份证》直接向居住地的区、县血液管理机构登记献血,其献血量计入所在地区的年度完成献血数。

公民可以凭本人《居民身份证》直接到采供血机构设置的采血点或者流动采血车献血,其献血量可以计入所在单位或者地区的年度完成献血数。

第十四条 本市鼓励国家工作人员、现役军人和高等学校在校学生率先献血,为树立社会新风尚作表率。

现役军人率先献血的具体办法,由市人民政府会同驻沪部队按照国家有关规定另行制定。

第十五条 市或者区、县血液管理机构指定的采供血机构或者医疗机构对献血的公民必须免费进行必要的健康检查,对检查合格者发给献血健康检查合格证明。

采供血机构和医疗机构对献血的公民进行献血健康检查时,必须核对公民的《居民身份证》。

第十六条 采供血机构对献血者每次采集血液量一般为二百毫升,最多不得超过四百毫升,两次采集间隔不少于六个月。

第十七条 采供血机构应当向献血者发给国务院卫生行政部门制作的无偿献血证书。

第十八条 区、县血液管理机构应当向完成年度献血计划的单位和乡、镇人民政府、街道办事处,发给市卫生行政部门制作的完成献血计划证书。

卫生行政部门对未能完成年度献血计划的单位,可以发出限期完成献血计划通知书;逾期仍未完成献血计划的,可以按照未完成计划献血量等量用血费的五倍,对其征收献血补偿金。

献血补偿金应当用于发展献血事业,不得挪作他用。

第十九条 禁止非法组织他人出卖血液。

禁止雇佣他人冒名献血。

禁止伪造、涂改、出租、买卖、转借完成献血计划证书或者无偿献血证书。

第四章 采血和供血

第二十条 本市实行采血、供血许可制度。

未经市卫生行政部门批准,任何单位和个人不得从事采血、供血活动。

第二十一条 采供血机构是不以营利为目

的的公益性组织。

设置采供血机构，必须向市卫生行政部门提出申请，由市卫生行政部门按照国家有关规定审批。对符合执业条件的，发给采供血机构执业许可证。

采供血机构必须按照采供血机构执业许可证核定的执业范围从事采血、供血活动，并为献血者提供各种安全、卫生、便利的条件。采供血机构在执业场所以外设置采血点或者配备流动采血车，必须经市卫生行政部门批准。

第二十二条 采供血机构采血时应当核对献血公民的《居民身份证》和献血健康检查合格证明。

采供血机构采集血液必须严格遵守有关操作规程和制度，采血必须由具有采血资格的医务人员进行，并使用符合国家标准的一次性采血器材，用后必须销毁。

采供血机构应当根据国家和本市规定的标准，保证血液质量。采供血机构对采集的血液必须进行检测，未经检测或者检测不合格的血液，不得向医疗机构提供；对血液的检测、分离、包装、储存、运输，必须符合国家规定的卫生标准和要求。

采供血机构应当按照市血液管理机构批准的医疗临床用血计划，及时向医疗机构供血。

第二十三条 采供血机构无法及时提供急救所需血液的，必须向市卫生行政部门报告。实施急救的医疗机构可以临时采集血液，但必须严格遵守采血操作规程和制度，确保采血、用血安全。

第二十四条 无偿献血的血液必须用于临床，不得买卖。采供血机构和医疗机构不得将无偿献血的血液出售给单采血浆站或者血液制品生产单位。

第五章 医疗临床用血

第二十五条 本市实行公民个人储血、家庭成员互助、单位互助和社会援助相结合的用血制度。

在本市献血的公民（以下称本市献血者）有优先用血的权利。

第二十六条 本市献血者需要医疗临床用血的，凭本人《居民身份证》和无偿献血证书用血。

第二十七条 有工作单位的不符合献血条件的公民需要医疗临床用血的，凭所在单位的完成献血计划证书用血。

有工作单位的适龄健康公民未献血的，需要医疗临床用血的，应当向单位所在地的区、县血液管理机构办理用血证明，并交纳用血互助金。

未完成年度献血计划的单位，其职工需要医疗临床用血的，单位应当向所在地的区、县血液管理机构交纳用血互助金。

第二十八条 无工作单位的不符合献血条件的公民需要医疗临床用血的，凭家庭成员中本市献血者的无偿献血证书和户口簿或者有关证明向居住地的区、县血液管理机构办理用血证明；有适龄健康家庭成员而不能互助解决医疗临床用血的，凭户口簿向居住地的区、县血液管理机构办理用血证明，并交纳用血互助金。

无工作单位的未献血的适龄健康公民需要医疗临床用血的，凭户口簿向居住地的区、县血液管理机构办理用血证明，并交纳用血互助金。

第二十九条 六十周岁以上的公民需要医疗临床用血的，凭本人《居民身份证》用血，免交用血互助金。

无工作单位的公民因本人及其家庭成员年龄或者健康状况均不符合献血条件，需要医疗临床用血的，凭户口簿和有关证明向居住地的区、县血液管理机构办理用血证明。

第三十条 急救病人需要医疗临床用血的，医疗机构应当先提供所需血液，病人及其家庭成员或者其所在单位必须按照本条例的规定补办用血手续。

第三十一条 公民医疗临床用血后，符合下列条件之一的，区、县血液管理机构应当退还单位或者公民交纳的用血互助金：

（一）单位在规定期限内完成年度献血计

划的；

（二）公民或者其家庭成员在规定期限内在本市献血的；

（三）公民及其家庭成员均因年龄或者健康状况不符合献血条件的。

第三十二条 公民医疗临床用血时，医疗机构按照国家规定的标准收取用于血液的采集、储存、分离、检验等费用。

本市献血者及其无工作单位的家庭成员按照下列规定，减免上款规定的费用及本条例规定的用血互助金：

（一）本市献血者自献血之日起五年内医疗临床用血的，按献血量的五倍免费用血，并免交用血互助金；自献血之日起五年后医疗临床用血的，按献血量等量免费用血，并免交用血互助金；

（二）本市献血者自献血之日起五年内，其不符合献血条件的家庭成员需要医疗临床用血的，按献血量等量免费用血，并免交用血互助金。

第三十三条 医疗机构应当根据医疗临床用血的需要，拟订医疗临床用血计划，报医疗机构所在地的区、县血液管理机构审核同意，并经市血液管理机构批准后安排医疗临床用血。

市卫生行政部门可以根据本市供血的情况，对医疗机构临床用血计划进行调整。

第三十四条 医疗机构应当到市血液管理机构指定的采供血机构领取血液，并严格遵守血液储存管理制度。

医疗机构应当按照国家规定对医疗临床用血进行核查。未经核查或者经核查不符合国家规定标准的血液，不得用于医疗临床。

医疗机构在病人医疗临床用血前，必须核对本条例规定的用血证明和有关证件。

第三十五条 医疗机构医疗临床用血应当执行输血技术规范，遵循合理、科学的原则，积极推行成份输血和自身输血，不得浪费和滥用血液。

第六章 奖励与处罚

第三十六条 对下列单位和个人，市或者区、县人民政府和红十字会给予表彰奖励：

（一）无偿献血累计一千毫升以上的个人；

（二）连续三年超额完成年度献血计划的单位；

（三）在无偿献血宣传、教育工作中成绩显著的单位和个人；

（四）在医疗临床用血新技术的研究和推广中成绩显著的单位和个人；

（五）其他为献血、采血、供血和医疗临床用血工作做出显著成绩的单位和个人。

第三十七条 伪造、涂改、出租、买卖、转借完成献血计划证书或者无偿献血证书的，由市或者区、县卫生行政部门没收该证件，并处以五百元以上五千元以下的罚款。

雇佣他人冒名献血的，市或者区、县卫生行政部门对单位处以一万元以上五万元以下的罚款，情节严重的，处以五万元以上十万元以下的罚款；对个人处以一千元以上五千元以下的罚款，情节严重的，处以五千元以上一万元以下的罚款。

第三十八条 违反本条例规定，有下列行为之一的，由市或者区、县卫生行政部门予以取缔，没收违法所得，可以并处一万元以上五万元以下的罚款；情节严重的，处以五万元以上十万元以下的罚款；构成犯罪的，依法追究刑事责任：

（一）非法采集血液的；

（二）出售无偿献血的血液的；

（三）非法组织他人出卖血液的。

第三十九条 采供血机构违反操作规程和制度采集血液，由市或者区、县卫生行政部门责令改正；给献血者健康造成损害的，应当依法赔偿，对直接负责的主管人员和其他直接责任人员，依法给予行政处分；构成犯罪的，依法追究刑事责任。

采供血机构对医疗临床用血的检测、分离、包装、储存、运输，不符合国家规定的卫生标准和要求的，由市或者区、县卫生行政部门责令改正，给予警告，可以并处一千元以上一万元以下的罚款。

采供血机构向医疗机构提供不符合国家和本市规定标准的血液的,由市或者区、县卫生行政部门责令改正;情节严重,造成经血液途径传播的疾病传播或者有传播严重危险的,限期整顿,对直接负责的主管人员和其他直接责任人员,依法给予行政处分;构成犯罪的,依法追究刑事责任。

第四十条 医疗机构的医务人员违反本条例规定,在病人医疗临床用血前未核对本条例规定的用血证明和有关证件的,由市或者区、县卫生行政部门责令改正,并可以对当事人依法给予行政处分。

医疗机构的医务人员违反本条例的规定,将不符合国家规定标准的血液用于患者的,由市或者区、县卫生行政部门责令改正;给患者健康造成损害的,应当依法赔偿,对直接负责的主管人员和其他直接责任人员,依法给予行政处分;构成犯罪的,依法追究刑事责任。

第四十一条 拒绝、阻碍卫生执法人员依法执行职务,扰乱献血工作秩序,违反《中华人民共和国治安管理处罚法》的,由公安部门依法处罚;构成犯罪的,依法追究刑事责任。

第四十二条 卫生行政部门作出行政处罚,应当出具行政处罚决定书。收缴罚款和没收财物时,应当出具市财政部门统一制发的收据。

罚没款全部上缴国库。

第四十三条 当事人对行政部门的具体行政行为不服的,可以依照《中华人民共和国行政复议法》或者《中华人民共和国行政诉讼法》的规定,申请复议或者提起诉讼。

当事人对具体行政行为逾期不申请复议,不提起诉讼,又不履行的,作出具体行政行为的部门可以申请人民法院强制执行。

第四十四条 卫生行政部门的工作人员玩忽职守、滥用职权、徇私舞弊的,由其所在单位或者上级主管部门依法给予行政处分;构成犯罪的,依法追究刑事责任。

第七章 附　　则

第四十五条 本条例所称家庭成员,是指公民的配偶、子女、父母、公婆、岳父母。

第四十六条 外省市来沪就医的公民需要医疗临床用血的,参照本条例公民医疗临床用血的有关规定执行。

第四十七条 在本市的外国公民、华侨、香港特别行政区居民、澳门特别行政区居民和台湾地区居民可以凭有效身份证件参加献血;需要医疗临床用血的,凭本人的有效身份证件用血。

第四十八条 本条例施行前在本市无偿献血的公民,本人及其无工作单位的家庭成员需要医疗临床用血的,按照本条例的规定执行。

本条例施行前在本市义务献血的公民,本人及其无工作单位的家庭成员自献血之日起五年内需要医疗临床用血的,按献血量等量用血,免交用血互助金,但不减免本条例第三十二条第一款所列的费用。

第四十九条 本条例自1998年10月1日起施行。1989年1月28日上海市第九届人民代表大会常务委员会第六次会议通过的《上海市公民义务献血条例》同时废止。

上海市发展中医条例

（1998年9月22日上海市第十一届人民代表大会常务委员会第五次会议通过）

第一条 为继承和发展中医药事业，发挥中医药在医疗卫生工作中的作用，适应人民群众医疗保健的需要，根据有关法律、行政法规，结合本市实际情况，制定本条例。

第二条 本条例适用于本市行政区域内的中医（包括中西医结合）医疗、教育、科研等活动及其管理。

第三条 发展中医药事业必须贯彻中西医并重的方针，坚持中西医结合，团结、依靠中西医药人员，正确处理继承和创新的关系，发扬中医药的特色和优势，立足于创新，运用现代科学技术，促进中医药学现代化和国际化，为人民健康服务。

第四条 市和区、县人民政府应当将发展中医药事业纳入国民经济和社会发展规划，并采取相应的措施，为发展中医药事业提供必要的条件和保障。

第五条 市卫生行政部门是本市中医工作的主管部门。区、县卫生行政部门负责本行政区域内的中医工作。

各级计划、财政、人事、医药、科技、教育等行政部门应当按照各自职责，协同做好发展中医药工作。

第六条 市和区、县卫生行政部门应当将中医医疗机构的建设纳入区域卫生规划。各区、县行政区域内政府设置的独立的中医医院或者中医门诊部不得少于一所。

综合医院应当开设中医科室，并设置中医病床；有条件的医疗机构应当开设中医急诊。

地段医院和乡（镇）卫生院应当开展中医医疗执业活动。村卫生室应当运用中医药预防、治疗常见病和多发病。

第七条 设置、撤销或者合并中医医疗机构，应当按照国家和本市医疗机构管理的有关规定，向市或者区、县卫生行政部门办理审批手续。其中，撤销、合并中医医院的，必须经市卫生行政部门批准。

未经本市卫生行政部门批准，任何单位和个人不得从事中医医疗执业活动。

第八条 中医医疗机构配备的中医药人员、业务用房和医疗设备应当达到国家和本市的标准。

其他医疗机构开展中医医疗执业活动的，应当配备相应的中医医务人员。

中医医疗机构和其他医疗机构的中医科室开展门诊、住院诊疗活动的，其中医治疗率应当符合国家规定的标准。

第九条 市和区、县人民政府应当逐步增加中医事业经费的投入。中医事业经费的增长幅度，应当高于卫生事业经费的增长幅度。

市和区、县人民政府应当安排发展中医专项经费，用于扶持中医医疗、教育、科研和科技成果产业化的重点项目。

中医事业经费和发展中医专项经费必须专款专用，并接受财政、审计部门的监督。

第十条 本市鼓励企业事业组织和社会各界、境内外人士以各种形式资助发展中医药事业。

第十一条 中医药的医疗、教育、科研机构应当继承、发扬中医药的特色和优势，发掘和推广有独特疗效的中医诊疗技术，提高中医药的学术水平和综合医疗服务能力。

对国家和市卫生行政部门认定的特色中医和中西医结合专科、专病项目，卫生行政部门应当在医疗场所的设置、医务人员的配备、资金的投入、设备的添置、约定医疗机构的定点选择等方面采取优先扶持措施。

第十二条 本市鼓励西医药人员学习、运用中医药理论和中医诊疗技术，鼓励中医药人员学习和运用现代科学技术，鼓励中、西医药人员共同研究中西医结合理论和诊疗技术，促进医药科学的发展。

第十三条 中医药高等院校应当加强中医药基础理论教育，重视中医临床经验和现代医药学理论的教学，提高学生的中医药专业水平和现代医药学知识。其他医药高等院校应当设置中医药基础理论和基本技能课程。

医药高等院校和有关科研院所应当有计划地培养中医药和中西医结合学科的研究生。

第十四条 市和区、县人民政府及有关部门应当采取措施，稳定和发展中医药专业技术队伍。

卫生行政部门和医疗机构应当重视培养中医药的学科带头人和中青年业务骨干，制定培养规划并组织实施。

医疗机构应当组织和支持在职中医药人员参加经卫生行政部门认可的在职培训和继续教育。

第十五条 全社会应当尊重和保护名中医药专家。有关单位和部门应当采取专项措施，做好名中医药专家的学术思想、临床经验的总结和继承工作。

卫生行政部门应当组织、开展继承中医药专家学术经验的师承教育，为师承教育提供必要的条件。

师承教育的具体实施办法，由市卫生行政部门会同市人事行政部门另行制定。

第十六条 举办面向社会招生的非学历中医教育，应当经卫生行政部门审核同意后，报教育行政部门审批。

第十七条 全社会应当重视和支持中医药文献的收集、整理、翻译、出版工作。

卫生行政部门应当采取措施，落实经费，支持出版有较高学术价值的中医药著作。

第十八条 各级人民政府及有关部门应当采取保障措施，加强本市中医药领先学科的建设，支持单位、个人开展中医药理论和临床的研究，做好中医药新技术的开发工作，促进中医药高科技产业的发展。

科研院所、医药院校、医疗机构和药品生产企业应当运用现代科学技术，对常见病、多发病和疑难病的中医药防治，中药单方与复方的开发和中药剂型改革等开展研究工作。

本市依法保护中医药知识产权和中医药工作者的合法权益。

第十九条 中医药学术团体应当有计划地开展中医药学术交流，组织中医药咨询服务，宣传中医药知识，组织或者协助组织中医药人员进行在职培训和继续教育。

第二十条 本市鼓励中医药医疗、教育、科研机构及医药人员采取多种形式开展国际和地区间的中医药合作与交流，吸收和运用高新技术开展中医药研究，推进中医药产品的开发和科技成果产业化。

第二十一条 市卫生行政部门和市社会医疗保险管理部门应当将符合条件的中医医疗机构列为公费医疗、劳保医疗和社会医疗保险服务的约定医疗机构。

患者前往中医医疗机构就医，发生的医疗费用按照公费医疗、劳保医疗和社会医疗保险的有关规定结算。

第二十二条 下列项目的评审和鉴定，应当成立专门的中医评审、鉴定机构或者安排一定比例的中医专家参加：

（一）中医专业技术职务任职资格的评审；

（二）中医医疗、科研机构的评审；

（三）中医药科研课题的立项和成果鉴定；

（四）中医医疗事故的鉴定；

（五）市卫生行政部门规定的其他项目。

第二十三条 市和区、县人民政府及有关部门对有下列情形之一的单位和个人，应当给予表彰和奖励：

（一）开展中医医疗、教育、科研和管理工作有突出成绩的；

（二）捐赠有价值的中医药文献或者有独特疗效的方药和中医诊疗技术的；

（三）在发展中医药事业中有其他突出贡献的。

第二十四条 违反本条例第六条规定，未按规定设置中医医疗机构、中医科室、中医病床或者未开展中医医疗执业活动的，由卫生行政部门或者人民政府责令限期改正，并可给予通报批评。

违反本条例第七条第一款规定，未经批准撤销或者合并中医医疗机构的，由卫生行政部门或者人民政府责令限期改正，并可给予通报批评。

第二十五条 违反本条例第七条第二款规定，擅自从事中医医疗执业活动的，由市或者区、县卫生行政部门依照国务院《医疗机构管理条例》的有关规定给予处罚。

违反本条例第十六条规定，未经卫生行政部门审核同意和教育行政部门批准，举办面向社会招生的非学历中医药教育的，由教育行政部门依法给予处罚。

第二十六条 违反本条例第九条第三款规定，截留、挪用中医事业经费或者发展中医专项经费的，由其上级主管部门责令限期归还，并对直接责任人员依法给予行政处分；构成犯罪的，依法追究刑事责任。

第二十七条 卫生行政部门的工作人员玩忽职守、滥用职权、徇私舞弊的，由其所在单位或者上级主管部门给予行政处分；构成犯罪的，依法追究刑事责任。

第二十八条 本条例自1998年11月1日起施行。

上海市地名管理条例

（1998年9月22日上海市第十一届人民代表大会常务委员会第五次会议通过　根据2010年9月17日上海市第十三届人民代表大会常务委员会第二十一次会议《关于修改本市部分地方性法规的决定》第一次修正　根据2011年12月22日上海市第十三届人民代表大会常务委员会第三十一次会议《关于修改本市部分地方性法规的决定》第二次修正　根据2015年7月23日上海市第十四届人民代表大会常务委员会第二十二次会议《关于修改〈上海市建设工程材料管理条例〉等12件地方性法规的决定》第三次修正）

第一章　总　　则

第一条 为加强本市地名管理，适应城市建设、社会发展和人民生活的需要，根据国务院《地名管理条例》和有关法律、行政法规的规定，结合本市实际情况，制定本条例。

第二条 本条例适用于本市行政区域内地名的命名、使用、标志设置及其相关的管理活动。

第三条 本条例所称地名包括：

（一）区、县、乡、镇、街道、村等名称；

（二）山丘、河流、湖泊、岛屿、礁、沙洲、滩涂、水道等名称；

（三）开发区、区片、公共绿地、公共广场、游览地、农场、围垦地等名称；

（四）居住区、集住地、集镇、自然村等名称；

（五）城市道路，桥梁，隧道，地下铁道和其他城市轨道交通的站、线，铁路的站、线，公路，机场，港口，码头（含轮渡站），长途客运汽车站，货运枢纽站等名称；

（六）海塘、江堤名称；

（七）建筑物、构筑物名称；

（八）门弄号。

第四条 上海市地名委员会和区、县地名委员会在同级人民政府领导下，审议决定地名工作的重大事项，协调本行政区域内的地名管理工作。

上海市地名管理办公室（以下简称市地名办）和区、县地名管理办公室（以下简称区、县地名办）依照本条例的规定负责本行政区域内地名管理工作，并依照本条例的授权实施行政处罚。区、县地名办业务上受市地名办领导。

第五条 市公安部门负责全市的门弄号管理工作，业务上受市地名办指导。区、县公安部门在市公安部门的领导下具体负责本行政区域内的门弄号管理工作。

本市有关行政部门按照各自职责做好地名工作。

乡、镇人民政府和街道办事处协助市和区、县地名办、公安部门监督检查辖区内的地名工作。

第六条 地名管理应当从本市地名的历史和现状出发，保持地名的相对稳定，实现地名的标准化、规范化。

第二章 地名的命名

第七条 地名的命名应当遵循下列规定：

（一）维护国家主权、领土完整和民族尊严，有利于人民团结；

（二）体现当地历史、文化、地理或者经济特征，与城市规划所确定的使用功能相适应；

（三）含义健康，符合社会道德风尚；

（四）禁止使用国家领导人的名字；

（五）用字准确规范，避免使用生僻字；

（六）一地一名，名实相符，使用方便；

（七）派生地名与主地名相协调。

第八条 村、集镇、乡管河流的名称，在本区、县范围内不得重名或者同音。

农场内的同类地名，在本农场范围内不得重名或者同音。

其他同类地名，在全市范围内不得重名或者同音。

第九条 建筑物应当按照路名编门弄号。门弄号应当按照规定的距离顺序编排，相邻建筑物的间距超过规定标准的，应当预留备用的门弄号。

门弄号的编排不得无序跳号、同号。

第十条 区、县行政区划名称，由市民政部门征求市地名办意见后向市人民政府申报。市人民政府审核同意后按照国家有关规定报国务院审批。

乡、镇行政区划及街道名称，由市民政部门征求市地名办意见后报市人民政府审批。

村的名称，由乡、镇人民政府或者街道办事处向区、县民政部门申报。区、县民政部门征求区、县地名办意见后报区、县人民政府审批。

第十一条 跨省、市的河流、湖泊名称，由市水行政主管部门征求市地名办意见后向市人民政府申报。市人民政府审核同意后按照国家有关规定报国务院审批。

湖泊和市、区、县管河流名称，由市水行政主管部门向市地名办申报。市地名办审核后报市人民政府审批。

乡管河流名称，由区、县水行政主管部门向区、县地名办申报。区、县地名办审核后报区、县人民政府审批。

山丘、岛屿、礁名称，由区、县人民政府向市地名办申报。市地名办审核后报市人民政府审批。

水道和沙洲、滩涂名称，由市交通行政主管部门或者市水行政主管部门向市地名办申报。市地名办审核后报市人民政府审批。

第十二条 市级开发区名称，由开发区主管部门征求市地名办意见后报市人民政府审批。

区、县级开发区名称，由开发区主管部门向区、县地名办申报。区、县地名办审核后报区、县人民政府审批。

农场名称，由市农场主管部门向市地名办申报。市地名办审核后报市人民政府审批。

围垦地名称，由围垦单位向区、县地名办申报。区、县地名办审核后报区、县人民政府审批。

市属公共绿地、公共广场、游览地名称，由主管部门报市地名办审批。区属或者县属公共绿地、公共广场、游览地名称，由主管部门报区、县地名办审批。

第十三条 除市规划行政主管部门实施规划管理的居住区及市重大工程项目的居住区名称由建设单位报市地名办审批外，其他居住区名称由建设单位报区、县地名办审批。

集住地、集镇名称，由街道办事处或者乡、镇人民政府报区、县地名办审批。

第十四条 主干道以上城市道路及其桥梁名称，由市市政工程主管部门向市地名办申报。市地名办审核后报市人民政府审批。

干道以下城市道路及其桥梁名称，由主管部门向区、县地名办申报。区、县地名办审核后报市地名办审批，其中跨区、县的，由市市政工程主管部门报市地名办审批。

除本条第一款、第二款以外的桥梁名称，由主管部门向同级地名办申报。市或者区、县地名办审核后报同级人民政府审批。

隧道，地下铁道和其他城市轨道交通的站、线名称，由主管部门向市地名办申报。市地名办审核后报市人民政府审批。

市管河流上的码头（含轮渡站）名称，由市交通行政主管部门报市地名办审批。区、县管河流上的码头（含轮渡站）名称由区、县交通行政主管部门报区、县地名办审批。

长途客运汽车站、货运枢纽站名称，由主管部门报市地名办审批。

第十五条 铁路的站、线名称，由铁路主管部门征求市地名办意见后按照国家有关规定报国务院铁道主管部门审批。

机场名称，由民航主管部门征求市地名办意见，经市人民政府审核同意后按照国家有关规定报国务院民航主管部门审批。

港口名称，由市交通行政主管部门征求市地名办意见后报市人民政府审批。

第十六条 跨省、市公路名称，由市市政工程主管部门征求市地名办意见后向市人民政府申报。市人民政府审核同意后依法报国务院交通主管部门审批。

除前款以外的县级以上公路名称，由市市政工程主管部门征求市地名办意见后确定。

乡、镇公路名称，由区、县市政工程主管部门征求区、县地名办意见后确定，其中跨区、县的，由有关区、县市政工程主管部门报市市政工程主管部门，市市政工程主管部门征求市地名办意见后确定。

第十七条 海塘、江堤名称，由市水行政主管部门报市地名办审批。

第十八条 除市规划行政主管部门实施规划管理的项目及市重大工程项目的建筑物、构筑物名称由建设单位或产权所有人报市地名办审批外，其他建筑物、构筑物名称由建设单位或产权所有人报区、县地名办审批。

第十九条 门弄号由房屋建设单位或者产权所有人向公安派出机构申请。公安派出机构编号后报区、县公安部门审批，其中跨区、县的城市道路和公路两侧的建筑物门弄号，由区、县公安部门报市公安部门审批。

第二十条 有下列情形之一的，可以更名：

（一）因区划调整，需要变更区、县、乡、镇、街道、村等名称的；

（二）因道路走向发生变化，需要变更路名的；

（三）因产权所有人提出申请，需要变更建筑物、构筑物名称的；

（四）因路名变更、路型变化或者道路延伸，需要变更门弄号的；

（五）经市人民政府或者国务院及其有关部门批准变更地名的。

不符合本条例第七条第（一）项、第（三）项、第（四）项规定的，市或者区、县地名办应当发出地名更名通知书。有关单位或者个人应当自收到通知书之日起三个月内办理更名手续。

地名更名的申报、审批程序按照本章规定的地名申报、审批程序进行，其中门弄号变更的申请，由道路建设单位或者区、县建设行政主管部门提出。

第二十一条 因自然变化消失的地名，由区、县地名办报市地名办注销；因区划调整、城市建设而消失的地名，由主管部门或者建设单位报区、县地名办注销，区、县地名办报市地名办备案。

被注销的地名一般不再用作新的同类地名。

第二十二条 地名命名、更名和注销的申报人应当如实填写地名申报表，并提交有关的证明文件和资料，不得作虚假、不实的申报。

第二十三条 本条例第三条第（五）项所列地名的申报人应当在申领建设工程规划许可证前办理地名申报手续。

第二十四条 本市地名审批部门应当自受理地名申报之日起三十日内作出审批决定；由市人民政府审批的，应当在六十日内作出决定。逾期不作出决定的视为同意。

市和区、县公安部门应当自受理门弄号申请之日起三十日内作出审批决定。

本市的地名审批部门应当自审批之日起十五日内将审批的地名文件抄送市地名办备案。

第二十五条 本条例实施前已经使用的地名，由市地名办汇编入地名录的，视为依照本条例批准的地名。

第三章 地名的使用

第二十六条 除门弄号外，依法批准命名、更名和注销的地名，市或者区、县地名办应当自批准或者注销之日起三个月内通过报纸向社会公布，费用由申报人承担。

第二十七条 地名应当按照国家语言文字管理机构公布的规范汉字书写，其中门弄号应当同时用阿拉伯数字书写。

地名的罗马字母拼写，应当符合国家公布的《汉语拼音方案》和《中国地名汉语拼音字母拼写规则》。

第二十八条 公告、文件、证件、地图、地理教科书、地名志、地名词典、房地产广告必须使用依法批准的地名。但历史上使用的地名除外。

第二十九条 涉及建筑物、构筑物名称的，下列行政管理部门审批有关证件时，应当查验地名批准文件；无地名批准文件的，不予办理有关手续：

（一）规划管理部门审批建设工程规划许可证；

（二）房屋行政管理部门审批商品房预售许可证；

（三）住宅建设管理部门审批新建住宅交付使用许可证。

第三十条 市和区、县地名办应当建立地名资料管理制度，保持地名资料的完整，提供查询服务。

第四章 地名标志的设置

第三十一条 下列地名应当设置地名标志：

（一）本条例第三条第（五）项所列的名称；

（二）居住区名称；

（三）集镇名称；

（四）门弄号。

前款规定以外的地名，可以根据实际需要和环境条件设置地名标志。

第三十二条 地名标志的设置人按照下列规定确定：

（一）本条例第三条第（五）项所列名称标志的设置人，为建设单位或者有关主管部门；

（二）居住区名称标志的设置人，为建设单位或者街道办事处；

（三）集镇名称标志的设置人，为乡、镇人民政府；

（四）门弄号牌的设置人，为房屋建设单位或者产权所有人。因路名变更、路型变化或者道路延伸而更换的门弄号牌，由道路建设单位或者市和区、县人民政府负责设置。

第三十三条 下列地名标志应当在规定的

位置设置：

（一）居住区名称的标志，在居住区与主要城市道路和公路连接的出入口设置；

（二）集镇名称的标志，在主要城市道路和公路经过或者毗邻集镇的边缘处设置；

（三）路名标志，在城市道路和公路的起止点及交叉处设置，相邻交叉处距离较长的，在中间增设路名标志。

前款规定以外的地名标志，可以根据实际需要和环境条件，在适当、明显的位置设置。

第三十四条 本条例第三条第（五）项、第（八）项所列地名的标志应当在建设工程交付使用前设置。

居住区名称标志应当在按规划要求完成全部建设内容前设置。

本条例第三条第（五）项、第（八）项所列地名更名的，应当由地名标志的设置人自收到地名批准文件之日起三个月内，更换地名标志。

第三十五条 地名标志的设置人应当使用统一样式的路名标志和门弄号牌。

公路的路名标志，按照国家规定的样式制作。

城市道路的路名标志样式，由市市政工程主管部门会同市地名办确定。

本市门弄号牌的样式，由市公安部门会同市地名办确定。

第三十六条 地名标志的设置人应当保持地名标志的清晰和完好，发现损坏或者字迹残缺不全的，应当予以更新。

第三十七条 任何单位和个人都有保护地名标志的义务，禁止下列行为：

（一）涂改、玷污地名标志；

（二）遮挡、覆盖地名标志；

（三）擅自移动、拆除地名标志；

（四）损坏地名标志的其他行为。

需要移动或者拆除地名标志的，应当与地名标志的设置人协商一致，经有关主管部门或者区、县地名办同意并承担相应的补偿费用后，方可实施。

第五章 法律责任

第三十八条 违反本条例有关规定的，按照下列规定处理：

（一）擅自命名、更名门弄号以外的地名，或者未作如实申报的，由市或者区、县地名办责令限期改正。其中，擅自命名、更名开发区、建筑物、构筑物名称，或者未作如实申报，逾期未改正的，处以三千元以上三万元以下的罚款。

（二）擅自确定、更改门弄号的，由市或者区、县公安部门责令限期改正；逾期未改正的，处以三百元以上三千元以下的罚款。

（三）擅自移动、拆除门弄号牌，或者影响正常使用，或者造成损坏的，由市或者区、县公安部门责令限期改正；逾期未改正的，处以警告或者五十元以下的罚款。造成经济损失的，应当依法赔偿。

（四）擅自移动、拆除门弄号牌以外的地名标志，或者影响正常使用，或者造成损坏的，由市或者区、县地名办责令限期改正；逾期未改正的，处以警告或者五百元以下的罚款。造成经济损失的，应当依法赔偿。

（五）应当更名的建筑物、构筑物名称，逾期不办理更名手续的，由市或者区、县地名办处以警告或者三百元以上三千元以下的罚款。

（六）违反第二十七条、第三十三条、第三十四条、第三十五条第一款、第三十六条规定的，由市或者区、县地名办责令限期改正；逾期不改正的，可处警告或者五百元以下罚款。

第三十九条 违反本条例规定，越权审批或者违法审批地名的，由上级主管部门责令纠正或者予以撤销；造成损害的，依法承担赔偿责任。

第四十条 地名管理和审批部门的工作人员玩忽职守、滥用职权、徇私舞弊的，由其所在单位或者上级主管部门给予行政处分；构成犯罪的，依法追究刑事责任。

第四十一条 当事人对地名管理和审批部门的具体行政行为不服的，可以依照《中华人民共和国行政复议法》或者《中华人民共和国行政诉讼法》的规定，申请复议或者提起诉讼，其中对市或者区、县地名办的具体行政行为不服的，向市或者区、县人民政府申请复议。

当事人对具体行政行为逾期不申请复议，不提起诉讼，又不履行的，作出具体行政行为的市或者区、县地名办或者公安部门可以申请人民法院强制执行。

第六章 附 则

第四十二条 本条例下列用语的含义：

（一）水道，指长江口船舶航行的通道，如吴淞口航道、宝山水道、新桥通道等。

（二）区片，指有一定范围但无明确界线的地域，如外滩、曹家渡、打浦桥等。

（三）集住地，指由原来的农村自然村演变而成，有一定范围且门牌用同一名称编号的市区居住地，如静安区的康家桥、普陀区的陆家宅东村等。

第四十三条 本条例自1999年1月1日起施行。

上海市燃气管理条例

（1999年1月22日上海市第十一届人民代表大会常务委员会第八次会议通过 根据2003年10月10日上海市第十二届人民代表大会常务委员会第七次会议《关于修改〈上海市燃气管理条例〉的决定》第一次修正 2007年10月10日上海市第十二届人民代表大会常务委员会第三十九次会议修订 根据2010年9月17日上海市第十三届人民代表大会常务委员会第二十一次会议《关于修改本市部分地方性法规的决定》第二次修正 根据2015年7月23日上海市第十四届人民代表大会常务委员会第二十二次会议《关于修改〈上海市建设工程材料管理条例〉等12件地方性法规的决定》第三次修正 根据2016年6月23日上海市第十四届人民代表大会常务委员会第三十次会议《关于修改〈上海市燃气管理条例〉的决定》第四次修正）

第一章 总 则

第一条 为了加强本市燃气管理，维护燃气用户和燃气企业的合法权益，保障燃气供应安全和社会公共安全，根据有关法律、行政法规，结合本市实际，制定本条例。

第二条 本条例所称燃气，包括人工煤气、天然气和液化石油气等气体燃料。

本条例所称燃气企业，包括燃气生产企业、燃气输配企业和燃气销售企业。

第三条 本条例适用于本市行政区域内燃气的规划与建设、配置与调度、供应与使用、设施保护以及相关的管理和服务活动。

第四条 市建设行政管理部门主管本市燃气管理工作，负责组织实施本条例。市建设行政管理部门所属的上海市燃气管理处（以下简称市燃气管理处）负责具体实施本市燃气行业的日常管理工作，对本市燃气主干管道以及中心城区燃气管道安全运行实行统一监督管理，并按照本条例的授权实施行政许可和行政处罚。

区、县燃气管理部门按照市人民政府确定的职责分工负责实施本行政区域内燃气行业的日常管理和监督，业务上受市建设行政管理部门领导。

本市发展改革、交通、规划、质量技监、安全监管、工商、公安等有关行政管理部门按照各自的职责，协同实施本条例。

第五条 本市燃气管理遵循安全第一、保障供应、节能高效和方便用户的原则。

第六条 本市各级人民政府和市建设行政管理部门、市燃气管理处以及区、县燃气管理部门应当进行安全和节约使用燃气的宣传，增强社会公众安全和节约使用燃气的意识，提高防范和应对燃气事故的能力。

广播、电视、报刊等新闻媒体应当做好安全和节约使用燃气的公益性宣传工作。

第二章 规划与建设

第七条 市建设行政管理部门应当按照法定程序，根据本市经济和社会发展的需要，编制燃气发展规划和燃气专业系统规划，分别纳入本市国民经济和社会发展规划以及城市总体规划。

编制控制性详细规划应当与燃气专业系统规划相衔接。审批部门在审批控制性详细规划时，应当征求市建设行政管理部门的意见。

第八条 本市燃气设施的建设，应当符合燃气专业系统规划和控制性详细规划。

燃气设施建设用地，未经法定程序调整规划，不得改变用途。

第九条 新建、改建、扩建住宅项目、工业园区项目或者其他建设项目涉及使用燃气的，应当同时配套建设相应的燃气设施或者预留燃气设施建设用地。

新建燃气设施，需要按照国家和本市建设项目的审批程序报批的，规划管理部门在进行规划审查时，应当征求市建设行政管理部门的意见。

年度用气量在一百万立方米以上的大型用气建设项目，在其可行性研究报告审批时，本市审批部门应当征求市建设行政管理部门的意见。

第十条 本市鼓励国内外企业、其他组织和个人按照国家有关规定，投资建设燃气设施。

第十一条 燃气设施工程的建设，应当符合国家和本市有关标准和规范。燃气设施工程竣工验收合格后，建设单位应当按照国家和本市规定向建设行政管理部门备案。建设行政管理部门应当在收到备案文件后十五日内，将有关验收合格文件抄送市建设行政管理部门。

第三章 资源配置与调度

第十二条 本市应当按照国家对能源配置的总体要求，建立燃气供应和需求的调控机制。

市能源行政管理部门会同市建设行政管理部门根据本市燃气发展规划，制定燃气资源中长期供求计划，组织并监督燃气企业的生产和采购活动。

第十三条 市能源行政管理部门会同市建设行政管理部门根据燃气资源中长期供求计划和燃气资源采购量，制定年度燃气分配计划。

市建设行政管理部门根据年度燃气分配计划，组织制定月度燃气分配计划。

第十四条 市燃气管理处应当按照年度和月度燃气分配计划，组织制定月度燃气生产供应调度方案。

燃气企业应当根据月度燃气分配计划和月度燃气生产供应调度方案，按照各自职责进行燃气的生产、输配和销售。

燃气企业之间对燃气生产和供应发生争议，可能影响正常供气的，市燃气管理处或者区、县燃气管理部门应当以不中断供气为原则予以协调解决。

第十五条 市燃气管理处应当建立燃气资源供求的监测、预测和预警制度，定期分析燃气资源供求信息，确保燃气稳定供应。

燃气企业应当按照本市规定的程序，将燃气供求信息报送市燃气管理处。

第十六条 市人民政府应当建立燃气资源地方储备制度。

市能源行政管理部门应当会同市建设行政管理部门制定燃气资源地方储备方案，确定燃气资源地方储备的布局、储备总量、启用要求等。

燃气企业受政府委托，按照前款规定的要求组织实施，确保燃气资源地方储备所需的数量、质量和储存安全。

第十七条 市建设行政管理部门应当组织编制燃气应急调度预案。

燃气企业应当根据燃气应急调度预案，建立健全燃气资源应急储备管理制度，确保燃气资源应急储备所需的数量、质量和设施的安全运行。

燃气企业因不可抗力或者发生突发性事故等紧急情况不能正常生产或者供应燃气的，应当根据燃气应急调度预案采取相应措施，并立即报告市燃气管理处。

燃气企业因执行燃气应急调度预案、启用燃气应急储备资源所增加的成本费用，政府应当给予适当补偿，但因燃气企业自身原因造成的除外。

第四章 供气与用气管理

第十八条 从事燃气生产、输配以及销售活动的，应当取得燃气经营许可证。

申请燃气经营许可应当具备下列条件：

（一）有稳定的、符合国家标准的燃气气源或者有生产符合标准燃气的能力；

（二）有符合国家标准且与经营规模、经营类型相适应的燃气设施；

（三）有与经营规模相适应的资金；

（四）有固定的、符合安全条件的经营场所；

（五）有具备相应资格的专业管理人员、专业技术人员以及经培训合格的专业服务人员；

（六）有完善的经营管理体系和安全管理制度；

（七）有与经营规模相适应的抢险抢修人员和设备，以及燃气事故处置应急预案；

（八）从事液化石油气经营活动的，应当有运输、接卸、储存、灌装等生产设施、残液回收处置装置；

（九）法律、法规规定的其他条件。

申请燃气经营许可的，应当按照上述条件向市建设行政管理部门提出申请，并提供相应的资料和证明文件。市建设行政管理部门应当自受理申请之日起二十日内作出同意或者不同意的决定。

燃气经营许可证的有效期为八年。需延续的，被许可人应当在有效期届满三十日前向市建设行政管理部门提出申请。市建设行政管理部门应当在有效期届满前作出是否准予延续的决定；逾期未作决定的，视为准予延续。

第十九条 设立燃气供气站点除应当取得燃气经营许可证外，还应当取得燃气供气站点许可证。

申请燃气供气站点许可应当具备下列条件：

（一）符合本市燃气专业系统规划或者站点布局规定；

（二）有符合标准的固定站点设施；

（三）有符合标准的燃气计量、消防、安全保护等设施；

（四）有防泄漏、防火、防爆安全管理制度和燃气事故处置应急预案；

（五）有经培训合格的专业技术人员和专业服务人员。

燃气车辆加气站、燃气储存充装站除具备前款规定的条件外，还应当有符合标准的燃气储存、充装等设备。

申请燃气供气站点许可的，应当按照上述条件，提供相应的资料和证明文件。其中，设立燃气车辆加气站、燃气储存充装站的，应当向市燃气管理处提出申请；设立瓶组气化站、瓶装供应站的，应当向区、县燃气管理部门提出申请。市燃气管理处或者区、县燃气管理部门应当自受理申请之日起二十日内作出同意或者不同意的决定。

燃气供气站点许可证的有效期为三年。需延续的，被许可人应当在有效期届满三十日前向市燃气管理处或者区、县燃气管理部门提出申请。市燃气管理处或者区、县燃气管理部门应当在有效期届满前作出是否准予延续的决定;逾期未作决定的,视为准予延续。

第二十条 燃气企业应当向用户持续、稳定和安全地供气,不得擅自停业、歇业或者关闭燃气供气站点。

燃气企业确需停业、歇业或者关闭燃气供气站点的,应当在停业、歇业或者关闭燃气供气站点的九十日前向市燃气管理处或者区、县燃气管理部门提交书面报告。市燃气管理处或者区、县燃气管理部门接到报告后,应当组织有关燃气企业提供供气服务,并监督、协助做好停业、歇业或者关闭燃气供气站点的相关工作。

第二十一条 燃气企业不得擅自暂停供气或者降低燃气压力。燃气企业与非居民用户另有约定的,从其约定。

因燃气设施工程施工或者燃气设施维修等情况,确需暂停供气或者降低燃气压力的,燃气企业应当在暂停供气或者降低燃气压力的三日前予以公告;暂停供气或者降低燃气压力超过二十四小时或者涉及三千户以上用户的,燃气企业应当采取相应的应急保障措施,并向市建设行政管理部门或者区、县燃气管理部门报告。

因不可抗力或者燃气设施抢修等紧急情况,确需暂停供气或者降低燃气压力的,燃气企业应当立即通知用户,必要时可请用户所在地的居民委员会、村民委员会或者物业服务企业协助;同时还应当向市建设行政管理部门或者区、县燃气管理部门报告,并采取不间断抢修措施,直至恢复正常供气。

燃气企业应当在恢复正常供气前通知用户。

第二十二条 禁止燃气企业从事下列行为:

(一)向未取得燃气经营许可证或者燃气供气站点许可证的单位和个人供应用于销售的燃气;

(二)为不合格的气瓶充装液化石油气,或者用气瓶相互倒灌液化石油气;

(三)用燃气贮罐、槽车罐体直接充装气瓶,或者在燃气车辆加气站内充装民用气瓶;

(四)以上门等形式向用户推销燃气器具和相关产品;

(五)限定用户购买其指定的燃气器具和相关产品,或者限定用户委托其指定的安装单位安装燃气器具;

(六)危及公共安全或者损害用户利益的其他供气行为。

第二十三条 用户应当遵守用气规定,不得有下列行为:

(一)盗用燃气或者损坏燃气设施;

(二)擅自改装、迁移或者拆除用户设施;

(三)倒灌液化石油气或者倾倒液化石油气残液,涂改瓶体标记,损坏瓶体及附件;

(四)在不具备安全条件的场所存放和使用燃气;

(五)危及公共安全的其他用气行为。

用户需要改装、迁移或者拆除燃气管道、阀门的,应当委托燃气企业或者具有相应资质的单位进行;用户需要改装、迁移或者拆除燃气计量装置的,应当向供气的燃气企业办理相应手续。

第二十四条 用户应当按时支付燃气使用费,不得拖欠、拒绝支付;逾期不支付的,燃气企业应当向用户发出支付燃气使用费的催缴通知。用户自燃气企业催缴通知规定的期限届满之日起六十日内仍不支付燃气使用费的,燃气企业可以中止供气,但应当在中止供气的十五日前书面通知用户。

用户支付所欠燃气使用费后,燃气企业应当及时恢复供气。

第二十五条 燃气供气站点应当安装使用燃气泄漏安全保护装置。

在室内公共场所、地下或者半地下建筑物内使用燃气的,应当安装使用燃气泄漏安全保护装置;未安装使用燃气泄漏安全保护装置的,燃气企业不得供气。

按照本条第一款、第二款规定须安装燃气泄漏安全保护装置的燃气供气站点和用户,应当委托专业的检测机构定期对燃气泄漏安全保护装置进行检测。

本市提倡居民用户使用家用燃气泄漏报警器。

第五章　用气服务与安全

第二十六条　燃气企业对其供气范围内具备用气条件的单位和个人有提供普遍供气服务的义务,并应当按照法律、行政法规的规定与用户签订供用气合同,明确双方的权利和义务。

燃气企业应当按照国家和本市规定的燃气服务标准向用户提供服务,建立健全用户服务制度,规范服务行为,并遵守下列规定:

(一)在服务营业场所公示业务流程、服务项目、收费标准和服务受理、报修投诉电话等内容,向社会公开服务受理及报修投诉电话;

(二)对用户申请用气、增加用气量、变更用气用途、暂停用气、终止用气等事项,应当按照规定的程序办理,并按公开承诺的时限完成;

(三)对用户进行安全用气、节约用气基本知识的宣传;

(四)建立健全用户服务档案,以瓶装方式销售燃气的,还应当检查用户存放和使用燃气场所的安全条件,并向用户提供供气使用凭证;

(五)对用户提出的通过技术改造达到安全用气条件的需求,应当提供指导服务。

本市推进瓶装燃气的统一配送。燃气企业应当及时、安全地向用户配送瓶装燃气,并建立配送业务查询系统,供用户查询配送信息。瓶装燃气统一配送的具体推进计划和管理规范,由市建设行政管理部门会同有关部门制定。

第二十七条　燃气企业应当建立健全燃气质量检测制度,确保供应的燃气质量、压力和气瓶的充装重量符合标准。

市燃气管理处和区、县燃气管理部门应当对燃气的质量、压力和气瓶的充装重量进行检查和监督,并将检查结果向社会公布。

第二十八条　燃气企业应当加强对用户设施的定期安全检查,市燃气管理处和区、县燃气管理部门应当对安全检查的实施情况进行监督。

燃气计量装置和燃气计量装置出口前的管道及其附属设施,由燃气企业负责维护和更新;在维护和更新时,用户应当予以配合。燃气计量装置出口后的用户设施,由用户负责维护和更新。

燃气企业应当每年对瓶装燃气的用户设施以及燃气器具的安装、使用情况免费进行一次安全检查,每两年对居民用户燃气计量装置出口后的用户设施以及燃气器具的安装、使用情况免费进行一次安全检查,并对用户安全用气给予技术指导。燃气企业对用户实施安全检查前,应当事先告知用户安全检查的日期,并在约定的时间上门检查,检查人员应当主动出示有关证件,必要时可请用户所在地的居民委员会、村民委员会或者物业服务企业协助。用户应当配合安全检查。

非居民用户燃气计量装置出口后的用户设施,由用户委托具有相应资质的单位每年进行一次安全检查。

实施安全检查的单位应当将检查结果书面告知用户;存在安全隐患的,用户应当及时进行整改。燃气企业应当为居民用户整改提供帮助;非居民用户应当委托具有相应资质的单位进行整改。

燃气企业发现用户违反安全用气规定的,应当予以劝阻、制止,提出书面整改意见,用户应当及时予以整改。

第二十九条　燃气企业应当二十四小时接受用户报修,接到报修后,应当按照其承诺的时限或者与用户约定的时间派人到现场维修;对燃气泄漏的报修,应当先行告知用户须采取的应急措施,并立即派人到现场抢修。

第三十条　燃气企业为用户安装的燃气计量装置应当经过依法设立的检定机构检定合格,并粘贴检定合格标识。用户对无检定合格标识的燃气计量装置可以拒绝安装使用。

燃气企业应当按照约定的日期抄表,抄表人员入户抄表时应当主动出示有关证件。用户的用气量以燃气计量装置显示的数据为依据。用户对用气量有疑义的,燃气企业应当进行核对,有误差的应当予以纠正。用户或者燃气企业对燃气计量装置的计量准确性有争议时,应当按照国家有关计量方面的规定进行处理。

第三十一条 燃气价格和服务收费标准的制定或者调整应当按照有关价格方面的法律、法规执行。

燃气企业应当按照燃气价格和服务收费标准向用户收取燃气使用费或者相关服务费,并为用户查询燃气收费和服务提供便利。

市建设行政管理部门应当会同市物价局、市财政局对燃气成本费用、调价收入分配实行监管。

第三十二条 市建设行政管理部门、市燃气管理处和区、县燃气管理部门应当建立健全监督制度,按照有关规定对燃气企业进行监督检查;向社会公布举报、投诉电话、地址和电子信箱,并受理有关燃气安全、质量、收费标准以及服务质量等方面的举报和投诉。收到举报和投诉的部门应当依法及时对用户举报和投诉事项进行调查处理,并将处理情况告知举报或者投诉人。

第六章 燃气器具与泄漏报警保护装置

第三十三条 在本市销售的燃气器具、燃气泄漏安全保护装置和家用燃气泄漏报警器应当符合国家和本市的有关标准和规范。

本市推广使用安全节能环保型的燃气器具,提高燃气器具标准化水平,淘汰安全性能差、低效高能耗的燃气器具。

本市质量技监、工商等有关行政管理部门应当加强对燃气器具、燃气泄漏安全保护装置和家用燃气泄漏报警器产品的市场监管。

第三十四条 在本市销售的燃气器具、家用燃气泄漏报警器和燃气泄漏安全保护装置应当经过依法设立的检测机构的产品质量检测;燃气器具应当经过气源适配性检测,经检测合格的,检测机构应当提供检测报告。燃气器具、家用燃气泄漏报警器和燃气泄漏安全保护装置生产者或者委托的经营者,应当在销售前持产品质量检测报告、气源适配性检测报告和售后服务承诺等相关文件向市燃气管理处备案;材料齐全的,市燃气管理处应当自受理申请之日起十个工作日内予以备案。

燃气器具生产者或者委托的经营者应当每两年委托依法设立的检测机构对产品进行气源适配性检测,并将检测结果报市燃气管理处。

家用燃气泄漏报警器和燃气泄漏安全保护装置的生产者或者委托的经营者,应当建立用户档案,为用户提供售后服务。

第三十五条 市燃气管理处应当定期向社会公布备案的燃气器具、家用燃气泄漏报警器和燃气泄漏安全保护装置产品目录,目录的内容主要包括产品的品牌、型号、规格、生产许可情况、质量检测情况、气源适配性检测情况、生产者和委托的经营者以及售后服务信息等。

市燃气管理处应当采取措施,加强对备案产品的日常监管,发现有违法情况或者质量问题的,应当及时向社会公布相关信息。

第三十六条 从事燃气器具安装维修的,应当取得燃气器具安装维修许可证。

申请燃气器具安装维修许可应当符合下列条件:

(一)有与安装维修规模相适应的固定场所、专业设备和安装维修工具;

(二)有燃气器具生产企业产品安装维修的委托书及主要备件的供货合同;

(三)有经培训合格的专业技术人员和操作人员;

(四)有完善的质量验收制度、安全管理制度和操作规程。

申请燃气器具安装维修许可的,应当按照上述条件,提供相应的资料和证明文件。其中,跨区、县范围从事燃气器具安装维修的,应当向市燃气管理处提出申请;区、县范围内从事燃气器具安装维修的,应当向所在地区、县燃气管理部门提出申请。市燃气管理处或者区、县燃气管理部门应当自受理申请之日起二十日内作出同意或者不同意的决定。

燃气器具安装维修许可证有效期为三年。需延续的,被许可人应当在有效期届满三十日前向市燃气管理处或者区、县燃气管理部门提出申请。市燃气管理处或者区、县燃气管理部门应当在有效期届满前作出是否准予延续的决定;逾期未作决定的,视为准予延续。

第三十七条 因供气气源种类变化,确需改装燃气器具的,居民用户的燃气器具由燃气企业组织改装;非居民用户可以委托具有相应资质的单位进行改装。燃气器具改装后的质量,应当符合燃气器具气源置换的改装安全技术条件。

国家已明令淘汰的、已到判废年限的或者非安全型的燃气器具,用户应当更换。

第七章 设施保护

第三十八条 任何单位和个人不得擅自改动燃气设施。

燃气企业确需改动燃气设施的,应当取得燃气设施改动许可。

申请燃气设施改动许可应当符合下列条件:

(一)有改动燃气设施的申请报告;

(二)改动的燃气设施符合燃气专业系统规划、安全等相关规定;

(三)有安全施工的组织、设计和实施方案;

(四)有安全防护及不影响用户安全正常用气的措施;

(五)法律、法规规定的其他条件。

申请燃气设施改动许可的,应当按照上述条件,向市燃气管理处或者区、县燃气管理部门提出申请,提供相应的资料和证明文件。市燃气管理处或者区、县燃气管理部门应当按照市人民政府确定的职责分工受理申请,并自受理申请之日起二十日内作出同意或者不同意的决定。

第三十九条 燃气企业应当按照燃气设计规范,设置燃气管道设施安全警示标志。

禁止任何单位和个人损坏或者擅自移动、覆盖、拆除燃气管道设施安全警示标志。

第四十条 在市人民政府确定的燃气管道设施安全保护范围内,禁止下列行为:

(一)建造建筑物或者构筑物;

(二)堆放大宗物品或者排放腐蚀性液体、气体;

(三)爆破作业或者动用明火;

(四)在沿河、跨河、穿堤的燃气管道设施安全保护范围内,抛锚、拖锚、掏沙、挖泥或者从事其他危及燃气管道设施安全的作业,但在保障燃气管道设施安全的条件下,为防洪或者通航而采取疏浚作业的除外。

在市人民政府确定的高压、超高压燃气管道设施的安全控制范围内,禁止爆破作业或者动用明火。

第四十一条 有下列情形之一的,建设单位应当会同施工单位制定燃气设施保护方案,经与燃气企业协商一致后,按照该保护方案予以实施:

(一)在燃气管道设施的安全保护范围内,敷设管道,从事打桩、挖掘、顶进作业;

(二)在燃气管道设施的安全控制范围内,建造建筑物或者构筑物,从事打桩、挖掘、顶进作业;

(三)在低压、中压、次高压燃气管道设施的安全控制范围内,进行爆破作业或者动用明火;

(四)其他可能影响燃气设施安全的建设工程施工。

建设单位与燃气企业对前款规定的燃气设施保护方案产生争议的,由市建设行政管理部门组织专家论证后予以解决。

施工单位应当在建设工程开工前通知燃气企业,燃气企业应当指派专门的技术人员到现场提供安全保护指导。

因作业不当造成燃气设施损坏的,施工单位应当协助燃气企业进行抢修;造成经济损失的,应当承担赔偿责任。

第四十二条 燃气管道与其他地下管线之间的垂直或者水平净距,应当符合有关标准和规范。

建设工程开工前，建设单位或者施工单位应当向燃气企业查询地下燃气管道的相关情况，燃气企业应当自查询之日起三日内提供相关资料。

第四十三条 对违法占压燃气管道设施的建筑物或者构筑物，由所在地区、县人民政府组织有关行政管理部门依法予以拆除。

敷设燃气管道设施，因原建筑物、构筑物而无法满足燃气管道设施保护要求的，由区、县人民政府会同市建设行政管理部门组织燃气企业与建筑物、构筑物权属单位或者个人协商解决，所需费用由燃气企业承担。

第四十四条 燃气企业选用的燃气贮罐、气瓶和调压器应当符合国家有关标准和规范，并按照压力容器管理的有关规定定期检验、维修和更新。

气瓶的充装、存放和运输应当符合危险品和安全生产管理的规定。

燃气企业应当在气瓶上设置符合规定的企业专有标记，对气瓶进行建档登记，并按照市燃气管理处的要求实行电子标签与信息化管理。

燃气企业应当建立可对气瓶检测、充装、运输、存储、销售、配送等环节实行追溯、识别的信息系统，并与市燃气管理处的监管信息系统联网。

燃气企业对于非本企业的气瓶，不得擅自回收或者充装液化石油气。

第四十五条 任何单位和个人都有保护燃气设施安全的义务，发现燃气设施损坏或者存在安全隐患的，应当及时告知燃气企业，或者向燃气、公安等管理部门、当地人民政府报告。

燃气设施抢修、抢险作业时，相关单位或者个人应当给予协助，不得阻挠、妨碍抢修、抢险作业。

第四十六条 市建设行政管理部门应当制定本市燃气事故处置应急预案。市燃气管理处和区、县燃气管理部门应当按照各自职责分工，根据市燃气事故处置应急预案制定相应的燃气事故处置应急预案。发生燃气事故时，有关管理部门应当按照上述应急预案，组织救援。

燃气企业应当制定本企业的燃气事故处置应急预案，报市燃气管理处或者区、县燃气管理部门备案，并定期组织应急预案的演练。发生燃气事故时，燃气企业应当立即启动应急预案，并向所在地区、县人民政府突发公共事件应急联动机构或者市建设行政管理部门、市燃气管理处以及区、县燃气管理部门报告。

发生燃气事故的，按照国家和本市有关规定调查处理。

第八章 法律责任

第四十七条 违反本条例规定的行为，法律、行政法规已有处罚规定的，从其规定。

第四十八条 违反本条例有下列情形之一的，由市建设行政管理部门或者区、县燃气管理部门责令限期改正，并按照下列规定予以处罚：

（一）违反本条例第十七条第三款规定，未按照燃气应急调度预案采取相应措施的，可以处一万元以上十万元以下的罚款；

（二）违反本条例第十八条规定，未取得燃气经营许可证从事燃气经营活动的，可以处五万元以上五十万元以下的罚款；在经营过程中丧失或者部分丧失经营条件，逾期不改正的，可以处一万元以上十万元以下的罚款；情节严重的，吊销其燃气经营许可证。

第四十九条 违反本条例有下列情形之一的，由市燃气管理处或者区、县燃气管理部门责令限期改正，并按照下列规定予以处罚：

（一）违反本条例第二十条规定，擅自停业、歇业或者关闭燃气供气站点的，可以处五千元以上五万元以下的罚款；情节严重的，可以处五万元以上十万元以下的罚款；

（二）违反本条例第二十五条第一款、第二款、第三款规定，未安装使用燃气泄漏安全保护装置或者未定期检测的，可以处三千元以上三万元以下的罚款；

（三）违反本条例第三十六条规定，未取得燃气器具安装维修许可证从事相关活动的，可以处五千元以上五万元以下的罚款；在经营过程中丧失或者部分丧失经营条件，逾期不改正的，可以处三千元以上三万元以下的罚款；情节严重的，吊销其燃气器具安装维修许可证；

（四）违反本条例第三十八条规定，擅自改动燃气设施的，可以处五千元以上五万元以下的罚款；情节严重的，处五万元以上十万元以下的罚款。

违反本条例第三十四条第一款规定，未履行备案义务的，由市燃气管理处责令限期改正，可以处五百元以上五千元以下的罚款。

第五十条 违反本条例有下列情形之一的，由市燃气管理处或者区、县燃气管理部门责令限期改正，并按照下列规定予以处罚：

（一）违反本条例第十九条规定，未取得燃气供气站点许可证从事燃气经营活动的，没收非法物品，可以处二万元以上二十万元以下的罚款；在经营过程中丧失或者部分丧失经营条件，逾期不改正的，可以处一万元以上十万元以下的罚款；情节严重的，可以吊销其燃气供气站点许可证；

（二）违反本条例第二十一条规定，擅自暂停供气、降低燃气压力或者未按规定抢修的，可以处三千元以上三万元以下的罚款；

（三）违反本条例第二十二条规定，从事禁止行为的，可以处一万元以上十万元以下的罚款；情节严重的，市建设行政管理部门、市燃气管理处或者区、县燃气管理部门可以吊销其相应的许可证；

（四）违反本条例第二十三条第一款规定，从事禁止行为的，可以处一千元以上五千元以下的罚款；情节严重的，可以处五千元以上五万元以下的罚款；

（五）违反本条例第二十六条第一款规定，未履行普遍供气服务义务的，可以处三千元以上三万元以下的罚款；

（六）违反本条例第二十七条第一款规定，燃气企业供应的燃气质量、压力或者气瓶充装重量不符合标准的，可以处五千元以上五万元以下的罚款；

（七）违反本条例第二十八条第三款规定，燃气企业未按规定对用户设施、燃气器具的安装、使用情况实施安全检查的，可以处一千元以上一万元以下的罚款；

（八）违反本条例第二十九条规定，未按规定处理用户报修的，可以处三千元以上三万元以下的罚款；

（九）违反本条例第三十九条规定，未设置燃气管道设施安全警示标志，损坏或者擅自移动、覆盖、拆除燃气管道设施安全警示标志的，可以处一千元以上一万元以下的罚款；情节严重的，可以处一万元以上五万元以下的罚款；

（十）违反本条例第四十条、第四十一条第一款规定，实施危害燃气设施安全行为的，可以处五千元以上五万元以下的罚款；情节严重的，可以处五万元以上十万元以下的罚款；

（十一）违反本条例第四十一条第三款规定，施工单位未按照规定通知燃气企业的，可以处一千元以上一万元以下的罚款；燃气企业未指派专门的技术人员到现场提供安全保护指导的，可以处五千元以上三万元以下的罚款；

（十二）违反本条例第四十四条规定，燃气企业对气瓶和相关设备的管理不符合规定，或者未与监管信息系统联网的，可以处一万元以上十万元以下的罚款；情节严重的，可以吊销其燃气供气许可证；

（十三）违反本条例第四十六条第二款规定，燃气企业未按规定启动应急预案的，可以处五千元以上五万元以下的罚款；情节严重的，可以处五万元以上十万元以下的罚款。

第五十一条 市建设行政管理部门、市燃气管理处以及区、县燃气管理部门的工作人员违反本条例规定，有下列情形之一的，由其所在单位或者上级主管部门给予行政处分；构成犯罪的，依法追究刑事责任：

（一）不按照本条例规定的条件、程序和期限实施行政许可的；

（二）不按照本条例规定履行监督检查职能的；

（三）发现违法行为不及时查处，或者包庇、纵容违法行为，造成后果的；

（四）其他玩忽职守、滥用职权、徇私舞弊的行为。

第九章 附 则

第五十二条 本条例中有关用语的含义：

（一）用户设施，是指燃气计量装置和用户的燃气管道、阀门等。

（二）燃气设施，是指用于燃气生产、储存、输配和供应燃气的站点、中高压管道及其附属设施。

燃气设施的改动，是指燃气设施的拆除、改造和迁移。

（三）燃气器具，是指使用燃气的炉灶、热水器、沸水器、取暖器、锅炉、空调器等器具。

（四）燃气供气站点，是指为用户供气的瓶组气化站、瓶装供应站、燃气车辆加气站、燃气储存充装站等。

第五十三条 本条例自2008年3月1日起施行。

上海市民防条例

（1999年6月1日上海市第十一届人民代表大会常务委员会第十次会议通过 根据2003年6月26日上海市第十二届人民代表大会常务委员会第五次会议《关于修改〈上海市民防条例〉的决定》第一次修正 根据2015年7月23日上海市第十四届人民代表大会常务委员会第二十二次会议《关于修改〈上海市建设工程材料管理条例〉等12件地方性法规的决定》第二次修正）

第一章 总 则

第一条 为了提高城市整体防护能力，防范与减轻灾害危害，保护人民的生命和财产安全，根据有关法律、行政法规的规定，结合本市实际情况，制定本条例。

第二条 本条例所称的民防，是指政府动员和组织群众采取防空袭、抗灾救灾措施，实施救援行动，防范与减轻灾害危害的活动。

第三条 本条例适用于本市行政区域内对空袭、火灾、水灾、地震灾害和其他灾害，灾害性的化学事故、放射性污染事故、交通事故、建筑物与构筑物倒塌和其他灾害性事故的预防、应急救援及其相关的管理工作。

第四条 本市民防工作由上海市人民政府领导，其中人民防空工作由上海市人民政府和上海警备区领导。

区、县民防工作由区、县人民政府领导，其中人民防空工作由区、县人民政府和同级军事机关领导。

第五条 上海市民防办公室（以下简称市民防办）是本市民防工作的办事机构，负责本市民防工作的综合协调及其相关的组织管理工作；主管本市人民防空工作，负责人民防空工作的组织实施。

区、县民防办公室（以下简称区、县民防办）是本行政区域民防工作的办事机构，负责区、县民防工作的综合协调及其相关的组织管理工作；主管本行政区域的人民防空工作，负责人民防空工作的组织实施。区、县民防办业务上受市民防办指导。

市和区、县的公安部门、水行政主管部门依照法律规定分别负责火灾、水灾的预防、应急救援工作；负责管理地震工作的部门或者机构和其他有关部门，依照法律规定各负其责，密切配合,共同做好防震减灾工作。

市和区、县的计划、规划、财政、建设、交通、商业、民政、卫生、环境保护、物资、电力、电信、公用事业、气象等部门,在各自职责范围内负责有关的民防工作。

第六条 市和区、县人民政府应当将民防建设纳入国民经济和社会发展计划。

第七条 市和区、县人民政府应当将民防经费列入同级财政年度预算。

第八条 一切单位和个人都有获得民防保护的权利,都必须依法履行民防的义务。

第二章 规划和预案

第九条 市和区、县民防办应当会同公安部门、水行政主管部门、负责管理地震工作的部门或者机构以及其他有关部门,编制本行政区域的抗灾救灾规划,由本级人民政府审定并组织实施。

抗灾救灾规划应当根据实际情况变化适时进行修订。

第十条 市民防办应当组织拟定本市防空袭方案及其实施计划,经市人民政府和上海警备区审核后,报上级军事机关批准。

区、县民防办应当根据本市防空袭方案及其实施计划,组织拟定本行政区域防空袭方案及其实施计划,经本级人民政府和同级军事机关审核后,报市人民政府和上海警备区批准。

防空袭方案及其实施计划至少每五年修订一次。

第十一条 火灾、水灾、地震灾害和其他灾害,灾害性的交通事故、建筑物与构筑物倒塌和其他灾害性事故的应急预案,由公安部门、水行政主管部门、负责管理地震工作的部门或者机构以及其他有关部门按照各自职责拟定,报本级人民政府审定。应急预案应当抄送同级民防办。

市和区、县民防办应当会同有关部门拟定本行政区域灾害性的化学事故、放射性污染事故等应急预案,报本级人民政府审定。其中,区、县的应急预案应当报市民防办备案。

第十二条 本市民防重点防护目标由市和区、县的民防办、公安部门、水行政主管部门、负责管理地震工作的部门或者机构依照法律规定确定,报本级人民政府备案。其中防空袭重要经济目标的确定,由市民防办会同有关部门提出,报市人民政府和上海警备区批准。

民防重点防护目标单位或者其上级管理部门,必须采取有效防护措施,拟定本单位或者本部门的应急抢险抢修方案,报市有关主管部门批准后组织实施。

第十三条 计划、财政、商业、物资、医药等有关部门,应当结合平时物资周转供应,有计划地做好民防物资储备。

物资储备方案由市负责物资储备的部门提出,报市人民政府批准后组织实施。其中防空袭物资储备方案应当报市人民政府和上海警备区批准。

第十四条 市和区、县人民政府应当根据人民防空和抗灾救灾的需要,组织有关部门制定疏散计划并组织实施。

第三章 通信和警报

第十五条 市和区、县民防办应当会同公安部门、水行政主管部门、负责管理地震工作的部门或者机构、电力、电信以及其他有关部门编制本行政区域的民防通信整体建设规划,报本级人民政府批准。

市和区、县民防办负责编制本行政区域的防空警报建设规划,并组织防空警报网的建设和管理。

第十六条 对民防通信和防空警报网建设所需要的通信专线、指挥通信网和防空警报网的中继线,有关部门应当优先提供保障。

用于民防通信的专用频率和防空警报音响信号,任何单位或者个人不得占用、混同。

第十七条 民防通信、防空警报设施必须保持良好使用状态。

通信、广播、电视系统战时必须优先传递、发放防空警报信号。

第十八条 防空警报设施规划设置点建筑物的所有者，应当在该建筑物顶层预留不少于十平方米的防空警报设施专用房，并为民防办安装防空警报设施提供方便条件，不得阻挠。

预留的防空警报设施专用房所需建造费用由市或者区、县民防办予以补偿。

设置在有关单位的防空警报设施，由其所在单位维护管理。

防空警报设施不得擅自拆除。确因城市建设需要拆迁防空警报设施的，应当报防空警报设施所在地的区、县民防办批准。重建费用由拆除单位承担。

第十九条 市人民政府和经市人民政府批准的区、县人民政府可以组织防空警报试鸣。防空警报试鸣由市和区、县民防办具体实施，电力、电信部门以及防空警报设施所在单位应当予以保障。

市或者区、县人民政府应当在防空警报试鸣的五日以前发布公告，报刊、广播、电视等新闻单位应当及时予以刊播。

第四章 应急救援

第二十条 市和区、县人民政府应当根据民防需要，组织有关部门建立专业民防应急救援组织、群众防空应急救援组织等民防应急救援组织。

民防办负责组建民防特种救援队、化学事故应急救援队；其他专业民防应急救援组织，经市人民政府批准后，由有关部门负责组建。

市和区、县民防办应当会同有关部门编制群众防空应急救援组织组建方案，报本级人民政府批准后由下列部门负责组建：

（一）建设、公用事业、电力等部门组建抢险抢修队；

（二）卫生、医药部门组建医疗救护队；

（三）公安部门组建消防队、治安队；

（四）卫生、化工、环境保护等部门组建防化防疫队；

（五）电信部门组建通信队；

（六）交通运输部门组建运输队。

群众防空应急救援组织平时应当担负抗灾救灾任务。

红十字会组织依法进行救护工作。

第二十一条 专业民防应急救援组织的训练大纲、训练计划由组建部门制定并组织实施。

市和区、县民防办应当会同群众防空应急救援组织的组建部门，制定应急救援组织的训练大纲、训练计划和综合演练计划。

群众防空应急救援组织的训练，由组建部门组织实施。

群众防空应急救援组织的综合演练，由市和区、县民防办会同组建部门组织实施。

第二十二条 群众防空应急救援组织所需的装备、器材和经费由组建单位负责提供。其中特殊的专用设备、器材由市或者区、县民防办提供。

第二十三条 灾害、灾害性事故发生时的应急救援工作，由市或者区、县人民政府按照分级管理原则统一组织指挥；市和区、县民防办以及其他有关部门按照各自职责分工负责实施。

第二十四条 发现灾害、灾害性事故的单位或者个人，应当及时报告有关部门或者通过“110”报警服务台报警。

有关部门接到灾害、灾害性事故的报告或者报警后，应当立即报告本级人民政府并按照应急预案实施救援。

受灾或者发生灾害性事故的单位，应当在报告或者报警的同时，采取紧急措施控制危害源，组织自救互救，并配合应急救援组织进行救援。

第二十五条 民防应急救援组织应当根据市或者区、县人民政府或者由其授权的部门的指令及时进行救援工作，不得拒绝、延误。

因应急救援需要，经市或者区、县人民政府

授权的部门可以临时调用本行政区域内的其他人员、设备和物资。被调用的设备和物资应当及时归还。如有损坏或者无法归还的，市或者区、县人民政府应当给予补偿。

第二十六条 市或者区、县民防办应当会同本级计划、财政、审计以及其他有关部门平衡、监督、检查人民防空和抗灾救灾资金、物资的分配和使用情况。

第二十七条 市和区、县民防办应当会同有关部门收集本行政区域内发生的灾害、灾害性事故及其应急救援处置情况，并定期进行分析、研究，为本级人民政府抗灾救灾决策提供服务。

第五章 民众防护

第二十八条 各级人民政府应当加强民防宣传教育，提高本市公民的防火救灾意识。

市和区、县民防办应当会同有关部门制定民防宣传教育计划。

第二十九条 在校学生的民防教育，由各级教育主管部门会同其他有关部门共同组织实施。

国家机关、社会团体、企业事业单位人员的民防教育，由所在单位组织实施。

其他人员的民防教育，由乡、镇人民政府和街道办事处组织实施。

新闻、出版、广播、电影、电视、文化等有关部门应当协助开展民防宣传教育。

市和区、县民防办应当加强对民防宣传教育的督促、检查。

第三十条 本市公民应当学习民防的基本知识，接受民防基本技能的培训，参加民防演练，增强自救互救的能力。

国家机关、社会团体、企业事业单位，应当有计划地组织本单位人员进行疏散、自救互救等民防演练。市和区、县民防办应当给予指导。

市和区、县人民政府应当根据需要组织民防演练。

第三十一条 市和区、县民防办根据公民自愿的原则，可以组织民防志愿者队伍。

民防志愿者队伍的成员，应当参加专门的民防培训，按照要求参加应急救援活动。

民防志愿者队伍的组建、培训和参加应急救援活动的办法，由市人民政府另行制定。

第三十二条 在灾害、灾害性事故的应急救援中，任何单位和个人都必须遵纪守法，服从指挥。

第六章 民防工程

第三十三条 本条例所称的民防工程，仅指人民防空工程，包括为保障战时人员与物资掩蔽、人民防空指挥、医疗救护等而单独修建的地下防护建筑，以及结合地面建筑修建的战时可用于防空的地下室。

民防工程平时由投资者使用管理，收益归投资者所有。

第三十四条 市民防办应当根据国防建设的需要，结合城市建设和经济发展水平，会同有关部门编制本市民防工程建设规划，经市规划管理部门综合平衡后，纳入市城市总体规划。

区、县民防办应当根据市民防工程建设规划，会同有关部门编制本行政区域的民防工程建设规划，经区、县规划管理部门综合平衡后，纳入区、县城市总体规划。

第三十五条 本市的地铁、隧道等地下交通干线以及地下的电站、水库、车库等地下公共基础设施的建设，应当兼顾防空需要。

前款规定的地下交通干线以及地下公共基础设施的规划审查和竣工验收，市或者区、县民防办应当参与。

第三十六条 建设单位新建民用建筑，应当按照国家和本市有关规定，结合修建战时可用于防空的地下室；不宜修建的，建设单位应当按照规定缴纳民防工程建设费，由市民防办统筹安排，就近修建。

民防工程建设费应当缴交市财政专户，专款专用，不得挪作他用。

第三十七条 结合民用建筑修建防空地下

室的，规划管理部门在审批规划方案时，应当征求市或者区、县民防办的意见。

第三十八条 民防工程的设计、施工、质量必须符合国家或者本市规定的防护标准和质量标准。

单独修建的民防工程竣工验收后，建设单位应当向市民防办办理备案手续。

结合民用建筑修建防空地下室的工程竣工验收后，建设单位应当向市或者区、县民防办办理该工程的防空地下室的备案手续。

任何单位和个人不得出租或者使用未经验收或者验收不合格的民防工程。

第三十九条 民防工程和与其配套的进出道路、孔口、出入口、口部管理房等设施的地面用地，有关部门应当依法予以保障。

第四十条 公用的民防工程由市或者区、县民防办负责维护管理。其他民防工程由投资者或者使用单位按照国家和本市的有关规定负责维护管理，并接受市或者区、县民防办的监督检查。

对民防工程进行维修养护的单位，必须具有相应的资质。

第四十一条 平时利用民防工程不得影响其防空效能。

平时利用民防工程的，应当自工程投入使用之日起十日内向市或者区、县民防办办理备案手续。

第四十二条 任何单位或者个人不得擅自拆除民防工程；

确因市政建设、旧城改造等需要拆除民防工程的，必须按照规定报经国家人民防空主管部门或者本市的民防办批准；拆除单位必须在规定的期限内负责补建，或者补偿建设相同面积的民防工程所需要的费用。

第七章 法律责任

第四十三条 违反本条例规定，有下列行为之一的，由市或者区、县民防办给予警告，责令限期改正，可以并处罚款：

（一）新建民用建筑少建防空地下室或者不缴、少缴民防工程建设费的，处以一万元以上十万元以下罚款；

（二）出租或者使用未经验收或者验收不合格的民防工程的，对个人处以一千元以上五千元以下罚款，对单位处以一万元以上五万元以下罚款；造成损失的，应当依法予以赔偿；

（三）平时利用民防工程不按照规定办理备案手续的，对个人处以一百元以上一千元以下罚款，对单位处以五百元以上五千元以下罚款。

罚没款全部上缴国库。

第四十四条 违反本条例规定，有下列行为之一的，由本级人民政府或者有关部门对其直接负责的主管人员和其他直接责任人员给予行政处分：

（一）民防办或者其他有关部门未按照规定拟定应急预案的；

（二）民防重点防护目标单位或者其上级管理部门不拟定本单位、本部门应急抢险抢修方案的；

（三）受灾或者发生灾害性事故的单位，不及时报告、报警或者不采取紧急措施控制危害源，不配合应急救援的；

（四）民防应急救援组织不执行市和区、县人民政府或者由其授权部门指令的；

（五）挪用民防工程建设费，尚不构成犯罪的。

第四十五条 对违反本条例规定的行为，除本条例已规定处罚的外，其他有关法律规定应当予以处罚的，由有关部门依法予以处罚；构成犯罪的，依法追究刑事责任。

第四十六条 当事人对有关部门根据本条例作出的具体行政行为不服的，可以依照国家有关行政复议的法律、法规或者《中华人民共和国行政诉讼法》的规定，申请行政复议或者提起行政诉讼。

当事人对具体行政行为逾期不申请行政复议，不提起行政诉讼，又不履行的，作出具体行政行为的部门可以申请人民法院强制执行，或者依法强制执行。

第四十七条 负有民防职责管理部门的工作人员玩忽职守、滥用职权、徇私舞弊的，由其所在单位或者上级主管部门给予行政处分；构成犯罪的，依法追究刑事责任。

第八章 附 则

第四十八条 本条例自1999年8月1日起施行。

上海市民用机场地区管理条例

（1999年6月1日上海市第十一届人民代表大会常务委员会第十次会议通过 根据2003年10月10日上海市第十二届人民代表大会常务委员会第七次会议《关于修改〈上海市民用机场地区管理条例〉的决定》第一次修正 根据2005年4月22日上海市第十二届人民代表大会常务委员会第十九次会议《关于修改〈上海市民用机场地区管理条例〉的决定》第二次修正 2011年9月22日上海市第十三届人民代表大会常务委员会第二十九次会议修订）

第一章 总 则

第一条 为了加强本市民用机场地区的管理，促进民用机场地区的建设和发展，保障民用机场的安全运营，维护驻场单位、旅客和货主的合法权益，根据《中华人民共和国民用航空法》、《民用机场管理条例》和其他有关法律、行政法规，结合本市实际情况，制定本条例。

第二条 本条例适用于本市管辖的民用机场地区（以下简称机场地区）及其相关的机场规划控制、净空保护、电磁环境保护、噪声影响等管理活动。

民用航空的行业管理按照法律、行政法规和国家有关规定执行。

第三条 本条例所称的机场地区，包括浦东国际机场地区和虹桥国际机场地区。机场地区的范围包括根据依法批准的城市规划确定的在机场围场河、围墙、围栏等机场围界设施以内的区域，以及机场围界设施以外的城市航站楼区域和市人民政府确定的虹桥国际机场交通配套区域。

本条例所称的驻场单位，是指机场地区内的机关、团体、企业事业单位以及其他组织。

本条例所称的机场控制区，是指根据航空安全需要划定的进出受到限制的区域，包括候机隔离区、行李分检装卸区、航空器活动区、航空器维修区和货物存放区等。

第四条 市交通港口行政管理部门负责机场地区的有关行政管理工作，并组织实施本条例。

上海机场（集团）有限公司（以下称机场管理机构）负责机场的建设、安全和运营，并依照本条例的授权实施行政处罚。

本市发展改革、建设交通、规划国土、房屋、公安、工商行政、绿化市容、环境保护、气象、卫生、口岸、无线电等行政管理部门，以及口岸查验机构（包括海关、边防检查机构、出入境检验检疫机构）按照各自职责，协同实施本条例。

第五条 机场地区的管理应当遵循统一、安全、高效、规范的原则。

第二章 规划和建设管理

第六条 机场管理机构负责组织有关驻场

单位编制、修订机场总体规划。在编制、修订机场总体规划时，机场管理机构应当征求市建设交通、交通港口行政管理部门的意见。机场总体规划经市规划国土行政管理部门综合平衡，按照国家和本市规定的程序报经批准后，纳入本市相应的城乡规划。

控制性详细规划涉及机场地区的部分，由机场管理机构组织有关驻场单位，配合市规划国土行政管理部门编制、修订，并由市规划国土行政管理部门按照国家和本市规定的程序报经批准后实施。

机场总体规划应当依据本市综合交通体系规划编制，并与其他交通专项规划相衔接。

机场总体规划应当符合国家有关机场净空保护、电磁环境保护和飞行安全的技术规范要求。

机场地区的土地使用和各项建设必须符合机场总体规划和本市城乡规划。

第七条 机场地区土地应当根据国家和本市的有关规定实行有偿使用。

需改变机场地区内土地用途的，应当向规划国土行政管理部门提出书面申请，由规划国土行政管理部门征求市交通港口行政管理部门和机场管理机构意见后依法作出审批。

需改变机场地区内建筑物使用性质的，按照国家和本市物业管理法律、法规的规定执行，房屋行政管理部门在作出审批时应当征求地区民用航空管理机构、市交通港口行政管理部门和机场管理机构的意见。

第八条 在机场地区新建、改建、扩建工程项目的，建设单位应当向规划国土行政管理部门提出书面申请。规划国土行政管理部门在审核建设工程设计方案时，应当征求市交通港口行政管理部门和机场管理机构的意见。

第九条 机场管理机构应当组织有关驻场单位，配合相关区绿化市容行政管理部门编制机场地区户外广告设施设置实施方案。机场地区户外广告设施设置实施方案报市绿化市容行政管理部门依法批准后实施。

在机场地区设置户外广告设施的，应当向相关区绿化市容行政管理部门提出书面申请，由相关区绿化市容行政管理部门征求市交通港口行政管理部门和机场管理机构意见后依法作出审批。

第十条 机场地区的各土地使用权人应当按照规定负责其所使用土地范围内道路、环境保护、环境卫生、绿化等公共设施的建设、养护与维修。

机场的围界设施由机场管理机构负责设置和维修。

第十一条 规划国土行政管理部门应当确定机场发展需要规划控制的区域范围。

规划国土行政管理部门在审批机场发展需要规划控制的区域范围内的新建、改建、扩建工程项目时，应当征求市交通港口行政管理部门和机场管理机构的意见。

第三章 安全管理

第十二条 机场控制区和其内部功能区的范围及其通道的划定或者调整，应当由机场管理机构和机场地区公安部门按照国家有关规定共同决定。

机场控制区安全防护设施和明显标志的设置与维护，由机场管理机构负责。

第十三条 进入机场控制区的人员、车辆，应当出示有效的机场控制区通行证件，在限定的区域内活动，并服从警卫人员的检查和管理。

第十四条 机场控制区人员、车辆的通行证件，由使用单位根据工作需要向机场地区公安部门提出申请，由机场地区公安部门按照国家有关规定核发。

机场地区公安部门制定机场控制区人员、车辆通行证件核发和使用规定时，应当征求上级公安部门的意见，并报机场管理机构备案。

第十五条 机场管理机构和公共航空运输企业应当按照国家有关规定实施安全检查工作，并接受有关公安部门的监督检查。

航空货物、航空邮件应当经过安全检查或者对其采取国家规定的其他安全措施。航空旅客及其携带的行李物品在登机前应当接受安全检查,但国家另有规定的除外。

持有机场控制区通行证件的工作人员(包括机组人员)携带物品进入机场控制区的,应当从专用通道经安全检查后,方可进入。

第十六条 机场地区禁止下列危害或者可能危害民用航空安全的行为:

(一)无有效机场控制区通行证件进入机场控制区;

(二)携带危害民用航空安全的危险品进入候机楼、乘坐航空器或者在行李、货物中夹带危险品托运;

(三)强行登、占航空器;

(四)攀(钻)越、损毁机场围界设施以及安全防护设施,或者损毁明显标志;

(五)放养牲畜、狩猎、晾晒谷物、教练驾驶车辆;

(六)其他危害民用航空安全的行为。

第十七条 有关作业单位在航空器活动区作业时,应当严格按照作业规范操作,防止产生地面油污;产生地面油污的,应当立即清除。

第十八条 市交通港口行政管理部门应当会同机场管理机构,按照国家有关规定提出机场净空保护区域的划定方案,报市人民政府和地区民用航空管理机构批准,并向社会公布。

机场净空保护区域外的高大建筑物、构筑物或者其他设施可能影响飞行安全的,应当按照国家有关规定设置飞行障碍灯和标志,并使其保持正常状态。

第十九条 机场管理机构应当加强对机场净空状况的核查,发现影响机场净空保护的情况,应当立即制止;当事人拒不改正的,应当立即报告地区民用航空管理机构,以及相关区、县人民政府和市交通港口行政管理部门。相关区、县人民政府应当及时采取有效措施,消除对飞行安全的影响。

市交通港口行政管理部门应当建立机场净空保护的协调制度,协调相关区、县人民政府和市有关行政管理部门采取措施,保障飞行安全。

第二十条 民用机场航空油料管线设施的保护,按照《中华人民共和国石油天然气管道保护法》等规定执行。机场管理机构应当协助有关主管部门做好航空油料管线设施的保护工作。

第二十一条 本市民用机场电磁环境保护区域,按照《民用机场管理条例》以及国家无线电管理的有关规定和标准确定。

在民用机场电磁环境保护区域内新建、改建、扩建工程项目的,规划国土行政管理部门在审核建设工程设计方案时,应当征求市无线电行政管理部门和地区民用航空管理机构的意见。

任何单位或者个人使用的无线电台和其他仪器、装置,不得干扰、妨碍民用航空无线电专用频率的正常使用。

对民用航空无线电专用频率造成有害干扰的,有关单位或者个人应当排除干扰。在排除干扰前,本市无线电行政管理部门和民用航空无线电行政管理部门可以按照各自职责责令停止使用该无线电台或者仪器、装置,也可以报请国家有关部门处理。

第二十二条 机场管理机构应当对影响飞行安全的鸟类活动进行监测,制定防治鸟害的预案,并采取有效措施防治鸟害。

第二十三条 本市设立机场地区应急管理机构。

机场地区应急管理机构由机场管理机构、市交通港口行政管理部门、地区民用航空管理机构、口岸查验机构、机场地区公安部门、空中交通管理部门、医疗卫生机构、驻场武警部队、公共航空运输企业等单位组成。

机场地区应急管理机构负责处置现场的统一指挥和协调,并有权调动有关救援队伍进行应急救援。有关救援单位应当服从机场地区应急管理机构的指挥和协调。

第二十四条 机场地区应急管理机构应当按照规定,制定机场地区总体应急预案,明确应急处置程序及有关救援单位的救援职责,并报市人民政府审批。有关单位应当按照机场地区总体应急预案制定本单位的应急预案,并报机场地区应急管理机构备案。

机场管理机构应当按照机场地区总体应急预案的规定，定期组织应急演练，有关驻场单位应当参加。

第二十五条 机场地区应急管理机构应当建立应急管理值班制度，向社会公布值班电话，受理事故报告和举报。

单位或者个人发现机场地区出现航空器失事、航空器空中故障、爆炸物威胁、建筑物失火、非法干扰航空器运行、传染病疫情和放射性物质污染等严重威胁航空器、人员和财产安全的紧急情况时，应当立即向机场地区应急管理机构报告。

机场地区应急管理机构可以根据机场地区总体应急预案规定的程序和权限，决定机场地区处于应急救援状态，通报各救援单位，并立即向市人民政府报告。

当机场地区处于应急救援状态时，机场管理机构等单位应当按照机场地区总体应急预案的规定及时、有效地开展应急救援。

第二十六条 机场管理机构应当设立专职消防队。机场管理机构和驻场单位应当按照国家有关规定，配备相应的消防器材和设施以及其他应急救援器材和设施，使其保持正常状态，并接受机场地区公安部门的监督管理。

第四章 公共秩序管理

第二十七条 机场地区禁止下列扰乱或者妨碍公共秩序的行为：

（一）破坏标志、标牌以及电子显示屏等引导性标识；

（二）损坏公用电话、路灯、邮筒或者其他公共设施；

（三）无照设摊经营、兜售物品；

（四）其他扰乱或者妨碍公共秩序的行为。

第二十八条 在机场广场、候机楼从事下列活动的，应当经机场管理机构同意：

（一）散发和张贴广告、宣传品；

（二）组织展览、咨询、文娱、体育等活动；

（三）举办商业展销会、促销会；

（四）开展募捐活动；

（五）拍摄影视片。

第二十九条 驾驶车辆进入机场地区的，应当服从机场地区公安部门的指挥，按照规定的路线、规则行驶或者停放。

在机场控制区行驶的作业机动车辆必须经机场地区公安部门检验合格，取得机场地区公安部门制发的车辆号牌和行驶证件，并按照国家有关规范安装车载监控系统。

在机场控制区行驶的作业机动车辆的驾驶人员必须经机场地区公安部门考核合格，取得机场地区公安部门制发的驾驶证件。

第三十条 进入机场地区的出租汽车应当在机场地区公安部门规定的站点停靠，遵守机场管理秩序，不得无准营证和无营运证经营。进入机场候机楼区域营业的出租汽车应当服从统一调度，不得无序出车或者擅自载客。

第五章 场容环境管理

第三十一条 机场地区禁止下列违反绿化管理规定的行为：

（一）擅自占用绿地；

（二）擅自临时使用绿地；

（三）调整公共绿地内部布局时，减少绿地面积或者擅自增设建筑物、构筑物；

（四）损坏绿化和绿化设施；

（五）擅自砍伐、迁移树木。

驻场单位确属需要在机场地区占用或者临时使用绿地，迁移或者砍伐树木的，应当向绿化市容管理部门提出申请，由绿化市容管理部门征求机场管理机构意见后作出审批。

第三十二条 机场管理机构应当划定和调整驻场单位的环境卫生责任区。

驻场单位应当认真执行环境卫生责任制，做好环境卫生责任区的清扫保洁工作，保持责任区内环境整洁。

第三十三条 机场地区禁止下列违反环境卫生管理规定的行为：

（一）随地吐痰，乱扔杂物，随地便溺，乱倒垃圾、污水、粪便等污物；

（二）在露天场所和垃圾收集容器内焚烧树叶、垃圾或者其他废弃物；

（三）擅自占用道路、桥梁、人行天桥、地下通道及其他公共场所堆放物品，影响市容环境卫生；

（四）未做好环境卫生责任区内的清扫保洁；

（五）车辆在行驶中泄漏、散落货物、垃圾，或者装卸货物后未保持场地整洁；

（六）擅自拆除、迁移、占用、损毁、封闭环境卫生设施或者擅自改变环境卫生设施使用性质；

（七）建筑施工未采取相应措施，影响环境卫生；

（八）任意倾倒建筑垃圾、工程渣土；

（九）建设工程竣工后未按规定清除建筑垃圾或者工程渣土；

（十）占用道路、广场从事经营性车辆清洗活动。

机场地区内的公共绿地应当保持整洁、美观，养护单位应当及时清除绿地内的垃圾杂物。在道路两侧栽培、修剪树木或者花卉等作业产生的枝叶、泥土，作业单位应当及时清除。

驻场单位在机场控制区以外的区域内因建设等特殊原因确需拆除、迁移、改建、封闭环境卫生公共设施的，应当向绿化市容管理部门提出书面申请，由绿化市容管理部门征求机场管理机构意见后作出审批。

第三十四条 机场地区禁止下列违反环境保护管理规定的行为：

（一）焚烧产生有毒、有害烟尘和恶臭气体的物质；

（二）施工、运输、装卸和生产中产生大量粉尘、扬尘；

（三）违反规定安装空调器和冷却设施；

（四）任意排放油类、酸液、碱液和未经消毒处理的含病原体的污水。

第三十五条 机场管理机构应当协同市规划国土行政管理部门和市环境保护管理部门划定机场地区噪声影响范围。

在机场地区噪声影响范围内，限制新建、改建、扩建噪声敏感建筑物。经批准在机场地区噪声影响范围内建设噪声敏感建筑物的，建设单位应当采取减轻、避免噪声影响的措施。机场管理机构应当对航空器产生的噪声实施监测，并会同公共航空运输企业、空中交通管理部门等单位采取措施，控制航空器噪声对周围环境的污染。

第三十六条 机场地区禁止下列违反道路管理规定的行为：

（一）擅自占用道路；

（二）擅自挖掘道路；

（三）占用桥面、隧道堆物、设摊；

（四）占用道路堆放超过道路限载的重物；

（五）车辆载物拖刮路面；

（六）直接在路面拌和混凝土等有损道路的各种作业；

（七）利用桥梁、隧道进行牵拉、吊装等施工作业；

（八）挪动、毁损窨井盖等道路附属设施；

（九）未在道路施工现场设置明显标志和安全防护设施。

第三十七条 机场地区禁止下列违反市容管理规定的行为：

（一）擅自设置户外广告设施；

（二）在树木和建筑物、构筑物以及其他设施上涂写、刻画或者擅自张贴、悬挂宣传品或者标语；

（三）在道路及其他公共场所的树木和护栏、路牌、电线杆等设施上吊挂、晾晒物品。

对设置在机场地区的户外广告设施以及非广告类霓虹灯、招牌、标牌、电子显示牌等户外设施，设置者应当保持其整洁、完好；图案、文字、灯光显示不全或者破损、污浊、腐蚀、陈旧的，应当及时修复。对存在安全隐患或者失去使用价值的户外设施，设置者应当及时整修或者拆除。

第三十八条 任何单位和个人不得在机场

地区擅自新建、改建、扩建建筑物和构筑物。

第三十九条 机场地区建设工程的建设单位和施工单位应当文明施工，在施工现场周围设置符合统一标准的围墙、围栏以及明显的工程指示标牌和安全警示标志，并采取有效措施防止施工对交通、市容和环境的影响。

第六章 服务管理

第四十条 机场管理机构依法享有的在其土地使用权范围内的经营权，可以通过土地使用权有偿转让或者场地设施出租等方式，将土地或者场地、设施转让给其他企业、机构，从事与航空运输服务有关项目的开发、经营和使用。

机场管理机构需要向其他企业转让与航空运营有关的项目专营权的，应当遵守国家有关规定，并通过招标的方式择优选择。

第四十一条 机场管理机构应当按照国家规定的标准，为旅客提供候机、饮食、购物、邮电、银行、停车、医疗急救等服务场所。

第四十二条 机场管理机构统一协调、管理机场的生产运营，维护机场的正常秩序，为公共航空运输企业及其他驻场单位、旅客和货主提供公平、公正、便捷的服务。

机场管理机构与公共航空运输企业及其他驻场单位应当签订书面协议，明确各方在生产运营、机场管理过程中以及发生航班延误等情况时的权利和义务。

第四十三条 机场管理机构应当组织公共航空运输企业等驻场单位制定机场地区服务规范，并向社会公布。

有关驻场单位制定的机场地区行业服务标准，应当符合机场地区服务规范的要求，保证机场地区的服务质量。

机场管理机构和各驻场单位应当做好从业人员的安全和运营等方面的培训，保证从业人员具备相关的知识和技能。

第四十四条 机场管理机构和公共航空运输企业以及银行、邮电、公共交通、宾馆饭店、商场等驻场经营服务企业，应当按照规定和实际需要设置醒目的中外文标志，保持良好、整洁的服务环境，履行服务规范和承诺，为旅客和货主提供安全、便捷的服务。

电力、供水、燃气、通信等相关部门应当采取措施，保障机场运营活动的正常进行。

第四十五条 机场管理机构应当依照公平竞争、满足不同层次消费需求的原则，与取得经营权的餐饮、零售等企业签订协议，明确服务标准、收费水平、安全规范和责任等事项。

第四十六条 机场管理机构应当依法履行其管理职能，采取措施保障旅客、货主及驻场单位的合法权益。

机场管理机构应当与公共航空运输企业等单位建立信息共享机制。

机场管理机构应当通过网站等多种方式，及时向旅客提供航班计划、航班实时到达和出发时间、进出机场地区公共交通班次、配套服务设施指南等信息。

由于航班延误或者取消，造成旅客、货物滞留的，机场管理机构应当通过机场候机楼信息显示屏、广播等方式，及时通报航班动态信息，并及时协调有关公共航空运输企业及其他有关驻场单位共同做好应急服务和善后处理工作。

机场管理机构应当加强对其管理的公共设施的维护，由于机场经营管理或者设施的原因，造成旅客、货主以及驻场单位损失的，机场管理机构应当依法赔偿。

第四十七条 机场管理机构和其他有关驻场单位应当建立投诉受理制度，公布接受投诉的时间、地点和方式，对旅客、货主的投诉及时予以答复，难以及时答复的，应当自受理之日起十个工作日内作出书面答复。

机场管理机构应当对其他有关驻场单位处理投诉的情况及时提出改进建议。

第四十八条 机场管理机构应当会同有关行政管理部门组织、协调全市性重大或者重要涉外活动在机场地区内的接待工作，有关驻场单位应当予以配合。

第四十九条 市交通港口行政管理部门应当根据航班计划和机场地区旅客流量的实际情

况，制定轨道交通、公共汽电车的营运方案，保证及时疏运旅客。

市交通港口行政管理部门应当组织制定机场地区旅客疏散应急预案。出现大量旅客滞留机场等情况时，机场管理机构应当立即通报市交通港口行政管理部门。市交通港口行政管理部门应当根据机场旅客滞留情况，组织有关交通运输企业调集运能，快速、安全地疏散旅客。

第五十条 本市建立和完善机场服务管理质量评价制度。对评价中发现的问题，机场管理机构应当及时处理和改进，市交通港口行政管理部门应当加强监督。

第七章 法律责任

第五十一条 违反本条例规定的行为，法律、行政法规已有处罚规定的，从其规定。

第五十二条 违反本条例第十七条规定，有关作业单位不清除地面油污的，机场管理机构可处以一万元以上十万元以下的罚款。

违反本条例第二十七条第三项、第三十条、第三十一条第一款、第三十三条第一款和第二款、第三十四条、第三十六条、第三十七条、第三十八条、第三十九条的规定，由机场管理机构分别依照有关规划、市容和环境卫生管理、出租汽车管理、绿化管理、环境保护、道路管理、建筑管理等法律、法规的规定实施行政处罚。

对于违反本条例规定，属于前两款规定由机场管理机构实施行政处罚以外的行为，机场管理机构发现后应当予以制止，并及时告知或者送交有关行政管理部门处理。

第五十三条 违反本条例规定，有破坏机场地区内治安秩序、影响民用航空安全、违反消防和道路交通管理规定的违法行为的，由机场地区公安部门依法处理。

第五十四条 机场管理机构执法人员在进行调查、检查时，应当向当事人出示执法身份证件。

机场管理机构在作出行政处罚决定前，应当告知当事人作出行政处罚决定的事实、理由、依据以及当事人依法享有的权利。

机场管理机构实施行政处罚应当出具行政处罚决定书。不出具行政处罚决定书或者执法人员不出示执法身份证件的，当事人有权拒绝接受行政处罚。

罚没款全部上缴国库。

第五十五条 机场管理机构应当按照本条例的授权，依法行使行政执法职权。机场管理机构执法人员应当经市交通港口行政管理部门组织执法培训、考核合格后，取得执法身份证件。

市交通港口行政管理部门应当加强对机场管理机构遵守、执行本条例的监督和指导。机场管理机构执法人员玩忽职守、滥用职权、徇私舞弊的，由其所在单位或者市交通港口行政管理部门给予处分、处理；构成犯罪的，依法追究刑事责任。

第五十六条 当事人对机场管理机构的具体行政行为不服的，可以依照《中华人民共和国行政复议法》的规定，向市交通港口行政管理部门申请行政复议，或者依照《中华人民共和国行政诉讼法》的规定提起行政诉讼。

当事人对其他有关行政管理部门的具体行政行为不服的，可以依照《中华人民共和国行政复议法》或者《中华人民共和国行政诉讼法》的规定，申请行政复议或者提起行政诉讼。

当事人对具体行政行为逾期不申请行政复议，不提起行政诉讼，又不履行的，作出具体行政行为的行政管理部门或者机场管理机构可以申请人民法院强制执行。

第八章 附 则

第五十七条 机场地区内的居民生活区依照有关法律、法规进行管理。

第五十八条 本条例自 2011 年 12 月 1 日起施行。

上海市拆除违法建筑若干规定

（1999年6月1日上海市第十一届人民代表大会常务委员会第十次会议通过　2009年6月25日上海市第十三届人民代表大会常务委员会第十二次会议修订　根据2011年12月22日上海市第十三届人民代表大会常务委员会第三十一次会议《关于修改本市部分地方性法规的决定》第一次修正　根据2017年11月23日上海市第十四届人民代表大会常务委员会第四十一次会议《关于修改本市部分地方性法规的决定》第二次修正）

第一条　为了加强对违法建筑的治理，提高城市环境质量，根据《中华人民共和国城乡规划法》等有关法律、行政法规，结合本市实际情况，制定本规定。

第二条　本规定适用于本市行政区域内除乡、村庄规划区外未依法取得建设工程规划许可证的违法建筑的拆除。

第三条　市和区人民政府统一领导和负责所辖区域内拆除违法建筑工作，建立健全拆除违法建筑工作机制，完善、落实拆除违法建筑责任制，对拆除违法建筑实施部门进行考核。

市城乡建设管理部门和区人民政府指定的部门具体负责所辖区域内拆除违法建筑工作的综合协调。

市和区规划管理部门、城市管理行政执法部门（以下统称“拆违实施部门”）按照规划管理、物业管理等方面的法律、法规和市人民政府的规定，分别负责违法建筑的拆除，其具体职责分工，由市人民政府另行规定。

街道办事处、镇人民政府应当配合拆违实施部门做好违法建筑的拆除工作。

公安、工商等其他有关行政管理部门根据各自职责，协助做好拆除违法建筑的相关工作。

第四条　本市建立健全发现违法建筑的巡查制度。

拆违实施部门、各区承担城市管理巡查职责的机构应当按照规定的职责分工，采取措施，加强日常巡查，及时发现违法建筑并依法予以查处。街道办事处、镇人民政府应当组织力量开展巡查，及时发现并制止搭建违法建筑的行为。

物业服务企业在其物业管理区域内发现搭建违法建筑的，应当予以劝阻、制止；劝阻、制止无效的，应当及时报告所在区的拆违实施部门。

第五条　市城乡建设管理部门应当设立本市违法建筑的统一举报电话，并向社会公布。

任何单位或者个人发现违法建筑，可以向统一举报电话举报，也可以向拆违实施部门举报。受理举报的部门应当为举报人保密。

市城乡建设管理部门接到举报后，应当立即转告所在区的拆违实施部门。

拆违实施部门应当在一个月内将查处违法建筑的情况反馈举报人。

第六条　区拆违实施部门应当对本辖区内违法建筑及其查处等情况进行记录，经区人民政府指定的部门汇总后，纳入市城乡建设管理部门建立的信息系统，作为违法建筑治理工作的依据。

第七条　拆违实施部门发现违法建筑、接到相关举报或者物业服务企业的相关报告后，应当在二十四小时内到现场进行调查取证，对正在搭建的，应当在两小时内到现场进行调查取证。对不属于本部门职责范围内的违法建筑，应当立即移送相关部门进行处理。

第八条　对经查证确属违法建筑需要拆除的，拆违实施部门应当作出责令限期拆除的书面决定。

第九条 拆违实施部门应当依法将责令限期拆除决定送达当事人，并予以公告。当事人难以确定或者难以送达的，可以采用通告形式，告示期限自通告发布之日起不少于十日。

第十条 当事人应当在责令限期拆除决定规定的期限内，自行拆除违法建筑。当事人自行拆除确有困难的，拆违实施部门可以代为拆除。

当事人在责令限期拆除决定规定的期限内拒不拆除违法建筑的，市或者区人民政府应当催告当事人履行义务。催告应当以书面形式作出，并载明拆除违法建筑的期限、当事人依法享有的陈述和申辩权利等事项。

当事人收到催告书后，有权进行陈述和申辩。拆违实施部门应当充分听取当事人意见，并对当事人提出的事实、理由和证据进行记录、复核。当事人提出的事实、理由或者证据成立的，拆违实施部门应当采纳。

当事人在法定期限内不申请行政复议或者提起行政诉讼，又不拆除违法建筑的，拆违实施部门应当向市或者区人民政府报告，由市或者区人民政府作出强制拆除决定，责成拆违实施部门等有关部门依法强制拆除，并可以依法予以罚款。

第十一条 对正在搭建的违法建筑，拆违实施部门应当当场责令当事人暂停施工，依照有关法律、法规进行调查取证后，以书面形式责令当事人停止建设、自行拆除，并可以采取暂扣施工工具和材料等措施；当事人拒不停止建设或者拒不拆除的，拆违实施部门应当依法立即强制拆除，并可以依法予以罚款。

第十二条 违法建筑强制拆除时，拆违实施部门应当通知当事人取走违法建筑内的财物，当事人未取走的，拆违实施部门应当妥善保管，并通知当事人在限定的期限内领取。当事人逾期未领取的，拆违实施部门可以在留存证据后根据实际情况妥善处置。

违法建筑强制拆除后，拆违实施部门应当和街道办事处或者镇人民政府对当事人做好相关工作。

第十三条 违法建筑拆除后，当事人应当在清理通知书规定的期限内清理建筑垃圾；逾期未清理的，拆违实施部门可以予以清理。

第十四条 拆违实施部门及其工作人员在违法建筑查处工作中应当向当事人出示执法证件，依法行使职权，文明执法，不得侵犯当事人的合法权益；对当事人的合法财产造成损害的，应当依法予以赔偿。

第十五条 城乡建设管理部门应当加强对建设工程施工单位的监督管理。

在拆违实施部门查处违法建筑过程中，承揽违法建筑施工作业的单位应当立即停止施工，并配合查处。

第十六条 属于违法建筑的房屋不得出租。

违法建筑不得办理房地产权利登记。

利用违法建筑从事经营活动的，不得办理营业执照等相关证照。

第十七条 市和区人民政府应当对拆除违法建筑工作经费予以保障，所需工作经费纳入各有关部门的年度预算。

第十八条 当事人对拆违实施部门作出的具体行政行为不服的，可以依照《中华人民共和国行政复议法》或者《中华人民共和国行政诉讼法》的规定，申请行政复议或者提起行政诉讼。

第十九条 市和区人民政府应当建立违法建筑查处工作的考核制度，对在拆违工作中成绩突出的单位和个人予以表彰，对未依法履行职责的单位和个人予以处理。

第二十条 拆违实施部门、有关行政管理部门及其工作人员在发现和查处违法建筑过程中，有下列情形之一的，对直接负责的主管人员和其他直接责任人员依法给予行政处分；构成犯罪的，依法追究刑事责任：

（一）未按规定履行巡查职责，或者发现违法建筑不报告、不制止，情节严重的；

（二）依法应当作出拆除违法建筑决定而未作出的；

（三）对属于本部门的职责推诿的；

（四）对正在搭建的违法建筑应当立即拆除而未拆除的；

（五）违法办理房地产权利登记、营业执照等相关证照的；

（六）其他玩忽职守、滥用职权、徇私舞弊的。

第二十一条 阻碍拆违实施部门工作人员依法执行职务的，由公安机关依照《中华人民共和国治安管理处罚法》予以处罚；构成犯罪的，依法追究刑事责任。

第二十二条 国家工作人员搭建违法建筑的，应当主动拆除；拒不拆除或者阻碍违法建筑查处工作的，由拆违实施部门将有关情况书面告知其所在单位或者监察部门，并建议依法给予行政处分。

第二十三条 乡、村庄规划区的违法建筑拆除，由乡、镇人民政府参照本规定执行。

第二十四条 本规定自2009年8月1日起施行。

上海市村民委员会选举办法

（1999年6月1日上海市第十一届人民代表大会常务委员会第十次会议通过　根据2004年8月19日上海市第十二届人民代表大会常务委员会第十四次会议《关于修改〈上海市村民委员会选举办法〉的决定》第一次修正　根据2010年9月17日上海市第十三届人民代表大会常务委员会第二十一次会议《关于修改本市部分地方性法规的决定》第二次修正　2014年6月19日上海市第十四届人民代表大会常务委员会第十二次会议修订）

第一条 为了规范村民委员会选举工作，保障村民依法行使民主权利，根据《中华人民共和国村民委员会组织法》，结合本市实际情况，制定本办法。

第二条 村民委员会由主任、副主任、委员三至七人组成，其成员的具体职数由村民会议或者村民代表会议决定。

村民委员会主任、副主任和委员，由本村登记参加选举的村民直接选举产生。任何组织或者个人不得指定、委派或者撤换村民委员会成员。

村民委员会成员中，应当有妇女成员。村民委员会成员之间不得有夫妻关系或者直系亲属关系。

第三条 年满十八周岁的村民，不分民族、种族、性别、职业、家庭出身、宗教信仰、教育程度、财产状况、居住期限，都有选举权和被选举权；但是，依照法律被剥夺政治权利的人除外。

第四条 中国共产党在农村的基层组织在村民委员会选举中发挥领导核心作用，依法支持和保障村民委员会换届选举工作。

第五条 村民委员会每届任期三年，届满应当及时举行换届选举。村民委员会成员可以连选连任。

不能按时举行换届选举的，由村民委员会提出延期理由及延长期限，经村民会议或者村民代表会议同意，乡、镇人民政府审查，区、县人民政府批准，可以延期选举。延期选举的，由区、县民政部门报市民政部门备案。

村民委员会的换届选举工作由市人民政府统一部署。区、县人民政府成立选举工作领导小组，领导本行政区域内的村民委员会换届选举工作。

市和区、县民政部门负责指导村民委员会换届选举工作。

第六条 村民委员会换届选举期间，乡、镇人民政府成立选举工作指导小组，具体指导、帮助村民选举委员会工作，履行下列职责：

（一）制定本乡、镇村民委员会的换届选举工作计划，确定选举日程；

（二）宣传村民委员会选举的有关法律、法规；

（三）组织培训选举工作人员；

（四）受理有关选举工作的举报和来信来访；

（五）承办换届选举工作的其他事项。

第七条 村民委员会的选举，由村民选举委员会主持。村民选举委员会由主任、委员七至九人组成，其成员应当有一定的代表性。村民选举委员会成员由村民会议、村民代表会议或者各村民小组会议推选产生。

村民选举委员会成员被确定为村民委员会成员候选人的，应当退出村民选举委员会。

村民选举委员会成员退出村民选举委员会或者其他原因出缺的，按照原推选结果依次递补，也可以另行推选。

第八条 村民选举委员会履行下列职责：

（一）依法拟订选举工作方案，提请村民会议或者村民代表会议讨论通过；

（二）开展选举的宣传、发动工作；

（三）拟定和培训选举工作人员；

（四）公布选举日、投票地点和时间；

（五）组织村民登记，审查村民的选举资格，并公布登记参加选举的村民名单；

（六）组织登记参加选举的村民提名村民委员会成员候选人并公布候选人名单，或者组织登记参加选举的村民直接投票选举村民委员会成员；

（七）主持投票选举，公布选举结果，并报乡、镇人民政府备案；

（八）受理有关选举工作的群众来信来访；

（九）总结选举工作，整理、建立选举工作档案；

（十）主持村民委员会工作移交；

（十一）办理选举工作中的其他事项。

村民选举委员会履行职责的期限，自组成之日起至上一届村民委员会与新一届村民委员会完成工作移交之日止。

第九条 有选举权和被选举权的村民的年龄以户籍登记的出生日期为依据。村民年满十八周岁的计算以本村的选举日为准。

村民委员会选举前，应当对下列人员进行登记，列入参加选举的村民名单：

（一）户籍在本村并且在本村居住的村民；

（二）户籍在本村，不在本村居住，本人表示参加选举的村民；

（三）户籍不在本村，在本村合法稳定居住一年以上，本人申请参加选举，并且经村民会议或者村民代表会议同意参加选举的公民。

结婚后居住在配偶户籍所在村，本人户籍未迁入，申请在配偶户籍所在村参加选举的；或者对本村集体经济依法享有权益的原村民，本人申请参加选举的，经村民选举委员会确认，可以予以登记。

已登记参加选举的村民，不得再参加其他地方村民委员会的选举。

第十条 登记参加选举的村民名单，应当在选举日的二十日前由村民选举委员会公布。

对登记参加选举的村民名单有异议的，应当自名单公布之日起五日内向村民选举委员会申诉，村民选举委员会应当自收到申诉之日起三日内作出处理决定，并公布处理结果。

第十一条 村民委员会由本村登记参加选举的村民按照《中华人民共和国村民委员会组织法》的规定直接选举产生，具体方式由村民会议或者村民代表会议决定。

第十二条 登记参加选举的村民通过投票直接提名村民委员会主任、副主任和委员候选人，均以得票多的为正式候选人。

村民委员会成员正式候选人名单应当在选举日的五日以前，按照得票多少的顺序张榜公布。

村民委员会主任、副主任的正式候选人应当分别比应选名额多一人。村民委员会委员的正式候选人应当比应选名额多一至三人，具体差额数由村民选举委员会在拟订选举工作方案时规定。

第十三条 村民选举委员会应当按照公开、公平、公正的原则帮助村民了解村民委员会成员候选人,应当组织候选人与村民见面,由候选人介绍履行职责的设想,回答村民提出的问题,但是在选举日应当停止对候选人的介绍。

第十四条 村民选举委员会在选举日以前,应当做好以下准备工作:

(一)拟定监票人和发票、唱票、计票、代书工作人员;

(二)公布投票时间,印制选票;

(三)设立选举会场、投票站;

(四)核实登记参加选举的村民委托的投票人;

(五)其他选举事务工作。

村民委员会成员候选人及其配偶或者直系亲属不得担任监票人和发票、唱票、计票、代书工作人员。

第十五条 选举村民委员会,采取无记名投票方法。可以由登记参加选举的村民一次投票选举主任、副主任和委员;也可以分次投票选举主任、副主任和委员。主任、副主任不得由当选的委员推选产生。

登记参加选举的村民应当从全体村民利益出发,选举奉公守法、品行良好、公道正派、热心公益、乐于奉献、身体健康、具有一定文化水平和工作能力的村民委员会成员。

第十六条 登记参加选举的村民,选举期间因外出或者特殊原因不能参加投票的,可以书面委托本村有选举权的近亲属代为投票。每一登记参加选举的村民接受的委托投票不得超过三人。接受委托投票的村民不得再委托其他村民投票。

委托人或者受委托人应当在选举日五日前到村民选举委员会办理委托投票手续,村民选举委员会审核后发放委托投票证,并在选举日二日前在村民委员会和各村民小组所在地公布委托人和受委托人的名单。禁止投票现场临时委托的行为。

第十七条 选举会场和投票站应当设立秘密写票处和公共代写处,文盲或者因残疾不能写选票的,可以委托其信任的人代写。

登记参加选举的村民对村民委员会成员候选人可以投赞成票,可以投反对票,可以另选他人,也可以弃权。

第十八条 投票结束后,投票站的选举工作人员应当立即将投票箱集中到选举会场统一启封,公开唱票、计票。选举结果由村民选举委员会当场向村民公布。

第十九条 选举村民委员会,有登记参加选举的村民过半数投票,选举有效。收回的票数,等于或者少于投票人数的有效,多于投票人数的无效。

每一选票所选的人数,等于或者少于应选名额的为有效票,多于应选名额的为废票。

第二十条 获得参加投票的村民过半数赞成票的,始得当选村民委员会成员。

获得参加投票的村民过半数赞成票的人数超过应选名额时,以得票多的当选。如遇票数相等,不能确定当选人时,应当就票数相等的人员再次投票,以得票多的当选。

第二十一条 当选村民委员会成员的人数少于应选名额时,当选人数达到三人的,不足的名额是否暂缺,由村民会议或者村民代表会议决定;当选人数未达到三人的,不足的名额,应当在三十日内另行选举。另行选举村民委员会时,根据第一次投票时得赞成票多少的顺序,按照差额确定候选人名单,候选人以得赞成票多的当选,但是得赞成票数不得少于选票的三分之一。

村民委员会主任暂缺的,由得票多的副主任临时主持村民委员会工作;村民委员会主任、副主任都暂缺的,由得票多的委员临时主持村民委员会工作;得票相等的,由村民会议或者村民代表会议确定临时主持村民委员会工作的成员。

第二十二条 村民选举委员会应当将选举结果报乡、镇人民政府,并向当选的村民委员会主任、副主任和委员颁发证书。

第二十三条 选举村民委员会成员的所有

选票应当在选举工作结束当天及时封存,交由乡、镇人民政府保管,至少保存至下一届村民委员会选举工作结束为止。

第二十四条 在新一届村民委员会产生当日,上一届村民委员会应当向新一届村民委员会移交公章,并在十日内将村民委员会的公共财物、财务账目、债权债务凭证、档案资料等移交完毕。工作移交由村民选举委员会主持,由乡、镇人民政府监督。逾期不移交的,乡、镇人民政府应当督促移交。不移交造成村集体或者村民财产损失的,由相关责任人依法承担赔偿责任。

第二十五条 村民委员会及其成员应当遵守宪法、法律、法规和国家的政策,办事公道,廉洁奉公,热心为村民服务。

村民委员会及其成员应当接受村民和村务监督机构监督。

第二十六条 村民委员会成员有下列情形之一的,其职务自行终止:

(一)死亡;

(二)丧失行为能力;

(三)被判处刑罚;

(四)经民主评议连续两次不称职。

村民委员会成员职务自行终止的,由村民委员会召集村民会议或者村民代表会议宣布,并报乡、镇人民政府备案。村民委员会不召集村民会议或者村民代表会议宣布的,由村务监督机构召集村民会议或者村民代表会议宣布,并报乡、镇人民政府备案。

第二十七条 本村五分之一以上有选举权的村民或者三分之一以上的村民代表,可以联名要求罢免村民委员会成员。

乡、镇人民政府对具有下列情形的村民委员会成员,可以向村民委员会提出罢免建议:

(一)连续三个月以上不履行职责的;

(二)违反法律、法规造成人员重大伤亡或者集体经济重大损失的;

(三)滥用职权、谋取私利,损害集体经济利益,引起村民严重不满的。

罢免要求和罢免建议应当提出罢免理由。被提出罢免的村民委员会成员有权提出申辩意见。村民委员会应当在接到罢免要求或者罢免建议后三十日内召集村民会议投票表决。罢免村民委员会成员,须有登记参加选举的村民过半数投票,并须经投票的村民过半数通过。

村民委员会逾期不召集村民会议表决罢免要求或者罢免建议,由乡、镇人民政府责令改正,逾期不改正的,乡、镇人民政府可以召集村民会议投票表决罢免要求或者罢免建议。

第二十八条 村民委员会成员要求辞去职务的,应当以书面形式向村民会议或者村民代表会议提出,由村民会议或者村民代表会议讨论决定。

第二十九条 村民委员会成员因故出缺,其成员满三人的,经村民代表会议同意可以不补选;其成员不满三人的,应当在三个月内由村民会议或者村民代表会议进行补选。

补选村民委员会成员,村民委员会应当事先向乡、镇人民政府报告,补选程序参照本办法规定办理。补选的村民委员会成员的任期,到本届村民委员会任期届满为止。

第三十条 对有下列行为之一的,村民有权向乡、镇人民代表大会和人民政府或者区、县人民代表大会常务委员会和人民政府及其有关主管部门举报,有关机关应当负责调查并依法处理,对直接责任人员给予行政处分;违反《中华人民共和国治安管理处罚法》的,由公安机关依法给予处罚;构成犯罪的,依法追究刑事责任:

(一)以暴力、威胁、欺骗、贿赂、伪造选票、虚报选举票数等不正当手段,妨害村民行使选举权、被选举权,破坏村民委员会选举的;

(二)指定、委派、撤换村民委员会成员的;

(三)对检举村民委员会选举中违法行为的村民或者提出要求罢免村民委员会成员的村民进行压制、报复的;

(四)其他破坏村民委员会选举的行为。

第三十一条 村民对选举程序或者选举结果有异议的,可以向区、县或者乡、镇人民政府提出申诉,区、县和乡、镇人民政府应当及时调查处理。

第三十二条 村民委员会的选举经费确有困难的,乡、镇人民政府应当给予适当补助。

市和区、县民政部门指导村民委员会选举工作的经费,由同级财政安排。

第三十三条 区、县人民代表大会及其常务委员会和乡、镇人民代表大会对村民委员会选举进行监督、检查,在本行政区域内保证本办法的实施,保障村民依法行使自治权利。

第三十四条 本办法自2014年10月1日起施行。

上海市建设工程材料管理条例

(1999年11月26日上海市第十一届人民代表大会常务委员会第十四次会议通过 根据2015年7月23日上海市第十四届人民代表大会常务委员会第二十二次会议《关于修改〈上海市建设工程材料管理条例〉等12件地方性法规的决定》修正)

第一章 总 则

第一条 为了加强本市建设工程材料管理,保证建设工程质量和安全,促进新型建设工程材料的发展,根据《中华人民共和国产品质量法》和《中华人民共和国建筑法》,结合本市实际情况,制定本条例。

第二条 本条例适用于本市行政区域内建设工程材料的生产、销售、使用及其监督管理和新型建设工程材料的推广应用管理。

前款所称建设工程材料,是指用于建设工程的钢材、水泥、黄沙、石子、商品混凝土、预制混凝土构件、墙体材料和管道、门窗、防水材料等结构性材料和功能性材料。

第三条 上海市建设委员会(以下简称市建委)负责建设工程材料的使用监督管理和新型建设工程材料推广应用管理。上海市建材业管理办公室(以下简称市建材办)负责建设工程材料使用和新型建设工程材料推广应用的具体管理工作。区、县建设行政管理部门按照其职责,负责所辖行政区域内建设工程材料的有关管理工作。

上海市质量技术监督局(以下简称市质监局)依法负责建设工程材料生产、销售的质量监督管理。

市经济委员会、市科学技术委员会和市工商行政管理等部门按照各自职责,协同实施本条例。

第二章 建设工程材料许可和准用管理

第四条 市质监局根据法律、行政法规的规定,对建设工程材料实行生产许可管理;未取得生产许可证的建设工程材料,不得生产、销售。

市建委对尚未纳入国家生产许可管理范围、用于本市的建设工程材料,实行准用管理;未取得市建委核发的建设工程材料准用证的建设工程材料,不得用于本市建设工程。

第五条 申请本市建设工程材料准用证的生产单位,应当向市建委提供下列资料:

(一)申请表;

(二)工商营业执照;

(三)具有相应资质的检测机构出具的产品检测合格证明;

(四)产品质量保证书。

第六条 非本市生产的用于本市的建设工程材料,已经取得省级建设行政主管部门核发的建设工程材料准用证或者省级质量技术监督管理部门出具的有效证明的，其生产单位应当凭该准用证或者有效证明，向市建委领取本市建设工程材料准用证。

非本市生产的用于本市建设工程的水泥，其生产单位应当向市建委办理登记手续，并凭生产许可证领取本市建设工程材料准用证。

非本市生产的用于本市的建设工程材料，未取得省级建设行政主管部门核发的建设工程材料准用证或者省级质量技术监督管理部门出具的有效证明的，其生产单位应当按照本条例第五条的规定，申请本市建设工程材料准用证。

第七条 香港特别行政区、澳门特别行政区、台湾地区以及外国生产、销售的用于本市的建设工程材料，其生产或者销售单位应当委托内地或者国内销售代理单位按照本条例第五条的规定，申请本市建设工程材料准用证，但通过国际招标投标采购的建设工程材料除外。

第八条 市建委应当自收到本条例第五条、第六条规定的全部申请资料或者证明材料之日起十五日内审核完毕。合格的，发给本市建设工程材料准用证；不合格的，不予发证，并书面说明理由。核发本市建设工程材料准用证不得收取费用。

第九条 市建委应当对取得本市建设工程材料准用证的单位进行年度审验。年度审验不得收取费用。

第十条 市质监局应当及时将取得生产许可证的建设工程材料名称及其生产单位予以公告。

市建委应当及时将取得本市建设工程材料准用证的建设工程材料名称及其单位予以公告。

第三章 建设工程材料质量管理

第十一条 建设工程材料生产单位应当生产符合质量标准的建设工程材料，并出具质量保证书和使用说明书，对出厂（场）的建设工程材料质量负责。不得以假充真、以次充好，不得以不合格产品冒充合格产品。

建设工程材料质量应当符合国家标准、行业标准或者地方标准。

第十二条 建设工程材料销售单位应当进行进货验收，验明生产许可证或者本市建设工程材料准用证及质量保证书和使用说明书。

建设工程材料销售单位应当对其销售的建设工程材料质量负责，不得以假充真、以次充好，不得以不合格产品冒充合格产品，并应当向买受人提供生产许可证或者本市建设工程材料准用证的复印件及质量保证书和使用说明书。

第十三条 建设单位、建设工程总承包单位或者施工单位应当采购具有生产许可证或者本市建设工程材料准用证的建设工程材料。

建设单位、建设工程总承包单位或者施工单位应当采购符合建设工程设计要求的建设工程材料；建设工程设计对建设工程材料的使用有配套要求的，应当采购符合设计要求的配套材料。

第十四条 本市下列建设工程中的建设工程材料采购，建设单位、建设工程总承包单位或者施工单位应当通过招标投标方式进行：

（一）大型基础设施、公用事业等关系社会公共利益、公众安全的项目；

（二）全部或者部分使用国有资金投资或者国家融资的项目；

（三）使用国际组织或者外国政府贷款、援助资金的项目；

（四）法律或者国务院规定的其他项目。

第十五条 施工单位应当对建设工程材料进行进货检验和质量检测。不得使用不合格的建设工程材料。

施工单位自行检测建设工程材料，应当取得相应的资质；未取得相应资质的，应当委托具有相应资质的检测机构进行检测。

施工单位检测建设工程材料质量的具体办法由市建委制定。

第十六条 国家和本市规定实行监理的建设工程，其所用的建设工程材料的质量和使用情况，应当纳入建设工程的监理范围。

监理单位应当监督、检查施工单位对建设工程材料的质量检测;未经监理单位签字认可的建设工程材料不得在建设工程中使用。

第十七条 市质监局应当依照有关法律、法规的规定对生产、销售的建设工程材料质量进行抽查。

市建委或者区、县建设行政管理部门对进入本市建设工程施工现场的建设工程材料质量,每年应当组织抽查。

市质监局、市建委或者区、县建设行政管理部门应当及时公布建设工程材料质量抽查结果。抽查所需的费用由同级财政拨款,不得向被抽查者收取。

第十八条 任何单位和个人都可以向市质监局、市建委、市建材办和区、县建设行政管理部门举报建设工程材料的质量问题。市质监局、市建委、市建材办和区、县建设行政管理部门应当受理,并及时处理。

第四章 新型建设工程材料推广应用管理

第十九条 本市鼓励发展和推广应用节约土地、节约能源、科技含量高以及有利于环境保护的新型建设工程材料。

市建材办应当会同有关部门提出本市推广应用的新型建设工程材料目录,报市建委批准后公布。

第二十条 建设工程设计单位应当在设计中优先选用推广应用的新型建设工程材料,并按照其配套应用的技术标准进行设计。

建设单位、建设工程总承包单位或者施工单位应当优先采购、使用新型建设工程材料。

施工单位应当掌握新型建设工程材料的施工工艺,并按照新型建设工程材料的施工工艺制定操作规程。

第二十一条 新型建设工程材料的生产单位,可以向市建材办申请新型建设工程材料的认定。

申请新型建设工程材料认定的,应当提供下列资料:

(一)申请表;

(二)采用的产品标准和施工工艺;

(三)具有相应资质的检测机构出具的产品检测合格证明或者新型材料认定证明材料;

(四)质量保证管理体系证明。

市建材办应当自收到申请资料之日起三个月内审核完毕。合格的,发给新型建设工程材料认定证书;不合格的,不予发证,并书面说明理由。

第二十二条 用于建设工程的材料获得下列证书的,市建材办应当直接发给生产单位新型建设工程材料认定证书:

(一)获得本市新产品鉴定证书的;

(二)获得本市高新技术成果转化项目认定证书的;

(三)获得本市高新技术企业认定证书,并依靠经认定的技术、设备生产的。

第二十三条 建设工程材料取得本市新型建设工程材料认定证书的,生产单位凭认定证书向市建委申领本市建设工程材料准用证。

第二十四条 本市禁止或者限制生产和使用污染环境、能耗高、生产工艺落后的用于建设工程的材料。

本市禁止生产实心粘土砖,限制生产空心粘土砖,限制使用实心粘土砖和空心粘土砖。其他禁止或者限制生产和使用的用于建设工程的材料目录,由市建委会同有关部门提出,报市人民政府批准后公布。

限制生产和使用的用于建设工程的材料管理办法,由市人民政府制定。

第五章 法律责任

第二十五条 违反本条例规定,有下列情形之一的,由市建委或者区、县建设行政管理部门责令改正,并可对单位处以二万元以上二十万元以下的罚款;对主管人员和直接责任人员处以五千元以上五万元以下的罚款;构成犯罪的,依法追究刑事责任:

（一）建设单位、建设工程总承包单位或者施工单位采购无生产许可证、本市建设工程材料准用证的建设工程材料的；

（二）建设工程总承包单位或者施工单位使用不合格建设工程材料或者使用禁止使用的用于建设工程的材料的。

建设工程总承包单位或者施工单位有前款所列行为，情节严重的，市建委可以降低其资质等级或者吊销其资质证书。

第二十六条 建设单位、建设工程总承包单位或者施工单位未通过招标投标方式采购应当通过招标投标方式采购的建设工程材料的，市建委应当责令改正，并可处以项目合同金额千分之五以上千分之十以下的罚款。

第二十七条 施工单位违反本条例规定，未对其使用的建设工程材料进行质量检测的，由市建委或者区、县建设行政管理部门责令改正，并可处以五千元以上五万元以下的罚款。

第二十八条 违反本条例规定，生产实心粘土砖或者生产本市禁止生产的其他用于建设工程的材料的，由市建材办或者区、县建设行政管理部门责令改正，并可处以一万元以上十万元以下的罚款。

第二十九条 实行准用管理的建设工程材料，在施工现场被抽查发现质量不合格的，市建委或者区、县建设行政管理部门应当责令该建设工程材料生产单位或者销售代理单位限期改正；逾期不改正或者连续两次抽查质量不合格的，由市建委吊销发给的本市建设工程材料准用证。

第三十条 建设工程材料的生产单位、销售单位以假充真，以次充好，或者以不合格产品冒充合格产品的，由质量技术监督、工商行政管理等有关部门按照各自的法定职权，依照《中华人民共和国产品质量法》的规定，责令停止生产、销售，没收违法所得并处罚款，可以吊销营业执照；构成犯罪的，依法追究刑事责任。

第三十一条 监理单位违反本条例规定，未对施工单位的建设工程材料的质量检测进行监督、检查的，由市建委或者区、县建设行政管理部门处以五千元以上五万元以下的罚款。

第三十二条 对建设工程材料生产、销售、使用中的违法行为，除本条例已规定处罚的外，其他有关法律、法规规定应当予以处罚的，由有关行政管理部门依法予以处罚；构成犯罪的，依法追究刑事责任。

第三十三条 市建委违反本条例规定核发建设工程材料准用证的，由市人民政府责令其纠正，或者撤销其核发的建设工程材料准用证。

负责建设工程材料生产、销售、使用及其监督管理和新型建设工程材料推广应用管理的行政管理部门的直接负责的主管人员和其他直接责任人员玩忽职守、滥用职权、徇私舞弊的，由其所在单位或者上级主管部门给予行政处分；构成犯罪的，依法追究刑事责任。

第三十四条 当事人对具体行政行为不服的，可以依照《中华人民共和国行政复议法》和《中华人民共和国行政诉讼法》的规定，申请行政复议或者提起行政诉讼。

当事人在法定期限内对具体行政行为不申请复议，不提起诉讼，又不履行的，作出具体行政行为的部门可以依照《中华人民共和国行政诉讼法》的规定，申请人民法院强制执行。

第六章　附　　则

第三十五条 本条例自2000年1月1日起施行。

上海市公路管理条例

（1999年11月26日上海市第十一届人民代表大会常务委员会第十四次会议通过　根据2003年10月10日上海市第十二届人民代表大会常务委员会第七次会议《关于修改〈上海市公路管理条例〉的决定》第一次修正　根据2015年7月23日上海市第十四届人民代表大会常务委员会第二十二次会议《关于修改〈上海市建设工程材料管理条例〉等12件地方性法规的决定》第二次修正）

第一章　总　　则

第一条　为了加强本市公路的建设和管理，促进公路事业的发展，发挥公路在经济建设、国防建设和人民生活中的作用，根据《中华人民共和国公路法》的规定，结合本市实际情况，制定本条例。

第二条　本条例所称的公路，是指本市行政区域内的国道、市道、县道和乡道，包括公路桥梁、公路涵洞和公路隧道。

本条例所称的公路附属设施，是指公路的防护、排水、养护、管理、服务、交通安全、监控、通信、收费、绿化等设施、设备以及专用建筑物、构筑物等。

第三条　本条例适用于本市行政区域内公路的规划、建设、养护、经营和使用以及公路、公路用地、公路附属设施和公路建筑控制区的管理。

第四条　上海市公路行政管理部门是本市公路的主管部门，其所属的市公路管理机构负责全市公路的具体管理。

区、县公路行政管理部门按照其职责权限，负责所辖区域内公路的管理，其所属的区、县公路管理机构按照规定的职责，负责所辖区域内公路的具体管理。

市、区、县公路管理机构按照本条例的授权实施行政处罚。

乡（镇）人民政府负责本行政区域内乡道的建设和养护工作。

本市有关行政管理部门按照各自的职责，协同实施本条例。

第五条　本市公路的建设和发展应当遵循全面规划、合理布局、确保质量、保障畅通、保护环境、保护耕地、发展绿化、建设改造与管理并重的原则。

本市公路的管理实行统一管理与分级负责相结合的原则。

第六条　任何单位和个人不得破坏、损坏或者非法占用公路、公路用地以及公路附属设施。

第二章　规划和建设管理

第七条　公路专业规划按照下列规定编制：

（一）市道规划，由市公路行政管理部门根据国道规划和本市国民经济、社会发展以及国防建设的需要，听取公路沿线的区、县人民政府和市有关行政管理部门的意见后编制，经市规划部门综合平衡后报市人民政府批准，纳入城市总体规划，并报国务院交通主管部门备案。

（二）县道（含乡道）规划，由区、县公路行政管理部门根据市道规划和区、县城市规划，并听取区、县有关行政管理部门和有关乡（镇）人民政府的意见后编制，经区、县人民政府和市公路行政管理部门初审后，报市人民政府批准，并报国务院交通主管部门备案。

（三）专用公路规划，由专用公路的主管单位编制，报市公路行政管理部门审核。专用公路规划应当与市道规划、县道（含乡道）规划相协调。

第八条　经批准的市道规划、县道（含乡道）规划和专用公路规划需要修改的，应当由原编制单位提出修改方案，经原审批机关审查批准。

第九条　规划村镇、开发区等建筑群，应当与公路保持规定的距离。不得在公路两侧对应建设村镇、开发区等建筑群。

规划和新建市道、县道应当合理避让已建成的村镇和开发区等建筑群。

第十条　公路用地按照以下要求划定：

（一）公路两侧有边沟、截水沟、坡脚护坡道的，其用地范围为边沟、截水沟、坡脚护坡道外侧一米的区域；

（二）公路两侧无边沟、截水沟、坡脚护坡道的，其用地范围为公路路缘石或者坡脚线外侧五米的区域；

（三）实际征用的土地超过上述规定的，其用地范围以实际征用的土地范围为准。

第十一条　公路的名称，应当在公路建设项目立项时确定。

本市公路按照国家标准以起讫点地名简称命名，同时推行以北南纵线、东西横线分别顺序编号。

第十二条　市和区、县公路行政管理部门应当按照公路专业规划编制市道、县道和乡道的建设计划，并按照国家和本市规定的建设程序，报经批准后组织实施。

县道的新建、改建、扩建计划，应当经市公路行政管理部门审核；跨区、县的县道建设计划，市公路行政管理部门应当负责协调。

乡道的新建、改建、扩建计划，应当经区、县公路行政管理部门审核；跨乡（镇）的乡道建设计划，区、县公路行政管理部门应当负责协调。

第十三条　公路建设资金通过下列渠道和方式筹集：

（一）财政拨款；

（二）向国内外金融机构或者外国政府贷款；

（三）国内外经济组织的投资；

（四）依法出让公路收费权的收入；

（五）开发、经营公路的公司依法发行股票、公司债券；

（六）企业和个人自愿集资；

（七）法律或者国务院规定的其他方式。

第十四条　公路建设使用土地，建设单位应当依照国家和本市有关建设用地的法律、法规的规定办理用地手续。

第十五条　承担公路建设项目的勘察、设计、施工、监理和咨询的单位，除依法经工商行政管理部门登记注册外，还应当取得建设行政管理部门颁发的资质证书。

公路建设单位应当与具有相应资质的勘察、设计、施工、监理单位分别签订合同，明确双方的权利义务。

承担公路建设项目的勘察、设计、施工、监理单位，应当依照法律、法规、规章以及国家、本市的公路工程技术标准、规范的要求和合同的约定进行勘察、设计、施工、监理活动，保证公路工程质量。

法律或者国务院规定需要进行招标投标的公路建设项目，应当按照规定进行招标投标。

第十六条　公路建设单位应当按照公路工程技术标准、规范的要求，根据不同的公路等级，相应设置必要的公路附属设施；高速公路应当设置监控、通信等有关附属设施。

前款所指的公路附属设施，应当与公路主体工程同时设计、同时建设。

第十七条　公路工程建设项目竣工验收后，建设单位应当向市或者区、县公路行政管理部门办理备案手续。经验收合格的，方可交付使用。

分段完成的具有独立使用价值的路段或者单项工程，可以分段验收。经验收合格的，可以先行交付使用。

公路的附属设施应当与主体工程同步进行竣工验收。

公路建设项目竣工验收后，建设单位应当在规定的时限内，向城市建设档案机构报送竣工档案。

第十八条 公路建设项目实行质量保修制度。保修期由合同约定，但不得少于一年。

保修期内发现公路有质量问题的，施工单位应当先行维修、返工；施工单位在规定期限内不予维修、返工的，由建设单位组织维修、返工。维修、返工所需费用由责任方承担。

第十九条 因建设公路影响铁路、水利、电力、邮电设施和其他公用设施正常使用的，公路建设单位应当事先征得有关部门的同意；因公路建设对有关设施造成损坏或者需要搬迁的，公路建设单位应当按照不低于该设施原有的技术标准予以修复，或者给予相应的经济补偿。

第二十条 改建、扩建公路时，施工单位应当在施工路段两端设置明显施工标志、安全标志。需要车辆绕行的，施工单位应当在绕行路口设置标志；不能绕行的，建设单位必须组织修建临时通行道路。

第二十一条 市公路行政管理部门对失去使用功能的市道、县道，区、县公路行政管理部门对失去使用功能的乡道，在征得同级规划部门的同意后应当宣布废弃。

市或者区、县公路行政管理部门以及乡（镇）人民政府应当将废弃公路及时向社会公告，并设立明显标志。

规划部门应当按照土地利用规划的要求重新确定废弃公路的土地使用性质。

第三章 养护管理

第二十二条 市和区、县公路行政管理部门应当加强对公路养护的监督与检查。

市和区、县公路管理机构负责公路及其附属设施的养护管理，保持公路及其附属设施的完好。

第二十三条 本市实行公路养护管理和公路养护作业分离制度。

公路养护作业单位，应当符合市公路行政管理部门规定的条件。

市和区、县公路管理机构应当选择符合条件的单位承担公路养护作业。公路养护作业需要进行招标投标的，应当按照法律、法规的规定进行招标投标。

第二十四条 承担公路养护作业的单位应当按照国家和本市规定的技术规范、操作规程和合同的约定对公路及其附属设施进行养护，保证公路经常处于良好的技术状态。

公路进行大修的，应当按照本条例第十七条、第十八条的规定实行竣工验收和质量保修。

第二十五条 公路养护作业单位按照下列安全规定进行养护作业：

（一）根据公路的技术等级采取相应的安全保护措施，设置必要的交通安全设施；

（二）公路养护人员应当穿着统一的安全标志服；

（三）使用车辆进行养护作业时，应当在公路作业车辆上设置明显的作业标志；

（四）在夜间和雨、雪、雾等恶劣天气进行养护作业时，现场必须设置警示灯光信号；

（五）公路养护作业应当避让交通高峰时段。

公路养护作业车辆进行作业时，在不影响过往车辆通行的前提下，其行驶路线和方向不受公路标志、标线限制，但在高速公路上进行养护作业的车辆除外。

对高速公路的清扫保洁和绿化养护作业，应当以机械作业为主；确实需要人工养护作业的，养护作业单位应当采取切实有效的安全防护措施。

因公路养护作业影响车辆、行人通行或者通行安全的，养护作业单位应当依照本条例第二十条的规定办理。

第二十六条 市或者区、县公路管理机构、乡（镇）人民政府应当按照公路养护技术规范，定期对管辖的公路桥梁进行检查。需要进行检测的，市或者区、县公路管理机构、乡（镇）人民政府应当委托符合资质条件的机构进行检测。

公路桥梁经检测负载达不到原标准的，市

或者区、县公路管理机构、乡(镇)人民政府应当及时采取维修和加固等有效措施,维修和加固期间应当设立明显的限载标志;经检测发现公路桥梁严重损坏影响通行安全的,市或者区、县公路管理机构、乡(镇)人民政府应当先行设置禁止通行的标志,并及时采取修复措施,同时报告市或者区、县公路行政管理部门和公安交通管理部门。

第二十七条 公路及公路用地范围内的树木不得任意砍伐、迁移。确实需要更新砍伐的,应当经市公路管理机构同意后,按照有关法律、法规的规定办理审批手续,并更新补种。

第四章 路政管理

第二十八条 公路两侧应当按照国家规定划定公路建筑控制区。

公路建筑控制区的范围,由市公路行政管理部门会同市规划管理部门根据国家规定提出,报市人民政府批准后划定。

公路建筑控制区的范围经划定后,市或者区、县公路管理机构应当设置明显的标桩、界桩。

除公路防护和养护需要以外,禁止在公路两侧的建筑控制区内修建建筑物或者地面构筑物;需要在建筑控制区内埋设管线、电缆等设施的,应当事先征得市公路管理机构或者区、县公路行政管理部门的同意。

公路建筑控制区内原有的建筑物、构筑物,不得扩建;因公路建设和管理需要拆除的,应当按照规定给予补偿。

第二十九条 公路及公路用地范围内禁止下列行为:

(一)利用公路桥梁进行带缆、牵拉、吊装等施工作业,设置超过规定标准的高压电力线和易燃易爆的管线;

(二)在公路桥梁下停泊船只,在桥孔内堆放易燃易爆物品、擅自明火作业、搭建永久性设施或者擅自搭建临时性设施;

(三)取土或者爆破作业;

(四)设置障碍,挖沟引水;

(五)设置摊点、堆放物品、打场晒粮、种植作物、放养牲畜;

(六)倾倒渣土、垃圾,焚烧各类废弃物;

(七)堵塞公路排水沟渠、填埋公路边沟;

(八)机动车滴漏、散落、飞扬物品或者随车人员向外抛物;

(九)将公路作为检验机动车制动性能的场地;

(十)损坏或者擅自涂改、移动公路附属设施;

(十一)损坏、污染公路和影响公路畅通的其他行为。

第三十条 任何单位和个人不得擅自占用或者挖掘公路及公路用地。

因基础设施和其他重要工程建设确实需要临时占用和挖掘公路及公路用地的,必须向市或者区、县公路管理机构提出申请,经审批同意后方可临时占用或者挖掘;影响交通安全的,还应当经公安交通管理部门批准。

挖掘公路及公路用地的单位或者个人应当按照公路的原有标准,负责修复或者承担相应的费用。

第三十一条 新建、扩建、改建的公路竣工后五年内或者大修的公路竣工后三年内,不得挖掘。因特殊情况需要挖掘的,应当按照规定向市或者区、县公路管理机构缴纳掘路修复费一至五倍的费用;影响交通安全的,还应当经公安交通管理部门批准。

因地下管线设施发生故障需要挖掘公路及公路用地进行紧急抢修的,抢修单位可以先行掘路,但应当立即通知市或区、县公路管理机构和公安交通管理部门,并且在二十四小时内补办紧急掘路手续。

第三十二条 跨越、穿越公路修建桥梁或者架设、埋设管线等设施,以及在公路用地范围内架设、埋设管线、电缆等设施的,应当事先经市或者区、县公路管理机构同意;影响交通安全的,还须征得公安交通管理部门的同意。

因公路改建、扩建需要拆除或者移动前款

所述管线的，管线单位应当及时予以拆除、迁移。

第三十三条 在公路上增设平面交叉道口的，应当经市公路管理机构或者区、县公路行政管理部门以及公安交通管理部门批准。

第三十四条 经批准在公路及公路用地范围内架设、埋设管线或者设置道口的，应当符合公路工程技术标准的要求。对公路以及公路附属设施造成损坏的，应当予以相应的补偿。

第三十五条 在公路及公路用地范围内设置标牌、广告牌等非公路标志的，应当经市公路管理机构或者区、县公路行政管理部门同意，并按照设置标牌、广告牌的有关规定办理审批手续。不得利用公路交通安全设施、交通标志和行道树设置广告。

因公路改建、扩建需要拆除广告牌，致使设置广告牌的合同无法继续履行的，应当给予设置单位相应的补偿。

第三十六条 车辆或者车辆载运的物件超过公路限载标准或者限制性通行条件确需通行的，应当事先报经市或者区、县公路管理机构以及公安交通管理部门批准，并按照要求采取公路加固措施或者承担相应的费用。

第三十七条 公交车辆和其他固定线路客运车辆的站点设置或者移位，除征得公安交通管理部门的同意外，还应当符合国家有关公路管理的规定。

因站点设置影响公路以及公路附属设施使用功能的，设置单位应当负责恢复原状或者承担相应的费用。

第三十八条 市或者区、县公路行政管理部门和公路管理机构按照本条例规定受理有关申请的，应当自受理之日起十五日内作出书面审批决定。

第三十九条 高速公路上的故障车、肇事车、抛撒物等障碍物的清除由市公路管理机构负责。进行清除障碍物作业的车辆必须安装标志灯具并喷涂明显的标志，执行清除障碍物作业任务时，必须开启标志灯具和危险报警闪光灯。

除清除障碍物作业的车辆外，禁止其他车辆在高速公路上拖拽故障车、肇事车。

第四十条 因施工作业和养护作业确需封路、封桥的，市或者区、县公路行政管理部门和公安交通管理部门应当在正式实施封路、封桥措施三日前，通过新闻媒体等联合发布封路、封桥通告。

因灾害性天气或者突发性事故影响高速公路行车安全时，市公路管理机构可以先行对部分路段或者全路实行限速或者限时封闭，并及时通报公安交通管理部门。

第五章　收费公路管理

第四十一条 本市按照统筹规划、合理布局、严格控制的原则和法律、行政法规的规定设立收费公路。

收费公路的设立由市人民政府批准。

第四十二条 收费公路的车辆通行费收费标准，由公路收费单位提出方案，并由市财政、物价部门征求市公路行政管理部门的意见后予以确定。

第四十三条 在收费公路上设置车辆通行费收费站，应当经市公路行政管理部门审核后报市人民政府批准。

收费期限届满的收费公路，市公路管理机构应当组织收费单位及时拆除收费站设施。

第四十四条 在收费公路上行驶的机动车辆，必须缴纳车辆通行费。

军用车辆通行费的收取按照国家有关规定执行。

第四十五条 国内外经济组织投资经营的收费公路和受让收费权经营的收费公路养护工作，由该公路经营企业负责。

各公路经营企业应当按照国家和本市规定的技术规范和操作规程，对公路进行养护，或者委托符合条件的公路养护作业单位进行养护。

第四十六条 国内外经济组织投资经营的收费公路和受让收费权经营的收费公路的路政管理，由市公路管理机构负责。

在收费公路上临时占路、掘路或者进行管线施工以及设置道口等活动的，除经市公路管理机构审批同意外，还应当事先征求公路经营企业的意见。造成公路经营企业损失的，应当给予相应的补偿。

第四十七条 收费公路的收费期限，由市人民政府批准，但不得超过国家规定的年限。

国内外经济组织投资经营的收费公路经营期限届满的，由市人民政府无偿收回。

第六章 法律责任

第四十八条 违反本条例第二十三条第二、三款规定，市或者区、县公路管理机构选择不符合规定条件的单位承接公路养护作业或者不符合规定条件的养护作业单位承接公路养护作业的，由市公路行政管理部门责令停止作业，并可处以二千元以上二万元以下的罚款。

第四十九条 违反本条例第二十四条第一款规定，未按照规定的技术标准从事养护作业的，由市或者区、县公路行政管理部门责令其停止作业，并可处以二千元以上二万元以下的罚款。

第五十条 违反本条例第二十八条第四款规定，在公路建筑控制区内修建建筑物、地面构筑物或者擅自实施管线工程的，由市公路管理机构或者区、县公路行政管理部门责令其限期拆除，并可处以五万元以下的罚款；逾期不拆除的，由市公路管理机构或者区、县公路行政管理部门予以强制拆除，有关费用由责任方承担。

第五十一条 违反本条例第二十九条第（一）、（二）、（三）、（十）、（十一）项禁止行为规定的，由市或者区、县公路管理机构责令其停止违法行为，并可处以一千元以下的罚款；情节严重的，处以一千元以上三万元以下的罚款。

违反本条例第二十九条第（四）、（五）、（六）、（七）、（八）、（九）项禁止行为规定的，由市或者区、县公路管理机构责令其限期改正，并可处以一千元以下的罚款；情节严重的，处以一千元以上五千元以下的罚款；逾期不改正的，市或者区、县公路管理机构可以代为清除，有关费用由责任方承担。

第五十二条 违反本条例第三十条第一款、第三十一条第二款、第三十二条第一款、第三十六条、第三十九条第二款规定，有下列行为之一的，由市或者区、县公路管理机构责令其停止违法行为，并可处以一千元以下的罚款；造成严重后果的，处以一千元以上三万元以下的罚款：

（一）擅自占用或者挖掘公路和公路用地的；

（二）擅自在公路和公路用地范围内架设或者埋设管线的；

（三）擅自驾驶超重车辆通过公路桥梁的；

（四）除清除障碍物作业的车辆外的其他车辆在高速公路上拖拽故障车、肇事车的。

第五十三条 违反本条例第三十三条规定，擅自在公路上增设平面交叉道口的，由市公路管理机构或者区、县公路行政管理部门责令其恢复原状，并可处以五千元以上五万元以下的罚款。

第五十四条 违反本条例第三十五条第一款规定，利用公路交通安全设施、交通标志和行道树设置广告或者擅自在公路及公路用地范围内设置标牌、广告牌等非公路标志的，由市公路管理机构或者区、县公路行政管理部门责令其限期拆除，并可处以二万元以下的罚款；逾期不拆除的，由市公路管理机构或者区、县公路行政管理部门强制拆除，有关费用由设置者承担。

第五十五条 违反本条例第四十一条第二款、第四十三条第一款规定，未经批准设立收费公路或者设置车辆通行费收费站的，由市公路行政管理部门责令其停止违法行为，没收违法所得，并可处以违法所得三倍以下的罚款；没有违法所得的，可处以二万元以下的罚款。

第五十六条 违反本条例第四十四条第一款规定，不按规定缴纳车辆通行费的，应当补缴全程车辆通行费十倍的票款。

第五十七条 市或者区、县公路行政管理部门和公路管理机构的工作人员玩忽职守、滥用职权、徇私舞弊的，由其所在单位或者上级行政管理部门给予行政处分；构成犯罪的，依法追究刑事责任。

第五十八条 造成公路较大损害的车辆，当事人必须立即停车，保护现场，报告市或者区、县公路管理机构，接受调查，经处理后方可驶离。

因公路养护不当造成通行车辆或者行人损害的，公路养护单位应当承担相应的赔偿责任。

第五十九条 市或者区、县公路管理机构未履行本条例规定的职责，违法审批或者作出其他错误决定的，市或者区、县公路行政管理部门有权责令其纠正，或者予以撤销；造成当事人直接经济损失的，作出违法审批或者其他错误决定的市或者区、县公路管理机构应当依法予以赔偿。

第六十条 当事人对行政管理部门或者公路管理机构的行政行为不服的，可以依照《中华人民共和国行政复议法》或者《中华人民共和国行政诉讼法》的规定，申请行政复议或者提起行政诉讼。

当事人对具体行政行为逾期不申请复议，不提起诉讼，又不履行的，作出具体行政行为的部门可以申请人民法院强制执行。

第七章 附 则

第六十一条 本条例自2000年5月1日起施行。

上海市房屋租赁条例

（1999年12月27日上海市第十一届人民代表大会常务委员会第十五次会议通过 根据2010年9月17日上海市第十三届人民代表大会常务委员会第二十一次会议《关于修改本市部分地方性法规的决定》修正）

第一章 总 则

第一条 为了规范本市的房屋租赁行为，保障房屋租赁当事人的合法权益，维护房屋租赁市场秩序，根据《中华人民共和国合同法》、《中华人民共和国城市房地产管理法》和其他有关法律、行政法规的规定，结合本市实际情况，制定本条例。

第二条 本市行政区域内的房屋租赁及其管理适用本条例。

第三条 本条例所称的房屋租赁，是指出租人将房屋交付承租人使用、收益，由承租人向出租人支付租金的行为。

第四条 房屋租赁应当遵循平等、自愿、公平和诚实信用的原则。

房屋租赁应当依法纳税。

第五条 市房屋行政管理部门主管本市房屋租赁管理工作。区、县房屋行政管理部门是本辖区内房屋租赁的行政管理部门，业务上受市房屋行政管理部门领导。

本市有关管理部门按照各自职责，协同实施本条例。

第二章 租赁范围和条件

第六条 房屋出租人应当是拥有房屋所有权的自然人、法人或者其他组织，但依法代管房屋的代管人或者法律规定的其他权利人可以是房屋出租人。

第七条 房屋承租人可以是中华人民共和国境内外的自然人、法人或者其他组织，但法律、法规另有规定或者土地使用权出让合同、土地租赁合同另有约定的，从其规定或者约定。

第八条 有下列情形之一的房屋不得出租：

（一）未依法登记取得房地产权证书或者无其他合法权属证明的；

（二）共有的房屋，未经全体共有人书面同意的；

（三）改变房屋用途，依法须经有关部门批准而未经批准的；

（四）被鉴定为危险房屋的；

（五）法律、法规规定不得出租的其他情形。

第九条 房地产开发企业预租商品房，应当符合商品房预售的条件，并依法取得市或者区、县房屋行政管理部门核发的商品房预售许可证明。

房地产开发企业不得将已经预售的商品房预租，商品房预购人不得将预购的商品房预租。

第十条 将以划拨方式取得使用权的土地上建成的房屋出租的，出租人应当将租金中所含的土地收益上缴国家，但按照市人民政府规定的租金标准出租房屋的除外。

土地收益收缴的具体标准和办法，由市人民政府另行规定。

第三章 租赁合同的订立和登记备案

第十一条 房屋租赁的当事人应当订立书面租赁合同。

市房屋行政管理部门应当会同有关部门制订房屋租赁合同的示范文本，供租赁当事人参照使用；其中，公有居住房屋的租赁，可以使用市房屋行政管理部门统一印制的租用公房凭证。

第十二条 房屋租赁合同包括下列主要内容：

（一）租赁当事人的姓名或者名称、住所；

（二）房屋坐落地点、面积、结构、附属设施和设备状况；

（三）房屋用途；

（四）房屋交付日期；

（五）租赁期限；

（六）租金数额、支付方式和期限；

（七）房屋使用要求和维修责任；

（八）房屋返还时的状态；

（九）违约责任；

（十）争议的解决方式；

（十一）租赁当事人约定的其他内容。

第十三条 房屋的租金由租赁当事人协商确定。但下列房屋的租金应当按照市人民政府规定的标准执行：

（一）公有居住房屋；

（二）以行政调配方式出租的非居住房屋；

（三）政府投资建造的公益性非居住房屋。

本条例施行前按照市人民政府规定的租金标准出租的私有居住房屋，其租金和租赁关系的处理办法由市人民政府另行规定。

第十四条 房屋的租赁期限由租赁当事人协商确定，但不得超过土地使用权出让合同、土地租赁合同约定的土地使用年限并且不得超过二十年。

房屋租赁期限届满，租赁当事人可以续订租赁合同，但约定的租赁期限自续订之日起不得超过土地使用权出让合同、土地租赁合同约定的土地使用年限并且不得超过二十年。

租赁当事人对房屋租赁期限没有约定，依照法律规定仍不能确定的，视为不定期租赁。不定期租赁的当事人可以随时终止租赁关系，但出租人应当在合理期限之前书面通知承租人。

公有居住房屋的出租人不得终止租赁关系，但本条例另有规定的除外。

第十五条 房屋租赁合同及其变更合同由租赁当事人到房屋所在地的区、县房地产登记机构办理登记备案手续。

房屋租赁合同未经登记备案的，不得对抗第三人。

第四章　房屋的交付、使用和维修

第十六条　出租人应当按照租赁合同的约定向承租人交付房屋。

出租人未按时交付房屋的，承租人可以催告出租人在合理期限内交付；逾期仍未交付的，承租人可以解除租赁合同。

出租人交付的房屋不符合租赁合同约定，致使不能实现租赁目的的，承租人可以解除租赁合同。

第十七条　房屋交付时存在缺陷，影响承租人正常使用的，承租人可以要求出租人限期修复或者减少租金；危及承租人安全的，承租人可以随时解除租赁合同。

第十八条　房屋出租前已设定抵押或者房屋所有权转移依法受到限制的，出租人应当事先书面告知承租人。

第十九条　出租人可以根据租赁期限、租金支付期限、房屋用途、维修责任等因素，与承租人约定收取房屋租赁保证金，但公有居住房屋出租人不得收取房屋租赁保证金。

租赁关系终止时，房屋租赁保证金除用以抵充合同约定由承租人承担的费用外，应当归还承租人。

第二十条　承租人应当按照租赁合同约定的用途合理使用房屋，并遵守国家和本市有关房屋使用和物业管理的规定。承租人需改变房屋用途的，应当书面征得出租人同意，其中依法须经有关部门审批的，应当由出租人或者出租人委托承租人报有关部门批准。

承租人未征得出租人同意改变房屋用途，致使房屋损坏的，出租人可以解除租赁合同。

出租人可以对承租人使用房屋的情况进行检查，但不得影响承租人正常使用房屋；承租人对出租人的检查应当予以配合。

第二十一条　出租非独立成套的房屋，出租人应当在租赁合同中明确承租人使用房屋合用部位的范围、条件和要求。

相邻房屋承租人对合用部位的使用产生争议的，承租人的共同出租人应当按照公平、合理的原则在争议一方提出解决争议要求之日起三十日内协调处理，并出具书面意见。

承租人与相邻房屋产权人或者相邻房屋承租人对合用部位的使用产生争议的，出租人应当与相邻房屋产权人协商处理。

第二十二条　承租人装修房屋或者增设附属设施的，应当书面征得出租人同意。增设的附属设施应当由租赁当事人协商确定归属及维修责任，其中依法须经有关部门审批的，应当由出租人或者出租人委托承租人报有关部门批准。

承租人未征得出租人同意或者超出出租人同意的范围和要求装修房屋或者增设附属设施的，出租人可以要求承租人恢复房屋原状或者赔偿损失。

第二十三条　房屋承租人应当按照租赁合同的约定支付租金。

房屋出租人应当按照租赁合同的约定收取租金；除租赁合同另有约定外，不得向承租人收取其他费用。

房屋承租人延期支付租金的，应当支付违约金。违约金的数额，按照租赁合同约定的标准计算；租赁合同未约定的，按照拖欠租金额的日万分之四的标准计算。

承租人逾期不支付租金累计超过六个月的，出租人可以解除租赁合同，但租赁合同另有约定的，从其约定。

第二十四条　承租人使用房屋所发生的水、电、煤、通信、空调等费用，由承租人承担，但租赁合同另有约定的，从其约定。

第二十五条　承租人使用房屋获得的收益归承租人所有，但租赁合同另有约定的，从其约定。

第二十六条　出租人应当定期对房屋进行养护，使房屋处于正常的可使用状态；承租人发现房屋损坏的，应当通知出租人予以修复，出租人应当及时修复，但租赁合同另有约定的，从其约定。

第二十七条 出租人养护和维修房屋时，应当采取措施减少对承租人使用房屋的影响。承租人应当配合出租人养护和维修房屋。

第二十八条 承租人按照租赁合同的约定使用房屋，不承担房屋自然损耗的赔偿责任。

因承租人的原因造成房屋损坏的，承租人应当负责修复；承租人造成房屋主体结构损坏的，出租人可以解除租赁合同。

第五章 转 租

第二十九条 房屋转租，是指承租人在租赁期间将其承租房屋的部分或者全部再出租的行为。

第三十条 有下列情形之一的房屋不得转租：

（一）承租人拖欠租金的；

（二）承租人在承租房屋内擅自搭建的；

（三）预租的商品房。

第三十一条 房屋租赁合同约定可以转租的，承租人可以按照租赁合同的约定转租房屋。房屋租赁合同未约定可以转租的，承租人转租房屋应当征得出租人书面同意；未征得出租人同意转租房屋的，出租人可以解除租赁合同。

公有居住房屋承租人转租房屋不需征得出租人同意，但应当在签订转租合同前书面告知出租人；未告知出租人的，出租人可以解除租赁合同。

非独立成套房屋承租人转租房屋，不得影响相邻使用人对合用部位的正常使用。

第三十二条 房屋转租期间，租赁合同发生变更，影响转租合同履行的，转租合同应当随之变更；房屋转租期间，租赁合同解除的，转租合同应当随之解除。

第三十三条 房屋转租的租金，由转租当事人协商确定。

第三十四条 房屋转租合同约定租期的最后时限，不得超过租赁合同中约定的最后租期期日。

第三十五条 房屋转租期间，承租人应当继续履行租赁合同，但出租人与转租当事人另有约定的除外。

房屋转租期间，转租人和接受转租人的权利、义务参照适用本条例有关出租人和承租人的权利、义务的规定。

第三十六条 公有居住房屋转租用于居住的，出租人不得从承租人转租收益中获取收益。

第六章 租赁关系的变更和终止

第三十七条 房屋在租赁期间转让的，房屋的受让人应当继续履行租赁合同，并与承租人签订租赁主体变更合同。

房屋在租赁期间出售的，出租人应当在出售前三个月通知承租人，承租人在同等条件下有优先购买权。

第三十八条 承租人在租赁期间将房屋承租权转让给第三人的，应当书面征得出租人同意，由房屋承租权的受让人继续履行租赁合同，并与出租人签订租赁主体变更合同。

公有居住房屋承租人将承租权转让给他人，应当事先征得本处有本市常住户口的共同居住人的同意。

第三十九条 房屋承租人交换使用各自承租的房屋，应当征得出租人书面同意，公有居住房屋的出租人无正当理由不得拒绝。

房屋交换使用的双方应当订立书面合同，并分别与出租人签订租赁主体变更合同。

公有居住房屋承租人交换使用各自承租的房屋，承租人应当事先征得本处有本市常住户口的共同居住人的同意。

第四十条 公有居住房屋承租人与本处有本市常住户口的共同居住人协商一致，要求将承租户名变更为本处有本市常住户口的共同居住人之一的，出租人应予同意。

公有居住房屋承租人户口迁离本市，其本处有本市常住户口的共同居住人经协商一致，要求将承租户名变更为本处有本市常住户口的共同居住人之一的，出租人应予同意；协商不一致的，由出租人在本处有本市常住户口的共同居住人中确定承租人。

租赁户名变更后，原承租人的共同居住人仍享有居住权。

第四十一条 房屋租赁期间租赁当事人死亡或者依法变更、终止的，租赁关系按照下列规定处理：

（一）出租人死亡或者依法终止的，由房屋所有权的继承人或者继受人继续履行租赁合同。

（二）居住房屋承租人死亡的，其生前共同居住人可以继续履行租赁合同。公有居住房屋承租人死亡的，其生前的共同居住人在该承租房屋处有本市常住户口的，可以继续履行租赁合同；其生前的共同居住人在该承租房屋处无本市常住户口或者其生前无共同居住人的，其生前有本市常住户口的配偶和直系亲属可以继续履行租赁合同。

（三）非居住房屋承租人死亡或者依法终止的，租赁合同依法变更或者终止。

（四）租赁当事人依法分立、合并的，由变更后的当事人继续履行租赁合同。

前款第（二）项规定中可以继续履行租赁合同者有多人的，应当协商确定承租人。协商一致的，出租人应当变更承租人；协商不一致的，由出租人在可以继续履行租赁合同者中确定承租人。

租赁关系变更后，原承租人的生前共同居住人仍享有居住权。

第四十二条 房屋在租赁期间改建、扩建或者拆除重建，致使租赁房屋的面积、部位发生变化的，出租人应当与承租人协商一致，变更租赁合同。

房屋在租赁期间因城市建设需要拆迁的，租赁关系按照租赁合同的约定处理；租赁合同无约定的，按照城市房屋拆迁管理的有关规定处理。

第四十三条 房屋租赁期间发生下列情形之一的，该租赁关系终止：

（一）房屋占用范围内的土地使用权被依法提前收回的；

（二）房屋因社会公共利益需要被依法征收的；

（三）房屋毁损、灭失或者被鉴定为危险房屋的。

发生前款第（一）、（二）项所列情形的，由依法提前收回的部门或者依法征收的单位另行安置承租人；公有居住房屋发生前款第（三）项所列情形的，由出租人另行安置承租人。

第四十四条 房屋在租赁期满后继续出租的，承租人在同等条件下享有优先承租权。

第四十五条 租赁关系终止时，出租人有权收回房屋，承租人应当将房屋返还出租人。承租人未经出租人同意逾期返还房屋的，出租人有权追收房屋占用期间的使用费。

房屋返还时，应当符合正常使用后的状态或者租赁当事人约定的状态；不符合的，出租人可以要求承租人恢复，也可以自行恢复，由此发生的合理费用由承租人承担。

第七章 法律责任

第四十六条 租赁当事人违反本条例第六条、第七条、第八条、第九条、第三十条的规定，致使租赁合同无效的，应当依法承担民事责任。

租赁当事人一方未履行本条例规定的义务，另一方按照本条例第十六条第二款、第三款，第十七条，第二十条第二款，第二十三条第四款，第二十八条第二款，第三十一条第一款、第二款的规定解除租赁合同的，未履行规定义务的租赁当事人一方应当依法承担民事责任。

租赁当事人一方未履行本条例规定的义务，造成另一方或者第三人财产损失、人身伤害的，应当依法承担赔偿责任。

第四十七条 出租人违反本条例第八条第（一）、（三）、（四）、（五）项的规定将不得出租的房屋出租或者承租人违反本条例第三十条规定将不得转租的房屋转租的，由区、县房屋行政管理部门责令其限期改正，没收违法所得，并处以违法所得一倍以下的罚款。

第四十八条 当事人违反本条例第九条规

定预租商品房的，由区、县房屋行政管理部门责令其限期改正，没收违法所得，并处以违法所得一倍以上三倍以下的罚款。

第四十九条 出租人违反本条例第十条规定，未缴纳土地收益的，由市或者区、县房屋行政管理部门责令其限期改正，并可处以未缴纳土地收益金额一倍以下的罚款。

第五十条 违反本条例第十三条规定，擅自调整租金标准的，由区、县房屋行政管理部门责令其限期改正，退还超过标准收取的租金，并处以一千元以上一万元以下的罚款。

第五十一条 市或者区、县房屋行政管理部门的主管人员和其他直接责任人员玩忽职守、滥用职权、徇私舞弊的，由其所在单位或者上级主管部门依法给予行政处分；构成犯罪的，依法追究刑事责任。

第五十二条 当事人对行政管理部门的具体行政行为不服的，可以依照《中华人民共和国行政复议法》或者《中华人民共和国行政诉讼法》的规定，申请行政复议或者提起行政诉讼。

当事人对具体行政行为逾期不申请复议，不提起诉讼，又不履行的，作出具体行政行为的行政管理部门可以申请人民法院强制执行。

第八章 附 则

第五十三条 本市最低收入家庭租赁居住房屋的办法，由市人民政府另行制定。

第五十四条 本条例自2000年7月1日起施行。《上海市城镇公有房屋管理条例》同时废止。

上海市鼓励引进技术的吸收与创新规定

（2000年1月25日上海市第十一届人民代表大会常务委员会第十六次会议通过 根据2002年2月1日上海市第十一届人民代表大会常务委员会第三十六次会议《关于修改〈上海市鼓励引进技术的吸收与创新规定〉的决定》第一次修正 根据2010年9月17日上海市第十三届人民代表大会常务委员会第二十一次会议《关于修改本市部分地方性法规的决定》第二次修正）

第一条 为了鼓励引进技术的吸收与创新，提高本市引进技术的吸收与创新能力，加快产业升级和技术进步，促进经济和社会发展，根据有关法律、法规，结合本市实际情况，制定本规定。

第二条 本规定所称引进技术的吸收与创新（以下简称吸收与创新），是指依法通过贸易、经济技术合作等方式，从国外取得先进技术并通过掌握其设计理论、工艺流程等技术要素，成功地运用于生产经营，以及在此基础上开发新技术、新产品并实现商业化的活动。

第三条 本规定适用于本市范围内的吸收与创新活动。

第四条 吸收与创新应当遵守保护知识产权的法律、法规以及我国加入或者签订的国际条约、协议。

技术进出口合同对技术保密有约定的，从其约定。

吸收与创新所形成的知识产权受法律保护。

第五条 市人民政府负责吸收与创新工作的组织、协调，做好宏观调控，限制低水平的重复引进。

市经济行政管理部门负责组织编制和实施

全市的吸收与创新规划；编制、公布本市吸收与创新重点项目指导目录（以下简称指导目录）和年度计划；指导年度计划项目的实施并组织鉴定和验收。

本市各有关部门以及区、县人民政府根据各自职责，共同做好吸收与创新工作。

第六条 企业是吸收与创新的主体，有权根据生产经营的需要和市场需求，自主引进先进适用技术，自主确定吸收与创新的内容和方式。

大型企业或者企业集团可以按照国家有关规定，设立吸收与创新基地，承担国家和本市重大技术装备或者吸收与创新的项目。

职工应当遵守企业依法建立的技术保密制度。

第七条 本市鼓励企业与科研单位、高等院校开展吸收与创新的联合研究、联合开发，或者联合建立技术开发机构。

参与吸收与创新项目的各方，应当签订合同，约定有关技术权益的归属以及各方的权利与义务。

第八条 企业可以按照指导目录以及规定的条件和程序，申请将本企业的吸收与创新项目列入市吸收与创新年度计划。

市经济行政管理部门接到申请后，应当组织专家，按照公平、公正、合理的原则进行评审，在每年第一季度确定市吸收与创新年度计划的项目，并书面通知申请单位。

第九条 本市设立吸收与创新的专项资金，列入市级预算并逐步增加。

吸收与创新的专项资金按照本规定用于吸收与创新项目的低息贷款、贷款贴息和技术开发经费补贴等方面的资助。

吸收与创新的专项资金，由市经济行政管理部门委托的企业技术创新服务中心（以下简称创新服务中心）负责结算管理。

区、县人民政府可以根据本地区经济发展情况和吸收与创新的需要，设立相应的专项资金，用于扶持本地区的吸收与创新项目。

第十条 市各有关部门用于技术进步的其他专项资金，应当确定高于百分之十的比例用于鼓励吸收与创新，重点支持引进高新技术的研究开发、成果转化和认证。

第十一条 列入市吸收与创新年度计划项目的单位，可以申请低息贷款；获得金融机构贷款的，可以申请贷款贴息。

第十二条 下列项目或者技术可以获得技术开发经费的补贴：

（一）属于国家技术创新项目或者本市重点支持的吸收与创新项目；

（二）在吸收基础上创新的、具有市场竞争力或者获得自主知识产权的技术；

（三）未列入市吸收与创新年度计划，但符合指导目录要求，经过市经济行政管理部门组织鉴定，确认其技术上有重大突破并形成一定规模的项目。

第十三条 企业用于吸收与创新的技术开发经费，可以按照实际发生额计入成本。

用于吸收与创新的关键设备、测试仪器，单价在规定数额以下的，可以一次或者分次计入成本。

列入市吸收与创新年度计划的项目，经市财政、税务部门审核，可以对设备进行快速折旧，并参照市新产品试产计划或者中试产品计划的规定享受相应优惠。

第十四条 吸收与创新项目属于高新技术成果转化的，或者在吸收高新技术基础上创新的成果转让取得收益的，按照国家和本市高新技术成果转化的规定，享受优惠。

第十五条 列入市吸收与创新年度计划的项目，可以向市经济行政管理部门申请优先列入市技术改造项目计划，获得贷款贴息的资助。

第十六条 吸收与创新的技术或者产品申请国内外专利的，可以分别向市科技行政管理部门、市专利行政管理部门、市经济行政管理部门申请专利申请费、专利维持费、专利代理费的部分资助。

企业引进国外专利技术用于技术开发，属于国内首次运用的，可以凭专利转让或者专利许可合同等有效证明，向市经济行政管理部门申请经费补贴。

第十七条 企业在本市建立吸收与创新的下列机构，可以向市经济行政管理部门申请启动经费的补贴：

（一）国家级或者市级的企业技术开发中心；

（二）国家级或者市级的吸收与创新基地；

（三）与科研单位、高等院校联合建立的市级技术开发机构。

第十八条 吸收与创新的高新技术产品出口，可以按照国家有关规定享受增值税零税率优惠。

吸收与创新的产品进行技术质量认证，企业可以向市经济行政管理部门申请有关的经费补贴。

第十九条 本市吸收与创新年度计划的项目承担单位需要引进外省市专业技术人才的，可以按照规定直接申请办理外省市专业技术人才调入本市的手续；需要引进国外技术管理专家、海外高层次留学人员的，可以按照规定申请有关专项资金的扶持。

对列入市吸收与创新年度计划的项目进行关键技术攻关，需要聘用国外专家的，可依据聘用合同向市有关部门申请经费补贴。

第二十条 本市各级机关在采购活动中，在同等条件下，应当优先采购属于扶持发展产业的吸收与创新产品。

第二十一条 对吸收与创新作出重大贡献的企业经营者、项目负责人和科技人员，有关部门应当给予奖励。

对吸收与创新作出重大贡献的企业经营者、项目负责人和科技人员，企业应当在吸收与创新产品取得的收益中提取一定比例给予奖励，或者按照国家和本市有关规定将奖励额折算为股份或者出资比例，由受奖励人分享收益。

第二十二条 吸收与创新的成果或者产品，可以申请各级科技成果奖项。

第二十三条 创新服务中心应当根据市经济行政管理部门批准的吸收与创新项目和款额，与项目单位订立合同，并通过有关金融机构将款额及时足额地拨付给项目单位；项目单位应当按照合同约定的内容履行义务。

第二十四条 本市有关部门和创新服务中心的工作人员，在吸收与创新活动中违反本规定，疏于职守、弄虚作假、徇私舞弊，侵犯吸收与创新项目单位合法权益的，由其所在单位或者上级主管部门责令改正，给予行政处分；挪用、克扣、截留吸收与创新专项资金的，由其所在单位或者上级主管部门责令限期归还，给予行政处分；构成犯罪的，依法追究刑事责任。

第二十五条 违反本规定第四条，侵犯他人知识产权的，依照相关法律、法规处理。

违反本规定第六条第三款，给企业造成损失的，企业有权要求赔偿，并依照相关法律的规定，追究其违法责任。

第二十六条 企业在吸收与创新活动中弄虚作假，骗取低息贷款、贷款贴息或者技术开发经费补贴等资助的，由市经济行政管理部门会同有关部门追回其所得的款额，并由市经济行政管理部门处以所骗款额一至三倍的罚款；骗取其他优惠待遇的，依照有关法律、法规的规定处理。

采取欺骗手段获得奖励的，由市经济行政管理部门及有关部门撤销其奖励，并责令其退回奖励所得。

第二十七条 本规定自2000年3月1日起施行。1987年6月20日上海市第八届人民代表大会常务委员会第二十九次会议批准的《上海市鼓励引进技术消化吸收暂行规定》同时废止。

上海市人民代表大会常务委员会关于加强本市基础通信管线管理的决定

（2000年7月13日上海市第十一届人民代表大会常务委员会第二十次会议通过 根据2010年9月17日上海市第十三届人民代表大会常务委员会第二十一次会议《关于修改本市部分地方性法规的决定》修正）

为了规范本市基础通信管线的管理，实现基础通信管线资源的综合利用，依法推进国民经济和社会信息化的进程，上海市第十一届人民代表大会常务委员会第二十次会议审议了市人民政府提出的《关于加强本市基础通信管线管理的决定（草案）》的议案，特作如下决定：

一、本市对基础通信管线实行统一规划、统一建设和统一管理。

本决定所称的基础通信管线，是指本市城市道路规划红线以内通信网络的光（电）缆线所经过的地下管道（包括人井），以及依附于地铁、隧道、城市桥梁等公共设施一次性敷设的通信网络光（电）缆线。

二、市信息化行政管理部门主管本市国民经济和社会的信息化管理工作，负责本市基础通信管线规划的编制，并对本市基础通信管线的建设和运营实施监督管理。

三、本市基础通信管线规划由市信息化行政管理部门会同有关行政部门根据本市国民经济和社会发展中长期规划以及社会对基础通信管线的需求组织编制，经市规划管理部门综合平衡后，纳入本市城市总体规划。

四、本市基础通信管线建设的年度计划由市信息化行政管理部门会同有关部门制定，并组织协调，监督实施。

本市基础通信管线建设年度计划的制定，应当按照本市基础通信管线的规划，综合平衡各网络运营单位和社会其他方面对基础通信管线的需求，与城市建设相关的年度计划相衔接。

五、要充分利用本市基础通信管线存量资源。新建、扩建或者改建基础通信管线，应当按照互利互惠的原则，与相关的存量基础通信管线实行互联互通。

六、《上海市保护和发展邮电通信规定》等本市地方性法规的有关条款与本决定不一致的，按照本决定执行。

七、本决定自2000年8月1日起施行。

上海市合同格式条款监督条例

（2000年7月13日上海市第十一届人民代表大会常务委员会第二十次会议通过）

第一条 为了规范合同中的格式条款，防止滥用格式条款获取不正当利益，保护消费者的合法权益，根据《中华人民共和国合同法》、《中华人民共和国消费者权益保护法》和相关法律、法规的规定，结合本市实际情况，制定本条例。

第二条 格式条款是指格式条款的提供方(以下简称提供方)为了重复使用而预先拟定，并在订立合同时未与对方协商的条款。

商业广告、通知、声明、店堂告示、凭证、单据等的内容符合要约规定和前款规定的，视为格式条款。

第三条 本市范围内，提供方与为生活消费需要购买、使用商品或者接受服务的消费者订立合同采用格式条款的，适用本条例。

第四条 本市工商行政管理部门负责对格式条款进行监督，对利用格式条款损害消费者合法权益的违法行为依法进行处理。

其他有关行政主管部门按照各自职责，共同做好格式条款监督工作，及时处理损害消费者合法权益的违法行为。

行业组织依照法律、法规和章程的规定，对本行业内格式条款的提供进行指导，并接受工商行政管理部门和相关行政主管部门的监督。

第五条 提供方应当遵循公平原则确定当事人之间的权利和义务，不得滥用优势地位作出对消费者不公平、不合理的规定。

第六条 格式条款不得含有免除提供方下列责任的内容：

(一)造成消费者人身伤害的责任；

(二)因故意或者重大过失造成消费者财产损失的责任；

(三)对提供的商品或者服务依法应当承担的保证责任；

(四)因违约依法应当承担的违约责任；

(五)依法应当承担的其他责任。

第七条 格式条款不得含有加重消费者下列责任的内容：

(一)违约金或者损害赔偿金超过合理数额；

(二)承担应当由提供方承担的经营风险责任；

(三)违反法律、法规加重消费者责任的其他内容。

第八条 格式条款不得含有排除消费者下列主要权利的内容：

(一)依法变更或者解除合同；

(二)请求支付违约金或者请求损害赔偿；

(三)行使合同解释权；

(四)就合同争议提起诉讼的权利；

(五)消费者依法享有的其他主要权利。

第九条 格式条款含有免除或者限制自身责任内容的，提供方应当在合同订立前，用清晰、明白的语言或者文字提请消费者注意。通知、声明、店堂告示等还应当设在醒目位置。

第十条 提供方拟订格式条款，可以参照各类合同的示范文本。

合同示范文本由有关行政主管部门或者行业组织制定。

上海市工商行政管理局(以下简称市工商局)可以参与合同示范文本的制定。

有关行政主管部门、行业组织自行制定合同示范文本的，应当报市工商局备案。

第十一条 下列合同采用格式条款的，提供方应当在合同订立之前将合同文本报市工商局备案，但本条例第二条第二款规定视为格式条款的除外：

(一)房屋的买卖、租赁及其居间、委托合同；

(二)居住物业管理合同，住宅装潢合同；

(三)旅游合同；

(四)供用电、水、气合同；

(五)运输合同；

(六)邮政、电信合同；

(七)市人民政府认为其他含有格式条款需要备案的合同。

经备案的格式条款内容需变更的，提供方应当将变更后的格式条款重新报市工商局备案。

市工商局对备案的格式条款，应当建立公开查阅制度。

第十二条 通过下列方式发现格式条款违反本条例第六条、第七条、第八条规定的，市工商局可以向提供方提出要求予以修改的意见；提供方不同意修改或者对修改意见有异议的，可以要求市工商局举行听证：

(一)市工商局备案审查发现的;

(二)工商行政管理部门在日常监督检查中发现的;

(三)由消费者协会履行职能时发现的;

(四)由消费者申诉发现的。

按照本条例第十一条规定需要报市工商局备案的格式条款,提供方要求听证的,市工商局应当组织听证。本条例第十一条规定以外的格式条款,提供方要求听证的,市工商局可以根据实际情况,决定是否组织听证。

第十三条 市工商局对格式条款举行听证的,应当在举行听证的七日前,将举行听证的时间、地点通知提供方和其他有关当事人。提供方应当参加听证。

市工商局组织听证时,可以邀请市消费者协会、有关行政主管部门、行业组织和专家学者、法律界人士以及消费者代表参加。

第十四条 市工商局根据法律、法规或者听证结果要求修改格式条款的,应当书面通知提供方。

提供方应当在接到书面通知之日起十五日内对格式条款进行修改,并将修改后的格式条款报市工商局备案。提供方拒不修改的,市工商局可以将该格式条款及其提供方的有关情况向社会公告。

第十五条 消费者认为格式条款违反本条例规定,侵害其合法权益的,可以向工商行政管理部门、消费者协会提出申诉或者投诉,也可以依法向人民法院提起诉讼。

第十六条 提供方违反本条例第六条、第七条、第八条规定,侵害消费者合法权益的,应当承担相应的法律责任。

提供方违反本条例第九条,第十一条第一款、第二款规定的,由工商行政管理部门责令限期改正;在规定期限内拒不改正的,可以处以五百元以上五千元以下的罚款。

第十七条 经备案及听证的格式条款,不排除提供方因格式条款损害消费者权益应当承担的民事责任。

第十八条 当事人对具体行政行为不服的,可以依照《中华人民共和国行政复议法》和《中华人民共和国行政诉讼法》的规定,申请行政复议或者提起行政诉讼。

当事人对具体行政行为在法定期限内不申请复议,不提起诉讼,又不履行的,作出具体行政行为的部门可以申请人民法院强制执行。

第十九条 工商行政管理部门对格式条款进行监督时,可以提请有关行政主管部门或者行业组织协助进行监督、指导和处理。

国家有关部门或者国家直属企业提供的格式条款侵害消费者权益的,市工商局可以提请国家有关部门进行监督和纠正。

第二十条 农民购买直接用于农业生产的生产资料,与提供方订立含有格式条款的合同,参照本条例执行。

第二十一条 本条例自2001年1月1日起施行。

本条例第十一条第一款规定的含有格式条款的合同,在本条例施行前已经使用的,提供方应当自本条例施行之日起九十日内将合同样本报市工商局备案。

上海市清真食品管理条例

(2000年8月11日上海市第十一届人民代表大会常务委员会第二十一次会议通过　根据2015年7月23日上海市第十四届人民代表大会常务委员会第二十二次会议《关于修改〈上海市建设工程材料管理条例〉等12件地方性法规的决定》修正)

第一章　总　　则

第一条　为了尊重少数民族的风俗习惯，保障清真食品供应，加强清真食品管理，促进清真食品行业发展，增进民族团结，根据《城市民族工作条例》，结合本市实际情况，制定本条例。

第二条　本条例所称清真食品，是指按照回族等少数民族(以下简称食用清真食品少数民族)的饮食习惯，屠宰、加工、制作的符合清真要求的饮食、副食品、食品。

第三条　本条例适用于本市行政区域内清真食品的生产、储运、销售及其监督管理活动。

第四条　市民族事务行政主管部门负责组织和监督本条例的实施；市商业行政主管部门负责清真食品的行业规划和生产、经营管理工作。

市工商行政管理、财政、税务、卫生、房屋土地、工业经济等行政主管部门依照各自的职责，协同实施本条例。

区、县人民政府负责在本行政区域内实施本条例。区、县民族事务行政主管部门和商业行政主管部门按照本条例的规定，负责本行政区域内清真食品行业的管理工作。

第五条　各级人民政府应当鼓励、支持企业和个体工商户对清真食品生产、经营的投资。

市和区、县人民政府及其民族事务行政主管部门对在生产、经营、管理清真食品工作中取得突出成绩的单位和个人，应当给予表彰、奖励。

第六条　市和区、县人民政府应当加强尊重少数民族风俗习惯的宣传、教育。

生产、经营清真食品的企业应当对职工进行有关法律、法规和民族政策的培训。

任何单位和个人都应当尊重食用清真食品少数民族的饮食习惯，不得歧视和干涉。

第二章　清真标志牌的管理

第七条　市商业行政主管部门会同市民族事务行政主管部门负责全市清真食品网点和保障清真食品供应的基本供应点的规划及其调整，并做好清真食品供应点的扶持工作。

区、县人民政府应当根据全市清真食品网点、基本供应点的规划，结合本地区的实际情况，设置清真食品供应点；在食用清真食品少数民族相对集中的地区、交通枢纽和商业中心地段，应当设置清真食品基本供应点。

第八条　市和区、县民族事务行政主管部门应当会同有关部门及时向社会公告清真食品基本供应点。基本供应点附近应当设置明显的指示牌。

第九条　企业和个体工商户生产、经营清真食品的，应当向区、县民族事务行政主管部门申领清真标志牌，其中在机场、火车站等生产、经营清真食品的，应当向市民族事务行政主管部门申领。

未取得清真标志牌的，不得生产、经营清真食品。

第十条　清真标志牌由市民族事务行政主管部门统一监制。

禁止伪造、转让、租借或者买卖清真标

志牌。

第十一条 申领清真标志牌的，应当具备下列条件：

（一）生产和经营的场地、设备、设施符合清真要求；

（二）主要管理人员和职工中，有适当比例的食用清真食品的少数民族公民；

（三）企业的负责人和个体工商户应当接受清真食品行业培训，并取得合格证书；

（四）企业的负责人、承包人或者承租人一般应当是食用清真食品的少数民族公民，个体工商户应当是食用清真食品的少数民族公民。

第十二条 申领清真标志牌的，应当根据本条例第十一条的规定，向市或者区、县民族事务行政主管部门提供相应材料。

第十三条 市或者区、县民族事务行政主管部门应当自收到申领清真标志牌的材料之日起十个工作日内审核完毕，并作出书面答复；对符合条件的，核发清真标志牌。

生产、经营清真食品的企业和个体工商户应当在生产、经营场所的醒目位置悬挂清真标志牌。

第十四条 生产、经营清真食品的企业和个体工商户不再生产、经营清真食品的，应当向市或者区、县民族事务行政主管部门和商业行政主管部门备案，并将清真标志牌交回原核发部门；其中属于基本供应点的，应当事先征得市或者区、县民族事务行政主管部门和商业行政主管部门的同意。

第三章 生产、经营条件

第十五条 生产、经营清真食品的，应当按照食用清真食品少数民族的饮食习惯屠宰、加工、制作。

第十六条 清真食品的主辅原料应当符合清真要求，并附有效证明。

第十七条 清真食品的运输车辆、计量器具、储藏容器和加工、储存、销售的场地应当保证专用，不得运送、称量、存放清真禁忌食品或者物品。

第十八条 生产、经营清真食品的，应当在其字号、招牌和食品的名称、包装上显著标明“清真”两字，并可以标有清真含义的符号。

未取得清真标志牌的，不得在其字号、招牌和食品的名称、包装上使用“清真”两字或者标有清真含义的符号。

第十九条 生产、经营清真食品的，其字号、招牌以及食品的名称、包装和宣传广告，不得含有食用清真食品少数民族禁忌的语言、文字或者图像。

第二十条 禁止携带清真禁忌食品、物品进入清真食品的专营场所。

清真食品的生产者、经营者有权拒绝携带清真禁忌食品或者物品者进入清真食品的专营场所。

在非专营清真食品的区域内，清真禁忌食品或者物品的摊位、柜台，应当与清真食品的摊位、柜台保持适当距离或者设置明显有效的隔离设施。

第二十一条 食用清真食品少数民族公民所在的单位，一般应当设立清真食堂或者提供清真伙食。不具备条件的，应当按照规定发给食用清真食品少数民族职工清真伙食补贴。

市级医院和区、县中心医院应当为食用清真食品的少数民族病人提供清真伙食。其他医疗机构应当创造条件，为食用清真食品的少数民族病人提供清真伙食。

第二十二条 设立清真食堂或者提供清真伙食的单位，采购、加工、制作、储运、销售清真食品，应当符合清真要求。

第四章 优惠措施

第二十三条 市和区、县人民政府应当对清真食品基本供应点，给予下列优惠：

（一）对改造项目给予补贴；

（二）对经营场地租金给予补贴；

（三）对银行贷款利息给予补贴；

（四）按照有关规定给予其他补贴。

前款优惠措施所需资金，列入同级政府财政预算。

清真食品的生产者，经营者可以依法享受税收减免的优惠措施。

第二十四条 生产、经营清真食品的企业和个体工商户不再生产、经营清真食品的，自不再生产、经营清真食品之日起，停止享有本条例规定的各项优惠。

第二十五条 因建设工程或者其他原因需要拆迁清真食品供应点的，拆迁人应当事先征求市或者区、县商业行政主管部门和民族事务行政主管部门的意见，并遵循同等条件"拆一还一"、就近、及时、便于经营的原则，妥善安置。

在拆迁安置过渡期间，拆迁人应当为临时设立清真食品供应点提供条件，并给予必要的经济补偿。

第五章 法律责任

第二十六条 生产、经营清真食品的企业和个体工商户，有下列情形之一的，由市或者区、县民族事务行政主管部门责令限期改正，并可予以下列处罚：

（一）违反本条例第十四条、第十六条规定的，处以五十元以上五百元以下罚款；

（二）违反本条例第十五条、第十七条规定的，处以一百元以上一千元以下罚款；

（三）违反本条例第九条第二款、第十条第二款、第十八条第二款、第十九条规定的，处以两百元以上两千元以下罚款。

有前款所列情形之一，情节严重的，市或者区、县民族事务行政主管部门可以暂扣或者吊销其清真标志牌。

第二十七条 当事人对民族事务行政主管部门的具体行政行为不服的，可以依照《中华人民共和国行政复议法》或者《中华人民共和国行政诉讼法》的规定，申请行政复议或者提起行政诉讼。

当事人对具体行政行为逾期不申请复议，不提起诉讼，又不履行的，作出具体行政行为的民族事务行政主管部门可以申请人民法院强制执行。

第二十八条 民族事务行政主管部门直接负责的主管人员和其他直接责任人员玩忽职守、滥用职权、徇私舞弊的，由其所在单位或者上级主管部门依法给予行政处分；构成犯罪的，依法追究刑事责任。

第六章 附则

第二十九条 市人民政府可以根据本条例制定有关事项的实施办法。

第三十条 本条例自2001年1月1日起施行。

上海市公共汽车和电车客运管理条例

(2000年9月22日上海市第十一届人民代表大会常务委员会第二十二次会议通过　根据2003年10月10日上海市第十二届人民代表大会常务委员会第七次会议《关于修改〈上海市公共汽车和电车客运管理条例〉的决定》第一次修正　根据2006年6月22日上海市第十二届人民代表大会常务委员会第二十八次会议《关于修改〈上海市公共汽车和电车客运管理条例〉的决定》第二次修正　根据2010年7月30日上海市第十三届人民代表大会常务委员会第二十次会议《关于修改〈上海市公共汽车和电车客运管理条例〉的决定》第三次修正　根据2011年12月22日上海市第十三届人民代表大会常务委员会第三十一次会议《关于修改本市部分地方性法规的决定》第四次修正)

第一章　总　　则

第一条　为了加强本市公共汽车和电车客运管理，维护营运秩序，提高服务质量，保障乘客和经营者的合法权益，促进公共汽车和电车客运的发展，根据本市实际情况，制定本条例。

第二条　本条例适用于本市行政区域内公共汽车和电车客运的经营及其相关的管理活动。

本条例所称公共汽车和电车，是指在本市行政区域内按照固定的线路、站点和规定的时间营运，用于运载乘客并按照核定的营运收费标准收费的汽车和电车。

第三条　上海市交通行政管理部门(以下简称市交通行政管理部门)是本市公共汽车和电车客运的行政主管部门，并负责本条例的组织实施。

市交通行政管理部门所属的上海市城市交通运输管理处(以下简称市运输管理处)负责具体实施本市公共汽车和电车客运的日常管理工作，并直接对黄浦、卢湾、徐汇、长宁、静安、普陀、闸北、虹口、杨浦等区的公共汽车和电车客运进行日常管理和监督；市交通行政管理部门所属的上海市城市交通行政执法总队(以下简称市交通执法总队)具体负责本市公共汽车和电车客运监督检查工作，并按照本条例的规定实施行政处罚。

浦东新区以及闵行、宝山、嘉定、金山、松江、奉贤、青浦、崇明等区、县交通行政管理部门(以下简称区、县交通行政管理部门)负责组织领导本行政区域内的公共汽车和电车客运管理工作。区、县交通行政管理部门所属的交通运输管理机构(以下简称区、县运输管理机构)负责具体实施本行政区域内公共汽车和电车客运日常管理和监督工作；区、县交通行政管理部门所属的交通行政执法机构(以下简称区、县交通执法机构)负责具体实施本行政区域内公共汽车和电车客运监督检查工作，并按照本条例的规定实施行政处罚。

区、县人民政府和有关行政管理部门按照各自职责，协同实施本条例。

第四条　本市实施公共交通优先发展战略。市和区、县人民政府应当按照城乡一体化的要求，对公共汽车和电车客运在资金投入、规划用地、设施建设、场站维护、道路通行等方面给予扶持，并形成合理的价格机制，为市民提供快捷、安全、方便、舒适的客运服务。

市和区、县人民政府对公共汽车和电车客运方面的资金投入应当纳入公共财政预算体系。

本市鼓励在公共汽车和电车客运的经营和管理领域应用先进的科学技术及管理方法,鼓励采用新能源、低排放车辆。

第五条 市交通行政管理部门应当根据城市发展和方便市民出行的实际需要,经听取区、县人民政府有关部门意见后,组织编制公共汽车和电车客运专项规划,由市规划行政管理部门综合平衡,报市人民政府批准后,纳入城市总体规划。

公共汽车和电车客运专项规划应当包括公共汽车和电车在城市公共交通方式中的构成比例和规模、客运服务设施的用地范围、场站和线路布局、专用道和港湾式停靠站设置等内容。

公共汽车和电车客运专项规划应当与轨道交通等其他专项规划合理衔接,形成布局合理、经济高效的营运体系。

第六条 本市公共汽车和电车客运的经营活动,应当遵循服从规划、公平竞争、安全营运、规范服务、便利乘客的原则。

第七条 本市根据公共汽车和电车客运服务的公益性特点,建立职工工资增长主要与其产生的社会效益相联系的机制。

第二章 线路和线路经营权

第八条 市和区、县交通行政管理部门应当在听取各方面意见的基础上,会同有关部门根据本市公共汽车和电车客运专项规划,制定或者调整本市、本区县公共汽车和电车客运线网规划(以下简称线网规划)及场站规划。

本市公共汽车和电车客运线路(以下简称线路)的开辟、调整、终止,应当符合线网规划的要求。

第九条 市和区、县交通行政管理部门应当定期组织公共汽车和电车客流调查和线路普查,对公共汽车和电车客运线网进行优化调整,实现与轨道交通等其他交通方式的有效衔接,并提高出行不便地区的线网密度。

市和区、县交通行政管理部门应当会同公安、建设等行政管理部门,根据线网规划、客流调查和线路普查情况,制定开辟、调整、终止线路的计划,并通过公开征求意见、召开听证会等方式征询涉及范围内单位、居民的意见,作为线路开辟、调整、终止的依据之一。

区、县人民政府也可以根据本地区的实际需要,提出跨区、县开辟、调整、终止线路的意见,经市交通行政管理部门会同公安、建设等行政管理部门审核同意后,纳入线路开辟、调整、终止的计划。

市和区、县交通行政管理部门根据计划开辟、调整、终止线路的,应当在实施之日的十日前予以公布。

第十条 市和区、县交通行政管理部门应当为新建居住区等建设项目同步配套公共汽车和电车线路,或者与邻近公共交通站点接驳的线路。

市和区、县规划行政管理部门应当会同市和区、县交通行政管理部门,按照居住区公共服务设施设置的有关标准,将新建居住区等建设项目配套的公共汽车和电车站点设施用地纳入相关控制性详细规划。公共汽车和电车站点设施应当与新建居住区等建设项目同步设计、同步建设、同步竣工、同步交付使用。新建居住区分片开发的,应当根据实际情况,设置过渡公共汽车和电车站点设施。

第十一条 旅游线路应当纳入线网规划。旅游线路的开辟、调整、终止,由市旅游行政管理部门提出,经市交通行政管理部门平衡后确定。

旅游线路应当按照方便游客的原则,在旅游景点设立固定站点,并与旅游景点的开放和营业时间相适应。

第十二条 经营者从事线路营运,应当取得有关交通行政管理部门授予的线路经营权。区、县交通行政管理部门负责授予起讫站和线路走向均在本区、县内线路营运的线路经营权;市交通行政管理部门负责授予其他线路营运的线路经营权。

线路经营权每期不得超过八年。在线路经

营权期限内，经营者不得擅自处分取得的线路经营权。

第十三条 经营者取得线路经营权，应当具备下列条件：

（一）取得在本市从事公共汽车和电车客运业务的《企业法人营业执照》；

（二）符合线路营运要求的营运车辆或者相应的车辆购置资金；

（三）符合线路营运要求的停车场地和配套设施；

（四）具有合理、可行的线路营运方案；

（五）具有健全的客运服务、行车安全等方面的营运管理制度；

（六）具有相应的管理人员和经培训合格的驾驶员、乘务员、调度员，其中驾驶员应当有一年以上驾驶年限。

第十四条 对新开辟的线路，线路经营权期限届满需要重新确定经营者的线路，或者在线路经营权期限内需要重新确定经营者的线路，市和区、县交通行政管理部门应当通过招标方式授予经营者线路经营权。

线路经营权期限届满六个月前，经营者可以向市或者区、县交通行政管理部门提出取得新一期线路经营权的书面申请。市或者区、县交通行政管理部门根据经营者营运服务的状况，在线路经营权期限届满三个月前，决定是否授予其线路经营权。

经营者取得线路经营权的，由市或者区、县交通行政管理部门发给线路经营权证书。

第十五条 市财政部门应当会同市交通行政管理部门建立规范的公共汽车和电车企业成本费用审计与评价制度。市和区、县审计部门应当依法加强审计监督。审计与评价结果作为财政补贴的依据之一。

市和区、县人民政府对实行公共交通换乘优惠、对老年人等符合规定条件的乘客实施的乘车免费措施以及在农村等客流稀少地区开辟线路的公共汽车和电车经营者，应当及时给予补贴。

第十六条 市和区、县交通行政管理部门应当加强城市公共汽车和电车客运基础设施的建设；加强公共汽车和电车客运市场管理，查处无证经营行为；除特殊情况外，对已经确定经营者的线路不再开辟复线。

第十七条 市和区、县交通行政管理部门应当定期组织对经营者的营运服务状况进行评议，评议内容主要包括营运服务、安全行车、统计核算、遵章守纪、市民评价等。评议结果作为授予或者吊销线路经营权的依据之一。

市和区、县交通行政管理部门组织对经营者的营运服务状况进行评议时，应当邀请乘客代表参加，并听取社会各方面的意见。

市和区、县交通行政管理部门应当将国有公共汽车和电车企业营运服务状况的评议结果告知国有资产监督管理机构。国有资产监督管理机构依照有关法律、法规的规定，对国有公共汽车和电车企业进行监管。

第十八条 对取得线路经营权的经营者，由市运输管理处或者区、县运输管理机构按照其营运车辆的数量，发给车辆营运证。

驾驶员、乘务员、调度员应当经市运输管理处培训合格后方可上岗。

第三章 营运管理

第十九条 经营者在营运中应当执行取得线路经营权时确定的客运服务、行车安全等方面的营运管理制度。

经营者应当按照核准的线路、站点、班次、时刻、车辆数、车型、车辆载客限额组织营运，不得擅自变更或者停止营运。

车辆载客限额由市公安部门和市运输管理处共同核准。

第二十条 经营者应当根据本条例规定的营运要求和客流量编制线路行车作业计划，报市运输管理处或者区、县运输管理机构备案。经营者应当按照线路行车作业计划营运。

市运输管理处、区县运输管理机构应当对经营者的线路行车作业计划的执行情况进行监督检查。

第二十一条 采用无人售票方式营运的线路，经营者应当在无人售票营运车辆上设置符合市交通行政管理部门规定的投币箱、电子读卡机和电子报站设备，并保持其完好；投币箱旁应当备有车票凭证。

起讫站设在火车站、客运码头、机场的线路，经营者不得采用无人售票方式营运。

第二十二条 采用装有空调设施的车辆营运的，经营者应当定期维护车辆空调设施，保持其良好的工作状态，并在车厢内显著位置设置温度计。

每年的六月一日至九月三十日期间和十二月一日至次年三月一日期间，以及在此期间外车厢内温度高于二十八摄氏度或者低于十二摄氏度时，经营者应当开启车辆空调设施。

除前款规定应当开启车辆空调设施的情形外，经营者应当开启车辆通风换气设施。

第二十三条 经营者在营运过程中，应当在规定的站点安排上下客。在本市城镇范围外，站点间距超过一定距离的，经市运输管理处或者区、县运输管理机构会同公安部门审核批准，经营者可以在核准的共用招呼站安排上下客。

第二十四条 经营者因解散、破产等原因在线路经营权期限内需要终止营运的，应当在终止营运之日的三个月前，书面告知市或者区、县交通行政管理部门。市或者区、县交通行政管理部门应当在经营者终止营运前确定新的经营者。

第二十五条 需要暂停或者终止线路营运、站点使用的，经营者应当向市或者区、县交通行政管理部门提出书面申请，经审核批准后实施。

需要变更站点或者营运线路的，经营者应当向市运输管理处或者区、县运输管理机构提出书面申请，经市运输管理处或者区、县运输管理机构会同公安、建设等行政管理部门审核批准后实施。

线网规划调整的，市运输管理处或者区、县运输管理机构可以要求经营者实施营运调整，经营者应当予以执行。

道路、地下管线等城市基础设施施工或者道路状况影响营运安全的，市运输管理处或者区、县运输管理机构根据公安、建设等行政管理部门提出的意见，可以要求经营者实施营运调整，经营者应当予以执行。

第二十六条 除不可抗力或者其他紧急情况外，经市运输管理处或者区、县运输管理机构批准实施营运调整的，经营者应当于实施之日的五日前，在线路各站点公开告示。

除不可抗力或者其他紧急情况外，市运输管理处或者区、县运输管理机构根据本条例第二十五条第三款、第四款规定实施营运调整的，应当于实施之日的十日前，在线路各站点公开告示营运调整和临时站点设置情况。

两条或者两条以上相关联的线路同时发生营运调整的，市运输管理处或者区、县运输管理机构还应当通过新闻媒体公开告示。

第二十七条 有下列情形之一的，经营者应当按照市运输管理处或者区、县运输管理机构的统一调度，及时组织车辆、人员进行疏运：

（一）主要客运集散点供车严重不足的；

（二）举行重大社会活动的；

（三）轨道交通发生突发事件需要应急疏散的；

（四）其他需要应急疏运的。

第二十八条 经营者应当按照市人民政府核定的营运收费标准收费。

经营者向乘客收取营运费用后，应当出具由市交通行政管理部门和市税务部门认可的等额车票凭证。

第二十九条 市和区、县交通行政管理部门应当建设公共汽车和电车客运服务信息系统，提供营运信息发布、出行查询、应急报警等信息服务，方便乘客出行。

经营者应当配备符合规定标准的车辆信息监控系统和图像监控设施，并按照规定发送营运数据。

第三十条 经营者应当制定并执行安全教育培训、现场管理、应急处置等各项安全制度，防止和减少事故发生。发生安全事故的,经营者应当立即启动应急预案,妥善处理事故,并及时向市或者区、县交通行政管理部门报告。

经营者可以采取商业保险、事故赔偿专用资金等方式,保障营运事故的善后处理。

经营者应当加强对营运车辆的检查、保养和维修工作,并予以记录,保证投入营运的车辆符合下列要求:

(一)车辆整洁、设施完好;

(二)车辆性能、尾气排放符合国家规定的技术规范;

(三)在规定的位置,标明营运收费标准、线路名称和经营者名称;

(四)在规定的位置放置车辆营运证副本;

(五)在规定的位置,张贴市交通行政管理部门按照本条例制定的《上海市公共汽车和电车乘坐规则》(以下简称《乘坐规则》)、线路走向示意图以及乘客投诉电话号码;

(六)按照规定设置应急窗、救生锤、灭火器等设施。

第三十一条 经营者应当加强对驾驶员、乘务员、调度员的管理,提高服务质量。

驾驶员、乘务员从事营运服务时,应当遵守下列规定:

(一)遵守交通法规,安全文明行车;

(二)按照核准的线路、站点、班次、时刻、车辆载客限额营运;

(三)按照核准的营运收费标准收费;

(四)在规定的站点或者核准的共用招呼站安排上下客;

(五)按照规定报清线路名称、车辆行驶方向和停靠站点名称,设置电子报站设备的,应当正确使用电子报站设备;

(六)保持车辆整洁,维护车厢内的乘车秩序;

(七)不得将车辆交给不具备本条例规定条件的人员营运;

(八)车辆不得在站点滞留,妨碍营运秩序;

(九)为老、幼、病、残、孕妇及怀抱婴儿的乘客提供必要的乘车帮助;

(十)不得在车厢内吸烟。

调度员从事营运调度时,应当遵守下列规定:

(一)按照行车作业计划调度车辆,遇特殊情况时合理调度;

(二)如实记录行车数据。

第三十二条 乘客享有获得安全、便捷客运服务的权利。

有下列情形之一的,乘客可以拒绝支付车费:

(一)营运车辆上未按规定标明营运收费标准的;

(二)驾驶员或者乘务员不出具或者不配备符合规定的车票凭证的;

(三)装有空调设施的车辆上未按规定开启空调或者换气设施的;

(四)装有电子读卡机的车辆上因电子读卡机未开启或者发生故障,无法使用电子乘车卡的。

车辆营运中发生故障不能正常行驶时,乘客有权要求驾驶员、乘务员组织免费乘坐同线路同方向的车辆,同线路同方向车辆的驾驶员、乘务员不得拒绝;驾驶员、乘务员在规定时间内无法安排乘坐同线路同方向车辆的,乘客有权要求按照原价退还车费。

第三十三条 乘客不得携带易燃、易爆、有毒、有放射性、有腐蚀性以及有可能危及人身和财产安全的其他危险物品,并应当遵守《乘坐规则》,文明乘车。经营者及其从业人员发现乘客违反规定的,应当对其进行劝阻和制止,经劝阻拒不改正的,可以拒绝为其提供营运服务;对坚持携带危险物品乘车的,应当立即报告公安机关。

危险物品的目录和样式由市公安部门和交通行政管理部门公告,经营者按照规定方式予以张贴。

乘客乘车应当按照规定支付车费。乘客未按规定支付车费的,经营者及其从业人员可以要求其补交车费,并可以对其按照营运收费标准的五倍加收车费。

第四章 设施建设和管理

第三十四条 本市城市总体规划中确定和预留的公共汽车和电车客运用地和空间，未经原审批单位批准，任何单位或者个人不得侵占或者改变其用途。

第三十五条 市和区、县人民政府应当支持、鼓励并参与新建、改建或者扩建大型的公共汽车和电车站点设施以及停车场地，对公共汽车和电车车辆更新给予补贴。政府投资建设的公共汽车和电车站点免费提供给公共汽车和电车经营者使用；政府投资建设的公共汽车和电车停车场、保养场低价租赁给公共汽车和电车经营者使用。

新建、改建、扩建公共汽车和电车站点设施以及停车场地，应当符合本市公共汽车和电车客运专项规划、线网规划和场站规划。规划管理部门在核发建设工程规划许可证前，应当征求市或者区、县交通行政管理部门的意见。

有下列情形之一的，建设单位应当按照规划要求配套建设公共汽车和电车起讫站点设施：

（一）新建或者扩建机场、火车站、客运码头、长途汽车站、轨道交通车站等客流集散的公共场所的；

（二）新建或者扩建大型公共设施的；

（三）新建或者扩建具有一定规模的居住区的。

公共汽车和电车站点设施以及停车场地投入使用前，建设单位应当通知市或者区、县交通行政管理部门参加验收；未按规定验收或者验收不合格的，不得投入使用。

未经市或者区、县交通行政管理部门审核批准，不得将场站设施关闭或者移作他用。

第三十六条 线路站点应当按照方便乘客、站距合理的原则设置。

线路站点的站距一般为五百米至一千米。

经营者应当在线路起讫站点设置车辆调度、候车设施，张贴《乘坐规则》、营运收费价目表以及乘客投诉电话号码。

新辟线路的起讫站点，应当分别设置上客站和下客站。

第三十七条 经营者应当按照市运输管理处规定的统一标准，在公共汽车和电车站点设置站牌（包括临时站牌，下同）。

公共汽车和电车站牌应当标明线路名称、首末班车时间、所在站点和沿途停靠站点的名称、开往方向、营运收费标准等内容，并保持清晰、完好；营运班次间隔在三十分钟以上的线路，还应当标明每一班次车辆途经所在站点的时间。

第三十八条 公共汽车和电车站点的日常管理单位，由市或者区、县交通行政管理部门和授权经营单位或者产权所有者协商采用招标或者委托的方式确定。

站点日常管理单位应当按照市交通行政管理部门的规定，定期维护保养站点设施，保持候车亭、站牌等设施整洁、完好。市和区、县交通行政管理部门应当加强对站点日常管理工作的监督检查。

进入站点营运的驾驶员、乘务员，应当遵守站点管理制度。

第三十九条 在营运车辆上设置广告，除应当符合有关广告的法律、法规规定外，广告设置的位置、面积、色彩应当符合公共汽车和电车营运管理的有关规定。

车厢内不得播放有声广告或者散发书面广告。

利用候车亭设置广告的，总体面积不得超过候车亭立面的百分之四十，其中公益广告所占的面积或者时间比例不得低于广告总量的百分之十。

第四十条 电车供电单位应当按照国家规定的技术标准和规范，定期对电车触线网、馈线网、变电站等电车供电设施进行维护，保证其安全和正常使用。电车供电设施发生故障时，电车供电单位应当立即组织抢修，尽快恢复其正常使用。

电车供电单位应当按照国家有关规定，设

立供电设施保护标志。

禁止下列危害电车供电设施安全的行为:

(一)损坏、覆盖电车供电设施及其保护标志;

(二)在电车触线网、馈线网上悬挂、架设宣传标语、广告牌或者其他设施;

(三)危害电车供电安全的其他行为。

建设工程施工可能危及电车供电设施安全的,建设单位应当与电车供电单位协商,采取相应的安全保护措施后方可施工。

运输超高物件需要穿越电车触线网、馈线网的,运输单位应当采取相应的安全保护措施,并书面通知电车供电单位。

第四十一条 本市根据主要机动车道的道路情况、公共汽车和电车客运量以及公共汽车和电车流量等,开设高峰时段公共汽车和电车专用车道;符合条件的单向机动车道,应当允许公共汽车和电车双向通行;符合条件的主要道口,应当设置公共汽车和电车优先通行的标志、信号装置;本市主要机动车道,应当开设港湾式停靠站。

第五章 监督检查和投诉

第四十二条 市交通行政管理部门和市运输管理处、市交通执法总队、区县交通行政管理部门、区县运输管理机构、区县交通执法机构应当加强对公共汽车和电车营运活动的监督检查。

上述部门从事监督检查的人员应当持有行政执法证件。

第四十三条 市运输管理处、区县运输管理机构和经营者应当建立投诉受理制度,接受乘客对违反本条例规定行为的投诉。

第四十四条 经营者应当自受理乘客投诉之日起十个工作日内作出答复。乘客对经营者的答复有异议的,可以向市运输管理处或者区、县运输管理机构申诉。

市运输管理处或者区、县运输管理机构应当自受理乘客投诉或者申诉之日起二十个工作日内作出答复。

第四十五条 市运输管理处或者区、县运输管理机构可以向经营者核查投诉及投诉处理情况。市运输管理处或者区、县运输管理机构向经营者核查投诉及投诉处理情况的,应当向经营者发出核查通知书。经营者应当自收到核查通知书之日起十个工作日内,将有关情况或者处理意见书面回复市运输管理处或者区、县运输管理机构。

第六章 法律责任

第四十六条 违反本条例第十二条第一款规定,未取得线路经营权擅自从事公共汽车和电车营运的,由市交通执法总队或者区、县交通执法机构没收其非法所得,并处以五千元以上五万元以下的罚款。市、区县交通行政管理部门在作出行政处罚前可以将营运车辆扣押,责令行为人在规定的期限内到指定地点接受处理。

第四十七条 违反本条例第十二条第二款规定,有下列行为之一的,由市或者区、县交通行政管理部门没收其非法所得,并可处以五千元以上五万元以下的罚款或者吊销其线路经营权证书:

(一)将线路经营权发包给其他单位或者个人经营的;

(二)擅自转让线路经营权的。

经营者违反本条例第十九条第一款规定,未执行客运服务、行车安全等营运管理制度的,由市或者区、县交通行政管理部门责令其限期改正,逾期不改正的,市或者区、县交通行政管理部门可以吊销其线路经营权证书。

有第一款、第二款行为,造成公私财产重大损失、严重社会影响或者其他严重后果的,市或者区、县交通行政管理部门可以吊销其部分或者全部的线路经营权证书。

第四十八条 违反本条例第十八条第一款规定,营运车辆无营运证的,由市交通执法总队或者区、县交通执法机构责令经营者改正或者限期改正,并可处以警告或者一千元以上五千元以下的罚款。

驾驶员、乘务员、调度员有下列行为之一的,市交通执法总队或者区、县交通执法机构可处以警告或者五十元以上二百元以下的罚款:

(一)违反本条例第三十一条的第二款、第三款规定,不遵守从业人员服务规范的;

(二)违反本条例第三十二条第三款规定,未按规定组织乘客免费换乘或者退票的;

(三)违反本条例第三十八条第三款规定,不遵守站点管理制度的。

第四十九条 经营者有下列行为之一的,由市交通执法总队或者区、县交通执法机构责令改正或者限期改正,并可处以警告或者二百元以上二千元以下的罚款:

(一)违反本条例第十九条第二款规定,超过核准的车辆载客限额营运的;

(二)违反本条例第二十条第一款规定,未按备案的线路行车作业计划营运的;

(三)违反本条例第二十二条规定,装有空调设施的车辆未按照规定营运的;

(四)违反本条例第二十九条第二款规定,未按照规定标准配备监控设施的,或者未按照规定发送营运数据的;

(五)违反本条例第三十条第一款规定,发生安全事故未按照规定报告的;

(六)违反本条例第三十条第三款规定,营运车辆不符合要求的。

经营者有下列行为之一的,由市交通执法总队或者区、县交通执法机构责令改正或者限期改正,并可处以警告或者五百元以上五千元以下的罚款:

(一)违反本条例第二十条第一款规定,未将行车作业计划报备案的;

(二)违反本条例第二十三条规定,未在规定的站点或者核准的共用招呼站安排上下客的;

(三)违反本条例第二十八条规定,未按核准的营运收费标准收费,收费后不出具等额车票凭证的;

(四)违反本条例第三十一条规定,连续两个月内,经营者的驾驶员、乘务员、调度员违章率超过百分之二的。

经营者有下列行为之一的,由市交通执法总队或者区、县交通执法机构责令改正或者限期改正,并可处以一千元以上一万元以下的罚款:

(一)违反本条例第二十四条规定,擅自终止营运的;

(二)违反本条例第二十五条的第一款、第二款规定,擅自实施营运调整的;

(三)违反本条例第二十六条第一款规定,未公开告示营运调整情况的;

(四)违反本条例第二十七条规定,不服从统一调度的。

第五十条 有下列行为之一的,由市交通执法总队或者区、县交通执法机构责令行为人改正或者限期改正,并可处以二千元以上二万元以下的罚款:

(一)违反本条例第三十五条第五款规定,经营者擅自将场站设施关闭或者移作他用的;

(二)违反本条例第三十六条第三款规定,经营者未按规定在线路起讫站点设置车辆调度、候车设施的;

(三)违反本条例第三十七条规定,经营者未按规定设置站牌的;

(四)违反本条例第三十八条第二款规定,站点日常管理单位未按照规定维护保养站点设施的;

(五)违反本条例第三十九条第一款规定,经营者在营运车辆上设置广告的位置、面积、色彩不符合公共汽车和电车营运管理要求的;

(六)违反本条例第三十九条第二款规定,在车厢内播放有声广告或者散发书面广告的;

(七)违反本条例第三十九条第三款规定,利用候车亭设置广告,广告总体面积超过候车亭立面的百分之四十的;

(八)违反本条例第四十条的第三款、第四款、第五款规定,危害电车供电设施安全的。行为人的违法行为造成财产损失的,还应当承担赔偿责任。

第五十一条 市和区、县交通行政管理部门、市运输管理处、市交通执法总队、区县运输管理机构、区县交通执法机构应当建立、健全对客运监督检查人员执法的监督制度。有关行政管理部门及其工作人员有下列行为之一的，由其所在单位或者上级主管部门给予行政处分；构成犯罪的，依法追究刑事责任：

（一）违法实施行政许可的；

（二）违法实施行政处罚的；

（三）违反本条例规定，未履行监督管理职责的；

（四）违反本条例规定，接到投诉、申诉后未依法处理、答复，造成严重后果的；

（五）其他玩忽职守、滥用职权、徇私舞弊的行为。

第五十二条 当事人对市和区、县交通行政管理部门或者市运输管理处、市交通执法总队、区县运输管理机构、区县交通执法机构的具体行政行为不服的，可以依照《中华人民共和国行政复议法》或者《中华人民共和国行政诉讼法》的规定，申请行政复议或者提起行政诉讼。

当事人对具体行政行为逾期不申请复议，不提起诉讼，又不履行的，作出具体行政行为的部门可以申请人民法院强制执行。

第七章 附 则

第五十三条 本条例中有关用语的含义：

（一）复线，是指总长度百分之七十以上与原线路重复的新线路，或者经过原线路主要客源段且起讫站点与原线路相近的新线路。

（二）城镇，是指中心城、新城、中心镇、一般镇。

（三）驾驶员、乘务员、调度员违章率，是指违反本条例规定的驾驶员、乘务员、调度员人次占经培训合格的驾驶员、乘务员、调度员总数的百分比。

第五十四条 本条例施行前经营者已经从事线路营运的，应当向市交通行政管理部门办理取得线路经营权的手续。

第五十五条 本条例自2001年1月1日起施行。

上海市实施《中华人民共和国村民委员会组织法》办法

（2000年9月22日上海市第十一届人民代表大会常务委员会第二十二次会议通过
2017年2月22日上海市第十四届人民代表大会常务委员会第三十五次会议修订）

第一章 总 则

第一条 根据《中华人民共和国村民委员会组织法》，结合本市实际，制定本办法。

第二条 村民委员会是村民自我管理、自我教育、自我服务、自我监督的基层群众性自治组织，实行民主选举、民主决策、民主管理、民主监督。

村民委员会向村民会议、村民代表会议负责并报告工作。

第三条 中国共产党在农村的基层组织，按照中国共产党章程进行工作，发挥领导核心作用，领导和支持村民委员会行使职权；依照宪法和法律,支持和保障村民开展自治活动、直接行使民主权利。

第四条 本市建立健全以村党组织为核心,村民委员会为主导,村民为主体,村务监督委员会、村集体经济组织、驻村企业事业单位、群众团体、社会组织等共同参与的村级治理体系。

第五条 乡、镇人民政府指导、支持、帮助村民委员会依法开展自治活动,但是不得干预依法属于村民自治范围内的事项,不得侵占或者违规处置村、村民小组集体财产。

村民委员会协助乡、镇人民政府开展工作。

第六条 村民委员会的设立、撤销、范围调整、更名,由乡、镇人民政府提出,经村民会议讨论通过,报区人民政府批准后实施。

村民委员会可以根据村民居住状况、集体土地所有权关系等分设若干村民小组。村民小组的撤销、范围调整、更名,由村民委员会提出,经村民小组会议讨论通过,报乡、镇人民政府审核同意后实施,其中涉及村民委员会范围调整的,适用前款规定。

村民委员会、村民小组撤销或者范围调整的,应当按照规定的程序先行对村、村民小组集体资产清产核资、明晰产权,并制定集体资产处置方案。集体资产处置方案应当符合市、区有关规定,并经村民会议、村民小组会议分别讨论通过,报乡、镇人民政府审核同意后实施。

第七条 村民委员会应当尊重和支持本村集体经济组织依法独立开展经济活动,做好本村生产经营的服务和协调等工作。

村集体经济组织根据法律、法规和本组织章程的规定,可以将本组织的收益按一定比例用于本村公共事务和公益事业。

村民委员会与本村集体经济组织实行分账管理。

第二章 村民委员会的组成和职责

第八条 村民委员会由主任、副主任和委员共三至七人组成,按照《上海市村民委员会选举办法》选举产生。

第九条 村民委员会根据人民调解、综合治理、公共卫生与计划生育、文化体育、老年人和妇女儿童权益保障等工作需要设立若干委员会。村民委员会成员可以兼任下属委员会的成员。人口少的村的村民委员会可以不设下属委员会,由村民委员会成员分工负责有关工作。

第十条 村民委员会应当履行下列职责:

(一)宣传和贯彻宪法、法律、法规和国家政策,建立健全村民开展自治活动的各项制度,教育和督促村民履行法律、法规规定的义务、遵守村民自治章程和村规民约,维护村民的合法权益;

(二)召集村民会议、村民代表会议,执行村民会议、村民代表会议的决定;

(三)编制并实施本村发展规划和年度计划,发展文化教育,普及科技知识,促进男女平等,做好计划生育工作,调解矛盾纠纷;

(四)办理本村的公共事务和公益事业,动员和组织村民、驻村企业事业单位、非本村户籍居民等参与农村社区建设,支持服务性、公益性、互助性社会组织依法开展活动;

(五)教育引导村民、非本村户籍居民增进团结、互相尊重、互相帮助,开展多种形式的社会主义精神文明建设活动;

(六)做好本村财务管理工作,建立预算、决算制度,实现收支平衡;

(七)协助人民政府做好本村社区公共服务、公共管理、公共安全等有关工作;

(八)向人民政府反映村民的意见、要求和提出建议;

(九)法律、法规规定应当由村民委员会履行的其他职责。

区人民政府应当建立行政事务委托村民委员会的准入、退出制度,编制村民委员会依法协助行政事务清单。

第十一条 村民小组设组长一名,由村民小组会议在本组有选举权和被选举权的村民中推选或者投票选举产生,任期与村民委员会的任期相同，可以连选连任。

本组三分之一以上有选举权的村民或者户的代表联名，可以提出罢免村民小组组长的要求，并说明罢免理由。罢免村民小组组长，应当有本组三分之二以上有选举权的村民或者户的代表投票，并应当经投票的村民或者户的代表过半数通过。被提出罢免的村民小组组长有权提出申辩。

推选、选举或者罢免村民小组组长的村民小组会议由村民委员会召集。

第十二条 村民小组组长主持召开村民小组会议，执行村民小组会议的决定，办理本组相关事项，向村民委员会反映本组村民的意见、要求和提出建议，向本组村民传达村民委员会的有关决定，协助村民委员会办理本村的公共事务和公益事业，完成村民委员会布置的任务。

第三章 村民会议和村民代表会议

第十三条 村民会议由本村十八周岁以上的村民组成。

村民会议由村民委员会召集。有十分之一以上的村民或者三分之一以上的村民代表提议，应当召集村民会议。召集村民会议，应当提前十日通知村民并公布会议议题和议程。

第十四条 召开村民会议，应当有本村十八周岁以上村民的过半数，或者本村三分之二以上的户的代表参加。村民会议所作决定应当经到会人员的过半数通过。法律对召开村民会议及作出决定另有规定的，依照其规定。

召开村民会议，根据需要可以邀请乡、镇人民政府职能机构、驻村企业事业单位、群众团体、社会组织和非本村户籍居民等派代表列席。

第十五条 村民会议审议村民委员会的年度工作报告，评议村民委员会成员的工作；有权撤销或者变更村民委员会、村民代表会议不适当的决定。

涉及村民利益的下列事项，应当经村民会议讨论决定：

（一）制定、修改村民自治章程、村规民约；

（二）推选村务监督委员会成员；

（三）村民委员会成员和其他参与村务工作人员的报酬、补贴方案；

（四）本村发展规划和年度计划；

（五）本村财务预算、决算和收支情况报告；

（六）法律、法规规定或者村民会议认为应当由村民会议讨论决定的其他事项。

法律、法规对讨论决定村集体经济组织财产和成员权益的事项另有规定的，依照其规定。

第十六条 村民会议可以授权村民代表会议审议村民委员会的年度工作报告，评议村民委员会成员的工作，撤销或者变更村民委员会不适当的决定，讨论决定除制定、修改村民自治章程、村规民约以外的事项。

村民会议向村民代表会议授权，应当通过召开村民会议或者书面征求村民意见的形式进行，或者在村民自治章程中予以明确。采用书面征求意见形式的，应当由村民委员会向本村全体十八周岁以上村民或者全体户的代表征求，过半数的十八周岁以上村民或者三分之二以上户的代表实名向村民委员会反馈意见的，征求意见程序有效。村民或者户的代表的同意意见超过反馈意见的半数的，方可进行授权。

第十七条 人数较多或者居住分散的村，可以设立村民代表会议。村民代表由村民按每五至十五户推选一人，或者由各村民小组推选若干人产生。村民代表的人数不得少于三十五人。

村民代表的任期与村民委员会的任期相同，可以连选连任；推选村民代表的户或者村民小组认为村民代表不称职或者不能履职的，可以按原推选方式予以更换。任何组织和个人不得指定、委派或者随意更换村民代表。

村民代表应当向其推选户或者村民小组负责，接受村民监督，与村民保持密切联系，及时向村民传达村民代表会议的决定，动员村民遵守、执行；及时向村民委员会或者村民代表会议反映村民的意见、要求和提出建议。

第十八条 村民代表会议由村民委员会成

员和村民代表组成,村民代表应当占村民代表会议组成人员的五分之四以上,妇女村民代表应当占村民代表会议组成人员的三分之一以上。

村民代表会议由村民委员会召集,一般每季度召开一次,必要时可以随时召开。有五分之一以上的村民代表提议,应当召集村民代表会议。村民代表会议有三分之二以上的组成人员参加方可召开,所作决定应当经到会的村民代表会议组成人员的过半数通过。

召开村民代表会议,根据需要可以邀请驻村企业事业单位、群众团体、社会组织和非本村户籍居民等派代表列席。

村民委员会应当在村民代表会议召开十日以前通知村民代表并公布会议议题和议程。村民代表应当在会前征求村民的意见和建议,并在村民代表会议上如实反映。

第十九条 村民小组会议由村民小组组长召集,讨论决定涉及本组村民利益的事项。本组三分之一以上年满十八周岁的村民或者户的代表提议的,应当召集村民小组会议。

召开村民小组会议,应当有本组三分之二以上年满十八周岁的村民或者户的代表参加,所作决定应当经到会人员的过半数通过。

第二十条 制定和修改村民自治章程、村规民约,应当广泛征求村民的意见,经村民会议讨论通过后报乡、镇人民政府备案。

村民自治章程一般包括制定章程的目的和依据,村民会议和村民代表会议的会议制度,村民委员会的成员分工、工作制度和下设工作机构,村民小组的划分,村民的权利和义务,村干部和村民的行为规范等内容。

村规民约一般针对村民福利、房屋管理、租赁管理、环境卫生、社会治安、精神文明建设、奖惩措施等事项逐一约定。

第二十一条 村民自治章程、村规民约以及村民会议或者村民代表会议的决定不得与宪法、法律、法规和国家的政策相抵触,不得有侵犯村民的人身权利、民主权利和合法财产权利的内容。

村民自治章程、村规民约以及村民会议或者村民代表会议的决定违反前款规定的,由乡、镇人民政府责令改正。

村民应当遵守法律、法规和国家的政策,遵守村民自治章程、村规民约,执行村民会议、村民代表会议的决定,履行村民应尽的义务。

第四章 民主管理和民主监督

第二十二条 村民委员会应当实行少数服从多数的民主决策机制和公开透明的工作原则,建立健全各项工作制度。

第二十三条 村民委员会实行村务公开制度。村务公开应当及时,内容应当真实、完整、清楚。

村民委员会应当在便于村民阅览的地点设置固定的村务公开栏,并可以采用会议、广播、视频和互联网等村务公开形式。

下列村务事项应当公布:

(一)村民委员会成员的分工;

(二)村务监督委员会的组成及村务监督情况;

(三)村民委员会的年度工作目标;

(四)本村贯彻落实国家有关政策情况;

(五)村民委员会财务收支、预算、决算及其管理的资产、资金、资源等情况;

(六)村民委员会成员和其他参与村务工作人员的报酬和补贴情况;

(七)政府拨付和接受社会捐赠的救灾救助、补贴补助等资金、物资的管理使用情况;

(八)村民委员会、村务监督委员会的工作报告;

(九)村民委员会协助人民政府开展工作情况;

(十)经村民会议、村民代表会议讨论决定的其他事项及其实施情况;

(十一)涉及本村村民利益、村民普遍关心的或者法律、法规规定应当公布的其他事项。

前款规定事项中,一般事项至少每季度公布一次;集体财务往来较多的,财务收支情况应当每月公布一次；涉及村民利益的重大事项应当随时公布。

村民小组可以在便于本组村民阅览的地点设立组务公开栏，及时公布本组村民普遍关心的事项。

第二十四条 村民对村务公开内容有疑义的，可以直接向村民委员会查询或者提出意见，也可以通过村务监督委员会向村民委员会查询。村民委员会不能当场答复的，应当在十五日内作出答复。

经村务监督委员会同意，村民可以在专业人员的指导下查阅有关账目。

第二十五条 村应当设立村务监督委员会。村务监督委员会由村民会议或者村民代表会议推选三至七名村民组成。村务监督委员会决定事项，实行少数服从多数的原则。

村务监督委员会成员中应当有具备财会、管理专业知识的人员。村民委员会成员和村集体经济组织管理人员及其近亲属、村财务人员，不得担任村务监督委员会成员。

村务监督委员会的任期与村民委员会的任期相同，其成员可以连选连任。村务监督委员会应当每年定期向村民会议或者村民代表会议报告工作，接受村民会议或者村民代表会议对其履行职责情况的民主评议和监督。

本村五分之一以上有选举权的村民或者三分之一以上的村民代表认为村务监督委员会成员不称职或者不能履行职责的，可以按原推选方式予以罢免。

村务监督委员会成员出缺的，经村民会议或者村民代表会议决定，可以按照原推选得票多少的顺序依次递补或者按原推选方式补选。

第二十六条 村务监督委员会应当履行下列职责：

（一）监督村级重大事项的决策程序和落实情况；

（二）监督村务公开制度的落实情况；

（三）监督村民自治章程、村规民约的执行情况；

（四）监督村民委员会成员履行职责及廉洁自律情况；

（五）监督、检查、审核村民委员会的相关资产、资金、资源的管理使用情况；

（六）参与制定村民委员会各项财务管理制度并监督制度的落实情况；

（七）村民会议或者村民代表会议赋予的其他监督职责。

村务监督委员会成员列席村民委员会会议、村民代表会议等有关会议，有权查阅与监督事项有关的资料，有权对村务事项和村民委员会成员履行职责情况进行询问。

村民委员会的决定与村民会议、村民代表会议的决定相违背或者有重大错误的，村务监督委员会应当提出改正意见。经指出后不改正的，村务监督委员会可以建议召开村民会议或者村民代表会议，村民委员会应当自收到建议之日起十五日内召集村民会议或者村民代表会议就有关事项进行审议。村民委员会逾期不召集村民会议或者村民代表会议的，由村务监督委员会召集村民会议或者村民代表会议审议有关事项，并报乡、镇人民政府备案。

第二十七条 村民委员会应当自觉接受村民的监督，支持村务监督委员会依法履行职责，对村民和村务监督委员会提出的意见、建议，应当及时作出答复。

第二十八条 村民委员会及其成员有下列行为之一的，村民和村务监督委员会有权向乡、镇人民政府或者区人民政府及其有关部门反映：

（一）不及时公布应当公布的事项或者公布的事项不真实的；

（二）无正当理由不执行村民会议或者村民代表会议的决定的；

（三）对应当由村民会议或者村民代表会议决定的事项擅自作出决定或者处理的；

（四）对村民、村务监督委员会成员打击报复的。

乡、镇人民政府或者区人民政府及其有关部门对村民和村务监督委员会反映的前款所列行为，应当负责调查核实。查证属实的，应当责令公布或者改正;发现违法行为的,应当依法追究有关人员的责任。

第二十九条 村民委员会成员以及由村民委员会承担工作报酬的聘用人员,应当接受村民会议或者村民代表会议对其履行职责情况的民主评议。民主评议每年至少进行一次,由村务监督委员会主持,民主评议结果应当及时向村民公布。

民主评议结果与评议对象的使用和工作报酬等直接挂钩。村民委员会成员连续两次被评议为不称职的,其职务自行终止;由村民委员会承担工作报酬的聘用人员连续两次被评议为不称职的,由村民委员会依法予以解聘。

第三十条 村民委员会和村务监督委员会应当建立村务档案,依法按照归档范围进行收集、整理、立卷、管理。村务档案应当真实、准确、完整、规范,并有专人负责。

第三十一条 村民委员会成员实行任期和离任经济责任审计,审计包括下列事项:

(一)本村财务收支情况;

(二)本村债权债务情况;

(三)政府拨付和接受社会捐赠的资金、物资管理使用情况;

(四)本村建设项目的发包管理以及公益事业建设项目招标投标情况;

(五)本村资金管理使用以及本村资源的承包、租赁、担保、出让情况,征地补偿费的使用、分配情况;

(六)法律、法规规定或者本村五分之一以上年满十八周岁的村民要求审计的其他事项。

村民委员会成员的任期和离任经济责任审计,由区人民政府农业、财政部门或者乡、镇人民政府负责组织,可以委托社会审计机构进行。审计结果应当公布,其中离任经济责任审计结果应当在下一届村民委员会选举之前公布。

第五章 农村社区建设

第三十二条 村民委员会协助乡、镇人民政府加强农村基础设施、基本公共服务设施、服务管理信息化平台建设,引导社会各方参与农村社区建设,建立村民自我服务与政府公共服务、社会公益服务相结合的农村社区服务体系。

第三十三条 村民委员会应当围绕本村的公共事务和公益事业等事项,组织村民、村集体经济组织、驻村企业事业单位、群众团体、社会组织、非本村户籍居民和其他利益相关方,邀请相关政府部门,开展形式多样的农村社区民主协商。

第三十四条 村民委员会应当加强农村文化设施建设,传承乡贤文化,弘扬公序良俗,保护非物质文化遗产,培育发展群众文化,丰富农村文化生活。

第三十五条 村民委员会应当加强农村人居环境建设,倡导和培育节约意识、环保意识和生态意识,发动村民和驻村企业事业单位等开展公共空间、公共设施、公共绿化的管理维护行动,推动村民形成爱护环境、节约资源的生活习惯、生产方式和良好风气。

第三十六条 村民委员会纳入乡、镇网格化综合管理体系,加强与乡、镇网格化管理的协同联动,协助乡、镇人民政府对影响农村秩序和妨碍公共管理、公共安全的违法行为实施综合治理。

第三十七条 村民委员会应当协助有关部门推进农村公共法律服务体系建设,加强农村社区法治宣传教育。引导村民自觉尊法、学法、守法、用法,依法反映诉求和解决矛盾纠纷。

区人民政府应当加强民主法治示范村建设,推进建立村民委员会法律顾问制度。

第六章 村民自治的保障

第三十八条 本市建立村级自我积累与公共财政补助相结合的村级组织基本运转经费保障制度,保障村民委员会承担的人员工作报酬、村办公经费、基本公共服务和管理经费。村集体经济收入保障村级组织基本运转经费的不足部分,由区和乡、镇财政予以保障,并由区人民政府建立保障标准动态调整机制。

第三十九条 本市各级人民政府对村民委员会协助政府开展公共服务、公共管理、公共安全等工作,应当提供必要的工作条件和经费支持,给予工作指导;政府有关部门委托村民委员会开展工作所需经费由委托部门承担。

第四十条 市和区民政部门以及乡、镇人民政府应当加强对村民委员会成员、村务监督委员会成员、村民小组组长、村民代表的教育培训,提高其履职能力。

乡、镇人民政府应当根据本地区经济社会发展水平和农村人均可支配收入情况,结合工作岗位、工作绩效等,提出村民委员会成员工作报酬方案的指导意见。

第四十一条 市人民代表大会常务委员会、区人民代表大会及其常务委员会和乡、镇人民代表大会在本行政区域内保证《中华人民共和国村民委员会组织法》和本办法的实施,保障村民依法行使自治权利。

第四十二条 市和区民政、农业等部门,应当在同级人民政府的领导下做好《中华人民共和国村民委员会组织法》和本办法实施的有关工作。

第四十三条 村民委员会及其成员违反本办法规定,经村务监督委员会指出后拒不改正或者村务监督委员会无法发挥监督作用的,由乡、镇人民政府责令改正,通报批评;构成犯罪的,依法追究刑事责任。村民委员会成员被判处刑罚的,其职务自行终止。

第四十四条 政府职能部门及其工作人员违反本办法规定,由本级人民政府或者上级主管部门予以批评教育,责令改正;情节较重的,依法予以行政处分;构成犯罪的,依法追究刑事责任。

第七章 附 则

第四十五条 本办法有关乡、镇人民政府职责的规定,适用于辖区内设村的街道办事处。

第四十六条 本办法自2017年5月1日起施行。

上海市计量监督管理条例

(2000年9月22日上海市第十一届人民代表大会常务委员会第二十二次会议通过 根据2010年9月17日上海市第十三届人民代表大会常务委员会第二十一次会议《关于修改本市部分地方性法规的决定》第一次修正 根据2017年11月23日上海市第十四届人民代表大会常务委员会第四十一次会议《关于修改本市部分地方性法规的决定》第二次修正)

第一章 总 则

第一条 为了加强计量监督管理,保障国家计量单位制的统一和量值的准确可靠,促进生产、贸易和科学技术的发展,维护国家、法人和公民的利益,根据《中华人民共和国计量法》和其他有关法律、法规,结合本市实际情况,制定本条例。

第二条 本条例适用于本市行政区域内的计量活动及其监督管理。

本条例所称计量活动,是指建立计量标准器具,进行计量器具检定或者核准,制造、修理、销售、使用计量器具,使用计量单位以及采集、形成、出具、标称、公布计量数据等活动。

第三条 上海市质量技术监督局(以下简

称市质量技监局）是本市计量工作的行政主管部门，负责本条例的组织实施。

区质量技术监督局（以下简称区质量技监局）在市质量技监局的领导下，按照职责分工，负责本行政区域内的计量监督管理工作。

市质量技监局主管的市质量技术监督稽查总队（以下简称市质量技监稽查总队），按照本条例的授权实施行政处罚。

第四条 本市其他有关行政管理部门按照各自职责，协同实施本条例。

第五条 从事计量活动，应当遵循科学规范、诚实信用的原则，保障计量器具稳定可靠，保证计量数据准确一致。

第六条 市人民政府应当将计量科技进步纳入国民经济和社会发展计划，鼓励开展计量科学技术研究，建立科学的量值溯源体系，健全高效的量值传递体制，推广使用先进的计量器具。

第二章 计量单位的使用

第七条 国际单位制计量单位和国家选定的其他计量单位，为国家法定计量单位。国家法定计量单位的名称、符号按照国家有关规定执行。

第八条 从事下列活动应当使用国家法定计量单位：

（一）制发公文、公报、统计报表；

（二）编播广播、电视节目、传输信息；

（三）制作、发布广告和网页；

（四）制定标准、规程等技术文件；

（五）出版发行出版物；

（六）印制票据、票证、账册；

（七）出具计量、检测数据；

（八）生产、销售商品，标注商品标识，编制产品使用说明书；

（九）国家和本市规定应当使用国家法定计量单位的其他计量活动。

第九条 进出口商品，出版古籍和文学书籍及其他需要使用非国家法定计量单位的，按照国家有关规定执行。

第三章 计量器具的监督管理

第十条 市质量技监局应当根据经济建设、社会发展和科技进步的需要，统一制定本市建立社会公用计量标准器具的规划，经市人民政府批准后实施。

第十一条 社会公用计量标准器具应当按照国家有关规定进行考核。

本市最高等级的社会公用计量标准器具，由国务院计量行政部门主持考核；其他等级的社会公用计量标准器具，由市质量技监局主持考核。考核合格的，方可开展计量器具强制检定或者校准服务。

经考核合格投入使用的社会公用计量标准器具，应当定期接受计量器具强制检定。

第十二条 下列计量标准器具经市质量技监局组织考核合格后方可使用：

（一）计量检定机构进行强制检定所使用的计量标准器具；

（二）计量校准机构进行计量校准所使用的计量标准器具；

（三）计量器具制造企业以及定量包装商品生产企业建立的本企业最高等级的计量标准器具。

第十三条 本市用于贸易结算、安全防护、医疗卫生、环境监测以及行政监测、司法鉴定等方面的工作计量器具，列入强制检定目录的，实行计量器具强制检定。

实行强制检定的工作计量器具目录，按照国家规定执行；国家没有规定的，由市质量技监局会同有关部门确定，由市质量技监局发布。

第十四条 设计、研制、生产和销售计量器具新产品，应当符合计量检定规程和计量技术规范的要求。

本市鼓励采用国际标准和国内外先进技术标准进行计量器具新产品开发。

第十五条 本市制造、修理计量器具的单位和个人，应当经市或者区质量技监局考核合格,取得《制造计量器具许可证》或者《修理计量器具许可证》。其中,制造涉及国家和社会公众利益的重要计量器具的,由市质量技监局核发《制造计量器具许可证》。重要计量器具的管理目录由市质量技监局提出,报市人民政府批准后实行。

经过修理的计量计费的工作计量器具应当经计量器具强制检定合格后,方可交付使用。

第十六条 集市贸易市场等商业经营场所设置的复测商品量所用的工作计量器具,应当接受计量器具强制检定,进行日常校验,保持其准确性。

第十七条 计量器具强制检定应当按照国家计量检定系统表进行,并执行计量检定规程。

使用实行强制检定计量器具的单位和个人,应当向法定计量检定机构或者经授权的计量器具检定机构申请计量器具强制检定。

计量器具检定机构应当依法履行计量器具强制检定职责,做好统计工作,并向市质量技监局报告。

国家法定计量检定机构的计量检定人员以及被授权单位执行检定任务的人员,必须经考核合格,并使用合格的计量标准器具,按照计量检定规程及其他有关规定,公正、客观、准确地进行计量器具强制检定,不得伪造检定数据。

第十八条 本市推行计量器具量值溯源的核准活动。单位和个人根据生产经营需要,对强制检定以外的计量器具,可以自主进行量值溯源,或者选择有资质的计量校准机构进行量值溯源。

计量器具的校准应当按照计量器具校准规范和委托合同的要求进行,并向委托人出具校准报告。

第四章 计量数据的监督管理

第十九条 经营者经营商品或者提供服务以量值作为结算依据的,应当标明法定计量单位,并配备和使用与其经营或者服务项目相适应的、符合国家或者本市规定的计量器具。

第二十条 经营者经营商品或者提供服务,应当保证商品量或者服务计量的准确,其结算值应当与实际值相符,计量允许误差应当在国家和本市规定的范围内。

现场计量交易时,经营者应当明示计量过程和计量器具显示的量值。如有异议的,经营者应当重新操作计量过程和显示量值。

第二十一条 定量包装商品应当在商品包装的显著位置,用中文、数字和法定计量单位真实、清晰地标注商品的净含量。净含量的规格、数列选择应当符合国家规定。

经营者不得销售未标明净含量的定量包装商品。

第二十二条 本市推行生产资料交易计量鉴证制度。

企业、事业单位进行生产资料交易需要计量的,可以委托有资质的计量鉴证机构进行计量。

政府采购大宗物料需要计量的,应当委托有资质的计量鉴证机构进行计量。

第二十三条 以营利为目的的社会服务性机构出具计量数据和检测涉及人身安全、健康的商品,应当使用合格的计量器具,按照规定的程序测量,保证计量数据的准确。

第二十四条 实施列入市级范围的重大工程、重大项目、重大技术改造项目的单位,应当对计量单位的使用和计量器具的选用等是否符合国家规定进行审查,或者委托有资质的社会中介机构按照法律、法规和合同的约定,参与审查。

第五章 计量机构和人员的管理

第二十五条 开展计量器具强制检定业务的机构,由市质量技监局统一组织设置。经市质量技监局授权的有关技术机构可以承担部分计量器具强制检定业务。

第二十六条 开展计量器具校准或者计量鉴证业务的机构,应当经市质量技监局资质认定,取得相关资质证书后,方可开展计量器具校

准和计量鉴证服务;禁止下列行为:

(一)未经批准或者超出核定业务范围从事计量器具校准和计量鉴证服务;

(二)伪造、涂改、出借、转让相关资质证书;

(三)计量器具校准、计量鉴证不按照规范进行;

(四)变更业务范围或者歇业,不及时办理有关手续。

第二十七条 向社会出具检测数据的各类检测机构,应当符合设备、人员、制度、环境等方面的国家计量技术规范要求,并向市质量技监局申请计量认证。

第二十八条 从事计量器具校准、计量鉴证等活动的社会中介服务机构,不得与行政机关存在隶属关系或者其他利益关系。

第二十九条 本市推行计量专业技术人员注册制度。

计量专业技术人员注册的具体办法,由市质量技监局会同有关部门制定。

第三十条 本市计量协会是计量行业的自律组织,可以开展计量培训、计量咨询和发布计量信息等活动,并接受市质量技监局的指导和监督。

第六章 法律责任

第三十一条 违反本条例第八条规定,使用非法定计量单位的,责令其改正;属出版物的,责令其停止销售,可并处一千元以下的罚款。

第三十二条 违反本条例第十三条第一款、第十五条第三款、第十六条规定,应当进行强制检定的计量器具,未按照规定申请强制检定以及经强制检定不合格继续使用的,责令其停止使用,可并处一千元以下的罚款。

第三十三条 违反本条例第十五条第一款规定,未取得《制造计量器具许可证》或者《修理计量器具许可证》制造、修理计量器具的,责令其停止生产、停止营业,封存制造、修理的计量器具,没收全部违法所得,可并处相当其违法所得百分之十至百分之五十的罚款。

第三十四条 违反本条例第十七条第四款规定,计量检定人员有下列行为之一的,给予行政处分;构成犯罪的,依法追究刑事责任:

(一)伪造检定数据的;

(二)出具错误数据,给送检一方造成损失的;

(三)违反计量检定规程进行检定活动的;

(四)使用未经考核合格的计量标准器具从事检定活动的;

(五)未经考核合格执行计量检定的。

有前款第(二)项情形的,计量检定人员所在单位应当承担相应的赔偿责任。

第三十五条 违反本条例第十九条规定,计量器具的配备和使用不符合国家和本市规定的,责令其停止使用,限期改正;逾期不改正的,处以五千元以下的罚款。

第三十六条 违反本条例第二十一条规定,定量包装商品未按照规定真实、清晰地标注商品的净含量的,或者净含量的规格、数列选择不符合国家规定的,责令其停止生产,限期改正;逾期不改正的,处以一千元以上一万元以下的罚款。

第三十七条 违反本条例第二十六条规定,有禁止行为之一的,给予警告,没收违法所得,吊销或者收缴相关资质证书,可并处五千元以上五万元以下的罚款。

第三十八条 违反本条例第二十七条规定,向社会出具检测数据的检测机构未经计量认证的,责令其停止相关活动,限期改正,没收违法所得,可并处一千元以上一万元以下的罚款。

第三十九条 本条例规定的行政处罚由市质量技监稽查总队或者区质量技监局实施。其中,对违法制造重要计量器具的行政处罚,由市质量技监稽查总队实施。

第四十条 市和区质量技监局以及市质量技监稽查总队直接负责的主管人员和其他直接责任人员玩忽职守、滥用职权、徇私舞弊的,由其所在单位或者上级主管部门依法给予行政处分;构成犯罪的,依法追究刑事责任。

第七章 附 则

第四十一条 本条例下列用语的含义是:

计量器具校准,是指确定被校准计量器具与对应的计量标准器具量值关系的相关活动。

计量鉴证,是指为交易双方出具第三方计量数据的相关活动。

定量包装商品,是指以销售为目的,在一定量限范围内具有统一的质量、体积、长度标注的预包装商品。

净含量,是指去除包装容器和其他包装材料后内装物的实际质量、体积、长度。

第四十二条 本条例自2001年1月1日起施行。

上海市城镇职工社会保险费征缴若干规定

(2000年11月17日上海市第十一届人民代表大会常务委员会第二十三次会议通过)

第一条 为了确保本市城镇职工社会保险费的足额征收和社会保险金的足额发放,保障在职职工、失业人员和离退休人员的合法权益,完善本市职工社会保险制度,根据国务院《社会保险费征缴暂行条例》和本市实际情况,制定本规定。

第二条 本市城镇职工的基本养老保险费、基本医疗保险费、失业保险费等国家规定的社会保险费的征收、缴纳,适用本规定。

第三条 本市范围内按照规定参加社会保险的机关、企业、事业单位(以下统称缴费单位),应当及时办理社会保险登记手续,并按时足额缴纳社会保险费。

第四条 市劳动和社会保障行政部门负责本市社会保险费征缴的综合管理和监督检查工作。市劳动和社会保障行政部门设立的社会保险经办机构负责社会保险费的征缴工作。劳动和社会保障行政部门的监察机构负责对社会保险费的缴纳情况进行监督检查。

第五条 缴费单位应当接受劳动和社会保障行政部门的监察机构依法进行的监督检查,如实提供用人情况、工资表、财务报表等资料,不得拒绝、隐瞒和谎报。劳动和社会保障行政部门的监察机构应当为缴费单位保守商业秘密。

第六条 缴费单位因经营状况等原因,确实不能按时足额缴纳社会保险费的,应当提供财务报表和其他证明材料,并由缴费单位和对其财产有处置权的机构提出缴费计划,以经评估和有关权证管理部门备案的财产权证,至市劳动和社会保障行政部门申请缓缴。有关权证管理部门应当及时办理缴费单位的财产备案。经市劳动和社会保障行政部门批准后,缴费单位可以缓期缴纳。缓缴期最长为一年。缓缴期间,缴费单位不得转移已备案的财产。备案的财产应当依法优先偿付欠缴的社会保险费。

缓缴期满,缴费单位仍未按缴费计划足额缴纳社会保险费的,或者在缓缴期间转移已备案财产的,市劳动和社会保障行政部门可以依法申请人民法院强制执行。

人民法院执行的备案财产至执行期满仍不能变现、市劳动和社会保障行政部门同意接受的,人民法院可以裁定给市劳动和社会保障行政部门认可的单位管理,经市人民政府指定的机构批准后,适时变现。变现后的资金纳入社会保险基金。

第七条 缴费单位对劳动和社会保障行政部门的具体行政行为不服的,可以依法申请复议;对复议决定不服的,可以依法提起诉讼。

第八条 劳动和社会保障行政部门及其监察机构采取具体行政行为不当,或者因泄露商业秘密造成缴费单位财产损失的,应当承担赔偿责任。赔偿费用不得在社会保险基金中列支。

社会保险经办机构工作人员故意不征、少征、漏征、挪用社会保险费,致使社会保险费流失的,社会保险经办机构应当追回全部流失的社会保险费,并给予有关责任人员行政处分;情节严重构成犯罪的,依法追究刑事责任。

第九条 本规定自2000年12月1日起施行。1998年9月22日上海市第十一届人民代表大会常务委员会第五次会议通过的《上海市人民代表大会常务委员会关于加强本市城镇职工养老保险征缴的若干规定》同时废止。

上海市经纪人条例

(2000年12月15日上海市第十一届人民代表大会
常务委员会第二十四次会议通过)

第一章 总 则

第一条 为了规范经纪活动,促进经纪业发展,维护市场秩序,保障经纪活动当事人的合法权益,根据有关法律、行政法规,结合本市实际情况,制定本条例。

第二条 本条例所称的经纪人,是指依法取得经纪执业证书,并在经纪组织中从事经纪活动的执业人员(以下简称执业经纪人)和依法设立的具有经纪活动资格的公司、合伙企业、个人独资企业及其他经济组织(以下简称经纪组织)。

本条例所称的经纪活动,是指接受委托人委托,为促成他人交易提供居间、行纪、代理等服务,并收取佣金的经营行为。

第三条 本条例适用于在本市行政区域内从事经纪活动的执业经纪人、经纪组织及其相关管理活动。法律、行政法规另有规定的,从其规定。

第四条 从事经纪活动应当遵守法律、法规,遵循平等、自愿、公平、诚实信用的原则。

第五条 经纪人依法从事经纪活动受法律保护。

第六条 上海市工商行政管理局(以下简称市工商局)负责执业经纪人和经纪组织的登记注册,按照本条例规定对执业经纪人、经纪组织进行监督管理,指导上海市执业经纪人协会(以下简称市执业经纪人协会)的工作。区、县工商行政管理部门按照职责分工,负责辖区内的执业经纪人、经纪组织的监督管理工作。

本市有关行政管理部门按照各自职责,做好执业经纪人、经纪组织的规划、协调、指导等管理工作。

第七条 鼓励建立经纪业风险准备金、保证金等执业风险防范机制。

第二章 执业经纪人的条件

第八条 执业经纪人应当取得执业资格和执业证书。

第九条 本市实行经纪执业资格考核制度。

经纪执业资格考核,由市执业经纪人协会组织。考试大纲和考核要求由市工商局会同有关行政管理部门审定。

第十条 具备下列条件的人员,可以申请经纪执业注册:

（一）取得经纪执业资格考核合格证明；

（二）在本市有固定住所；

（三）无本条例第十一条规定的情形。

第十一条 有下列情形之一的，不予经纪执业注册：

（一）无民事行为能力或者限制民事行为能力的；

（二）刑事处罚执行完毕未满三年的，但过失犯罪的除外；

（三）吊销经纪执业证书未满三年的；

（四）法律、法规禁止经纪执业的其他情形。

第十二条 申请经纪执业注册的，应当通过所在经纪组织向市工商局提交下列文件：

（一）申请书；

（二）相应的经纪执业资格考核合格证明；

（三）申请人本市固定住所的证明材料；

（四）申请人有效身份证明的复印件。

第十三条 市工商局应当自收到经纪执业注册申请之日起十五个工作日内，作出准予注册或者不予注册的决定。准予注册的，发给经纪执业证书；不予注册的，应当书面通知申请人。

第十四条 经纪执业证书是执业经纪人的执业凭证，应当载明下列主要事项：

（一）执业经纪人姓名；

（二）执业经纪人所在经纪组织的名称及地址；

（三）经注册的经纪业务范围。

经纪执业证书不得涂改、出租、转借、转让。

第十五条 经纪执业证书中载明的经纪组织的名称发生变化的，执业经纪人应当自发生变化之日起三十日内通过所在经纪组织向市工商局申请变更；执业经纪人的经纪业务范围需要变更的，应当另行申请执业注册，取得相应执业证书。

经纪执业证书每两年审验一次。

第十六条 执业经纪人应当以经纪组织的名义执业，不得同时在两个以上经纪组织从事同一行业的经纪业务。

未取得经纪执业证书的人员，不得以执业经纪人的名义执业。

第三章 经纪组织

第十七条 经纪组织应当依法登记注册，取得经纪活动的资格。

经纪组织应当及时为执业经纪人办理经纪执业注册、变更和审验等手续，并如实提供有关材料。

第十八条 公司从事经纪活动，除应当符合《中华人民共和国公司法》规定的条件外，还应当有五名以上与其经营范围相适应的执业经纪人。

合伙企业从事经纪活动，除应当符合《中华人民共和国合伙企业法》规定的条件外，还应当有两名以上与其经营范围相适应的执业经纪人。

个人独资企业从事经纪活动，除应当符合《中华人民共和国个人独资企业法》规定的条件外，还应当有一名以上与其经营范围相适应的执业经纪人。

非公司企业法人从事经纪活动，除应当符合《中华人民共和国企业法人登记管理条例》规定的条件外，还应当有五名以上与其经营范围相适应的执业经纪人。

第十九条 经纪组织可以设立从事经纪活动的非法人分支机构。设立分支机构应当有与其经营范围相适应的执业经纪人。

第二十条 经纪组织统一接受经纪业务的委托，与委托人签订合同，并按照约定收取佣金。

第四章 执业经纪人的权利和义务

第二十一条 执业经纪人有权在其执业的经纪合同上签名。

经纪组织签订经纪合同时，应当附有执行该项经纪业务的执业经纪人的签名。

第二十二条 执业经纪人有向委托人了解

所委托事务真实情况的权利。

第二十三条 执业经纪人依法享有保守自己经纪业务秘密的权利。

第二十四条 执业经纪人依法享有其承揽经纪业务的执行权,未经本人同意,经纪组织不得随意变更经纪业务执行人。

委托人隐瞒与经纪业务有关的重要事项、提供不实信息或者要求提供违法服务的,执业经纪人有中止经纪业务并建议终止经纪合同的权利。

第二十五条 执业经纪人应当在经注册的经纪业务范围内据实提供经纪服务。

执业经纪人应当据实介绍经营业绩,并在执业服务说明材料上署名。

第二十六条 执业经纪人应当为当事人保守商业秘密。

第二十七条 执业经纪人不得有下列行为:

(一)从事国家禁止流通的商品和服务的项目的经纪活动;

(二)以隐瞒与经纪活动有关的重要事项、虚构订约机会、提供不实的信息、夸大业绩的虚假宣传等手段促成交易;

(三)与他人恶意串通,或者以胁迫、贿赂等手段促成交易;

(四)利用委托人的商业秘密谋取不正当利益;

(五)利用执业便利,收取佣金以外的报酬;

(六)从事损害所在经纪组织利益的活动。

第二十八条 执业经纪人的合法权益受到侵害的,可以向市工商局或者区、县工商行政管理部门、有关行政管理部门申诉,也可以向市执业经纪人协会投诉。

第五章 市执业经纪人协会

第二十九条 市执业经纪人协会是社会团体法人,是执业经纪人的自律性组织。

第三十条 市执业经纪人协会章程由会员大会或者会员代表大会制定,报市社团管理机构批准,并报市工商局备案。

第三十一条 执业经纪人应当加入市执业经纪人协会。经纪组织可以加入市执业经纪人协会。

市执业经纪人协会会员按照市执业经纪人协会章程,享有章程赋予的权利,履行章程规定的义务。

第三十二条 市执业经纪人协会履行下列职责:

(一)组织经纪执业资格考核,颁发经纪执业资格考核合格证明;

(二)维护会员的合法权益;

(三)组织执业经纪人业务培训;

(四)制定经纪执业准则,进行执业经纪人职业道德和执业纪律的教育和检查;

(五)接受投诉,调解经纪执业活动中的纠纷;

(六)按照章程对会员进行奖励和惩戒;

(七)协助建立经纪业风险准备金、保证金等执业风险防范机制;

(八)对执业经纪人的违法行为,向市工商局或者区、县工商行政管理部门提出处理建议。

第三十三条 市执业经纪人协会应当建立会员执业信誉档案制度。

第六章 法律责任

第三十四条 执业经纪人违反本条例规定,给当事人造成损失的,由其所在的经纪组织依法承担相应的赔偿责任。经纪组织承担赔偿责任后,可以向执业经纪人追偿。

第三十五条 违反本条例规定,有下列情形之一的,由市工商局或者区、县工商行政管理部门责令改正或者限期改正,并按照下列规定进行处罚:

(一)违反本条例第十四条第二款、第二十五条第一款规定,涂改、出租、转借、转让经纪执业证书或者超越注册的经纪业务范围开展经纪活动的,给予停止执业三个月以上一年以下的处罚;情节严重的,吊销经纪执业证书。

(二)违反本条例第十五条规定,执业经纪

人逾期三个月未办理变更和审验手续的，处以五百元以下的罚款；逾期一年的，吊销经纪执业证书。因经纪组织的过错逾期未办理变更和审验手续的，对经纪组织处以五百元以上一千元以下的罚款。

（三）违反本条例第十六条第二款规定，未取得经纪执业证书，以执业经纪人的名义从事经纪活动的，给予警告，没收违法所得，可并处五百元以上三万元以下的罚款。

（四）违反本条例第二十一条规定，经纪组织侵犯执业经纪人合同签名权或者经纪合同上未附执业经纪人签名的，责令改正或者给予警告，可并处五百元以上一千元以下罚款。

（五）违反本条例第二十七条第（一）项规定，从事国家禁止流通的商品和服务的项目的经纪活动的，没收违法所得，可并处一千元以上十万元以下的罚款；情节严重的，并可吊销经纪执业证书。法律、行政法规另有规定的，按照规定处罚。

（六）违反本条例第二十七条第（二）项、第（三）项规定，在经纪活动中弄虚作假或者以非法手段促成交易，给当事人造成损失的，对执业经纪人处以一千元以上十万元以下的罚款；情节严重的，并可吊销经纪执业证书；构成犯罪的，依法追究刑事责任。

（七）违反本条例第二十七条第（四）项、第（五）项、第（六）项规定，侵犯委托人商业秘密或者在经纪活动中牟取不正当利益，给当事人造成损失的，按照有关法律、法规的规定予以处罚，并吊销经纪执业证书。

前款规定的吊销经纪执业证书的处罚决定，由市工商局作出。

第三十六条 行政管理部门直接负责的主管人员和其他直接责任人员及市执业经纪人协会的工作人员玩忽职守、滥用职权、徇私舞弊的，由所在单位或者上级主管部门依法给予行政处分；构成犯罪的，依法追究刑事责任。

第三十七条 当事人对行政管理部门的具体行政行为不服的，可以依照《中华人民共和国行政复议法》或者《中华人民共和国行政诉讼法》的规定，申请行政复议或者提起行政诉讼。

第七章 附 则

第三十八条 本条例自2001年5月1日起施行。

上海市遗体捐献条例

（2000年12月15日上海市第十一届人民代表大会常务委员会第二十四次会议通过 根据2010年9月17日上海市第十三届人民代表大会常务委员会第二十一次会议《关于修改本市部分地方性法规的决定》修正）

第一条 为了规范遗体捐献工作，发展医学科学事业，促进社会主义精神文明建设，根据本市实际情况，制定本条例。

第二条 本条例所称遗体捐献，是指自然人生前自愿表示在死亡后，由其执行人将遗体的全部或者部分捐献给医学科学事业的行为，以及生前未表示是否捐献意愿的自然人死亡后，由其近亲属将遗体的全部或者部分捐献给医学科学事业的行为。

本条例所称近亲属，是指父母、配偶、成年子女或者其他监护人。

第三条 本条例适用于本市行政区域内的遗体捐献及其管理活动。

第四条 遗体捐献应当遵循自愿、无偿的原则。

捐献的遗体应当用于医学科学事业。

第五条 捐献人捐献遗体的意愿和遗体的人格尊严受法律保护。

第六条 市卫生行政部门是本市遗体捐献工作的行政主管部门。

市红十字会承担遗体捐献的日常工作。

公安、民政、财政、教育、房屋土地资源、城市交通、信息等行政管理部门应当在各自职责范围内,协助做好遗体捐献工作。

第七条 广播、电视、报刊等新闻单位应当配合开展遗体捐献工作的公益性宣传。

第八条 本市鼓励遗体捐献行为,树立尊重捐献人的社会风尚。

对在遗体捐献工作中有突出成绩的单位和个人,市或者区(县)人民政府应当给予表彰。

第九条 从事遗体捐献接受工作的单位(以下简称接受单位),应当具备下列条件:

(一)有开展医学科研、教学业务能力的医学大专院校、医学科研单位以及医疗机构;

(二)有专门从事遗体接受工作的机构和人员;

(三)有与开展遗体接受工作相适应的设备、场地。

第十条 开展遗体捐献接受工作的单位,受市红十字会委托后,方能开展遗体捐献接受工作。

第十一条 区(县)红十字会和接受单位是本市遗体捐献的登记机构(以下统称登记机构)。

市红十字会应当向社会公布各登记机构的名称、地址、电话和工作时间。

第十二条 办理遗体捐献登记手续的,可以采取以下方式:

(一)到登记机构登记;

(二)委托他人代为登记;

(三)要求登记机构上门登记;

(四)其他便于登记的方式。

生前未办理遗体捐献登记手续的自然人死亡后,其近亲属可以持本人以及死者身份证件办理遗体捐献登记手续;但死者生前明确表示不同意捐献遗体的除外。近亲属之间意见不一致的,登记机构不得办理遗体捐献登记手续。

第十三条 遗体捐献登记表应当载明下列主要事项:

(一)捐献遗体全部或者部分及其用途;

(二)遗体捐献执行人的姓名、联系方式及同意执行的意见;

(三)遗体捐献的接受单位;

(四)遗体利用后的火化及处理。

捐献人可以在遗体捐献登记表上注明遗体捐献保密的要求。

登记机构应当告知捐献人和执行人有关遗体捐献的程序与事项,指导填写表格,并颁发捐献卡和纪念证。

遗体捐献登记表、捐献卡和纪念证,由市红十字会统一印制。

第十四条 办理遗体捐献登记手续后,捐献人可以变更登记内容或者撤销登记。

登记机构应当按照捐献人的要求,及时办理变更或者撤销手续。

第十五条 遗体捐献的执行人,可以是捐献人的近亲属或者在工作上、生活上有密切关系的其他自然人,也可以是捐献人生前所在单位、居住地的居(村)民委员会、养老机构或者其他有关单位。

第十六条 捐献人死亡后,执行人应当及时通知相应的接受单位办理有关手续。户籍所在地公安部门凭执行人提交的有关证明材料,出具殡葬许可证明。

执行人因故不能执行的,捐献人生前所在单位或者居住地的居(村)民委员会可以及时通知相应的接受单位。

因突发性因素导致死亡,有关单位和人员在处理中发现死亡者是捐献人的,应当及时通知相应的接受单位。

有关单位和人员应当尊重捐献人的意愿,支持执行人履行义务。

第十七条 接受单位收到接受遗体的通知后,应当依据捐献人的捐献卡以及殡葬许可证明及时接受遗体。

第十八条 在接受、运送捐献遗体时，物业管理、城市交通等有关部门应当提供方便。

持有公安部门核发的运送捐献遗体专用标志的交通工具优先通行。

第十九条 接受单位接受遗体后，应当及时书面通知原登记机构，并根据捐献人近亲属的要求，为捐献人举行告别仪式。

第二十条 接受单位利用捐献的遗体，应当严格依照捐献人的意愿，遵守国家和本市的有关规定，无偿用于医学教学、医学科研、临床解剖以及角膜移植。

利用完毕的遗体，由接受单位负责送殡葬单位火化。

第二十一条 接受单位应当建立专门档案，完整记录遗体的利用情况。

捐献人的近亲属或者其他执行人有权查询遗体的利用情况，接受查询的单位应当答复。

第二十二条 从事遗体捐献登记、接受工作的人员应当接受有关法律和专业知识的培训，取得相应的证书。

从事遗体捐献登记、接受工作的人员应当遵守操作规程和职业道德，尊重捐献人的人格尊严，实行规范、文明服务。

第二十三条 从事遗体捐献登记、接受工作的人员违反本条例规定的，由其所在单位或者上级主管部门给予批评教育；情节严重的，给予行政处分。

第二十四条 违反本条例规定，按照下列规定予以处理：

（一）违反本条例第十条规定，未经市红十字会委托，以红十字会名义接受遗体捐献的，由市红十字会责令改正；擅自使用红十字标志的，可以提请违法使用者所在地的区（县）人民政府依法处罚；

（二）违反本条例第十四条第二款、第十七条、第十九条规定的，由市红十字会责令立即改正并通报批评；对情节严重的，可以终止委托，责令其停止使用红十字标志。

第二十五条 违反本条例第二十条第一款规定的，由市卫生行政部门没收违法所得，并处违法所得三至五倍的罚款。

第二十六条 接受、利用捐献的遗体，违反法律规定，构成犯罪的，依法追究刑事责任。

第二十七条 当事人对市卫生行政部门的具体行政行为不服的，可以依照《中华人民共和国行政复议法》或者《中华人民共和国行政诉讼法》的规定，申请行政复议或者提起行政诉讼。

当事人对具体行政行为逾期不申请复议，不提起诉讼，又不履行的，作出具体行政行为的市卫生行政部门可以申请人民法院强制执行。

第二十八条 本条例自2001年3月1日起施行。

上海市市民体育健身条例

（2000年12月15日上海市第十一届人民代表大会常务委员会第二十四次会议通过　根据2003年6月26日上海市第十二届人民代表大会常务委员会第五次会议《关于修改〈上海市市民体育健身条例〉的决定》第一次修正　2012年4月19日上海市第十三届人民代表大会常务委员会第三十三次会议修订　根据2017年11月23日上海市第十四届人民代表大会常务委员会第四十一次会议《关于修改本市部分地方性法规的决定》第二次修正）

第一章　总　　则

第一条　为了促进本市市民体育健身活动的开展，保障市民参加体育健身活动的合法权益，增强市民体质，根据《中华人民共和国体育法》、《全民健身条例》、《公共文化体育设施条例》等有关法律、行政法规，结合本市实际情况，制定本条例。

第二条　本条例适用于本市行政区域内市民体育健身活动及其管理。

第三条　市民有依法参加体育健身活动的权利。

各级人民政府应当依法保障市民参加体育健身活动的权利。

第四条　市体育行政管理部门是本市市民体育健身工作的主管部门。区体育行政管理部门负责本行政区域内市民体育健身工作。

各级人民政府有关行政管理部门应当按照各自职责，共同做好市民体育健身工作。

第五条　市和区人民政府应当加强对市民体育健身工作的领导，将市民体育健身事业纳入本级国民经济和社会发展规划，将市民体育健身工作所需经费列入本级财政预算，并随着国民经济的发展逐步增加对市民体育健身工作的投入。

镇（乡）人民政府、街道办事处应当协调、推动本区域内公共体育健身设施的开放和管理，组织开展社区体育健身活动，提供必要的人员和经费保障。

第六条　各级人民政府及其体育行政管理部门对开展市民体育健身活动成绩显著的单位和个人，应当按照国家和本市有关规定给予表彰和奖励。

第二章　市民体育健身活动

第七条　每年8月8日为全民健身日。

第八条　鼓励市民参加科学、文明、健康的体育健身活动。

市民参加体育健身活动，应当安全使用体育健身设施。市民应当遵守防止社会生活噪声污染的相关规定和社会公德，避免影响其他市民的正常工作和生活。

第九条　国家机关、企业事业单位、社会团体和其他组织应当根据本单位的特点，提供设施、经费、时间等必要条件，保障职工参加体育健身活动的合法权益。企业事业单位应当将开展职工体育健身情况向职工代表大会或者职工大会报告。

国家机关、企业事业单位、社会团体和其他组织应当在每个工作日组织本单位人员开展工间（前）操或者其他形式的体育健身活动；有条件的，可以举办运动会等体育健身活动，开展体育锻炼测验、体质测定等活动。提倡在节假日开展多种形式的体育健身活动。

产业园区和商务楼宇等的管理组织应当提供必要的体育健身设施，协调推动企业事业单位组织开展体育健身活动，体育行政管理部门和工会组织应当加强指导。

第十条 学校应当按照教育行政管理部门的有关规定，实施学生体质健康标准，加强对学生体质的监测，开设体育课、体育活动课，开展广播体操、眼保健操等活动，保证学生在校期间每天参加一个小时的体育健身活动。

学校每学年至少举办一次全校性的体育运动会。学校应当开展多种形式的课外体育活动，培养学生体育锻炼兴趣，提高学生体育技能，增强学生体质。

教育行政管理部门应当定期对学校体育健身工作进行督导检查，将学生体质健康状况作为评价、考核学校工作的重要指标。

第十一条 体育行政管理部门应当加强对市民体育健身活动的督促和指导，组织各种形式的群众性体育健身活动，举办市民运动会，推广体育锻炼达标，引导和鼓励市民经常、持久地参加体育健身活动。

体育行政管理部门应当会同卫生行政管理等部门开展健身知识宣传普及，指导市民体育健身。

第十二条 工会、共产主义青年团、妇女联合会、残疾人联合会等社会团体应当结合自身特点，组织成员开展体育健身活动。

第十三条 各级各类体育协会应当按照其章程，在体育行政管理部门指导下，发挥专业优势，组织开展科学的体育健身活动。

第十四条 鼓励社区体育组织、基层群众性健身团队以及其他社会组织开展市民体育健身活动。

第十五条 居民委员会应当结合居民住宅区特点，组织居民开展小型多样的体育健身活动。

村民委员会应当结合农村特点，组织开展与农村生产劳动和文化生活相适应的体育健身活动。

第十六条 广播电台、电视台、报刊、互联网站等媒体应当宣传科学、文明、健康的体育健身项目和方法，刊登、播放公益性体育健身内容，增强市民体育健身意识。

第三章 市民体育健身设施

第十七条 市体育行政管理部门应当根据本市国民经济和社会发展规划，会同规划土地等行政管理部门组织编制公共体育设施规划，报市人民政府批准后，纳入相应的城乡规划。规划土地行政管理部门应当为公共体育设施预留建设用地。

第十八条 各级人民政府应当按照国家和本市对城市公共体育设施用地定额指标、公共体育设施规划，建设公共体育设施。

建设公共体育设施，应当充分考虑未成年人、老年人、残疾人等群体的特殊要求，采取无障碍和安全防护措施，满足各类人群参加体育健身的需要。

各级人民政府及其体育行政管理部门应当加强对公共体育设施的监督管理。任何单位和个人不得侵占、破坏公共体育设施或者擅自改变公共体育设施的使用性质。

鼓励企业事业单位、社会团体、其他组织和个人建设公共体育健身设施。

第十九条 规划土地行政管理部门在组织编制居民住宅区所在区域的控制性详细规划时，应当按照国家和本市有关规定征求体育行政管理部门的意见。

新建、改建、扩建居民住宅区，应当按照国家和本市有关规定建设相应的体育健身设施。

居民住宅区配套建设的体育健身设施，应当与居民住宅区的主体工程同时设计、同时施工、同时投入使用。建设工程竣工验收时，建设单位应当通知所在地的体育行政管理部门参与验收。

任何单位或者个人不得擅自改变居民住宅区体育健身设施的建设项目和功能，不得缩小其建设规模和降低其用地指标。

第二十条 公共体育场馆应当全年向市民

开放，每周累计开放时间不得少于五十六个小时，法定节假日和学校寒暑假期间应当延长开放时间。

公共体育场馆在学校寒暑假期间应当增设适应学生特点的体育健身项目，开设学生专场。

鼓励企业事业单位向市民开放体育健身设施。

第二十一条 学校应当在课余时间和节假日向学生开放体育健身设施。公办学校应当积极创造条件向市民开放体育健身设施。鼓励民办学校向市民开放体育健身设施。

区人民政府对向市民开放体育健身设施的学校给予经费支持，并为向市民开放体育健身设施的学校办理有关责任保险。

区人民政府应当制定学校体育健身设施向市民开放的具体管理办法，由学校所在地的镇（乡）人民政府或者街道办事处会同学校组织实施。体育行政管理部门应当会同教育行政管理部门加强对学校体育健身设施开放的指导监督。

第二十二条 社区文化活动中心应当按照国家和本市有关规定开设体育健身活动场地，配置体育健身设施。

社区文化活动中心的体育健身活动场地和设施应当全年向市民开放，每周累计开放时间不得少于五十六个小时，开放时间应当与市民的工作时间、学习时间适当错开。属于国家规定基本服务项目的体育健身项目应当免费开放。

第二十三条 公共体育场馆、公办学校、社区文化活动中心等体育健身设施实行收费的，具体价格由政府有关部门核定，一般不超过其运营成本。对学生、老年人、残疾人等实行价格优惠。

公共体育场馆应当在全民健身日等规定时间向市民免费开放，并逐步增加免费开放的时间。

第二十四条 向市民免费开放的体育健身设施应当符合下列基本要求：

（一）体育健身设施符合国家、行业或者地方标准；

（二）在醒目位置标明安全使用方法和注意事项；

（三）建立、健全维修保养更新制度，保持体育健身设施完好。

第二十五条 公园、绿地等公共场所的管理单位，应当根据自身条件安排体育健身活动场地。需要设置体育健身设施的，由所在地的体育行政管理部门根据实际情况免费提供并承担维修保养更新经费。

第二十六条 政府出资建设或者配置的居民住宅区体育健身设施，其维修保养更新经费由镇（乡）人民政府、街道办事处承担。

建设单位按照规定配套建设的业主共用的体育健身设施，由居民住宅区业主或者其委托的物业服务企业负责维修保养，维修保养经费按照国家和本市有关规定在住宅专项维修资金中列支或者通过其他途径予以保障，确有困难的，由镇（乡）人民政府和街道办事处给予适当补贴。

第二十七条 因城乡建设确需拆除公共体育设施或者改变其功能、用途的，有关人民政府在作出决定前应当依法组织专家论证，并征得上一级人民政府体育行政管理部门的同意，报上一级人民政府批准。

经批准拆除后重新建设的公共体育设施，应当符合规划要求，一般不得小于原有规模。

第四章 市民体育健身服务与保障

第二十八条 各级人民政府应当支持高等院校和科学研究机构开展体育健身科学研究，加强国际国内交流，推广科学的体育健身项目和方法。

第二十九条 各级人民政府及其体育行政管理部门应当根据实际情况，通过政府购买公共服务、专项资金补助、奖励等形式，支持体育协会、社区体育组织以及其他社会团体向市民提供体育健身服务。

第三十条 市和区体育行政管理部门应当建立体育健身信息服务平台，公布市民体育健身工作经费投入和使用情况，公示本行政区域内市民体育健身设施目录、开放时段、收费标准、免费项目和优惠措施等信息，制定和发布科学健身指南，并为市民提供体质测定、体育健身指导等信息。

第三十一条 体育健身设施没有国家标准、行业标准的，市体育行政管理部门可以向市标准化行政主管部门提出制定体育健身设施等地方标准的建议，由市标准化行政主管部门按照国家和本市有关规定组织制定地方标准。

第三十二条 市体育行政管理部门应当根据国家有关规定，制订本市市民体质监测方案，会同有关部门组织实施，并定期向社会公布市民体质监测结果。

第三十三条 体育彩票公益金应当根据国家有关规定，用于组织开展市民体育健身活动、培训社会体育指导人员、进行市民体质监测以及市民体育健身设施的建设和管理，并逐步提高对社区市民体育健身的投入比例。

利用福利彩票公益金建设社会福利设施时，应当按照国家有关规定，设置适合老年人和残疾人体育健身活动的设施。

彩票公益金的管理、使用单位，应当依法接受财政部门、审计机关和社会公众的监督，每年向社会公告公益金的使用情况。

第三十四条 鼓励企业事业单位、社会团体、其他组织和个人向市民体育健身事业捐赠财产、提供赞助。向市民体育健身事业捐赠财产的，依法享受税收优惠。

第三十五条 鼓励市民体育健身活动组织者和健身场所管理者依法投保有关责任保险。

鼓励参加市民体育健身活动的公民依法投保意外伤害保险。

第三十六条 鼓励挖掘民间传统体育健身项目、创编新颖体育健身项目、研发体育健身器材，依法维护相关单位和个人的知识产权合法权益。

第三十七条 对不以收取报酬为目的的社会体育指导人员，按照国家有关规定实行技术等级制度。市和区体育行政管理部门应当免费为其提供相关知识和技能培训，并建立档案。

公共体育设施应当按照项目要求，配备社会体育指导人员指导体育健身活动。居(村)民委员会和有条件的单位，也可以配备社会体育指导人员。

社会体育指导人员负责组织居民开展体育健身活动，传授体育健身技能，宣传科学健身知识。

第三十八条 对以健身指导为职业的社会体育指导人员实行职业资格证书制度。

以对高危险性体育项目进行健身指导为职业的社会体育指导人员，应当依照国家有关规定取得职业资格证书。

第三十九条 企业、个体工商户经营高危险性体育项目的，应当按照国家有关规定取得体育行政管理部门的许可。

第五章 法律责任

第四十条 任何单位和个人发现违反市民体育健身法律、法规的行为，可以向体育行政管理部门或者其他相关部门投诉。接到投诉的部门应当按照规定程序进行调查、核实，予以处理。

第四十一条 违反本条例规定，侵占、破坏公共体育设施的，由体育行政管理部门责令限期改正，并依法承担民事责任。

有前款所列行为，违反治安管理的，由公安机关依照《中华人民共和国治安管理处罚法》的有关规定予以处罚；构成犯罪的，依法追究刑事责任。

第四十二条 违反本条例规定，擅自改变公共体育设施使用性质的，按照国务院《公共文化体育设施条例》的规定予以处罚。

第四十三条 违反本条例规定的其他行为，法律、行政法规已有处罚规定的，从其规定。

第六章 附 则

第四十四条 本条例所称市民体育健身设

施,是指公共体育设施以及其他向市民开放用于开展体育健身活动的建(构)筑物、场地和设备。

第四十五条 本条例自2012年6月10日起施行。

上海市制定地方性法规条例

(2001年2月12日上海市第十一届人民代表大会第四次会议通过 根据2004年10月19日上海市第十二届人民代表大会常务委员会第十五次会议《关于修改〈上海市制定地方性法规条例〉的决定》第一次修正 根据2005年2月24日上海市第十二届人民代表大会常务委员会第十八次会议《关于修改〈上海市制定地方性法规条例〉的决定》第二次修正 根据2015年11月19日上海市第十四届人民代表大会常务委员会第二十四次会议《关于修改〈上海市制定地方性法规条例〉的决定》第三次修正)

第一章 总 则

第一条 为了规范市人民代表大会及其常务委员会制定地方性法规的活动,完善立法程序,提高立法质量,发挥立法的引领和推动作用,根据《中华人民共和国地方各级人民代表大会和地方各级人民政府组织法》、《中华人民共和国立法法》的规定,结合本市实际情况,制定本条例。

第二条 本条例适用于本市地方性法规的制定、修改、废止、解释及其相关活动。

第三条 市人民代表大会及其常务委员会依照宪法、法律规定的权限制定地方性法规。

规定本市特别重大事项的地方性法规,应当由市人民代表大会通过。

在市人民代表大会闭会期间,常务委员会可以对市人民代表大会制定的地方性法规进行部分补充和修改,但是不得同该法规的基本原则相抵触。

市人民代表大会有权改变或者撤销市人民代表大会常务委员会制定的不适当的地方性法规。

第四条 制定地方性法规应当遵循宪法和立法法规定的基本原则,不同宪法、法律、行政法规相抵触,维护社会主义法制的统一和尊严。

制定地方性法规应当体现人民的意志,发扬社会主义民主,坚持立法公开,健全代表全程参与立法机制,建立基层立法联系点,保障人民通过多种途径参与立法活动。

制定地方性法规应当从实际出发,适应经济社会发展和全面深化改革的要求,科学合理地规定公民、法人和其他组织的权利与义务、国家机关的权力与责任。地方性法规规定的内容,应当明确、具体,具有针对性和可执行性,对上位法已经明确规定的内容一般不作重复性规定。

第五条 市人民代表大会及其常务委员会应当加强对立法工作的组织协调,发挥在立法工作中的主导作用。

第二章 市人民代表大会制定地方性法规程序

第六条 市人民代表大会举行会议的时候,主席团可以向市人民代表大会提出地方性法规案，由市人民代表大会会议审议。

市人民代表大会常务委员会、市人民政府、市人民代表大会各专门委员会，可以向市人民代表大会提出地方性法规案，由主席团决定列入会议议程。

第七条 市人民代表大会代表十人以上联名，可以在大会议事规则规定的时间内向市人民代表大会提出地方性法规案，由主席团决定是否列入会议议程，或者先交有关的专门委员会审议、提出是否列入会议议程的意见，再决定是否列入会议议程。

专门委员会审议的时候，可以邀请提出地方性法规案的代表列席会议。

第八条 拟向市人民代表大会提出的地方性法规案，在市人民代表大会闭会期间，可以先向常务委员会提出，经常务委员会会议依照本条例第三章规定的有关程序审议后，决定提请市人民代表大会审议，一般由常务委员会向大会全体会议作说明。

常务委员会依照前款规定审议地方性法规案，应当通过多种形式征求市人民代表大会代表的意见，并将有关情况予以反馈；专门委员会和常务委员会工作机构进行立法调研，可以邀请有关的市人民代表大会代表参加。

第九条 常务委员会决定提请市人民代表大会会议审议的地方性法规案，应当在会议举行的三十日前将法规草案发给代表，听取代表的意见。

第十条 列入市人民代表大会会议议程的地方性法规案，大会全体会议听取提案人的说明后，由各代表团进行审议。

第十一条 列入市人民代表大会会议议程的地方性法规案，由有关的专门委员会进行审议，向主席团提出审议意见，并印发会议。但有关专门委员会在常务委员会审议中对该法规案已经提出审议意见的，在代表大会上可以不再提出审议意见。

第十二条 列入市人民代表大会会议议程的地方性法规案，由法制委员会根据各代表团和有关的专门委员会的审议意见，对法规案进行统一审议，向主席团提出审议结果报告和法规草案表决稿，经主席团会议审议通过后，印发会议。法制委员会对重要的不同意见应当在审议结果报告中予以说明。

第十三条 列入市人民代表大会会议议程的地方性法规案，必要时，主席团常务主席可以召开各代表团团长会议，就法规案中的重大问题听取各代表团的审议意见，进行讨论，并将讨论的情况和意见向主席团报告。

主席团常务主席也可以就地方性法规案中的重大的专门性问题，召集代表团推选的有关代表进行讨论，并将讨论的情况和意见向主席团报告。

第十四条 列入市人民代表大会会议议程的地方性法规案，在交付表决前，提案人要求撤回的，应当说明理由，经主席团同意，并向大会报告，对该法规案的审议即行终止。

第十五条 地方性法规案在审议中有重大问题需要进一步研究的，经主席团提出，由大会全体会议决定，可以授权常务委员会根据代表的意见进一步审议，作出决定，并将决定情况向市人民代表大会下次会议报告；也可以授权常务委员会根据代表的意见进一步审议，提出修改方案，提请市人民代表大会下次会议审议决定。

第十六条 地方性法规草案表决稿，由主席团提请大会全体会议表决，由全体代表的过半数通过。

第十七条 市人民代表大会通过的地方性法规，由主席团发布公告予以公布。

第三章 市人民代表大会常务委员会制定地方性法规程序

第十八条 主任会议可以向常务委员会提出地方性法规案，由常务委员会会议审议。主任会议可以委托常务委员会相关工作机构负责人在常务委员会全体会议上作地方性法规草案的说明。

市人民政府、市人民代表大会各专门委员会，可以向常务委员会提出地方性法规案，由主任会议决定提请常务委员会会议审议，或者先交有关的专门委员会审议、提出意见，也可以委托常务委员会法制工作机构研究、提出意见，再决定提请常务委员会会议审议。如果主任会议认为法规案有重大问题需要进一步研究，可以建议提案人修改完善后再向常务委员会提出。

第十九条 常务委员会组成人员五人以上联名，可以向常务委员会提出地方性法规案，由主任会议决定是否提请常务委员会会议审议，或者先交有关的专门委员会审议、提出意见，再决定是否提请常务委员会会议审议。不提请常务委员会会议审议的，应当向常务委员会会议报告并向提案人说明。

专门委员会审议的时候，可以邀请提出地方性法规案的常务委员会组成人员列席会议。

第二十条 拟提请常务委员会会议审议的地方性法规案，应当在会议举行的三十日前将法规案送常务委员会；未按规定期限送达的，一般不列入该次常务委员会会议议程。

第二十一条 有关的专门委员会对主任会议交付审议的地方性法规案，应当就制定该法规的必要性、合法性、可行性等问题组织调查研究，进行审议，并向主任会议提出是否具备提请常务委员会会议审议的条件的意见；建议将法规案列入常务委员会会议议程的，应当提出审议意见报告。

常务委员会会议审议地方性法规案，有关的专门委员会或者工作委员会应当组织起草部门向常务委员会组成人员解读法规草案。

第二十二条 决定提请常务委员会会议审议的地方性法规案，除特殊情况外，应当在会议举行的七日前将法规草案印发给常务委员会组成人员。

常务委员会组成人员应当对法规案进行研究，参加有关的调查研究活动和法规草案解读，准备审议意见。

第二十三条 列入常务委员会会议议程的地方性法规案，一般应当经两次常务委员会会议审议后交付下次常务委员会会议表决。常务委员会会议审议时各方面意见比较一致的，由主任会议决定，也可以在第二次常务委员会会议审议后交付该次会议表决。

列入常务委员会会议议程的地方性法规案，各方面意见比较一致的，由主任会议决定，可以经一次常务委员会会议审议后，交付下次常务委员会会议表决；调整事项较为单一或者部分修改的地方性法规案，各方面意见比较一致的，由主任会议决定，也可以交付该次会议表决。

对于社会广泛关注的地方性法规案，可以增加常务委员会会议的审议次数。

第二十四条 常务委员会会议第一次审议地方性法规案，先在全体会议上听取提案人的说明，并听取有关的专门委员会的审议意见报告或者常务委员会法制工作机构的研究意见报告，再由分组会议就立法的必要性、可行性和法规草案中的主要问题进行审议。

常务委员会根据需要可以召开联组会议或者全体会议，对法规草案中的主要问题进行审议。

第二十五条 地方性法规案经常务委员会会议第一次审议后，由法制委员会根据常务委员会组成人员、有关的专门委员会的审议意见和各方面提出的意见进行统一审议，提出审议结果报告和法规草案修改稿，由主任会议决定提请常务委员会会议第二次审议。对重要的不同意见，法制委员会应当在审议结果报告中予以说明。

法制委员会审议地方性法规案时，应当邀请有关的专门委员会的成员列席会议。

第二十六条 常务委员会会议第二次审议地方性法规案，先在全体会议上听取法制委员会关于法规草案审议结果的报告，再由全体会议或者分组会议对法规草案修改稿进行审议。

第二十七条 常务委员会会议审议地方性法规案时，如果提出专业性问题需要进一步研究的，可以由主任会议交有关的专门委员会进行研究，提出审议意见报告，并印发常务委员会会议和法制委员会。

第二十八条 地方性法规案拟经一次常务委员会会议审议后即交付该次会议表决的，先在常务委员会的全体会议上听取提案人的说明和有关的专门委员会的审议意见报告或者常务委员会法制工作机构的研究意见报告，然后由全体会议或者分组会议对法规草案进行审议。

法制委员会根据常务委员会组成人员和有关的专门委员会的审议意见，对地方性法规案进行统一审议，提出审议结果报告和法规草案表决稿，由主任会议决定提请该次常务委员会全体会议表决。

第二十九条 常务委员会会议第一次审议地方性法规案时，专门委员会或者常务委员会组成人员五人以上认为制定该法规的必要性、可行性等方面存在重大问题，可以提出搁置审议的动议，由主任会议提请常务委员会全体会议审议后表决。

搁置审议的地方性法规案，其重大问题得到解决的，可以由专门委员会或者常务委员会组成人员五人以上联名提出书面建议，由主任会议决定提请常务委员会会议继续审议，也可以由主任会议直接提请常务委员会会议继续审议。

第三十条 地方性法规案经两次常务委员会会议审议后，仍有重大问题需要进一步研究的，由主任会议决定，可以暂不付表决，交法制委员会在会后进一步审议。

暂不付表决的地方性法规案，其重大问题得到解决的，法制委员会可以提出书面建议，由主任会议决定提请常务委员会会议再次审议。

第三十一条 常务委员会会议审议地方性法规案，应当安排必要的时间，保证常务委员会组成人员充分发表意见。

常务委员会会议审议地方性法规案，应当邀请市人民代表大会代表列席，可以邀请本市选举的全国人民代表大会代表列席，也可以安排公民旁听。

第三十二条 列入常务委员会会议议程的地方性法规案，法制委员会、有关的专门委员会和常务委员会工作机构应当听取市人民代表大会代表、区县人民代表大会常务委员会和其他有关方面的意见。听取意见可以采取座谈会、论证会、听证会等多种形式。

地方性法规案有关问题专业性较强，需要进行可行性评价的，应当召开论证会。论证情况应当向常务委员会报告。

地方性法规案有关问题存在重大意见分歧或者涉及利益关系重大调整，需要进行听证的，应当召开听证会。听证情况应当向常务委员会报告。

地方性法规案有关问题部门间争议较大的，可以引入第三方开展评估，充分听取各方意见。评估情况应当向常务委员会报告。

常务委员会法制工作机构应当将地方性法规草案印发相关领域的市人民代表大会代表、区县人民代表大会常务委员会以及有关部门、组织和专家征求意见，将意见整理后送法制委员会和有关的专门委员会，并根据需要，印发常务委员会会议。

第三十三条 列入常务委员会会议议程的地方性法规案，应当在常务委员会会议后将法规草案及立法背景、主要制度等事项的说明向社会公布，征求意见，但是经主任会议决定不公布的除外。向社会公布征求意见的时间一般不少于十五日。征求意见的情况应当向社会通报。

第三十四条 拟提请常务委员会会议审议通过的地方性法规案，在法制委员会提出修改情况报告前，常务委员会工作机构可以对法规草案中主要制度规范的可行性、法规出台时机、法规实施的社会效果和可能出现的问题等进行评估。评估情况由法制委员会在修改情况报告中予以说明。

第三十五条 列入常务委员会会议议程的地方性法规案，在交付表决前，提案人要求撤回的，应当说明理由，经主任会议同意，并向常务委员会报告，对该法规案的审议即行终止。

第三十六条 列入常务委员会会议议程审议的地方性法规案，搁置审议满两年的，或者因暂不付表决经过两年没有再次列入常务委员会会议议程审议的，由主任会议向常务委员会报告，该法规案终止审议。

第三十七条 地方性法规草案修改稿经常务委员会会议审议后，由法制委员会根据常务委员会组成人员的审议意见进行修改，提出法规草案表决稿，由主任会议决定提请常务委员会全体会议表决。

第三十八条 常务委员会会议表决地方性法规草案表决稿的一天前，应当将表决稿印发常务委员会组成人员，并在全体会议上听取法制委员会关于法规草案修改稿修改情况的报告。

第三十九条 常务委员会组成人员五人以上联名，可以在表决地方性法规草案表决稿的全体会议召开的四小时前，书面提出对表决稿的修正案，由主任会议决定是否提请常务委员会会议审议。不提请常务委员会会议审议的，应当向常务委员会会议报告并向提出修正案的常务委员会组成人员说明。

提出地方性法规草案表决稿的修正案，应当写明修正的条款和理由。

第四十条 常务委员会全体会议表决地方性法规草案表决稿时，有修正案的，先审议、表决修正案。

地方性法规草案表决稿及其修正案，由常务委员会全体组成人员的过半数通过。

第四十一条 地方性法规草案表决稿交付常务委员会会议表决前，主任会议根据常务委员会会议审议的情况，可以决定将个别意见分歧较大的重要条款提请常务委员会会议单独表决。

单独表决的条款经常务委员会会议表决后，主任会议根据单独表决的情况，可以决定将地方性法规草案表决稿交付表决，也可以决定暂不付表决，交法制委员会和有关的专门委员会进一步审议。

第四十二条 对多部地方性法规中涉及同类事项的个别条款进行修改，一并提出地方性法规案的，经主任会议决定，可以合并表决，也可以分别表决。

第四十三条 常务委员会通过的地方性法规，由常务委员会发布公告予以公布。

第四章 地方性法规解释

第四十四条 本市地方性法规的解释权属于市人民代表大会常务委员会。

地方性法规的规定需要进一步明确具体含义的，或者法规制定后出现新的情况需要明确适用法规依据的，由常务委员会解释。

第四十五条 市人民政府、市高级人民法院、市人民检察院和市人民代表大会各专门委员会以及区县人民代表大会常务委员会，可以书面向市人民代表大会常务委员会提出地方性法规解释要求。

第四十六条 地方性法规解释草案，由常务委员会法制工作机构研究拟订，由主任会议决定提请常务委员会会议审议。

第四十七条 地方性法规解释草案经常务委员会会议审议，由法制委员会根据常务委员会组成人员的审议意见进行审议、修改，提出法规解释草案表决稿。

第四十八条 地方性法规解释草案表决稿由常务委员会全体组成人员的过半数通过，由常务委员会发布公告予以公布。

第四十九条 市人民代表大会常务委员会的地方性法规解释同地方性法规具有同等效力。

第五章 其他规定

第五十条 市人民代表大会常务委员会通过立法规划、年度立法计划等形式，加强对立法工作的统筹安排。立法规划和年度立法计划由主任会议通过并向社会公布。

市人民代表大会常务委员会法制工作机构负责编制立法规划和拟订年度立法计划，并按照市人民代表大会常务委员会的要求，督促立法规划和年度立法计划的落实。

第五十一条 地方性法规草案由有关方面起草的，应当邀请市人民代表大会有关的专门委员会、常务委员会工作机构提前参与法规草案起草工作；综合性、全局性、基础性以及其他重要地方性法规草案，可以由有关的专门委员会或者常务委员会工作机构组织起草。

专业性较强的地方性法规草案，应当吸收相关领域的专家参与起草工作，或者委托有关专家、教学科研单位、社会组织起草。

第五十二条 市人民代表大会及其常务委员会可以根据改革发展的需要，决定就行政管理等领域的特定事项在一定期限内在部分区域暂时调整或者暂时停止适用地方性法规的部分规定。

第五十三条 地方性法规案提请市人民代表大会或者常务委员会审议前，提出法规案的国家机关和部门应当对法规草案中重大问题的不同意见进行协调。

向市人民代表大会或者常务委员会提出地方性法规案，应当同时提出法规草案及其说明，并提供必要的参阅资料。修改地方性法规的，还应当提交修改前后的对照文本。法规草案的说明，应当阐明制定该法规的依据、必要性、可行性和主要内容以及起草过程中对重大分歧意见的协调处理情况。

第五十四条 向市人民代表大会及其常务委员会提出的地方性法规案，在列入会议议程前，提案人有权撤回。

第五十五条 市人民代表大会各代表团或者常务委员会分组会议审议地方性法规案时，提案人应当派人听取意见、回答询问。

各代表团或者常务委员会分组会议审议地方性法规案时，根据代表团或者小组的要求，有关机关、组织应当派人介绍情况。

第五十六条 专门委员会审议地方性法规案，应当召开全体会议；根据需要，可以要求有关机关、组织派有关负责人说明情况。

第五十七条 交付市人民代表大会或者常务委员会全体会议表决未获得通过的地方性法规案，如果提案人认为必须制定该法规，并具备提请审议条件的，可以在表决的六个月后按照本条例规定的程序重新提出，由主席团决定是否列入会议议程，或者由主任会议决定是否提请常务委员会会议审议；其中，未获得市人民代表大会通过的法规案，应当提请市人民代表大会审议决定。

第五十八条 地方性法规应当明确规定施行日期。

第五十九条 地方性法规标题的题注应当载明制定机关、通过日期。经过修改的地方性法规，应当依次载明修改机关、修改日期。

第六十条 公布本市地方性法规的市人民代表大会主席团公告和常务委员会公告应当标明该法规的制定机关、通过和施行日期。

本市地方性法规和法规解释通过后，应当及时在《上海市人民代表大会常务委员会公报》和上海人大公众网以及《解放日报》、《上海法治报》上全文刊载。

在常务委员会公报上刊登的地方性法规文本为标准文本。

第六十一条 地方性法规明确要求有关国家机关对专门事项作出配套的具体规定的，有关国家机关应当自法规施行之日起一年内作出规定，法规对配套的具体规定制定期限另有规定的，从其规定。有关国家机关未能在期限内作出配套的具体规定的，应当向常务委员会说明情况。

第六十二条 市人民代表大会有关的专门委员会、常务委员会工作机构可以组织对有关地方性法规或者法规中有关规定进行立法后评估。评估情况应当向常务委员会报告。

第六十三条 市人民代表大会及其常务委员会通过的地方性法规，应当在公布后的三十日内报全国人民代表大会常务委员会和国务院备案。

第六十四条 对实施本市地方性法规有关具体问题的询问，由常务委员会法制工作机构研究后予以答复，并报常务委员会备案。

第六十五条 市人民代表大会各专门委员会和常务委员会各工作机构，应当根据各自的职责范围，采取即时清理与全面清理、专项清理相结合的方法，适时对有关地方性法规进行清理，提出意见，由常务委员会法制工作机构进行汇总，向主任会议提出清理情况的报告；对法规的内容与法律、行政法规相抵触，与现实情况不适应，或者与相关法规不协调的，应当提出修改或者废止的建议。

市人民政府及其工作部门、市高级及中级人民法院、市人民检察院及其分院，应当根据地方性法规实施情况向市人民代表大会常务委员会提出清理法规的建议。

第六十六条 地方性法规的修改或者废止的程序，按照本条例第二章、第三章和第五章的有关规定执行。

地方性法规被修改的，应当公布新的法规文本。

地方性法规被废止的，除由其他地方性法规规定废止该法规的以外，应当予以公布。

第六十七条 地方性法规草案与其他地方性法规相关规定不一致的，提案人应当予以说明并提出处理意见，必要时应当同时提出修改或者废止其他地方性法规相关规定的议案。

法制委员会和有关的专门委员会审议地方性法规案时，认为需要修改或者废止其他地方性法规相关规定的，应当提出处理意见。

第六章 附　　则

第六十八条 市人民代表大会及其常务委员会通过关于法律性问题的决定，参照本条例规定的有关程序执行。

第六十九条 本条例自2001年3月1日起施行。《上海市人民代表大会常务委员会制定地方性法规程序的规定》同时废止。

上海市中小学校学生伤害事故处理条例

（2001年7月13日上海市第十一届人民代表大会常务委员会第二十九次会议通过　根据2011年11月17日上海市第十三届人民代表大会常务委员会第三十次会议《关于修改〈上海市中小学校学生伤害事故处理条例〉的决定》修正）

第一条 为了妥善处理中小学校学生伤害事故，保障中小学生和学校的合法权益，维护正常的教育教学秩序，根据国家有关法律、行政法规的规定，结合本市实际情况，制定本条例。

第二条 在本市行政区域内的中小学校（以下简称学校）教育教学活动期间发生的中小学生人身伤害或者死亡事故（以下简称学生伤害事故）的处理，适用本条例。

第三条 学生伤害事故的处理应当及时、公正、合法，做到事实清楚、责任明确、处理得当。

第四条 学校的举办者应当保障学校必要设施、设备的资金投入和人员的配备。

各级教育行政部门应当加强对学校的管理，制定学校对学生安全保护的有关规定，指导和监督学校落实预防学生伤害事故的有关措施，指导和协调学生伤害事故的处理。

第五条 学校在进行教育教学活动的同时，负有对学生进行安全教育、管理和保护的职责。

学校应当根据国家和本市的有关规定，采取措施，预防和消除可能造成学生人身伤害的危险；按照学生不同年龄的生理、心理以及教育特点，建立健全各项管理和保护学生的规章制度。

学校应当确保教育教学和生活的设施、设

备符合国家和本市的安全标准。

第六条 学生应当遵守学校的规章制度。不同年龄和认知能力的学生，有相应的避免和消除危险的义务。

学生的父母或者其他监护人应当依法履行监护职责，对学生进行安全教育、管理和保护。提倡学生的父母或者其他监护人为学生的人身意外伤害投保。

第七条 为学校组织安排教育教学活动提供场所、设施的单位和个人，应当健全各项安全保障措施。活动场所和设施应当符合国家和本市的安全标准。

第八条 对学生伤害事故的发生有过错的责任人，应当承担损害赔偿责任，法律另有规定的，从其规定。

第九条 下列情形之一造成的学生伤害事故，学校承担损害赔偿责任：

（一）学校使用的教育教学和生活设施、设备不符合国家和本市的安全标准的；

（二）学校的场地、房屋和设备等维护、管理不当的；

（三）学校组织教育教学活动，未按规定对学生进行必要的安全教育的；

（四）学校组织教育教学活动，未采取必要的安全防护措施的；

（五）学校向学生提供的食品、饮用水以及玩具、文具或者其他物品不符合国家和本市的卫生、安全标准的；

（六）学校组织安排的实习、劳动、体育运动等体力活动，超出学生一般生理承受能力的；

（七）学校知道或者应当知道学生有不适应某种场合或者某种活动的特异体质，未予以必要照顾的；

（八）学生伤害事故发生后，学校未及时采取相应救护措施致使损害扩大的；

（九）教职员侮辱、殴打、体罚或者变相体罚学生的；

（十）教职员擅离工作岗位、虽在工作岗位但未履行职责，或者违反工作要求、操作规程的；

（十一）应当由学校承担责任的其他情形。

第十条 下列情形之一造成的学生伤害事故，学校不承担损害赔偿责任：

（一）学生自行上学、放学途中发生的；

（二）学生擅自离校发生的；

（三）学生自行到校活动或者放学后滞留学校期间发生，学校管理并无不当的；

（四）学生突发疾病，学校及时采取救护措施的；

（五）学生自杀、自伤，学校管理并无不当的；

（六）学生自身或者学生之间原因造成，学校管理并无不当的；

（七）学校和学生以外的第三人造成，学校管理并无不当的；

（八）教职员在校外与其职务无关的个人行为引起的；

（九）不可抗力造成的；

（十）不应当由学校承担责任的其他情形。

第十一条 学生的父母、其他监护人的过错或者学生自身的原因造成学生伤害事故的，由学生的父母或者其他监护人承担责任。

学校和学生以外的第三人的过错造成学生伤害事故的，由第三人承担责任。

第十二条 完全由学校的过错造成学生伤害事故的，学校应当承担全部责任。部分由学校的过错造成学生伤害事故的，学校应当承担部分责任。

第十三条 对学生伤害事故的发生，当事人均无过错的，可以根据实际情况，按照公平责任的原则，由当事人适当分担经济损失。

第十四条 学生伤害事故发生后，学校应当根据现有条件和能力及时采取措施救护受伤害学生，及时通知受伤害学生的父母或者其他监护人。

第十五条 学生伤害事故发生后，学校应当在二十四小时内将有关情况报告学校所在地的区、县教育行政部门。属于重大伤害事故的，学校应当立即报告区、县教育行政部门及有关部门；区、县教育行政部门接到报告后，应当立即报告区、县人民政府和市教育行政部门。

第十六条 学生伤害事故发生后，学校应当及时成立事故处理小组或者指派专人负责事故的处理工作。

当事人可以自愿协商处理学生伤害事故。

当事人不愿协商或者协商不成的，可以向学校所在地的区、县教育行政部门要求调解。当事人要求调解的，区、县教育行政部门应当自受理之日起三个月内调解结束。市教育行政部门应当指导区、县教育行政部门的调解工作。

学校投保责任险的，保险公司应当参与学生伤害事故的处理。

第十七条 学生伤害事故发生后，受伤害学生、其父母或者其他监护人不愿协商、调解的，或者协商、调解不成的，可以依法向人民法院提起诉讼。

第十八条 学生伤害事故的赔偿范围应当根据人身伤害事故的具体情况确定。

学生伤害事故的责任人应当赔偿医疗费、营养费、误工补助费、护理费、交通费等为治疗和康复支出的合理费用。造成学生残疾的，还应当赔偿残疾生活辅助具费、残疾赔偿金；造成学生死亡的，还应当赔偿丧葬费、死亡赔偿金。

侵害学生人身权益，造成严重精神损害的，被侵权人可以依法请求精神损害赔偿。

学生伤害事故的责任人不承担解决受伤害学生及其亲属的户口迁移、房屋调配、工作调动等与学生伤害事故无关的事宜。

第十九条 发生学生伤害事故，可以要求赔偿下列费用：

（一）医疗费，指受伤害学生为恢复健康进行治疗产生的必要费用。医疗费参照本市医疗保险规定进行计算，但抢救过程中的医疗费按照实际需要计算。

（二）营养费，指受伤害学生为恢复健康确实需要补充营养所支付的费用。营养费按照本市居民人均年食品类支出标准计算。

（三）误工补助费，指受伤害学生的父母或者其他监护人因需要陪同受伤害学生诊治或者处理学生伤害事故而不能参加工作导致劳动收入减少的费用。误工补助费按照本市上年度职工年平均工资标准计算。

（四）护理费，指受伤害学生在住院期间和出院后生活不能自理需要专人陪护的费用，或者虽未住院但在诊治期间生活不能自理而需要专人陪护的费用。护理费参照本市护工从事同等级别护理的劳务报酬标准计算，给付期限按照治疗医院出具的诊断意见或者司法鉴定机构出具的鉴定结论予以认定。

（五）交通费，指受伤害学生及其合理数量的陪护人去医院救治、诊治、陪护所需支出的往返路费。在能够保障及时就医的前提下，应当选择费用较低的交通工具，伤情危重的除外。

（六）法律法规规定的其他为受伤害学生治疗和康复支出的合理费用。

第二十条 因学生伤害事故造成残疾的，受伤害学生除可以按照本条例第十九条的规定要求赔偿外，还可以要求赔偿下列费用：

（一）残疾生活辅助具费，指受伤害学生因残疾需要配置（含更换）补偿功能器具所需的费用。残疾生活辅助具费按照普通适用器具的合理费用计算，伤情有特殊需要的，可以参照辅助器具配制机构的意见确定相应的合理费用标准。

（二）残疾赔偿金。根据受伤害学生的伤残等级，按照本市上一年度城镇居民人均可支配收入标准，自定残之日起按二十年计算。

第二十一条 因学生伤害事故造成死亡的，死亡学生的父母或者其他监护人除可以按照本条例第十九条的规定要求赔偿外，还可以要求赔偿下列费用：

（一）丧葬费，指处理死亡学生丧葬事宜所需的必要费用。丧葬费按照本市上一年度职工月平均工资标准，以六个月总额计算。

（二）死亡赔偿金。按照本市上一年度城镇居民人均可支配收入标准，按二十年计算。

第二十二条 本市以市或者区、县为单位组织学校为其责任投保。

本市设立学生伤害事故专项资金，由学校的举办者筹集。专项资金的筹集和使用办法由市教育行政部门会同市财政部门另行制定。

第二十三条 学生伤害事故赔偿金可以一次性支付，也可以分期支付。

第二十四条 对学生伤害事故负有责任的教职员，教育行政部门或者学校应当给予批评教育或者行政处分；法律、法规有规定的，教育行政部门可以依法给予行政处罚；构成犯罪的，依法追究刑事责任。

第二十五条 在学生伤害事故的处理中，任何人不得侮辱、殴打教职员，不得侵占、破坏学校房屋、设施和设备，不得扰乱学校正常教育教学秩序。

违反前款规定的，由公安机关予以制止，并可根据《中华人民共和国治安管理处罚法》的有关规定予以处罚；造成人身及财产损失的，学校可以要求赔偿；构成犯罪的，依法追究刑事责任。

第二十六条 本条例下列用语的含义为：

（一）中小学校，是指本市行政区域内符合本市学校设置条件，经市或者区、县主管部门批准的公办和民办的全日制小学、初级中学、高级中学、中等职业学校和其他中等以下教育教学机构；

（二）学生，是指前项范围内的在册学生；

（三）教职员，是指校长、教师以及学校的其他职工；

（四）学校的举办者，是指各级人民政府、行业主管部门和民办学校的出资人；

（五）教育教学活动期间，是指在校内活动期间和寄宿制学生住宿期间，以及学校组织安排的校外活动期间；

（六）人身伤害，是指肢体残疾、组织器官功能障碍及其他影响人身健康的损伤。

第二十七条 幼儿园发生的幼童伤害事故，可以参照本条例执行。

第二十八条 本条例自2001年9月1日起施行。

本条例施行前已经处理完毕的学生伤害事故，不适用本条例。

上海市市容环境卫生管理条例

（2001年11月14日上海市第十一届人民代表大会常务委员会第三十三次会议通过　根据2003年4月24日上海市第十二届人民代表大会常务委员会第三次会议《关于修改〈上海市市容环境卫生管理条例〉的决定》第一次修正　根据2009年2月24日上海市第十三届人民代表大会常务委员会第九次会议《关于修改〈上海市市容环境卫生管理条例〉的决定》第二次修正）

第一章　总　　则

第一条 为了加强市容和环境卫生管理，维护城市整洁、优美，保障市民身体健康，促进社会主义精神文明建设，根据有关法律、行政法规，结合本市实际情况，制定本条例。

第二条 本条例适用于本市中心城、新城、中心镇以及独立工业区、经济开发区等城市化地区。

第三条 本市市容环境卫生工作实行统一领导、分级管理、公众参与、社会监督相结合的原则。

第四条 市市容环境卫生管理部门主管本市市容环境卫生工作，负责本条例的组织实施。

区（县）市容环境卫生管理部门在同级人民政府领导下，负责本辖区内的市容环境卫生管理工作。

街道办事处、镇人民政府负责所辖区域内的市容环境卫生管理工作，对本区域范围内的市容环境卫生工作进行协调、监督和检查，督促单位和个人履行维护市容环境卫生义务。

市和区（县）城市管理行政执法部门（以下简称城管执法部门）依法对本条例规定的市容环境卫生违法行为实施行政处罚。

本市其他相关行政管理部门按照各自职责，协同实施本条例。

本市提倡和鼓励居民委员会组织居民制定维护市容环境卫生的公约，动员居民积极参加市容环境卫生治理活动，创建整洁、优美、文明的环境。

第五条 市和区（县）人民政府应当将市容环境卫生事业纳入国民经济和社会发展计划，完善市容环境卫生设施，提供市容环境卫生公共服务，保障市容环境卫生事业建设需要的经费。

第六条 市市容环境卫生管理部门应当根据本市市容环境卫生事业发展需要，组织编制市容环境卫生专业规划，经市规划管理部门综合平衡后纳入城市总体规划。

第七条 本市鼓励、支持市容环境卫生的科学技术研究，推广、运用先进技术，提高市容环境卫生水平。

第八条 任何单位和个人都有享受良好市容和卫生环境的权利，同时负有维护市容和环境卫生的义务。

第九条 市和区（县）市容环境卫生管理部门和文化广播影视、新闻出版、教育、卫生等行政管理部门，以及机场、车站、码头、旅游景点等公共场所的经营或者管理单位，应当加强市容环境卫生的宣传教育，增强市民维护市容环境卫生的意识。

本市广播、电视、报刊和户外广告应当有市容环境卫生方面的公益性宣传内容。

第二章 市容环境卫生责任区制度

第十条 本市实行市容环境卫生责任区制度。有关单位和个人应当按照本条例的规定，做好责任区内的市容环境卫生工作。

第十一条 市容环境卫生责任区范围是指有关单位和个人所有、使用或者管理的建筑物、构筑物或者其他设施、场所及其一定范围内的区域。

市容环境卫生责任区的具体范围，由市或者区（县）市容环境卫生管理部门，按照市市容环境卫生管理部门公布的标准划分确定。

第十二条 市容环境卫生责任区的责任人按照下列规定确定：

（一）实行物业管理的居住区，由物业管理企业负责，未实行物业管理的居住区，由居民委员会负责；

（二）河道的沿岸水域、水闸，由岸线、水闸的使用或者管理单位负责；

（三）地铁、轻轨、隧道、高架道路、公路、铁路，由经营、管理单位负责；

（四）文化、体育、娱乐、游览、公园、公共绿地、机场、车站、码头等公共场所，由经营、管理单位负责；

（五）集市贸易市场、展览展销场所、商场、饭店等场所，由经营、管理单位负责；

（六）机关、团体、学校、部队、企事业等单位周边区域，由相关单位负责；

（七）施工工地由施工单位负责，待建地块由业主负责；

（八）保税区、科学园区、独立工业区和经济开发区内的公共区域，由管理单位负责。

按照前款规定责任不清的地区，由所在地的区（县）市容环境卫生管理部门确定责任人。

城乡结合部或者行政辖区的接壤地区责任不清的，以及对责任人的确定存在争议的，由市市容环境卫生管理部门予以确定。

第十三条 市容环境卫生责任区的责任要求是：

（一）保持市容整洁，无乱设摊、乱搭建、乱张贴、乱涂写、乱刻画、乱吊挂、乱堆放等行为；

（二）保持环境卫生整洁，无暴露垃圾、粪便、污水，无污迹，无渣土，无蚊蝇孳生地；

(三)按照规定设置环境卫生设施,并保持其整洁、完好。

市容环境卫生责任人对责任区内违反市容环境卫生管理规定的行为,有权予以制止,有权要求市或者区(县)市容环境卫生管理部门和城管执法部门处理。

市容环境卫生责任人未履行义务的,由城管执法部门责令改正;拒不改正的,予以警告,并可处五十元以上五百元以下罚款,或者建议其上级主管部门对直接负责的主管人员给予处理。

第十四条 市容环境卫生责任区的具体范围和责任要求,由市或者区(县)市容环境卫生管理部门书面告知责任人。

第十五条 城市道路、桥梁、地下通道、公共广场、公共水域等城市公共区域的市容和环境卫生,由市或者区(县)市容环境卫生管理部门负责;街巷、里弄的市容和环境卫生,由街道办事处或者镇人民政府负责;公共厕所、垃圾转运站及其他环境卫生公共设施的市容和环境卫生,由市容环境 卫生管理部门或者其委托的单位负责。

第十六条 市容环境卫生管理部门应当加强对责任区市容环境卫生的监督,并定期组织检查。

第三章 市容管理

第十七条 市市容环境卫生管理部门应当会同有关部门,根据国家的城市容貌标准,结合本市实际情况,制订本市的城市容貌标准,报市人民政府批准后公布实施。

本市的城市容貌标准应当包括建筑景观、公共设施、环境卫生、园林绿化、广告标志、公共场所等方面的要求。

第十八条 建筑物、构筑物和其他设施应当保持整洁、完好、美观,并与周围环境相协调。

本市主要道路两侧和景观区域内的建筑物、构筑物和其他设施应当保持外立面整洁和完好,按照市人民政府的规定进行清洗或者粉刷;对外立面破损的,应当修复。违反规定的,由城管执法部门责令限期改正;拒不改正的,代为清洗、粉刷或者修复,所需费用由建筑物、构筑物和其他设施的所有者或者约定的责任者承担。

第十九条 市市容环境卫生管理部门应当会同有关部门组织编制本市景观灯光设施规划,报市人民政府批准后实施。本市景观灯光设施规划区域内的建筑物、构筑物和其他设施,应当按照景观灯光设施规划和有关技术规范设置景观灯光设施。景观灯光设施规划和技术规范应当向社会公布。

景观灯光设施设置不符合规划或者有关技术规范的,由城管执法部门责令限期改正;逾期不改正,对不符合规划的,可以强制拆除,对不符合有关技术规范的,可以强制停止使用,并处一千元以上一万元以下罚款。

景观灯光设施的所有者、使用者或者管理者,应当保持景观灯光设施的完好,并按照市容环境卫生管理部门规定的时间开启景观灯光设施。违反规定的,由城管执法部门责令改正;拒不改正的,处三百元以上三千元以下罚款。

第二十条 户外广告设施设置应当符合户外广告设施设置规划和有关技术规范。市市容环境卫生管理部门应当会同有关部门编制户外广告设施设置规划,经市人民政府批准后实施;户外广告设施设置规划和技术规范应当向社会公布。

户外广告以及非广告的霓虹灯、标语、招牌、标牌、电子显示牌、灯箱、画廊、实物造型等户外设施(以下统称户外设施),应当按照批准的要求设置。违反规定设置户外设施的,由城管执法部门或者其他有关管理部门责令限期改造或者拆除;逾期不改造或者拆除的,强制拆除,对户外广告设施设置者处五千元以上五万元以下罚款,对其他户外设施设置者处五百元以上五千元以下罚款。

户外设施的设置者,应当对户外设施进行维护保养,图案、文字、灯光显示不全或者破损、污浊、腐蚀、陈旧的,应当修复。违反规定的,由城管执法部门责令限期改正；拒不改正的，处五十元以上五百元以下罚款。

户外设施的设置者，应当加强日常管理，对存在安全隐患或者失去使用价值的设施，应当及时整修或者拆除；在潮汛、台风或者暴雨期间，应当加强对户外设施的安全检查。对存在安全隐患或者失去使用价值的户外设施，城管执法部门应当责令设置者限期整修或者拆除；逾期未拆除的，城管执法部门应当强制拆除。

因公共利益需要，有关管理部门对经批准设置的户外广告设施作出调整的，应当事先告知户外广告设施设置者，并对设置者因户外广告设施调整造成的损失依法予以补偿。

第二十一条 本市道路两侧新建的建筑物临街一侧，应当按照规划的要求选用透景、半透景的围墙、栅栏或者绿篱、花坛（池）、草坪等作为分界。违反规定的，由市容环境卫生管理部门责令限期改建或者拆除。

本市道路两侧建筑物临街一侧的现有围墙不符合前款要求的，应当按照规划要求或者有关规定予以改建。

透景围墙内外应当保持环境整洁、美观。

第二十二条 本市主要道路两侧和景观区域的建筑物破墙开店或者进行其他门面装修、改建的，应当符合城市容貌标准。

第二十三条 任何单位和个人不得在道路两侧和其他公共场所搭建影响市容环境卫生的临时建筑物、构筑物或者其他设施。

因建设等特殊需要，经批准搭建临时建筑物、构筑物或者其他设施的，应当保持周围市容环境卫生整洁。违反规定的，由城管执法部门责令限期改正，可处五十元以上五百元以下罚款。

第二十四条 任何单位和个人不得擅自在树木和建筑物、构筑物或者其他设施上张贴、悬挂宣传品或者标语。因特殊情况需要在建筑物、构筑物或者其他设施上临时张贴、悬挂宣传品或者标语的，应当经市容环境卫生管理部门批准，在规定的时间和范围内张贴或者悬挂，并在期满后及时清除。街道办事处和镇人民政府应当选择适当地点设置公共招贴栏，并负责日常管理。零星招贴物应当张贴于公共招贴栏中。

禁止在树木和建筑物、构筑物或者其他设施上刻画、涂写。

违反本条规定的，由城管执法部门责令限期清除；拒不清除的，代为清除，所需费用由违法行为人承担，并处五十元以上五百元以下罚款。其中，对利用或者组织张贴、刻画、涂写、悬挂或者其他形式发布宣传品、标语进行宣传的，可处一万元以上十万元以下罚款。

对违反规定随意张贴、刻画、涂写、悬挂或者其他形式发布宣传品、标语中公布其通信工具号码的违法行为人，由城管执法部门通知其限期接受处理，逾期不接受处理的，书面通知电信部门暂停该通信工具号码的使用，有关电信部门应当在接到通知后暂停其使用。违法行为人接受处理后，城管执法部门应当及时通知电信部门恢复其通信工具号码的使用。

区（县）市容环境卫生管理部门对本辖区内出现的乱张贴、乱刻画、乱涂写，应当组织清除。

第二十五条 市和区（县）人民政府应当合理布局商业配套设施，确定相应的经营场所，供农产品、日用小商品等经营者从事经营。区（县）人民政府应当制定鼓励引导设摊者进入经营场所的措施。

任何单位和个人不得占用道路、桥梁、人行天桥、地下通道及其他公共场所设摊经营、兜售物品，影响市容环境卫生。违反规定的，由城管执法部门责令改正，并可处五十元以上五百元以下罚款。城管执法部门可以暂扣当事人经营兜售的物品和与违法行为有关的工具，要求其到指定地点接受处理，当事人接受处理后，城管执法部门应当及时返还暂扣的物品与相关工具，属非法物品的，移送有关部门处理。城管执法部门对暂扣的物品应当妥善保管。对于易腐烂、变质等不宜保管的物品，城管执法部门可以在留存证据后根据实际情况妥善处置。

任何单位和个人不得擅自占用道路、桥梁、人行天桥、地下通道及其他公共场所堆放物品，影响市容环境卫生。违反规定的,由城管执法部门责令改正,可处五百元以上五千元以下的罚款。

经批准临时占用道路及其他公共场所堆放物品、设摊经营的,应当保持周围市容环境卫生整洁。违反规定的,由城管执法部门责令改正,可处五十元以上五百元以下罚款。

本市道路两侧和广场周围建筑物、构筑物内的经营者不得超出门窗和外墙经营。违反规定的,由城管执法部门责令改正,可处五十元以上五百元以下罚款。

第二十六条 禁止在道路及其他公共场所的树木和护栏、路牌、电线杆等设施上吊挂、晾晒物品。违反规定的,由城管执法部门责令改正;拒不改正的,对个人可处二十元罚款,对单位处二十元以上二百元以下罚款。

主要道路两侧和景观区域临街建筑物的阳台、门窗、屋顶应当保持整洁、美观,不得在阳台外、窗外、屋顶吊挂、晾晒和堆放影响市容的物品。

在临街建筑物外墙上安装空调外机、遮阳棚的,应当保持其安全、整洁、完好。

第二十七条 在本市行驶的机动车船应当保持容貌整洁。利用车船张贴、设置广告或者宣传品的,应当保持整洁、完好;出现陈旧、污损的,应当及时清洗、修复、更换。违反规定的,由城管执法部门责令改正,可处二十元以上二百元以下罚款。

运输水泥、砂石、泥浆、垃圾、粪便、渣土等的车船应当采取密闭或者覆盖措施,不得泄漏、散落或者飞扬。违反规定未采取密闭或者覆盖措施的,由城管执法部门责令限期改正,并可对责任单位处一千元以上一万元以下罚款。对产生泄漏、散落或者飞扬的,由公安交通管理部门责令停止行驶,由城管执法部门责令立即清除;拒不清除的,代为清除,所需费用由违法行为人承担,并处三百元以上三千元以下罚款。

第四章 环境卫生管理

第二十八条 禁止下列影响环境卫生的行为:

(一)随地吐痰、便溺;

(二)乱扔果皮、纸屑、烟蒂、饮料罐、口香糖等废弃物;

(三)乱丢废电池等实行单独收集的特殊废弃物;

(四)乱倒垃圾、污水、粪便,乱扔动物尸体等废弃物;

(五)在露天场所和垃圾收集容器内焚烧树叶、垃圾或者其他废弃物;

(六)占用道路、广场从事经营性车辆清洗活动;

(七)有损环境卫生的其他行为。

违反前款规定的,由城管执法部门责令改正,并处罚款,其中,违反前款第(一)项规定的,处二百元以下罚款;违反前款第(二)、(三)项规定的,处一百元以下罚款;违反前款第(四)项规定的,对个人处二百元以下罚款,对单位处五千元以上五万元以下的罚款,违反前款第(五)项规定的,对个人处二百元以下罚款,对单位处三百元以上三千元以下罚款,对装运垃圾乱倒的,可以暂扣运输工具,并要求违法行为人到指定地点接受处理,处理后,发还运输工具;违反前款第(六)项规定的,处三百元以上三千元以下罚款。

第二十九条 各类码头、船舶应当配备与垃圾、粪便收集量或者产生量相适应且符合设置标准的收集容器,并保持正常使用。

进行码头、船舶装卸作业或者水上航行的,应当采取措施,防止货物或者垃圾、粪便污染水域。

进行水面漂浮物打捞和船舶垃圾、粪便接收作业的,应当及时清除废弃物,防止污染水域。

船舶的压舱水、洗舱水、舱底水和生活污水的管理,按照有关法律、行政法规和本市的有关规定执行。

违反本条第一款、第二款、第三款规定的,由城管执法部门责令改正,处三百元以上三千元以下罚款。

第三十条 居民应当自觉维护居住区的整洁，按照规定将生活垃圾倒入垃圾箱(桶)，将粪便倒入倒粪站，不得在屋顶和公共场所堆积垃圾杂物。居民产生的装修垃圾，应当在物业公司或者居民委员会指定的地点堆放，并承担清运的费用。

第三十一条 集市贸易市场的管理单位应当保持场内和周围环境整洁，按照垃圾日产生量设置垃圾收集容器，并做到垃圾日产日清。违反规定的，由城管执法部门责令改正；拒不改正的，处三百元以上三千元以下罚款。

集市贸易市场内的摊贩应当自备垃圾收集容器，并保持摊位和经营场地周围的整洁。

第三十二条 城市公共绿地应当保持整洁、美观，养护单位应当及时清除绿地内的垃圾杂物。在道路两侧栽培、修剪树木或者花卉等作业产生的枝叶、泥土，作业单位应当及时清除。违反规定的，由城管执法部门责令改正，可处一百元以上一千元以下罚款。

第三十三条 施工单位应当在建设工地设置符合规定要求的封闭围栏、临时厕所和生活垃圾收集容器，并保持整洁、完好。

施工单位不得擅自在建设工地围栏外堆放建筑垃圾、工程渣土和建筑材料，不得向建设工地外排放污水、散落粉尘。施工中产生的各类垃圾应当堆放在固定地点，并及时清运。

建设工程竣工后，施工单位应当及时平整建设工地，清除建筑垃圾、工程渣土及其他废弃物，并拆除施工临时设施。

违反本条规定的，由城管执法部门责令改正，对未按规定设置临时厕所和生活垃圾收集容器，或者向建设工地外排放污水、散落粉尘的，处三百元以上三千元以下罚款；对未按规定设置封闭围栏，或者擅自在建设工地围栏外堆放建筑垃圾、渣土和材料的，处三千元以上三万元以下罚款；对未及时清除建筑垃圾、工程渣土及其他废弃物的，可以代为清除，所需费用由违法行为人承担，处五千元以上五万元以下罚款；对未及时拆除施工临时设施的，可以代为拆除，所需费用由违法行为人承担，处三千元以上三万元以下罚款。

第三十四条 从事车辆清洗、修理，以及废品收购和废弃物接纳作业的，应当保持经营场所周围环境卫生整洁，采取措施防止污水外流或者废弃物向外散落。违反规定的，由城管执法部门责令改正，对从事车辆清洗、修理以及废品收购的，处一百元以上一千元以下罚款；对从事废弃物接纳作业的，处三百元以上三千元以下罚款。

第三十五条 举办节庆、文化、体育等活动，经批准临时占用道路及其他公共场所的，应当保持周围环境卫生整洁，及时清除临时设置的设施和产生的废弃物。违反规定的，由城管执法部门责令改正，处三百元以上三千元以下罚款。

第三十六条 居民不得饲养鸡、鸭、鹅、兔等家禽家畜和食用鸽。违反规定的，由城管执法部门责令限期处理或者予以没收；拒不改正的，可按每只五十元处以罚款。

居民饲养信鸽应当符合体育管理部门的有关规定，具备相应的条件，并采取措施防止影响周围市容和环境卫生。居民饲养信鸽影响市容和环境卫生的，由市容环境卫生责任区的责任人劝其改正；拒不改正的，由城管执法部门给予警告，并处五十元以上五百元以下罚款；污染环境严重、周围居民意见大的，可以责令拆除鸽舍。

居民饲养宠物不得影响环境卫生，对宠物在道路和其他公共场所产生的粪便应当即时自行清除。违反规定的，由城管执法部门责令改正；拒不改正的，处二十元以上二百元以下罚款。

第五章　废弃物管理

第三十七条 本市按照资源化、无害化的原则对废弃物进行处置，鼓励废弃物的回收利用，并采取措施逐步减少废弃物的产生。

第三十八条 居民产生的生活垃圾和未接入污水处理系统的粪便，由市或者区(县)市容环境卫生管理部门统一组织收集、运输。

单位产生的废弃物，由单位负责收集、运输或者委托市容环境卫生作业服务单位收集、运输。

废弃物的处置，由市市容环境卫生管理部门统一组织实施。

第三十九条 自行收集、运输下列废弃物的，应当向市容环境卫生管理部门申报废弃物产生量和处置方案：

（一）单位产生的生活垃圾和未接入污水处理系统的粪便；

（二）船舶的生活垃圾、扫舱垃圾和粪便。

违反前款规定的，由城管执法部门责令限期改正，逾期不申报的，处一百元以上一千元以下罚款。

第四十条 本市逐步实行生活垃圾的分类投放、收集、运输和处置。分类投放、收集的标准和方法，由市市容环境卫生管理部门制定并予以公告。市容环境卫生管理部门应当对生活垃圾分类投放进行宣传指导。

实行生活垃圾分类投放、收集的单位和地区的居民，应当按照规定分类投放生活垃圾。对违反生活垃圾分类投放规定的单位，由城管执法部门责令改正；拒不改正的，处一百元以上一千元以下罚款。

居民产生的大件生活垃圾，应当按规定定时、定点投放，有关作业单位应当定时收集。

第四十一条 生活垃圾应当由经批准设立的垃圾处理场（厂）或者处理设施处置。处置生活垃圾，应当遵守城市环境卫生质量标准和有关规范。

第四十二条 单位和饮食业经营者产生的餐厨垃圾，应当按照有关规定自行单独收集和处置，或者委托有关作业单位收集和处置，不得排入下水道。违反规定的，由城管执法部门责令改正，处三百元以上三千元以下罚款。

塑料废弃物、废电池等特殊废弃物应当单独收集和处置。

市人民政府可以对塑料制品、电池等产品的生产者和销售者应当承担的相应废弃物回收和处置义务作出规定。

第四十三条 对居民装修房屋产生的垃圾，物业管理企业或者居民委员会应当及时委托市容环境卫生作业服务单位，运至市容环境卫生管理部门指定的场所处置。违反规定未将装修垃圾运至指定场所的，由城管执法部门责令改正，可按每吨二百元处以罚款；城管执法部门可以暂扣违法当事人的运输工具，并要求其到指定地点接受处理，处理后，发还运输工具。

第四十四条 产生建筑垃圾、工程渣土的单位，应当向所在地的区（县）市容环境卫生管理部门申报产生量和处置方案，取得建筑垃圾、工程渣土处置证，委托取得建筑垃圾、工程渣土运输许可证的单位运输。违反规定的，由城管执法部门责令改正，处一万元以上十万元以下罚款。

承运建筑垃圾、工程渣土的单位，应当取得市市容环境卫生管理部门核发的建筑垃圾、工程渣土运输许可证，运输单位不得承运未取得处置证的单位产生的建筑垃圾、工程渣土。违反规定的，由城管执法部门责令改正，处五千元以上三万元以下罚款。

运输建筑垃圾、工程渣土的车船应当统一标识，统一安装、使用记录路线、时间和处置地点的电子信息装置，随车船携带处置证，并按照交通运输、公安交通部门规定的区域、时间行驶。违反规定的，由城管执法部门责令改正，处二百元以上二千元以下罚款；对未按照规定的区域、时间行驶的，由交通运输、公安交通管理部门依照有关法律、法规规定处理。

市人民政府应当组织有关区县和部门统筹安排本市建筑垃圾、工程渣土处置接纳场所。建筑垃圾、工程渣土应当在规定的接纳场所集中堆放、处置。运输单位凭处置结算凭证领取建筑垃圾、工程渣土运输费。建设单位自行安排处置的，应当向市或者区（县）市容环境卫生管理部门提交接纳场所管理单位出具的证明。

禁止擅自倾倒、堆放、处置建筑垃圾、工程渣土。违反规定的，由城管执法部门责令改正，处五千元以上五万元以下罚款。

违反本条规定的,城管执法部门可以暂扣违法当事人的运输工具,并要求其到指定地点接受处理,处理后,发还运输工具。对情节严重的运输单位,由城管执法部门移送市市容环境卫生管理部门吊销其建筑垃圾、工程渣土运输许可证。

第四十五条 工业垃圾、医疗卫生垃圾及其他有毒有害垃圾应当按照有关规定单独收集、运输和处置,不得混入生活垃圾。违反规定的,由城管执法部门责令改正,处一万元以上十万元以下罚款。

第四十六条 市容环境卫生管理部门应当按照方便居民的原则,规定生活垃圾和粪便投放、倾倒的时间、地点和方式。

化粪池和储粪池应当定期疏通。粪便外溢时,区(县)市容环境卫生管理部门应当组织有关部门先及时清除、疏通,再分清责任,并由责任者承担清除、疏通费用。

第六章 作业服务管理

第四十七条 本市鼓励单位和个人兴办市容环境卫生作业服务企业,逐步实行市容环境卫生作业服务市场化。

第四十八条 下列市容环境卫生作业服务项目,应当由有关管理部门或者单位通过招标的方式确定作业服务企业:

(一)道路及其他公共场所的清扫、保洁;

(二)居民产生的生活垃圾和未接入污水处理系统的粪便的收集、运输;

(三)由财政性资金支付的项目。

作业服务企业承接的作业服务项目不得转包。违反规定的,发包的部门或者单位可以终止其承包合同。

第四十九条 从事市容环境卫生作业服务,应当遵循市容环境卫生作业服务规范,达到城市容貌标准和城市环境卫生质量标准,做到文明、清洁、卫生、及时。违反规定的,由城管执法部门责令改正,处三百元以上三千元以下罚款。

道路和公共场所的清扫、保洁,应当在规定的时间进行,减少对道路交通和市民休息的影响,减少对环境的污染。垃圾应当及时清除。

市容环境卫生作业服务规范由市市容环境卫生管理部门制定。

第五十条 市和区(县)市容环境卫生管理部门应当按照职责分工,对市容环境卫生作业服务质量进行监督、检查。

第七章 环境卫生设施管理

第五十一条 市市容环境卫生管理部门应当根据本市市容环境卫生专业规划及环境卫生设施设置标准,编制垃圾转运站、垃圾粪便处理厂(场)、公共厕所等环境卫生设施的建设专项规划和实施计划,并组织实施。

第五十二条 制定新区开发、旧区改造等地区性综合开发建设规划方案,应当包含设置环境卫生设施的内容,并征求市容环境卫生管理部门的意见。

从事地区性综合开发建设的,应当按照环境卫生设施设置规定和设置标准配套建设环境卫生设施。违反规定的,由城管执法部门责令限期改正;拒不改正的,处三千元以上三万元以下罚款。

第五十三条 本市机场、车站、码头等交通集散点和大型商场、文化体育设施、旅游景点及其他人流集散场所,应当按照环境卫生设施设置规定和设置标准,配套建设公共厕所和其他环境卫生设施,并设置垃圾收集容器。违反规定的,由城管执法部门责令限期改正,对未按规定和标准设置垃圾收集容器的,可处五十元以上五百元以下罚款;对未按规定和标准配套建设公共厕所和其他环境卫生设施的,可处三千元以上三万元以下罚款。

第五十四条 配套建设的公共厕所及其他环境卫生设施,应当与主体工程同时设计、同时施工、同时投入使用,设计方案应当征求市容环境卫生管理部门的意见。

配套建设的公共厕所及其他环境卫生设

施,须经验收合格后方可投入使用。市容环境卫生管理部门应当参加验收。环境卫生设施未经验收或者验收不合格即投入使用的,由市容环境卫生管理部门责令限期改正。

第五十五条 环境卫生设施的管理和使用单位应当做好环境卫生设施的维修、保养工作,保持其整洁、完好。

公共厕所应当对外开放,设有明显标志,并由专人负责保洁。

市民使用公共厕所,应当自觉维护公共厕所的清洁卫生,爱护公共厕所的设备。

第五十六条 禁止任何单位和个人占用、损毁环境卫生设施。

任何单位和个人不得擅自拆除、迁移、改建、封闭环境卫生设施。因建设等特殊原因确需拆除、迁移、改建、封闭环境卫生设施的,建设单位或者其他有关单位应当报市或者区(县)市容环境卫生管理部门批准;拆除、封闭环境卫生设施的,还应当提出补建方案。

规划确定的环境卫生设施用地,不得擅自移作他用。

违反第一款、第二款规定的,由城管执法部门责令其恢复原状或者采取其他补救措施,对生活垃圾处置设施、场所,可处一万元以上十万元以下罚款,对除生活垃圾处置设施以外的其他环境卫生设施,可处三千元以上三万元以下的罚款;造成损失的,承担赔偿责任。

第八章 其他规定

第五十七条 市和区(县)市容环境卫生管理部门及城管执法部门应当建立市容环境卫生投诉受理制度。

任何单位和个人对有损市容和环境卫生的现象,都有权向市或者区(县)市容环境卫生管理部门和城管执法部门投诉。

市或者区(县)市容环境卫生管理部门和城管执法部门应当自受理投诉之日起五日内将处理意见答复投诉人。

第五十八条 市容环境卫生管理部门、城管执法部门和其他有关行政管理部门及其工作人员在市容环境卫生管理工作中应当依法履行监督管理职责,文明执法,依法受理单位和个人的申请事项以及对有损市容环境卫生行为的投诉,依法查处违法行为。在执法活动中,应当注重教育和纠正违法行为。

市容环境卫生管理部门和城管执法部门实行执法责任制度和过错追究制度。

第五十九条 侮辱、殴打市容环境卫生工作人员或者拒绝、阻挠其执行职务,违反《中华人民共和国治安管理处罚法》的,由公安部门予以处罚;构成犯罪的,依法追究刑事责任。

第六十条 市容环境卫生管理部门、城管执法部门和其他有关行政管理部门及其工作人员在市容环境卫生管理工作中有下列行为之一,致使公民、法人或者其他组织及公共利益受到严重损害的,由所在单位或者上级主管部门对直接负责的主管人员和其他直接责任人员,依法给予行政处分;构成犯罪的,依法追究刑事责任:

(一)无法定依据或者违反法定程序执法的;

(二)使用暴力、威胁等手段执法的;

(三)故意损坏或者违反规定损毁当事人财物的;

(四)对发现的违法行为不依法查处的;

(五)滥用职权、玩忽职守、徇私舞弊的其他行为。

第六十一条 当事人对市容环境卫生管理部门和其他行政管理部门或者城管执法部门的具体行政行为不服的,可以依照《中华人民共和国行政复议法》或者《中华人民共和国行政诉讼法》的规定,申请行政复议或者提起行政诉讼。

当事人对具体行政行为逾期不申请复议,不提起诉讼,又不履行的,作出具体行政行为的行政管理部门或者城管执法部门可以申请人民法院强制执行,或者依法强制执行。

第六十二条 本条例第二条所称中心城是指本市外环线以内的地区;新城是指以区(县)人民政府所在地的城镇,或者依托重大产业及城市重要基础设施发展而成的中等规模城市;中心镇是指区位条件优越、经济发展条件较好、规模较大的建制镇,依托产业发展而成的小城市。

本条例所称的主要道路和景观区域的范围,由市市容环境卫生管理部门会同有关部门拟定,报市人民政府批准后公布。

第六十三条 本市城市化地区以外的其他区域的市容环境卫生管理,由市人民政府参照本条例另行制定管理办法。

第六十四条 本条例自2002年4月1日起施行。1988年12月22日上海市第九届人民代表大会常务委员会第五次会议通过的《上海市环境卫生管理条例》同时废止。

上海市内河航道管理条例

(2001年11月15日上海市第十一届人民代表大会常务委员会第三十三次会议通过 根据2010年9月17日上海市第十三届人民代表大会常务委员会第二十一次会议《关于修改本市部分地方性法规的决定》第一次修正 根据2011年12月22日上海市第十三届人民代表大会常务委员会第三十一次会议《关于修改本市部分地方性法规的决定》第二次修正 根据2015年7月23日上海市第十四届人民代表大会常务委员会第二十二次会议《关于修改〈上海市建设工程材料管理条例〉等12件地方性法规的决定》第三次修正)

第一章 总 则

第一条 为了加强本市内河航道的建设和管理,合理开发利用水运资源,充分发挥内河航道在交通运输中的作用,根据有关法律、行政法规,结合本市实际情况,制定本条例。

第二条 本条例适用于本市行政区域内内河航道、航道设施以及与通航有关的设施的规划、建设、保护、管理等活动,但国务院交通主管部门直接管理的除外。

专用航道及其设施,由专用单位建设、管理,本条例有规定的,适用本条例。

第三条 市港口行政管理部门主管本市内河航道管理工作,负责本条例的组织实施;其所属的市航务管理处负责全市内河航道的具体管理工作,并按照本条例的授权实施行政处罚。有关的区、县管理航道的部门按照职责分工负责本辖区内有关内河航道的日常管理工作。

本市其他各有关行政管理部门和区、县人民政府按照各自的职责,协同实施本条例。

第四条 本市内河航道的建设和管理,应当遵循统筹规划、建管并重、保障畅通的原则。

第五条 航道是社会公益性基础设施。本市各级人民政府应当采取积极措施,保障航道建设、养护资金的投入,支持和鼓励内河航道的开发、利用,发展内河航运事业。

第六条 本市根据国家有关规定划分内河航道的技术等级,并制定相应的内河航道建设和养护标准。

第七条 内河航道、航道设施以及与通航有关的设施受国家保护,任何单位和个人不得非法侵占或者破坏。

本市管理航道的部门应当加强对内河航道的保护,保证航道畅通。

第二章 规划和建设

第八条 本市内河航道规划,应当按照国民经济和水路运输发展的实际需要,以及建设与国家水运主通道相衔接的高等级内河航道网的要求，根据统筹兼顾、综合利用的原则制定。

内河航道规划应当与防洪、农田水利、环境保护、旅游事业等有关规划相协调。

第九条 本市内河航道规划由市港口行政管理部门负责组织编制，在听取市有关部门和有关区、县人民政府的意见，经市规划行政管理部门综合平衡并报市人民政府批准后纳入城市总体规划，由市港口行政管理部门报国务院交通主管部门备案。

第十条 本市实行内河航道规划控制线制度。内河航道规划控制线方案由市航务管理处征求河道行政主管部门的意见后提出，经市港口行政管理部门审核，报市规划行政管理部门批准后施行。

第十一条 市港口行政管理部门应当根据内河航道规划编制内河航道建设计划，并按照国家和本市的有关规定，报市计划行政主管部门或者国务院交通主管部门批准后实施。

经批准的内河航道建设计划需要修改的，应当报原审批部门批准。

专用航道项目建设计划由专用单位编制，并在计划实施前报市航务管理处备案。

第十二条 内河航道建设资金的来源为：

（一）国家和本市的财政拨款和专项资金；

（二）国家政策性贷款以及国内外金融组织、外国政府贷款；

（三）其他合法方式筹集的资金或者投资。

专用航道的建设资金，由专用单位自行筹措。

第十三条 本市内河航道建设工程项目，由建设单位按照基本建设程序组织实施。

内河航道建设工程应当按照国家和本市有关规定，实行招标投标制度、工程监理制度。

专用航道建设工程由专用单位组织实施；市航务管理处应当对其进行指导和监督。

第十四条 内河航道及航道设施建设、养护工程的设计和施工，应当符合内河通航标准和内河航道建设的技术规范，兼顾防洪排涝和环境保护的要求，保证施工质量。

第十五条 内河航道建设用地的取得，依照有关土地管理的法律、法规执行。任何单位和个人不得非法占用内河航道建设用地。

内河航道建设涉及房屋拆迁的，按照国家和本市有关市政基础设施建设的规定办理。

第十六条 内河航道和专用航道的建设、养护工程竣工后，建设单位应当组织验收，经验收合格后方能投入使用。

内河航道建设、养护工程施工完毕，施工单位应当清除围埝、残桩、沉箱、废墩等遗留物。

第十七条 市航务管理处或者区、县管理航道的部门为实施内河航道建设和养护进行测量、疏浚、清障、水文监测以及设置测量标志、助航标志等活动时，有关单位和个人不得阻挠；因实施上述活动给有关单位和个人造成损失的，市航务管理处或者区、县管理航道的部门应当予以补偿。

第三章 保护和管理

第十八条 市航务管理处以及区、县管理航道的部门应当制定内河航道养护计划，并按照内河航道养护的要求和技术规范组织实施养护，保持内河航道和航道设施处于正常状态。

第十九条 码头前沿水域发生淤浅或者因修建沿跨内河航道的建筑物、构筑物或者其他与通航有关的设施造成内河航道淤积的，有关责任人应当在市航务管理处或者区、县管理航道的部门规定的期限内疏浚；逾期不疏浚的，市港口行政管理部门或者区、县管理航道的部门可以组织有关部门代为疏浚，费用由责任人承担。

第二十条 因自然灾害等不可抗力因素致使通航条件严重恶化或者航道设施被破坏的，市港口行政管理部门应当及时组织抢修，恢复通航。

第二十一条 整治航道应当符合防洪安全要求，并事先征求河道行政主管部门的意见。

整治河道涉及内河航道的，应当符合内河通航标准要求，不降低现有通航能力，并事先征求市航务管理处或者区、县管理航道的部门的意见。

施工单位应当按照设计方案进行施工，不得损害内河航道或者影响通航条件。

第二十二条 在内河航道规划控制线范围内修建或者设置沿跨内河航道的建筑物、构筑物或者其他与通航有关的设施，应当符合国家规定的技术规范要求，并在申请建设工程许可证之前，将设计方案送市航务管理处或者区、县管理航道的部门审查。市航务管理处或者区、县管理航道的部门应当在接到申请之日起十五个工作日内，对设计方案作出同意、修改或者不同意的决定。

修建或者设置上述建筑物、构筑物或者其他与通航有关的设施涉及其他部门的，还须征得相关主管部门的同意，并办妥相应手续。

上述建筑物、构筑物或者其他与通航有关的设施的建设单位应当按照审查通过的设计方案组织施工，不得擅自改变设计方案；确需调整设计方案的，应当重新报送审查。

上述建筑物、构筑物或者其他与通航有关的设施的建设单位应当在开工时通知市航务管理处或者区、县管理航道的部门，市航务管理处或者区、县管理航道的部门可以进行现场监督。工程竣工后，建设单位应当按照通航要求及时清除遗留物，并将工程验收合格的资料报市航务管理处或者区、县管理航道的部门备案。

第二十三条 市航务管理处或者区、县管理航道的部门负责本市助航标志的设置、维护和管理；发现损坏的，应当及时修复。

任何单位和个人不得侵占、破坏助航标志。损坏助航标志的，应当及时向市航务管理处或者区、县管理航道的部门报告并负责修复或者承担修复费用。

种植植物、修建或者设置建筑物、构筑物或者其他与通航有关的设施的，不得影响助航标志的正常效能。

第二十四条 因工程施工需暂时影响内河航道通航条件的，市航务管理处或者区、县管理航道的部门应当根据需要或者施工单位的申请，调整助航标志或者发布航道通告。

第二十五条 在内河航道规划控制线范围内，修建或者设置建筑物、构筑物或者其他与通航有关的设施涉及航行安全的，建设单位或者个人应当设置符合要求的警示标志，并负责日常维护管理。

跨内河航道桥梁的桥柱灯或者桥涵标，由管理桥梁的部门或者单位负责设置和日常维护管理。

第二十六条 内河航道状况发生变化不能达到原技术等级标准的，市航务管理处应当发布通告。

市港口行政管理部门对失去通航功能的内河航道，应当在征得市规划行政管理部门同意后决定废弃，并告知市河道行政主管部门。内河航道被决定废弃后，市航务管理处应当及时发布通告并设置临时标志。

第二十七条 在内河航道上建设永久性的拦河水闸，建设单位应当按照航道规划技术等级要求，建设相适应的过船建筑物，并采取措施，保持施工期间必要的通过能力；施工期间确实难以保持必要的通过能力的，建设单位应当采取其他补救措施，并征得市航务管理处的同意。

过船建筑物的管理单位应当对过船建筑物进行定期保养，保持设备正常工作，为船舶提供安全、及时、方便的通行条件。

第二十八条 沿内河航道新建、扩建码头的，应当采用挖入式布置。

第二十九条 发生沉船、沉物或者沿跨内河航道的建筑物、构筑物或者其他与通航有关的设施倒塌影响通航条件的，有关责任人应当立即采取措施，设置临时警示标志，同时向市航务管理处或者区、县管理航道的部门报告，并在市航务管理处或者区、县管理航道的部门规定的期限内清除障碍；未在规定期限内清除障碍的，市港口行政管理部门或者区、县管理航道的部门可以组织有关部门代为清除，费用由责任人承担。

市港口行政管理部门或者区、县管理航道

的部门在接到影响通航条件的情况报告后，应当及时设置警示标志或者采取紧急处置措施；未及时设置警示标志或者采取紧急处置措施造成有关单位和个人损失的，应当赔偿损失。

第三十条 禁止下列影响或者破坏通航条件的行为：

（一）填河、填滩侵占内河航道；

（二）向内河航道倾倒砂石、泥土、垃圾以及其他废弃物；

（三）在内河航道的边坡、护坡或者岸边堆土、挖土、种植松土植物，或者在岸边堆放垃圾或者其他容易滑泻的货物；

（四）在内河航道水域内种植水生植物；

（五）在内河航道水域内设置固定渔具、渔簖或者进行水产养殖；

（六）擅自占用内河航道进行装卸作业；

（七）其他影响或者破坏通航条件的行为。

第三十一条 调水、泄水影响通航条件的，应当在四十八小时之前通知市航务管理处。市航务管理处接到通知后，应当及时发布通告。

未按照前款规定通知市航务管理处，造成损失的，有关责任人应当赔偿损失；市航务管理处接到通知后未及时发布通告，造成有关单位和个人损失的，应当赔偿损失。

第三十二条 经批准使用内河航道岸线修建码头、仓库、堆场等进行生产经营活动的，应当按照规定向市航务管理处缴纳内河航道岸线使用费。

内河航道岸线使用费的征收标准由市港口行政管理部门提出方案，报市物价、财政主管部门审查批准。内河航道岸线使用费应当用于内河航道的养护，实行专款专用。

第三十三条 经批准使用内河航道岸线的单位终止使用内河航道岸线的，应当拆除相应设施，并负责恢复岸线正常状况。

第四章 法律责任

第三十四条 违反本条例第十一条第三款规定，未将专用航道项目建设计划报市航务管理处备案的，由市航务管理处责令改正，并可给予警告。

第三十五条 违反本条例第十五条第一款规定，非法占用内河航道建设用地的，由市航务管理处责令其停止违法行为，并可处一千元以上一万元以下罚款。

第三十六条 违反本条例第十六条第一款规定，内河航道建设或者养护工程未经验收或者验收不合格投入使用的，由市航务管理处责令改正，并可处五千元以上五万元以下罚款，其中对专用航道可处一千元以上一万元以下罚款。

第三十七条 违反本条例第十六条第二款、第二十二条第四款规定，工程竣工后未清除遗留物的，由市航务管理处责令限期清除，并可处三千元以上三万元以下罚款。

第三十八条 违反本条例第二十一条第三款规定，施工单位未按照整治设计方案施工，损害内河航道或者影响通航条件的，由市航务管理处责令限期恢复原状或者消除影响；逾期不改正的，市航务管理处可处五千元以上五万元以下罚款。

第三十九条 违反本条例第二十二条第一款、第三款规定，未经审查，擅自修建或者设置沿跨内河航道的建筑物、构筑物或者其他与通航有关的设施，或者擅自改变设计方案的，市港口行政管理部门或者区、县管理航道的部门可以责令限期拆除；逾期不拆除的，由市港口行政管理部门或者区、县管理航道的部门组织强制拆除，费用由责任人承担，并可处二千元以上二万元以下罚款，情节严重的，处二万元以上五万元以下罚款。

第四十条 违反本条例第二十三条第二款规定，侵占、破坏助航标志的，由市航务管理处或者区、县管理航道的部门责令限期改正，并可处警告或者二百元以上二千元以下罚款；造成损失的，应当依法承担赔偿责任。

违反本条例第二十三条第三款规定，影响助航标志正常效能的，由市航务管理处或者区、县管理航道的部门责令限期改正。

第四十一条 违反本条例第二十五条第一

款规定，不按照规定设置警示标志或者不进行日常维护的，由市航务管理处责令限期改正；拒不改正的，处五百元以上五千元以下罚款。

第四十二条 违反本条例第二十九条第一款规定，发生沉船、沉物等影响通航条件的责任人未立即报告的，由市航务管理处或者区、县管理航道的部门处五百元以上五千元以下罚款；逾期未清除障碍的，处五千元以上五万元以下罚款。

第四十三条 违反本条例第三十条规定的，由市航务管理处责令停止违法行为、恢复原状，并可处一千元以上五千元以下罚款；情节严重的，可处五千元以上五万元以下罚款。

第四十四条 违反本条例第三十二条第一款规定，未按照规定缴纳内河航道岸线使用费的，由市港口行政管理部门责令补缴，每逾期一天加收千分之三的滞纳金，并可视情节处应缴费款一倍以上五倍以下罚款。

第四十五条 违反本条例第三十三条规定，未拆除相应设施恢复岸线正常状况的，由市航务管理处责令改正；拒不改正的，由市港口行政管理部门代为拆除、恢复，费用由责任人承担，并可处一千元以上一万元以下罚款。

第四十六条 拒绝、阻碍市港口行政管理部门、市航务管理处或者区、县管理航道的部门的执法人员履行职务，违反《中华人民共和国治安管理处罚法》的，由公安部门依法处理。

第四十七条 市港口行政管理部门、市航务管理处和区、县管理航道的部门及其工作人员，应当依法履行监督管理职责，依法受理单位和个人的申请事项以及对破坏航道行为的检举和控告，依法查处违法行为。

对应当予以受理的事项不予受理，或者应当予以制止和查处的违法行为不予制止和查处，致使公共利益受到严重损害，或者滥用职权、徇私舞弊的，由所在单位或者上级主管部门对直接负责的主管人员和其他直接责任人员，依法给予行政处分；构成犯罪的，依法追究刑事责任。

第四十八条 当事人对市港口行政管理部门、市航务管理处或者区、县管理航道的部门作出的具体行政行为不服的，可以依照《中华人民共和国行政复议法》或者《中华人民共和国行政诉讼法》的规定，申请行政复议或者提起行政诉讼。

当事人对具体行政行为逾期不申请复议、不提起诉讼，又不履行的，市港口行政管理部门、市航务管理处或者区、县管理航道的部门可以申请人民法院强制执行。

第五章 附 则

第四十九条 本条例自2002年1月1日起施行。

上海市劳动合同条例

（2001年11月15日上海市第十一届人民代表大会常务委员会第三十三次会议通过）

第一章 总 则

第一条 为了调整劳动关系，建立和维护适应社会主义市场经济的劳动合同制度，根据《中华人民共和国劳动法》和有关法律、行政法规，结合本市实际情况，制定本条例。

第二条 在本市行政区域内的企业、个体经济组织，以及国家机关、事业单位、社会团体等用人单位（以下统称用人单位）与劳动者建立或者形成劳动合同关系的，适用本条例。

第三条 劳动合同是劳动者与用人单位确立劳动关系、明确双方权利和义务的协议。

第四条 劳动合同应当以书面形式订立，但本条例有特别规定的除外。

第五条 订立和变更劳动合同，应当遵循平等自愿、协商一致的原则，并且符合法律、法规和有关规章的规定。

劳动合同依法订立即具有法律约束力，当事人必须履行劳动合同规定的义务。

第六条 工会应当为劳动者提供劳动合同方面的指导、帮助，对用人单位履行劳动合同的情况进行监督。用人单位侵犯劳动者合法权益的，工会应当代表劳动者与用人单位交涉，依法维护劳动者在订立和履行劳动合同中的合法权益。

第七条 劳动保障行政部门对劳动合同制度的实施，负有指导和监督检查的职责。

第二章 劳动合同的订立

第八条 劳动者在订立劳动合同前，有权了解用人单位相关的规章制度、劳动条件、劳动报酬等情况，用人单位应当如实说明。

用人单位在招用劳动者时，有权了解劳动者健康状况、知识技能和工作经历等情况，劳动者应当如实说明。

第九条 劳动合同文本可以由用人单位提供，也可以由用人单位与劳动者共同拟订。由用人单位提供的合同文本，应当遵循公平原则，不得损害劳动者的合法权益。

劳动合同应当用中文书写，也可以同时用外文书写，双方当事人另有约定的，从其约定。同时用中、外文书写的劳动合同文本，内容不一致的，以中文劳动合同文本为准。劳动合同一式两份，当事人各执一份。

第十条 劳动合同应当具备以下条款：

（一）劳动合同期限；

（二）工作内容；

（三）劳动保护和劳动条件；

（四）劳动报酬；

（五）劳动纪律；

（六）劳动合同终止的条件；

（七）违反劳动合同的责任。

劳动合同除前款规定的必备条款外，当事人可以协商约定其他内容。

第十一条 劳动合同的期限分为有固定期限、无固定期限和以完成一定的工作为期限。劳动合同期限由用人单位和劳动者协商确定。

第十二条 劳动合同自双方当事人签字之日起生效，当事人对生效的期限或者条件有约定的，从其约定。

第十三条 劳动合同当事人可以约定试用期。劳动合同期限不满六个月的，不得设试用期；满六个月不满一年的，试用期不得超过一个月；满一年不满三年的，试用期不得超过三个月；满三年的，试用期不得超过六个月。

劳动合同当事人仅约定试用期的，试用期不成立，该期限即为劳动合同期限。

第十四条 劳动合同当事人可以对由用人单位出资招用、培训或者提供其他特殊待遇的劳动者的服务期作出约定。

第十五条 劳动合同当事人可以在劳动合同中约定保密条款或者单独签订保密协议。商业秘密进入公知状态后，保密条款、保密协议约定的内容自行失效。

对负有保守用人单位商业秘密义务的劳动者，劳动合同当事人可以就劳动者要求解除劳动合同的提前通知期在劳动合同或者保密协议中作出约定，但提前通知期不得超过六个月。在此期间，用人单位可以采取相应的脱密措施。

第十六条 对负有保守用人单位商业秘密义务的劳动者，劳动合同当事人可以在劳动合同或者保密协议中约定竞业限制条款，并约定在终止或者解除劳动合同后，给予劳动者经济补偿。竞业限制的范围仅限于劳动者在离开用人单位一定期限内不得自营或者为他人经营与原用人单位有竞争的业务。竞业限制的期限由劳动合同当事人约定，最长不得超过三年，但法律、行政法规另有规定的除外。

劳动合同双方当事人约定竞业限制的，不得再约定解除劳动合同的提前通知期。

竞业限制的约定不得违反法律、法规的规定。

第十七条 劳动合同对劳动者的违约行为设定违约金的，仅限于下列情形：

（一）违反服务期约定的；

（二）违反保守商业秘密约定的。

违约金数额应当遵循公平、合理的原则约定。

第十八条 劳动合同约定的劳动条件和劳动报酬等标准，不得低于集体合同的规定；低于集体合同规定的，适用集体合同的规定。

集体合同按照有关法律、法规的规定签订。

第十九条 劳动合同期满，经当事人协商一致，可以续订劳动合同。续订劳动合同不得约定试用期。

第二十条 有下列情形之一的，劳动合同无效：

（一）违反法律、行政法规的；

（二）采取欺诈、威胁等手段订立的。

无效的劳动合同，自订立的时候起，就没有法律约束力。确认劳动合同部分无效的，如果不影响其余部分的效力，其余部分仍然有效。

劳动合同的无效，由劳动争议仲裁委员会或者人民法院确认。

第二十一条 用人单位与劳动者建立劳动合同关系，应当向劳动保障行政部门指定的经办机构办理用工登记手续。

第三章 劳动合同的履行和变更

第二十二条 劳动合同当事人应当按照合同约定的起始时间履行劳动合同。

劳动合同约定的起始时间与实际履行的起始时间不一致的，按实际履行的起始时间确认。

第二十三条 变更劳动合同，应当经双方当事人协商一致，并采用书面形式。当事人协商不成的，劳动合同应当继续履行，但法律、法规另有规定的除外。

第二十四条 用人单位合并、分立的，劳动合同由合并、分立后的用人单位继续履行；经劳动合同当事人协商一致，劳动合同可以变更或者解除；当事人另有约定的，从其约定。

第二十五条 签订劳动合同的用人单位和实际使用劳动者的单位不一致的，用人单位可以与实际使用劳动者的单位约定，由实际使用劳动者的单位承担或者部分承担对劳动者的义务。实际使用劳动者的单位未按照约定承担对劳动者的义务的，用人单位应当承担对劳动者的义务。

第二十六条 劳动合同期限内，有下列情形之一的，劳动合同中止履行：

（一）劳动者应征入伍或者履行国家规定的其他法定义务的；

（二）劳动者暂时无法履行劳动合同的义务，但仍有继续履行条件和可能的；

（三）法律、法规规定的或者劳动合同约定的其他情形。

劳动合同中止情形消失的，劳动合同继续履行，但法律、法规另有规定的除外。

第二十七条 应当订立书面劳动合同而未订立，但劳动者按照用人单位要求履行了劳动义务的，当事人的劳动合同关系成立，劳动者的劳动报酬和劳动条件，按照下列规定确认：

（一）劳动报酬和劳动条件高于用人单位规章制度、集体合同规定或者法定劳动标准相应内容的，按照实际已经履行的内容确认；

（二）劳动报酬和劳动条件低于用人单位规章制度、集体合同或者法定劳动标准的，按照有利于劳动者的原则确认。

第二十八条 劳动合同的部分内容不符合法定劳动标准的，用人单位应当按照法定劳动标准承担义务，并依法对劳动合同中不符合法定劳动标准部分予以修改。

第四章　劳动合同的解除和终止

第二十九条　经劳动合同当事人协商一致，劳动合同可以解除。

第三十条　劳动者解除劳动合同，应当提前三十日以书面形式通知用人单位。

第三十一条　有下列情形之一的，劳动者可以随时通知用人单位解除劳动合同：

（一）在试用期内的；

（二）用人单位以暴力、威胁或者非法限制人身自由的手段强迫劳动的；

（三）用人单位未按照劳动合同约定支付劳动报酬或者提供劳动条件的。

第三十二条　有下列情形之一的，用人单位可以解除劳动合同，但是应当提前三十日以书面形式通知劳动者本人：

（一）劳动者患病或者非因工负伤，医疗期满后，不能从事原工作也不能从事由用人单位另行安排的工作的；

（二）劳动者不能胜任工作，经过培训或者调整工作岗位仍不能胜任工作的；

（三）劳动合同订立时所依据的客观情况发生重大变化，致使原劳动合同无法履行，经当事人协商不能就变更劳动合同达成协议的。

用人单位解除合同未按规定提前三十日通知劳动者的，自通知之日起三十日内，用人单位应当对劳动者承担劳动合同约定的义务。

第三十三条　劳动者有下列情形之一的，用人单位可以随时解除劳动合同：

（一）在试用期间被证明不符合录用条件的；

（二）严重违反劳动纪律或者用人单位规章制度的；

（三）严重失职，营私舞弊，对用人单位利益造成重大损害的；

（四）被依法追究刑事责任的；

（五）法律、法规规定的其他情形。

第三十四条　劳动者有下列情形之一的，用人单位不得依据本条例第三十二条、第三十五条的规定解除劳动合同：

（一）患职业病或者因工负伤并被确认丧失或者部分丧失劳动能力的；

（二）患病或者负伤，在规定的医疗期内的；

（三）女职工在孕期、产期、哺乳期内的；

（四）法律、法规规定的其他情形。

第三十五条　用人单位确需依法裁减人员的，应当向工会或者全体职工说明情况，听取意见。用人单位的裁员方案应当在与工会或者职工代表协商采取补救措施的基础上确定，并向劳动保障行政部门报告。

用人单位实施裁员方案，应当提前三十日通知工会和劳动者本人。

用人单位依据本条规定裁减人员，在六个月内录用人员的，应当优先录用被裁减的人员。

第三十六条　用人单位单方面解除职工劳动合同时，应当事先将理由通知工会，工会认为用人单位违反法律、法规和有关合同，要求重新研究处理时，用人单位应当研究工会的意见，并将处理结果书面通知工会。

第三十七条　有下列情形之一的，劳动合同终止：

（一）劳动合同期满的；

（二）当事人约定的劳动合同终止条件出现的；

（三）用人单位破产、解散或者被撤销的；

（四）劳动者退休、退职、死亡的。

劳动合同当事人实际已不履行劳动合同满三个月的，劳动合同可以终止。

劳动者患职业病、因工负伤，被确认为部分丧失劳动能力，用人单位按照规定支付伤残就业补助金的，劳动合同可以终止。

第三十八条　劳动者患职业病或者因工负伤，被确认为完全或者大部分丧失劳动能力的，用人单位不得终止劳动合同，但经劳动合同当事人协商一致，并且用人单位按照规定支付伤残就业补助金的，劳动合同也可以终止。

第三十九条　劳动合同期满或者当事人约定的劳动合同终止条件出现，劳动者有下列情形之一的，同时不属于本条例第三十三条第（二）项、第（三）项、第（四）项规定的，劳动合同期限顺延至下列情形消失：

（一）患病或者负伤，在规定的医疗期内的；

（二）女职工在孕期、产期、哺乳期内的；

（三）法律、法规、规章规定的其他情形。

第四十条 应当订立劳动合同而未订立的，劳动者可以随时终止劳动关系。

应当订立劳动合同而未订立的，用人单位提出终止劳动关系，应当提前三十日通知劳动者，但劳动者具有第三十九条规定情形之一的，劳动关系应当顺延至该情形消失。

第四十一条 劳动合同解除或者终止，用人单位应当出具解除或者终止劳动合同关系的有效证明。

劳动者可以凭有效证明材料，直接办理失业登记手续。

第四十二条 有下列情形之一的，用人单位应当根据劳动者在本单位工作年限，每满一年给予劳动者本人一个月工资收入的经济补偿：

（一）用人单位依据本条例第二十九条规定提出与劳动者解除劳动合同的；

（二）劳动者依据本条例第三十一条第（二）项、第（三）项规定解除劳动合同的；

（三）用人单位依据本条例第三十二条第一款第（二）项解除劳动合同的；

（四）用人单位依据本条例第三十二条第一款第（一）项、第（三）项的规定解除劳动合同的；

（五）用人单位依据本条例第三十五条规定解除劳动合同的；

（六）用人单位依据本条例第三十七条第（三）项规定终止劳动合同的。

有前款第（一）项、第（二）项、第（三）项规定情形之一的，补偿总额一般不超过劳动者十二个月的工资收入，但当事人约定超过的，从其约定。

第四十三条 劳动合同约定的终止条件和本条例规定的解除条件相同的，用人单位应当依照本条例相应的解除合同的补偿标准，给予劳动者经济补偿。

第四十四条 用人单位根据本条例第三十二条第一款第（一）项的规定解除劳动合同的，除按规定给予经济补偿外，还应当给予不低于劳动者本人六个月工资收入的医疗补助费。

第四十五条 本条例第四十二条、第四十四条中的工资收入按劳动者解除或者终止劳动合同前十二个月的平均工资收入计算，劳动者月平均工资收入低于本市职工最低工资标准的，按本市职工最低工资标准计算。

本条例第四十二条中的本单位工作年限，满六个月不满一年的，按一年计算。

第五章 非全日制劳动合同的特别规定

第四十六条 非全日制劳动合同是劳动者与用人单位约定的以小时作为工作时间单位确立劳动关系的协议。

劳动者与一个或者一个以上用人单位确立非全日制劳动合同关系的，劳动者与每个用人单位约定的每日、每周或者每月工作时间，应当分别在法定工作时间的百分之五十以下。

劳动者在多个用人单位的工作时数总和，不得超过法定最高工作时数。

第四十七条 订立非全日制劳动合同可以采用书面形式，也可以采用其他形式。劳动合同当事人一方提出采用书面形式的，应当采用书面形式。

第四十八条 非全日制劳动合同当事人未约定用工期限的，任何一方均可以随时通知对方终止劳动关系。

第四十九条 非全日制劳动合同当事人可以对劳动时间、工作内容、劳动报酬及支付形式、保守用人单位商业秘密等内容进行约定。

第五十条 非全日制劳动者的劳动报酬按小时计算。

劳动报酬包括小时工资收入和法律、法规规定应当缴纳的社会保险费等。

第五十一条 用人单位使用非全日制劳动者，在劳动过程中造成劳动者工伤或者患职业病的,应当承担相应责任。

第五十二条 非全日制劳动者的最低小时工资标准,由上海市劳动和社会保障局报经市人民政府批准后公布。最低小时工资标准的确定,应当综合考虑非全日制工作的职业稳定、福利待遇等因素。

非全日制用工形式的社会保险费的缴纳办法,由市人民政府另行制订。

第五十三条 本条例第二章、第三章、第四章中的规定,不适用于非全日制的劳动合同,但第八条、第二十条和第二十一条除外。

第六章 法律责任

第五十四条 由于劳动合同一方当事人的原因导致劳动合同无效或者部分无效,给对方造成损害的,应当承担赔偿责任。

第五十五条 劳动合同当事人违反劳动合同的,应当承担相应的责任。给对方造成经济损失的,应当承担赔偿责任。

劳动合同双方当事人都违反劳动合同的,应当各自承担相应的责任。

第五十六条 用人单位未按照本条例规定与劳动者订立书面劳动合同的,由劳动保障行政部门责令限期改正,并可以按每人五百至一千元处以罚款。

第五十七条 用人单位使用劳动者不按照本条例规定办理用工登记手续的,由劳动保障行政部门责令限期补办;逾期不办的,按每人五百元处以罚款。

第五十八条 劳动合同当事人发生劳动争议,依照劳动争议处理规定处理。

第五十九条 劳动合同当事人对劳动保障行政部门作出的具体行政行为不服的,可以依照《中华人民共和国行政复议法》或者《中华人民共和国行政诉讼法》的规定,申请行政复议或者提起行政诉讼。

第七章 附 则

第六十条 法律、行政法规对适用签订劳动合同的主体有特别规定的,按照有关规定执行。

第六十一条 本条例实施前已经履行的劳动合同,当时的地方性法规、市人民政府的规章对劳动合同当事人的义务有明确规定的,本条例实施后,劳动合同当事人应当继续执行;当时的地方性法规、市人民政府的规章没有明确规定的,按照本条例的规定执行。

本条例实施后,外商投资企业与劳动者新订立的劳动合同,不再适用《上海市外商投资企业劳动人事管理条例》中关于劳动合同的规定。

第六十二条 本条例自2002年5月1日起施行。

上海市标准化条例

(2001年12月28日上海市第十一届人民代表大会
常务委员会第三十五次会议通过)

第一章 总 则

第一条 为了加强本市标准化工作,促进技术进步,保证产品和服务的质量,提高社会经济效益,根据《中华人民共和国标准化法》、《中华人民共和国标准化法实施条例》和其他有关法律、行政法规,结合本市实际情况,制定本条例。

第二条 本市行政区域内的单位和个人，在生产、经营和服务活动中，采用国际标准、国外先进标准，实施国家标准、行业标准，制定和实施地方标准、企业标准以及与其相关的监督管理，适用本条例。

第三条 市和区（县）人民政府应当将标准化工作纳入国民经济和社会发展计划，保证必要的经费投入。

各级人民政府应当鼓励和支持企业、事业单位重视标准化工作，加强对标准化专业技术人员的教育培训工作，建立健全标准化工作制度。

第四条 市质量技术监督部门（以下简称市质量技监部门）是本市标准化行政主管部门，统一管理全市的标准化工作。区（县）质量技术监督部门［以下简称区（县）质量技监部门］按照职责负责辖区内的标准化管理工作。

市质量技监部门主管的市质量技术监督稽查大队按照本条例的授权，实施行政处罚。

其他有关行政部门应当在各自职责范围内做好本系统的标准化管理工作，并在科技投入费用中安排一定比例的经费，用于支持标准化工作。

第五条 行业协会、标准化专业学术团体以及其他社会团体可以参与推行国际标准和国外先进标准、国家标准、行业标准，推行和起草地方标准，开展标准化的咨询、培训和业务交流活动。

第六条 为社会提供标准化服务的中介机构，应当配备必要的专业技术人员。

各级质量技监部门应当会同其他有关行政部门对从事标准化服务的中介机构进行指导和监督。

第七条 各级质量技监部门、有关行政部门、新闻单位和有关社会团体、企业、事业单位，应当加强标准化宣传教育工作，提高全社会的标准化意识。

市质量技监部门应当建立标准化信息查询系统，向社会提供标准化专业信息和标准化法律、法规的查询服务。

第二章 国际标准、国外先进标准的采用和国家标准、行业标准的实施

第八条 制定地方标准时，有国际标准的，应当以其为基础制定地方标准。

鼓励企业在制定企业标准、开发新产品、进行技术改造时采用国际标准、国外先进标准。

采用国际标准、国外先进标准，应当符合法律、法规和强制性标准的规定，适合本地区气候、地理、资源利用和基本技术、基础设施等条件，做到技术先进、经济合理、安全适用。

第九条 申请政府资助的发展项目或者认定的高新技术项目，有国际标准、国外先进标准并严于国家标准、行业标准的，应当采用国际标准、国外先进标准，并符合本条例第八条第三款的规定。

前款涉及的项目有条件采用国际标准、国外先进标准而未采用的，有关行政部门不予立项。

第十条 采用国际标准生产的产品，企业可以按照国家有关规定使用采用国际标准产品的标志。

第十一条 凡有强制性国家标准和行业标准的，从事生产、经营和服务活动的单位和个人必须执行。禁止生产、销售和进口不符合强制性国家标准和行业标准的产品。

鼓励采用推荐性国家标准和行业标准。

第十二条 国家实行强制认证的产品，企业应当按照国家有关规定申请认证，符合相应标准的要求并取得认证证书后，方可销售。

国家推行自愿认证的产品或者质量体系，鼓励企业积极申请认证。产品或者质量体系符合相应标准要求并经认证合格的，企业可以在产品、产品包装或者其他推荐介绍材料中标注认证标志或者作出声明。

未经认证或者认证不合格的，禁止使用认证标志。

各级质量技监部门应当对企业申请认证的活动给予指导和协助。

第十三条 公共场所和公用设施应当按照国家和本市规定的标准，设置必要的公共信息标志。

第三章 地方标准的制定和实施

第十四条 在生产、经营和服务活动中，对没有国家标准、行业标准而需要在本市范围内统一规范技术要求的，可以制定地方标准（含标准样品的制作）。强制性地方标准的制定，应当限于保护人体健康和人身、财产安全，保护生态和环境，防止欺诈行为等范围。

地方标准应当报国家有关行政主管部门备案，在相应的国家标准或者行业标准实施后，该地方标准即行废止，但法律另有规定的除外。

第十五条 凡有强制性地方标准的，从事生产、经营和服务活动的单位和个人必须执行。禁止生产、销售和进口不符合强制性地方标准的产品。

鼓励采用推荐性地方标准。

第十六条 本市应当在工业产品的安全卫生、产品标识、生产安全卫生和能源资源利用以及环境保护等方面，优先制定地方标准，并组织实施。

第十七条 本市应当在种植、养殖环境，种子、种苗、种畜、种禽的质量，农业操作规范，农药、兽药、化肥、饲料和饲料添加剂的使用，重金属、药物残留等有害成分的测试以及特色农产品等方面，优先制定地方标准，并组织实施。

第十八条 本市应当在服务业中对保护人体健康和人身、财产安全，服务操作规范，服务质量验收和评估等方面，优先制定地方标准，并组织实施。

服务业经营者提供的服务、产品和设施，应当符合强制性标准的要求。禁止将不符合强制性标准的产品和设施用于经营性服务。

第十九条 本市应当在建筑工程的新技术、新工艺、新材料的设计和应用等方面，优先制定地方标准；或者根据建筑业国家标准、行业标准，制定实施性的地方标准，并组织实施。

建筑工程的勘察、设计、施工和验收，应当符合强制性标准的要求。

第二十条 本市应当在城市公共服务信息系统、城市基础地理信息编码、社区和建筑智能化系统建设、信息应用系统安全验收和评估以及电子商务应用等方面，优先制定地方标准，并组织实施。

信息应用系统的设计、施工，应当符合标准化综合要求。凡不符合标准化综合要求的信息应用系统，不得接入公共信息网络。

第二十一条 制定地方标准的建议可以由有关行政部门向市质量技监部门提出，也可以由企业、行业协会、科学技术研究机构、标准化专业学术团体或者公民提出。

地方标准的制定计划由市质量技监部门负责编制，并向社会征求意见。地方标准的制定计划确定后，应当在指定的媒体上公布。

第二十二条 地方标准可以由有关行政部门组织起草，也可以由市质量技监部门委托企业、行业协会、科学技术研究机构、标准化专业学术团体等组织起草，或者委托专家起草。

起草地方标准，应当听取相关企业、行业协会、科学技术研究机构、标准化专业学术团体和专家的意见。

第二十三条 地方标准由市质量技监部门组织专家进行审查。其中，强制性地方标准的审查应当通过听证会的方式听取相关企业、事业单位的意见；必要时，可以通过媒体向社会征求意见。

第二十四条 地方标准由市质量技监部门批准并发布，但法律、法规另有规定的除外。

强制性地方标准的目录和主要内容应当在政府部门的网站上公布；市质量技监部门应当在媒体上及时发布地方标准目录。

第二十五条 市质量技监部门应当根据科学技术的发展情况和经济建设的需要，对地方标准适时组织复审，并确定其继续有效、修订或者废止。复审周期最长不超过五年。

地方标准的复审，应当听取相关企业、行业协会、科学技术研究机构、标准化专业学术团体和专家的意见。

第二十六条 按照我国参加的国际协议约定，应当向国际组织通报的地方标准以及与技术有关的规定，由市质量技监部门统一上报国家有关行政主管部门。

第四章 企业标准化管理

第二十七条 鼓励企业建立并施行以技术标准为主体，包括管理标准和工作标准的企业标准体系。各级质量技监部门应当推进企业标准体系的建立和施行。

第二十八条 企业在生产、经营和服务活动中，没有国家标准、行业标准或者地方标准的，应当制定企业标准。

已有国家标准、行业标准或者地方标准的，鼓励企业制定严于国家标准、行业标准或者地方标准的企业标准。

第二十九条 企业标准由本企业自主制定，也可以按照自愿原则由相关企业联合制定，或者由行业协会组织会员企业统一制定。

第三十条 企业标准不得违反强制性标准。违反强制性标准的，质量技监部门应当责令纠正。

第三十一条 企业应当根据国家标准、行业标准或者地方标准发布、修订、废止等情况，适时对本企业标准进行复审。

第三十二条 企业应当对其生产的产品按照所执行的标准进行产品质量检验。

企业承诺产品达到国际标准和国外先进标准，推荐性的国家标准、行业标准或者地方标准的，可以发布自我合格声明。其生产的产品应当符合自我合格声明中承诺的标准。

第三十三条 企业应当在生产的产品或者其包装物、说明书上标注执行标准的代号、编号、名称。

产品标识的标注应当符合国家的有关规定。除了难以标注的产品外，禁止无标识的产品上市销售。

第五章 法律责任

第三十四条 对在生产、经营和服务活动中，违反《中华人民共和国标准化法》、《中华人民共和国标准化法实施条例》、《中华人民共和国产品质量法》等法律、行政法规的单位和个人，由法律、行政法规规定的行政管理部门依法处理。

第三十五条 违反本条例规定的，可以由市质量技术监督稽查大队按照下列规定予以处理：

（一）生产、销售不符合强制性标准的产品的，责令改正，没收违法生产、销售的产品，并处违法生产、销售产品货值金额等值以上三倍以下的罚款；有违法所得的，并处没收违法所得；对有关责任者处以五百元以上五千元以下罚款。

（二）将不符合强制性标准的产品和设施用于经营性服务的，责令停止使用；对知道或者应当知道所使用的产品和设施属于不符合强制性标准的，处以所用产品和设施货值金额等值以下的罚款。

（三）冒用认证标志等质量标志的，责令改正，没收违法生产、销售的产品，并处违法生产、销售产品货值金额等值以下的罚款；有违法所得的，并处没收违法所得。

（四）获得认证证书的产品不符合认证标准而使用认证标志销售的，责令改正，并处违法所得二倍以下的罚款。

第三十六条 各级质量技监部门、市质量技术监督稽查大队和其他有关行政部门的工作人员有下列情形之一的，依法给予行政处分，有违法收入的，予以没收：

（一）包庇或者放纵生产、经营和服务活动中违反本条例规定行为的；

（二）向从事违反本条例规定的生产、销售和服务活动的单位和个人通风报信，帮助其逃避查处的；

（三）以监制、监销等方式参与生产、销售和服务活动的；

（四）其他属于滥用职权、玩忽职守、徇私舞弊的。

第三十七条 单位和个人在生产、经营和服务活动中，违反本条例的规定，给其他单位和个人造成人身、财产损失的，应当承担相应的民事责任。

第三十八条 违反本条例规定，构成犯罪的，依法追究刑事责任。

第三十九条 当事人对行政管理部门或者市质量技术监督稽查大队的具体行政行为不服的，可以依照《中华人民共和国行政复议法》或者《中华人民共和国行政诉讼法》的规定，申请行政复议或者提起行政诉讼。

第六章 附　　则

第四十条 出口产品的技术要求，按照合同的约定执行。

第四十一条 本条例自2002年3月15日起施行。

上海市专利保护条例

（2001年12月28日上海市第十一届人民代表大会常务委员会第三十五次会议通过）

第一章 总　　则

第一条 为了保护发明创造专利权，保障专利权人的合法权益，促进技术创新，维护市场经济秩序，根据《中华人民共和国专利法》、《中华人民共和国专利法实施细则》和其他有关法律、行政法规，结合本市实际情况，制定本条例。

第二条 本市行政区域内的专利管理、专利纠纷的行政处理和调解以及有关专利违法行为的查处等专利保护活动，适用本条例。

第三条 市和区（县）人民政府应当加强对专利工作的领导，提高全社会的专利意识，严格执行有关专利保护的法律、法规，维护专利权人的合法权益。

第四条 上海市知识产权局（以下简称市知识产权局）是本市专利工作的行政主管部门，负责本市行政区域内的专利管理工作并组织实施本条例。

区（县）人民政府管理专利工作的部门依照本条例的规定，在市知识产权局的指导下，开展有关专利工作。

其他有关行政部门应当按照各自职责，做好专利保护工作。

第五条 有关行业协会应当鼓励会员申请和实施专利，督促会员尊重他人专利权，支持会员维护自主专利权，并为会员提供专利咨询服务。

第六条 任何单位或者个人有权向专利管理部门或者其他有关部门举报专利违法行为。

第二章 专 利 管 理

第七条 市知识产权局和区（县）人民政府管理专利工作的部门（以下统称专利管理部门）以及其他有关行政部门应当指导企业、事业单位开展专利保护工作，引导企业、事业单位建立和完善专利管理制度。

第八条 鼓励单位和个人将符合专利申请条件的发明创造及时申请国内外专利。

第九条 鼓励企业、事业单位和个人在技术开发、进出口贸易或者以专利权作价出资设立企业时，自行或者委托从事专利服务的中介机构开展专利检索。

具有下列情形之一且涉及专利技术的，申请人或者申报人应当向有关行政部门提交专利检索报告；申请人或者申报人不提交的，有关行政部门不予立项、认定或者授奖：

（一）申请政府资助的研究开发或者技术改造项目；

（二）申报市高新技术成果转化项目；

（三）申报市科学技术进步奖项目。

第十条 职务发明创造申请专利的权利属于本单位；申请被批准后，该单位为专利权人。

被授予专利权的单位应当依照法律、法规的规定，对职务发明创造的发明人或者设计人，给予奖励；自行实施专利或者许可他人实施专利的，应当依照法律、法规的规定，给予职务发明创造的发明人或者设计人报酬；转让专利权的，应当参照许可他人实施专利的规定，给予职务发明创造的发明人或者设计人报酬。

奖励或者报酬可以现金、股份、股权收益或者当事人约定的其他形式给付，给付的数量、时间和方式，由当事人约定。奖励或者报酬不得低于法律、法规规定的最低标准。

第十一条 从事专利代理、专利检索、专利评估、专利许可贸易等专利服务的中介机构应当具备相应资质，依法办理登记注册手续后，方可从事专利中介服务。登记注册机构应当将登记注册的有关情况抄送市知识产权局。市知识产权局应当加强对从事专利服务的中介机构的指导与监督。

从事专利服务的中介机构及其工作人员应当遵守法律、法规的规定，独立、客观、公正地开展中介服务，不得出具虚假报告，不得与当事人串通牟取不正当利益，不得损害专利权人、其他当事人的合法权益或者社会公共利益。

第十二条 展览会、展示会、推广会、交易会等会展的举办者对标有专利标记的参展产品或者技术，可以查验其专利证书或者专利许可合同。对未能提供专利证书或者专利许可合同的，举办者可以拒绝其以专利产品、专利技术的名义进场参展。

会展的举办者发现有假冒他人专利或者冒充专利行为的，有权向专利管理部门举报。

第十三条 专利管理部门应当加强专利信息网络建设，为社会提供专利保护信息服务和其他相关专利信息服务。

第十四条 市知识产权局和有关部门应当加强专利管理和专利服务人员的培训工作。

第三章 专利纠纷的行政处理和调解

第十五条 任何单位或者个人不得非法实施他人专利或者为非法实施他人专利提供生产经营的便利。

第十六条 未经专利权人许可实施其专利，引起侵权纠纷的，专利权人或者利害关系人可以依照法律、法规的规定，向人民法院提起民事诉讼，或者请求市知识产权局处理。

当事人向市知识产权局请求处理的，市知识产权局应当依法受理。

第十七条 请求市知识产权局处理专利侵权纠纷的，应当符合下列条件：

（一）请求人与专利侵权纠纷有直接的利害关系；

（二）有明确的被请求人，具体的请求事项、事实；

（三）当事人均未向人民法院提起诉讼；

（四）属于市知识产权局管辖范围的受理事项。

第十八条 请求市知识产权局处理专利侵权纠纷的，应当提交专利侵权纠纷处理请求书和有关证据。

第十九条 市知识产权局应当自收到专利侵权纠纷处理请求书和有关证据之日起五日内，作出是否受理的决定，并书面通知请求人。提交的材料不全的，市知识产权局可以要求请求人在规定的时间内予以补全。

第二十条 市知识产权局应当自受理专利

侵权纠纷后的五日内,将请求书副本发送被请求人。被请求人应当自收到请求书副本后的十五日内提交答辩书和有关证据。

被请求人未提交答辩书和有关证据的,不影响处理程序的进行。

第二十一条 市知识产权局处理专利侵权纠纷时,可以根据双方当事人的意愿先行调解。调解达成协议的,市知识产权局应当制作调解书。当事人不愿调解或者调解不成的,市知识产权局认定专利侵权行为成立,应当作出责令侵权人停止侵权的处理决定;认定专利侵权行为不成立,应当书面告知当事人。市知识产权局认定专利侵权行为不成立的,当事人也可以依法提起民事诉讼。

第二十二条 市知识产权局在作出专利侵权纠纷处理决定前,应当对有关证据予以核实。

市知识产权局可以根据当事人的请求,调查收集当事人因客观原因不能自行收集的证据。有关单位、个人应当如实提供材料。

市知识产权局在处理专利侵权纠纷时,可以根据当事人的申请或者案情需要,委托有关单位进行技术鉴定。

第二十三条 市知识产权局对专利侵权纠纷作出处理决定的,可以采用下列方式制止侵权行为:

(一)对制造专利产品的,责令其停止制造,销毁或者拆解用于制造专利产品的模具、专用设备,并且不得使用、转移已经制造的专利产品或者以任何形式将该产品投放市场;

(二)对使用专利方法的,责令其停止使用,并且不得使用、转移依照专利方法直接获得的产品或者以任何方式将该产品投放市场;

(三)对销售专利产品或者依照专利方法直接获得的产品的,责令其停止销售,并且不得以任何形式转移尚未出售的专利产品或者依照专利方法直接获得的产品;

(四)对许诺销售专利产品或者依照专利方法直接获得的产品的,责令其停止作出销售的意思表示,并且不得进行任何实际销售行为;

(五)对进口专利产品或者依照专利方法直接获得的产品的,对进入本市的产品,责令侵权人不得使用或者以任何方式转移该产品。

采取前款方式不足以制止侵权行为的,市知识产权局可以责令侵权人销毁或者拆解侵权产品。

第二十四条 当事人还可以就下列专利纠纷依法请求调解:

(一)侵犯专利权的赔偿数额纠纷;

(二)专利申请权和专利权归属纠纷;

(三)发明人、设计人资格纠纷;

(四)职务发明的发明人、设计人的奖励和报酬纠纷;

(五)在发明专利申请公布后专利权授予前使用发明而未支付适当费用的纠纷。

市知识产权局应当依法调解,调解达成协议的,应当制作调解书;调解不成的,告知当事人依法提起民事诉讼。

第四章 有关专利违法行为的查处

第二十五条 任何单位或者个人不得假冒他人专利、冒充专利或者为假冒他人专利、冒充专利提供生产经营的便利。

第二十六条 市知识产权局应当依法查处假冒他人专利、冒充专利以及为假冒他人专利、冒充专利提供生产经营便利的行为。侵权行为地的区(县)人民政府管理专利工作的部门应当协助查处。

第二十七条 市知识产权局对假冒他人专利、冒充专利以及为假冒他人专利、冒充专利提供生产经营便利的行为进行调查时,可以行使下列职权:

(一)询问当事人和证人;

(二)查阅、复制与案件有关的合同、图纸、账册等资料;

(三)现场检查、摄录或者登记保存与案件有关的物品。

专利行政执法人员在调查取证时,应当通知当事人及有关人员到场,并对涉及当事人的商业秘密予以保密。当事人及有关人员应当协助调查,不得拒绝或者阻碍。

第五章 法律责任

第二十八条 违反本条例第九条第二款规定,对未提供专利检索报告的项目给予立项、认定或者授奖的,由其所在单位或者上级主管部门对直接责任人员依法给予行政处分。

第二十九条 违反本条例第十一条第二款规定,由有关行政部门依照法律、法规的规定予以处罚;其中,以出具虚假专利检索报告等方式牟取不正当利益的,由市知识产权局给予警告、没收违法所得,并处以一千元以上一万元以下罚款。

第三十条 违反本条例第二十五条规定,假冒他人专利或者冒充专利的,由市知识产权局依照《中华人民共和国专利法》第五十八条、第五十九条规定处罚;构成犯罪的,依法追究刑事责任。

第三十一条 违反本条例第二十五条规定,为假冒他人专利或者冒充专利提供生产经营便利的,由市知识产权局责令改正;拒不改正的,没收违法所得,并处以一千元以上一万元以下罚款。

第三十二条 当事人对市知识产权局或者其他行政部门的具体行政行为不服的,可以依照《中华人民共和国行政复议法》或者《中华人民共和国行政诉讼法》的规定,申请行政复议或者提起行政诉讼。

当事人对具体行政行为逾期不申请复议,不提起诉讼,又不履行的,作出具体行政行为的行政部门可以申请人民法院强制执行。

第三十三条 专利管理部门的工作人员有下列情形之一,尚不构成犯罪的,由其所在单位或者上级主管部门依法给予行政处分,有违法收入的,予以没收:

(一)包庇或者放纵假冒他人专利、冒充专利的单位或者个人的;

(二)向假冒他人专利、冒充专利的单位或者个人通风报信,帮助其逃避查处的;

(三)在专利纠纷调解过程中,偏袒一方,侵害另一方合法权益的;

(四)泄露当事人的商业秘密的;

(五)其他属于滥用职权、玩忽职守、徇私舞弊的。

第六章 附 则

第三十四条 本条例自2002年7月1日起施行。

上海市精神卫生条例

(2001年12月28日上海市第十一届人民代表大会常务委员会第三十五次会议通过 根据2010年9月17日上海市第十三届人民代表大会常务委员会第二十一次会议《关于修改本市部分地方性法规的决定》修正 2014年11月20日上海市第十四届人民代表大会常务委员会第十六次会议修订)

第一章 总 则

第一条 为了发展精神卫生事业,规范和完善精神卫生服务,维护精神障碍患者的合法权益,根据《中华人民共和国精神卫生法》,结合本市实际,制定本条例。

第二条 本市行政区域内开展维护和增进

市民心理健康、预防和治疗精神障碍、促进精神障碍患者康复等活动,推进精神卫生服务体系建设,适用本条例。

第三条 市和区、县人民政府领导精神卫生工作,组织编制精神卫生发展规划并将其纳入国民经济和社会发展规划,建设和完善精神障碍的预防、治疗和康复服务体系,建立健全精神卫生工作协调机制和工作责任制,统筹协调精神卫生工作中的重大事项,对有关部门承担的精神卫生工作进行考核、监督。

乡、镇人民政府和街道办事处根据本地区的实际情况,组织开展预防精神障碍发生、促进精神障碍患者康复等工作。

第四条 市卫生计生部门主管本市精神卫生工作。区、县卫生计生部门负责本辖区内的精神卫生工作。

民政、公安、工商行政管理、人力资源社会保障、教育、发展改革、财政、司法行政、规划国土资源等行政部门按照各自职责,协同做好精神卫生工作。

第五条 各级残疾人联合会依照法律、法规或者接受政府委托,动员社会力量开展精神卫生工作。

居民委员会、村民委员会依照法律和本条例的规定开展精神卫生工作,并对所在地人民政府开展的精神卫生工作予以协助。

鼓励和支持工会、共产主义青年团、妇女联合会、红十字会、科学技术协会等团体,以及行业协会、慈善组织、志愿者组织、老龄组织等社会组织和个人,依法开展精神卫生工作。

第六条 精神障碍患者的人格尊严、人身和财产安全不受侵犯。

精神障碍患者的教育、劳动、医疗以及从国家和社会获得物质帮助等方面的合法权益受法律保护。

学校或者单位不得以曾患精神障碍为由,侵害精神障碍患者康复后享有的合法权益。

第七条 精神障碍患者的监护人应当履行监护职责,帮助精神障碍患者及时就诊,照顾其生活,做好看护管理,并维护精神障碍患者的合法权益。

精神障碍患者的家庭成员应当创造和睦、文明的家庭环境,帮助精神障碍患者提高社会适应能力和就学、就业能力。

禁止对精神障碍患者实施家庭暴力,禁止遗弃精神障碍患者。

第八条 各级人民政府及其有关部门应当组织医疗机构和专业人员开展精神卫生宣传活动,鼓励和支持各类团体和社会组织普及精神卫生知识,引导公众关注心理健康,提高公众对精神障碍的认知和预防能力。

广播电台、电视台、报刊、互联网站等媒体应当宣传心理健康和精神障碍预防知识,营造全社会尊重、理解、关爱精神障碍患者的舆论环境。

第二章　精神卫生服务体系

第九条 本市建立以精神卫生专科医疗机构和精神疾病预防控制机构为主体,设置精神科门诊或者心理治疗门诊的综合性医疗机构、专门从事心理治疗的医疗机构为辅助,社区卫生服务机构、精神障碍患者社区康复机构、精神障碍患者社区养护机构和心理咨询机构等为依托的精神卫生服务体系。

第十条 精神卫生服务内容包括:

(一)精神障碍的预防;

(二)心理咨询;

(三)心理治疗以及精神障碍的诊断与治疗;

(四)社区精神康复和慢性精神障碍患者养护;

(五)有助于市民心理健康的其他服务。

第十一条 市和区、县精神疾病预防控制机构根据同级卫生计生部门的要求,组织开展精神障碍的预防和监测,社区精神障碍防治工作的指导、评估、培训等工作。

第十二条 心理咨询机构为社会公众提供下列心理咨询服务:

(一)一般心理状态与功能的评估;

（二）心理发展异常的咨询与干预；

（三）认知、情绪或者行为问题的咨询与干预；

（四）社会适应不良的咨询与干预；

（五）国家有关部门规定的其他心理咨询服务。

第十三条 精神卫生专科医疗机构和设置精神科门诊的综合性医疗机构（以下统称精神卫生医疗机构）开展精神障碍的诊断与治疗服务。

设置心理治疗门诊的综合性医疗机构、专门从事心理治疗的医疗机构开展心理治疗服务。

社区卫生服务机构开展精神障碍的社区预防和康复服务。精神疾病预防控制机构与精神卫生专科医疗机构应当主动向社区卫生服务机构提供相关技术支持。

第十四条 精神障碍患者社区康复机构为精神障碍患者提供生活自理能力和社会适应能力等方面的康复训练。

精神障碍患者社区养护机构为生活自理困难的精神障碍患者提供护理和照料服务。

第十五条 从事精神卫生服务工作的执业医师、护士、心理治疗师、心理咨询师、康复治疗专业人员和社会工作者等人员应当按照国家和本市的有关规定以及执业规范，从事精神卫生服务。

第三章 心理健康促进和精神障碍预防

第十六条 乡、镇人民政府和街道办事处可以通过政府购买服务、招募志愿者等方式，组织社会力量和具有精神卫生专业知识的人员，为社区居民提供公益性的心理健康指导。

社区卫生服务机构应当按照卫生计生部门的要求，进行精神障碍的识别和转诊，配合进行精神障碍的早期干预和随访管理。

居民委员会、村民委员会应当协助街道办事处和乡、镇人民政府开展心理健康促进、精神卫生知识宣传教育等活动。社区卫生服务机构应当为居民委员会、村民委员会提供技术指导。

第十七条 教育部门应当会同卫生计生部门将学生心理健康教育纳入学校整体教育工作，开展学生心理问题和精神障碍的评估和干预。

学校应当按照本市有关规定，配备或者聘请具有相应专业技术水平的心理健康教育教师、辅导人员，设立校内心理健康教育与咨询机构，对学生开展心理健康监测、心理健康教育和咨询服务，为精神障碍学生接受教育创造条件。学前教育机构应当开展符合幼儿特点的心理健康教育。

鼓励具有专业资质的精神卫生服务机构参与学生心理健康教育工作。

第十八条 用人单位应当创造有益于职工身心健康的工作环境，关注职工的心理健康，对处于职业发展特定时期或者在易引发心理健康问题的特殊岗位工作的职工，组织社会力量和专业心理咨询人员，有针对性地开展心理健康教育和服务。

第十九条 市卫生计生部门应当设立心理危机干预服务平台，组织开展心理危机干预的服务、监测、教育、培训、技术研究和评估等工作，并为公安、民政、司法行政、教育等行政部门和工会、共产主义青年团、妇女联合会、红十字会等团体以及慈善组织、志愿者组织等社会组织开展相关工作提供技术支持。

医疗机构应当与心理危机干预服务平台建立联系机制。医疗机构的医务人员开展诊疗活动时，发现就诊者需要进行心理危机干预的，应当及时联系其近亲属，并建议接受心理危机干预服务平台的帮助。

第二十条 各级人民政府及其有关部门应当建立心理危机干预应急处置的协调机制，将心理危机干预列入突发事件应急预案，组建应急处置队伍，开展心理危机干预应急处置工作。

第二十一条 在发生自然灾害、事故灾难、公共卫生事件和社会安全事件等可能影响公众心理健康的突发事件时，市卫生计生部门应当及时组织精神卫生服务机构以及社会组织、志愿者为有需求的公众提供心理援助。

第四章 心理咨询机构

第二十二条 单位或者个人可以申请设立心理咨询机构,提供心理咨询服务。设立营利性心理咨询机构应当向工商行政管理部门申请登记,取得《营业执照》。设立非营利性心理咨询机构应当向民政部门申请登记,取得《民办非企业单位登记证书》。

工商行政管理部门、民政部门应当按照有关规定,对申请设立心理咨询机构,作出准予登记或者不予登记的决定。作出准予登记决定的,颁发《营业执照》或者《民办非企业单位登记证书》,同时应当抄告卫生计生部门,并由卫生计生部门将心理咨询机构名单向社会公布;作出不予登记决定的,应当书面告知理由。

未经工商行政管理部门或者民政部门登记,不得开展心理咨询服务。

第二十三条 心理咨询机构开展心理咨询服务应当符合下列要求:

(一)有固定的提供心理咨询服务的场所;

(二)具备必要的心理测量设施和设备;

(三)有三名以上符合心理咨询师从业要求的咨询人员,其中至少有两名具有心理咨询师二级以上国家职业资格。

第二十四条 心理咨询师应当按照心理咨询师国家职业标准的要求,经考试合格取得国家职业资格证书,并在依法设立的心理咨询机构或者精神卫生医疗机构实习一年,经实习单位考核合格后,方可从事心理咨询服务。

心理咨询师实习考核管理办法,由市卫生计生部门另行制定。

第二十五条 心理咨询机构应当建立健全内部管理制度,加强自律,依法开展心理咨询服务。

心理咨询机构应当定期对从业人员进行职业道德教育,组织开展业务培训,提高其职业道德素养和业务能力。

心理咨询机构不得安排不符合从业要求的人员提供心理咨询服务。

第二十六条 心理咨询机构及其从业人员应当按照法律、法规、规章和执业规范提供心理咨询服务,并遵守下列规定:

(一)向接受咨询者告知心理咨询服务的性质以及相关的权利和义务;

(二)未经接受咨询者同意,不得对咨询过程进行录音、录像,确实需要进行案例讨论或者采用案例进行教学、科研的,应当隐去可能据以辨认接受咨询者身份的有关信息;

(三)发现接受咨询者有伤害自身或者危害他人安全倾向的,应当采取必要的安全措施,防止意外事件发生,并及时通知其近亲属;

(四)发现接受咨询者可能患有精神障碍的,应当建议其到精神卫生医疗机构就诊。

心理咨询人员不得从事心理治疗或者精神障碍的诊断、治疗。

第二十七条 卫生计生部门应当规范和促进心理咨询行业协会建设,指导行业协会开展工作。

心理咨询行业协会应当建立健全行业自律的规章制度,督促会员依法开展心理咨询活动,组织开展业务培训,引导行业健康发展。对违反自律规范的会员,行业协会应当按照协会章程的规定,采取相应的惩戒措施。

第二十八条 卫生计生部门应当对心理咨询机构提供心理咨询服务进行业务指导,加强监督检查,定期公布检查结果,并根据检查结果实施分类管理。

心理咨询机构应当于每年3月31日前,向卫生计生部门报告上一年度开展心理咨询业务的情况以及从业人员变动情况。

第五章 精神障碍患者的看护、诊断与治疗

第二十九条 精神障碍患者的监护人在对精神障碍患者进行看护管理时,应当履行下列职责:

（一）妥善看护未住院治疗的精神障碍患者，避免其因病伤害自身或者危害他人安全；

（二）根据医嘱，督促精神障碍患者接受门诊或者住院治疗，协助办理精神障碍患者的住院或者出院手续；

（三）协助精神障碍患者进行康复治疗或者职业技能培训，帮助其融入社会。

第三十条 公安机关、精神障碍患者所在地居民委员会或者村民委员会，应当为精神障碍患者的监护人提供必要的帮助。

精神障碍患者就诊的精神卫生医疗机构及其精神科执业医师、社区卫生服务机构，应当为精神障碍患者的监护人提供专业指导和必要的帮助。

第三十一条 除疑似精神障碍患者本人自行到精神卫生医疗机构进行精神障碍诊断外，疑似精神障碍患者的近亲属可以将其送往精神卫生医疗机构进行精神障碍诊断。

疑似精神障碍患者发生伤害自身、危害他人安全的行为，或者有伤害自身、危害他人安全危险的，其近亲属、所在学校或者单位、当地公安机关应当立即采取措施予以制止，并将其送往精神卫生医疗机构进行精神障碍诊断。学校或者单位、当地公安机关送诊的，应当以书面形式通知其近亲属。其他单位或者个人发现的，应当向当地公安机关报告。

精神卫生医疗机构接到送诊的疑似精神障碍患者，不得拒绝为其作出诊断。

第三十二条 精神障碍的诊断应当由具有主治医师以上职称的精神科执业医师作出。

精神卫生医疗机构对于送诊的发生伤害自身、危害他人安全的行为，或者有伤害自身、危害他人安全危险的疑似精神障碍患者，应当立即指派具有主治医师以上职称的精神科执业医师进行诊断。无法立刻作出诊断结论的，应当将其留院观察，并在七十二小时内作出诊断结论。

除法律另有规定外，精神卫生医疗机构不得违背本人意志进行精神障碍的医学检查。

第三十三条 在疑似精神障碍患者留院观察期间，精神卫生医疗机构认为需要治疗的，应当经疑似精神障碍患者或者其近亲属书面同意，方可实施治疗。其中，对不予治疗可能危害疑似精神障碍患者生命安全的躯体疾病，无法及时取得疑似精神障碍患者或者其近亲属书面同意的，精神卫生医疗机构可以先行治疗，将治疗的理由告知疑似精神障碍患者及其近亲属，并在病历中予以记录。

第三十四条 精神卫生医疗机构应当为经门诊、急诊诊断的精神障碍患者制定相应的治疗方案，并告知其监护人有关注意事项。接受非住院治疗的精神障碍患者的监护人应当配合精神卫生医疗机构做好精神障碍患者的治疗工作。

第三十五条 诊断结论、病情评估表明就诊者为严重精神障碍患者并已经发生伤害自身的行为或者有伤害自身的危险的，应当对其实施住院治疗，但其监护人不同意的除外。

诊断结论、病情评估表明就诊者为严重精神障碍患者并已经发生危害他人安全的行为或者有危害他人安全的危险的，应当对其实施住院治疗。

第三十六条 实施暴力行为，危害公共安全或者严重危害公民人身安全，经法定程序鉴定依法不负刑事责任的精神障碍患者，有继续危害社会可能需要强制医疗的，依照法律规定的程序执行。

第三十七条 严重精神障碍患者已经发生危害他人安全的行为或者有危害他人安全的危险，精神障碍患者或者其监护人对需要住院治疗的诊断结论有异议，不同意对精神障碍患者实施住院治疗的，可以要求原精神卫生医疗机构或者其他精神卫生医疗机构再次诊断。

接受再次诊断申请的精神卫生医疗机构应当在接到申请之日起五个工作日内，指派两名以上具有主治医师以上职称的精神科执业医师进行再次诊断，并于面见、询问精神障碍患者之日起五个工作日内，出具再次诊断结论。

精神障碍患者或者其监护人对再次诊断结论有异议的，可以依法自主委托具有执业资质的鉴定机构进行精神障碍医学鉴定。

第三十八条 诊断结论表明精神障碍患者需要住院治疗的，精神卫生医疗机构应当出具书面通知。精神障碍患者本人可以自行办理住院手续，也可以由其监护人办理住院手续。

严重精神障碍患者因存在危害他人安全的行为或者危险而需要住院，其监护人不办理住院手续的，由其所在的学校或者单位、居民委员会、村民委员会办理住院手续，必要时可以由公安机关协助，并由精神卫生医疗机构在精神障碍患者病历中予以记录。

第三十九条 精神卫生医疗机构应当根据患者的不同病情提供相适宜的设施、设备，并为患者创造接近正常生活的环境和条件。

第四十条 精神卫生医疗机构对精神障碍患者实施药物治疗，应当以诊断和治疗为目的，使用安全、有效的药物。

精神卫生医疗机构对精神障碍患者实施心理治疗，应当由符合要求的心理治疗人员提供。

第四十一条 住院精神障碍患者符合出院条件的，应当及时办理出院手续。

精神障碍患者可以自行办理出院手续，也可以由其监护人办理出院手续；精神障碍患者本人没有能力办理出院手续的，其监护人应当为其办理出院手续。

第四十二条 精神障碍患者本人或者其监护人需要获得精神障碍医学诊断证明的，可以向作出医学诊断的精神卫生医疗机构提出申请。

精神障碍医学诊断证明应当经两名具有主治医师以上职称的精神科执业医师诊断后出具，由精神卫生医疗机构审核并加盖公章后签发。

精神障碍患者或者其监护人对医学诊断证明中的结论提出异议的，出具医学诊断证明的精神卫生医疗机构应当组织两名以上精神科执业医师（其中至少有一名具有副主任医师以上职称）进行医学诊断证明的复核。

精神障碍患者或者其监护人对复核结论提出异议的，精神卫生医疗机构应当组织会诊。

第四十三条 对查找不到近亲属的流浪乞讨疑似精神障碍患者，由民政等有关部门按照职责分工帮助送往精神卫生医疗机构进行精神障碍诊断。其中，涉嫌违反治安管理处罚法的，由公安机关帮助送往精神卫生医疗机构进行精神障碍诊断。

查找不到近亲属的流浪乞讨精神障碍患者需要住院治疗的，由送诊的有关部门办理住院手续。

流浪乞讨精神障碍患者经救治，病情稳定或者治愈的，民政部门应当及时进行甄别和确认身份。经甄别属于救助对象的，可以移交救助管理站实施救助；不属于救助对象的，相关部门应当协助精神卫生医疗机构做好精神障碍患者出院工作。

第四十四条 严重精神障碍患者出院时，经具有主治医师以上职称的精神科执业医师病情评估，认为有接受定期门诊治疗和社区随访必要的，严重精神障碍患者的监护人应当协助其接受定期门诊治疗和社区随访。

市卫生计生部门应当会同市公安等行政部门制定定期门诊和社区随访的工作规范。

第四十五条 与精神障碍患者有利害关系的精神科执业医师不得为该精神障碍患者进行诊断和出具医学诊断证明。

对精神障碍进行诊断的精神科执业医师不得为同一精神障碍患者进行再次诊断、复核、会诊和医学鉴定。

第四十六条 精神障碍患者在精神卫生医疗机构内已经发生或者将要发生伤害自身、危害他人安全、扰乱医疗秩序的行为，精神卫生医疗机构及其医务人员在没有其他可替代措施的情况下，可以实施约束、隔离等保护性医疗措施。精神障碍患者病情稳定后，应当及时解除保护性医疗措施。实施约束、隔离等保护性医疗措施的，一般不超过二十四小时。

保护性医疗措施的决定应当由精神科执业医师作出，并在病历资料中记载和说明理由。实施保护性医疗措施应当遵循诊断标准和治疗规范，并在实施后及时告知精神障碍患者的监护人。

禁止利用约束、隔离等保护性医疗措施惩罚精神障碍患者。

第四十七条 精神卫生医疗机构应当严格执行住院治疗管理制度,保护精神障碍患者的安全,避免住院治疗的精神障碍患者擅自离院。

精神卫生医疗机构发现住院治疗的精神障碍患者擅自离院的,应当立即寻找,并通知其监护人或者其他近亲属;精神障碍患者行踪不明的,精神卫生医疗机构应当在二十四小时内报告所在地公安机关。

精神障碍患者的监护人、其他近亲属或者公安机关在发现擅自离院的精神障碍患者后,应当通知其住院治疗的精神卫生医疗机构,并协助将其送回。

第四十八条 精神卫生医疗机构及其医务人员应当将精神障碍患者在诊断、治疗以及其他相关服务过程中享有的权利和承担的义务,以书面形式告知精神障碍患者及其监护人。精神障碍患者及其监护人可以向医务人员了解与其相关的病情、诊断结论、治疗方案及其可能产生的后果。

医学教学、科研等活动涉及精神障碍患者个人的,应当向精神障碍患者及其监护人书面告知医学教学、科研等活动的目的、方法以及可能产生的后果,并取得精神障碍患者的书面同意;无法取得精神障碍患者意见的,应当取得其监护人书面同意后方可进行。

第四十九条 因医学教学、学术交流、宣传教育等需要在公开场合介绍精神障碍患者的病情资料的,应当隐去能够识别该精神障碍患者身份的资料。

第六章 精神障碍的康复

第五十条 市和区、县人民政府应当根据精神卫生事业的发展要求,组织推进精神障碍患者社区康复机构和养护机构的布点建设,逐步形成布局合理、功能完善的康复、养护服务网络。

乡、镇人民政府和街道办事处应当为公益性社区康复机构的建设、改造和管理提供支持,组织社区康复机构为精神障碍患者提供就近康复的场所和生活技能、职业技能训练,满足精神障碍患者社区康复和生活的基本需求。使用残疾人就业保障金对社区康复机构和养护机构的相关费用予以补贴的,按照有关规定执行。

鼓励社会力量建设精神障碍患者社区康复机构和养护机构,或者提供康复、养护服务。

税务部门应当按照国家有关规定,给予精神障碍患者社区康复机构和养护机构税收减免优惠。

鼓励企业扶持社区康复机构,将适合精神障碍患者生产、经营的产品、项目优先安排给社区康复机构生产或者经营。

第五十一条 区、县民政部门会同残疾人联合会指导街道、乡、镇精神障碍患者社区康复机构和养护机构的组建和管理,组织开展精神障碍患者生活技能、职业技能康复及护理和照料服务等工作。

第五十二条 精神障碍患者社区康复机构应当配备康复治疗专业人员,为精神障碍患者提供专业化的精神康复服务,并安排精神障碍患者参加有利于康复的职业技能训练、文化娱乐、体育等活动,提供工作能力、社交技巧、日常生活能力等方面的康复训练,增强精神障碍患者生活自理能力和社会适应能力,帮助精神障碍患者参与社会生活。参加劳动的精神障碍患者应当获得相应的报酬。

第五十三条 精神卫生医疗机构应当为接受治疗的精神障碍患者提供康复服务,帮助精神障碍患者进行自我管理能力和社会适应能力的训练。

有条件的精神卫生医疗机构可以为精神障碍患者提供社区康复和社区养护服务。

精神卫生医疗机构和社区卫生服务机构应当对精神障碍患者社区康复机构开展精神障碍康复训练进行专业指导,向精神障碍患者及其监护人普及康复知识,传授康复方法。

第七章 保障措施

第五十四条 各级人民政府应当根据精神卫生工作需要，加大财政投入力度，将精神卫生工作经费列入本级财政预算，促进精神卫生事业持续健康发展。

各级人民政府应当切实保障公立精神卫生专科医疗机构基本建设、日常运行、学科建设和人才培养所需的经费。

第五十五条 各级人民政府应当完善政策措施，建立健全购买精神卫生相关服务的机制，及时向社会公布购买服务信息。

鼓励和支持机关、企业事业单位、社会团体、其他组织和个人基于公益目的，通过志愿服务等方式，为精神障碍患者及其家庭提供帮助，推动精神卫生事业发展。向精神卫生事业捐赠财产的，依法享受税收优惠。

第五十六条 卫生计生、人力资源社会保障、教育等行政部门和残疾人联合会应当采取措施，发展和完善满足社会需求的精神卫生服务和人员队伍建设。

鼓励和支持开展精神卫生科学技术研究和精神卫生专门人才的培养，将精神医学纳入医学相关专业的教学计划。有关科研院所、大专院校、医疗机构应当加强精神障碍的预防、诊断、治疗、康复的基础研究和临床研究，提高精神卫生服务水平。

市卫生计生部门应当将精神障碍预防、诊断、治疗、康复知识教育纳入全科医师培养大纲和非精神科执业医师继续教育内容，提高其识别精神障碍的能力。

人力资源社会保障、民政等行政部门和残疾人联合会应当加强精神障碍患者社区康复机构和养护机构工作队伍建设，提高专业化、职业化水平。

教育部门对教师进行上岗前和在岗培训，应当有精神卫生的内容，并定期组织心理健康教育教师、辅导人员进行专业培训。

第五十七条 精神卫生工作人员的人格尊严、人身安全不受侵犯，精神卫生工作人员依法履行职责受法律保护。全社会应当尊重精神卫生工作人员。

市和区、县人民政府及其有关部门、精神卫生医疗机构、精神障碍患者社区康复机构和养护机构应当采取措施，加强对精神卫生工作人员的职业保护，提高精神卫生工作人员的待遇水平，并按照规定给予适当的津贴，具体标准由市人力资源社会保障部门会同市卫生计生部门确定。精神卫生工作人员因工致伤、致残、死亡的，其工伤待遇以及抚恤按照国家有关规定执行。

第五十八条 市人力资源社会保障部门、市卫生计生部门应当按照国家有关规定，完善相关医疗保险政策，引导参加城镇居民基本医疗保险、职工基本医疗保险和新型农村合作医疗的精神障碍患者接受门诊、社区治疗等服务。

民政部门应当会同相关部门确定精神障碍患者医疗救助的内容和标准，并依法给予医疗救助和适当的生活救助。

第五十九条 市卫生计生部门应当会同相关部门，按照国家和本市有关规定，对严重精神障碍患者实施医疗费用减免。

市和区、县卫生计生部门应当按照国家和本市有关规定，组织医疗卫生机构为严重精神障碍患者免费提供基本公共卫生服务。

第六十条 市和区、县人民政府应当采取措施促进福利企业发展，扶持有劳动能力的精神障碍患者从事力所能及的工作，帮助精神障碍患者融入社会。

人力资源社会保障部门和残疾人联合会应当推动精神障碍患者的就业培训工作。精神障碍患者有权参加职业技能培训，提高就业能力。

鼓励企业事业单位聘用有相应劳动能力的精神障碍患者。劳动关系存续期间，精神障碍患者所在单位应当安排精神障碍患者从事力所能及的工作，保障精神障碍患者享有同等待遇。

第六十一条 精神障碍患者因合法权益受到侵害需要法律援助的，可以向法律援助机构申请法律援助。法律援助机构应当依法提供法律援助。

第六十二条 本市建立健全精神卫生服务行业自律组织和管理机制，培育并提高行业自律组织自身服务管理能力。行业自律组织应当加强本行业从业机构和人员的自我监督和管理，促进本行业服务水平的提高。

第六十三条 任何单位和个人发现有违反本条例规定的情形，有权向卫生计生、工商行政管理、民政、公安等行政部门投诉举报。接到投诉举报的部门应当按照规定及时处理，并将处理结果反馈投诉举报人。

第六十四条 市卫生计生部门应当会同公安、民政等有关部门建立精神卫生工作信息共享机制，并按照各自职责，负责相关信息的录入和更新，实现信息互联互通、交流共享。卫生计生、公安、民政等行政部门及其工作人员在精神卫生工作中获得的精神障碍患者个人信息，应当予以保密。

市卫生计生部门应当推进各类精神卫生服务机构加强信息交流。

第八章 法律责任

第六十五条 违反本条例规定的行为，法律、行政法规有处理规定的，依照有关法律、行政法规的规定处理。

第六十六条 卫生计生等行政部门有下列情形之一的，由本级人民政府或者上级主管部门责令改正，通报批评；对直接负责的主管人员和其他直接责任人员依法给予行政处分：

（一）未组织开展心理危机干预工作的；

（二）未将心理咨询机构名单向社会公布的；

（三）未对心理咨询机构提供心理咨询服务进行业务指导和监督检查的；

（四）未按照规定对严重精神障碍患者实施医疗费用减免的；

（五）未按照规定组织医疗卫生机构为严重精神障碍患者免费提供基本公共卫生服务的；

（六）接到投诉举报未及时进行处理的；

（七）未建立精神卫生工作信息共享机制的；

（八）其他滥用职权、玩忽职守、徇私舞弊的情形。

第六十七条 单位或者个人违反本条例第二十二条第三款规定，未经工商行政管理部门或者民政部门登记，擅自开展心理咨询服务的，由工商行政管理部门或者民政部门依法处理。

第六十八条 心理咨询机构开展心理咨询服务不符合本条例第二十三条规定要求的，由卫生计生部门责令改正，给予警告，并处以五千元以上三万元以下的罚款；有违法所得的，没收违法所得；情节严重的，责令暂停六个月以上一年以下执业活动；拒不改正的，移送工商行政管理部门或者民政部门依法予以撤销登记。

第六十九条 心理咨询机构有下列情形之一的，由卫生计生部门责令改正，给予警告，并处以五千元以上三万元以下的罚款；有违法所得的，没收违法所得；情节严重的，责令暂停三个月以上一年以下执业活动：

（一）违反本条例第二十五条第三款规定，安排不符合从业要求的人员提供心理咨询服务的；

（二）违反本条例第二十六条第一款规定，提供心理咨询服务的。

第七十条 不符合心理咨询人员从业要求的人员，违反本条例第二十四条第一款规定，从事心理咨询服务的，由卫生计生部门责令改正，给予警告，并处以五千元以上一万元以下的罚款；有违法所得的，没收违法所得。

心理咨询人员违反本条例第二十六条第一款规定，提供心理咨询服务的，由卫生计生部门责令改正，给予警告，并处以五千元以上一万元以下的罚款；有违法所得的，没收违法所得；情节严重的，责令暂停三个月以上一年以下执业活动。

第七十一条 精神卫生医疗机构及其工作人员有下列情形之一的，由卫生计生部门责令改正，并处以五千元以上三万元以下的罚款；对有关医务人员，责令暂停六个月以上一年以下执业活动；情节严重的，依法吊销有关医务人员的执业证书；主管部门或者所在单位应当对直接负责的主管人员和其他直接责任人员依法给予或者责令给予降低岗位等级、撤职或者开除的处分：

（一）违反本条例第三十二条第一款、第三十七条第二款、第四十二条第二款和第三款规定，安排不符合要求的精神科执业医师进行精神障碍诊断、再次诊断、出具医学诊断证明、医学诊断证明复核的；

（二）违反本条例第四十五条规定，对精神障碍患者进行诊断、再次诊断、出具医学诊断证明、复核、会诊和医学鉴定的；

（三）违反本条例第四十八条第二款规定，未经精神障碍患者或者其监护人书面同意，擅自进行涉及精神障碍患者个人的医学教学、科研等活动的。

第七十二条 违反本条例规定，给精神障碍患者或者他人造成人身、财产损害的，应当依法承担民事责任；构成违反治安管理行为的，依法给予治安管理处罚；构成犯罪的，依法追究刑事责任。

第九章 附 则

第七十三条 本条例自2015年3月1日起施行。

上海市人民代表大会常务委员会讨论、决定重大事项的规定

（2002年4月9日上海市第十一届人民代表大会常务委员会第三十八次会议通过）

第一条 为了规范市人民代表大会常务委员会（以下简称市人大常委会）依法行使讨论、决定重大事项职权，根据宪法、地方组织法和其他有关法律的规定，结合本市实际情况，制定本规定。

第二条 市人大常委会讨论、决定本市政治、经济、教育、科学、文化、卫生、环境和资源保护、民政、民族等各方面工作的重大事项适用本规定。

第三条 下列重大事项应当提请市人大常委会审议，并由市人大常委会作出相应的决议或者决定：

（一）为保证宪法、法律、行政法规和全国人民代表大会及其常务委员会决议、决定在本市遵守和执行的重大措施；

（二）推进依法治市的有关重要措施；

（三）涉及全市人民切身利益的改革方案；

（四）本市国民经济和社会发展计划的部分变更、市级预算的调整方案和市级决算；

（五）本市城市总体规划和涉及城市性质、规模、发展方向和总体布局的重大变更；

（六）市级荣誉称号的授予或者撤销；

（七）市人民检察院检察长因不同意检察委员会多数人的意见而报请市人大常委会决定的重大问题；

（八）市人民代表大会授权市人大常委会决定的重大事项；

（九）法律、法规规定应当由市人大常委会决定的其他重大事项。

第四条 下列重大事项应当向市人大常委会报告：

（一）本市国民经济和社会发展计划及预算的执行情况；

（二）市级预算执行和其他财政收支的审计情况；

（三）市级预算外资金的收支计划及其执行

情况；

（四）本市养老保险、失业保险、医疗保险等社会保障制度和住房公积金制度的实施情况；

（五）本市公用事业服务价格的调整方案；

（六）有财政性资金投资，并对本市经济发展、环境和资源有较大影响的重大建设项目的立项、建设情况；

（七）本市改革开放和经济建设布局、产业结构调整的重要情况；

（八）本市环境保护和城市规划实施的情况；

（九）本市教育、科学等社会事业改革和发展的重要情况；

（十）给国家、集体和人民生命财产造成重大损失的特大安全事故及其他重大突发性事件的处理情况；

（十一）市人民政府机构改革及市人民政府工作部门的设立和变动情况，区（县）行政区划调整的方案；

（十二）本市社会治安、司法改革和行政监察的重要情况；

（十三）市人民政府、市高级人民法院、市人民检察院认为需要向市人大常委会报告的重大事项；

（十四）法律、法规规定应当报告的其他重大事项。

前款第（一）、（二）、（八）项规定的重大事项应当每年向市人大常委会报告。其他各项规定的重大事项，可以由市人大常委会根据实际情况适时安排听取报告。

第五条 市人大常委会主任会议、市人民政府、市高级人民法院、市人民检察院、市人民代表大会各专门委员会以及市人大常委会组成人员五人以上联名，可以向市人大常委会提出有关重大事项的议案。

市人民政府、市高级人民法院、市人民检察院可以向市人大常委会提出有关重大事项的报告。市人大常委会主任会议、市人大各专门委员会、市人大常委会组成人员五人以上联名可以要求市人民政府、市高级人民法院、市人民检察院向市人大常委会报告有关重大事项。

重大事项议案或者报告的提出和市人大常委会讨论、决定重大事项的程序，按照《上海市人民代表大会常务委员会议事规则》的规定进行。

第六条 拟提请市人大常委会审议并作决议或者决定的重大事项议案，提议案的国家机关在拟订决策方案或者议案草案时，应当听取市人大常委会组成人员和人大代表的意见。

第七条 拟提请市人大常委会审议并作决议、决定或者向市人大常委会报告的重大事项，一般应当在每年年初提出议题。

市人民政府、市高级人民法院、市人民检察院临时提出的重大事项议案或者报告，应当在市人大常委会主任会议举行的三日以前送交市人大常委会办公厅。

第八条 提请市人大常委会审议的重大事项议案或者报告，应当真实、准确，包括以下主要内容：

（一）该重大事项的基本情况和需要解决的问题；

（二）与该重大事项有关的法律、法规的规定和政策依据；

（三）决策方案及其可行性说明；

（四）与该重大事项有关的统计数据、调查论证报告等资料。

第九条 本规定第四条所列重大事项的报告，市人大常委会主任会议按照下列方式之一处理：

（一）将该报告书面印发市人大常委会组成人员；

（二）建议列入市人大常委会会议议程，听取和审议有关国家机关报告；

（三）建议列入市人大常委会会议议程，听取和审议报告，必要时可以作出决议或者决定。

第十条 对提请市人大常委会审议并作决议、决定或者向市人大常委会报告的重大事项，市人大常委会主任会议可以决定交由市人民代表大会有关的专门委员会或者市人大常委会工作委员会进行审议或者调查研究。有关的专门委员会或者工作委员会应当就该重大事项广泛听取人大代表和社会各方面的意见,必要时可以举行听证会或者公开征求市民意见,并向市人大常委会主任会议和市人大常委会提出审议意见报告或者调研报告。

第十一条 市人大常委会审议重大事项议案或者报告时,提请机关的主要负责人应当向市人大常委会会议作说明、听取意见,回答市人大常委会组成人员提出的问题。

第十二条 市人大常委会关于重大事项的决议或者决定,市人民政府、市高级人民法院、市人民检察院应当认真贯彻执行,并在规定的期限内向市人大常委会报告执行情况。

市人大常委会审议重大事项报告时提出的意见,市人大常委会办事机构应当以书面形式交有关国家机关处理。有关国家机关应当在两个月内报告处理情况。市人大常委会办事机构应当将处理情况报告书面印发市人大常委会组成人员。

第十三条 市人民代表大会专门委员会或者市人大常委会工作委员会应当对市人大常委会作出的有关重大事项决议或者决定的贯彻执行情况进行检查,并向市人大常委会主任会议提出报告,必要时主任会议可以决定提请市人大常委会会议审议。

第十四条 依照本规定应当由市人大常委会作出决定的事项,有关国家机关不得擅自作出决定。依照本规定应当向市人大常委会报告的重大事项,有关国家机关未按要求报告的,市人大常委会应当责令限期报告。

第十五条 区(县)人民代表大会常务委员会讨论、决定重大事项参照本规定执行。

第十六条 本规定自2002年6月1日起施行。

上海市轨道交通管理条例

(2002年5月21日上海市第十一届人民代表大会常务委员会第三十九次会议通过 根据2006年6月22日上海市第十二届人民代表大会常务委员会第二十八次会议《关于修改〈上海市轨道交通管理条例〉的决定》第一次修正 根据2010年9月17日上海市第十三届人民代表大会常务委员会第二十一次会议《关于修改本市部分地方性法规的决定》第二次修正 2013年11月21日上海市第十四届人民代表大会常务委员会第九次会议修订)

第一章 总 则

第一条 为了加强轨道交通管理,促进轨道交通建设,保障安全运营,维护乘客的合法权益,根据有关法律、行政法规的规定,结合本市实际情况,制定本条例。

第二条 本条例所称轨道交通,是指本市地铁、轻轨等城市轨道公共客运系统。

本条例所称轨道交通设施,是指轨道交通的轨道、隧道、高架、车站(含出入口、通道)、车辆、机电设备、通信信号系统和其他附属设施,以及为保障轨道交通运营而设置的相关设施。

第三条 本条例适用于本市行政区域内轨道交通的规划、建设、运营及其相关的管理活动。

第四条 市交通行政管理部门主管本市轨道交通管理工作,负责本条例的组织实施,并可以委托其所属的交通行政执法机构实施本条例规定由市交通行政管理部门实施的行政处罚。

市人民政府确定的轨道交通企业具体负责本市轨道交通的建设和运营，并按照本条例的授权实施行政处罚。轨道交通企业执法人员应当取得执法身份证件，规范执法、文明执法。

市发展改革、建设、规划国土资源、公安、安全生产监管等有关行政管理部门，按照各自的职责实施本条例。

区、县人民政府应当协助做好轨道交通建设、运营服务和应急事件处置等有关工作。

第五条 本市轨道交通实行统一规划、配套建设、安全运营、规范服务的原则。

第六条 本市优先发展城市轨道公共客运交通。本市各级人民政府应当对轨道交通的投资、建设和运营给予支持。

第七条 市人民政府有关部门应当加强对轨道交通建设资金、运营和综合开发收益等情况的监督。

第二章 规划和建设

第八条 轨道交通专项规划应当根据国民经济和社会发展规划编制，并按照国家和本市规定的程序报经批准后，纳入本市相应的城乡规划。

轨道交通专项规划包括网络系统规划、选线专项规划以及系统配套设施规划。

市规划国土资源行政管理部门应当会同市发展改革、建设、交通等相关行政管理部门和轨道交通企业组织编制网络系统规划、选线专项规划，并划定轨道交通规划控制区。

市交通行政管理部门应当会同市规划国土资源行政管理部门和轨道交通企业组织编制轨道交通系统配套设施规划。

编制轨道交通专项规划，应当统筹安排轨道交通不同线路之间、轨道交通与其他交通方式之间的换乘衔接。

编制轨道交通专项规划，应当按照法定程序听取沿线区、县人民政府、有关单位和公众的意见。

第九条 轨道交通规划控制区内不得擅自新建、改建、扩建建筑物、构筑物。确需新建、改建、扩建建筑物、构筑物的，市和区、县规划国土资源行政管理部门应当书面征得市交通行政管理部门同意后，依法作出审批。

第十条 市发展改革行政管理部门应当会同市规划国土资源、建设、交通等相关行政管理部门组织编制轨道交通建设规划。

轨道交通建设规划按照国家规定的程序批准后组织实施。

第十一条 城乡规划确定的轨道交通用地，未经法定程序调整，不得改变用途。

本市鼓励对新建轨道交通设施用地按照市场化原则实施综合开发。实施综合开发的，开发收益应当用于轨道交通建设和运营。

第十二条 轨道交通企业应当在轨道交通建设项目可行性研究阶段，对建设项目的安全风险及其对周边环境影响进行评估，并按照建设程序报批。轨道交通企业应当采取措施，防止和减少对上方和周围已有建筑物、构筑物的影响，保障其安全。

第十三条 相关区、县人民政府和市规划国土资源行政管理部门在编制轨道交通车站所在区域的控制性详细规划时，应当预留换乘枢纽、公共汽(电)车和出租汽车站点、停车场、公共厕所等公共交通和公共设施用地。

第十四条 轨道交通勘察、设计、施工、监理等活动应当符合有关法律、法规和技术标准的规定。

轨道交通企业在组织工程项目建设时，应当根据国家、本市规定的技术标准以及轨道交通运营功能配置规范，配置安全可靠的轨道交通设施，建设完善的轨道交通安全监测和施救保障系统，保障乘客乘车安全、便捷。

第十五条 轨道交通工程完工后，轨道交通企业应当按照设计标准进行工程初步验收，并按照国家有关规定进行不载客试运行。

轨道交通工程投入试运营前，市交通行政管理部门应当组织有关部门和专家认定，具备基本运营条件的，报市人民政府批准后，方可进行试运营。

轨道交通工程竣工，按照国家有关规定进行验收。经验收合格后，方可交付正式运营。

第三章 运营服务

第十六条 轨道交通企业应当设置售票、检票、自动扶梯、公共厕所、通风、照明、废物箱等轨道交通服务设施，并定期检查，及时维修、更新，保持完好，确保轨道交通设施处于可安全运行的状态。

第十七条 路政管理部门、轨道交通企业应当按照国家有关标准和本市有关规定，在车站周边、车站出入口以及车站内设置轨道交通导向标志、安全标志等运营服务标志。

路政管理部门、轨道交通企业应当做好运营服务标志的日常管理和维护工作。

第十八条 轨道交通企业应当按照国家和本市规定的标准和要求，在轨道交通车站配套建设无障碍设施，设置指导和提示标志，并进行日常养护和维修。

任何单位或者个人不得损坏、擅自占用无障碍设施，或者改变无障碍设施的用途。

第十九条 市交通行政管理部门应当制定本市轨道交通运营服务规范，并向社会公布。轨道交通企业应当按照服务规范的要求，提供安全、便捷的客运服务，保障乘客的合法权利。

第二十条 轨道交通企业应当根据轨道交通沿线乘客出行规律及变化，以及其他相关线路的列车运行情况，合理编制运营计划，报市交通行政管理部门备案。

列车运营时间、运营间隔应当向社会公布。

第二十一条 轨道交通企业应当按照以下要求向乘客提供信息服务：

（一）通过广播、电子显示屏等向乘客提供列车到达、间隔以及安全提示等信息；

（二）在车站醒目处公布首末班车行车时刻、列车运行状况提示和换乘指示；

（三）在车站提供问讯服务，车站工作人员在接受乘客问讯时，应当及时准确提供解答；

（四）需要调整首末班车行车时间，或者发生非正常情况、设施故障影响正常运营时，及时通过多种信息发布手段对乘客进行告知。

第二十二条 轨道交通企业应当采取以下管理措施，为乘客提供良好的乘车环境：

（一）建立车站卫生保洁制度，保持站内设施和车厢清洁，出入口和通道畅通；

（二）建立急救协助制度，按照规定在车站配备医药箱；

（三）建立紧急关闭装置巡查制度，轨道交通运营期间遇有紧急情况时，及时启动紧急关闭装置。

第二十三条 区、县人民政府和轨道交通企业应当对各自责任区域加强市容和环境卫生管理。

第二十四条 轨道交通企业的驾驶员、调度员、车站值班员等工作人员必须经培训考核后，持证上岗。

轨道交通企业的工作人员应当按照规定统一着装、佩戴标志，礼貌待客、文明服务。

第二十五条 车站、车辆的广告设置应当合法、规范。广告设置不得影响服务标志的识别，不得影响轨道交通运营安全和服务设施的使用。

车站商业网点的设置应当符合运营安全、方便乘客、统筹规划、因地制宜的要求。除轨道交通车站设计方案确定设置的商业网点和设置在站台的自动售货机、书报亭外，禁止在车站出入口、站台及通道设置商业网点。

轨道交通企业应当定期对广告设施、商业网点进行安全检查。广告设施、商业网点使用的材质应当采用难燃材料，并符合有关消防规定。

广告设施、商业网点的设置作业或者维护作业应当在轨道交通非运营期间进行。

第二十六条 市交通行政管理部门应当定期通过乘客满意度调查等形式，对轨道交通运营服务情况进行评价。对评价中发现的问题，轨道交通企业应当及时改进，市交通行政管理部门应当加强监督。服务评价结果和改进情况应当通过多种方式向社会公布。

第二十七条 轨道交通票价应当与本市其他公共交通的票价相协调。票价的确定和调整应当依法召开听证会，广泛听取社会各方面意见，经市物价管理部门审核并报市人民政府批准。

轨道交通企业应当执行市人民政府批准的票价并予以公布。市物价管理部门应当对轨道交通票价的执行情况进行监督检查。

第二十八条 轨道交通运行过程中发生故障而影响运行时，轨道交通企业应当组织力量及时排除故障，恢复运行。一时无法恢复运行的，轨道交通企业应当组织乘客疏散和换乘，并及时向市交通行政管理部门报告。

轨道交通因故障不能正常运行十五分钟以上的，轨道交通企业应当出具延误证明，乘客有权持有效车票要求轨道交通企业按照原票价退还票款。

第二十九条 市交通行政管理部门应当制定《轨道交通乘客守则》。乘客进站、乘车应当遵守《轨道交通乘客守则》。

第三十条 乘客应当持有效车票乘车，乘客越站乘车的，应当补交超过部分的票款。

乘客无车票或者持无效车票乘车的，轨道交通企业可以按照轨道交通网络单程最高票价补收票款，并可加收五倍票款。市交通行政管理部门应当加强对轨道交通企业加收票款的监督。

享受乘车优惠的乘客应当持本人有效证件乘车。乘客不得冒用他人证件、使用伪造证件乘车。

乘客有冒用他人证件、使用伪造证件乘车和其他逃票行为的，有关信息可以纳入个人信用信息系统。

第三十一条 在轨道交通设施范围内禁止下列行为：

（一）拦截列车；

（二）擅自进入轨道、隧道等禁止进入的区域；

（三）攀爬或者跨越围墙、栅栏、栏杆、闸机；

（四）强行上下车；

（五）吸烟，随地吐痰、便溺，乱吐口香糖渣，乱扔纸屑等杂物；

（六）擅自涂写、刻画或者张贴；

（七）擅自设摊、停放车辆、堆放杂物、卖艺、散发宣传品或者从事销售活动；

（八）乞讨、躺卧、收捡废旧物品；

（九）携带活禽以及猫、狗（导盲犬除外）等宠物；

（十）携带自行车（含折叠式自行车）进站乘车；

（十一）使用滑板、溜冰鞋；

（十二）违反法律、法规规定的其他行为。

第三十二条 禁止乘客携带易燃、易爆、有毒、有放射性、有腐蚀性以及其他有可能危及人身和财产安全的危险物品进站、乘车。危险物品目录和样式由市公安、交通行政管理部门公告，由轨道交通企业在车站内予以张贴。

轨道交通企业应当按照有关标准和操作规范，设置安全检查设施，并有权对乘客携带的物品进行安全检查，乘客应当予以配合。对安全检查中发现的携带危险物品的人员，轨道交通企业应当拒绝其进站、乘车；不听劝阻，坚持携带危险物品进站的，轨道交通企业应当立即按照规定采取安全措施，并及时报告公安部门依法处理。

公安部门应当对轨道交通安全检查工作进行指导、检查和监督，并依法处理安全检查中发现的违法行为。

第三十三条 公安部门负责轨道交通的治安、消防管理，维护轨道交通的安全运营。

电力、供水、通信等相关单位应当保证轨道交通用电、用水、通信的需要，协助轨道交通企业保障轨道交通正常运营。

第三十四条 市交通行政管理部门和轨道交通企业应当建立投诉受理制度，接受乘客对违反本条例运营规定行为和服务质量的投诉。

轨道交通企业应当自接受投诉之日起十个工作日内作出答复。乘客对答复有异议的，可以向市交通行政管理部门申诉。

市交通行政管理部门应当自接受乘客投诉

或者申诉之日起十个工作日内作出答复。

第四章 安全管理

第三十五条 轨道交通企业是轨道交通运营安全的责任主体,应当按照有关规定设置安全生产管理机构,配备专职安全生产管理人员,建立健全安全生产管理制度和操作规程,维护轨道交通运营安全。

第三十六条 轨道交通企业应当设置报警、灭火、逃生、防汛、防爆、防护监视、紧急疏散照明、救援等器材和设备,定期检查、维护,按期更新,并保持完好。

第三十七条 轨道交通应当设置安全保护区。安全保护区的范围如下:

(一)地下车站与隧道外边线外侧五十米内;

(二)地面车站和高架车站以及线路轨道外边线外侧三十米内;

(三)出入口、通风亭、变电站等建筑物、构筑物外边线外侧十米内。

第三十八条 在轨道交通安全保护区内进行下列作业的单位,其作业方案应当经过市交通行政管理部门同意,并采取相应的安全防护措施:

(一)建造或者拆除建筑物、构筑物;

(二)从事打桩、基坑施工、挖掘、地下顶进、爆破、架设、降水、钻探、河道疏浚、地基加固等工程施工作业;

(三)其他大面积增加或者减少载荷的活动。

市交通行政管理部门应当先将上述作业方案送轨道交通企业进行技术审查,轨道交通企业应当及时提出技术审查意见;市交通行政管理部门根据技术审查意见作出是否同意作业方案的决定后,应当及时告知轨道交通企业。

市交通行政管理部门应当会同轨道交通企业制定安全保护区作业方案技术审查规定,根据作业区域与作业类别的不同明确技术审查期限。

第三十九条 轨道交通企业应当建立相关制度,在安全保护区内组织日常巡查,同时按照技术审查意见,对第三十八条第一款有关作业的安全性进行日常监督,对作业项目相邻的轨道交通设施加强监护监测。

经同意在轨道交通安全保护区内的作业出现危及轨道交通安全情况的,或者未经同意在轨道交通安全保护区内进行作业的,轨道交通企业应当通知作业单位立即停止作业并采取相应的安全措施,同时报告市交通行政管理部门。

第四十条 在轨道交通线路弯道内侧,不得修建妨碍行车瞭望的建筑物、构筑物,不得种植妨碍行车瞭望的树木。

禁止向轨道交通轨道、高架或者隧道内抛掷杂物。

第四十一条 禁止下列危害轨道交通设施的行为:

(一)非紧急状态下动用紧急或者安全装置;

(二)损坏车辆、轨道、路基等设施和隧道、高架、车站及其附属设施;

(三)干扰机电设备和通信信号系统;

(四)损坏轨道交通设施的其他行为。

第四十二条 轨道交通企业应当开展日常安全隐患排查,并定期对轨道交通设施进行安全检查。发现安全隐患的,应当及时消除。

市交通行政管理部门应当对轨道交通运营安全实施动态监督检查;需要进行技术检测的,可以委托专业机构实施。

市交通行政管理部门应当建立轨道交通安全评价体系,定期组织专业机构对轨道交通运营情况进行安全评价。

对监督检查和安全评价中发现的问题,市交通行政管理部门应当提出整改意见,轨道交通企业应当按照要求予以落实。

第四十三条 市交通、建设行政管理部门应当会同公安等行政管理部门按照有关法律、法规以及本市突发事件总体应急预案的规定,组织编制本市轨道交通突发事件应急预案,报市人民政府批准后实施。

轨道交通企业应当根据轨道交通突发事件应急预案,编制本企业的具体应急预案,并报市交通、建设行政管理部门备案。

市交通行政管理部门、轨道交通企业应当定期组织运营应急演练。

发生自然灾害、恶劣气象条件或者发生运营安全事故以及其他突发事件时,相关行政管理部门和轨道交通企业应当及时启动应急预案进行处置。

第四十四条 因节假日、大型群众活动等原因造成客流量上升的,轨道交通企业应当及时增加运力,疏导乘客。

当发生轨道交通客流量激增而可能危及运营安全等紧急情况时,轨道交通企业应当按照有关规定采取限制客流量的措施,确保运营安全。

采取限制客流量等措施后仍然无法保证运营安全时,轨道交通企业可以停止轨道交通线路部分区段或者全线的运营,并应当立即报告市交通行政管理部门。

采取限制客流量、停运措施,造成客流大量积压的,市交通行政管理部门应当组织采取疏运等应对措施。

第四十五条 发生轨道交通运营安全事故时,轨道交通企业应当立即排查事故原因;经查清原因、消除妨碍后,在确保运营安全的情况下,及时恢复正常运行。

市人民政府及其安全生产监管、交通等行政管理部门应当按照国家和本市的有关规定对轨道交通运营安全事故组织调查和处理,公布事故原因和处理结果。

第四十六条 轨道交通运营中发生人身伤害事故,轨道交通企业应当及时抢救人员,妥善保护现场,维持秩序;公安部门应当及时对现场进行勘查、检验,依法进行现场处理。

第五章 法律责任

第四十七条 违反本条例规定的行为,有关法律、行政法规已有处罚规定的,从其规定。

第四十八条 违反本条例规定,轨道交通企业有下列行为之一的,由市交通行政管理部门按照下列规定予以处罚:

(一)违反第十四条规定,轨道交通建设不符合运营功能配置规范的,未配置安全可靠的运营、服务设施或者未建设完善的安全监测和施救保障系统的,责令限期改正,处二万元以上二十万元以下罚款。

(二)违反第十六条、第三十六条规定,未管理和维护好轨道交通设施的,责令限期改正;逾期不改正的,处三千元以上三万元以下罚款。

(三)违反第十七条规定,未按照国家有关标准和本市有关规定设置、维护轨道交通导向标志、安全标志等运营服务标志的,责令限期改正;逾期不改正的,处三千元以上三万元以下罚款。

(四)违反第二十条、第二十一条规定,未按规定公布或者告示有关事项,或者未按要求向乘客提供信息服务的,责令限期改正;逾期不改正的,处一千元以上五千元以下罚款。

(五)违反第二十二条规定,未按规定采取管理措施的,责令限期改正;逾期不改正的,处三千元以上三万元以下罚款。

(六)违反第二十四条规定,有关工作人员无证上岗或者工作人员未规范服务的,责令限期改正;逾期不改正的,处五百元以上二千元以下罚款。

(七)违反第二十五条规定,在禁止设置区域内设置商业网点或者设置、维护广告设施、商业网点不符合规定的,责令限期改正;逾期不改正的,处一万元以上三万元以下的罚款。

第四十九条 违反本条例第三十条第三款,冒用他人证件乘车的,由轨道交通企业处五十元以上五百元以下罚款;使用伪造证件乘车的,由轨道交通企业移交公安部门依据《中华人民共和国治安管理处罚法》予以处理。

违反本条例第三十一条第一项、第二项、第三项、第四项,第四十一条规定的,轨道交通企业有权对行为人进行劝阻和制止,并移交公安部门依法处罚。

违反本条例第三十一条第五项、第六项、第

七项、第八项、第九项、第十项、第十一项规定的，由轨道交通企业责令改正，处警告或者五十元以上五百元以下罚款。

第五十条 违反本条例第三十八条第一款规定，未经同意或者未按照同意的作业方案在安全保护区内作业的，由市交通行政管理部门责令限期改正，处二万元以上二十万元以下罚款。

第五十一条 违反本条例第四十条第一款规定，修建妨碍行车瞭望的建筑物、构筑物的，由市交通行政管理部门责令限期改正；种植妨碍行车瞭望的树木的，由市交通行政管理部门责令限期修剪或者迁移。

违反第四十条第二款规定，向轨道交通轨道、高架或者隧道内抛掷杂物的，由市交通行政管理部门予以警告，并可处五百元以下罚款。

第五十二条 拒绝、妨碍市交通行政管理部门及其所属的交通行政执法机构或者轨道交通企业的执法人员依法执行职务，违反《中华人民共和国治安管理处罚法》的，由公安部门依法处罚；构成犯罪的，依法追究刑事责任。

第五十三条 违反本条例规定造成轨道交通设施损坏的，除依法给予行政处罚外，还应当承担相应的民事赔偿责任。

因轨道交通建设或者运营造成建筑物、构筑物损坏的，由轨道交通企业根据其损坏程度予以修复，或者给予相应的经济赔偿。

第五十四条 市交通行政管理部门及其所属的交通行政执法机构以及其他有关行政管理部门的工作人员有下列行为之一的，由其所在单位或者上级主管部门依法给予警告、记过或者记大过处分；情节严重的，给予降级、撤职或者开除处分：

（一）未依照本条例规定组织轨道交通试运营认定的；

（二）违法实施轨道交通安全保护区作业许可的；

（三）未履行安全检查、安全评价等安全监管职责的；

（四）其他滥用职权、玩忽职守、徇私舞弊的行为。

第六章　附　　则

第五十五条 磁浮交通的规划、建设、运营和管理参照本条例执行。

第五十六条 本条例自2014年1月1日起施行。

上海市历史文化风貌区和优秀历史建筑保护条例

（2002年7月25日上海市第十一届人民代表大会常务委员会第四十一次会议通过　根据2010年9月17日上海市第十三届人民代表大会常务委员会第二十一次会议《关于修改本市部分地方性法规的决定》第一次修正　根据2011年12月22日上海市第十三届人民代表大会常务委员会第三十一次会议《关于修改本市部分地方性法规的决定》第二次修正）

第一章　总　　则

第一条 为了加强对本市历史文化风貌区和优秀历史建筑的保护，促进城市建设与社会文化的协调发展，根据有关法律、行政法规，结合本市实际情况，制定本条例。

第二条 本市行政区域内历史文化风貌区

和优秀历史建筑的确定及其保护管理,适用本条例。

优秀历史建筑被依法确定为文物的,其保护管理依照文物保护法律、法规的有关规定执行。

第三条 市规划管理部门负责本市历史文化风貌区和优秀历史建筑保护的规划管理。区、县规划管理部门按照本条例的有关规定,负责本辖区历史文化风貌区保护的规划管理。

市房屋行政管理部门负责本市优秀历史建筑的保护管理。区、县房屋行政管理部门按照本条例的有关规定,负责本辖区优秀历史建筑的日常保护管理。

本市其他有关管理部门按照各自职责,协同实施本条例。

第四条 历史文化风貌区和优秀历史建筑的保护,应当遵循统一规划、分类管理、有效保护、合理利用、利用服从保护的原则。

第五条 市和区、县人民政府对本行政区域内的历史文化风貌区和优秀历史建筑负有保护责任,应当提供必要的政策保障和经费支持。

优秀历史建筑的所有人和使用人,应当按照本条例的规定承担保护责任。

任何单位和个人都有保护历史文化风貌区和优秀历史建筑的义务,对危害历史文化风貌区和优秀历史建筑的行为,可以向规划管理部门或者房屋行政管理部门举报。规划管理部门或者房屋行政管理部门对危害历史文化风貌区和优秀历史建筑的行为应当及时调查处理。

第六条 历史文化风貌区和优秀历史建筑的保护资金,应当多渠道筹集。

市和区、县设立历史文化风貌区和优秀历史建筑保护专项资金,其来源是:

(一)市和区、县财政预算安排的资金;

(二)境内外单位、个人和其他组织的捐赠;

(三)公有优秀历史建筑转让、出租的收益;

(四)其他依法筹集的资金。

历史文化风貌区和优秀历史建筑保护专项资金由市和区、县人民政府分别设立专门账户,专款专用,并接受财政、审计部门的监督。

第七条 本市设立历史文化风貌区和优秀历史建筑保护专家委员会。

历史文化风貌区和优秀历史建筑保护专家委员会(以下简称专家委员会),按照本条例的规定负责历史文化风貌区和优秀历史建筑认定、调整及撤销等有关事项的评审,为市人民政府决策提供咨询意见。专家委员会由规划、房屋土地、建筑、文物、历史、文化、社会和经济等方面的人士组成,具体组成办法和工作规则由市人民政府规定。

第二章 历史文化风貌区和优秀历史建筑的确定

第八条 历史建筑集中成片,建筑样式、空间格局和街区景观较完整地体现上海某一历史时期地域文化特点的地区,可以确定为历史文化风貌区。

第九条 建成三十年以上,并有下列情形之一的建筑,可以确定为优秀历史建筑:

(一)建筑样式、施工工艺和工程技术具有建筑艺术特色和科学研究价值;

(二)反映上海地域建筑历史文化特点;

(三)著名建筑师的代表作品;

(四)在我国产业发展史上具有代表性的作坊、商铺、厂房和仓库;

(五)其他具有历史文化意义的优秀历史建筑。

第十条 建筑的所有人和使用人,以及其他单位和个人,都可以向市规划管理部门或者市房屋行政管理部门推荐历史文化风貌区或者优秀历史建筑。

历史文化风貌区的初步名单,由市规划管理部门研究提出,并征求市房屋行政管理部门、市文物管理部门和所在区、县人民政府的意见,经专家委员会评审后报市人民政府批准确定。

优秀历史建筑的初步名单,由市规划管理部门和市房屋行政管理部门研究提出,并征求市文物管理部门、建筑所有人和所在区、县人民政府的意见,经专家委员会评审后报市人民政府批准确定。

在市人民政府批准确定前,应当将历史文化风貌区和优秀历史建筑的初步名单公示征求社会意见。

第十一条 经批准确定的历史文化风貌区由市人民政府公布,并由市规划管理部门设立标志。

经批准确定的优秀历史建筑由市人民政府公布,并由市房屋行政管理部门设立标志。

第十二条 依法确定的历史文化风貌区和优秀历史建筑不得擅自调整或者撤销。确因不可抗力或者情况发生变化需要调整或者撤销的,应当由市规划管理部门和市房屋行政管理部门提出,经专家委员会评审后报市人民政府批准。

第十三条 城市建设中发现有保护价值而尚未确定为优秀历史建筑的建筑,经市规划管理部门和市房屋行政管理部门初步确认后,可以参照本条例的有关规定采取先予保护的措施,再按照本条例第十条规定的程序报批列为优秀历史建筑。

第三章 历史文化风貌区的保护

第十四条 市规划管理部门应当根据城市总体规划组织编制历史文化风貌区保护规划,并征求市房屋行政管理部门、市文物管理部门、所在区、县人民政府和相关管理部门的意见,经专家委员会评审后报市人民政府批准。

第十五条 历史文化风貌区保护规划应当包括下列内容:

(一)该地区的历史文化风貌特色及其保护准则;

(二)该地区的核心保护范围和建设控制范围;

(三)该地区土地使用性质的规划控制和调整,以及建筑空间环境和景观的保护要求;

(四)该地区与历史文化风貌不协调的建筑的整改要求;

(五)规划管理的其他要求和措施。

第十六条 在历史文化风貌区核心保护范围内进行建设活动,应当符合历史文化风貌区保护规划和下列规定:

(一)不得擅自改变街区空间格局和建筑原有的立面、色彩;

(二)除确需建造的建筑附属设施外,不得进行新建、扩建活动,对现有建筑进行改建时,应当保持或者恢复其历史文化风貌;

(三)不得擅自新建、扩建道路,对现有道路进行改建时,应当保持或者恢复其原有的道路格局和景观特征;

(四)不得新建工业企业,现有妨碍历史文化风貌区保护的工业企业应当有计划迁移。

第十七条 在历史文化风貌区建设控制范围内进行建设活动,应当符合历史文化风貌区保护规划和下列规定:

(一)新建、扩建、改建建筑时,应当在高度、体量、色彩等方面与历史文化风貌相协调;

(二)新建、扩建、改建道路时,不得破坏历史文化风貌;

(三)不得新建对环境有污染的工业企业,现有对环境有污染的工业企业应当有计划迁移。

在历史文化风貌区建设控制范围内新建、扩建建筑,其建筑容积率受到限制的,可以按照城市规划实行异地补偿。

第十八条 历史文化风貌区的建设项目规划,由市规划管理部门审批。市规划管理部门审批时,应当征求市房屋行政管理部门的意见。

第十九条 历史文化风貌区土地的规划使用性质不得擅自改变。建筑的使用性质不符合历史文化风貌区保护规划要求的,应当予以恢复或者调整。

第二十条 经批准在历史文化风貌区内设置户外广告、招牌等设施,应当符合历史文化风貌区保护规划的要求,不得破坏建筑空间环境和景观。现有的户外广告、招牌等设施不符合历史文化风貌区保护规划要求的,应当限期拆除。

第二十一条 历史文化风貌区内的消防设

施、通道应当按照有关的技术规范予以完善、疏通。因保护历史文化风貌需要无法达到规定的消防标准的,应当由市规划管理部门和市公安消防部门协商制定相应的防火安全措施。

第四章 优秀历史建筑的保护

第二十二条 市规划管理部门应当会同市房屋行政管理部门提出优秀历史建筑的保护范围和周边建设控制范围,经征求有关专家和所在区、县人民政府的意见后,报市人民政府批准。

第二十三条 在优秀历史建筑的保护范围内不得新建建筑;确需建造优秀历史建筑附属设施的,应当报市规划管理部门审批。市规划管理部门审批时,应当征求市房屋行政管理部门的意见。

第二十四条 在优秀历史建筑的周边建设控制范围内新建、扩建、改建建筑的,应当在使用性质、高度、体量、立面、材料、色彩等方面与优秀历史建筑相协调,不得改变建筑周围原有的空间景观特征,不得影响优秀历史建筑的正常使用。

在优秀历史建筑的周边建设控制范围内新建、扩建、改建建筑的,应当报市规划管理部门审批。市规划管理部门审批时,应当征求市房屋行政管理部门和所在区、县人民政府的意见。

第二十五条 优秀历史建筑的保护要求,根据建筑的历史、科学和艺术价值以及完好程度,分为以下四类:

(一)建筑的立面、结构体系、平面布局和内部装饰不得改变;

(二)建筑的立面、结构体系、基本平面布局和有特色的内部装饰不得改变,其他部分允许改变;

(三)建筑的立面和结构体系不得改变,建筑内部允许改变;

(四)建筑的主要立面不得改变,其他部分允许改变。

市房屋行政管理部门应当会同市规划管理部门提出每处优秀历史建筑的具体保护要求,经专家委员会评审后报市人民政府批准。

第二十六条 市和区、县房屋行政管理部门应当做好优秀历史建筑保护的指导和服务工作。区、县房屋行政管理部门应当将优秀历史建筑的具体保护要求书面告知建筑的所有人和有关的物业管理单位,明确其应当承担的保护义务。

优秀历史建筑转让、出租的,转让人、出租人应当将有关的保护要求书面告知受让人、承租人。受让人、承租人应当承担相应的保护义务。

第二十七条 市房屋行政管理部门应当组织区、县房屋行政管理部门定期对优秀历史建筑的使用和保护状况进行普查,并建立专门档案。普查结果应当书面告知建筑的所有人、使用人和有关的物业管理单位。

优秀历史建筑的所有人和使用人应当配合对建筑的普查。

第二十八条 严格控制在优秀历史建筑上设置户外广告、招牌等设施。经批准在优秀历史建筑上设置户外广告、招牌、空调、霓虹灯、泛光照明等外部设施,或者改建卫生、排水、电梯等内部设施的,应当符合该建筑的具体保护要求;设置的外部设施还应当与建筑立面相协调。

第二十九条 优秀历史建筑的所有人和使用人不得在建筑内堆放易燃、易爆和腐蚀性的物品,不得从事损坏建筑主体承重结构或者其他危害建筑安全的活动。

第三十条 优秀历史建筑的使用性质、内部设计使用功能不得擅自改变。

优秀历史建筑的所有人根据建筑的具体保护要求,确需改变建筑的使用性质和内部设计使用功能的,应当将方案报市房屋行政管理部门审核批准。市房屋行政管理部门在批准前应当听取专家委员会的意见;涉及改变建设工程规划许可证核准的使用性质的,应当征得市规划管理部门的同意。

第三十一条 优秀历史建筑的使用现状与建筑的使用性质、内部设计使用功能不一致,对建筑的保护产生不利影响的，建筑的所有人可以按照建筑的具体保护要求提出恢复或者调整建筑的使用性质、内部设计使用功能的方案，报市房屋行政管理部门审核批准。市房屋行政管理部门在批准前应当听取专家委员会的意见；涉及规划管理的，应当征得市规划管理部门的同意。

优秀历史建筑的使用现状与建筑的使用性质、内部设计使用功能不一致，对建筑的保护产生严重影响的，市房屋行政管理部门应当在听取专家委员会的意见后，作出恢复或者调整建筑的使用性质、内部设计使用功能的决定。

第三十二条 执行政府规定租金标准的公有优秀历史建筑，因保护需要恢复、调整或者改变建筑的使用性质、内部设计使用功能，确需承租人搬迁并解除租赁关系的，出租人应当补偿安置承租人；补偿安置应当高于本市房屋拆迁补偿安置的标准。市人民政府可以根据优秀历史建筑的类型、地段和用途等因素制定补偿安置的指导性标准。具体补偿安置的数额，由出租人和承租人根据指导性标准和合理、适当的原则协商确定。协商不成的，经当事人申请，由所在区、县人民政府裁决。当事人对裁决不服的，可以依法向人民法院提起诉讼。

执行市场租金标准的优秀历史建筑，因保护需要恢复、调整或者改变使用性质、内部设计使用功能，致使原租赁合同无法继续履行的，其租赁关系按照原租赁合同的约定处理。无约定的，出租人应当提前三个月书面告知承租人解除租赁合同，并依法承担相应的民事责任。

优秀历史建筑恢复、调整或者改变使用性质、内部设计使用功能后，仍然用于出租的，原承租人在同等条件下享有优先承租权；用于出售的，原承租人在同等条件下享有优先购买权。

第三十三条 优秀历史建筑的所有人应当按照建筑的具体保护要求或者普查提出的要求，及时对建筑进行修缮，建筑的使用人应当予以配合，区、县房屋行政管理部门应当予以督促和指导。

优秀历史建筑由所有人负责修缮、保养，并承担相应的修缮费用；所有人和使用人另有约定的，从其约定。建筑的所有人承担修缮费用确有困难的，可以向区、县人民政府申请从保护专项资金中给予适当补助。

执行政府规定租金标准的公有非居住优秀历史建筑的承租人，应当按照政府规定租金标准与房地产市场租金标准的差额比例承担部分修缮费用。

第三十四条 优秀历史建筑的所有人未按照建筑的具体保护要求及时修缮致使建筑发生损毁危险或者未定期整修建筑立面的，区、县房屋行政管理部门应当责令其限期抢救修缮或者整修。

第三十五条 优秀历史建筑的修缮应当由建筑的所有人委托具有相应资质的专业设计、施工单位实施。

优秀历史建筑的所有人应当将修缮的设计、施工方案事先报送市房屋行政管理部门；涉及建筑主体承重结构变动的，应当向市规划管理部门申请领取建设工程规划许可证。市规划管理部门在核发建设工程规划许可证之前，应当征得市房屋行政管理部门的同意。

第三十六条 优秀历史建筑的修缮应当符合国家和本市的建筑技术规范以及优秀历史建筑的修缮技术规定。建筑的修缮无法按照建筑技术规范进行的，应当由市房屋行政管理部门组织有关专家和相关管理部门协调确定相应的修缮方案。

优秀历史建筑的修缮技术规定由市房屋行政管理部门会同市规划管理部门提出，经征求有关专家和相关管理部门的意见后确定。

第三十七条 经市规划管理部门许可的建筑修缮工程形成的文字、图纸、图片等档案资料，应当由优秀历史建筑的所有人及时报送市城市建设档案馆。

第三十八条 优秀历史建筑因不可抗力或者受到其他影响发生损毁危险的，建筑的所有人应当立即组织抢险保护，采取加固措施，并向区、县房屋行政管理部门报告。区、县房屋行政管理部门应当予以督促和指导，对不符合该建筑具体保护要求的措施应当及时予以纠正。

第三十九条 依法确定的优秀历史建筑不得擅自迁移、拆除。因特殊需要必须迁移、拆除或者复建优秀历史建筑的，应当由市规划管理部门和市房屋行政管理部门共同提出，经专家委员会评审后报市人民政府批准。

迁移、拆除和复建优秀历史建筑的，应当在实施过程中做好建筑的详细测绘、信息记录和档案资料保存工作，并按本市建设工程竣工档案管理的有关规定，及时报送市城市建设档案馆。

第五章 法律责任

第四十条 违反本条例规定，擅自或者未按批准的要求，在历史文化风貌区或者优秀历史建筑的保护范围、周边建设控制范围内进行建设活动的，由市规划管理部门或者区、县规划管理部门按照《上海市城乡规划条例》和《上海市拆除违法建筑若干规定》的有关规定处理。

第四十一条 违反本条例规定，未按建筑的具体保护要求设置、改建相关设施，擅自改变优秀历史建筑的使用性质、内部设计使用功能，或者从事危害建筑安全活动的，由市房屋行政管理部门或者区、县房屋行政管理部门责令其限期改正，并可以处该优秀历史建筑重置价百分之二以上百分之二十以下的罚款。

第四十二条 违反本条例规定，擅自迁移优秀历史建筑的，由市规划管理部门责令其限期改正或者恢复原状，并可以处该优秀历史建筑重置价一到三倍的罚款。

违反本条例规定，擅自拆除优秀历史建筑的，由市房屋行政管理部门或者区、县房屋行政管理部门责令其限期改正或者恢复原状，并可以处该优秀历史建筑重置价三到五倍的罚款。

第四十三条 违反本条例规定，对优秀历史建筑的修缮不符合建筑的具体保护要求或者相关技术规范的，由市房屋行政管理部门或者区、县房屋行政管理部门责令其限期改正、恢复原状，并可以处该优秀历史建筑重置价百分之三以上百分之三十以下的罚款。

第四十四条 违反本条例规定，未及时报送优秀历史建筑修缮、迁移、拆除或者复建工程档案资料的，由市规划管理部门责令其限期报送；逾期仍不报送的，依照档案管理法律、法规的有关规定处理。

第四十五条 规划管理部门、房屋行政管理部门和其他有关管理部门及其工作人员违反本条例规定行使职权，有下列情形之一的，由所在单位或者上级主管机关依法给予行政处分；给管理相对人造成经济损失的，按照国家有关规定赔偿；构成犯罪的，依法追究刑事责任：

（一）违反法定程序，确定、调整或者撤销历史文化风貌区和优秀历史建筑的，或者违法批准迁移、拆除优秀历史建筑的；

（二）擅自批准在历史文化风貌区、优秀历史建筑的保护范围内从事违法建设活动，或者违法批准改变优秀历史建筑的使用性质、内部设计使用功能的；

（三）对有损历史文化风貌区和优秀历史建筑的违法行为不及时处理的；

（四）其他属于玩忽职守、滥用职权、徇私舞弊的。

第四十六条 当事人对行政管理部门的具体行政行为不服的，可以依照《中华人民共和国行政复议法》或者《中华人民共和国行政诉讼法》的规定，申请行政复议或者提起行政诉讼。

第六章 附 则

第四十七条 本市城市总体规划确定的历史文化名镇的保护，参照本条例有关历史文化风貌区保护的规定执行。

第四十八条 本条例自2003年1月1日起施行。

上海市古树名木和古树后续资源保护条例

（2002 年 7 月 25 日上海市第十一届人民代表大会常务委员会第四十一次会议通过　根据 2010 年 9 月 17 日上海市第十三届人民代表大会常务委员会第二十一次会议《关于修改本市部分地方性法规的决定》第一次修正　根据 2017 年 11 月 23 日上海市第十四届人民代表大会常务委员会第四十一次会议《关于修改本市部分地方性法规的决定》第二次修正）

第一条　为了加强古树、名木和古树后续资源的保护，根据有关法律、法规，结合本市实际情况，制定本条例。

第二条　本条例所称古树是指树龄在一百年以上的树木。

本条例所称名木是指下列树木：

（一）树种珍贵、稀有的；

（二）具有重要历史价值或者纪念意义的；

（三）具有重要科研价值的。

本条例所称古树后续资源是指树龄在八十年以上一百年以下的树木。

第三条　本市行政区域内古树、名木和古树后续资源的保护，适用本条例。

第四条　市绿化行政管理部门主管本市古树、名木和古树后续资源保护管理工作，负责本条例的组织实施；其所属的上海市园林绿化监察大队（以下简称市绿化监察大队）按照本条例的授权，实施行政处罚。

区管理古树、名木和古树后续资源的部门（以下简称区管理古树名木的部门）按照本条例的规定，负责本辖区内古树、名木和古树后续资源的保护工作，业务上受市绿化行政管理部门的指导。

本市规划、建设、农林、市政、房屋、土地、水务、铁路、环保、旅游、民族宗教等有关管理部门按照各自的职责，协同实施本条例。

第五条　本市有关部门应当加强对古树、名木和古树后续资源保护的科学研究，推广应用科研成果，宣传普及保护知识，提高保护水平。

第六条　任何单位和个人都有权对损害古树、名木和古树后续资源的行为予以制止或者举报，市绿化行政管理部门或者区管理古树名木的部门应当及时查处。

第七条　对保护古树、名木和古树后续资源有突出贡献的单位和个人，由市绿化行政管理部门或者区管理古树名木的部门给予表彰和奖励。

第八条　本市对古树、名木和古树后续资源按下列规定实行分级保护：

（一）名木以及树龄在三百年以上的古树为一级保护；

（二）树龄在一百年以上三百年以下的古树为二级保护；

（三）古树后续资源为三级保护。

第九条　区管理古树名木的部门应当定期在本辖区内进行古树、名木和古树后续资源的调查，并按照下列规定进行鉴定和确认：

（一）一级保护的古树、名木，由市绿化行政管理部门组织鉴定，报市人民政府确认；

（二）二级保护的古树，由市绿化行政管理部门组织鉴定并予以确认；

（三）古树后续资源由区管理古树名木的部门组织鉴定，报市绿化行政管理部门确认。

鼓励单位和个人向市绿化行政管理部门或者区管理古树名木的部门报告未登记的古树、名木和古树后续资源。市绿化行政管理部门或者区管理古树名木的部门应当按照前款的规定,及时组织鉴定和确认,经鉴定属于古树、名木或者古树后续资源的,应当给予适当的奖励。

古树、名木和古树后续资源的鉴定标准和鉴定程序由市绿化行政管理部门另行制定。

第十条 区管理古树名木的部门应当对本辖区内的古树、名木和古树后续资源进行登记,建立档案,并报市绿化行政管理部门备案。

市绿化行政管理部门应当对古树、名木和古树后续资源进行统一编号。

第十一条 市绿化行政管理部门应当在古树、名木和古树后续资源周围醒目位置设立标明树木编号、名称、保护级别等内容的标牌。

第十二条 市绿化行政管理部门应当会同市规划管理部门,按照下列规定,划定古树、名木和古树后续资源的保护区:

(一)列为古树、名木的,其保护区为不小于树冠垂直投影外五米;

(二)列为古树后续资源的,其保护区为不小于树冠垂直投影外二米。

第十三条 在古树、名木和古树后续资源保护区内,应当采取措施保持土壤的透水、透气性,不得从事挖坑取土、焚烧、倾倒有害废渣废液、新建扩建建筑物和构筑物等损害古树、名木和古树后续资源正常生长的活动。

因城市重大基础设施建设,确需在古树、名木和古树后续资源保护区内施工的,规划管理部门在核发建设工程规划许可证前,应当征求市绿化行政管理部门的意见;市绿化行政管理部门应当自收到征求意见之日起五个工作日内,提出相应的保护要求。建设单位应当根据市绿化行政管理部门的保护要求制订具体保护措施,并组织实施。

第十四条 本市对古树、名木和古树后续资源实行养护责任制,并按照下列规定确定养护责任人:

(一)机关、部队、社会团体、企业、事业单位用地范围内的古树、名木和古树后续资源,养护责任人为所在单位;实行物业管理的,养护责任人为其委托的物业服务企业。

(二)铁路、公路、河道用地范围内的古树、名木和古树后续资源,养护责任人为铁路、公路、水务管理部门委托的养护单位。

(三)公共绿地范围内的古树、名木和古树后续资源,养护责任人为绿化管理部门委托的养护单位。

(四)居住区内的古树、名木和古树后续资源,养护责任人为业主委托的物业服务企业。

(五)居民庭院内的古树、名木和古树后续资源,养护责任人为业主。

前款规定以外的古树、名木和古树后续资源,养护责任人由所在区管理古树名木的部门确定。

房屋拆迁范围内有古树、名木或者古树后续资源的,建设单位应当按照本条例有关养护责任人的规定进行保护。古树、名木或者古树后续资源在居民庭院内的,建设单位应当给予原养护责任人适当的补偿。

第十五条 区管理古树名木的部门应当与养护责任人签订养护责任书,明确养护责任。养护责任人发生变更的,养护责任人应当到区管理古树名木的部门办理养护责任转移手续,并重新签订养护责任书。

第十六条 市绿化行政管理部门应当根据古树、名木和古树后续资源的保护需要,制定养护技术标准,并无偿向养护责任人提供必要的养护知识培训和养护技术指导。

养护责任人应当按照养护技术标准进行养护。在日常养护中,养护责任人可以向市绿化行政管理部门或者区管理古树名木的部门咨询养护知识。

第十七条 古树、名木和古树后续资源的日常养护费用由养护责任人承担。接受委托承担养护责任的,养护费用由委托人承担。承担养护费用确有困难的单位或者个人,可以向所在地区管理古树名木的部门申请养护补助经费。养护补助经费应当专项用于古树、名木和古树后续资源的养护。

市和区人民政府应当设立古树、名木和古树后续资源保护的专项经费,专门用于古树、名木和古树后续资源的抢救、复壮,保护设施的建设、维修,以及承担对养护经费有困难者的补助。

鼓励单位和个人以捐资、认养等形式参与古树、名木和古树后续资源的养护。捐资、认养古树、名木和古树后续资源的单位和个人可以在古树、名木和古树后续资源标牌中享有一定期限的署名权。

第十八条 古树、名木和古树后续资源保护区外的建设项目,养护责任人认为其施工可能影响古树、名木和古树后续资源正常生长的,应当及时向市绿化行政管理部门或者区管理古树名木的部门报告。市绿化行政管理部门或者区管理古树名木的部门可以根据古树、名木和古树后续资源的保护需要,向建设单位提出相应的保护要求,建设单位应当根据保护要求实施保护。

第十九条 市绿化行政管理部门和区管理古树名木的部门应当确定专门管理人员负责古树、名木和古树后续资源保护管理工作,并按照下列规定,定期进行检查:

(一)一级保护的古树、名木至少每三个月进行一次;

(二)二级保护的古树至少每六个月进行一次;

(三)古树后续资源至少每年进行一次。

在检查中发现树木生长有异常或者环境状况影响树木生长的,应当及时采取保护措施。

第二十条 禁止移植一级保护的古树以及树龄在一百年以上的名木。

因城市重大基础设施建设,确需移植树龄在一百年以下的名木或者二级保护的古树的,应当向市绿化行政管理部门提出申请。市绿化行政管理部门应当自收到申请之日起十个工作日内提出审查意见,并报市人民政府批准。

因市重大工程项目或者城市基础设施建设,需要移植古树后续资源的,应当向区管理古树名木的部门提出申请。区管理古树名木的部门应当自收到申请之日起五个工作日内提出审查意见,并报市绿化行政管理部门批准。市绿化行政管理部门应当自收到审查意见之日起五个工作日内作出审批决定,并通知区管理古树名木的部门。

古树、名木和古树后续资源的移植和移植后五年内的养护,应当由专业的绿化养护单位进行。古树、名木和古树后续资源的移植费用以及移植后五年内的养护费用,由建设单位承担。

第二十一条 生产、生活产生的废水、废气或者废渣等危害古树、名木和古树后续资源正常生长的,养护责任人可以要求有关责任单位或者个人采取措施,消除危害。

第二十二条 禁止下列损害古树、名木和古树后续资源的行为:

(一)砍伐;

(二)剥损树皮、攀折树枝或者刻划、敲钉;

(三)借用树干做支撑物,在树上悬挂或者缠绕其他物品;

(四)损坏古树、名木和古树后续资源的支撑、围栏、避雷针、标牌或者排水沟等相关保护设施;

(五)其他影响古树、名木和古树后续资源正常生长的行为。

第二十三条 古树、名木和古树后续资源养护责任人发现树木衰萎、濒危的,应当及时向市绿化行政管理部门或者区管理古树名木的部门报告。市绿化行政管理部门或者区管理古树名木的部门应当及时组织专业的绿化养护单位进行复壮和抢救。

第二十四条 古树、名木死亡的,养护责任人应当及时向市绿化行政管理部门报告,经核实、鉴定和查清原因后,予以注销。

古树后续资源死亡的,养护责任人应当及时向区管理古树名木的部门报告,经核实、鉴定和查清原因后,予以注销,并报市绿化行政管理部门备案。

古树、名木和古树后续资源死亡未经市绿化行政管理部门或者区管理古树名木的部门核实注销的,养护责任人不得擅自处理。

第二十五条 违反本条例规定,有下列情形之一的,由市绿化行政管理部门或者区管理古树名木的部门或者市绿化监察大队按照下列规定予以处罚：

（一）违反本条例第十三条第一款规定，在保护区内不采取措施保持土壤的透水、透气性，或者从事损害古树、名木和古树后续资源正常生长活动的，责令其限期改正，可以并处三百元以上三千元以下的罚款；造成树木严重损伤的，处二千元以上二万元以下的罚款；造成树木死亡的，每株处五千元以上五万元以下的罚款。

（二）违反本条例第十三条第二款规定，建设单位未按照保护要求实施保护的，责令其限期改正；造成树木死亡的，每株处五千元以上五万元以下的罚款。

（三）违反本条例第十六条第二款规定，不按照养护技术标准进行养护的，责令其限期改正；逾期不改正的，处三百元以上三千元以下的罚款；造成树木死亡的，每株处三千元以上三万元以下的罚款。

（四）违反本条例第二十条第一款、第二款、第三款规定，移植一级保护的古树或者树龄在一百年以上的名木的，每株处一万元以上十万元以下的罚款；未经批准移植树龄在一百年以下的名木或者二级保护的古树的，每株处五千元以上五万元以下的罚款；未经批准移植古树后续资源的，每株处二千元以上二万元以下的罚款；未经批准进行移植并造成树木死亡的，以砍伐论处。

（五）违反本条例第二十一条规定，危害古树、名木和古树后续资源正常生长的，责令其限期改正；逾期不改正的，处五百元以上五千元以下的罚款；造成树木死亡的，每株处五千元以上五万元以下的罚款。

（六）违反本条例第二十二条第（一）项规定，砍伐一级保护的古树、名木的，每株处三万元以上三十万元以下的罚款；砍伐二级保护的古树的，每株处二万元以上二十万元以下的罚款；砍伐古树后续资源的，每株处一万元以上十万元以下的罚款。

（七）违反本条例第二十二条第（二）项、第（三）项、第（四）项、第（五）项规定，损害古树、名木和古树后续资源的，责令其限期改正，可以并处三百元以上三千元以下的罚款；造成树木死亡的，每株处五千元以上五万元以下的罚款。

（八）违反本条例第二十四条第三款规定，树木死亡未经核实注销擅自处理的，处一千元以上一万元以下的罚款。

第二十六条 违反本条例规定，损坏古树、名木和古树后续资源及其相关保护设施的，应当依法承担赔偿责任；构成犯罪的，依法追究刑事责任。

第二十七条 市绿化行政管理部门、区管理古树名木的部门、市绿化监察大队的工作人员在本条例的执行过程中，玩忽职守、滥用职权、徇私舞弊的，由其所在单位或者上级主管部门依法给予行政处分；构成犯罪的，依法追究刑事责任。

第二十八条 当事人对市绿化行政管理部门、区管理古树名木的部门、市绿化监察大队的具体行政行为不服的，可以依照《中华人民共和国行政复议法》或者《中华人民共和国行政诉讼法》的规定，申请行政复议或者提起行政诉讼。

当事人在法定期限内不申请复议，不提起诉讼，又不履行的，作出具体行政行为的行政管理部门或者市绿化监察大队可以申请人民法院强制执行。

第二十九条 本条例自 2002 年 10 月 1 日起施行。《上海市古树名木保护管理规定》同时废止。

上海市出版物发行管理条例

(2002年10月28日上海市第十一届人民代表大会常务委员会第四十四次会议通过　根据2007年11月28日上海市第十二届人民代表大会常务委员会第四十次会议《关于修改〈上海市出版物发行管理条例〉的决定》第一次修正　根据2010年9月17日上海市第十三届人民代表大会常务委员会第二十一次会议《关于修改本市部分地方性法规的决定》第二次修正)

第一章　总　　则

第一条　为了加强对出版物发行的管理,发展和繁荣文化事业,促进社会主义精神文明建设,根据国务院《出版管理条例》,结合本市实际情况,制定本条例。

第二条　本条例所称的出版物发行,是指报纸、期刊、图书、电子出版物和音像制品等出版物的总发行、批发、零售等经营行为。

第三条　本条例适用于本市行政区域内出版物的发行以及与发行相关的出租、征订、附送、散发、展示等行为及其管理。

行政法规对音像制品的发行另有规定的,从其规定。

邮政法对邮政企业发行报纸、期刊另有规定的,从其规定。

第四条　上海市新闻出版行政部门(以下简称市出版行政部门)主管本市出版物发行的监督管理工作,负责本条例的组织实施。

区、县负责出版管理的行政部门负责本辖区内出版物发行的监督管理工作,业务上受市出版行政部门领导。

工商行政、公安、物价、教育、邮政、海关等行政管理部门按照各自职责,做好出版物发行的相关监督管理工作。

第五条　市出版行政部门应当根据城市发展的实际需要和市民的文化需求,制定出版物发行的发展规划,经市人民政府批准后向社会公布。

出版物发行单位和出版物交易市场的设立,应当符合本市出版物发行发展规划规定的总量、结构和布局要求。

第二章　从事出版物发行的许可

第六条　本市对出版物的发行实行许可制度。从事出版物发行业务的,应当取得《出版物发行许可证》(以下简称许可证)。

从事出版物总发行业务和全国性出版物连锁经营业务的单位,应当按照国家有关规定办理许可手续。

中外合资经营企业、中外合作经营企业、外资企业从事出版物发行业务的,按照国家的规定办理。

第七条　从事出版物批发业务的单位或者从事出版物零售业务的单位、个人,应当具备下列条件:

(一)有符合相应资质要求的管理人员;

(二)有固定的经营场所和必要的经营设施;

(三)有符合法律、法规规定的注册资金。

第八条　出版物连锁经营包括直营连锁经营和加盟连锁经营。

从事出版物直营连锁经营业务的单位,应当具备下列条件:

(一)具有法人资格;

(二)有符合工商行政管理部门要求的门店

数量；

（三）有符合规定的连锁经营管理制度；

（四）有符合法律、法规规定的注册资金。

经营一年以上的出版物直营连锁经营单位，可以从事出版物加盟连锁经营业务。

加盟连锁经营的，应当是经许可设立的出版物发行单位或者个人。

第九条 设立出版物交易市场的单位，应当具有出版物总发行资质，并经市出版行政部门批准。

出版物交易市场，应当符合下列条件：

（一）有符合相应资质要求的管理人员；

（二）有符合规定的交易市场管理制度；

（三）有符合法律、法规、规章规定的注册资金和经营场地。

第十条 单位申请从事出版物批发、直营连锁经营业务的，应当向市出版行政部门提出申请。

单位和个人申请从事出版物零售业务的，应当向区、县负责出版管理的行政部门提出申请。

第十一条 市出版行政部门或者区、县负责出版管理的行政部门应当自收到从事出版物发行业务的申请材料之日起二十日内，作出批准或者不予批准的决定。予以批准的，发给许可证；不予批准的，应当书面说明理由。

经批准取得许可证的单位和个人，应当向工商行政管理部门依法领取营业执照后，方可开展经营活动。

第十二条 出版物连锁经营单位增设直营门店的，应当于该门店营业之日起二十日内向市出版行政部门备案；接纳加盟店的，应当在签订加盟合同之日起二十日内向市出版行政部门备案。

第十三条 出版物发行单位和个人变更出版物发行经营范围、经营方式事项的，应当按照本条例第六条第二款、第十条的规定，重新办理许可手续；变更其他事项的，应当到原批准的市出版行政部门或者区、县负责出版管理的行政部门办理变更手续。

出版物发行单位和个人终止发行活动的，应当向原批准的市出版行政部门或者区、县负责出版管理的行政部门办理注销登记，并缴回许可证。

出版物连锁经营单位关闭直营门店或者终止加盟店合同的，应当在关闭直营门店或者终止加盟合同之日起二十日内向市出版行政部门备案。

出版物发行单位和个人有前三款规定情形的，应当到工商行政管理部门办理相应手续。

第三章 出版物发行的管理

第十四条 出版物发行单位和个人应当在核定的经营场所营业，并将许可证和营业执照置于核定经营场所的醒目位置。

许可证和营业执照不得涂改、转让、出租和出借。

第十五条 出版物发行单位和个人通过互联网开展出版物发行业务的，应当在开展业务前，持许可证、网站名或者所链接网站名、电子邮件地址等材料，向原批准的市出版行政部门或者区、县负责出版管理的行政部门备案。

出版物发行单位和个人通过互联网开展出版物发行业务的，应当在网站或者网页的醒目位置标明出版物发行许可证编号、发证部门、备案编号，所经营出版物的名称、出版单位及标准书号、刊号、版号，其中属进口出版物的，还应当同时标明进口单位名称。

第十六条 出版物交易市场应当成立市场管理组织。市场管理组织根据国家和本市的有关规定，管理市场内的交易活动。

第十七条 出版物批发单位不得向无许可证的单位和个人批发出版物。

出版物发行、出租单位和个人不得向无许可证的单位和个人购进出版物。

出版物交易市场不得向无许可证的单位和个人提供出版物发行的经营场所。

第十八条 出版物批发单位，应当在进货之日起三日内将进货凭证复印件报送市出版行政部门备案。

对首次在本市发行的出版物，市出版行政部门认为需要提供出版物样本的，应当书面告知当事人。当事人应当在书面告知的期限内提供出版物样本。市出版行政部门应当在接到样本之日起十日内审查完毕并将出版物样本返还给当事人，但有本条例第二十一条禁止内容或者情形的出版物样本除外。

第十九条 出版物发行单位在经营场所以外的地点举办出版物展销活动的，应当在举办展销前，向举办地的区、县负责出版管理的行政部门备案。

出版物发行行业协会举办出版物展销活动的，按前款规定执行。

第二十条 中学小学教科书的发行单位由市出版行政部门、教育行政部门会同物价主管部门以招标或者其他公开、公正的方式确定，其他任何单位或者个人不得从事中学小学教科书的发行业务。

中学小学教科书的发行单位不得搭配销售或者强行推销中学小学教辅材料。

第二十一条 任何单位和个人不得发行、出租、征订、附送、散发或者展示含有法律、行政法规和国家有关规定禁止内容的出版物、出版物宣传资料。

出版物发行单位和个人在出版物发行过程中，不得附送、散发或者展示含有法律、行政法规和国家有关规定禁止内容的其他宣传资料。

禁止发行、出租、征订、附送、散发或者展示非法进口、侵犯他人著作权以及有法律、法规规定不得发行的其他情形的出版物、出版物宣传资料。

有本条规定禁止内容或者情形的出版物的鉴定由市出版行政部门负责，其所属的出版物鉴定机构可以承担具体的鉴定工作。

第二十二条 市出版行政部门或者区、县负责出版管理的行政部门根据已经取得的违法嫌疑证据或者举报，对涉嫌违法从事出版物发行活动的行为进行查处时，可以检查与违法活动有关的物品；对有证据证明是与违法活动有关的物品，可以查封或者扣押。行政执法人员执行公务时应当出示执法证件。

对被市出版行政部门或者区、县负责出版管理的行政部门告知禁止发行的出版物，从事出版物发行业务的单位和个人应当及时上缴或者听候处理，不得隐藏、变卖、转移、毁损。

第四章 法律责任

第二十三条 违反本条例规定的行为，《出版管理条例》已规定处罚的，依照《出版管理条例》处罚。

违反本条例规定的下列行为，由市出版行政部门或者区、县负责出版管理的行政部门视情节轻重给予处罚：

（一）违反本条例第九条第一款规定，擅自设立出版物交易市场的，责令停止违法行为，没收违法所得，违法所得在一万元以上的，处违法所得二倍以上十倍以下的罚款；没有违法所得或者违法所得在一万元以下的，处五千元以上二万元以下的罚款。

（二）违反本条例第十二条、第十五条第一款规定，增设直营门店、接纳加盟店或者通过互联网开展出版物发行业务，未按规定备案的，责令限期改正，逾期未改正的，没收违法所得，处一百元以上一千元以下的罚款。

（三）违反本条例第十三条第一款规定，未办理许可证变更手续的，责令限期改正，处一百元以上五百元以下的罚款。

（四）违反本条例第十四条第一款规定，在核定的经营场所以外营业的，责令改正，处五百元以上五千元以下的罚款。

（五）违反本条例第十四条第二款规定，涂改、转让、出租或者出借许可证的，责令限期改正，没收违法所得，处一千元以上一万元以下的罚款；情节严重的，并处责令停业整顿或者吊销许可证。

（六）违反本条例第十七条规定，从事出版物发行、出租业务的单位和个人或者出版物交易市场，向无许可证的单位和个人批发出版物、购进出版物或者提供出版物发行经营场所的，没收出版物和违法所得，处五百元以上五千元以下的罚款；情节严重的，并处责令停业整顿或者吊销许可证。

（七）违反本条例第十八条规定，未报送进货凭证复印件备案或者提供出版物样本的，责令限期改正，逾期未改正的，每种出版物处五百元的罚款。

（八）违反本条例第二十条第二款规定，搭配销售或者强行推销中学小学教辅材料的，责令停止违法行为，没收违法所得，处一千元以上五千元以下的罚款。

（九）违反本条例第二十一条规定，出租、征订、附送、散发、展示含有禁止内容或者情形的出版物、出版物宣传资料或者其他宣传资料的，没收出版物、出版物宣传资料或者其他宣传资料和违法所得，违法所得在一万元以上的，处违法所得二倍以上十倍以下的罚款；没有违法所得或者违法所得在一万元以下的，处五千元以上二万元以下的罚款；情节严重的，并处责令停业整顿或者吊销许可证。

第二十四条 对违反本条例规定向无许可证的单位和个人购进出版物，以及出租、征订、附送、散发、展示的出版物、出版物宣传资料或者其他宣传资料有本条例第二十一条规定内容或者情形的，当事人说明、指认来源，经查证属实的，除没收出版物、出版物宣传资料或者其他宣传资料和违法所得外，可以减轻或者免除本条例规定的其他行政处罚。

第二十五条 对拒绝、阻碍行政管理部门工作人员依法执行职务，尚不够刑事处罚的，由公安部门依照《中华人民共和国治安管理处罚法》处理；构成犯罪的，依法追究刑事责任。

第二十六条 当事人对市出版行政部门或者区、县负责出版管理的行政部门的具体行政行为不服的，可以依照《中华人民共和国行政复议法》或者《中华人民共和国行政诉讼法》的规定，申请行政复议或者提起行政诉讼。

当事人对具体行政行为逾期不申请复议，不提起诉讼，又不履行的，作出具体行政行为的市出版行政部门或者区、县负责出版管理的行政部门可以申请人民法院强制执行。

第二十七条 市出版行政部门或者区、县负责出版管理的行政部门直接负责的主管人员或者其他直接责任人员玩忽职守、滥用职权、徇私舞弊的，由其所在单位或者上级主管部门依法给予行政处分；构成犯罪的，依法追究刑事责任。

第五章 附 则

第二十八条 本条例有关用语的定义：

报纸，是指有固定名称、刊期、开版，每周至少出版一期的连续出版物。

期刊，是指有固定名称和栏目，用卷、期或者年、季、月、旬、周顺序编号，成册的连续出版物。

图书，是指各类书籍、画册、挂历、图片、年画、年历等出版物。

电子出版物，是指以数字代码方式将图文声像等信息编辑加工后存储在磁、光、电介质上，通过计算机或者具有类似功能的设备读取使用，用以表达思想、普及知识和积累文化，并可复制发行的大众传播媒体。

第二十九条 本条例自2003年1月1日起施行。《上海市图书报刊市场管理条例》同时废止。

上海市消费者权益保护条例

（2002 年 10 月 28 日上海市第十一届人民代表大会常务委员会第四十四次会议通过　根据 2014 年 11 月 20 日上海市第十四届人民代表大会常务委员会第十六次会议《关于修改〈上海市消费者权益保护条例〉的决定》修正）

第一章　总　　则

第一条　为了保护消费者的合法权益，维护社会经济秩序，促进社会主义市场经济的健康发展，根据《中华人民共和国消费者权益保护法》和有关法律、行政法规，结合本市实际情况，制定本条例。

第二条　消费者在本市行政区域内为生活消费需要购买、使用商品或者接受服务，其合法权益受本条例保护。法律、行政法规另有规定的，从其规定。

经营者为消费者提供其生产、销售的商品或者提供服务，应当遵守本条例。法律、行政法规另有规定的，从其规定。

第三条　经营者与消费者进行交易，应当遵循自愿、平等、公平、诚实信用的原则。

消费者合法权益的保护应当实行国家保护、经营者自律和社会监督相结合的原则。

对消费者合法权益的保护应当方便消费者行使权利，并与社会经济发展的水平相适应。

第四条　本市的国家机关应当根据各自职责，采取措施，依法保障消费者合法权益不受侵害。

各级工商行政管理部门以及其他有关行政管理部门应当依法加强对经营者的监督，严肃查处损害消费者合法权益的行为，并积极支持消费者权益保护委员会（以下简称消保委）的工作。

第五条　消保委和其他消费者组织是依法成立的对商品和服务进行社会监督的保护消费者合法权益的社会组织。

消保委应当依法履行职责，积极发挥保护消费者合法权益的作用。

其他消费者组织可以开展旨在维护消费者合法权益的各种形式的社会监督。

第六条　有关行业协会应当督促本行业的经营者依法经营，加强自律；在制定行业规则时，应当体现对消费者合法权益的保护。

大众传播媒介应当做好维护消费者合法权益的宣传，对损害消费者合法权益的行为予以揭露、批评。

任何单位和个人都有权对损害消费者合法权益的行为进行社会监督。

第二章　消费者的权利

第七条　消费者在购买、使用商品和接受服务时，享有人身和财产安全不受损害的权利。

消费者有权要求经营者提供的商品和服务符合保障人身和财产安全的强制性国家标准、行业标准和地方标准；没有强制性国家标准、行业标准和地方标准的，应当符合社会普遍公认的安全、卫生要求。

消费者有权要求经营者提供安全的消费场所和环境。

第八条　消费者在购买、使用商品或者接受服务时，有权询问和了解该商品或者服务的真实情况及交易条件。

消费者有权根据法律规定、行业规则和行业惯例，要求商品的经营者提供价格、产地、生产者、用途、性能、规格、等级、主要成份、净含量、生产日期、有效期限、检验合格证明、使用方法说明、使用技能、售后服务或者商品房的权属证明、建筑结构、面积构成等情况;要求服务的经营者提供服务的内容、规格、费用、标准、检验检测报告或者维修服务记录等情况。

第九条 消费者有权自主选择提供商品或者服务的经营者,自主选择商品品种或者服务方式,自主决定购买或者不购买任何一种商品、接受或者不接受任何一项服务。

消费者在自主选择商品或者服务时,有权进行比较、鉴别和挑选。

第十条 消费者有权要求经营者遵循公平原则提供商品或者服务。

消费者在购买商品或者接受服务时,有权通过平等协商确定交易价格以及其他交易条件,有权获得质量保障、价格合理、计量准确的商品或者服务。

第十一条 消费者在购买、使用商品和接受服务时,享有其人格尊严、民族风俗习惯得到尊重的权利,享有个人信息依法得到保护的权利。

第十二条 消费者享有获得有关消费者的权利、经营者的义务以及消费争议处理方式等消费者合法权益保护方面知识的权利。

第十三条 消费者享有依法成立维护自身合法权益的社会组织的权利。

第十四条 消费者在购买、使用商品或者接受服务时,其生命健康权、姓名权、肖像权、名誉权、荣誉权和个人隐私等人身权受到损害的,有权要求经营者依法予以赔偿。

消费者在购买、使用商品或者接受服务时,其财产受到损害的,有权要求经营者依法对其造成的损失予以赔偿;法律、法规未作规定的,消费者有权要求经营者按照行业规则予以赔偿。

第十五条 消费者有权对商品和服务的质量、价格、计量、经营作风、服务态度等提出意见、建议,有权对经营者的侵权行为向有关行政管理部门举报,有权将有关情况如实向大众传播媒介反映。

消费者有权对行业协会制定或者经营者共同约定的行业规则中不利于保护消费者的内容提出修改意见和建议。

消费者有权对国家机关保护消费者合法权益的工作提出建议,有权对国家机关及其工作人员在保护消费者合法权益工作中的违法、失职行为提出批评和进行检举、控告。

消费者有权对消保委和其他消费者组织的工作提出意见和建议。

第三章 经营者的义务

第十六条 经营者与消费者有约定的,应当按照约定履行义务。

经营者以商业广告、产品说明、实物样品或者通知、声明、店堂告示等公示方式,对商品或者服务的质量、价格、售后责任等向消费者作出许诺的,其提供的商品或者服务的质量、价格、售后责任等应当与许诺相一致。消费者受上述许诺引导而购买商品或者接受服务的,消费者可以要求经营者将该许诺作为约定的内容。

经营者提供商品或者服务时,不得利用合同格式条款等方式作出对消费者不公平、不合理的规定,以及免除经营者的责任、加重消费者的责任、排除消费者的权利的其他规定。

第十七条 经营者应当保证其提供的商品、服务、设施和场所符合保障消费者人身、财产安全的要求。

经营者对可能危及人身、财产安全的商品、服务、设施和场所,应当向消费者作出真实的说明和明确的警示,并说明和标明正确使用商品、设施、场所或者接受服务的方法以及防止危害发生的方法。

从事惊险的娱乐行业的经营者,应当具备保障消费者人身安全的技术条件、服务设备和必要的救护设施,并制定应急预案。

第十八条 经营者在提供商品或者服务时,不得有下列行为:

(一)侮辱或者诽谤消费者;

(二)搜查消费者的身体或者其携带的

物品；

（三）侵犯消费者人身自由；

（四）致消费者具有人格象征意义的特定纪念物品永久性灭失或者毁损。

第十九条 经营者提供商品或者服务，应当用清晰明白的语言或者文字向消费者作出真实的介绍和说明，并就消费者的询问作出真实的答复。

经营者提供商品或者服务时，应当根据法律规定、行业规则和行业惯例，主动向消费者告知下列情况或者出示书面文件：

（一）有关商品的价格、产地、生产者、用途、性能、规格、等级、主要成份、净含量、生产日期、有效期限、检验合格证明、使用方法说明、使用技能、售后服务或者商品房的权属证明、建筑结构、面积构成等；

（二）有关服务的内容、规格、费用、标准、检验检测报告或者维修服务记录等。

第二十条 采用网络、电视、电话、邮购等方式提供商品或者服务的经营者，以及提供营利性教育培训服务和证券、保险、银行等金融服务的经营者，应当向消费者提供经营地址、联系方式、商品或者服务的数量和质量、价款或者费用、履行期限和方式、安全注意事项和风险警示、售后服务、民事责任等信息。其中，涉及由其他经营者实际提供商品或者服务的，还应当向消费者提供该经营者的名称、经营地址、联系方式等信息。

法律、行政法规对证券、保险、银行等金融服务的消费者权益保护另有规定的，按照有关规定执行。

第二十一条 经营者提供商品或者服务的标识，应当符合法律、法规的规定。

经营者提供的商品达不到规定的标准等级，但仍有使用价值的，应当在醒目位置标明，并在给消费者的购货凭证上予以注明。代理经销进口商品的，应当在商品上标明代理商的名称和地址。

提供服务的经营者，应当在经营场所的显著位置设立服务标识。服务标识包括以下内容：

（一）服务的内容、质量标准以及收费标准；

（二）服务中的有关注意事项、限制条件和必要提示；

（三）其他应当标识的与服务有关的内容。

第二十二条 经营者提供商品或者服务，应当按照规定明码标价。明码标价应当做到价签价目齐全，标价内容真实明确，字迹清晰，货签对位，标识醒目。价格变动时，应当及时调整。

经营者不得在标价之外加价出售商品或者提供服务，不得收取任何未标明的费用。

第二十三条 经营者提供商品或者服务时，不得用以假充真、以次充好、销售掺杂掺假商品、虚假标价等欺诈方法，损害消费者合法权益。

前款所称的欺诈，是指故意告知消费者虚假情况或者故意隐瞒真实情况，诱使消费者作出错误意思表示的行为。

第二十四条 经营者应当在其经营场所、网站首页或者从事经营活动的主页面的显著位置，标明真实名称和标记。标明经营者名称的位置、字体、颜色等，应当便于识别、查询。

租用他人柜台、场地从事经营活动的经营者，应当标明出租人和承租人的真实名称和标记。

通过加盟等形式从事商业特许经营的经营者，应当标明特许人和被特许人的真实名称和标记。

网络交易平台提供者应当对进入平台销售商品或者提供服务的法人、其他经济组织、个体工商户或者自然人进行身份信息审查和登记，并在法人、其他经济组织、个体工商户或者自然人从事经营活动的主页面显著位置标明下列信息：

（一）法人、其他经济组织、个体工商户的营业执照和相关许可证信息，或者营业执照的电子链接标识；

（二）自然人身份信息经审查真实、合法的标识。

第二十五条 经营者提供商品或者服务，应当按照国家有关规定或者商业惯例，向消费者出具发票等购货凭证、服务单据；消费者索要发票等购货凭证或者服务单据的，经营者必须出具。征得消费者同意的，经营者可以以电子化形式出具。

消费者索要购货凭证、服务单据以外的收费清单的，经营者应当出具。

第二十六条 经营者不得强迫消费者购买商品或者接受服务，不得违背消费者的意愿搭售商品、服务或者附加其他不合理的条件；提供可选择性服务应当事先征得消费者同意。

第二十七条 经营者经营商品或者提供服务以量值作为结算依据的，应当标明法定计量单位，并配备和使用与其经营或者服务项目相应、符合国家规定的计量器具。

经营者提供的商品不得短缺数量，不得将包装物的重量作为商品的计价依据，不得拒绝消费者对计量的复核要求。

第二十八条 因经营者自身的原因停止提供商品或者服务的，经营者应当事先告知消费者，并作出妥善安排；造成消费者损害的，还应当给予消费者合理的赔偿。

从事公用事业的经营者因消费者未支付费用等原因停止提供商品或者服务的，应当事先告知消费者，并给予消费者必要的准备时间。

第二十九条 经营者采用网络、电视、电话、邮购等方式提供商品或者服务的，应当保证商品或者服务的质量、性能等与广告宣传相一致，并按照承诺的时限提供商品或者服务。

经营者以上门方式推销商品的，应当征得被访问消费者的同意。上门推销时，推销人员应当出示表明经营者授权上门推销的文件和推销人员的身份证件，并以书面方式向消费者告知推销商品的功能、特性、型号、价格、售后服务和经营地址等内容。

第三十条 经营者采用网络、电视、电话、邮购、上门推销等方式销售商品，消费者有权自收到商品之日起七日内退货，且无需说明理由，但下列商品除外：

（一）消费者定作的；

（二）鲜活易腐的；

（三）在线下载或者消费者拆封的音像制品、计算机软件等数字化商品；

（四）交付的报纸、期刊。

除前款所列以外其他根据商品性质不宜退货的商品，经营者应当通过显著方式告知消费者，并设置提示程序，采取措施或者技术手段，供消费者进行确认。经消费者在购买结算前确认的，不适用无理由退货。

消费者退货的商品应当完好，经营者应当自收到退回商品之日起七日内返还消费者支付的商品价款，消费者应当同时返还该次消费获得的奖品、赠品或等值价款。退回商品的运费由消费者承担；经营者和消费者另有约定的，按照约定。

消费者为检查、试用商品而拆封且商品本身不污不损的，属于前款规定的商品完好。

第三十一条 经营者收集、使用消费者个人信息，应当遵循合法、正当、必要的原则，明示收集、使用信息的目的、方式和范围，征得消费者同意。经营者履行明示义务和征得消费者同意的证明资料至少留存五年。经营者不得要求消费者提供与消费无关的个人信息，不得违反法律、法规的规定和双方的约定收集、使用信息。

经营者应当建立健全信息保密和管理制度，制定信息安全事件应急预案，确保信息安全，防止消费者个人信息泄露、丢失。在发生或者可能发生信息泄露、丢失的情况时，经营者应当立即启动应急预案，采取补救措施，及时通知消费者。

第三十二条 未经消费者同意或者请求，或者消费者明确表示拒绝的，经营者不得向其发送商业性信息。

消费者同意经营者向其发送商业性信息的，除双方另有约定外，不得增加消费者的费用。

第三十三条 经营者对其售出的商品应当承担修理的义务，承担修理义务的期限不得少于六个月,但低值易耗商品除外。商品房、汽车等商品,国家和本市另有规定的,从其规定。

经营者提供的商品或者服务不符合质量要求的,消费者可以依照国家规定、当事人约定退货,或者要求经营者履行退款、更换、重作、修理义务。没有国家规定和当事人约定的,消费者可以自收到商品之日起七日内退货;七日后符合法定解除合同条件的,消费者可以及时退货,不符合法定解除合同条件的,可以要求经营者履行更换、重作、修理等义务。

依照前款规定进行退货、更换、重作、修理的,经营者应当承担运输等必要费用。

经营者应当在国家规定或者经营者承诺的期限内,及时履行本条第二款规定的义务,不得拖延。

第三十四条 经营者以消费者购买商品或者接受服务为条件,以奖励、赠与等促销形式向消费者提供商品或者服务的,不免除经营者对该奖品、赠品或者奖励、赠与的服务所承担的退货、更换、重作、修理以及其他责任。

第三十五条 经营者发现其提供的商品或者服务存在缺陷,有危及人身、财产安全危险的,应当立即向有关行政部门报告和告知消费者,并采取停止销售、警示、召回、无害化处理、销毁、停止生产或者服务等措施。采取召回措施的,经营者应当承担消费者因商品被召回支出的必要费用。

有关行政部门发现并认定经营者提供的商品或者服务存在缺陷,有危及人身、财产安全危险的,应当立即责令经营者采取停止销售、警示、召回、无害化处理、销毁、停止生产或者服务等措施。

市消保委发现商品或者服务存在缺陷的,可以向有关行政管理部门提出相应的建议。

第三十六条 经营者应当保存进货时的各种原始发票、单证等能够证明进货来源的文件资料,并建立台账。

经营者应当听取消费者的意见,及时处理消费者的投诉。

第三十七条 经营者以预收款方式提供商品或者服务,消费者要求订立书面合同的,经营者应当与消费者订立书面合同,明确约定经营地址、联系方式、商品或者服务的数量和质量、价款或者费用、履行期限和方式、安全注意事项和风险警示、售后服务、民事责任、争议解决方式等事项。

经营者应当保存合同及履行的相关资料,方便消费者查询、复制;相关资料应当至少保存至合同履行完毕后两年。

相关法律、法规对预收款管理另有规定的,经营者还应当遵守相关规定。

以预收款方式提供商品或者服务,涉及发行预付卡的,应当遵守国家和本市的有关规定。对发行单用途商业预付卡的,可以通过资金管理、信息披露等方式予以监管,具体管理办法由市人民政府另行制定。

第三十八条 商品交易市场的经营管理者和柜台、场地的出租者,应当核验场内经营者、承租者的营业执照、许可证件等资料,保存复印件,并向查询场内经营者、承租者情况的消费者提供上述真实信息;商品交易市场的经营管理者和柜台、场地的出租者,应当在交易场所的显著位置设立公示牌,公示场内经营者、承租者的名称(姓名)、经营(租赁)期限、经营项目等与维护消费者合法权益有关的事项。

公示牌的设立及其内容的记载,由工商行政管理部门负责监督。

第三十九条 商业特许经营的特许人应当在与被特许人订立的合同中,明确商品或者服务的质量要求和保证措施、消费者权益保护和赔偿责任的承担等内容,并对被特许人的经营活动加强指导、监督。

被特许人应当向消费者明示商业特许经营合同中明确的消费者权益保护和赔偿责任的承担等内容。

第四章 国家保护

第四十条 本市国家机关制定有关消费者合法权益保护的法规、规章和地方标准时,应当听取消费者和消保委等组织的意见。

第四十一条 市和区、县人民政府应当加强对消费者合法权益保护工作的领导。

工商、质监、食药监、商务、交通、旅游、建设、房屋管理、教育、人力资源社会保障、文广影视、体育、物价、通信、邮政和金融等部门应当听取消费者的意见,在各自的职责范围内受理消费者的投诉,加强市场监管,保护消费者的合法权益。工商行政管理部门可以就消费维权的重大问题提请同级人民政府组织、协调、督促有关行政管理部门做好保护消费者合法权益的工作。

工商行政管理部门会同有关行政管理部门在商场、市场、旅游景区、社区、学校等生活消费集中区域建立消费维权联络点(站),开展消费法律法规和消费知识的宣传和引导,接受消费者咨询、投诉,推动经营者诚信自律。区、县人民政府应当对消费维权联络点(站)的日常工作予以支持。

第四十二条 有关行政管理部门在各自的职责范围内,应当定期或者不定期对经营者提供的商品和服务进行抽查检验,并通过本部门政务信息网站等途径及时向社会公布抽查检验结果。

对涉及人身健康、财产安全、影响国计民生和消费者投诉集中的商品和服务,有关行政管理部门应当优先列入年度抽查检验计划或者根据需要及时组织抽查检验。

大众传播媒介使用抽查检验结果应当全面、客观,并注明出处。

第四十三条 市和区、县工商行政管理部门、质量技术监督部门可以行使下列职权:

(一)对当事人涉嫌侵害消费者合法权益的违法生产、销售活动的场所实施现场检查;

(二)向当事人的法定代表人、主要负责人和其他有关人员调查、了解与涉嫌侵害消费者合法权益的违法生产、销售活动有关的情况;

(三)查阅、复制当事人有关的合同、发票、账簿以及其他有关资料;

(四)对有根据认为危害消费者人身、财产安全的有严重缺陷的商品予以查封或者扣押。

其他行政管理部门依照法律规定的职权,对涉嫌侵害消费者合法权益的违法行为进行查处。

第四十四条 本市各级人民法院应当依照《中华人民共和国民事诉讼法》的规定,采取措施,及时审理消费争议案件,依法维护消费者的合法权益。

第五章 消费者组织

第四十五条 市和区、县依法成立消保委,消保委委员由消费者代表和社会各界代表担任。市消保委可以根据工作需要设立专业工作机构。

其他消费者组织依照有关法律、法规的规定成立。

第四十六条 消保委应当履行下列公益性职责:

(一)宣传保护消费者合法权益的法律、法规,开展消费知识教育,向消费者提供消费信息和咨询服务,引导文明、健康、节约资源和保护环境的消费方式;

(二)参与制定有关消费者权益的地方性法规、地方政府规章和地方标准;

(三)对商品和服务的质量、价格、售后服务以及消费者的意见进行调查、比较和分析,参与有关行政管理部门对商品和服务的监督、检查;

(四)就有关消费者合法权益的问题,向各级人民政府、有关行政管理部门、经营者、行业协会反映、查询,提出建议;

(五)受理消费者的投诉,对投诉事项进行调查、调解,或者提出意见转送有关部门和单位处理;

(六)就损害消费者合法权益的行为,支持受损害的消费者提起诉讼、申请仲裁;

(七)对损害消费者合法权益的行为,通过大众传播媒介予以揭露、批评、劝谕;

(八)组织由消费者、经营者、行业协会、专业机构、相关部门等多方参加的协调会,研究解决涉及消费者合法权益的突发情况；

（九）参与关系消费者切身利益的公用事业、公益性服务、自然垄断经营的商品价格听证会，并发表独立意见；

（十）推动跨境消费争议解决，促进信息互通共享。

各级人民政府对消保委依法履行职责应当予以指导、支持和帮助，并给予必要的经费保障。

第四十七条 市消保委应当针对本市消费投诉的处理情况和消费者的需求，不定期发布消费警示信息和消费指导信息，帮助消费者提高自我保护能力，引导消费者科学合理消费。

第四十八条 市消保委应当根据消费者的投诉情况和保护消费者合法权益工作的需要，每年对若干个行业开展调查，并将调查结果向市人民政府及其工作部门报告；有关行政管理部门、行业协会和经营者应当给予支持和配合。

第四十九条 市消保委可以对商品和服务进行比较试验，并公布结果。

第五十条 市消保委可以向社会披露经核实的消费者的投诉情况。

第五十一条 对侵害众多消费者合法权益的行为，市消保委可以依法向人民法院提起诉讼。

市消保委为前款规定的诉讼收集证据确有困难的，可以提请有关行政管理部门协助。

第五十二条 消保委和其他消费者组织不得从事商品经营和营利性服务，不得以收取费用或者其他牟取利益的方式向消费者推荐商品和服务。

市消保委发布消费信息、提出调查报告、披露消费者投诉情况，应当合法、客观、公正。

第五十三条 有关行政管理部门、行业协会应当及时将有关涉及消费者合法权益的信息告知市消保委；对消保委就消费者合法权益保护事项的查询，应当及时予以答复。

第六章 争议的解决方式

第五十四条 鼓励经营者建立方便快捷的消费投诉处理机制，与消费者采用协商和解的方式解决消费争议。和解协议的内容不得违反法律、法规的规定，不得损害社会公共利益和他人合法权益。

第五十五条 消保委应当及时受理消费者的投诉。不属于受理范围的，应当向消费者说明理由。

消保委应当为消费者投诉提供方便。

第五十六条 消保委受理投诉后，应当及时开展调解，经营者应当予以配合。调解应当在六十日内完成，但双方同意继续调解的，调解期限可以延长三十日。

经消保委调解达成协议的，根据消费争议双方的要求，消保委可以制作调解协议书；调解不成的，消保委应当告知当事人其他解决途径。

消保委在处理消费投诉过程中，发现该消费争议已由其他消费者组织受理或者调解的，可以终止处理。

消保委认为经营者有损害消费者合法权益的违法经营行为的，应当书面告知有关行政管理部门。有关行政管理部门应当及时处理，并将处理结果书面告知消保委。

第五十七条 消费者可以就消费争议向有关行政管理部门提出投诉。

有关行政管理部门收到消费者投诉后，应当在七个工作日内予以处理并告知消费者。消费争议双方同意调解的，有关行政管理部门应当组织调解，并在受理消费者投诉之日起六十日内终结调解。达成调解协议的，有关行政管理部门应当制作调解书；未能达成调解协议的，终止调解。

有关行政管理部门发现经营者有违法行为的，应当依法作出处理决定；经营者的违法行为造成消费者损失的，有关行政管理部门应当督促经营者对消费者依法承担赔偿损失等民事责任。

第五十八条 消费者为解决消费争议，可以依据仲裁协议申请仲裁，或者依法提起诉讼。仲裁委员会或者人民法院受理后，应当依法采取便捷的方式处理消费争议。

第五十九条 消费者向消保委或者有关行政管理部门投诉的，应当提供真实的姓名和联系方式、被投诉人的名称和地址等信息，并提出明确的投诉要求、理由和相关事实根据。

消保委或者有关行政管理部门进行调解的，消费者应当提供身份证明以及商品实物、购货凭证、服务单据等能够证明消费关系存在的证据。

第六十条 因商品或者服务质量争议需要进行检测、鉴定的，消费者与经营者可以约定检测、鉴定的机构或单位；未约定的，由受理该消费投诉的消保委或者行政管理部门委托或者指定具有资质的检验机构或者鉴定组织单位进行检测、鉴定。

检测、鉴定的费用由经营者先行垫付，消费者提供等额担保，最终由责任方承担；不能明确责任的，由双方分担。法律、行政法规另有规定的，从其规定。

消保委或者有关行政管理部门在处理消费者投诉时，需要进行检测、鉴定的，有关检验机构或者鉴定组织单位应当受理，并如实出具检测、鉴定报告；无法检测、鉴定的，有关检验机构或者鉴定组织单位应当说明理由。

第七章 法律责任

第六十一条 经营者违反本条例第三章规定的义务，对消费者合法权益造成损害的，应当依照《中华人民共和国消费者权益保护法》以及其他有关法律、法规和本条例的规定，承担相应的民事责任；构成犯罪的，依法追究刑事责任。

第六十二条 经营者提供商品或者服务有欺诈行为的，应当按照消费者的要求增加赔偿其受到的损失，增加赔偿的金额为消费者购买商品的价款或者接受服务的费用的三倍；增加赔偿的金额不足五百元的，为五百元。法律另有规定的，依照其规定。

经营者明知商品或者服务存在缺陷，仍然向消费者提供，造成消费者或者其他受害人死亡或者健康严重损害的，受害人有权要求经营者依照《中华人民共和国消费者权益保护法》第四十九条、第五十一条等法律规定赔偿损失，并有权要求所受损失二倍以下的惩罚性赔偿。

第六十三条 经营者有下列情形之一，其他有关法律、法规对行政处罚机关和处罚种类、幅度已有规定的，依照法律、法规的规定执行；法律、法规未作规定的，由工商行政管理部门责令改正，并可以根据情节单处或者并处警告、五万元以下的罚款；情节严重的，责令停业整顿：

（一）违反本条例第二十一条第三款规定，未按照规定设立服务标识的；

（二）违反本条例第二十四条规定，未按照规定标明真实名称和标记的；

（三）违反本条例第二十五条第一款规定，未按照规定出具购货凭证或者服务单据的；

（四）违反本条例第二十九条第二款规定，上门推销未按照规定征得消费者同意或者提供规定文件的；

（五）违反本条例第三十二条第二款规定，发送商业性信息，未经消费者同意增加消费者费用的。

第六十四条 经营者有下列情形之一，其他有关法律、法规对行政处罚机关和处罚种类、幅度已有规定的，依照法律、法规的规定执行；法律、法规未作规定的，由工商行政管理部门责令改正，并可以根据情节单处或者并处警告、没收违法所得、处以违法所得三倍以上五倍以下的罚款，没有违法所得或者违法所得无法计算的，处以十万元以下的罚款；情节严重的，责令停业整顿：

（一）违反本条例第二十三条规定，以欺诈手段提供商品或者服务，侵害消费者合法权益的；

（二）违反本条例第二十六条规定，强迫消费者购买商品或者接受服务的；

（三）违反本条例第二十七条第二款规定，短缺商品数量或者将包装物的重量作为商品计价依据的；

（四）违反本条例第三十六条第一款规定，不能提供证明进货来源的文件资料的。

第六十五条 经营者违反本条例第三十一条第一款、第二款规定的，除依法承担相应的民事责任外，由工商行政管理部门或者相关行政管理部门依照有关法律、法规予以处罚；构成犯罪的，依法追究刑事责任。

第六十六条 商品交易市场的经营管理者和柜台、场地的出租者违反本条例第三十八条第一款规定，未核验场内经营者、承租者的营业执照、许可证件等资料或者未保存复印件，不能向查询场内经营者、承租者情况的消费者提供真实信息的，或者未依法公示场内经营者、承租者的名称（姓名）、经营（租赁）期限、经营项目等与维护消费者合法权益有关的事项的，由工商行政管理部门责令改正，可以根据情节单处或者并处警告、没收违法所得、处以违法所得一倍以上五倍以下的罚款，没有违法所得或者违法所得无法计算的，处以十万元以下的罚款。

第六十七条 经营者有本条例第六十三条、第六十四条、第六十五条、第六十六条规定情形的，除依照法律、法规规定予以处罚外，处罚机关应当将违法经营者的行政处罚信息记入信用档案，通过企业信用信息公示系统向社会公布，归集到市公共信用信息服务平台。

经营者违反本条例第二十八条第一款规定，擅自停止提供商品或者服务，未事先告知消费者并作出妥善安排，造成消费者损害的，由有关行政管理部门将违法经营者的行政处罚信息记入信用档案，通过企业信用信息公示系统向社会公布，归集到市公共信用信息服务平台。其中，涉及商业特许经营的，同时记入特许人和被特许人的信用档案。

第六十八条 经营者违反本条例规定，应当承担民事赔偿责任和缴纳罚款，其财产不足以同时支付时，应当先行承担民事赔偿责任。

第六十九条 消费者在购买、使用商品时，其合法权益受到损害的，可以向销售者要求赔偿。销售者赔偿后，属于生产者责任或者属于向销售者提供商品的其他销售者责任的，销售者有权向生产者或者其他销售者追偿。

消费者或者其他受害人因商品缺陷受到人身、财产损害的，可以向销售者要求赔偿，也可以向生产者要求赔偿。属于生产者责任的，销售者赔偿后，有权向生产者追偿。属于销售者责任的，生产者赔偿后，有权向销售者追偿。

消费者在接受服务时，其合法权益受到损害的，可以向提供服务的经营者要求赔偿；不属于提供服务的经营者责任的，由提供服务的经营者向责任方追偿。

第七十条 当事人对工商行政管理部门以及其他有关行政管理部门的具体行政行为不服的，可以依照《中华人民共和国行政复议法》或者《中华人民共和国行政诉讼法》的规定，申请行政复议或者提起行政诉讼。

当事人对具体行政行为逾期不申请复议，不提起诉讼，又不履行的，作出具体行政行为的工商行政管理部门以及其他有关行政管理部门可以申请人民法院强制执行。

第七十一条 工商行政管理部门以及其他有关行政管理部门直接负责的主管人员和其他直接责任人员以及消保委的工作人员玩忽职守、滥用职权、徇私舞弊的，由其所在单位或者上级主管部门依法给予行政处分；构成犯罪的，依法追究刑事责任。

第八章 附 则

第七十二条 农民购买、使用直接用于农副业生产的生产资料，参照本条例执行。

第七十三条 本条例自2003年1月1日起施行。1988年12月22日上海市第九届人民代表大会常务委员会第五次会议通过的《上海市保护消费者合法权益条例》同时废止。

上海市房地产登记条例

（2002年10月31日上海市第十一届人民代表大会常务委员会第四十四次会议通过　根据2004年4月14日上海市第十二届人民代表大会常务委员会第十一次会议《关于修改〈上海市房地产登记条例〉的决定》修正　2008年12月25日上海市第十三届人民代表大会常务委员会第八次会议修订）

第一章　总　　则

第一条　为了规范本市房地产登记行为，保障房地产交易安全，维护房地产权利人的合法权益，根据《中华人民共和国物权法》、《中华人民共和国土地管理法》、《中华人民共和国城市房地产管理法》和其他有关法律、行政法规，结合本市实际，制定本条例。

第二条　本条例适用于本市行政区域内的房地产登记。

农村宅基地及利用宅基地建造的村民住房的登记办法另行规定。

第三条　本条例所称房地产登记，是指房地产登记机构依当事人申请或者依职权，对建设用地使用权、房屋所有权、房地产抵押权、地役权和其他依法可以申请登记的房地产权利以及与此相关的事项进行记载、公示的行为。

本条例所称房地产权利人，是指依法享有建设用地使用权、房屋所有权、房地产抵押权、地役权等房地产权利的自然人、法人和其他组织。

第四条　房地产权利的设立、变更、转让和消灭，经依法登记，自登记日起发生效力；未经登记，不发生效力，但法律另有规定的除外。

同一房地产上依法登记有两个以上房地产权利的，依房地产登记簿记载的登记日的先后确定其顺位。法律、行政法规另有规定的，从其规定。

第五条　市房屋、土地行政管理部门负责本市房地产登记管理工作。

上海市房地产登记处（以下简称市登记处）负责本市房地产登记的日常工作。区县房地产登记处受市登记处委托，具体办理房地产登记事务。

区县房屋、土地行政管理部门协助市房屋、土地行政管理部门对区县房地产登记工作实施监督管理。

第六条　市房屋、土地行政管理部门应当建立全市统一的房地产登记簿和房地产登记信息系统，制作统一的房地产权证书和登记证明，制定统一的房地产登记技术规范并向社会公开。

房地产登记机构应当按照房地产登记技术规范和登记信息系统的要求，将登记事项记载于房地产登记簿并公示。

第二章　一般规定

第七条　房地产登记，一般按照下列程序办理：

（一）申请；

（二）受理；

（三）审核；

（四）核准登记并记载于房地产登记簿；

（五）颁发房地产权证书或者登记证明。

第八条　房地产登记的最小单位是土地、房屋的基本单元。土地的基本单元，是指土地权属界线封闭的地块或者空间；房屋的基本单元，是指有固定维护结构、具有规划确定的完整功能、可以独立使用,并且有明确、唯一编号的房屋或者特定空间。

第九条 房地产登记应当由当事人双方申请,但下列情形的房地产登记,可以由有关当事人单方申请:

(一)以划拨或者出让、租赁等方式设立国有建设用地使用权;

(二)在集体所有土地上依法设立非农业建设用地使用权;

(三)新建房屋;

(四)继承、遗赠;

(五)行政机关已经发生法律效力的建设用地使用权争议处理决定;

(六)人民法院已经发生法律效力的确定房地产权属的判决、裁定、调解;

(七)仲裁机构已经发生法律效力的确定房地产权属的裁决、调解;

(八)本条例第三十四条所列情形;

(九)法律、法规规定的其他情形。

第十条 两人以上共有房地产的登记,应当由共有人共同申请。按份共有的单个共有人可以就处分本人所拥有份额房地产的登记单独提出申请,但应当提供其他按份共有人放弃优先购买权的证明。

第十一条 当事人委托代理人申请房地产登记的,代理人应当提交当事人的委托书。

当事人的法定代理人代为申请房地产登记的,应当提交法定代理关系的证明文件。

第十二条 申请房地产登记的,当事人或者其代理人应当到房地产所在地的区、县房地产登记处提交本条例规定的申请登记文件。

第十三条 房地产登记机构应当查验申请人提供的权属证明和其他必要材料,并就有关登记事项询问申请人。

申请人提交的申请登记文件齐备的,房地产登记机构应当即时出具收件收据,申请日为受理日。申请人提交的申请登记文件尚未齐备的,房地产登记机构应当一次性书面告知补正要求,申请登记文件补齐日为受理日。

第十四条 房地产登记机构应当在本条例规定的时限内,完成对登记申请的审核。经审核符合规定的,房地产登记机构应当将有关事项记载于房地产登记簿,记载之日为登记日。

房地产登记机构在审核时,发现申请登记事项的有关情况需要进一步证明的,可以要求申请人补充材料,必要时可以实地查看。实地查看的期限不超过二十日。申请人补充材料、房地产登记机构实地查看的时间,不计入登记审核时限。

第十五条 申请人可以在房地产登记机构将房地产登记内容记载于房地产登记簿并公示前,撤回登记申请。

第十六条 房地产登记机构应当按照当事人提交的申请登记文件或者行政机关、人民法院、仲裁机构已经发生法律效力的文件,对房地产登记簿进行记载,并永久保存。

房地产登记簿应当载明下列内容:

(一)房地产权利人的姓名或者名称;

(二)土地的坐落、面积、宗地号、用途;

(三)土地的权属性质、使用权取得方式和使用期限;

(四)房屋所有权来源、建筑类型、建筑结构、坐落、面积、用途、层数、编号和竣工日期;

(五)房地产抵押权、地役权和房地产权利的限制等。

房地产登记簿是房地产权利归属和内容的根据。房地产权证书和登记证明是权利人享有该房地产权利的证明。房地产权证书、登记证明与房地产登记簿的记载应当保持一致,不一致的,以房地产登记簿为准。

第十七条 建设用地使用权、房屋所有权的房地产权证书,由市房屋、土地行政管理部门颁发,并依法承担相应的法律责任。房地产抵押权、地役权和其他依法可以申请登记的房地产权利的登记证明,由市登记处颁发。

房地产权证书、登记证明不得涂改。

第十八条 房地产权证书、登记证明破损的,房地产权利人可以向房地产登记机构申请换发。房地产登记机构换发房地产权证书、登记证明前,应当查验并收回原房地产权证书、登记证明。

房地产权证书、登记证明灭失、遗失，房地产权利人要求补发的，应当向房地产登记机构提出申请，并通过房地产登记机构在市房屋、土地行政管理部门门户网站上刊登灭失、遗失声明。自刊登之日起满三十日无异议或者异议不成立的，房地产登记机构应当向房地产权利人补发房地产权证书、登记证明。补发的房地产权证书、登记证明上应当注明"补发"字样。自补发之日起，原房地产权证书、登记证明作废。

第十九条 建设用地使用权经初始登记后，该土地范围内的其他房地产权利方可登记。

房屋所有权经初始登记后，与该房屋有关的其他房地产权利方可登记，但依据本条例规定申请预告登记的情形除外。

第二十条 有下列情形之一的，房地产登记机构应当作出不予登记的决定：

（一）非法占用土地的；

（二）属违法建筑、临时建筑或者附有违法建筑的；

（三）不能提供有效的房地产权属证明的；

（四）房地产权属争议在诉讼、仲裁或者行政处理中的；

（五）申请登记事项与房地产登记簿的记载有冲突的；

（六）法律、行政法规规定不予登记的其他情形。

第二十一条 有下列情形之一的，房地产登记机构应当根据已经发生法律效力的文件，将有关事项记载于房地产登记簿：

（一）人民法院、行政机关对建设用地使用权、房屋所有权依法实施财产保全等限制措施；

（二）行政机关作出征收集体所有土地、征收房屋、收回国有建设用地使用权、批准建设用地、商品房预售许可等与房地产权利有关的决定；

（三）行政执法机构对损坏房屋承重结构的认定；

（四）行政执法机构对附有违法建筑的认定。

对前款第三项、第四项所列情形已完成整改的，行政执法机构应当出具证明文件，由房地产登记机构在房地产登记簿上予以记载。

第二十二条 房屋租赁合同等与房地产权利有关的文件，当事人可以向房地产登记机构办理登记。

第二十三条 房地产权利人、利害关系人可以申请查询、复制房地产登记资料。具体办法由市人民政府规定。

第三章 建设用地使用权和房屋所有权登记

第一节 初始登记

第二十四条 以出让、租赁方式设立建设用地使用权的，当事人申请建设用地使用权初始登记，应当提交下列文件：

（一）申请书；

（二）身份证明；

（三）建设用地使用权出让合同或者土地租赁合同；

（四）地籍图；

（五）土地勘测报告。

以出让方式设立建设用地使用权的，当事人申请建设用地使用权初始登记时，除提交前款规定的文件外，还应当提交已付清建设用地使用权出让金的证明和完税凭证。

出让、租赁建设用地使用权年限届满后，经批准续期的，当事人应当重新办理建设用地使用权初始登记。

第二十五条 以划拨方式设立建设用地使用权或者在集体所有土地上依法设立非农业建设用地使用权的，当事人申请建设用地使用权初始登记，应当提交下列文件：

（一）申请书；

（二）身份证明；

（三）建设用地批准文件；

（四）地籍图；

（五）土地勘测报告。

第二十六条 符合下列条件的建设用地使用权初始登记申请,应当准予登记:

(一)申请人是建设用地使用权出让合同、土地租赁合同或者建设用地批准文件记载的土地使用人;

(二)申请登记的土地使用范围、位置、面积、用途与建设用地使用权出让合同、土地租赁合同或者建设用地批准文件、地籍图、土地勘测报告的记载一致;

(三)不属于本条例第二十条所列的情形。

第二十七条 新建房屋竣工验收合格后,房地产权利人申请房屋所有权初始登记,应当提交下列文件:

(一)申请书;

(二)身份证明;

(三)记载建设用地使用权状况的房地产权证书;

(四)建设工程规划许可证及其附图;

(五)竣工验收证明;

(六)记载房屋状况的地籍图;

(七)房屋勘测报告;

(八)根据登记技术规范应当提交的其他有关文件。

房地产开发企业在申请新建商品房所有权初始登记时,应当列明下列房地产的范围并提供相关证明材料:

(一)经房屋行政管理部门备案的销售方案确定的本企业保留自有的房地产、用于销售的商品房;

(二)依照法律、法规规定或者当事人约定确定的业主共有房地产和作为公益性公共服务设施的房地产。

第二十八条 符合下列条件的房屋所有权初始登记申请,应当准予登记:

(一)申请人是房地产登记簿记载的建设用地使用权人;

(二)申请初始登记的房屋坐落、建筑面积、用途、幢数、层数符合建设工程规划许可证的规定,并与记载房屋状况的地籍图、房屋勘测报告一致;

(三)不属于本条例第二十条所列的情形。

第二十九条 房地产登记机构应当自受理初始登记申请之日起二十日内完成审核。符合规定条件的,应当将初始登记事项记载于房地产登记簿,并通知房地产权利人领取房地产权证书。不符合规定条件的,不予登记,并书面告知申请人。

新建商品房的房地产开发企业申请房屋所有权初始登记的,房地产登记机构应当在房地产登记簿上记载该房地产开发企业保留自有的房地产和用于销售的商品房,并分别颁发房地产权证;初始登记范围内有业主共有房地产的,房地产登记机构应当在房地产登记簿上予以记载,不另行颁发房地产权证。房地产登记机构应当在房地产登记簿上注记作为公益性公共服务设施的房地产,由相关当事人按照法律、法规的规定或者约定另行办理初始登记。

第二节 转移登记

第三十条 经登记的房地产有下列情形之一的,当事人应当在有关法律文件生效或者事实发生后申请转移登记:

(一)买卖;

(二)交换;

(三)赠与;

(四)继承、遗赠;

(五)法律、法规规定的其他情形。

第三十一条 申请房地产转移登记,应当提交下列文件:

(一)申请书;

(二)身份证明;

(三)房地产权证书;

(四)证明房地产权属发生转移的文件;

(五)根据登记技术规范应当提交的其他有关文件。

有本条例第二十一条第一款第三项所列情形的,还应当提交行政执法机构出具的已完成整改的证明文件。

第三十二条 符合下列条件的房地产转移登记申请,应当准予登记:

(一)转让人是房地产登记簿记载的权利人,受让人是有关证明文件中载明的受让人;

(二)申请转移登记的房地产在房地产登记簿的记载范围内;

(三)不属于本条例第二十条所列的情形。

第三十三条 房地产登记机构应当自受理房地产转移登记申请之日起二十日内完成审核。符合规定条件的,应当将转移事项记载于房地产登记簿,并通知房地产权利人领取房地产权证书;不符合规定条件的,不予登记,并书面告知申请人。

第三节 变更登记

第三十四条 经登记的房地产有下列情形之一的,房地产权利人应当在事实发生后申请变更登记:

(一)房地产用途发生变化的;

(二)房地产权利人姓名或者名称发生变化的;

(三)土地、房屋面积增加或者减少的;

(四)土地、房屋分割或者合并的;

(五)法律、法规规定的其他情形。

第三十五条 申请房地产变更登记,应当提交下列文件:

(一)申请书;

(二)身份证明;

(三)房地产权证书;

(四)证明发生变更事实的文件;

(五)根据登记技术规范应当提交的其他有关文件。

第三十六条 符合下列条件的房地产变更登记申请,应当准予登记:

(一)申请人是房地产登记簿记载的权利人;

(二)申请变更登记的房地产在房地产登记簿的记载范围内;

(三)申请变更登记的内容与有关文件证明的变更事实一致;

(四)不属于本条例第二十条第五项所列的情形。

第三十七条 房地产登记机构应当自受理房地产变更登记申请之日起二十日内完成审核。符合规定条件的,应当将变更事项记载于房地产登记簿,并通知房地产权利人领取房地产权证书;不符合规定条件的,不予登记,并书面告知申请人。

第三十八条 建设用地使用权、房屋所有权因行政机关、人民法院依法作出的征收、收回、没收等行为发生变更的,房地产登记机构应当根据有关行政机关、人民法院已经发生法律效力的文件办理房地产变更登记,将变更事项记载于房地产登记簿,并通知房地产权利人换领房地产权证书。

第四节 注销登记

第三十九条 房屋因倒塌、拆除等原因灭失的,房地产权利人在灭失事实发生后申请注销房屋所有权登记,应当提交下列文件:

(一)申请书;

(二)身份证明;

(三)房地产权证书;

(四)房屋灭失的证明。

第四十条 以出让、租赁等方式取得的建设用地使用权依法终止的,原建设用地使用权人申请注销房地产登记,应当提交下列文件:

(一)申请书;

(二)身份证明;

(三)房地产权证书;

(四)证明建设用地使用权终止的文件。

第四十一条 建设用地使用权、房屋所有权因抛弃而终止的,房地产权利人申请注销房地产登记,应当提交下列文件:

(一)申请书;

(二)身份证明;

(三)房地产权证书。

第四十二条 符合下列条件的注销房地产登记申请,应当准予登记:

(一)申请人是房地产登记簿记载的房地产权利人;

(二)申请注销登记的房地产在房地产登记

簿的记载范围内；

（三）不属于本条例第二十条第五项所列的情形。

第四十三条 房地产登记机构应当自受理注销房地产登记申请之日起二十日内完成审核。符合规定条件的，应当将注销事项记载于房地产登记簿，并书面通知申请人；不符合规定条件的，不予注销登记，并书面告知申请人。

第四十四条 房屋灭失或者建设用地使用权依法终止后，当事人未申请注销登记的，房地产登记机构可以依据房屋、土地、规划等行政管理部门提供的证明文件办理注销房地产登记，将注销事项记载于房地产登记簿。

第四十五条 建设用地使用权、房屋所有权因行政机关、人民法院依法作出的征收、收回、没收等行为终止的，房地产登记机构应当根据有关行政机关、人民法院已经发生法律效力的文件办理注销房地产登记，将注销事项记载于房地产登记簿。

第四章 房地产抵押权和地役权登记

第四十六条 申请房地产抵押权设立登记，应当提交下列文件：

（一）申请书；

（二）身份证明；

（三）房地产权证书；

（四）抵押担保的主债权合同；

（五）设立抵押权的合同。

有本条例第二十一条第一款第三项所列情形的，还应当提交行政执法机构出具的已完成整改的证明文件。

第四十七条 申请地役权设立登记，应当提交下列文件：

（一）申请书；

（二）身份证明；

（三）房地产权证书；

（四）设立地役权的合同。

第四十八条 经登记的房地产抵押权或者地役权发生转让、变更或者终止的，当事人应当申请转移登记、变更登记、注销登记，并提交下列文件：

（一）申请书；

（二）身份证明；

（三）房地产抵押权或者地役权登记证明；

（四）证明房地产抵押权或者地役权发生转让、变更或者终止的文件。

第四十九条 符合下列条件的房地产抵押权、地役权登记申请，应当准予登记：

（一）申请人是设立、转让、变更、消灭房地产抵押权或者地役权的当事人；

（二）申请登记的房地产在房地产登记簿的记载范围内；

（三）不属于本条例第二十条第五项所列的情形。

第五十条 房地产登记机构应当自受理房地产抵押权、地役权登记申请之日起七日内完成审核。符合规定条件的，应当将有关事项记载于房地产登记簿，并通知房地产抵押权、地役权的设立登记及其转移、变更登记的权利人领取登记证明，或者书面通知房地产抵押权、地役权注销登记的申请人原登记证明作废；不符合规定条件的，不予登记，并书面告知申请人。

第五章 预告登记

第五十一条 有下列情形之一的，当事人可以共同申请预告登记：

（一）预购商品房以及按照国家和本市有关规定进行预购商品房的转让；

（二）以预购商品房设立抵押及其抵押权的转让；

（三）以房屋建设工程设立抵押及其抵押权的转让；

（四）设立、转让房地产权利的其他情形。

当事人为保障将来实现房地产权利，可以持预告登记的约定文件单方申请预告登记。

第五十二条 建设用地使用权人、房屋所有权人未经预告登记的权利人同意处分该房地产的，房地产登记机构不予登记。

预告登记后，债权消灭或者自能够进行房地产登记之日起三个月内未申请登记的，预告登记失效。

第五十三条 申请预购商品房预告登记，应当提交下列文件：

（一）申请书；

（二）身份证明；

（三）商品房预售合同。

预购商品房发生转让或者变更的，申请预告登记时，除提交前款规定的文件外，还应当提交预购商品房转让或者变更的证明文件。

预购商品房未经预告登记的，或者不符合国家和本市有关规定进行预购商品房转让的，不予办理预购商品房转让的预告登记。

已经预告登记的预购商品房不得重复办理预告登记。

第五十四条 申请预购商品房抵押权预告登记，应当提交下列文件：

（一）申请书；

（二）身份证明；

（三）商品房预售合同；

（四）抵押担保的主债权合同；

（五）设立抵押权的合同。

预购商品房抵押权发生转让或者变更的，申请预告登记时，除提交前款规定的文件外，还应当提交预购商品房抵押权转让或者变更的证明文件。

预购商品房未经预告登记的，不予办理预购商品房抵押权的预告登记。

第五十五条 申请房屋建设工程抵押权预告登记，应当提交下列文件：

（一）申请书；

（二）身份证明；

（三）建设工程规划许可证；

（四）房屋建设工程总承包合同或者施工总承包合同；

（五）抵押担保的主债权合同；

（六）设立抵押权的合同。

房屋建设工程抵押权发生转让或者变更的，申请预告登记时，除提交前款规定的文件外，还应当提交房屋建设工程抵押权转让或者变更的证明文件。

第五十六条 经预告登记的房地产权利依法终止或者预告登记失效的，当事人申请注销预告登记应当提交下列文件：

（一）申请书；

（二）身份证明；

（三）经预告登记的房地产权利依法终止或者预告登记失效的证明文件。

前款第三项规定的预告登记失效的证明文件，是指预告登记有关当事人的书面约定或者法院判决、仲裁裁决。

第五十七条 符合下列条件的预告登记、注销预告登记的申请，应当准予登记：

（一）申请人是房地产权利变动法律文件记载的当事人；

（二）申请登记的房地产在房地产登记簿的记载范围内；

（三）不属于本条例第二十条第五项所列的情形。

第五十八条 房地产登记机构应当自受理预告登记、注销预告登记申请之日起七日内完成审核。符合规定条件的，应当将有关事项记载于房地产登记簿，并书面通知当事人；不符合规定条件的，不予登记，并书面告知申请人。

第五十九条 新建商品房所有权初始登记后，预告登记的商品房预购人应当与房地产开发企业共同申请房地产转移登记。

预购商品房设立抵押的，房地产转移登记后，其预购商品房抵押权预告登记转为房地产抵押权登记。

第六十条 新建房屋所有权初始登记后，其房屋建设工程抵押权预告登记转为房地产抵押权登记。

房屋建设工程抵押权预告登记转为房地产抵押权登记时，其抵押物范围不包括以下房地产：

（一）已经办理预告登记的预购商品房；

（二）房屋所有权初始登记时已明确的业主

共有房地产；

（三）不属于房地产开发企业所有的作为公益性公共服务设施的房地产。

第六章　更正登记和异议登记

第六十一条　房地产权利人、利害关系人认为房地产登记簿记载事项有错误的，可以持有关证据申请更正登记。申请更正登记的事项涉及第三人房地产权利的，有关权利人应当共同申请。

房地产登记机构应当自受理更正登记申请之日起二十日内完成审核。经审核，有下列情形之一的，房地产登记机构应当予以更正，并书面通知有关当事人：

（一）房地产登记簿记载的权利人书面同意更正，且房地产登记簿记载事项确有错误的；

（二）房地产登记簿记载的权利人不同意更正，但有行政机关、人民法院、仲裁机构已经发生法律效力的文件证明房地产登记簿记载的权利归属确有错误的。

第六十二条　房地产登记机构发现房地产登记簿记载与原申请登记文件不一致的，应当书面通知有关的房地产权利人办理更正登记手续。当事人无正当理由不办理更正手续的，房地产登记机构可以依据原申请登记文件对房地产登记簿的记载予以更正，并书面通知当事人。

第六十三条　房地产登记机构受理更正登记申请后，应当中止办理正在审核中的该房地产转让、抵押等登记申请，并暂缓受理新的相关登记申请。

更正登记程序完成后，房地产登记机构应当恢复办理相关房地产登记。

第六十四条　行政机关作出撤销房地产登记的行政复议决定或者人民法院作出撤销房地产登记的判决的，房地产登记机构应当自行政复议决定或者判决发生法律效力之日起三日内恢复原登记。

第六十五条　房地产权利的利害关系人认为房地产登记簿记载的土地使用权人、房屋所有权人等事项有错误，房地产登记簿记载的房地产权利人不同意更正，且利害关系人不能提交行政机关、人民法院、仲裁机构已经发生法律效力的文件证明房地产登记簿记载的权利归属等事项确有错误的，可以持权利归属等事项可能存在错误的有关证据申请异议登记。

第六十六条　房地产登记机构应当在受理异议登记申请的当日，将异议事项记载于房地产登记簿。申请人在异议登记之日起十五日内，不提起诉讼、仲裁或者土地权属争议行政处理的，异议登记失效，由房地产登记机构予以注销。

申请人在异议登记之日起十五日内，提起诉讼、仲裁或者土地权属争议行政处理的，应当向房地产登记机构提交有关受理通知书。诉讼、仲裁或者土地权属争议行政处理程序结束后，有关当事人可以凭生效法律文书申请更正登记或者注销异议登记。

异议登记被注销后，原申请人就同一事项再次申请异议登记的，房地产登记机构不予登记。

第六十七条　房地产登记机构受理异议登记申请后，应当中止办理正在审核中的该房地产转让、抵押等登记申请，并暂缓受理新的相关登记申请。房地产登记机构收到异议登记申请人提起诉讼、仲裁或者土地权属争议行政处理的受理通知书后，应当根据本条例第二十条第四项的规定，对中止办理的房地产转让、抵押等登记申请，作出不予登记的决定。

异议登记被注销后，房地产登记机构应当恢复办理相关房地产登记。

第六十八条　异议登记不当，造成权利人损害的，权利人可以向申请人请求损害赔偿。

第七章　法 律 责 任

第六十九条　当事人依照《中华人民共和国物权法》第二十八条至第三十条规定享有房地产权利但未及时申请登记，导致房地产登记机构仍依房地产登记簿记载的内容办理登记，造成其损害的，由当事人承担。

第七十条 当事人提交错误、虚假材料，或者唆使他人冒充权利人申请登记，给他人造成损害的，应当承担赔偿责任。构成犯罪的，依法追究其刑事责任。

第七十一条 当事人伪造房地产权证书的，由市房屋、土地行政管理部门依法没收伪造的房地产权证书，构成犯罪的，依法追究其刑事责任。

第七十二条 因登记错误，给他人造成损害的，房地产登记机构应当承担赔偿责任。房地产登记机构赔偿后，可以向造成登记错误的责任人追偿。

第七十三条 市房屋、土地行政管理部门和市、区县房地产登记处的直接负责的主管人员和其他直接责任人员玩忽职守、滥用职权、徇私舞弊的，由其所在单位或者上级主管部门依法给予行政处分；构成犯罪的，依法追究其刑事责任。

第七十四条 当事人对市房屋、土地行政管理部门或者市登记处的具体行政行为不服的，可以依照《中华人民共和国行政复议法》或者《中华人民共和国行政诉讼法》的规定，申请行政复议或者提起行政诉讼。

第八章 附 则

第七十五条 对本市房地产总登记时应当登记而未登记的建设用地使用权和房屋所有权，当事人可以凭房地产权属来源证明，向房地产登记机构申请登记。

房地产登记机构受理登记申请后，应当向有关部门核查，并将有关情况在本市主要报纸或者其他媒体上公告；公告六个月期满无异议的，应当核准当事人的登记申请。

第七十六条 本条例施行前依法颁发的房地产权属证书和登记证明继续有效。

第七十七条 本条例自2009年7月1日起施行。

上海市促进行业协会发展规定

（2002年10月31日上海市第十一届人民代表大会常务委员会第四十四次会议通过 根据2010年7月30日上海市第十三届人民代表大会常务委员会第二十次会议《关于修改〈上海市促进行业协会发展规定〉的决定》修正）

第一条 为了促进本市行业协会的发展，保障行业协会依法开展活动，规范行业协会的组织和行为，根据有关法律、行政法规，结合本市实际情况，制定本规定。

第二条 本规定所称的行业协会，是指由同业企业以及其他经济组织自愿组成、实行行业服务和自律管理的非营利性社会团体。

第三条 行业协会的宗旨是为会员提供服务，维护会员合法权益，保障行业公平竞争，沟通会员与政府、社会的联系，促进行业经济发展。

行业协会遵循自主办会的原则，实行会务自理，经费自筹。

行业协会的活动应当符合法律、法规以及行业的整体利益和要求，不损害社会公共利益。

行业协会的正常活动受法律保护，任何组织或者个人不得非法干涉。

第四条 各级人民政府应当促进、扶持行业协会的发展，支持行业协会自主办会，依法进行管理，保障行业协会独立开展工作。

市社团登记管理部门和市政府有关工作部门应当按照各自职责，做好促进行业协会发展的具体工作。

第五条 行业协会按照国家现行行业分类标准设立，也可以按照产品、经营方式、经营环节及服务功能设立。行业协会应当具有全市的行业代表性。

设立行业协会应当制定行业协会章程。行业协会的宗旨、业务范围、组织机构、活动规则以及会员的权利义务等，由行业协会章程规定。

申请设立行业协会的，应当向社团登记管理部门提出，并提交筹备申请书、章程草案等文件。社团登记管理部门在办理登记手续过程中，应当听取相关方面的意见。

第六条 行业协会应当对不同的区域、部门、所有制、经营规模的企业或者其他经济组织设定相同的入会标准，保证其平等的入会权利。

同业的企业或者其他经济组织自愿申请加入行业协会的，经行业协会批准，可以成为该行业协会的会员。

行业协会会员可以自愿退会。对严重违规违约的会员，行业协会也可以依据行业协会章程规定，取消其会员资格。

第七条 行业协会实行会员制。会员大会或者会员代表大会是行业协会的权力机构。行业协会设立理事会，作为会员大会或者会员代表大会的执行机构。行业协会设立秘书处，作为行业协会的办事机构。

行业协会会长、副会长和理事按照行业协会章程规定的方式选举产生。秘书长是行业协会的专职管理人员，由理事会聘任，也可以按照行业协会章程规定的其他方式产生。

第八条 政府有关工作部门的机构、人事和财务应当与行业协会分开，其工作机构不得与行业协会办事机构合署办公。

本市国家机关工作人员不得在行业协会中担任职务。

第九条 行业协会办事机构的专职工作人员应当逐步职业化。社团登记管理部门应当会同政府有关工作部门指导、帮助行业协会做好专职工作人员的教育培训、职业资格评定、社会保障等工作。

第十条 行业协会可以根据会员需求，组织市场拓展，发布市场信息，推介行业产品或者服务，开展行业培训，提供咨询服务。

第十一条 行业协会可以制订本行业的行规行约，可以向政府有关工作部门提出制订有关技术标准的建议或者参与有关技术标准的制订。

第十二条 行业协会可以对会员之间、会员与非会员之间或者会员与消费者之间就行业经营活动产生的争议事项进行协调，可以对本行业协会与其他行业协会或者其他组织的相关经营事宜进行协调，可以代表本行业参与行业性集体谈判，提出涉及行业利益的意见和建议。

第十三条 行业协会可以根据法律、行政法规的规定，代表行业内相关企业或者其他经济组织向政府有关工作部门提出反倾销调查、反补贴调查或者采取保障措施的申请，协助政府有关工作部门完成相关调查。

行业协会可以参与反倾销的应诉活动。

第十四条 行业协会可以代表本行业向有关国家机关反映涉及行业利益的事项，提出经济政策和立法方面的意见和建议。

第十五条 行业协会对违反行业协会章程或者行规行约、损害行业整体形象的会员，可以按照行业协会章程的规定，采取相应的行业自律措施，并可将有关行业自律措施告知政府有关工作部门。对行业内违法经营的企业或者其他经济组织，行业协会可以建议并协助政府有关工作部门予以查处。

行业协会可以根据需要，制订行业内争议处理的规则和程序。

第十六条 有关国家机关在制订涉及行业利益的地方性法规、规章、公共政策、行政措施、技术标准或者行业发展规划时，应当听取行业协会的意见；制订有关技术标准时，也可以委托行业协会起草。

第十七条 政府有关工作部门应当支持行业协会开展行业服务，并根据实际情况将行业评估论证、技能资质考核、行业调查、行业统计等事项转移或者委托给行业协会承担。

政府有关工作部门将有关工作事项委托给行业协会承担的，应当通过订立合同等方式，建立政府购买服务机制。

第十八条 政府有关工作部门应当为行业协会提供行业信息和咨询，并向国家主管部门反映行业的要求。

政府有关工作部门或者社会组织应当支持行业协会参加反倾销、反补贴、反不正当竞争的有关活动。

第十九条 行业协会可以通过收取会费、接受捐赠、开展服务等途径，筹措活动经费。行业协会的会费标准，由行业协会会员大会或者会员代表大会表决确定。经费使用应当限于行业协会章程规定的范围，并接受会员及政府有关工作部门的监督。

第二十条 行业协会不得通过制订行业规则或者其他方式垄断市场，妨碍公平竞争，损害消费者、非会员企业或者其他经济组织的合法权益、社会公共利益；不得滥用权力，限制会员开展正当的经营活动或者参与其他社会活动；不得在会员之间实施歧视性待遇；不得利用组织优势开展与本行业经营业务相同的经营活动。

行业协会的任何会员不得利用其经营规模、市场份额等优势，限制其他会员在行业协会中发挥作用。

第二十一条 行业协会会员对行业协会实施行业规则、行业自律措施或者其他决定有异议的，可以提请行业协会进行复核，或者依法提请政府有关工作部门处理。

消费者、非会员企业或者其他经济组织认为行业协会的有关措施损害其利益的，可以要求行业协会调整或者变更有关措施，也可以依法提请政府有关工作部门处理或者向人民法院提起诉讼。

第二十二条 市社团登记管理部门应当建立和完善行业协会评估机制以及为行业协会服务的信息系统。

社团登记管理部门和政府有关工作部门应当加强与行业协会的信息沟通。

第二十三条 社团登记管理部门以及政府有关工作部门应当加强对行业协会的指导和服务，为行业协会创造公平、公正的发展环境，保障行业协会依照法律、法规、规章和章程开展活动，并发挥行业协会联合会的作用。

第二十四条 社团登记管理部门以及政府有关工作部门应当依法对行业协会的活动实施监督管理，完善、优化监管体系，规范、改进监管方式。

第二十五条 行业协会应当依照规定接受社团登记管理部门的年度检查。行业协会未依照规定接受年度检查的，由社团登记管理部门给予警告，责令其在规定的期限内接受年度检查；逾期未接受年度检查的，社团登记管理部门可以向社会公告，自公告之日起六个月内仍不接受年度检查的，社团登记管理部门可以予以撤销登记。

第二十六条 以企业为会员的协会、商会，由鉴证类市场中介机构组成的行业协会，法律、法规规定单位或者执业人员应当加入的行业协会，参照适用本规定。

第二十七条 本规定自2003年2月1日起施行。

上海市防汛条例

（2003年8月8日上海市第十二届人民代表大会常务委员会第六次会议通过　根据2010年9月17日上海市第十三届人民代表大会常务委员会第二十一次会议《关于修改本市部分地方性法规的决定》第一次修正　根据2014年7月25日上海市第十四届人民代表大会常务委员会第十四次会议《关于修改〈上海市防汛条例〉的决定》第二次修正　根据2017年11月23日上海市第十四届人民代表大会常务委员会第四十一次会议《关于修改本市部分地方性法规的决定》第三次修正）

第一章　总　　则

第一条　为了加强本市的防汛工作，维护人民的生命和财产安全，保障经济建设顺利进行，根据《中华人民共和国防洪法》、《中华人民共和国防汛条例》等法律、行政法规，结合本市实际情况，制定本条例。

第二条　本市行政区域内防御和减轻台风、暴雨、高潮和洪水引起的灾害的活动，适用本条例。

第三条　防汛工作实行全面规划、统筹兼顾、预防为主、及时抢险、局部利益服从全局利益的原则。

城乡建设和管理应当符合防汛安全的总体要求。

第四条　各级人民政府应当加强对防汛工作的统一领导，组织有关部门、单位，动员社会力量，做好防汛工作。防汛工作实行行政首长负责制，统一指挥、分级分部门负责。

市和区人民政府应当依法设立防汛指挥机构，其办事机构设在同级水行政主管部门。防汛指挥机构在上级防汛指挥机构和同级人民政府的领导下，负责指挥本地区的防汛工作。

乡镇人民政府和街道办事处应当在区防汛指挥机构的领导下，明确负责防汛工作的部门和人员，做好本辖区的防汛工作。

第五条　市和区水行政主管部门在同级人民政府的领导下，负责本辖区内防汛的组织、协调、监督和指导等日常工作。区水行政主管部门业务上受市水行政主管部门的指导。

市和区有关行政管理部门按照各自的职责分工，协同实施本条例。

第六条　任何单位、个人都有保护防汛工程设施和依法参加防汛抢险的义务，有权制止和检举危害或者影响防汛安全的行为。

第七条　各级人民政府和水行政主管部门应当加强防汛安全的宣传，提高市民的防汛安全意识。

各级人民政府和有关部门应当对防汛工作中作出突出贡献的单位、个人给予表彰和奖励。

第二章　防汛专项规划和防汛预案

第八条　防汛专项规划是指为防御和减轻台风、暴雨、高潮和洪水引起的灾害而制定的总体部署，是防汛工程设施建设和非工程防汛措施的基本依据。

市水行政主管部门应当根据流域综合规划组织编制市防汛专项规划，经听取市有关部门和有关区人民政府的意见，由市规划行政管理部门综合平衡，并报市人民政府批准后纳入城市总体规划。

区水行政主管部门应当根据市防汛专项规划组织编制区防汛专项规划，经听取同级相关部门的意见，由区规划行政管理部门综合平衡，并报区人民政府批准后实施。区防汛专项规划应当报市水行政主管部门备案。

防汛专项规划的修改，按原编制、批准程序办理。

第九条 防汛专项规划确定保留的防汛工程设施用地，应当予以公告；未经法定程序，不得改变其用途。

第十条 本市编制港口、河道、航道、排水、岸线利用等专项规划，应当符合防汛安全要求。

有关部门编制前款所列的专项规划时，对涉及防汛安全的部分，应当征求同级水行政主管部门的意见。

第十一条 防汛预案是指对台风、暴雨、高潮和洪水可能引起的灾害进行防汛抢险、减轻灾害的对策、措施和应急部署，包括防汛风险分析、组织体系与职责、预防与预警、应急响应、应急保障、后期处置等内容。

第十二条 市防汛预案，由市水行政主管部门根据市防汛专项规划、防汛工程设施防御能力和国家规定的防汛标准，组织有关部门编制，报市人民政府批准后实施。

区防汛预案，由区水行政主管部门根据市防汛预案和区防汛专项规划的要求，组织有关部门编制，报区人民政府批准后实施，并报市水行政主管部门备案。

乡镇人民政府和街道办事处应当根据区防汛预案的要求，编制本辖区防汛预案，报区水行政主管部门备案。

防汛预案的修改，按照原编制、批准、备案程序办理。

第十三条 市和区防汛预案确定的有防汛任务的部门和单位（以下简称有防汛任务的部门和单位）应当根据防汛任务的要求，结合各自的特点，编制本部门、本单位的防汛预案，并报同级水行政主管部门备案，有防汛任务的单位还应当报其主管部门备案。其他部门和单位应当制定防汛的自保预案。

第十四条 各级防汛指挥机构、有防汛任务的部门和单位应当按照防汛预案的规定，定期组织应急演练和评估。

第三章 防汛工程设施建设和管理

第十五条 防汛工程设施，包括河道堤防（含防汛墙、海塘）、水闸、水文站、泵站、排水管道等能够防御和减轻台风、暴雨、高潮和洪水引起的灾害的工程设施，以及防汛信息系统等辅助性设施。

第十六条 水行政主管部门、乡镇人民政府应当按照防汛专项规划，制定防汛工程设施建设的年度计划。

防汛工程设施建设，必须按照有关法律、法规、技术规范以及防御标准进行设计、施工、监理和验收，确保防汛工程设施的建设质量。

防汛工程设施经验收确认符合防汛安全和运行条件的，方可投入使用。

第十七条 防汛工程设施建设立项审批时，应当按照分级负责原则，明确市管、区管或者乡镇管防汛工程设施和维修养护管理职责。防汛工程设施的立项审批部门应当会同同级水行政主管部门明确防汛工程设施的管理单位。

第十八条 水行政主管部门应当根据防汛预案的要求，制订防汛工程设施的运行方案。

防汛工程设施的管理单位可以自行负责防汛工程设施的养护和运行，或者委托有关单位负责防汛工程设施的养护和运行。

防汛工程设施的养护和运行单位应当根据国家和本市有关防汛工程设施养护和运行的技术标准、操作规程和防汛工程设施运行方案，做好防汛工程设施的养护和运行工作。

第十九条 防汛工程设施的管理单位应当按照国家和本市的规定，定期组织相应的机构和专家对已投入使用的防汛工程设施进行安全鉴定；防汛工程设施运行中出现可能影响防汛安全要求状况的，应当及时进行安全鉴定。

经鉴定不符合安全运行要求的防汛工程设施，管理单位应当根据鉴定报告的要求限期改建、重建或者采取其他补救措施。

第二十条 防汛工程设施应当划定管理和保护范围。水行政主管部门应当会同同级规划行政管理部门提出关于防汛工程设施的管理、保护范围的方案，报同级人民政府批准后实施。

第二十一条 河道（包括湖泊洼淀、人工水道、河道沟汊）的利用必须确保引水、排水、行洪的畅通。禁止擅自填堵河道。

确因建设需要填堵河道的，建设单位应当按照《上海市河道管理条例》的规定办理审批手续。

第二十二条 在防汛墙保护范围内，禁止下列危害防汛墙安全的行为：

（一）擅自改变防汛墙主体结构；

（二）在不具备码头作业条件的防汛墙岸段内进行装卸作业，在不具备船舶靠泊条件的防汛墙岸段内带缆泊船；

（三）违反规定堆放货物、安装大型设备、搭建建筑物或者构筑物；

（四）违反规定疏浚河道；

（五）其他危害防汛墙安全的行为。

装卸作业单位或者防汛墙养护责任单位需要利用防汛墙岸段从事装卸作业的，应当按照市水行政主管部门规定的防汛要求对防汛墙进行加固或者改造。

第二十三条 在海塘保护范围内，禁止下列危害海塘安全的行为：

（一）削坡或者挖低堤顶；

（二）毁损防浪作物；

（三）擅自钻探、搭建建筑物或者构筑物；

（四）擅自垦殖；

（五）铁轮车、履带车、超重车擅自在堤上行驶；

（六）其他危害海塘安全的行为。

第二十四条 禁止向排水管道排放施工泥浆，倾倒垃圾、杂物。

确因施工需要临时封堵排水管道的，建设单位应当按照《上海市排水管理条例》的规定办理审批手续。

在临时封堵排水管道期间，遇有暴雨或者积水等紧急情况，水行政主管部门有权责令建设单位提前拆除封堵。

第二十五条 建设跨河、穿河、穿堤、临河的桥梁、码头、道路、渡口、管道、缆线、排（取）水等工程设施，应当符合防汛标准、岸线规划、航运要求和其他技术要求，不得危害堤防安全、妨碍行洪畅通；其工程建设方案未经有关水行政主管部门根据前述防汛要求审查同意的，建设单位不得开工建设；涉及航道的，按照《上海市内河航道管理条例》的规定办理审批手续。

前款规定以外的新建、改建、扩建的建设项目涉及防汛安全的，规划行政管理部门在审批前应当征求同级水行政主管部门的意见。

第二十六条 地铁、隧道、地下通道、大型地下商场、大型地下停车场（库）等地下公共工程的建设单位，应当按照相关技术规范组织编制地下公共工程防汛影响专项论证报告。

建设行政管理部门在对前款规定的建设工程的初步设计或者总体设计文件审查时，应当将防汛影响专项论证报告征求水行政主管部门意见。

建设单位在地下公共工程的施工图设计和施工过程中，应当落实防汛影响专项论证报告及其审查意见中提出的预防和减轻防汛安全影响的对策和措施。

第二十七条 企业、农村集体经济组织以及其他组织自行投资建设的防汛工程设施，应当符合本条例有关防汛工程设施建设、养护运行、安全鉴定、保护管理、设施废除等规定，并接受水行政主管部门的监督管理。

第二十八条 防汛工程设施不得擅自废除。擅自废除的，由水行政主管部门责令停止违法行为或者采取其他补救措施。失去防汛功能确需废除的防汛工程设施，由水行政主管部门按照管理权限审查同意后，方可废除。

第二十九条 水行政主管部门应当加强对防汛工程设施、涉及防汛安全的工程设施的建设以及运行养护的监督检查；发现危害或者影响防汛安全的工程设施或者行为的，应当责令有关单位限期整改或者采取其他防汛安全措施。

接受检查的单位应当予以配合，不得拒绝或者阻碍防汛监督检查。

第四章 防汛抢险

第三十条 汛期、紧急防汛期的进入和解除日期，由市防汛指挥机构公告。

本市建立防汛分级预警和响应制度，以蓝、黄、橙、红四色分别表示轻重不同的防汛预警，以Ⅳ、Ⅲ、Ⅱ、Ⅰ依次表示相应的四级响应等级。防汛预警和响应的具体制度，由市防汛指挥机构统一制定并公布。

市防汛指挥机构发布防汛预警时，有关部门应当立即启动防汛预案，采取必要的措施，确保城市安全运行。

第三十一条 有防汛任务的部门和单位，应当在汛期建立防汛领导小组，实行防汛岗位责任制，负责本部门、本单位的防汛抢险工作。

第三十二条 各级防汛指挥机构应当按照同级人民政府和上级防汛指挥机构的部署，组建防汛抢险队伍；防汛抢险队伍承担本行政区域内的防汛抢险，在紧急防汛期服从上一级防汛指挥机构的统一调度。

有防汛任务的部门和单位应当结合本部门、本单位的防汛需要，组织或者落实防汛抢险队伍；防汛抢险队伍承担本部门、本单位的防汛抢险工作，在紧急防汛期服从防汛指挥机构的统一调度。

第三十三条 出现重大险情需要请求当地驻军、武警部队给予防汛抢险支援的，由市或者区防汛指挥机构与当地驻军、武警部队联系安排。

第三十四条 各级防汛指挥机构、有防汛任务的部门和单位应当按照防汛预案的规定及时组织抢险救灾；有防汛任务的部门和单位应当服从防汛指挥机构的调度指令。

第三十五条 在汛期，各级防汛指挥机构应当安排专人值班，负责协调、指导、监督本辖区内的防汛工作；有防汛任务的部门和单位应当安排专人值班，负责本部门、本单位的防汛工作。

全市进入紧急防汛期时，各级防汛指挥机构的主要负责人应当到岗值班，负责本辖区防汛抢险的统一指挥；有防汛任务的部门和单位的主要负责人应当到岗值班，负责本部门或者本单位防汛抢险的指挥。

局部区域进入紧急防汛期的，有关区和部门的防汛值班按前款规定执行。

第三十六条 有防汛任务的部门和单位应当按照各自的职责，加强汛期安全检查。发现安全隐患的，应当及时整改或者采取其他补救措施。

防汛工程设施的管理单位和养护运行单位应当加强对防汛工程设施的汛期安全运行检查。发现防汛工程设施出现险情时，应当立即采取抢救措施，并及时向防汛指挥机构报告。

第三十七条 在汛期，水闸、排水管道运行单位应当根据汛情预报以及河道、排水管道的实际水位，按照运行方案，预先降低河道、排水管道的水位，并根据有关规定告知航运管理部门。

第三十八条 在汛期，执行防汛任务的防汛指挥和抢险救灾车辆、船舶，可以凭公安、海事、港口行政主管部门制作的，市防汛指挥机构统一核发的通行标志优先通行。

第三十九条 在紧急防汛期，市和区防汛指挥机构根据防汛抢险的需要，有权在其管辖范围内调用物资、设备、交通运输工具和人力，决定采取取土占地、砍伐林木、清除阻水障碍物和其他必要的紧急措施；必要时，公安、海事、港口等有关部门按照防汛指挥机构的决定，依法实施陆地和水面交通管制。

依照前款规定调用的物资、设备、交通运输工具等，在紧急情况消除后应当及时归还；造成损坏或者无法归还的，按照国家有关规定给予适当补偿或者作其他处理。取土占地、砍伐林木的，在汛期结束后依法向有关部门补办手续，对砍伐的林木予以补种。

第四十条 气象、水文、海洋等部门应当及时准确地向防汛指挥机构提供天气、水文等实时信息和风暴潮预报;防汛工程设施养护管理单位应当及时准确地向防汛指挥机构提供防汛工程设施安全情况等信息;电信部门应当保障防汛指挥系统的通信畅通。

市防汛指挥机构应当通过报纸、广播、电视、网络等传媒及时准确地向社会公告本市汛情和防汛抢险等信息。

第四十一条 本市发布台风、暴雨相应预警时,相关单位和个人应当采取相应的防范措施,确保人身和财产安全。

发布台风、暴雨红色预警时,中小学校和幼托机构应当立即通知停课;对已经到校的学生,中小学校和幼托机构应当做好安全保护工作。举办户外活动以及进行除应急抢险外的户外作业的,应当立即停止。工厂、各类交易市场、公园等可以根据实际情况,采取停工、停市、闭园等措施。有防汛任务的部门和单位应当及时组织专人加强对地下工程设施等重点防护对象进行现场巡查;发现安全隐患的,应当立即采取有效防范措施。

第四十二条 区人民政府应当根据防汛预案,对可能受到灾害严重威胁的人员组织撤离,各有关单位应当协助做好相关撤离工作。

区人民政府组织撤离时,应当告知灾害的危害性及具体的撤离地点和撤离方式,提供必要的交通工具,妥善安排被撤离人员的基本生活。

对人身安全受到严重威胁经劝导仍拒绝撤离的人员,组织撤离的区人民政府可以实施强制性撤离。

在撤离指令解除前,被撤离人员不得擅自返回,组织撤离的区人民政府应当采取措施防止人员返回。

海事管理部门应当会同相关管理部门按照各自职责,引导船舶择地避风。

第四十三条 市和区人民政府应当组织民防、民政、旅游、教育、体育、文化等有关部门,落实避灾安置场所。本市规划和建设的应急避难场所应当兼顾防汛避灾的需求。

第四十四条 台风、暴雨、高潮、洪水灾害发生后,各级人民政府应当组织有关部门和单位开展救灾工作,做好受灾群众安置、生活供给、卫生防疫、救灾物资供应、治安管理等善后工作。有关部门应当将毁损防汛工程设施的修复优先列入年度建设计划。

本市鼓励、扶持单位和个人参加财产或者人身伤害保险,减少因台风、暴雨、高潮、洪水灾害引起的损失。

第四十五条 台风、暴雨、高潮、洪水灾害发生后,防汛指挥机构应当按照国家统计部门的要求,核实和统计所管辖范围的受灾情况,及时报上级主管部门和同级统计部门,有关单位和个人不得虚报、瞒报、伪造、篡改。

第五章 保障措施

第四十六条 防汛费用按照政府投入与受益者合理承担相结合的原则筹集。

各级人民政府应当采取措施,提高防汛投入的总体水平。

各级财政应当安排资金,用于防汛工程设施年度建设计划中经立项审批确定的防汛工程设施的建设、维护、管理及其毁损后的修复,本地区的防汛抢险以及防汛抢险物资的储备和补充。

第四十七条 防汛抢险物资实行分级储备、分级管理和分级负担的制度。

各级防汛指挥机构应当自行储备重要的防汛抢险物资;其他防汛抢险物资的储备可以采取政府自行储备和委托企业或者其他组织代为储备相结合的方式。

各级防汛指挥机构应当按照防汛预案,设立防汛物资储备场所,储备防汛抢险物资,配备必要的防汛抢险装备,并组织有防汛任务的部门和单位做好防汛抢险物资的储备工作。储备的防汛抢险物资,应当加强管理,及时做好回收和补充工作。

第四十八条 任何单位或者个人不得截留、挪用防汛、救灾资金和物资。

各级财政、审计部门应当加强对防汛、救灾

资金使用情况的监督检查。

第六章 法律责任

第四十九条 违反本条例规定,有下列行为之一的,由水行政主管部门责令限期改正,可以处二千元以上二万元以下罚款,情节严重的,可以处二万元以上五万元以下罚款:

(一)新建防汛工程设施,未经验收或者虽经验收但不符合防汛安全和运行条件而擅自投入使用的;

(二)未按照规定进行防汛工程设施养护、运行的;

(三)已投入使用的防汛工程设施,未按照规定进行安全鉴定的;

(四)地下公共工程未进行防汛影响专项论证的;

(五)未按照规定预先降低河道、排水管道的水位的。

第五十条 违反本条例规定,擅自填堵河道的,由水行政主管部门责令停止违法行为,恢复原状或者采取其他补救措施,可以处一万元以上五万元以下罚款;既不恢复原状也不采取其他补救措施的,水行政主管部门可以代为恢复原状或者采取其他补救措施,所需费用由违法者承担。

第五十一条 违反本条例规定,危害防汛墙安全的,由水行政主管部门责令改正,处五千元以上五万元以下罚款。

违反本条例规定,利用防汛墙岸段从事装卸作业,不按照防汛要求对防汛墙进行加固或者改造的,由水行政主管部门责令限期改正,可以处一万元以上五万元以下罚款;逾期不改正的,由水行政主管部门责令停止作业,并可代为加固或者改造防汛墙,所需费用由违法者承担。

第五十二条 违反本条例规定,危害海塘安全的,由水行政主管部门责令改正,处五百元以上五千元以下罚款,情节严重的,处五千元以上五万元以下罚款。

第五十三条 违反本条例规定,向排水管道排放施工泥浆,倾倒垃圾、杂物,或者擅自封堵排水管道的,由水行政主管部门责令限期改正,按照《上海市排水管理条例》的规定予以处罚。

第五十四条 违反本条例规定,工程设施建设方案未经水行政主管部门审查同意,在河道管理范围内建设跨河、穿河、穿堤、临河的工程设施的,责令停止违法行为,补办审查同意或者审查批准手续;工程设施建设严重影响防汛的,责令限期拆除,逾期不拆除的,强行拆除,所需费用由建设单位承担;影响防汛但尚可采取补救措施的,责令限期采取补救措施,可以处一万元以上十万元以下罚款。

第五十五条 违反本条例规定,毁损防汛工程设施的,应当依法承担民事责任;应当给予治安管理处罚的,依照《中华人民共和国治安管理处罚法》的规定处罚;构成犯罪的,依法追究刑事责任。

第五十六条 防汛指挥机构、水行政主管部门、有防汛任务的部门和单位及其工作人员违反本条例规定,有下列行为之一的,视情节和危害后果,由其所在单位或者上级主管部门对直接负责的主管人员和其他直接责任人员给予行政处分;构成犯罪的,依法追究刑事责任:

(一)未按照要求制定和执行防汛预案的;

(二)对政府投资的防汛工程设施建设未按规定招投标的;

(三)汛期拒不执行防汛指挥机构的调度指令的;

(四)汛期未到岗值班,造成严重影响的;

(五)未按照要求进行汛期安全检查、发现违法行为不予查处的;

(六)截留、挪用防汛资金和物资的;

(七)其他玩忽职守、滥用职权、徇私舞弊的行为。

第五十七条 当事人对行政主管部门的具体行政行为不服的,可以依照《中华人民共和国行政复议法》或者《中华人民共和国行政诉讼法》的规定,申请行政复议或者提起行政诉讼。

当事人对具体行政行为逾期不申请复议、不提起诉讼,又不履行的,作出具体行政行为的行政主管部门可以申请人民法院强制执行,或者依法强制执行。

第七章　附　　则

第五十八条　本条例自2003年9月1日起施行。

上海市人口与计划生育条例

(2003年12月31日上海市第十二届人民代表大会常务委员会第九次会议通过　根据2014年2月25日上海市第十四届人民代表大会常务委员会第十一次会议《关于修改〈上海市人口与计划生育条例〉的决定》第一次修正　根据2016年2月23日上海市第十四届人民代表大会常务委员会第二十七次会议《关于修改〈上海市人口与计划生育条例〉的决定》第二次修正)

第一章　总　　则

第一条　为了实现人口、经济、社会、资源、环境的全面、协调和可持续发展,推行计划生育,维护公民的合法权益,促进家庭幸福、民族繁荣与社会进步,根据《中华人民共和国人口与计划生育法》,结合本市实际情况,制定本条例。

第二条　本条例适用于本市行政区域内的人口与计划生育工作。

流动人口的计划生育工作,按照国家和本市的有关规定执行。

第三条　各级人民政府应当加强对人口与计划生育工作的领导,采取综合措施,控制人口数量,提高人口素质,改善人口结构,促进人口合理分布。

各级人民政府应当加强宣传教育,依靠科学技术进步,完善综合服务,建立、健全奖励和社会保障制度,做好人口与计划生育工作。

第四条　市卫生和计划生育行政管理部门依照法定职责负责本市行政区域内的人口与计划生育工作。区、县卫生和计划生育行政管理部门依照法定职责负责本辖区内的人口与计划生育管理工作。

发展和改革、公安、人力资源和社会保障、民政、统计、教育等行政管理部门在各自的职责范围内,做好人口与计划生育的相关管理工作。

乡、镇人民政府和街道办事处负责做好本辖区内的人口与计划生育管理工作。

第五条　工会、共产主义青年团、妇女联合会,计划生育协会、人口学会等社会团体,企业、事业组织、民办非企业单位和公民都应当协助人民政府开展人口与计划生育工作。

居民委员会、村民委员会协助人民政府开展计划生育工作,并应当配备相应的专职或者兼职人员。

第六条　各级人民政府应当把人口与计划生育经费纳入财政预算,保障人口与计划生育工作必要的经费,并根据国民经济和社会发展状况逐步提高人口与计划生育经费投入的总体水平。

第七条　人口与计划生育工作应当作为本市社会主义精神文明建设的重要内容。

第八条　各级人民政府应当对在人口与计划生育工作中做出显著成绩和贡献的单位和个人给予表彰和奖励。

机关、社会团体、企业、事业组织、民办非企业单位应当对在本单位人口与计划生育工作中做出显著成绩和贡献的人员给予表彰和奖励。

第二章 人口综合管理

第九条 市和区、县人民政府根据上一级人民政府的人口发展规划,结合本行政区域实际情况,编制人口发展中、长期规划和年度计划,并将其纳入国民经济和社会发展计划。

第十条 卫生和计划生育、统计以及其他有关行政管理部门负责开展人口总量、人口出生、人口死亡、人口结构、人口迁移等人口发展趋势的中、长期预测,为制定人口发展规划和人口综合调控决策提供依据。

第十一条 市和区、县人民政府根据人口发展中、长期规划,制定本行政区域的人口与计划生育实施方案并组织实施。

市和区、县卫生和计划生育行政管理部门负责实施人口与计划生育实施方案的日常工作。

乡、镇人民政府和街道办事处负责贯彻落实人口与计划生育实施方案。

第十二条 市人民政府对区、县人民政府,区、县人民政府对乡、镇人民政府和街道办事处下达人口与计划生育工作年度目标和责任,并对执行情况进行考评和奖惩。

各级人民政府和街道办事处应当履行相关责任,完成人口与计划生育工作年度目标。

第十三条 户籍所在地与现居住地不一致的,计划生育工作由其户籍所在地和现居住地的人民政府共同负责,以现居住地管理为主。

第十四条 市人民政府根据经济、社会发展水平和资源、环境的承载能力,确定人口发展规模,调控常住人口总量。

市和区、县人民政府应当完善生育调节政策,稳定低生育水平;建立常住人口流入流出调控机制,合理控制人口机械增长。

第十五条 市和区、县人民政府在制定和实施城市规划时,应当控制中心城人口规模,引导城乡人口合理分布。

有关行政管理部门在编制和实施产业、住宅、交通、科学技术、教育、文化、卫生、人力资源和社会保障等专业规划时,应当与区域人口发展规划相适应。

第十六条 本市制定、实施的生育调节、人口迁移、人口流动等制度和措施,应当有利于优化人口年龄结构,缓解人口老龄化。

第十七条 各级卫生和计划生育行政管理部门应当加强母婴保健工作,降低婴儿死亡率和出生缺陷发生率,提高出生婴儿健康水平。

本市提倡公民进行婚前医学检查和孕产期检查。市人民政府应当制定有利于公民自愿进行婚前医学检查和孕产期检查的措施。

医疗保健机构在为公民进行婚前医学检查和孕产期检查时,应当提供规范、优质的服务,并为当事人保守秘密。医师和助产人员应当严格遵守有关操作规程,预防和减少产伤。

第十八条 卫生和计划生育、教育、文化广播影视、新闻出版、民政等相关部门和社会团体应当相互配合,开展生殖健康的宣传、教育,倡导健康的生活方式,增强公民的自我保健意识,做好艾滋病和影响生殖健康的其他疾病的预防和治疗工作。

第十九条 禁止任何机构和个人开展非医学需要的胎儿性别鉴定或者选择性别的人工终止妊娠手术。

第二十条 统计、卫生和计划生育、公安等行政管理部门按照各自职责,对本市户籍人口和在本市居住一定期限的非本市户籍人口开展常规统计、抽样调查、专项调查,并定期向社会公布统计分析数据。

第二十一条 卫生和计划生育行政管理部门按照国家和本市有关规定,建立和完善人口与计划生育信息系统。人口与计划生育信息系统应当纳入市社会保障和市民服务信息系统。

卫生和计划生育、公安、教育、民政、人力资源和社会保障等行政管理部门应当通过本市社会保障和市民服务信息系统相互提供与人口管理相关的数据,实现人口信息共享,促进人口信息资源的综合开发和利用。

第三章 生育调节

第二十二条 公民有生育的权利,也有依法实行计划生育的义务。

夫妻双方共同负有实行计划生育的责任,在作出生育决定时应当平等协商,相互尊重。

公民实行计划生育的合法权益受法律保护。

第二十三条 提倡一对夫妻生育两个子女。

符合下列条件之一的夫妻,可以要求安排再生育子女:

(一)一方婚前未生育过子女,一方婚前已生育过一个子女,且双方婚后共同生育一个子女的;

(二)双方婚前合计生育两个及以上子女,且没有共同生育子女的;

(三)双方婚前均未生育过子女,婚后共同生育了两个子女,其中一个子女经区、县或者市病残儿医学鉴定机构鉴定为非遗传性残疾,不能成长为正常劳动力的。

除前款规定的条件外,因特殊情况可以再生育的条件,由市人民政府另行规定。

第二十四条 从外省、自治区、直辖市迁入本市的少数民族公民,迁入前取得原户籍地县级以上计划生育行政管理部门再生育子女证明的,可以要求安排再生育子女。

第二十五条 一方为本市户籍,另一方为外省、自治区、直辖市户籍的夫妻,要求安排再生育子女的,可以选择适用本条例的规定。

第二十六条 本市居民与香港特别行政区居民、澳门特别行政区居民、台湾地区居民、外国人结婚后的生育政策,按照国家有关规定执行。

华侨、归侨、侨眷的生育政策,按照国家有关规定执行。

第二十七条 符合本条例第二十三条规定的夫妻,要求安排再生育子女的,应当按照下列程序办理:

(一)向女方户籍地的乡、镇人民政府或者街道办事处提交再生育申请表,并提供本条例规定的材料。

(二)乡、镇人民政府或者街道办事处应当自收到再生育申请表及本条例规定的全部材料之日起七个工作日内提出受理意见,并将受理意见及全部申请材料报区、县卫生和计划生育行政管理部门。

(三)区、县卫生和计划生育行政管理部门应当自收到乡、镇人民政府或者街道办事处报送的受理意见和全部申请材料之日起十个工作日内审查完毕。对符合条件的,发给再生育告知书;对不符合条件的,应当书面通知申请人,并说明理由。

依据本条例第二十五条规定,选择适用本条例规定要求安排再生育子女的,向本市一方户籍地的乡、镇人民政府或者街道办事处按照前款规定的程序办理。

第二十八条 符合本条例规定的条件要求安排再生育子女的,应当提供下列基本材料:

(一)身份证明;

(二)户籍证明;

(三)婚姻状况证明;

(四)已有子女状况的声明。

属于本条例第二十三条第二款第三项规定情形的,还应当提供区、县或者市病残儿医学鉴定机构的鉴定材料。

第二十九条 市卫生和计划生育行政管理部门应当根据本市人口出生变动趋势,向社会公布人口出生预报信息。

公民可以根据人口出生预报信息,结合家庭实际,选择生育时间和生育间隔。

第三十条 本市建立新生儿出生、死亡报告制度和终止妊娠统计制度。

医疗保健机构应当定期向所在地的卫生和计划生育行政管理部门报告新生儿出生、死亡的个案信息和终止妊娠的统计信息。

医疗保健机构、卫生和计划生育行政管理部门应当对上述个案信息予以保密。

第四章 奖励与社会保障

第三十一条 符合法律规定结婚的公民,除享受国家规定的婚假外,增加婚假七天。

符合法律、法规规定生育的夫妻,女方除享受国家规定的产假外,还可以再享受生育假三十天,男方享受配偶陪产假十天。生育假享受产假同等待遇,配偶陪产假期间的工资,按照本人正常出勤应得的工资发给。

第三十二条 公民实行计划生育手术,享受国家规定的休假及其待遇。

第三十三条 实行计划生育的育龄夫妻免费享受国家规定的基本项目的计划生育技术服务。

第三十四条 在国家提倡一对夫妻生育一个子女期间,自愿终身只生育一个子女的公民,在子女十六周岁以前,由区、县卫生和计划生育行政管理部门按照有关规定向其颁发《独生子女父母光荣证》(以下简称《光荣证》)。

第三十五条 持有《光荣证》的公民,可以享受以下奖励:

(一)在子女年满十六周岁前,领取独生子女父母奖励费;

(二)农民在调整自留地和安排宅基地时,其独生子女按两个人计算分配面积;

(三)在年老退休时,领取一次性计划生育奖励费。

奖励的具体办法,由市人民政府另行规定。

第三十六条 持有《光荣证》的公民,其独生子女在未满十六周岁之前发生意外伤残或者死亡,不愿再生育和收养子女的,由区、县人民政府按照市人民政府的有关规定给予一次性补助。

第三十七条 依法生育子女的妇女,按照国家和本市的规定,享受生育保险待遇。

第三十八条 各级人民政府和各有关部门在制定老年保障制度和措施时,应当体现对独生子女父母的优先照顾。

第三十九条 依法生育子女的公民,按照本市有关规定报销子女入托儿所、幼儿园的部分托费和管理费。

第五章 法律责任

第四十条 违反本条例规定生育子女的公民,按照国务院《社会抚养费征收管理办法》和市人民政府的有关规定缴纳社会抚养费。

第四十一条 对违反本条例规定生育子女的公民,除征收社会抚养费外,给予以下处理:

(一)分娩的住院费和医药费自理,不享受生育保险待遇和产假期间的工资待遇;

(二)持有《光荣证》的,应退回《光荣证》,终止凭证享受的一切待遇,并退回依据本条例第三十五条规定所享受的奖励;

(三)系国家工作人员的,依法给予行政处分;系其他人员的,所在单位可以给予纪律处分;

(四)系农民的,调整自留地和安排宅基地时,不增加自留地和宅基地的分配面积。

第四十二条 机构和个人开展非医学需要的胎儿性别鉴定或者选择性别的人工终止妊娠手术的,按照国家有关法律、法规处罚。

第四十三条 当事人对行政管理部门的具体行政行为不服的,可以依照《中华人民共和国行政复议法》或者《中华人民共和国行政诉讼法》的规定,申请行政复议或者提起行政诉讼。

第四十四条 卫生和计划生育以及其他有关行政管理部门的工作人员玩忽职守、滥用职权、徇私舞弊的,由其所在单位或者上级主管部门依法给予行政处分;构成犯罪的,依法追究刑事责任。

第六章 附则

第四十五条 本条例自2004年4月15日起施行。1990年3月14日上海市第九届人民代表大会常务委员会第十六次会议通过的《上海市计划生育条例》同时废止。在本条例施行前结婚,且婚后未生育又未收养子女的夫妻,仍可以按照《上海市计划生育条例》第二十七条的规定享受奖励待遇。

上海市旅游条例

（2003 年 12 月 31 日上海市第十二届人民代表大会常务委员会第九次会议通过　根据 2009 年 10 月 22 日上海市第十三届人民代表大会常务委员会第十四次会议《关于修改〈上海市旅游条例〉的决定》第一次修正　根据 2014 年 12 月 25 日上海市第十四届人民代表大会常务委员会第十七次会议《关于修改〈上海市旅游条例〉的决定》第二次修正）

第一章　总　　则

第一条　为了促进本市旅游业的发展，合理开发、有效保护旅游资源，规范旅游市场秩序，保障旅游者和旅游经营者的合法权益，根据《中华人民共和国旅游法》和有关法律、行政法规，结合本市实际情况，制定本条例。

第二条　本条例所称的旅游业，是指利用旅游资源和设施，为旅游者提供游览、住宿、餐饮、交通、购物、娱乐、信息等服务的综合性产业。

本条例所称的旅游资源，是指可以为发展旅游业开发利用，具有经济效益、社会效益和环境效益的自然资源、历史人文资源和其他社会资源。

本条例所称的旅游经营者，是指旅行社、导游服务公司、旅馆、旅游集散站、景区（点）经营者、网络旅游经营者和旅游线路经营者等从事旅游经营活动的单位或者个人。

第三条　本市行政区域内旅游的促进和发展，旅游的规划编制和资源保护，旅游经营者的经营活动和旅游者的旅游活动以及相关的监督管理适用本条例。

第四条　旅游业发展应当与经济和社会发展相协调，突出都市旅游特点，遵循统一规划、可持续发展的原则，坚持旅游资源开发利用与保护相结合，坚持旅游的经济效益、社会效益和环境效益相统一。

第五条　市人民政府应当加强对本市旅游工作的组织和领导，把旅游业的发展纳入国民经济和社会发展规划，建立旅游工作协调机制，对旅游公共服务、旅游产业发展、旅游市场监管和旅游形象推广进行统筹协调。

区、县人民政府应当加强对本行政区域旅游工作的组织和领导，编制本行政区域的旅游发展规划，制定并组织实施有利于旅游业持续健康发展的政策措施，促进旅游业与相关产业的协调发展。

经国家和本市确定的特定旅游区域管理机构可以对本区域旅游公共服务、旅游产业发展、旅游市场监管和旅游形象推广进行统筹协调。

主要景区（点）所在地的镇、乡人民政府和街道办事处应当会同有关部门做好本行政区域旅游资源保护利用、旅游产业发展、旅游安全监督、旅游环境秩序维护和文明旅游宣传等工作。

对促进旅游业发展作出显著贡献的单位和个人，市和区、县人民政府应当给予表彰和奖励。

第六条　市旅游行政管理部门和区、县旅游行政管理部门（以下统称旅游行政管理部门）负责本行政区域内旅游规划的编制、旅游业促进、旅游资源开发利用与保护的组织协调，以及旅游经营活动的指导和监督管理。

相关行政管理部门按照各自职责，保障和促进旅游业的发展。

第七条 旅游经营者可以依法成立或者加入相关行业协会。相关行业协会应当制定行业服务规范，加强行业自律，并可以根据会员需求，开展为会员提供服务、组织市场拓展、参与旅游促销、发布市场信息、推介旅游产品、进行行业培训和交流等活动。

第二章　旅游促进与发展

第八条 市人民政府应当在年度财政预算中，安排旅游发展专项资金。旅游发展专项资金主要用于城市形象宣传、旅游公益设施的建设和重大旅游促进活动的组织等。

各级人民政府应当对涉及景区（点）的道路交通、安全保障、环境卫生、供水供电、自然环境和文化遗产保护等配套设施的建设资金给予支持。

第九条 旅游行政管理部门会同相关行政管理部门建立待开发的旅游建设项目库，指导具有地方特色和文化内涵的旅游项目的投资；为境内外投资者参与旅游业的开发和建设，提供信息，帮助协调；对重点旅游区域和带动地区经济、文化发展的旅游建设项目，给予政策支持。

境内外企业采取参股、兼并、收购或者迁移总部等方式来沪开展旅游经营活动的，享受与本市旅游企业同等待遇。法律、法规对其有特别规定的，按照相关规定执行。

第十条 旅游行政管理部门和相关行政管理部门应当推进本市工业、农业、商业、体育、科技、文化、教育和卫生等社会资源的开发，实现旅游业与相关产业融合发展；创新文化旅游、会展旅游、体育旅游、水上旅游、乡村旅游、医疗旅游、老年旅游、研学旅行等旅游产品，推动休闲度假旅游与观光旅游共同发展。

本市在区域开发中应当统筹考虑城乡居民休闲度假需求，加强设施建设，完善服务功能，合理优化布局，营造城乡居民休闲度假空间。

本市编制和调整土地利用总体规划、城乡规划和海洋功能区规划时，应当充分考虑相关旅游项目、设施的空间布局、建设用地以及用海和海岸线占用需求。

第十一条 各省、自治区、直辖市的旅行社可以组织当地旅游团队直接来本市进行旅游活动。

旅游行政管理部门和相关行政管理部门应当为各省、自治区、直辖市旅行社及其组织的来沪旅游团队提供便利。

第十二条 市旅游行政管理部门应当会同相关行政管理部门制定本市旅游形象宣传计划，建立境内外旅游宣传网点，通过大众传媒、境内外合作交流等各种渠道和形式，加强对本市城市形象、主要景区（点）以及重大节庆、赛事、会展等活动的宣传。

本市鼓励单位和个人结合地方特色和文化特点开发旅游产品。旅游行政管理部门应当根据本区域旅游资源特色和旅游产品优势，确定旅游整体形象和宣传推介主题，扶持旅游产品的开发，促进旅游市场的拓展。

第十三条 国有旅游资源经营权经批准有偿出让的，应当遵循公开、公平、公正和诚实信用的原则，通过拍卖、招标等方式进行。

第十四条 本市推进完善旅游公共服务体系，为旅游者提供高效的信息咨询服务、安全保障服务、交通便捷服务、便民惠民服务。

旅游行政管理部门应当组织建立旅游监测和旅游公共信息服务平台，无偿向旅游者提供景区（点）、线路、交通、气象、客流量预警等旅游信息和咨询服务，根据需要设置旅游咨询中心；推进旅游公共服务进社区，加强对社区的旅游宣传，为社区居民旅游出行、旅游投诉维权提供便利。

相关行政管理部门应当在旅游者集中场所推进公共卫生设施及无障碍设施建设与改造、无线局域网络覆盖，完善高速公路服务区的旅游服务功能。

旅游行政管理部门可以通过政府购买服务等方式，鼓励、引导社会资本和社会力量参与旅游公共服务。

第十五条 本市制定公共客运规划时，应当听取旅游行政管理部门的意见;安排公共客运线路和设置站点时,应当兼顾旅游发展的需要。

本市市内旅游线路规划,应当纳入城市交通线网规划。

本市旅游线路及其设施的配置,应当与公共客运线路及其设施的配置相协调。

第十六条 市旅游行政管理部门应当会同公安、建设交通等行政管理部门,在机场、火车站、码头等公共交通枢纽站点和主要景区(点)合理设置或者安排旅游团队车辆临时上下客点。

市旅游行政管理部门应当会同公安、建设交通等行政管理部门,按照国家和本市的相关规定,在高速公路、城市道路上设置主要景区(点)和公共交通枢纽站点的指引标志。

第十七条 旅游行政管理部门应当开展旅游统计分析,建立旅游信息管理系统,实现区域间旅游信息互通,并向公众发布相关旅游信息。

市统计行政管理部门应当会同市旅游行政管理部门完善旅游统计指标体系和调查方法,建立科学的旅游发展考核评价体系,开展全市旅游产业监测。作为统计调查对象的旅游行政管理部门、旅游企事业单位和其他组织应当按照国家和本市有关规定,真实、准确、完整、及时地报送统计信息。

第十八条 本市建立假日旅游预报制度和旅游警示信息发布制度。

市旅游行政管理部门应当在春节、国际劳动节、国庆节假日期间及放假前一周,通过大众传媒逐日向社会发布主要景区(点)的住宿、交通等旅游设施接待状况的信息。

相关旅游区域发生自然灾害、疾病流行或者其他可能危及旅游者人身和财产安全情形的,市旅游行政管理部门应当依据相关部门发布的通告,及时向旅游经营者和旅游者发布旅游警示信息。

第十九条 市和区、县人民政府应当加强对旅游安全工作的领导,将旅游安全作为突发事件监测和评估的重要内容,建立旅游安全联动机制,组织相关行政管理部门编制旅游突发事件应急预案、开展应急演练。突发事件发生地的区、县人民政府及其有关部门应当及时处理旅游突发事件。

公安、消防、卫生计生、食药监、质量技监、交通、绿化市容、旅游、商务、文化、体育等依法负有审批、处罚等职责的行政管理部门,应当严格按照有关规定实施旅游安全监督管理,逢重大节庆、赛事、会展等活动进行重点安全检查。

第二十条 旅游行政管理部门和相关行政管理部门应当为旅游电子商务提供相应的保障和公共服务,鼓励企业建立旅游电子商务平台,开发网上信息查询、预订和支付等服务功能,实现网上旅游交易。

第二十一条 鼓励利用有关专业会议、博览交易、文艺演出、体育赛事、科技交流等活动,促进旅游业的发展。有关组织机构在协调安排年度展览计划时,应当优先考虑规模大、国际化程度高、对旅游业促进作用明显的展览项目。

第二十二条 本市推进发展邮轮、游船、游艇等水上旅游,加大水上旅游公共设施的投入和建设力度,推进水上旅游航线和产品开发,加强水上旅游的宣传和推介。

市旅游、交通行政管理部门应当根据本市国民经济和社会发展规划,结合旅游发展的实际需要,会同市发展改革、规划、口岸服务、水务(海洋)、海事等有关行政管理部门和相关区、县人民政府组织编制水上旅游发展规划,报市人民政府批准后组织实施。

市发展改革、交通、口岸服务、旅游等行政管理部门应当协同推进邮轮、游船和游艇码头的建设,完善相关的旅游服务功能和配套设施,协调口岸监管部门提高邮轮口岸通关服务和综合管理水平。

市质量技监行政管理部门应当组织市旅游、交通、海事等行政管理部门制定水上旅游服务标准。旅游、交通、海事等行政管理部门应当加强水上旅游市场监管,引导水上旅游经营者提供优质服务。

第二十三条 本市推进开发乡村旅游资

源，促进发展乡村旅游。市旅游、农业行政管理部门应当会同相关行政管理部门和区、县人民政府制定支持乡村旅游发展的相关政策。区、县旅游、农业行政管理部门应当加强乡村旅游的推介，对农村集体经济组织、农民专业合作社开展乡村旅游服务提供培训、指导。

市质量技监行政管理部门应当组织市旅游、农业、公安、工商、环保、食品药监等行政管理部门制定乡村旅游服务的相关标准。

第二十四条 市人民政府应当协调年度节庆活动计划，鼓励旅游经营者开发节庆旅游产品，培育具有影响力、公众参与性强的特色节庆活动。每年在举办上海旅游节活动前，组织单位应当预先发布活动信息，协调与旅游节活动相关的事宜。

第二十五条 在本市举办重大节庆、赛事、会展等活动，市旅游行政管理部门可以根据需要制订旅游住宿保障方案，协调各类住宿资源，满足住宿要求。

市旅游行政管理部门可以组织本市居民利用家庭住房自愿为参加前款所列旅游活动的旅游者提供住宿，具体管理办法由市人民政府规定。

第二十六条 旅游行政管理部门和相关行政管理部门应当通过提供信息、帮助协调等方式，促进研制和开发具有本市地方特色的旅游商品，加强知识产权保护，培育体现地方特色的旅游商品品牌。

本市加强特色商品购物区建设，鼓励社会组织推出旅游商品推荐名单。鼓励企业为旅游者购买商品提供金融、物流等便利服务。

第二十七条 市旅游行政管理部门应当根据旅游发展的实际情况，会同市发展改革、文物、商务、绿化市容、文广影视等行政管理部门制定促进旅游消费的政策措施。

第二十八条 旅游行政管理部门和相关行政管理部门应当加强对旅游院校、专业的建设，促进旅游科研、教学和职业培训工作，培养旅游专业人才。

第二十九条 本市推行旅游服务标准化。

涉及人体健康和人身、财产安全的旅游服务领域，没有国家和行业标准的，相关行政管理部门应当制定地方标准，并组织实施。旅游经营者提供的产品、服务和设施，有强制性标准的，应当符合强制性标准。

第三章 旅游规划与资源保护

第三十条 市旅游行政管理部门根据本市国民经济和社会发展规划以及旅游发展的实际需要，会同有关部门组织编制本市旅游发展规划，依照法定程序报市人民政府批准后，纳入相应的城乡规划，并与土地利用总体规划相协调。

各区、县人民政府根据市旅游发展规划，编制本区、县旅游发展规划。

编制旅游发展规划，应当以市场导向为基础，实行合理引导，防止无序开发和重复建设。

第三十一条 编制本市旅游发展规划，应当发挥长江三角洲地区旅游资源的综合优势，加强与长江三角洲和国内其他地区的区域旅游合作与发展。

对黄浦江、苏州河等水系景观的旅游开发，以及区与区之间或者区与县之间相邻的旅游资源的开发，应当实行统筹协调。

第三十二条 市旅游行政管理部门根据市旅游发展规划，会同有关部门组织编制或者指导区、县旅游行政管理部门组织编制旅游度假区、特色旅游街区、特色农家旅游村等专项规划。区、县旅游行政管理部门编制的专项规划，应当体现区域特色和功能特征，并报市旅游行政管理部门综合平衡。

第三十三条 编制旅游规划，应当听取公众的意见。

旅游规划可以通过招标的方式委托境内外专业机构编制。

第三十四条 新建、改建、扩建景区（点）、旅馆等旅游建设项目，应当符合本市或者区、县旅游发展规划，其建筑规模和风格应当与周围景观相协调，不得破坏旅游环境和生态环境。

相关行政管理部门审批景区（点）、旅馆等

旅游建设项目,应当征求旅游行政管理部门的意见,并依法进行环境影响评价。

第三十五条 市旅游行政管理部门会同相关部门对本市范围内的旅游资源进行普查、评估,建立旅游资源档案,并制定旅游资源保护方案和组织实施。

第三十六条 利用自然保护区等自然资源开发旅游项目,应当遵守有关法律、法规、规章的规定,采取相应的保护措施。风景名胜区以及由规划确定的其外围保护地带内的各项建设项目,不得破坏景观、污染环境、妨碍游览。

第三十七条 利用历史文化风貌区和优秀历史建筑以及其他历史人文资源开发旅游项目,应当遵守法律、法规、规章的规定,保持其特有的历史风貌,不得擅自改建、迁移、拆除。

市旅游行政管理部门应当会同相关部门制作标牌,用中文和外国文字介绍历史人文景区(点)的有关历史文化背景。

第三十八条 利用工业、农业、商业、体育、科技、文化、教育和卫生等社会资源开发旅游项目,应当保持其内容与景观、环境、设施的协调和统一。

第四章 权益保护与经营规范

第三十九条 旅游者的合法权益受法律保护。旅游者享有以下权利:

(一)知悉旅游经营者所提供的产品及服务的真实情况;

(二)自主选择旅游经营者及其所提供的产品或者服务的方式和内容;

(三)要求旅游经营者按照约定或者惯例提供质价相符的服务;

(四)人格尊严、民族风俗习惯及宗教信仰得到尊重;

(五)因接受旅游经营者的服务受到人身、财产损害的,享有依法获得赔偿的权利;

(六)法律、法规、规章规定或者旅游合同约定的其他权利。

第四十条 残疾人、老年人、未成年人、军人、全日制学校学生等旅游者在旅游活动中依照法律、法规和有关规定享受便利和优惠。旅游经营者应当向旅游者明示享受优惠的条件和其他相关信息。

利用公共资源建设的景区(点)应当按照本市有关规定对残疾人、老年人、未成年人、军人、全日制学校学生等旅游者实行门票及相关服务费用减免;鼓励其他景区(点)对残疾人、老年人、未成年人、军人、全日制学校学生等旅游者实行门票及相关服务费用减免。

第四十一条 旅游者应当遵守法律、法规、规章和社会公德;尊重民族风俗习惯和宗教信仰;保护旅游资源和生态环境;爱护古迹、文物和旅游设施;遵守安全和卫生管理规定;履行旅游合同所约定的义务。

第四十二条 旅游经营者的自主经营权受法律保护。旅游经营者有权拒绝违反法律、法规规定的收费、摊派和检查;有权拒绝旅游者违反法律、法规、规章、社会公德或者旅游合同约定内容的要求。

旅游经营者的知识产权受法律保护。任何单位或者个人不得非法获取、使用或者披露旅游经营者的营销计划、销售渠道、客户名单以及其他商业秘密。

第四十三条 从事旅游经营活动的单位或者个人应当按照国家规定,依法取得营业执照。法律、法规规定需经相关行政管理部门许可的,应当取得相应的经营许可证。

旅游经营者经营或者组织漂流、狩猎、探险等具有危险性的特殊旅游活动的,应当按照国家有关规定办理审批手续。

第四十四条 旅游经营者应当严格执行国家有关安全和卫生管理的规定,健全相关的管理制度,配备必要的设施设备并加强维护和保养。

旅游经营者对旅游活动中可能危及旅游者人身、财产安全的情况,应当事先向旅游者做出说明或者明确警示,并采取相应措施防止危害的发生。

发生旅游突发事件的,旅游经营者应当及

时向事故发生地的相关机构和本市的旅游行政管理部门报告。

第四十五条 旅游经营者应当公开服务项目、内容和收费标准,明码标价,禁止强行出售联票、套票。

实行政府指导价的景区(点),应当严格控制门票价格上涨;拟收费或者提高门票价格的,应当论证其必要性、可行性,并按照国家和本市规定的程序确定或者调整门票价格。

第四十六条 旅游经营者之间发生业务往来,不得账外给予或者收受佣金。

旅游经营者之间应当通过合同约定支付佣金的具体数额或者比例,将佣金纳入营业收入,并依法纳税。

旅游经营者不得向导游、领队等旅游从业人员直接支付佣金。

第四十七条 旅行社组织旅游活动,应当与旅游者签订书面旅游合同。签订旅游合同,可以参照相关行政管理部门推荐的合同示范文本。旅游者与旅行社协商一致,可以在合同中约定以下事项:

(一)因航空、铁路、船舶等交通运营的延误、取消等原因影响行程的处理;

(二)因不可抗力影响旅游合同履行的处理;

(三)需要约定的其他事项。

旅行社因接待、招徕旅游者,与其他旅行社或者住宿、餐饮、交通、购物、景区(点)等企业发生业务往来的,应当签订合同,约定双方的权利义务;组织出境旅游的,应当按照国家的规定选择境外旅行社。

旅行社未按照旅游合同标准提供相关服务的,承担违约责任,给旅游者造成损失的,依法赔偿。由于其他旅游经营者的原因致使旅游合同不能履行或者不能完全履行,并给旅游者造成损失的,旅游者有权要求旅行社赔偿;旅行社赔偿后,有权向造成旅游合同不能履行或者不能完全履行的旅游经营者追究违约责任。

旅行社应当按照国家有关规定交纳旅游服务质量保证金,用于旅游者权益损害赔偿和垫付旅游者人身安全遇有危险时紧急救助的费用。

第四十八条 旅行社经与旅游者协商一致或者应旅游者要求指定具体购物场所、安排另行付费旅游项目的,应当与旅游者签订书面合同,并遵守下列规范:

(一)不得影响同一团队其他旅游者的行程安排;

(二)不得通过指定具体购物场所和安排另行付费旅游项目获取回扣等不正当利益;

(三)具体购物场所、另行付费旅游项目经营场所应当同时面向其他社会公众开放;

(四)事先向旅游者明示具体购物场所、另行付费旅游项目的基本信息及可能存在的消费风险。

除前款规定外,旅行社及其从业人员组织、接待旅游者,不得指定具体购物场所,不得安排另行付费旅游项目,不得以旅游者拒绝接受指定购物场所及另行付费旅游项目为由,拒绝签订旅游合同或者提高旅游团费、另行收取费用。

旅游者在与旅行社书面合同约定的具体购物场所内购买商品,销售者在商品中掺杂、掺假,以假充真,以次充好,以不合格商品冒充合格商品,或者销售失效、变质的商品的,旅游者可以要求旅行社赔偿;旅行社赔偿后,有权向商品的销售者追偿。

第四十九条 本市旅行社委托其他旅行社代理销售包价旅游产品,或者接受其他旅行社的委托代理销售包价旅游产品,应当遵守下列规范:

(一)签订委托代理合同,就委托代理销售包价旅游产品事项的内容、形式、代理费及其支付、双方的权利和义务、违约责任、投诉受理机制、应急处置程序等作出约定;

(二)按照本市有关规定向其工商注册地的区、县旅游行政管理部门办理委托代理合同备案;

(三)向旅游者明示委托代理关系,并按照国家和本市有关规定向旅游者做好有关事项的提示、告知;

(四)代理社与旅游者订立包价旅游合同、收取旅游费用的,应当使用委托社的合同和印章,出具委托社的发票,并在包价旅游合同中载明委托社和代理社的基本信息。

第五十条 旅行社与旅游者签订旅游合同时,应当向旅游者说明下列事项:

(一)旅游合同的具体内容;

(二)旅游目的地需要旅游者注意的法律规范和风俗习惯;

(三)发生紧急情况,需要医疗救助的注意事项;

(四)法律、法规规定应当向旅游者说明的其他情况。

第五十一条 旅行社应当向旅游者发放健康信息登记表,指导旅游者填写,并提示旅游者随身携带。

旅游者应当如实填写健康信息登记表。

第五十二条 旅行社、住宿、旅游交通以及高空、高速、水上、潜水、探险等高风险旅游项目的经营者应当根据国家有关规定投保相关责任险。

本市推行旅游经营者责任险统保制度,相关行业协会可以组织本市旅游经营者及外省市旅游经营者在沪分支机构集中投保相关责任险。

第五十三条 旅行社需要租用客运车辆、船舶的,应当选择具有相应资质的运输企业和已投保法定强制保险的车辆、船舶。

旅行社与运输企业签订的旅游运输合同,应当明确运行计划,约定运输路线、运输价格、车辆和船舶的要求以及违约责任等事项。

承担旅游运输的车辆、船舶,应当配备具有相应资质的驾驶员、船员和具有行驶记录功能的卫星定位装置、座位安全带、消防、救生等安全设施设备,并保持安全设施设备正常使用。驾驶员、船员、乘务员及导游人员应当提醒乘客安全注意事项。乘客应当提高安全意识,遵守安全警示规定,按要求使用座位安全带等安全设施设备。

承担旅游运输的车辆、船舶,不得超过核定载客定额载运旅客;车辆、船舶的驾驶员、船员,不得超速、超时、疲劳驾驶。

第五十四条 本市推行旅行社服务质量评定制度。

旅行社服务质量评定由旅行社自愿申请,由相关行业协会依照本市有关标准进行评定并向社会公布评定结果。

第五十五条 参加导游资格考试成绩合格,方可取得导游资格证书。取得导游资格证书的人员,经与旅行社、景区(点)订立劳动合同或者在本市旅游行业组织注册,可以申请取得相应的导游证。导游人员为旅游者提供导游服务,应当遵守法律、法规和职业道德。

旅行社或者景区(点)临时聘用导游人员为旅游者提供服务的,应当与导游人员签订书面合同,约定双方的权利义务。

导游人员有下列情形之一的,旅行社和景区(点)不得安排其为旅游者提供服务:

(一)无民事行为能力或者限制民事行为能力的;

(二)患有传染性疾病的;

(三)法律、法规、规章规定的其他情形。

旅游行业组织应当加强对导游人员的诚信教育,建立对导游人员服务的评价机制。

市旅游行政管理部门应当将导游人员的基本信息、奖惩记录等纳入信用档案。

第五十六条 旅馆的设施设备应当符合国家和本市规定的标准。旅馆经营者应当遵守法律法规,为旅游者提供规范的服务,保护旅游者的人身、财产安全。

旅馆实行等级评定和复核制度。评定和复核的标准、程序按照国家和本市有关规定执行。取得服务质量等级的旅馆,应当按照与其服务质量等级相对应的标准提供服务;未取得服务质量等级的旅馆,不得使用服务质量等级标志和称谓。

第五十七条 景区(点)的范围应当依照城乡规划合理划定。

景区(点)经营者应当根据旅游安全及服务质量等要求,确定旅游接待承载力,实行流量控制，并向社会公布。

景区（点）应当根据接待的需要，按照国家和本市规定的标准设置供水、供电、停车场、公厕、无障碍设施等旅游配套服务设施以及中文和外国文字的导向、解说标识。

第五十八条 旅游线路实行特许经营。特许经营的审批机构和设立条件，由市人民政府规定。

旅游线路经营者应当按照核准的旅游线路走向、时间、班次和交通工具营运并提供承诺的相关服务，不得擅自改变或者减少服务项目和服务内容。

旅游集散站实行统一设置和规范管理。旅游集散站应当建立营运监管制度，对旅游线路经营者承诺的交通工具、营运标准和服务项目进行日常监督；协助相关行政管理部门做好旅游线路交通工具安全监管等工作。旅游集散站不得擅自接纳未经批准经营旅游线路的交通工具进站营运。

第五十九条 邮轮公司、旅行社为旅游者提供邮轮旅游服务，应当向旅游者提供中文文本的合同、船票和服务说明等资料；邮轮公司、旅行社与旅游者签订合同使用格式条款的，应当按照本市有关规定报市工商行政管理部门备案。

邮轮公司、旅行社应当以显著方式提醒旅游者注意邮轮旅游的安全注意事项、风险警示、礼仪规范、民事责任与义务、免责事项、投诉电话、法律救助渠道等内容。邮轮码头应当协助在公共场所宣传明示有关内容。

发生邮轮延误、不能靠港、变更停靠港等情况的，邮轮公司、旅行社和邮轮码头应当及时向旅游者发布信息，告知解决方案，对旅游者进行解释、劝导。邮轮旅游纠纷应当按照有关法律规定和合同约定处理。

旅游者在邮轮旅游活动中或者在解决纠纷时，不得影响港口、码头的正常秩序，不得损害邮轮公司、旅行社和其他旅游者的合法权益。

市旅游、交通行政管理部门应当制定邮轮旅游经营规范。市旅游行政管理部门应当会同市工商行政管理部门制定合同示范文本，供邮轮公司、旅行社和旅游者签订合同时参考、使用。

第六十条 网络旅游经营者应当为旅游者提供真实、可靠的旅游服务信息，并按照国家和本市有关规定向旅游者提供经营地址、联系方式、安全注意事项和风险提示等信息；涉及由其他经营者实际提供服务的，应当在相关产品主页面的显著位置标明，并向旅游者提供该经营者的名称、经营地址、联系方式等信息。

通过网络经营旅游交通、住宿、餐饮、游览、娱乐等单项代定业务的，应当选择具有相应经营资质的经营者作为服务提供方。

通过网络经营包价旅游、代理销售包价旅游合同、委派领队或者导游、代办旅游签证（签注）等旅行社业务的，应当取得旅行社经营许可证，并在其网站主页的显著位置标明许可证信息以及经营地址、联系方式等信息。该网站应当与旅游行政管理部门联网认证。

第六十一条 本市农民以自有宅基地住宅或其他条件从事餐饮、住宿等农家旅游经营，或者农民专业合作社接受其成员委托，以成员的自有宅基地住宅或其他条件从事餐饮、住宿等农家旅游经营，应当符合区、县旅游行政管理部门编制的农家旅游专项规划，并按照有关规定享受税收优惠政策。

市人民政府应当结合本市实际情况，遵循促进发展、适度监管的原则，制定农家旅游经营的管理办法。从事农家旅游经营的客房数、经营面积等超过规定标准的，执行国家和本市旅馆业管理制度。

第六十二条 旅馆、景区（点）和其他旅游经营场所，应当在醒目位置使用符合国家规定的公共信息图形符号。

第六十三条 旅游经营者及其从业人员不得有下列行为：

（一）组织或者提供损害国家利益、民族尊严和违反社会公德的活动；

（二）超越核定范围经营旅游业务；

（三）假冒其他旅游经营者的注册商标、品牌、质量认证标志，或者擅自使用其他旅游经营者的名称；

（四）对服务范围、内容、标准等做虚假宣传；

（五）法律、法规和规章禁止的其他行为。

第六十四条 旅游者与旅游经营者发生争议的，旅游者可以通过以下途径解决：

（一）与旅游经营者协商；

（二）向消费者协会、旅游行业协会投诉；

（三）向旅游、工商等行政管理部门投诉；

（四）旅游合同中约定有仲裁条款或者事后达成书面仲裁协议的，申请仲裁机构仲裁；

（五）向人民法院提起诉讼。

第六十五条 旅游行政管理部门应当健全旅游投诉制度，设立并公布投诉电话，接受旅游者的投诉。旅游行政管理部门在接到旅游者投诉后，属于本部门处理的，应当在四十五日内作出处理决定，并答复投诉者；对应当由其他部门处理的，应当在五个工作日内转交有关部门处理，并告知投诉者。

第五章 法律责任

第六十六条 旅游经营者及其从业人员违反旅游经营管理的规定，法律、法规有处罚规定的，从其规定。

旅游者违反本条例第四十一条规定的，按照有关法律、法规的规定处理。

第六十七条 旅游经营者违反本条例第四十五条第一款的规定，强行出售联票、套票的，由旅游行政管理部门责令改正，没收违法所得，并处违法所得一倍以上五倍以下的罚款；没有违法所得的，处二千元以上一万元以下的罚款。

第六十八条 旅行社违反本条例第四十九条第二项规定，未按照规定向旅游行政管理部门办理备案的，由旅游行政管理部门责令改正，并处二千元以上五千元以下的罚款。

第六十九条 旅行社违反本条例第五十三条第一款、第三款的规定，使用不符合规定的车辆、船舶承担旅游运输的，由旅游行政管理部门责令改正，没收违法所得，并处五千元以上五万元以下的罚款；违法所得五万元以上的，并处违法所得一倍以上五倍以下的罚款；情节严重的，责令停业整顿或者吊销旅行社业务经营许可证；对直接负责的主管人员和其他直接责任人员，处二千元以上二万元以下的罚款。

第七十条 旅行社、景区（点）违反本条例第五十五条第三款规定，安排不符合规定的导游人员为旅游者提供服务的，由旅游行政管理部门责令改正，没收违法所得，并处一千元以上一万元以下的罚款。

第七十一条 违反本条例第五十八条第三款规定，旅游集散站擅自接纳未经批准经营旅游线路的交通工具进站营运的，由旅游行政管理部门责令改正，没收违法所得，并处违法所得一倍以上五倍以下的罚款。

第七十二条 旅游经营者有本条例第六十六条、第六十七条、第六十八条、第六十九条、第七十条、第七十一条规定情形的，除依照法律、法规规定予以处罚外，处罚机关应当将违法旅游经营者的行政处罚信息记入信用档案，通过企业信用信息公示系统向社会公布，归集到市公共信用信息服务平台。

第七十三条 当事人对旅游行政管理部门以及相关行政管理部门的具体行政行为不服的，可以依照《中华人民共和国行政复议法》或者《中华人民共和国行政诉讼法》的规定，申请行政复议或者提起行政诉讼。

当事人对具体行政行为逾期不申请复议，不提起诉讼，又不履行的，作出具体行政行为的旅游行政管理部门以及相关行政管理部门可以申请人民法院强制执行。

第七十四条 旅游行政管理部门以及其他相关行政管理部门的工作人员玩忽职守、滥用职权、徇私舞弊的，由其所在单位或者上级主管部门依法给予行政处分；构成犯罪的，依法追究刑事责任。

第六章 附则

第七十五条 本条例自2004年3月1日起施行。

上海市职业教育条例

（2004 年 5 月 20 日上海市第十二届人民代表大会
常务委员会第十二次会议通过）

第一章 总 则

第一条 为了实施科教兴市战略，发展职业教育，提高劳动者素质，促进社会主义现代化建设，根据《中华人民共和国职业教育法》和其他有关法律、行政法规，结合本市实际情况，制定本条例。

第二条 本市行政区域内职业学校教育、职业培训及其相关管理活动，适用本条例。

国家机关实施的对国家机关工作人员的专门培训，按照法律、行政法规和本市的其他有关规定执行。

第三条 本市职业教育应当提高劳动者的文化素质、职业道德、就业能力、工作能力和职业转换能力。

第四条 本市建立与市场需求相适应，人才培养与劳动就业相结合，学校和企业相联系，初等、中等、高等职业教育相衔接，职业学校教育和职业培训并重，与其他教育互相沟通、协调发展的职业教育体系。

第五条 本市建立和完善以政府为主导，企业、事业单位、社会团体、其他社会组织及公民个人参与的多元化职业教育办学体制。

第六条 市和区、县人民政府应当将发展职业教育纳入国民经济和社会发展的总体规划，加强对职业教育工作的领导、统筹协调和督导评估，引导、支持、促进职业教育的发展。

市教育行政管理部门主管本市职业学校教育和以文化为主的职业培训工作。区、县教育行政管理部门按照本条例规定的职责，管理职业学校教育和以文化为主的职业培训工作。

市劳动和社会保障行政管理部门主管本市以技能为主的职业培训工作。区、县劳动和社会保障行政管理部门按照本条例规定的职责，管理以技能为主的职业培训工作。

其他有关行政管理部门按照各自职责，分别做好职业教育的相关管理工作。

第七条 各行业主管部门应当履行本行业职业教育的协调和业务指导职责。

行业组织可以接受政府主管部门或者行业主管部门的委托，开展行业人力资源预测，制定行业职业教育和培训规划，指导行业职业教育、职工培训和职业技能鉴定。

第八条 本市建立和完善多渠道筹集职业教育资金的机制。

市和区、县人民政府应当确保职业教育的财政性经费投入，并逐年增长。

本市鼓励企业、事业单位、社会团体、其他社会组织及公民个人出资投入职业教育事业。

第九条 市和区、县人民政府采取措施，帮助妇女接受职业教育，组织失业人员接受各种形式的职业教育，保障残疾人接受职业教育。

本市组织和举办多种形式的农村实用技术和非农产业的职业培训，促进农村职业教育的发展。

第十条 市和区、县人民政府应当对在职业教育中作出显著贡献的单位和个人给予表彰和奖励。

第二章 职业学校教育

第十一条 职业学校教育分为初等、中等和高等职业学校教育，分别由初等、中等和高等职业学校实施。

普通初中、高中和高等院校，可以按照教育行政管理部门的统筹规划，实施同层次的职业学校教育。

残疾人的职业学校教育除由专门设置的残疾人职业学校实施外，还可以由前两款规定的职业学校实施。

第十二条 市和区、县人民政府应当举办发挥骨干和示范作用的职业学校。

行业主管部门应当办好所属的职业学校。

企业、事业单位、社会团体、其他社会组织及公民个人可以按照国家规定，举办职业学校。

职业学校的举办者可以独立办学，也可以联合办学。举办者联合办学的，应当签订联合办学合同。

外国教育机构同中国教育机构在本市合作举办职业学校的，应当按照国家和本市有关规定办理。

第十三条 行业主管部门、行业组织、企业、事业单位可以委托学校实施相应的职业学校教育。委托实施职业学校教育的，应当签订委托合同。

第十四条 高等职业学校的设立，由市人民政府审批。

中等职业学校或者初等职业学校（职业班）的设立，由其所在地的区、县教育行政管理部门审批，并向市教育行政管理部门备案。

第十五条 设立职业学校，应当具备下列条件：

（一）有组织机构和章程；

（二）有合格的教师；

（三）有符合规定标准的教学场所，有与职业教育相适应的设施、设备；

（四）有必备的办学资金和稳定的经费来源。

第十六条 申请举办职业学校的，应当向审批机关提交下列材料：

（一）申办报告，主要包括举办者、培养目标、办学层次、办学形式、经费筹措与管理使用等内容；

（二）学校章程；

（三）学校资产的有效证明；

（四）校长、教师财会人员的资格证明文件。

法律、行政法规另有规定的，从其规定。

第十七条 申请设立职业学校的，审批机关应当自受理之日起三个月内以书面形式作出是否批准的决定，并送达申请人；其中申请设立高等职业学校的，审批机关自受理之日起六个月内以书面形式作出是否批准的决定，并送达申请人。

经批准设立的职业学校，审批机关应当按照法律、行政法规的规定，向其颁发办学许可证。取得办学许可证的职业学校，应当依法办理事业单位法人登记或者民办非企业单位法人登记。

审批机关对批准设立的职业学校，应当通过政府网站或者其他方式向社会公示。

第十八条 职业学校变更举办者或者分立、合并、终止的，应当依法进行清算。

职业学校变更名称、层次、类别、地址、举办者，或者分立、合并、终止的，应当向审批机关提出申请。审批机关应当自受理之日起三个月内以书面形式答复，其中属高等职业学校的，审批机关自受理之日起六个月内以书面形式答复。职业学校终止的，应当妥善安置在校学生。终止的职业学校，应当向原审批机关办理注销登记手续，并由原审批机关收缴办学许可证，销毁印章。

职业学校清偿债务结束后，仍有剩余财产的，按照国家有关规定办理。

第十九条 职业学校应当按照招生的规定录取学生，不得有性别歧视，不得拒绝录取符合条件的残疾学生。

职业学校应当按照国家规定建立学籍管理制度。

第二十条 职业学校应当贯彻国家教育方针，全面提高受教育者的素质，实行产教结合，开展教育教学研究，根据本地经济社会发展和劳动力市场需要，灵活设置专业和课程，积极发展面向本市支柱产业、新兴产业的专业，增强职业教育专业的适应性。

职业学校应当开发和编写体现新知识、新技术、新工艺、新方法及具有地方特色的传统工艺、传统技术等具有职业教育特点的课程和教材。

职业学校应当按照教学计划和教学大纲的要求完成教学任务，组织实习教学，加强对学生的就业指导。

第二十一条 职业学校的学生应当按照教学计划的要求，参加实训和上岗实习。

市和区、县人民政府应当加强职业教育公共实训基地的建设，支持职业学校举办实训、实习基地，鼓励企业、事业单位为职业学校提供实习基地或者场所，接纳职业学校的学生实习。

对上岗实习的学生，企业、事业单位应当安排必要的带教老师，提供相应的劳动保护条件，并给予适当的补贴；职业学校应当配合实习单位做好实习期间学生的管理工作。

职业学校举办实习基地的，可以享受国家规定的税收优惠政策。

第二十二条 接受职业学校教育的学生，经学校考核合格，按照国家有关规定，获得相应的学历证书或者其他证书。

第二十三条 中等职业学校毕业生可以报考高等职业学校或者普通高等学校；高等职业学校专科毕业生可以报考高等职业学校或者普通高等学校的本科学习。

本市实行中等职业学校毕业生进入高等职业学校的择优推荐制度。

第二十四条 市人民政府应当根据本市社会经济发展水平，制定本市职业学校不同类别的学生人数平均经费标准。

本市职业学校学生人数平均经费标准，由市教育行政管理部门会同市财政行政管理部门拟订，报市人民政府批准后公布实施。

第二十五条 职业学校的举办者应当按照不低于本市同类别学生人数平均经费标准足额拨付职业教育经费。

职业学校的基本建设经费需要，由举办者按照核定的学校规模安排落实。

第二十六条 城市教育费附加中用于中等职业教育的比例应当不低于22%。

除经常性拨款外，市和区、县人民政府应当每年安排一定数额的职业学校教育补助专款。

本市设立高等职业教育专项经费。专项经费的具体数额及使用办法，由市人民政府另行规定。

教育行政管理部门和财政行政管理部门安排使用城市教育费附加、职业学校教育补助专款、高等职业教育专项经费等费用，应当遵循公开、公平、合理的原则。

第二十七条 本市鼓励金融机构运用信贷手段，扶持发展职业学校教育。

高等职业学校学生获得金融机构助学贷款的，政府应当给予其与普通高等学校学生同等的贴息待遇。

第三章 职业培训

第二十八条 职业培训包括从业前培训、转业培训、学徒培训、在岗培训、转岗培训及其他文化或者技能的职业培训，可以根据实际情况分为初级、中级、高级职业培训。

职业培训由职业学校或者职业培训机构实施。

第二十九条 企业、事业单位、社会团体、其他社会组织及公民个人可以按照国家规定，举办职业培训机构。举办者可以独立办学也可以联合办学。举办者联合办学的，应当签订联合办学合同。

外国教育机构同中国教育机构在本市合作举办职业培训机构的办法，按照国家和本市有关规定办理。

第三十条 实施自学考试助学及其他文化教育的职业培训机构的设立、变更和终止，由区、县教育行政管理部门审批。其中，实施高级职业培训的机构的设立、变更和终止，区、县教育行政管理部门应当报市教育行政管理部门备案。

实施以初级、中级职业技能为主的职业培训机构的设立、变更和终止，由区、县劳动和社会保障行政管理部门审批；实施以高级职业技能为主的职业培训机构的设立、变更和终止，由市劳动和社会保障行政管理部门审批。

第三十一条 职业培训机构的设立，应当符合下列条件：

（一）有组织机构和管理制度；

（二）有与培训任务相适应的教师和管理人员；

（三）有与进行培训相适应的场所、设施、设备；

（四）有相应的经费。

第三十二条 除中外合作职业培训机构外，职业培训机构的审批程序，由教育行政管理部门、劳动和社会保障行政管理部门根据各自权限，参照本条例第十七条、第十八条的规定执行。

经批准设立的职业培训机构，审批机关应当按照法律、行政法规的规定，向其颁发办学许可证。取得办学许可证的职业培训机构，应当依法办理事业单位法人登记或者民办非企业单位法人登记。

审批机关对批准设立的职业培训机构，应当通过政府网站或者其他方式向社会公示。

第三十三条 职业培训机构应当制定培训计划，并按照培训计划开展职业培训，不得任意减少培训内容和培训课时。

接受职业培训的学生，经考核合格的，按照国家有关规定获得相应的培训证书。

职业培训机构应当根据本市职业技能鉴定的要求，组织培训学员参加相应的职业技能鉴定。学员经考核合格的，可以获得相应的职业资格证书。

第三十四条 市劳动和社会保障行政管理部门应当向职业培训机构提供劳动力市场需求信息，引导职业培训机构合理设置专业。

由政府投资兴办的公共实训基地应当向社会开放。

职业培训机构应当加强与用人单位的联系，建立培训机构与劳动力市场密切联系的机制。

第三十五条 市和区、县人民政府可以采用购买培训服务的方式，帮助劳动者提高劳动技能和就业能力。

第三十六条 市和区、县人民政府应当加大对农村职业培训的投入，对农村职业培训机构予以扶持。

第三十七条 企业、事业单位根据自身发展和岗位要求，制定本单位职工的职业培训规划和年度计划，并按照规划和年度计划组织实施。

企业、事业单位可以委托学校、职业培训机构对本单位的职工实施职业培训。委托实施职业培训的，应当签订委托合同。

第三十八条 企业按照职工工资总额的1.5%足额提取职业培训经费；职工技术素质要求高、培训任务重、经济效益好的企业可以按照2.5%提取，列入成本开支。

职业培训经费必须专款专用，主要用于一线职工职业培训的费用。

企业应当向职工代表大会（职工大会）或者工会报告职业培训经费的使用情况并定期公布，接受财务主管部门、企业职工代表大会（职工大会）、工会的检查监督。

第四章 相关管理制度

第三十九条 职业学校学历教育收费标准由市教育行政管理部门提出方案，市财政行政管理部门立项，市物价行政管理部门核价；其中，民办职业学校学历教育收费标准按照《中华人民共和国民办教育促进法》的规定执行。

职业培训的收费标准由职业培训机构自主确定，报教育行政管理部门、劳动和社会保障行政管理部门、物价行政管理部门备案。

职业学校和职业培训机构应当公示收费标准。

第四十条 职业学校和职业培训机构应当依法建立财务、会计制度和资产管理制度，并按照国家有关规定设置会计账簿。

第四十一条 市和区、县人民政府的教育督导部门对本行政区域内的职业教育工作进行监督、检查、评估和指导,并将督导结果向社会公布。

市教育行政管理部门、市劳动和社会保障行政管理部门定期组织或者委托社会中介组织评估职业学校和职业培训机构的办学水平和教育质量,并将评估结果向社会公布。

第四十二条 职业学校和职业培训机构的教师应当依法取得相应的教师资格。

职业学校和职业培训机构可以根据职业教育的特点,聘请教师;可以根据专业技能培训的需要,聘请专业技术人员、高级技术工人、有特殊技能的人员和其他教育机构的教师任教。

第四十三条 市教育行政管理部门应当根据职业教育发展的需要,制定职业教育师资队伍的培养培训规划,在本市高等院校、企业和相关单位建立培养培训基地。企业应当为从事职业教育的教师的实践和培训提供条件和方便。

第四十四条 本市按照国家规定实施职业资格证书制度。

市劳动和社会保障行政管理部门负责综合管理本市职业技能鉴定和以职业技能为主的职业资格证书的核发管理工作。

第四十五条 鼓励各级各类职业学校实施学历证书、职业资格证书并重的"双证书"制度。

第四十六条 鼓励境外职业资格认证机构在本市依法开展相关认证业务。劳动和社会保障行政管理部门、人事行政管理部门按照国家有关规定负责境外职业资格证书的管理。

第四十七条 本市推行劳动预备制度,对未能升学的初高中毕业生,在就业上岗前进行职业培训。

本市建立青年见习基地,对志愿报名的适龄青年,政府应当组织其在就业前到青年见习基地接受在岗职业技能训练。

第四十八条 国家规定实行就业准入控制的职业(工种),用人单位应当从取得相应职业资格证书的人员中录用。

国家未规定实行就业准入控制的职业(工种),鼓励用人单位优先从经过相应职业培训的人员中录用。

第五章 法 律 责 任

第四十九条 违反本条例规定的行为,《中华人民共和国教育法》、《中华人民共和国民办教育促进法》等有关法律、行政法规有处理规定的,按照有关规定处理。

第五十条 职业学校、职业培训机构或者其他从事职业教育的单位、个人在职业教育活动中,侵害受教育者合法权益的,应当依法承担民事责任。

第五十一条 当事人对行政管理部门的具体行政行为不服的,可以依照《中华人民共和国行政复议法》或者《中华人民共和国行政诉讼法》的规定,申请行政复议或者提起行政诉讼。

当事人对具体行政行为逾期不申请复议,不提起诉讼,又不履行的,作出具体行政行为的行政管理部门可以申请人民法院强制执行。

第五十二条 教育、劳动和社会保障以及其他行政管理部门及其工作人员玩忽职守、滥用职权、徇私舞弊的,由其所在单位或者上级主管部门依法给予行政处分;构成犯罪的,依法追究刑事责任。

第六章 附 则

第五十三条 本条例自 2004 年 7 月 15 日起施行。1987 年 9 月 24 日上海市第八届人民代表大会常务委员会第三十一次会议通过的《上海市职业技术教育条例》和 1988 年 1 月 9 日上海市第八届人民代表大会常务委员会第三十四次会议通过的《上海市职工教育条例》同时废止。

上海市住宅物业管理规定

（2004 年 8 月 19 日上海市第十二届人民代表大会常务委员会第十四次会议通过
2010 年 12 月 23 日上海市第十三届人民代表大会常务委员会第二十三次会议修订）

第一章 总 则

第一条 为了规范住宅物业管理活动，维护业主和物业服务企业的合法权益，根据《中华人民共和国物权法》、国务院《物业管理条例》和其他有关法律、行政法规，结合本市实际情况，制定本规定。

第二条 本市行政区域内住宅物业管理、使用及其监督管理，适用本规定。

第三条 本规定所称住宅物业管理（以下简称物业管理），是指住宅区内的业主通过选聘物业服务企业，由业主和物业服务企业按照物业服务合同约定，或者通过其他形式，对房屋及配套的设施设备和相关场地进行维修、养护、管理，维护相关区域内的环境卫生和秩序的活动。

本规定所称业主，是指房屋的所有权人。

本规定所称使用人，是指房屋的承租人和实际居住人。

本规定所称物业服务企业，是指依法取得独立法人资格、具有相应资质，从事物业服务的企业。

第四条 市房屋行政管理部门负责全市物业管理的监督管理工作。区、县房屋行政管理部门负责本辖区内物业管理的监督管理；其设立的房屋管理办事机构（以下简称房管办事处）承担相关具体事务。

市和区、县房屋行政管理部门履行以下职责：

（一）业主大会和业主委员会的业务指导与监督管理；

（二）物业服务企业和从业人员的监督管理；

（三）专项维修资金归集、使用的指导与监督；

（四）物业使用和维护的监督管理；

（五）物业管理方面的其他监督管理职责。

第五条 区、县人民政府应当建立住宅小区综合管理工作制度，组织区、县相关行政管理部门和单位，部署、推进和协调辖区内物业管理各项工作，并指导监督业主大会、业主委员会的各项工作。

乡、镇人民政府和街道办事处应当建立本辖区住宅小区综合管理工作制度，协调和处理辖区内物业管理综合事务和纠纷，指导监督业主大会、业主委员会的组建及日常运作。

第六条 市物业管理行业协会是实行行业服务和自律管理的社会组织，依法制定和组织实施自律性规范，组织业务培训，对物业服务企业之间的纠纷进行调解，维护物业服务企业合法权益。

本市鼓励物业服务企业加入市物业管理行业协会。

第二章 业主及业主大会

第七条 住宅小区，包括分期建设或者两个以上单位共同开发建设的住宅小区，其设置的配套设施设备是共用的，应当划分为一个物业管理区域；但被道路、河道等分割为两个以上自然街坊或者封闭小区，且能明确共用配套设施设备管理、维护责任的，可以分别划分为独立的物业管理区域。

第八条 房屋行政管理部门负责核定物业

管理区域。

规划行政管理部门在住宅建设工程设计方案审查时，应当征求区、县房屋行政管理部门对物业管理区域的预划意见。

建设单位在申请办理住宅建设工程规划许可证的同时，应当向区、县房屋行政管理部门提出划分物业管理区域的申请，区、县房屋行政管理部门应当在五日内核定物业管理区域。

建设单位在房屋销售时，应当将区、县房屋行政管理部门核定的物业管理区域范围，通过合同约定方式向物业买受人明示。

第九条 尚未划分或者需要调整物业管理区域的，区、县房屋行政管理部门应当会同乡、镇人民政府或者街道办事处，按照第七条的规定，结合当地居民委员会、村民委员会的布局划分物业管理区域。调整物业管理区域的，还应当征得专有部分占建筑物总面积过半数的业主且占总人数过半数的业主同意。

物业管理区域调整后，区、县房屋行政管理部门应当在相关物业管理区域内公告。

第十条 建设单位在办理房屋交付使用许可手续时，应当向房管办事处提交下列资料：

（一）竣工总平面图，单体建筑、结构、设备竣工图，配套设施、地下管网工程竣工图等竣工验收资料；

（二）设施设备的安装、使用和维护保养等技术资料；

（三）物业质量保修文件和物业使用说明文件；

（四）物业管理所必需的其他资料。

建设单位在办理物业承接验收手续时，应当向物业服务企业移交前款规定的资料。

业主可以向房管办事处、物业服务企业申请查询本物业管理区域内第一款规定的资料。

第十一条 业主在物业管理活动中，除享有《中华人民共和国物权法》、国务院《物业管理条例》规定的权利外，还有权提议召开首次业主大会会议。

业主在物业管理活动中，应当履行《中华人民共和国物权法》、国务院《物业管理条例》规定的义务。

业主应当直接或者通过建设单位、物业服务企业向业主委员会提供联系地址、通讯方式。

第十二条 业主大会由一个物业管理区域内的全体业主组成。

一个物业管理区域内，房屋出售并交付使用的建筑面积达到百分之五十以上，或者首套房屋出售并交付使用已满两年的，应当召开首次业主大会会议，成立业主大会。但只有一个业主的，或者业主人数较少且经全体业主一致同意，决定不成立业主大会的，由业主共同履行业主大会、业主委员会职责。

第十三条 物业管理区域符合本规定第十二条第二款所列应当成立业主大会条件之一的，建设单位应当在三十日内向物业所在地的乡、镇人民政府或者街道办事处提出成立业主大会的书面报告，并提供下列资料：

（一）物业管理区域核定意见；

（二）物业服务企业用房和业主委员会用房（以下合称物业管理用房）配置证明；

（三）业主清册和物业建筑面积；

（四）物业出售并交付使用时间；

（五）已筹集的专项维修资金清册。

建设单位未及时提出书面报告的，业主可以向乡、镇人民政府或者街道办事处提出成立业主大会的书面要求。

第十四条 乡、镇人民政府或者街道办事处应当在接到建设单位书面报告或者业主书面要求后的六十日内，会同区、县房屋行政管理部门组建业主大会筹备组（以下简称筹备组）。筹备组应当自成立之日起七日内，将成员名单在物业管理区域内公告。

筹备组由业主代表，建设单位代表，乡、镇人民政府或者街道办事处代表，房管办事处代表，物业所在地居民委员会或者村民委员会代表组成。筹备组人数应当为单数，其中业主代表应当符合本规定第十九条第二款的规定，人数所占比例应当不低于筹备组总人数的二分之一。筹备组组长由乡、镇人民政府或者街道办事处代表担任。

筹备组中的业主代表,由乡、镇人民政府或者街道办事处组织业主推荐产生。

业主对筹备组成员有异议的,由乡、镇人民政府或者街道办事处协调解决。

第十五条 筹备组应当做好以下筹备工作:

(一)确认并公示业主身份、业主人数以及所拥有的专有部分面积;

(二)确定首次业主大会会议召开的时间、地点、形式和内容;

(三)草拟管理规约、业主大会议事规则;

(四)确定首次业主大会会议表决规则;

(五)制定业主委员会成员候选人产生办法,确定业主委员会成员候选人名单;

(六)制定业主委员会选举办法;

(七)完成召开首次业主大会会议的其他准备工作。

前款内容应当在首次业主大会会议召开十五日前在物业管理区域内公告。业主对公告内容有异议的,筹备组应当记录并作出答复。

筹备组应当自成立之日起九十日内,组织召开首次业主大会会议。

筹备组在业主委员会依法成立后自行解散。

第十六条 业主大会除履行《中华人民共和国物权法》、国务院《物业管理条例》规定的职责外,还可以决定业主委员会的工作经费、撤销业主小组不适当的决定。

第十七条 业主大会会议可以采用集体讨论形式,也可以采用书面征求意见的形式。业主大会会议应当有物业管理区域内专有部分占建筑物总面积过半数的业主且占总人数过半数的业主参加。

业主大会作出决定,应当经专有部分占建筑物总面积过半数的业主且占总人数过半数的业主同意。业主大会决定筹集和使用专项维修资金,或者改建、重建建筑物及其附属设施的,应当经专有部分占建筑物总面积三分之二以上的业主且占总人数三分之二以上的业主同意。

业主可以委托代理人参加业主大会会议,代理人应当持业主书面委托书并依据委托人对所议事项的意见进行投票表决。

第十八条 首次业主大会会议通过的议事规则,应当就业主大会的议事方式、表决程序,业主小组的设立,业主委员会的组成、任期、罢免和补选等事项作出约定。

第十九条 业主委员会由业主大会会议选举产生,依法履行职责。业主委员会由五人以上单数组成,任期为三年到五年。

业主委员会成员应当符合国务院《物业管理条例》规定的条件。业主有损坏房屋承重结构、违法搭建、破坏房屋外貌、擅自改变物业使用性质、欠交物业服务费或者专项维修资金、违法出租房屋等情形且未改正的,不得担任业主委员会成员;担任业主委员会成员后出现上述情形的,应当按照业主大会确定的规则予以罢免。

业主委员会履行下列职责:

(一)召集业主大会会议,报告物业管理的实施情况;

(二)代表业主与业主大会选聘的物业服务企业签订物业服务合同;

(三)及时了解业主、物业使用人的意见和建议,督促业主交纳物业服务费,监督和协助物业服务企业履行物业服务合同;

(四)监督管理规约的实施;

(五)业主大会赋予的其他职责。

业主委员会应当接受业主大会和业主的监督。

第二十条 业主委员会主任、副主任由业主委员会选举产生。

业主委员会主任负责主持业主委员会日常工作,并履行以下职责:

(一)召集和主持业主委员会会议;

(二)提出业主委员会会议议题;

(三)按照业主大会会议的决定,签署有关文书。

业主委员会主任因故不能履行职责时,由副主任履行。

第二十一条 业主委员会自选举产生之日

起三十日内，持下列文件向乡、镇人民政府或者街道办事处备案：

（一）业主大会会议记录和会议决定；

（二）业主大会议事规则；

（三）管理规约；

（四）业主委员会成员的名单和基本情况。

乡、镇人民政府或者街道办事处对依法选举产生的业主委员会出具业主大会、业主委员会备案证明和印章刻制证明。业主委员会应当依法刻制和使用印章。

第二十二条 业主大会会议分为定期会议和临时会议。业主大会定期会议应当按照业主大会议事规则的规定召开。经百分之二十以上业主提议，业主委员会应当组织召开业主大会临时会议。

召开业主大会会议，业主委员会应当事先将会议时间、地点、议题和议程书面通知所在地房管办事处、居民委员会或者村民委员会，邀请房管办事处、居民委员会或者村民委员会派代表参加，并听取房管办事处、居民委员会或者村民委员会的意见、建议。

业主委员会不依法组织召开业主大会会议的，乡、镇人民政府或者街道办事处应当督促其限期召开；逾期不召开的，乡、镇人民政府或者街道办事处可以应业主要求组织召开业主大会会议。

第二十三条 业主委员会应当建立定期接待制度，听取业主和使用人对物业管理和业主委员会日常工作的意见和建议，接受业主和使用人的咨询、投诉和监督。

业主委员会应当建立工作记录制度，做好业主大会会议、业主委员会会议、物业服务合同协商签订活动，以及物业管理中各项重要事项的记录，并妥善保管。

业主委员会应当建立信息公开制度，按照规定及时公布业主大会和业主委员会作出的决定，物业服务企业选聘、物业服务合同等物业管理中的各项决定和重大事项；定期公布专项维修资金和公共收益收支；接受业主查询所保管的物业管理信息。

第二十四条 业主委员会任期届满的两个月前，应当书面报告乡、镇人民政府或者街道办事处。乡、镇人民政府或者街道办事处应当在六十日内会同区、县房屋行政管理部门组建换届改选小组，由换届改选小组组织召开业主大会会议选举产生新一届业主委员会。

换届改选小组由业主代表，乡、镇人民政府或者街道办事处代表，房管办事处代表，物业所在地居民委员会或者村民委员会代表组成。换届改选小组人数应当为单数，其中业主代表应当符合本规定第十九条第二款的规定，人数所占比例应当不低于换届改选小组总人数的二分之一。换届改选小组组长由乡、镇人民政府或者街道办事处代表担任。

自换届改选小组产生至新一届业主委员会选举产生期间，业主委员会不得组织召开业主大会会议对下列事项作出决定：

（一）选聘、解聘物业服务企业；

（二）除管理规约规定情形之外的物业维修、更新、改造等重大事项；

（三）其他重大事项。

第二十五条 业主委员会应当自换届改选小组成立之日起十日内，将其保管的有关财务凭证、业主清册、会议纪要等档案资料、印章及其他属于业主大会所有的财物移交物业所在地房管办事处保管。业主大会、业主委员会依法需要使用上述物品的，物业所在地房管办事处应当及时提供。

新一届业主委员会选举产生后，应当在三十日内向乡、镇人民政府或者街道办事处办理换届备案手续，并由物业所在地房管办事处在备案后十日内，将其保管的前款所述物品移交新一届业主委员会。

拒不移交第一款所述物品的，新一届业主委员会可以请求物业所在地乡、镇人民政府或者街道办事处督促移交，物业所在地公安机关应当予以协助。

第二十六条 不再担任业主委员会成员的，应当在十日内将其保管的本规定第二十五条第一款所述物品移交业主委员会；拒不移交的,业主委员会可以按照本规定第二十五条第三款规定处理。

第二十七条 业主委员会出现成员人数不足二分之一或者其他无法正常运作情形的,业主大会应当作出决定启动补选或者提前换届改选程序。

第二十八条 业主委员会的名称、所辖区域范围、成员、业主大会议事规则和管理规约发生变更的,业主委员会应当在三十日内向乡、镇人民政府或者街道办事处办理变更备案手续。

因物业管理区域调整、房屋灭失或者其他原因致使业主委员会无法存续的,业主委员会应当在三十日内向乡、镇人民政府或者街道办事处办理注销备案手续。

第二十九条 按照本规定第二十一条、第二十五条、第二十八条规定,乡、镇人民政府或者街道办事处受理业主委员会备案后,应当在二十日内完成备案手续,并将备案资料抄送区、县房屋行政管理部门。

第三十条 同一物业管理区域内有两幢以上房屋的,可以以幢、单元为单位成立业主小组。业主小组由该幢、单元的全体业主组成。

业主小组应当履行下列职责:

(一)推选业主代表出席业主大会会议,表达本小组业主的意愿;

(二)决定本小组范围内住宅共用部位、共用设施设备的维修、更新、改造和养护;

(三)决定本小组范围内的其他事项。

业主小组议事由该业主小组产生的业主代表主持。业主小组行使前款规定职责的程序,参照本物业管理区域业主大会议事规则执行。

第三十一条 居民委员会、村民委员会设立的人民调解委员会,可以依法调解本地区业主、业主委员会、物业服务企业之间的物业管理纠纷。

第三章 物业管理服务

第三十二条 物业服务企业应当按照国家有关规定,取得相应资质。

房屋行政管理部门应当依法对物业服务企业的服务活动实施监督检查。

第三十三条 物业服务项目经理应当取得相应的资格证书。

物业服务项目经理承接物业管理区域数量和建筑面积的规范,由市房屋行政管理部门制定。

第三十四条 市房屋行政管理部门应当根据物业服务合同履行、投诉处理和日常检查等情况,建立物业服务企业信用档案库和物业服务项目经理信用档案库。

第三十五条 选聘物业服务企业前,业主委员会应当拟定选聘方案。选聘方案应当包括拟选聘物业服务企业的资质、管理实绩要求、物业服务内容和收费标准、物业服务合同期限和选聘方式等内容。

选聘方案经业主大会会议表决通过后,业主委员会应当在物业管理区域内公告。

第三十六条 选聘物业服务企业的,应当通过本市统一的物业管理招投标平台公开招标,但业主大会决定继续聘用原物业服务企业或者业主大会决定采用协议选聘等其他方式的除外。

市房屋行政管理部门负责建立本市统一的物业管理招投标平台,为选聘物业服务企业提供指导和服务。

第三十七条 建设单位在申请房屋预售许可前,应当参照市房屋行政管理部门制作的示范文本,制定临时管理规约和房屋使用说明书,作为房屋销售合同的附件。

临时管理规约应当对物业的使用和维护管理、业主义务、违反临时管理规约应当承担的责任等事项作出规定,但不得与法律、法规、规章相抵触,不得侵害物业买受人的合法权益。临时管理规约应当报区、县房屋行政管理部门备案。

房屋使用说明书应当载明房屋平面布局、结构、附属设备,注明房屋承重结构的房屋结构图,不得占用、移装的共用部位、共用设备,以及其他有关安全合理使用房屋的注意事项。

建设单位与物业买受人签订的房屋销售合同,应当包含前期物业服务合同约定的内容,以及建设工程规划许可文件载明的建设项目平面布局图,并在房屋交接书中列明物业管理区域内归全体业主所有的配套设施设备。

建设单位不得将物业共用部分的所有权或者使用权单独转让。

第三十八条 建设单位应当在物业管理区域地面上配置独用成套的物业管理用房,其中物业服务企业用房按照物业管理区域房屋总建筑面积的千分之二配置,但不得低于一百平方米;业主委员会用房按照不低于三十平方米配置。在物业交付时,物业管理用房由建设单位交付物业服务企业代管,并在业主大会成立后三十日内无偿移交给业主大会。

规划行政管理部门在核发建设工程规划许可证时,应当在许可证附图上注明物业管理用房的具体部位。

区、县房屋行政管理部门在核发房屋预售许可证和办理房屋所有权初始登记时,应当注明物业管理用房室号。

物业管理用房不得擅自变更位置,也不得分割、转让、抵押。

第三十九条 物业管理区域内的下列配套设施设备归业主共有:

(一)物业管理用房;

(二)门卫房、电话间、监控室、垃圾箱房、共用地面架空层、共用走廊;

(三)物业管理区域内按规划配建的非机动车车库;

(四)物业管理区域内的共有绿化、道路、场地;

(五)建设单位以房屋销售合同或者其他书面形式承诺归全体业主所有的物业;

(六)其他依法归业主共有的设施设备。

建设单位申请房屋所有权初始登记时,应当提出前款规定的配套设施设备登记申请,由房地产登记机构在房地产登记册上予以记载,但不颁发房地产权证书。

第四十条 物业服务企业应当按照物业服务合同的约定,提供相应的服务。物业服务合同可以约定下列服务事项:

(一)物业共用部位、共用设施设备的使用管理和维护;

(二)共有绿化的维护;

(三)共有区域的保洁;

(四)共有区域的秩序维护;

(五)车辆的停放管理;

(六)物业使用中对禁止性行为的管理措施;

(七)物业维修、更新、改造和养护费用的账务管理;

(八)物业档案资料的保管;

(九)业主大会或者业主委托的其他物业服务事项。

物业服务企业可以将物业服务合同中的专项服务事项委托给专业性服务企业,但不得将物业服务合同约定的全部事项一并委托给他人。

第四十一条 物业服务企业提供物业服务,应当遵守下列规定:

(一)符合国家和本市规定的技术标准、规范;

(二)及时向业主、使用人告知安全合理使用物业的注意事项;

(三)定期听取业主的意见和建议,改进和完善服务;

(四)配合居民委员会、村民委员会做好社区管理相关工作。

物业服务企业应当协助做好物业管理区域内的安全防范工作。

第四十二条 物业服务合同期限届满的三个月前,业主委员会应当组织召开业主大会,作出续聘或者另聘物业服务企业的决定,并将决定书面告知物业服务企业。业主大会决定续聘且物业服务企业接受的,业主委员会与物业服务企业应当在物业服务合同届满前重新签订物业服务合同。

物业服务企业决定物业服务合同期限届满后不再为该物业管理区域提供物业服务的,应当提前三个月书面告知业主委员会。

物业服务合同期限届满后，业主大会没有作出续聘或者另聘物业服务企业决定，物业服务企业按照原合同继续提供服务的，原合同权利义务延续。在合同权利义务延续期间，任何一方提出终止合同的，应当提前三个月书面告知对方。

第四十三条 物业服务企业应当建立和保存下列档案和资料：

（一）小区共有部分经营管理档案；

（二）小区监控系统、电梯、水泵、电子防盗门等共用设施设备档案及其运行、维修、养护记录；

（三）水箱清洗记录及水箱检测报告；

（四）住宅装饰装修管理资料；

（五）业主清册；

（六）物业服务企业或者建设单位与相关公用事业单位签订的供水、供电、垃圾清运、电信覆盖等书面协议；

（七）物业服务活动中形成的与业主利益相关的其他重要资料。

物业服务合同终止时，物业服务企业应当向业主委员会移交本规定第十条第一款和前款规定的档案和资料，以及物业管理用房。

第四十四条 物业服务收费应当遵循合理、公开、质价相符的原则。

物业服务收费实行政府指导价和市场调节价，同一物业管理区域内实施同一物业服务内容和标准的，物业服务收费执行同一价格标准。具体办法由市人民政府另行制定。

物业服务企业可以根据业主的委托提供物业服务合同约定以外的服务项目，服务报酬由双方协商确定。

物业服务企业应当在物业管理区域内书面公布物业服务项目及其收费标准。

第四十五条 前期物业服务合同生效之日至出售房屋交付之日的当月发生的物业服务费用，由建设单位承担。

出售房屋交付之日的次月至前期物业服务合同终止之日的当月发生的物业服务费用，由物业买受人按照房屋销售合同约定的前期物业服务收费标准承担；房屋销售合同未约定的，由建设单位承担。

业主应当根据物业服务合同约定，按时交纳物业服务费；业主逾期不交纳物业服务费的，业主委员会应当督促其交纳；物业服务企业可以依法向人民法院起诉。

业主转让物业时，应当与物业服务企业结清物业服务费；未结清的，买卖双方应当对物业服务费的结算作出约定，并告知物业服务企业。

第四十六条 利用物业共用部分获取的收益，归共同拥有该物业的业主所有，主要补充专项维修资金，也可以按照业主大会的决定用于业主委员会工作经费或者物业管理方面的其他需要。

第四十七条 经专有部分占建筑物总面积过半数的业主且占总人数过半数的业主同意，业主可以自行管理物业，并对下列事项作出决定：

（一）自行管理的执行机构；

（二）自行管理的内容、标准、费用和期限；

（三）聘请专业机构的方案；

（四）其他有关自行管理的内容。

电梯、消防、技防等涉及人身、财产安全以及其他有特定要求的设施设备管理，应当委托专业机构进行维修和养护。

业主大会可以委托具有资质的中介机构对管理费用、专项维修资金、公共收益等进行财务管理，根据委托财务管理合同开通专项维修资金账户，并应当向业主每季度公布一次自行管理账目。

业主自行管理物业的具体范围和实施办法由市人民政府另行制定。

第四章 物业的使用和维护

第四十八条 物业服务企业承接物业时，应当对移交的房屋及配套设施设备和相关场地进行检查验收，并对相关资料进行核对接收。

物业服务企业应当自承接验收之日起七日

内签署验收确认书。

第四十九条 建设单位应当按照国家规定的保修期限和保修范围，承担物业的保修责任。建设单位委托物业服务企业维修的，应当与物业服务企业另行签订委托协议。

建设单位应当在房屋所有权初始登记前，将物业保修金交存至指定专户，专项用于保修期内物业维修的保障。保修期内，物业保修金不足的，建设单位应当补足；保修期满后，物业保修金有余额的，应当返还建设单位。

物业保修金监管实行统一交存、资金归属不变、专款专用、政府监管的原则。

第五十条 业主、使用人应当遵守国家和本市的规定以及临时管理规约、管理规约，按照房屋安全使用规定使用物业。

禁止下列损害公共利益及他人利益的行为：

（一）损坏房屋承重结构；

（二）违法搭建建筑物、构筑物；

（三）破坏房屋外貌；

（四）擅自改建、占用物业共用部分；

（五）损坏或者擅自占用、移装共用设施设备；

（六）存放不符合安全标准的易燃、易爆、剧毒、放射性等危险性物品，或者存放、铺设超负荷物品；

（七）排放有毒、有害物质；

（八）发出超过规定标准的噪声；

（九）法律、法规和规章禁止的其他行为。

第五十一条 业主、使用人装饰装修房屋，应当遵守国家和本市的规定以及临时管理规约、管理规约。

业主、使用人装饰装修房屋的，应当事先告知物业服务企业。物业服务企业应当将装饰装修工程的禁止行为和注意事项告知业主、使用人。

在业主、使用人装饰装修房屋期间，物业服务企业应当对装饰装修房屋情况进行现场巡查，业主应当予以配合。

第五十二条 业主、使用人应当按照规划行政管理部门批准或者房地产权证书载明的用途使用物业，不得擅自改变物业使用性质。

确需改变物业使用性质的，由区、县规划行政管理部门会同区、县房屋行政管理部门提出允许改变物业使用性质的区域范围和方案，并召开听证会听取利害关系人意见后，报区、县人民政府决定。

在允许改变物业使用性质的区域范围内，具体房屋单元的业主需要改变使用性质的，应当符合法律、法规以及管理规约，经有利害关系的业主同意后报区、县房屋行政管理部门审批，并依法向其他行政管理部门办理有关手续。

第五十三条 物业服务企业发现业主、使用人在物业使用、装饰装修过程中有违反国家和本市有关规定以及临时管理规约、管理规约行为的，应当依据有关规定或者临时管理规约、管理规约予以劝阻、制止；劝阻、制止无效的，应当在二十四小时内报告业主委员会和有关行政管理部门。有关行政管理部门在接到物业服务企业的报告后，应当依法对违法行为予以制止或者处理。

第五十四条 供水、供电、供气等专业单位应当承担分户计量表和分户计量表前管线、设施设备的维修养护责任。

第五十五条 物业管理区域内，规划用于停放机动车的车位、车库的归属，由当事人通过出售、附赠或者出租等方式约定。占用业主共有的道路或者其他场地用于停放机动车的车位，属于业主共有。

建设单位所有的机动车停车位向业主、使用人出租的，其收费标准应当按照价格主管部门的规定执行。

车辆在全体共用部分的停放、收费和管理等事项，由业主大会决定。业主大会决定对车辆停放收费的，参照价格主管部门的规定确定收费标准。业主大会成立前，车辆在物业管理区域内停放的，其收费标准应当按照价格主管部门的规定执行。

车主对车辆有保管要求的，由车主和物业服务企业另行签订保管合同。

公安、消防、抢险、救护、环卫等特种车辆执行公务时在物业管理区域内停放,不得收费。

第五十六条 物业管理区域内的机动车停车位,应当提供给本物业管理区域内的业主、使用人使用。建设单位尚未出售的停车位,应当出租给业主、使用人停放车辆。停车位不得转让给物业管理区域外的单位、个人;停车位有空余的,可以临时出租给物业管理区域外的单位、个人。

物业管理区域内停放车辆,不得影响其他车辆和行人的正常通行。

第五十七条 新建商品住宅、公有住宅以及住宅区内的非住宅物业出售时,物业出售人和买受人应当按照国家和本市的规定交纳专项维修资金。专项维修资金应当用于物业共用部分的维修、更新和改造,不得挪作他用。

第五十八条 未建立首期专项维修资金或者专项维修资金余额不足首期筹集金额百分之三十的,业主应当按照国家和本市的相关规定、管理规约和业主大会的决定,及时补建或者再次筹集专项维修资金。

补建或者再次筹集专项维修资金应当采用分期交纳的方式,并由物业服务企业在收取物业服务费时予以代收;业主大会也可以决定由业主一次性交纳。

业主申请房地产转移登记或者抵押登记时,应当同时向房地产登记机构提供已足额交纳专项维修资金的相关凭证。

第五十九条 专项维修资金应当存入银行专户,按幢立账、按户核算。

受委托的物业服务企业每半年至少公布一次专项维修资金和公共收益的收支情况,接受业主的监督。

第六十条 专项维修资金使用实行工程审价和使用程序审核。

业主委员会任期届满前,应当在换届改选小组的指导下委托有资质的中介机构对专项维修资金、公共收益的使用情况以及业主委员会工作经费进行财务审计。

第六十一条 物业维修、更新、改造和养护的费用,按照下列规定承担:

(一)专有部分的所需费用,由拥有专有部分的业主承担;

(二)部分共用部分的所需费用,由拥有部分共用部分业主按照各自拥有的房屋建筑面积比例共同承担;

(三)全体共用部分的所需费用,由物业管理区域内的全体业主按照各自拥有的房屋建筑面积比例共同承担。

按照本规定设立专项维修资金的,部分共用部分、全体共用部分的维修、更新和改造费用在专项维修资金中列支。但物业的共用部分属于人为损坏的,费用应当由责任人承担。

第六十二条 物业部分共用部分的维修、更新和改造应当由部分共用的业主决定,并经专有部分占部分共用部分建筑物总面积三分之二以上的业主且占部分共用部分总人数三分之二以上的业主同意,其他决定事项,应当经专有部分占部分共用部分建筑物总面积过半数的业主且占部分共用部分总人数过半数的业主同意。

前款决定不得与业主大会对全体共用部分作出的决定相抵触;对上述决定,业主委员会应当执行。

第六十三条 机动车停车场(库)的维修、养护费用由其所有人承担。机动车停车场(库)的专项维修资金按照物业管理专项维修资金标准交纳,纳入业主大会的专项维修资金账户管理,单独核算。

第六十四条 建设单位未按照规定提出成立业主大会书面报告前,专项维修资金不得动用,住宅共用部位、共用设施设备需要维修、更新和改造的,应当由建设单位承担物业维修责任。

建设单位已经按照规定提出成立业主大会的书面报告但业主大会尚未成立期间,需要动用专项维修资金的,物业服务企业应当提出维修实施方案,由物业所在地的居民委员会或者村民委员会组织征询业主意见,经全体共用部分业主依法讨论通过后,由物业服务企业组织实施。仅涉及部分共用部分的,可以提交涉及共用部分的业主依法讨论通过。

维修费用经市房屋行政管理部门指定的中介机构审价后,在专项维修资金中列支。

第六十五条 业主应当定期对物业进行维修养护,并按照规定检测和鉴定。

物业服务企业应当根据物业服务合同的约定,履行物业维修养护义务。

物业出现国家和本市规定的必须维修养护的情形时,业主或者物业服务企业应当及时履行维修养护义务。

第六十六条 发生下列紧急情况时,物业服务企业应当立即采取应急防范措施,并制定维修、更新方案,同时向业主委员会和物业所在地房管办事处报告:

(一)电梯、水泵故障影响正常使用的;

(二)消防设施损坏,消防部门出具整改通知书的;

(三)外墙墙面有脱落危险、屋顶或外墙渗漏等情况,严重影响房屋使用和安全,经有资质的鉴定机构出具证明的。

前款规定涉及维修费用需要动用住宅专项维修资金的,业主大会成立前,物业服务企业应当持有关材料,报区、县房屋行政管理部门审核同意,并经具有相应资质的中介机构审价后,在专项维修资金中直接列支;业主大会成立后,物业服务企业应当持有关材料,向业主委员会提出列支住宅专项维修资金,由业主委员会审核同意,报区、县房屋行政管理部门备案,并经具有相应资质的中介机构审价后,在专项维修资金中列支。

发生本条第一款所列情形,未按规定实施维修和更新、改造的,区、县房屋行政管理部门可以组织代为维修,维修费用在专项维修资金中列支。

第六十七条 物业存在房屋结构安全隐患或者被鉴定为危险房屋,可能危及公共利益或者他人合法权益时,责任人应当及时维修养护,有关业主应当予以配合。责任人不履行维修养护义务的,可以由物业服务企业报经业主大会同意或者直接按照管理规约的规定,代为维修养护或者采取应急防范措施,费用由责任人承担。

第六十八条 物业管理区域内的房屋外墙应当保持整洁和完好,并定期进行清洗或者粉刷,具体办法由市人民政府另行制定。

第六十九条 物业共用部分需要维修、养护、更新、改造的,相关专有部分的业主、使用人应当予以配合。

供水、供电、供气、信息、环卫、邮政、民防等专业单位进行相关作业需要进入物业管理区域的,物业服务企业应当予以配合;需要进入专有部分的,相关业主、使用人应当予以配合。

上述作业造成共有部分或者专有部分损失的,责任人应当依法恢复原状、承担赔偿责任。

第五章 法律责任

第七十条 违反本规定的行为,法律、行政法规或者本市其他法规有处罚规定的,依照有关法律、法规处理。

第七十一条 业主、使用人违反管理规约应当承担相应的民事责任。对违反管理规约的,业主委员会应当予以劝阻、制止;对不听劝阻的,业主委员会可以在物业管理区域内就相关情况予以公示;相关业主可以依法向人民法院提起民事诉讼。

第七十二条 发现物业服务企业不再符合原资质等级条件的,房屋行政管理部门应当责令限期改正;逾期不改正的,重新核定其资质等级,其中原资质等级为一级的,报国务院建设主管部门处理。

第七十三条 建设单位违反本规定第十三条第一款规定,未将物业管理区域符合业主大会成立条件的情况书面报告物业所在地乡、镇人民政府或者街道办事处,或者未按照规定提供有关资料的,由区、县房屋行政管理部门责令限期改正,可处一万元以上十万元以下的罚款。

第七十四条 违反本规定第三十三条第一款规定,物业服务企业聘用的物业服务项目经理未取得相应的资格证书的，由区、县房屋行政管理部门责令物业服务企业限期改正，可处五万元以上二十万元以下的罚款。

第七十五条 建设单位违反本规定第四十九条第二款规定，未交存物业保修金的，由区、县房屋行政管理部门责令限期改正；逾期不改正的，处一万元以上五万元以下的罚款，并自逾期之日起按日加收万分之三的滞纳金。

第七十六条 违反本规定第五十条第二款第一项规定，损坏房屋承重结构的，由区、县房屋行政管理部门责令立即改正，恢复原状，可处一万元以上十万元以下的罚款；情节严重的，可处十万元以上二十万元以下的罚款。

第七十七条 违反本规定第五十条第二款第二项规定，违法搭建建筑物、构筑物的，由房屋、城管执法或者规划行政管理部门按照职责分工，责令限期拆除，可处一万元以上十万元以下的罚款；当事人逾期未拆除的，房屋、城管执法或者规划行政管理部门可以申请区、县人民政府组织强制拆除。

对正在实施违法搭建建筑物、构筑物的，由房屋、城管执法或者规划行政管理部门按照职责分工，责令立即停止施工，可以暂扣施工工具、材料；拒不改正的，可以组织代为改正，代为改正的费用由当事人承担。

第七十八条 违反本规定第五十条第二款第三项、第四项、第五项规定，破坏房屋外貌，擅自改建、占用物业共用部分，损坏或者擅自占用、移装共用设施设备的，由区、县房屋行政管理部门责令改正，恢复原状，可处一千元以上一万元以下的罚款；情节严重的，可处一万元以上十万元以下的罚款。

第七十九条 业主、使用人违反本规定第五十二条规定，擅自改变物业使用性质的，由区、县房屋行政管理部门责令限期改正，恢复原状，可处一万元以上五万元以下的罚款。

第八十条 物业服务企业违反本规定第五十三条规定，对业主、使用人的违法行为未予以劝阻、制止或者未在规定时间内报告有关行政管理部门的，由区、县房屋行政管理部门责令改正，可处一千元以上一万元以下的罚款。

第八十一条 建设单位违反本规定第五十六条第一款规定，不将机动车停车位提供给本物业管理区域内业主、使用人使用的，由区、县房屋行政管理部门责令立即改正，并处一万元以上十万元以下的罚款。

第八十二条 违反本规定第五十七条规定，物业出售人未按规定交纳专项维修资金的，由房屋行政管理部门责令限期改正，可处应交专项维修资金数额一倍以下的罚款。

违反本规定第五十八条第一款规定，业主未按要求补建或者再次筹集专项维修资金的，由房屋行政管理部门责令限期改正。

第八十三条 当事人对房屋行政管理部门以及其他有关行政管理部门的具体行政行为不服的，可以依照《中华人民共和国行政复议法》或者《中华人民共和国行政诉讼法》的规定，申请行政复议或者提起行政诉讼。

当事人对具体行政行为逾期不申请复议，不提起诉讼，又不履行的，作出具体行政行为的行政管理部门可以依法申请人民法院强制执行。

第八十四条 房屋行政管理部门，乡、镇人民政府，街道办事处，房管办事处以及相关行政管理部门的工作人员违反本规定，有下列情形之一的，由其所在单位或者上级主管部门依法给予行政处分；构成犯罪的，依法追究刑事责任：

（一）违法实施行政许可或者行政处罚的；

（二）未按照本规定履行监督检查职责的；

（三）发现违法行为不及时查处，或者包庇、纵容违法行为，造成后果的；

（四）其他玩忽职守、滥用职权、徇私舞弊的情形。

第六章　附　　则

第八十五条 本规定中有关专业用语的含义：

（一）专有部分，是指在构造上及利用上具

有独立性，由单个业主独立使用、处分的物业部位。

（二）部分共用部分，是指由部分业主共同使用、管理的物业部位、设施设备及场地等部分。

（三）全体共用部分，是指由全体业主共同使用、管理的物业部位、设施设备及场地等部分。

第八十六条 市房屋行政管理部门应当制定临时管理规约、管理规约、首次业主大会会议表决规则、业主大会议事规则、业主委员会成员候选人产生办法、业主委员会选举办法、物业服务合同等示范文本。

第八十七条 非住宅物业管理，参照本规定执行。

第八十八条 本规定自2011年4月1日起施行。

上海市未成年人保护条例

（2004年11月25日上海市第十二届人民代表大会常务委员会第十六次会议通过 根据2013年12月27日上海市第十四届人民代表大会常务委员会第十次会议《关于修改〈上海市未成年人保护条例〉的决定》修正）

第一章 总 则

第一条 为了保护未成年人的身心健康，保障未成年人合法权益，促进未成年人在品德、智力、体质等方面全面发展，把他们培养成为有理想、有道德、有文化、有纪律的社会主义事业接班人，根据《中华人民共和国未成年人保护法》、《中华人民共和国预防未成年人犯罪法》以及其他有关法律、行政法规，结合本市实际情况，制定本条例。

第二条 本市行政区域内未满十八周岁的公民的保护适用本条例。

第三条 保护未成年人的工作，应当遵循下列原则：

（一）保障未成年人的合法权益；

（二）尊重未成年人的人格尊严；

（三）适应未成年人身心发展的特点；

（四）教育与保护相结合。

第四条 保障未成年人合法权益，优化未成年人成长环境，预防未成年人违法犯罪，是全社会的共同责任。

第五条 市和区县人民政府领导、协调本行政区域内的未成年人保护工作，讨论和决定保护未成年人的重大事项。

市和区县、乡镇人民政府以及街道办事处设立未成年人保护委员会，根据法律、法规的规定以及上级人民政府的要求和部署，做好未成年人保护工作。未成年人保护委员会配备必要的工作人员。

共产主义青年团、妇女联合会、工会、青年联合会、学生联合会、少年先锋队、城乡基层群众性自治组织、红十字会及其他有关社会团体，按照各自职责，协助各级人民政府做好未成年人保护工作。

第二章 家庭保护

第六条 父母或者其他监护人应当依法履行对未成年人的监护职责和抚养义务，保障未成年人受教育的权利；保证其必要的物质、精神生活和医疗保健条件；保障未成年人充分的休息和娱乐时间；关心未成年人不同年龄阶段的生理、心理变化和思想、道德状况，并及时给予正确的指导；对未成年人不溺爱、不放任、不辱骂、不体罚。

家庭其他成年人有协助未成年人的父母或者其他监护人教育、保护未成年人的责任。

第七条 父母或者其他监护人以及其他成年人携带未满十二周岁未成年人乘车的，不得安排其乘坐在副驾驶座位；携带未满四周岁的未成年人乘坐家庭乘用车，应当配备并正确使用儿童安全座椅。

第八条 父母或者其他监护人应当看护好未成年人，避免让学龄前儿童独处。

第九条 父母或者其他监护人应当指导未成年人养成良好的学习和生活习惯，鼓励、支持其参加家庭劳动、社会公益劳动以及各类积极健康的文体活动、社会交往活动，增强其自学、自理和自律能力，促进其身心健康发展。

第十条 父母或者其他监护人应当预防和制止未成年人吸烟、饮酒、流浪、沉迷网络和电子游戏；预防和制止未成年人阅读、观看不适合未成年人的图书、报刊、影视节目、音像制品和电子出版物；预防和制止未成年人赌博、吸毒、卖淫等违法行为；发现未成年人逃学、夜不归宿的，应当及时寻找；发现有人诱骗、胁迫、教唆未成年人违法犯罪的，应当及时向公安机关或者未成年人保护机构报告。

父母或者其他监护人对有不良行为的未成年人应当进行教育，并协助有关部门对其进行矫治。

第十一条 父母或者其他监护人应当接受学校和家庭教育机构的指导，学习正确的教育和监护方法，以健康的思想、良好的言行和正确的方法教育、影响和保护未成年人。

第三章 学校保护

第十二条 学校应当全面贯彻国家的教育方针，遵循教育规律和未成年人的身心发展规律，提高未成年人的思想道德、科学文化和健康素质。

学校应当建立未成年人保护工作制度，并明确一名学校负责人分管未成年人保护工作。

第十三条 教师应当恪守职业道德，以自身良好的品德、言行影响和教育学生，把传授知识同陶冶情操、养成良好的行为习惯结合起来，引导学生德、智、体、美全面发展。

教师应当尊重学生的人格，维护学生的合法权益；不得对学生实施辱骂、体罚和变相体罚或者其他侮辱人格尊严的行为。

第十四条 学校应当建立安全保卫制度，非学校人员未经许可不得进入学校。食堂、学生宿舍、传达室等场所必须配备符合教育行政管理部门规定条件的人员。

学校使用校车的，应当按照国家规定，取得校车使用许可，建立校车安全管理制度。校车应当符合国家标准，并由符合条件的驾驶人驾驶。校车运载学生时，学校应当配备随车照管人员，随车照管人员应当依法履行职责，保障学生乘坐校车安全。

学校应当为学生提供安全的学习和生活设施，提供的食品、药品及学生服等学习和生活用品应当符合国家和本市的有关标准，并向家长、学生和学校教职员工公开采购情况。

在教育教学活动期间发生涉及学生人身、财产安全事件的，学校应当按照有关法律、法规立即会同有关部门处理。

第十五条 学校应当按照教学计划和课程要求开展教学活动，积极探索和改进教育方法，减轻学生过重的课业负担。

义务教育阶段的公办学校实行免试就近入学，并予以公示。

学校在义务教育阶段，不得举行或者变相举行与入学挂钩的选拔考试或者测试；不得张榜公布学生的考试成绩名次；不得推销或者变相推销练习册、习题集等教辅材料。

学校和教师不得组织或者变相组织学生参加商业性活动以及与其年龄、身心健康不相适应的其他活动。

学校应当保证学生休息、文娱、体育、课外活动和社会实践的时间，不得将学生的活动设施、场地移作他用。

第十六条 中小学校应当建设非营业性的互联网上网场所，为未成年人提供健康有益的上网服务。

寒暑假期间，中小学校的文化体育设施和场地应当向未成年人开放。

建设非营业性互联网上网场所、开放文化体育设施和场地的具体办法由市人民政府规定。

第十七条 学校应当配备合格的法制辅导员、心理指导教师，加强对学生的法制教育和心理健康指导。

市教育行政部门负责编制本市中小学生公共安全行为教材。学校应当根据教材对学生进行珍惜生命和安全防范教育，提高学生自我保护、自我救助的能力。

学校应当按照规定，制定突发事件具体应急预案，配备必要的应急救援设备、设施，进行应急知识教育，定期开展安全演练。

第十八条 学校应当建立家长委员会，加强家庭教育指导，健全家访制度，密切与家长的联系。

发现学生行为异常或者缺课的，学校应当及时与其父母或者其他监护人取得联系，查明原因。寄宿制学校学生擅自外出、夜不归宿的，学校应当及时告知其父母或者其他监护人。

学校应当及时将本校未能升入高一级学校学习的学生情况告知其居住地的街道办事处、乡镇人民政府的未成年人保护机构。

第十九条 残疾儿童、学生接受学前教育、义务教育、高中阶段教育，依照本市有关规定，享受相应的免费待遇。

学校和教师应当关心残疾学生在学习、生活上的困难，帮助其树立自强、自立的人生观。

第二十条 学校和教师对品行有缺陷、学习有困难的学生应当耐心教育、帮助，不得歧视，不得擅自停止其上课，不得随意开除学生。

学校处分学生，应当给予学生及其父母或者其他监护人申辩的机会，并对申辩的内容予以答复。

第二十一条 为未成年人提供课外培训的教育培训机构应当建立安全保卫制度，落实安全知识教育和防范措施，保障未成年人在教育培训活动期间的人身安全。

未成年人保护委员会应当督促有关部门加强对未成年人教育培训机构安全工作的定期检查。

第二十二条 有《中华人民共和国预防未成年人犯罪法》所列严重不良行为的未成年人，由其父母或者其他监护人，或者所在学校提出申请，经区县教育行政管理部门批准，可以送专门学校进行矫治和接受教育。

有《中华人民共和国预防未成年人犯罪法》所列不良行为，父母缺乏管教能力，在普通学校无法继续学习的未成年人，其父母或者其他监护人提出申请，经专门学校同意，可以进入专门学校托管班或者职业培训班学习。

学生进入专门学校后，原学校应当保留其学籍。

已满十四周岁的未成年人犯罪，因不满十六周岁不予刑事处罚的，可以送专门学校进行矫治和接受教育。

专门学校学生在升学、就业等方面与普通学校学生享有同等权利，任何单位和个人不得歧视。

第四章 社会保护

第二十三条 家庭乘用车、儿童安全座椅的生产者、销售者应当按照有关标准和规范为购买者提供儿童安全座椅安装、使用的技术指导和服务。

质量技监部门和工商行政部门应当加强对儿童安全座椅生产、销售的监督。

第二十四条 本市鼓励为未成年人创作、出版、发行、展出、演出、播放适合未成年人特点，有利于未成年人身心健康的图书、报刊、影视节目、音像制品、计算机软件、文艺节目和其他精神文化产品。

凡向未成年人提供精神文化产品的单位和个人，都应当对产品的内容、情节负责。内容、情节不利于未成年人身心健康的，严禁向未成年人提供或者展示。

第二十五条 各类博物馆、纪念馆、展览馆、烈士陵园等爱国主义教育基地以及美术馆等场所，对未成年人集体参观一律免票，对未成年人个人参观实行半票。

科技馆、影剧院、体育场馆等场所以及非公益性文化体育场所，应当定期开放未成年人专场，并对未成年人实行优惠。

向未成年人开放的场所应当符合国家和本市规定的安全标准。体育场馆等场所应当指派人员指导未成年人开展活动，预防和制止有害未成年人身心健康的行为。

第二十六条 营业性歌舞娱乐场所、互联网上网服务营业场所、酒吧以及其他未成年人不适宜进入的场所，应当在门口醒目位置设置全市统一的未成年人禁入标志，并禁止接纳未成年人。

第二十七条 中小学校校园周边二百米之内不得开设营业性歌舞娱乐场所、营业性游艺娱乐场所、互联网上网服务营业场所以及其他未成年人不适宜进入的场所。

第二十八条 任何经营场所不得向未成年人出售烟酒。任何人不得让未成年人为其购买烟酒。

经营烟酒的场所应当在醒目位置设置不向未成年人出售烟酒的标志。

托儿所、幼儿园、中小学及少年宫、青少年活动中心的室内外区域禁止吸烟、饮酒。

第二十九条 除国家另有规定外，任何组织和个人不得招用未满十六周岁的未成年人。

任何组织和个人依照国家有关规定招收已满十六周岁未满十八周岁的未成年人的，应当在工种、劳动时间、劳动强度和保护措施等方面执行国家有关规定，不得安排其从事过重、有毒、有害的劳动或者危险作业。

第三十条 公民有权检举揭发危害未成年人身心健康，侵犯未成年人合法权益的行为；有义务劝阻、制止未成年人的不良行为。

收留夜不归宿的未成年人的，应当征得其父母或者其他监护人的同意，或者在二十四小时内及时通知其父母或者其他监护人、所在学校，或者及时向公安机关报告。

第三十一条 任何组织和个人不得披露未成年人的个人隐私。

报刊、广播、电视、网络和其他公开出版物，不得披露违法犯罪的未成年人或者受侵害的未成年人的姓名、住所、单位、照片、图像以及可能推断出该未成年人的资料。

对未成年人的信件、电子邮件，任何组织和个人不得隐匿、毁弃，除因追查犯罪的需要由公安机关或者人民检察院依照法律规定的程序进行检查，或者对无行为能力的未成年人的信件由其父母或者其他监护人代为开拆外，任何组织或者个人不得开拆。

第三十二条 各级妇女联合会应当会同教育、卫生等行政管理部门和其他有关社会团体开展家庭教育指导，组建和培训家庭教育指导队伍。

第三十三条 共产主义青年团、青年联合会、学生联合会、少年先锋队应当反映未成年人的合理要求，维护他们的合法权益，并根据未成年人的特点，开展各种有益活动，促进未成年人健康成长。

第三十四条 居民委员会、村民委员会应当协助有关部门组织、指导未成年人在课余和闲暇时间，开展有益于身心健康的文体活动和社会实践。

居民委员会、村民委员会以及社区矫正人员的所在单位、就读学校、家庭成员或者监护人、保证人应当协助社区矫正机构开展对接受社区矫正的未成年人的帮教活动。

第五章　国家机关保护

第三十五条 市和区县人民政府在未成年人保护工作中承担下列职责：

（一）优先发展未成年人事业，把未成年人保护工作纳入国民经济和社会发展总体规划；

（二）为本地区未成年人保护工作提供必要

的工作经费,列入财政预算;

(三)统筹规划未成年人校内外活动场所建设,保障公益性未成年人活动场所运营所需资金;

(四)引导社会力量参与未成年人保护事业,支持共产主义青年团、妇女联合会及其他社会组织为未成年人的健康成长提供社会服务;

(五)表彰和奖励保护未成年人成绩显著的组织和个人。

第三十六条 市和区县未成年人保护委员会承担下列职责:

(一)建立并完善未成年人保护工作的相关制度,加强未成年人保护工作队伍建设;

(二)督促、检查、协调、指导同级政府的各行政部门、下级未成年人保护委员会以及有关单位和组织共同实施保护未成年人的法律、法规;

(三)研究未成年人保护工作,向有关国家机关提出意见和建议;

(四)接受对侵犯未成年人合法权益行为的投诉、举报,提交并督促有关部门查处;

(五)其他应当由未成年人保护委员会承担的职责。

第三十七条 教育行政管理部门应当维护未成年人的受教育权及其相关的权益,对学校拒绝招收符合条件的学生或者随意开除学生的,及时予以处理。

教育行政管理部门应当建立科学的教育评价制度,推进教育制度改革,指导学校主动开发、利用社会教育资源,采取措施督促学校减轻学生过重的课业负担,不得把升学率作为考核学校工作的指标。

教育行政管理部门应当会同公安机关督促、指导学校建立校园安全制度。

第三十八条 公安机关对虐待、遗弃、残害、拐骗未成年人和胁迫、教唆未成年人违法犯罪的,应当依法予以处理。

公安机关应当加强校园周边的治安管理,发现对未成年人进行拦截、强索财物、侮辱殴打的,应当采取有效措施,及时制止和依法处理。

公安交通管理部门在学生上学和放学时,应当加强对校园周边交通秩序的维护,保障学生的人身安全。

第三十九条 市和区县人民政府及其民政部门应当根据需要设立救助场所,对流浪乞讨、离家出走等生活无着未成年人实施救助,承担临时监护责任,并会同公安等部门帮助寻找其父母或者其他监护人。

公安机关在依法履行职责时,发现流浪乞讨、离家出走的未成年人的,应当及时采取保护性措施,并护送其到流浪未成年人救助场所接受救助。

城管执法部门在依法履行职责时,发现流浪乞讨、离家出走的未成年人的,应当告知并协助公安或者民政部门将其护送到流浪未成年人救助场所接受救助。

第四十条 民政部门应当对孤儿、无法查明其父母或者其他监护人以及其他生活无着的未成年人,通过设立儿童福利机构、委托或者购买服务等方式收留抚养。

鼓励社会力量依法设立儿童福利机构。

第四十一条 文广影视、新闻出版、信息化行政管理部门应当编制适合未成年人的图书、报刊、影视节目、音像制品和计算机软件的创作、发行规划。

新闻出版行政管理部门应当会同教育行政管理部门依法加强对中小学教辅材料出版、发行市场的监管。

文化综合执法机构应当对图书、报刊、影视节目、音像制品、计算机软件、互联网文化产品等精神文化产品加强市场监督,及时受理市民投诉和举报,依法及时查处危害未成年人身心健康的精神文化产品。

第四十二条 劳动和社会保障行政管理部门、教育行政管理部门以及街道、乡镇劳动就业服务机构应当为已经完成义务教育、但未能继续就学的未成年人,提供职业培训的信息,并为其参加培训提供帮助。

第四十三条 工商行政、司法行政、质量技监、食品药品监管、商务、绿化市容等部门按照各自职责，做好未成年人保护工作。

第四十四条 公安机关、人民检察院、人民法院应当依法采取适合未成年人特点的方式方法讯问、审查和审理未成年人犯罪案件。

公安机关、人民检察院、人民法院在办理未成年人犯罪案件时，应当取得未成年人保护机构、学校等有关方面的协助。

第六章 自我保护

第四十五条 未成年人应当遵守法律、法规和社会公德，自尊、自爱、自律、自强，增强抵御各种灾害、伤害侵袭的意识和能力，增强辨别是非、自我保护的意识和能力，自觉抵制各种不良行为及违法犯罪行为的引诱或者侵害。

第四十六条 未成年人发现他人侵犯其人身权、财产权和法律、法规规定的其他权利的，可以通过父母或者其他监护人、所在学校、居民委员会、村民委员会、未成年人保护机构向公安机关或者其他政府有关主管部门报告，也可以自己向上述机关、部门报告。

第四十七条 未成年人遭受父母或者其他监护人遗弃、虐待的，可以向公安机关、未成年人保护机构、共产主义青年团、妇女联合会、所在学校、居民委员会、村民委员会请求保护。被请求的上述组织不得拒绝、推诿，需要采取救助措施的，应当先采取救助措施。

第七章 法律责任

第四十八条 违反本条例规定的行为，法律、行政法规有处理规定的，依照有关法律、行政法规的规定处理。

第四十九条 违反本条例第十四条第一款、第二款、第三款，第十五条第二款、第三款、第四款、第五款，第二十二条第三款规定的，由教育行政管理部门对负有责任的学校负责人或者直接责任人给予行政处分。

第五十条 违反本条例第二十五条第一款规定的，由价格行政管理部门责令改正，可以处一千元以上一万元以下的罚款。

第五十一条 酒吧未在门口醒目位置设置未成年人禁入标志的，由文化综合执法机构责令改正，予以警告。酒吧接纳未成年人进入的，由文化综合执法机构处一万元以上三万元以下的罚款；情节严重的，责令停业整顿。

第五十二条 违反本条例规定，侵犯未成年人合法权益的，应当依法承担民事责任；构成犯罪的，依法追究刑事责任。

第五十三条 国家机关工作人员玩忽职守、滥用职权、徇私舞弊，不依法履行保护未成年人职责或者侵犯未成年人合法权益的，由其所在单位或者上级主管部门依法给予行政处分；构成犯罪的，依法追究刑事责任。

第五十四条 当事人对行政管理部门的具体行政行为不服的，可以依照《中华人民共和国行政复议法》或者《中华人民共和国行政诉讼法》的规定，申请行政复议或者提起行政诉讼。

当事人对具体行政行为逾期不申请复议，不提起诉讼，又不履行的，作出具体行政行为的行政管理部门可以申请人民法院强制执行。

第八章 附 则

第五十五条 本条例所称的学校，是指托儿所、幼儿园和各类初等、中等学校。

第五十六条 本条例自2005年3月1日起施行。1987年6月20日上海市第八届人民代表大会常务委员会第二十九次会议通过的《上海市青少年保护条例》同时废止。

上海市人民代表大会常务委员会关于消费者权益保护委员会行使《上海市消费者权益保护条例》赋予消费者协会职能的解释

（2004年2月19日上海市第十二届人民代表大会常务委员会第十次会议通过）

上海市第十二届人民代表大会常务委员会第十次会议对上海市人民政府提请解释消费者权益保护委员会行使《上海市消费者权益保护条例》赋予消费者协会职能的问题，作如下解释：

一、自2004年3月1日起，上海市消费者权益保护委员会行使《上海市消费者权益保护条例》赋予上海市消费者协会的职能。

二、区、县消费者协会改为消费者权益保护委员会后，区、县消费者权益保护委员会行使《上海市消费者权益保护条例》赋予区、县消费者协会的职能。

上海市人民代表大会常务委员会关于停止执行本市地方性法规设定的若干行政许可事项的决定

（2004年6月23日上海市第十二届人民代表大会常务委员会第十三次会议通过）

上海市第十二届人民代表大会常务委员会第十三次会议审议了主任会议提请市人大常委会作出《关于停止执行本市地方性法规设定的若干行政许可事项的决定》的议案。根据《中华人民共和国行政许可法》的有关规定，市人大常委会决定停止执行由《上海市产品质量监督条例》等22件现行地方性法规设定的36项行政许可事项，并将依照法定程序适时修改相关地方性法规。

本决定自2004年7月1日起施行。

附：停止执行的36项本市地方性法规设定的行政许可事项目录

序号	行政许可事项	设定行政许可事项的法规	实施机关
1	心理健康咨询服务人员资格证书的核发	《上海市精神卫生条例》（2001年12月28日通过）第十五条第一款	市卫生行政管理部门
2	对从事学校心理健康咨询服务人员培训机构的资格认可	《上海市精神卫生条例》（2001年12月28日通过）第十五条第一款	市卫生行政管理部门、市教育行政管理部门

续表

序号	行政许可事项	设定行政许可事项的法规	实施机关
3	节能检验测试服务机构的资质认定	《上海市节约能源条例》(1998 年 9 月 22 日通过)第二十三条第一款	市经委
4	工农业产品《环境标志产品证书》的核发	《上海市环境保护条例》(1994 年 12 月 8 日通过)第四十八条	市环保局
5	轨道交通驾驶员、调度员等从业人员上岗证的核发	《上海市轨道交通管理条例》(2002 年 5 月 21 日通过)第十九条第一款	市轨道交通处
6	文化娱乐场所从业人员申请《上岗合格证》的核发	《上海市文化娱乐市场管理条例》(1995 年 10 月 27 日通过)第六条第(四)项、第十条第(一)项	市文化广播影视管理局
7	单位使用外地劳动力的审批	《上海市外来流动人员管理条例》(1996 年 9 月 26 日通过)第二十一条、第二十二条第一款	市和区、县劳动和社会保障局
8	档案管理岗位合格证书的核发	《上海市档案条例》(1995 年 6 月 16 日通过)第十四条	市档案行政管理部门
9	档案中介人员的资质认定	《上海市档案条例》(1995 年 6 月 16 日通过)第十五条	市档案行政管理部门
10	遗体捐献接受单位的资格审核	《上海市遗体捐献条例》(2000 年 12 月 15 日通过)第十条	市卫生行政管理部门
11	特种行业和公共场所从业人员的上岗证的核发	《上海市特种行业和公共场所治安管理条例》(1997 年 12 月 11 日通过)第十五条第一款、第二款	市公安局
12	外省市施工企业进沪施工许可证的核发	《上海市建筑市场管理条例》(1997 年 10 月 21 日通过)第八条	市建委
13	外省市工程勘察设计单位进沪承接勘察设计业务许可证的核发	《上海市建筑市场管理条例》(1997 年 10 月 21 日通过)第八条	市建委
14	外地进沪承接造价咨询业务许可证的核发	《上海市建筑市场管理条例》(1997 年 10 月 21 日通过)第八条	市建委
15	外省市水路运输经营者从事市内营业性水路货物运输、旅客运输的审批	《上海市水路运输管理条例》(1997 年 10 月 21 日通过)第十六条	市港口局
16	重要产品准产证的核发	《上海市产品质量监督条例》(1994 年 8 月 26 日通过)第六条	市质量技术监督局

续表

序号	行政许可事项	设定行政许可事项的法规	实施机关
17	在港存期内货物的疏运的审批	《上海市港口货物疏运管理条例》(1994 年 7 月 22 日通过)第十二条	市港口局
18	超过港存期货物的疏运的审批	《上海市港口货物疏运管理条例》(1994 年 7 月 22 日通过)第十一条	市港口局
19	从事港口疏运货物堆放业务的审批	《上海市港口货物疏远管理条例》(1994 年 7 月 22 日通过)第十五条第一款	市港口局
20	制造、销售殡葬设备、殡葬专用品的单位(个体工商户)开业的前置审批	《上海市殡葬管理条例》(1997 年 8 月 20 日通过)第二十六条第一款、第三款	市殡葬管理处
21	制造销售寿衣、花圈的单位(个体工商户)开业的前置审批	《上海市殡葬管理条例》(1997 年 8 月 20 日通过)第二十六条第二款、第三款	区、县民政局
22	设置外来人员劳动力市场的审批	《上海市外来流动人员管理条例》(1996 年 9 月 26 日通过)第二十三条第一款	市劳动和社会保障局
23	燃气器具列入《燃气器具准许销售目录》的审核	《上海市燃气管理条例》(1999 年 1 月 22 日通过)第三十一条	市燃气管理处
24	上海市建设工程材料准用证的核发	《上海市建设工程材料管理条例》(1999 年 11 月 26 日通过)第四条第二款	市建委
25	在行道树上悬挂物品的审批	《上海市植树造林绿化管理条例》(1987 年 1 月 8 日通过)第二十五条第二款	市和区、县绿化管理部门
26	建造永久性测量标志的审批	《上海市测绘管理条例》(1995 年 12 月 29 日通过)第三十二条	市测绘管理部门
27	部分公共场所治安许可证(茶座、咖啡馆)的核发	《上海市特种行业和公共场所治安管理条例》(1997 年 12 月 11 日通过)第五条	市公安局
28	特种行业许可证(音像制品复制行业)的核发	《上海市特种行业和公共场所治安管理条例》(1997 年 12 月 11 日通过)第五条	市公安局

续表

序号	行政许可事项	设定行政许可事项的法规	实施机关
29	义务教育阶段自行办学单位的招生范围的审批	《上海市实施〈中华人民共和国义务教育法〉办法》(1993 年 2 月 6 日通过)第八条	市教育行政管理部门
30	对学校和教师要求学生参加与教育无关的活动的许可	《上海市青少年保护条例》(1987 年 6 月 20 日通过)第十九条	教育行政管理部门
31	遗体需要延期火化的审批	《上海市殡葬管理条例》(1997 年 8 月 20 日通过)第二十条第一款	市殡葬管理处或者区、县民政局
32	遗体存放超期强制火化的审批	《上海市殡葬管理条例》(1997 年 8 月 20 日通过)第二十条第二款	市殡葬管理处或者区、县民政局
33	实施急救的医疗机构临时采集血液的审批	《上海市献血条例》(1998 年 9 月 22 日通过)第二十三条	市卫生行政管理部门
34	在街道、公园、商场、学校等公共场所使用引起噪声污染的大功率扬声器的审批	《上海市环境保护条例》(1994 年 12 月 8 日通过)第四十一条第(二)项	市环保局
35	房屋租赁治安许可证的核发	《上海市外来流动人员管理条例》(1996 年 9 月 26 日通过)第十四条	市公安局
36	在集市生产经营食用畜禽血的许可(卫生行政管理部门的许可)	《上海市城乡集市贸易食品卫生管理规定》(1985 年 7 月 5 日通过)第五条第(四)项	市卫生行政管理部门

上海市人民代表大会常务委员会关于确认市政府规章设定的公共安全防范工程设计施工单位的核准等 12 项行政许可事项继续实施的决定

(2004 年 6 月 23 日上海市第十二届人民代表大会常务委员会第十三次会议通过)

上海市第十二届人民代表大会常务委员会第十三次会议审议了市政府提请审议的关于确认市政府规章设定的公共安全防范工程设计施工单位的核准等 12 项行政许可事项继续实施的议案。根据《中华人民共和国行政许可法》有关行政许可设定范围和设定权限的规定,市人大常委会确认该 12 项行政许可事项在制定或者修改相关法规之前继续实施。

本决定自 2004 年 7 月 1 日起施行。

附:继续实施的市政府规章设定的12项行政许可事项目录

序号	行政许可事项	设定该项许可的市政府规章
1	公共安全防范工程设计施工单位的核准	《上海市社会公共安全技术防范管理办法》
2	公用岸段海塘使用的审批	《上海市海塘管理办法》
3	使用海塘堤顶道路的审批	《上海市海塘管理办法》
4	建设项目节水设施设计方案的审核	《上海市节约用水管理办法》
5	原水引水管渠保护范围内实施建设工程的审批	《上海市原水引水管渠保护办法》
6	废弃食用油脂回收、加工单位的确定	《上海市废弃食用油脂污染防治管理办法》
7	航油管线保护范围内建造建筑物、构筑物前置审批	《上海市民用机场航空油料管线保护办法》
8	航油管线保护范围内从事限制性活动审批	《上海市民用机场航空油料管线保护办法》
9	城市化地区因地下管位等原因无法埋设入地的架空线暂时予以保留的审批	《上海市城市道路架空线管理办法》
10	犬类养殖许可	《上海市犬类管理办法》
11	犬类销售许可	《上海市犬类管理办法》
12	犬类饲养许可	《上海市犬类管理办法》

上海市安全生产条例

(2005年1月6日上海市第十二届人民代表大会常务委员会第十七次会议通过 2011年9月22日上海市第十三届人民代表大会常务委员会第二十九次会议修订 根据2016年2月23日上海市第十四届人民代表大会常务委员会第二十七次会议《关于修改〈上海市河道管理条例〉等7件地方性法规的决定》修正)

第一章 总　　则

第一条 为了加强本市安全生产监督管理,防止和减少生产安全事故,保障人民群众生命和财产安全,促进经济发展和社会稳定,根据《中华人民共和国安全生产法》和其他有关法律、行政法规,结合本市实际,制定本条例。

第二条 本市行政区域内生产经营单位的安全生产及其相关监督管理活动,适用本条例。有关法律、法规对消防安全、道路交通安全、铁路交通安全、水上交通安全、民用航空安全等另有规定的,适用其规定。

第三条 安全生产管理应当以人为本,坚持安全第一、预防为主、综合治理的方针,实行政府领导、部门监管、单位负责、群众参与、社会监督的原则。

本市建立和健全各级安全生产责任制。

第四条 生产经营单位是安全生产的责任主体。

生产经营单位主要负责人对本单位的安全生产工作全面负责;分管安全生产的负责人协助主要负责人履行安全生产职责;其他负责人应当按照各自分工,负责其职责范围内的安全生产工作。

第五条 从业人员依法享有平等获得安全生产保障的权利,并应当依法履行安全生产方面的义务。

第六条 市和区、县人民政府应当加强对安全生产工作的领导,建立和完善安全生产监控体系、责任制度和考核制度,并将安全生产工作纳入国民经济和社会发展规划以及年度工作计划。

市安全生产委员会负责研究部署、统筹协调本市安全生产工作中的重大事项,并根据有关法律、法规和规章的规定,编制成员单位安全生产工作职责,报经市人民政府批准后执行。

乡、镇人民政府和街道办事处按照本条例规定,做好本辖区内相关的安全生产监督工作。

第七条 市和区、县安全生产监督管理部门(以下简称安全生产监管部门)对本行政区域内的安全生产工作实施综合监督管理,履行下列职责:

(一)会同有关部门编制、实施安全生产专项规划;

(二)指导、协调和监督同级人民政府有关部门和下级人民政府履行安全生产工作职责;

(三)依法对生产经营单位的安全生产工作实施监督检查;

(四)按照法律、法规和规章的规定,对涉及安全生产的有关事项实施审批、处罚;

(五)根据同级人民政府的授权或者委托,组织、协调、指挥安全生产应急救援,组织生产安全事故调查处理;

(六)法律、法规规定的其他职责。

第八条 本市公安、建设、质量技术监督、交通港口等依法对涉及安全生产的事项负有审批、处罚等监督管理职责的部门(以下统称专项监管部门),应当严格按照有关法律、法规和规章的规定,实施安全生产专项监督管理。

其他有关部门在各自职责范围内,做好有关的安全生产工作。

第九条 各级工会依法组织从业人员参加本单位安全生产工作的民主管理,对本单位执行安全生产法律、法规等情况进行民主监督,依法参加事故调查,维护从业人员在安全生产方面的合法权益。

第十条 各级人民政府及其有关部门应当采取多种形式,开展安全生产法律、法规和安全生产知识的宣传教育,增强全社会和从业人员的安全生产意识以及事故预防、自救互救的能力。

报刊、广播、电视、网络等单位有进行安全生产宣传教育的义务,有对违反安全生产法律、法规的行为进行舆论监督的权利。

第十一条 市和区、县人民政府及其有关部门应当鼓励安全生产科学技术研究,支持安全生产技术、装备、工艺的推广应用,扶持技术含量高、社会效益好的安全生产科技项目和相关生产经营单位,提高安全生产技术水平。

第十二条 本市推进安全生产社会化服务体系建设,支持有关中介服务机构依法开展安全生产评价、检测、检验、培训等活动。

从事安全生产评价、检测、检验、培训等活动的中介服务机构,应当具有法律、行政法规规定的资质,并依法对其提供的服务承担责任。

第二章 生产经营单位的安全生产保障

第十三条 生产经营单位应当具备法律、法规和强制性标准规定的安全生产条件。不具备安全生产条件的,不得从事生产经营活动。

生产经营单位应当遵守下列安全生产规定:

(一)生产经营场所和设施、设备符合安全生产的要求;

(二)建立安全生产规章制度和操作规程;

(三)保证安全生产所必需的资金投入;

(四)提供符合国家标准或者行业标准的劳动防护用品;

(五)设置安全生产管理机构或者配备安全生产管理人员;

(六)主要负责人和安全生产管理人员经安

全生产培训、考核合格;

(七)从业人员经安全生产教育和培训合格,特种作业人员经专门的安全作业培训,并取得特种作业操作资格证书;

(八)采取职业危害防治措施。

第十四条 生产经营单位主要负责人应当履行《中华人民共和国安全生产法》和其他法律、法规规定的职责,定期研究安全生产问题,向职工代表大会、股东大会报告安全生产情况,接受安全生产监管部门和有关部门的监督检查,接受工会、从业人员对安全生产工作的民主监督。

第十五条 生产经营单位的安全生产管理机构和安全生产管理人员负有下列职责:

(一)贯彻国家安全生产的法律、法规和标准;

(二)协助制订安全生产规章制度和安全技术操作规程;

(三)开展安全生产检查,发现事故隐患,督促有关业务部门及时整改;

(四)开展安全生产宣传、教育培训,总结和推广安全生产的经验;

(五)参与新建、改建、扩建的建设项目安全设施的审查,管理和发放劳动防护用品;

(六)组织编制本单位的生产安全事故应急预案,并定期开展演练;

(七)协助调查和处理生产安全事故,进行伤亡事故的统计、分析,提出报告;

(八)其他安全生产工作。

生产经营单位的安全生产管理机构负责人应当具有注册安全工程师资格或者相应的安全生产管理能力。

第十六条 有下列情形之一的生产经营单位应当建立安全生产委员会,其他生产经营单位可以建立安全生产委员会:

(一)属于矿山、建筑施工和危险物品生产经营等高度危险性行业(以下简称高危行业)以及危险物品使用、储存、运输单位;

(二)属于金属冶炼、船舶修造、电力、装卸、道路交通运输等较大危险性行业(以下简称较大危险行业)的;

(三)从业人员三百人以上的。

生产经营单位的安全生产委员会由本单位的主要负责人、分管安全生产的负责人、安全生产管理机构及相关机构负责人、安全生产管理人员和工会代表及从业人员代表组成。

安全生产委员会审查本单位年度安全生产工作计划和实施、重大安全生产技术项目、安全生产各项投入等情况,研究和审查本单位有关安全生产的重大事项,督促落实消除事故隐患的措施。安全生产委员会至少每季度召开一次会议,会议应当有书面记录。

生产经营单位使用劳务派遣人员从事作业的,劳务派遣人员应当计入该生产经营单位的从业人员人数。

第十七条 生产经营单位应当建立安全生产的检查、教育培训、奖惩以及设施设备安全管理、职业危害防治、劳动防护用品配备和管理、危险作业安全管理、特种作业管理、事故报告处理等规章制度。

第十八条 生产经营单位应当建立、健全安全生产责任制,明确各岗位的责任人员、责任内容和考核要求。

第十九条 生产经营单位的决策机构、主要负责人或者个人经营的投资人应当保证安全生产所必需的资金投入,安全生产资金纳入年度生产经营计划和财务预算。

安全生产资金用于安全生产的技术项目、设施和设备,宣传、教育培训和奖励,劳动防护用品,安全生产的新技术、新工艺、新材料,重大危险源的监控和管理,应急救援器材、物资的储备,以及其他安全生产方面。安全生产资金不得挪作他用。

高危行业和较大危险行业的生产经营单位应当按照国家和本市有关规定建立安全生产费用管理制度,并于每年三月底前将本单位当年度安全生产费用提取、使用计划和上一年度安全生产费用提取、使用情况,报财政、安全生产监管部门备案。

第二十条 除法律、法规另有规定外,高危行业的生产经营单位,从业人员三百人以下的,至少配备一名专职安全生产管理人员;从业人员三百人以上的,至少配备三名专职安全生产管理人员;从业人员一千人以上的,至少配备八名专职安全生产管理人员;从业人员五千人以上的,至少配备十五名专职安全生产管理人员。

较大危险行业的生产经营单位,从业人员三百人以上的,至少配备两名专职安全生产管理人员;从业人员一千人以上的,至少配备五名专职安全生产管理人员;从业人员五千人以上的,至少配备十名专职安全生产管理人员。

前两款规定以外的其他生产经营单位,从业人员三百人以上的,至少配备一名专职安全生产管理人员;从业人员一千人以上的,至少配备两名专职安全生产管理人员;从业人员五千人以上的,至少配备五名专职安全生产管理人员。

第二十一条 生产经营单位的主要负责人和安全生产管理人员等应当按照国家有关规定参加安全培训,并经考核合格。

第二十二条 生产经营单位应当对下列人员及时进行安全生产教育和培训:

(一)新进从业人员;

(二)离岗六个月以上的或者换岗的从业人员;

(三)采用新工艺、新技术、新材料或者使用新设备后的有关从业人员。

生产经营单位应当对在岗的从业人员进行定期的安全生产教育和培训。从业人员未经安全生产教育和培训合格的,不得上岗作业。

第二十三条 安全生产教育和培训内容主要包括安全生产的法律、法规和规章制度,安全操作基本技能和安全技术基础知识,作业场所和工作岗位存在的危险因素、防范措施以及事故应急措施,劳动防护用品的性能和使用方法以及其他需要掌握的安全生产知识。

安全生产教育和培训情况应当记入从业人员安全生产记录卡,记录卡应当由考核人员和从业人员本人签名。

安全生产教育和培训的时间按照国家和本市有关规定执行,费用由生产经营单位承担。

生产经营单位可以委托安全生产中介服务机构或者相关的行业组织实施安全生产教育和培训。

第二十四条 从事电工作业、焊接与热切割作业、高处作业、制冷与空调作业、冶金生产安全作业、危险化学品安全作业、烟花爆竹安全作业等特种作业的人员,应当按照国家有关规定经专门的安全作业培训,经考核合格取得特种作业操作资格证书后,方可上岗作业。

生产经营单位不得安排无特种作业操作资格证书的人员从事特种作业。

生产经营单位指派从业人员参加专门的安全作业培训和特种作业操作资格考试的,应当承担该从业人员的培训和考试费用,并可以与该从业人员订立协议约定服务期限。

第二十五条 矿山企业、建筑施工企业和危险化学品、烟花爆竹、民用爆破器材生产企业在生产前,应当依照《安全生产许可证条例》,向有关部门申请领取安全生产许可证。

矿山、金属冶炼建设项目和用于生产、储存、装卸危险物品的建设项目的安全设施设计应当按照国家有关规定报安全生产监管等部门审查。审查部门及其负责审查的人员对审查结果负责。

矿山、金属冶炼建设项目和用于生产、储存危险物品的建设项目竣工投入生产或者使用前,应当由建设单位负责组织对安全设施进行验收;验收合格后,方可投入生产和使用。有关部门应当加强对建设单位验收活动和验收结果的监督核查。

第二十六条 生产经营单位应当对新建、改建、扩建生产、储存危险化学品的建设项目进行安全条件论证,并委托具有安全生产评价资质的中介服务机构进行项目安全评价。

生产、储存危险化学品的企业以及使用危险化学品从事生产的企业应当按照国家有关规定,委托具有安全生产评价资质的中介服务机构,对本企业的安全生产条件每三年进行一次安全评价,提出安全评价报告。安全评价报告应当包括对安全生产条件存在的问题进行整改的方案。

生产、储存危险化学品的企业以及使用危险化学品从事生产的企业应当及时将安全评价报告及整改方案的落实情况报安全生产监管部门备案。安全生产监管部门应当对安全评价报告及整改方案的落实情况进行抽查。

第二十七条 生产经营单位应当按照国家有关规定办理重大危险源备案，并采取下列监控措施：

（一）建立运行管理档案，对运行情况进行全程监控；

（二）定期对设施、设备进行检测、检验；

（三）定期进行安全评价；

（四）定期检查重大危险源的安全状态；

（五）制定应急救援预案，定期组织应急救援演练。

生产经营单位可以委托具有相应资质的中介服务机构，对重大危险源进行检测和安全评价，并提出完善监控的措施。

生产经营单位应当至少每半年向安全生产监管部门和专项监管部门报告重大危险源的监控措施实施情况；发生紧急情况时，应当立即报告安全生产监管部门和专项监管部门。

第二十八条 生产经营单位进行爆破、大型设备（构件）吊装、危险装置设备试生产、危险场所动火作业、有毒有害及受限空间作业、重大危险源作业等危险作业的，应当按批准权限由相关负责人现场带班，确定专人进行现场作业的统一指挥，由专职安全生产管理人员进行现场安全检查和监督，并由具有专业资质的人员实施作业。

生产经营单位委托其他有专业资质的单位进行危险作业的，应当在作业前与受托方签订安全生产管理协议。安全生产管理协议应当明确各自的安全生产职责。

生产经营单位或者接受委托的作业单位在危险作业前应当制定危险作业的方案和安全防范措施，并设置作业现场的安全区域。

从事危险作业时，作业人员应当服从现场的统一指挥和调度，并严格遵守作业方案、操作规程和安全防范措施。

第二十九条 生产经营单位为大型公共活动所设的临时性建筑物、构筑物及设施、设备的安全性能，应当经具有相应资质的机构检测、检验合格。

第三十条 生产经营单位不得将厂房、场所出租给不具备安全生产条件或者相应资质的单位或者个人。

生产经营单位出租厂房、场所给其他单位从事生产经营活动的，其出租的厂房、场所应当具备基本的安全生产条件，并书面告知承租人涉及厂房、场所安全的有关情况。租赁双方应当签订安全生产管理协议，明确双方对出租厂房、场所的安全管理责任。

出租方应当查验承租方所从事的生产经营范围，统一协调、管理同一区域多个承租单位的安全生产工作，加强对各承租人涉及厂房、场所安全行为的监督检查。发现承租方有安全生产违法行为的，应当及时劝阻并向所在地的安全生产监管部门和专项监管部门报告。

承租方应当严格遵守安全生产法律、法规，具备相应的安全生产资质和条件，并服从出租方对其安全生产工作的统一协调、管理。发生生产安全事故时，应当立即如实报告所在地的安全生产监管部门和专项监管部门。

第三十一条 生产经营单位应当为从业人员提供符合国家标准或者行业标准的劳动防护用品，并教育、督促从业人员正确佩戴、使用。生产经营单位不得以现金或者其他物品替代劳动防护用品的提供。

生产经营单位购买劳动防护用品时，应当查验产品质量合格证明；购买特种劳动防护用品时，还应当查验产品生产许可证和安全标志，并建立采购档案。

第三十二条 存在职业危害的生产经营单位应当依法建立职业危害防治制度，包括职业危害的防治责任、告知、申报、宣传教育、防护设施维护检修、日常监测、从业人员体检以及职业健康监护档案管理等内容。

存在职业危害的生产经营单位应当按照国家有关规定，委托具有相应资质的中介服务机构定期进行检测和评价。检测和评价报告应当向从业人员公布，并报安全生产监管部门备案。

生产经营单位发生职业危害事故，或者发现职业病病人、疑似职业病病人的，应当及时向安全生产监管部门和有关部门报告。

第三十三条 生产经营单位应当根据本单位的生产经营特点进行经常性的安全生产检查，定期进行专业性的安全生产检查，每月至少进行一次综合性的安全生产检查。

安全生产管理人员应当对检查中发现的事故隐患及时提出处理意见，跟踪事故隐患治理情况并记录在案。

第三十四条 生产经营单位对本单位的生产安全事故隐患治理负全部责任，发现事故隐患的，应当立即采取措施予以消除；对非本单位原因造成的事故隐患，不能及时消除或者难以消除的，应当采取必要的安全措施，并立即向安全生产监管部门和专项监管部门报告。

安全生产监管部门和专项监管部门接到报告后，应当及时进行处理。在隐患排除前，安全生产监管部门和专项监管部门可以在生产经营场所的明显位置设置事故隐患提示标志。

第三十五条 本市鼓励生产经营单位投保安全生产相关责任保险。

矿山、建筑施工、危险物品生产经营、道路交通运输、金属冶炼、船舶修造、装卸等行业的生产经营单位应当依照国家和本市的有关规定实行安全生产风险抵押金制度。发生生产安全事故时，原则上由企业先行支付抢险、救灾及善后处理费用，确实需要动用风险抵押金的，经安全生产监管部门和财政部门批准后，按照规定办理风险抵押金使用手续。生产经营单位投保安全生产相关责任保险的，经报送安全生产监管部门审核同意，可以免于存储安全生产风险抵押金。

第三十六条 生产经营单位按照国家和本市有关规定开展安全生产标准化工作，并接受安全生产监管部门的指导。

第三十七条 禁止生产经营单位及其有关负责人从事下列行为：

（一）指令或者放任从业人员违反操作规程或者安全管理规定从事作业；

（二）超过核定的生产能力、强度进行生产；

（三）隐瞒事故隐患，或者不及时处理已发现的事故隐患；

（四）违反操作规程或者安全管理规定从事作业；

（五）法律、法规规定的其他禁止行为。

第三章　从业人员的权利和义务

第三十八条 生产经营活动中，从业人员享有下列权利：

（一）在集体合同、劳动合同中，载明劳动安全、防止职业危害和工伤保险等事项；

（二）了解其作业场所、工作岗位存在的危险因素及防范、应急措施；

（三）对本单位安全生产工作中存在的问题提出建议、批评、检举和控告；

（四）拒绝违章指挥、强令冒险作业的要求；

（五）发现直接危及人身安全的紧急情况时，停止作业或者在采取可能的应急措施后撤离作业场所；

（六）因生产安全事故受到损害后提出赔偿要求；

（七）接受安全生产教育和培训，掌握本职工作所必需的安全生产技能；

（八）获得生产经营单位提供的符合国家和行业标准的劳动条件和劳动防护用品；

（九）因接触职业危害因素接受符合国家有关规定的职业健康检查；

（十）法律、法规规定的其他权利。

第三十九条 生产经营活动中，从业人员应当履行下列义务：

（一）严格遵守本单位的安全生产规章制度和操作规程；

（二）正确使用劳动防护用品；

（三）接受安全生产教育和培训；

（四）及时报告事故隐患和不安全因素；

（五）法律、法规规定的其他义务。

第四十条 生产经营单位使用劳务派遣人员从事作业的，应当将劳务派遣人员纳入本单位对从业人员安全生产的统一管理，履行安全生产保障责任，不得将安全生产保障责任转移给劳务派遣单位。

劳务派遣人员有依法向用工的生产经营单位主张安全生产的权利。

第四十一条 安全生产监管部门和有关部门应当加强对从业人员发生事故伤害的预防工作。

本市工伤保险基金按照国家和本市的有关规定安排一定比例的费用，用于工伤预防的宣传、培训等。

第四章 安全生产监督管理

第四十二条 本市实行各级人民政府和有关部门安全生产行政责任制度。

市和区、县人民政府及其有关部门的主要负责人对本地区、本行业的安全生产管理工作承担主要责任，其他分管负责人按照职责分工依法承担相应责任。

第四十三条 市和区、县人民政府应当对其所属部门和下级人民政府的安全生产工作进行年度考核，考核结果作为政府年度工作考核的重要依据。

市和区、县国有资产管理部门应当会同同级安全生产监管部门对其负责管理的国有企业的安全生产工作进行年度考核，考核结果纳入国有企业绩效考核。

第四十四条 市和区、县人民政府应当建立安全生产控制指标，对安全生产工作实行目标管理。

区、县人民政府和市有关部门每季度至少召开一次安全生产工作会议，分析本地区、本行业的安全生产形势和情况，研究、部署防范生产安全事故发生的措施和方案，协调并解决安全生产工作中的重大问题。

第四十五条 产业园区管理机构应当确定负责安全生产监督管理的机构和人员，支持、督促、检查本园区内生产经营单位的安全生产工作，并协助有关部门实施安全生产监督管理。发现安全生产违法行为或者事故隐患的，应当责令生产经营单位立即改正或者限期治理，并向有关部门报告。

第四十六条 乡、镇人民政府和街道办事处应当有相应机构和专门人员负责安全生产监督管理工作，对本辖区内高危行业和较大危险行业以外的生产经营单位实施安全生产日常检查，并协助有关部门实施安全生产监督管理。发现安全生产违法行为或者事故隐患的，应当向有关部门报告，并责令生产经营单位立即改正或者限期治理。

第四十七条 安全生产监管部门应当加强执法队伍的建设，依法开展行政执法工作。专项监管部门应当配置与其监督管理工作相适应的执法力量。

安全生产监管部门和专项监管部门应当定期对其执法人员开展安全生产技术知识、法律等方面的培训和考核。

第四十八条 市和区、县人民政府应当组织安全生产监管部门和专项监管部门对生产经营单位建立和落实安全生产责任制、生产安全事故隐患排查治理、安全生产教育和培训等安全生产工作以及容易发生事故的生产、经营场所或者施工的设备、设施和场所进行安全生产检查。

安全生产监管部门和专项监管部门可以实行联合检查，并采用定期检查、随时抽查的方式，对生产经营单位进行安全生产检查。

市安全生产监管部门应当会同有关部门组织编制危险化学品、易燃易爆物品、重大危险源、压力容器等重点事项的监督检查计划，明确实施监督检查的部门、频次等，并建立相应的监督检查记录制度。

第四十九条 安全生产监管部门和专项监管部门可以邀请专业技术人员和专家学者参与

安全生产的监督检查、事故调查等工作，听取对专业技术问题的意见。

安全生产监管部门和专项监管部门应当建立、健全有关的专业技术人员和专家学者遴选、考核、奖酬、回避等制度。

第五十条 市安全生产监管部门会同有关部门组织编制安全生产重点监督管理单位目录，载明生产经营单位的名称、主要负责人姓名、监督管理部门以及监督管理的重点要求。

生产经营单位有下列情形之一的，应当列入安全生产重点监督管理单位目录：

（一）存在重大危险源的；

（二）存在重大事故隐患的；

（三）近三年内曾发生较大、重大或者特别重大生产安全事故的；

（四）市安全生产监管部门根据工作需要，认为有必要实行重点监督管理的其他情形。

第五十一条 生产经营单位存在重大生产安全事故隐患的，市和区、县人民政府应当指定有关部门督促生产经营单位制定、落实治理计划。

对于非生产经营单位原因造成，短时期内难以消除的重大生产安全事故隐患，市和区、县人民政府应当组织有关部门制定计划予以治理，并落实治理资金。任何单位和个人不得侵占治理资金或者挪作他用。

第五十二条 本市建立重大危险源信息监管系统，对重大危险源实施市和区、县两级监管。

安全生产监管部门和专项监管部门应当按照国家有关规定实施重大危险源备案。

第五十三条 本市对危险化学品行业实行统一规划、合理布局和严格控制。

本市有关部门组织编制城乡规划，应当根据本市实际情况，规划专门用于危险化学品生产、储存的区域和禁止建设危险化学品生产、储存项目的区域。

在城乡规划禁止建设危险化学品生产、储存项目的区域内，已建的危险化学品生产、储存项目，由安全生产监管部门会同有关部门督促生产经营单位在规定期限内进行调整；需要转产、停产、搬迁、关闭的，由市或者区、县人民政府组织有关部门实施，并根据有关规定给予补贴。

市安全生产监管、经济信息化部门应当会同有关部门，制定本市危险化学品产业结构调整指导目录。

市安全生产监管部门应当会同市经济信息化、发展改革、公安、交通港口、环保等部门，制定本市禁止、限制、管控危险化学品生产、储存、经营、使用、运输等的目录。

第五十四条 任何单位和个人发现生产经营单位存在重大事故隐患或者安全生产违法行为的，有权向安全生产监管部门和专项监管部门举报；对举报有功人员，由安全生产监管部门或者专项监管部门给予奖励。安全生产监管部门和专项监管部门应当为举报者保密。

本市对在改善安全生产条件、防止生产安全事故、参加抢险救护等方面取得显著成绩的单位和个人，给予奖励。

第五十五条 安全生产监管部门和专项监管部门应当通过电视、报纸、网络等媒体，对危害公共安全的安全生产违法行为及处理情况予以公布。

安全生产监管部门应当建立安全生产违法行为登录制度，在上海安全生产网上记载生产经营单位及其主要负责人、安全生产中介服务机构的有关违法行为及处理情况。任何单位和个人都有权进行查询。

第五章 生产安全事故的应急救援和调查处理

第五十六条 生产经营单位应当制定生产安全事故应急救援预案，报安全生产监管部门和专项监管部门备案。

高危行业的生产经营单位应当建立安全生产应急救援组织，配备应急救援器材、设备并进行经常性维护、保养。其他生产经营单位应当明确负责应急救援的人员。

生产经营单位应当每年至少组织一次综合应急救援预案演练或者专项应急救援预案演练。高危行业、较大危险行业的生产经营单位,应当每半年至少组织一次综合应急救援预案演练或者专项应急救援预案演练。

第五十七条 市和区、县人民政府应当建立、健全安全生产应急救援体系,根据本市突发公共事件总体预案,组织制定生产安全事故应急救援预案,确定应急救援队伍,储备应急救援物资、装备,加强安全生产应急救援资源共享和信息互通。

应急救援预案应当包括建立应急指挥体系,明确相关部门的应急救援职责,确定应急救援队伍,确定应急救援技术专家、建立抢险装备等信息数据库,确定交通、医疗、物资、经费、治安等保障措施,进行应急救援预案演练等。

第五十八条 生产经营单位发生生产安全事故后,应当在一小时内向安全生产监管部门和专项监管部门报告;情况紧急时,应当在三十分钟内向安全生产监管部门和专项监管部门报告。

安全生产监管部门和专项监管部门应当逐级上报事故情况。每级上报均应当在一小时内完成口头上报,在两小时内完成书面上报。

第五十九条 生产安全事故发生后,生产经营单位应当立即启动相应的应急救援预案,迅速采取有效措施,组织抢救,防止事故扩大,减少人员伤亡和财产损失;市或者区、县人民政府以及安全生产监管部门、相关专项监管部门接到事故报告后,应当立即组织事故救援。

第六十条 除法律、行政法规另有规定外,本市发生的生产安全事故按照下列规定进行调查:

(一)重大和较大生产安全事故,由市人民政府负责调查,市人民政府可以授权或者委托市安全生产监管部门或者其他有关部门组织调查;

(二)一般生产安全事故,由事故发生地区、县人民政府负责调查,区、县人民政府可以授权或者委托区、县安全生产监管部门或者其他有关部门组织调查。

市人民政府认为必要时,可以调查区、县人民政府负责调查的事故。

第六十一条 安全生产监管部门应当定期统计分析本行政区域内发生生产安全事故的情况,并定期向社会公布。

生产经营单位发生重大生产安全事故或者一年内发生两次以上较大生产安全事故,且对事故发生负有主要责任的,安全生产监管部门应当会同有关部门向社会公告,并向市发展改革、规划国土资源、建设交通、经济信息化以及金融监管等部门通报有关情况。

第六章 法律责任

第六十二条 违反本条例规定的行为,《中华人民共和国安全生产法》及其他有关法律、法规已有处罚规定的,依照其规定处罚;构成犯罪的,依法追究刑事责任。

生产经营单位发生生产安全事故,造成他人人身、财产损害的,依照有关法律,承担赔偿责任。

第六十三条 生产经营单位违反本条例第十九条第三款的规定,未将安全生产费用的有关情况报送备案的,由安全生产监管部门责令限期改正;逾期未改正的,处以五千元以下的罚款。

第六十四条 生产经营单位未按照本条例第二十条规定配备专职安全生产管理人员的,由安全生产监管部门责令限期改正;逾期未改正的,责令停产停业整顿,并可以依法处以罚款,罚款额按未配备安全生产管理人员人数计,每少配备一人罚款五千元。

第六十五条 生产经营单位违反本条例第二十二条的规定,未对从业人员进行安全生产教育培训的,由安全生产监管部门责令限期改正;逾期未改正的,责令停产停业整顿,并可以依法处以罚款,罚款额按未培训从业人员人数计,每少培训一人罚款五百元。

第六十六条 生产经营单位违反本条例第

二十八条第二款、第三款的规定，从事危险作业未签订安全生产管理协议，或者未设置作业现场安全区域的，由安全生产监管部门责令改正，并可以对生产经营单位和接受委托的作业单位处以五万元以上二十万元以下的罚款。

第六十七条 矿山、建筑施工、危险物品生产经营、道路交通运输、金属冶炼、船舶修造、装卸等行业的生产经营单位违反本条例第三十五条的规定，未足额存储安全生产风险抵押金且未投保安全生产相关责任保险的，由安全生产监管部门责令限期改正；逾期未改正的，处以一万元以上三万元以下的罚款。

第六十八条 生产经营单位及其有关负责人违反本条例第三十七条第一项至第四项的规定，从事禁止行为的，由安全生产监管部门对生产经营单位处以一万元以上三万元以下的罚款，对其有关负责人处以一千元以上一万元以下的罚款。

第六十九条 各级人民政府及其有关部门的工作人员有下列情形之一的，依照《中华人民共和国公务员法》、《中华人民共和国行政监察法》等法律、法规，追究行政责任；构成犯罪的，依法追究刑事责任：

（一）未按照规定履行安全生产监督管理责任的；

（二）因其失职、渎职行为造成重大生产安全事故隐患的；

（三）发生生产安全事故，未按照规定组织救援或者玩忽职守致使人员伤亡或者财产损失扩大的；

（四）对生产安全事故隐瞒不报、谎报或者拖延报告的；

（五）阻挠、干涉生产安全事故调查处理或者生产安全事故责任追究的。

第七十条 当事人对安全生产监管部门或者专项监管部门的具体行政行为不服的，可以依照《中华人民共和国行政复议法》或者《中华人民共和国行政诉讼法》的规定，申请行政复议或者提起行政诉讼。

当事人对具体行政行为逾期不申请复议，不提起诉讼，又不履行的，作出具体行政行为的安全生产监管部门或者专项监管部门可以申请人民法院强制执行。

第七章 附 则

第七十一条 本条例下列用语的含义是：

（一）生产经营单位，是指从事生产经营活动的企业、个体工商户以及其他能够独立承担民事责任的经营性组织。

（二）生产经营单位主要负责人，是指生产经营单位的法定代表人和实际负有本单位生产经营最高管理权限的人员。

（三）产业园区，是指依法设立并由市或者区、县人民政府派出或者指定机构管理的工业园区、高新技术产业开发区、保税区和出口加工区。

（四）危险物品，是指易燃易爆物品、危险化学品、放射性物品等能够危及人身安全和财产安全的物品。

第七十二条 国家机关、事业单位、人民团体、民办非企业单位在日常运营中的安全作业管理，参照执行本条例。法律、法规另有规定的，从其规定。

第七十三条 本条例自2012年1月1日起施行。

上海市机动车道路交通事故赔偿责任若干规定

（2005 年 2 月 24 日上海市第十二届人民代表大会常务委员会第十八次会议通过）

第一条 根据《中华人民共和国道路交通安全法》第七十六条等条款以及有关法律、行政法规的规定，结合本市实际情况，制定本规定。

第二条 本市行政区域内发生机动车道路交通事故，造成人身伤亡、财产损失的赔偿责任的确定，适用本规定。

第三条 本市依法实行机动车第三者责任强制保险（以下简称强制保险）制度，强制保险的责任限额为 4 万元。

国家对强制保险制度另有规定的，按照国家规定执行。

第四条 机动车之间发生交通事故的，按照各自的事故责任，由所投保的保险公司在强制保险的责任限额内按照实际损失赔付；机动车未投保强制保险的，由其在应当投保的责任限额内按照实际损失承担赔偿责任。

机动车之间发生交通事故的损失超出强制保险责任限额的部分，由有事故责任的一方承担赔偿责任；双方都有事故责任的，按照各自事故责任的比例分担赔偿责任。

第五条 机动车与非机动车驾驶人、行人发生交通事故的，由机动车投保的保险公司在强制保险的责任限额内按照实际损失赔付；机动车未投保强制保险的，由机动车一方在应当投保的责任限额内按照实际损失承担赔偿责任。

第六条 机动车与非机动车驾驶人、行人之间发生交通事故的损失超出强制保险责任限额的部分，机动车一方有事故责任的，由机动车一方按照下列规定承担赔偿责任：

（一）机动车一方在交通事故中负全部责任的，承担 100% 的赔偿责任；

（二）机动车一方在交通事故中负主要责任的，承担 80% 的赔偿责任；

（三）机动车一方在交通事故中负同等责任的，承担 60% 的赔偿责任；

（四）机动车一方在交通事故中负次要责任的，承担 40% 的赔偿责任。

第七条 机动车与非机动车驾驶人、行人发生交通事故的损失超出强制保险责任限额的部分，在有证据证明非机动车驾驶人、行人违反道路交通安全法律、法规，机动车驾驶人已经采取必要处置措施的情形下，按照下列规定减轻机动车一方的赔偿责任：

（一）在高速公路、高架道路以及其他封闭道路上发生交通事故的，机动车一方按 5% 的赔偿责任给予赔偿，但赔偿金额最高不超过 1 万元；

（二）在其他道路上发生交通事故的，机动车一方按 10% 的赔偿责任给予赔偿，但赔偿金额最高不超过 5 万元。

第八条 交通事故的损失是由非机动车驾驶人、行人故意造成的，机动车一方不承担赔偿责任。

非机动车驾驶人、行人与处于静止状态的机动车发生交通事故，机动车一方无交通事故责任的，不承担赔偿责任。

第九条 本市按照国家规定，设立道路交通事故社会救助基金。

交通事故中受伤人员的抢救费用超出强制保险责任限额的，或者发生交通事故的机动车未参加强制保险的，或者发生交通事故后机动车驾驶人逃逸的，由道路交通事故社会救助基金先行垫付部分或者全部抢救费用，道路交通事故社会救助基金管理机构有权向交通事故责任人追偿。

第十条 本规定自 2005 年 4 月 1 日起施行。

上海市企业名称登记管理规定

（2005年6月16日上海市第十二届人民代表大会
常务委员会第二十次会议通过）

第一条 为了规范企业名称的登记注册管理，保护企业名称所有人的合法权益，维护公平竞争秩序，根据《企业名称登记管理规定》等法律、行政法规，结合本市实际情况，制定本规定。

第二条 本规定适用于本市行政区域内企业名称的登记注册以及相关的管理活动。

第三条 上海市工商行政管理局负责冠有市级行政区划名的企业名称的核准；县工商分局负责冠有该县行政区划名的企业名称的核准。（上海市工商行政管理局和县工商分局，以下统称"登记机关"。）

上海市工商行政管理局可以委托各工商分局办理各自辖区内企业名称申请的受理和初审。

第四条 企业名称由行政区划、字号、行业或者经营特点、组织形式组成。

在企业名称中表述所属行业或者经营特点，应当根据其主营业务，依照国家行业分类标准划分的类别进行表述。

企业跨行业经营的，可以在其名称中不表述所属行业或者经营特点，法律、行政法规另有规定的从其规定。

第五条 申请登记注册的企业名称应当便于识别，不得与已在登记机关登记注册的同行业企业名称相同或者近似。

本条第一款所称企业名称相同，是指申请人申请的企业名称与已在登记机关登记注册的企业名称完全一致。

本条第一款所称企业名称近似，是指申请人申请的企业名称与已在登记机关登记注册的企业名称存在下列情形：

（一）企业名称均含行业表述，字号相同，行业表述文字相同，但组织形式不同的；

（二）企业名称均含行业表述，字号相同，行业表述文字不同但含义相同的；

（三）企业名称均含行业表述，字号的字音相同且字形相似，行业表述文字相同或者含义相同的；

（四）企业名称均不含行业表述，字号相同，但组织形式不同的；

（五）企业名称均不含行业表述，字号的字音相同且字形相似的。

第六条 企业名称中的字号，应当由两个以上的汉字组成。

申请登记注册的企业名称不得含有下列内容和文字：

（一）违反社会公共利益和社会公德的；

（二）足以使公众对其资产关系、从事行业等产生误解的；

（三）易与其他法人、组织名称混淆，使公众产生误解的；

（四）其他可能使公众产生误解的。

第七条 申请登记注册的企业名称除有法律、行政法规以及本规定第五条、第六条禁止的情形外，登记机关应当予以核准。

第八条 申请企业名称登记，申请人应当提交由发起人或者全体投资人签署的企业名称预先核准申请书。

发起人或者投资人指定代表或者委托代理人办理企业名称登记注册的，还应当提交发起人或者全体投资人签署的指定代表或者委托代理人的证明以及代表或者代理人的身份证明。

第九条 登记机关或者接受登记机关委托办理企业名称申请受理和初审的工商分局，对申请人提出的企业名称登记注册申请，应当根据下列情形分别作出是否受理的决定：

（一）申请材料齐全、符合法定形式的，或者申请人按照登记机关的要求已提交全部补正申请材料的，或者有权更正人已当场更正申请材料中的错误的，应当决定予以受理。

（二）申请材料不齐全或者不符合法定形式的，应当决定不予受理，并当场一次告知申请人需要补正的全部内容。

通过邮寄、传真、电子数据交换、电子邮件等方式提交申请的，登记机关应当自收到申请之日起五个工作日内，作出是否受理的决定。

第十条 对受理的企业名称登记注册申请，除需要对申请材料进行核实，或者按照本规定需要举行听证的情况外，登记机关应当当场作出核准或者驳回的决定；对接受委托初审的各工商分局受理的企业名称登记注册申请，登记机关应当自受理之日起五个工作日内作出核准或者驳回的决定；需要对申请材料进行核实的，登记机关应当自受理之日起十个工作日内作出核准或者驳回的决定。

通过邮寄、传真、电子数据交换、电子邮件等方式予以受理申请企业名称登记注册的，登记机关应当按照国家有关规定作出核准或者驳回的决定。

登记机关对企业名称登记注册申请作出核准决定的，应当出具《企业名称预先核准通知书》；作出驳回决定的，应当出具《企业名称驳回通知书》，并告知申请人理由及提起行政复议、行政诉讼的权利。

第十一条 企业变更名称应当依法向登记机关申请企业名称变更登记。

登记机关对申请人提出的企业名称变更登记申请，应当依据本规定以及相关法律、行政法规有关企业名称登记的规定，作出核准或者驳回的决定。

第十二条 企业分支机构的名称应当冠以其所从属企业的名称。

企业分支机构应当在其所从属企业的名称变更登记核准之日起三十日内，申请办理分支机构名称的变更登记；企业分支机构变更名称的，应当依法向登记机关申请分支机构名称变更登记。

第十三条 核准登记注册的企业名称在法律、行政法规规定的保留期届满后尚未用于企业设立登记的，该名称自动失效。

第十四条 人民法院判决企业停止使用登记注册的企业名称，并向登记机关发出《协助执行通知书》的，登记机关应当通知该企业在三个月内申请办理企业名称变更登记。

第十五条 登记机关对企业名称登记注册申请作出决定之前，利害关系人认为申请人申请登记注册的企业名称与其已经登记注册的企业名称相同或者近似，并提出听证申请的，登记机关应当组织听证。

登记机关可以根据需要组织专家、学者和公众代表参与听证。

第十六条 企业未按照本规定第十四条申请办理企业名称变更登记的，登记机关可以对该企业处以五千元以上五万元以下的罚款。

违反本规定的其他行为，《企业名称登记管理规定》等有关法律、法规有处罚规定的，按照其规定予以处罚。

第十七条 本市个体工商户的名称登记，参照本规定执行。

第十八条 本规定自2005年9月1日起施行。

上海市住房公积金管理若干规定

(2005年9月23日上海市第十二届人民代表大会常务委员会第二十二次会议通过)

第一条 为了加强本市住房公积金的管理,维护住房公积金所有者的合法权益,促进城镇住房建设,提高城镇居民的居住水平,根据国务院《住房公积金管理条例》,结合本市实际情况,制定本规定。

第二条 上海市住房公积金管理委员会(以下简称市公积金管委会)是本市住房公积金管理的决策机构。

上海市公积金管理中心(以下简称市公积金管理中心)负责本市住房公积金的管理运作,监督检查本市单位和职工缴存、提取和使用住房公积金的情况,依法履行行政处罚职能。

本市住房公积金的管理和使用依法接受建设、财政、人民银行等行政管理部门的监督,并依法接受审计部门的审计监督。

劳动保障、民政、人事、工商、房地资源、统计等行政管理部门按照各自职责,协同实施本规定。

第三条 住房公积金由国家机关、国有企业、城镇集体企业、外商投资企业、城镇私营企业及其他城镇企业、事业单位、民办非企业单位、社会团体(以下统称单位)及其在职职工缴存。

第四条 住房公积金的缴存比例,可以在国家规定的最低缴存比例基础上浮动确定。每年住房公积金的缴存比例和月缴存最高限额,由市公积金管委会拟订,报市人民政府批准后执行,并向社会公布。

第五条 市公积金管理中心应当全面、准确掌握单位及其职工的相关信息,督促单位依法及时办理住房公积金缴存登记和住房公积金账户的设立、转移、注销等手续。

工商、劳动保障和统计等有关行政管理部门应当向市公积金管理中心提供单位及其职工的相关信息。

第六条 职工与原单位终止劳动关系后即被新单位录用的,原单位应当自劳动关系终止之日起三十日内,将职工住房公积金账户转移到新单位。

职工与原单位终止劳动关系后尚未被新单位录用的,原单位应当自劳动关系终止之日起三十日内,将职工住房公积金账户转入市公积金管理中心封存管理;职工被新单位录用后,新单位应当自录用之日起三十日内,为职工办理住房公积金账户启封和转移手续。

单位不为职工办理住房公积金账户转移、封存、启封等手续,职工可以凭有效证明材料向市公积金管理中心申请督促办理,经督促单位在十日内仍不办理的,市公积金管理中心应当在二十日内予以办理。

第七条 职工有下列情形之一的,可以向市公积金管理中心申请提取本人住房公积金账户内的存储余额:

(一)购买、建造、翻建、大修自住住房的;

(二)离休、退休的;

(三)大部分或者完全丧失劳动能力,并与单位终止劳动关系的;

(四)出境定居的;

(五)偿还购房贷款本息的;

(六)房租超出家庭工资收入的规定比例的。

职工享受城市居民最低生活保障,或者连续失业两年以上且家庭生活严重困难,或者因本人、配偶及其直系亲属重病、大病造成家庭生活严重困难的,也可以向市公积金管理中心申请提取本人住房公积金账户内的存储余额,用于支付房租、物业专项维修资金、物业服务费等费用。

职工提取住房公积金账户内存储余额后,其依法享受社会保障的权利不受影响。

第八条 申请提取住房公积金账户内存储余额的职工,应当向市公积金管理中心提交所在单位出具的提取证明和其他相关证明材料。

市公积金管理中心应当自受理提取住房公积金申请之日起三个工作日内,作出准予提取或者不准提取的决定,并书面通知申请人。准予提取的,由受委托办理住房公积金金融业务的银行(以下简称受托银行)办理支付手续;不准提取的,市公积金管理中心应当说明理由。

第九条 缴存住房公积金的职工购买、建造、翻建、大修自住住房时,可以向市公积金管理中心申请住房公积金贷款。

职工购买、建造自住住房申请住房公积金贷款的,应当同时符合下列条件:

(一)申请贷款前缴存住房公积金达到规定期限;

(二)自有资金支付购房款不低于规定比例;

(三)具有稳定的经济收入和贷款偿还能力;

(四)无尚未还清并可能影响贷款偿还能力的债务。

前款第(一)项中的规定期限、第(二)项中的规定比例,由市公积金管理中心拟订,经市公积金管委会批准后执行,并向社会公布。

职工翻建、大修自住住房申请住房公积金贷款的条件,参照本条第二款规定执行。

第十条 申请住房公积金贷款的职工,应当向市公积金管理中心提交贷款申请书和相关证明材料。

市公积金管理中心应当自受理住房公积金贷款申请之日起十五日内作出准予贷款或者不准贷款的决定,并书面通知申请人。准予贷款的,由受托银行办理贷款手续;不准贷款的,市公积金管理中心应当说明理由。

第十一条 单位被撤销、解散或者依法宣告破产时,其欠缴的住房公积金应当依法予以清偿。

单位分立、合并或者改制时,应当在明确其欠缴住房公积金的补缴责任主体后,方可办理有关手续。

计算单位欠缴住房公积金的数额时,职工工资基数按照单位或者职工提供的相关证明材料确定;单位和职工均无法提供职工工资基数证明材料的,可以按照本市统计部门公布的上年度职工平均工资计算。

第十二条 市公积金管委会在拟订住房公积金的缴存比例、确定住房公积金的最高贷款额度等重大事项前,应当采取座谈会、听证会等形式或者通过媒体广泛听取单位和职工的意见。

第十三条 市公积金管理中心和受托银行应当于每年八月向单位和职工发放住房公积金的缴存凭证。

市公积金管理中心和受托银行应当建立住房公积金信息化管理运作系统,为单位和职工查询本单位和本人的住房公积金账户信息提供便利服务。

市公积金管理中心、受托银行、单位和相关工作人员对职工的住房公积金账户信息负有保密责任。

第十四条 市公积金管理中心应当在每年三月底前,向社会公布经市公积金管委会审议的上年度住房公积金年报,包括住房公积金归集和使用的情况、财务报告和其他需要说明的情况。

第十五条 受托银行和担保机构应当严格履行与市公积金管理中心签订的委托合同,按照操作规范,为单位和职工办理住房公积金业务提供便利服务。

前款所称担保机构,是指依法设立的、对住房公积金个人购房贷款实施专业担保的机构。

第十六条 对违反住房公积金管理规定的行为,任何单位和个人都可以向市公积金管理中心投诉、举报。市公积金管理中心应当在接到投诉、举报后三十日内提出处理意见，并书面告知投诉、举报人。

第十七条 单位不依法办理住房公积金缴存登记，不为本单位职工办理住房公积金账户设立手续，逾期不依法缴存住房公积金，或者少缴住房公积金的，由市公积金管理中心依照国务院《住房公积金管理条例》的规定予以处理。

第十八条 以欺骗手段违法提取本人住房公积金账户内的存储余额的，市公积金管理中心应当责令限期退回违法所提款额，并可处违法所提款额百分之十以上百分之五十以下的罚款。

以欺骗手段违法提取他人住房公积金账户内的存储余额的，市公积金管理中心应当责令限期退回违法所提款额，并可处违法所提款额一倍以上五倍以下的罚款；构成犯罪的，依法追究刑事责任。

第十九条 以欺骗手段违法获得住房公积金贷款的，市公积金管理中心应当责令借款人限期退回违法所贷款额，并可取消其一年至五年的住房公积金贷款资格，或者处违法所贷款额百分之十以上百分之五十以下的罚款；构成犯罪的，依法追究刑事责任。

第二十条 当事人对市公积金管理中心的具体行政行为不服的，可以依照《中华人民共和国行政复议法》或者《中华人民共和国行政诉讼法》的规定，申请行政复议或者提起行政诉讼。

当事人对具体行政行为逾期不申请行政复议，不提起行政诉讼，又不履行的，作出具体行政行为的市公积金管理中心可以申请人民法院强制执行。

第二十一条 履行住房公积金缴存义务的企业、自收自支的事业单位和社会团体、民办非企业单位及其在职职工，可以缴存补充住房公积金。

补充住房公积金的缴存、提取和使用办法，由市公积金管委会拟订，报市人民政府批准。

第二十二条 城镇个体工商户及其雇用人员、自由职业者缴存、提取和使用住房公积金的办法，参照本规定执行。

第二十三条 本规定自2006年1月1日起施行。1996年4月12日上海市第十届人民代表大会常务委员会第二十七次会议通过的《上海市住房公积金条例》同时废止。

上海市商品交易市场管理条例

（2005年11月25日上海市第十二届人民代表大会常务委员会第二十四次会议通过）

第一章 总 则

第一条 为了促进商品交易市场的发展，维护商品交易市场秩序，保障市场经营管理者、场内经营者和商品购买者的合法权益，根据有关法律、行政法规，结合本市实际，制定本条例。

第二条 本条例所称的商品交易市场，是指由市场经营管理者经营管理、集中多个商品经营者在场内各自独立进行现货商品交易的固定场所。

本条例所称的市场经营管理者，是指依法设立，利用自有、租用或者其他形式取得固定场所，通过提供场地、相关设施、物业服务以及其他服务，吸呐商品经营者在场内集中进行现货商品交易，从事市场经营管理的企业法人。

本条例所称的场内经营者,是指在商品交易市场内以自己的名义独立从事现货商品销售的企业、其他组织以及个体工商户。

第三条 本市行政区域内商品交易市场的设置、经营管理、场内交易以及相关监督管理活动,适用本条例。

第四条 市和区(县)经济贸易行政管理部门按照职责分工负责编制商品交易市场的发展规划,指导商品交易市场的经营活动,协调政府有关部门共同实施本条例。

各级工商行政管理部门负责对商品交易市场主体资格的确认和经营行为的监督管理。

其他有关行政管理部门按照各自职责,依法对商品交易市场实施监督管理。

第五条 市场经营管理者、场内经营者和商品购买者的合法权益受法律保护。

市场经营管理者、场内经营者应当遵循诚实信用的原则,依法进行经营活动。

第二章 政府职责

第六条 市人民政府应当加强对商品交易市场设置的规划管理。

对需要市人民政府编制布局规划的商品交易市场的设置,由市经济贸易行政管理部门会同其他有关行政管理部门编制设置规划,报市人民政府批准后实施。

对食用农产品批发市场的设置,市经济贸易行政管理部门应当会同同级规划行政管理部门编制设置规划,落实规划用地,报市人民政府批准后实施。食用农产品零售市场的设置,区(县)经济贸易行政管理部门应当会同同级规划行政管理部门按照方便市民的原则编制设置规划,报区(县)人民政府批准后实施。

第七条 对关系到本市经济社会发展的重要商品交易市场,市人民政府应当制定相应的扶持政策。

政府提供场所设置商品交易市场的,有关行政管理部门应当按照公开、公平、公正的原则,通过公开招标投标方式选择市场经营管理者。

第八条 市和区(县)人民政府的有关行政管理部门应当按照政府信息公开的要求,公开商品交易市场管理的法律、法规、规章、规范性文件、商品交易市场设置情况等信息,并为公众查阅信息提供方便。

第九条 食用农产品等批发市场交易的商品需要现场检测的,有关行政管理部门应当在场内派驻检测人员,配备相应的检测仪器和试剂,或者委托具有检测条件的批发市场经营管理者进行检测,从事检测的工作人员应当培训合格。

第十条 工商行政、食品药品监管和消防等行政管理部门应当建立巡查制度,并按照各自的职责对商品交易市场进行监督管理。

工商行政、食品药品监管、质量技监等行政管理部门应当在商品交易市场内公布与本部门的监督职责相关的政务信息和管理机构以及派出机构的名称、地址、联系电话。

各有关行政管理部门接到举报投诉后应当作好记录、及时调查处理,并回复举报投诉人。

工商行政、食品药品监管、质量技监等行政管理部门对市场经营管理者、场内经营者的违法经营活动,应当依法查处。

第十一条 质量技监行政管理部门应当对商品交易市场内依法强制检定的计量器具实行监督检查。

质量技监、食品药品监管、农业等行政管理部门应当按照各自职责对商品交易市场内的商品质量实行定期抽检,并将抽检结果在商品交易市场内公示。

第三章 市场经营管理者

第十二条 开办商品交易市场实行企业法人登记制度。

市场经营管理者应当依法向工商行政管理部门办理登记注册,领取企业法人营业执照。需要办理其他经营许可的,应当依法向有关行政管理部门办理。

第十三条 商品交易市场经营管理者的企业名称中,应当含有“市场经营管理”的字样,其经营范围应当与工商登记注册的经营范围相一致。

商品交易市场的注册地应当与其市场实际经营场所相一致。市场经营管理者在其注册地以外的其他场所另行设立商品交易市场的,应当向所在地工商行政管理部门办理分支机构登记注册手续。

第十四条 商品交易市场的选址应当符合城市规划所确定的用地要求和本条例第六条的规定。

商品交易市场内部布局和设施的配置应当符合国家和本市的有关标准和规范,达到环境保护、市容环卫的要求和消防等公共安全的要求。

第十五条 商品交易市场的经营管理应当遵循提供服务与实施管理相结合的原则。市场经营管理者应当制定市场内的有关管理制度,定期组织检查相关制度的实施情况,并根据检查结果及时采取必要措施。

第十六条 以零售为主的食用农产品市场的市场经营管理者应当在场内划定不少于本市场营业面积百分之五的专用区域,用于农民出售自产自销的食用农产品。

第十七条 市场经营管理者应当与场内经营者订立进场经营合同,并可以参照进场经营合同示范文本约定经营内容、场内秩序等双方权利义务以及违约责任、纠纷解决方式等事项。

进场经营合同的示范文本,由市经济贸易行政管理部门会同市工商行政管理部门制定并推荐使用。

第十八条 市场经营管理者应当核验进场经营者的营业执照、税务登记证和各类经营许可证。

第十九条 市场经营管理者应当督促场内经营者遵守有关法律规定和市场管理制度,增强诚信服务、文明经商的意识,倡导良好的经营风尚和商业道德。

市场经营管理者发现场内经营者有违法行为的,应当予以劝阻,并及时向有关行政管理部门报告。

市场经营管理者不得为从事非法交易的场内经营者提供场地、保管、仓储等条件。

第二十条 市场经营管理者应当维护市场内各项经营设施以及消防、环卫和安保等设施,确保相关设施处于完好状态,及时消除各类安全隐患。

市场经营管理者应当制止场内经营者在市场内占道、搭建或者流动经营等行为,保持场内环境整洁,确保场内通道畅通。

第二十一条 市场经营管理者应当对场内使用的、属于强制检定范围内的计量器具登记造册,并组织场内经营者向指定的计量检定机构申请周期检定,督促场内经营者依法正确使用、维护计量器具。

市场经营管理者应当在市场内设置符合计量要求的复检计量器具。

第二十二条 市场经营管理者应当在场内显著位置悬挂其企业营业执照、税务登记证以及有关许可证明,并在场内显著位置设立公示牌,公布市场管理制度以及消费者权益投诉受理机构的地址和电话。

第二十三条 侵犯消费者合法权益的场内经营者已经撤离商品交易市场的,消费者可以向市场经营管理者要求赔偿。市场经营管理者承担赔偿责任后,可以向负有赔偿责任的场内经营者追偿。

第二十四条 商品交易市场歇业或者终止营业的,市场经营管理者应当按照下列规定办理:

(一)提前三个月通知场内经营者,但合同另有约定的从其约定;

(二)以零售为主的商品交易市场,应当提前三个月在市场入口处张贴公示。

第四章 场内经营者

第二十五条 场内经营者应当信守承诺、公平竞争、合法经营,并按照规定在经营场所的显著位置悬挂相关证照。

农民在市场内出售自产自销的食用农产品应当持相关有效证明，并在市场经营管理者划定的专用区域内经营。

第二十六条 场内经营者购进商品应当查验商品质量，并在该商品销售完毕后继续保存能够证明进货来源的发票、单证等半年。

特约经销品牌商品的，场内经营者应当取得授权证明。

第二十七条 场内经营者出售商品，应当按照国家有关规定或者商业惯例向商品购买者出具购货凭证，但农民销售自产自销的食用农产品除外。

第二十八条 经营涉及人体健康、生命安全的商品以及重要的生产资料商品，场内经营者应当建立购货销货台账，向供货方索取相关证明文件。

第二十九条 场内经营者对场内管理秩序和安全隐患问题，有权向市场经营管理者提出改进意见，必要时可以向有关行政管理部门报告。

第五章 法律责任

第三十条 违反本条例规定的行为，法律、法规有处罚规定的，按照其规定予以处罚。

第三十一条 市场经营管理者违反本条例第十九条规定，发现场内经营者有违法行为，未及时向有关行政管理部门报告的，由有关行政管理部门按照各自的职责责令改正，并可处二千元以上二万元以下的罚款。

第三十二条 市场经营管理者违反本条例第二十四条关于商品交易市场歇业或者终止营业的规定，以零售为主的商品交易市场未提前三个月在市场入口处张贴公示的，由区（县）工商行政管理部门责令限期改正；逾期不改正的，处一千元以上一万元以下的罚款。

第三十三条 场内经营者违反本条例第二十八条规定，经营涉及人体健康、生命安全的商品以及重要的生产资料商品未建立购销台账或者索取供货方合格证明的，由工商行政管理部门责令改正，并可处一千元以上五千元以下的罚款。

第三十四条 有关行政管理部门直接负责的主管人员和其他直接责任人员玩忽职守、滥用职权、徇私舞弊的，由所在单位或者上级主管部门给予行政处分；构成犯罪的，依法追究刑事责任。

第六章 附 则

第三十五条 本条例自2006年3月1日起施行。

上海市新建住宅交付使用许可规定

（2005年11月25日上海市第十二届人民代表大会常务委员会第二十四次会议通过 根据2010年9月17日上海市第十三届人民代表大会常务委员会第二十一次会议《关于修改本市部分地方性法规的决定》第一次修正 根据2016年2月23日上海市第十四届人民代表大会常务委员会第二十七次会议《关于修改〈上海市河道管理条例〉等7件地方性法规的决定》第二次修正）

第一条 为了加强本市新建住宅交付使用的管理，保障居民入住的基本条件，制定本规定。

第二条 本市对新建住宅实行交付使用许

可制度。新建住宅建设工程竣工验收合格后，其配套设施应当具备居民入住的基本条件，并取得新建住宅交付使用许可证，方可交付使用。

个人建造的自住房屋不适用本规定。

第三条 市房屋行政管理部门是本市新建住宅交付使用的主管部门，对全市新建住宅交付使用许可实施监督管理。

区、县房屋行政管理部门负责核发和管理本行政区域内的新建住宅交付使用许可证。

第四条 新建住宅建设工程竣工并经有关部门验收合格后，住宅建设单位应当向区、县房屋行政管理部门申请新建住宅交付使用许可。申请人申请许可时，应当提供新建住宅建设工程竣工验收备案证书，并提供配套设施符合交付使用条件的相关文件、资料。

第五条 新建住宅申请交付使用许可，其配套设施应当符合下列条件：

（一）住宅生活用水纳入城乡自来水管网。

（二）住宅用电按照电力部门的供电方案，纳入城市供电网络，不使用临时施工用电。

（三）住宅的雨水、污水排放纳入永久性城乡雨水、污水排放系统；确因客观条件所限需采取临时性排放措施的，应当经水务、环保部门审核同意，并确定临时排放的期限。

（四）住宅小区附近有燃气管网的，完成住宅室内、室外燃气管道的敷设并与燃气管网镶接；住宅小区附近没有燃气管网的，完成住宅室内燃气管道的敷设，并负责落实燃气供应渠道。

（五）住宅小区内电话通信线、有线电视线和宽带数据传输信息端口敷设到户。

（六）住宅小区与城市道路或者公路之间有直达的道路相连。

（七）住宅小区按照规划要求配建的公共交通站点暂未开通公共交通线路，且住宅小区与已开通的公共汽车和电车、轨道交通站点距离均超过二公里的，住宅建设单位应当配备短途交通车辆通达公共汽车、电车或者轨道交通站点。

（八）按照规划要求完成教育、医疗保健、环卫、邮政、菜场及其他商业服务、社区服务和管理等公共服务设施的配建。由于住宅建设工程分期建设，上述设施尚未建成的，应当有可供过渡使用的相应公共服务设施。

（九）按照本市住宅设计标准预留设置空调器外机和冷凝水排放管的位置。

（十）完成住宅小区内的绿化建设。

（十一）住宅建设工程分期建设的，建成的住宅周边场地清洁、道路平整，与施工工地有明显有效的隔离措施。

第六条 区、县房屋行政管理部门应当在收到申请人提出的新建住宅交付使用许可申请之日起十五日内审查完毕，对符合本规定第五条规定的交付使用条件的，准予颁发新建住宅交付使用许可证；对不符合条件的，不予颁发新建住宅交付使用许可证，并说明理由，书面通知申请人。

第七条 新建住宅交付使用许可证是办理房屋所有权初始登记的凭证，由市房屋行政管理部门统一印制。

第八条 任何单位和居民发现交付使用的新建住宅不符合本规定第五条规定的交付使用条件的，有权向市房屋行政管理部门或者区、县房屋行政管理部门举报。市房屋行政管理部门或者区、县房屋行政管理部门对单位和居民的举报应当依法及时调查处理。

第九条 住宅建设单位违反本规定，未取得新建住宅交付使用许可证擅自交付使用新建住宅的，区、县房屋行政管理部门应当责令停止交付使用，限期改正，处以交付使用住宅销售额千分之五以上千分之十以下的罚款，并可以降低其房地产开发经营资质。

第十条 市房屋行政管理部门或者区、县房屋行政管理部门违反本规定第六条、第八条规定，不依法颁发新建住宅交付使用许可证，或者接到对违反本规定行为的举报不依法及时调查处理的，应当承担行政责任；对直接负责的主管人员和其他直接责任人员，由其所在单位或者上级主管部门依法给予行政处分，构成犯罪的，依法追究刑事责任。

第十一条 本规定自2006年1月1日起施行。

上海市促进就业若干规定

（2005年12月29日上海市第十二届人民代表大会常务委员会第二十五次会议通过）

第一条 为了创造就业条件，促进劳动者就业，推动本市经济社会和谐发展，根据《中华人民共和国劳动法》和其他法律、行政法规，结合本市实际，制定本规定。

第二条 本市行政区域内促进劳动者就业及其相关管理活动，适用本规定。

第三条 本市按照劳动者自主就业、市场调节就业与政府促进就业的方针，实行城乡一体的促进就业政策，并采取各种有效措施，增加就业岗位，扩大就业规模，控制失业率。

第四条 市和区县人民政府应当将增加就业岗位、控制失业率纳入经济和社会发展的总体规划和年度计划；应当将促进劳动者就业作为调整经济结构、制定产业政策和编制城市规划时统筹考虑的重要因素。

市人民政府通过发展非全日制就业、劳务派遣、非正规就业、自谋职业等灵活多样的就业形式，增加就业途径。

市人民政府通过规定最低工资标准、发布工资指导价位、调整社会保险政策和建立保证工资发放，预防、解决欠薪的机制等措施，保障劳动者的合法权益。

政府有关职能部门在审批涉及政府提供土地、资金及政策扶持的建设项目时，应当就建设项目对就业的影响进行评估审核。

第五条 各级人民政府应当采取措施，保障促进就业的政府投入。政府投入包括：

（一）国家有关促进就业的税费减免；

（二）本市各级人民政府对促进就业的财政性经费投入；

（三）由政府负责筹集的公共基金对促进就业的相关投入；

（四）国有资产收益中用于促进就业的资金；

（五）政府的其他投入。

本市促进就业的财政性经费投入，应当根据就业状况的变化适时进行调整。

各级人民政府应当就政府促进就业的情况每年向同级人民代表大会或者其常务委员会报告。

第六条 本市建立政府促进就业责任考核制度。市人民政府应当将增加就业岗位、控制失业人数、落实促进就业政策、促进就业资金投入等指标，列入对区县人民政府及相关行政部门年度工作考核的内容。

第七条 市和区县人民政府建立促进就业工作联席会议制度。联席会议定期研究促进就业工作，协调、完善与促进就业相关的重大政策，指导并督促促进就业政策的落实。

市人民政府在制定和调整与促进就业有关的重大政策时，应当听取工会和企业等方面的意见。各级人民政府应当支持工会、共青团、妇联等群众团体做好促进就业工作。

第八条 市、区县、乡镇人民政府和街道办事处建立公益性的公共就业服务机构，为本市的劳动者提供免费的职业介绍、职业指导、培训指导、开业指导以及受理申领失业保险待遇事项等服务；为本市的用人单位提供免费的招聘信息发布、用工指导、招退工登记备案等服务。

乡镇、街道公共就业服务机构根据本辖区居、村民委员会的实际情况设置就业援助员，为劳动者就业提供服务。

第九条 市劳动保障部门定期向社会发布职业供求、职业培训、工资指导价位等劳动力市场信息；通过向社会中介机构购买职业介绍、职业培训、开业指导等就业服务的方式，帮助劳动者提升职业技能和就业能力，实现就业。

第十条 市人民政府的劳动保障、教育等有关职能部门根据各阶段的就业状况和产业发展趋势，制定与劳动力市场需求相适应的职业培训和职业学校教育计划。市劳动保障部门应当会同市有关部门确定职业培训经费补贴的职业目录，制定补贴的标准。

职业培训经费补贴的职业目录和标准定期向社会公布。

第十一条 市和区县人民政府根据市场需求和产业发展方向，合理规划和建设向社会开放的用于提高劳动者技能素质的公共实训基地。

公共实训基地对职业培训机构实施的符合市场需求或者产业发展方向的培训项目免费开放。本市推行青年职业见习制度。政府通过提供职业见习补贴等措施，鼓励符合条件的用人单位为青年提供职业见习岗位。

第十二条 本市按照国家规定实施职业资格证书制度。

涉及公共安全和人身安全的职业（工种），用人单位应当从取得相应职业资格证书的人员中录用。

鼓励本市企业或者行业组织制定岗位技能规范或者要求，实行岗位培训，提高员工素质和生产服务水平。

第十三条 本市鼓励和引导劳动者通过非正规就业的劳动组织，实现就业。劳动者可以采取灵活的方式自愿组成非正规就业的劳动组织，从事以适应社区服务需要为主的小规模经营活动。经政府认定的非正规就业的劳动组织可以在规定的期限内享受优惠扶持政策。

非正规就业的劳动组织的监督管理办法由市人民政府制定。

第十四条 各级人民政府有关职能部门应当采取多种宣传教育形式，引导劳动者树立适应市场需求的就业观念，通过多种途径实现就业；引导学校和用人单位增强社会责任意识，采取措施稳定就业岗位。

各类学校应当将培养学生实践能力纳入素质教育的内容。高等院校、中等职业学校应当根据市场需求状况，调整专业和课程设置，开展就业指导，提高学生就业能力。

第十五条 市和区县人民政府通过优化创业环境，为自主开业的劳动者提供下列服务：

（一）开业培训；

（二）开业场地方面的扶持；

（三）市场信息、风险防范和政策等方面的咨询。

第十六条 本市推进和组织建立小企业信用担保体系，建立小额贷款担保基金，对劳动者自主开办小企业或者非正规就业的劳动组织，给予开业贷款担保和贴息。

第十七条 对当年新吸纳本市劳动者再就业的用人单位或者从事个体经营的劳动者，可以按照有关规定减免税收或者行政事业性收费。

对从事非正规就业的劳动者，应当按照本市的有关规定将其纳入社会保险范围，并实行相应的扶持政策。

第十八条 各级人民政府扶持、组建的公益性劳动组织，开发的公益性岗位，应当主要安排就业愿望迫切但难以通过市场实现就业的本市就业困难人员，并予以必要的就业保障。

就业困难人员在公益性劳动组织从事公益性岗位的劳动，由政府给予岗位工薪补贴和社会保险费补贴。

由公共财政出资或者实行公共政策所形成的劳务岗位，应当优先提供给就业困难人员。

区县人民政府可以根据本地区情况，对就业困难人员实施其他就业保障措施。

第十九条 本市失业保险基金的使用，应当有利于保持失业保险政策的稳定和实行积极的就业政策。失业保险基金除用于失业保险待遇的足额发放外，结余部分可以用于职业培训等有利于促进就业的事项。

第二十条 本市失业人员应当按照有关规定进行失业登记，接受公共就业服务机构的职业介绍与职业指导，如实提供个人信息和相应证明。

登记失业人员无正当理由三次拒绝公共就业服务机构提供适合的就业机会的，区县公共就业服务机构和失业保险机构可以决定其退出失业登记，停止享受失业保险待遇。对停止享受失业保险待遇的决定不服的，可以向区县劳动保障部门申请行政复议或者依法提起行政诉讼。退出失业登记后需要申请就业的，可以按照有关规定重新办理失业登记手续。

第二十一条 用人单位实施裁员的，应当向工会或者全体职工说明情况、听取意见，裁员方案应当在与工会或者职工代表协商采取补救措施的基础上确定，并向市或者区县劳动保障部门报告；实施裁员方案，应当提前三十日通知工会和劳动者本人。

劳动保障部门依法对用人单位的裁员进行指导和监督。

企业因市政建设、环境保护等非市场原因导致裁员的，政府应当安排相应资金，帮助企业做好相关人员的转岗培训和安置工作。

第二十二条 劳动保障部门应当加强对劳动力市场的监督管理，加强对用人单位执行国家和本市有关劳动合同、劳务派遣、劳动标准、工资支付、社会保险费等规定的监察。

用人单位应当如实提供招聘信息，不得以性别、年龄等为由拒绝录用应聘者。用人单位使用劳动者的，应当执行国家和本市有关劳动合同、劳动标准、社会保险费等方面的规定。

职业介绍机构应当按照诚实信用的原则，开展职业介绍等中介活动，不得提供虚假信息，不得以职业介绍为名牟取不正当利益。

第二十三条 对无法与用人单位建立劳动关系，但实际接受用人单位管理并获得劳动报酬的劳动者，市劳动保障部门应当制定相应的规范，保护其合法权益。

第二十四条 职业培训、失业保险、公共实训、公共就业服务等机构应当按照本规定做好各项就业服务工作，对违反本规定不履行职责的，由市或者区县劳动保障部门责令改正；情节严重造成后果的，由其所在单位或者上级主管部门追究有关责任人员或者负责人的行政责任。

职业介绍机构违反本规定第二十二条第三款规定的，由市或者区县劳动保障部门责令改正，没收违法所得，并处一万元以上三万元以下罚款；情节严重的可以吊销许可证，并提请工商行政部门依法吊销其营业执照；对当事人造成损害的，应当承担赔偿责任。

第二十五条 本规定自2006年3月1日起施行。

上海市实施《中华人民共和国国家通用语言文字法》办法

(2005年12月29日上海市第十二届人民代表大会常务委员会第二十五次会议通过)

第一条 为了推广普通话和推行规范汉字，加强国家通用语言文字使用管理，发挥国家通用语言文字在社会生活中的作用，根据《中华人民共和国国家通用语言文字法》和其他有关法律、行政法规，结合本市实际，制定本办法。

第二条 本市行政区域内国家通用语言文

字的使用及其管理和监督,适用本办法。

第三条 本市促进国家通用语言文字的规范、丰富和发展,建设与经济、社会、文化发展相适应的语言文字应用环境。

本市鼓励国家机关、企业、事业单位、社会团体、其他社会组织和公民参与国家通用语言文字的规范化、标准化建设。

第四条 市和区、县人民政府应当加强对国家通用语言文字工作的领导,将推广普通话、推行规范汉字纳入城市管理和精神文明建设的内容。

市和区、县人民政府应当对国家通用语言文字工作所需人员和经费予以保证。

第五条 市和区、县人民政府的语言文字工作委员会负责本行政区域内国家通用语言文字使用的管理和监督,其办事机构设在同级教育行政管理部门。

市和区、县语言文字工作委员会的主要职责是:

(一)编制、组织实施本行政区域内国家通用语言文字工作规划;

(二)协调、指导、监督各部门、各行业的语言文字工作;

(三)组织语言文字规范化宣传教育活动;

(四)指导普通话和规范汉字应用的培训和水平测试;

(五)推进国家通用语言文字应用研究;

(六)法律、法规规定的其他职责。

乡、镇人民政府和街道办事处应当根据区、县人民政府的要求和部署,负责做好本区域内国家通用语言文字的相关工作。

第六条 本市对在国家通用语言文字推广、研究、管理工作中做出突出成绩的组织和个人予以表彰。

第七条 本市依法保障公民学习和使用国家通用语言文字的权利,任何组织和个人不得限制。

第八条 下列情形,应当以普通话为基本用语:

(一)国家机关的公务活动用语;

(二)学校及其他教育机构的教育教学和集体活动用语;

(三)广播电台、电视台的播音、主持和采访用语,电影、电视剧用语,汉语文音像制品、有声电子出版物用语;

(四)本市召开或者举办的各类会议、展览、大型活动的工作用语。

本市应当采取措施,推动公共服务行业以普通话为服务用语。

第九条 依照本办法第八条规定以普通话为基本用语的,遇有下列情形,可以使用方言:

(一)国家机关工作人员执行公务和出版、教学、研究中确需使用方言的,以及戏曲、影视等艺术形式需要使用方言的;

(二)广播电台、电视台的播音、主持,经市广播电视行政管理部门批准使用方言的。

第十条 下列人员的普通话水平应当分别达到以下等级标准:

(一)国家机关工作人员为三级甲等以上;

(二)教师为二级乙等以上,学校及其他教育机构中除教师以外的其他管理人员为三级甲等以上;

(三)普通高等学校、中等职业学校的学生为二级乙等以上;

(四)广播电台、电视台的播音员、节目主持人以及影视话剧演员为一级乙等以上。

对尚未达到前款规定的普通话等级标准的人员,应当分别情况进行培训。

本市应当采取措施,提高公共服务行业工作人员的普通话水平,直接面向公众服务的工作人员的普通话水平达到三级甲等以上,其中广播员、解说员、话务员等特殊岗位人员的普通话水平达到二级乙等以上。

第十一条 下列情形,应当以规范汉字为基本用字:

(一)国家机关的公务用字;

(二)学校及其他教育机构的教育教学用字;

(三)本市出版的汉语文出版物用字;

(四)影视屏幕用字;

（五）法人和其他组织的名称、招牌用字；

（六）广告、公共场所的设施用字；

（七）公共服务行业的服务用字；

（八）本市设计、制作，在境内使用的中文信息技术产品的用字和在本市注册的网站的网页用字；

（九）在本市销售的商品的包装、说明用字；

（十）本市召开或者举办的各类会议、展览、大型活动的用字。

第十二条 繁体字、异体字的保留或者使用，应当符合《中华人民共和国国家通用语言文字法》的有关规定。

题词和招牌中的手书字，提倡使用规范汉字。

法人和其他组织的名称牌中含有手书繁体字、异体字的，应当在适当的位置配放规范汉字书写的名称牌。

第十三条 国家机关工作人员、教师、普通高等学校学生、编辑记者、中文字幕制作人员、校对人员以及誊印、牌匾、广告制作业文案工作人员等的汉字应用水平，应当分别达到国家规定的要求。

第十四条 汉语文出版物、国家机关公文应当符合国家关于普通话、规范汉字、汉语拼音、标点符号、数字用法等的规范和标准。

国家机关公文、教科书不得使用不符合现代汉语词汇和语法规范的网络语汇。

新闻报道除需要外，不得使用不符合现代汉语词汇和语法规范的网络语汇。

第十五条 汉语文出版物、国家机关公文中需要使用外国语言文字的，应当用国家通用语言文字作必要的注释。

公共服务行业以规范汉字为基本的服务用字。招牌、告示、标志牌等需要使用外国文字的，应当用规范汉字标注。

第十六条 市和区、县人民政府的有关部门在同级语言文字工作委员会的协调和指导下，按照各自职责，管理和监督国家通用语言文字的使用：

（一）人事行政管理部门负责组织开展对国家机关工作人员普通话和汉字应用水平的教育与培训；

（二）教育行政管理部门负责对学校及其他教育机构的语言文字使用进行管理和监督，将语言文字规范化纳入教育督导、检查、评估的内容；

（三）文广影视、新闻出版、信息产业等行政管理部门负责对广播、电视、报刊、网络等媒体，以及中文信息技术产品中的语言文字使用进行管理和监督；

（四）工商行政管理部门负责对企业名称、商品名称以及广告中的语言文字使用进行管理和监督；

（五）民政行政管理部门负责对社会团体、民办非企业单位名称中的语言文字使用进行管理和监督；

（六）市政、市容环卫、绿化、地名、公安等行政管理部门负责对本市公共场所的设施等的语言文字使用进行管理和监督；

（七）劳动和社会保障行政管理部门负责将普通话和汉字应用水平纳入有关职业技能训练与鉴定的基本内容；

（八）质量技术监督行政管理部门负责对产品标志、说明等的语言文字使用进行管理和监督，制定有关技术标准应当体现语言文字规范化的要求；

（九）商业、金融、旅游、体育、卫生、铁路、民航、城市交通、邮政、电信等行政管理部门或者行业主管部门负责对公共服务行业的语言文字使用进行管理和监督。

第十七条 市和区、县语言文字工作委员会应当对本行政区域内有关单位的语言文字工作进行评估，评估结果可以向社会公示。

各级语言文字工作委员会应当建立监测工作网络，对各类媒体、公共场所用语用字进行监测，监测结果应当向社会公示。

第十八条 本市设立的普通话和汉字应用水平测试专门机构，具体负责实施全市普通话和汉字应用水平测试工作。

第十九条 本市有关单位和人员，未按照本办法规定使用国家通用语言文字的，由其所在单位或者上级主管部门予以批评教育，责令改正；拒不改正的，由其所在单位或者上级主管部门作出处理。

公共场所的招牌、设施等的用字违反本办法关于国家通用语言文字使用的规定的，由城市管理行政执法部门责令改正；拒不改正的，予以警告，并督促其限期改正。

企业名称、商品名称以及广告用字违反本办法关于国家通用语言文字使用的规定的，由工商行政管理部门依法处理。

违反其他法律、法规有关使用国家通用语言文字规定的，依照其规定予以处理。

第二十条 本市有关部门的工作人员滥用职权或者不履行法定职责的，由其所在单位或者上级主管部门依法给予行政处分。

第二十一条 违反本办法有关规定，不按照国家有关规范和标准使用国家通用语言文字的，公民可以提出批评和建议。

违反本办法有关规定，语言文字使用不规范且拒不改正的单位，语言文字工作委员会可以在媒体上予以公示。

第二十二条 本办法自2006年3月1日起施行。

上海市动物防疫条例

（2005年12月29日上海市第十二届人民代表大会常务委员会第二十五次会议通过　根据2010年5月27日上海市第十三届人民代表大会常务委员会第十九次会议《关于修改〈上海市动物防疫条例〉的决定》修正）

第一章　总　　则

第一条 为了加强对动物防疫工作的管理，预防、控制和扑灭动物疫病，保障养殖业生产安全，保护公众身体健康与生命安全，维护正常的社会秩序，依据《中华人民共和国动物防疫法》、《重大动物疫情应急条例》等法律、行政法规，结合本市实际，制定本条例。

第二条 本条例适用于本市行政区域内动物疫病的预防、控制、扑灭，动物、动物产品的检疫，动物防疫监督及其他与动物防疫有关的活动。

第三条 本市对动物疫病实行预防为主的方针，坚持综合防治、严格检疫、重点控制、全程监管的原则。

第四条 市和区、县人民政府应当加强对动物防疫工作的统一领导，加强乡、镇等基层动物疫病预防组织和村动物防疫员队伍建设，建立健全动物防疫体系，制定并组织实施动物疫病防治规划。

市和区、县兽医主管部门主管本行政区域内的动物防疫工作。

乡、镇人民政府和街道办事处根据区、县人民政府的要求开展本区域内动物疫病预防工作。

政府有关行政管理部门按照各自职责，协同做好动物防疫的相关工作。

第五条 市和区、县动物卫生监督机构负责动物、动物产品的检疫工作和其他有关动物防疫的监督管理执法工作；市和区、县动物疫病预防控制机构承担动物疫病的监测、检测、诊断、流行病学调查、疫情报告以及其他预防、控制等技术工作。

乡、镇等基层动物疫病预防组织承担本区域内动物防疫的日常工作。

第六条 各级人民政府应当将动物防疫工作纳入国民经济和社会发展规划及年度计划，并保障开展动物防疫工作所需经费。

第七条 本市支持保险机构开展动物疫病保险业务，鼓励动物养殖场和养殖农户参加动物疫病保险。

保险机构应当依据本市农业保险政策，落实动物养殖业保险措施，并依据保险合同及时为动物养殖场和养殖农户提供承保范围内的损失赔偿。

第二章 动物疫病的预防

第八条 市和区、县兽医主管部门应当根据本市动物疫病预防计划，制定本行政区域内的动物疫病预防实施方案。

第九条 对尚未列入国家规定的强制免疫病种名录，但严重危害养殖业和人体健康的动物疫病，本市可以实施强制免疫。有关强制免疫的病种和区域，由市兽医主管部门提出，报市人民政府批准后组织实施。

强制免疫工作由动物疫病预防控制机构具体实施，由动物卫生监督机构负责监督。

第十条 市动物疫病预防控制机构根据动物疫病预防计划，负责统一订购与组织供应实施强制免疫所需生物制品，适量储备预防、控制和扑灭动物疫病所需药品、生物制品等有关物资，并建立相应的管理制度，保障动物防疫物资的及时供应。

第十一条 动物养殖场应当按照动物疫病预防控制的有关规定实施强制免疫接种；散养动物的单位和个人应当接受和配合动物疫病预防控制机构实施强制免疫接种。

动物养殖场应当建立本单位的动物防疫制度，建立动物疫病防治档案，配备兽医专业技术人员；散养动物疫病防治档案由乡、镇等基层动物疫病预防组织负责建立。

第十二条 本市对饲养的犬只实施狂犬病强制免疫。市和区、县兽医主管部门应当按照合理布局、方便接种的原则设置狂犬病免疫点。动物疫病预防控制机构应当建立犬只狂犬病防治档案。

饲养犬只的单位和个人应当依法履行狂犬病强制免疫义务，并取得饲养犬只的狂犬病免疫证明。

狂犬病免疫点实施免疫接种后，应当出具狂犬病免疫证明，并作相应的信息记录。

第十三条 染疫动物及其排泄物，染疫动物产品，病死或者死因不明的动物尸体，运载工具中的动物排泄物以及垫料、包装物、容器等污染物，应当按照规定处理，不得随意处置。

第十四条 禁止销售无检疫证明、检疫证明与实际物品不符、检疫证明与有关的验讫印章或者检疫标识不符的动物、动物产品。

禁止屠宰、销售未按照国家规定佩挂免疫标识的猪、牛、羊、犬等动物。

第十五条 屠宰加工场所应当具备无害化处理能力，设置相应的无害化处理设施。

动物养殖场（户）、动物隔离场所的病死动物由动物卫生监督机构负责组织统一收集，并送交指定的无害化处理场所集中处理。

前款以外的不具备无害化处理能力的生产经营、科研教学、动物诊疗等单位，应当将需要无害化处理的动物、动物产品及其相关物品送交指定的无害化处理场所，委托其进行处理。

本市的无害化处理场所由市人民政府统一规划。

第三章 动物疫病的控制和扑灭

第十六条 市兽医主管部门应当根据国家动物疫情管理制度，统一管理本市的动物疫情信息，并根据国务院兽医主管部门的授权，公布本市动物疫情。

第十七条 市和区、县人民政府应当根据本地区的实际情况制定重大动物疫情应急预案，报上一级兽医主管部门备案，并成立动物防疫应急预备队。动物防疫应急预备队由兽医、卫生、公安等行政管理部门的人员和有关专家组成，定期进行突发重大动物疫情紧急控制技术培训和演练。

市和区、县兽医主管部门应当根据本级人民政府制定的重大动物疫情应急预案，按照不同动物疫病病种及其流行特点和危害程度，分别制定实施方案。

第十八条 从事动物、动物产品生产经营，动物诊疗和科研教学等活动的单位，应当建立疫情登记、统计制度，并定期向所在地的市或者区、县动物疫病预防控制机构报告；发现动物群体发病或者死亡，染疫或者疑似染疫的动物、动物产品的，应当及时向所在地的市或者区、县动物疫病预防控制机构报告。其他单位和个人发现染疫或者疑似染疫动物、动物产品的，应当向市或者区、县动物疫病预防控制机构报告。

动物疫病预防控制机构依法对动物疫情进行监测。饲养、经营动物和生产、经营动物产品的单位和个人应当配合，不得拒绝和阻碍。

第十九条 重大动物疫情发生后，市和区、县人民政府设立的重大动物疫情应急指挥部，统一领导、指挥本行政区域内的重大动物疫情应急工作。市和区、县兽医主管部门应当依法划定疫点、疫区和受威胁区，及时向本级人民政府提出启动重大动物疫情应急指挥系统、应急预案和对疫区实行封锁的建议，并通报毗邻地区。

发生重大动物疫情，需要实行封锁的疫区仅限于本区、县的，由所在地的区、县人民政府组织实施疫区封锁；需要跨区、县实行疫区封锁的，由市人民政府决定并组织实施疫区封锁。

第二十条 对划定的疫点，市或者区、县人民政府应当立即组织兽医、卫生、公安等行政管理部门和有关单位采取下列措施：

（一）在疫点周围设立警示标识；

（二）禁止疫点内动物、动物产品运出及疫点外动物进入；

（三）对疫点内染疫、疑似染疫和易感染的动物及动物产品进行扑杀并销毁；

（四）对疫点内病死的动物、动物排泄物、受污染的垫料等物品进行无害化处理；

（五）对疫点进行全面消毒，并根据扑灭动物疫病的需要对出入疫点的人员、运输工具及其他物品采取消毒和其他限制性措施。

第二十一条 对划定的疫区，市或者区、县人民政府应当立即组织兽医、卫生、公安、工商等行政管理部门和有关单位采取下列措施：

（一）在疫区周围设立警示标识；

（二）禁止易感染动物、动物产品运出及疫区外动物进入；

（三）在出入疫区的交通路口设立临时消毒检查站，对进出人员、运输工具进行消毒；

（四）对疫区内易感染动物实行圈养或者在指定地点饲养，实施紧急免疫接种，或者根据扑灭动物疫病的需要进行扑杀，并对有关场所进行全面消毒；

（五）关闭疫区内的动物、动物产品交易市场。

第二十二条 对划定的受威胁区，市或者区、县兽医主管部门应当立即组织有关单位采取下列措施：

（一）对受威胁区内的易感染动物根据需要进行紧急免疫接种；

（二）对受威胁区内的动物运输工具等相关物品采取消毒等预防性措施。

第二十三条 重大动物疫情应急指挥部根据重大动物疫情防控的需要，可以采取扑杀、销毁等措施；给当事人造成损失的，政府应当给予合理补偿。

第二十四条 发生重大动物疫情后，根据市或者区、县人民政府的统一部署，公安部门负责做好疫区封锁、社会治安和安全保卫，并协助、参与动物扑杀；工商部门负责关闭动物、动物产品交易市场；卫生部门负责做好相关人群的疫情监测；其他行政管理部门依据各自职责，协同做好相关工作。

第二十五条 解除疫区封锁应当符合下列条件：

（一）在疫区内所有染疫动物、动物产品按规定处理后，经过所发疫病一个潜伏期以上的监测，未出现新发病例；

（二）对被染疫动物污染的场所、用具、车

辆、衣物等进行清洗消毒。

符合前款所列条件，并经上一级兽医主管部门验收合格后，由原发布封锁令的人民政府宣布解除封锁，并通报毗邻地区。

第四章 动物和动物产品的检疫

第二十六条 动物卫生监督机构应当按照国家有关规定，配备具有相应资格条件的人员，具体实施动物、动物产品的检疫工作。

第二十七条 在出售、运输动物、动物产品前，货主应当向所在地的区、县动物卫生监督机构报检，经检疫合格并取得检疫证明后，方可出售、运输。

第二十八条 跨省引进乳用、种用动物及其精液、胚胎、种蛋的，应当事先向市动物卫生监督机构办理国家规定的有关检疫审批手续。引进的乳用、种用动物到达本市后，货主应当按照有关规定对引进的乳用、种用动物进行隔离观察。

第二十九条 本市对生猪实行定点屠宰、集中检疫。其他需要实行定点屠宰、集中检疫的动物种类，由市兽医主管部门会同有关部门提出，报市人民政府批准，并向社会公布。

屠宰场应当凭产地检疫证明接收动物。动物卫生监督机构应当对屠宰动物实施检疫，出具动物产品检疫证明，加盖验讫印章或者加封规定的检疫标识。

第三十条 经营动物、动物产品的单位和个人在购进动物、动物产品时，应当查验检疫证明、相应的验讫印章或者检疫标识。

第三十一条 经检疫合格的动物产品到达目的地后，货主可以按照国家有关规定，凭原始有效的动物检疫证明向动物卫生监督机构申请办理转运、分销动物产品所需的相关证明。动物卫生监督机构在办理相关证明时应当记载动物产品可追溯的有关信息，并不得收费。

第五章 动物防疫监督

第三十二条 动物卫生监督机构应当按照国家有关规定，配备具有相应资格条件的人员，具体实施动物防疫监督工作。

第三十三条 从事动物饲养、经营和动物产品生产、经营等与动物防疫有关的活动及其场所，应当符合国家规定的动物防疫条件，并接受动物卫生监督机构监督检查和现场指导。

举办动物交易会或者其他涉及动物的临时性展览、展销活动及其场所，适用前款规定。

第三十四条 动物卫生监督机构在进行监督检查时，应当按照规定的范围、条件和程序对动物、动物产品采样、留验和抽检，不得擅自扩大采样、留验和抽检的种类和数量。

第三十五条 在动物防疫监督检查中，发现未取得检疫证明的动物的，动物卫生监督机构可以要求货主或者承运人将其送至本市指定的场所进行留验、检测，并补办检疫手续。

在动物防疫监督检查中，发现检疫证明与实际物品不符、检疫证明与有关的验讫印章或者检疫标识不符、检疫证明逾期、检疫证明涂改的，动物卫生监督机构可以要求货主或者承运人将有关动物送至本市指定的场所进行留验、检测，重新办理检疫手续。

经补检或者重检，对检疫合格的动物，由动物卫生监督机构出具检疫证明；对检疫不合格的动物，由动物卫生监督机构按照有关规定进行处理。

留验、检测期间发生的相关费用，由货主或者承运人承担。

第三十六条 动物卫生监督机构发现疑似染疫的动物、动物产品的，应当按照国家有关规定进行检疫。经检疫确定为染疫的，以及病死或者死因不明的动物尸体，依照国家有关规定进行处理；确定为未染疫的，应当及时予以返还或者解除封存。

对来自疫区的染疫动物、动物产品和检疫不合格的动物、动物产品，货主或者承运人应当在动物卫生监督机构的监督下，送至本市指定的无害化处理场所销毁处理。无害化处理的费用，由货主或者承运人承担。

第三十七条 运载动物、动物产品进入本市，应当凭检疫证明及相应的验讫印章、检疫标识、运载工具消毒证明，经市人民政府指定的道口，接受动物卫生监督机构查证、验物和消毒。运载的动物、动物产品在取得道口检查签章后，方可进入本市。非经市人民政府指定的道口，禁止运载动物、动物产品进入本市。

未经指定道口检查并取得道口检查签章，非法运入本市的动物、动物产品，任何单位和个人不得接收。

第三十八条 从事动物诊疗活动应当依法取得市兽医主管部门核发的《动物诊疗许可证》。

从事宠物诊疗活动的，应当具备下列条件：

（一）有符合动物防疫条件的场所；

（二）有与动物诊疗业务相适应的执业人员；

（三）有必要的动物诊疗器械、设备；

（四）有相应的管理制度；

（五）法律、法规规定的其他条件。

从事动物诊疗活动的兽医专业技术人员应当依法经过培训、考核，并取得执业兽医资格。

动物诊疗机构应当按照批准的执业项目和范围开展诊疗活动，并严格遵守专业技术规范。

任何单位和个人不得为非法从事动物诊疗活动提供诊疗场所和其他条件。

第三十九条 动物科研教学和诊疗机构应当及时收集本单位产生的科研教学和诊疗废弃物，分类置于防渗漏、防锐器穿透的专用包装物或者密闭容器内临时存放。科研教学和诊疗废弃物的包装物和容器，应当有明显的警示标识和警示说明。

不具备废弃物处理能力的动物科研教学和诊疗机构应当及时将产生的科研教学和诊疗废弃物送交指定的医疗废物集中处置单位，委托其进行处理；其中需要进行无害化处理的病死动物及其相关物品送交指定的无害化处理场所，委托其进行处理。

第六章 法律责任

第四十条 违反本条例规定的行为，法律、法规有处罚规定的，按照其规定予以处罚。

第四十一条 违反本条例第十一条第一款、第十二条第二款规定，对饲养的动物不按照动物疫病强制免疫要求进行免疫接种的，由动物卫生监督机构责令改正，给予警告；拒不改正的，由动物卫生监督机构代作处理，所需处理费用由违法行为人承担，可以处一千元以下罚款。

第四十二条 违反本条例第十一条第二款规定，动物养殖场未建立动物疫病防治档案的，由动物卫生监督机构责令改正；拒不改正的，处一千元以上五千元以下罚款。

第四十三条 违反本条例第十三条规定，不按规定处置染疫动物及其排泄物，染疫动物产品，病死或者死因不明的动物尸体，运载工具中的动物排泄物以及垫料、包装物、容器等污染物以及其他经检疫不合格的动物、动物产品的，由动物卫生监督机构责令无害化处理，所需处理费用由违法行为人承担，可以处三千元以下罚款。

第四十四条 违反本条例第十五条第三款规定，未将需要无害化处理的动物、动物产品及其相关物品送交指定的无害化处理场所进行处理的，由动物卫生监督机构责令无害化处理；拒不进行无害化处理的，由动物卫生监督机构代作处理，所需处理费用由违法行为人承担，可以处三千元以下罚款。

第四十五条 违反本条例第三十七条规定，未经本市指定的道口运载动物、动物产品进入本市的，由动物卫生监督机构对承运人处一千元以上一万元以下罚款。

违反本条例第三十七条规定，接收未经指定道口检查签章运入本市的动物、动物产品的，由动物卫生监督机构对接收单位或者个人予以警告，并处一万元以上十万元以下罚款。

第四十六条 违反本条例第三十八条规定，未取得动物诊疗许可证从事动物诊疗活动的，由动物卫生监督机构责令停止诊疗活动，没收违法所得；违法所得在三万元以上的，并处违法所得一倍以上三倍以下罚款；违法所得一万元以上不足三万元的，并处一万元以上三万元以下罚款;没有违法所得或者违法所得不足一万元的,并处三千元以上一万元以下罚款。

第四十七条 违反本条例第三十九条第一款规定,动物科研教学和诊疗机构未按照规定分类收集和临时存放废弃物,或者废弃物的包装物和容器没有明显的警示标识和警示说明的,由动物卫生监督机构责令改正,给予警告;拒不改正的,处一千元以上一万元以下罚款。

违反本条例第三十九条第二款规定,动物科研教学和诊疗机构未将废弃物送交指定的医疗废物集中处置单位进行处理的,由动物卫生监督机构责令改正,给予警告;拒不改正的,由动物卫生监督机构代作处理,所需处理费用由违法行为人承担,处一千元以上一万元以下罚款。

第四十八条 动物防疫工作人员有下列行为之一的,由所在单位或者上级主管部门给予行政处分;构成犯罪的,依法追究刑事责任:

(一)违反检疫操作规程造成后果的;

(二)出具虚假检疫证明、验讫印章或者检疫标识;

(三)出售检疫证明、验讫印章或者检疫标识;

(四)违反国家和本市有关收费规定;

(五)其他玩忽职守、滥用职权、徇私舞弊的行为。

第七章 附 则

第四十九条 本条例自2006年3月1日起施行。

上海港口条例

(2005年12月29日上海市第十二届人民代表大会常务委员会第二十五次会议通过 根据2010年9月17日上海市第十三届人民代表大会常务委员会第二十一次会议《关于修改本市部分地方性法规的决定》第一次修正 根据2015年7月23日上海市第十四届人民代表大会常务委员会第二十二次会议《关于修改〈上海市建设工程材料管理条例〉等12件地方性法规的决定》第二次修正)

第一章 总 则

第一条 为了加强上海港口管理,维护港口的安全与经营秩序,保护当事人的合法权益,促进港口的建设与发展,推动上海国际航运中心的建设,根据《中华人民共和国港口法》和相关法律、行政法规,结合本市实际,制定本条例。

第二条 本市港口的规划、建设、维护、经营、管理及其相关活动,适用本条例。

第三条 市港口行政管理部门主管上海港口管理工作,具体负责本条例的实施。

区、县人民政府负责港口管理的部门(以下称区、县港口行政管理部门)按照市人民政府规定的职责,管理所辖区域内的港口工作,业务上受市港口行政管理部门的领导。

上海海事、海关、检验检疫、边检以及本市其他有关行政管理部门在各自职责范围内,协同实施本条例。

第四条 上海港口管理应当遵循一港一政、科学规划、统一管理、规范服务的原则。

第二章 港口规划、建设和岸线使用

第五条 上海港口总体规划由市港口行政

管理部门依法编制，经国务院交通主管部门会同市人民政府批准后公布实施。上海港口总体规划应当与本市城市总体规划等有关规划相衔接、协调。

市港口行政管理部门会同市规划行政管理部门依据上海港口总体规划，编制港区控制性详细规划，报市人民政府批准后公布实施。

港口设施建设应当符合上海港口总体规划和港区控制性详细规划。港口设施包括为港口经营、管理而建造和设置的建筑物、构筑物和设备。

第六条 建设港口设施需要使用港口岸线的，应当在立项前向市或者区、县港口行政管理部门提出书面申请。使用港口岸线申请应当包括岸线的使用人、使用范围、使用期限、使用功能。

对使用港口非深水岸线的，市或者区、县港口行政管理部门应当自收到申请之日起三十日内，按照上海港口总体规划和港区控制性详细规划的要求进行审批；对使用港口深水岸线的，由市港口行政管理部门报国务院交通主管部门审批。对经审查批准的，核发港口岸线使用证。

第七条 港口岸线使用人应当按照经批准的范围和用途使用港口岸线，不得擅自改变港口岸线的使用范围和使用功能。确需改变港口岸线使用人和港口岸线使用范围、使用功能的，应当向市或者区、县港口行政管理部门提出申请，按照本条例的有关规定办理相关审批手续。

港口岸线使用人终止使用港口岸线的，应当向市或者区、县港口行政管理部门办理港口岸线使用注销手续，交回港口岸线使用证。

第八条 因港口设施建设、货物装卸等需要临时使用港口岸线的，应当向市或者区、县港口行政管理部门提出书面申请。市或者区、县港口行政管理部门应当自收到申请之日起三十日内作出审批决定。临时使用港口岸线，不得新建永久性的建筑物、构筑物和设施。

临时使用港口岸线的期限不得超过两年。期满需要续期使用的，续期最长不得超过一年。

第九条 港口岸线使用人应当按照市人民政府的规定缴纳港口岸线使用费。

第十条 在上海港口总体规划确定的规划港区内，不得新建影响港口规划实施的建筑物、构筑物和设施；规划行政管理部门审批有关建设项目时，应当听取港口行政管理部门的意见。

第十一条 港口设施建设项目依法实施安全预评价制度。港口设施建设单位在建设项目工程可行性研究阶段，应当委托设计单位以外的安全评价机构进行建设项目安全预评价。

第十二条 编制港口设施建设项目勘察、设计文件，应当符合国家、行业和本市有关港口设施建设标准的要求。

建设单位应当按照规定将港口设施建设项目施工图设计文件送有相应资质的施工图设计文件审查机构进行审查；未经审查或者经审查不符合强制性标准的施工图设计文件不得使用。

第十三条 港口设施建设项目具备国务院交通主管部门规定的施工条件的，建设单位应当在开工前依法向港口行政管理部门申请施工许可；未经许可的，不得进行施工。

第十四条 港口设施建设工程依法实施施工安全监督制度。港口建设工程安全监督机构应当按照有关规定，对港口设施建设工程施工安全开展监督工作。

第十五条 港口建设工程质量监督机构应当按照法定程序和技术标准对港口设施建设工程质量进行监督管理。

第十六条 港口设施建设工程竣工后应当按照国家有关规定进行试运行，并在试运行前向港口行政管理部门备案。

港口设施建设工程试运行完毕，并具备国家规定的竣工验收条件的，应当向港口行政管理部门提出竣工验收申请，由港口行政管理部门组织相关部门共同对港口设施建设工程进行验收。

港口设施未经竣工验收合格的，不得投入使用。

第十七条 市和区、县人民政府应当保证必要的资金投入，用于港口公用基础设施的建设和维护。

国务院交通主管部门返还的港口建设费等港口规费，应当按照规定专项用于港口基础设施的建设和维护。

第三章 港口运营管理

第十八条 从事港口经营，应当符合法律、行政法规规定的经营条件，并依法向港口行政管理部门申请取得港口经营许可证。

港口行政管理部门实施港口经营许可，应当遵循公开、公平、公正的原则。

第十九条 港口经营人从事经营活动，应当遵守法律、法规和国务院交通主管部门制定的有关港口作业规则以及市港口行政管理部门制定的有关规范。

第二十条 港口经营人在港区内对堆存的货物实施卫生除害处理的，应当在港口行政管理部门批准的专用场所实施，并在处理的二十四小时前向港口行政管理部门报告被处理货物名称、数量和处理原因、时间、地点、措施以及应急预案等事项。

第二十一条 对载运抢险、救灾物资和国防建设急需物资的船舶，市港口行政管理部门根据国家有关部门和市人民政府的指令，统一组织指定船舶的靠泊泊位，优先安排作业。港口经营人应当服从指挥。

第二十二条 收货人或者其代理人在接到货物抵港通知后，应当及时办理货物接收手续。

对收货人或者其代理人未在约定或者规定期限内接收货物的，港口经营人可以依照有关规定将货物转栈储存，但在转栈储存时应当考虑货主的相关利益。

第二十三条 港口经营人为客运船舶提供码头服务的，应当维护客运候船秩序。

禁止旅客携带危险品上船；发现旅客携带危险品的，港口经营人应当采取防止危险发生的安全措施，携带人应当服从。

第二十四条 客运船舶不能按时运输旅客的，港口经营人应当及时发布公告。对滞留港口候船的旅客，港口经营人应当会同承运人维持候船秩序，及时疏散旅客，做好船期变更和旅客退换票的工作。

遇有旅客滞留而阻塞港口的，市港口行政管理部门应当及时采取措施，疏散滞留旅客。港口经营人和相关的船舶应当服从市港口行政管理部门的统一组织和调度。

第二十五条 港口经营人从事船舶废弃物接收、压舱水(含残油、污水收集)处理等服务的，应当符合下列条件：

(一)有接收、处理废弃物、压舱水的作业方案；

(二)在作业过程中确保港口环境、经营秩序和安全不受影响；

(三)用于接收废弃物、压舱水的船舶和设施符合有关标准规定；

(四)工作人员具有处理相关废弃物、压舱水的必要知识；

(五)进行废弃物、压舱水处理的场所应当符合有关规定；

(六)法律、法规规定的其他要求。

第二十六条 外国籍船舶和按照规定应当申请引航的中国籍船舶在港口航行或者靠泊、离泊、移泊的，应当向港口引航机构申请引航。港口引航机构在接到船舶引航申请后，应当及时安排持有有效证书的引航员，并将引航方案通知申请人。

前款规定以外的其他船舶在港口航行或者靠泊、离泊、移泊的，可以根据需要申请引航。

港口引航机构应当为船舶提供及时、安全的引航服务。

第二十七条 市港口行政管理部门应当按照有关法律、法规的规定做好港口的统计工作，并可以根据港口发展需要，适时开展港口统计调查。港口统计调查包括港口基础设施和装备及其运用情况、吞吐量、质量和安全、船舶进出港以及其他统计调查事项。

从事港口经营、建设及相关活动的组织和个人，应当依法及时、准确填报统计报表，提供统计调查资料。

第二十八条 市港口行政管理部门应当会同本市口岸管理部门推进口岸信息标准化建设,及时发布港口公共信息,推动港口信息整合与共享,为电子数据交换和通关管理提供服务。

从事为客运船舶提供服务的港口经营人应当将公共水上交通信息在港口信息网站上予以公布,并及时更新。

第四章 港口安全和维护

第二十九条 市港口行政管理部门应当依法制定可能危及社会公共安全的港口危险货物事故应急预案、重大生产安全事故的旅客紧急疏散和救援预案以及预防自然灾害预案,建立健全港口重大生产安全事故的应急救援体系。区、县港口行政管理部门应当按照市港口重大生产安全事故应急救援体系的要求,建立健全本区域的港口重大生产安全事故应急救援体系。

前款所列的各项预案包括应急事故等级、应急指挥系统、预测预警系统、应急启动程序、信息发布程序、应急组织及其职责、应急救援组织的训练及定期演练、应急事故处置措施、应急救援设备器材的储备、应急经费保障等内容。

港口发生安全事故或者紧急情况时,港口行政管理部门应当根据事故等级和危害影响程度,分别启动不同等级的预案,组织实施应急处置和救援。

第三十条 港口经营人应当在港口行政管理部门的指导下,依法制定本单位的危险货物事故应急预案、重大生产安全事故的旅客紧急疏散和救援预案以及预防自然灾害预案,报港口行政管理部门备案。

港口发生安全事故或者紧急情况时,港口经营人应当先期进行应急处置,防止和控制事故蔓延,同时按照预案启动报告程序。

第三十一条 港口经营人应当按照安全生产法律、法规的规定,建立本单位安全生产责任、危险作业安全管理、特种作业管理、事故报告处理等制度,配备劳动防护用品,完善安全生产条件,确保安全生产。

港口经营人应当按照规定对石油化工码头、罐(库)区、危险货物码头和库场、港区内加油站以及生产用燃料油储存库等场所,进行专项安全评价。

港口经营人从事客运码头、散粮筒仓码头和其他非危险货物装卸码头经营的,应当对可能影响安全生产的因素,开展安全现状评价,并应当根据安全现状评价结论制定合理可行的安全对策措施,及时整改安全生产条件,消除事故隐患。

第三十二条 从事危险货物作业的港口经营人,依法必须具备相应资质条件的,应当向市港口行政管理部门申请危险货物港口作业资质认定。

港口经营人从事港口危险货物作业不得超越经认定的作业资质范围。

第三十三条 委托港口经营人进行危险货物作业的,委托人应当向港口经营人提供危险货物的中文名称、国家或者联合国编号、适用包装、危害、应急措施等资料。委托人不得在委托作业的普通货物中夹带危险货物,不得匿报危险货物或者谎报为普通货物。

港口经营人应当在每次危险货物作业开始二十四小时前,将委托人以及危险货物作业的有关事项向港口行政管理部门报告。但定货种、定码头泊位的,可以定期报告。港口行政管理部门应当在接到报告后二十四小时内作出是否同意的决定,并书面通知报告人。

第三十四条 发生下列情况之一的,从事危险货物作业的港口经营人应当立即停止该货物的作业活动,并及时报告港口行政管理部门:

(一)发现未申报或者申报不实的危险货物;

(二)在普通货物中发现危险货物;

(三)在已申报的危险货物中发现性质相抵触的危险货物。

接到港口经营人的上述报告,港口行政管理部门应当及时提出处理意见,并告知港口经营人。

第三十五条 港区道路交通信号灯、交通标志、交通标线应当符合道路交通安全、畅通的要求和国家标准，并保持清晰、醒目、准确、完好。

第三十六条 禁止在港口水域内从事下列活动：

(一)进行养殖、种植、捕捞活动；

(二)倾倒泥土、砂石；

(三)违反规定排放超过规定标准的有毒、有害物质。

禁止在港口内擅自进行可能危及港口安全的采掘、爆破等活动。因工程建设等确需进行的，必须采取相应的安全保护措施，并报市或者区、县港口行政管理部门批准；依照规定须经海事管理机构批准的，还应当报海事管理机构批准。

第三十七条 停泊码头运载有易燃易爆危险货物的船舶，包括虽已卸货但未作清舱处理的，不得动用明火进行改装和修理。

停泊危险货物码头的船舶，不得动用明火进行改装和修理。

为船舶提供港口设施服务的港口经营人发现前两款所列违法行为的，应当及时制止，并报告港口行政管理部门。

第三十八条 货物或者其他物体落入港口水域可能影响港口安全或者有碍航行的，相关责任人应当立即向港口或者海事等行政管理部门报告，并负责清除该货物或者其他物体。

港口、海事等行政管理部门发现货物或者其他物体落入港口水域的，应当责令相关责任人限期清除，逾期未清除的，可以代为清除；情况紧急的，应当直接予以清除。清除所需费用由相关责任人承担。

第五章 法律责任

第三十九条 违反本条例规定，有关法律、法规有规定的，按照相关规定进行处罚。

第四十条 违反本条例规定，由港口行政管理部门按照下列规定予以处理：

(一)违反本条例第七条规定，未经批准，擅自改变港口岸线使用人和港口岸线使用功能、使用范围的，责令停止使用，限期改正，可以处一万元以上五万元以下罚款。

(二)违反本条例第八条第一款规定，未经批准，擅自临时使用港口岸线的，责令停止使用，限期改正，可以处一万元以上五万元以下罚款。

(三)违反本条例第九条规定，未按照规定缴纳港口岸线使用费的，责令限期补缴，并从应缴纳的次日起按日核收应缴费款千分之三的滞纳金；情节严重的，处应缴费款一倍以上五倍以下罚款。

(四)违反本条例第二十条、第三十四条第一款、第三十七条第三款、第三十八条第一款规定，未履行报告义务的，责令限期改正；逾期不改正的，可以处三千元以上三万元以下罚款。

第四十一条 违反本条例规定，港口行政管理部门不依法履行职责的，由其上级机关或者监察机关责令改正；给当事人的合法权益造成损害的，应当依照国家赔偿法的规定给予赔偿。

港口行政管理部门的工作人员有下列情形之一的，由其所在单位或者上级机关依法给予行政处分；构成犯罪的，依法追究刑事责任：

(一)不依照本条例规定的条件、程序和期限实施行政许可的；

(二)参与或者变相参与港口经营的；

(三)发现违法行为不及时查处，造成后果的；

(四)索取、收受他人财物，或者谋取其他利益的；

(五)其他违法行为。

第六章 附 则

第四十二条 本条例自2006年3月1日起施行。1994年7月22日上海市第十届人民代表大会常务委员会第十一次会议通过的《上海港口货物疏运管理条例》同时废止。

上海市法律援助若干规定

（2006年4月26日上海市第十二届人民代表大会常务委员会第二十七次会议通过）

第一条 为了保障经济困难的公民获得必要的法律服务，促进和规范本市的法律援助工作，根据《法律援助条例》，结合本市实际，制定本规定。

第二条 本规定所称的法律援助机构，是指由市或者区、县人民政府司法行政部门依法确定的组织开展法律援助工作的专门机构。

第三条 市和区、县人民政府司法行政部门监督管理本行政区域内的法律援助工作。

法律援助机构具体负责组织实施所在区域内的法律援助活动。

第四条 市和区、县人民政府应当将法律援助经费纳入政府财政预算，对符合规定的各种法律援助事项提供经费保障。经费保障的具体办法，由市司法行政部门会同市财政部门确定。

法律援助经费应当专款专用，并接受财政、审计部门的监督。

第五条 除《法律援助条例》第十条第一款规定的法律援助事项外，经济困难的公民还可以对下列事项申请法律援助：

（一）在签订、履行、变更、解除和终止劳动合同过程中受到损害，主张权利的；

（二）因工伤、交通事故、医疗事故受到人身损害，主张权利的；

（三）因遭受家庭暴力、虐待、遗弃，合法权益受到损害，主张权利的；

（四）法律、法规和规章规定应当提供法律援助的其他事项。

第六条 本市根据经济社会发展状况和法律援助事业的需要，逐步扩大受援范围，保障困难群众的基本权益。

法律援助对象经济困难的标准，应当高于本市最低生活保障标准的数额。具体标准，由市人民政府另行规定。

法律援助对象经济困难的标准，应当向社会公开。

经济困难证明由法律援助申请人户籍所在地或者居住地的街道办事处、乡镇人民政府出具。经济困难证明应当包括本人的劳动能力、就业状况以及家庭成员、家庭月（年）人均收入、家庭财产等内容。

第七条 公民因见义勇为导致诉讼或者仲裁需要法律援助的，法律援助机构应当提供法律援助，无需审查其经济状况。

见义勇为行为的认定，按照国家和本市有关规定执行。

第八条 公民申请法律援助，应当向义务人或者被请求人所在地的区、县法律援助机构提出申请；申请法律援助的案件属于本市高级或者中级人民法院管辖范围的，应当向市法律援助机构提出申请。

按照前款规定，两个以上法律援助机构都可以受理申请的，申请人应当向其中一个法律援助机构提出申请。申请人如果向两个以上法律援助机构提出申请的，由最先收到申请的法律援助机构受理。

法律援助机构应当自收到公民法律援助申请之日起十个工作日内作出是否给予法律援助的决定，并书面告知申请人。

本市律师事务所以及社会团体、企事业单位等社会组织可以为公民申请法律援助提供帮助。

第九条 诉讼或者仲裁法定时效即将届满，当事人需要申请法律援助的，法律援助机构可以先行提供法律援助。

法律援助机构先行提供法律援助的，应当及时进行审查，以确定是否符合法律援助的条件。

第十条 市法律援助机构受理的法律援助事项，可以委托区、县法律援助机构办理。区、县法律援助机构受理的法律援助事项有特殊原因的，也可以移送市法律援助机构办理。

法律援助机构之间发生受理争议的，由市司法行政部门指定受理。

第十一条 受援人应当向法律援助机构、办理法律援助案件的人员如实陈述案件事实，提供有关证据材料，并协助办案人员调查取证。

第十二条 受援人提出不符合法律规定或者实际情况的要求，经解释仍坚持不合理要求，致使法律援助活动难以继续进行的，经受理申请的法律援助机构审查同意，可以中止该项法律援助。

除《法律援助条例》第二十三条规定的情形外，受援人采取虚假陈述等欺骗手段获得法律援助的，经受理申请的法律援助机构审查核实，应当终止该项法律援助，并视情追索其应承担的法律服务费用。

第十三条 法律援助机构工作人员、办理法律援助案件的人员应当严格按照相关办案规范办理法律援助案件，及时向受援人通报法律援助案件的进展情况，依法维护受援人的合法权益。由于法律援助机构工作人员、办理法律援助案件人员的过错给受援人造成损害的，应当按照有关法律、法规的规定予以赔偿。

第十四条 法律援助机构工作人员、办理法律援助案件的人员在承办法律援助事项时，凭法律援助机构的证明，依法调查取证和查阅、调取、复印相关资料，本市有关部门和单位应当予以协助，并免收或者减收相关费用。

第十五条 法律援助案件办理过程中，法律援助机构承担的法律援助办案人员的差旅费、文印费、交通通讯费、调查取证费、翻译费等必要开支，可以由受援人列入诉讼或者仲裁请求。

第十六条 法律援助办案补贴的标准，由市司法行政部门会同市财政部门核定，并可以根据需要进行调整。

第十七条 本市鼓励工会、妇联、共青团、大专院校以及其他社会团体和事业单位利用自身资源为经济困难的公民提供法律援助。

本市鼓励社会对法律援助活动提供捐助。

第十八条 法律援助机构及其工作人员、办理法律援助案件的人员违反法律援助有关规定的，由司法行政部门依法给予行政处分和行政处罚；构成犯罪的，依法追究刑事责任。

第十九条 本规定自2006年7月1日起施行。

上海市实施《中华人民共和国气象法》办法

（2006年10月26日上海市第十二届人民代表大会常务委员会第三十一次会议通过　根据2016年2月23日上海市第十四届人民代表大会常务委员会第二十七次会议《关于修改〈上海市河道管理条例〉等7件地方性法规的决定》修正）

第一条 根据《中华人民共和国气象法》，结合本市实际，制定本办法。

第二条 本市行政区域内的气象探测、预报、服务和气象灾害防御、气候资源利用、气象科学技术研究及其相关管理活动，适用本办法。

第三条 本市气象工作应当按照科技型、基础性的公益事业发展要求，把公益性气象服务放在首位，适应濒江临海和特大型城市的特点，构建综合气象探测体系，完善气象预报、预警系统，不断提高气象预报和灾害性天气警报的准确性、及时性和服务水平。

第四条 市和区、县人民政府应当加强对气象工作的领导和协调，将气象事业纳入同级国民经济和社会发展规划、科技发展规划以及财政预算。

第五条 市和区、县气象主管机构（以下统称气象主管机构）在上级气象主管机构和本级人民政府领导下，负责所辖区域的气象工作。

未设气象主管机构的区的气象工作由市气象主管机构负责。

第六条 市和区、县人民政府应当加大对气象科学技术研究与创新的投入，培养和引进气象人才，保护气象科学技术成果，普及气象科学知识。

气象主管机构应当开展气象探测、气象灾害、气候变化、空间天气、大气成分等方面的基础研究与应用研究，加强国际、国内气象合作与交流，加快气象科学技术成果的应用与推广。

第七条 市气象主管机构会同海洋、水务、民航等部门编制的本市气象设施建设规划，经市规划管理部门综合平衡后，报市人民政府批准实施。

编制气象设施建设规划，应当遵循合理布局、有效利用、兼顾当前与长远需要的原则，与城市规划相衔接。

第八条 本市依照国家的规定，在相关的气象台站周边划定气象探测环境保护范围，气象探测环境保护范围由核心区和控制区组成。

气象探测环境保护核心区、控制区的具体范围和保护要求，由市气象主管机构会同市规划管理部门按照国家规定的气象探测环境保护标准确定，报市人民政府批准并公布。

第九条 在气象探测环境保护核心区内新建、改建、扩建建设工程的，其建设项目规划报批时，规划管理部门应当征求市气象主管机构的意见。市气象主管机构应当在十五个工作日内提出审查意见。

在气象探测环境保护控制区内新建、改建、扩建建设工程的，由规划管理部门按照国家规定的气象探测环境保护标准审批，规划管理部门可以根据需要征求气象主管机构的意见。

新建、扩建、改建建设工程，应当避免危害气象探测环境；确实无法避免的，建设单位应当事先征得市气象主管机构的同意，并采取相应的措施后，方可建设。

第十条 本市依法保护气象设施，任何组织或者个人不得侵占、损毁或者擅自移动气象设施。

确因实施城市规划或者建设国家重点工程，需要迁移国家基准气候站、国家基本气象站的，建设单位应当报经国务院气象主管机构批准；需要迁移其他气象台站的，建设单位应当报经市气象主管机构批准。迁建费用由建设单位承担。

迁移气象台站应当按照国家有关规定进行对比观测。迁移后的气象台站应当符合城市规划、气象设施建设布局以及气象探测环境的保护标准。

第十一条 本市建立气象探测信息资料共享系统，由市气象主管机构负责日常维护和管理，并按照国家有关规定提供信息资料的共享、共用服务。

气象主管机构所属气象台站以及从事相关气象探测的海洋、水务、民航等部门的监测机构，应当按照国家有关规定及时向气象探测信息资料共享系统汇交所获得的气象探测资料。

第十二条 气象主管机构所属气象台站应当定时发布未来四十八小时内的气象预报，每天不少于四次；在主要节假日或者重大社会公共活动前，应当发布未来三至七天的气象预报，并根据天气变化情况及时更新。

气象主管机构所属气象台站应当提供分时段、分区域气象信息以及空气质量、火险等级等气象指数的预报服务。

气象主管机构所属气象台站应当及时发布气象灾害预警信息,并根据天气变化情况及时更新。

气象主管机构应当采取措施方便公众查询气象信息。

第十三条 市和区、县人民政府的有关部门应当加强公共场所和主要道路气象信息显示装置的设置规划和建设工作。

利用广播、电视、报纸、互联网、电话、公共视屏等媒介播发公众气象预报、天气实况和气象灾害预警信息的,应当使用气象主管机构所属气象台站提供的适时气象信息,并标明发布台站名称和发布时间,不得擅自增删、改动有关内容。

广播、电视、“中国上海”门户网站等媒体收到气象主管机构所属气象台站发布的气象灾害预警信息后,应当即时播发,最迟不得超过十五分钟。

机场、车站、码头、旅游景点、主要交通干道等的运营或者管理单位,应当及时向公众提示气象灾害预警信息。

第十四条 气象主管机构应当组织开展公众气象服务评价工作,接受公众对气象服务质量的监督。

第十五条 气象主管机构所属气象台站应当结合本市天气气候特点,及时提供下列专业气象服务:

(一)根据农作物种植、水产养殖等农业生产需要,对高温、寒潮、干旱、暴雨、连阴雨、台风、大风等进行实时监测、分析、预报,为农业部门提供服务;

(二)根据防汛需要,对台风、大风、暴雨等进行实时监测、分析、预报,为防汛指挥机构指挥防御和抢险提供服务;

(三)根据港口、海上作业以及内河、海上运输的需要,对台风、大风、大雾等进行实时监测、分析、预报,为港口、海事、渔业等部门落实安全生产工作提供服务;

(四)根据道路交通、旅游出行等的需要,对高温、寒潮、大雾、台风、暴雨、降雪和道路结冰等进行实时监测、分析、预报,为公安、交通、市政、旅游等部门做好安全防护和疏导指引工作提供服务;

(五)根据水、电、燃气供应的季节特点,对持续高温、持续低温等进行实时监测、分析、预报,为供水、供电、供气单位制定保障供应的应对措施提供服务;

(六)其他需要提供的专业气象服务。

第十六条 对造成环境污染、引发重大疫情等的突发公共事件,气象主管机构应当根据有关应急预案的要求,组织开展现场气象跟踪监测、预报,为有关部门的应急处置工作做好服务。

第十七条 按照国家规定必须安装防雷装置的建筑物、构筑物、设施、场所,应当按照国家规定的标准安装防雷装置。

建设项目初步设计方案审批时,应当由气象主管机构对防雷装置的设计进行审核;建设项目竣工验收时,应当由气象主管机构对安装的防雷装置进行验收。

第十八条 国家机关、社会团体、企业、事业单位应当做好本单位防雷装置的日常检查、维护工作,并按照国家和本市的有关规定,委托具有相应资质的专业检测机构对防雷装置进行检测;经检测不合格的,应当在规定的期限内进行整改。

住宅区的物业管理企业或者未聘物业管理企业的业主应当做好物业管理区域内防雷装置的日常巡查工作,发现防雷装置受损的,应当及时报修;并按照国家和本市的有关规定,定期委托具有相应资质的专业检测机构对防雷装置进行检测,经检测不合格的,防雷装置的所有人应当在规定的期限内进行整改。

气象主管机构应当会同房地资源管理部门对物业管理企业的有关人员进行专业培训。

第十九条 市气象主管机构负责本市气候资源的综合调查工作,组织进行气候监测、分析和评价,并每年发布本市气候状况公报。

第二十条 市政府有关部门在编制城市总

体规划、专业系统规划、气候资源开发利用规划或者进行重大公共基础设施项目可行性论证时,应当征求市气象主管机构的意见。市气象主管机构应当组织进行气候可行性论证。

第二十一条 违反本办法规定,由气象主管机构责令停止违法行为,并按照下列规定给予行政处罚:

(一)侵占、毁损或者未经批准擅自迁移气象设施的,责令限期恢复原状或者采取其他补救措施,可以处一万元以上五万元以下罚款。

(二)按照国家规定应当安装而未安装防雷装置的,责令限期整改;拒不改正的,处一万元以上三万元以下罚款。

(三)防雷装置设计未经气象主管机构审核或者审核未通过,擅自施工的,处一万元以上三万元以下罚款。

(四)防雷装置未经气象主管机构验收或者验收未通过,擅自投入使用的,处一万元以上三万元以下罚款。

(五)国家机关、社会团体、企业、事业单位的防雷装置未按规定进行检测或者经检测不合格的,责令限期整改;拒不改正的,处一万元以上三万元以下罚款。

第二十二条 气象主管机构及其所属气象台站的工作人员由于玩忽职守,导致重大漏报、错报公众气象预报、灾害性天气警报,以及丢失或者毁坏原始气象探测资料、伪造气象资料等事故的,依法给予行政处分;致使国家利益和人民生命财产遭受重大损失,构成犯罪的,依法追究刑事责任。

第二十三条 本办法自 2006 年 12 月 1 日起施行。

上海市绿化条例

(2007 年 1 月 17 日上海市第十二届人民代表大会常务委员会第三十三次会议通过 根据 2015 年 7 月 23 日上海市第十四届人民代表大会常务委员会第二十二次会议《关于修改〈上海市绿化条例〉的决定》第一次修正 根据 2017 年 11 月 23 日上海市第十四届人民代表大会常务委员会第四十一次会议《关于修改本市部分地方性法规的决定》第二次修正)

第一章 总 则

第一条 为了促进本市绿化事业的发展,改善和保护生态环境,根据国务院《城市绿化条例》和其他有关法律、行政法规,结合本市实际情况,制定本条例。

第二条 本条例适用于本市行政区域内种植和养护树木花草等绿化的规划、建设、保护和管理。

古树名木和古树后续资源的管理,按照《上海市古树名木和古树后续资源保护条例》的规定执行;林地、林木的管理,按照有关法律、法规的规定执行。

第三条 市和区人民政府应当将绿化建设纳入国民经济和社会发展计划,保障公共绿地建设和养护经费的投入。

乡、镇人民政府和街道办事处根据所在区人民政府的要求,开展本辖区内有关的绿化工作。

第四条 市人民政府绿化行政管理部门(以下简称市绿化管理部门),负责本市行政区域内的绿化工作;区管理绿化的部门(以下称区绿化管理部门)负责本辖区内绿化工作,按照本条例的规定实施行政许可和行政处罚,业务上受市绿化管理部门的指导。

本市其他有关部门,按照各自职责,协同实施本条例。

第五条 市和区、街道、乡镇的绿化委员会应当组织、推动全民义务植树活动和群众性绿化工作。

单位和有劳动能力的适龄公民应当按照国家有关规定,履行植树的义务。

鼓励单位和个人以投资、捐资、认养等形式,参与绿化的建设和养护。捐资、认养的单位或者个人可以享有绿地、树木一定期限的冠名权。

第六条 本市加强绿化科学研究,保护植物多样性,鼓励选育与引进适应本市自然条件的植物,优化植物配置,推广生物防治病虫害技术,促进绿化科技成果的转化。

第七条 任何单位和个人都有享受良好绿化环境的权利,有保护绿化和绿化设施的义务,对破坏绿化和绿化设施的行为,有权进行劝阻、投诉和举报。

对绿化工作做出显著成绩的单位和个人,各级人民政府应当给予表彰或者奖励。

第二章 规划和建设

第八条 市绿化管理部门应当根据本市经济、社会发展状况和绿化发展需要,编制市绿化系统规划,经市规划管理部门综合平衡,报市人民政府批准后纳入城市总体规划。

区绿化管理部门应当根据市绿化系统规划,结合本区实际,编制区绿化规划,经区规划管理部门综合平衡后,报区人民政府批准;区人民政府在批准前应当征求市绿化管理部门的意见。

第九条 市绿化系统规划应当明确本市绿化目标、规划布局、各类绿地的面积和控制原则。

区绿化规划应当明确各类绿地的功能形态、分期建设计划和建设标准。

编制、调整市绿化系统规划和区绿化规划,有关部门在报批前应当采取多种形式听取利益相关公众的意见。

第十条 规划管理部门应当会同同级绿化管理部门根据控制性编制单元规划、市绿化系统规划、区绿化规划,确定各类绿地的控制线(以下简称绿线),并向社会公布。

绿线不得任意调整,因城市建设确需调整的,规划管理部门应当征求市绿化管理部门的意见,并按照规划审批权限报原审批机关批准。

调整绿线不得减少规划绿地的总量。因调整绿线减少规划绿地的,应当落实新的规划绿地。

第十一条 公共绿地周边新建建设项目,应当与绿地的景观相协调,并不得影响植物的正常生长。

规划管理部门在编制控制性详细规划时,应当会同同级绿化管理部门在公园绿地周边划定一定范围的控制区。控制区内禁止建设超过规定高度的建筑物、构筑物,具体管理办法由市规划管理部门会同市绿化管理部门另行制定。

第十二条 重要地区和主要景观道路两侧新建建设项目,应当在建设项目沿道路一侧设置一定比例和宽度的集中绿地。具体的比例和宽度由规划管理部门在审核建设项目规划设计方案时,经征求同级绿化管理部门意见后确定。

第十三条 居住区绿化应当合理布局,选用适宜的植物种类,综合考虑居住环境与采光、通风、安全等要求。

第十四条 本市绿地建设按照下列规定分工负责:

(一)公共绿地,由市或者区绿化管理部门负责建设或者组织建设,其中,道路绿地由市政管理部门负责建设;

(二)新建居住区绿地,由建设单位负责建设;

(三)单位附属绿地,由所在单位负责建设;

(四)铁路、河道管理范围内的防护绿地,分别由铁路、水务管理部门负责建设。

前款规定以外的绿地,由所在地区人民政

府确定建设单位。

第十五条 建设项目绿地面积占建设项目用地总面积的配套绿化比例，应当达到下列标准：

（一）新建居住区内绿地面积占居住区用地总面积的比例不得低于百分之三十五，其中用于建设集中绿地的面积不得低于居住区用地总面积的百分之十；按照规划成片改建、扩建居住区的绿地面积不得低于居住区用地总面积的百分之二十五。

（二）新建学校、医院、疗休养院所、公共文化设施，其附属绿地面积不得低于单位用地总面积的百分之三十五；其中，传染病医院还应当建设宽度不少于五十米的防护绿地。

（三）新建工业园区附属绿地总面积不得低于工业园区用地总面积的百分之二十，工业园区内各项目的具体绿地比例，由工业园区管理机构确定；工业园区外新建工业项目以及交通枢纽、仓储等项目的附属绿地，不得低于项目用地总面积的百分之二十；新建产生有毒有害气体的项目的附属绿地面积不得低于工业项目用地总面积的百分之三十，并应当建设宽度不少于五十米的防护绿地。

（四）新建地面主干道路红线内的绿地面积不得低于道路用地总面积的百分之二十；新建其他地面道路红线内的绿地面积不得低于道路用地总面积的百分之十五。

（五）新建铁路两侧防护绿地宽度按照国家有关规定执行。

（六）其他建设项目绿地面积占建设项目用地总面积的最低比例，由市绿化管理部门参照上述规定另行制定。

在历史文化风貌保护区和优秀历史建筑保护范围内进行建设活动，不得减少原有的绿地面积。

本市有关管理部门在审批建设项目的计划、设计方案、建设工程规划许可证时，应当按照本条前两款的规定执行。确因条件限制而绿地面积达不到前两款规定的建设项目，规划管理部门在审批建设工程规划许可证时，应当征求绿化管理部门的意见；建设单位应当按照所缺的绿地面积向绿化管理部门缴纳绿化补建费。绿化补建费应当上缴同级财政，专款专用，由绿化管理部门在建设项目所在区范围内安排绿化建设。

第十六条 新建、扩建道路时，应当种植行道树。行道树的种植，应当符合行车视线、行车净空和行人通行的要求。

行道树应当选择适宜的树种，其胸径不得小于八厘米。

第十七条 本市新建公共建筑以及改建、扩建中心城内既有公共建筑的，应当对高度不超过五十米的平屋顶实施绿化，屋顶绿化面积的具体比例由市人民政府作出规定。

中心城、新城、中心镇以及独立工业区、经济开发区等城市化地区新建快速路、轨道交通、立交桥、过街天桥的桥柱和声屏障，以及道路护栏（隔离栏）、挡土墙、防汛墙、垃圾箱房等市政公用设施的，应当实施立体绿化。

本市规划、建设管理部门在审查上述建设项目的设计方案、施工图设计文件时，应当按照本条前两款的规定执行。

本市鼓励适宜立体绿化的工业建筑、居住建筑以及本条第一款以外的公共建筑等其他建筑，实施多种形式的立体绿化。

本市应当制定立体绿化扶持政策，对发展立体绿化予以支持。

第十八条 绿化工程的设计、施工、监理，应当符合国家和本市有关设计、施工、监理的技术标准和规范，法律、行政法规有资质要求的，应当由具有相应资质的单位承担。

第十九条 下列绿化工程建设项目，应当按照公开、公平、公正的原则，通过招标方式确定设计、施工单位，并实行监理制度：

（一）关系社会公共利益和公共安全的大型基础设施绿化工程建设项目；

（二）全部或者部分使用国有资金投资或者国家融资的绿化工程建设项目；

（三）使用国际组织或者外国政府贷款、援助资金的绿化工程建设项目；

（四）法律或者国务院规定的其他绿化工程建设项目。

第二十条 绿化工程开工前，建设单位应当向建设工程管理机构申请领取建设工程施工许可证。

市或者区绿化管理部门在组织建设公共绿地时，应当组织专家对其设计方案进行论证，并征求社会公众意见。其中，建设四万平方米以上的公共绿地，应当配备相应的公共服务设施。

建设项目中的配套绿化、立体绿化应当与主体工程同时完成。配套绿化确因季节原因不能同时完成的，完成绿化的时间不得迟于主体工程交付使用后的六个月。

绿化工程竣工验收前，建设单位应当拆除绿地范围内的临时设施。

第二十一条 绿化工程建设单位应当按照国家和本市的有关规定向市建设工程质量监督机构办理工程质量、安全监督手续。

绿化工程开工前，建设单位应当将设计、施工、监理合同，以及施工总平面图和工程项目明细清单报市绿化管理部门备案。

第二十二条 公共绿地和含有配套绿化、立体绿化的建设项目，组织该建设项目竣工验收的单位，应当通知市或者区绿化管理部门参加验收。建设单位应当在验收合格之日起十五个工作日内将竣工图和验收结果报送市或者区绿化管理部门。

第三章 监督管理

第二十三条 绿地、行道树的养护单位按照下列规定确定：

（一）公共绿地、行道树，由市或者区绿化管理部门负责养护或者落实养护单位；

（二）居住区绿地，由业主委托的物业管理企业或者业主负责养护；

（三）单位附属绿地，由所在单位负责养护；

（四）铁路、河道管理范围内的防护绿地，分别由铁路、水务管理部门负责养护。

前款规定以外的绿地，由所在地区绿化管理部门确定养护单位。

建设工程范围内保留的树木，在建设期间由建设单位负责养护。

立体绿化，由其所附建筑物、构筑物的产权单位负责养护。

养护单位应当按照国家和本市绿地、行道树、立体绿化的养护技术标准进行养护。

第二十四条 公共绿地和行道树全部或者部分使用国有资金进行养护的，应当通过招标方式确定养护单位。

第二十五条 养护单位应当根据树木生长情况，按照国家和本市有关树木修剪技术规范定期对树木进行修剪。

因树木生长影响管线、交通设施等公共设施安全的，管线或者交通设施管理单位可以将修剪需求告知区绿化管理部门。区绿化管理部门应当按照兼顾设施安全使用和树木正常生长的原则组织修剪。

因不可抗力或者突发性事故导致树木倾斜影响管线安全的，管线权属单位可以先行扶正或者砍伐树木，并同时向所在地区绿化管理部门和绿地管理单位报告。

居住区内的树木生长影响居民采光、通风和居住安全，居民提出修剪请求的，养护单位应当按照有关规定及时组织修剪。

第二十六条 建设单位新建下列管线、设施或者新种树木，应当符合下列规定：

（一）地下管线外缘与行道树树干外缘的水平距离不小于零点九五米；

（二）架设电杆、设置消防设备等，与树干外缘的水平距离不小于一点五米。

在新建绿地或者规划绿地区域内进行地下设施建设的，地下设施上缘应当留有符合植物生长要求的覆土层，并符合国家和本市有关技术规范。

第二十七条 禁止擅自迁移树木。

因下列原因确需迁移树木的，建设、养护单位或者业主应当向市或者区绿化管理部门提出申请：

（一）因城市建设需要；

（二）严重影响居民采光、通风和居住安全；

（三）树木对人身安全或者其他设施构成威胁。

第二十八条 建设、养护单位申请迁移树木的，应当提交下列材料：

（一）拟迁移树木的品种、数量、规格、位置、权属人意见等材料。其中，建设项目需要迁移树木的，还应当提交相关用地批文、扩初设计批复；道路拓宽需要迁移树木的，还应当提供道路红线图、综合管线剖面图。

（二）树木迁移方案和技术措施。

迁移下列树木，应当向市绿化管理部门提出申请：

（一）公共绿地上胸径在二十五厘米以上的树木，其他绿地上胸径在四十五厘米以上的树木；

（二）十株以上的行道树。

迁移前款规定以外的树木，应当向区绿化管理部门提出申请。

市和区绿化管理部门应当自受理申请之日起十五个工作日内作出审批决定；不予批准的，应当书面说明理由。

铁路、河道管理范围内树木的迁移，分别由铁路、水务管理部门按照规定审批。经审批同意的，铁路、水务管理部门应当将准予树木迁移的情况告知市绿化管理部门。

树木迁移，施工单位应当在适宜树木生长的季节按照移植技术规程进行。树木迁移后一年内未成活的，建设、养护单位应当补植相应的树木。

第二十九条 禁止擅自砍伐树木。

因下列原因确需砍伐树木的，养护单位应当向市或者区绿化管理部门提出申请：

（一）严重影响居民采光、通风和居住安全，且树木无迁移价值的；

（二）对人身安全或者其他设施构成威胁，且树木无迁移价值的；

（三）发生检疫性病虫害的；

（四）因树木生长抚育需要，且树木无迁移价值的。

第三十条 养护单位申请砍伐树木，应当提交下列材料：

（一）拟砍伐树木的品种、数量、规格、位置、权属人意见；

（二）树木补植计划或者补救措施。

砍伐下列树木，应当向市绿化管理部门提出申请：

（一）公共绿地上的树木和行道树；

（二）其他绿地上十株以上或者胸径在二十五厘米以上的树木。

砍伐前款规定以外的树木，应当向区绿化管理部门提出申请。

市和区绿化管理部门应当自受理申请之日起十五个工作日内作出审批决定；不予批准的，应当书面说明理由。

铁路用地范围内树木的砍伐，由铁路管理部门按照规定审批。

经批准同意砍伐的，申请人应当补植树木或者采取其他补救措施。

第三十一条 因城市建设需要临时使用绿地的，应当向区绿化管理部门提出申请。

区绿化管理部门应当自受理申请之日起十五个工作日内作出审批决定；不予批准的，应当书面说明理由。

临时使用绿地期限一般不超过一年，确因建设需要延长的，应当办理延期手续，延期最长不超过一年。使用期限届满后，使用单位应当恢复绿地。

临时使用绿地需要迁移树木的，使用单位应当在申请临时使用绿地时一并提出。

临时使用公共绿地的，应当向市或者区绿化管理部门缴纳临时使用绿地补偿费。临时使用绿地补偿费应当上缴同级财政，并专门用于绿化建设、养护和管理。

第三十二条 建成的绿地不得擅自占用。因城市规划调整或者城市基础设施建设确需占用的，应当向市绿化管理部门提出申请，并提交占用绿地面积、补偿措施、地形图、权属人意见、相关用地批文、扩初设计批复等材料。其中，道路拓宽占用绿地的，还应当提供道路红线图、综合管线剖面图。

市绿化管理部门应当自受理申请之日起二十个工作日内作出审批决定；不予批准的，应当书面说明理由。

占用公共绿地的，应当在所占绿地周边地区补建相应面积的绿地，确不具备补建条件的，应当向市绿化管理部门缴纳绿化补偿费和绿地易地补偿费。绿化补偿费和绿地易地补偿费应当上缴市财政，并专门用于绿化建设、养护和管理。

第三十三条 调整已建成的公共绿地内部布局，不得减少原有绿地面积，不得擅自增设建筑物、构筑物。确需调整已建成的公共绿地内部布局，增设建筑物、构筑物的，应当符合城市规划和有关设计规范要求，并事先征得市绿化管理部门的同意。

调整其他建成绿地内部布局，调整后的绿地面积不得少于原有的绿地面积。

第三十四条 公共建筑和市政公用设施上建成的立体绿化，不得占用、拆除，但因公共建筑和市政公用设施进行改建、扩建、修缮或者拆除的除外。

公共建筑和市政公用设施改建、扩建或者修缮完成后，被占用、拆除的立体绿化应当予以恢复。

第三十五条 下列事项，施工单位应当在现场设立告示牌，向社会公示：

（一）迁移或者砍伐树木；

（二）临时使用绿地、占用绿地；

（三）建成绿地内部布局调整。

第三十六条 市或者区绿化管理部门应当建立对绿化有害生物疫情监测预报网络，编制灾害事件应急预案，健全有害生物预警预防控制体系。

绿化植物的检疫及其管理，由林业植物检疫机构按照林业植物检疫有关法律、法规执行。

第三十七条 禁止下列损坏绿化和绿化设施的行为：

（一）偷盗、践踏、损毁树木花草；

（二）借用树木作为支撑物或者固定物、在树木上悬挂广告牌；

（三）在树旁和绿地内倾倒垃圾或者有害废渣废水、堆放杂物；

（四）在绿地内擅自设置广告、搭建建筑物、构筑物；

（五）在绿地内取土、焚烧；

（六）其他损坏绿化或者绿化设施的行为。

第三十八条 市和区绿化管理部门应当加强绿化资源调查、监测和监控，建立全市绿化管理信息系统，公布绿化建设、养护和管理的信息。

房地、市政、水务等有关部门以及铁路部门应当向绿化管理信息系统提供绿化相关信息。

第三十九条 财政、审计等有关部门应当加强对公共绿地建设、养护资金使用的监督和管理。

市和区绿化管理部门应当加强对绿化建设和养护的监督检查，及时处理对破坏绿化和绿化设施行为的投诉和举报。

被检查的单位或者个人应当如实反映情况，提供与检查内容有关的资料，不得弄虚作假或者隐瞒事实，不得拒绝或者阻挠管理人员的检查。

第四章　法 律 责 任

第四十条 违反本条例第十五条第一款或者第十七条第一款、第二款规定，建设单位未按建设工程规划许可要求进行绿化建设的，由规划管理部门按照有关规定处理。

第四十一条 违反本条例第二十条第三款规定，建设单位未在规定时间内完成配套绿化建设的，由市或者区绿化管理部门责令限期改正；逾期不改正的，按未完成建设的绿地建设预算费用的一至三倍处以罚款。

违反本条例第二十条第四款规定，绿化工程竣工验收前未拆除临时设施的，由市或者区绿化管理部门责令限期改正；逾期不改正的，由市或者区绿化管理部门组织拆除，所需费用由建设单位承担。

第四十二条 违反本条例第二十三条第五款规定，养护单位未按养护技术标准进行养护的，由市或者区绿化管理部门责令限期改正；逾期不改正的，处二千元以上二万元以下的罚款。

第四十三条 违反本条例第二十七条第一款规定，擅自迁移树木的，由市或者区绿化管理部门责令改正，处绿化补偿标准三至五倍的罚款。

违反本条例第二十九条第一款规定，擅自砍伐树木的，由市或者区绿化管理部门处绿化补偿标准五至十倍的罚款。

违反本条例第二十八条第六款、第三十条第六款规定，建设、养护单位未按规定进行补植或者采取其他补救措施的，由市或者区绿化管理部门责令限期改正；逾期不改正的，分别按照擅自迁移、擅自砍伐树木的规定予以处罚。

第四十四条 违反本条例第三十一条规定，未经许可临时使用绿地的，由市或者区绿化管理部门责令限期改正，按临时使用绿地每日每平方米十元以上三十元以下处以罚款。

违反本条例第三十二条规定，未经许可占用绿地的，由市或者区绿化管理部门责令限期改正，按占用绿地面积每平方米五百元以上二千元以下处以罚款。

违反本条例第三十三条规定，调整建成绿地内部布局减少原有的绿地面积的，由市或者区绿化管理部门按照前款规定处理。

违反本条例第三十四条规定，占用、拆除立体绿化或者未恢复原有立体绿化的，由市或者区绿化管理部门责令限期改正，按占用或者拆除立体绿化面积每平方米五百元以上二千元以下处以罚款。

第四十五条 违反本条例第三十七条规定，损坏绿化或者绿化设施的，由市或者区绿化管理部门责令改正，并可处绿化或绿化设施补偿标准三至五倍的罚款。

第四十六条 违反本条例第十八条、第十九条、第二十条第一款规定的，由建设行政主管部门按照有关法律、法规的规定处理。

第四十七条 市绿化管理部门违反本条例规定作出的决定，由市人民政府责令其纠正或者予以撤销；区绿化管理部门违反本条例规定作出的决定，由市绿化管理部门责令其纠正，或者由区人民政府责令其纠正或者予以撤销。

第四十八条 市或者区绿化管理部门以及其他有关行政管理部门的工作人员违反本条例规定，有下列行为之一的，由其所在单位或者上级主管部门给予行政处分；构成犯罪的，依法追究刑事责任：

（一）对绿化违法行为不查处、包庇、纵容的；

（二）不依法行使职权，并造成严重后果的；

（三）其他玩忽职守、滥用职权、徇私舞弊的。

第五章 附 则

第四十九条 本条例所指绿地，包括公共绿地、单位附属绿地、居住区绿地、防护绿地等。

本条例所称公共绿地，是指公园绿地、街旁绿地和道路绿地。

本条例所称单位附属绿地，是指机关、企事业单位、社会团体、部队、学校等单位用地范围内的绿地。

本条例所称居住区绿地，是指居住区用地范围内的绿地。

本条例所称防护绿地，是指城市中具有卫生隔离和安全防护功能的绿地。

本条例所称绿化设施，是指绿地中供人游览、观赏、休憩的各类构筑物，以及用于绿化养护管理的各种辅助设施。

本条例所称立体绿化，是指以建筑物、构筑物为载体，以植物为材料，以屋顶绿化、垂直绿化、沿口绿化、棚架绿化等为方法的绿化形式的总称。

第五十条 本条例自2007年5月1日起施行。1987年1月8日上海市第八届人民代表大会常务委员会第二十五次会议审议通过的《上海市植树造林绿化管理条例》同时废止。

上海市集体合同条例

(2007年8月16日上海市第十二届人民代表大会常务委员会第三十八次会议通过 根据2015年6月18日上海市第十四届人民代表大会常务委员会第二十一次会议《关于修改〈上海市集体合同条例〉的决定》修正)

第一章 总 则

第一条 为了规范集体协商和签订、履行集体合同的行为,保护劳动者的合法权益,构建和发展和谐稳定的劳动关系,根据《中华人民共和国劳动法》、《中华人民共和国劳动合同法》和《中华人民共和国工会法》等法律、行政法规的有关规定,结合本市实际,制定本条例。

第二条 本市行政区域内的企业与职工一方就劳动关系有关事项进行集体协商和签订、履行集体合同,适用本条例。

第三条 本条例所称的集体协商,是指企业职工一方与企业就劳动关系有关事项进行平等协商的活动。

本条例所称的集体合同,是指企业职工一方与企业就劳动关系有关事项,通过集体协商签订的书面协议。

第四条 企业与职工一方应当建立集体协商机制,就劳动关系有关事项进行集体协商。

企业职工一方与企业就劳动关系有关事项进行集体协商和签订、履行集体合同应当遵循合法、公正、平等、相互尊重、诚实守信、兼顾双方合法利益的原则。

第五条 市和区、县人力资源社会保障行政管理部门(以下简称人力资源社会保障部门)对本行政区域内的企业职工一方与企业就劳动关系有关事项进行集体协商和签订、履行集体合同进行监督。

第二章 集体协商

第六条 企业职工一方与企业就劳动关系有关事项进行集体协商,应当按照本条例规定的程序产生各自的协商代表和首席代表。协商代表具体人数由双方协商确定,但每方协商代表人数不得少于三人,企业一方的协商代表不得多于职工一方的协商代表。

第七条 已经建立工会的企业,职工一方的协商代表由本企业工会选派,建立女职工委员会的,应当有女性协商代表。首席代表由工会主要负责人担任。

尚未建立工会的企业,职工一方的协商代表由上级工会指导职工民主推荐,并经本企业半数以上职工同意,首席代表由协商代表民主推荐产生。

企业一方的协商代表由企业法定代表人指派,首席代表由法定代表人或者其书面委托的人担任。

集体协商双方根据实际需要可以聘请本企业以外的专业人员担任本方协商代表,但其人数不得超过本方协商代表人数的三分之一。

集体协商双方可以更换本方的协商代表。更换协商代表,应当遵守本条例规定的代表产生程序。

第八条 协商代表履行代表职责的期限,由被代表方确定,但最长至集体合同期满时为止;因集体协商达不成一致或者未能签订集体合同的,协商代表履行代表职责的期限为自担任协商代表起六个月。

第九条 协商代表应当履行下列职责：

（一）参加集体协商；

（二）搜集与集体协商有关的情况和资料；

（三）听取本方人员的意见，回答本方人员的询问；

（四）参加集体协商争议的处理；

（五）其他需要履行的集体协商职责。

第十条 本企业产生的协商代表在工作时间内参加集体协商，以及在履职期限内利用不超过三个工作日的工作时间，从事搜集与集体协商有关资料等活动，视为提供了正常劳动，工资及各项福利不受影响。

职工一方的协商代表在履行代表职责期间，企业无正当理由不得变更其工作岗位。

第十一条 协商代表应当履行下列义务：

（一）维护企业正常的生产、工作秩序；

（二）保守在集体协商过程中知悉的企业的商业秘密；

（三）遵守集体协商双方约定的纪律，不散布协商过程中不宜外传的信息。

第十二条 企业在制定、修改或者决定下列直接涉及职工切身利益的规章制度或者重大事项时，应当与本企业职工一方进行集体协商后确定：

（一）劳动报酬；

（二）工作时间；

（三）休息休假；

（四）劳动安全卫生；

（五）保险福利；

（六）职工培训；

（七）劳动纪律；

（八）劳动定额；

（九）法律法规规定的其他内容。

企业应当就职工工资水平、工资调整机制与本企业职工一方进行集体协商。

企业职工一方可以就涉及职工利益的事项要求企业与其进行集体协商。

第十三条 工资集体协商一般包括下列内容：

（一）工资分配制度、工资标准、工资分配形式和工资支付办法；

（二）职工年度平均工资水平的调整幅度；

（三）奖金、津贴、补贴等分配办法；

（四）加班工资以及试用期、病假、事假等期间的工资待遇；

（五）双方认为应当协商的其他工资事项。

第十四条 工资集体协商可以参考下列因素：

（一）企业劳动生产率和经济效益；

（二）企业上年度职工工资总额和平均工资水平；

（三）企业及行业的人工成本水平；

（四）全市及行业的职工平均工资水平；

（五）企业工资增长指导线和劳动力市场工资指导价位；

（六）最低工资标准；

（七）城镇居民消费价格指数；

（八）与工资集体协商有关的其他因素。

第十五条 集体协商双方的任何一方均可以向对方以书面形式提出进行集体协商的建议。另一方在收到集体协商建议书之日起十五日内应当给予书面答复，拒绝集体协商的，应当有正当的理由。

集体协商的任何一方因下列事项向对方提出集体协商建议的，另一方不得拒绝或者拖延：

（一）需要裁减人员二十人以上或者裁减不足二十人但占企业职工总数百分之十以上的；

（二）劳动纠纷导致群体性停工、上访的；

（三）生产过程中发现存在重大事故隐患或者职业危害的。

第十六条 已经建立工会的企业，由工会代表职工向企业一方提出集体协商；企业一方建议开展集体协商的，应当向本企业工会提出。

尚未建立工会的企业，由上级工会指导职工推举的代表向企业一方提出集体协商；企业一方建议开展集体协商的，可以向本企业职工直接提出，也可以向上级工会提出。

第十七条 集体协商双方在正式协商前应当进行下列准备工作：

（一）自双方同意集体协商之日起十五日内产生协商代表，并书面告知对方；

（二）协商确定集体协商的时间、地点；

（三）搜集与本次集体协商议题有关的情况和资料；

（四）听取各有关方面对本次集体协商的意见和建议；

（五）了解与集体协商议题有关的法律、法规和其他有关规定；

（六）草拟集体协商议题的解决方案；

（七）其他需要准备的工作。

第十八条 集体协商会议由协商双方首席代表共同主持。提出协商议题的一方应当就议题的具体内容以及解决方案作出说明。

集体协商会议应当做好会议记录，协商双方首席代表应当在会议记录上签字。

协商双方可以就与协商议题相关的事项，要求对方提供相应的资料和说明。涉及企业商业秘密的，双方可以签订专门的保密协议。

第十九条 上级工会应当指导职工一方与企业进行集体协商，可以派员观察职工一方与企业的集体协商活动，或者按照本条例第七条的规定受聘担任职工一方的协商代表。

第二十条 企业合并、分立、重组的，合并、分立、重组后的企业应当就集体合同继续履行事宜，与职工一方进行集体协商。协商一致的，原集体合同可以继续履行；协商不一致的，企业与职工一方应当就与劳动关系有关的事项重新进行集体协商。

第二十一条 在进行集体协商期间，企业及其职工应当维护本企业正常的生产、工作秩序，不得采取任何影响生产、工作秩序或者社会稳定的行为。

企业不得采取下列行为：

（一）限制职工一方协商代表的人身自由，或者对其进行侮辱、威胁、恐吓、暴力伤害；

（二）拒绝或者阻碍职工进入劳动场所、拒绝提供生产工具或者其他劳动条件；

（三）拒绝提供与集体协商议题相关的资料或者提供虚假资料；

（四）其他干扰、阻碍集体协商的行为。

职工不得采取下列行为：

（一）限制企业一方人员的人身自由，或者对其进行侮辱、威胁、恐吓、暴力伤害；

（二）违反劳动合同约定，不完成劳动任务，或者以各种方式迫使企业其他员工离开工作岗位；

（三）破坏企业设备、工具等扰乱企业正常生产、工作秩序和社会公共秩序的行为；

（四）其他干扰、阻碍集体协商的行为。

第三章 集体合同

第二十二条 以签订集体合同为目的的集体协商，协商一致的，应当形成集体合同草案，经协商双方首席代表签字后，作为草案的正式文本提交职工代表大会或者全体职工讨论。职工一方的协商代表就集体协商的情况和集体合同草案的内容应当向职工代表大会或者全体职工作出说明。

集体合同草案经全体职工代表半数以上或者全体职工半数以上同意，方获通过。

第二十三条 集体合同草案经职工代表大会或者全体职工讨论通过后，由职工一方的首席代表将讨论通过的情况书面告知企业一方。企业自收到书面告知之日起十日内，负责将集体合同报送市或者区、县人力资源社会保障部门。

企业报送集体合同时，应当提交下列材料：

（一）由协商双方首席代表签署的集体合同文本；

（二）协商双方及其代表的基本情况；

（三）集体协商过程的情况说明；

（四）职工代表大会或者全体职工讨论通过集体合同草案情况的报告。

人力资源社会保障部门自收到集体合同文本之日起十五日内未提出异议的，集体合同即行生效。

第二十四条 企业与职工一方经集体协商，可以就工资调整机制、劳动安全或者女职工权益保护等专项内容签订专项集体合同。

第二十五条 集体合同期限一般为一至三年,工资专项集体合同期限一般为一年。

集体合同约定的劳动条件、劳动报酬等标准不得低于国家和市人民政府规定的最低标准。

企业与职工个人签订的劳动合同约定的劳动条件和劳动报酬等标准,或者企业规章制度规定的劳动条件和劳动报酬等标准,不得低于集体合同的规定。

第四章 行业性和区域性集体合同

第二十六条 区、县区域内的建筑、餐饮服务等行业,以及其他有条件开展集体协商的行业的工会,可以选派代表与行业协会或者企业推选的代表进行集体协商,签订行业性集体合同。

小微企业较为集中的街道(乡镇)、经济开发区、工业(科技)园区、商业区、商务楼宇等区域内的工会,可以选派代表与区域内不具备独立开展集体协商条件的企业推选的代表进行集体协商,签订区域性集体合同。

第二十七条 下列涉及本行业职工切身利益的事项可以进行行业性集体协商:

(一)本行业的最低工资标准;

(二)本行业工资调整的最低幅度;

(三)本行业同类工种的定额标准;

(四)本行业各工种、岗位的劳动安全和卫生标准;

(五)本行业各工种、岗位的职工培训制度;

(六)其他需要进行行业性集体协商的事项。

第二十八条 行业性集体合同草案应当取得本行业企业法定代表人的认可。

行业性集体合同草案应当经认可该草案的企业全体职工代表半数以上或者全体职工半数以上同意,方获通过。

第二十九条 下列涉及本区域职工切身利益的事项可以进行区域性集体协商:

(一)本区域的最低工资标准;

(二)本区域工资调整的最低幅度;

(三)其他需要进行区域性集体协商的事项。

第三十条 区域性集体合同草案应当取得本区域企业法定代表人的认可。

区域性集体合同草案应当经本区域职工代表大会,或者认可该草案的企业全体职工代表半数以上或者全体职工半数以上同意,方获通过。

第三十一条 行业性、区域性集体合同由企业方面代表或者工会负责将集体合同以及相关材料报送区、县人力资源社会保障部门。

人力资源社会保障部门自收到报送的集体合同之日起十五日内未提出异议的,集体合同即行生效。

第三十二条 依法订立的行业性、区域性集体合同对认可该集体合同的企业及其职工具有约束力,企业与其职工签订的集体合同及劳动合同中约定的劳动条件、劳动报酬等标准不得低于行业性、区域性集体合同约定的标准。

第五章 争议的处理

第三十三条 本市建立由政府有关部门、工会和企业方面代表组成的劳动关系三方协调机制。

第三十四条 职工一方或者企业一方无正当理由拒绝或者拖延另一方的集体协商要求,或者双方在集体协商过程中不能达成一致或者签订集体合同的,职工一方可以提请上级工会、企业一方可以提请企业方面代表进行指导。经指导仍未能达成一致的,集体协商的任何一方可以提请人力资源社会保障部门协调处理。集体协商双方未提请协调处理的,人力资源社会保障部门认为必要时,也可以进行协调处理。

职工一方提请指导、协调处理,已建立工会的,由工会提出;尚未建立工会的,由职工一方协商代表提出。

人力资源社会保障部门协调处理集体协商争议时,可以会同同级工会或者企业方面代表共同处理。

第三十五条 人力资源社会保障部门协调处理时,应当听取协商双方陈述各自意见,根据协商双方提供的证据材料对协商意见进行分析,并按照有关规定提出协调处理意见。

第三十六条 企业违反集体合同,侵犯职工劳动权益的,工会可以依法要求企业承担责任;因履行集体合同发生争议,经协商解决不成的,工会可以依法申请仲裁、提起诉讼。

第六章 法律责任

第三十七条 违反本条例规定,法律、行政法规有处理规定的,适用有关法律、行政法规的规定。

第三十八条 违反本条例第十条第二款规定,无正当理由调整职工一方协商代表工作岗位的,经协商代表本人提出,企业应当恢复其原工作岗位。

第三十九条 企业无正当理由拒绝或者拖延集体协商的,市和区、县总工会可以作出整改意见书,要求企业予以改正。

违反本条例第十五条第二款规定,拒绝或者拖延集体协商的,人力资源社会保障部门应当责令其改正。

企业拒不改正的,按照本市公共信用信息管理的相关规定将该信息纳入市公共信用信息服务平台。

第四十条 企业、职工违反本条例第二十一条规定,构成违反治安管理行为的,由公安机关依法处理;构成犯罪的,依法追究刑事责任。

符合《中华人民共和国劳动合同法》第三十八条、第三十九条规定情形的,企业、职工均可以依法解除劳动合同。

第七章 附则

第四十一条 企业分支机构经企业法定代表人同意,与本分支机构的职工就劳动关系有关事项进行集体协商和签订、履行集体合同的,依照本条例执行。

个体经济组织、民办非企业单位等组织和与其建立劳动关系的本单位职工就劳动关系有关事项进行集体协商和签订、履行集体合同的,依照本条例执行。

第四十二条 本条例自2008年1月1日起实施。

上海市促进大型科学仪器设施共享规定

(2007年8月16日上海市第十二届人民代表大会
常务委员会第三十八次会议通过)

第一条 为了促进大型科学仪器设施的共享,提高科技资源使用效率,增强科技创新能力,制定本规定。

第二条 本市行政区域内的大型科学仪器设施共享,适用本规定。法律、行政法规另有规定的,从其规定。

本规定所称的大型科学仪器设施,是指一定价值限额以上,用于科学研究和技术开发活动的单台(套)科学仪器和实验设施。具体价值限额由市人民政府另行规定。

本规定所称的共享,是指本市行政区域内的高等学校、科研院所、企业等管理大型科学仪器设施的单位(以下简称管理单位)将大型科学仪器设施向社会开放,由其他单位、个人(以下统称用户)用于科学研究和技术开发的行为。

第三条 市科技行政管理部门负责对大型科学仪器设施共享活动进行统筹协调,组织实施本规定。

本市其他有关行政管理部门按照各自职责,做好大型科学仪器设施共享的相关工作。

第四条 本市建立和完善大型科学仪器设施共享服务平台(以下简称市共享服务平台)。市共享服务平台应当向管理单位和用户提供大型科学仪器设施共享的信息查询、服务推介、技术培训等服务。

市共享服务平台应当根据国家总体布局的需要,加强与长江三角洲地区其他城市的合作,参与全国大型科学仪器设施协作共用网络建设。

第五条 以市或者区、县财政资金全额或者部分出资新购、新建的大型科学仪器设施,其管理单位应当在完成安装、调试验收之日起十五日内,向市科技行政管理部门报送其名称、类别、型号、应用范围等基本信息,经汇总、分类后,通过市共享服务平台向社会公布。

鼓励管理单位将前款规定以外的资金购置、建设的大型科学仪器设施的基本信息,报送市科技行政管理部门。

第六条 申请以市或者区、县财政资金全额或者部分出资新购、新建大型科学仪器设施的,申请报告或者项目可行性研究报告中应当包括提供共享服务的承诺。共享服务承诺应当包括共享服务可行性论证以及共享时间、范围、方式等内容。

第七条 以市或者区、县财政资金全额或者部分出资新购、新建大型科学仪器设施的,科技行政管理部门和财政等相关行政管理部门应当组织有关专家就其必要性进行评议。本市已有同类大型科学仪器设施提供的共享服务可以满足申请单位相关科学研究和技术开发活动需要的,不予批准其新购、新建的申请。

第八条 经新购、新建评议获准购置、建设大型科学仪器设施的,相关行政管理部门应当在项目合同或者项目批准文件中,明确该大型科学仪器设施在满足本单位科学研究和技术开发活动需要的同时,向社会提供共享服务的相关要求。

第九条 管理单位提供共享服务,应当与用户订立合同,约定服务内容和收费标准、知识产权归属、保密要求、损害赔偿、违约责任、争议处理等事项。

第十条 本市设立大型科学仪器设施共享服务奖励资金。

市科技行政管理部门对加入市共享服务平台,且共享服务工作量、用户满意度等达到共享服务要求的管理单位,给予一定的资金奖励。奖励办法和结果应当通过市共享服务平台向社会公布。

以非财政资金全额出资购置、建设的大型科学仪器设施,符合前款规定奖励条件的,在同等条件下优先给予奖励。

第十一条 本市建立健全大型科学仪器设施共享的评估制度。

市有关行政管理部门应当组织有关专家,在共享服务时间、服务质量、功能开发、人才培养等方面定期对加入市共享服务平台的管理单位进行评估,并将评估结果向社会公布。评估结果作为共享服务奖励的主要依据之一。

第十二条 管理单位获得的奖励资金,可以用于共享的大型科学仪器设施的运行维护、管理和操作人员培训以及相关费用支出。

第十三条 获得共享服务奖励的管理单位申请以市或者区、县财政资金全额或者部分出资新购、新建大型科学仪器设施的,有关行政管理部门应当在同等条件下优先批准其申请。

因第七条的规定未获准新购、新建大型科学仪器设施的,项目审批部门在批准其承担本市科研计划项目时,应当给予其一定额度的经费,用于项目研究中使用其他单位大型科学仪器设施的相关费用支出。

第十四条 市科技、教育、人事等行政管理部门应当有计划地培养管理和操作大型科学仪器设施的相关人员，组织开展业务培训，并对在共享服务中作出突出贡献的人员进行表彰和奖励。

第十五条 管理单位及其工作人员未按照本规定第五条的规定报送大型科学仪器设施相关信息的，由市科技行政管理部门责令限期改正；逾期不改正的，由其所在单位或者上级主管部门对负有直接责任的主管人员和其他直接责任人员依法给予行政处分。

管理单位不符合本规定第十条规定的条件，提供虚假材料获取共享服务奖励资金的，由市科技行政管理部门依法追回。

第十六条 本市接受联合国、国际组织或者外国政府无偿援助购置、建设的大型科学仪器设施的共享，参照本规定关于市或者区、县财政资金全额或者部分出资购置、建设的大型科学仪器设施共享的有关规定执行。

第十七条 本规定实施前，已有的以市或者区、县财政资金全额或者部分出资购置、建设的大型科学仪器设施，其管理单位应当在本规定施行之日起三个月内，向市科技行政管理部门报送其基本信息。

第十八条 本规定自 2007 年 11 月 1 日起施行。

上海市民兵预备役工作条例

(2007 年 10 月 10 日上海市第十二届人民代表大会常务委员会第三十九次会议通过)

第一章 总 则

第一条 为了做好民兵工作和预备役工作(以下统称民兵预备役工作)，加强国防后备力量建设，根据《中华人民共和国国防法》、《中华人民共和国兵役法》等有关法律、法规，结合本市实际，制定本条例。

第二条 本市行政区域内的国家机关、社会团体、企业事业单位以及其他组织和公民应当遵守本条例。

第三条 各级人民政府依照法律规定的权限，管理本行政区域的民兵预备役工作，组织、监督有关部门和单位完成民兵预备役工作任务。

市和区、县人民政府应当将民兵预备役工作纳入国民经济和社会发展规划。

第四条 上海警备区和区、县人民武装部兼各该级人民政府的兵役机关，在上级军事机关和同级人民政府的领导下，按照各自职责做好下列民兵预备役工作：

(一)建立和巩固民兵预备役组织，依法进行预备役登记；

(二)对编入民兵组织、预编入现役部队、编入预备役部队和其他服预备役的人员(以下统称民兵预备役人员)进行教育和管理；

(三)组织民兵预备役人员进行军事训练和担负战备勤务；

(四)动员和组织民兵预备役人员参军参战、支援前线；

(五)管理民兵组织和预备役部队的武器装备；

(六)领导乡、镇人民政府、街道办事处和企业事业单位以及其他组织按照规定设立的人民武装部(以下统称基层人民武装部)开展民兵预备役工作；

(七)法律、法规规定的其他职责。

上海警备区根据军事工作需要，可以直接

领导有关国家机关、企业事业单位以及其他组织的民兵预备役工作。

第五条 国家机关、社会团体、企业事业单位以及其他组织应当按照上海警备区、区县人民武装部和人民政府的要求，完成民兵预备役工作任务。

公民应当依法履行服预备役和参加民兵组织的义务。

第六条 各级人民政府、上海警备区、区县人民武装部和预备役部队对在民兵预备役工作中做出显著成绩的单位和个人，给予表彰和奖励。

第二章 组织建设

第七条 根据法律、行政法规的规定，本市按照军事工作需要，可以将十八周岁至三十五周岁符合条件的男性公民预编入现役部队，或者编入预备役部队、民兵组织，或者登记服预备役；也可以将符合条件的女性公民编入预备役部队或者民兵组织。

民兵干部和民兵预备役专业技术人员的年龄上限可以适当放宽。

第八条 民兵预备役人员的编组工作应当根据有利于组织领导、有利于提高质量、有利于执行任务、有利于均衡负担的原则，按照现役部队预编预备役人员、预备役部队预备役人员、基干民兵、普通民兵的顺序进行。

第九条 民兵预备役人员的编组任务由上海警备区下达，各级人民武装部负责组织实施。

国家机关、社会团体、企业事业单位以及其他组织，应当向上海警备区或者区、县人民武装部提供本单位符合本条例第七条规定的人员的相关信息；根据上海警备区或者区、县人民武装部的要求，确定编入民兵预备役组织的人员，并报上海警备区或者区、县人民武装部批准。

第十条 民兵组织和预备役部队每年进行一次组织整顿，并应当接受上海警备区、区县人民武装部和预备役部队上级军事机关的指导和验收。

第十一条 预编入现役部队、编入预备役部队的人员，其工作单位、住所等发生变更的，应当及时向原登记部门报告。

人民武装部和预备役部队应当加强对民兵预备役人员的管理，及时掌握和更新民兵预备役人员的相关信息。

第三章 政治工作

第十二条 市和区、县人民政府应当把民兵预备役人员的政治教育工作纳入国防教育工作规划。

文化、新闻、出版、广播、电影、电视等部门和单位，应当配合上海警备区、区县人民武装部和预备役部队做好民兵预备役工作的宣传教育。

第十三条 人民武装部和预备役部队应当结合组织整顿、军事训练、征兵和重大节日活动，对民兵预备役人员进行政治教育。

国家机关、社会团体、企业事业单位以及其他组织应当支持人民武装部和预备役部队开展的民兵预备役政治教育活动。

第十四条 基层人民武装部应当按照有关规定配备专职人民武装干部。专职人民武装干部应当具备政治可靠、身体健康、有一定的军事素质和组织指挥能力等条件。

未经市人民政府和上海警备区批准，不得撤销、合并基层人民武装部。

第十五条 人民武装部和预备役部队应当会同相关单位，对民兵预备役人员进行入队前审查；对已经过编组的民兵预备役人员建立跟踪考察制度，并及时清退不合格人员。

第四章 军事训练和战备执勤

第十六条 民兵预备役人员的军事训练根据军事训练大纲以及考核标准进行。需要调整训练任务的，由预备役部队或者区、县人民武装部提出申请，报上一级军事机关批准。

民兵组织和预备役部队的年度军事训练任

务，由上海警备区、区县人民武装部和预备役部队逐级编制下达。除特殊情况外，年度军事训练任务确定的训练人员和时间，由人民武装部或者预备役部队于训练开始三十日前，通知参训人员所在单位。

第十七条 民兵预备役人员应当根据上海警备区、区县人民武装部或者预备役部队的安排，参加军事训练，任何单位和个人不得阻挠。

国家机关、社会团体、企业事业单位以及其他组织应当按照上海警备区、区县人民武装部或者预备役部队的要求，督促并落实本单位的民兵预备役人员参加军事训练，提供相应的便利条件。

第十八条 人民武装部和预备役部队应当对参加训练的民兵预备役人员进行考评，考评结果登记存档并通报其所在单位。

第十九条 民兵预备役人员担负下列战备执勤任务：

（一）参加军警民联防，配合现役部队保卫边（空、海）防和战备重点地区、重点目标的安全；

（二）协助公安机关、人民武装警察部队维护社会治安；

（三）参加抢险救灾；

（四）法律、法规规定和人民政府、上级军事机关赋予的其他任务。

战时，预备役人员根据命令转服现役担负作战任务；民兵担负配合部队作战、独立作战、战场勤务、支援前线和保卫后方等任务。

第二十条 民兵预备役人员执行战备执勤任务，由上海警备区、区县人民武装部或者预备役部队组织实施，政府有关部门予以协助。

民兵预备役人员执行战备执勤任务，按照国家规定的批准权限和程序进行。

第五章　武器装备管理

第二十一条 民兵武器装备的配备、调整、维修等工作，由上海警备区负责。

预备役部队武器装备的配备、调整、维修等工作，按照国家和本市有关规定执行。

第二十二条 民兵武器装备应当由上海警备区和区、县人民武装部集中保管；根据战备、值勤等需要，经上海警备区批准，也可以由乡、镇、街道人民武装部、企业事业单位或者民兵值勤点保管。

预备役部队武器装备由预备役部队集中保管，不具备保管条件的，存放在上级军事机关指定的场所。

第二十三条 武器装备的保管单位应当按照规定的标准建立武器装备库（室），配备专职看管人员，完善安全设施，落实管理制度，确保武器装备安全并处于良好的战术、技术状态。

第六章　保障措施

第二十四条 民兵事业费由市和区、县分级保障。上海警备区和区、县人民武装部根据年度民兵工作任务，编制民兵事业费预算，由同级人民政府纳入财政预算。

民兵事业费主要用于民兵的军事训练、组织建设、政治工作、武器装备管理以及对企业事业单位保管民兵武器装备的补贴等项开支。

第二十五条 预备役部队建设所需经费根据国家和本市有关规定，由部队和本市各级人民政府共同保障。

预编入现役部队或者编入预备役部队的预备役人员，参加训练所需经费由上级军事机关按计划下拨，不足部分由市和区、县人民政府给予补助。

第二十六条 民兵事业费和预备役部队建设经费应当专款专用，严格管理，接受上级军事机关和同级人民政府财政、审计机关监督。

第二十七条 民兵预备役人员参加军事训练或者执行战备执勤任务期间，其所在单位不得降低其应当享受的工资、奖金等待遇。

民兵预备役人员参加军事训练或者执行战备执勤任务，按照国家和本市有关规定给予补助。

民兵预备役人员参加军事训练或者执行战

备执勤任务牺牲、致残的,由当地人民政府按照国家有关规定给予抚恤优待。

第二十八条 民兵、预备役部队训练基地的建设,纳入市和区、县建设规划,按照本市有关规定,配备工作人员,并落实建设、维护等工作经费。

第二十九条 市和区、县民兵武器装备保管和维修单位、人民武装培训机构以及区、县人民武装部,按照本市有关规定,配备工作人员。

第七章 法律责任

第三十条 国家机关、社会团体、企业事业单位以及其他组织有下列行为之一的,由区、县人民政府责令改正、通报批评,并可以处五千元以上二万元以下的罚款;对单位直接负责的主管人员和其他直接责任人员可以处三百元以上三千元以下的罚款:

(一)拖延或者拒绝按规定完成编组任务的;

(二)阻挠民兵预备役人员参加军事训练或者执行战备执勤任务的;

(三)降低民兵预备役人员参加军事训练或者执行战备执勤任务期间应当享受的工资、奖金等待遇的。

第三十一条 民兵预备役人员拒绝、逃避参加军事训练和执行战备执勤任务的,由区、县人民政府责令限期改正;逾期不改的,区、县人民政府除依照国家有关规定强制其履行义务外,可以给予通报批评,并可以处二百元以上二千元以下罚款。

第三十二条 民兵预备役武器装备保管单位及其保管人员违反武器装备保管规定的,依照国家的有关规定处理。

第三十三条 国家机关工作人员在民兵预备役工作中玩忽职守、滥用职权、徇私舞弊的,依法给予行政处分;构成犯罪的,依法追究刑事责任。

第三十四条 区、县人民政府对违反本条例的单位和个人实施行政处罚,由区、县人民政府兵役机关会同有关部门具体办理。

第三十五条 当事人对区、县人民政府依照本条例做出的行政处罚决定不服的,可以依法向上一级人民政府申请行政复议,也可以依法向人民法院提起行政诉讼,逾期不申请行政复议、不提起诉讼,又不履行处罚决定的,做出行政处罚决定的机关可以申请人民法院强制执行。

第八章 附 则

第三十六条 本条例自2008年1月1日起施行。

上海市促进农业科技进步若干规定

(2007年10月10日上海市第十二届人民代表大会常务委员会第三十九次会议通过)

第一条 为了促进农业科技进步,加快现代农业发展,根据《中华人民共和国农业法》、《中华人民共和国科学技术进步法》、《中华人民共和国促进科技成果转化法》等法律、行政法规,结合本市实际,制定本规定。

第二条 本市行政区域内的农业科学研究和技术开发、农业科技成果转化、农业技术推广和培训及其相关管理活动,适用本规定。

第三条 市和区、县人民政府应当把农业科技发展纳入国民经济和社会发展总体规划,增加对农业科技进步的投入，建立和完善农业科技的管理机制和创新、服务体系。

乡、镇人民政府应当采取措施，促进农业技术的推广和应用。

第四条 市和区、县科技行政管理部门依法对农业科技进步工作进行宏观管理和统筹协调。

市和区、县农业行政管理部门按照本规定负责农业科技进步工作。

市和区、县人民政府的其他有关行政管理部门依照各自职责做好农业科技进步的相关工作。

第五条 本市建立政府主导、社会参与的农业科技投入体系，实现稳定的投入增长。

本市应当根据农业科技发展规划，安排用于农业科技攻关、成果转化、技术推广和技术引进等科技兴农项目的资金。

市和区、县人民政府的有关行政管理部门应当按照本部门的计划，安排促进农业科技进步的资金。

本市鼓励企业事业单位、社会团体和其他组织以及个人参与对农业科技进步的投入。

第六条 以市或者区、县财政性资金设立农业科技项目的，项目主管部门应当公开发布立项指南。

农业科技项目符合招投标条件的，应当按照国家和本市有关规定实行招投标。

项目主管部门应当建立专家评审、项目承担单位及相关人员的信用评估、资金使用监管、项目成果绩效评估等制度。

第七条 市和区、县人民政府的科技、农业等行政管理部门应当支持科研院所、高等学校、企业以及农民专业合作社等农业生产经营组织开展种源、装备、生态和信息等领域的现代农业科技研究，参与农业标准的制定和修订。

鼓励科研院所、高等学校、企业以及农民专业合作社等农业生产经营组织，申报国家的农业科技研究重大项目。凡获得国家农业科技研究重大项目的，按照本市有关规定，给予配套项目支持。

第八条 本市应当定期编制农业科技成果目录，并向社会公布。

对下列农业科技成果转化活动，根据国家和本市有关规定给予税收、贷款的优惠或者研发经费的补助：

（一）企业与科研院所、高等学校、农业技术推广机构合作，向农户推广农业新品种、新技术的；

（二）农业科技成果权利人采取成果转让、以成果作为投资或者许可他人使用成果等方式转化农业科技成果的；

（三）自主创新取得农业科技成果的权利人，在本市经成果转化产生重大经济和社会效益，且未获得政府资助的。

鼓励和支持本市农业科技成果权利人以成果转化等形式为其他地区发展现代农业提供服务。

第九条 区、县和乡、镇人民政府应当根据农业发展需要，按照科学合理、集中力量的原则，设置综合性的基层农业技术推广机构。

基层农业技术推广机构应当承担下列公益性职能：

（一）引进、试验、示范农业关键技术；

（二）监测、预报农作物和林木病虫草害、动物疫病等农业灾害，提供防治和处置技术指导；

（三）提供农产品生产过程中的质量安全检测、监测和检验技术服务；

（四）提供农业资源、农业生态环境、农业投入品使用的监测技术服务；

（五）提供农业技术公共信息和教育培训服务；

（六）其他公益性农业科技服务工作。

乡、镇人民政府可以采用购买服务的方式，聘用农业技术人员，组建村级农业技术服务队伍开展农业技术推广服务。

基层农业技术推广机构履行公益性职能所需的经费，纳入同级人民政府财政预算。

第十条 本市依法保护农业方面的专利权、植物新品种权、农产品地理标志等知识产权。有关行政管理部门应当依照各自职责为申请人、权利人提供相关服务。

农业等行政管理部门应当鼓励企业事业单位和其他组织以及个人申请农业方面的知识产权。获得植物新品种权和农产品地理标志的,可以按照本市有关规定,向市农业行政管理部门申请植物新品种权和农产品地理标志的申请费、审查费等资助。

第十一条 市农业行政管理部门应当建立和完善农业科技信息平台,为农业科学研究、技术开发和农业生产、经营活动提供服务。

鼓励科研院所、高等学校、企业以及农民专业合作社等农业生产经营组织为农业生产、经营和科技研发活动提供科技信息服务。

第十二条 本市应当加强农业科技人才的培养。

本市应当制定农业重点领域的科技人才开发目录,支持科研院所、高等学校、企业、农业技术推广机构以及农民专业合作社等农业生产经营组织等培养和引进高层次农业科技人才,并按照国家和本市有关规定建立、完善相应的激励机制。

教育等行政管理部门应当发展农村职业技术教育和农村成人教育,扩大职业教育面向农村的招生规模。本市应当采取措施减免高等学校和中等职业学校中种植、养殖等专业学生的学费。

第十三条 市农业行政管理部门应当会同有关行政管理部门制订农业科技人员的专业培训计划和农民的专业技术、实用技术等农业技术培训计划并组织实施,免费为农民提供农业技术培训。

市和区、县科技、农业、教育等行政管理部门应当按照国家和本市有关规定,组织有关科研院所、高等学校和农业技术推广机构到乡、镇、村开展农业技术推广工作,提高农民应用农业技术的能力。

第十四条 违反本规定的行为,法律、行政法规有处理规定的,从其规定。

行政机关工作人员违反本规定,滥用职权、玩忽职守、徇私舞弊的,依法给予行政处分;构成犯罪的,依法追究刑事责任。

第十五条 本规定自 2007 年 12 月 1 日起施行。

上海市人民代表大会常务委员会关于促进和保障浦东新区综合配套改革试点工作的决定

(2007 年 4 月 26 日上海市第十二届人民代表大会常务委员会第三十五次会议通过 2007 年 4 月 26 日公布)

为了促进和保障浦东新区综合配套改革试点工作,充分发挥浦东新区在加快推进“四个率先”中的示范带动作用、在加快建设“四个中心”中的核心功能作用,按照科学发展观的要求和国务院关于浦东新区进行综合配套改革试点的部署,结合上海实际,特作如下决定:

一、浦东新区综合配套改革试点,应当切实贯彻国务院的要求,着力转变政府职能、转变经济运行方式、改变二元经济与社会结构,把改革和发展有机结合起来,把解决本地实际问题与攻克面上共性难题结合起来,把实现重点突破与整体创新结合起来,把经济体制改革与其他方面改革结合起来,积极探索,推进制度创新,率先建立起完善的社会主义市场经济体制。

二、在坚持国家法制统一原则和本市地方性法规基本原则的前提下，市人民政府和浦东新区人民政府可以就浦东新区综合配套改革制定相关文件在浦东新区先行先试，并报市人民代表大会常务委员会备案；浦东新区人民代表大会及其常务委员会可以就推进浦东新区综合配套改革试点工作作出相关决议、决定，并报市人民代表大会常务委员会备案。

三、市人民代表大会常务委员会根据实际情况，适时制定相关地方性法规，进一步支持和保障浦东新区进行综合配套改革试点。

本市各级国家机关应当依法支持和保障浦东新区综合配套改革和创新措施的有效实施。

本决定自公布之日起施行。

上海市保护电力设施和维护用电秩序规定

（2008年8月21日上海市第十三届人民代表大会常务委员会第五次会议通过）

第一条 为了加强电力设施保护，维护用电秩序，保障电力安全运行，根据《中华人民共和国电力法》、《电力设施保护条例》、《电力供应与使用条例》和《电力监管条例》等法律、行政法规，结合本市实际，制定本规定。

第二条 本市行政区域内的发电设施、变电设施、电力线路设施及其有关辅助设施的保护和用电秩序的维护，适用本规定。

第三条 各级人民政府应当加强本行政区域内保护电力设施和维护用电秩序工作的组织领导，协调解决保护电力设施和维护用电秩序工作中的重大问题，并做好应对相关突发事件的组织协调工作。

第四条 市电力行政管理部门负责本市电力设施保护和用电秩序维护的监督管理，组织实施本规定，经市人民政府批准可以委托管理公共事务的机构实施本规定设定的行政处罚。

区、县电力行政管理部门按照各自职责，做好本行政区域内的电力设施保护和用电秩序维护工作。

各级公安机关应当加强与有关行政管理部门和电力企业的合作，依法打击和防范盗窃、破坏电力设施等危害电力安全运行的违法犯罪活动。

本市其他有关行政管理部门按照各自职责，做好保护电力设施和维护用电秩序的相关管理工作。

第五条 市和区、县电力行政管理部门可以根据《中华人民共和国电力法》的规定，配备电力监督检查人员，依法进行监督检查。

第六条 市电力行政管理部门应当会同其他有关行政管理部门制定电力突发事故应急预案，报市人民政府批准后实施。

电力企业应当制定本企业的电力突发事故应急预案，定期进行演练，完善预警机制。

发生电力突发事故时，各级人民政府和电力企业应当按照应急预案，组织排险抢修，尽快恢复电力正常运行。

第七条 电力企业应当建立健全安全管理制度和内部治安保卫制度，采取技术防范、设备防范、人员防范和加强电力检查等措施，定期对电力设施进行维护、检修和更新，发现危害电力设施安全和扰乱用电秩序的行为，应当采取措施予以制止，并向有关部门报告。

电力企业应当按照国家规定的供电质量标准和约定安全供电。因供电设施检修、依法限电或者电力用户违法用电等原因,需要中止供电的,电力企业应当按照国家有关规定事先通知电力用户。

电力企业用于结算电费的计量装置,应当经质量技术监督部门授权的法定计量检定机构检定合格,并按照规定定期检验、更换,所需费用由电力企业承担,用户应当予以配合。

电力企业应当对安全、合理、节约用电进行宣传,提供用电咨询等服务,发现电力用户受电设备存在故障隐患的,应当告知电力用户,并指导其制定解决方案。

电力企业应当建立供电故障报修服务制度,公开报修电话,接到报修后应当在向社会承诺的期限内派员到达现场抢修。

第八条 电力企业应当按照国家和本市的有关要求,设置并维护电力设施保护标志。

在电力线路设施保护区内从事建筑、管线等施工作业,或者在电力设施周围从事爆破等可能危及电力设施安全作业的,作业单位应当在施工作业的三个工作日前,书面通知电力企业,并可以要求电力企业派员到现场实施安全监护。

电力企业接到通知后,应当根据电力设施安全保护要求,在三个工作日内向作业单位书面提出安全施工建议。在发生自然灾害、安全事故等紧急情况下,作业单位需要进行抢修、抢险作业,可能危及电力设施安全的,应当在抢修、抢险作业的同时通知电力企业;电力企业接到通知后,应当派员到现场实施安全监护。

作业单位应当根据电力设施安全保护的施工建议,采取相应的安全作业措施。

第九条 因树木、竹子等植物生长危及电力设施安全的,其所有人或者管理人应当采取必要的安全措施。电力企业在日常巡检中发现因树木、竹子等植物生长危及电力设施安全的,应当告知其所有人或者管理人。

因自然灾害等不可抗力致使树木、竹子等植物倾斜,危及电力设施安全的,电力企业可以采取先行修剪、砍伐等必要的应急排险措施,并应当告知其所有人或者管理人,并报告有关行政管理部门。

第十条 禁止下列危害发电、变电设施的行为:

(一)擅自进入发电厂、变电站内扰乱生产和工作秩序;

(二)擅自移动或者损害发电、变电设施以及相关标志物;

(三)危及输水、输油、供热、排灰等专用输送管道的安全运行;

(四)影响专用铁路、桥梁、码头的使用;

(五)法律、法规规定的其他危害发电、变电设施的行为。

第十一条 禁止下列危害电力线路设施的行为:

(一)向电力线路设施射击或者向导线抛掷物体;

(二)在架空电力线路导线两侧各三百米的区域内放风筝;

(三)擅自攀登杆塔或者在杆塔上架设电力线、通讯线缆、广告牌等设施;

(四)利用杆塔、拉线拴系牲畜、悬挂物品、攀附农作物或者作起重牵引地锚;

(五)在杆塔、拉线基础的规定范围内取土、打桩、钻探、开挖,或者倾倒有害化学物品;

(六)擅自拆卸杆塔、拉线上的器材,移动、损坏电力设施保护标志;

(七)法律、法规规定的其他危害电力线路设施的行为。

第十二条 在依法划定的电力线路设施保护区内,禁止下列行为:

(一)擅自修建建筑物、构筑物;

(二)堆放垃圾、矿渣、易燃物、易爆物、有害化学物品或者其他影响安全供电的物品;

(三)种植可能危及电力设施安全的植物;

(四)在架空电力线路保护区内燃放烟花爆竹,施放气球等空中飘浮物体。

第十三条 造成电力设施损坏的单位或者个人,应当通知电力企业,做好现场保护工作,并配合电力企业进行修复。

第十四条 为确保公用电网的安全运行,

市电力行政管理部门可以制定保障有序用电的方案,经市人民政府批准后实施。

电力企业和电力用户应当执行有序用电的方案。电力用户拒绝采取有序用电措施,可能对公用电网安全运行造成危害,经通知后仍未改正的,电力企业可以根据市电力行政管理部门的指令和国家规定的程序,对该电力用户中止供电。

第十五条 禁止任何单位和个人实施下列扰乱用电秩序的行为:

(一)擅自改变用电类别;

(二)擅自超过供用电合同约定的容量用电;

(三)擅自使用已经在电力企业办理暂停手续的电力设备;

(四)擅自操作电力企业的用电计量装置、电力负荷控制装置、供电设施或者约定由电力企业调度的电力用户受电设备;

(五)擅自迁移、更动电力企业的计量装置或者加装其他影响计量的装置;

(六)擅自引入、供出电源或者将自备电源擅自并网;

(七)故意使电力企业的计量装置失准或者失效。

第十六条 任何单位和个人都有保护电力设施和维护用电秩序的义务,对危害电力设施和扰乱用电秩序的行为有权制止;并有权向市电力行政管理部门或者其他有关行政管理部门举报,或者向电力公司反映。经查实的,应当给予奖励。

第十七条 电力企业实施中止供电的,应当采取必要的防范措施,避免造成设备重大损失和人身伤害,并不得影响其他电力用户正常用电。中止供电的原因消除后,电力企业应当尽快恢复供电。

电力用户对电力企业的中止供电行为有异议的,可以向市电力行政管理部门申诉。

第十八条 电力企业违反本规定第八条第三款规定,未按时提供安全施工建议或者未按照要求派员到现场实施安全监护,造成后果的,由市电力行政管理部门处以一万元以上十万元以下的罚款。

电力企业违反本规定,影响电力用户正常用电或者造成他人人身财产损害的,应当依法承担相应的民事责任。

第十九条 违反本规定第八条规定,未采取相应的安全作业措施,造成电力设施损坏,法律、法规以及规章有规定的,依照法律、法规以及规章的规定处理;法律、法规以及规章没有规定的,由市或者区县电力行政管理部门处以一万元以上十万元以下的罚款。

违反本规定第十条、第十一条、第十二条规定的,由市或者区县电力行政管理部门责令改正;拒不改正的,处以二百元以上二千元以下的罚款;拒不改正,且造成电力设施损坏的,处以二千元以上一万元以下的罚款。

违反本规定第十二条第一项规定,擅自在电力线路设施保护区内修建建筑物、构筑物的,由区、县人民政府或者相关行政管理部门依法组织拆除。

第二十条 单位违反本规定第十五条第一项、第二项、第三项规定,或者个人违反本规定第十五条第一项、第二项、第三项、第四项规定,扰乱用电秩序的,由市或者区县电力行政管理部门责令改正,给予警告;拒不改正的,处以一千元以上一万元以下的罚款。

单位讳反本规定第十五条第四项、第五项、第六项、第七项规定,或者个人违反本规定第十五条第五项、第六项、第七项规定,扰乱用电秩序的,由市或者区县电力行政管理部门责令改正,并处以五千元以上五万元以下的罚款。

第二十一条 盗窃、损毁电力设施等危害电力安全运行的行为,违反《中华人民共和国治安管理处罚法》的,由公安部门依法予以处罚;构成犯罪的,依法追究刑事责任。

第二十二条 本规定自2009年1月1日起施行。

上海市促进电子商务发展规定

（2008年11月26日上海市第十三届人民代表大会常务委员会第七次会议通过）

第一条 为了促进本市电子商务发展，根据有关法律、行政法规，结合本市实际，制定本规定。

第二条 本市行政区域内促进电子商务发展及其相关管理活动，适用本规定。

第三条 本规定所调整的电子商务，是通过互联网进行销售商品、提供服务等的经营活动。

本规定所称的从事电子商务的企业，包括在互联网上建立电子商务应用服务平台（以下简称电子商务平台）的企业、在电子商务平台内从事经营活动的企业、在互联网上建立网站销售商品或者提供服务的企业以及其他通过互联网从事经营活动的企业。

第四条 本市促进电子商务发展，遵循政府推动、企业主导、市场运作、依法规范的原则。

第五条 市经济信息化行政管理部门负责组织、指导和协调电子商务的推广以及相关的信息化推进、管理工作。

市商务行政管理部门负责拟定商务领域电子商务发展的政策、措施、标准、规则，做好相关推进、管理工作。

其他有关行政管理部门根据各自职责，做好促进电子商务发展和相关管理工作。

区、县人民政府及其相关行政管理部门按照各自职责，做好促进电子商务发展工作。

第六条 市经济信息化行政管理部门会同市发展改革、商务等行政管理部门编制本市电子商务发展规划，纳入本市信息化发展规划，并与相关产业发展规划相衔接。

第七条 市经济信息化行政管理部门会同有关行政管理部门根据本市国民经济和社会发展中长期规划以及社会对基础通信网络的需求，组织编制信息基础设施发展规划。

电信运营企业应当增强通信服务能力，提高通信服务水平。

第八条 本市优先支持下列促进电子商务发展的项目：

（一）先进制造业和现代服务业等重点领域电子商务平台的建设。

（二）电子支付、安全认证、信用服务、物流信息等电子商务服务体系的建设。

（三）电子商务关键技术的研发和推广应用。

前款所列项目的支持办法，由市人民政府另行制定。

第九条 本市政府采购应当优先采用电子化方式，利用相关电子商务平台，开展信息发布和交易、支付、信用评估等活动。

第十条 市经济信息化、商务、发展改革、财政、税务、教育、科技、统计、人力资源社会保障、金融服务等行政管理部门应当按照各自职责，做好下列促进电子商务发展工作：

（一）制定并及时公布符合本规定第八条所列项目的项目指南。

（二）建立电子商务统计制度，完善电子商务统计指标体系，定期发布电子商务发展报告。

（三）组织开展电子商务基础知识和应用技能的培训；培养和引进适应电子商务发展的各类专业人才。

（四）推动电子商务领域的信用建设，建立市场诚信公共服务平台。

（五）采取创业指导、信息咨询、技术服务等措施，扶持中小企业通过电子商务平台开展经营活动。

（六）推动建立适应电子商务发展的风险投资、融资担保、责任保险等机制，推动电子商务发展。

（七）推动企业运用电子商务开拓国内外市场，促进跨国、跨地区电子商务合作交流。

（八）推进电子签名与认证技术的应用，支持电子认证服务机构实现交叉认证。

（九）鼓励银行推广和完善电子银行服务业务，支持发展第三方电子支付服务机构。

第十一条 本市各级行政管理部门应当推进实施适应电子商务发展的管理方式，建立和完善电子化的管理系统、信息共享系统和公共服务平台。

市工商、质量技监等行政管理部门应当建立和完善企业注册、组织机构代码、各类许可证等信息的电子查询系统，并根据政府信息公开的规定提供相关信息的网上查询服务。

第十二条 本市相关行业协会应当按照法律、法规的规定，发挥行业自律和行业服务作用，做好下列促进电子商务发展的工作：

（一）制定和完善行业内电子商务争议处理的规则和程序，协调会员之间、会员与非会员之间或者会员与消费者之间的争议事项。

（二）建立行业内电子商务信用评价制度，推进相关信用评价的互通、互联、互认。

（三）向政府有关部门提出制定电子商务相关标准的建议，推动会员单位制定电子商务相关标准并组织实施。

（四）引导会员运用电子商务平台组织市场拓展，发布市场信息，推介行业产品或者服务。根据会员需求，开展行业电子商务应用培训和咨询服务。

（五）研究制定适应电子商务特征的合同示范文本，并推广应用。

（六）其他可以促进电子商务发展的工作。

市人民政府有关行政管理部门应当支持相关行业协会开展前款规定的活动，并提供指导。

第十三条 本市建立和完善统一的电子口岸数据交换平台，实现对外贸易监管数据电子化报送，提高通关效率。

市口岸、经济信息化和商务行政管理部门应当推进电子口岸数据交换平台应用功能的拓展，为对外贸易电子商务提供支持和便利。

第十四条 从事电子商务的企业应当根据国家有关规定取得相关证照，并在其经营网页上公开以下信息：

（一）营业执照、组织机构代码以及其他与经营资质相关的资料。

（二）互联网信息服务许可登记或者备案登记的电子验证标识。

（三）所经营产品依法应当取得的许可、认证证书以及产品名称、生产者等产品信息。

（四）经营地址、邮政编码、电话号码、电子信箱等联系信息。

第十五条 从事电子商务的企业应当根据国家有关规定，对电子商务活动中的交易标的、数量、质量、价款、履行方式、违约责任等信息进行记录并保存，保存时间不得少于两年，但国家另有规定的除外。

市经济信息化行政管理部门应当推动建立第三方电子数据保存系统，提供交易信息的保存、查询等服务。

鼓励从事电子商务的企业委托第三方电子数据保存系统保存交易信息。

第十六条 企业在从事电子商务的过程中需要采集个人信息的，应当向信息提供人说明采集目的和使用范围，不得收集与该经营事项无关的个人信息，不得超越范围使用所获得的个人信息。

对获得的个人信息应当采取必要的安全措施，保障其不被泄露；未经信息提供人同意，不得将所获得的个人信息向第三方转让。

市质量技监行政管理部门应当会同市经济信息化行政管理部门组织制定电子商务个人信息采集的相关标准。

第十七条 从事电子商务的企业在互联网上以商业广告等公示方式，对商品或者服务的质量、价格、售后责任等向消费者作出许诺的，其提供的商品或者服务的质量、价格、售后责任等应当与许诺相一致。消费者受上述许诺引导而购买商品或者接受服务的，从事电子商务的企业应当将该许诺作为约定的内容。

第十八条 在互联网上建立电子商务平台的企业应当按照国家规定，建立健全网络与信息安全保障制度，保障电子商务平台安全。

在互联网上建立电子商务平台的企业，对经营过程中知悉的在其电子商务平台内从事经营活动企业的经营信息，应当按照约定，承担保密义务。

在互联网上建立电子商务平台的企业应当建立经营证照核查制度，对在其电子商务平台内从事经营活动的企业的相关经营证照进行查看、核对，并留存复制件。

在互联网上建立电子商务平台的企业发现在其电子商务平台内从事各类违法行为的，应当予以制止，并立即向有关部门报告。

第十九条 市工商、经济信息化、商务等行政管理部门应当会同市消费者权益保护委员会，建立并完善下列与电子商务相关的消费者权益保护机制：

（一）消费投诉处理机制。完善消费投诉系统，与在互联网上建立电子商务平台的企业建立消费投诉联网，为消费者投诉提供便利和指导。

（二）信用评价机制。支持在互联网上建立电子商务平台的企业对在其电子商务平台内从事经营活动的企业进行信用评价，向消费者提供信用评价信息。

（三）消费信息公布机制。发布电子商务相关消费警示信息和消费指导信息，并披露经核实的消费者投诉情况。

从事电子商务的企业向消费者出具购货凭证或者服务单据，应当符合国家有关规定或者商业惯例；征得消费者同意的，可以以电子化形式出具。电子化的购货凭证或者服务单据，可以作为消费者权益保护组织处理消费纠纷投诉的依据。鼓励在互联网上建立电子商务平台的企业为平台内从事经营活动的企业提供电子化购货凭证或者服务单据的统一格式文本。

第二十条 违反本规定的行为，法律、法规有处罚规定的，依照法律、法规的规定处罚。

从事电子商务的企业违反本规定有下列情形之一的，由工商行政管理部门责令限期改正，可以处以警告；逾期不改正的，处以一千元以上一万元以下的罚款：

（一）未按规定在其经营网页上公开营业执照信息的。

（二）未按规定提供购货凭证或者服务单据的。

第二十一条 行政管理部门的直接主管人员或者其他责任人员，玩忽职守、滥用职权、徇私舞弊的，由其所在单位或者上级行政主管部门依法给予行政处分。构成犯罪的，依法追究刑事责任。

第二十二条 本规定自2009年3月1日起施行。

上海市人民代表大会常务委员会关于停止执行两件地方性法规中涉及有关行政事业性收费规定的决定

（2008年4月24日上海市第十三届人民代表大会常务委员会第三次会议通过）

上海市第十三届人民代表大会常务委员会第三次会议审议了市人民政府提出的《关于建议上海市人民代表大会常务委员会作出〈停止执行两件地方性法规中涉及有关行政事业性收

费规定的决定〉的议案》。为了进一步推进政府职能转变,深化行政管理体制改革,促进政府依法行政,市人大常委会决定停止执行由《上海市城市规划条例》第六十条第五款设定的建筑工程执照费,以及由《上海市殡葬管理条例》第十三条第二款确认的市殡葬管理处收取的管理费这两项行政事业性收费的相关规定,并将依照法定程序适时修改上述两件地方性法规。

本决定自通过之日起施行。

上海市人民代表大会常务委员会关于本市促进和保障世博会筹备和举办工作的决定

(2008 年 6 月 19 日上海市第十三届人民代表大会常务委员会第四次会议通过　2008 年 6 月 19 日公布)

中国 2010 年上海世界博览会(简称世博会)作为国家举办、上海承办的全球盛会,将于 2010 年 5 月 1 日至 10 月 31 日在上海举行。承办世博会,是上海的光荣任务,也是上海推动科学发展、社会和谐的重要契机。为了促进和保障世博会的筹备和举办工作,体现“城市,让生活更美好”的世博会主题,实现办好一届成功、精彩、难忘的世博会的目标,特作如下决定:

一、全体市民应当以主人翁的姿态关心、支持世博会的筹备和举办工作,积极参加知荣辱、讲文明、迎世博活动,自觉遵纪守法,践行公共道德,发扬奉献、友爱、互助、进步的志愿者精神,当好东道主,文明迎世博。

二、本市各机关、企事业单位、社会团体、基层群众自治组织应当认真做好本职工作,大力支持、积极参与世博会筹备阶段和举办期间的各项工作,深入宣传世博会的主题,广泛开展文明礼仪普及教育,为筹备和举办世博会营造良好的社会氛围。

三、本市各级人民政府及其工作部门应当严格依法行政,依照各自职责,细化完善各项筹备和举办世博会工作的方案和计划,制定各类突发事件的应急预案,加强城市建设和管理,提升公共服务水平,改善市民生活环境,提高市民生活质量,更好地服务长江三角洲地区、服务长江流域、服务全国,确保世博会顺利举办。

四、在世博会筹备阶段和举办期间,市人民政府在不与宪法、法律、行政法规相抵触,不与本市地方性法规基本原则相违背的前提下,可以在社会治安、道路交通、安全生产、食品卫生、环境保护、市容环境、广告管理等领域,就采取临时性行政管理措施,制定政府规章或者发布决定,并报市人大常委会备案。

五、市人大常委会应当根据具体情况和实际需要,制定、修改与世博会筹备和举办工作有关的地方性法规,充分发挥人大代表的作用,汇集、反映人民群众的意见和建议,加强对本市促进和保障世博会筹备和举办工作的监督。

本决定自公布之日起施行。

上海市志愿服务条例

（2009 年 4 月 23 日上海市第十三届人民代表大会
常务委员会第十次会议通过）

第一条 为了倡导奉献、友爱、互助、进步的志愿服务精神，鼓励、推动和规范志愿服务活动的开展，维护志愿者的合法权益，促进和谐社会建设，根据本市实际情况，制定本条例。

第二条 本条例适用于在本市行政区域内开展或者发起的有组织的志愿服务活动。

第三条 本条例所称的志愿服务，是指不以获取报酬为目的，自愿以智力、体力、技能等为他人和社会提供服务和帮助的公益性活动。

本条例所称的志愿者，是指从事志愿服务活动的个人。

本条例所称的志愿者组织，是指依法登记、专门从事志愿服务活动的公益性社会组织。

第四条 志愿服务活动应当遵循自愿、平等、诚信、合法的原则。

第五条 本市鼓励为老年人、未成年人、残疾人、失业人员等有困难需要帮助的社会群体和个人提供志愿服务；提倡在教育、科学、文化、卫生、体育、环保等领域以及社区服务、应急援助和社会公益活动中开展志愿服务活动。

全社会应当尊重志愿者及其提供的志愿服务。

第六条 国家机关、社会团体、企业事业单位和其他组织应当支持志愿服务活动。

学校应当将培养志愿服务意识纳入青少年思想品德教育内容，鼓励大学和中学学生参加适合自身特点的志愿服务活动。

广播、电视、报刊、网站等传播媒体应当积极宣传志愿服务活动。

本市确定每年中国青年志愿者服务日（三月五日）当周集中宣传和开展志愿服务活动，倡导和弘扬志愿服务精神。

第七条 上海市志愿者协会（以下简称市志愿者协会）负责指导、协调全市的志愿服务活动，为志愿者和志愿者组织提供服务，依法维护志愿者和志愿者组织的合法权益。

第八条 市和区、县人民政府应当将志愿服务纳入国民经济和社会发展规划，支持和促进志愿服务事业的发展。

市和区、县民政部门及其他有关部门根据各自职责做好与志愿服务活动相关的服务和行政管理工作。

乡、镇人民政府和街道办事处应当采取措施，支持和帮助本辖区内志愿服务活动的开展。

第九条 志愿者组织应当根据自己的章程组织开展志愿服务活动。

政府部门、人民团体以及慈善、救助等社会组织根据社会公益活动、应急援助以及举办文化、体育、科技等大型活动的需要，可以招募志愿者，组织开展志愿服务活动，也可以委托给志愿者组织开展志愿服务活动。

第十条 组织开展志愿服务活动的志愿者组织、政府部门、人民团体和其他组织（以下统称志愿服务活动的组织者）在招募志愿者时，应当尊重志愿者本人的意愿，根据其时间、能力等条件，安排从事相应的志愿服务活动，并为其提供相关的信息和安全、卫生等必要的条件或者保障。

志愿服务活动的组织者应当对志愿者的个人信息保密，未经志愿者本人同意，不得公开或者向第三方提供。

第十一条 志愿者应当具备与其所从事的志愿服务活动相适应的民事行为能力。

组织未成年人参加志愿服务活动的，应当

符合其身心特点，并征得其监护人同意。

第十二条 志愿者享有以下权利：

（一）根据自己的意愿和时间、能力等条件，选择参加志愿服务活动；

（二）获得与所从事的志愿服务活动相关的信息和培训；

（三）获得与所从事的志愿服务活动相关的必要条件或者保障；

（四）向志愿服务活动的组织者提出意见和建议；

（五）法律、法规规定的其他权利。

第十三条 志愿者应当履行下列义务：

（一）接受志愿服务活动的组织者的指导和安排，履行志愿服务承诺，完成相应的任务；

（二）尊重志愿服务接受者的意愿和人格、隐私等权利；

（三）保守在志愿服务活动中获悉的依法受保护的秘密；

（四）不得利用志愿者身份从事与志愿服务活动宗旨、目的不符的行为；

（五）不能继续从事志愿服务活动时，及时告知志愿服务活动的组织者。

第十四条 志愿服务活动的组织者可以根据有志愿服务需求的组织、个人的申请，或者根据社会实际需要，确定志愿服务活动项目。

第十五条 志愿服务活动的组织者向社会招募志愿者时，应当将志愿服务活动项目的相关内容予以公布，并告知在志愿服务过程中可能出现的风险。

第十六条 志愿服务活动的组织者可以根据志愿服务活动的目的、要求，以及申请参与志愿服务活动的个人的实际情况，选择志愿者。

第十七条 志愿服务活动的组织者与志愿者之间、志愿服务活动的组织者与志愿服务接受者之间，可以根据需要就服务的内容、期限、要求及其他必要事项签订书面协议。

第十八条 志愿服务活动的组织者应当根据所开展志愿服务活动的需要，对志愿者进行相关培训。

第十九条 志愿服务活动的组织者应当对志愿者参加志愿服务活动的情况进行记录，并可以根据志愿者的要求，就其参加志愿服务活动的情况出具有关的证明材料。

第二十条 对志愿者在从事志愿服务活动中由本人所支出的交通、误餐等费用，志愿服务活动的组织者可以给予适当的补贴。

第二十一条 志愿服务活动的组织者一般应当避免安排志愿者从事需要承担重大管理责任、经济责任或者具有较大人身伤害风险的服务活动。

在特殊情形下，志愿服务活动的组织者安排志愿者从事需要承担重大管理责任、经济责任或者具有较大人身伤害风险的服务活动，应当按照本条例第十七条的规定签订书面协议。

第二十二条 志愿服务活动的组织者可以根据自身条件和实际需要，为志愿者办理相应的人身保险。

志愿服务活动的组织者安排志愿者从事有安全风险的志愿服务活动时，应当为志愿者办理必要的人身保险。

第二十三条 任何组织和个人不得利用或者借用志愿服务的名义进行营利性和其他违背志愿服务宗旨的活动。

第二十四条 志愿者组织可以通过接受社会捐赠、资助等形式，筹集开展志愿服务活动的经费。

第二十五条 各级人民政府根据实际情况安排资金，支持志愿者和志愿者组织开展志愿服务活动。

第二十六条 志愿者组织筹集的志愿服务活动经费应当用于志愿服务活动、志愿者的人身意外伤害保险和交通、误餐补贴等开支，不得挪作他用。

志愿服务活动经费的来源及使用情况应当向社会公开，并接受政府有关部门、捐赠者、资助者、志愿者的监督。

第二十七条 市志愿者协会应当定期将本市的志愿者和志愿者组织的发展状况、志愿服务活动的开展情况等信息向社会公开。

第二十八条 鼓励有关单位在招录公务

员、招聘员工、招生时，同等条件下优先录用、聘用、录取有良好志愿服务表现的志愿者。

对有良好志愿服务表现的志愿者，其所在地区、单位应当予以鼓励和关心。

第二十九条 对在志愿服务活动中表现突出的志愿者和志愿服务活动的组织者，由有关主管部门予以褒奖。需要市人民政府褒奖的，市民政局和市志愿者协会可以向市人民政府提出建议。

第三十条 未经登记，擅自以志愿者组织的名义开展活动的，由市或者区、县民政部门予以取缔，没收非法财产。

志愿者组织从事营利性的经营活动的，由市或者区、县民政部门给予警告，责令改正，可以限期停止活动，并可以责令撤换直接负责的主管人员；情节严重的，予以撤销登记。

其他违反本条例的行为，法律、行政法规和本市地方性法规有处罚规定的，由有关部门按照各自职责，依法追究其法律责任。

第三十一条 志愿者、志愿服务活动的组织者、志愿服务接受者在志愿服务活动中发生争议的，可以自行协商解决或者由市志愿者协会、人民调解组织主持调解，也可以依法通过诉讼等途径解决。

第三十二条 本条例自2009年6月1日起施行。

上海市推进国际金融中心建设条例

（2009年6月25日上海市第十三届人民代表大会常务委员会第十二次会议通过）

第一章 总 则

第一条 为了贯彻实施建设上海国际金融中心的国家战略，营造具有国际竞争力的金融发展环境，推进上海国际金融中心建设，根据有关法律、行政法规的规定，结合本市实际，制定本条例。

第二条 本市推进上海国际金融中心建设工作适用本条例。

第三条 本市推进上海国际金融中心建设应当按照国家统一部署，以金融市场体系建设为核心，以改革创新和营造环境为重点，将上海建成与我国经济实力和人民币国际地位相适应的国际金融中心。

第四条 市人民政府应当加强对本市推进建设上海国际金融中心相关工作的领导。

本市设立的推进上海国际金融中心建设议事协调机构，在国家有关部门的指导下，负责协调推进上海国际金融中心建设的有关工作，组织有关部门制定和落实阶段性目标和各项措施。

市人民政府有关部门和区县人民政府应当加强协作配合，具体落实推进上海国际金融中心建设的各项工作。

第五条 市人民政府负责组织编制金融产业发展规划，并将其纳入本市国民经济和社会发展规划。

第六条 市人民政府安排上海金融发展资金，用于对金融人才、金融创新的奖励和金融产业发展的扶持。

第七条 本市应当按照国家明确的战略定位和分工，加强与长江三角洲地区以及国内其他中心城市在金融领域的相互协作和支持，增强本市金融业的服务功能，推动金融要素市场、金融机构为各地区经济和社会发展提供良好的金融服务；加强与香港特别行政区在金融市场建设、金融产品创新、金融风险防范、金融人才培养等方面的优势互补和战略合作；推动在本市的金融机构与澳门特别行政区、台湾地区金融机构的合作、交流。

市人民政府应当加强与其他国际金融中心城市的交流，鼓励金融要素市场、金融机构、金融教育研究机构等开展国际合作、交流。

第二章　金融市场体系建设

第八条　市人民政府及其有关部门应当按照国家关于形成多功能、多层次、国际化金融市场体系的要求，配合国家金融管理部门推进货币、外汇、债券、股票、商品期货、金融衍生品、保险、黄金、产权等市场的建设。

市人民政府应当配合国家金融管理部门优化金融市场参与者结构，发展证券投资基金、社保基金、保险资产、企业年金、信托计划等各类机构投资者。

第九条　市人民政府应当制定相关政策，加强金融机构体系建设，支持银行、证券、保险、信托、期货、基金、融资租赁、货币经纪、财务公司等各类金融机构的发展；鼓励国内外金融机构在本市设立总部和分支机构；培育具有国际竞争力和行业影响力的金融机构。

第十条　本市配合国家金融管理部门将上海银行间同业拆放利率和国债收益率培育成为金融市场的基准利率。

本市支持金融机构开发、推广有利于金融市场健康发展、符合国家金融监管要求的各种金融产品和业务；支持有关机构研究探索以股指、汇率、利率、股票、债券、银行贷款等为基础的金融衍生产品；推动离岸金融、股权投资、并购贷款、私人银行、券商直投、信托租赁、汽车金融等业务的发展，鼓励有序开发跨机构、跨市场、跨产品的金融业务。

第十一条　市人民政府及其有关部门应当配合国家有关部门促进各类金融信息系统、市场交易系统互联互通，建设、完善与上海国际金融中心功能相匹配的登记、托管、清算、结算等统一高效的现代化金融支持体系。

第十二条　本市鼓励发展金融外包服务，支持金融软件开发、数据处理、客户服务、电子支付等金融专业化服务产业发展，鼓励设立金融专业化服务机构。

第十三条　本市支持信用评级、资产评估、融资担保、投资咨询、会计审计、法律服务等与金融相关的中介服务机构发展，规范中介服务机构的执业行为，增强行业自律，提高中介服务机构的专业水平和服务能力。

市人民政府及其有关部门应当配合国家有关部门建设金融资讯信息服务平台和全球金融信息服务市场。

第十四条　本市支持金融机构加强从业人员的专业技能和职业道德教育，培养诚实守信、服务至上、严格规范的职业操守，提升金融服务水平。

第十五条　市人民政府及其有关部门应当支持金融行业协会发挥规范、协调、服务、自律等作用。

第三章　区域布局和基础设施建设

第十六条　市人民政府应当根据陆家嘴金融城、外滩金融集聚带、张江金融信息服务产业基地、洋山保税港区以及其他区域各自的发展优势，完善本市金融业空间布局。

市人民政府有关部门应当组织编制金融集聚区布局规划，按照国家规定的程序报经批准后，纳入相应的城市规划。

第十七条　市规划国土管理部门和区县人民政府应当根据本市城市总体规划和土地利用总体规划，结合金融产业发展规划和金融集聚区布局规划的要求，在组织编制控制性详细规划和土地利用年度计划时，保证金融集聚区的建设用地。

市房屋管理部门和区县人民政府应当采取适当措施，为金融机构解决营业、办公用房提供便利。

第十八条 市和区县人民政府有关部门应当完善金融集聚区内市政公用基础设施的配套建设，改善办公、商业等服务环境。

本市电力、通信、交通等相关企业应当做好金融集聚区的电力、通讯、交通等服务保障工作。

第四章 金融人才环境建设

第十九条 市人力资源管理部门应当会同市金融服务部门制定金融人才的集聚、发展规划和培养、引进计划；在国家有关部门的指导下，建立和完善以市场为导向的、与国际金融中心建设相适应的金融人才使用评价机制，分类制定与金融人才相关的政策。

第二十条 市金融服务部门应当会同市有关部门建立本市金融教育信息资源库，推动教学资源共享。

市教育管理部门和市金融服务部门应当会同市有关部门设立金融职业教育与培训基地，培养各类金融专业人才和金融管理人才。

市人力资源管理部门应当会同市金融服务部门按照国家有关规定，引进国际认可的金融职业能力考试认证机构在本市开展相关认证业务。

第二十一条 本市鼓励金融机构以及相关单位通过市场机制，从国内外引进各类高层次、紧缺的金融人才。

市人民政府有关部门和区、县人民政府应当对引进的高层次、紧缺金融人才在户籍和居住证办理、住房、医疗保障、子女就学等方面提供便利。对引进的境外金融人才，出入境管理部门应当按照国家有关规定简化出入境手续。

第二十二条 市人民政府应当制定金融人才奖励办法，对为上海国际金融中心建设做出贡献的各类金融人才给予奖励。

第五章 信用环境建设

第二十三条 市经济信息化管理部门应当会同市金融服务等部门，配合国家金融管理部门建设金融业统一的征信平台，扩大信用信息采集的覆盖面和数据量，改善信用信息查询服务。

市经济信息化管理部门应当会同市金融服务等部门，配合国家金融管理部门健全金融业高级管理人员执业信用记录。

第二十四条 本市工商、税务、公安、质监等行政管理部门和司法机关应当建立信用信息共享机制，依法提供相关信用信息查询服务。

第二十五条 本市鼓励信用服务机构开发信用产品，支持信用服务机构的合法经营活动。

信用服务机构收集、处理信用信息、提供信用产品，应当遵循独立、客观、公正和审慎的原则。

信用服务机构对征信过程中获悉的国家秘密、商业秘密和个人隐私负有保密义务，不得损害被征信企业和个人的合法权益，不得妨碍公共利益和公共安全。

第二十六条 本市支持金融机构在金融业务活动中使用信用产品，推进在企业融资、创业扶持以及典当、融资租赁等业务中使用信用产品。

第六章 金融创新环境建设

第二十七条 本市鼓励金融要素市场、金融机构进行金融产品、技术、服务、管理、组织形式等方面的创新。

第二十八条 市人民政府及其有关部门应当为金融要素市场、金融机构创造条件，在国家金融管理部门支持下，将各类金融创新成果率先在本市实施推广。

第二十九条 市人民政府有关部门应当完善金融创新保护机制，加强对金融创新成果的商标权、专利权、著作权、商业秘密等知识产权的保护。

第三十条 市人民政府应当制定金融创新奖励办法，对优秀金融创新项目给予奖励。

第七章　金融风险防范与法治环境建设

第三十一条　市人民政府应当加强与国家金融管理部门的协调，配合国家金融管理部门在本市建立健全金融监管协调机制，依法履行监管职能，完善监管体系，改进监管方式，加强跨行业、跨市场监管协作。

第三十二条　市人民政府应当在国家金融管理部门的指导下，健全金融稳定协调机制，完善金融突发事件应急预案和应急处置机制。

市人民政府有关部门应当配合国家金融管理部门建立完善金融风险监测信息系统和评估机制，支持相关机构开展金融风险预测、评估、防范等方面的研究，增强对金融风险的预警防范能力，维护金融稳定和安全。

市人民政府有关部门应当支持金融风险管理工具及技术的开发和应用，并为金融机构维护重要金融信息系统安全提供必要的指导和帮助。

第三十三条　本市各级行政机关、司法机关应当配合国家金融管理部门做好反洗钱、反假币等打击非法金融活动的工作。

本市各级行政机关、司法机关应当依法加强对金融违法犯罪行为的预防和打击。

第三十四条　本市各级行政机关应当优化行政审批程序，简化行政审批环节，为金融要素市场、金融机构、相关中介服务机构、有关行业协会等提供公开透明、便捷高效的行政服务。

本市各级行政机关应当维护金融机构的合法权益，不得干预金融机构的依法自主经营。

第三十五条　本市各级人民法院应当完善金融诉讼案件审理机制，加大对金融案件的执行力度。

第三十六条　本市金融仲裁机构应当依据法律、法规和国际惯例完善金融仲裁规则，提高金融仲裁专业水平和国际化程度。

第三十七条　本市支持金融法律服务业发展，鼓励法律服务机构拓展金融法律服务领域，为金融机构和相关企业、个人提供金融法律服务。

第三十八条　本市有关部门和金融机构应当通过媒体和其他形式，宣传普及金融知识，开展金融风险防范意识教育。

第八章　附　　则

第三十九条　本条例自2009年8月1日起施行。

上海市实施《中华人民共和国防震减灾法》办法

（2009年10月22日上海市第十三届人民代表大会常务委员会第十四次会议通过　根据2017年11月23日上海市第十四届人民代表大会常务委员会第四十一次会议《关于修改本市部分地方性法规的决定》修正）

第一条　为了防御和减轻地震灾害，保护人民生命和财产安全，促进经济社会的可持续发展，根据《中华人民共和国防震减灾法》和有关法律、行政法规，结合本市实际，制定本办法。

第二条　在本市行政区域内从事防震减灾活动，适用本办法。

第三条　市和区人民政府对本行政区域内的防震减灾工作实行统一领导，将防震减灾工作纳入本级国民经济和社会发展规划，所需经费列入财政预算。

市和区人民政府防震减灾联席会议对防震减灾的重大决策和措施进行研究、协调，对防震减灾重点工作的落实情况进行监督检查。

市和区地震工作管理部门或者机构负责本行政区域内防震减灾规划的组织编制、地震监测预报、地震安全性评价管理、地震应急预案管理等工作，承担本级人民政府防震减灾联席会议办公室的日常工作。

市和区建设交通管理部门负责本行政区域内建设工程抗震设防的监督管理等工作。

市和区发展改革、经济信息、规划土地、房屋管理、民政、公安、卫生、消防、民防等有关部门，在本级人民政府的领导下，按照职责分工，各负其责，密切配合，共同做好本行政区域内的防震减灾工作。

第四条 市和区人民政府应当逐步提高防震减灾科学技术研究经费投入，支持地震监测预报等防震减灾的科学技术研究，支持科研机构、高等院校和相关企业研究开发和推广使用符合抗震设防要求、经济实用的新技术、新工艺、新材料。

第五条 任何单位和个人都有依法参加防震减灾活动的义务，有权对违反防震减灾法律、行政法规和本办法的行为进行举报、投诉。

市和区地震、建设交通等管理部门应当对举报、投诉依法进行处理。

第六条 市地震工作管理部门应当根据国家防震减灾规划和本市实际情况，会同市有关部门组织编制市防震减灾规划，报市人民政府批准后组织实施，并报国务院地震工作主管部门备案。

区地震工作管理部门或者机构应当根据市防震减灾规划和本区实际情况，会同区有关部门组织编制本区防震减灾规划，报区人民政府批准后组织实施，并报市地震工作管理部门备案。

市和区防震减灾规划应当符合本级国民经济和社会发展规划的要求，并与土地利用总体规划、城乡规划相协调。

第七条 市地震工作管理部门应当根据全国地震监测台网总体规划和市防震减灾规划，会同市有关部门组织编制本市地震监测台网规划，经市规划土地管理部门综合平衡，报市人民政府批准后实施。

地震监测台网规划应当遵循布局合理、资源共享、海域和陆域并重的原则，明确地震监测台网的布局方案、分阶段发展目标以及地震观测环境保护范围等内容。

第八条 地震监测台网的建设，应当按照本市地震监测台网规划进行，其建设资金和运行经费，按照事权与财权相统一以及分级、分类管理的原则，列入市或者区财政预算。

按照国家有关规定建设专用地震监测台网的重大建设工程，其专用地震监测台网的建设资金和运行经费由建设单位承担。

市和区地震工作管理部门或者机构应当对专用地震监测台网的建设和运行给予技术指导和服务。

第九条 本市地震监测台网正式运行后，不得擅自中止或者终止运行；确需中止或者终止运行的，应当报国务院地震工作主管部门批准。

专用地震监测台网确需中止或者终止运行的，应当报市地震工作管理部门备案。

第十条 新建、扩建、改建特大桥梁、发射塔等重大建设工程，建设单位应当按照国家有关规定设置强震动监测设施。

新建、扩建、改建超限高层等其他建设工程需要建设单位设置强震动监测设施的，由市地震工作管理部门会同市建设交通、发展改革和规划土地等部门提出强震动监测设施布点方案，报市人民政府批准后组织实施；建设单位应当按照布点方案设置强震动监测设施。

新建建设工程需要设置强震动监测设施的，应当在建设单位取得土地使用权时予以明确。设置强震动监测设施所需的费用，列入工程项目建设成本。

强震动监测设施设置完成后，建设单位应当将设置情况报市地震工作管理部门备案。

第十一条 强震动监测设施的运行责任，

由工程项目的所有人或者管理单位承担。

市地震工作管理部门应当对强震动监测设施的运行情况定期进行检查,给予技术指导和服务,并确定相关数据管理和使用办法。

第十二条 任何单位和个人不得侵占、毁损、拆除或者擅自移动地震监测设施,不得危害地震观测环境。

新建、扩建、改建建设工程,应当避免对地震监测设施和地震观测环境造成危害。建设国家和本市重点工程,确实无法避免对地震监测设施和地震观测环境造成影响的,建设单位应当按照市地震工作管理部门的要求,增建抗干扰设施;确有特殊情况无法增建抗干扰设施的,应当新建地震监测设施。

按照前款规定增建抗干扰设施或者新建地震监测设施所需的费用,由建设单位承担。

第十三条 新建、扩建、改建建设工程,应当达到抗震设防要求。

可能发生严重次生灾害的建设工程和对社会有重大价值或者重大影响的建设工程,应当进行地震安全性评价,并按照经审定的地震安全性评价报告所确定的抗震设防要求进行抗震设防。

前款规定以外的建设工程,应当按照国家地震烈度区划图或者地震动参数区划图所确定的本市抗震设防要求进行抗震设防。学校、托幼机构、医院、大型文体活动场馆等人员密集场所的建设工程,应当按照国家有关规定,高于本市房屋建筑的抗震设防要求进行抗震设防。

第十四条 市建设交通管理部门应当组织超限高层抗震设防专家委员会,对超限高层建设工程进行抗震设防专项审查。

未经超限高层建设工程抗震设防专项审查,建设交通管理部门和其他有关部门不得对超限高层建设工程施工图设计文件进行审查。

第十五条 本市新建、扩建、改建下列可能发生严重次生灾害的建设工程和对社会有重大价值或者重大影响的建设工程,应当进行地震安全性评价:

(一)沿海堤防;

(二)大型贮油、贮气工程;

(三)贮存易燃易爆或者剧毒、强腐蚀性物质的工程;

(四)三级以上病原微生物实验室;

(五)越江隧道、特大桥梁和轨道交通工程;

(六)机场的航站楼、航管楼,特大型铁路客运站、一级汽车客运站的候车楼;

(七)水源地水库工程;

(八)火力发电厂、超高压以上变电站和区域电力调度中心工程;

(九)市级广播中心、电视中心和电视调频广播发射台的主体建筑,通信枢纽建筑;

(十)法律、法规、规章和市人民政府规定的其他建设工程。

超限高层建设工程需要进行地震安全性评价的,由市地震工作管理部门会同市建设交通、发展改革等部门制定具体办法,报市人民政府批准后组织实施。

第十六条 地震安全性评价由专业单位实施,并出具地震安全性评价报告。

地震安全性评价报告除依法由国务院地震工作主管部门审定的外,由市地震工作管理部门负责审定,并确定抗震设防要求。

第十七条 市和区发展改革部门应当将抗震设防要求纳入建设工程可行性研究报告或者项目申请报告的审查内容。对可行性研究报告或者项目申请报告中未包含抗震设防要求的建设工程,不予批准或者核准。

市和区建设交通管理部门应当将抗震设计纳入建设工程初步设计或者设计文件的审查内容。建设工程的抗震设计未经审查或者未通过审查的,不予发放施工许可证。

第十八条 建设单位、勘察单位、设计单位、施工单位、工程监理单位,应当遵守有关建设工程抗震设防的法律、法规和工程建设强制性标准的规定,保证建设工程的抗震设防质量,依法承担相应责任。

第十九条 建设工程竣工验收时,建设单位应当对抗震设防情况一并组织验收。建设工程不符合抗震设防要求的,建设单位应当组织整改;经复验合格后,方可交付使用。

第二十条 市建设交通、房屋管理部门应当会同市地震工作管理部门对本市已建成建筑物、构筑物的抗震性能进行普查。对未达到抗震设防要求的建筑物、构筑物,市建设交通、房屋管理部门应当会同市地震工作管理部门制定改造或者抗震加固规划,报市人民政府批准后组织实施。其中,学校、托幼机构、医院、大型文体活动场馆等人员密集场所的建筑物、构筑物,应当优先进行改造或者抗震加固。

未达到抗震设防要求的建筑物、构筑物扩建、改建时,其所有人或者管理单位应当按照国家有关规定进行抗震性能鉴定,并根据鉴定结果采取必要的抗震加固措施。文物建筑和优秀历史建筑,应当在修缮时进行抗震性能鉴定和抗震加固。

第二十一条 市和区人民政府应当组织建设交通、地震工作管理部门或者机构开展本市农村村民住宅实用抗震技术的研究开发,推广达到抗震设防要求、经济适用的建筑设计和施工技术,并培训相关技术人员、建设示范工程,逐步提高农村村民住宅和乡村公共设施的抗震设防水平。

农村村民集体建房,应当按照本办法第十三条、第十七条、第十八条和第十九条有关抗震设防的规定执行。

市建设交通管理部门应当组织编制达到抗震设防要求的农村村民个人建房通用建筑设计图纸,向农村村民推荐并免费提供。

市和区人民政府对需要提高抗震设防水平的农村村民住宅和乡村公共设施给予必要的支持。

第二十二条 建设单位应当在建筑物使用说明书中注明建筑抗震构件、隔震装置、减震部件等抗震设施。

任何单位和个人不得破坏建筑物的抗震设施。

第二十三条 市和区人民政府组织制定的避难场所布局规划包括地震应急避难场所布局。

市和区人民政府应当组织规划土地、建设交通、地震、民防、消防、绿化、教育、卫生等部门,根据本市应急避难场所布局规划,利用城市广场、绿地、公园等空旷区域或者选择符合国家标准的其他场所,设置应急疏散通道和建设地震应急避难场所,并完善相配套的交通、供水、供电、排污等基础设施。学校操场和公共体育场可以作为临时地震应急避难场所。

地震应急避难场所及其周围应当设置明显的指示标识,并向社会公布。

市和区民防管理部门应当对地震应急避难场所的建设、管理进行统筹协调。

第二十四条 地震应急避难场所的管理单位应当按照国家有关规定,对场所、设施、物资等进行维护和管理,保持应急疏散通道畅通。

市和区地震工作管理部门或者机构应当会同有关部门,对地震应急避难场所的维护和管理给予技术指导,并定期进行检查。

第二十五条 市和区地震工作管理部门或者机构应当会同有关部门,根据上一级人民政府地震应急预案,编制本行政区域的地震应急预案,经市和区人民政府批准后,报上一级地震工作管理部门备案。

市和区各相关管理部门应当根据本级人民政府和上一级管理部门的地震应急预案,制定本部门的地震应急预案,报同级地震工作管理部门或者机构备案。

乡镇人民政府应当根据区人民政府地震应急预案,制定本行政区域内的地震应急预案,报区地震工作管理部门或者机构备案。

第二十六条 本市下列单位应当制定地震应急预案,并按照分级管理的原则,报市或者区地震工作管理部门或者机构备案:

(一)通信、供水、供电、排水、供气等城市基础设施的经营管理单位;

(二)铁路、机场、港口、轨道交通等交通运输经营管理单位;

(三)学校、托幼机构、医院、大型文体活动场馆、大型商场等人员密集场所的管理单位;

(四)石油化工、易燃易爆、有毒有害、强腐蚀性、放射性、核设施、三级以上病原微生物实验室等可能发生严重次生灾害的工程项目或者设施的管理单位；

（五）金融、广播电视、重要综合信息存储中心等单位；

（六）档案馆、博物馆、市级以上重点文物保护单位；

（七）因地震灾害可能产生严重后果或者影响的其他单位。

第二十七条 市和区地震工作管理部门或者机构应当按照分级管理的原则，指导有关部门和单位制定地震应急预案，并对其报送备案的地震应急预案进行审查。

第二十八条 制定地震应急预案的部门和单位每年应当组织一次地震应急演练，并根据实际情况适时修订地震应急预案。经修订的地震应急预案应当按照原程序报送备案。

其他单位和组织应当按照所在地人民政府的要求组织必要的地震应急演练。

第二十九条 地震灾害紧急救援队伍应当配备相应的装备和器材，开展经常性的培训和演练，提高地震灾害紧急救援能力。

市地震工作管理部门应当对地震灾害紧急救援队伍的培训、演练给予技术指导。

第三十条 市和区人民政府及其地震工作管理部门或者机构可以组织建立地震灾害救援志愿者队伍，开展地震应急知识培训和技能演练，提高地震应急救助能力。

第三十一条 市和区人民政府及其地震工作管理部门或者机构和乡、镇人民政府、街道办事处等单位，应当组织开展防震减灾知识的宣传普及活动，增强公民对地震灾害的防范意识和在地震灾害中自救互救能力。有关部门和单位应当予以配合。

学校应当把防震减灾知识教育纳入教学内容，培养学生的安全避险和自救互救能力。市和区地震工作管理部门或者机构应当会同教育管理部门对学校开展防震减灾知识教育的工作进行指导和监督。

居民委员会、村民委员会和机关、团体、企业、事业等单位应当在本区域、本单位开展防震减灾知识的宣传活动。

新闻媒体应当开展地震灾害预防和应急、自救互救知识的公益宣传。

第三十二条 市人民政府应当根据国家有关规定及时、客观、准确地发布本市有感的地震震情信息。

第三十三条 对违反本办法规定，有危害地震观测环境、未依法进行地震安全性评价等行为的，依照《中华人民共和国防震减灾法》和有关法律、法规的规定予以处理。

第三十四条 违反本办法规定，破坏建筑物抗震构件、隔震装置、减震部件等抗震设施的，由市或者区建设交通管理部门责令限期改正，恢复原状，造成损失的，依法承担赔偿责任，对个人可以处五百元以上二千元以下的罚款；对单位可以处一万元以上十万元以下的罚款。其中，破坏建筑物承重结构的，由区房屋管理部门按照有关法律、法规的规定予以处理。

第三十五条 国家工作人员在防震减灾工作中玩忽职守、滥用职权、徇私舞弊的，由其所在单位或者有关行政主管部门依法给予行政处分；构成犯罪的，依法追究刑事责任。

第三十六条 本办法自2010年1月1日起施行。

上海市饮用水水源保护条例

(2009 年 12 月 10 日上海市第十三届人民代表大会常务委员会第十五次会议通过　根据 2017 年 12 月 28 日上海市第十四届人民代表大会常务委员会第四十二次会议《关于修改本市部分地方性法规的决定》修正)

第一章　总　　则

第一条　为了加强饮用水水源保护,提高饮用水水源水质,保证饮用水安全,保障公众身体健康和生命安全,促进经济社会全面协调可持续发展,根据《中华人民共和国水污染防治法》、《中华人民共和国水法》等法律、行政法规,结合本市实际,制定本条例。

第二条　本条例适用于本市行政区域内饮用水水源的保护及其相关的管理活动。

前款所称的饮用水水源,是指向自来水供水企业提供原水的地表水水源。包括黄浦江上游饮用水水源、青草沙饮用水水源、陈行饮用水水源、崇明东风西沙饮用水水源和其他饮用水水源。

第三条　市和区人民政府应当将饮用水水源保护纳入国民经济和社会发展规划,加大对饮用水水源保护的投入,合理调整饮用水水源保护地区的产业结构和布局,采取措施推进本市集约化供水进程,促进经济建设和饮用水水源保护协调发展。

市和区人民政府对本辖区范围内饮用水水源的水环境质量负责。饮用水水源保护工作纳入市和区人民政府环境保护目标考核评价范围。

第四条　上海市环境保护行政主管部门(以下简称"市环保部门")负责对全市饮用水水源保护工作实施统一监督管理。

区人民政府环境保护行政主管部门(以下简称"区环保部门")负责本辖区范围内饮用水水源保护工作的监督管理。

港口、海事行政管理部门负责防止码头、船舶污染饮用水水源的监督管理。

发展改革、水务、规划国土资源、卫生、农业、林业等有关行政管理部门按照各自职责,做好有关的饮用水水源保护工作。

第五条　任何单位和个人都有保护饮用水水源环境质量以及保护饮用水水源相关设施的义务,对污染饮用水水源、破坏饮用水水源保护设施的行为,有权向环保等有关部门举报。

对在饮用水水源保护工作中做出显著成绩的单位和个人,市或者区人民政府应当给予表彰或者奖励。

第六条　本市建立饮用水水源保护生态补偿制度。市和区人民政府应当建立饮用水水源保护生态补偿财政转移支付等相关制度,促进饮用水水源保护地区和其他地区的协调发展。具体办法由市发展改革行政管理部门会同市财政等有关行政管理部门提出方案,报市人民政府批准后执行。

第七条　本市建立与太湖流域、长江流域有关省市的饮用水水源保护协调合作机制。市环保、水务等有关行政管理部门应当加强与太湖流域、长江流域的管理机构以及有关省市相关部门的联系和沟通,协调做好本市饮用水水源的污染防治工作。

第二章　饮用水水源保护

第八条　市环保部门应当会同市发展改革、水务、卫生、规划国土资源等有关行政管理部门根据本市国民经济和社会发展规划、水环境功能区划，组织编制饮用水水源保护规划，报市人民政府批准后实施。

第九条 饮用水水源保护区分为一级保护区、二级保护区，并可视实际保护需要，在饮用水水源保护区外划定一定范围的准保护区。

黄浦江上游饮用水水源、青草沙饮用水水源、陈行饮用水水源、崇明东风西沙饮用水水源保护区范围的划定和调整，由市环保部门会同市发展改革、水务、卫生、港口、海事、规划国土资源等有关行政管理部门，以及相关区人民政府提出方案，报市人民政府批准后公布执行。其他饮用水水源保护区范围的划定和调整，由区人民政府提出方案，报市人民政府批准后公布执行。

饮用水水源保护区和饮用水水源准保护区的划定应当符合有关饮用水水源保护区划分技术规范。

第十条 市或者区人民政府应当设立各级饮用水水源保护区界标，并在显著位置设立警示标志。

任何单位和个人不得移动或者损毁饮用水水源保护区界标和警示标志。

第十一条 除黄浦江上游饮用水水源外，本市对饮用水水源一级保护区实行封闭式管理。

在饮用水水源一级保护区内，禁止下列活动：

（一）新建、改建、扩建与供水设施和保护水源无关的建设项目；

（二）网箱养殖、旅游、游泳、垂钓；

（三）船舶航行、停泊、装卸，但在黄浦江上游饮用水水源一级保护区内，按照本条例第十九条规定可以航行的除外；

（四）使用化肥和化学农药；

（五）其他可能污染饮用水水体的一切活动。

在饮用水水源一级保护区内，已经建成的与供水设施和保护水源无关的建设项目，由市或者区人民政府责令限期拆除或者关闭。

第十二条 在饮用水水源二级保护区内，禁止下列行为：

（一）设置排污口；

（二）新建、改建、扩建排放污染物的建设项目；

（三）设置固体废物贮存、堆放场所；

（四）设置畜禽养殖场；

（五）危险品水上过驳作业；

（六）向水体排放生活垃圾、污水；

（七）在水体清洗车辆；

（八）在水体清洗装贮过油类或者有毒有害污染物的容器和包装器材；

（九）冲洗船舶甲板，向水体排放船舶洗舱水、压舱水；

（十）在黄浦江上游饮用水水源保护区中的淀山湖、元荡内从事投饵养殖；

（十一）向水体排放其他各类可能污染水体的物质。

市和区人民政府应当在饮用水水源二级保护区内，组织建设污水收集管网。

在饮用水水源二级保护区内，已建成的排放污染物的建设项目，由市或者区人民政府责令限期拆除或者关闭。

第十三条 在饮用水水源一级保护区内，建设与供水设施和保护水源相关的建设项目，以及在饮用水水源二级保护区内，建设不排放污染物的建设项目的，其环境影响评价文件由市环保部门负责审批，国家另有规定的，从其规定。

第十四条 在饮用水水源准保护区内，禁止下列行为：

（一）新建、扩建污染水体的建设项目或者会增加排污量的改建项目；

（二）设置危险废物、生活垃圾堆放场所和处置场所；

（三）在水体清洗装贮过油类或者有毒有害污染物的车辆、容器和包装器材；

（四）向水体排放含重金属、病原体、油类、酸碱类污水等有毒有害物质；

（五）堆放、倾倒和填埋粉煤灰、废渣、放射性物品、有毒有害物品等各种固体废物；

（六）新设规模化畜禽养殖场。

饮用水水源准保护区内现有畜禽养殖场应

当实施粪便生态还田，或者用以生产沼气、有机肥料等。

市环保部门应当根据本市饮用水水源保护的需要，制定本市饮用水水源准保护区污染物排放标准和总量要求。在饮用水水源准保护区内，污染物排放应当符合本市饮用水水源准保护区污染物排放标准和总量要求。

第十五条 水务部门应当加强对饮用水水源准保护区内排污口的管理。在江河、湖泊新建、改建或者扩大排污口，应当经过水务部门同意，由环保部门依法审批。

第十六条 市或者区人民政府可以依法征收或者征用饮用水水源保护区和准保护区内的土地，用于涵养林建设，保护饮用水水源水质。

饮用水水源保护区和准保护区内应当预留水源涵养林用地。饮用水水源涵养林由林业行政管理部门按照本市林业发展规划和年度实施计划组织建设，并落实养护单位。

第十七条 在饮用水水源二级保护区和准保护区内从事农业种植的，应当开展测土配方施肥，使用有机肥料和生物农药，减少使用化肥和化学农药，防止污染饮用水水源。

在黄浦江上游饮用水水源保护区中的淀山湖、元荡以外的二级保护区以及饮用水水源准保护区内从事投饵养殖的，养殖单位或者个人应当合理投饵和使用药物，防止污染饮用水水源。

第十八条 饮用水水源二级保护区和饮用水水源准保护区内，禁止新建、改建、扩建危险品装卸码头。在饮用水水源二级保护区内，已经建成的危险品装卸码头，由市或者区人民政府责令限期拆除或者关闭。

在饮用水水源二级保护区或者饮用水水源准保护区范围内的码头，港口经营单位应当采取污水纳管以及防止货物散落水体等污染防治措施。

第十九条 青草沙饮用水水源、陈行饮用水水源、崇明东风西沙饮用水水源一级保护区内，禁止船舶航行。

除前款所列以外的其他饮用水水源保护水域范围内，不得航行装载国家禁止运输的危险化学品以及危险废物（除废矿物油以外）的船舶。

装载其他危险品的船舶需要驶入本条第二款所称水域的，应当配备防止污染物散落、溢流、渗漏的设施设备，在驶入该水域的二十四小时前向海事行政管理部门报告；在驶入时安排船员监视危险品运输情况，发现异常情况的，应当及时采取措施，并立即向海事行政管理部门报告。

装载危险品以外物品的船舶需要驶入本条第二款所称水域的，应当配备相应的设施设备，防止污染物散落、溢流和渗漏。

第三章 监督管理

第二十条 市和区环保部门、水务部门应当加强对饮用水水源水质的实时监测，建立饮用水水源水质的监测信息系统；发现异常情况的，应当及时向同级人民政府报告，并采取有效措施防止污染饮用水水源。

市环保部门应当建立饮用水水源安全评估机制，统一汇总和定期发布有关饮用水水源水质的信息。

原水供水企业应当对原水水质实施实时监测；发现异常情况的，应当采取有效措施，并立即向水务和环保部门报告。

第二十一条 市和区环保部门应当加强对饮用水水源保护区范围内污染物排放情况的监督检查，发现污染饮用水水源的污染源，应当责令排污单位停止污染物排放，排污单位拒不停止排放污染物的，市或者区环保部门可以报请同级人民政府批准，采取措施予以停产或者关闭，相关供水、供电、供气等单位应当予以配合。

对不能确定责任人的污染物，由所在地区人民政府组织有关部门予以清理。

第二十二条 鼓励饮用水水源保护区内的企业，以及运输危险品的船舶投保有关环境污染责任保险。

第二十三条 市和区人民政府应当组织编制饮用水水源污染事故处理应急预案，建立专业应急救援队伍，配备应急救援设施设备。

第二十四条 有关单位发生突发性事件，造成或者可能造成饮用水水源污染事故的，应当采取应急措施，并向市、区环保部门或者应急联动机构报告。市应急联动机构或者市环保部门应当启动相应的饮用水水源污染事故应急预案。

饮用水水源污染事故发生后，市应急联动机构或者市环保部门应当及时向受影响地区发布饮用水水源污染事故警报，组织有关部门做好应急供水准备。

第二十五条 饮用水水源污染事故的信息披露，由市或者区人民政府按照《中华人民共和国突发事件应对法》和本市的有关规定执行。

第二十六条 市和区人民政府应当完善饮用水供水管网建设，采取措施保护备用取水口周边环境。发生饮用水水源污染事故导致原水供应中断的，应当按照应急预案的要求，保障饮用水供应。

第四章 法律责任

第二十七条 违反本条例规定，有下列行为之一的，由市或者区环保部门责令停止违法行为，限期改正，并按照下列规定进行处罚：

（一）违反本条例第十条第二款规定，移动或者损毁饮用水水源保护区界标或者警示标志的，处一万元以上二万元以下的罚款。

（二）违反本条例第十二条第一款第三项、第四项规定，设置固体废物贮存、堆放场所或者设置畜禽养殖场的，报请同级人民政府责令限期拆除；逾期不拆除的，可以代为拆除，所需费用由违法行为人承担。

（三）违反本条例第十二条第一款第六项、第七项、第八项、第十一项，第十四条第一款第三项规定，从事污染饮用水水源活动的，责令限期采取治理措施，消除污染，处二万元以上二十万元以下的罚款；逾期不采取治理措施的，可以指定有治理能力的单位代为治理，所需费用由违法行为人承担。

（四）违反本条例第十二条第一款第十项规定，从事投饵养殖、逾期不改正的，可以报请同级人民政府责令限期拆除，并可以处五万元以上十万元以下的罚款。

（五）违反本条例第十四条第一款第二项规定，设置危险废物、生活垃圾堆放场所或者处置场所的，报请同级人民政府责令限期拆除；逾期不拆除的，可以代为拆除，所需费用由违法行为人承担。

（六）违反本条例第十四条第一款第四项规定，向水体排放含重金属、病原体、油类、酸碱类污水等有毒有害物质的，责令限期采取治理措施，消除污染，处十万元以上一百万元以下的罚款；情节严重的，报经有批准权的人民政府批准，责令停业、关闭。逾期不采取治理措施的，可以指定有治理能力的单位代为治理，所需费用由违法行为人承担。

（七）违反本条例第十四条第一款第五项规定，堆放、倾倒和填埋固体废物的，责令限期采取治理措施，消除污染，处二万元以上二十万元以下的罚款；逾期不采取治理措施的，可以指定有治理能力的单位代为治理，所需费用由违法行为人承担。

第二十八条 违反本条例第十一条第二款第四项规定，在饮用水水源一级保护区内使用化肥和化学农药的，由农业行政管理部门责令改正，并可以处一万元以上二万元以下的罚款。

违反本条例第十四条第一款第六项规定，在饮用水水源准保护区内新设规模化畜禽养殖场的，由农业行政管理部门报请同级人民政府责令限期关闭；逾期不关闭的，可以代为拆除，所需费用由违法行为人承担。

违反本条例第十四条第二款规定，现有畜禽养殖场未按照规范实施粪便生态还田或者用以生产沼气、有机肥料等的，由农业行政管理部门责令改正，并可以处一万元以上二万元以下的罚款。

第二十九条 违反本条例第十八条第一款规定，新建、改建、扩建危险品装卸码头的，由港口行政管理部门报请同级人民政府责令限期拆除；逾期不拆除的，代为拆除，所需费用由违法行为人承担。

违反本条例第十八条第二款规定，港口经营单位未按要求采取污染防治措施的，由港口行政管理部门责令限期改正，并可以处二万元以上五万元以下的罚款。

第三十条 违反本条例第十二条第一款第五项规定，进行危险品水上过驳作业的，由海事行政管理部门责令改正，并可以处二万元以上十万元以下的罚款。

违反本条例第十二条第一款第九项规定，冲洗船舶甲板或者向水体排放船舶洗舱水、压舱水的，由海事行政管理部门责令停止违法行为，并可以处二万元以上五万元以下的罚款。

违反本条例第十九条第一款、第二款规定，船舶在禁止航行的区域航行或者停泊的，由海事行政管理部门责令驶离该区域，并可以处五千元以上五万元以下的罚款。

违反本条例第十九条第三款、第四款规定，未按规定向海事行政管理部门报告或者未按规定配备相关设施设备的，由海事行政管理部门责令改正，并可以处二万元以上十万元以下的罚款。

第三十一条 违反本条例规定的行为，法律、法规已有处罚规定的，从其规定。

第三十二条 违反本条例规定，造成饮用水水源污染的，除依法对违法行为人进行处罚外，环保、港口、海事等有关行政管理部门还可以责令违法行为人消除污染；拒不消除污染的，可以委托专业机构代为消除污染，所需费用由违法行为人承担。

第三十三条 环保、水务、港口、海事等有关行政管理部门及其工作人员违反本条例规定，有下列行为之一的，由其所在单位或者上级主管部门给予行政处分；构成犯罪的，依法追究刑事责任：

（一）发现违法行为或者接到对违法行为的举报后不予查处的；

（二）未依照本条例规定履行监督管理职责的；

（三）其他玩忽职守、滥用职权、徇私舞弊的行为。

第五章 附 则

第三十四条 本条例自2010年3月1日起施行。1985年4月19日上海市第八届人民代表大会常务委员会第十四次会议审议通过的《上海市黄浦江上游水源保护条例》同时废止。

上海市公共场所控制吸烟条例

（2009年12月10日上海市第十三届人民代表大会常务委员会第十五次会议通过 根据2016年11月11日上海市第十四届人民代表大会常务委员会第三十三次会议《关于修改〈上海市公共场所控制吸烟条例〉的决定》修正）

第一条 为了消除和减少烟草烟雾的危害，保障公众身体健康，创造良好的公共场所卫生环境，提高城市文明水平，根据有关法律、行政法规，结合本市实际，制定本条例。

第二条 本市公共场所的控制吸烟工作（以下简称控烟工作）适用本条例。

前款所称控烟工作，是指采取有效措施，禁止在本条例规定的禁烟场所吸烟。

第三条 本市控烟工作实行“限定场所、分类管理、单位负责、公众参与、综合治理”的原则。

第四条 市和区健康促进委员会在本级人

民政府领导下,负责本行政区域内控烟工作的组织和协调,指导、监督各部门、各行业的控烟工作,组织开展控烟工作宣传教育活动。健康促进委员会的日常办事机构设在同级卫生计生行政部门。

卫生计生行政部门是本市公共场所控烟工作的主管部门。

教育、文广影视、体育、旅游、食品药品监督、交通、商务、公安、住房城乡建设、文化综合执法等行政管理部门按照本条例和其他相关规定,做好控烟监督管理工作。

第五条 市健康促进委员会应当组织开展多种形式的控烟宣传教育工作,使公众了解烟草烟雾的危害,增强全社会营造无烟环境的意识。

有关行政管理部门、人民团体以及学校、医院等单位应当定期开展烟草烟雾危害和控烟的宣传教育活动。

广播、影视、报刊、通信、网站等媒体应当开展吸烟和被动吸烟有害健康的公益宣传活动。

第六条 室内公共场所、室内工作场所、公共交通工具内禁止吸烟。

第七条 下列公共场所的室外区域禁止吸烟:

(一)托儿所、幼儿园、中小学校、少年宫、青少年活动中心、教育培训机构以及儿童福利院等以未成年人为主要活动人群的公共场所;

(二)妇幼保健院(所)、儿童医院;

(三)体育场馆、演出场所的观众坐席和比赛、演出区域;

(四)对社会开放的文物保护单位;

(五)人群聚集的公共交通工具等候区域;

(六)法律、法规、规章规定的其他公共场所。

市和区人民政府可以根据大型活动的需要,将其他公共场所的室外区域设立为临时禁止吸烟区域。

第八条 除本条例第六条、第七条规定以外的其他公共场所、工作场所的室外区域,有条件的可以设立吸烟点。

吸烟点的设定应当遵守下列规定:

(一)远离人员聚集区域和行人必经的主要通道;

(二)设置吸烟点标识、引导标识,并在吸烟点设置吸烟危害健康的警示标识;

(三)放置收集烟灰、烟蒂等的器具;

(四)符合消防安全要求。

第九条 禁止吸烟场所所在单位应当履行下列义务:

(一)落实劝阻吸烟人员或者组织劝阻吸烟的志愿者;

(二)做好禁烟宣传教育工作;

(三)在醒目位置设置统一的禁止吸烟标识和监管电话;

(四)不设置任何与吸烟有关的器具;

(五)对吸烟者进行劝阻;

(六)对不听劝阻也不愿离开禁止吸烟场所的吸烟者,向监管部门举报。

第十条 任何个人可以要求吸烟者停止在禁止吸烟场所内吸烟;要求禁止吸烟场所所在单位履行禁止吸烟义务,并可以对不履行禁烟义务的单位,向监管部门举报。

第十一条 国家机关、事业单位及其工作人员应当遵守控烟有关规定,带头履行控制吸烟义务。市和区健康促进委员会应当定期开展控烟检查,通报控烟情况。

卫生计生、教育、文广影视、体育、旅游、食品药品监督、交通、商务等有关行政管理部门以及相关行业协会应当将控烟工作纳入本系统、本行业日常管理。

第十二条 市和区健康促进委员会应当组织有关部门,加强对控烟工作的监测和评估。

市健康促进委员会应当每年向社会公布本市控烟工作情况。

第十三条 卫生计生行政部门应当组织开展对吸烟行为的干预工作,设立咨询热线,开展控烟咨询服务。

医疗机构应当为吸烟者提供戒烟指导和帮助。

第十四条 全社会都应当参与控烟工作。

鼓励控烟志愿者组织、其他社会组织和个人开展控烟宣传教育活动,组织开展社会监督,为吸烟者提供戒烟帮助，对控烟工作提出意见和建议。

鼓励单位和个人通过“12345”市民服务热线或者相关行业监管热线，对违反本条例规定的行为进行举报。

第十五条 控烟工作应当作为本市文明单位评比的内容之一。

第十六条 控烟工作的监督执法按照以下规定实施：

（一）教育行政部门负责对各级各类学校的控烟工作进行监督执法；

（二）文化综合执法机构负责对文化、体育、娱乐场所、旅馆以及向社会开放的文物保护单位的控烟工作进行监督执法；

（三）承担机场、铁路执法工作的机构以及交通行政执法机构、轨道交通线路运营单位按照各自职责，对公共交通工具及其有关公共场所的控烟工作进行监督执法；

（四）食品药品监督管理部门（市场监督管理部门）负责对餐饮业经营场所的控烟工作进行监督执法；

（五）公安部门负责对网吧等互联网上网服务营业场所的控烟工作进行监督执法；

（六）住房城乡建设部门负责对物业管理区域内的公共电梯的控烟工作进行监督执法；

（七）卫生计生行政部门负责对各级各类医疗卫生机构以及本条第一项至第六项以外的其他公共场所、工作场所的控烟工作进行监督执法。

第十七条 市和区人民政府应当对控烟监测及评估、科学研究、宣传教育、行为干预、人员培训、监督管理等控烟工作所需经费予以保障。

第十八条 禁止吸烟场所所在单位违反本条例第九条规定的，由本条例第十六条规定的有关部门责令限期改正，可处以两千元以上一万元以下的罚款；情节严重的，处以一万元以上三万元以下的罚款。

第十九条 个人在禁止吸烟场所吸烟且不听劝阻的，由本条例第十六条规定的有关部门责令改正，并处以五十元以上两百元以下的罚款。

第二十条 对在禁止吸烟场所内吸烟，不听劝阻且扰乱社会秩序，或者阻碍有关部门依法执行职务，违反《中华人民共和国治安管理处罚法》的，由公安部门予以处罚；构成犯罪的，依法追究刑事责任。

第二十一条 控烟行政管理部门、监督执法机构及其工作人员在控烟工作中，不依法履行职责或者徇私舞弊的，对直接负责的主管人员和其他直接责任人员依法给予行政处分；构成犯罪的，依法追究刑事责任。

第二十二条 因特殊情况设置的室内吸烟室的具体要求，由市人民政府作出规定。

第二十三条 本条例自2010年3月1日起施行。

上海市建筑节能条例

（2010年9月17日上海市第十三届人民代表大会
常务委员会第二十一次会议通过）

第一章 总 则

第一条 为了加强本市建筑节能管理，降低建筑能耗，提高建筑能源利用效率，根据《中华人民共和国节约能源法》、《中华人民共和国建筑法》、《民用建筑节能条例》和其他有关法律、行政法规，结合本市实际，制定本条例。

第二条 本市行政区域内的建筑节能及相关监督管理活动,适用本条例。

第三条 本条例所称的建筑节能,是指在民用建筑的建设、改造、使用过程中,以及在工业建筑和城市基础设施的施工过程中,按照有关法律、法规、技术标准的要求,采取有效措施,降低能源消耗,提高能源利用效率的活动。

第四条 市建设行政管理部门负责本市建筑节能的监督管理工作;市建筑市场管理办公室(以下简称市建管办)负责本市建筑节能的具体管理工作,并依照本条例的授权实施行政处罚。

区、县建设行政管理部门依照职责分工,负责本辖区内建筑节能的监督管理工作。

市和区、县发展改革、机关事务管理、规划、财政、统计、质量技监、房屋管理、商务、旅游、教育、卫生等行政管理部门依照各自职责,协同实施本条例。

第五条 本市各级人民政府应当加强对建筑节能工作的领导,积极培育建筑节能服务市场,健全建筑节能服务体系,推动建筑节能技术的开发应用,促进建筑节能国际交流与合作,做好政府投资建设项目的建筑节能示范工作,并组织有关部门开展建筑节能知识的宣传教育。

本市将建筑节能工作列入市建设行政管理部门以及各区、县人民政府的节能考核评价内容,对建筑节能目标完成情况和建筑节能措施落实情况进行考核评价。

第二章 一般规定

第六条 市建设行政管理部门应当根据市节能中长期专项规划,结合城市建设和经济发展的实际需要,组织编制本市建筑节能规划,报市人民政府批准后实施。

第七条 编制城市详细规划,应当按照民用建筑节能的要求,结合周边建筑的特点,确定建筑的布局、形状和朝向。

市和区、县规划行政管理部门审查民用建筑建设项目设计方案时,应当就设计方案是否符合民用建筑节能强制性标准征求同级建设行政管理部门的意见。对不符合民用建筑节能强制性标准的,不予颁发建设工程规划许可证。

民用建筑投资项目需要审批、核准的,市和区、县发展改革部门应当审查建筑节能专项内容;建筑节能专项内容不符合民用建筑节能强制性标准的,不予审查通过。

第八条 市建设行政管理部门可以根据本市气候条件和经济发展水平,按照技术先进、经济合理的原则,在建筑围护结构、建筑用能系统、可再生能源建筑应用技术、既有民用建筑节能改造等领域,组织制定优于国家标准或者行业标准的地方建筑节能标准,并向社会公布。

对尚未制定国家标准或者行业标准的施工能耗管理等领域,市建设行政管理部门应当组织制定地方建筑节能标准。

第九条 建设项目的建设、设计、审查、施工、检测、监理等单位应当执行国家和地方建筑节能强制性标准。

地方建筑节能强制性标准优于国家标准或者行业标准的,应当执行地方建筑节能强制性标准。

第十条 本市鼓励发展用于建筑节能的新型建设工程材料,鼓励推广施工节能的新技术、新工艺。

市建设行政管理部门应当将节能建设工程材料纳入本市建设工程材料的推广、限制、禁止使用目录进行管理。

本市建设工程应当优先选用列入推广使用目录的节能建设工程材料。

本市建设工程不得采用列入禁止使用目录的高能耗建设工程材料。

第十一条 本市鼓励开展太阳能、地热能、风能、生物质能等可再生能源在建筑中的应用研究、示范和推广。

新建有热水系统设计要求的公共建筑或者六层以下住宅,建设单位应当统一设计并安装符合相关标准的太阳能热水系统。鼓励七层以上住宅设计并安装太阳能热水系统。

新建国家机关办公建筑和大型公共建筑

的，建设单位应当结合实际情况，统一设计并安装与建筑能耗水平相适应的可再生能源利用系统。

第十二条 新建以及实施节能改造的国家机关办公建筑和大型公共建筑竣工验收后一年内，建设单位应当委托建筑能效测评机构进行能效测评，并根据能效测评结果在建筑的明显位置张贴能效测评标识。

发生下列情形的，前款规定的建筑所有权人应当重新进行建筑能效测评，并张贴能效测评标识：

（一）建筑围护结构实施改造的；

（二）建筑主要用能设备更新置换的；

（三）建筑能效测评标识有效期届满的。

鼓励其他建筑进行建筑能效测评并张贴能效测评标识。

第三章 新建建筑节能

第十三条 建设单位应当遵守民用建筑节能法律、法规和强制性标准，不得明示或者暗示设计单位、施工单位违反民用建筑节能强制性标准进行设计、施工，不得擅自变更施工图设计文件中的建筑节能设计内容。

监理单位发现施工单位不按照民用建筑节能强制性标准施工的，应当要求施工单位改正；施工单位拒不改正的，监理单位应当及时报告建设单位，并向有关行政管理部门报告。

第十四条 设计单位应当按照民用建筑节能法律、法规和强制性标准进行设计。设计文件应当包括符合规定要求的建筑节能设计内容。

第十五条 施工图设计文件审查机构应当按照民用建筑节能强制性标准，对建设项目施工图设计文件中的建筑节能设计内容进行审查。审查合格的，及时出具审查报告。

施工图设计文件审查报告中的建筑节能设计内容应当由审查人员签字，并经施工图设计文件审查机构盖章确认。施工图设计文件审查机构不得出具虚假的审查报告。

经审查通过的建筑节能设计内容不得擅自变更；确需变更的，应当按照原审查程序重新审查。

第十六条 建设单位应当委托符合资质条件的工程质量检测机构对进入施工现场的节能建设工程材料进行见证取样检测，并对建设工程进行现场实体检测。

工程质量检测机构应当按照建筑节能标准进行检测，并将检测数据实时录入本市建设工程检测监管信息系统。检测完成后，通过信息系统出具检测报告。工程质量检测机构不得出具虚假的检测报告。

第十七条 市建管办和区、县建设行政管理部门应当通过查看检测资料、现场抽查、组织比对试验等方式，对节能建设工程材料的质量检测行为进行监督检查。

市建管办应当对本市建设工程检测监管信息系统中的相关数据进行分析，定期公布节能建设工程材料的质量检测状况。

第十八条 施工单位不得使用不合格的节能建设工程材料。

市建管办和区、县建设行政管理部门可以对进入施工现场的节能建设工程材料进行现场抽检。抽检时，施工单位应当如实提供相关资料，配合现场取样。

第十九条 建设单位组织建设项目竣工验收的，应当包括建筑节能专项内容。竣工验收合格报告中，应当有建筑节能验收的相关内容。

第二十条 建设单位应当在建设项目施工和销售现场，根据审查通过的施工图设计文件，将该项目的节能性能、节能措施、保护要求予以公示。

新建民用建筑销售时，建设单位应当在销售合同中载明建筑能源消耗指标、节能措施和保护要求、保温工程保修期等相关内容。新建民用建筑交付使用时，建设单位应当在建筑使用说明书中载明以下内容：

（一）建筑围护结构体系及相应的保护、维护要求；

（二）建筑用能系统状况及使用要求；

（三）可再生能源利用系统状况以及相应的保护、使用要求。

市和区、县房屋行政管理部门在建设单位申请房屋销售和交付使用时，应当对销售合同和建筑使用说明书是否载明建筑节能内容进行审核。

第二十一条 市建设行政管理部门应当根据本市建筑节能规划和降低施工能耗的总体目标，组织制定民用建筑、工业建筑、城市基础设施等建设项目的施工能耗标准，作为考核施工单位降低施工能耗的依据。

施工能耗标准应当根据实际情况及时修订。

第二十二条 施工单位应当建立本单位降低施工能耗的规章制度，明确节能目标和计划，并分解到所负责的各建设工程项目中予以落实。

施工单位编制建设工程项目施工组织设计文件时，应当明确降低施工能耗的相关技术措施，确保建设工程项目的施工能耗符合施工能耗标准的要求。

施工单位应当建立建设工程项目的施工能耗数据台帐，并做好本单位降低施工能耗的数据分析报告。

第二十三条 市建管办和区、县建设行政管理部门应当对施工单位降低施工能耗的落实情况进行监督检查，并对存在的问题提出整改意见。

第二十四条 施工单位应当按照要求向市建管办或者区、县建设行政管理部门报送施工能耗报告，由市建设行政管理部门汇总后送市统计部门。

市统计部门应当定期向社会公布施工能耗信息。

第二十五条 改建、扩建建筑涉及建筑围护结构或者建筑用能系统的，应当执行建筑节能法律、法规中新建建筑的规定和民用建筑节能强制性标准。

第四章 既有民用建筑节能改造

第二十六条 本市根据经济社会发展水平和地理气候条件等实际情况，有计划、分步骤地实施既有民用建筑分类节能改造；鼓励既有民用建筑在节能改造时，设计、安装太阳能等可再生能源利用系统。

第二十七条 市房屋管理、机关事务管理、商务、旅游、教育、卫生等行政管理部门应当按照各自职责，依法对既有民用建筑的有关情况进行调查分析，并将调查分析报告送市建设行政管理部门。

市建设行政管理部门应当会同相关部门根据建筑节能规划和既有民用建筑调查分析报告，制定既有民用建筑节能改造计划，报市人民政府批准。既有民用建筑节能改造计划由相关部门按照各自职责组织实施。

既有国家机关办公建筑的节能改造计划，由市机关事务管理部门会同市建设行政管理部门制定。

第二十八条 国家机关办公建筑、政府投资和以政府投资为主的公共建筑未达到民用建筑节能强制性标准的，应当进行节能改造。

鼓励国家机关办公建筑节能改造优先采用合同能源管理。

第二十九条 住宅小区综合改造、房屋修缮或者公共建筑装饰装修享受政府补贴的，应当同步开展建筑节能改造。建设单位应当按照既有民用建筑节能改造强制性标准，明确节能改造措施和费用。

前款规定的建筑节能改造措施应当听取利害关系人的意见。

第三十条 实施既有民用建筑节能改造的，应当制定节能改造方案，优先选用建筑外遮阳、门窗改造、幕墙抗热辐射等经济合理的节能技术措施。

第五章 民用建筑节能设施维护和能耗监管

第三十一条 对采用建筑节能措施的民用建筑进行装饰装修的，建设单位应当采取必要的保护措施，防止损坏建筑围护结构保温系统、建筑用能系统、可再生能源利用系统等设施。

第三十二条 民用建筑产权人应当对统一设计、安装的建筑节能设施进行日常维护,确保设施完好。发现建筑节能设施被损坏达不到节能标准的,民用建筑产权人应当及时予以修复或者更换。

对共用建筑节能设施,应当纳入物业服务企业管理和维护的范围,并在物业服务合同中约定。

第三十三条 新建国家机关办公建筑和大型公共建筑,或者既有国家机关办公建筑和大型公共建筑进行节能改造的,建设单位应当同步安装与本市建筑能耗监管信息系统联网的用能分项计量装置。

前款规定的建筑产权人或者使用人应当确保建筑用能分项计量装置完好,并按要求传送相关能耗数据。

第三十四条 国家机关办公建筑和大型公共建筑的产权人或者受委托的物业服务企业应当定期向市建设行政管理部门报送上一年度的能源利用状况报告。能源利用状况报告应当包括上一年度能源消耗总量及分类明细、节能管理的相关制度、采取的能源节约措施及效果。

第三十五条 市和区、县建设行政管理部门可以通过能源审计等方式对民用建筑运行能耗情况进行检查,建筑产权人或者受委托的物业服务企业应当予以配合。检查结果应当按照相关规定向社会公布。

国家机关办公建筑运行能耗检查由市机关事务管理部门负责。市机关事务管理部门应当将检查情况抄送市建设行政管理部门。

经检查认定为能源利用效率低的建筑的产权人或者受委托的物业服务企业应当及时健全节能管理制度,落实节能措施,提高能源利用效率。

第六章 激励措施

第三十六条 市和区、县人民政府应当在节能专项资金中安排建筑节能资金,用于下列活动:

(一)奖励优于现行建筑节能标准的民用建筑示范项目;

(二)住宅节能改造等既有民用建筑节能改造项目;

(三)可再生能源建筑应用的推广;

(四)推进建筑节能的其他活动。

建筑节能资金的使用、管理办法,由市建设行政管理部门会同市发展改革、财政部门另行制定。

第三十七条 国家机关办公建筑节能改造费用应当列入本级人民政府的财政预算,并按照财政预算严格执行。

居住建筑和公益性公共建筑的节能改造,由政府给予适当补贴。

第三十八条 民用建筑节能项目依法享受税收优惠。

鼓励金融机构按照国家规定,对民用建筑节能项目提供信贷支持。

第三十九条 市和区、县人民政府应当制定优惠政策,引导社会资金参与可再生能源建筑应用、既有民用建筑节能改造及民用建筑示范项目等。

第四十条 建设工程中需要采用没有相应标准的建筑节能新技术、新工艺、新材料的,由市建设行政管理部门组织有关专家、专业机构等进行技术论证;经论证符合节能要求及质量安全标准的,可以在该建设工程中使用。

建筑节能新技术、新工艺、新材料技术条件成熟的,可以按法定程序纳入地方建筑节能标准。

第四十一条 市建设行政管理部门应当做好合同能源管理的宣传和推广工作,并在本市建筑能耗监管信息系统上为从事合同能源管理的企业发布信息,提供服务。

鼓励社会资金以合同能源管理方式投资既有民用建筑节能改造。

采用合同能源管理方式实施既有民用建筑节能改造的,建筑节能服务机构可以根据国家和本市有关规定,享受资金支持、税收优惠和融资服务等。

第四十二条 鼓励建设单位根据节能、节水、节材、节地、环保和节能运行管理的要求，建造优于现行建筑节能标准的绿色建筑，申报国家绿色建筑评价标识。

第七章 法律责任

第四十三条 违反本条例的行为，法律、法规有处罚规定的，从其规定。

第四十四条 违反本条例规定，建设单位有下列情形之一的，由市建管办或者区、县建设行政管理部门按照下列规定进行处罚：

（一）违反第十一条第二款、第三款规定，未安装规定的太阳能热水系统或者可再生能源利用系统的，责令限期改正，可处五万元以上五十万元以下的罚款；

（二）违反第十三条第一款规定，明示或者暗示设计单位、施工单位违反民用建筑节能强制性标准进行设计、施工的，或者擅自变更施工图设计文件中的建筑节能设计内容的，责令限期改正，处二十万元以上五十万元以下的罚款；

（三）违反第二十条第一款规定，未在建设项目施工或者销售现场公示建筑节能信息的，责令限期改正；逾期不改正的，处一万元以上三万元以下的罚款。

第四十五条 违反本条例第十四条规定，设计单位未按照民用建筑节能法律、法规或者强制性标准进行设计的，由市建管办责令限期改正，处十万元以上三十万元以下的罚款；情节严重的，由市建设行政管理部门根据有关规定，责令停业整顿，降低资质等级或者吊销资质证书；造成损失的，依法承担赔偿责任。

第四十六条 违反本条例第十五条第二款规定，施工图设计文件审查机构出具虚假审查报告的，由市建管办责令限期改正，可处三万元罚款；有违法所得的，没收违法所得；情节严重的，由市建设行政管理部门根据有关规定，撤销对审查机构的认定。

第四十七条 违反本条例第十六条第二款规定，工程质量检测机构有下列情形之一的，由市建管办责令限期改正；逾期不改正的，处一万元以上三万元以下的罚款：

（一）未按照建筑节能标准进行检测的；

（二）未将检测数据实时录入建设工程检测监管信息系统的；

（三）未通过建设工程检测监管信息系统出具检测报告的；

（四）出具虚假检测报告的。

第四十八条 违反本条例规定，施工单位有下列情形之一的，由市建管办或者区、县建设行政管理部门按照下列规定进行处罚：

（一）违反第十八条第一款规定，使用不合格的节能建设工程材料的，责令限期改正，可处二万元以上二十万元以下的罚款；对主管人员和直接责任人员处五千元以上五万元以下的罚款；

（二）违反第二十二条第二款规定，未采取措施以致施工能耗不符合施工能耗标准的，可处一万元以上十万元以下的罚款；

（三）违反第二十二条第三款规定，未按规定建立施工能耗数据台帐或者做好数据分析报告的，责令限期改正，可处一万元以上三万元以下的罚款。

第四十九条 市建设行政管理部门、市建管办、区县建设行政管理部门以及相关行政管理部门的工作人员违反本条例规定，有下列情形之一的，由其所在单位或者上级主管部门依法给予行政处分；构成犯罪的，依法追究刑事责任：

（一）违法实施行政许可或者行政处罚的；

（二）未按照本条例规定履行监督检查职责的；

（三）发现违法行为不及时查处，或者包庇、纵容违法行为，造成后果的；

（四）其他玩忽职守、滥用职权、徇私舞弊的行为。

第八章 附则

第五十条 本条例中有关用语的含义：

（一）民用建筑，是指非生产性的居住建筑

和公共建筑，包括住宅、办公楼、学校、商店、旅馆、医院等；

（二）工业建筑，是指生产用的各种建筑物，包括车间、生活间、库房等；

（三）城市基础设施，是指城市生存和发展所必须具备的工程性基础设施和社会性基础设施的总称，包括道路、隧道、桥梁、轨道交通、供排水、园林绿化、水利、港口等建设工程；

（四）大型公共建筑，是指单体建筑面积在二万平方米以上的公共建筑；

（五）能效测评，是指对反映建筑能源消耗量及其用能系统效率等性能指标进行检测、计算，并给出其所处的水平；

（六）见证取样检测，是指在建设单位、监理单位人员的见证下，由施工单位的试验人员按照有关技术标准、规范的规定，在施工现场从检测对象中抽取检测样品，并送至具备检测资质的检测机构进行检测的活动；

（七）绿色建筑，是指在建筑的全寿命周期内，最大限度地节约资源（节能、节地、节水、节材）、保护环境和减少污染，为人们提供健康、适用、高效的使用空间，与自然和谐共生的建筑。

第五十一条 鼓励农村村民个人建设住房和临时建筑采用建筑节能措施。

第五十二条 本条例自2011年1月1日起施行。

上海市社会治安综合治理条例

（2010年11月11日上海市第十三届人民代表大会常务委员会第二十二次会议通过）

第一章 总 则

第一条 为了加强社会治安综合治理，维护治安秩序和社会稳定，促进社会主义和谐社会建设，根据《全国人民代表大会常务委员会关于加强社会治安综合治理的决定》和有关法律、行政法规的规定，结合本市实际，制定本条例。

第二条 本市行政区域内的国家机关、社会团体、企业事业单位等组织和公民开展或者参与社会治安综合治理工作，适用本条例。

第三条 社会治安综合治理是全社会的共同任务。

各级人民政府应当动员和组织各方面力量，运用政治的、法律的、行政的、经济的、文化的、教育的等多种手段，加强社会建设，创新社会管理，开展平安创建活动，预防和减少违法犯罪，预防和化解社会矛盾，保障社会和谐稳定。

第四条 社会治安综合治理坚持惩治与预防违法犯罪相结合和专门机关工作与群防群治相结合的方针，实行谁主管谁负责和属地管理的原则。

第五条 各级人民政府应当加强对社会治安综合治理工作的领导，建立健全社会治安综合治理工作机构，并将社会治安综合治理工作经费列入本级财政预算。

市和区、县人民政府应当将社会治安综合治理工作纳入本行政区域国民经济和社会发展规划以及年度工作计划。

社会治安综合治理委员会（以下简称综治委）具体负责组织实施本地区、本系统的社会治安综合治理工作。

第六条 社会治安综合治理实行目标管理责任制。

上级人民政府应当与下级人民政府签订社会治安综合治理目标责任书，市和区、县综治委应当与相关成员单位签订社会治安综合治理目标责任书,系统综治委应当与所属单位签订社会治安综合治理目标责任书。

国家机关、社会团体、企业事业单位等组织的法定代表人或者主要负责人,为本地区、本系统、本单位的社会治安综合治理责任人。

第二章 组织机构与职责

第七条 市和区、县综治委履行下列职责:

(一)宣传、贯彻执行社会治安综合治理的方针、政策和有关的法律、法规;

(二)编制本地区社会治安综合治理的规划草案;

(三)制定并组织实施本地区社会治安综合治理的工作计划和方案;

(四)组织、协调、指导、督查本地区的社会治安综合治理工作,落实目标管理责任制;

(五)总结推广社会治安综合治理的经验和做法,根据有关规定表彰先进单位和个人;

(六)办理社会治安综合治理的其他事项。

第八条 乡镇、街道综治委履行下列职责:

(一)贯彻执行上级关于社会治安综合治理的工作部署,制定和实施本地区社会治安综合治理工作计划和方案;

(二)建立健全本地区社会治安综合治理的工作体系,加强本地区群防群治组织的队伍建设,协调、指导各单位、居(村)民委员会的社会治安综合治理工作;

(三)组织开展本地区突出矛盾纠纷和突出社会治安问题的排查,协调有关部门进行调处和治理;

(四)组织落实本地区社区矫正、刑满释放、解除劳教、社区戒毒等人员的帮教、管理和服务工作;

(五)协助开展本地区国家安全、反邪教、反恐怖、社区安全的宣传教育和其他相关工作;

(六)协调有关部门和社会组织加强对本地区青少年的教育和服务,预防青少年违法犯罪;

(七)协助有关部门落实对实有人口和房屋信息采集、管理的各项措施;

(八)办理社会治安综合治理的其他事项。

第九条 本市宣传、教育和卫生、科技、建设交通、金融、经济和信息化、国有资产等系统设立的综治委应当根据市或者区、县综治委的要求,完善本系统社会治安综合治理的工作体系,做好社会治安综合治理工作,指导并督促所属单位参与所在地区社会治安综合治理。

第十条 市和区、县综治委可以根据需要在治安情况复杂或者跨行政区划的重要区域,建立特定区域综治委,组织、协调该地区的社会治安综合治理工作。

区、县设立特定区域综治委应当报市综治委备案。

第十一条 各综治委成员单位应当根据综治委的工作部署,制定工作计划并组织实施,建立健全各项工作制度,在各自职责范围内,依法履行社会治安综合治理的各项职责,落实内部安全防范和教育管理措施,参与所在地区社会治安综合治理工作。

各综治委成员单位应当相互配合,形成合力。

第十二条 综治委办公室负责社会治安综合治理的日常工作。

第三章 工作任务

第十三条 人民法院、人民检察院、公安机关、国家安全机关、司法行政机关以及其他履行执法职责的机关,应当依法充分发挥在社会治安综合治理中的职能作用,及时查办审理刑事、治安和其他案件,惩治违法犯罪,维护社会治安。

第十四条 各级综治委应当加强对本地区社会治安形势的分析和评估,建立对社会治安问题和影响社会治安的突出矛盾纠纷进行排查的制度,组织、协调排查工作,对发现的治安问题和突出矛盾纠纷督促有关地区、单位及其责任人予以治理和调处。

各级综治委可以通过组织市民开展社会治

安巡访、建立治安信息员队伍、设立社会治安问题举报网站和电话等方式，发动群众参与对社会治安问题和矛盾纠纷的排查。

第十五条 乡镇、街道综治委应当动员组织本地区的单位和居民，在公安机关的指导下，维护地区社会治安秩序。

居(村)民委员会应当督促落实居(村)民住宅小区的安全防范措施，协助开展群众性安全防范工作。

物业服务企业应当协助公安机关维护其服务区域的治安秩序，并依照物业服务合同履行维护公共秩序的职责。

业主大会、业主委员会应当配合公安机关，与居委会相互协作，共同维护本居民区的社会治安。

第十六条 商业楼宇的业主、使用方、物业服务企业应当接受乡镇、街道综治委以及公安机关的指导，落实本楼宇社会治安综合治理的各项措施。

第十七条 国家机关、社会团体、企业事业单位，应当加强内部的治安防范，建立健全治安管理制度，落实安全责任，消除治安隐患。

第十八条 各级人民政府应当把社会治安技术防范体系建设纳入城乡建设规划，推广运用技术防范设施设备，完善社会治安技术防范网络。

公安机关、国家安全机关和政府有关部门应当加强配合，各负其责，根据国家有关规定严格执行技术防范建设项目的验收、维护标准，共同做好社会治安技术防范管理工作。

第十九条 公安机关以及房屋行政管理等部门和乡镇人民政府、街道办事处应当加强对实有人口和房屋的管理，落实和完善治安防范措施。

居(村)民委员会、业主委员会和物业服务企业应当协助做好实有人口和房屋的管理工作。

第二十条 公安机关、国家安全机关以及经济和信息化、文化广播影视、通信管理等部门应当依法加强对网络的监管，建立健全网络治安综合防控体系，预防和惩治涉及网络的违法犯罪行为。

网络接入单位、服务单位及上网服务场所应当依法履行安全管理责任。

第二十一条 各级人民政府在作有关社会和经济发展的重大决策时，应当开展社会稳定风险分析与评估，完善听证制度，建立利益相关方参与的协商机制，预防和减少社会矛盾纠纷。

第二十二条 各级人民政府应当建立公共应急体系，完善公共突发事件预警机制，制定应急预案，依法、稳妥处置各类公共突发事件，维护社会稳定。

第二十三条 市和区、县综治委的成员单位应当定期向同级综治委报告有关社会治安综合治理工作信息；对可能影响社会治安的重大事项以及需要综治委协调解决的其他事项，应当及时报告。

第二十四条 人民法院、人民检察院对在办理案件中发现的社会治安隐患和问题，应当及时向有关部门或者单位提出司法建议、检察建议。有关部门或者单位应当认真研究办理，并反馈结果。

第二十五条 各级信访工作机构在受理来信来访中，发现可能影响社会治安的信访事项，应当及时向相关部门和单位反馈，并会同、督促相关部门和单位妥善处理，有效化解社会矛盾和纠纷。

第二十六条 各级综治委应当协调有关部门，建立以人民调解为基础，综合运用人民调解、行政调解、仲裁调解和司法调解化解矛盾纠纷的工作机制。

本市鼓励设立区域性和行业性人民调解组织，鼓励社会组织和公民参与人民调解工作，鼓励当事人通过调解方式解决各类矛盾纠纷。

第二十七条 公安机关、司法行政机关应当加强对管制、缓刑、假释、暂予监外执行以及剥夺政治权利并在社会上服刑人员的刑罚执行工作，健全制度、规范管理、严格执法，并指导居(村)民委员会以及专业社会组织协助开展社区矫正的相关工作。

第二十八条 乡镇、街道综治委及其相关成员单位应当组织居(村)民委员会、专业社会组织和志愿者队伍，开展对刑满释放、解除劳教、社区戒毒等人员的帮助教育、职业培训、就业指导等工作，预防和减少重新违法犯罪。

第二十九条 各级人民政府应当制定相应的政策和目标要求，营造有利于青少年健康成长的社会环境，维护青少年的合法权益。

各级综治委应当组织、协调有关部门加强对青少年的帮助、教育和服务，预防青少年违法犯罪。

各级综治委应当组织、协调有关部门加强学校及周边地区的社会治安综合治理工作，维护校园及周边的治安秩序。

教育等部门应当督促学校落实各项安全措施，加强校园安全防范，对学生开展法制和安全防范教育。

第三十条 各级人民政府应当将社会治安综合治理相关法律法规的宣传纳入法制宣传教育规划。

司法行政、文化广播影视、新闻出版等部门和新闻媒体，应当加强社会治安综合治理的法制宣传教育。

人民法院、人民检察院、公安机关和国家安全机关等部门，应当结合办理案件，向社会开展法律法规宣传。

各单位、各社会组织应当对本单位人员进行法制宣传教育，增强法治意识。

第四章 社会参与

第三十一条 社会组织、企业事业单位应当承担社会责任，参与所在地区社会治安综合治理。

各级人民政府应当鼓励、支持社会组织、企业事业单位以各种形式参与社会治安综合治理。

第三十二条 依法成立的参与禁毒、社区矫正、社会帮教等社会治安综合治理工作的社会组织应当建立健全专业社会工作者的聘用、管理、考核、激励机制。

各级人民政府可以通过购买服务等方式委托相关社会组织开展工作。

本市鼓励企业事业单位等以多种方式支持相关社会组织开展工作。

第三十三条 各类保安组织应当接受公安机关的指导和管理，完善岗位职责要求，加强技能培训，协助维护社会治安秩序。

保安人员应当遵守职业操守，熟悉业务技能，履行岗位职责。

第三十四条 鼓励公民积极参与社会治安综合治理活动，加强自身和家庭的安全防范，保持和谐的家庭和邻里关系，共同维护社会治安秩序。

各级综治委应当加强对平安建设志愿者的指导和服务保障。平安建设志愿者应当履行志愿服务承诺，积极参与维护社会治安秩序的志愿服务活动。

第三十五条 对为了国家利益、公共利益或者他人的人身、财产安全，制止违法犯罪、协助有关机关惩治违法犯罪活动等见义勇为行为，应当按照市人民政府的有关规定予以奖励和保护。

第五章 考核与奖惩

第三十六条 各级综治委对社会治安综合治理目标责任制的落实情况进行考核、监督和检查，考核、检查结果纳入综治工作实绩档案，并报同级人民政府或者政府主管部门确认。

第三十七条 市和区、县综治委对社会治安综合治理和平安建设工作作出突出贡献的单位和个人，进行表彰和奖励。

第三十八条 对于不履行或者不正确履行社会治安综合治理职责的，以及存在社会治安重大隐患的地区、单位，由所在地综治委或者系统综治委发限期整改通知书，责令限期整改。

地区、单位收到限期整改通知书后，在规定期限内未整改的，由所在地综治委或者系统综治委给予通报批评。

第三十九条 地区、单位直接负责的主管人员和其他直接责任人员不履行或者不正确履行社会治安综合治理职责，造成本地区、本单位治安秩序混乱或者严重后果的，所在地综治委或者系统综治委应当建议行政监察机关或者相关主管部门依法给予纪律处分或者行政处罚；构成犯罪的，依法追究刑事责任。

第六章　附　　则

第四十条　本条例自2011年3月1日起施行。1991年8月16日上海市第九届人大常委会第二十八次会议审议通过的《上海市人大常委会关于加强社会治安综合治理的决定》、1992年4月11日上海市第九届人民代表大会常务委员会第三十三次会议通过的《上海市社会治安防范责任条例》同时废止。

上海市城乡规划条例

（2010年11月11日上海市第十三届人民代表大会常务委员会第二十二次会议通过　根据2015年7月23日上海市第十四届人民代表大会常务委员会第二十二次会议《关于修改〈上海市建设工程材料管理条例〉等12件地方性法规的决定》修正）

第一章　总　　则

第一条　为了加强城乡规划管理，统筹城乡空间布局，改善人居环境，促进城乡经济社会全面协调可持续发展，根据《中华人民共和国城乡规划法》和有关法律、行政法规，结合本市实际，制定本条例。

第二条　本市城乡规划的制定、实施、修改、监督检查以及相关城乡建设活动，适用本条例。

第三条　制定和实施城乡规划，以建设经济繁荣、社会文明、环境优美的国际大都市和国际经济、金融、贸易、航运中心为目标，发挥城乡规划的指导、调控作用，坚持以人为本，综合考虑经济、社会、人口、资源和环境等城市发展要素，统筹城乡发展、区域发展、经济社会发展、人与自然和谐发展、国内发展和对外开放。

中心城规划的制定和实施，应当与人口疏解、功能提升、环境改善和景观优化相结合，增加公共绿地和公共空间，控制建筑容量和高层建筑。

郊区规划的制定和实施，应当促进城乡协调发展，合理确定郊区城镇布局和规模，重点发展新城和新市镇，引导郊区工业向工业园区集中、人口向城镇集中、土地向规模经营集中。

第四条　城乡规划的编制应当依据国民经济和社会发展规划，并与土地利用总体规划相衔接。

第五条　经依法批准的城乡规划，是城乡建设和规划管理的依据，未经法定程序不得修改。

任何单位和个人都应当遵守经依法批准并公布的城乡规划。

第六条　城乡规划工作实行统一领导、统一规划、统一规范、分级管理。

市人民政府领导全市城乡规划工作。区、县人民政府按照规定权限，负责本行政区域的城乡规划工作。

市规划行政管理部门负责本市城乡规划管理工作。区、县规划行政管理部门按照规定权限，负责本行政区域的城乡规划管理工作，业务上受市规划行政管理部门领导。

第七条　市人民政府设立市规划委员会。市规划委员会为议事协调机构，负责审议、协调城乡规划制定和实施中的重大事项，为市人民政府提供规划决策的参考依据。

城市总体规划和市人民政府审批的其他城

乡规划在报送审批前,其草案和意见听取、采纳情况应当经市规划委员会审议。

第八条 市和区、县人民政府应当每年向本级人民代表大会或者其常务委员会报告城乡规划的制定、修改、实施以及监督检查情况;遇有重要情况,应当及时报告。

第九条 各级人民政府和规划行政管理部门应当建立城乡规划工作的公众参与制度。城乡规划的制定、实施、修改,应当充分征求专家和公众的意见。

第十条 各级人民政府应当将城乡规划的编制和管理经费纳入本级财政预算。

市规划行政管理部门应当建立和完善城乡规划管理的技术规范,为城乡规划管理提供技术支撑。

第十一条 市和区、县规划行政管理部门应当建立统一的信息公开平台,除依法不得公开的内容外,城乡规划方面的政府信息应当公开。

市规划行政管理部门应当建立规划管理信息系统,实现与有关行政管理部门之间的信息共享,提高城乡规划管理工作的效能。

第二章 城乡规划的制定

第十二条 城乡规划按照以下规定组织编制:

(一)本市行政区域内编制城市总体规划;

(二)在城市总体规划的基础上,中心城区域内编制分区规划,郊区区域内编制郊区区、县总体规划;

(三)在中心城分区规划的基础上编制单元规划,在郊区区、县总体规划的基础上编制新城、新市镇总体规划;

(四)在单元规划的基础上编制控制性详细规划,在新城、新市镇总体规划的基础上编制控制性详细规划和村庄规划;为了实施控制性详细规划,可以编制修建性详细规划。

黄浦江沿岸地区、苏州河沿岸地区、佘山国家旅游度假区、淀山湖风景区等市人民政府确定的特定区域,在相关城乡规划的基础上编制单元规划和控制性详细规划。

第十三条 城市总体规划由市人民政府组织编制,报国务院审批。城市总体规划报送审批前,应当经市人民代表大会常务委员会审议,常务委员会组成人员的审议意见交由市人民政府研究处理。市人民政府应当向市人民代表大会常务委员会报告对审议意见的采纳情况,未采纳的,应当说明理由。

编制城市总体规划,应当明确中心城分区规划和郊区区、县总体规划的编制范围和编制要求。

第十四条 中心城分区规划由市规划行政管理部门会同相关区人民政府组织编制,报市人民政府审批。

郊区区、县总体规划,由区、县人民政府会同市规划行政管理部门组织编制,报市人民政府审批。郊区区、县总体规划报送审批前,应当经区、县人民代表大会常务委员会审议,常务委员会组成人员的审议意见交由区、县人民政府研究处理。区、县人民政府应当向区、县人民代表大会常务委员会报告对审议意见的采纳情况,未采纳的,应当说明理由。

行政区域跨中心城和郊区的,其位于中心城范围内的区域纳入中心城分区规划编制范围,编入分区规划的部分并入本行政区的总体规划。该总体规划在报送审批前,应当按照前款规定经区人民代表大会常务委员会审议。

中心城分区规划应当明确单元规划的编制范围和编制要求。郊区区、县总体规划应当明确城镇规划区和村庄规划区,划分新城、新市镇总体规划的范围,明确编制要求。

第十五条 中心城单元规划以及市人民政府确定的特定区域单元规划,由市规划行政管理部门会同相关区、县人民政府组织编制,报市人民政府审批。

新城、新市镇总体规划,由区、县人民政府会同市规划行政管理部门组织编制,编制过程中,应当充分听取相关乡、镇人民代表大会的意见。新城、新市镇总体规划报送市人民政府审批前，应当经区、县人民代表大会常务委员会审议，常务委员会组成人员的审议意见交由区、县人民政府研究处理。区、县人民政府应当向区、县人民代表大会常务委员会报告对审议意见的采纳情况，未采纳的，应当说明理由。

中心城单元规划、特定区域单元规划和新城、新市镇总体规划应当明确控制性详细规划和村庄规划的编制范围和编制要求。

第十六条 中心城控制性详细规划和新城、新市镇控制性详细规划由区、县人民政府会同市规划行政管理部门组织编制，经市人民政府批准后，报市人民代表大会常务委员会备案。

市人民政府确定的特定区域控制性详细规划由市规划行政管理部门会同相关区、县人民政府组织编制，经市人民政府批准后，报市人民代表大会常务委员会备案。

第十七条 对规划区域内的建筑、公共空间的形态、布局和景观控制要求需要作出特别规定的，在编制或者修改控制性详细规划时，规划行政管理部门应当组织编制城市设计。城市设计的内容应当纳入控制性详细规划。

第十八条 规划行政管理部门可以依据控制性详细规划组织编制修建性详细规划。修建性详细规划不得违反控制性详细规划确定的强制性内容。

第十九条 村庄规划由乡、镇人民政府组织编制，经区、县人民政府批准后，报市规划行政管理部门备案。村庄规划在报送审批前，应当经村民会议或者村民代表会议讨论同意。

第二十条 禁止和限制建设的地域范围、建设用地规模、基础设施和公共服务设施用地、水源地和水系、基本农田和绿化用地、环境保护、自然与历史文化遗产保护以及防灾减灾要求等内容，应当作为城市总体规划的强制性内容。

相关部门在组织编制下一层次规划时，不得违背和变更上一层次规划确定的强制性内容，并应当对上一层次规划确定的强制性内容予以深化。

第二十一条 涉及城乡空间安排的各类专项规划由市有关专业管理部门会同市规划行政管理部门组织编制，经批准后纳入相应的城乡规划。

专项规划由法律、法规、规章规定的审批机关审批；法律、法规、规章规定由国务院有关部门审批的，应当先经市人民政府审核。法律、法规、规章未规定审批机关的，由市人民政府审批。

第二十二条 城乡规划组织编制机关委托相关单位承担城乡规划具体编制工作的，受委托的单位应当具有相应资质等级。

编制城乡规划必须遵守国家和本市有关法律、法规、技术规范和标准，并综合考虑地质灾害影响评价、环境影响评价和交通影响评价等结论。

第二十三条 城乡规划编制过程中，组织编制机关应当采取论证会、座谈会等方式征求专业单位和专家的意见，并根据意见对城乡规划草案予以修改完善。

城乡规划报送审批前，组织编制机关应当将城乡规划草案予以公示，并采取论证会、听证会或者其他方式，征求专家和公众意见。城乡规划草案公示时间不得少于三十日，公示的时间、地点以及意见征集方式应当在本市有关政府网站或者新闻媒体上予以公告。组织编制机关应当充分考虑专家和公众的意见，并在报送审批的材料中附具意见采纳情况及理由。

城乡规划经批准后，组织编制机关应当在有关政府网站上对公众意见的采纳情况予以分类答复。

第二十四条 城乡规划经批准后二十日内，组织编制机关应当通过政府网站或者其他途径将城乡规划向社会公布，但依法不予公开的除外。

任何单位和个人可以依法查阅经批准的城乡规划，组织编制机关应当为查阅提供便利。

第三章　城乡规划的实施

第二十五条 市和区、县人民政府应当根据本地经济社会发展水平，量力而行，尊重群众意愿，按照先规划、后建设的原则，实施城乡规划。

城乡建设和发展应当合理确定建设规模和时序，优先安排基础设施和公共服务设施的建设，严格保护自然资源、生态环境、城乡历史风貌和文物，体现地方特色，创造良好的城乡公共空间和生活环境。

城乡建设和发展应当注重地下空间的开发与综合利用，遵循统一规划、分层开发、合理利用的原则，充分考虑防灾减灾、人民防空等需要，与地面设施建设相结合。

第二十六条 市人民政府应当根据城市总体规划、土地利用总体规划和年度计划以及国民经济和社会发展规划，制定近期建设规划，报国务院备案。

近期建设规划以重要基础设施、公共服务设施和保障性住房建设以及生态环境保护为重点内容，明确近期建设的时序、发展方向和空间布局。近期建设规划的规划期限为五年。

市和区、县土地储备、土地供应和相关建设活动应当与近期建设规划相协调。

第二十七条 建设项目应当符合经批准的控制性详细规划或者村庄规划，以及规划管理技术规范和标准的要求。

实施规划许可，应当遵循便民的原则，提高办事效率。

第二十八条 下列建设项目的规划许可，由市规划行政管理部门负责实施：

（一）《上海市历史文化风貌区和优秀历史建筑保护条例》规定由市规划行政管理部门审批的建设项目；

（二）黄浦江和苏州河两岸（中心城内区段）、佘山国家旅游度假区、淀山湖风景区内的建设项目；

（三）全市性、系统性的市政建设项目；

（四）保密工程、军事工程等建设项目；

（五）市人民政府指定的其他区域的建设项目。

前款规定范围以外建设项目的规划许可，由所在区、县规划行政管理部门负责实施。

第二十九条 按照国家规定需要有关部门批准或者核准的建设项目，以划拨方式提供国有土地使用权的，建设单位在报送有关部门批准或者核准前，应当申请核发选址意见书，核定规划条件。规划行政管理部门受理申请后，应当在三十个工作日内作出决定。

建设单位在选址意见书核发后满六个月仍未取得建设用地规划许可证的，可以向规划行政管理部门申请延期，由规划行政管理部门决定是否准予延续。未申请延期的，选址意见书自行失效。

第三十条 以出让方式提供建设用地的，在相关部门按照各自职责提出出让条件的同时，规划行政管理部门应当依据控制性详细规划提出出让地块的规划条件，作为出让合同的组成部分。

第三十一条 除本条例第二十九条、第三十条规定外的建设项目，建设单位或者个人应当向规划行政管理部门申请核定规划条件，规划行政管理部门应当在三十个工作日内核定规划条件。

建设单位或者个人在规划条件核定后满六个月仍未取得建设工程规划许可证、乡村建设规划许可证的，可以向规划行政管理部门申请延期，由规划行政管理部门决定是否准予延续。未申请延期的，核定规划条件的文件自行失效。

第三十二条 以划拨方式提供国有土地使用权的建设项目，经有关部门批准、核准或者备案后，建设单位应当申请办理建设用地规划许可证。规划行政管理部门受理申请后，应当在三十个工作日内作出决定。

建设单位在申请前款规定的建设用地规划许可证时，可按照规定同步申请办理建设用地批准手续。

第三十三条 以出让方式取得国有土地使用权的建设项目，在签订国有土地使用权出让合同后，建设单位应当向规划行政管理部门申请办理建设用地规划许可证。规划行政管理部门受理申请后，应当在五个工作日内作出决定。

第三十四条 下列建设项目，建设单位或者个人应当按规定申请办理建设工程规划许可证或者乡村建设规划许可证：

（一）新建、改建、扩建建筑物、构筑物、道路或者管线工程；

（二）需要变动主体承重结构的建筑物或者构筑物的大修工程；

（三）市人民政府确定的区域内的房屋立面改造工程。

第三十五条 在国有土地上进行建设的，建设单位或者个人应当向规划行政管理部门申请办理建设工程规划许可证。

申请办理建设工程规划许可证，应当提交使用土地的有关证明文件、建设工程设计方案等材料；规划行政管理部门应当在三十个工作日内提出建设工程设计方案审核意见。经审定的建设工程设计方案的总平面图，规划行政管理部门应当予以公布。

建设单位或者个人应当根据经审定的建设工程设计方案编制建设项目施工图设计文件，并在建设工程设计方案审定后六个月内，将施工图设计文件的规划部分提交规划行政管理部门。符合经审定的建设工程设计方案的，规划行政管理部门应当在收到施工图设计文件规划部分后的二十个工作日内，核发建设工程规划许可证。

建设单位或者个人在建设工程规划许可证核发后满六个月仍未开工的，可以向规划行政管理部门申请延期，由规划行政管理部门决定是否准予延续。未申请延期的，建设工程规划许可证自行失效。国有土地使用权出让合同对开工时间另有约定的，从其约定。

第三十六条 在集体土地上进行农村村民个人住房建设的，村民应当向村民委员会提出个人建房申请。村民委员会受理后，应当在本村公示三十日。村民委员会同意建设的，应当将建房申请报乡、镇人民政府，由区、县规划行政管理部门委托乡、镇人民政府核发乡村建设规划许可证。

在集体土地上进行前款规定外建设的，建设单位或者个人应当向乡、镇人民政府提出申请，由乡、镇人民政府报区、县规划行政管理部门核发乡村建设规划许可证。

乡村建设规划许可的实施程序，按照本条例第三十五条规定执行。

第三十七条 建设项目可能对相邻居住环境或者对公共利益产生影响的，规划行政管理部门应当按照规定会同建设项目所在地的街道办事处或者乡、镇人民政府进行建设工程设计方案公示，但依法不予公开的除外。建设工程设计方案公示期限不得少于十日。规划行政管理部门应当充分考虑公众的意见，并对采纳情况予以分类答复。公示和意见反馈时间不计入建设工程设计方案审核时限。

建设工程设计方案公示应当包括建设用地范围、用地面积、规划用地性质、建筑面积、容积率等规划设计指标，以及公示期限、反馈意见的期限和途径等内容。

第三十八条 下列建设项目免予建设工程设计方案审核：

（一）临时项目、建制镇个人建房和简棚屋建房等零星项目，其他建筑面积五百平方米以下的建设项目，但可能严重影响居民生活的建设项目除外；

（二）规划工业区块内的标准厂房、普通仓库、高度8米以下的单层工业厂房、非危险品专业仓库等规划行政管理部门确定可以免于审核的建设项目；

（三）变动主体承重结构的建筑物或者构筑物大修工程，但文物保护单位和优秀历史建筑除外；

（四）法律、法规、规章规定可以免予建设工程设计方案审核的其他建设项目。

免予建设工程设计方案审核的建设项目，规划行政管理部门应当在核发选址意见书或者核定规划条件时一并告知建设单位或者个人。

第三十九条 需要临时使用国有建设用地进行建设的，建设单位应当申请临时建设用地规划许可证。规划行政管理部门受理申请后，应当在二十个工作日内作出决定。经审核，建设用地不影响控制性详细规划和近期建设规划实施，以及公共卫生、公共安全、公共交通和市容景观的，核发临时建设用地规划许可证。

建设单位在申请临时建设用地规划许可证时，可按照规定同步申请办理临时建设用地批准手续。

临时建设用地规划许可证的有效期与临时建设用地批准文件的期限一致。

第四十条 进行临时建筑物、构筑物、道路或者管线建设的，建设单位或者个人应当申请临时建设工程规划许可证。规划行政管理部门受理申请后，应当在二十个工作日内作出决定。经审核，临时建设不影响控制性详细规划和近期建设规划的实施，以及公共卫生、公共安全、公共交通和市容景观的，核发临时建设工程规划许可证。

临时建设工程规划许可证的有效期不超过两年，可以申请延期一次，但延期不超过一年。涉及临时建设用地的，临时建设工程规划许可证的有效期应当与临时建设用地批准文件的期限一致。

建设单位或者个人应当在临时建设工程规划许可证有效期届满前自行拆除临时建筑。

第四十一条 设计单位必须按照城乡规划、规划管理技术规范和标准以及规划行政管理部门提出的规划条件进行建设工程设计。

施工单位必须按照建设工程规划许可证、乡村建设规划许可证及其附图、附件的内容施工。

第四十二条 新建、改建、扩建建设项目现场放样后，建设单位或者个人应当按照规定通知规划行政管理部门复验，并报告开工日期。

规划行政管理部门应当进行现场检查，经复验无误后方可准予开工。规划行政管理部门应当在接到通知后的五个工作日内复验完毕。

第四十三条 建设单位或者个人完成基地内建筑、道路、绿化、公共设施等建设后，应当向规划行政管理部门提交竣工图和竣工测绘报告等资料，申请竣工规划验收。

规划行政管理部门受理申请后，应当在十五个工作日内验收完毕。经审核，建设项目按照规划许可的要求全面完成建设，并已拆除基地内临时建筑和不准予保留的旧建筑的，应当核发竣工规划验收合格证。不符合竣工验收条件的，不予通过验收并提出书面整改意见。

第四十四条 建设工程竣工验收后六个月内，建设单位或者个人应当按照规定向市或者区、县规划行政管理部门无偿报送有关建设工程竣工资料。

建设工程竣工资料的编制，应当符合国家和本市城市建设档案管理的有关规定。

第四十五条 建设单位、个人应当按照规划许可进行建设；确需变更的，必须向规划行政管理部门提出申请。规划行政管理部门受理后，应当会同相关部门进行审核。变更的内容不符合控制性详细规划或者村庄规划的，规划行政管理部门不得批准。

申请变更的内容涉及利害关系人利益的，规划行政管理部门应当通过听证会等方式听取利害关系人意见。

以出让方式提供建设用地，建设单位变更出让合同约定的规划条件的，应当先经出让人同意。

第四十六条 建筑物的使用应当符合建设工程规划许可证、乡村建设规划许可证或者房地产权证书载明的用途，不得擅自改变。

在建成区范围内，确因社会经济发展、产业布局调整、城市区域功能调整而需要改变一定区域内建筑物使用性质的，必须符合控制性详细规划的建设用地适建范围规定；涉及需要修改控制性详细规划的，按照控制性详细规划修改程序执行。

第四章 城乡规划的修改

第四十七条 城市总体规划、郊区区、县总体规划的组织编制机关应当组织有关部门和专家对总体规划的实施情况进行评估。评估工作五年至少进行一次，并采取论证会、听证会或者其他方式征求公众意见。组织编制机关应当向本级人民代表大会常务委员会和原审批机关提交评估报告，并附具征求意见的情况。

第四十八条 有下列情形之一的,组织编制机关方可按照规定的权限和程序修改城市总体规划,中心城分区规划和单元规划,郊区区、县总体规划,新城、新市镇总体规划,特定区域单元规划:

(一)所依据的城乡规划发生变更,并提出修改规划要求的;

(二)行政区划调整确需修改规划的;

(三)因国务院批准重大建设工程确需修改规划的;

(四)经评估确需修改规划的;

(五)城乡规划的审批机关认为应当修改规划的其他情形。

修改前款规定的城乡规划前,组织编制机关应当对原规划的实施情况进行总结,并向市或者区、县人民代表大会常务委员会和原审批机关报告。修改涉及城乡规划强制性内容的,应当先向原审批机关提出专题报告,经同意后,方可编制修改方案。

修改控制性详细规划的,组织编制机关应当对修改的必要性进行论证,采取听证会或者其他方式征求规划地段内利害关系人的意见,并向原审批机关提出专题报告,经原审批机关同意后,方可编制修改方案。

第四十九条 修改城乡规划,应当依照本条例第二章有关规定,履行听取意见、审议、报批、备案和公开等程序。

第五章 监督检查

第五十条 规划行政管理部门应当对下列情况进行监督检查:

(一)未经规划许可的建设用地和建设工程情况;

(二)规划许可的执行情况;

(三)按照规划建成和保留地区的规划控制情况;

(四)建设工程放样复验;

(五)建设工程竣工规划验收;

(六)建筑物的使用性质;

(七)应当监督检查的其他内容。

第五十一条 建设单位和个人应当按照规划许可的要求进行建设,并自觉接受规划行政管理部门的监督检查。被检查的单位和个人应当如实提供情况和必要的资料,不得拒绝和阻挠。

规划管理监督检查人员履行监督检查职责时,应当出示执法证件。

第五十二条 市人民政府应当对市规划行政管理部门和区、县人民政府的城乡规划工作进行监督检查。

市规划行政管理部门和区、县人民政府应当对区、县规划行政管理部门和乡、镇人民政府的城乡规划工作进行监督检查。

市规划行政管理部门可以采用信息系统监测、定期检查和专项检查等形式进行监督检查。

区、县规划行政管理部门违法审批建设项目的,由市规划行政管理部门撤销原审批决定,并责令改正。违法审批行为未改正前,暂停该区、县规划行政管理部门审批新的建设项目。在此期间,确需审批的新的建设项目,应当报市规划行政管理部门审批。

第五十三条 任何单位和个人都有权向规划行政管理部门或者其他有关部门举报或者控告违反城乡规划的行为。

规划行政管理部门或者其他有关部门对举报或者控告,应当按照规定予以受理,并进行核查、处理;核查、处理的结果,应当告知举报人或者控告人。

第五十四条 规划行政管理部门在查处违反本条例规定的行为时,发现国家机关工作人员依法应当给予行政处分的,应当向其任免机关或者监察机关提出处分建议。

第六章 法律责任

第五十五条 违反本条例规定的行为,法律、法规已有处罚规定的,从其规定。

第五十六条 区、县人民政府,乡、镇人民政府或者规划行政管理部门有下列行为之一的，由上级人民政府、上级规划行政管理部门或者监察机关依据职权责令限期改正，通报批评；对直接负责的主管人员和其他直接责任人员依法给予行政处分：

（一）违反法律、法规规定组织编制城乡规划的；

（二）违反法律、法规规定实施城乡规划的；

（三）未依职权查处违法建设或者接到举报、控告后不依法处理的。

规划行政管理工作人员玩忽职守、滥用职权、徇私舞弊，构成犯罪的，依法追究刑事责任。

第五十七条 对违反本条例第四十一条第一款规定造成违法建设的设计单位，由规划行政管理部门处以设计费百分之二十至百分之一百的罚款。

对违反本条例第四十一条第二款规定造成违法建设的施工单位，由规划行政管理部门处以施工管理费的百分之二十至百分之一百的罚款。

对违反本条例第四十一条规定造成违法建设的设计单位、施工单位及其直接责任人员，规划行政管理部门应当通报建设行政管理部门处理，并由建设行政管理部门将其违法行为记入信用档案。

第五十八条 未取得建设工程规划许可证或者未按照建设工程规划许可证的规定进行建设的，由规划行政管理部门责令停止建设；尚可采取改正措施消除对规划实施的影响的，限期改正，处建设工程造价百分之五以上百分之十以下的罚款；无法采取改正措施消除影响的，限期拆除，不能拆除的，没收实物或者违法收入，可以并处建设工程造价百分之十以下的罚款。

第五十九条 违反本条例第四十二条第一款规定，未通知规划行政管理部门复验而擅自开工建设的，由规划行政管理部门处二千元以下的罚款。

经复验不合格擅自开工建设或者未按放样复验要求施工，并造成后果的，按照第五十八条的规定予以处罚。

第六十条 违反本条例第四十四条第一款规定，未在建设工程竣工验收后六个月内向市或者区、县规划行政管理部门报送有关竣工资料的，由规划行政管理部门责令限期补报；逾期不补报的，处一万元以上五万元以下的罚款。

第六十一条 规划行政管理部门作出责令停止建设或者限期拆除的决定后，当事人不停止建设或者逾期不拆除的，由项目所在地区、县人民政府责令有关部门采取查封施工现场、强制拆除等措施。

第七章 附　　则

第六十二条 本条例下列用语的含义：

（一）中心城是指本市政治、经济、文化中心，其范围由城市总体规划确定。

（二）郊区是指中心城以外的区域。

（三）新城是指郊区一定区域范围内的重要集中城市化地区，一般是郊区各区、县人民政府所在地，郊区区、县政治、经济和文化中心，其范围由郊区区、县总体规划确定。

（四）新市镇是指郊区除新城以外，依托郊区各乡、镇历史基础和发展优势，在郊区一定区域范围内承载公共配套、社会服务等各项功能的集中城市化地区及其所服务的农村地区，其范围由郊区区、县总体规划确定。

（五）中心城分区规划是指城市总体规划确定的中心城内各分区的规划，其目标是落实城市总体规划对中心城内土地利用、人口分布、产业布局、基础设施和公共服务设施等提出的要求。

（六）中心城单元规划是指分区规划确定的各单元的规划，其目标是落实分区规划对编制控制性详细规划应确定的土地使用性质、建筑总量、基础设施和公共服务设施等内容提出的要求。

（七）控制性详细规划是指以单元规划或者新城、新市镇总体规划为依据，确定建设地区的土地使用性质和使用强度的控制指标，道路和工程管线控制性位置以及空间环境控制等要求的规划。

(八)修建性详细规划是指以控制性详细规划为依据所制定的、用以指导各项建筑和工程设施的设计和施工的规划设计。

第六十三条 本条例自2011年1月1日起施行。1995年6月16日上海市第十届人民代表大会常务委员会第十九次会议通过、1997年第一次修正、2003年第二次修正的《上海市城市规划条例》同时废止。

上海市职工代表大会条例

(2010年12月23日上海市第十三届人民代表大会常务委员会第二十三次会议通过 根据2017年11月23日上海市第十四届人民代表大会常务委员会第四十一次会议《关于修改〈上海市职工代表大会条例〉的决定》修正)

第一章 总 则

第一条 为了保障职工的民主权利,构建和谐稳定的劳动关系,促进职工和企业、事业单位以及民办非企业单位等组织共同发展,根据《中华人民共和国宪法》、《中华人民共和国劳动法》、《中华人民共和国工会法》、《中华人民共和国公司法》、《中华人民共和国劳动合同法》以及其他有关法律、行政法规,结合本市实际,制定本条例。

第二条 本市行政区域内的企业、事业单位以及民办非企业单位等组织(以下统称"企事业单位")建立和实施职工代表大会制度,适用本条例。

第三条 推进职工代表大会制度建设,应当坚持中国共产党的领导,促进劳动关系和谐发展。

第四条 企事业单位应当建立职工代表大会制度。

职工人数在一百人以上的企事业单位应当召开职工代表大会;职工人数不足一百人的企事业单位一般召开职工大会。

职工代表大会(或者职工大会,下同)是企事业单位实行民主管理的基本形式,是协调劳动关系的重要制度,是职工行使民主管理权力的机构。

职工代表大会应当充分发扬民主,实行少数服从多数的原则。

第五条 企事业单位应当保障职工代表大会依法行使职权,保障职工依法享有知情权、参与权、表达权和监督权。

职工通过职工代表大会依法参与企事业单位民主管理,支持企事业单位合法的生产经营和管理活动,维护自身合法权益。

企事业单位与本单位工会应当协商制定实行职工代表大会制度的具体办法,并纳入本单位的管理制度。

第六条 企事业单位的工会是职工代表大会的工作机构,承担职工代表大会的日常工作。

第七条 本市各级人民政府应当建立健全工作机制,通过与工会召开联席会议或者采取适当方式,推进本地区落实职工代表大会制度。

本市各级国有资产、教育、科技、文化、卫生等主管部门和人力资源社会保障等有关行政管理部门应当指导、督促、检查企事业单位实行职工代表大会制度。

第八条 上级工会、行业协会和相关企业联合组织应当指导和帮助企事业单位建立健全职工代表大会制度。

第二章 职 权

第九条 职工代表大会依法行使审议建议、审议通过、审查监督、民主选举、民主评议等职权。

第十条 下列事项应当向职工代表大会报告,接受职工代表大会审议,并通过职工代表大会听取职工的意见和建议:

(一)企事业单位的发展规划,年度经营管理情况和重要决策;

(二)企事业单位制订、修改、决定直接涉及职工切身利益的规章制度或者重大事项,以及改革改制中职工分流安置、经济补偿等劳动关系变更的方案;

(三)工会与企业就职工工资调整、经济性裁员、群体性劳动纠纷和生产过程中发现的重大事故隐患或者职业危害等事项进行集体协商的情况;

(四)职工代表大会工作机构的工作情况、联席会议协商处理的事项;

(五)国有、集体及其控股的企业、事业单位财务预决算等重要事项;

(六)法律法规规定或者企事业单位与工会协商确定应当向职工代表大会报告的其他事项。

企事业单位决定改制、合并、分立、搬迁、停产、解散、申请破产等重大问题,应当依照法律的规定,通过职工代表大会审议或者其他形式听取职工的意见和建议。

第十一条 下列事项应当向职工代表大会报告,并由职工代表大会审议通过:

(一)涉及劳动报酬、工作时间、休息休假、保险福利等事项的集体合同草案;

(二)工资调整机制、女职工权益保护、劳动安全卫生等专项集体合同草案;

(三)企事业单位因劳动关系变更方案引发群体性劳动纠纷,依照规定开展集体协商形成的专项集体合同草案;

(四)国有、集体及其控股企业的薪酬制度,福利制度,劳动用工管理制度,职工教育培训制度,改革改制中涉及的职工安置方案,以及其他涉及职工切身利益的重要事项;

(五)事业单位的职工聘任、考核奖惩办法,收益分配的原则和办法,职工生活福利制度,改革改制中涉及的职工安置方案,以及其他涉及职工切身利益的重要事项;

(六)法律法规规定或者企事业单位与工会协商确定应当提交职工代表大会审议通过的其他事项。

第十二条 下列事项应当向职工代表大会报告,并接受审查监督:

(一)职工代表大会提案办理情况;

(二)职工代表大会审议通过的重要事项落实情况;

(三)集体合同和专项集体合同履行情况;

(四)劳动安全卫生标准执行、社会保险费交缴、职工教育培训经费提取使用等情况;

(五)法律法规规定或者企事业单位与工会协商确定应当向职工代表大会报告并接受审查监督的其他事项。

第十三条 下列人员应当由职工代表大会民主选举产生:

(一)民主管理专门小组(委员会)成员;

(二)董事会和监事会中的职工代表;

(三)法律法规规定或者企事业单位与工会协商确定应当由职工代表大会民主选举产生的其他人员。

第十四条 下列人员应当接受职工代表大会的民主评议:

(一)董事会和监事会中的职工代表;

(二)国有、集体及其控股企业的高级管理人员,事业单位负责人,以及按照本市有关规定应当接受职工代表大会民主评议的其他人员;

(三)法律法规规定或者企事业单位与工会协商确定应当接受职工代表大会民主评议的其他人员。

第三章 职 工 代 表

第十五条 企事业单位的职工可以当选为

职工代表。

职工代表由职工民主选举产生，实行常任制，可以连选连任，任期与职工代表大会届期相同。

选举职工代表一般以分公司、分院(校)、部门、班组、科室等为选区。选举应当有选区全体职工三分之二以上参加，候选人获得选区全体职工半数以上赞成票方可当选。选举结果应当公布。

第十六条 职工代表的构成应当以一线职工为主体，中、高层管理人员不超过百分之二十，但跨地区、跨行业的大型集团型企业的比例可以适当提高。女职工代表比例一般与本单位女职工人数所占比例相适应。

教育、科技、文化、卫生等领域的企事业单位，职工代表应当以直接从事专业技术工作的人员为主体。

第十七条 职工代表的权利：

(一)在职工代表大会上，有选举权、被选举权、审议权和表决权；

(二)对涉及本单位发展和职工权益的重要事项有知情权、建议权、参与权和监督权；

(三)参加与职工代表履职相关的培训、检查等活动；

(四)因履职活动而占用生产、工作时间，按照正常出勤享受应得的待遇。

第十八条 职工代表的义务：

(一)学习、宣传有关法律法规和政策，提高自身素质，增强参与民主管理的能力，做好本职工作；

(二)联系选区职工，听取职工的意见和建议，表达职工的意愿和要求；

(三)执行职工代表大会决议，做好职工代表大会交办的各项工作；

(四)及时向选区职工通报参加职工代表大会活动和履行职责的情况，接受评议监督；

(五)模范遵守单位规章制度，保守商业秘密。

第十九条 职工代表出现缺额时，应当由原选区依照规定的民主程序及时补选。选举结果应当公布。

职工代表因无故不履行或者无法履行代表职责而被撤免的，应当经原选区全体职工半数以上同意。

第二十条 职工代表依法行使权利，任何组织和个人不得压制、阻挠和打击报复。

第四章 组织制度

第二十一条 企事业单位职工代表大会的职工代表名额，按照下列规定确定：

(一)职工人数在一百人至三千人的，职工代表名额以三十名为基数，职工人数每增加一百人，职工代表名额增加不得少于五名；

(二)职工人数在三千人以上的，职工代表名额不得少于一百七十五名；

(三)职工人数不足一百人，实行职工代表大会制度的，职工代表名额不得少于三十名。

职工代表大会可以根据需要设置列席代表。列席代表无表决权和选举权。

第二十二条 职工代表大会每届任期为三年至五年。职工代表大会因故需要延期换届的，延期时间不得超过一年。

职工代表大会每年至少召开一次会议。企事业单位、工会或者三分之一以上职工代表提议，可以召开职工代表大会。

第二十三条 职工代表大会选举产生的主席团主持会议，处理大会期间有关重大问题。

职工代表人数在三十人至一百人的，主席团可以设三至五人；职工代表人数在一百人以上的，主席团人数不得少于七人。主席团成员中，一线职工代表的比例不得少于百分之五十。

职工人数在三十人以下的，可以选举大会执行主席一人，主持召开职工大会。

第二十四条 职工代表大会可以设立若干民主管理专门小组(委员会)，组织职工代表开展民主管理专项活动，办理职工代表大会交办的有关事项。专门小组(委员会)负责人由职工代表担任。

第二十五条 职工代表大会闭会期间，除法律法规规定应当提交职工代表大会审议通过的事项外,对需要及时处理的重要事项,企事业单位可以召开职工代表大会联席会议进行协商处理,处理结果应当向下一次职工代表大会报告。

联席会议由工会负责召集,由职工代表团(组)长、民主管理专门小组(委员会)负责人、主席团成员、工会委员会委员参加。

第二十六条 企事业单位下属的分公司(厂)、分院(校)应当建立职工代表大会制度,行使与其管理权限相对应的职工民主管理权利。

第二十七条 职工代表大会的经费由企事业单位在管理费用中列支。

第五章 议事规则

第二十八条 职工代表大会须有全体职工代表三分之二以上出席,方可召开。

第二十九条 职工代表大会的议题和议程,由企事业单位与工会协商确定。

第三十条 提交职工代表大会审议和审议表决的书面材料,应当在职工代表大会召开的七日前送交职工代表;职工代表团(组)应当组织职工代表讨论,由工会及时汇总整理职工代表团(组)的意见和建议。

职工代表对涉及职工切身利益的重要事项意见分歧较大的,由企事业单位和工会根据职工代表意见进行协商修改后,提交职工代表大会再次审议。

第三十一条 职工代表大会审议通过事项,应采取无记名投票方式,并须获得全体职工代表半数以上赞成票方可通过。

第三十二条 职工代表大会审议通过的事项和决议应当在职工代表大会闭会后向全体职工公布。

第三十三条 法律法规规定应当提交职工代表大会审议的事项,未按照法定程序提交的,企事业单位的工会有权以书面形式要求纠正,企事业单位应当根据工会的要求予以纠正,并给予书面答复。

法律法规规定应当提交职工代表大会审议通过的事项,未按照法定程序提交审议通过的,企事业单位就该事项作出的决定对本单位职工不具有约束力。

第三十四条 职工代表大会在其职权范围内审议通过的事项对本单位以及全体职工具有约束力,未经职工代表大会重新审议通过不得变更。

第六章 工作机构

第三十五条 企事业单位的工会在职工代表大会筹备和召开期间,履行下列职责:

(一)组织开展职工代表的选举、撤换、培训等工作;

(二)做好职工代表大会文件的准备工作;

(三)提出职工代表大会主席团成员、民主管理专门小组(委员会)成员候选人建议名单,董事会、监事会中的职工代表候选人建议名单;

(四)代表职工与企事业单位开展集体协商,形成集体合同草案、专项集体合同草案和起草说明、集体协商情况的报告等;

(五)组织职工代表团(组)在会前和会中对提交职工代表大会审议和审议表决的事项进行讨论,汇总整理意见,并与企事业单位协商修改;

(六)负责职工代表大会其他筹备和组织工作。

第三十六条 企事业单位的工会在职工代表大会闭会期间,履行下列职责:

(一)动员职工执行职工代表大会决议,督促决议的落实和提案的办理;

(二)建立与职工代表的联系制度,受理职工代表的申诉和提案,维护职工代表的合法权益;

(三)组织职工代表、民主管理专门小组(委员会)开展提案、巡视检查、质量评估等日常民主管理活动;

(四)完成职工代表大会交办的其他工作。

第三十七条 企事业单位的工会应当在职工代表大会闭会之日起七个工作日内，将会议的有关情况报告上一级工会。

第七章 区域性、行业性职工代表大会

第三十八条 社区、产业园区、商业街区、商务楼宇等同一区域内的企业可以联合建立区域性职工代表大会。生产经营业务相同或者相近的企业可以联合建立行业性职工代表大会。

区域性、行业性职工代表大会的工作机构是区域、行业工会。

第三十九条 乡、镇人民政府和街道办事处应当积极推动实施区域性、行业性职工代表大会制度，支持和保障职工代表大会制度的正常运行，确定相关职能部门履行下列职责：

（一）组织、协调区域性、行业性职工代表大会制度的建立；

（二）指导、督促区域性、行业性职工代表大会落实本条例各项规定、行使各项职权；

（三）会同工会和企业联合组织等确定实施区域性、行业性职工代表大会制度的召集人和责任人；

（四）督促落实区域性、行业性职工代表大会决议；

（五）会同工会和企业联合组织依法对违反本条例规定的企业提出处理建议。

第四十条 区域性、行业性职工代表大会行使下列职权：

（一）听取区域、行业内企业执行劳动法律法规和政策情况报告，区域、行业劳动关系状况报告，并提出意见和建议；

（二）审议区域、行业内企业有关劳动报酬、工作时间、休息休假、劳动安全卫生、保险福利、职工培训，以及劳动定额等直接涉及职工切身利益的重大事项，提出意见和建议；

（三）审议通过区域性、行业性集体合同草案和专项集体合同草案；

（四）审查监督区域、行业内企业执行劳动法律法规和区域性、行业性职工代表大会决定事项的情况，履行区域性、行业性集体合同和专项集体合同及缴纳社会保险费等情况；

（五）其他应当由区域性、行业性职工代表大会行使的职权。

第四十一条 区域性、行业性职工代表大会的职工代表人数和构成，由区域、行业工会与区域、行业内企业协商确定，并根据实际设立选区，组织职工按比例民主选举产生职工代表。

区域性、行业性职工代表大会的职工代表总数不得少于三十人，其中企业经营管理者不得超过百分之三十，一线职工不得少于百分之五十。

第四十二条 区域性、行业性职工代表大会通过的集体合同、专项集体合同以及有关决议应当向全体职工公布。

第四十三条 区域性、行业性职工代表大会的组织制度、议事规则、工作机构的职责等参照企事业单位职工代表大会的有关规定实施。

第八章 监督检查和法律责任

第四十四条 市和区人力资源社会保障行政管理部门，同级工会和企事业单位代表，通过劳动关系三方协商机制，共同推进企事业单位建立健全职工代表大会制度。

第四十五条 市和区人力资源社会保障行政管理部门与同级工会对企业执行劳动保障法律法规情况开展联合监督检查时，应当检查企业实行职工代表大会制度的情况。

第四十六条 市和区总工会应当将企事业单位实行职工代表大会制度的情况纳入工会劳动法律法规监督检查的内容。对企事业单位违反本条例规定的行为，可以发出工会劳动法律监督整改意见书，要求企事业单位在九十日内予以改正。对企事业单位逾期不改正的，市和区总工会可以根据需要向同级国有资产、教育、科技、文化、卫生等主管部门和人力资源社会保障等行政管理部门提出工会劳动法律监督处理建议书。

对违反本条例规定引发群体性劳动纠纷的

企事业单位，以及工会开具劳动法律监督处理建议书的企事业单位，国有资产、教育、科技、文化、卫生等主管部门和人力资源社会保障等行政管理部门应当依法进行调查处理，督促企事业单位在三十日内予以改正。

对企事业单位逾期仍不改正的，由市总工会按照本市社会信用管理的相关规定将该信息纳入市公共信用信息服务平台。对违反劳动保障法律法规的，由人力资源社会保障行政管理部门依法作出行政处理。

第四十七条 企事业单位与工会因实施职工代表大会制度的事项发生争议，双方应当协商解决；协商不成的，提请上级工会与有关主管部门协调解决。

第四十八条 企事业单位违反本条例规定，有下列行为之一的，由市和区人民政府以及国有资产、教育、科技、文化、卫生等主管部门和人力资源社会保障等行政管理部门责令改正，对企事业单位法定代表人和有关责任人给予批评教育；拒不改正的，依法处理：

（一）阻挠建立职工代表大会制度的；

（二）妨碍职工代表大会依法行使职权的；

（三）应当提交职工代表大会审议和审议通过的事项，未按照法定程序提交，给职工造成损害的；

（四）擅自变更或者拒不执行职工代表大会决议并侵害职工权益的。

第四十九条 企事业单位法定代表人和其他管理人员对职工代表进行侮辱、诽谤或者以暴力、威胁等手段进行打击报复、人身伤害的，公安机关依法给予治安处罚；造成严重后果构成犯罪的，依法追究刑事责任。

企事业单位工会负责人不按照本条例规定履行职责，对职工权益造成损害的，由市和区、产业（局）工会责令限期改正，情节严重的，依法予以罢免。

第五十条 市和区人民政府有关部门及其工作人员违反本条例规定，玩忽职守、滥用职权、徇私舞弊的，由其所在单位或者上级主管部门依法给予行政处分；构成犯罪的，依法追究刑事责任。

第九章 附 则

第五十一条 本条例自2011年5月1日起施行。

上海市人民代表大会常务委员会关于废止本市部分地方性法规的决定

（2010年7月30日上海市第十三届人民代表大会常务委员会第二十次会议通过 2010年7月30日公布）

上海市第十三届人民代表大会常务委员会第二十次会议决定，废止下列法规：

一、上海市乡人民政府工作暂行条例（1989年1月28日上海市第九届人民代表大会常务委员会第六次会议通过）

二、上海市人民警察巡察条例（1993年7月7日上海市第十届人民代表大会常务委员会第三次会议通过，1997年10月21日上海市第十届人民代表大会常务委员会第三十九次会议修改）

三、上海市公证条例（1995年12月29日上海市第十届人民代表大会常务委员会第二十四次会议通过，1997年10月17日上海市第十届人民代表大会常务委员会第三十九次会议修改）

四、上海市外来流动人员管理条例（1996年9月26日上海市第十届人民代表大会常务委员会第三十次会议通过）

五、上海市居民同外国人、华侨、香港特别行政区居民、澳门地区居民、台湾地区居民婚姻登记和婚姻咨询管理若干规定（1998年11月5日上海市第十一届人民代表大会常务委员会第六次会议通过）

本决定自公布之日起施行。

上海市人民代表大会常务委员会关于修改本市部分地方性法规的决定

（2010年9月17日上海市第十三届人民代表大会常务委员会第二十一次会议通过　2010年9月17日公布）

上海市第十三届人民代表大会常务委员会第二十一次会议决定，对部分法规条款作如下修改：

一、对下列法规中引用的法律法规名称作出修改

（一）将下列法规中的"治安管理处罚条例"或者"《中华人民共和国治安管理处罚条例》"修改为"《中华人民共和国治安管理处罚法》"

1.《上海市水产养殖保护规定》第二十六条第一款；

2.《上海市保护和发展邮电通信规定》第四十三条第二款、第四十四条；

3.《上海市实施〈中华人民共和国水法〉办法》第四十二条、第四十五条第二款；

4.《上海市实施〈中华人民共和国野生动物保护法〉办法》第三十二条；

5.《上海市公园管理条例》第二十九条第二款；

6.《上海市征兵工作条例》第四十一条；

7.《上海市工会条例》第四十六条第三款；

8.《上海市红十字会条例》第二十四条第二款；

9.《上海市档案条例》第四十九条第二款；

10.《上海市文化娱乐市场管理条例》第三十七条；

11.《上海市测绘管理条例》第四十条；

12.《上海市价格管理条例》第三十七条；

13.《上海市滩涂管理条例》第三十条；

14.《上海市音像制品管理条例》第四十条第三款；

15.《上海市水路运输管理条例》第四十六条第一款；

16.《上海市老年人权益保障条例》第三十九条；

17.《上海市献血条例》第四十一条；

18.《上海市村民委员会选举办法》第二十六条；

19.《上海市市民体育健身条例》第二十六条第二款；

20.《上海市内河航道管理条例》第四十七条；

21.《上海市出版物发行管理条例》第二十六条；

22.《上海市防汛条例》第五十一条。

（二）将下列法规中的"《行政复议条例》"修改为"《中华人民共和国行政复议法》"

23.《上海市实施〈中华人民共和国农业技术推广法〉办法》第三十四条第一款；

24.《上海市价格管理条例》第三十六条第一款；

25.《上海市滩涂管理条例》第二十九条第

一款；

26.《上海市母婴保健条例》第五十一条第一款；

27.《上海市酒类商品产销管理条例》第二十五条第一款；

28.《上海市献血条例》第四十三条第一款；

29.《上海市地名管理条例》第四十一条第一款。

（三）将下列法规中的“《上海市滩涂管理暂行规定》”修改为“《上海市滩涂管理条例》”

30.《上海市实施〈中华人民共和国水法〉办法》第二十五条第二款。

二、对下列法规中关于审批、备案、年检或收费的规定作出修改

31. 删去《上海市水产养殖保护规定》第八条第三款。

32. 将《上海市水产养殖保护规定》第十一条第一款中的“渔政监督管理机构”修改为“渔业行政管理部门”。

33. 删去《上海市水产养殖保护规定》第十五条第二款。

34. 删去《上海市水产养殖保护规定》第十九条第二款中的“核发和注销捕捞许可证”。

35. 删去《上海市水产养殖保护规定》第二十二条第九项。

36. 删去《上海市文化娱乐市场管理条例》第十条第一项、第十一条第二项、第十二条第三项、第十七条第二款、第十八条第二款。

37. 删去《上海市文化娱乐市场管理条例》第十三条第一款中的“并经市文化行政管理部门考核，取得《演员证》”。

删去第二款中的“并向市文化行政管理部门提出申请，取得《演员证》”。

38. 删去《上海市文化娱乐市场管理条例》第十八条第一款中的“和无《演员证》的演出人员”。

39. 删去《上海市文化娱乐市场管理条例》第十九条中的“《上岗合格证》和《演员证》”。

40. 删去《上海市文化娱乐市场管理条例》第三十四条第一款第一项中的“《演员证》或者《上岗合格证》”。

删去第一款第二项。

删去第二款中的“或者《演员证》”。

41. 删去《上海市文化娱乐市场管理条例》第三十五条第一款第一项中的“和无《演员证》的演出人员”。

删去第一款第二项中的“《演员证》或者《上岗合格证》”。

删去第二款中的“或者《演员证》”。

42. 删去《上海市测绘管理条例》第十六条第一款。

43. 删去《上海市道路运输管理条例》第六条中的“道路货物运输代理经营”。

44. 删去《上海市道路运输管理条例》第二十三条第二款、第二十七条第三款。

45. 删去《上海市供水管理条例》第二十九条第一款、第四十一条第一款第五项。

46. 删去《上海市供水管理条例》第十五条。

删去第四十八条中的“自来水增容费的征收和使用”。

47. 删去《上海市排水管理条例》第二十一条第二款中的“其中对排水设施不致造成严重损害，经治理可以符合排水标准的，核发《临时排水许可证》”。

删去第二十二条第一款，第二十三条第二款、第三款。

删去第二十四条、第四十三条中的“或者《临时排水许可证》”。

48. 删去《上海市母婴保健条例》第十五条。

49. 删去《上海市音像制品管理条例》第十一条。

50. 删去《上海市殡葬管理条例》第十三条第二款。

51. 将《上海市殡葬管理条例》第二十条第一款、第二款合并为一款，修改为：“运至殡仪馆的遗体应当在十五日内火化，因特殊情况，经丧事承办人提出并说明理由，可以延期火化。丧事承办人自遗体运至殡仪馆之日起十五日内不办理火化手续，又不说明理由的，殡仪馆应当书面通知丧事承办人限期办理。”

52. 删去《上海市殡葬管理条例》第二十六条、第二十八条。

53. 删去《上海市殡葬管理条例》第三十条第二项中的“以及未取得殡葬设备、殡葬专用品批准书从事制造、销售的”。

54. 删去《上海市水路运输管理条例》第十五条第一款中的“本市非营业性水路运输单位临时从事市内营业性水路货物运输、旅客运输,应当向市航务处提出申请,经市水路运输行政管理部门批准”。

删去第二款。

55. 删去《上海市水路运输管理条例》第十六条。

删去第四十四条第一款第一项中的“第十六条”。

56. 删去《上海市水路运输管理条例》第十七条。

57. 删去《上海市建筑市场管理条例》第八条。

58. 删去《上海市建筑市场管理条例》第十二条、第五十七条。

59. 删去《上海市献血条例》第二十三条中的“经市卫生行政部门批准后”。

60. 删去《上海市计量监督管理条例》第十五条第二款。

61. 删去《上海市计量监督管理条例》第三十四条。

62. 将《上海市遗体捐献条例》第十条修改为:“开展遗体捐献接受工作的单位,受市红十字会委托后,方能开展遗体捐献接受工作。”

63. 将《上海市遗体捐献条例》第二十五条修改为:“违反本条例第二十条第一款规定的,由市卫生行政部门没收违法所得,并处违法所得三至五倍的罚款。”

64. 删去《上海市内河航道管理条例》第三十二条。

65. 删去《上海市内河航道管理条例》第四十五条中的“第三十二条第一款”、“内河航道养护费或者”。

66. 将《上海市内河航道管理条例》第二十二条第一款、第四款中的“市航务管理处”修改为“市航务管理处或者区县管理航道的部门”。

67. 删去《上海市精神卫生条例》第十五条第一款、第四十二条第二款。

68. 删去《上海市出版物发行管理条例》第六条第一款、第七条、第十条第二款、第十一条第一款、第十三条、第十五条第一款中的“出租”两字。

删去第二十四条第二款第一项。

69. 删去《上海市出版物发行管理条例》第十四条。

三、对下列法规中有关行政管理部门或行政执法主体称谓作出修改

70. 将《上海市实施〈中华人民共和国水法〉办法》第五条第二款中的“市、县(区)水利部门是同级人民政府的水行政主管部门”修改为“市、区县水务行政管理部门”。

将第五条、第七条、第八条、第十一条、第十二条、第十三条、第十六条、第十七条、第二十条、第二十一条、第二十二条、第二十三条、第二十四条、第二十九条、第三十七条、第三十八条、第三十九条、第四十三条、第四十四条、第四十五条、第四十八条中的“水利部门”修改为“水务行政管理部门”。

71. 将《上海市公园管理条例》第四条第一款中的“市人民政府园林管理部门(以下简称市园林管理部门)是本市公园行政主管部门”修改为“市绿化行政管理部门主管本市公园管理工作”。

将第四条、第五条、第六条、第八条、第十一条、第十二条、第十三条、第十四条、第二十条、第二十一条、第二十四条、第二十五条、第二十六条、第二十八条、第二十九条、第三十条、第三十一条、第三十三条、第三十四条中的“园林管理部门”修改为“绿化行政管理部门”。

72. 将《上海市城市道路管理条例》第四条第一款中的“上海市市政工程管理局(以下简称市市政局)是本市城市道路的行政主管部门”修改为“市建设行政管理部门主管本市城市道路管理工作”。

将第四条、第五条、第六条、第九条、第十三条、第十四条、第十六条、第二十一条、第二十三条、第二十五条、第三十三条、第三十六条、第三十八条、第三十九条、第四十条、第四十一条、第四十四条中的“市市政局”修改为“市建设行政管理部门”。

73.将《上海市道路运输管理条例》第三条第一款中的“上海市城市交通管理局(以下简称市交通局)是本市道路运输的行政主管部门”修改为“市交通行政管理部门主管本市道路运输管理工作”。

将第三条、第四条、第五条、第八条、第九条、第十三条、第十八条、第二十七条、第三十条、第三十七条中的“市交通局”修改为“市交通行政管理部门”。

74.将《上海市滩涂管理条例》第六条第一款中的“上海市水利局(以下简称市水利局)是本市开发利用滩涂的行政主管部门”修改为“市水务行政管理部门主管本市开发利用滩涂管理工作”。

将第七条、第十二条、第十五条、第十七条、第二十七条、第二十八条、第三十二条中的“市水利局”修改为“市水务行政管理部门”。

75.将《上海市音像制品管理条例》第六条第一款中的“上海市广播电影电视行政部门是本市音像制品经营活动的主管部门(以下称市音像制品行政管理部门)”修改为“市新闻出版行政管理部门(以下称市出版行政管理部门)是本市音像制品经营活动的主管部门”。

76.删去《上海市音像制品管理条例》第六条第二款。

77.将《上海市音像制品管理条例》第七条、第十条、第二十一条、第二十二条、第二十五条中的“市音像制品行政管理部门”修改为“市出版行政管理部门”。

78.将《上海市音像制品管理条例》第八条、第十条第二款、第十三条第二款、第三十七条、第三十八条、第四十一条、第四十二条中的“音像制品行政管理部门”修改为“市出版行政管理部门或者区、县主管音像制品的行政管理部门”。

79.将《上海市音像制品管理条例》第十条第一款第三项、第三十四条第一款中的“区、县音像制品行政管理部门”修改为“区、县主管音像制品的行政管理部门”。

将第三十五条、第三十六条第一款、第三十九条第二款中的“市或者区、县音像制品行政管理部门”修改为“市出版行政管理部门或者区、县主管音像制品的行政管理部门”。

80.将《上海市音像制品管理条例》第三十九条第一款中的“上海市影视音像管理处或者区、县音像制品行政管理部门”修改为“市出版行政管理部门或者区、县主管音像制品的行政管理部门”。

81.将《上海市酒类商品产销管理条例》第四条、第二十七条中的“市商业委员会”修改为“市商务行政管理部门”。

82.将《上海市水路运输管理条例》第三条第一款中的“上海市港口管理局”修改为“市港口行政管理部门”。

83.将《上海市建筑市场管理条例》第三条第一款中的“上海市建设和管理委员会(以下简称市建委)”修改为“市建设行政管理部门”。

将第七条、第九条、第十一条、第十二条、第三十五条、第三十六条、第三十九条、第五十条、第五十七条、第五十八条、第六十条、第六十五条中的“市建委”修改为“市建设行政管理部门”。

84.将《上海市燃气管理条例》第四条第一款中的“上海市市政工程管理局(以下简称市市政局)是本市燃气的行政主管部门”修改为“市建设行政管理部门主管本市燃气管理工作”。

将第四条、第六条、第七条、第九条、第十一条、第十二条、第十三条、第十六条、第十七条、第十八条、第二十一条、第三十一条、第三十二条、第三十八条、第四十一条、第四十三条、第四十六条、第四十八条、第五十条、第五十一条中的“市市政局”修改为“市建设行政管理部门”。

85.将《上海市房屋租赁条例》第五条第一款中的“上海市房地产管理部门是本市房屋租

赁的行政主管部门”修改为“市房屋行政管理部门主管本市房屋租赁管理工作”。

将第五条、第九条、第十一条、第四十七条、第四十八条、第四十九条、第五十条、第五十一条中的“房地产管理部门”修改为“房屋行政管理部门”。

86. 将《上海市人民代表大会常务委员会关于加强本市基础通信管线管理的决定》第二条中的“上海市信息化办公室（以下简称市信息办）是本市国民经济和社会的信息化的行政主管部门”修改为“市信息化行政管理部门主管本市国民经济和社会的信息化管理工作”。

将第三条、第四条中的“市信息办”修改为“市信息化行政管理部门”。

87. 将《上海市鼓励引进技术的吸收与创新规定》第五条第二款中的“上海市经济委员会（以下简称市经委）”修改为“市经济行政管理部门”。

将第八条、第九条、第十二条、第十五条、第十六条、第十七条、第十八条、第二十三条、第二十六条中的“市经委”修改为“市经济行政管理部门”。

88. 将《上海市计量监督管理条例》第三条第三款中的“市质量技术监督稽查大队”修改为“市质量技术监督稽查总队”。

将第三条第三款、第四十条、第四十一条中的“市质量技监稽查大队”修改为“市质量技监稽查总队”。

89. 将《上海市内河航道管理条例》第三条第一款中的“市城市交通管理局（以下简称市交通局）是本市内河航道的行政主管部门”修改为“市港口行政管理部门主管本市内河航道管理工作”。

将第九条、第十条、第十一条、第二十条、第二十六条、第三十三条、第四十条、第四十七条、第四十八条、第四十九条中的“市交通局”修改为“市港口行政管理部门”。

90. 将《上海市轨道交通管理条例》第四条第一款中的“上海市城市交通管理局（以下简称市交通局）是本市轨道交通的行政主管部门”修改为“市交通行政管理部门主管本市轨道交通管理工作”。

将第四条、第七条、第八条、第九条、第十五条、第十七条、第十八条、第二十条、第二十二条、第四十一条、第四十二条、第四十四条、第四十五条、第四十七条、第四十九条、第五十条中的“市交通局”修改为“市交通行政管理部门”。

91. 将《上海市历史文化风貌区和优秀历史建筑保护条例》第三条、第五条、第七条、第十条、第十一条、第十二条、第十三条、第十四条、第十八条、第二十二条、第二十三条、第二十四条、第二十五条、第二十六条、第二十七条、第三十条、第三十一条、第三十三条、第三十四条、第三十五条、第三十六条、第三十八条、第三十九条、第四十一条、第四十二条、第四十三条、第四十五条中的“房屋土地管理部门”修改为“房屋行政管理部门”。

92. 将《上海市古树名木和古树后续资源保护条例》第四条第一款中的“上海市绿化管理局（以下简称市绿化局）是本市古树、名木和古树后续资源保护的行政主管部门”修改为“市绿化行政管理部门主管本市古树、名木和古树后续资源保护管理工作”。

将第四条、第六条、第七条、第九条、第十条、第十一条、第十二条、第十三条、第十六条、第十八条、第十九条、第二十条、第二十三条、第二十四条、第二十五条、第二十七条、第二十八条中的“市绿化局”修改为“市绿化行政管理部门”。

93. 将《上海市新建住宅交付使用许可规定》第三条第一款中的“上海市房屋土地资源管理局（以下简称市房地资源局）”修改为“市房屋行政管理部门”。

将第三条、第四条、第六条、第七条、第八条、第九条、第十条中的“市房屋土地资源管理局”修改为“市房屋行政管理部门”。

94. 将《上海港口条例》第三条第一款中的“上海市港口管理局（以下称市港口行政管理部门）是上海港口管理的行政主管部门”修改为“市港口行政管理部门主管上海港口管理

工作”。

四、对下列法规中有关法律责任、期限及其他与上位法规定不一致的内容作出修改

（一）对下列法规中有关法律责任的规定作出修改

95. 删去《上海市国防教育条例》第十九条第一款第一项中的“或者处以五百元以下罚款”。

删去第三项中的“经教育不改的，可以酌情处以警告或者二百元以下罚款”。

将第四项中“由所在地的国防教育委员会酌情处以警告或者五百元以下罚款”修改为“由所在地国防教育委员会给予批评教育，并责令限期改正”。

96. 将《上海市实施〈中华人民共和国水法〉办法》第三十七条中的“可以并处一千元以上五万元以下罚款”修改为“对第一项、第二项行为可以并处一万元以上五万元以下的罚款，对第三项行为可以并处一千元以上五万元以下的罚款”。

97. 将《上海市实施〈中华人民共和国水法〉办法》第三十八条中的“可以并处一千元以上三万元以下罚款”修改为“对第一项、第二项、第五项行为可以并处一万元以上五万元以下的罚款，对第三项、第四项、第六项行为可以并处一千元以上三万元以下的罚款”。

98. 将《上海市测绘管理条例》第三十八条第一款第一项改为两项，修改为：“违反本条例第十一条规定的，责令停止违法行为，没收违法所得和测绘成果，并处测绘约定报酬一倍以上两倍以下的罚款”；“违反本条例第十七条规定的，责令停止测绘，没收违法所得，可并处违法所得百分之五十至百分之一百的罚款。”

99. 将《上海市测绘管理条例》第三十八条第一款第五项改为第六项，修改为：“违反本条例第二十六条第二款规定的，责令测绘单位补测或者重测；情节严重的，责令停业整顿，降低资质等级直至吊销测绘资质证书；给用户造成损失的，依法承担赔偿责任。”

100. 将《上海市价格管理条例》第三十三条第一款第五项中的“违反第二十二条第一款规定的，处一千元以上八千元以下罚款”修改为“违反第二十二条第一款规定的，责令改正，没收违法所得，可以并处一千元以上五千元以下罚款”。

101. 将《上海市音像制品管理条例》第三十九条第一款中的“可以并处违法所得五倍以上十倍以下的罚款”修改为“违法经营额一万元以上的，并处违法经营额五倍以上十倍以下的罚款；违法经营额不足一万元的，并处一万元以上五万元以下的罚款”。

102. 将《上海市建筑市场管理条例》第五十二条第一项单列一款作为第二款，修改为：“违反本条例规定，未取得资质证书在本市从事建筑活动的，由市建管办或者区、县建设行政管理部门责令停止违法行为，对勘察、设计单位或者工程监理单位处合同约定的勘察费、设计费或者监理酬金一倍以上两倍以下的罚款；对施工单位处工程合同价款百分之二以上百分之四以下的罚款，可以责令停业整顿，降低资质等级；情节严重的，吊销资质证书；有违法所得的，予以没收。”

103. 将《上海市建筑市场管理条例》第五十三条第二项单列一款作为第二款，修改为：“违反本条例规定，将建设工程发包给不具有相应资质等级的承包单位承包的，由市建管办或者区、县建设行政管理部门责令改正，处五十万元以上一百万元以下的罚款。”

104. 将《上海市建筑市场管理条例》第五十三条第六项单列一款作为第三款，修改为：“违反本条例规定，超越资质等级承接建设工程业务的，由市建管办或者区、县建设行政管理部门责令停止违法行为，对勘察、设计单位或者工程监理单位处合同约定的勘察费、设计费或者监理酬金一倍以上两倍以下的罚款；对施工单位处工程合同价款百分之二以上百分之四以下的罚款，可以责令停业整顿，降低资质等级；情节严重的，吊销资质证书；有违法所得的，予以没收。”

105. 将《上海市建筑市场管理条例》第五十

三条第七项单列一款作为第四款,修改为:"违反本条例规定,应当实行监理的建设工程而未委托监理的,由市建管办或者区、县建设行政管理部门责令改正,处二十万元以上五十万元以下的罚款。"

106. 将《上海市建筑市场管理条例》第五十三条第八项单列一款作为第五款,修改为:"违反本条例规定,将承包的建设工程业务转包给他人的,由市建管办或者区、县建设行政管理部门责令改正,没收违法所得,对勘察、设计单位处合同约定的勘察费、设计费百分之二十五以上百分之五十以下的罚款;对施工单位处工程合同价款百分之零点五以上百分之一以下的罚款;可以责令停业整顿,降低资质等级;情节严重的,吊销资质证书。"

107. 将《上海市建筑市场管理条例》第五十六条第三项单列一款作为第二款,修改为:"违反本条例规定,建设工程未达到合格标准而交付使用的,由市建管办或者区、县建设行政管理部门责令改正,处工程合同价款百分之二以上百分之四以下的罚款;造成损失的,依法承担赔偿责任。"

108. 将《上海市河道管理条例》第四十三条中的"并可处以一万元以上十万元以下的罚款"修改为"并可以处一万元以上五万元以下的罚款"。

109. 将《上海市河道管理条例》第四十六条中的"并可处以三万元以下的罚款"修改为"并可以处一万元以上五万元以下的罚款"。

(二)对下列法规中有关期限的规定作出修改

110. 将《上海市水产养殖保护规定》第二十七条中的"可以在接到处罚决定书之日起三十天内,向人民法院起诉;期满不起诉又不履行的,由作出处罚决定的机关申请人民法院强制执行"修改为"可以依照《中华人民共和国行政复议法》或者《中华人民共和国行政诉讼法》的规定,申请行政复议或者提起行政诉讼"。

111. 将《上海市实施〈中华人民共和国水法〉办法》第四十五条第一款修改为:"当事人对水务行政管理部门或者其他部门的具体行政行为不服的,可以依照《中华人民共和国行政复议法》或者《中华人民共和国行政诉讼法》的规定,申请行政复议或者提起行政诉讼。"

112. 将《上海市实施〈中华人民共和国野生动物保护法〉办法》第三十五条修改为:"当事人对野生动物行政主管部门或者其他部门的具体行政行为不服的,可以依照《中华人民共和国行政复议法》或者《中华人民共和国行政诉讼法》的规定,申请行政复议或者提起行政诉讼。"

(三)对下列法规中其他与上位法不一致的规定作出修改

113. 删去《上海市水产养殖保护规定》第十七条第二款。

114. 删去《上海市罢免和补选各级人民代表大会代表程序的规定》第十条中的"投票"两字。

115. 将《上海市罢免和补选各级人民代表大会代表程序的规定》第十二条第四款中的"报全国人民代表大会常务委员会备案"修改为"报全国人民代表大会常务委员会备案、公告"。

116. 将《上海市实施〈中华人民共和国水法〉办法》第三条第二款中的"农村集体经济组织所有的水塘中的水,属于集体所有"修改为"农村集体经济组织的水塘中的水,归该农村集体经济组织使用"。

117. 将《上海市实施〈中华人民共和国土地管理法〉办法》第七条、第二十五条、第二十八条、第三十一条、第三十二条中的"征用"修改为"征收"。

118. 将《上海市价格管理条例》第十二条中的"价格管理目录"修改为"定价目录"。

将第二款中的"报市人民政府批准后公布执行"修改为"经市人民政府审核同意,报国务院价格主管部门审定后公布"。

119. 将《上海市价格管理条例》第十六条第一款修改为:"当重要商品和服务价格显著上涨或者有可能显著上涨,市人民政府可以对部分价格采取限定差价率或者利润率、规定限价、实行提价申报制度和调价备案制度等干预措施。"

将第三款修改为:"市人民政府采取第一款规定的干预措施,应当报国务院备案。"

120. 删去《上海市滩涂管理条例》第十七条第三项。

121. 将《上海市水路运输管理条例》第二十九条第一款修改为:"国内水路货物运输的运价,实行市场调节价。"

122. 将《上海市市民体育健身条例》第八条中的"每年六月十日为本市体育健身日"修改为"每年八月八日为本市市民体育健身日"。

本决定自公布之日起施行。

上海市终身教育促进条例

(2011 年 1 月 5 日上海市第十三届人民代表大会常务委员会第二十四次会议通过)

第一条 为了满足市民终身学习的需求,发展终身教育事业,推进学习型社会建设,促进人的全面发展,根据《中华人民共和国教育法》及其他法律、行政法规,结合本市实际,制定本条例。

第二条 本条例适用于本市行政区域内除现代国民教育体系以外的各级各类有组织的教育培训活动。

第三条 终身教育工作应当坚持政府主导、多方参与、资源共享、促进学习的方针。

第四条 市学习型社会建设与终身教育促进委员会负责统筹、协调、指导全市终身教育和学习型社会建设。市学习型社会建设与终身教育促进委员会的办事机构设在市教育行政部门。

区、县终身教育协调机构负责辖区内终身教育工作的协调、指导。

第五条 市和区、县人民政府应当加强对终身教育工作的领导,将终身教育工作纳入同级国民经济和社会发展规划,采取扶持鼓励措施,促进终身教育事业的发展。

乡镇人民政府、街道办事处应当按照各自职责组织开展终身教育工作。

第六条 市教育行政部门是本市终身教育工作的主管部门。区、县教育行政部门按照职责,负责本辖区内的终身教育工作。

发展改革、人力资源和社会保障、公务员管理、农业、财政、税务、工商、人口和计划生育、统计、民政、文广影视、公安等有关行政部门按照各自职责,协同做好终身教育工作。

第七条 工会、共产主义青年团、妇女联合会以及残疾人联合会、科技协会等其他组织协助开展终身教育促进工作。

鼓励社会团体按照各自章程,开展终身教育工作。

鼓励各类学习型组织开展本组织成员的终身学习活动。

鼓励市民为终身教育提供志愿服务。

第八条 各级人民政府应当将终身教育经费列入本级政府教育经费预算,保证终身教育经费逐步增长。

市和区、县人民政府有关部门应当为开展终身教育提供经费支持。

终身教育经费主要用于终身教育公共服务。

第九条 企业应当按照规定,足额提取职业培训经费,并可依法在税前扣除。企业用于一线职工的培训经费所占比例,应当高于职业培训经费总额的百分之六十,并每年将经费使用情况向职工代表大会报告。

民办非企业单位以及其他组织应当为本单位在职人员职业培训提供经费保障。

第十条 本市鼓励自然人、法人或者其他组织捐助终身教育事业或者举办终身教育机构。捐赠人捐赠财产用于终身教育事业的，依法享受税收优惠。

第十一条 本市逐步建立终身教育学分积累与转换制度，实现不同类型学习成果的互认和衔接。

成人高等教育同等学历水平同类课程的学分可以在各类成人高等教育机构之间相互转换。

普通高等学校的普通高等教育课程的学分，可以转换为电视大学、业余大学等的成人高等教育同等学历水平同类课程的学分。

学分转换的专业和课程的目录，由市教育行政部门会同有关部门组织编制，报市人民政府批准后实施。

第十二条 教育行政部门负责成人学历教育工作。

举办成人学历教育的学校应当按照国家和本市的有关规定，开展成人学历教育。

第十三条 教育、人力资源和社会保障、公务员管理等行政部门负责在职人员教育培训工作。

机关、企业、事业单位、民办非企业单位、其他组织以及教育培训机构应当依法开展在职人员教育培训，提高在职人员素质。

鼓励机关、企业、事业单位、民办非企业单位以及其他组织建立带薪学习制度，支持在职人员接受教育培训。

第十四条 人力资源和社会保障行政部门负责失业人员和进城就业农村劳动者就业培训工作。

教育培训机构应当按照人力资源和社会保障行政部门的培训计划和要求，开展失业人员、进城就业农村劳动者的就业培训和创业培训。

失业人员和本市进城就业农村劳动者的就业培训，可以按照国家和本市有关规定享受培训费补贴。

第十五条 农业行政部门负责农业教育培训工作。

教育培训机构应当按照农业行政部门的教育培训计划和要求，对农民开展农业生产关键技术、关键环节和新品种、新技术应用能力等方面的教育培训。

第十六条 教育、民政等行政部门负责老年教育工作。

教育机构应当按照教育、民政行政部门的要求，开展适合老年人特点、丰富老年人生活、增进老年人健康的知识型、休闲型和保健型文化教育。

第十七条 教育、人力资源和社会保障行政部门、残疾人联合会负责残疾人教育培训工作。

教育培训机构应当按照教育、人力资源和社会保障行政部门、残疾人联合会的培训计划和要求，注重残疾人的潜能开发，根据残疾人身心特点和需要组织开展残疾人职业技能等方面的教育培训。

第十八条 区、县人民政府应当加强本辖区内的社区教育工作。乡镇人民政府、街道办事处负责组织开展辖区内的社区教育工作。

区、县和乡镇人民政府、街道办事处应当根据实际情况，完善社区教育网络，对社区学院、社区学校的人员和经费予以保障。社区学院、社区学校应当为社区居民提供文化、技能培训服务。社区学院应当对社区学校给予业务上的指导。鼓励其他教育培训机构为社区居民的终身教育提供服务。

教育、人力资源和社会保障、农业、人口和计划生育等行政部门以及工会、共产主义青年团、妇女联合会、残疾人联合会可以委托社区学院、社区学校和其他教育培训机构，开展社区内的在职人员、失业人员、农民、进城就业农村劳动者、老年人、残疾人教育培训。

第十九条 各级妇女联合会应当会同教育等行政部门与社区密切合作，指导和推进家庭教育，通过社区学校、家长学校、家庭文明建设指导中心等，开展家庭教育宣传，普及家庭教育知识,推广家庭教育经验。

第二十条 从事终身教育工作的专职教师应当取得相应的教师资格。

政府有关部门应当根据终身教育培训机构的性质,将从事终身教育工作的专职教师的职务评聘纳入相关行业职务评聘系列。

社区学院、社区学校专职教师的职务评聘,可以在教师职务系列中增加设置相应的学科组,参照国家教师职务评聘的相关制度执行。

从事终身教育的专职教师在业务进修、专业技术考核等方面与相应的专业技术人员享有同等权利。

第二十一条 鼓励专家、学者以及其他具有专业知识和特殊技能的人员兼职从事终身教育工作。从事终身教育的兼职教师,应当具有与终身教育有关的工作经验或者相应的专业技术资格。

市教育行政部门应当会同相关行政部门逐步建立和完善终身教育兼职教师信息资料库,为各级各类教育培训机构从事终身教育工作提供师资信息服务。

第二十二条 本市设立的开放大学,应当逐步整合成人高等教育资源,形成开放的学习平台。

教育行政部门应当建立终身学习电子信息网站,完善市、区(县)终身教育数字学习资料库,提供公益性远程教育服务,实现资源共享。

鼓励各级各类学校和教育培训机构充分利用互联网、移动通讯等开放教育课程、提供优质教育资源,促进终身教育发展。

广播电视台(站)应当保证每天一定时间用于播放终身教育节目。

第二十三条 普通学校应当发挥师资、科研、课程开发、场地、教学设备等方面的优势,在不影响正常教育教学情况下,为开展终身教育提供服务。

第二十四条 图书馆、博物馆、科技馆、美术馆、文化馆(站)、工人文化宫、青少年活动中心、社区文化活动中心等应当根据市民需求,通过举办讲座、展览展示、科普教育等多种方式开展终身教育活动。

各级人民政府及其部门可以通过购买服务的方式,将企业、民办非企业单位开发的教育学习资源用于终身教育。

第二十五条 本市对终身教育工作中作出突出成绩的单位和个人,按照有关规定给予表彰奖励。

第二十六条 设立非经营性培训机构的,申请人应当按照国家有关规定,向教育行政部门或者人力资源和社会保障部门办理审批手续,取得办学许可证后,依法办理事业单位法人登记或者民办非企业单位法人登记。

第二十七条 设立经营性民办培训机构的,申请人应当向工商行政管理部门申请办理名称预先核准手续,然后向工商行政管理部门提出登记申请。

工商行政管理部门应当将有关申请材料送教育行政部门或者人力资源和社会保障行政部门征求意见;教育行政部门、人力资源和社会保障行政部门应当及时反馈书面意见。

工商行政管理部门应当在收到书面意见后作出是否准予登记的决定。作出准予登记决定的,颁发《企业法人营业执照》,并抄送教育行政部门或者人力资源和社会保障行政部门。作出不予登记决定的,应当书面告知理由。

第二十八条 经营性民办培训机构应当符合下列要求:

(一)有熟悉教学业务和办学管理的培训机构负责人;

(二)有与培训类别、层次与规模相适应的专职和兼职教师;

(三)有相应的办学资金和保证日常教学正常开展的经费来源;

(四)有与培训项目相适应的教学场所和教学设备;

(五)有办学和教学的管理制度。

经营性民办培训机构不得未经登记擅自从事培训活动,不得挪用办学经费,不得恶意终止办学。

第二十九条 经营性民办培训机构有下列

情形之一的,应当依法办理终止办学手续:

(一)根据培训机构章程规定要求终止的;

(二)因资不抵债无法继续办学的。

第三十条 本市建立教育培训机构学杂费专用存款账户监管制度,保障教育培训机构收取的学杂费主要用于教育教学活动,维护受教育者和教师的合法权益。具体办法由市教育行政部门会同相关部门制定。

第三十一条 教育、人力资源和社会保障、工商、公安等有关行政部门应当按照职责分工,加强对终身教育培训机构办学条件、营业登记、广告发布和校舍安全等办学事项的监督检查。

教育、人力资源和社会保障等有关行政部门应当按照职责分工,组织或者委托社会中介组织对各级各类教育培训机构从事的终身教育工作等进行评估,评估结果应当向社会公布。

第三十二条 本市建立终身教育统计制度。终身教育协调机构应当组织有关部门依法开展终身教育统计工作,做好统计资料的管理,并定期发布相关信息。

第三十三条 市教育行政部门应当会同人力资源和社会保障、工商等行政部门设立统一的投诉电话,并向社会公布。

受教育者在终身教育活动中合法权益受到损害的,可以进行投诉。接到投诉后,有关行政管理部门应当按照职责分工依法处理,并在法定期限内将处理情况答复投诉人。

第三十四条 经营性民办培训机构未经登记擅自从事培训活动的,由工商行政管理部门会同教育行政部门或者人力资源和社会保障行政部门按照法律、法规规定予以处罚。

经营性民办培训机构挪用办学经费、恶意终止办学的,由教育行政部门或者人力资源和社会保障行政部门按照各自职责,责令改正,并处以十万元以上二十万元以下罚款;有违法所得的,退还所收费用后没收违法所得;情节严重的,责令停止招生;构成犯罪的,依法追究刑事责任。

第三十五条 本条例自2011年5月1日起施行。

上海市养犬管理条例

(2011年2月23日上海市第十三届人民代表大会常务委员会第二十五次会议通过 根据2016年2月23日上海市第十四届人民代表大会常务委员会第二十七次会议《关于修改〈上海市河道管理条例〉等7件地方性法规的决定》修正)

第一章 总 则

第一条 为了规范养犬行为,保障公民健康和人身安全,维护养犬人的合法权利,维护市容环境卫生和社会秩序,根据有关法律、行政法规,结合本市实际,制定本条例。

第二条 本市行政区域内犬只的饲养、经营以及相关管理活动,适用本条例。

第三条 养犬管理实行政府部门监管、养犬人自律、基层组织参与、社会公众监督相结合的原则。

第四条 市和区、县人民政府应当加强对养犬管理工作的领导。市和区、县人民政府建立由公安、兽医、城管执法、工商行政、住房保障房屋管理、卫生等部门参加的养犬管理工作协调机构,组织、指导和监督养犬管理工作,协调解决养犬管理工作中的重大问题。

第五条 市公安部门是本市养犬管理的主管部门。区、县公安部门负责本辖区内的养犬管理以及相关处罚。市公安部门设立的犬只收容所负责犬只的收容、认领和领养工作。

兽医主管部门负责犬只的狂犬病防疫,指导动物卫生监督机构实施相关管理以及处罚。

城管执法部门负责查处城市化地区饲养、经营犬只过程中影响市容环境卫生的行为。

工商行政管理部门负责对从事犬类经营活动的监督管理。

住房保障房屋管理、卫生、财政、物价等相关行政管理部门按照各自职责,共同做好养犬管理工作。

乡、镇人民政府和街道办事处应当配合有关行政管理部门做好养犬管理工作。

第六条 养犬人应当依法养犬、文明养犬,不得损害他人的合法权益。

第七条 各级人民政府和相关部门应当通过多种形式,开展依法养犬、文明养犬、防治狂犬病和人与动物和谐相处的宣传教育。

广播、电视、报刊、网站等新闻媒体应当加强社会公德教育和养犬知识宣传,引导养犬人形成良好的养犬习惯。

第八条 居民委员会、村民委员会、业主委员会和物业服务企业协助相关管理部门开展依法养犬、文明养犬的宣传,引导、督促养犬人遵守养犬的行为规范。

第九条 鼓励相关行业协会、动物保护组织等社会团体参与养犬管理活动。

第二章 养犬登记

第十条 本市依法对饲养的犬只实施狂犬病强制免疫。犬只出生满三个月的,养犬人应当按照本条例规定,将饲养的犬只送至兽医主管部门指定地点接受狂犬病免疫接种,植入电子标识。

兽医主管部门应当按照合理布局、方便接种的原则设置狂犬病免疫点。经兽医主管部门认定的宠物诊疗机构可以开展狂犬病免疫接种工作,并应当在其经营场所的显著位置悬挂兽医主管部门的认定书。

犬只在兽医主管部门指定地点接受狂犬病免疫接种的,兽医主管部门应当向养犬人发放狂犬病免疫证明。

第十一条 本市实行养犬登记制度和年检制度。饲养犬龄满三个月的犬只,养犬人应当办理养犬登记。

未经登记,不得饲养犬龄满三个月的犬只。

本市应当采取措施,逐步实现犬只的狂犬病免疫接种与养犬登记、年检在同一场所办理。

第十二条 饲养犬只的个人应当具有完全民事行为能力,在本市有固定居住场所。

个人在城市化地区内饲养犬只的,每户限养一条。

禁止个人饲养烈性犬只。

第十三条 单位因工作需要饲养犬只的,应当具备下列条件:

(一)有犬笼、犬舍和围墙等圈养设施;

(二)有看管犬只的专门人员;

(三)有健全的养犬安全管理制度;

(四)单位所在地在办公楼、居民小区以外。

第十四条 养犬人应当到居住地或者单位住所地的区、县公安部门指定机构申请办理养犬登记和年检。

个人饲养犬只的,应当提供下列材料:

(一)个人身份证明;

(二)房产证明或者房屋租赁证明;

(三)犬只的狂犬病免疫证明。

单位饲养犬只的,应当提供下列材料:

(一)单位的组织机构代码证;

(二)单位法定代表人的身份证明;

(三)养犬安全管理制度;

(四)看管犬只的专门人员的身份证明;

(五)单位饲养犬只的场所证明;

(六)犬只的狂犬病免疫证明。

第十五条 区、县公安部门应当自收到养犬登记申办材料之日起十个工作日内进行审核。符合条件的,准予登记,发放《养犬登记证》和犬牌;不符合条件的,不予登记并说明理由。

第十六条 养犬人的居住地或者单位住所地变更的,应当自变更之日起十五日内持《养犬登记证》到现居住地或者单位住所地的区、县公安部门指定机构办理变更手续。

第十七条 有下列情形之一的，养犬人应当持《养犬登记证》到原办证机构办理注销手续：

（一）饲养的犬只死亡或者失踪的，应当自犬只死亡或者失踪之日起十五日内办理；

（二）放弃饲养犬只的，应当自送交他人饲养或者送交犬只收容所之日起十五日内办理。

犬只免疫有效期已满，养犬人未将犬只送至兽医主管部门指定地点接受狂犬病免疫接种的，由公安部门注销《养犬登记证》。

第十八条 《养犬登记证》、犬牌损毁或者遗失的，养犬人可以到办证机构申请补发。

犬只电子标识损毁或者遗失的，养犬人可以到植入地点申请补植。

第十九条 公安部门应当建立养犬管理信息系统和养犬管理电子档案，与兽医主管、城管执法、工商行政管理、卫生等部门实行登记、免疫和监管等信息共享，为公众提供相关管理和服务信息。

养犬管理电子档案记载下列信息：

（一）养犬人的姓名、居住地或者单位名称、住所地；

（二）犬只的免疫接种、品种、出生时间、主要体貌特征和照片；

（三）养犬人因违反养犬管理规定受到的行政处罚记录；

（四）养犬登记相关证照的发放、变更、注销和收回信息；

（五）其他需要记载的信息。

第二十条 养犬人应当承担犬只狂犬病免疫、电子标识、相关证件和管理服务费用。狂犬病免疫、电子标识的具体费用标准由市物价部门核定，相关证件和管理服务费的具体费用标准由市物价部门会同市财政部门核定，并向社会公布。

管理服务费的收取和使用情况应当定期向社会公布。

第三章 养犬行为规范

第二十一条 养犬人饲养犬只应当遵守有关法律、法规和规章，尊重社会公德，遵守公共秩序，不得干扰他人正常生活，不得破坏环境卫生和公共设施，不得虐待饲养的犬只。

第二十二条 养犬人携带犬只外出应当遵守下列规定：

（一）为犬只挂犬牌；

（二）为犬只束牵引带，牵引带长度不得超过两米，在拥挤场合自觉收紧牵引带；

（三）为大型犬只戴嘴套；

（四）乘坐电梯或者上下楼梯的，避开高峰时间并主动避让他人；

（五）单位饲养的烈性犬只因免疫、诊疗等原因需要离开饲养场所的，将其装入犬笼；

（六）即时清除犬只排泄的粪便。

第二十三条 禁止携带犬只进入办公楼、学校、医院、体育场馆、博物馆、图书馆、文化娱乐场所、候车（机、船）室、餐饮场所、商场、宾馆等场所或者乘坐公共汽车、电车、轨道交通等公共交通工具。

前款以外其他场所的管理者可以决定其管理场所是否允许携带犬只进入。禁止犬只进入的，应当设置明显的禁入标识。

携带犬只乘坐出租车的，应当征得出租车驾驶员的同意。

居民委员会、村民委员会、业主委员会可以根据相关公约或者规约，划定本居住区禁止犬只进入的公共区域。

盲人携带导盲犬的，不受本条规定的限制。

第二十四条 犬吠影响他人正常生活的，养犬人应当采取措施予以制止。

第二十五条 养犬人不得驱使或者放任犬只恐吓、伤害他人。

犬只伤害他人的，养犬人应当立即将被伤害人送至医疗机构诊治，并先行支付医疗费用。

鼓励养犬人投保犬只责任保险。

第二十六条 城市化地区的犬只生育幼犬

的，养犬人应当在幼犬出生后三个月内，将超过限养数量的犬只送交符合本条例第十二条、第十三条规定条件的其他个人、单位饲养或者送交犬只收容所。

鼓励养犬人对饲养的犬只实施绝育措施。养犬人对饲养的犬只实施绝育的，凭犬只实施绝育的手术证明，减半收取管理服务费。

第二十七条 养犬人放弃饲养犬只或者因不符合条件无法办理养犬登记的，应当将犬只送交符合本条例第十二条、第十三条规定条件的其他个人、单位饲养或者送交犬只收容所。

养犬人不得遗弃饲养的犬只。

第二十八条 养犬人发现饲养的犬只感染或者疑似感染狂犬病的，应当立即采取隔离等控制措施，并向兽医主管部门、动物卫生监督机构或者动物疫病预防控制机构报告，由动物疫病预防控制机构依照国家有关规定处理。

第二十九条 犬只在饲养过程中死亡的，养犬人应当按照动物防疫相关规定，将犬只尸体送至指定的无害化处理场所。

犬只在动物诊疗机构死亡的，动物诊疗机构应当按照动物防疫相关规定，将犬只尸体送至指定的无害化处理场所。

养犬人、动物诊疗机构不得自行掩埋或者乱扔犬只尸体。

第三十条 居民委员会、村民委员会、业主委员会可以通过居民会议、村民会议、业主大会，就本居住地区有关养犬管理事项制定公约或者规约，并组织监督实施。养犬人应当遵守公约或者规约。

第三十一条 鼓励与养犬相关的行业协会、动物保护组织等社会团体制定行业规范，开展宣传教育，协助相关管理部门开展养犬管理活动。

鼓励志愿者组织和志愿者参与养犬管理活动。

任何单位和个人有权对违法养犬行为进行批评、劝阻、举报、投诉。相关管理部门对单位和个人的举报、投诉应当及时处理。

第四章 犬只的收容、认领和领养

第三十二条 本市设立的犬只收容所，负责收容下列犬只：

（一）走失犬只；

（二）流浪犬只；

（三）养犬人送交的犬只；

（四）因养犬人违反本条例规定被收容的犬只。

第三十三条 经依法登记的走失犬只，犬只收容所应当自犬只被收容之日起三个工作日内通知养犬人认领。

养犬人应当自收到通知之日起五日内到犬只收容所认领。

第三十四条 流浪犬只、养犬人送交的犬只、因养犬人违反本条例规定被收容的犬只或者超过期限无人认领的犬只，经兽医主管部门指定机构检疫合格的，可以由符合本条例第十二条、第十三条规定条件的个人或者单位领养。

被确认领养的犬只未接受狂犬病免疫接种的，按照本条例第十条规定接受狂犬病免疫接种、植入电子标识。

确认领养犬只的，犬只领养人应当在犬只收容所办理养犬登记。

第三十五条 收容的犬只自被收容之日起三十日内无人领养的，视为无主犬只，由犬只收容所按照国家和本市有关规定处理。

第三十六条 相关行业协会、动物保护组织等社会团体经市公安部门认可，可以开展犬只的收容、领养工作，收容、领养的犬只不得用于经营活动。公安部门可以通过购买服务等形式予以支持，并履行监督职责。

第五章 犬只的经营

第三十七条 开设犬只养殖场所、从事犬只诊疗活动，需要办理相关登记注册手续的，依法办理。

开设犬只养殖场所、从事犬只诊疗活动的，应当按照动物防疫相关规定向住所地的农业主管部门提出申请，分别取得动物防疫条件合格证、动物诊疗许可证。

未经许可，不得开展犬只养殖、诊疗活动。

第三十八条 从事犬只销售经营活动的，应当依法办理工商登记注册手续，并于领取营业执照后五日内到住所地的区、县动物卫生监督机构备案。

犬只销售前，应当凭动物防疫条件合格证、工商登记证明和相关免疫证明向动物卫生监督机构报检，经检疫合格取得检疫证明后方可销售。

犬龄满三个月但未接受狂犬病免疫接种的犬只禁止销售。

第三十九条 从事经营性犬只寄养、美容等活动的，经营者应当采取措施，防止犬只扰民、破坏环境卫生。

第四十条 举办犬只展览展示、表演、比赛等大型活动的，举办者应当按照国家和本市有关规定办理相关手续，并于活动举办前到区、县动物卫生监督机构备案，提供犬只检疫证明。

第六章 法律责任

第四十一条 违反本条例第十条规定，对犬龄满三个月的犬只未进行狂犬病免疫接种的，由动物卫生监督机构责令改正，给予警告；拒不改正的，由动物卫生监督机构代作处理，所需处理费用由违法行为人承担，可以处一千元以下罚款。

第四十二条 违反本条例第十一条规定，饲养未登记、年检犬只的，由公安部门责令限期改正；逾期不改正的，对单位处一千元以上五千元以下罚款，对个人处二百元以上一千元以下罚款，并督促养犬人在规定的期限内进行登记、年检。逾期仍不登记、年检的，收容犬只。

违反本条例第二十六条第一款、第二十七条第一款规定，未将犬只送交其他个人、单位饲养或者犬只收容所的，由公安部门责令改正；拒不改正的收容犬只。

违反本条例第十二条第三款规定，个人饲养烈性犬只的，由公安部门收容犬只。

第四十三条 违反本条例第二十二条第一、二、三项规定的，由公安部门责令改正，可以处二十元以上二百元以下罚款。

违反本条例第二十二条第四项规定的，由物业服务企业予以劝阻，居民委员会、村民委员会、业主委员会可以对其批评教育。

违反本条例第二十二条第五项规定的，由公安部门责令改正，可以处五百元以上二千元以下罚款。

违反本条例第二十二条第六项规定的，由城管执法部门责令改正；拒不改正的，处二十元以上二百元以下罚款。

第四十四条 违反本条例第二十三条第一款规定，携带犬只进入禁止进入的场所或者公共交通工具且不听劝阻的，由公安部门责令改正，可以处二十元以上二百元以下罚款。

第四十五条 违反本条例第二十四条规定，犬吠影响他人正常生活的，由公安部门处警告；警告后不改正的，处二百元以上五百元以下罚款。

第四十六条 违反本条例第二十五条第一款规定，养犬人放任犬只恐吓他人的，由公安部门处二百元以上五百元以下罚款。养犬人驱使犬只伤害他人的，由公安部门处五日以上十日以下拘留，并处二百元以上五百元以下罚款；情节较轻的，处五日以下拘留或者五百元以下罚款；情节严重构成犯罪的，依法追究刑事责任。

违反本条例第二十五条第二款规定，不立即将被伤害人送至医疗机构诊治并先行支付医疗费用的，由公安部门吊销《养犬登记证》，收容犬只，对单位处一千元以上五千元以下罚款，对个人处五百元以上一千元以下罚款。

犬只两次以上伤害他人或者一次伤害两人以上的，由公安部门吊销《养犬登记证》，收容犬只。

第四十七条 违反本条例第二十七条第二款规定，遗弃犬只的，由公安部门处五百元以上二千元以下罚款，并吊销《养犬登记证》，收容犬只。养犬人五年内不得申请办理《养犬登记证》。

第四十八条 违反本条例第二十八条规定的，由动物卫生监督机构责令改正，并依法处理，所需处理费用由违法行为人承担，可以处三百元以上三千元以下罚款。

第四十九条 违反本条例第二十九条规定，未将需要无害化处理的死亡犬只送至指定的无害化处理场所进行处理的，由动物卫生监督机构责令无害化处理；拒不进行无害化处理的，由动物卫生监督机构代作处理，所需处理费用由违法行为人承担，可以处三百元以上三千元以下罚款。

乱扔犬只尸体的，由城管执法部门责令改正，对个人处二十元以上二百元以下罚款，对单位处五千元以上五万元以下罚款。

第五十条 违反本条例第三十七条规定，未取得动物防疫条件合格证开设犬只养殖场所的，由动物卫生监督机构责令改正，处一千元以上一万元以下罚款；情节严重的，处一万元以上十万元以下罚款。

未取得动物诊疗许可证从事犬只诊疗活动的，由动物卫生监督机构责令停止诊疗活动，没收违法所得；违法所得在三万元以上的，并处违法所得一倍以上三倍以下罚款；违法所得一万元以上不足三万元的，并处一万元以上三万元以下罚款；没有违法所得或者违法所得不足一万元的，并处三千元以上一万元以下罚款。

第五十一条 违反本条例第三十八条第二款规定，销售未取得检疫证明的犬只的，由动物卫生监督机构责令改正，每销售一条未取得检疫证明的犬只，处五百元罚款。

第五十二条 违反本条例第三十九条规定，在从事犬只寄养、美容等经营性活动中，犬只扰民的，由公安部门责令改正；拒不改正的，处二百元以上五百元以下罚款。

违反本条例第三十九条规定，在从事犬只寄养、美容等经营性活动中，乱倒垃圾、污水、粪便等废弃物，破坏环境卫生的，由城管执法部门责令改正，处五千元以上五万元以下罚款。

第五十三条 违反本条例第三十八条第一款和第四十条规定，不按照规定办理备案的，由动物卫生监督机构对单位处一千元以上三千元以下罚款，对个人处五百元以上一千元以下罚款。

第五十四条 违反本条例第四十条规定，参加展览、表演和比赛的犬只未附有检疫证明的，由动物卫生监督机构责令改正，处一千元以上三千元以下罚款。

第五十五条 饲养犬只影响他人生活、造成他人损害的，被侵权人可以依法向调解组织申请调解或者向人民法院提起诉讼。

第五十六条 负有养犬管理职责的行政管理部门及其工作人员滥用职权、玩忽职守、徇私舞弊或者未按照本条例规定履行职责的，依法给予行政处分；构成犯罪的，依法追究刑事责任。

第七章 附 则

第五十七条 本条例所称的养犬人，是指饲养犬只的个人或者单位。

本条例所称的城市化地区，是指《上海市城乡规划条例》确定的中心城、新城和新市镇。

第五十八条 烈性犬只的目录由市公安部门会同市兽医主管部门、相关行业协会确定，并向社会公布。

第五十九条 军用、警用犬只以及动物园、科研机构等单位特定用途犬只的管理，按照国家相关规定执行。

第六十条 本条例施行前已依法为犬只办理养犬登记的，继续有效。

第六十一条 本条例自2011年5月15日起施行。

上海市促进中小企业发展条例

（2011年4月12日上海市第十三届人民代表大会常务委员会第二十六次会议通过）

第一章　总　　则

第一条　为了优化本市中小企业发展环境，保护中小企业公平竞争的权利，促进中小企业健康发展，扩大城乡就业，发挥中小企业在国民经济和社会发展中的重要作用，根据《中华人民共和国中小企业促进法》等法律、行政法规，结合本市实际，制定本条例。

第二条　本市促进中小企业发展工作适用本条例。

本条例所称中小企业，是指在本市行政区域内依法设立的有利于满足社会需要，增加就业，符合国家产业政策，生产经营规模符合国家中小企业划分标准的各种所有制和各种形式的企业。

第三条　市和区、县人民政府应当加强对促进中小企业发展工作的领导，将中小企业发展纳入国民经济和社会发展规划，为促进中小企业的创立和发展创造有利环境。

市和区、县人民政府应当根据本市转变经济发展方式和产业发展方向的要求，确定扶持的重点行业和领域，并制定相应政策措施，引导中小企业发展。

第四条　市人民政府设立的促进中小企业发展议事协调机构，应当加强对中小企业工作的统筹规划和政策协调。

市人民政府负责促进中小企业发展工作的主管部门（以下简称“市中小企业工作主管部门”）应当履行下列职责：

（一）组织拟订本市促进中小企业发展规划和有关政策措施；

（二）综合协调、督促本市有关部门落实国家和本市促进中小企业发展的各项政策措施；

（三）发布相关政策信息，指导、促进中小企业发展，协调处理中小企业发展中遇到的困难和问题；

（四）推动建立和完善中小企业服务体系，扶持中小企业服务机构发展；

（五）会同市有关部门负责市中小企业发展专项资金的使用管理；

（六）市人民政府赋予的其他职责。

区、县人民政府负责促进中小企业发展工作的部门（以下简称“区、县中小企业工作部门”）在市中小企业工作主管部门指导下，做好本行政区域内的促进中小企业发展工作。

市和区、县有关部门应当在各自职责范围内，为中小企业提供指导和服务，落实有关政策措施。

第五条　中小企业应当守法经营、依法纳税、诚实守信、公平竞争，不得损害国家利益和社会公共利益，不得侵犯本企业职工的合法权益。

中小企业应当在国家产业政策的指导下，加快技术进步，增强自我创新发展能力。

第二章　创业扶持

第六条　本市鼓励自然人、法人或者其他组织投资创办中小企业。法律、行政法规未禁止进入的领域，中小企业与其他企业同样具有平等进入的权利。

第七条　市和区、县人民政府应当采取措施，鼓励创办科技型、资源综合利用型、节能环保型等中小企业,支持中小企业发展高新技术产业、战略性新兴产业和现代服务业。

本市鼓励经营管理人员、科技人员、高校毕业生等创办中小企业,引导各类专业人才向中小企业流动。

市和区、县人民政府及其有关部门应当主动为中小企业创业提供服务,建立和完善扶持中小企业创业的政策体系,按照规定在中小企业开业贷款、创业场地、招用人员等方面给予支持。

第八条 市人力资源社会保障行政管理部门应当会同市中小企业工作主管部门加强创业指导工作,为创业人员提供政策咨询、创业培训等指导和服务,并发挥创业指导专家团队和行业协会在创业咨询和培训等方面的作用。

第九条 市和区、县人民政府应当在城乡规划中根据中小企业发展的需要,合理安排必要的场地和设施,支持创办中小企业。

本市鼓励和支持各类资本利用开发区、高新产业园以及闲置厂房等存量房产投资建设中小企业创业园区,为中小企业提供生产、经营场所和相关配套服务。

第十条 在本市创办小企业,符合本市促进就业等规定的,可以向所在地的区、县开业指导服务部门申请一定额度的开业贷款担保和贴息。

第十一条 本市创立十八个月内的小企业按照本企业吸纳就业情况,可以向所在地的区、县开业指导服务部门申请创业场地房租补贴。

第十二条 市和区、县人民政府鼓励中小企业创造就业岗位。招用本市就业困难人员,签订一年以上劳动合同并为其缴纳社会保险费的中小企业,可以向区、县人力资源社会保障行政管理部门申请一定期限的资金支持。

第十三条 中小企业因生产特点、工作特殊需要等原因,经与职工协商可以向人力资源社会保障行政管理部门申请实行不定时工作制或者综合计算工时制。

第三章 资金支持

第十四条 市财政预算安排中小企业发展专项资金,并逐步加大资金投入力度,用于支持本市中小企业发展、改善中小企业发展环境。市中小企业发展专项资金用于小企业的资金比例应当不低于三分之一。

本市支持企业发展的其他相关专项资金应当适当向中小企业倾斜,用于中小企业的资金比例原则上不低于三分之一。

区、县人民政府应当根据实际情况,为中小企业提供财政支持。

第十五条 市和区、县人民政府应当引导和支持有条件的中小企业上市融资。

市中小企业工作主管部门应当会同市有关部门、商会、行业协会和中介服务机构等加强本市中小企业上市资源培育工作,推动中小企业完善法人治理结构、实施股份制改造。

市金融服务部门应当会同市有关部门加强与国家有关部门的联系沟通,协调解决本市中小企业上市的有关问题。

第十六条 本市支持中小企业发行集合债券和集合票据。

中小企业发行集合债券和集合票据所承担的评级、审计、担保和法律咨询等中介服务费用,可以向市中小企业工作主管部门申请资金支持。

第十七条 本市建立的产权交易市场和非上市企业股权托管登记中心,应当为中小企业产权交易和股权登记、托管、转让等提供指导和服务。

第十八条 本市建立创业投资引导基金,引导社会资本创办创业投资企业,发展股权投资基金,支持高新技术产业等领域的中小企业发展。

本市鼓励融资租赁、典当、信托等机构为中小企业提供融资服务。

第十九条 市人民政府及其有关部门应当支持金融机构建立小企业金融服务专营机构,

并配合国家金融管理部门建立专门考核指标体系，引导金融机构提高对小企业贷款的规模和比重。

本市建立小企业贷款风险补偿机制，鼓励金融机构向小企业提供贷款。

第二十条 本市设立市和区、县联动的中小企业融资担保专项资金。鼓励各区、县人民政府结合本地区实际，主导设立主要为本辖区内中小企业提供融资担保服务的政策性担保机构，并及时补充资本金，逐步提高担保能力。

本市鼓励各类资本参与本市中小企业融资担保体系建设，鼓励中小企业依法、自愿开展多种形式的互助性融资担保。

各类担保机构为中小企业融资提供担保，符合有关条件的，可以向市中小企业工作主管部门申请资金支持。

第二十一条 市人民政府及其有关部门应当配合国家金融管理部门、金融机构完善面向中小企业的财产抵押制度和贷款抵押物认定办法。

工商、商务、知识产权等行政管理部门应当为中小企业以动产、股权、仓单、应收账款和知识产权等设定担保提供便利。

第二十二条 本市鼓励金融机构面向中小企业开展产品、业务、服务等金融创新。

市人民政府设立的金融创新奖，应当对面向中小企业的金融创新活动予以支持。

第二十三条 市和区、县人民政府应当推动中小企业诚信建设，引导中小企业守法诚信经营、提升信用等级。

本市有关行政管理部门以及司法机关、公用事业服务机构应当建立中小企业信用信息共享机制，依法提供相关信用信息查询服务。

第四章 创新推动

第二十四条 本市鼓励中小企业开展创新活动。中小企业开发新技术、新产品、新工艺发生的研究开发费用，可以依法在计算应纳税所得额时加计扣除。

中小企业开展技术创新活动，符合国家和本市技术创新等规定的，可以向科技等行政管理部门申请中小企业创新资金支持。

第二十五条 中小企业建立的技术研究开发机构、设计机构等被国家或者本市认定为工程技术研究中心、企业技术中心或者企业设计中心的，可以享受国家和本市规定的税收、财政资金支持等政策。

第二十六条 市中小企业工作主管部门应当会同市教育、科技等行政管理部门组织本市中小企业、高等院校和科研机构开展产学研项目交流合作。

第二十七条 市中小企业工作主管部门应当会同市有关部门定期组织中小企业创新推荐会，向创业投资机构、金融机构和融资担保机构推荐中小企业自主知识产权项目、产学研合作项目、科技成果产业化项目等。

第二十八条 本市鼓励中小企业研发拥有自主知识产权的技术和产品，创建自主品牌。

本市知识产权行政管理部门应当对中小企业申请专利加强指导，为中小企业办理专利检索提供便利，并对中小企业申请和维持专利给予资金支持。

本市有关部门应当加强对中小企业保护知识产权的指导和服务，依法保护中小企业的知识产权。

第五章 市场开拓

第二十九条 本市政府采购的采购人和采购代理机构应当公开发布采购信息，为中小企业参与政府采购提供指导和服务。符合条件的中小企业，可以享受投标保证金等费用减免。

规定预算金额内的政府采购项目，中小企业能够提供并符合采购要求的，采购人应当从中小企业采购；超出规定预算金额的政府采购项目，在同等条件下，采购人应当优先从中小企业采购。

第三十条 本市商务等行政管理部门、商会、行业协会等应当加强对中小企业在投资、开拓市场等方面的指导和服务。

中小企业参加展览展销活动,可以按照规定向商务行政管理部门申请资金支持。

第三十一条 市中小企业工作主管部门应当定期组织开展大企业和中小企业之间的项目、技术、供需等交流活动,为大企业和中小企业开展经济技术合作提供便利。

中小企业为大企业产品配套的技术改造项目,可以向市中小企业工作主管部门申请资金支持。

第三十二条 本市实施中小企业信息化应用推广工程,引导中小企业利用信息技术提高研发、管理、制造和服务水平,鼓励中小企业应用电子商务平台和公共信息平台开拓国内外市场。

第三十三条 本市质量技术监督等行政管理部门应当鼓励中小企业通过质量管理体系认证、环境管理体系认证和产品认证等国际标准认证,支持中小企业采用国内外先进标准提升产品和服务质量。

第六章 服务保障

第三十四条 市中小企业工作主管部门应当收集、汇总国家和本市有关中小企业发展的产业政策、扶持措施、行业动态、办事程序、专项资金等信息,并集中在"上海中小企业网"上发布。本市有关部门应当配合及时提供信息。

第三十五条 市和区、县人民政府设立的中小企业综合服务机构应当在市中小企业工作主管部门和区、县中小企业工作部门的指导下,为中小企业提供政策咨询、信息传递等公共服务,联系和引导中介服务机构为中小企业提供服务。

第三十六条 本市鼓励和支持创业指导、融资服务、技术支持、法律服务、知识产权服务、信息服务、管理咨询、职业技能培训等各类中介服务机构发展。

市中小企业工作主管部门应当会同市有关部门采取措施,引导中介服务机构提高为中小企业服务的质量,对服务质量和信誉良好的中介服务机构给予扶持。

第三十七条 本市支持各级工商业联合会参与促进中小企业发展工作,参与中小企业服务体系建设。

商会、行业协会等社会组织应当加强行业自律管理,按照法律、法规的规定,在中小企业咨询服务、宣传培训、政策建议、权益保障以及行业信息发布等方面发挥作用。

第三十八条 财政、税务行政管理部门应当落实国家扶持中小企业发展的财政、税收优惠政策,对符合条件的小型微利企业、中小企业投资国家鼓励类项目等,依法给予税收减免优惠。

第三十九条 市统计行政管理部门和市有关部门应当会同市中小企业工作主管部门,定期对本市规模以上中小企业进行分类统计、监测和相关统计信息的分析、发布,并加强对规模以下中小企业的统计分析工作。

第四十条 市中小企业工作主管部门应当会同市有关部门和区、县中小企业工作部门编制中小企业年度发展报告,反映中小企业发展状况、服务保障开展情况等,并向社会公布。

第四十一条 本市各级行政机关应当优化行政程序,简化审批环节,为中小企业、中介服务机构、商会、行业协会等提供公开透明和便捷高效的行政服务。

第七章 权益保护

第四十二条 中小企业合法经营权受法律保护,任何单位和个人不得利用职权非法占有或者无偿使用企业财产。

有关部门在办理中小企业申请的登记注册、行政审批、年检等事项时,不得在法律、法规规定之外增设条件,不得违反规定逾期办理。

第四十三条 任何单位和个人不得有下列行为:

(一)强制或者变相强制中小企业购买产品或者接受指定服务;

（二）强制或者变相强制中小企业提供赞助；

（三）违反法律、法规规定，要求中小企业出资参加评比或者培训；

（四）违反法律、法规规定，向中小企业收费或者罚款；

（五）其他违反法律、法规规定，增加中小企业负担的行为。

中小企业对违反上述规定的行为，有权拒绝并有权举报、控告。

第四十四条 中小企业对行政机关侵犯其合法权益的行为有权向侵权机关的上一级机关或者行政监察部门举报。上一级机关或者行政监察部门应当依法查处。

对行政机关作出的具体行政行为不服的，中小企业可以依法申请行政复议或者提起行政诉讼。

行政机关及其工作人员对提出举报、复议、诉讼的中小企业不得打击报复。

第四十五条 国家机关工作人员在工作中滥用职权、玩忽职守、徇私舞弊侵犯中小企业合法权益的，由其所在单位或者上级主管部门依法给予行政处分；构成犯罪的，依法追究刑事责任。

第八章 附 则

第四十六条 本条例中的小企业、小型微利企业、规模以上中小企业、规模以下中小企业的认定标准，依照国家有关规定执行。

第四十七条 本条例自2011年6月1日起施行。

上海口岸服务条例

（2011年11月17日上海市第十三届人民代表大会常务委员会第三十次会议通过）

第一章 总 则

第一条 为了规范口岸开放，提高口岸通关效率，保障口岸安全畅通，促进对外开放和经济社会发展，根据国家有关法律、行政法规的规定，结合本市实际，制定本条例。

第二条 本条例所称的口岸，是指供人员、货物、物品和交通工具直接出入国（关、边）境的港口、机场、车站等。

第三条 本市口岸开放、通关服务优化、口岸环境保障等工作，适用本条例。

第四条 市人民政府在国家有关部门的指导下，加强对本市口岸工作的领导，统筹推进上海口岸的建设和发展。

第五条 市口岸服务部门按照规定权限，负责口岸管理和通关协调服务工作，推进口岸环境的优化完善，并组织实施本条例。

市发展改革、建设交通、商务、经济信息化、规划国土、交通港口等部门应当根据各自职责，规范和优化行政程序，协同实施本条例，为口岸运行提供公开透明、便捷高效的行政服务。

海关、检验检疫、海事、边检等口岸检查检验机构（以下统称“口岸查验机构”）依法做好上海口岸检查检验、监督管理等工作，并协同落实上海口岸的其他有关工作。

第六条 本市相关行业协会应当加强对国际货运代理、国际船舶代理、报检报关代理等中介服务机构的自律管理，监督会员的经营活动，指导会员提高相关中介服务的专业水平和能力。

第二章 口岸开放

第七条 市口岸服务部门应当会同市发展改革、规划国土、建设交通、交通港口、商务、财政等部门根据上海对外开放和经济社会发展需要,组织编制上海口岸开放规划。经征求口岸查验机构、相关区县人民政府、本市海关特殊监管区域管理机构等意见后,按照规定程序报批和公布。

上海口岸开放规划应当包括新开放口岸、扩大开放口岸以及口岸开放范围内对外开通启用的项目名称、位置、预测吞吐量、口岸查验机构及其人员配备的需求测算等。

上海口岸开放规划作为专项规划纳入本市国民经济和社会发展规划,是实施口岸开放管理的依据。

第八条 上海口岸开放规划应当与本市港口、机场、铁路等专项规划相衔接。

本市有关部门在编制港口、机场、铁路等专项规划时,应当征求市口岸服务部门意见。

第九条 对列入上海口岸开放规划的港口、机场、车站等建设工程,市口岸服务部门应当会同口岸查验机构、本市有关部门和建设单位按照国家有关规定,结合实际情况,协调落实口岸现场查验设施和非现场配套设施的建设要求。

口岸现场查验设施和非现场配套设施,应当按照"保障监管、便利通关、资源集约、合理适当"的原则建设和配备。

第十条 对列入上海口岸开放规划的港口、机场、车站等建设工程,口岸现场查验设施应当与主体工程统一规划、统一设计、统一投资和统一建设。

本市有关部门在办理前款规定的建设工程投资项目审批(核准、备案)和建设工程设计文件审查手续时,应当征求市口岸服务部门的意见。

第十一条 新开放口岸或者扩大开放口岸的,由市口岸服务部门提请市人民政府按照国家有关规定报国务院审批。

新开放口岸或者扩大开放口岸经国家批准后,由市口岸服务部门按照国家有关规定组织预验收;预验收合格的,报请国家口岸主管部门组织正式验收。

第十二条 临时开放口岸或者在非开放区域临时进出的,由市口岸服务部门按照规定程序报国家有关部门审批。经批准后,由市口岸服务部门协调保障口岸查验机构开展检查检验和监督管理工作。

第十三条 在口岸开放范围内,码头、航站楼、车站等作业区需要对外开通启用的,由作业区运营单位向市口岸服务部门提出。对外开通启用的作业区,应当符合上海口岸开放规划,具备相关主管部门认可的工程立项手续及生产运行条件,其口岸查验配套设施等查验和监管条件应当符合口岸查验监管要求。

市口岸服务部门应当自受理之日起二十个工作日内牵头,会同口岸查验机构对作业区生产、安全、查验和监管条件等进行验收,并应当在验收合格后五个工作日内报市人民政府,由市人民政府批准对外开通启用,并报国家口岸主管部门备案。

经市人民政府批准对外开通启用的码头、航站楼、车站等作业区扩建、改建的,应当按照前两款规定办理对外开通启用手续。

第十四条 在口岸开放范围内,未对外开通启用的码头、航站楼、车站等作业区因口岸建设、应急保障、科研考察等特殊情形,确需临时接靠国际交通运输工具的,作业区运营单位应当提前向市口岸服务部门提出。临时接靠的作业区, 应当具备相关主管部门认可的生产运行条件和基本的查验监管条件。

市口岸服务部门应当及时牵头办理临时接靠手续,协调保障口岸查验机构开展检查检验和监督管理工作。

第十五条 市口岸服务部门应当会同口岸查验机构、本市有关部门定期对口岸现场查验设施条件和吞吐运能、通关业务量、服务能力等情况进行评估,并根据评估结果,协调落实相应的管理措施。

第三章 通关服务优化

第十六条 本市依据上海口岸布局,设立集中通关服务场所,方便办理通关申报和相关的税务、外汇、金融等业务。

市口岸服务部门应当组织口岸查验机构和相关单位进驻集中通关服务场所联合办公,并建立日常运行协调机制,推进通关服务场所完善功能、优化服务。

本市电力、通信等相关企业应当做好集中通关服务场所的电力、通信等服务保障工作。

第十七条 本市推进电子口岸信息平台的建设、运营和发展,支持口岸查验机构、口岸运营单位提高通关申报、查验、放行、后续监管等环节的信息化应用水平。

市口岸服务、经济信息化等部门应当会同口岸查验机构、本市有关部门、口岸运营单位将通关业务流程和相关信息数据整合进电子口岸信息平台,推进通关信息兼容共享。

第十八条 本市支持口岸查验机构优化通关流程、完善通关服务,促进旅客通关便捷和贸易便利化。

市口岸服务部门应当加强通关协调服务,推进口岸查验机构、本市有关部门、口岸运营单位加强通关各环节的联动协作,及时协调处理影响通关日常运行的各类问题。

对影响通关效率和涉及通关模式创新的重大问题,市口岸服务部门应当会同相关单位提出解决方案,报市人民政府协调推进。

第十九条 本市建立重要国际会议、重大国际赛事、大型国际展览等重大活动的通关服务保障机制。

针对重大活动的特点和通关需求,市口岸服务部门应当会同口岸查验机构、本市有关部门、口岸运营单位共同开展通关服务保障工作,必要时制定专项方案,确保重大活动通关安全便捷。

第二十条 对口岸与海关特殊监管区域间的保税货物流转,市发展改革、口岸服务等部门和本市海关特殊监管区域管理机构应当配合口岸查验机构,根据国家有关规定按照保障安全和方便货物进出的原则,合理确定监管流程和监管方法,建立保税货物便捷流转的监管模式。

第二十一条 本市根据区域经济发展特点和外省市口岸通关合作需求,与其他省、自治区、直辖市建立口岸跨区域合作机制,提升上海口岸服务长三角、长江流域和全国的功能。

市口岸服务部门应当协调配合口岸查验机构创新区域通关监管模式,优化旅客、货物中转流程,扩大区域通关便利措施的适用范围。

市建设交通、交通港口、口岸服务等部门应当与外省市相关部门加强口岸物流协作,推进江海直达、铁海联运、水水中转、陆空联运等多式联运发展,支持口岸运营单位、航运企业跨区域合作。

第四章 口岸环境保障

第二十二条 市口岸服务、公安、交通港口、商务、卫生、质量技术监督等部门应当协同口岸查验机构加强口岸风险的预警防范,配合做好打击走私、防范非法出入境、防控卫生疫情、管控危险货物等口岸安全保障工作。

口岸运营单位应当建立健全安全管理制度,定期检查本单位各项安全防范措施的落实情况;及时处理本单位存在的可能引发口岸安全事件的问题,并按照规定向有关部门报告。

本市港口、机场、车站等口岸的突发事件应急指挥责任单位应当制定和落实口岸突发事件应急预案,并组织应急演练,完善应急处置机制。

第二十三条 本市建设交通、公安、交通港口等部门应当加强对口岸及其周边的道路、堆场等设施的建设管理,加强口岸集疏运协调配合,及时疏导旅客、货物以及严重道路交通堵塞等情况,保障口岸进出畅通。

第二十四条 市经济信息化、口岸服务、商务、工商、质量技术监督、税务等部门应当会同口岸查验机构、人民银行、外汇管理部门建立企业诚信信息共享机制，推动诚信标准互认，并协同实施以企业诚信度为基础的口岸通关分类监管制度。

第二十五条 市发展改革、工商、商务、交通港口、口岸服务等部门应当协同口岸查验机构引导国际货运代理、国际船舶代理、报检报关代理等中介服务机构发展，规范中介服务机构的经营行为，加强中介服务市场的监管。

第二十六条 市口岸服务部门应当组织编制上海口岸发展年度报告，反映口岸运行状况、监管服务情况、通关创新措施等，并向社会公布。

市口岸服务部门应当定期会同市交通港口、商务、外汇管理等部门和口岸查验机构汇总上海口岸运行相关数据，加强对口岸运行情况的分析监测。

第二十七条 市口岸服务部门应当支持口岸查验机构健全通关服务窗口业务规范，并按照国家和本市相关规定，推进口岸查验机构和口岸运营单位开展文明口岸共建工作。

市口岸服务部门应当组织本市相关行业协会、企业定期对口岸服务情况进行评价；对评价中发现的问题，由市口岸服务部门协调、督促相关单位及时处理。

第五章 法律责任

第二十八条 违反本条例规定的行为，有关法律、行政法规已有处罚规定的，从其规定。

第二十九条 在口岸开放范围内，码头、航站楼、车站等作业区的运营单位违反本条例第十三条的规定，未办理对外开通启用手续擅自接靠国际交通运输工具，或者违反本条例第十四条的规定，未办理临时接靠手续擅自接靠国际交通运输工具的，由市口岸服务部门责令改正，没收违法所得，并处二万元以上十万元以下罚款。

在口岸开放范围外，码头、航站楼、车站等作业区的运营单位未办理口岸开放手续，擅自接靠国际交通运输工具的，由市口岸服务部门予以制止，并报国家有关部门处理。

第三十条 行政机关工作人员违反本条例规定，玩忽职守、滥用职权、徇私舞弊的，由其所在单位或者上级主管部门依法给予行政处分；构成犯罪的，依法追究刑事责任。

第六章 附　　则

第三十一条 本条例自2012年3月1日起施行。

上海市建设工程质量和安全管理条例

（2011年12月22日上海市第十三届人民代表大会常务委员会第三十一次会议通过）

第一章 总　　则

第一条 为了加强本市建设工程质量和安全管理，保障人民群众生命和财产安全，根据《中华人民共和国建筑法》、《建设工程质量管理条例》、《建设工程安全生产管理条例》和其他有关法律、行政法规，结合本市实际，制定本条例。

第二条 本市行政区域内建设工程的新建、扩建、改建和既有建筑物、构筑物的拆除、修缮,以及相关监督管理活动,适用本条例。

第三条 市建设行政管理部门是本市建设工程质量和安全的综合监督管理部门,并负责相关专业建设工程质量和安全的监督管理,具体履行以下职责:

(一)组织编制与建设工程质量和安全相关的工程建设技术标准;

(二)建立全市统一的建设工程监督管理信息系统;

(三)指导、协调本市专业建设工程质量和安全的监督管理;

(四)对房屋建设工程、市政基础设施工程和公路工程等建设工程质量和安全实施监督管理。

市港口、水务、海洋、绿化、民防、房屋等行政管理部门(以下简称其他有关部门)按照法律、法规和市人民政府规定的职责分工,负责相关专业建设工程质量和安全的监督管理。

区、县建设行政管理部门和其他有关部门按照职责分工,负责本行政区域内建设工程质量和安全的监督管理。

本市发展改革、安全生产监督、财政、公安消防、质量技术监督、规划、经济信息化等行政管理部门在各自职责范围内,协同实施本条例。

第四条 从事建设工程活动,应当严格执行建设程序。

本市有关行政管理部门应当按照法定的权限和程序审批建设工程项目。

任何单位和个人不得随意要求压缩建设工程的合理工期。

第五条 建设、勘察、设计、施工、监理、检测等单位以及其他与建设工程质量和安全有关的单位,应当建立健全质量和安全管理体系,落实质量和安全管理责任。各单位的主要负责人应当依法对本单位的建设工程质量和安全工作全面负责。

勘察、设计、施工、监理、检测等单位应当依法取得相应的资质证书,并在资质许可范围内承接业务。

勘察、设计、施工等单位不得转包或者违法分包所承接的业务。

监理、检测等单位不得转让所承接的业务。

第六条 建筑师、勘察设计工程师、造价工程师、建造师、监理工程师等专业技术人员,应当依法取得相应的执业资格,应当在资格许可范围内执业,并依法对其执业参与的建设工程质量和安全承担相应责任。

注册执业人员不得同时在两个以上单位执业,不得准许他人以本人名义执业。

从事建设工程活动的其他专业技术人员和管理人员,应当按照国家和本市规定取得相应的岗位证书。

第七条 建设工程相关行业协会是建设工程各参与单位的自律组织,依法制定自律规范,开展行业培训,维护会员的合法权益。对违反行业自律规范的会员,行业协会可以按照行业协会章程的规定,采取相应的惩戒性行业自律措施。

第八条 建设行政管理部门或者其他有关部门应当通过建设工程监督管理信息系统向社会公布建设工程的基本情况、主要参与单位、施工许可、竣工验收等信息。

任何单位和个人对违反建设工程质量和安全管理的行为,有权向建设行政管理部门或者其他有关部门举报。接到举报的部门应当及时调查、处理。

第二章　建设单位的责任和义务

第九条 建设单位对建设工程质量和安全负有重要责任,应当负责建设工程各阶段的质量和安全工作的协调管理,并按照合同约定督促建设工程各参与单位落实质量和安全管理责任。

本市鼓励建设单位委托项目管理单位,对建设工程全过程进行专业化的管理和服务。

第十条 建设单位应当在可行性研究阶段,对建设工程质量和安全风险进行评估,并明确控制风险的费用。建设工程质量和安全风险包括建设和使用过程中的建设工程本体的风险以及对毗邻建筑物、构筑物和其他管线、设施的安全影响等。风险评估的具体办法由市人民政府另行制定。

建设单位应当将风险评估的内容提供给勘察、设计、施工和监理等单位,并要求相关单位在勘察文件、设计方案、初步设计文件、施工图设计文件、施工组织设计文件的编制过程中,明确相应的风险防范和控制措施。

第十一条 建设单位应当保证与建设需求相匹配的建设资金,并按照合同约定的价款和时间支付费用,不得随意压低勘察、设计、施工、监理、检测、监测等费用。

建设单位应当按照规定,在建设工程项目专户中单独列支安全防护措施费、监理费、检测费等费用。

第十二条 建设工程发包前,建设单位应当根据建设工程可行性研究报告和建设工期定额,综合评估工程规模、施工工艺、地质和气候条件等因素,确定合理的勘察、设计和施工工期。在建设工程招标投标时,建设单位应当将合理的施工工期安排作为招标文件的实质性要求和条件。

勘察、设计和施工工期确定后,建设单位不得任意压缩;确需调整且具备技术可行性的,应当提出保证工程质量和安全的技术措施和方案,经专家论证后方可实施。调整勘察、设计和施工工期涉及增加费用的,建设单位应当予以保障。

第十三条 建设单位应当依法将建设工程发包给具有相应资质等级的单位,不得将建设工程肢解发包或者指定分包单位。

建设单位与勘察、设计、施工、监理、检测、监测等单位签订的合同中,应当明确约定双方的建设工程质量和安全责任。

第十四条 下列建设工程,建设单位应当委托监理单位实行监理:

(一)国家和本市重点建设工程;

(二)大中型公用事业工程;

(三)住宅工程;

(四)利用外国政府或者国际组织贷款、援助资金的工程;

(五)国家和市人民政府规定应当实行监理的其他工程。

第十五条 建设单位应当对建设工程毗邻建筑物、构筑物和其他管线、设施进行现场调查,并向勘察、设计、施工、监理等单位提供相关的调查资料和保护要求。

第十六条 建设单位应当将施工图设计文件送市建设行政管理部门或者其他有关部门认定的施工图设计文件审查机构审查。审查机构应当按照法律、法规和强制性标准对施工图设计文件进行审查。

经审查通过的施工图设计文件不得擅自变更;涉及主要内容变更的,应当经原施工图设计文件审查机构重新审查。

第十七条 建设单位不得对勘察、设计、施工、监理、检测等单位提出不符合法律、法规、规章和强制性技术标准规定的要求,不得违法指定建设工程材料、设备的供应单位。

第十八条 建设单位在收到施工单位提交的建设工程竣工报告后,应当及时组织设计、施工、监理等单位进行竣工验收;其中,新建住宅工程应当先行组织分户验收。

第十九条 在新建住宅所有权初始登记前,建设单位应当按照本市有关规定交纳物业保修金。建设单位投保工程质量保证保险符合国家和本市规定的保修范围和保修期限,并经房屋行政管理部门审核同意的,可以免予交纳物业保修金。

建设工程使用建筑幕墙的,应当符合市人民政府的相关规定。建设单位应当按照规定建立专项资金,用于建筑幕墙的维修。

第二十条 建设工程竣工验收合格后,建设单位应当在建筑物、构筑物的明显部位镶刻建筑铭牌,标注竣工时间,建设、勘察、设计、施工、监理等单位名称和项目主要负责人姓名。

第三章 勘察、设计单位的责任和义务

第二十一条 勘察、设计单位应当对勘察、

设计质量负责。勘察、设计文件应当满足建设工程质量和安全的需要。

第二十二条 勘察单位应当在勘察作业前，根据强制性技术标准编制勘察大纲，并针对特殊地质现象提出专项勘察建议。

勘察单位在勘察作业时，应当遵守勘察大纲和操作规程的要求，并确保原始勘察资料的真实可靠。发现勘察现场不具备勘察条件时，勘察单位应当及时书面通知建设单位，并提出调整勘察大纲的建议。

第二十三条 勘察文件应当满足国家规定的深度要求，标注勘察作业范围内地下管线和设施的情况，并标明勘察现场服务的节点、事项和内容等。

第二十四条 设计文件应当满足国家规定的深度要求，并符合下列规定：

（一）对建设工程本体可能存在的重大风险控制进行专项设计；

（二）对涉及工程质量和安全的重点部位和环节进行标注；

（三）采用新技术、新工艺、新材料、新设备的，明确质量和安全的保障措施；

（四）根据建设工程勘察文件和建设单位提供的调查资料，选用有利于保护毗邻建筑物、构筑物和其他管线、设施安全的技术、工艺、材料和设备；

（五）明确建设工程本体以及毗邻建筑物、构筑物和其他管线、设施的监测要求和监测控制限值；

（六）标明现场服务的节点、事项和内容。

设计单位应当按照技术规范，指派注册执业人员对设计文件进行校审。校审人员应当签字确认。

第二十五条 勘察、设计单位应当在建设工程施工前，向施工、监理单位说明勘察、设计意图，解释勘察、设计文件。

勘察、设计单位应当按照合同约定和勘察、设计文件中明确的节点、事项和内容，提供现场指导，解决施工过程中出现的勘察、设计问题。

施工单位在施工过程中发现勘察、设计文件存在问题的，勘察、设计单位应当应施工单位要求到现场进行处理；勘察、设计文件内容发生重大变化的，应当按照规定对原勘察、设计文件进行变更。

第二十六条 勘察单位应当参加建设工程桩基分项工程、地基基础分部工程的验收，并签署意见。

设计单位应当参加设计文件中标注的重点部位和环节的分部工程、分项工程和单位工程的验收，并签署意见。

设计单位应当参加建设工程竣工验收，对是否符合设计要求签字确认，并向建设单位提供建设工程的使用维护说明。

第四章 施工单位的责任和义务

第二十七条 施工单位应当对建设工程的施工质量和安全负责。建设工程实行总承包的，分包单位应当接受总承包单位施工现场的质量和安全管理。

建设工程材料、设备的供应单位承担所供应材料、设备施工作业的，应当按照规定取得相应资质。

第二十八条 施工单位应当组建施工现场项目管理机构，并根据合同约定配备相应的项目负责人、技术负责人、专职质量管理和安全管理人员等技术、管理人员。上述人员不得擅自更换，确需更换的，应当经发包单位同意，并不得降低相应的资格条件。

前款规定的人员应当是与施工单位建立劳动关系的人员。

第二十九条 施工单位在施工前，应当根据建设工程规模、技术复杂程度等实际情况，编制施工组织设计文件。对国家和本市规定的危险性较大的分部工程、分项工程，应当编制专项施工方案，附具安全验算结果，并按照规定经过专家论证。

施工组织设计文件、专项施工方案应当明确下列内容：

（一）与设计要求相适应的施工工艺、施工过程中的质量和安全控制措施以及应急处置预案；

（二）施工过程中施工单位内部质量和安全控制措施的交底、验收、检查和整改程序；

（三）符合合同约定工期的施工进度计划安排；

（四）对可能影响的毗邻建筑物、构筑物和其他管线、设施等采取的专项防护措施。

第三十条 施工单位应当按照合同约定的施工工期进行施工，并按照技术标准和施工组织设计文件顺序施工，不得违反技术标准压缩工期和交叉作业。

国家和本市规定的危险性较大的分部工程、分项工程施工时，项目负责人、专职安全管理人员应当进行现场监督。

建设工程竣工验收合格后，施工单位应当清理施工现场的临时建筑物、构筑物和设施、设备，并撤离相应的人员。

第三十一条 施工单位应当在施工现场建立消防安全责任制度，确定消防安全责任人，制定用火、用电、使用易燃易爆材料等各项消防安全管理制度和操作规程，设置消防通道、消防水源，配备消防设施和灭火器材，并在施工现场入口处设置明显标志。

建设工程材料和设备，以及施工脚手架（包括支架和脚踏板）、安全网应当符合防火要求。

第三十二条 施工单位按照国家和本市有关规定实行劳务分包的，劳务分包单位应当具备相应的资质。

施工单位或者劳务分包单位应当与其施工作业人员签订劳动合同。

施工作业人员应当向市建设行政管理部门申领施工作业人员劳务信息卡。施工单位或者劳务分包单位应当及时将施工作业人员的身份信息、所在单位、岗位资格、从业经历、培训情况、社保信息等信息输入劳务信息卡。

施工作业人员进出施工现场时，施工单位应当按其持有的劳务信息卡进行信息登记。

第三十三条 施工单位和劳务分包单位应当定期对施工作业人员开展教育培训和业务学习。未经教育培训或者考核不合格的人员，不得上岗作业。

从事特种作业的施工人员应当持证上岗。

对于首次上岗的施工作业人员，施工单位或者劳务分包单位应当在其正式上岗前安排不少于三个月的实习操作。

对初次进入建设工程劳务市场的施工作业人员，由建设行政管理部门或者其他有关部门采取措施，开展建设工程质量和安全的相关教育培训。教育培训经费在市区两级财政安排的教育费中单独列支。

第三十四条 施工单位应当向施工作业人员提供符合国家和本市规定标准的安全防护用具、安全防护服装和安全生产作业环境，并书面告知危险岗位的操作规程和违反操作规程操作的危害。

施工单位应当按照国家和本市有关规定，根据季节和天气特点，采取预警和安全防护措施；出现高温天气或者异常天气时，应当限制或者禁止室外露天作业。

第三十五条 按照国家和本市技术规范需要由专业监测单位实施监测的建设工程，施工单位应当委托没有利害关系的专业监测单位实施监测。

第三十六条 施工单位应当按照规定使用取得生产许可、强制产品认证或者经市建设行政管理部门备案的建设工程材料。

对进入施工现场的建设工程材料和设备，施工单位应当核验供应单位提供的生产许可或者认证证明、产品质量保证书和使用说明书。

建设工程使用商品混凝土、钢筋等结构性建设工程材料的，施工单位应当在分部工程、分项工程验收和竣工验收时，要求供应单位对供应数量进行确认。

第三十七条 对进入施工现场的安全防护用具、机械设备、施工机具及配件，施工单位应当核验其生产（制造）许可证、产品合格证；其中，对建筑起重机械，还应当核验其制造监督检验证明和首次使用备案证明。

施工现场的安全防护用具、机械设备、施工机具及配件应当由专人管理,并定期进行检查、维修和保养。

第三十八条 施工单位安装、拆卸建筑起重机械的,应当编制安装和拆卸方案,确定施工安全措施,并由专业技术人员现场监督。

施工单位应当在建筑起重机械和整体提升脚手架、模板等自升式架设设施使用和拆除前,向建设行政管理部门或者其他有关部门登记。

建筑起重机械在使用过程中首次加节顶升的,应当经有相应资质的检验检测单位监督检验合格。

施工现场有多台塔式建筑起重机械作业的,施工单位应当根据实际情况,组织编制并实施防碰撞安全措施。

第三十九条 建设工程施工过程中发生质量和安全事故时,施工单位应当立即启动应急处置预案,并及时报告建设行政管理部门或者其他有关部门。施工单位应当配合相关行政管理部门进行事故调查处理。

事故现场处置完毕后,施工单位应当制定并落实整改和防范措施。已经暂停施工的,经建设行政管理部门或者其他有关部门批准后方可复工。

第四十条 施工单位对施工过程中发生质量问题或者竣工验收不合格的建设工程,应当负责返修。

发生结构性质量事故的,返修后的建设工程应当经检测单位检测合格。

第五章 监理、检测、监测单位的责任和义务

第四十一条 监理单位应当代表建设单位对施工质量和安全实行监理,对建设工程施工质量和安全承担监理责任。

第四十二条 依法必须实行监理的建设工程,监理收费标准应当执行国家和本市的相关规定。

第四十三条 监理单位应当组建施工现场项目监理机构,并根据合同约定配备相应的总监理工程师、专业监理工程师和监理员等人员。

第四十四条 项目监理机构应当在建设工程开工前,负责审核施工单位报送的施工现场项目管理机构组建方案、质量和安全管理制度、施工组织设计文件、专项施工方案。审核意见经总监理工程师签署后,报建设单位。

第四十五条 项目监理机构应当按照相关规定编制监理规划,明确采用旁站、巡视、平行检验等方式实施监理的具体范围和事项。监理平行检验中的检测工作,应当委托具有相应资质的检测单位实施。检测比例应当符合国家和本市的有关规定。

项目监理机构应当对施工单位报送的检验批、分部工程、分项工程的验收资料进行审查,并提出验收意见。分部工程、分项工程未经项目监理机构验收合格,施工单位不得进入下一工序施工。

项目监理机构应当对进入施工现场的建设工程材料和设备进行核验,并提出审核意见。未经审核的建设工程材料和设备,不得在建设工程上使用或者安装。

第四十六条 项目监理机构应当督促施工单位进行安全生产自查,并巡查施工现场安全生产情况。

项目监理机构应当对施工单位安全防护措施费的使用和管理进行审查,并报建设单位。

项目监理机构应当核查施工单位的资质、安全生产许可证以及项目负责人、专职安全管理人员和特种作业人员的资格证书。

第四十七条 项目监理机构应当按照市建设行政管理部门的规定,定期将施工现场的有关情况向建设行政管理部门或者其他有关部门报告。

第四十八条 项目监理机构发现施工不符合强制性技术标准、施工图设计文件、施工组织设计文件、专项施工方案或者合同约定的,应当立即要求施工单位改正;施工单位拒不改正的,应当及时报告建设单位。

项目监理机构发现存在质量和安全事故隐

患的,应当立即要求施工单位改正;情况严重的,应当要求施工单位暂停施工,并及时报告建设单位。

施工单位拒不改正或者不停止施工的,或者施工现场发生质量和安全事故的,项目监理机构应当立即向建设行政管理部门或者其他有关部门报告。建设行政管理部门或者其他有关部门应当立即到施工现场予以处置。

第四十九条 检测单位应当按照法律、法规、规章和强制性技术标准开展检测活动,并对检测数据和检测报告的真实性和准确性负责。禁止检测单位伪造检测数据或者出具虚假检测报告。

涉及建设工程质量和安全的新技术、新材料的检测项目,检测单位应当通过市建设行政管理部门组织的检测能力评估论证。

检测单位的检测人员应当按照国家和本市有关规定取得相应的资格或者经检测行业协会考核合格后,方可上岗。

第五十条 检测单位在同一建设工程项目或者标段中不得同时接受建设、施工或者监理单位等多方的检测委托。

第五十一条 检测单位应当依托市建设行政管理部门建立的全市统一的建设工程检测信息管理系统,对按照法律、法规和强制性标准规定应当检测的建设工程本体、结构性材料、功能性材料和新型建设工程材料实施检测,并按照检测信息管理系统设定的控制方法操作检测设备,不得人为干预检测过程。

检测单位应当通过检测信息管理系统出具检测报告。

第五十二条 监测单位应当根据设计文件确定的监测要求编制施工监测方案,对建设工程本体以及毗邻建筑物、构筑物或者其他管线、设施实施监测。

监测单位应当保证监测数据的真实性,按照设计单位设定的报警值及时报警。

第六章 监督管理

第五十三条 建设行政管理部门和其他有关部门应当加强对建设工程质量和安全的监督管理,建立和完善建设工程质量和安全的追溯体系。

建设行政管理部门和其他有关部门应当建立健全建设工程质量和安全监督管理制度,并配备相应的质量和安全监督人员和装备。

从事建设工程质量和安全监督的人员,应当按照国家有关规定,经考核合格后方可实施质量和安全监督。

市建设行政管理部门可以结合本市实际,组织编制优于国家标准的地方工程建设质量和安全技术标准。

第五十四条 建设行政管理部门和其他有关部门应当履行下列建设工程质量和安全监督管理职责:

(一)监督检查国家和本市有关建设工程质量和安全的法律、法规、规章和技术标准的执行情况;

(二)监督检查建设工程各参与单位的质量和安全行为,以及质量和安全管理体系和责任制落实情况;

(三)查处违反建设工程质量和安全法律、法规、规章和技术标准的行为;

(四)法律、法规规定的其他监督管理职责。

第五十五条 建设行政管理部门和其他有关部门在履行建设工程质量和安全监督管理职责时,有权采取下列措施:

(一)要求被检查单位提供有关建设工程质量和安全的资料;

(二)进入被检查单位的施工现场进行检查,并将检查的时间、地点、内容、发现的问题及其处理情况,作出书面记录;

(三)发现有影响建设工程质量的问题或者安全事故隐患时,责令改正或者立即排除;重大安全事故隐患排除前或者排除过程中无法保证安全的,责令从危险区域内撤出作业人员或者暂停施工;

(四)法律、法规规定采取的其他措施。

第五十六条 在审批施工许可时,建设行政管理部门和其他有关部门应当对开工前需要落实的建设工程质量和安全控制措施进行现场检查。

第五十七条 建设行政管理部门和其他有关部门应当对报送备案的勘察、设计、施工图审查、施工、监理、检测等合同进行抽查。抽查比例不得低于备案合同总量的十分之一。发现合同约定内容违反法律、法规和规章规定的，应当及时要求合同当事人予以改正，并依法予以处理。

第五十八条 建设行政管理部门或者其他有关部门应当采用试样盲样检测的方式实施监督检测。涉及建设工程结构安全的监督检测，检测比例应当符合本市有关建设行政管理部门确定的标准。

对建设工程实体的监督检测，建设行政管理部门或者其他有关部门不得委托对该工程实体已实施过检测的检测单位。

监督检测的费用由同级财政拨付，不得另行收取。

第五十九条 建设行政管理部门和其他有关部门应当记载建设活动各参与单位和注册执业人员的信用信息。相关信息由市建设行政管理部门按照国家和本市有关规定即时向社会公布。

市建设行政管理部门和其他有关部门应当按照诚信奖励和失信惩戒的原则实行分类管理，并在资质管理、行政许可、招标投标、工程保险、表彰评优等方面对守信的建设活动各参与单位和注册执业人员给予激励，对失信的单位和人员给予惩处。

第七章 法律责任

第六十条 违反本条例的行为，法律、行政法规已有处罚规定的，从其规定。

第六十一条 违反本条例规定，建设单位有下列情形之一的，由建设行政管理部门或者其他有关部门按照下列规定进行处罚：

（一）违反第十条第一款规定，未按照规定进行风险评估或者未明确控制风险费用的，责令限期改正；逾期不改正的，处十万元以上三十万元以下罚款，并可对单位主要负责人处一万元以上三万元以下罚款。

（二）违反第十一条第二款规定，未按照规定单独列支相关费用的，责令限期改正；逾期不改正的，处一万元以上十万元以下罚款，并可对单位主要负责人处一千元以上一万元以下罚款。

（三）违反第十九条第二款规定，未按照规定建立专项资金的，责令限期改正；逾期不改正的，处应筹集专项资金一倍的罚款。

（四）违反第二十条规定，未按照规定镶刻建筑铭牌的，责令限期改正；逾期不改正的，处一万元以上三万元以下罚款。

第六十二条 违反本条例第十六条第一款规定，施工图设计文件审查机构未按照法律、法规和强制性标准对施工图设计文件进行审查的，由建设行政管理部门或者其他有关部门处一万元以上十万元以下罚款；情节严重的，撤销对审查机构的认定。

第六十三条 违反本条例第二十四条第一款第一项、第三项、第四项、第五项规定，设计单位的设计文件不符合相关要求的，由建设行政管理部门或者其他有关部门责令限期改正，处十万元以上三十万元以下罚款。造成工程质量和安全事故的，责令停业整顿，降低资质等级；情节严重的，吊销资质证书。

第六十四条 违反本条例规定，施工单位有下列情形之一的，由建设行政管理部门或者其他有关部门按照下列规定进行处罚：

（一）违反第二十八条第一款规定，施工单位更换的人员不符合要求的，责令限期改正，处一万元以上十万元以下罚款；情节严重的，责令暂停施工。

（二）违反第三十条第二款规定，施工单位未按照规定安排项目负责人现场监督的，责令限期改正，处二万元以上十万元以下罚款。

（三）违反第三十二条第三款、第四款规定，施工单位未按照规定输入信息或者未进行信息登记的，责令限期改正，处一万元以上三万元以下罚款。

（四）违反第三十三条第三款规定，施工单位或者劳务分包单位未按照规定对首次上岗的施工作业人员安排实习操作的，责令限期改正，处二万元以下罚款；情节严重的，责令暂停施工。

（五）违反第三十五条规定，施工单位未按照规定委托专业监测单位实施监测的，责令限期改正，处十万元以上三十万元以下罚款；情节严重的，责令暂停施工。

第六十五条 违反本条例规定，项目监理机构有下列情形之一的，由建设行政管理部门或者其他有关部门按照下列规定进行处罚：

（一）违反第四十七条规定，未按照规定定期向有关行政管理部门报告的，责令监理单位限期改正；逾期不改正的，处一万元以上三万元以下罚款。

（二）违反第四十八条规定，发现质量和安全事故隐患未及时要求施工单位改正或者暂停施工的，或者施工单位拒不改正或者不停止施工，未及时向有关行政管理部门报告的，责令监理单位限期改正；逾期不改正的，责令停业整顿，并处十万元以上三十万元以下罚款；情节严重的，降低资质等级或者吊销资质证书。

第六十六条 违反本条例规定，检测单位有下列情形之一的，由建设行政管理部门或者其他有关部门按照下列规定进行处罚：

（一）违反第四十九条第一款规定，检测单位伪造检测数据或者出具虚假检测报告的，责令限期改正，整改期间暂停承接业务，处二万元以上二十万元以下罚款；情节严重的，吊销资质证书。

（二）违反第四十九条第三款规定，检测单位的检测人员未取得资格或者未经考核合格从事检测业务的，责令限期改正，处一万元以上十万元以下罚款。

（三）违反第五十条规定，违反检测回避规定的，责令限期改正，处一万元以上三万元以下罚款。

（四）违反第五十一条规定，未通过检测信息管理系统实施检测或者人为干预检测过程的，责令限期改正，整改期间暂停承接业务，处一万元以上三万元以下罚款。

第六十七条 违反本条例第五十二条规定，监测单位未编制施工监测方案或者出具虚假监测数据的，由建设行政管理部门或者其他有关部门责令限期改正，处一万元以上十万元以下罚款。

第六十八条 建设行政管理部门和其他有关部门在监督检查中发现勘察、设计、施工、监理、检测等单位不再符合相应资质条件的，应当责令其限期改正，整改期间暂停承接业务；逾期不改正的，由许可部门降低其资质等级或者吊销其资质证书。

第六十九条 建设行政管理部门和其他有关部门的工作人员违反本条例规定，有下列情形之一的，由所在单位或者上级主管部门依法给予行政处分；构成犯罪的，依法追究刑事责任：

（一）违法实施行政许可或者行政处罚的；

（二）未按照本条例规定履行监督检查职责的；

（三）发现违法行为不及时查处，或者包庇、纵容违法行为，造成后果的；

（四）其他玩忽职守、滥用职权、徇私舞弊的行为。

第八章 附 则

第七十条 本条例自2012年3月1日起施行。

上海市人民代表大会常务委员会关于修改本市部分地方性法规的决定

（2011 年 12 月 22 日上海市第十三届人民代表大会常务委员会第三十一次会议通过）

上海市第十三届人民代表大会常务委员会第三十一次会议决定，对部分法规条款作如下修改：

一、对下列法规中执行行政强制的有关行政管理部门或行政执法主体称谓作出修改

（一）将下列法规中的“市交通执法总队、区县交通执法机构”修改为“市、区县交通行政管理部门”

1.《上海市出租汽车管理条例》第四十九条第二款、第五十三条第一款；

2.《上海市公共汽车和电车客运管理条例》第四十六条；

（二）将下列法规中的“市航务管理处”修改为“市港口行政管理部门”

3.《上海市内河航道管理条例》第十九条、第二十九条、第四十四条、第四十五条。

（三）将下列法规中的“市水务执法总队”修改为“市水务局”

4.《上海市河道管理条例》第二十二条第一款、第二十四条第二款、第二十九条第二款、第三十一条第二款。

二、对下列法规中部分条文作出删除

5. 删去《上海市反不正当竞争条例》第二十二条第四项。

6. 删去《上海市环境保护条例》第五条第二款中的“和行政强制措施”。

7. 删去《上海市历史文化风貌区和优秀历史建筑保护条例》第三十四条中的“逾期仍不抢救修缮或者整修的，区、县房屋行政管理部门应当委托通过招投标方式确定的专业单位代为修缮或者整修，所需费用由建筑的所有人承担”。

8. 删去《上海市街道办事处条例》第十条第二款中的“有权暂扣违法物品、违法所得，拆除违法建筑”。

9. 删去《上海市道路运输管理条例》第三十六条第一款中的“维修机具设备等物品”和第二项“无经营许可证从事机动车维修经营活动的”，将该款修改为“市交通执法总队、区县道路运输管理机构在实施监督检查过程中，发现无车辆营运证又无法当场提供其他有效证明的车辆从事经营活动的，可以暂扣其营运车辆，并责令当事人在规定的期限内到指定的地点接受处理。”

三、对下列法规中部分条文作出修改

10. 将《上海市道路运输管理条例》第三十六条第三款中的“当事人无正当理由逾期不履行行政处罚决定，经公告三个月后仍不来接受处理的，市交通执法总队、区县道路运输管理机构可以将暂扣物品予以没收，依法处理。”修改为“当事人无正当理由逾期不履行行政处罚决定，经公告三个月后仍不来接受处理的，市交通执法总队、区县道路运输管理机构可以依法处理暂扣物品。”

11. 将《上海市实施〈中华人民共和国水法〉办法》第二十条中的“向河道、湖泊排污的排污口的设置和扩大，排污单位在向环保部门申报之前，应征得水务行政管理部门同意。未经同意擅自建造的，水务行政管理部门有权责令停建或者予以封闭。”修改为“向河道、湖泊排污的排污口的设置和扩大，排污单位在向环保部门申报之前，应征得水务行政管理部门同意。未经同意擅自建造的，由水务行政管理部门责令限期拆除；逾期不拆除的，强制拆除，所需费用由违法者承担。”

12. 将《上海市地名管理条例》第三十八条第六项中的“违反第二十七条、第三十三条、第三十四条、第三十五条第一款、第三十六条规定的,由市或者区、县地名办责令限期改正;逾期未改正的,市或者区、县地名办可以代为改正,并由地名标志的设置人承担由此发生的一切费用。”修改为“违反第二十七条、第三十三条、第三十四条、第三十五条第一款、第三十六条规定的,由市或者区、县地名办责令限期改正;逾期不改正的,可处警告或者五百元以下罚款。”

13. 将《上海市拆除违法建筑若干规定》第十二条中的“当事人拒不停止建设或者拒不拆除的,拆违实施部门应当立即强制拆除”修改为“当事人拒不停止建设或者拒不拆除的,拆违实施部门应当依法立即强制拆除”。

本决定自 2012 年 2 月 1 日起施行。

上海市人民代表大会常务委员会关于规范性文件备案审查的规定

(2012 年 4 月 19 日上海市第十三届人民代表大会常务委员会第三十三次会议通过)

第一条 为了加强规范性文件的备案审查工作,维护国家法制统一,根据《中华人民共和国立法法》、《中华人民共和国各级人民代表大会常务委员会监督法》等有关法律的规定,结合本市实际,制定本规定。

第二条 市人民代表大会常务委员会(以下简称市人大常委会)对规范性文件的备案审查,适用本规定。

第三条 本规定所称规范性文件,是指涉及本市公民、法人和其他组织的权利、义务,并具有普遍约束力,在一定期限内可以反复适用的下列文件:

(一)市人民政府规章;

(二)市人民政府发布的决定、命令;

(三)本市地方性法规授权市人民政府及其相关工作部门制定的与本市地方性法规相配套的规范性文件;

(四)区、县人民代表大会及其常务委员会作出的决议、决定;

(五)依法应当向市人大常委会报送备案的其他规范性文件。

第四条 规范性文件应当自公布之日起三十日内报送市人大常委会备案。

规范性文件报送备案,应当提交备案报告、规范性文件正式文本及与规范性文件相关的说明等其他相关材料各一式十份,并报送电子文本。

第五条 本规定第三条规定的市人民政府及其相关工作部门制定的规范性文件,由市人民政府法制办公室报送备案;区、县人民代表大会及其常务委员会作出的决议、决定,由区、县人民代表大会常务委员会办公室报送备案。

市人大常委会办公厅(以下简称常委会办公厅)收到报送备案的规范性文件,应当在登记后送市人大常委会法制工作委员会(以下简称法工委)。法工委认为规范性文件报送备案材料不符合要求的,应当要求报送机关在规定期限内重新报送;符合要求的,分送市人民代表大会有关专门委员会(以下简称专门委员会)审查。

第六条 专门委员会按照职责分工对规范性文件进行审查。对规范性文件主要审查是否存在下列情形:

(一)同宪法、法律、行政法规和本市地方性法规相抵触;

(二)同本级或者上级人民代表大会及其常

务委员会的决议、决定相抵触；

（三）超越法定权限，限制或者剥夺公民、法人和其他组织合法权利，或者增加公民、法人和其他组织义务；

（四）违背法定程序；

（五）其他依法应当予以撤销的情形。

第七条 专门委员会审查规范性文件时，根据需要可以要求制定机关说明情况、补充材料，制定机关应当如实说明、补充；也可以采用邀请专家参与审查工作、举行听证会等多种方式进行审查。

第八条 专门委员会应当自收到报送备案材料之日起三十日内书面提出审查意见，送法工委。

规范性文件存在本规定第六条所列情形之一的，法工委应当书面告知制定机关，并要求制定机关在指定期限内提出处理意见。

制定机关应当在指定期限内修改或者废止前款所指的规范性文件，并将修改或者废止的处理结果书面告知法工委；或者书面提出无需修改或者废止的理由。

第九条 法工委应当将制定机关修改或者废止规范性文件的处理结果书面告知专门委员会。

第十条 制定机关未在指定期限内修改或者废止，也未书面提出无需修改或者废止理由的，或者提出的理由不成立的，法工委应当书面告知有关专门委员会。

第十一条 专门委员会经研究，认为规范性文件应当修改或者废止，制定机关不予修改或者废止，或者提出的理由不成立的，由常委会办公厅书面告知制定机关在指定期限内自行纠正。

制定机关在指定期限内对规范性文件仍不予修改或者废止的，专门委员会可以向主任会议提出撤销该规范性文件的议案，由主任会议决定提请市人大常委会会议审议决定。

第十二条 法工委应当每年向市人大常委会报告规范性文件备案审查情况；市人大常委会应当每年将规范性文件备案审查情况的报告印发全体市人民代表大会代表，并将备案审查情况向社会公布。

第十三条 规范性文件的报送机构应当于每年一月底之前，将上一年度制定的规范性文件目录报送市人大常委会备查。

未在规定期限内报送规范性文件目录的，常委会办公厅应当书面通知报送机构在规定期限内报送。

第十四条 规范性文件审查办结后，法工委按工作年度将规范性文件备案审查的相关材料交常委会办公厅归档。

第十五条 区、县人民代表大会常务委员会依照职权对规范性文件备案审查的具体程序，参照本规定执行。

第十六条 本规定自2012年7月1日起施行。

上海市产品质量条例

（2012年4月19日上海市第十三届人民代表大会常务委员会第三十三次会议通过）

第一章 总 则

第一条 为了明确产品质量责任，加强对产品质量的监督管理，提高产品质量水平，保护消费者的合法权益，维护社会经济秩序，根据《中华人民共和国产品质量法》和其他法律、行政法规的规定，结合本市实际情况，制定本条例。

第二条 在本市行政区域内从事产品生产、销售及相关活动和对产品质量实施监督，应当遵守本条例。

本条例所称产品是指经过加工、制作，用于销售的产品。

建设工程不适用本条例规定；但是，建设工程使用的建筑材料、建筑构配件和设备，属于前款规定的产品范围的，适用本条例规定。

第三条 生产者、销售者是产品质量的责任主体，应当依法从事产品生产、销售活动，诚信经营，对社会和公众负责，接受行政监督和社会监督。

第四条 市和区、县人民政府应当把提高产品质量纳入国民经济和社会发展规划，加强对产品质量监督工作的领导，组织、协调各有关部门做好产品质量监督工作，保障本条例的施行。市人民政府设立的质量安全工作议事协调机构负责研究部署、统筹协调本市产品质量工作中的重大事项。

市质量技术监督部门主管本市产品质量监督工作，区、县质量技术监督部门按照职责分工做好产品质量监督工作。

本市工商行政管理部门负责流通领域产品的质量监督管理，其他有关部门在各自的职责范围内负责产品质量监督工作。

法律、法规对产品质量的监督部门另有规定的，依照有关法律、法规的规定执行。

第五条 本市鼓励企业采用先进的科学技术和科学的质量管理方法，提高产品质量，推动自主品牌建设。

本市加强产品质量技术基础建设，提高计量、标准化和质量检验检测等技术机构的能力和水平；鼓励和促进质量检验检测新技术的研究开发，为产品质量工作提供技术保障。

市和区、县人民政府应当建立健全质量奖励制度。对质量管理先进和产品质量达到国际先进水平、成绩显著的单位和个人，以及为产品质量检验检测技术研究作出突出贡献的单位和个人，给予表彰和奖励。

第六条 鼓励、支持和保护对产品质量的社会监督和舆论监督。

对举报属实和协助查处违反产品质量法律、法规行为有功的单位和个人，有关部门应当按照国家和本市有关规定给予奖励。

第二章 生产者、销售者的责任和义务

第七条 生产者应当对其生产的产品质量负责。

产品质量应当符合下列要求：

（一）不存在危及人身、财产安全的不合理的危险，有保障人体健康和人身、财产安全的国家标准、行业标准或者地方标准的，应当符合该标准；

（二）具备产品应当具备的使用性能，但是，对产品存在使用性能的瑕疵作出说明的除外；

（三）符合在产品或者其包装上注明采用的产品标准，符合以产品说明、实物样品等方式表明的质量状况。

生产者、销售者和服务业经营者提供的赠品、奖品，应当符合本条第二款规定。

第八条 企业在生产活动中，没有国家标准、行业标准或者地方标准的，应当制定企业标准。已有国家标准、行业标准或者地方标准的，鼓励企业制定严于国家标准、行业标准或者地方标准的企业标准，在企业内部适用。

企业生产的产品应当符合其明示执行的标准。

第九条 生产者应当建立原辅材料、零部件的进货检查验收和产品出厂检验等产品质量管理制度，保证产品质量符合法律、法规和标准的要求。

生产者应当建立产品质量档案，如实记录原辅材料和零部件的进货检查验收、产品出厂检验、销售、回收处置等情况。

第十条 产品或者其包装上的标识必须真实，并符合下列要求：

（一）有产品质量检验合格证明；

（二）有中文标明的产品名称、生产厂厂名和厂址；

（三）根据产品特点和使用要求，需要标明产品规格、等级、所含主要成分的名称和含量的，用中文相应予以标明；需要事先让消费者知晓的，应当在外包装上标明，或者预先向消费者提供有关资料；

（四）限期使用的产品，应当在显著位置清晰地标明生产日期和安全使用期或者失效日期；

（五）使用不当，容易造成产品本身损坏或者可能危及人身、财产安全的产品，应当有警示标志或者中文警示说明；

（六）实行生产许可证制度的产品，有生产许可证标志和编号；

（七）实行强制性产品认证制度的产品，有认证标志；

（八）根据国家有关规定应当标注的其他内容。

裸装的食品和其他根据产品的特点难以附加标识的裸装产品，可以不附加产品标识。

第十一条 销售者销售的进口产品，应当用中文标明产品名称、产地以及进口商或者总经销者名称、地址；关系人体健康和人身、财产安全或者对使用、维护有特殊要求的产品，应当附有中文说明书；限期使用的产品，应当有中文注明的失效日期；用进口散件组装或者分装的产品，应当在产品或者包装上用中文注明组装或者分装厂的厂名、厂址。

第十二条 机器设备、仪器仪表以及结构复杂的耐用消费品，应当根据产品特点附有安装、使用、维修、保养的说明书。

第十三条 易碎、易燃、易爆、有毒、有腐蚀性、有放射性等危险物品以及储运中不能倒置和其他有特殊要求的产品，其包装质量必须符合相应要求，依照国家有关规定作出警示标志或者中文警示说明，标明储运注意事项。

第十四条 销售者应当建立并执行进货检查验收制度，验明产品合格证明和其他标识，如实记录进货检查验收情况。依照法律、法规规定实行生产许可证或者强制性产品认证制度的产品，销售者还应当查验许可证、认证证书。

销售者应当根据产品特点采取必要的保管措施，保持所销售产品的质量。

第十五条 禁止生产、销售下列产品：

（一）《中华人民共和国产品质量法》等有关产品质量的法律、法规禁止生产、销售的产品；

（二）不符合保障人体健康和人身、财产安全的国家标准、行业标准或者地方标准的产品；

（三）超过安全使用期或者失效日期的产品；

（四）虚假标注生产日期、安全使用期或者失效日期的产品；

（五）伪造、冒用产品质量检验检测证明的产品；

（六）没有中文标明的产品名称、生产厂厂名和厂址的产品，专供出口的产品除外。

服务业经营者在经营性服务过程中，不得提供或者使用前款规定的产品。

生产者、销售者和服务业经营者不得将本条第一款规定的产品作为奖品、赠品。

第十六条 销售者对其售出产品的质量实行先行负责。

售出的产品有下列情形之一的，销售者应当负责修理、更换、退货；给消费者造成损失的，应当赔偿损失：

（一）不具备产品应当具备的使用性能而事先未作说明的；

（二）不符合在产品或者其包装上注明采用的产品标准的；

（三）不符合以产品说明、实物样品等方式表明的质量状况的。

属于生产者的责任或者属于向销售者提供产品的其他销售者的责任的，销售者有权向生产者、提供产品的其他销售者追偿。

第十七条 因产品存在缺陷造成人身、财产损害的，受害人可以向产品生产者要求赔偿，也可以向产品销售者要求赔偿。属于产品生产者的责任，产品销售者赔偿的，产品销售者有权向产品生产者或者进口产品的进口商追偿。进口产品的进口商有权依法向提供进口产品者追偿。属于产品销售者的责任,产品生产者赔偿的,产品生产者有权向产品销售者追偿。

第十八条 产品投入流通后,生产者获知其某一批次、型号或者类别的产品可能存在危及人体健康和人身、财产安全的不合理危险的,应当主动开展调查。确认产品存在缺陷的,生产者应当及时采取警示、召回等补救措施,并向质量技术监督部门报告。鼓励生产者对其他产品质量等问题,开展召回活动。

第十九条 本市鼓励生产者、销售者投保相关产品责任险,以提高产品质量水平和产品质量事故赔付能力。

第二十条 组织展销会或者为销售者提供场地、设施的单位或者个人,在展销会结束或者场地、设施租赁期满后,应当依法承担瑕疵、缺陷产品的质量责任,并可以向销售者追偿。

任何单位和个人不得为生产、销售本条例第十五条第一款规定的产品提供运输、保管、仓储等便利条件,发现生产者、销售者有违法行为的,应当向有关部门举报,不得纵容、庇护。

第二十一条 产品标识的印制者在承印、制作产品标识时,应当查验有关证明,不得印制和提供虚假的产品标识,不得向非委托人提供产品标识。

第三章 行政监督

第二十二条 市质量技术监督部门应当会同市工商行政管理、经济信息化、商务、建设交通、公安消防、卫生、食品药品监督、农业、财政等行政管理部门,组织编制本市重点产品质量监控目录和全市性产品质量监督检查计划。

本市重点产品质量监控目录,由市质量技术监督部门向社会公布。

第二十三条 质量技术监督部门根据国家和本市有关规定组织实施产品质量监督抽查,并定期公布监督抽查结果。监督抽查的重点是:

(一)可能危及人体健康和人身、财产安全的产品;

(二)影响国计民生的重要工业产品;

(三)消费者、有关组织反映有质量问题的产品。

第二十四条 工商行政管理部门根据国家有关规定和本市产品质量监督工作的需要,对流通领域可能危及人体健康和人身、财产安全的产品,以及消费者、有关组织反映有质量问题的产品实施质量监测。

第二十五条 有关行政管理部门开展监督抽查和质量监测工作应当相互协调,避免重复。

监督抽查和质量监测的检验工作应当委托有资质的检验机构进行;因突发事件等特殊情况,所需检验项目超出检验机构资质范围的,市质量技术监督部门可以临时指定具有相应检测能力的检验机构承担检验工作。

第二十六条 市质量技术监督部门应当会同有关部门编制本市重大产品质量安全事故处置预案,并组织协调事故的调查处理。

第二十七条 检验、判定产品质量的依据包括:

(一)国家标准、行业标准、地方标准和企业标准;

(二)产品标识、产品包装上明示的内容,或者以产品说明、实物样品等方式表明的质量状况;

(三)国家和市质量技术监督部门批准的产品质量监督抽查技术规范;

(四)法律、法规的其他规定。

第二十八条 产品质量检验机构应当依法根据标准、程序和方法进行检验,不得伪造检验数据和检验结论,并对其出具的检验报告负法律责任。

产品质量检验机构不得向社会推荐生产者的产品;不得以对产品进行监制、监销等方式参与产品经营活动;不得利用监督抽查、质量监测的检验结果开展产品推荐、评比等活动牟取不正当利益。

第二十九条 生产者、销售者对检验结论有异议的,可以自收到检验结论之日起十五日内,按照国家规定提出书面复检申请。复检结论与原结论一致的,复检费用由提出异议的生产者、销售者承担;复检结论与原结论不一致的,复检费用由委托检验的行政管理部门承担。

生产者、销售者逾期不提出复检申请的,视为承认检验结论。

第三十条 依法进行监督抽查和质量监测的产品质量不合格的,生产者、销售者应当对库存产品、在售产品进行全面清理,依法处理不合格产品,并向有关部门书面报告情况。有关部门根据需要可以组织核查。

依法进行监督抽查的产品质量不合格的,生产者应当按照规定整改并申请复查。生产者无正当理由逾期不申请复查的,视为逾期不改正,由市质量技术监督部门予以公告;公告后仍不整改并申请复查的,视为经复查产品质量仍不合格。

组织监督抽查中发现不合格产品的生产者在外省市的,由市质量技术监督部门移交生产者所在地的省级质量技术监督部门处理。

第三十一条 质量技术监督部门、工商行政管理部门根据已经取得的违法嫌疑证据或者举报,对涉嫌违反本条例规定的行为进行查处时,可以行使下列职权:

(一)对当事人涉嫌从事违反本条例的生产、销售活动的场所实施现场检查;

(二)对产品进行抽样取证;

(三)向当事人的法定代表人、主要负责人和其他有关人员调查、了解与涉嫌从事违反本条例的生产、销售活动有关的情况;

(四)查阅、复制当事人有关的合同、发票、账簿以及其他有关资料;

(五)对有根据认为不符合保障人体健康和人身、财产安全的国家标准、行业标准或者地方标准的产品,或者有其他严重质量问题的产品,以及直接用于生产、销售该项产品的原辅材料、包装物、生产工具,予以查封或者扣押。

第三十二条 本市推进产品质量诚信体系建设,实行质量信用分类管理,对有不良信用记录的生产者和销售者增加监督检查频次;开展产品质量企业自我声明工作,企业自我声明与实际不符或者未履行自我声明的,纳入不良信用记录并依法向社会公布。

本市有关部门应当共同加强对存在产品质量违法行为的企业的监督管理。质量技术监督、工商行政管理、经济信息化、商务、建设交通、公安消防、卫生、食品药品监督、农业等行政管理部门应当建立执法信息抄告制度。

对因产品质量违法行为被立案调查的企业,接到抄告信息的部门应当在年度检查检验以及相关证照换发工作中予以提示,督促企业到有关部门接受处理。

第三十三条 市和区、县质量技术监督部门应当会同工商行政管理、经济信息化、商务、建设交通、公安消防、卫生、食品药品监督、农业等行政管理部门定期发布产品质量状况分析报告。

第四章 社会监督

第三十四条 任何单位和个人有权举报产品质量问题。有关部门应当为举报人保密。

质量技术监督部门、工商行政管理部门及有关部门应当公布接受产品质量举报的联系方式;对接到的举报信息,应当及时、完整地进行记录并妥善保存。举报事项属于本部门职责的,应当受理,并客观、公正、及时地进行核实、处理、答复;不属于本部门职责的,应当在五个工作日内移交有权处理的部门,并告知举报人。

第三十五条 消费者有权就产品质量问题,向产品的生产者、销售者查询;向质量技术监督部门、工商行政管理部门及有关部门申诉,接受申诉的部门应当负责处理。

第三十六条 保护消费者权益的社会组织可以就消费者反映的产品质量问题建议有关部门负责处理,参与有关行政管理部门对产品质量的监督检查,支持消费者对因产品质量造成的损害向人民法院起诉。

第三十七条 广播电台、电视台、报刊和互联网站等媒体对产品质量实行社会监督，向消费者介绍产品质量知识，宣传有关产品质量监督管理的法律、法规，揭露和批评产品生产、销售、检验中的违法行为。

第三十八条 行业协会应当加强行业自律，引导、督促生产者和销售者依法经营，推动行业诚信建设，参与标准制定，及时发现并向行政管理部门报告本行业产品质量的突出问题和安全隐患，宣传、普及产品质量知识。

第三十九条 司法机关、仲裁机构、行政管理部门、处理产品质量纠纷的有关社会团体以及产品质量争议双方当事人需要进行产品质量鉴定的，应当委托产品质量鉴定组织单位进行。鉴定组织单位名录由市质量技术监督部门向社会公布。

第五章 法律责任

第四十条 违反本条例规定的行为，有关法律、行政法规已有处罚规定的，适用其规定。

第四十一条 违反本条例第十一条规定，产品标识不符合要求，或者违反本条例第十二条规定，未按照规定附有说明书的，由质量技术监督部门或者工商行政管理部门按照各自职责予以责令改正；情节严重或者拒不改正的，责令停止生产、销售，处违法生产、销售产品货值金额百分之三十以下的罚款；有违法所得的，并处没收违法所得。

第四十二条 生产者、销售者和服务业经营者有下列情形之一的，由质量技术监督部门或者工商行政管理部门按照各自职责予以处罚：

（一）违反本条例第十五条第一款第二项规定，生产、销售不符合保障人体健康和人身、财产安全的国家标准、行业标准或者地方标准的产品的，责令停止生产、销售，没收违法生产、销售的产品，并处违法生产、销售产品（包括已售出的和未售出的产品，下同）货值金额等值以上三倍以下的罚款；有违法所得的，并处没收违法所得。

（二）违反本条例第十五条第一款第三项规定，销售超过安全使用期或者失效日期的产品的，依照《中华人民共和国产品质量法》第五十二条关于销售失效、变质的产品的处罚规定处罚。

（三）违反本条例第十五条第一款第四项、第五项规定，生产、销售虚假标注生产日期、安全使用期或者失效日期的产品，或者伪造、冒用产品质量检验检测证明的产品的，责令停止生产、销售，没收违法生产、销售的产品，并处违法生产、销售产品货值金额等值以下的罚款；有违法所得的，并处没收违法所得。

（四）违反本条例第十五条第一款第六项规定，生产、销售没有中文标明的产品名称、生产厂厂名和厂址的产品的，责令生产者改正、销售者停止销售；拒不改正或者拒不停止销售的，处违法生产、销售产品货值金额百分之三十以下的罚款；有违法所得的，并处没收违法所得。

（五）违反本条例第十五条第二款规定，在经营性服务过程中提供或者使用禁止生产、销售的产品的，责令停止使用；对知道或者应当知道所使用的产品属于本条例规定禁止生产、销售的产品的，按照违法使用的产品（包括已使用和尚未使用的产品）的货值金额，依照本条第二项至第四项对销售者的处罚规定处罚。

（六）违反本条例第十五条第三款规定，将禁止生产、销售的产品作为奖品、赠品的，责令改正，没收违法的奖品或者赠品，并处奖品或者赠品货值金额百分之五十以下的罚款。

第四十三条 违反本条例第二十条第二款规定，知道或者应当知道属于本条例规定禁止生产、销售的产品而为其提供运输、保管、仓储等便利条件的，由质量技术监督部门或者工商行政管理部门按照各自职责范围予以没收违法所得，并处违法所得百分之五十以上三倍以下的罚款。

第四十四条 违反本条例第二十一条规定的，标识的印制者在承印、制作产品标识时不查验有关证明，印制、提供虚假的产品标识，或者向非委托人提供产品标识的，由质量技术监督部门或者工商行政管理部门按照各自职责予以责令停止印制、提供，没收非法印制或者提供的产品标识和销售收入，可以并处销售收入一倍以上五倍以下的罚款；构成犯罪的，依法追究刑事责任。

第四十五条 检验机构有下列情形之一的，由质量技术监督部门予以处罚：

（一）违反本条例第二十八条第一款规定，伪造检验数据和检验结论的，责令改正，对单位处五万元以上十万元以下的罚款，对直接负责的主管人员和其他直接责任人员处一万元以上五万元以下的罚款；有违法所得的，并处没收违法所得；情节严重的，取消其检验资格。

（二）违反本条例第二十八条第二款规定，向社会推荐生产者的产品，以监制和监销等方式参与产品经营活动，或者利用监督抽查、质量监测的检验结果开展产品推荐、评比等活动牟取不正当利益的，责令改正，消除影响，有违法所得的予以没收，可以并处违法所得一倍以下的罚款；情节严重的，取消其检验资格。

第四十六条 违反本条例第三十条第一款规定，生产者、销售者未按规定清理、处理不合格产品，或者未向有关部门书面报告的，由质量技术监督部门或者工商行政管理部门按照各自职责范围处一万元以上五万元以下罚款。

第四十七条 有本条例所列违法行为，无销售收入、违法所得或者因不如实提供有关资料，致使销售收入、违法所得、货值金额难以确认的，可以处一万元以上十万元以下罚款。

第四十八条 因产品质量发生民事纠纷时，当事人可以通过协商或者调解解决。当事人不愿通过协商、调解解决或者协商、调解不成的，可以根据当事人各方的协议向仲裁机构申请仲裁；当事人也可以直接向人民法院起诉。

第四十九条 国家工作人员在产品质量监督管理工作中滥用职权、玩忽职守、徇私舞弊的，由其所在单位或者上级主管部门给予行政处分；构成犯罪的，依法追究刑事责任。

第六章 附 则

第五十条 本条例自2012年9月1日起施行。1994年8月26日上海市第十届人民代表大会常务委员会第十二次会议通过、1998年6月24日上海市第十一届人民代表大会常务委员会第三次会议修正的《上海市产品质量监督条例》同时废止。

上海市城市管理行政执法条例

（2012年4月19日上海市第十三届人民代表大会常务委员会第三十三次会议通过 根据2015年6月18日上海市第十四届人民代表大会常务委员会第二十一次会议《关于修改〈上海市城市管理行政执法条例〉的决定》修正）

第一章 总 则

第一条 为加强城市管理行政执法工作，规范行政执法行为，提高行政执法效率和水平，保护公民、法人和其他组织的合法权益，根据《中华人民共和国行政处罚法》、《中华人民共和国行政强制法》等有关法律、行政法规的规定，结合本市实际，制定本条例。

第二条 本条例适用于本市行政区域内的城市管理行政执法活动。

前款所称的城市管理行政执法是指市和区、县城市管理行政执法部门（以下简称城管执法部门）以及乡、镇人民政府依法相对集中行使有关行政管理部门在城市管理领域的全部或部分行政处罚权及相关的行政检查权和行政强制权的行为。

第三条 市和区、县人民政府应当加强对城市管理行政执法工作的领导。

市和区、县以及乡、镇人民政府应当根据区域面积、人口数量、管理需求等状况，合理配置城市管理行政执法人员（以下简称城管执法人员）和执法装备，并将城市管理行政执法工作所需经费纳入同级财政预算，保障城市管理行政执法部门依法履行职责。

第四条 市城管执法部门是本市城市管理行政执法工作的行政主管部门，负责本条例的组织实施。

区、县城管执法部门负责本辖区内城市管理行政执法工作，并接受市城管执法部门的业务指导和监督。

区、县城管执法部门应当在街道派驻城管执法机构，以区、县城管执法部门的名义，具体负责本区域内的城市管理行政执法工作。街道办事处应当组织协调城管执法机构在辖区内开展城市管理行政执法活动。

乡、镇人民政府负责本辖区内城市管理行政执法工作，其所属城管执法机构以乡、镇人民政府名义，具体承担本辖区内的城市管理行政执法工作，并接受区、县城管执法部门的业务指导和监督。

市和区、县城管执法部门根据需要可以在特定区域派驻城管执法机构，以市或区、县城管执法部门的名义，具体负责本区域内的城市管理行政执法工作。

第五条 建设、交通、绿化市容、水务、环保、工商、房屋管理、规划国土资源、公安、财政等行政管理部门按照各自职责，协同做好城市管理行政执法的相关工作。

第六条 城市管理行政执法工作遵循合法、公正、公开的原则，坚持以人为本，执法与教育、疏导、服务相结合，文明执法、规范执法，注重法律效果与社会效果的统一。

第七条 本市应当加强城市管理行政执法队伍建设，完善执法制度和监督机制，促进执法水平的提高。

第八条 各级人民政府和相关行政管理部门以及广播电台、电视台、报刊和互联网站等新闻媒体应当加强城市管理法律法规的宣传，增强市民自觉遵守城市管理规定的意识，营造社会共同维护城市管理秩序的氛围。

第九条 城管执法人员依法执行职务，受法律保护。

公民、法人或者其他组织应当支持城管执法部门以及乡、镇人民政府的工作，协助城管执法人员依法行使职权。

城管执法部门以及乡、镇人民政府应当听取公民、法人或者其他组织的意见，不断改进和完善执法方式和方法。

第十条 对在实施城市管理行政执法活动中作出突出贡献或者取得显著成绩的单位和个人，市和区、县人民政府及有关部门可以予以表彰奖励。

第二章 执法权限

第十一条 市和区、县城管执法部门以及乡、镇人民政府实施城市管理行政执法的范围包括：

（一）依据市容环境卫生管理方面法律、法规和规章的规定，对违反市容环境卫生管理的违法行为实施行政处罚。

（二）依据市政工程管理方面法律、法规和规章的规定，对违反非市管城市道路（含城镇范围内的公路）、桥梁及其附属设施管理的违法行为实施行政处罚。

（三）依据绿化管理方面法律、法规和规章的规定，对除绿化建设外的违反绿化管理的违法行为实施行政处罚。

（四）依据水务管理方面法律、法规和规章的规定，对倾倒工业、农业、建筑等废弃物及生活垃圾、粪便；清洗装贮过油类或者有毒有害污染物的车辆、容器；以及擅自搭建房屋、棚舍等建筑物或者构筑物等违反河道管理的违法行为实施行政处罚。

（五）依据环境保护管理方面法律、法规和规章的规定，对道路运输、堆场作业、露天仓库等产生扬尘，污染环境；单位未按照规定对裸露土地进行绿化或者铺装；任意倾倒或者在装载、运输过程中散落工业废渣或者其他固体废物；违反安装空调器、冷却设施的有关规定，影响环境和他人生活；未经批准或者未按批准要求从事夜间建筑施工，造成噪声污染；露天焚烧秸秆、枯枝落叶等产生烟尘的物质，以及露天焚烧沥青、油毡、橡胶、塑料、垃圾、皮革等产生有毒有害、恶臭或强烈异味气体的物质等不需要经过仪器测试即可判定的违法行为实施行政处罚。

（六）依据工商管理方面法律、法规和规章的规定，对占用道路无照经营或者非法散发、张贴印刷品广告的违法行为实施行政处罚。

（七）依据建设管理方面法律、法规和规章的规定，对损坏、擅自占用无障碍设施或者改变无障碍设施用途的违法行为实施行政处罚。

（八）依据城乡规划和物业管理方面的法律、法规和规章的规定，按照市人民政府确定的职责分工，对擅自搭建建筑物、构筑物的违法行为和物业管理区域内破坏房屋外貌的违法行为实施行政处罚。

（九）本市地方性法规和市政府规章规定由城管执法部门实施的其他行政处罚。

城管执法部门以及乡、镇人民政府按照前款规定实施行政执法的具体事项由市人民政府确定，并向社会公布。

第十二条 本市地方性法规或者政府规章可以对城市管理行政执法的范围进行调整。

除前款规定外，其他任何单位和个人不得擅自变更城市管理行政执法的范围。

第十三条 已由市和区、县城管执法部门以及乡、镇人民政府依法行使的城市管理相对集中行政处罚权及相关的行政检查权和行政强制权，有关行政管理部门不得再行使；有关行政管理部门履行的其他行政管理和监督职责，应当依法继续履行。

第十四条 区、县城管执法部门以及乡、镇人民政府负责本辖区内违法行为的查处。

管辖区域相邻的区、县城管执法部门对行政辖区接壤地区流动性违法行为的查处，可以约定共同管辖。共同管辖区域内发生的违法行为，由首先发现的城管执法部门查处。管辖权发生争议的，由市城管执法部门指定管辖。

第十五条 市城管执法部门对区、县城管执法部门未予查处的违法行为，应当责令其查处，也可以直接查处。

区、县城管执法部门对乡、镇城管执法机构未予查处的违法行为，应当责令其查处，也可以直接查处。

市城管执法部门可以对社会影响重大的违法行为直接进行查处；必要时，也可以组织相关区、县城管执法部门共同进行查处。

区、县城管执法部门在开展重大执法行动时，可以对街道、乡、镇城管执法机构进行调动指挥。

第三章 执法规范

第十六条 城管执法人员实行全市统一招录制度，公开考试、严格考察、择优录取。城管执法人员经法律知识和业务知识的统一培训并考试合格具备行政执法资格的，方可取得行政执法证件。未取得行政执法证件的人员，不得从事行政执法活动。

城管执法人员从事行政执法活动，应当着统一识别服装，佩戴统一标志标识，做到仪容严整、举止端庄、语言文明、行为规范。

城管执法人员从事行政执法活动时，应当向当事人出示行政执法证件；除法律另有规定外，必须两人以上共同进行。

第十七条 城管执法部门以及乡、镇人民政府应当建立和完善城管执法巡查机制，并可以利用城市网格化管理系统，及时发现、制止和查处违反城市管理法律、法规和规章规定的行为。

本市举办重大活动时，市城管执法部门可

以组织区、县城管执法部门进行集中巡查。

第十八条 城管执法部门以及乡、镇人民政府可以根据违法行为的性质和危害后果，采取不同的行政执法方式。

城管执法部门以及乡、镇人民政府查处违法行为时，对情节较轻或者危害后果能够及时消除的，除法律、法规、规章规定直接给予行政处罚外，城管执法部门以及乡、镇人民政府应当先对当事人进行教育、告诫、引导，并责令其改正；对拒不改正的，依法给予行政处罚。违法行为轻微并及时纠正，没有造成危害后果的，不予行政处罚。

第十九条 城管执法人员在查处违法行为时，可以采取以下措施：

（一）依法进入发生违法行为的场所实施现场检查，并制作检查笔录；

（二）以勘验、拍照、录音、摄像等方式进行现场取证；

（三）询问案件当事人、证人，并制作询问笔录；

（四）查阅、调取、复印与违法行为有关的文件资料；

（五）法律、法规规定的其他措施。

城管执法人员、当事人、证人应当在笔录上签名或者盖章。当事人拒绝签名、盖章或者不在现场的，应当由无利害关系的见证人签名或者盖章；无见证人的，城管执法人员应当注明情况。

第二十条 城管执法人员调查取证时，应当全面、客观、公正，符合法定程序，不得以利诱、欺诈、胁迫、暴力等非法手段收集证据，不得伪造、隐匿证据。

通过非法手段获取的证据不能作为认定违法事实的依据。

第二十一条 城管执法部门以及乡、镇人民政府查处违法行为时，可以依法扣押与违法行为有关的物品。

城管执法部门以及乡、镇人民政府实施扣押措施，应当遵守法律、法规规定的条件、程序和期限。

城管执法部门以及乡、镇人民政府实施扣押措施后，应当及时查清事实，在法定期限内作出处理决定。对于经调查核实没有违法行为或者不再需要扣押的，应当解除扣押，返还物品。

城管执法部门以及乡、镇人民政府查处违法行为时，对违法事实清楚的，依法应当没收的非法物品，予以没收。城管执法部门以及乡、镇人民政府对依法没收的非法物品，除依法应当予以销毁的外，应当按照国家规定公开拍卖或者按照国家有关规定处理，所得款项应当依照规定上缴国库。

第二十二条 城管执法部门以及乡、镇人民政府应当妥善保管扣押物品，不得使用或者损毁，属非法物品的，移送有关部门处理。

被扣押的物品易腐烂、变质的，城管执法部门以及乡、镇人民政府应当通知当事人在二日内到指定地点接受处理；逾期不接受处理的，可以在登记后拍卖、变卖；无法拍卖、变卖的，可以在留存证据后销毁。

解除扣押后，城管执法部门以及乡、镇人民政府应当通知当事人及时认领。当事人逾期不认领或者当事人难以查明的，城管执法部门以及乡、镇人民政府应当及时发布认领公告，自公告发布之日起六十日内无人认领的，城管执法部门以及乡、镇人民政府可以采取拍卖、变卖等方式妥善处置，拍卖、变卖所得款项应当依照规定上缴国库。

第二十三条 城管执法部门以及乡、镇人民政府在行政执法活动中，对当事人弃留现场的物品，应当按照本条例第二十二条的规定处理。

第二十四条 城管执法部门以及乡、镇人民政府作出具体行政行为，应当告知当事人作出具体行政行为的事实、理由、依据，并告知当事人依法享有陈述、申辩、要求听证以及申请行政复议或者提起行政诉讼的权利。

当事人进行陈述和申辩时提出的事实、理由或者证据成立的，城管执法部门以及乡、镇人民政府应当采纳，不得因当事人申辩而加重处罚。对符合听证条件的，城管执法部门以及乡、镇人民政府应当组织听证。

第二十五条 城管执法部门以及乡、镇人民政府应当依照法律规定采用直接送达、留置送达、邮寄送达和公告送达等方式送达法律文书。采用公告送达的,城管执法部门以及乡、镇人民政府可以通过其政府网站和公告栏进行。自发出公告之日起,经过六十日,即视为送达。

城管执法部门以及乡、镇人民政府应当向社会公布其网址和公告栏地址。

第二十六条 城管执法部门以及乡、镇人民政府应当建立违法行为举报制度,并向社会公布全市统一的举报电话及其他联系方式。

城管执法部门以及乡、镇人民政府收到举报后,应当及时核查,并在五个工作日内将核查情况告知举报人;对不属于本单位职责范围的,应当向举报人说明情况,并在三个工作日内移送有关部门处理。

城管执法部门以及乡、镇人民政府应当为举报人保密。

第四章 执法协作

第二十七条 有关行政管理部门应当履行管理职责,与城管执法部门以及乡、镇人民政府加强协作,采取疏导措施,从源头上预防和减少违法行为的发生。

第二十八条 城管执法部门以及乡、镇人民政府在执法活动中发现应当由有关行政管理部门处理的违法行为的,应当及时移送有关行政管理部门处理。有关行政管理部门在执法活动中发现应当由城管执法部门以及乡、镇人民政府处理的违法行为的,应当及时移送城管执法部门以及乡、镇人民政府处理。移送案件涉及的非法物品等相关物品应当一并移送。

城管执法部门以及乡、镇人民政府和有关行政管理部门无正当理由,不得拒绝接受移送的案件和相关物品,并应当在作出处理决定后,及时通报移送部门。

第二十九条 城管执法部门以及乡、镇人民政府查处违法行为需要向有关行政管理部门查询有关资料的,有关行政管理部门应当依照相关法律、法规规定予以配合。

城管执法部门以及乡、镇人民政府查处违法行为时,需要有关行政管理部门认定违法行为和非法物品的,应当出具协助通知书。有关行政管理部门应当自收到协助通知书之日起十日内出具书面意见;如情况复杂需要延期的,应当以书面形式向城管执法部门以及乡、镇人民政府说明理由并明确答复期限。

第三十条 在城市管理中开展重大专项执法行动时,城管执法部门以及乡、镇人民政府需要有关行政管理部门协助的,有关行政管理部门应当在职责范围内依法协助;有关行政管理部门需要城管执法部门以及乡、镇人民政府协助的,城管执法部门以及乡、镇人民政府应当在职责范围内依法协助。

第三十一条 公安机关与城管执法部门以及乡、镇人民政府应当建立协调配合机制。

公安机关应当依法保障城管执法部门以及乡、镇人民政府的行政执法活动,对阻碍城管执法人员依法执行职务的行为,应当及时制止;对违反《中华人民共和国治安管理处罚法》的行为,依法予以处罚;使用暴力、威胁等方法构成犯罪的,依法追究刑事责任。

区、县公安机关应当确定专门力量、明确工作职责、完善联勤联动机制,在信息共享、联合执法和案件移送等方面配合本区域内城管执法机构开展行政执法工作。

第三十二条 市和区、县人民政府应当采取措施推动城管执法部门以及乡、镇人民政府和有关行政管理部门建立健全城市管理与执法信息共享机制,促进信息交流和资源共享。

城管执法部门以及乡、镇人民政府应当将实施行政处罚的情况和发现的问题通报有关行政管理部门,提出管理建议;有关行政管理部门应当将与城市管理行政执法有关的行政许可和监督管理信息及时通报城管执法部门以及乡、镇人民政府,保障城市管理行政执法工作的有效开展。

第三十三条 市和区、县人民政府应当不断加大城市管理行政执法科学技术的研发投入,推广先进科学技术手段在调查取证、检查检测等方面的普及运用。

第五章 执法监督

第三十四条 市和区、县人民政府应当加强对城市管理行政执法工作的监督,对城管执法部门以及乡、镇人民政府不依法履行职责的行为,应当责令其改正并追究行政责任。

第三十五条 市城管执法部门应当建立全市统一的执法培训、岗位交流、督察考核、责任追究和评议考核等制度。

市和区、县城管执法部门以及乡、镇人民政府应当落实行政执法责任制,加强执法队伍规范化、制度化的建设和管理。评议考核不合格的城管执法人员,不得从事行政执法工作。

市城管执法部门对区、县城管执法部门及其执法人员发生的情节严重、社会影响较大的违法违纪行为,可以向区、县人民政府提出查处建议。

区、县城管执法部门对乡、镇城管执法机构及其执法人员发生的情节严重、社会影响较大的违法违纪行为,可以向乡、镇人民政府提出查处建议。

第三十六条 有关行政管理部门发现城管执法部门以及乡、镇人民政府有违法执法行为的,可以向其提出书面建议。城管执法部门以及乡、镇人民政府收到书面建议后,应当及时调查核实;情况属实的,应当予以纠正并告知有关行政管理部门。

第三十七条 城管执法部门以及乡、镇人民政府应当将城管执法职责范围、执法依据、执法程序以及监督电话等事项向社会公开,接受社会监督。

公民、法人和其他组织发现城管执法人员有违法执法行为或者行政不作为的,可以向城管执法人员所在单位、上级主管部门或者监察部门检举、控告。接到检举、控告的部门应当按照法定权限及时核实处理,并及时反馈处理意见。

第三十八条 市和区、县城管执法部门以及乡、镇人民政府应当定期对本单位的行政执法情况组织社会评议;有关部门对城管执法部门以及乡、镇人民政府的行政执法情况组织社会评议的,城管执法部门以及乡、镇人民政府应当予以配合。评议结果应当向社会公开。

区、县城管执法部门应当加强对街道、乡、镇城管执法工作的监督检查,组织评议,并将评议结果报告区、县人民政府,作为街道办事处和乡、镇人民政府绩效考核的依据。

第六章 法律责任

第三十九条 城管执法部门以及乡、镇人民政府及其执法人员有下列情形之一的,对直接负责的主管人员和其他直接责任人员,由其所在单位、上级主管部门或者监察部门依法给予行政处分;构成犯罪的,依法追究刑事责任:

(一)对发现的违法行为不依法查处,情节严重的;

(二)超越职权或者违反法定程序执法,情节严重的;

(三)擅自变更已经作出的行政处罚决定的;

(四)使用暴力、威胁等手段执法的;

(五)故意损坏或者擅自销毁当事人财物的;

(六)截留、私分罚款或者扣押的财物的,以及使用扣押的财物的;

(七)索取或者收受他人财物的;

(八)其他玩忽职守、滥用职权、徇私舞弊的行为。

第四十条 有关行政管理部门违反本条例的规定,拒不履行执法协作职责的,由本级人民政府或者上级主管部门责令改正,通报批评;情节严重的,对直接负责的主管人员和其他直接责任人员依法给予行政处分。

第四十一条 城管执法部门以及乡、镇人民政府及其执法人员违法行使职权,对公民、法人或者其他组织的合法权益造成损害的,应当依法承担赔偿责任。

第七章 附 则

第四十二条 本条例自2012年7月15日起施行。

上海市募捐条例

(2012年6月7日上海市第十三届人民代表大会常务委员会第三十四次会议通过)

第一章 总 则

第一条 为了规范募捐活动,保护捐赠人、募捐组织和受益人的合法权益,促进公益事业的发展,根据有关法律、行政法规的规定,结合本市实际情况,制定本条例。

第二条 在本市行政区域内开展的募捐及其有关管理活动,适用本条例。

第三条 本条例所称募捐,是指基于公益目的,向社会公开募集财产的劝募行为。

本条例所称公益事业,是指非营利的下列事项:

(一)救助灾害、救济贫困、扶助残疾人等困难的社会群体和个人的活动;

(二)教育、科学、文化、卫生、体育事业;

(三)环境保护、社会公共设施建设;

(四)促进社会发展和进步的其他社会公共和福利事业。

第四条 本条例所称募捐组织,是指依法可以开展募捐活动的下列组织:

(一)红十字会;

(二)公募基金会;

(三)经依法登记,以发展公益事业为宗旨,通过资助或者志愿服务等形式向社会公众提供服务的社会团体。

红十字会、公募基金会的募捐活动,法律、行政法规已有规定的,从其规定。

第五条 募捐活动应当遵循合法诚信、公开透明、尊重捐赠人和受益人意愿的原则。

第六条 市和区、县民政部门负责本辖区内与募捐活动相关的服务和监督管理工作。

财政、税务、审计、公安等有关部门按照各自职责,共同做好与募捐活动相关的服务和监督管理工作。

第七条 各级人民政府应当鼓励和支持募捐组织依法开展募捐活动。

经市人民政府批准,运送抢险救灾捐赠物资的车辆免缴车辆通行费,并享受通行便利。

第八条 广播电台、电视台、报刊、互联网站等媒体应当积极宣传募捐活动,为募捐信息发布提供便利和优惠。

公证机构应当对有关募捐事项的公证费用实行优惠。

公园、公共文化和体育场馆等公共场所应当为宣传、开展募捐活动提供便利。

第九条 对为公益事业做出突出贡献的捐赠人和募捐组织,市和区、县人民政府或者有关主管部门应当予以表彰。对捐赠人进行公开表彰,应当事先征求捐赠人的意见。

第二章　募捐活动

第十条　募捐组织应当建立健全内部管理制度,加强自律,依法开展与其章程规定的宗旨和业务范围相符的募捐活动。

第十一条　募捐组织开展募捐活动,应当制定募捐方案,并在募捐活动开始十个工作日前,向募捐活动所在地的区、县民政部门办理备案手续;其中,跨区、县开展募捐活动的,向市民政部门办理备案手续。

募捐方案应当符合法律、法规的规定,并包括下列内容:

(一)募捐活动的名称、目的、时间、期限、地域范围。

(二)预定募集财产的数额。

(三)募集财产、接收捐赠的方式;其中,以设置募捐箱方式募捐的,应当列明设置募捐箱的地点、数量。

(四)募集财产的使用计划。

(五)工作成本列支计划。

募捐方案的内容不符合前款规定的,市或者区、县民政部门应当自收到备案材料之日起五个工作日内提出意见,并督促募捐组织修改完善。

募捐活动的期限一般不超过一年。募捐活动期限届满后,需要继续开展募捐活动的,应当在期限届满五个工作日前重新办理备案手续。

募捐组织应当按照备案的募捐方案开展募捐活动。募捐方案确定的时间、期限、地域范围、方式发生变化的,募捐组织应当及时告知市或者区、县民政部门。

第十二条　为应对突发的自然灾害和事故灾难,需要紧急开展募捐活动,无法在活动开始前办理备案手续的,募捐组织应当在募捐活动开始后五个工作日内补办备案手续。

第十三条　募捐组织联合开展募捐活动的,应当设立专门账户,专款专用,并由募捐组织委派代表共同进行管理。

募捐组织以外的其他单位和个人,基于公益目的,需要开展募捐活动的,应当与募捐组织协商,经募捐组织同意,由募捐组织依照本条例的规定组织开展。

第十四条　募捐组织可以通过下列方式募捐:

(一)在广播电台、电视台、报刊、互联网站等媒体上发布募捐信息;

(二)举行义演、义赛、义拍、义卖等;

(三)设置募捐箱;

(四)法律、法规规定的其他方式。

募捐组织以设置募捐箱方式募捐的,应当事先制定募捐箱管理制度,明确募捐箱的开启和钱款的清点、缴交、入账等程序和行为要求。

第十五条　募捐组织可以与捐赠人就捐赠财产的种类、数额、用途等签订协议,必要时可以进行公证。

募捐组织与捐赠人签订协议的,捐赠人逾期不履行或者不完全履行协议,募捐组织可以催告其履行;经催告,捐赠人无正当理由仍拒不履行的,募捐组织可以将有关情况向社会公开,也可以依法向人民法院起诉。

市民政部门应当制订协议的示范文本,供募捐组织和捐赠人参照使用。

第十六条　募捐组织接受捐赠财产,应当按照有关规定,向捐赠人开具财政部门统一印制的公益事业捐赠票据。

捐赠人放弃接受捐赠票据的,募捐组织应当做好记录,并将开具的捐赠票据存档备查。

第十七条　募捐组织不得向任何单位和个人摊派或者变相摊派。

募捐组织不得违法从事营利性的经营活动。

募捐组织以外的其他单位和个人,不得单独开展面向社会的募捐活动。

第三章　募集财产的管理和使用

第十八条　募捐组织对募集的资金,应当设立专门账户,专款专用;对募集的非货币财产,应当建立登记表册,妥善管理。

募捐组织应当按照募捐方案确定的使用计划使用募集财产。

募捐组织与捐赠人对募集财产的使用有约定的,应当按照约定使用,不得擅自改变募集财产的用途;确需改变用途的,应当征得捐赠人同意。

第十九条 募捐组织募集的财产及其增值为社会公共财产,受法律保护,任何单位和个人不得私分、挪用、侵占或者贪污。

募捐组织按照国家有关规定享受税收优惠。

第二十条 募捐组织应当严格遵守国家的有关规定,按照合法、安全、有效的原则,实现募集财产的保值增值。

第二十一条 募集的物资、有价证券、知识产权等非货币财产,需要对其价值进行评估的,由募捐组织和捐赠人协商委托专业评估机构评估;经捐赠人同意,募捐组织对受赠的非货币财产,可以依法通过拍卖、转让等方式变现。

评估、拍卖、转让等产生的费用,可以在工作成本中列支;捐赠人愿意另行支付的,由其支付。

第二十二条 红十字会、公募基金会每年用于公益事业的支出,应当符合国家有关规定;其他募捐组织每年用于公益事业的支出,不得低于上一年捐赠收入的百分之七十。

第二十三条 因募捐、开展公益活动所产生的工资、办公费用等必需的工作成本,国家规定可以在募集财产中列支的,募捐组织不得超出国家规定列支;国家没有规定的,应当控制在已经公布的募捐方案所确定的工作成本列支项目和标准之内;已在财政拨款中列支的工作成本,不得在募集财产中列支。

募捐组织应当厉行节约,除必需的工作成本外,应当将募集财产及其增值全部用于公益事业。

第二十四条 募捐组织使用募集财产资助受益人时,应当告知受益人有关财产的来源和使用要求,并对其使用情况进行监督。

受益人未按照要求使用募集财产的,募捐组织应当要求其改正;受益人拒不改正的,募捐组织可以终止资助,并要求其退还募集财产。

资助目的已经实现或者因特殊情况无法实现的,募捐组织应当终止资助;有剩余财产的,受益人或者其监护人应当及时退还募捐组织。

第二十五条 募集财产按照使用计划或者约定用途使用后仍有剩余的,募捐组织应当在尊重捐赠人意愿的基础上,将剩余部分用于相应的公益事业。

第二十六条 募捐组织为应对重大的自然灾害和事故灾难使用募集财产的,应当在尊重捐赠人意愿的基础上,根据政府有关部门发布的救灾需求信息,合理使用,避免重复投入和浪费。

第二十七条 募捐组织应当每年委托专业机构对其募集财产的管理和使用情况进行财务审计,并依法接受民政、审计等部门的监督。

第四章 信息公开

第二十八条 市民政部门应当建立统一的募捐信息网络服务平台(以下简称信息服务平台),为社会公众免费提供募捐信息服务,接受咨询、投诉、举报,并作为募捐组织信息公开的平台。

第二十九条 募捐组织应当在信息服务平台上,公开本组织的下列基本信息:

(一)名称、地址、联系方式;

(二)宗旨、业务范围;

(三)组织机构和法定代表人的基本情况。

第三十条 募捐组织应当在募捐活动开始前,将经民政部门备案的募捐方案在信息服务平台上向社会公开。

募捐组织开展现场募捐的,还应当将募捐方案的主要内容在活动现场公示;募捐组织以其他方式募捐的,应当在其发布募捐信息的载体上,公示募捐方案的主要内容。

第三十一条 募捐活动结束后,募捐组织应当及时将募捐情况在信息服务平台上向社会公开,最晚不迟于募捐方案确定的募捐活动期限届满后十五个工作日。

募捐情况应当包括下列内容：

（一）募捐活动的实际起止时间；

（二）募集财产的种类、数额；

（三）捐赠人姓名或者单位名称；

（四）实际支出的工作成本；

（五）法律、法规规定的其他内容。

前款第三项规定的内容无法逐一列明或者捐赠人要求不予公开的，应当予以说明。

第三十二条 募捐组织应当在信息服务平台上，向社会公开募集财产的使用情况；募集财产使用情况的公开一般每年不少于两次。

募集财产的使用情况应当包括下列内容：

（一）募集财产总额及财产保值增值情况；

（二）使用募集财产的总量及明细；

（三）剩余募集财产的数量及其使用计划；

（四）工作成本列支明细；

（五）法律、法规规定的其他内容。

第三十三条 募捐组织应当于每年6月30日前，在信息服务平台上向社会公开本组织上一年度的财务审计结果。

第三十四条 捐赠人有权向募捐组织查询其捐赠财产使用情况的有关信息，募捐组织应当在十个工作日内予以答复；捐赠人对答复有异议的，可以要求募捐组织进行核实；经核实仍有争议的，捐赠人可以提请民政部门依法进行核查。

第三十五条 市和区、县民政部门应当定期向社会公开本辖区内募捐组织的发展状况、募捐活动的监督管理情况等信息。

第三十六条 捐赠人要求对其捐赠行为、捐赠财产等有关信息不予公开的，募捐组织应当尊重捐赠人的意愿。

募捐组织资助受益人时，应当尊重受益人的人格尊严；对涉及受益人隐私的信息，未经受益人同意，不得向社会公开。

第五章 监督管理

第三十七条 民政部门应当加强对募捐组织开展募捐活动的情况进行监督检查；发现有违法行为的，应当及时查处，并将处理情况向社会公布。

民政部门在对有关募捐组织进行年度检查时，应当将其依法开展募捐活动、募集财产的管理和使用、履行信息公开义务等情况，作为重点检查的内容。

第三十八条 民政部门应当每年选择一定数量的募捐组织，委托专业机构对其募集财产的管理和使用情况进行审计，并将审计结果向社会公布。

第三十九条 审计部门按照国家有关规定，对募捐组织募集财产的管理和使用情况进行审计，依法向社会公布审计结果。

财政部门依法对募捐组织的财务会计和公益事业捐赠票据的使用情况进行监督管理。

第四十条 鼓励公众、媒体对募捐活动进行社会监督。

任何单位或者个人发现募捐组织在募捐活动中存在违法情形或者募捐组织以外的其他单位和个人违法募捐的，可以向民政等有关部门投诉、举报。市民政部门应当设立统一举报电话，并向社会公布。

民政等有关部门接到投诉、举报后，应当及时进行核实、处理，并将处理结果告知投诉人、举报人。

第六章 法律责任

第四十一条 违反本条例规定的行为，法律、行政法规已有处罚规定的，从其规定。

第四十二条 违反本条例规定，募捐组织有下列行为之一的，由民政部门给予警告，责令改正，可以限期停止活动；情节严重的，依法予以撤销登记：

（一）未按照要求办理备案手续的；

（二）未按照募捐方案确定的时间、期限、地域范围、方式进行募捐的；

（三）开展与其章程规定的宗旨和业务范围不相符的募捐活动的；

（四）向单位和个人摊派或者变相摊派的；

（五）不履行信息公开义务或者公布虚假信息的；

（六）年度公益事业支出低于规定比例的；

（七）未在规定时限内答复捐赠人对其捐赠财产使用情况的信息查询要求的。

前款行为有违法募集财产的，由民政部门责令返还捐赠人。

第四十三条 违反本条例第十七条第三款的规定，募捐组织以外的其他单位和个人单独开展面向社会的募捐活动的，由民政部门给予警告，责令停止活动、将违法募集的财产返还捐赠人，并可以处违法募集财产金额一倍以下罚款。

第四十四条 违反本条例第十九条第一款的规定，私分、挪用、侵占或者贪污募集财产及其增值的，由民政部门责令退还，并处一万元以上三万元以下罚款；对直接负责的主管人员和其他直接责任人员，依法给予处分；构成犯罪的，依法追究刑事责任。

第四十五条 民政部门按照本条例规定，对有关违法行为进行处理时，涉及的违法募集财产无法返还捐赠人的，应当责令交由本条例规定的募捐组织管理、使用。

第四十六条 违反本条例规定，民政等有关部门有下列行为之一的，依法对直接负责的主管人员和其他直接责任人员给予行政处分；构成犯罪的，依法追究刑事责任：

（一）未按照本条例规定履行监督管理职责的；

（二）未按照本条例规定向社会公开有关募捐活动监督管理信息的；

（三）发现违法行为，未及时查处或者包庇、纵容违法行为的；

（四）对接到的投诉、举报，未及时进行核实、处理，并将处理结果告知投诉人、举报人的；

（五）滥用职权、玩忽职守、徇私舞弊的其他行为。

第七章 附 则

第四十七条 单位和社区基层自治组织接受本条例规定的募捐组织的委托，面向本单位职工或者本社区居民募集财产的，应当尊重职工或者居民的捐赠意愿，并遵守下列规定：

（一）向捐赠人开具有效凭证；

（二）将募捐方案、募捐情况、募集财产的管理和使用情况等在本单位或者本社区范围内公开，接受职工或者居民的监督；

（三）法律、法规规定的其他要求。

第四十八条 本条例自2012年9月1日起施行。

上海市审计条例

（2012年9月26日上海市第十三届人民代表大会常务委员会第三十六次会议通过　根据2017年11月23日上海市第十四届人民代表大会常务委员会第四十一次会议《关于修改本市部分地方性法规的决定》修正）

第一章 总 则

第一条 为了加强审计监督，规范审计行为，维护财政经济秩序和社会公共利益，提高财政资金使用效益，促进廉政建设，保障国民经济和社会健康发展，根据《中华人民共和国审计法》、《中华人民共和国审计法实施条例》等法律、行政法规,结合本市实际情况,制定本条例。

第二条 市和区审计机关开展审计监督活动,适用本条例。

第三条 审计机关应当依照法律规定的职权和程序,对被审计单位财政收支、财务收支的真实、合法、效益和主要负责人经济责任的履行情况独立实施审计监督,并出具审计报告。

第四条 市人民政府各部门,区人民政府及其各部门和乡、镇人民政府的财政收支,国有的金融机构和企业事业组织的财务收支,以及其他依照法律、行政法规和本条例规定应当接受审计的财政收支、财务收支,依法接受审计监督。

被审计单位应当在财政收支、财务收支以及有关经济活动中,遵守相关法律、行政法规,建立并实施内部控制,按照国家统一的会计制度编报财务会计报告,保证财务会计资料以及与审计事项相关的其他资料的真实和完整。

第五条 市和区人民政府应当每年向本级人民代表大会常务委员会提出审计机关对预算执行和其他财政收支的审计工作报告。必要时,人民代表大会常务委员会可以对审计工作报告作出决议。

市和区人民政府应当将审计工作报告中指出的问题的纠正情况和处理结果向本级人民代表大会常务委员会报告。

第六条 依法属于审计机关审计监督对象的单位,应当按照国家有关规定建立健全内部审计制度,根据内部审计工作需要设立内部审计机构或者配备内部审计人员,并可以参加依法成立的内部审计自律组织;其内部审计工作应当接受审计机关的业务指导和监督。

审计机关通过检查评估内部审计业务质量、培训内部审计人员、组织内部审计业务交流、指导内部审计自律组织工作等方式,加强对内部审计工作的业务指导和监督。

第七条 审计机关实施审计和专项审计调查时,可以一并对社会审计机构为依法属于审计机关审计监督对象的单位出具的相关审计报告进行核查。

审计机关核查社会审计机构出具的相关审计报告时,发现社会审计机构存在违反法律、法规或者执业准则等情况的,应当移送有关主管机关依法追究责任。

第八条 审计机关和审计人员办理审计事项,应当严格依法、客观公正、实事求是、勤勉尽责、廉洁奉公、保守秘密,保持职业谨慎,不得参与被审计单位的管理活动。

审计人员对于执行审计业务取得的资料、形成的审计记录和掌握的相关情况,未经审计机关批准不得对外提供和披露,不得用于与审计工作无关的目的。

审计机关应当建立审计人员回避制度,审计人员与被审计单位或者审计事项有利害关系的,应当依法回避。

审计机关应当建立审计人员交流制度,避免审计人员因执行审计业务长期与同一被审计单位接触可能对审计独立性造成的损害。

第九条 审计机关应当加强审计质量控制,实行审计组成员、审计组主审、审计组组长、审计机关业务部门、审理机构、总审计师和审计机关负责人对审计业务的分级质量控制,建立审计项目质量责任追究制度。

第二章 审计事项和内容

第十条 审计机关应当按照国家有关规定,对下列事项进行审计:

(一)本级预算执行情况和其他财政收支情况;

(二)本级各部门(含直属单位)的决算和下级人民政府的预算执行情况和决算以及其他财政收支情况;

(三)国家的事业组织和使用财政资金的其他事业组织的财务收支情况;

(四)国有、国有资本占控股地位或者主导地位的企业和金融机构的财务收支及其境内外国有资产经营管理情况;

(五)政府投资和以政府投资为主的建设项目的预算执行情况和决算;

（六）政府部门管理和其他单位受政府委托管理的社会保险基金、社会救助资金、社会福利资金、社会捐赠资金、住房公积金及其他有关基金、资金的财务收支情况；

（七）国际组织和外国政府援助、贷款项目的财务收支情况；

（八）国家机关和依法属于审计机关审计监督对象的其他单位的主要负责人应负经济责任的履行情况；

（九）法律、行政法规规定应当由审计机关进行审计的其他事项。

审计机关可以就财政经济政策和宏观调控措施执行情况、预算管理情况、国有资产管理使用情况以及其他与财政收支有关的特定事项，对有关部门、单位进行专项审计调查。

第十一条 审计机关对本级预算执行情况和其他财政收支情况进行审计，应当包括下列事项：

（一）财政部门具体组织本级预算执行情况；

（二）预算收入征收部门征收预算收入情况；

（三）各部门（含直属单位）预算执行情况；

（四）基本建设支出预算执行情况；

（五）财政专项资金预算执行情况；

（六）政府性基金预算执行情况；

（七）国有资本经营预算执行情况；

（八）社会保险基金预算执行情况；

（九）政府举借债务筹措的资金等其他财政收支情况。

第十二条 审计机关对国有、国有资本占控股地位或者主导地位的企业的财务收支进行审计，重点审查下列内容：

（一）资产、负债、损益情况；

（二）对外投资、融资情况；

（三）产权转让、资产处置、对外担保情况；

（四）内部控制制度建立和执行情况。

第十三条 审计机关对国有、国有资本占控股地位或者主导地位的地方金融机构的财务收支进行审计，重点审查下列内容：

（一）资产、负债、损益及表外业务情况；

（二）经营业务合规情况；

（三）风险管理情况；

（四）资产质量情况；

（五）内部控制制度建立和执行情况。

第十四条 审计机关对政府投资和以政府投资为主的建设项目的预算执行情况和决算进行审计，重点审查下列内容：

（一）履行基本建设程序情况；

（二）投资控制和资金管理使用情况；

（三）项目建设管理情况；

（四）工程成本支出情况。

审计机关对前款规定的建设项目进行审计时，可以对直接有关的勘察、设计、施工、监理、造价咨询、招标代理、供货等单位取得建设项目资金的真实性、合法性进行调查。

政府投资和以政府投资为主的建设项目，按照国家和本市规定应当经审计机关审计的，建设单位或者代建单位可以在招标文件以及与施工单位签订的合同中明确以审计结果作为工程竣工结算的依据。审计机关的审计涉及工程价款的，以招标投标文件和合同关于工程价款及调整的约定作为审计的基础。

第十五条 审计机关对本条例第十条所列事项中涉及资源保护与开发利用、污染防治、生态系统保护和生态治理工程、节能减排资金的，可以专门开展资源环境审计，重点审查下列内容：

（一）资源环境保护事项相关资金的征收、分配、使用和管理情况；

（二）资源环境保护政策法规贯彻执行情况；

（三）资源环境保护项目的建设及运营效果。

第十六条 审计机关对本条例第十条所列事项中社会关注度高、使用财政资金数量大、涉及重大公共利益的，应当专门开展绩效审计，重点审查下列内容：

（一）配置、使用、利用财政资金和其他公共资源的绩效目标设定情况；

（二）财政资金投入和使用情况，其他公共资源配置和利用情况；

（三）为实现绩效目标制定的制度、采取的措施等情况；

（四）绩效目标的实现程度及效果。

审计机关应当依照有关法律、行政法规、规章以及政策、制度、标准、绩效目标等，确定绩效审计评价依据。

审计机关选择绩效审计评价标准时，可以听取被审计单位、专家学者、政府部门、行业协会及社会公众的意见。

第十七条 审计机关按照国家和本市有关规定，对国家机关和依法属于审计机关审计监督对象的其他单位的主要负责人，在任职期间对本地区、本部门或者本单位的财政收支、财务收支以及有关经济活动应负经济责任的履行情况，进行审计监督。

审计机关开展经济责任审计，可以在主要负责人任职期间进行任中经济责任审计，也可以在主要负责人不再担任所任职务时进行离任经济责任审计。

审计机关应当依照法律、行政法规、国家有关规定和政策等，对主要负责人履行经济责任情况作出客观公正、实事求是的评价；对主要负责人履行经济责任过程中存在问题所应当承担的直接责任、主管责任、领导责任，区别不同情况作出界定。

第三章 审计程序和权限

第十八条 审计机关应当根据法定的审计职责和审计管辖范围，按照本级人民政府和上级审计机关的要求，确定年度审计工作重点，编制年度审计项目计划。审计机关编制年度审计项目计划前，可以听取相关单位和社会公众的意见。

年度审计项目计划及计划变更应当经本级人民政府批准，并报上一级审计机关备案。

审计机关应当根据年度审计项目计划，组成审计组，并按照国家有关规定通知被审计单位。

第十九条 审计机关开展经济责任审计，应当进行实施审计的公示；开展其他审计，可以进行实施审计的公示。

第二十条 审计机关有权要求被审计单位提供下列情况或者资料：

（一）预算或者财务收支计划；

（二）预算执行情况；

（三）决算、财务会计报告；

（四）与被审计单位财政收支、财务收支相关的电子数据和信息系统技术文档；

（五）在金融机构开立账户的情况；

（六）内部审计机构的审计报告和社会中介机构出具的审计报告、审价报告、验资报告以及与审计事项相关的其他业务报告；

（七）建设项目的立项、招标投标、合同、设计、监理、竣工决算资料；

（八）与审计事项相关的内部管理制度、会议纪要资料；

（九）其他与审计事项有关的资料。

被审计单位运用计算机管理财政收支、财务收支以及相关业务活动的信息系统应当具备符合国家标准或者行业标准的数据接口；未设置符合标准的数据接口的，审计机关有权要求被审计单位及时将数据转换成能够读取的格式输出。

审计机关在政府预算执行、税收、社会保险等重要领域实施联网审计，被审计单位应当予以配合。

第二十一条 审计机关实施审计和专项审计调查时，有权对被审计单位运用计算机管理财政收支、财务收支以及与审计事项相关的业务活动的信息系统进行检查。

审计机关在检查被审计单位相关信息系统时，可以利用被审计单位信息系统的现有功能或者采用其他计算机技术和工具。检查中应当避免对被审计单位相关信息系统及其电子数据造成损害。

第二十二条 审计机关实施审计和专项审计调查时，可以利用经核实确认的内部审计机构或者社会审计机构的审计结果。

第二十三条 审计机关实施审计和专项审计调查时,因行使职权受到限制而无法获取适当、充分的审计证据,或者无法制止违法行为对国家利益侵害的,可以根据需要,按照有关规定提请有权处理的机关或者单位予以协助和配合。有关机关或者单位应当予以协助和配合。

第二十四条 审计组实施审计或者专项审计调查后,应当提出审计报告。审计组的审计报告应当征求被审计单位、被审计的主要负责人和拟处罚的有关责任人员的意见。

被审计单位、被审计的主要负责人或者有关责任人员对征求意见的审计报告有异议的,审计组应当进一步核实,并根据核实情况对审计报告作出必要的修改。

审计机关按照规定程序对审计组的审计报告进行审议,并对被审计单位、被审计的主要负责人或者有关责任人员对审计组的审计报告提出的意见一并研究后,提出审计机关的审计报告。

第二十五条 审计和专项审计调查中,发现被审计单位违反国家规定的财政收支、财务收支行为依法应当给予处理、处罚的,审计机关应当在法定职权范围内作出审计决定。审计机关在法定职权范围内作出的审计决定,被审计单位应当执行。

审计决定需要有关主管部门、单位协助执行的,审计机关应当书面提请协助执行,有关主管部门、单位应当书面回复审计机关。

第二十六条 审计机关实施审计和专项审计调查,对被审计单位所执行的上级主管部门有关财政收支、财务收支的规定与法律、行政法规相抵触的,应当建议有关主管部门纠正;有关主管部门不予纠正的,审计机关应当提请有权处理的机关依法处理。

第二十七条 审计机关对政府投资和以政府投资为主的城市基础设施、保障性住房、学校、医院等重大建设项目的预算执行情况,以及用于应对突发事件、举办重大活动的资金管理使用情况,采用全过程跟踪的方式开展审计工作。

审计机关在跟踪审计过程中,应当出具阶段性审计报告。发现问题的,审计机关应当在阶段性审计报告中要求被审计单位限期整改,并在最终的审计报告中反映已发现问题的整改情况;对尚未整改的问题,应当在最终的审计报告中予以反映。

第四章 审计结果和整改

第二十八条 审计机关应当向本级人民政府提出本级预算执行和其他财政收支的审计结果报告、经济责任审计结果报告、绩效审计结果报告和专项审计调查结果报告。

第二十九条 审计机关在审计中发现的下列问题和事项,应当采用专题报告等方式向本级人民政府报告:

(一)涉嫌重大违法犯罪的问题;

(二)与财政收支、财务收支的有关政策及其执行中存在的重大问题;

(三)关系经济安全的重大问题;

(四)关系信息安全的重大问题;

(五)影响社会公共利益的重大问题;

(六)其他重大事项。

第三十条 对依法应当由公安、监察、检察机关或者其他有关部门处理、处罚或者追究有关责任人员责任的事项,审计机关应当移送有关部门。有关部门应当依法及时处理,并将处理结果书面告知审计机关。

第三十一条 被审计单位应当自收到审计报告、审计决定书之日起九十日内,将审计整改情况书面报告审计机关。

审计机关应当在规定的时间内检查或者了解被审计单位和其他有关单位的整改情况,主要包括下列内容:

(一)被审计单位对审计机关作出的处理、处罚决定的执行情况;

(二)被审计单位对审计机关要求自行纠正事项的执行情况;

(三)被审计单位和其他有关单位对审计机

关建议的采纳情况；

（四）有关单位对审计机关移送事项的处理情况。

第三十二条 市和区人民政府应当建立审计整改工作督促检查机制，重点对违法违规行为严重、拒绝或者拖延整改的部门和单位进行审计整改督促检查。对被审计单位未整改或者未完全整改的事项，审计机关和有关部门按照规定采取通报批评、对有关责任人问责等措施。

第三十三条 审计机关应当根据国家和本市有关规定，通过政府网站、新闻发布会、报刊等途径向社会公布审计和专项审计调查结果。

审计机关公布的审计和专项审计调查结果主要包括下列内容：

（一）审计和专项审计调查事项的基本情况；

（二）审计评价；

（三）审计和专项审计调查发现的主要问题；

（四）审计意见及审计建议；

（五）被审计单位、被调查单位的整改情况。

审计机关公布审计和专项审计调查结果，应当依法保守国家秘密和被审计单位的商业秘密。

第三十四条 市和区人民政府应当将审计结果作为政府部门绩效管理、考核和行政问责的参考依据。

绩效审计结果应当作为有关部门决策、绩效考核的参考依据。

经济责任审计结果应当作为考核、任免、奖惩被审计的国家机关和依法属于审计机关审计监督对象的其他单位的主要负责人的重要依据。

审计机关的审计结果能够满足其他监督检查部门履行职责需要的，其他监督检查部门应当加以利用。

第五章 审计保障

第三十五条 审计机关负责人的任免，应当事先书面征求上一级审计机关的意见。

第三十六条 区人民政府应当加强对乡、镇的审计工作，配置必要的审计人力资源，保障审计机关依法对乡、镇人民政府的预算执行情况和决算以及其他财政收支情况进行审计监督。

第三十七条 审计机关根据国家有关规定，可以结合工作需要聘请具有与审计事项相关专业知识的人员，参加审计业务或者提供技术支持、专业咨询、专业鉴定。

被聘请人员参加审计业务，应当执行国家审计准则，遵守审计工作纪律，并接受审计机关的指导和监督。

第三十八条 审计机关履行职责所必需的经费，应当列入财政预算，由本级人民政府予以保障。

第三十九条 审计机关应当建立审计监督对象基本情况数据库并及时更新数据，反映与审计事项相关的财政收支、财务收支以及有关经济活动情况。依法属于审计机关审计监督对象的单位应当按照规定及时向审计机关报送有关电子数据和信息系统技术文档等资料。

第六章 法律责任

第四十条 违反本条例有关规定的行为以及被审计单位违反国家规定的财政收支、财务收支行为，法律、行政法规已有处理、处罚规定的，从其规定。

第四十一条 被审计单位运用计算机管理财政收支、财务收支的信息系统不符合法律、行政法规和有关主管部门的规定、标准的，由审计机关责令限期改正或者更换；在规定期限内不予改正或者更换的，应当通报批评并建议有关主管部门予以处理。审计机关在审计过程中发现开发和故意使用有舞弊功能的计算机信息系统的，依法追究有关单位和个人的责任。

第四十二条 审计机关聘请的专业人员在参加审计工作中有徇私舞弊或者故意隐瞒审计发现的重要问题、泄露国家秘密、利用所掌握的商业秘密谋取私利等行为的，依法追究责任。

第四十三条 审计机关和审计人员有下列行为之一的,对有关责任人员依法给予处分;构成犯罪的,依法追究刑事责任:

(一)违反规定行使审计处理、处罚权;

(二)采取非法手段获取审计证据;

(三)泄露所知悉的国家秘密、商业秘密;

(四)徇私舞弊、玩忽职守。

第七章 附 则

第四十四条 本条例自2013年1月1日起施行。

上海市实施《中华人民共和国邮政法》办法

(2012年9月26日上海市第十三届人民代表大会常务委员会第三十六次会议通过)

第一章 总 则

第一条 为了保障邮政普遍服务,规范和促进快递服务发展,维护邮政通信与信息安全,保护通信自由和通信秘密,保护用户合法权益,加强对邮政市场的监督管理,根据《中华人民共和国邮政法》和其他有关法律、行政法规,结合本市实际情况,制定本办法。

第二条 本市行政区域内邮政设施的规划和建设、邮政服务、快递业务经营以及相关监督管理活动,适用本办法。

第三条 市邮政管理部门负责本市行政区域的邮政普遍服务和邮政市场的监督管理。

区、县人民政府和市建设交通、发展改革、财政、规划国土、房屋、工商、公安、国家安全等有关行政管理部门按照各自职责分工,协同实施本办法。

第四条 市人民政府应当组织编制邮政业发展规划,并将其纳入国民经济和社会发展规划。

市邮政管理部门应当建立服务评估机制,定期开展邮政普遍服务、快递服务运行情况的评估和用户满意度的测评,并定期向企业反馈,向社会公布。

第五条 市邮政管理部门应当会同有关部门通过多种方式,向公众宣传、普及邮政法律知识和用邮知识。

邮政企业和快递企业应当及时、妥善处理用户对服务质量提出的投诉。用户对处理结果不满意的,可以向邮政管理部门申诉。

市邮政管理部门应当设立用户投诉、申诉处理部门,公布统一的邮政服务、快递服务投诉、申诉电话,处理用户对邮政企业和快递企业服务质量提出的申诉,并定期向社会公布用户申诉情况。

第二章 邮政设施的规划和建设

第六条 市邮政管理部门应当会同市规划国土行政管理部门组织编制包括邮政营业场所、邮件处理场所等在内的邮政设施的专项规划,经市人民政府批准后,纳入相应的城乡规划。

区、县人民政府和市规划国土行政管理部门编制控制性详细规划时,应当根据邮政设施专项规划和邮政普遍服务标准,明确邮筒(箱)等邮政设施的布局。

第七条 建设邮政营业场所、邮件处理场所等设施所需的土地,符合国家划拨用地目录的,由市或者区、县人民政府依法划拨。

大型居住区等建设项目按照控制性详细规划需要配套建设的邮政营业场所、邮件处理场所,应当符合有关公共服务设施设置标准,并与主体工程同步建设,同步交付使用。

建设单位配套建设的邮政营业场所、邮件处理场所,属于设置面积标准范围内的,供应价格标准由市建设行政管理部门会同市规划国土、房屋行政管理部门按照支持和保障邮政普遍服务的原则确定。

依法取得的划拨土地和依前款规定配套建设的邮政营业场所、邮件处理场所,不得擅自转让或者改变用途。

第八条 现有邮政营业场所无法满足用户用邮需求且暂时无法增设的,邮政企业应当合理设置邮政便民服务站(亭)或者自助邮政服务设施。

区、县人民政府应当对邮政便民服务站(亭)或者自助邮政服务设施的设置予以支持。

第九条 既有住宅建筑未配置信报箱或者配置的信报箱不符合国家和本市标准的,在进行住宅综合改造和房屋修缮时,应当配置或者改造。

第十条 征收邮政营业场所或者邮件处理场所,按照控制性详细规划要求需在该区域继续设置的,征收部门应当以重建或者该区域房屋产权调换的方式,提供邮政营业场所或者邮件处理场所的用房。邮政营业场所或者邮件处理场所的用房交付前,征收部门应当提供保障邮政普遍服务的周转用房。征收部门未作出妥善安排前,不得征收。

征收邮政营业场所或者邮件处理场所,按照控制性详细规划要求无需在该区域继续设置的,邮政企业可以选择房屋产权调换或者货币补偿的方式。

因城市建设需要迁移邮筒(箱)、邮政便民服务站(亭)或者自助邮政服务设施的,应当就近设置。

第三章 邮政服务

第十一条 邮政普遍服务是公共服务的重要内容。邮政企业应当按照国家规定承担提供邮政普遍服务的义务,为用户提供迅速、准确、安全、方便的服务。

各级人民政府应当对邮政企业提供邮政普遍服务给予支持和优惠。

第十二条 市邮政管理部门应当根据国家邮政普遍服务标准和本市经济社会发展需要,就邮政营业场所设置、邮政服务时限和邮件投递等事项,制定本市邮政普遍服务规范,提高邮政普遍服务水平。

邮政企业应当遵守本市邮政普遍服务规范。

第十三条 邮政企业应当加快推进农村地区的邮件直投到户服务。对已纳入城市化地区的农村,邮政企业应当提供邮件直投到户服务。

对不具备直投到户条件的农村地区,应当设置村邮站。乡、镇人民政府应当会同村民委员会利用农村现有公共服务设施或者其他房屋、场所,落实村邮站用房。

村邮站服务人员配置以及所需费用,由村民委员会会同邮政企业商定,区、县人民政府应当予以扶持。邮政企业应当对村邮站服务人员进行业务培训和管理。

第十四条 邮政企业应当通过互联网等渠道,向用户免费提供国内给据邮件查询服务。用户可以凭借邮政企业收寄邮件时出具的收据,在法定期限内查询给据邮件当前所处服务环节以及所在位置。

第十五条 带有邮政专用标志并用于转趟、驳运的邮政货运车辆需要在本市城市快速路通行的,邮政企业应当按照转趟、驳运的频次和通行辆次的实际需要,向市公安交通行政管理部门提出城市快速路通行申请;经市公安交通行政管理部门同意,在确保安全的前提下,邮政货运车辆可以在城市快速路通行。

带有邮政专用标志的邮政车辆因交接邮件

作业需要在禁止停车的地点临时停车的，邮政企业应当事先制定全市性禁止停车地点邮政车辆作业临时停车方案，报市公安交通行政管理部门；经市公安交通行政管理部门同意，在确保安全的前提下，邮政车辆作业时可以按照临时停车方案规定的地点和时间在禁止停车地点临时停车。

第十六条 邮政车辆在运递邮件途中发生道路交通事故，危及邮件安全的，公安交通行政管理部门应当在邮政企业转移邮件前，协助保护邮件的安全。

第十七条 禁止任何单位或者个人在邮政营业场所、邮件处理场所的出入口处以及邮筒（箱）周围设摊、堆物或者从事其他影响邮政设施正常使用的行为。

第四章 快递业务

第十八条 市人民政府应当将快递业纳入现代服务业发展规划，并完善有关促进快递业发展的政策措施。

第十九条 市邮政管理部门应当加强快递业市场管理，制定相关管理规则，完善市场监管体系。

第二十条 经营快递业务应当依法取得快递业务经营许可。未经许可，任何单位和个人不得经营快递业务。

快递企业在本市行政区域内设立分支机构或者合并、分立的，应当自工商变更登记之日起三十日内向市邮政管理部门备案。

第二十一条 快递企业应当自行组织或者通过专门的培训机构定期对从业人员开展职业技能和法制培训。未经培训的人员不得上岗作业。

快递行业协会应当依照法律、法规及其章程的规定，为快递从业人员培训提供服务，并制定快递从业人员自律惩戒制度。

市邮政管理部门应当加强对快递从业人员培训工作的指导和监督。

第二十二条 快递企业提供快递服务，应当符合国家法律、法规和规章的规定，遵守快递服务标准和企业的服务承诺。

快递企业提供快递服务，应当与用户签订书面形式的快递服务合同，并在快递服务合同的显著位置，注明快递企业赔偿责任等涉及用户权益的内容。

本市鼓励快递企业使用国家邮政管理部门和国家工商行政管理部门制定的快递服务合同示范文本。

第二十三条 快递企业收寄快件前，应当提醒寄件人阅读快递服务合同条款，并提示寄件人如实填写快递运单。

按照法律、行政法规和国家有关规定，需要寄件人提供身份证明或者快件安全证明的，快递企业应当要求寄件人提供，并保证寄件人的有关信息不被泄露、窃取。寄件人拒不提供的，快递企业应当拒绝为其服务。身份证明和快件安全证明，快递企业应当保存一年以上。

快递企业应当建立快件寄递信息管理系统，确保信息的真实、完整。因国家安全或者追查刑事犯罪的需要，国家安全机关、公安机关可以要求快递企业提供相应信息，快递企业应当配合，并对有关情况予以保密。

第二十四条 快递企业应当按照约定的递送时限，将快件递送至收件人或者约定的地点。

快递企业递送快件时，应当告知收件人当面验收快件。快件外包装完好的，由收件人签字确认；快件外包装有明显破损等异常情形的，快递企业应当告知收件人先验收内件再签收。快递企业与寄件人对验收另有约定的除外。

快递企业递送寄件人与收件人有特殊验收约定的快件或者提供代收货款服务的，应当与寄件人签订书面合同，并严格按照合同执行。寄件人交寄快件时，应当告知收件人快件验收环节的要求。

第二十五条 快递企业应当根据春节等特定时期的快递业务量变化情况以及快件寄递能力，明确特定时期的快递服务承诺。快递企业应当将特定时期的快递服务承诺提前向社会公告，并在收寄快件时告知寄件人。

因商业企业举办商品促销活动等特殊情形可能导致快递业务量激增的，商业企业应当事先与快递企业协商快件寄递方案，并签订相应的快递服务合同。快递企业需要变更快递服务承诺的，商业企业和快递企业应当提前向社会公告。

第二十六条 对无法递送的快件，快递企业应当退回寄件人。快递企业与寄件人另有约定的除外。

第二十七条 机关、企事业单位和住宅小区的物业服务单位应当为快递从业人员向收件人当面递送快件提供便利，不得收取任何费用。

第二十八条 市公安机关应当会同建设交通、邮政等行政管理部门，根据城市交通状况，采取多种措施，在确保安全的情况下，为快递车辆提供通行便利。

用于快递业务的车辆，应当符合市邮政、公安、交通港口等行政管理部门制定的车辆技术规范的要求。

第五章 安全保障

第二十九条 市邮政管理部门、公安机关、国家安全机关和海关应当相互配合，建立健全安全保障机制，加强对邮政通信与信息安全的监督管理，确保邮政通信与信息安全。

市邮政管理部门应当督促邮政企业、快递企业落实寄递渠道安全保障措施。

第三十条 邮政企业、快递企业应当按照有关规定，建立邮件、快件处理场所安全管理制度，落实安全防范措施，并根据国家安全机关、海关依法履行职责的需要，为其提供相应的便利条件。

邮政企业、快递企业应当按照有关规定，在邮件、快件营业场所和处理场所安装安全监控设备。安全监控设备应当保持全天二十四小时运转；监控资料保存时间不得少于三十日。

第三十一条 邮政企业、快递企业收寄、处理或者投递邮件、快件时，发现有禁寄物品的，应当立即停止该物品的寄递服务，并按照国家《禁寄物品指导目录及处理办法》的规定报告市邮政管理部门、公安机关、国家安全机关等相关行政管理部门。

第六章 法律责任

第三十二条 违反本办法的行为，法律、行政法规已有规定的，从其规定。

第三十三条 违反本办法第七条第四款规定，邮政企业擅自转让或者改变划拨土地和配套建设的邮政营业场所、邮件处理场所用途的，由市邮政管理部门责令限期改正；逾期拒不改正的，由市规划国土、房屋等行政管理部门依法处理。

第三十四条 违反本办法第三十条第二款规定，邮政企业或者快递企业未按照要求实行安全监控的，由市邮政管理部门责令限期改正，逾期拒不改正的，处二万元以上五万元以下罚款。

第三十五条 市邮政管理部门和其他有关行政管理部门的工作人员有下列行为之一的，由其所在单位或者上级主管部门依法给予警告、记过或者记大过处分；情节严重的，给予降级、撤职或者开除处分：

（一）未依照本办法履行邮政普遍服务监管职责的；

（二）未依照本办法履行寄递渠道安全监管职责的；

（三）违法实施行政处罚的；

（四）其他滥用职权、玩忽职守、徇私舞弊的行为。

第七章 附　　则

第三十六条 本办法自 2012 年 12 月 1 日起施行。

上海市商品包装物减量若干规定

（2012 年 11 月 21 日上海市第十三届人民代表大会
常务委员会第三十七次会议通过）

第一条 为限制商品过度包装，降低消费成本，减少包装废弃物产生，合理利用资源，保护环境，依据《中华人民共和国清洁生产促进法》、《中华人民共和国循环经济促进法》、《中华人民共和国标准化法》等法律法规，结合本市实际情况，制定本规定。

第二条 在本市行政区域内生产、销售的商品包装及其监督管理，适用本规定。

第三条 包装物减量坚持企业自我约束，政府管理引导，行业规范自律，社会共同监督的原则。

第四条 质量技术监督部门负责商品包装物减量的监督管理工作。

工商、食品药品监督等行政管理部门应当在开展有关商品质量监督检查时将商品包装情况纳入检查内容，并将检查情况告知同级质量技术监督部门。

发展改革行政管理部门应当会同相关部门按照本规定制定、完善促进商品包装物减量的政策措施。

经济信息化、环境保护等行政管理部门应当将商品包装情况纳入清洁生产审核内容，督促生产企业对产品进行合理包装。

商务行政管理部门应当督促商业企业按照本规定要求加强进货检查验收，并会同相关部门推进商品包装物的回收再利用工作。

绿化市容、物价等行政管理部门应当在各自职责范围内协同做好商品包装物减量工作。

第五条 商品包装应当合理，在满足正常功能需求的前提下，其材质、结构、成本应当与内装商品的特性、规格和成本相适应，减少包装废弃物的产生。

对国家已经制定限制商品过度包装标准的商品，本市实施重点监管；对国家尚未制定限制商品过度包装标准的，市质量技术监督部门可以会同相关行政管理部门以及行业协会制定商品包装的指导性规范。

第六条 生产者和销售者对商品进行包装，不得违反国家限制商品过度包装标准中的强制性规定（以下简称强制性规定）。

销售者不得销售违反强制性规定的商品。销售者应当与商品供应方明确约定商品包装必须符合强制性规定，并在进货检查验收时对商品的包装情况进行核查，必要时可以要求商品供应方出具商品包装符合强制性规定的证明。商品包装违反强制性规定，或者商品供应方拒绝提供相关证明的，销售者可以按照合同约定拒绝进货。

第七条 本市鼓励企业在保障商品安全、卫生的条件下做好商品包装物减量工作，鼓励企业优先采用可循环、可再生、可回收利用或易于降解的包装材料。

本市倡导生产者、销售者在商品外包装上明示包装物回收利用及包装成本等信息，开展包装物的回收再利用。

销售者与商品供应方订立供销合同时，可以对商品包装物回收作出约定。对列入国家强制回收名录的商品包装物，生产者或者其委托回收的销售者应当进行回收。

使用财政性资金采购商品的，在同等条件下应当优先采购符合本市指导性规范的商品，不得采购违反强制性规定的商品。

第八条 行业协会应当加强行业自律，督促企业执行限制商品过度包装的法律法规、标准规范，引导企业就包装物减量等向社会公开作出承诺，推动开展包装物减量工作。

行业协会可以制定并组织实施严于国家强制性规定和本市指导性规范的行业自律规范；对国家和本市尚未制定限制商品过度包装标准或指导性规范的商品，可以制定相应的行业自律规范并组织实施。

行业协会在政府相关部门指导下，可以组织开展商品简易包装的认证。

第九条 质量技术监督部门对商品包装的监督检查实行监督抽查和专项检查相结合的方式，检测工作应当委托有资质的技术机构进行。监督检查经费由同级财政列支，不得向被抽查者收取。

市质量技术监督部门应当及时公开监督检查结果，对违法情节严重的生产者、销售者和涉及的商品通过媒体予以公布。

质量技术监督部门组织开展商品包装监督检查时，其他政府相关部门应当协同做好监督检查工作。

第十条 市质量技术监督部门应当在其政府网站上公布国家和本市制定的限制商品过度包装标准和规范，方便公众查询。

公众发现商品包装违反强制性规定的，可以向质量技术监督部门举报，质量技术监督部门应当及时查处。

广播电台、电视台、报刊和互联网站等媒体应当对商品包装物减量开展社会监督和公益宣传，揭露和批评商品包装违法行为，引导消费者合理消费。不得为违反强制性规定的商品做宣传或者广告。

第十一条 生产者违反强制性规定进行商品包装的，质量技术监督部门应当责令停止违法行为，限期改正。

销售者销售违反强制性规定的商品的，质量技术监督部门应当责令停止销售，限期改正；拒不停止销售的，处二千元以上二万元以下罚款；情节严重的，处二万元以上五万元以下罚款。

第十二条 本规定自2013年2月1日起施行。

上海市推进国际贸易中心建设条例

（2012年11月21日上海市第十三届人民代表大会常务委员会第三十七次会议通过）

第一章 总 则

第一条 为了贯彻实施建设上海国际贸易中心的国家战略，提高市场开放程度和贸易便利化水平，加快建设现代市场体系，营造良好的贸易发展环境，根据有关法律、行政法规的规定，结合本市实际情况，制定本条例。

第二条 本市推进上海国际贸易中心建设工作，适用本条例。

第三条 本市按照国家部署，尊重国际贸易规则和惯例，推进上海国际贸易中心建设，将上海建设成为具有国际国内两个市场资源配置功能，市场体系完备、贸易主体集聚、区域布局合理、基础设施完善、市场环境公平有序，与我国经济贸易地位相匹配的国际贸易中心。

第四条 市人民政府组织编制上海建设国际贸易中心规划，加强对本市推进上海国际贸易中心建设相关工作的领导，深化与商务部等国家有关部门的部市合作机制。

本市设立的推进上海国际贸易中心建设议事协调机构负责协调推进上海国际贸易中心建

设相关工作，组织有关部门制定和落实阶段性目标和各项措施。

市商务、发展改革、经济信息化、财政、税务、建设交通、规划国土、工商、质量技监、人力资源、金融服务、口岸服务、合作交流等部门和区、县人民政府应当加强协作配合，具体落实推进上海国际贸易中心建设的各项工作。

第五条 本市推动与港澳台地区、国内其他地区在贸易领域的合作交流，完善与长三角地区的经贸合作联动机制。

本市加强与其他国际贸易中心城市的交流，鼓励贸易企业、贸易促进机构、投资促进机构、贸易研究机构等开展国际合作交流，支持其在境外设立贸易营销、促进、研究等机构。

第六条 本市优化完善推进上海国际贸易中心建设财政资金投入机制，重点支持贸易平台建设、贸易环境营造和改善、贸易机构引进、贸易促进活动等，发挥财政资金的引导和激励作用。

第二章　市场体系建设

第七条 市人民政府及其有关部门应当采取措施，鼓励企业优化货物进出口贸易结构，促进加工贸易企业转型升级，增强上海口岸的集散作用，推动转口贸易和离岸贸易发展，配合国家有关部门支持进出口企业开展跨境贸易人民币结算。

市商务部门应当会同市有关部门支持企业建立国别进口商品中心，促进进口商品的展示、洽谈和交易，支持发展各类外贸转型基地。

第八条 市商务、发展改革、经济信息化、工商、金融服务、质量技监等部门应当在国家有关部门的指导下，依法规范和扶持建设具有集聚效应和交易规模的大宗商品交易市场，实现重点大宗商品领域的信息、定价、交易、结算功能，并完善物流、金融、信息、技术等服务。

市商务部门应当指导和支持有关行业协会、研究机构、企业等编制发布钢铁、化工、有色金属等重点大宗商品领域的价格指数、景气指数和风险指数。

第九条 市商务部门应当会同市有关部门制定并定期发布服务贸易促进指导目录，对列入服务贸易促进指导目录的服务贸易经营者和项目予以支持。

市统计、商务部门应当会同市有关部门建立服务贸易统计指标和体系，完善统计调查办法。市商务部门应当定期开展服务贸易综合评估、分析，向社会发布评估分析报告。

第十条 市商务部门应当在国家有关部门的指导下，利用现有国际国内资源，推动建立服务全国面向全球的技术进出口交易平台，实现信息集聚、资源协调整合、技术贸易促进等功能。

市商务部门应当支持技术进出口促进机构制定交易规则、标准和措施，推动技术进出口集中交易。

第十一条 市商务、规划国土、经济信息化、工商、旅游等部门应当按照商业与旅游、文化产业融合发展的要求，统筹发展中心城区商业、新城和郊区商业、社区商业，重点建设地标性商业中心、特色商业街区，促进大众消费和高端消费、商品消费和服务消费共同发展。

市人民政府配合国家有关部门在本市探索实施离境退税政策，选点设立免税商品购物店。

第十二条 本市促进电子商务市场发展，鼓励电子商务技术创新、经营模式创新和服务创新，推进电子商务与信息、金融、物流等融合发展，推广电子商务的广泛应用。

市人民政府及其有关部门应当推进电子商务公共服务平台和支撑服务体系建设，支持企业发展自营、第三方、专业服务电子商务平台，培育发展大型电子商务平台，引导各类电子商务平台的经营者规范经营，优化电子商务发展环境。

市商务部门应当配合国家有关部门探索解决电子商务中的进出口报关报检、结汇、跨境结算、退税等问题，支持跨境电子商务发展。

第三章　贸易主体建设

第十三条 本市鼓励境内外企业在上海设

立采购中心、分拨中心、营销中心、结算中心、物流中心、品牌培育中心等具有贸易营运和管理功能的贸易型总部。经市商务部门认定的贸易型总部,在通关流程、人才引进、资金结算、投资便利、人员出入境等方面按照规定享受优惠政策。市发展改革、财政、合作交流等部门应当给予协助和配合。

贸易型总部认定标准、优惠措施,由市商务部门会同市发展改革、财政、合作交流等部门制定具体办法,报市人民政府批准后实施。

第十四条 市商务、发展改革、财政等部门应当采取措施,鼓励本市具有先进技术、品牌优势、规模实力或者市场基础的企业开展跨国经营,支持其设立境外分支机构和研发中心、拓展境外业务、发展国际营销网络。

市商务、发展改革部门应当按照国家和本市有关规定,简化企业境外投资项目核准手续,推进境外投资便利化。

第十五条 市经济信息化、商务等部门应当采取措施,鼓励中小企业参与商业流通、贸易服务等产业发展,支持其开展批发零售、连锁经营、物流、会展服务、广告代理、品牌创意、营销策划等业务并拓展境内外市场。

第十六条 本市支持行业协会开展行业服务,引导企业开拓市场,依法参与贸易摩擦应对、行业评估、标准制定等相关工作。

本市支持咨询、会展、经纪、会计、法律、税务等与贸易有关的专业服务机构发展。专业服务机构应当规范经营,提高专业水平和服务能力,增强行业自律。

本市鼓励境内外贸易促进机构、行业协会、商会等组织在上海设立总部或者常驻代表机构,支持其依法开展业务活动,促进贸易发展。

第四章 区域布局和基础设施建设

第十七条 市和区、县人民政府应当根据上海建设国际贸易中心规划,依托黄浦江两岸重点发展区域、虹桥商务区和综合保税区等区域的发展优势,规划建设各类贸易集聚区。

市规划国土部门和有关区、县人民政府在组织编制控制性详细规划和土地利用年度计划时,应当依据本市城市总体规划和土地利用总体规划,结合上海建设国际贸易中心规划的要求,保障贸易集聚区的建设用地需求。

第十八条 市人民政府及其有关部门应当在国家有关部门的指导下,推动海关特殊监管区域的功能创新和转型升级,鼓励贸易与金融、航运、物流、制造、会展等产业融合发展,探索建立符合国际惯例的自由贸易园区;在外高桥保税区推进国家进口贸易促进创新示范区建设,拓展离岸贸易等新型贸易服务。

本市各类海关特殊监管区域管理机构应当在国家有关部门的指导下,支持开展国际大宗商品、国外高新技术产品和进口消费品的保税展示等业务。

第十九条 市商务部门应当会同市规划国土等部门和区、县人民政府根据本市国民经济和社会发展规划,结合区域发展和人口规模组织编制商业网点布局规划,报市人民政府批准后,纳入相应的城乡规划。

本市商业网点建设以及既有商业网点改变用途和业态的,应当符合商业网点布局规划。

第二十条 市有关部门和区、县人民政府应当根据贸易发展需要,合理规划物流设施布局,保障仓储、分拨、运输、配送等设施的建设用地,推动重点物流园区和物流基地的建设,构建口岸物流、制造业物流、城市配送物流和电子商务物流相结合的现代物流服务体系。

市经济信息化、商务等部门应当支持企业建立运输、仓储、货运代理和第三方物流信息管理系统,提升物流行业信息化应用水平。

第五章 贸易便利化和贸易促进

第二十一条 本市完善贸易便利化联席会议制度,推动建立贸易便利化的效率指标体系,规范贸易便利化工作流程。

第二十二条 本市鼓励区、县人民政府和产业园区管理机构设立贸易便利化集中服务场所，组织口岸查验机构和相关单位进驻联合办公，并建立日常运行协调机制，方便企业办理通关申报和相关的税务、外汇、金融、货代等业务。

第二十三条 市口岸服务、商务等部门应当在国家有关部门的指导下，加强通关协调服务，支持口岸查验机构优化通关流程和服务、加快口岸监管模式创新，推动进出口货物通关便利化。

本市支持口岸查验机构、口岸运营单位提高通关申报、查验、放行、后续监管等环节的信息化应用水平。

第二十四条 市金融服务等部门应当在国家有关部门的指导下，鼓励金融机构围绕贸易融资需求开展金融创新，重点发展供应链融资和进出口贸易融资等相关金融服务，推动建设跨境贸易人民币结算和融资业务中心。

第二十五条 本市鼓励会展业发展，吸引国际会展资源，促进上海发展成为国际会展中心城市。市商务部门应当会同市有关部门制定会展业相关标准，建立以会展企业诚信度为基础的分类管理制度，完善会展知识产权保护等相关制度。

市有关部门和区、县人民政府应当统筹规划本市会展场馆的布局和建设，建设国家级国际会展场馆，完善周边配套设施。市商务部门应当会同市有关部门定期对会展场馆的运行状况开展分析评价，评价结果作为会展场馆布局和完善周边配套设施的依据。

第二十六条 市质量技监部门应当会同市商务等部门引导企业参与相关国际、国家、行业和地方标准的研究和制定，采用国内外先进标准；鼓励企业开展各级各类贸易服务标准化示范试点建设；指导企业、行业协会开展境外认证、合格评定等标准化工作。

第二十七条 本市按照有利于贸易主体集聚和调动各方积极性的原则，按照国家规定，落实促进贸易发展的财税政策，做好出口退税服务工作。

第二十八条 市人力资源部门应当会同市商务、教育等部门制定贸易人才的集聚、发展规划和培养引进计划，实施国际贸易人才开发计划，建立和完善以市场为导向、与上海国际贸易中心建设相适应的贸易人才使用评价机制。

市有关部门和区、县人民政府应当为引进的高层次、紧缺贸易人才在户籍和居住证办理、住房、医疗保障、子女就学等方面提供便利。对引进的境外贸易人才，出入境管理部门应当按照国家有关规定，简化出入境手续。

市有关部门应当按照有关规定，对为上海国际贸易中心建设做出贡献的各类贸易人才予以表彰或者奖励。

第二十九条 市商务部门应当收集、汇总国家和本市有关贸易发展的产业政策、产品标准、扶持措施、行业动态、办事程序等信息，并集中在《中国（上海）国际贸易中心网》上发布。本市有关部门和单位应当协助提供相关信息。

本市支持商业财经信息提供商建设与境外证券、期货、外汇、黄金等市场对接的财经资讯信息平台，为贸易主体提供国际贸易财经资讯服务，形成国际经贸信息港和全球贸易信息服务市场。

第六章 贸易秩序维护和法治环境建设

第三十条 市商务、财政、发展改革、经济信息化、工商、质量技监等部门和区、县人民政府应当加强配合，定期开展公平贸易情况通报及相关政策措施的审查，加强进出口公平贸易公共服务，支持行业协会、商会、企业和专业服务机构开展贸易摩擦协调、贸易调整援助、产业损害预警等公平贸易工作。

第三十一条 市商务、财政部门应当会同市有关部门引导企业以及相关行业协会、商会，按照国际贸易规则和惯例应对反倾销、反补贴、保障措施、知识产权、技术性贸易措施等贸易摩擦案件，加强国外相关措施对进出口贸易影响的统计和分析；指导受进口产品冲击的行业、企业向国家有关部门申请贸易救济，跟踪分析相关措施对产业的救济效果。

第三十二条 市商务部门对于因进口增加或者产业转移等遭受严重损害的产业或者企业，应当积极协助其制定发展振兴规划、实施转产研究、开展新产品研发、优化营销、改进管理、开展人员培训和进行重新安置等贸易调整项目。

第三十三条 市商务部门应当配合国家有关部门开展产业损害预警工作，定期收集产品进出口数量、价格以及国内同类产品生产经营情况等相关数据，完善产业安全数据库，通过分析评估及时反映本市产业、贸易、市场监测信息等情况。本市有关部门和单位应当协助提供相关数据。

第三十四条 市人民政府及其有关部门应当完善与贸易有关的知识产权保护长效机制，建立公共知识产权援助服务平台，依法查处侵犯知识产权的违法行为。

市商务部门应当会同市有关部门支持企业开展海外知识产权注册登记，建立企业海外知识产权维权援助工作机制，加强对企业海外维权的指导和帮助。

本市建立知识产权违法行为举报投诉奖励机制，加强对侵犯知识产权行为的社会监督。

第三十五条 市经济信息化、商务、工商、质量技监、食品药品监管等部门应当建立和完善商务信用信息征集制度，记录贸易主体获得行政许可、违法违规处理情况等信用信息，建立信用信息共享机制，完善信用信息披露机制和查询服务。

第三十六条 本市鼓励信用服务机构开发信用产品，支持信用服务机构的合法经营活动，促进信用服务市场发展。

市商务、经济信息化等部门应当支持信用服务机构开展信用担保、信用评级、商业征信、商业保理、中小企业融资等有关信用产品的开发和创新。

市人民政府及其有关部门应当支持贸易企业在合同签订、合同履行等活动中使用信用产品防范经营风险，鼓励贸易企业提高信用管理水平。

第三十七条 本市各级人民法院应当依法完善贸易纠纷审判机制，加大对贸易纠纷案件的执行力度。

本市仲裁机构应当依据法律、法规和国际惯例，完善仲裁规则，提高贸易纠纷仲裁专业水平和国际化程度。

本市支持各类商事纠纷专业调解机构依照国际惯例，采取多种形式解决贸易纠纷。

第七章 附 则

第三十八条 本条例自2013年1月1日起施行。

上海市社区公共文化服务规定

（2012年11月21日上海市第十三届人民代表大会常务委员会第三十七次会议通过）

第一条 为了提高本市社区公共文化服务水平，保障人民群众基本文化权益，繁荣和发展公共文化事业，根据国家有关法律、行政法规的规定，结合本市实际情况，制定本规定。

第二条 本市行政区域内各级人民政府及其文化行政等部门或者社会力量向社区居民提供的公共文化设施（以下统称社区公共文化设施）和公益性文化服务活动，适用本规定。

第三条 社区公共文化服务坚持政府主导、社会参与、均衡发展、方便群众的原则，坚持把发展公益性文化事业作为保障人民基本文化权益的主要途径。

第四条 各级人民政府领导本行政区域内的社区公共文化服务工作，制定公共文化服务发展规划，将其纳入本级国民经济和社会发展规划，并将社区公共文化服务工作所需经费列入本级财政预算。

第五条 市文化行政部门是本市社区公共文化服务工作的主管部门。区、县文化行政部门负责本行政区域内的社区公共文化服务工作。

发展改革、经济信息化、教育、科技、农业、财政、规划国土资源、新闻出版、旅游、体育、司法、民政、卫生等行政部门依据各自职责，协同做好社区公共文化服务工作。

第六条 社区公共文化设施建设经费、运行经费和社区公共文化活动经费纳入区县、乡镇人民政府财政预算予以保障，市级财政给予适当补贴。

区县、乡镇人民政府应当按照建设规模、服务项目、服务人口确定每年对社区文化活动中心的财政投入数量，并不断加大对社区公共文化服务的经费投入。

第七条 社区公共文化设施的设置应当按照城乡规划的要求，符合本市《城市居住地区和居住区公共服务设施设置标准》。

社区公共文化设施的建设选址，应当符合人口集中、交通便利的原则。

社区公共文化设施的设计和建设，应当符合实用、安全、科学、美观等要求，并落实方便残疾人使用的无障碍措施。

第八条 各街道和乡、镇的行政区域内应当设置一个社区文化活动中心；常住人口超过十万人的，可以根据实际情况增设分中心。各居（村）民委员会所辖区域内应当设置一个居（村）民综合文化活动室；常住人口超过五千人的行政村，可以根据实际情况设置两个以上综合文化活动室。

社区文化活动中心的基本配置应当符合本市有关规定，由市和区、县文化行政部门按照规定进行监督检查。

第九条 街道办事处和乡、镇人民政府具体负责本行政区域内社区公共文化设施的管理工作，承担以下职责：

（一）社区公共文化设施的设置；

（二）社区文化活动中心的日常运行管理；

（三）为社区公共文化设施的运行提供保障；

（四）对社区公共文化设施提供公共文化服务的情况进行监督。

居（村）民委员会负责所辖区域内居（村）民综合文化活动室的日常运行管理。

第十条 鼓励社区文化活动中心实行社会化、专业化运作。

街道办事处和乡、镇人民政府按照公平、公正的程序，择优确定社区文化活动中心的运行单位。

街道办事处和乡、镇人民政府应当与社区文化活动中心运行单位签订协议，确定双方的权利和义务，明确社区文化活动中心运行的具体要求。

社区文化活动中心运行单位应当是具有独立法人资格的非营利性机构，并具备以下条件：

（一）有开展公共文化服务工作的能力；

（二）有与开展公共文化服务工作相适应的专业人员；

（三）有健全的管理制度。

居（村）民综合文化活动室可以结合各自特点，实行居民自我管理，建立适合当地实际的公共文化服务运行机制。

第十一条 市文化行政部门应当制定社区公共文化服务规范和标准。

社区文化活动中心和居（村）民综合文化活动室应当完善服务条件，建立管理制度，开展文明、健康的公共文化活动，保障公众基本文化权益。

第十二条 社区文化活动中心应当为公众提供文艺演出、书报阅读、展览展示、影视放映、上网服务、体育健身、学习培训、科学普及、健康教育、法制宣传、国防教育、非物质文化遗产传承、心理辅导等各类公益性服务，并为社区开展其他公益性活动提供服务和支持。

社区文化活动中心应当通过征询公众意见等形式，了解公众对服务内容的需求，开展具有社区特色的公共文化活动。

居（村）民综合文化活动室应当根据实际情况，为居民、村民提供形式多样的文化服务，为居民、村民开展各类文化活动提供便利。

第十三条 各级人民政府及其文化行政部门可以采取购买服务、项目补贴或者奖励等方式，鼓励和支持各类企业事业单位、文化团体、社区群众文化团队和个人为社区提供公共文化服务，丰富社区居民文化生活；鼓励和支持本市文联、社联等群众团体发挥优势，参与社区公共文化服务。

第十四条 支持社区居民在公园、绿地、广场等公共场所开展健康有益的公共文化活动。文化行政部门、街道办事处和乡镇人民政府应当依据各自职责，对自行组织的群众文化活动给予支持和引导，满足居民的基本文化需求。

居民参加社区公共文化活动，应当遵守相关规定和社会公德，避免影响其他居民的正常工作和生活。

第十五条 社区公共文化设施应当根据老年人、未成年人和残疾人等群体的特殊需求，提供有针对性的公共文化服务。

第十六条 有关政府部门和服务机构可以依托社区公共文化设施开展面向社区的相关服务，也可以依托其他公共设施开展社区公共文化活动，促进社区公共设施的资源共享。

社区公共文化设施应当为群众文化团队参与社区公共文化服务提供便利。

第十七条 社区公共文化设施应当适应科技进步和社会发展，运用新媒体、新技术为公众提供公共文化服务。

社区文化活动中心应当实现光纤接入和无线局域网覆盖，方便公众上网。

第十八条 社区公共文化设施应当每天向公众开放，开放时间应当与公众的工作时间、学习时间适当错开。国家法定节假日和学校寒暑假期间，应当适当延长开放时间，并增设相应的文化服务项目。社区文化活动中心每周累计开放时间不少于五十六个小时。

鼓励有条件的社区公共文化设施延长开放时间。

社区公共文化设施的开放时间、服务项目等应当向公众公示。

社区公共文化设施因维修等原因需要暂时停止开放的，应当提前七日向公众公示。

第十九条 社区公共文化设施内按照国家规定设置的基本公共文化服务项目，应当免费向公众开放。

除国家规定的基本公共文化服务项目外，社区公共文化设施内设置的其他文化服务项目可以适当收取费用，收费项目和标准应当经政府有关部门批准，并向公众公示。

第二十条 社区文化活动中心向公众开放用于公共文化服务的面积应当不少于使用面积的百分之九十。

居（村）民综合文化活动室向公众开放用于公共文化服务的面积应当不少于使用面积的百分之九十五。

第二十一条 任何单位和个人不得擅自拆除社区公共文化设施或者改变其功能、用途，不得挤占、挪用、出租社区公共文化设施。

因城乡建设确需拆除社区公共文化设施或者改变其功能、用途的，有关人民政府在作出决定前应当听取社区居民的意见，组织专家论证，并征得上一级人民政府文化行政部门的同意，报上一级人民政府批准。

经批准拆除社区公共文化设施或者改变其功能、用途的，应当坚持先建设后拆除或者建设拆除同时进行的原则。重新建设的社区公共文化设施的建筑面积不得少于原有的建筑面积。

第二十二条 市和区、县文化行政部门应当会同相关部门，对社区文化活动中心提供公共文化服务的情况进行评估考核，也可以委托社会专业机构进行评估考核，并逐步建立居民满意度测评机制。

市和区、县文化行政部门应当定期通过报刊、网站等媒体，向社会公开评估考核和测评结果。

第二十三条 市和区、县文化行政部门应当建立社区公共文化服务信息平台，公布社区公共文化服务工作经费投入和使用情况、考核评估结果、奖惩情况，公示社区公共文化设施目录，并为公众提供公共文化服务指导信息。

第二十四条 各级人民政府及其文化等有关行政部门应当加强社区公共文化服务人员队伍建设。

街道办事处和乡、镇人民政府应当为社区文化活动中心配备专职工作人员。社区文化活动中心专业岗位工作人员的资格应当符合国家相关规定。

市和区、县文化行政部门应当定期对社区公共文化服务从业人员进行业务培训，支持社区公共文化设施的工作人员参加技能培训，并与街道办事处和乡、镇人民政府共同做好社区公共文化专业技术人员的职称评聘工作，提高服务水平和能力。

第二十五条 鼓励和组织志愿者根据社区特点和实际需求，参与社区公共文化服务。

第二十六条 鼓励企业事业单位、社会团体、其他组织和个人通过设立专项基金、资助项目、赞助活动、提供设施等多种形式参与社区公共文化服务。

鼓励企业事业单位、社会团体、其他组织和个人向社区公共文化事业捐赠财产。向社区公共文化事业捐赠财产的，依法享受税收优惠。

第二十七条 任何单位和个人发现违反本规定的行为，可以向文化行政部门或者其他相关部门投诉。接到投诉的部门应当按照规定程序进行调查、核实，予以处理。

第二十八条 各级人民政府及其文化行政部门对开展社区公共文化服务工作成绩显著的单位和个人，按照国家和本市有关规定给予表彰和奖励。

第二十九条 违反本规定的行为，法律、行政法规已有规定的，从其规定。

第三十条 社区公共文化设施有下列行为之一的，由文化行政部门责令限期改正；造成严重后果的，对直接负责的主管人员和其他直接责任人员，依法给予行政处分：

（一）未按照规定的最低开放面积对公众开放的；

（二）未公示收费项目价格的；

（三）对国家规定的免费公共文化服务项目实行收费的。

第三十一条 挤占、挪用社区公共文化设施的，由文化综合执法部门责令限期改正，没收违法所得，并处五千元以上三万元以下的罚款；对直接负责的主管人员和其他直接责任人员，依法给予行政处分。

第三十二条 擅自拆除社区公共文化设施或者改变其功能、用途的，由文化行政部门责令限期改正；拒不改正的，对直接负责的主管人员和其他直接责任人员，由其上级行政主管部门依法给予行政处分；构成犯罪的，依法追究刑事责任。

第三十三条 本规定自2013年4月1日起施行。

上海市安置帮教工作规定

（2012 年 11 月 21 日上海市第十三届人民代表大会
常务委员会第三十七次会议通过）

第一条 为了规范和加强安置帮教工作，帮助刑满释放、解除劳动教养人员融入社会，维护社会和谐稳定，根据国家法律、行政法规等相关规定，结合本市实际情况，制定本规定。

第二条 本市行政区域内，对刑满释放、解除劳动教养人员（以下简称刑释解教人员）的扶助、教育、服务等安置帮教活动，适用本规定。

第三条 各级人民政府应当加强对安置帮教工作的领导，将其纳入国民经济和社会发展规划，并将安置帮教工作经费纳入同级财政预算。

市和区、县司法行政部门负责本行政区域内安置帮教的组织、协调和指导工作。

乡镇、街道司法行政机构具体承担安置帮教的日常工作。

公安、民政、人力资源和社会保障、教育、工商、财政、税务、住房保障房屋管理等部门应当按照各自职责，共同做好安置帮教工作。

第四条 鼓励建立为刑释解教人员提供帮教服务的专业社会组织和志愿者组织（以下统称社会帮教组织）。

社会帮教组织可以动员公民、法人和其他组织开展形式多样的社会帮教活动。

司法行政部门可以通过购买服务等方式，支持社会帮教组织开展帮教工作。社会帮教组织在司法行政部门指导下自主开展帮教工作。

第五条 鼓励公民、法人和其他组织通过提供就业岗位、志愿服务、捐赠等多种形式，参与安置帮教工作。

第六条 区、县司法行政部门应当建立与监管场所的信息沟通和工作联系机制，了解服刑劳教人员情况。

监管场所应当自接收服刑劳教人员之日起三十日内，将有关情况告知相关户籍地或居住地的区、县司法行政部门。

第七条 监管场所应当在服刑劳教人员刑满释放、解除劳动教养（以下简称刑释解教）前三十日，将有关信息通知区县司法行政部门、公安机关以及乡镇、街道司法行政机构。

乡镇、街道司法行政机构应当在服刑劳教人员刑释解教前，告知其家属将其接回；对有特殊困难或者有其他特殊情况的刑释解教人员，应当帮助其返回居住地。

第八条 服刑劳教人员刑释解教后，其居住地的乡镇、街道司法行政机构应当主动关心，及时了解其生活、就业等情况。

第九条 公安机关应当按照国家和本市户籍、居住管理等规定，办理刑释解教人员的户口或者居住证明的登记、变更等手续。

第十条 教育等部门对符合就学条件的刑释解教人员，依法做好指导、帮助其就学的有关工作。

对符合录取条件的刑释解教人员，学校应当予以录取，不得歧视。

第十一条 人力资源和社会保障等部门按照国家和本市关于促进就业有关规定，做好刑释解教人员的就业指导、技能培训等相关工作，鼓励其自主创业、自谋职业。

刑释解教人员就业不受歧视，鼓励企业接收刑释解教人员就业。

第十二条 刑释解教人员可以根据国家和本市有关规定，参加相应的社会保险；符合申领失业保险金条件的，可按规定享受失业保险待遇。

对生活确有困难的刑释解教人员，民政部门依法给予最低生活保障等社会救助。

第十三条 区、县人民政府根据本地区安置帮教工作的需要，通过政府投入、社会支持等多种形式，建立具有食宿、教育、培训、救助等功能的过渡性安置基地，临时安置在生活、就业等方面有特殊困难的刑释解教人员。

参与过渡性安置基地建设的公民、法人和其他组织，按照规定享受补贴和优惠措施。

第十四条 司法行政部门应当会同有关部门和单位定期对刑释解教人员的学习、生活、就业等情况进行分析、评估，开展针对性的帮助、服务。

第十五条 行政机关工作人员违反本规定，有下列行为之一，造成不良后果的，由所在单位或者上级主管部门对直接负责的主管人员和其他直接责任人员批评教育，责令改正，依法给予行政处分：

（一）未按照要求履行通知、告知义务的；

（二）未按照规定为刑释解教人员提供相关服务的；

（三）有不履行或者违法履行法定职责的其他行为的。

第十六条 本规定自2013年4月1日起施行。

上海市实施《中华人民共和国突发事件应对法》办法

（2012年12月26日上海市第十三届人民代表大会常务委员会第三十八次会议通过）

第一章 总 则

第一条 根据《中华人民共和国突发事件应对法》，结合本市实际情况，制定本办法。

第二条 本市行政区域内突发事件的应急准备、值守与预警、应急联动与处置、善后与恢复重建等活动，适用本办法。

气象、防汛、防震减灾、安全生产、消防、交通、环境保护、传染病防治、治安管理等法律、法规对突发事件应对活动另有规定的，适用其规定。

第三条 本办法所称突发事件，是指突然发生，造成或者可能造成严重社会危害，需要采取应急处置措施予以应对的自然灾害、事故灾难、公共卫生事件和社会安全事件。

突发事件分为特别重大、重大、较大和一般四级。具体分级标准按照国家有关规定执行。

第四条 市和区、县人民政府是突发事件应对工作的行政领导机关，履行下列职责：

（一）将突发事件应急体系建设规划纳入国民经济和社会发展规划，保障突发事件应对工作所需的经费；

（二）统一领导本行政区域内突发事件应对工作，发布应对突发事件的命令、决定；

（三）建立和完善突发事件应对工作责任制，加强监督检查和评估考核；

（四）其他依法应当履行的职责。

第五条 市和区、县设立的由本级人民政府主要负责人、相关部门负责人、驻地中国人民解放军和中国人民武装警察部队有关负责人组成的突发公共事件应急管理委员会，在同级人民政府领导下，负责本行政区域内突发事件应急体系的建设和管理，决定和部署突发事件的应对工作。市和区、县突发公共事件应急管理委员会办公室设在本级人民政府办公厅（室），负责委员会的日常工作,配备专职工作人员,履行值守应急、信息汇总、综合协调和督查指导等职责。

市和区、县人民政府有关部门应当按照各自职责,设立或者明确工作机构,做好突发事件应对工作。

乡、镇人民政府和街道办事处应当按照区、县人民政府的要求,明确工作机构,做好本辖区内突发事件应对工作。

第六条 市人民政府设立上海市应急联动中心(以下简称市应急联动中心),受理本市突发事件的报警,组织开展应急联动处置工作。

第七条 本市充分发挥公民、法人和其他组织在突发事件应对中的作用,增强公民的公共安全、防范风险和社会责任的意识,提高避险、自救、互救等能力。

法人和社会组织等应当在所在地人民政府的领导下开展突发事件应对工作,结合实际情况开展宣传教育、应急演练和救护救助等活动。

居民委员会、村民委员会应当按照所在地人民政府的决定和要求,结合实际情况开展应急知识宣传和应急演练;在突发事件发生时,组织、动员居(村)民,开展自救和互救,协助维护社会秩序,配合人民政府开展突发事件应对工作。

鼓励志愿者组织参与突发事件应对工作,组织志愿者根据其自身能力,参加科普宣传、应急演练、秩序维护、心理疏导、医疗救助等活动。

第八条 市和区、县人民政府及其部门应当建立健全突发事件信息公开制度,按照国家和本市有关规定,完善突发事件的预警信息发布机制、舆情的收集和回应机制、灾情损失的统计公布机制,统一、准确、及时地公布突发事件信息,并根据事态发展及时更新。

新闻媒体应当准确、客观地报道突发事件信息。

任何单位和个人不得编造、传播有关突发事件的虚假信息。

各级人民政府及有关部门发现影响或者可能影响社会稳定、扰乱社会管理秩序的虚假或者不完整的突发事件信息的,应当在其职责范围内发布准确的信息,并依法采取处置措施。

第九条 市和区、县人民政府应当加强与驻地中国人民解放军、中国人民武装警察部队在应对突发事件中的联系,建立健全突发事件信息共享、协同处置等机制。

第二章 应急准备

第十条 市人民政府组织制定本市突发事件总体应急预案和专项应急预案。市人民政府有关部门根据各自职责和相关应急预案,制定突发事件部门应急预案。

区、县人民政府及其部门,乡、镇人民政府应当结合实际,制定相应的突发事件应急预案。

应急预案的编制、批准、备案、公开、演练、评估、修订等,按照国家和本市有关规定执行。

第十一条 下列单位应当制定具体应急预案:

(一)轨道交通、铁路、航空、水陆客运等公共交通运营单位;

(二)学校、医院、商场、宾馆、大中型企业、大型超市、幼托机构、养老机构、旅游景区、文化体育场馆等场所的经营、管理单位;

(三)建筑施工单位以及易燃易爆物品、危险化学品、危险废物、放射性物品、病源微生物等危险物品的生产、经营、储运、使用单位;

(四)供(排)水、发(供)电、供油、供气、通信、广播电视、防汛等公共设施的经营、管理单位;

(五)其他人员密集的高层建筑、地下空间等场所的经营、管理单位;

(六)市人民政府规定的其他单位。

第十二条 各级国家机关、企事业单位和其他组织等应当建立健全安全管理制度,组织制定本单位安全管理规章制度和操作规程;组织开展风险隐患排查工作,并及时处理本单位存在的可能引发社会安全事件的问题;对本单位可能发生的突发事件和采取安全防范措施的情况,应当按照规定向所在地人民政府或者人民政府有关部门报告。

区、县人民政府及其有关部门，乡、镇人民政府和街道办事处，居民委员会和村民委员会应当及时调解处理可能引发社会安全事件的矛盾纠纷。

第十三条 市和区、县人民政府应当组织有关部门对本行政区域内容易引发自然灾害、事故灾难和公共卫生事件的危险源、危险区域进行调查、登记、风险评估，定期进行检查、监控，并责令有关单位采取安全防范措施，相关单位应当予以配合。按照本办法规定登记的危险源、危险区域，应当按照国家规定及时向社会公布。

区、县人民政府应当定期将本区域内的危险源、危险区域的风险隐患排查结果报市人民政府备案。

第十四条 市突发公共事件应急管理委员会办公室应当加强对本市单元化应急管理工作的指导，健全单元化应急管理相关制度。

前款所称的单元化应急管理，是指由市突发公共事件应急管理委员会在化工区、保税港区、大型交通枢纽等特定区域，指定牵头单位统筹协调该区域内突发事件应对工作的管理模式。

第十五条 实行单元化应急管理区域的牵头单位应当根据本区域突发事件应对工作的特点，组织开展下列工作：

（一）编制应急预案，定期进行应急演练；

（二）建立健全突发事件应对的协作机制；

（三）整合、储备本单元区域内的应急资源；

（四）开展风险隐患的排查、整治；

（五）完善与所在地区、县人民政府的合作机制。

实行单元化应急管理区域的相关单位应当配合做好本区域的突发事件应对工作。

第十六条 市和区、县人民政府应当建立健全突发事件应急管理培训制度，将突发事件应急管理知识纳入有关领导干部和公务员培训内容。

第十七条 市和区、县综合性应急救援队伍，应当根据国家和本市有关规定，承担以抢救人员生命为主的应急救援工作。

市和区、县人民政府相关部门和企事业单位，可以根据防汛防台、抗震救灾、工程抢险、安全生产、环境保护、海底管线保护、水上搜救、公共卫生、医疗急救、民防特救、公用事业保障等实际情况，建立相应的专职或者兼职专业性应急救援队伍。

乡、镇人民政府和街道办事处可以组织民兵预备役人员、基层警务人员、医务人员以及其他应急力量，建立基层应急救援队伍。

市和区、县人民政府及其相关部门、有关单位应当加强对应急救援队伍职业技能的培训，为应急救援队伍配备必要的防护装备和器材，为专业救援人员购买人身意外伤害保险，提高救援人员的抢险救援和安全防护能力。

第十八条 市人民政府应当建立健全专家咨询制度，建立突发事件应对专业人才库，根据需要聘请有关专家组成专家组，为突发事件应对工作提供决策建议。

第十九条 市和区、县人民政府应当按照预防、处置突发事件的需要，组织制定应急避难场所布局规划，合理确定应急避难场所。

市和区、县人民政府应当组织规划土地、建设交通、地震、民防、消防、绿化、教育、卫生等部门根据应急避难场所布局规划，利用广场、绿地、操场、公园、体育场（馆）、大型停车场等建设应急避难场所，完善相配套的交通、供水、供电、排污等基础设施，储备必要的物资，提供必要的医疗条件，设置应急疏散通道和统一的标志标识，并向社会公布。

市和区、县民防部门负责统筹协调应急避难场所的建设与管理。

应急避难场所的管理单位应当加强维护和管理，保障其正常使用。

第二十条 区、县人民政府及其有关部门，乡、镇人民政府和街道办事处，机关、企事业单位以及其他组织，应当组织社会公众或者本单位人员开展应急疏散、紧急避险和自救互救等应急知识的宣传教育和应急演练。公民应当参加人民政府和本单位组织的应急演练。

教育部门应当指导、督促各级各类学校将应急知识教育纳入学生素质教育教学内容，培养学生的安全意识和自救与互救能力。

本办法第十一条规定的单位，每年至少组织开展一次应急演练。

新闻媒体应当通过公益广告、专题栏目等形式，无偿开展预防与应急、自救与互救知识的公益宣传。

第二十一条 市和区、县人民政府应当建立应急救援物资、生活必需品和应急处置装备的储备制度，完善重要应急物资的监管、生产、储备、调拨和紧急配送体系。市人民政府有关部门和区、县人民政府的应急物资储备情况应当报市突发公共事件应急管理委员会办公室备案，并纳入统一的数据库管理。

第二十二条 鼓励保险企业根据本市实际，开展与突发事件应对相关的保险业务。

公民、法人或者其他组织可以根据需要，参加人身伤害、火灾、环境污染等商业保险，提高突发事件风险防范能力。

第三章 值守与预警

第二十三条 各级人民政府、街道办事处以及承担突发事件处置职能的政府部门和单位，应当建立二十四小时值守应急制度。

居民委员会、村民委员会以及物业服务企业应当加强值班工作。

第二十四条 获悉突发事件信息的行政机关，除国家另有规定的外，应当逐级进行突发事件信息的报告，并做好相关单位的信息通报；法定节假日及重要会议和重大活动等特殊时段，实行每日报告制度。

第二十五条 获悉突发事件信息的公民、法人或者其他组织，应当立即通过“110”或者其他紧急求助电话号码向市应急联动中心报告，或者通过其他途径向所在地人民政府、有关主管部门或者指定的专业机构报告。

第二十六条 市和区、县人民政府应当建立或者确定本行政区域内统一的突发事件信息系统，汇集、存储、分析、传输和发布突发事件信息。

第二十七条 市和区、县人民政府或者市人民政府授权的部门，应当加强突发事件预警信息发布制度建设，按照规定的权限、程序等及时发布预警信息，并根据事态发展适时进行调整、更新，有事实证明不可能发生突发事件或者危险已经解除的，应当宣布终止预警。

预警信息的发布应当根据实际情况，通过广播、电视、报刊、互联网、微博、手机短信、电子显示屏、宣传车、警报器、高音喇叭或者组织人员逐户通知等方式进行，对老、幼、病、残等特殊人群以及学校、医院、养老院、通信盲区等特殊场所应当采取针对性的公告方式。

广播、电视、报刊等新闻媒体和互联网新闻信息服务单位、电信运营企业、公共场所电子显示屏管理单位，应当配合做好预警信息的发布工作。

第二十八条 宣布进入预警期后，市和区、县人民政府及其有关部门，承担突发事件处置任务的单位，应当及时向公众发布有关建议、劝告，采取应对措施，避免或者减轻突发事件可能造成的危害；承担突发事件处置的领导和指挥责任人员不得擅离职守。

突发事件可能对公众生命财产安全和社会公共秩序造成严重影响时，根据国家和本市有关规定，市人民政府及其授权的部门和区、县人民政府可以采取临时停课、停产、停业等必要的防范性、保护性措施。

公民、法人或者其他组织根据市和区、县人民政府及其有关部门发布的建议、劝告，采取防灾避险措施。

第四章 应急联动与处置

第二十九条 本市建立突发事件应急处置工作联动机制。

市应急联动中心通过“110”以及其他紧急求助电话号码，统一受理公民、法人或者其他组织的突发事件报警，组织、指挥、调度、协调应急联动单位开展应急联动处置工作。

海上搜救及船舶污染事故的应急联动处置工作，由上海海上搜救中心负责组织、指挥、调度和协调，市应急联动中心负责组织相关应急联动单位予以配合。

第三十条 市应急联动中心接警后，应当立即予以核实。需要应急联动处置的，应当及时向应急联动单位下达处置指令，将有关情况按照规定予以上报，并做好相关单位的情况通报工作。

应急联动单位接到市应急联动中心指令后，应当按照职责分工和应急预案的要求，组织调度应急队伍、专家、物资、装备等开展应急处置，并及时向市应急联动中心反馈处置情况。

根据突发事件的事态发展和应急处置情况，市应急联动中心可以报请市突发公共事件应急管理委员会成立市应急处置指挥部，明确应急响应的等级和范围，统一组织开展应急处置工作。

第三十一条 承担突发事件处置职责的部门和单位，接到超出处置能力范围的突发事件的紧急求助，应当迅速记录、核实，及时将求助信息报送市应急联动中心或者直接转送有关部门处置，不得搁置、延误。

其他单位、成年人对他人在受到突发事件影响时的紧急求助，应当在力所能及的范围内予以必要的帮助。

第三十二条 市和区、县人民政府可以根据突发事件处置的需要，设立现场指挥机构，确定现场指挥长，统一开展现场应急指挥工作。现场指挥长有权决定现场处置方案，调度现场应急救援力量，协调有关单位开展现场应急处置工作。

重大灾害事故和其他以抢救人员生命为主的应急救援现场，由综合性应急救援队伍统一实施救援指挥。

第三十三条 突发事件应急处置应当坚持人员安全优先。

承担突发事件处置职责的部门和单位在制订现场处置方案时，应当优先考虑对受突发事件危害人员的救助，并注意保障参与应急救援人员的生命安全。

人员密集场所发生火灾等突发事件后，经营、管理单位应当立即组织人员疏散，不得延误。

第三十四条 突发事件应对过程中，需要疏散、撤离人员的，市和区、县人民政府应当组织开展人员的有序疏散、撤离；必要时引导其到应急避难场所避险。

市和区、县人民政府可以根据突发事件应急处置的需要，指定有关的设施、场地作为临时应急避难场所；有关单位应当按照要求，及时开放被指定的设施、场地。

第三十五条 市和区、县人民政府及其有关部门为应对突发事件依法征用单位或者个人财产的，应当向被征用财产的单位或者个人发出应急征用凭证。紧急情况下无法当场签发凭证的，应当在应急处置结束后补发凭证。

应急征用凭证应当载明应急征用的依据、事由、被征用财产的名称及数量、被征用财产者的单位名称或者姓名、实施征用单位的名称及联系方式等要素。

实施应急征用的单位在使用完毕或者突发事件处置工作结束后，应当及时返还被征用的财产；征用财产或者财产征用后毁损、灭失的，应当依法予以补偿。

第三十六条 重大和特别重大突发事件发生后，需要立即动用财政预备经费的，市和区、县财政部门应当按照规定安排落实；紧急情况下，可以简化相关资金的审批和划拨程序。

第三十七条 公安、交通港口、海事、道路等管理部门应当根据应急处置工作的需要，开辟专用通道，保障运输经营单位优先运送处置突发事件所需物资、设备、工具、应急救援人员和受到突发事件危害的人员。

高速公路经营管理单位应当根据突发事件避险、救援的需要，配合公安机关交通管理部门采取发布信息、限速通行、临时封闭等措施，对车辆进行引导、疏散。必要时，道路管理部门可以协调有关单位暂停公路道口的收费。

第三十八条 通信管理部门应当组织、协调电信运营企业保障应急处置通信畅通。

无线电管理部门应当保障突发事件应对的专用频率和电磁环境，提供必要的技术条件。

第五章 善后与恢复重建

第三十九条 市和区、县人民政府应当加强对受突发事件影响地区善后工作的领导，根据本地区遭受损失的情况，制定救助、补偿、抚慰、抚恤、安置等工作计划并组织实施，妥善解决因处置突发事件引发的矛盾和纠纷，提供信息咨询、帮助查找失踪人员和心理疏导等服务。

对在应急救援工作中伤亡的人员，市和区、县人民政府应当依法给予抚恤。

第四十条 市和区、县人民政府应当及时组织对突发事件造成的损失进行评估，组织受影响地区尽快恢复正常的生产、生活、工作和社会秩序，制定恢复重建计划，并向上一级人民政府报告。

市和区、县人民政府应当及时组织和协调有关部门恢复社会治安秩序，尽快修复被损坏的公共设施。

第四十一条 价格管理部门在突发事件发生后，应当加强价格监管，从严惩处囤积居奇、哄抬物价和捏造散布涨价信息等扰乱市场秩序的行为，稳定市场价格，维护市场秩序。

第四十二条 公民参与突发事件应急救援工作或者协助维护社会秩序期间，其在本单位的工资待遇和福利不变；表现突出、成绩显著的，市和区、县人民政府给予表彰或者奖励。

第六章 法律责任

第四十三条 违反本办法规定的行为，法律、法规已有处罚规定的，从其规定。

第四十四条 单位违反本办法，有下列行为之一的，由所在地区、县人民政府责令其限期改正，逾期不改正的，依法给予警告：

（一）违反本办法第十一条，未按照要求制定具体应急预案的；

（二）违反本办法第二十条第三款，未按照要求开展应急演练的；

（三）违反本办法第三十四条第二款，拒绝开放有关设施、场地作为临时应急避难场所的。

第四十五条 行政机关及其工作人员有下列情形之一的，由其上级机关或者监察机关责令改正，并根据情节对直接负责的主管人员和其他直接责任人员依法给予警告、记过等行政处分：

（一）未按照规定公布突发事件相关信息的；

（二）未按照规定履行应急联动处置职责的；

（三）不服从现场指挥长的指挥、调度的；

（四）未按照规定对超出其处置能力范围的突发事件紧急求助信息进行登记转送的；

（五）违反规定程序实施突发事件应急征用的。

第七章 附 则

第四十六条 本办法自2013年5月1日起施行。

上海市人民代表大会常务委员会关于促进创新驱动、转型发展的决定

(2012年6月7日上海市第十三届人民代表大会常务委员会第三十四次会议通过)

贯彻落实科学发展观,坚持以人为本,实现全面、协调、可持续发展,加快推进“四个率先”、加快建设“四个中心”和社会主义现代化国际大都市,是中央对上海的要求,也是上海自身发展的迫切需要,更是上海义不容辞的责任。在更高起点上推动上海科学发展,必须坚持创新驱动、转型发展。为充分调动全社会的积极性,营造良好的发展环境,根据中共上海市第十次代表大会精神,结合本市实际情况,特作如下决定:

一、本市应当坚持创新驱动、转型发展的总方针,以促进人的全面发展为根本目的,坚持发展为了人民、发展依靠人民,发展成果更加广泛、更加均衡地惠及人民。

本市应当将创新驱动、转型发展贯穿于经济社会发展的全过程,以深化改革开放为动力,以培养、集聚和用好人才为关键,以制度创新保障和推动观念创新、科技创新和文化创新,以创新驱动发展,在发展中加快转型,在转型中提升发展的质量和效益。

二、本市应当根据国家对上海的战略定位和要求,加快推进创新驱动、转型发展,努力建设与我国经济实力和国际地位相适应、具有全球资源配置能力的国际经济、金融、贸易、航运中心,努力建设经济活跃、法治完善、文化繁荣、社会和谐、城市安全、生态宜居、人民幸福的社会主义现代化国际大都市。

三、本市创新驱动、转型发展工作应当围绕重点领域和关键环节展开,深化改革、扩大开放,进一步建立健全有利于转变发展方式的体制机制。加快产业结构战略性调整,形成以现代服务业为主体、战略性新兴产业为引领、先进制造业为支撑的新型产业体系,不断提升城市服务功能和产业能级;推进以保障和改善民生为重点的社会建设,提高基本公共服务保障能力和均等化水平,创新管理机制,形成和谐有序的社会秩序;优化育才、引才、用才环境,激发人才创新创业活力;发挥科技创新的引领作用,推动协同创新,建设更具活力的创新型城市;激发文化发展活力,增强文化软实力和国际影响力;统筹城乡发展,构筑城乡一体化发展格局;加强生态环境建设,推进节能减排,促进经济社会发展与人口资源环境相协调,实现城市可持续发展;发展民主法治,形成全社会依法共融、和谐共进的制度环境。

四、创新驱动、转型发展是全社会的共同责任。全社会应当进一步解放思想,弘扬海纳百川、追求卓越、开明睿智、大气谦和的城市精神,践行公正、包容、责任、诚信的价值取向,凝聚智慧和力量,把创新驱动、转型发展的要求转化为全社会的自觉行动,积极参与、支持创新驱动、转型发展的各项工作。

五、市人民政府应当围绕创新驱动、转型发展的重点领域和关键环节,进一步完善推进创新驱动、转型发展的相关政策,明确目标任务、责任部门和推进措施;积极探索建立创新驱动、转型发展的评估方法和评价指标,完善经济社会发展指标体系,健全科学的绩效考评机制;优化财政支出结构和政府投资结构,提高政府投资对创新驱动、转型发展的引导作用。

本市各级人民政府及其部门应当定期对推进创新驱动、转型发展政策措施的执行情况进行检查和评价。

六、本市各级人民政府及其部门应当按照

创新驱动、转型发展的要求，坚持社会主义市场经济的改革方向，发挥市场配置资源的基础性作用，最大限度地激发社会活力和人民群众的创造力，以政府职能转变为核心，以政府管理创新为重点，加快行政管理体制改革，建设服务政府、责任政府、法治政府、廉洁政府，敢于担当、勇于负责，加快形成有利于创新驱动、转型发展的体制机制。

七、市人民政府应当围绕创新驱动、转型发展积极探索，着力破解制约创新驱动、转型发展的制度瓶颈和政策障碍；在不与宪法、法律、行政法规相抵触的前提下，可以在扩大开放、完善市场体系、吸引人才、创造最佳创业环境和改变城乡二元结构等方面先行先试，制定政府规章或者发布决定，并报市人大常委会备案。

八、本市各级人民法院、人民检察院应当充分发挥司法职能，维护公平正义，为创新驱动、转型发展提供司法保障。

九、市人大常委会根据具体情况和实际需要及时制定、修改与创新驱动、转型发展有关的地方性法规。

本市各级人大常委会应当通过听取专项工作报告、开展执法检查等方式，加强对本决定执行情况的监督。

本市各级人大常委会和乡、镇人民代表大会应当充分发挥代表作用，组织代表围绕创新驱动、转型发展开展专题调研和视察等活动，汇集、反映人民群众的意见和建议，督促有关方面落实创新驱动、转型发展的各项工作。

本决定自2012年6月8日起施行。

上海市地面沉降防治管理条例

（2013年4月17日上海市第十四届人民代表大会常务委员会第三次会议通过）

第一章　总　　则

第一条　为了加强和规范地面沉降防治工作，避免和减轻地面沉降造成的损失，维护人民生命和财产安全，促进经济和社会可持续发展，根据《地质灾害防治条例》和其他有关法律、行政法规的规定，结合本市实际情况，制定本条例。

第二条　本条例适用于本市行政区域内因抽取地下水和工程建设活动等引起的地面沉降的监测、防治及其相关监督管理活动。

第三条　市和区、县人民政府应当加强对地面沉降防治工作的领导，组织有关部门采取措施，做好地面沉降防治工作。

第四条　市规划国土资源行政管理部门是本市地面沉降防治工作的综合监督管理部门，并具体负责区域性地面沉降防治的监督管理。

市水务行政管理部门负责本市地面沉降防治工作中的地下水开采与回灌的监督管理。

市和区、县建设交通行政管理部门按照职责分工，负责建设工程涉及的周边地面沉降防治的监督管理。

市发展改革、财政、交通港口、民防、房屋等行政管理部门在各自职责范围内，协同实施本条例。

第五条　市和区、县人民政府及其有关部门应当鼓励和支持地面沉降防治的科学技术研究，开展宣传教育，普及地面沉降防治的科学知识和防灾减灾等常识。

第六条　市和区、县人民政府及其有关部门应当按照有关防灾应急预案的要求，及时处置因地面沉降引发的地质灾害事故，采取工程治理或者搬迁避让措施，保证受灾居民的生命和财产安全。

第二章　地面沉降防治规划

第七条　市规划国土资源行政管理部门应当结合本市地质环境状况，组织开展地面沉降调查，并通过政府网站等渠道发布本市年度区域性地面沉降的相关数据。

第八条　市规划国土资源行政管理部门编制城乡规划应当充分考虑地面沉降防治要求，合理控制开发强度，避免和减轻地面沉降造成的损失。

第九条　市规划国土资源行政管理部门应当会同市水务、建设交通行政管理部门编制地面沉降防治规划，经市人民政府批准后公布，并报国土资源部备案。地面沉降防治规划在报批前，应当组织专家论证。

市规划国土资源行政管理部门会同市水务、建设交通行政管理部门编制地面沉降防治规划时，应当根据地面沉降调查与监测成果，划定地面沉降易发区，并根据地面沉降的发育和危害程度、城市建设现状和发展等因素，在地面沉降易发区中划定重点防治区。

第十条　市规划国土资源行政管理部门应当会同市水务、建设交通行政管理部门，根据地面沉降防治规划，编制地面沉降防治年度工作计划。

地面沉降防治年度工作计划主要包括以下内容：

（一）地面沉降年度控制目标；

（二）地面沉降监测方案；

（三）地下水开采和回灌方案；

（四）地面沉降监测设施和回灌井的建设及维护方案。

第十一条　市规划国土资源行政管理部门应当根据城市总体规划、地面沉降防治规划，组织编制监测设施的布设方案。

市规划国土资源行政管理部门应当会同市水务行政管理部门根据城市总体规划、地面沉降防治规划和供水专业规划，组织编制防治设施的布设方案。

建设地面沉降监测设施和防治设施，应当遵循节约用地原则，合理高效利用资源。布设方案确定的设施用地，应当在控制性详细规划中予以落实，并依法办理审批手续。

第三章　地面沉降监测设施和防治设施的建设与管理

第十二条　市规划国土资源行政管理部门应当会同市水务、建设交通行政管理部门建立地面沉降监测网络，对土层形变以及地下水水位、水质等实施动态监测。

第十三条　地面沉降监测设施和防治设施的新建、改建、扩建，应当符合有关布设方案的要求。

建设地面沉降监测设施和防治设施，可以依法征收土地和房屋。

第十四条　地面沉降监测设施由政府投资，由市规划国土资源行政管理部门负责组织建设和维护。

回灌井由政府投资，由市水务行政管理部门负责组织建设和维护。采灌井由地下水的开采者投资建设和维护。

新建、改建、扩建地面沉降监测设施和防治设施，应当委托具有相应资质的单位进行。

市规划国土资源、水务行政管理部门应当根据各自职责，建立并完善地面沉降监测设施和防治设施的维护和运行管理制度。

第十五条　市规划国土资源、水务行政管理部门应当在地面沉降监测设施和防治设施周围设置警示标志。

任何单位和个人不得侵占、损毁或者损坏地面沉降监测设施和防治设施。

第十六条　已经建成的地面沉降监测设施和防治设施，不得擅自拆除；因工程建设确需拆除的，应当就近迁建。就近迁建方案应当由建设单位报市规划国土资源行政管理部门或者市水务行政管理部门同意。

迁建的相关费用由建设单位承担。迁建的用地由市规划国土资源行政管理部门落实。

第十七条 地面沉降监测设施和回灌井因损坏无法使用，确需报废的，由市规划国土资源行政管理部门和市水务行政管理部门按照各自职责，办理报废手续。

采灌井因损坏无法使用，确需报废的，使用者应当事先向市水务行政管理部门备案，并委托具有相应资质的单位实施封井作业。

第四章 地面沉降防治措施

第十八条 本市对地下水开采实行总量控制。具体年度地下水开采总量应当在地面沉降防治年度计划的地下水开采方案中明确。

除战备、应急备用等特殊情形外，禁止在自来水管网到达区域开采地下水。自来水管网到达区域的具体范围，由市水务行政管理部门公布。

第十九条 地面沉降防治年度工作计划中的地下水回灌方案，由市水务行政管理部门组织实施。

回灌井的地下水回灌作业由市水务行政管理部门委托运营单位按照分解的地下水回灌计划实施回灌。

采灌井的使用者应当按照采灌平衡原则，承担地下水回灌义务。市水务行政管理部门可以与采灌井的使用者协商约定超出回灌义务的地下水回灌量。采灌井的使用者停止开采地下水的，应当继续完成市水务行政管理部门下达的当年度回灌计划。

回灌井的回灌费用由市财政承担。采灌井的回灌费用中相当于取水量的部分，由采灌井的使用者承担；超出取水量的部分由市财政承担。

回灌井和采灌井回灌水的水质应当符合国家生活饮用水卫生标准。

第二十条 采灌井的使用者将采灌井移交他人的，回灌义务一并转移，并报市水务行政管理部门备案。

已经纳入防治设施布设方案的采灌井停止开采地下水的，采灌井的使用者可以将采灌井移交市水务行政管理部门，作为回灌井使用；市水务行政管理部门应当给予相应补偿。

第二十一条 市规划国土资源行政管理部门应当会同市建设交通行政管理部门，根据本市地质条件以及地面沉降的发育和危害程度，制定分区地面沉降控制要求。

市规划国土资源行政管理部门应当根据分区地面沉降控制要求，编制分区地面沉降危险性评估报告，并及时向社会发布。

第二十二条 在地面沉降易发区内进行基坑开挖深度七米以上的建设工程（以下简称深基坑工程），建设单位在可行性研究阶段进行地质灾害危险性评估时，应当将地面沉降危险性评估作为主要内容。

基坑开挖深度七米以上不足十五米的，建设单位在进行地质灾害危险性评估时，地面沉降危险性评估部分可以直接采用市规划国土资源行政管理部门发布的分区地面沉降危险性评估报告。基坑开挖深度十五米以上的，建设单位应当委托具备相应资质的评估单位，根据分区地面沉降控制要求，对地面沉降危险性进行评估。评估报告应当经专家评审通过，并由建设单位报市规划国土资源行政管理部门备案。

第二十三条 地面沉降危险性评估报告应当包括以下内容：

（一）评估区范围和建设工程本体以及周边建筑物、构筑物遭受地面沉降危害的可能性；

（二）建设工程在建设中、建成后引发或者加剧地面沉降的可能性及可能影响的范围；

（三）地面沉降防治措施的建议。采用降排水法施工的深基坑工程，需要回灌的，应当提出采取回灌措施的建议；地面沉降重点防治区内经专家评审认为需要阻断降水目的含水层的，应当提出采取阻断降水目的含水层施工方法的建议。

建设单位编制的建设工程项目概算应当包括地面沉降危险性评估报告明确的监测、回灌和其他防治措施的费用。

第二十四条 深基坑工程的设计方案与施工方案应当根据经备案的地面沉降危险性评估报告明确地面沉降监测和防治要求。地面沉降监测和防治要求主要包括深基坑工程的施工方法、地下水水位的监测区域、地下水水位控制要求、地面沉降控制要求以及防治措施等内容。深基坑工程的设计方案与施工方案应当经专家评审通过,并按照规定进行施工图设计文件审查。

地面沉降重点防治区内采用降排水法施工的深基坑工程,经专家评审认定需要采取阻断降水目的含水层施工方法的,建设单位应当保障费用。

第二十五条 施工单位应当按照评审通过的深基坑工程设计方案与施工方案进行施工。

深基坑工程采用降排水法施工的,施工单位应当安装计量装置对排水量进行计量,并委托具有相应资质的监测单位监测地下水水位和地面沉降量。

地下水水位或者地面沉降量超出深基坑设计控制要求时,监测单位应当及时报告施工单位和监理单位,施工单位应当按照深基坑工程设计方案与施工方案中的监测和防治方案采取回灌等防治措施。当发生地面沉降重大险情时,施工单位和监理单位应当立即向建设交通行政管理部门报告。建设交通行政管理部门应当立即到现场进行处置。

第二十六条 深基坑工程回灌水的水质应当符合国家生活饮用水卫生标准或者与降排水同质。

深基坑工程施工结束后,施工单位应当按照规定,进行封井作业。封井应当经监理单位验收合格。

第二十七条 深基坑工程施工结束后,建设单位应当将地面沉降影响监测资料汇交至市规划国土资源行政管理部门。

第二十八条 市规划国土资源行政管理部门应当设立重大市政工程设施地面沉降预警标准,与运营单位共同建立地面沉降监测与安全预警机制,提高安全运营保障能力。

市规划国土资源行政管理部门应当定期进行重大市政工程设施沉降监测网与全市地面沉降监测网的联测,并对重大市政工程设施沿线的地面沉降情况进行综合分析。重大市政工程设施运营单位应当将其设施沉降监测数据定期报送市规划国土资源行政管理部门。市规划国土资源行政管理部门应当将联测结果和综合分析报告,提供给重大市政工程设施运营管理单位。

第五章 监督检查

第二十九条 市规划国土资源、水务、建设交通行政管理部门应当按照各自职责,配备相应的监督管理人员和装备,建立巡查制度,加强对地面沉降防治的监督检查。

第三十条 市规划国土资源、水务、建设交通行政管理部门应当建立工作协调制度,定期沟通和分析本市地面沉降防治工作情况,协助配合解决地面沉降防治工作中的重大问题。

第三十一条 市规划国土资源、水务、建设交通等行政管理部门在各自职责范围内履行监督检查职责时,有权采取下列措施:

(一)向有关单位和个人查阅、复制有关资料;

(二)要求被检查单位或者个人就有关问题作出说明;

(三)进入被检查单位或者个人的生产场所进行调查;

(四)法律、行政法规规定的其他措施。

第六章 法律责任

第三十二条 违反本条例规定的行为,法律、行政法规已有处罚规定的,从其规定。

第三十三条 违反本条例规定,有下列行为的,由市水务行政管理部门按照下列规定予以处理:

(一)违反第十五条第二款、第十六条第一款规定,侵占、损毁、损坏或者擅自拆除地面沉降防治设施的,责令停止违法行为,限期恢复原状或者采取补救措施,可以处五万元以下罚款。

(二)违反第十七条第二款规定,未按照规定履行备案义务的,责令限期改正;逾期不改正的,处五百元以上五千元以下罚款。

(三)违反第十七条第二款规定,未按照规定实施封井的,责令限期改正;逾期不改正的,处五万元以上三十万元以下罚款。

(四)违反第十九条第三款规定,拒绝承担地下水回灌义务或者未完成规定回灌量的,责令限期改正;逾期不改正的,处一万元以上十万元以下罚款。

第三十四条 违反本条例第二十五条第二款规定,施工单位未按照规定安装计量装置的,由建设交通行政管理部门或者其他有关部门责令限期改正;逾期不改正的,处一万元以上三万元以下罚款。

第三十五条 违反本条例规定,有下列行为的,由市规划国土资源行政管理部门按照下列规定予以处理:

(一)违反第十五条第二款、第十六条第一款规定,侵占、损毁、损坏或者擅自拆除地面沉降监测设施的,责令停止违法行为,限期恢复原状或者采取补救措施,可以处五万元以下罚款。

(二)违反本条例第二十七条规定,未按照规定汇交监测资料的,责令限期改正;逾期不改正的,处一万元以上五万元以下罚款。

第三十六条 违反本条例规定,有关行政管理部门和机构直接负责的主管人员和其他直接责任人员玩忽职守、滥用职权、徇私舞弊的,由其所在单位或者上级主管部门依法给予行政处分;构成犯罪的,依法追究刑事责任。

第七章 附 则

第三十七条 本条例有关用语的含义:

地面沉降监测设施,是指为取得地面沉降数据而建造的设施,包括监测土层形变的各类测量标志及其配套的仪器设备,监测地下水动态的观测井(孔)等各类水文地质监测设施,以及为保护前述设施而建造的防护栏、房屋等建筑物、构筑物。

重大市政工程,是指易受地面沉降影响的轨道交通、高铁、磁浮、高架道路、越江隧道、跨海跨江桥梁、防汛墙、海堤、高压油气管道等线状市政工程。

第三十八条 本条例自2013年7月1日起施行。

上海市地下空间规划建设条例

(2013年12月27日上海市第十四届人民代表大会
常务委员会第十次会议通过)

第一章 总 则

第一条 为了加强对本市地下空间开发的规划和建设的管理,保障相关权利人合法权益,促进地下空间资源的合理利用,适应城市现代化和可持续发展的需要,根据《中华人民共和国物权法》、《中华人民共和国城乡规划法》、《中华人民共和国土地管理法》等有关法律、行政法规,结合本市实际,制定本条例。

第二条 本市行政区域内地下空间开发的规划、建设及相关管理活动,适用本条例。

第三条 本条例所称地下空间是指本市行政区域内地表以下空间。

第四条 地下空间开发应当遵循统筹规划、综合开发、合理利用、安全环保、公共利益优先、地下与地上相协调的原则。

第五条 市和区、县规划国土资源行政管理部门承担地下空间开发的综合协调职责，负责规划和用地管理。

市和区、县建设行政管理部门负责地下空间开发的建筑活动的监督管理和地下市政基础设施建设管理的协调工作。

市和区、县民防行政管理部门负责民防工程建设的监督管理和地下空间开发兼顾民防需要的监督管理。

市和区、县房屋行政管理部门负责地下建筑物、构筑物的权籍管理和交易管理。

其他有关行政管理部门按照各自职责，做好地下空间的相关管理工作。

第六条 市和区、县规划国土资源、建设、房屋等行政管理部门应当根据各自职责，依法开展地下空间调查，调查涉及的有关单位和个人应当予以配合。

第七条 市和区、县规划国土资源、建设、民防、房屋及其他有关行政管理部门应当按照各自分工，履行对地下空间开发的监督检查职责。

第二章 地下空间规划

第八条 本市地下空间分为浅层、中层和深层。

本市地下空间实行分层利用。地下空间开发应当优先安排市政基础设施、民防工程、应急防灾设施，并兼顾城市运行最优化的需要。

第九条 市规划国土资源行政管理部门应当组织编制本市地下空间总体规划，作为专项规划纳入城市总体规划，并向社会公布。

地下空间总体规划的内容应当包括：地下空间开发战略、总体布局、重点建设范围、竖向分层划分、不同层次的宜建项目、同一层次不同建设项目的优先顺序、开发步骤、发展目标和保障措施。

中心城分区规划、郊区区县总体规划、新城总体规划、新市镇总体规划应当包括地下空间规划内容，地下空间规划内容应当符合地下空间总体规划。

第十条 编制涉及地下空间安排的控制性详细规划，应当明确地下交通设施之间、地下交通设施与相邻地下公共活动场所之间互连互通的要求。

市人民政府确定的重点地区的控制性详细规划，还应当对地下空间开发范围、开发深度、建筑量控制要求、使用性质、出入口位置和连通方式等作出具体规定。其他地区的控制性详细规划可以参照重点地区对地下空间的规划要求作出具体规定。

第十一条 涉及地下空间安排的各类专项规划，由市有关专业管理部门会同市规划国土资源行政管理部门组织编制，经批准后纳入相应的城乡规划。

市民防行政管理部门应当制定民防工程建设规划，对单建民防工程的布局，以及地下空间开发兼顾民防需要的重点区域和技术保障措施等作出规定。

第十二条 规划国土资源行政管理部门应当会同建设行政管理部门根据控制性详细规划和相关专项规划，结合城市道路、公路的建设，制定地下管线综合规划。

制定地下管线综合规划应当征求管线建设单位及相关行政管理部门的意见。

第十三条 控制性详细规划和相关专项规划应当在相应地下空间预留地下管线位置。已经预留地下管线位置的区域不得新建架空线及其杆架。

本市新城、国务院和市人民政府批准设立的经济开发区应当制定综合管沟规划。已经制定综合管沟规划的区域，应当集中敷设电信电缆、电力电缆、给水管道等管线。相关管线规划应当与综合管沟规划相衔接。

已明确纳入综合管沟的管线，相关规划不再另行安排管线位置。

第三章 地下空间建设

第十四条 地下空间建设应当遵守国家和本市规定的建设程序。结建地下工程的相关行政审批,应当随地上工程的行政审批一并办理。

结建地下工程应当遵循先地下、后地上的建设顺序。

第十五条 地下空间建设不得危及地上及地下相邻建筑物、构筑物、附着物的安全。

地下空间建设因通行、通风、通电、排水等必须利用相邻建设用地的,相邻建设用地使用权人应当提供便利条件。建设单位的通行、通风、通电、排水等应当符合相关法律法规、标准和规范的要求,尽量避免对相邻建设用地使用权人造成损害;造成损害的,应当给予赔偿。

第十六条 建设地铁、隧道、综合管沟、地下道路等市政基础设施以及单建式地下工程,应当符合国家有关地下工程建设兼顾民防需要的标准。

建设单位新建民用建筑,应当按照国家有关规定,结建可用于民防的地下室。

第十七条 列入国家《划拨用地目录》范围的地下建设项目可以采用划拨方式取得地下建设用地使用权,其他地下建设项目应当以出让、租赁等有偿方式取得地下建设用地使用权。

建设项目的结建地下工程应当随其地上部分一并取得建设用地使用权。

第十八条 地上的建设用地使用权人可以申请开发其建设用地范围内的地下空间,但市政基础设施、民防工程等公益性建设项目需要使用地下空间的除外。

地上的建设用地使用权人开发其建设用地范围内的地下空间的,应当符合控制性详细规划的要求。

第十九条 地下建设项目的建设用地使用权出让,应当采用招标、拍卖、挂牌的方式,但符合下列情形之一的,可以采用协议方式出让:

(一)附着于地下交通设施等公益性项目且不具备独立开发条件的经营性地下建设项目;

(二)地上的建设用地使用权人在其建设用地范围内单建的经营性地下建设项目;

(三)国家和本市规定的其他符合协议出让条件的情形。

第二十条 地下建设项目的建设用地使用权出让金的收取,由市人民政府制定具体办法,向社会公布并依法接受监督。

第二十一条 规划国土资源行政管理部门应当根据控制性详细规划核定地下建设项目的规划条件。控制性详细规划中未明确地下空间的规划要求的,应当根据规划管理技术规定核定规划条件。

市人民政府确定的重点地区的地下建设项目,以划拨方式提供建设用地使用权的,规划国土资源行政管理部门应当在核发选址意见书时,核定地下建设项目的规划条件;以出让方式提供建设用地使用权的,规划国土资源行政管理部门应当在签订建设用地使用权出让合同前,核定地下建设项目的规划条件。规划条件应当明确地下建设项目的用地性质、最大占地范围、开发深度、建筑量控制要求、与相邻建筑连通要求等规划设计要求。

其他地区的地下建设项目,规划国土资源行政管理部门应当在审定建设工程设计方案前明确地下空间的建设内容。

结建建设项目的地下空间开发范围,不超出地上建设用地使用权的用地界线。

第二十二条 在集中开发的区域,涉及地下空间的建设工程设计方案应当经集中开发区域的管理机构综合平衡后,方可报规划国土资源行政管理部门审批。建设工程设计方案未经综合平衡的,规划国土资源行政管理部门不予受理相关建设工程规划许可申请。

集中开发区域的管理机构可以对地下空间实施整体设计、统一建设;建成的地下空间可以单独划拨或者出让,也可以与地上建设用地使用权一并划拨或者出让。

第二十三条 规划条件对地下建设工程有连通要求的,地下建设工程的设计方案应当明确与相邻建筑的连通方案。相邻建筑已经按照规划预留横向连通位置的，新项目的横向连通位置应当与之相衔接。新项目建设单位负责建设衔接段的地下通道，并可以取得地下通道的建设用地使用权。

规划条件对地下建设工程未明确连通要求的，建设单位可以与相邻建筑所有权人，就连通位置、连接通道标高、实施建设主体和建设用地使用权等内容达成协议，形成连通方案，纳入建设工程设计方案一并提交审核。

衔接段的地下通道需要穿越城市道路、公路用地的，规划国土资源行政管理部门应当征询建设行政管理部门的意见，并在土地划拨决定书或者出让合同中明确建设单位建设地下通道的义务、地下通道建成后的使用方式和维修养护义务。

第二十四条 地下工程建设应当符合工程建设安全和质量标准，满足防汛、排涝、消防、抗震、防止地质灾害、控制震动影响和噪声污染等方面的需要，以及设施运行、维护等方面的使用要求，使用功能与出入口设计应当与地上建设相协调。

地下建设工程之间的距离，应当符合相邻地下设施安全保护的要求。

控制性详细规划应当根据相关专项规划或者行业标准，明确隧道、地铁、综合管沟等大型地下市政基础设施的安全保护区范围。需要在安全保护区范围内进行地下工程建设的，项目可行性研究报告和建设工程设计方案的审批应当征求相关行业行政管理部门的意见；建设单位应当依法向相关行业行政管理部门报批施工保护方案，并委托有资质的监测单位对市政基础设施的安全进行监测和检测，采取相应的安全措施。

第二十五条 建设单位应当按照规划许可进行地下空间建设，不得擅自变更规划许可内容；确需变更的，必须向规划国土资源行政管理部门提出申请。规划国土资源行政管理部门受理后，应当会同相关部门进行审核。变更的内容不符合规划要求的，规划国土资源行政管理部门不得批准。

第二十六条 建设地下管线工程的，建设单位应当委托具有相应资质的测绘单位开展地下管线跟踪测量。建设单位在向规划国土资源行政管理部门申请《建设工程规划许可证》时，应当提交地下管线跟踪测量合同。

地下管线工程覆土前，建设单位应当通知测绘单位按照地下管线跟踪测量合同，实施跟踪测量。

第二十七条 地下建设工程竣工规划验收前，建设单位应当提请城建档案管理机构对地下建设工程档案进行专项预验收。

建设单位应当在申请地下建设工程竣工规划验收时，将竣工图、竣工测绘报告等资料的纸质文本和电子数据报送规划国土资源行政管理部门。未按照要求报送竣工验收资料的，规划国土资源行政管理部门不予受理其竣工验收申请。

建设单位应当对其报送资料的准确性负责。因资料不准确导致地下管线等设施在施工时受到损坏并给他人造成损失的，建设单位应当依法承担赔偿责任。

规划国土资源行政管理部门应当及时将建设单位报送的有关电子数据分送建设、民防、房屋等行政管理部门。

市规划国土资源、建设、民防、房屋等行政管理部门应当根据各自的功能使用要求，完善地下空间信息系统，实现各专业系统的信息共享，并依法实行信息公开。

第二十八条 建设项目的结建地下工程应当与其地上部分一并办理建设用地使用权和房屋所有权初始登记。单建地下建设项目单独办理地下空间建设用地使用权和房屋所有权初始登记。

地下建设用地使用权的权属范围，按照土地审批文件中载明的地下空间建设用地使用权范围确定。按照规划许可建成的地下建筑物、构筑物，通过竣工规划验收后，其权属范围应当以地下建筑物、构筑物外围所及的范围确定。

地下空间的房地产权利人在办理房地产登记前，应当委托有关机构开展地下空间地籍调查和房屋权属调查。

第二十九条 地下空间建设用地使用权的登记和地下建筑物、构筑物的房地产登记，按照国家和本市房地产登记的有关规定执行。

第四章 法律责任

第三十条 违反本条例规定的行为，《中华人民共和国城乡规划法》及其他法律、行政法规已有处罚规定的，从其规定。

第三十一条 建设单位违反本条例第二十三条第一款规定，未按照规划预留横向连通位置，或者未按照要求对横向连通位置进行衔接的，由规划国土资源行政管理部门责令改正，处建设工程造价百分之五以上百分之十以下的罚款。

第三十二条 建设单位违反本条例第二十六条第二款规定，未通知测绘单位对地下管线工程进行跟踪测量的，由规划国土资源行政管理部门责令限期改正；逾期未改正的，处补测费用两倍以上三倍以下的罚款。

第三十三条 规划国土资源、建设、民防、房屋等行政管理部门有下列行为之一的，由本级人民政府、上级主管部门或者监察部门依据职权责令限期改正，通报批评；对直接负责的主管人员和其他直接责任人员依法给予行政处分：

（一）违反本条例第九条、第十条、第十一条、第十二条、第十三条、第二十四条第三款规定，未按照要求编制相关规划的；

（二）违反本条例第二十一条规定，未按照要求核定规划条件的；

（三）违反本条例第十一条第二款规定，未按照要求编制民防工程建设规划的；

（四）违反本条例第二十八条、第二十九条规定，未按照要求进行地下空间房地产权利登记的；

（五）违反本条例第七条规定，未按照职责对地下空间开发进行监督检查的。

规划国土资源、建设、民防、房屋等行政管理部门的工作人员玩忽职守、滥用职权、徇私舞弊构成犯罪的，依法追究刑事责任。

第五章 附则

第三十四条 本条例所称结建，是指由同一主体结合地上建筑一并开发地下空间的建筑活动。

本条例所称单建，是指独立开发地下空间的建筑活动。

第三十五条 本条例自2014年4月1日起施行。

上海市人民代表大会常务委员会关于促进改革创新的决定

（2013年6月19日上海市第十四届人民代表大会常务委员会第四次会议通过）

改革创新是上海坚持“创新驱动、转型发展”总方针，谋求新发展、实现新突破的根本所在。为充分调动和保护全社会改革创新的积极性，破除妨碍科学发展的思想观念和体制机制弊端，激励和保障改革创新工作，营造有利于改革创新的制度环境，结合本市实际情况，特作如下决定：

一、本市应当将改革创新精神贯彻到经济

社会发展的各个领域和环节，坚持社会主义市场经济的改革方向，以开放促改革，深入推进理论创新、制度创新、科技创新、文化创新以及其他各方面创新。

改革创新应当坚持解放思想、实事求是，综合考虑改革的力度、发展的速度和社会的可承受度；坚持法治原则，遵守宪法和法律，注重运用法治思维和法治方式推进改革创新；坚持综合协调、统筹谋划，加强顶层设计，保障公众参与，支持基层首创。

改革创新应当围绕加快推进“四个率先”、加快建设“四个中心”和社会主义现代化国际大都市的中心工作，聚焦政府自身建设，聚焦经济转型发展的重点领域和关键环节，聚焦社会建设和城市管理中的突出问题。

二、本市应当按照政府职能向创造良好发展环境、提供优质公共服务、维护社会公平正义转变的要求，深化行政体制改革，创新政府管理和服务方式，提高政府公信力和执行力。

本市应当充分发挥市场在资源配置中的基础性作用，减少政府对微观经济活动的干预，深化行政审批制度改革，加强对市场主体、市场活动监督管理；充分发挥社会力量在管理社会事务中的作用，加快形成政社分开、权责明确、依法自治的现代社会组织体制，促进社会组织健康有序发展。

三、本市应当充分运用现行法律制度及国家政策资源，推进改革创新。

本市各级人民政府及其部门应当主动作为，积极履行法律、法规赋予的职责，努力提高行政效能，推进改革创新；对于改革创新中法律、法规和国家政策未规定的事项，可以在职权范围内作出规定。

法律、法规、规章及国家政策未规定的事项，鼓励公民、法人和其他组织积极开展改革创新。

四、本市各级人民政府及其部门应当争取参与国家改革创新试点。

属于国家事权，但根据本市经济社会发展实际，需要先行先试的，市人民政府有关部门应当积极与国家有关部门沟通；需要跨部门协调的，由市人民政府确定的部门统筹安排，经市人民政府向国家有关部门提出申请。

五、本市各级人民政府及其部门应当积极贯彻落实国家授权的各项改革创新举措。

本市应当充分发挥浦东新区综合配套改革试点的先行先试作用，将转变政府职能、转变经济运行方式、改革城乡二元经济与社会结构以及社会管理等方面的改革创新，优先纳入浦东新区综合配套改革试点。鼓励其他区、县开展各类专项改革创新试点。对试点成熟的改革经验应当积极向全市推广。

六、改革创新工作需要制定、修改、废止、解释地方性法规或者规章予以支撑与保障的，应当及时启动制定、修改、废止、解释地方性法规或者规章的程序。

改革创新工作确需在相关地方性法规、规章修改、废止之前先行先试的，可以在提请市人大常委会或者市人民政府批准后实施。

七、本市各级人民政府及其部门应当在职责范围内决策、推进改革创新工作。改革创新工作，一般经过前期调研、制定方案、听取意见与论证、审议决定、组织实施、评估等程序。

市和区、县发展改革部门负责本行政区域内重点改革创新工作的统筹协调，必要时，应当组织同级机构编制、财政、政府法制等部门会审论证。会审论证意见应当作为市和区、县人民政府审议决策的参考依据。

本市各级人民政府及其部门应当建立改革创新评估制度，对其实施的重点改革创新政策和工作及时委托第三方评估或者组织有关单位、专家评估，并将评估意见作为完善改革创新政策的重要依据之一。

八、国家和本市的改革创新政策，各级人民政府及其部门应当积极贯彻实施。各级人民政府及其部门应当形成合力，不得阻扰、延误改革创新政策的实施。

本市发挥基层积极性和创造力，建立改革创新工作条块协同机制。市人民政府各部门应当支持区、县人民政府，乡、镇人民政府，街道办事处以及开发区开展改革创新工作，并为其改革创新探索提供政策咨询和业务指导。

九、本市各级人民政府及其部门应当为企事业单位、社会组织提供优质公共服务，尊重其自主权，不得干预其实施改革创新工作。对企事业单位、社会组织开展改革创新遇到的问题，应当及时研究，主动予以解决。超出本部门职权范围的，应当及时提请上级部门协调解决。

企事业单位、社会组织根据自身发展需求自主开展技术、管理、组织、模式等各种改革创新。国有企业应当加快技术、经营管理、人力资源管理等方面改革创新，提高自主创新能力和核心竞争力。行业协会、商会应当加快与行政机关脱钩，改变行政化倾向，增强自主性和活力。

十、本市鼓励社会各界提出改革创新的需求和建议。本市各级国家机关应当将改革创新建议征集工作纳入人民建议征集制度。涉及公众利益的重大改革创新方案草案应当通过多种途径听取社会各界意见，方案制定部门应当将社会各界对改革创新的意见和建议作为制定改革创新方案的重要依据。

十一、市人民政府设立改革创新奖，对在本市改革创新工作中作出突出贡献的单位和个人给予表彰和奖励。鼓励行业协会、商会等社会组织建立支持和推动其会员实施改革创新的激励机制。

本市有关单位在开展绩效考核时，应当将改革创新工作以及相关配合保障工作纳入考核内容，并作为部门考核、个人职务晋升和奖励的依据之一。

本市保障改革创新，宽容失败。改革创新未能实现预期目标，但有关单位和个人依照国家和本市有关规定决策、实施，且勤勉尽责、未牟取私利的，不作负面评价，依法免除相关责任。

十二、本市应当积极宣传改革创新的各项政策、举措和先进事迹，及时推广改革创新的成功经验，营造敢闯敢试、锐意进取的社会氛围。

十三、本市各级人民法院、人民检察院应当充分发挥司法职能，为改革创新提供司法保障。

十四、市和区、县人大常委会以及乡、镇人民代表大会应当积极履行法定职责，加强对本决定执行情况的监督。

本决定自2013年6月20日起施行。

上海市人民代表大会常务委员会
关于在中国(上海)自由贸易试验区
调整实施本市有关地方性法规规定的决定

[2013年9月26日上海市第十四届人民代表大会常务委员会第八次会议通过　根据2016年12月29日上海市第十四届人民代表大会常务委员会第三十四次会议《关于修改〈上海市人民代表大会常务委员会关于在中国(上海)自由贸易试验区暂时调整实施本市有关地方性法规规定的决定〉的决定》修正]

为了进一步深化中国(上海)自由贸易试验区改革开放，依法保障中国(上海)自由贸易试验区建设，上海市第十四届人民代表大会常务委员会第三十四次会议决定：

一、在中国(上海)自由贸易试验区内，凡法律、行政法规调整实施有关内容的，本市有关地方性法规作相应调整实施。

二、在中国(上海)自由贸易试验区内，本市地方性法规的规定,凡与《中国(上海)自由贸易试验区总体方案》、《进一步深化中国(上海)自由贸易试验区改革开放方案》不一致的,调整实施。

三、上述有关地方性法规的调整实施在中国(上海)自由贸易试验区建设期间实行。

本决定自2013年10月1日起施行。

上海市养老机构条例

(2014年2月25日上海市第十四届人民代表大会常务委员会第十一次会议通过 根据2016年2月23日上海市第十四届人民代表大会常务委员会第二十七次会议《关于修改〈上海市河道管理条例〉等7件地方性法规的决定》修正)

第一章 总 则

第一条 为了促进本市养老机构的发展,规范对养老机构的管理,保障入住养老机构的老年人的合法权益,根据《中华人民共和国老年人权益保障法》等有关法律、行政法规,结合本市实际,制定本条例。

第二条 本市行政区域内养老机构的设立、规划建设与扶持优惠、服务规范及其监督管理,适用本条例。

第三条 本条例所称的养老机构,是指为老年人提供集中居住和照料护理服务的机构。

第四条 各级人民政府应当根据社会经济发展和社会养老需求状况,将本行政区域内养老机构的发展纳入同级国民经济和社会发展规划;举办保障性养老机构,提供基本养老服务保障;加大支持和引导力度,创新公共服务供给方式,发挥社会力量在养老机构发展中的作用。

第五条 市民政部门是本市养老机构的行政主管部门。区、县民政部门负责本行政区域内养老机构的指导、监督和管理。

发展改革、财政、规划国土资源、卫生计生、公安消防、工商行政管理、商务、人力资源社会保障、食品药品监管、教育、审计等部门按照各自职责,共同做好养老机构的发展和监督管理工作。

第六条 鼓励社会力量举办养老机构;鼓励民间资本通过委托管理等方式,运营公有产权的养老机构。

鼓励公民、法人和其他组织向养老机构捐赠和提供志愿服务。

第七条 鼓励养老机构加入相关行业协会。

行业协会应当加强行业自律和诚信建设,开展业务培训,发挥老年人照料护理等级第三方评估机制的作用,引导和规范养老机构提供符合社会需求的养老服务,调解养老机构运营、服务过程中产生的争议,维护养老机构及其收住的老年人的合法权益。

第八条 养老机构应当遵守法律、法规,尊重入住老年人的人格尊严,依法保障入住老年人的合法权益。

政府投资举办的养老机构应当优先保障经济困难的孤寡、失能、高龄等老年人的服务需求。

第二章 养老机构的设立

第九条 设立养老机构,应当符合有关法律、法规等规定的条件,并向民政部门提出申请。民政部门应当将申请设立需要提交的文件、材料目录和申请书示范文本,在办事服务窗口及政务网站上公开。

境内组织和个人设立养老机构的,应当向养老机构所在地的区、县民政部门申请。境外组织和个人独资或者与境内组织和个人合资、合作设立养老机构的,应当向市民政部门申请。法律、法规对投资者另有规定的,从其规定。

民政部门应当自受理申请之日起二十个工作日内,对申请人提交的文件、材料进行书面审查并实地查验。符合条件的,颁发养老机构设立许可证(以下简称设立许可证);不符合条件的,应当书面通知申请人并说明理由。

第十条 设立公益性养老机构,应当在取得设立许可证后,按照有关规定,办理相关登记手续。经批准设置为事业单位的,向事业单位登记管理机关办理登记手续;符合民办非企业单位登记条件的,向民政部门办理登记手续。

设立经营性养老机构,应当在工商行政管理部门办理登记手续后,向民政部门申请行政许可。

第十一条 养老机构的名称、法定代表人或者主要负责人、服务范围等事项发生变动的,应当自变动之日起三十日内,向实施许可的民政部门办理变更手续,并按照有关规定,到相应的登记管理机关办理变更登记。养老机构变更住所的,应当重新办理申请设立手续。

养老机构终止的,应当妥善安置收住的老年人,并按照国家有关规定办理注销等手续。民政部门应当督促养老机构实施安置方案,为其妥善安置老年人提供帮助。

第十二条 民政部门应当将养老机构设立、变更、注销、终止服务等相关信息,及时向社会公布,并提供查询服务。

第三章 规划建设与扶持优惠

第十三条 市民政部门会同市规划国土资源部门根据本市中心城区和郊区(县)人口、公共服务资源、养老服务需求状况等因素,制定养老设施布局专项规划,合理布局养老机构,经市人民政府批准后,纳入相应的城乡规划。

新建居住区或者旧区改造,应当按照规划要求和有关标准、规范,配套建设相应的养老机构。配套建设的养老机构应当与住宅同步规划、同步建设、同步验收、同步交付使用。

第十四条 各级人民政府应当将养老机构建设用地纳入土地利用总体规划和土地利用年度计划,合理安排用地需求。

公益性养老机构建设用地,可以依法使用国有划拨土地或者农民集体所有的土地。

经营性养老机构建设用地,依法办理有偿用地手续,优先保障供应。

养老机构建设用地,非经法定程序不得改变用途。

第十五条 各级人民政府通过补助投资、购买服务、完善投融资政策等方式,鼓励和支持社会力量举办、运营养老机构。

第十六条 养老机构依法享受国家规定的税收优惠。

对与养老机构有关的行政事业性收费,按照国家和本市有关规定予以减免。

第十七条 养老机构使用水、电、燃气、电话,按照居民生活类价格标准收费;养老机构使用有线电视,按照本市有关规定,享受付费优惠。

为养老机构实施的供电配套工程定额收费、燃气配套工程收费,按照本市有关规定给予优惠。

鼓励其他经营性单位对养老机构实行收费优惠。

第十八条 社区卫生服务机构应当与辖区内的养老机构建立合作机制,为养老机构收住的老年人上门提供基本医疗服务;发生的医疗费用,按照老年人参加的城乡医疗保险的规定结算。

鼓励有条件的养老机构设立内部医疗机构(以下简称内设医疗机构),其设立办法及执业范围,按照国家和本市医疗机构管理的有关规定执行。

符合条件的内设医疗机构,可以向有关主

管部门申请纳入相关城乡医疗保险的定点结算范围。纳入定点结算范围的内设医疗机构，为老年人提供医疗服务所发生的医疗费用，按照老年人参加的城乡医疗保险的规定结算。

第十九条 各级人民政府应当按照本市有关规定，对符合本市建设标准和补助条件的公益性养老机构，给予相应的建设补助或者资助。

各级人民政府可以根据养老机构的运营情况，对符合条件的公益性养老机构，给予相应的运营补贴。

中心城区人民政府应当制定引导、鼓励本辖区户籍老年人入住郊区养老机构的补贴措施。

第二十条 本市建立健全养老服务人才培养、使用、评价和激励机制，依法规范养老机构用工，促进从业人员劳动报酬合理增长。

鼓励高等学校、中等职业学校和职业培训机构设置相关专业或者培训项目，在养老机构设立实习基地，培养养老护理专业人才。

参加养老护理职业培训和职业技能鉴定的从业人员，按照本市有关规定，享受相应的补贴。

第二十一条 鼓励养老机构投保责任保险。养老机构投保责任保险的，可以获得相应的政府补贴。

第四章 养老机构服务规范

第二十二条 养老机构的老年人居住用房、公用服务用房、活动用房以及呼叫装置、照明、标识等场地、建筑物、设施设备，应当符合本市养老机构基本设施要求。政府投资举办的养老机构的设施设备应当做到经济实用。

禁止在养老机构内建造威胁老年人安全的建筑物和构筑物。

禁止利用养老机构的场地、建筑物和设施，开展与养老服务宗旨无关的其他活动。

第二十三条 养老机构应当配备与服务、运营相适应的管理人员和专业技术人员，并按照本市有关规定，根据不同照料护理等级，配备相应比例的护理员。

养老机构中从事医疗、康复、社会工作等服务的专业技术人员应当具有相应的专业技术资格；护理员应当接受专业技能培训，经考核合格后持证上岗。

养老机构应当定期对工作人员进行职业道德教育，组织开展业务培训，提高其职业道德素养和业务能力。

养老机构应当为工作人员提供相应的劳动保护和职业防护，依法缴纳社会保险费，逐步提高工作人员的工资福利待遇。

第二十四条 养老机构的护理员以及餐饮服务人员应当具有健康证明，并每年进行一次健康检查；对患有可能影响老年人身体健康的疾病的护理员以及餐饮服务人员，养老机构应当及时将其调离岗位。

第二十五条 养老机构应当按照国家和本市有关规定，建立健全消防、安全值守、设施设备、食品药品等安全管理制度，确定专人负责，定期开展安全检查，及时消除安全隐患。

养老机构应当制定突发事件具体应急预案，规定突发事件发生时保护老年人的相应措施，并定期组织开展消防等应急演练。

突发事件发生时，养老机构应当立即启动应急处理程序，并根据应急预案和有关部门的要求，开展应急处置。

第二十六条 养老机构应当与收住的老年人或者其代理人签订服务合同，明确各方的权利、义务。

市民政部门会同市工商行政管理部门、有关行业协会制定服务合同示范文本，供养老机构与收住的老年人或者其代理人参照使用。

第二十七条 养老机构应当根据本市老年人照料护理等级评估标准，对收住的老年人的身体状况进行评估，确定照料护理等级，经老年人或者其代理人确认后，在服务合同中予以载明。

老年人身体状况发生变化，需要变更照料护理等级的，养老机构应当重新进行评估，经老年人或者其代理人确认后，变更服务合同的相关内容。

养老机构、老年人或者其代理人可以委托第三方专业机构进行照料护理等级评估。

第二十八条 养老机构应当按照服务合同载明的照料护理等级及其他约定内容，为收住的老年人提供相应的生活照料、康复护理、精神慰藉、文化娱乐等服务。

养老机构提供的服务应当符合有关国家、行业及地方标准和规范的要求。

第二十九条 养老机构应当编制符合老年人营养需求的食谱，合理配置符合食品安全要求和民族风俗习惯、适宜老年人食用的膳食。

老年人的膳食制作应当与工作人员分开。养老机构应当对老年人膳食经费实行分账管理，定期向老年人或者其代理人公开账目。

第三十条 养老机构应当为收住的老年人建立健康档案，定期组织老年人检查身体，做好日常保健知识宣传和疾病预防工作。

对突发危重疾病的老年人，养老机构应当及时通知其子女或者其他代理人，并转送医疗机构救治。对疑似患有传染病或者精神障碍的老年人，养老机构应当按照有关法律、法规的规定处理。

第三十一条 养老机构应当建立卫生消毒制度，定期对老年人的生活、活动场所和使用的物品进行清洗、消毒。

第三十二条 养老机构应当开展适合老年人的文化、健身、娱乐活动，丰富老年人的精神文化生活。

养老机构开展文化、健身、娱乐活动时，应当为老年人提供必要的安全防护措施。

第三十三条 养老机构及其工作人员对老年人的个人信息与隐私，应当予以保护。

第三十四条 养老机构的服务收费，按照市人民政府的有关规定执行。

养老机构应当公示各类服务项目的收费标准和收费依据。

第三十五条 养老机构应当定期向老年人或者其代理人通报机构服务和运营管理的有关情况，听取意见和建议；对老年人或者其代理人反映的问题，应当及时核实处理。

第三十六条 养老机构与收住的老年人或者其代理人发生争议的，可以自行协商解决，或者申请人民调解组织、行业协会及其他有关组织进行调解，也可以依法通过仲裁、诉讼等途径解决。

第五章 政府服务和监管

第三十七条 民政部门应当简化手续、规范程序、公开信息，为筹建和申请设立养老机构的组织和个人，以及养老机构的日常运营管理，提供相应的指导和服务。

第三十八条 市民政部门应当建立统一的养老机构信息服务平台，为养老机构和社会公众免费提供政策咨询、信息查询和投诉、举报受理等服务。

第三十九条 民政部门应当加强对养老机构设立、服务质量和运营情况的监督检查，发现问题，及时督促整改。

民政部门实施监督检查时，养老机构应当予以配合，如实提供有关材料和情况。

养老机构应当于每年三月三十一日之前，按照国家有关规定，向实施许可的民政部门提交上一年度的工作报告。

第四十条 民政部门应当建立养老机构评估制度，定期组织有关方面专家或者委托第三方专业机构，对养老机构的人员配备、设施设备条件、管理水平、服务质量、社会信誉等进行综合评估，并将评估结果向社会公布。

第四十一条 审计部门按照国家有关规定，对政府投资举办或者接受政府补助的养老机构的财务状况进行审计监督，依法向社会公布审计结果。

物价部门依法对养老机构的服务收费进行监督管理，及时查处价格违法行为。民政部门在监督检查中发现养老机构可能存在价格违法行为的，应当及时通知物价部门核实处理。

第四十二条 民政部门应当建立养老机构诚信档案，记录其设立与变更、日常监督检查、违法行为查处、综合评估结果等情况，并通过养老机构信息服务平台予以公开，接受社会查询；对有不良信用记录的养老机构，应当增加监督检查频次，加强整改指导。

第四十三条 民政部门应当通过统一的投诉、举报电话或者养老机构信息服务平台等渠道，受理对养老机构的投诉、举报。

民政部门对接到的投诉、举报，应当及时核实处理，并将处理结果告知投诉人、举报人。

第六章 法律责任

第四十四条 违反本条例规定的行为，《中华人民共和国老年人权益保障法》及其他有关法律、行政法规已有处理规定的，从其规定。

第四十五条 违反本条例规定，养老机构未按照规定向实施许可的民政部门办理设立许可证变更、注销手续的，由实施许可的民政部门责令限期改正；逾期不改正的，处以一千元以上五千元以下罚款；情节严重的，处以五千元以上三万元以下罚款。

第四十六条 违反本条例规定，养老机构擅自暂停或者终止服务的，由实施许可的民政部门责令改正，并处以一万元以上十万元以下罚款；情节严重的，处以十万元以上二十万元以下罚款。

第四十七条 违反本条例规定，养老机构有下列行为之一的，由实施许可的民政部门或者其他相关部门责令改正，并处以二千元以上一万元以下罚款；情节严重的，处以一万元以上十万元以下罚款：

（一）在养老机构内建造威胁老年人安全的建筑物和构筑物的；

（二）利用养老机构的场地、建筑物、设施，开展与养老服务宗旨无关活动的；

（三）配备人员的资格不符合规定的；

（四）安排未取得健康证明的护理员上岗工作，或者未及时将患有可能影响老年人身体健康的疾病的护理员调离岗位的；

（五）未按照有关国家、行业及地方强制性标准的要求开展服务的；

（六）向民政部门隐瞒有关情况、提供虚假材料或者拒绝提供反映其活动情况真实材料的。

对有前款所列行为之一的养老机构，有关部门有权中止扶持、优惠措施；情节严重的，追回已经发放的补助、补贴和减免的费用。养老机构经整改消除前款所列行为的，可以重新申请相关扶持、优惠措施。

第四十八条 违反本条例规定，民政等部门的工作人员有下列行为之一的，由其所在单位或者上级主管部门给予警告或者记过处分；情节较重的，给予记大过或者降级处分；情节严重的，给予撤职或者开除处分；构成犯罪的，依法承担刑事责任：

（一）违反法定权限、条件和程序实施养老机构设立许可的；

（二）未依法履行监督管理职责，造成不良后果的；

（三）对接到的投诉、举报，未及时核实处理，或者未将处理结果告知投诉人、举报人的。

第七章 附 则

第四十九条 本条例施行前设立的养老机构，符合规定条件的，应当依法办理设立手续；不符合规定条件的，应当按照国家有关规定，限期完成整改。

第五十条 本条例自2014年6月1日起施行。

上海市文物保护条例

（2014年6月19日上海市第十四届人民代表大会常务委员会第十三次会议通过）

第一章　总　　则

第一条　为了加强对文物的保护，促进对文物的合理利用，传承优秀的历史文化遗产，根据《中华人民共和国文物保护法》、《中华人民共和国文物保护法实施条例》等法律、行政法规，结合本市实际情况，制定本条例。

第二条　本市行政区域内对文物的保护、利用及其相关管理，适用本条例。

文物认定的标准和办法依照国务院批准的文物行政管理部门制定的相关规定执行。

第三条　文物工作坚持保护为主、抢救第一、合理利用、加强管理的方针。

第四条　市和区、县人民政府负责本行政区域内的文物保护工作，并组织本条例的实施。

市和区、县文物行政管理部门具体负责本行政区域内的文物保护以及相关监督管理。

发展改革、建设、交通、规划土地、房屋、经济信息化、公安消防、绿化市容、水务、工商、教育、旅游、文广影视、新闻出版、财政等相关行政管理部门，按照各自职责共同做好文物保护工作。

第五条　市和区、县文物管理委员会负责协调解决文物保护工作中的重大问题，其日常办事机构设在同级文物行政管理部门。

市文物管理委员会设立文物保护专家委员会。专家委员会由文物、历史、文化、艺术、规划、建筑、房屋管理、法律等方面的人士组成，为本市文物保护和管理工作提供决策咨询意见。

第六条　市和区、县人民政府应当将文物保护事业纳入本级国民经济和社会发展规划，所需经费列入本级财政预算，并随着财政收入增长而增加。

第七条　市文物行政管理部门应当根据本市国民经济和社会发展规划，以及文物保护工作的实际需要，会同市规划土地行政管理部门组织编制文物保护专项规划，经市人民政府批准后纳入相应的城乡规划。文物保护单位的保护范围和建设控制地带的划定和保护，应当作为总体规划和详细规划的强制性内容。

第八条　文物、教育、新闻出版、文广影视等行政管理部门，学校、社区，以及广播电台、电视台、报刊、网站等媒体应当加强文物保护的宣传教育，普及文物知识，增强全社会的文物保护意识。

第九条　鼓励公民、法人或者其他组织设立文物保护社会基金，或者通过捐赠、资金投入、举办公益性文物保护宣传教育活动等方式参与文物保护。

鼓励志愿者和志愿服务组织参与文物普查、文物知识的宣传和讲解以及辅助服务等工作。市和区、县文物行政管理部门应当对志愿者开展相关知识培训。

第十条　本市鼓励和支持文物保护的科学技术研究。

市文物行政管理部门应当制定文物保护的科学技术研究规划，通过推动与科研机构和高等院校的合作，推进文物保护科技创新，促进文物保护科学技术成果的推广和应用，提高文物保护的科学技术水平。

第二章　不可移动文物

第十一条　相关部门履行下列职责时，涉及不可移动文物的，应当征询同级文物行政管理部门的意见：

（一）市和区、县规划土地行政管理部门组织编制城乡规划、土地利用规划或者进行土地出让前；

（二）市建设行政管理部门会同相关部门和区、县人民政府确定旧城区改建范围；

（三）市房屋行政管理部门确定符合其他公共利益需要征收房屋的项目；

（四）其他行政管理部门需要征询意见的情况。

第十二条 不可移动文物根据其历史、艺术、科学价值，可以依法确定为全国重点文物保护单位、市级文物保护单位和区、县级文物保护单位。

尚未核定公布为文物保护单位的不可移动文物，由区、县人民政府文物行政管理部门予以登记，并公布为文物保护点。

第十三条 全国重点文物保护单位的核定公布，按照国家有关规定执行。

市级文物保护单位由市文物行政管理部门提出建议名录，报市人民政府核定公布，并报国务院备案。

区、县级文物保护单位由文物所在地的区、县文物行政管理部门提出建议名录，报区、县人民政府核定公布，并报市人民政府备案。

文物保护点由文物所在地的区、县文物行政管理部门予以登记和公布，并报区、县人民政府和市文物行政管理部门备案。

第十四条 本市建立对不可移动文物的定期评估制度。市文物行政管理部门应当每五年对市级文物保护单位进行评估。区、县文物行政管理部门应当每五年对本行政区域内的区、县级文物保护单位和文物保护点进行评估。

第十五条 经评估，不可移动文物保护价值发生明显改变的，可以依法予以升级、降级或者撤销。

不可移动文物的升级，由文物行政管理部门依照本条例第十三条第二款、第三款的规定核定公布和备案。

区、县级文物保护单位、文物保护点的降级或者撤销，由区、县文物行政管理部门提出并经市文物行政管理部门同意，报区、县人民政府批准。

第十六条 文物保护单位和文物保护点核定、升级、降级、撤销前和定期评估时，市和区、县文物行政管理部门应当组织专家委员会论证，征询同级规划土地、房屋等相关行政管理部门的意见，并公示征求社会意见。

第十七条 全国重点文物保护单位和市级文物保护单位自核定公布之日起一年内，由市文物行政管理部门会同市规划土地行政管理部门拟定必要的保护范围，报市人民政府划定后予以公布；全国重点文物保护单位的保护范围划定后，由市文物行政管理部门报国务院文物行政管理部门备案。区、县级文物保护单位自核定公布之日起一年内，由所在地的区、县文物行政管理部门会同区、县规划土地行政管理部门拟定必要的保护范围，报区、县人民政府划定后予以公布。

市文物行政管理部门可以根据保护文物的实际需要，会同市规划土地行政管理部门，在文物保护单位的保护范围外划出一定的建设控制地带，报市人民政府批准后予以公布。

文物保护单位的保护范围和建设控制地带报市和区、县人民政府划定、批准前，市和区、县文物行政管理部门应当组织专家论证，并听取利害关系人的意见。

第十八条 文物保护单位的保护范围内不得进行其他建设工程或者爆破、钻探、挖掘等作业。但是，因特殊情况需要在文物保护单位的保护范围内进行其他建设工程或者爆破、钻探、挖掘等作业的，必须保证文物保护单位的安全，并按照国家有关规定报批。

在文物保护单位的建设控制地带内进行建设工程，不得破坏文物保护单位的历史风貌。建设工程的形式、高度、体量、色调等应当与文物保护单位及其周边环境相协调。建设工程设计方案应当根据文物保护单位的级别，按照国家有关规定报批。

第十九条 本市依照文物保护的相关法律、法规规定制定建筑类不可移动文物的保护要求。保护要求根据建筑的历史、科学和艺术价值以及完好程度，可以分为以下三类：

（一）建筑的立面、结构体系、空间格局和内部装饰不得改变；

（二）建筑的立面、结构体系、基本空间格局和有特色的内部装饰不得改变，其他部分允许适当改变；

（三）建筑的主要立面、主要结构体系、主要空间格局和有价值的建筑构件不得改变，其他部分允许适当改变。

市文物行政管理部门应当会同市房屋、规划土地等相关行政管理部门，严格确定每处建筑类不可移动文物的保护类别并制定具体的保护措施。保护措施应当明确不可移动文物的保护部位、安全防范、利用限制、环境整治等内容。保护类别的确定和具体保护措施的制定应当经由文物保护专家委员会论证。

第二十条 区、县文物行政管理部门应当将本行政区域内不可移动文物的保护要求书面告知不可移动文物的所有人、使用人、相关的物业管理单位，明确其保护义务以及相应的法律责任；并将不可移动文物的保护要求及分布情况，同时通报不可移动文物所在地的乡、镇人民政府、街道办事处。

第二十一条 对不可移动文物实施保养维护、抢险加固、修缮、保护性设施建设、迁移等保护工程的，应当按照国家规定的原则和要求，根据文物保护单位的级别报相应的文物行政管理部门批准，由取得文物保护工程资质证书的单位承担。

文物保护工程涉及结构加固、保温节能以及消防设施等设备更新、改造的，应当符合本条例第十九条规定的保护要求。

第二十二条 非国有不可移动文物由其所有人负责修缮、保养。所有人对不可移动文物进行修缮、保养的，可以向市或者区、县文物行政管理部门申请经费补助。

非国有不可移动文物有损毁危险，所有人不具备修缮能力的，经市或者区、县文物行政管理部门组织专家评估确需抢救性修缮的，市或者区、县文物行政管理部门应当实施抢救性修缮。所有人具备修缮能力而拒不履行修缮义务的，市或者区、县文物行政管理部门可以给予抢救性修缮，所需费用由所有人负担。

第三章 考古发掘

第二十三条 市文物行政管理部门应当组织考古发掘单位开展地下、水下文物的考古调查，并会同市规划土地、建设、水务等相关行政管理部门，对可能集中埋藏文物的区域，分别划定地下文物埋藏区或者水下文物保护区，报市人民政府批准后向社会公布。

第二十四条 在地下文物埋藏区或者水下文物保护区内进行大型基本建设工程的，建设单位应当在规划选址阶段，报请市文物行政管理部门组织考古发掘单位进行考古调查、勘探。考古调查、勘探应当与建设工程的规划选址同步完成。

考古调查、勘探中发现文物的，由市文物行政管理部门根据文物保护的要求会同建设单位共同商定保护措施；遇有重要发现的，由市文物行政管理部门及时报国务院文物行政管理部门处理。

第二十五条 水下文物保护区范围内，不得进行危及水下文物安全的捕捞、爆破、钻探、挖掘、养殖等活动。

第二十六条 在进行建设工程、农业生产或者房屋拆除活动中，任何单位或者个人发现文物或者疑似文物的，应当保护现场，不得哄抢、私分、藏匿，并立即报告所在地的文物行政管理部门。文物行政管理部门接到报告后，应当立即赶赴现场，经征询相关部门和建设单位的意见后，于七日内提出处理意见。

第四章 馆藏文物

第二十七条 文物收藏单位应当按照国家

规定的定级标准，组织专家对文物藏品进行鉴定和定级，并将藏品目录报市文物行政管理部门备案。

第二十八条 文物收藏单位应当设置藏品档案，建立健全藏品管理制度。

市和区、县文物行政管理部门应当建立馆藏文物的档案数据库。

第二十九条 文物收藏单位应当按照国家有关规定，配备防火、防盗、防自然损坏的设施和相应的安全保卫人员，并达到与风险等级相符合的安全防护要求。未达到安全防护要求的，不得陈列、展出文物。

第三十条 本市鼓励公民、法人和其他组织利用其依法收藏的文物设立博物馆，开展社会教育和服务活动。

社会力量举办博物馆，应当依法办理登记手续。

第三十一条 市和区、县文物行政管理部门应当采取经费补助、人员培训、宣传推广等措施，促进社会力量举办的博物馆发展。

市文物行政管理部门应当促进民办博物馆行业组织建设，指导行业组织开展文物保护等活动。

民办博物馆行业组织应当鼓励民办博物馆在开展民间收藏文物研究、展览、交流等活动时，邀请公民、法人或者其他组织参加。

鼓励国有博物馆在藏品保护、陈列展览、科学研究等方面，对社会力量举办的博物馆进行业务指导。

第五章 文物流通和利用

第三十二条 从事文物收购、销售、拍卖活动的企业，应当按照国家有关规定履行审批手续，并在核准的范围内经营。

第三十三条 文物、工商等相关行政管理部门依法对文物经营活动实施监督检查，对未经批准开展的文物经营行为进行查处，对收购、销售、拍卖国家禁止买卖的文物的行为进行处罚。

第三十四条 从事文物收购、销售、拍卖活动的企业应当按照国家和本市有关法律、法规的规定诚信经营。

市文物行政管理部门应当建立文物经营者诚信档案，并定期向社会公布不诚信企业名单。

第三十五条 文物利用应当在确保文物安全的前提下遵循合理、适度、可持续的原则。

第三十六条 各级人民政府利用文物保护单位、文物保护点进行旅游开发的，应当延续原有人文生态及历史环境风貌，实施文物安全监测，对可能造成文物资源破坏的及时采取保护措施，确保文物安全。

对外开放的文物保护单位、文物保护点的游客承载标准，由文物行政管理部门根据保护文物等需要会同同级旅游行政管理部门确定，并向社会公布。

第三十七条 国有文物保护单位、文物保护点具备开放条件的，在保证文物安全的前提下，应当向公众开放。在每年的中国文化遗产日、上海国家历史文化名城命名日，应当免费向公众开放。

鼓励非国有文物保护单位、文物保护点向公众开放。

第三十八条 鼓励各级各类教育机构利用文物资源开展教育活动。

博物馆、纪念馆及其他文物收藏单位应当结合本单位特点，充分发挥馆藏文物的作用，开展形式多样、生动活泼的社会教育和服务活动，积极参与城市文化氛围营造和社区文化建设，并向社会公告服务项目和开放时间。

对外开放的文物保护单位、文物保护点应当为教育机构开展教育活动提供服务和便利。

第三十九条 鼓励革命史迹、工业遗产、名人故居、近现代代表性建筑等不可移动文物的所有人、使用人，利用文物资源向公众提供公共文化服务。

第六章 法律责任

第四十条 违反本条例规定的行为，《中华人民共和国文物保护法》、《中华人民共和国文物保护法实施条例》及其他有关法律、行政法规已有处罚规定的，从其规定。

第四十一条 有下列行为之一的，由上级机关或者主管部门责令改正：

（一）违反本条例第十五条、第十六条规定，擅自将文物保护单位、文物保护点降级、撤销的；

（二）违反本条例第三十八条第二款规定，博物馆、纪念馆及其他文物收藏单位未按规定向社会公告服务项目和开放时间的。

第四十二条 文物等行政管理部门直接负责的主管人员或者其他直接责任人员玩忽职守、滥用职权、徇私舞弊的，由其所在单位或者上级主管部门依法给予行政处分；构成犯罪的，依法追究刑事责任。

第七章 附　　则

第四十三条 既是不可移动文物又是优秀历史建筑的，由市人民政府相关行政管理部门依照文物保护的相关法律、法规和本市有关法规规定，共同做好保护工作。

第四十四条 本条例自2014年10月1日起施行。

上海市查处车辆非法客运若干规定

（2014年6月19日上海市第十四届人民代表大会常务委员会第十三次会议通过）

第一条 为了规范本市客运市场秩序，查处车辆非法客运行为，保障乘客安全，根据有关法律和行政法规，结合本市实际，制定本规定。

第二条 禁止利用未取得营业性客运证件的汽车从事经营性客运活动。

禁止利用摩托车、三轮车、电力助动车等车辆从事经营性客运活动。

第三条 除客运出租汽车外，禁止对其他汽车喷涂客运出租汽车专用车身颜色、安装客运出租汽车专用营运标识和设施。

第四条 对违反本规定第二条第一款规定的，按照法律、行政法规和本市地方性法规的有关规定，由交通行政管理部门扣押从事非法客运活动的车辆并予以处罚；对从事非法客运活动再次被查获且存在安全隐患的，依法定程序没收用于从事非法客运活动的车辆。对从事非法客运活动的驾驶人，由公安交通行政管理部门暂扣其机动车驾驶证三个月至六个月；对有依法应当吊销机动车驾驶证的道路交通安全违法行为的，吊销其机动车驾驶证。

违反本规定第二条第二款规定的，由公安交通行政管理部门负责道路检查，收集有关证据后，将案件材料移送交通行政管理部门，由交通行政管理部门处以一千元以上五千元以下的罚款。

第五条 违反本规定第三条规定假冒客运出租汽车的，由交通行政管理部门没收其车辆和专用营运标识、设施，并可处以一万元以上五万元以下的罚款。

第六条 交通行政管理部门扣押从事非法客运活动的车辆后，应当依法作出行政处理决定。

无法查明违法行为人或者违法行为人逾期未接受处理的，交通行政管理部门应当及时发布公告。自公告发布之日起六十日内违法行为人仍无法查明或者仍未接受处理的，交通行政管理部门可以对扣押车辆依法作出拍卖等处理;所得款项按照规定,应当上缴国库或者划入财政专户。

第七条 本规定自2014年8月1日起施行。

中国(上海)自由贸易试验区条例

(2014年7月25日上海市第十四届人民代表大会常务委员会第十四次会议通过)

第一章 总 则

第一条 为推进和保障中国(上海)自由贸易试验区建设,充分发挥其推进改革和提高开放型经济水平"试验田"的作用,根据《全国人民代表大会常务委员会关于授权国务院在中国(上海)自由贸易试验区暂时调整有关法律规定的行政审批的决定》、国务院批准的《中国(上海)自由贸易试验区总体方案》(以下简称"《总体方案》")、《国务院关于在中国(上海)自由贸易试验区内暂时调整有关行政法规和国务院文件规定的行政审批或者准入特别管理措施的决定》和其他有关法律、行政法规,制定本条例。

第二条 本条例适用于经国务院批准设立的中国(上海)自由贸易试验区(以下简称"自贸试验区")。

第三条 推进自贸试验区建设应当围绕国家战略要求和上海国际金融中心、国际贸易中心、国际航运中心、国际经济中心建设,按照先行先试、风险可控、分步推进、逐步完善的原则,将扩大开放与体制改革相结合,将培育功能与政策创新相结合,加快转变政府职能,建立与国际投资、贸易通行规则相衔接的基本制度体系和监管模式,培育国际化、市场化、法治化的营商环境,建设具有国际水准的投资贸易便利、监管高效便捷、法治环境规范的自由贸易试验区。

第四条 本市推进自贸试验区建设应当聚焦制度创新的重点领域和关键环节,充分运用现行法律制度和政策资源,改革妨碍制度创新的体制、机制,不断激发制度创新的主动性、积极性,营造自主改革、积极进取的良好氛围。

第五条 充分激发市场主体活力,法律、法规、规章未禁止的事项,鼓励公民、法人和其他组织在自贸试验区积极开展改革创新活动。

第二章 管理体制

第六条 按照深化行政体制改革的要求,坚持简政放权、放管结合,积极推行告知承诺制等制度,在自贸试验区建立事权划分科学、管理高效统一、运行公开透明的行政管理体制。

第七条 市人民政府在国务院领导和国家有关部门指导、支持下,根据《总体方案》明确的目标定位和先行先试任务,组织实施改革试点工作,依法制定与自贸试验区建设、管理有关的规章和政策措施。

本市建立自贸试验区建设协调机制,推进改革试点工作,组织有关部门制定、落实阶段性目标和各项措施。

第八条 中国(上海)自由贸易试验区管理委员会(以下简称"管委会")为市人民政府派出机构,具体落实自贸试验区改革试点任务,统筹管理和协调自贸试验区有关行政事务,依照本条例履行下列职责:

(一)负责组织实施自贸试验区发展规划和政策措施,制定有关行政管理制度。

(二)负责自贸试验区内投资、贸易、金融服务、规划国土、建设、交通、绿化市容、环境保护、人力资源、知识产权、统计、房屋、民防、水务、市政等有关行政管理工作。

（三）领导工商、质监、税务、公安等部门在区内的行政管理工作；协调金融、海关、检验检疫、海事、边检等部门在区内的行政管理工作。

（四）组织实施自贸试验区信用管理和监管信息共享工作，依法履行国家安全审查、反垄断审查有关职责。

（五）统筹指导区内产业布局和开发建设活动，协调推进重大投资项目建设。

（六）发布公共信息，为企业和相关机构提供指导、咨询和服务。

（七）履行市人民政府赋予的其他职责。

市人民政府在自贸试验区建立综合审批、相对集中行政处罚的体制和机制，由管委会集中行使本市有关行政审批权和行政处罚权。管委会实施行政审批和行政处罚的具体事项，由市人民政府确定并公布。

第九条 海关、检验检疫、海事、边检、工商、质监、税务、公安等部门设立自贸试验区工作机构（以下统称“驻区机构”），依法履行有关行政管理职责。

市人民政府其他有关部门和浦东新区人民政府（以下统称“有关部门”）按照各自职责，支持管委会的各项工作，承担自贸试验区其他行政事务。

第十条 管委会应当与驻区机构、有关部门建立合作协调和联动执法工作机制，提高执法效率和管理水平。

第十一条 管委会、驻区机构应当公布依法行使的行政审批权、行政处罚权和相关行政权力的清单及运行流程。发生调整的，应当及时更新。

第三章 投资开放

第十二条 自贸试验区在金融服务、航运服务、商贸服务、专业服务、文化服务、社会服务和一般制造业等领域扩大开放，暂停、取消或者放宽投资者资质要求、外资股比限制、经营范围限制等准入特别管理措施。

第十三条 自贸试验区内国家规定对外商投资实施的准入特别管理措施，由市人民政府发布负面清单予以列明，并根据发展实际适时调整。

自贸试验区实行外商投资准入前国民待遇加负面清单管理模式。负面清单之外的领域，按照内外资一致的原则，外商投资项目实行备案制，国务院规定对国内投资项目保留核准的除外；外商投资企业设立和变更实行备案管理。负面清单之内的领域，外商投资项目实行核准制，国务院规定对外商投资项目实行备案的除外；外商投资企业设立和变更实行审批管理。

外商投资项目和外商投资企业的备案办法，由市人民政府制定。

第十四条 自贸试验区推进企业注册登记制度便利化，依法实行注册资本认缴登记制。

工商行政管理部门组织建立外商投资项目核准（备案）、企业设立和变更审批（备案）等行政事务的企业准入单一窗口工作机制，统一接收申请材料，统一送达有关文书。投资者在自贸试验区设立外商投资企业，可以自主约定经营期限，法律、行政法规另有规定的除外。

在自贸试验区内登记设立的企业（以下简称“区内企业”）可以到区外再投资或者开展业务，有专项规定要求办理相关手续的，按照规定办理。

第十五条 区内企业取得营业执照后，即可从事一般生产经营活动；从事需要审批的生产经营活动的，可以在取得营业执照后，向有关部门申请办理。

从事法律、行政法规或者国务院决定规定需要前置审批的生产经营活动的，应当在申请办理营业执照前，依法办理批准手续。

第十六条 自贸试验区内投资者可以开展多种形式的境外投资。境外投资一般项目实行备案管理，境外投资开办企业实行以备案制为主的管理，由管委会统一接收申请材料，并统一送达有关文书。

境外投资项目和境外投资开办企业的备案办法，由市人民政府制定。

第十七条 区内企业解散、被宣告破产的，应当依法清算并办理注销登记等手续。

依法实行注册资本认缴制的区内企业，股东以认缴的出资额或者认购的股份为限对企业债务承担责任。

第四章 贸易便利

第十八条 自贸试验区与境外之间的管理为“一线”管理，自贸试验区与境内区外之间的管理为“二线”管理，按照“一线放开、二线安全高效管住、区内流转自由”的原则，在自贸试验区建立与国际贸易等业务发展需求相适应的监管模式。

第十九条 按照通关便利、安全高效的要求，在自贸试验区开展海关监管制度创新，促进新型贸易业态发展。

海关在自贸试验区建立货物状态分类监管制度，实行电子围网管理，推行通关无纸化、低风险快速放行。

境外进入区内的货物，可以凭进口舱单先行入区，分步办理进境申报手续。口岸出口货物实行先报关、后进港。

对区内和境内区外之间进出的货物，实行进出境备案清单比对、企业账册管理、电子信息联网等监管制度。

区内保税存储货物不设存储期限。简化区内货物流转流程，允许分送集报、自行运输；实现区内与其他海关特殊监管区域之间货物的高效便捷流转。

第二十条 按照进境检疫、适当放宽进出口检验，方便进出、严密防范质量安全风险的原则，在自贸试验区开展检验检疫监管制度创新。

检验检疫部门在自贸试验区运用信息化手段，建立出入境质量安全和疫病疫情风险管理机制，实施无纸化申报、签证、放行，实现风险信息的收集、分析、通报和运用，提供出入境货物检验检疫信息查询服务。

境外进入区内的货物属于检疫范围的，应当接受入境检疫；除重点敏感货物外，其他货物免于检验。

区内货物出区依企业申请，实行预检验制度，一次集中检验，分批核销放行。进出自贸试验区的保税展示商品免于检验。

区内企业之间仓储物流货物，免于检验检疫。

在自贸试验区建立有利于第三方检验鉴定机构发展和规范的管理制度，检验检疫部门按照国际通行规则，采信第三方检测结果。

第二十一条 自贸试验区建立国际贸易单一窗口，形成区内跨部门的贸易、运输、加工、仓储等业务的综合管理服务平台，实现部门之间信息互换、监管互认、执法互助。

企业可以通过单一窗口一次性递交各管理部门要求的标准化电子信息，处理结果通过单一窗口反馈。

第二十二条 自贸试验区实行内外贸一体化发展，鼓励区内企业统筹开展国际贸易和国内贸易，培育贸易新型业态和功能，形成以技术、品牌、质量、服务为核心的竞争优势。

自贸试验区支持国际贸易、仓储物流、加工制造等基础业务转型升级和服务贸易发展。鼓励离岸贸易、国际大宗商品交易、融资租赁、期货保税交割、跨境电子商务等新型贸易发展，推动生物医药研发、软件和信息服务、数据处理等外包业务发展。

鼓励跨国公司在区内设立总部，建立整合贸易、物流、结算等功能的营运中心。

第二十三条 自贸试验区加强与海港、空港枢纽的联动，加强与区外航运产业集聚区协同发展，探索形成具有国际竞争力的航运发展制度和运作模式。

自贸试验区支持国际中转、集拼、分拨业务以及集装箱转运业务和航空货邮国际中转业务发展。符合条件的航运企业可以在国内沿海港口与上海港之间从事外贸进出口集装箱沿海捎带业务。

完善航运服务发展环境，在自贸试验区发

展航运金融、国际船舶运输、国际船舶管理、国际船员服务和国际航运经纪等产业，发展航运运价指数衍生品交易业务，集聚航运服务功能性机构。

在自贸试验区实行以“中国洋山港”为船籍港的国际船舶登记制度，建立高效率的船舶登记流程。

第二十四条 自贸试验区简化区内企业外籍员工就业许可审批手续，放宽签证、居留许可有效期限，提供入境、出境和居留的便利。

对接受区内企业邀请开展商务贸易的外籍人员，出入境管理部门应当按照规定给予过境免签和临时入境便利。

对区内企业因业务需要多次出国、出境的中国籍员工，出入境管理部门应当提供办理出国出境证件的便利。

第五章 金融服务

第二十五条 在风险可控的前提下，在自贸试验区内创造条件稳步进行人民币资本项目可兑换、金融市场利率市场化、人民币跨境使用和外汇管理改革等方面的先行先试。

鼓励金融要素市场、金融机构根据国家规定，进行自贸试验区金融产品、业务、服务和风险管理等方面的创新。本市有关部门应当为自贸试验区金融创新提供支持和便利。

本市建立国家金融管理部门驻沪机构、市金融服务部门和管委会参加的自贸试验区金融工作协调机制。

第二十六条 自贸试验区建立有利于风险管理的自由贸易账户体系，实现分账核算管理。区内居民可以按照规定开立居民自由贸易账户；非居民可以在区内银行开立非居民自由贸易账户，按照准入前国民待遇原则享受相关金融服务；上海地区金融机构可以通过设立分账核算单元，提供自由贸易账户相关金融服务。

自由贸易账户之间以及自由贸易账户与境外账户、境内区外的非居民机构账户之间的资金，可以自由划转。自由贸易账户可以按照规定，办理跨境融资、担保等业务。居民自由贸易账户与境内区外的银行结算账户资金流动，视同跨境业务管理。同一非金融机构主体的居民自由贸易账户与其他银行结算账户之间，可以按照规定，办理资金划转。

第二十七条 自贸试验区跨境资金流动按照金融宏观审慎原则实施管理。简化自贸试验区跨境直接投资汇兑手续，自贸试验区跨境直接投资与前置核准脱钩，直接向银行办理所涉及的跨境收付、汇兑业务。各类区内主体可以按照规定开展相关的跨境投融资汇兑业务。

区内个人可以按照规定，办理经常项下跨境人民币收付业务，开展包括证券投资在内的各类跨境投资。区内个体工商户可以根据业务需要，向其境外经营主体提供跨境贷款。

区内金融机构和企业可以按照规定，进入证券和期货交易场所进行投资和交易。区内企业的境外母公司可以按照规定，在境内资本市场发行人民币债券。区内企业可以按照规定，开展境外证券投资以及衍生品投资业务。

区内企业、非银行金融机构以及其他经济组织可以按照规定，从境外融入本外币资金，在区内或者境外开展风险对冲管理。

第二十八条 根据中国人民银行有关规定，国家出台的各项鼓励和支持扩大人民币跨境使用的政策措施，均适用于自贸试验区。

简化自贸试验区经常项下以及直接投资项下人民币跨境使用。区内金融机构和企业可以从境外借入人民币资金。区内企业可以根据自身经营需要，开展跨境双向人民币资金池以及经常项下跨境人民币集中收付业务。上海地区银行业金融机构可以与符合条件的支付机构合作，提供跨境电子商务的人民币结算服务。

第二十九条 在自贸试验区推进利率市场化体系建设，完善自由贸易账户本外币资金利率市场化定价监测机制，区内符合条件的金融机构可以优先发行大额可转让存单，放开区内外币存款利率上限。

第三十条 建立与自贸试验区发展需求相适应的外汇管理体制。简化经常项目单证审核、直接投资项下外汇登记手续。放宽对外债权债务管理。改进跨国公司总部外汇资金集中运营管理、外币资金池以及国际贸易结算中心外汇管理。完善结售汇管理,便利开展大宗商品衍生品的柜台交易。

第三十一条 根据自贸试验区需要,经金融管理部门批准,支持不同层级、不同功能、不同类型、不同所有制的金融机构进入自贸试验区;引导和鼓励民间资本投资区内金融业;支持自贸试验区互联网金融发展;支持在区内建立面向国际的金融交易以及服务平台,提供登记、托管、交易和清算等服务;支持在区内建立完善信托登记平台,探索信托受益权流转机制。

第三十二条 本市配合金融管理部门完善金融风险监测和评估,建立与自贸试验区金融业务发展相适应的风险防范机制。

开展自贸试验区业务的上海地区金融机构和特定非金融机构应当按照规定,向金融管理部门报送相关信息,履行反洗钱、反恐怖融资和反逃税等义务,配合金融管理部门关注跨境异常资金流动,落实金融消费者和投资者保护责任。

第六章 税收管理

第三十三条 自贸试验区按照国家规定,实施促进投资和贸易的有关税收政策;其所属的上海外高桥保税区、上海外高桥保税物流园区、洋山保税港区和上海浦东机场综合保税区执行相应的海关特殊监管区域的税收政策。

遵循税制改革方向和国际惯例,积极研究完善不导致利润转移、税基侵蚀的适应境外股权投资和离岸业务发展的税收政策。

第三十四条 税务部门应当在自贸试验区建立便捷的税务服务体系,实施税务专业化集中审批,逐步取消前置核查,推行先审批后核查、核查审批分离的工作方式;推行网上办税,提供在线纳税咨询、涉税事项办理情况查询等服务,逐步实现跨区域税务通办。

第三十五条 税务部门应当在自贸试验区开展税收征管现代化试点,提高税收效率,营造有利于企业发展、公平竞争的税收环境。

税务部门应当运用税收信息系统和自贸试验区监管信息共享平台进行税收风险监测,提高税收管理水平。

第七章 综合监管

第三十六条 在自贸试验区创新行政管理方式,推进政府管理由注重事先审批转为注重事中事后监管,提高监管参与度,推动形成行政监管、行业自律、社会监督、公众参与的综合监管体系。

第三十七条 自贸试验区建立涉及外资的国家安全审查工作机制。对属于国家安全审查范围的外商投资,投资者应当申请进行国家安全审查;有关管理部门、行业协会、同业企业以及上下游企业可以提出国家安全审查建议。

当事人应当配合国家安全审查工作,提供必要的材料和信息,接受有关询问。

第三十八条 自贸试验区建立反垄断工作机制。

涉及区内企业的经营者集中,达到国务院规定的申报标准的,经营者应当事先申报,未申报的不得实施集中。对垄断协议、滥用市场支配地位以及滥用行政权力排除、限制竞争等行为,依法开展调查和执法。

第三十九条 管委会、驻区机构和有关部门应当记录企业及其有关责任人员的信用相关信息,并按照公共信用信息目录向市公共信用信息服务平台自贸试验区子平台归集。

管委会、驻区机构和有关部门可以在市场准入、货物通关、政府采购以及招投标等工作中,查询相对人的信用记录,使用信用产品,并对信用良好的企业和个人实施便利措施,对失信企业和个人实施约束和惩戒。

自贸试验区鼓励信用服务机构利用各方面信用信息开发信用产品,为行政监管、市场交易等提供信用服务;鼓励企业和个人使用信用产品和服务。

第四十条 自贸试验区实行企业年度报告公示制度和企业经营异常名录制度。

区内企业应当按照规定，报送企业年度报告，并对年度报告信息的真实性、合法性负责。企业年度报告按照规定向社会公示，涉及国家秘密、商业秘密和个人隐私的内容除外。

工商行政管理部门对区内企业报送年度报告的情况开展监督检查。发现企业未按照规定履行年度报告公示义务等情况的，应当载入企业经营异常名录，并向社会公示。

公民、法人和其他组织可以查阅企业年度报告和经营异常名录等公示信息，工商行政管理等部门应当提供查询便利。

企业年度报告公示和企业经营异常名录管理办法，由市工商行政管理部门制定。

第四十一条 在自贸试验区建设统一的监管信息共享平台，促进监管信息的归集、交换和共享。管委会、驻区机构和有关部门应当及时主动提供信息，参与信息交换和共享。

管委会、驻区机构和有关部门应当依托监管信息共享平台，整合监管资源，推动全程动态监管，提高联合监管和协同服务的效能。

监管信息归集、交换、共享的办法，由管委会组织驻区机构和有关部门制定。

第四十二条 鼓励律师事务所、会计师事务所、税务师事务所、知识产权服务机构、报关报检机构、检验检测机构、认证机构、船舶和船员代理机构、公证机构、司法鉴定机构、信用服务机构等专业机构在自贸试验区开展业务。

管委会、驻区机构和有关部门应当通过制度安排，将区内适合专业机构办理的事项，交由专业机构承担，或者引入竞争机制，通过购买服务等方式，引导和培育专业机构发展。

第四十三条 自贸试验区建立企业和相关组织代表等组成的社会参与机制，引导企业和相关组织等表达利益诉求、参与试点政策评估和市场监督。

支持行业协会、商会等参与自贸试验区建设，推动行业协会、商会等制定行业管理标准和行业公约，加强行业自律。

区内企业从事经营活动，应当遵守社会公德、商业道德，接受社会公众的监督。

第四十四条 在自贸试验区推进电子政务建设，在行政管理领域推广电子签名和具有法律效力的电子公文，实行电子文件归档和电子档案管理。电子档案与纸质档案具有同等法律效力。

第四十五条 本市建立自贸试验区综合性评估机制。市发展改革部门应当会同管委会和有关部门，自行或者委托第三方开展监管制度创新、行业整体、行业企业试点政策实施情况和风险防范等方面的评估，为推进完善扩大开放领域、改革试点任务和制度创新措施提供政策建议。

第八章 法治环境

第四十六条 坚持运用法治思维、法治方式在自贸试验区开展各项改革创新，为自贸试验区建设营造良好的法治环境。

国家规定的自贸试验区投资、贸易、金融、税收等改革试点措施发生调整，或者国家规定其他区域改革试点措施可适用于自贸试验区的，按照相关规定执行。

本市地方性法规不适应自贸试验区发展的，市人民政府可以提请市人大及其常委会就其在自贸试验区的适用作出相应规定；本市规章不适应自贸试验区发展的，管委会可以提请市人民政府就其在自贸试验区的适用作出相应规定。

第四十七条 自贸试验区内各类市场主体的平等地位和发展权利，受法律保护。区内各类市场主体在监管、税收和政府采购等方面享有公平待遇。

第四十八条 自贸试验区内投资者合法拥有的企业、股权、知识产权、利润以及其他财产和商业利益，受法律保护。

第四十九条 自贸试验区内劳动者平等就业、选择职业、取得劳动报酬、休息休假、获得劳动安全卫生保护、接受职业技能培训、享受社会保险和福利、参与企业民主管理等权利，受法律保护。

在自贸试验区推行企业和劳动者集体协商机制，推动双方就劳动报酬、劳动安全卫生等有关事项进行平等协商。发挥工会在维护职工权益、促进劳动关系和谐稳定方面的作用。

在自贸试验区健全公正、公开、高效、便民的劳动保障监察和劳动争议处理机制，保护劳动者和用人单位双方的合法权益。

第五十条　加强自贸试验区环境保护工作，探索开展环境影响评价分类管理，提高环境保护管理水平和效率。

鼓励区内企业申请国际通行的环境和能源管理体系标准认证，采用先进生产工艺和技术，节约能源，减少污染物和温室气体排放。

第五十一条　加强自贸试验区知识产权保护工作，完善行政保护与司法保护衔接机制。

本市有关部门应当和国家有关部门加强协作，实行知识产权进出境保护和境内保护的协同管理和执法配合，探索建立自贸试验区知识产权统一管理和执法的体制、机制。

完善自贸试验区知识产权纠纷多元解决机制，鼓励行业协会和调解、仲裁、知识产权中介服务等机构在协调解决知识产权纠纷中发挥作用。

第五十二条　本市制定有关自贸试验区的地方性法规、政府规章、规范性文件，应当主动公开草案内容，征求社会公众、相关行业组织和企业等方面的意见；通过并公布后，应当对社会各方意见的处理情况作出说明；在公布和实施之间，应当预留合理期限，作为实施准备期。但因紧急情况等原因需要立即制定和施行的除外。

本市制定的有关自贸试验区的地方性法规、政府规章、规范性文件，应当在通过后及时公开，并予以解读和说明。

第五十三条　公民、法人和其他组织对管委会制定的规范性文件有异议的，可以提请市人民政府进行审查。审查规则由市人民政府制定。

第五十四条　本市建立自贸试验区信息发布机制，通过新闻发布会、信息通报例会或者书面发布等形式，及时发布自贸试验区相关信息。

管委会应当收集国家和本市关于自贸试验区的法律、法规、规章、政策、办事程序等信息，在中国（上海）自由贸易试验区门户网站上公布，方便各方面查询。

第五十五条　自贸试验区实行相对集中行政复议权制度。

公民、法人或者其他组织不服管委会、市人民政府工作部门及其驻区机构、浦东新区人民政府在自贸试验区内作出的具体行政行为，可以向市人民政府申请行政复议；不服浦东新区人民政府工作部门在自贸试验区内作出的具体行政行为，可以向浦东新区人民政府申请行政复议。重大、复杂、疑难的行政复议案件，应当由行政复议委员会审议。

第五十六条　依法在自贸试验区设立司法机构，公正高效地保障中外当事人合法权益。

本市依法设立的仲裁机构应当依据法律、法规并借鉴国际商事仲裁惯例，适应自贸试验区特点完善仲裁规则，提高商事纠纷仲裁的国际化程度，并基于当事人的自主选择，提供独立、公正、专业、高效的仲裁服务。

本市设立的行业协会、商会以及商事纠纷专业调解机构等可以参与自贸试验区商事纠纷调解，发挥争议解决作用。

第九章　附　　则

第五十七条　本条例自2014年8月1日起施行。1996年12月19日上海市第十届人民代表大会常务委员会第三十二次会议审议通过的《上海外高桥保税区条例》同时废止。

上海市大气污染防治条例

（2014 年 7 月 25 日上海市第十四届人民代表大会常务委员会第十四次会议通过　根据 2017 年 12 月 28 日上海市第十四届人民代表大会常务委员会第四十二次会议《关于修改本市部分地方性法规的决定》修正）

第一章　总　　则

第一条　为防治大气污染，改善本市大气环境质量，保障公众健康，推进生态文明建设，促进经济社会可持续发展，根据《中华人民共和国环境保护法》、《中华人民共和国大气污染防治法》，结合本市实际情况，制定本条例。

第二条　条例适用于本市行政区域内大气污染防治。

第三条　防治大气污染是全社会的共同责任。

本市大气污染防治工作遵循以人为本、预防为主、防治结合、共同治理、区域联动、损害担责的原则。

第四条　本市各级人民政府应当加强对大气环境保护工作的领导，将大气环境保护工作纳入国民经济和社会发展计划，合理规划、调整城乡发展和产业布局，保证环境保护资金投入，采取大气污染防治有效措施，加大生态建设和治理力度，保护和改善大气环境。

第五条　市环境保护行政主管部门对本市大气污染防治实施统一监督管理，并负责本条例的组织实施。区环境保护行政主管部门对本辖区内大气污染防治实施具体监督管理。

市和区发展改革、经济信息化、规划国土行政管理部门负责能源结构调整、产业结构调整和产业布局优化工作。

市和区公安交通、交通以及国家海事等行政管理部门根据各自职责，对机动车、船污染大气实施监督管理。

市和区建设、绿化市容、交通、房屋等行政管理部门根据各自职责，对扬尘污染大气实施监督管理。

市和区财政、农业、质量技术监督、工商、教育、卫生、城管执法、气象等部门在各自职责范围内协同实施本条例。

第六条　乡、镇人民政府和街道办事处可以在区环保部门的指导下，对管辖范围内的餐饮、汽修、五金加工、干洗等为社区配套服务单位的大气污染防治工作进行协调。

对因前款规定的单位排放大气污染物引发的纠纷，当事人可以向乡、镇人民政府或者街道办事处申请调解。

第七条　本市实行大气环境保护目标责任制和考核评价制度。市和区人民政府应当将大气环境保护目标和任务的完成情况作为对本级有关部门和下一级人民政府及其负责人考核的内容。考核结果应当作为政府和各有关部门绩效考核的重要内容，并向社会公布。

第八条　向大气排放污染物的单位和个人，应当加强内部管理，健全环境管理制度，采用先进的生产工艺和治理技术，防止和减少大气环境污染；造成大气环境污染的，应当依法承担法律责任。

第九条　本市鼓励和支持大气环境保护相关产业的发展，鼓励社会资本投入大气污染防治领域。

第十条　本市鼓励开展大气污染防治方面的科学技术研究以及国际、区域合作和交流，鼓励清洁能源的开发利用，推广先进的清洁能源技术和大气污染防治技术。

第十一条 本市倡导文明、节约、绿色的消费方式和生活方式。

企事业单位、社会组织和个人应当遵守大气污染防治法律、法规,履行保护大气环境的义务,参与大气环境保护工作。

各级人民政府及其有关部门应当加强宣传,普及大气环境保护的科学知识,营造保护大气环境的良好风气。教育行政管理部门应当逐步推进环境教育,将大气环境保护知识纳入学校教育内容,培养青少年的大气环境保护意识。

第十二条 在本市行政区域内的任何单位和个人有权对污染大气环境的行为,以及环保部门和其他有关行政管理部门及其工作人员不依法履行职责的行为进行举报。

市环保部门应当公布全市统一的举报电话,及时处理举报。举报线索经查证属实的,环保部门应当按照有关规定对举报人给予奖励。

本市新闻媒体应当开展大气环境保护法律、法规和大气环境保护科学知识的宣传,对违法行为进行舆论监督。

第十三条 市或者区人民政府对在防治大气污染、保护和改善大气环境方面成绩显著的单位和个人,应当给予表彰、奖励。

第二章 大气污染防治的监督管理

第十四条 市环保部门应当会同有关部门,组织编制本市大气污染防治规划,报市人民政府批准后组织实施。

市人民政府应当制定大气环境质量达标规划和阶段目标,采取严格的大气污染控制措施,保证本市在规定期限内达到国家规定的大气环境质量标准。

第十五条 本市按照国家规定划定大气环境质量功能区。市环保部门应当按照城市总体规划、环境保护规划目标和大气环境质量功能区的要求,提出本市大气污染重点整治地区及其整治目标、职责分工和限期达标计划的方案,报市人民政府批准后实施。

第十六条 本市实行大气污染物排放浓度控制和主要大气污染物排放总量控制相结合的管理制度。

向大气排放污染物的,其污染物排放浓度不得超过国家和本市规定的排放标准。

本市按照国务院规定的具体办法,对主要大气污染物排放实施总量控制。主要大气污染物名录由市环保部门根据国家要求和本市实际情况拟订,报市人民政府批准后公布。

第十七条 市环保部门应当根据国家核定的本市不同时期主要大气污染物排放总量和大气环境容量及社会经济发展水平,拟订本市不同时期主要大气污染物总量控制计划,报市人民政府批准后组织实施。

区环保部门根据本市主要大气污染物总量控制计划,结合本辖区实际情况,拟订本辖区主要大气污染物总量控制实施计划,经区人民政府批准后组织实施,并报市环保部门备案。

实施总量控制前已有的排污单位,其主要大气污染物排放总量指标,由市或者区环保部门依照国务院规定的条件和程序,按照公开、公平、公正的原则,根据各单位现有排放量、产业发展规划和清洁生产要求及本辖区主要大气污染物总量控制实施计划拟订,报同级人民政府核定。

第十八条 本市对主要大气污染物排放实施许可证制度。环保部门确定的排放大气污染物重点监管单位应当取得主要大气污染物排放许可证(以下简称排放许可证);无排放许可证的,不得排放主要大气污染物。

实施总量控制前已有的排污单位,排放主要大气污染物未超过核定排放总量指标的,由市或者区人民政府核发排放许可证;排放主要大气污染物超过核定排放总量指标的,由市或者区环保部门责令限制生产或者停产整治。新建、扩建、改建排放主要大气污染物的项目,应当按照规定获得主要大气污染物排放总量指标,然后办理建设项目环境保护审批手续。该项目的大气污染物处理设施必须经过市或者区环保部门验收合格后,方可取得排放许可证。

申请排放许可证的条件,由市环保部门根

据国家有关法律、行政法规的规定另行制定。

第十九条 本市鼓励开展主要大气污染物排放总量指标交易。市环保部门会同相关行政管理部门探索建立本市主要大气污染物排放总量指标交易制度,完善交易规则。

第二十条 市发展改革、经济信息化、环保、财政等行政管理部门可以研究制定相关政策,对因无排放许可证排放主要大气污染物、超过标准排放主要大气污染物,以及排放主要大气污染物超过核定排放总量指标等严重违法行为受到处罚的单位,在其改正违法行为之前,向其征收阶段性差别电价。

供电企业依照前款规定征收差别电价电费的,差别部分电费应当单独立账管理,上缴市级财政。

第二十一条 本市严格控制严重污染大气的产业发展。

市经济信息化行政管理部门会同市发展改革等相关行政管理部门制定本市产业结构调整指导目录时,应当根据本市大气环境质量状况,将严重污染大气的产业列入淘汰类目录。

市经济信息化、发展改革、规划国土和环保等有关部门应当逐步优化产业布局,将排放大气污染物的产业项目安排在城乡规划确定的工业园区内。工业园区管理机构应当完善相关环境基础设施,减少大气污染物排放。

第二十二条 乡、镇或者工业园区有下列情形之一的,环保部门可以暂停审批该区域内产生大气污染物的建设项目的环境影响评价文件:

(一)大气污染物排放量超过总量控制指标的;

(二)未按时完成淘汰高污染行业、工艺和设备任务的;

(三)未按时完成大气污染治理任务的;

(四)配套的环境基础设施不完备的;

(五)市人民政府规定的其他情形。

企业集团有前款第一项、第二项、第三项情形之一的,环保部门可以暂停审批该企业集团产生大气污染物的建设项目的环境影响评价文件。

第二十三条 市经济信息化行政管理部门应当会同市发展改革、环保等相关行政管理部门根据大气污染物排放标准,结合城市功能定位,定期制定和调整本市工业领域行业、工艺和设备淘汰名录,报市人民政府批准后公布实施。

列入前款名录范围的行业、工艺或者设备,应当在规定的期限内予以调整或者淘汰。

第二十四条 向大气排放污染物的单位,其大气污染物处理设施必须保持正常使用。拆除或者闲置大气污染物处理设施的,必须事先报经市或者区环保部门批准。

大气污染物处理设施因维修、故障等原因不能正常使用的,排污单位应当采取限产停产等措施,确保其大气污染物排放达到规定的标准,并立即向区环保部门报告。

第二十五条 鼓励排污单位和个人委托具有相应能力的第三方机构运营其污染治理设施或者实施污染治理。没有相应能力运营污染治理设施或实施污染治理的单位和个人,应当委托具有相应能力的第三方机构实施治理。排污单位和个人应当将委托第三方机构实施污染治理的情况向环保部门备案。

接受委托的第三方机构,应当遵守环境保护法律、法规和相关技术规范的要求。

第二十六条 各单位应当加强对生产设施和污染物处理设施的保养、检修,采取措施防止大气污染事故的发生。

排放或者可能泄漏有毒有害气体和含有放射性物质的气体或者气溶胶,可能造成大气污染事故的单位,必须按照有关规定制订应急预案,并报环保部门、民防部门以及其他有关部门备案。接受备案的部门,应当加强对备案单位的检查和技术指导。

发生突发大气污染事故的,有关单位应当立即启动应急预案,采取有效措施,防止污染危害扩大,并及时向环保部门报告。在危害或者可能危害人体健康和安全的紧急情况下,市或者区人民政府应当及时向当地居民公告,采取强制性应急措施,包括责令有关排污单位停止排放污染物,封闭部分道路,疏散受到或者可能受到污染危害的人员。

第二十七条 市环保部门应当会同市气象等相关部门根据大气环境质量状况，拟订本市环境空气质量重污染天气应急预案，报市人民政府批准后实施。

第二十八条 本市建立重污染天气分级预警和响应机制。

出现重污染天气时，市人民政府应当及时启动应急预案。根据不同的污染预警等级，向社会发布预警信息，并采取相应的响应措施。

根据应急预案的规定，环保、卫生、教育等有关部门应当通过新闻媒体及时发布公众健康提示及建议，提醒公众减少户外活动、降低室外工作强度等；环保、经济信息化、建设、交通、绿化市容、公安等有关部门应当采取暂停或限制排污单位生产、停止易产生扬尘的作业活动、限制机动车行驶、禁止燃放烟花爆竹等应急措施，并向社会公告，相关单位和个人应当服从和配合。

第二十九条 市环保、气象部门应当建立大气环境信息和气象信息共享、预测预报会商等相关工作机制，并联合发布空气质量预报信息。

第三十条 市和区环保部门负责本市大气环境质量的监测和对大气污染源的监督监测，建立和完善大气环境监测网络。

市环保部门统一发布本市大气环境质量信息。区环保部门应当按照规范发布本辖区内的大气环境质量信息。

第三十一条 使用额定蒸发量二十吨以上锅炉或者大气污染物排放量与其相当的窑炉的单位，以及市环保部门确定的排放大气污染物重点监管单位，必须配置大气污染物排放在线监测设备，并由环保部门纳入统一的监测网络。

在线监测设备作为环境污染治理设施的组成部分，应当保持正常运行。

在线监测取得的数据可以作为环境执法和管理的依据。

第三十二条 单位有下列情形之一的，应当按照环保部门的要求，通过新闻媒体定期公布排放大气污染物的名称、排放方式、排放总量、排放浓度、超标排放情况，以及防治污染设施的建设和运行情况等单位环境信息：

（一）列入大气污染物排放重点监管单位名单的；

（二）主要大气污染物排放量超过总量控制指标的；

（三）大气污染物超标排放的；

（四）国家和本市规定的其他情形。

市环保部门应当定期公布重点监管单位的监督监测信息。

第三十三条 市和区环保部门应当将企事业单位和其他生产经营者的大气环境违法信息纳入本市企业征信信息系统，定期向社会公布违法者名单。

第三章 防治能源消耗产生的污染

第三十四条 市和区人民政府应当采取措施，合理控制能源消费总量，逐步削减煤炭消费总量，改进能源结构，推广清洁能源的生产和使用。

市发展改革行政管理部门应当会同市相关行政管理部门，拟订本市煤炭消费总量削减目标和控制措施，报市人民政府批准后实施。区人民政府应当按照本市煤炭消费总量削减目标制定本行政区域的具体措施并组织实施。

第三十五条 市发展改革行政管理部门应当会同有关部门推进本市清洁能源建设，制定促进清洁能源发展、能源结构调整的相关政策。

除燃煤电厂外，本市禁止新建燃用煤、重油、渣油、石油焦等高污染燃料（以下统称高污染燃料）的设施；燃煤电厂的建设按照国家和本市有关规定执行。

除电站锅炉、钢铁冶炼窑炉外，现有燃用高污染燃料的设施应当在规定的期限内改用天然气、液化石油气、电或者其他清洁能源。市经济信息化行政管理部门应当会同有关部门制定具体推进计划。

尚未实施清洁能源替代的燃用高污染燃料的设施，必须配套建设脱硫、脱硝、除尘装置或者采取其他措施，控制二氧化硫、氮氧化物和烟尘等污染物排放量;燃料应当符合国家和本市规定的有关强制性标准和要求。

第三十六条 新建燃用天然气等清洁能源的锅炉、窑炉,应当采用低氮燃烧等氮氧化物控制措施。已建燃用天然气等清洁能源的锅炉、窑炉,应当在规定的期限内采用低氮燃烧的技术改造措施。

禁止锅炉、窑炉、单位使用的或者经营性的炉灶等设施排放明显可见的黑烟。

第四章 防治机动车、船排放污染

第三十七条 任何单位和个人不得制造、销售或者进口污染物排放超过规定排放标准的机动车。

销售有本市地方排放标准的机动车的,必须向市环保部门报送所售该型号机动车污染物排放情况的资料;不符合排放标准的,不得在本市销售。市环保部门应当定期公布污染物排放符合规定排放标准的机动车车型目录。

质量技术监督管理部门应当加强对本市制造、销售的机动车污染物排放标准符合性的监督检查,并向环保部门定期通报检查情况。

入境检验部门依法对进口机动车排气污染实施检验和监督。

第三十八条 在本市行驶的机动车、船向大气排放污染物,不得超过国家和本市规定的排放标准。

污染物排放超过国家和本市规定的排放标准的机动车,公安交通管理部门不予核发牌证。污染物排放超过规定排放标准的机动船,有关行政管理部门不予注册登记。

本市在用机动车应当按照机动车安全技术检验周期,在接受安全技术检测的同时接受排气污染定期检测。经检测合格的,方可上路行驶。环保部门可以对注册超过十年的机动车辆增加排气污染检测频次。

在用机动车未经机动车排气污染定期检测,或者经检测排放的污染物超过国家和本市规定的排放标准的,公安交通管理部门不予核发安全检验合格标志。

在本市行驶的机动车、船不得排放明显可见的黑烟。

第三十九条 机动车尾气处理装置应当保持正常使用。尾气排放车载诊断系统报警或者尾气处理装置保质期届满的,车主应当及时送修、更换,确保车辆达到排放标准。

第四十条 在本市使用的非道路移动机械向大气排放污染物,不得超过国家和本市规定的排放标准。非道路移动机械的所有者或者使用者应当向区环保部门申报非道路移动机械的种类、数量、使用场所等情况。

在本市使用的非道路移动机械不得排放明显可见的黑烟。

第四十一条 机动车维修单位,应当按照防治大气污染的要求和国家有关技术规范进行维修,使在用机动车达到规定的污染物排放标准。

机动车二级维护、发动机总成大修、整车大修的经营单位,应当按照规定配备排气污染物检测仪器设备。

机动车经过二级维护、发动机总成大修、整车大修及其他影响整车污染物排放的维修,污染物排放超过规定排放标准的,不得交付使用。

机动车经过前款所列项目维修后,在规定的维修质量保证期内正常使用时,其污染物排放超过规定排放标准的,机动车维修单位应当负责维修,使其达到规定的排放标准。

交通行政管理部门应当加强对机动车维修单位的监督管理。

第四十二条 市环保部门可以委托具有机动车检测资质的检测单位进行排气污染定期检测,并公布检测单位目录。未经市环保部门委托的,不得进行机动车排气污染定期检测。

接受市环保部门委托从事机动车排气污染定期检测的单位,必须按照国家和本市规定的检测方法和技术规范进行检测,如实提供检测报告,并定期将机动车排气污染检测情况报市环保部门备案。

市环保部门应当对接受委托从事机动车排

气污染定期检测的单位进行监督、抽查，对提供不实的检测报告或者不按照规定的检测方法和技术规范进行机动车排气污染检测，情节严重的，撤销对其定期检测的委托。

第四十三条 公安交通管理部门、海事部门可以会同环保部门对在道路上行驶的机动车和在通航水域内行驶的机动船的污染物排放状况进行监督抽测。遥感监测取得的数据，可以作为环境执法的依据。

环保部门可以在机动车停放地对在用机动车的污染物排放状况进行监督抽测。

在用机动车车主或者驾驶人员以及在航机动船经营人员或者船员应当配合公安交通、海事和环保部门的监督抽测，不得拒绝、阻挠。

第四十四条 市环保部门应当按照国家有关规定对本市机动车统一核发环保检验合格标志。

无环保检验合格标志的，不得上路行驶。对标识为高污染的机动车实施区域限行措施。高污染机动车的限行区域和限行时间，由市公安交通管理部门会同市环保、交通行政管理部门另行规定。

无环保检验合格标志或者被标识为高污染的道路运输车辆不得在本市从事道路运输经营。

第四十五条 污染物排放超过规定标准的在用机动车无法修复的，应当及时向公安交通管理部门办理机动车报废手续，并不得上路行驶。

第四十六条 本市交通、海洋以及海事、渔政等有监督管理权的部门，应当加强对机动船污染物排放的监督检查。

污染物排放超过规定标准的在用机动船，由有监督管理权的部门责令限期维修。

市交通行政管理部门应当会同有关部门推进建设码头岸基供电设施和低硫油供应设施。

第四十七条 市质量技术监督管理部门可以根据实际情况，会同有关部门制定严于国家标准的车、船、非道路移动机械燃料地方质量标准。

本市销售的车、船、非道路移动机械燃料必须符合国家和本市规定的质量标准。

本市自备燃料用于车、船、非道路移动机械的单位，其使用的燃料必须符合国家和本市规定的质量标准。

质量技术监督、环保、海事部门应当按照职责分工加强对本市燃油质量的监督检查，并定期发布检查结果。

第四十八条 市和区人民政府应当优先发展公共交通，倡导和鼓励公众使用公共交通、自行车等方式出行。

国家机关、事业单位、大型企业以及公交、环卫等行业应当率先推广使用新能源和清洁能源机动车。

第五章 防治废气、尘和恶臭污染

第四十九条 本市鼓励生产、使用低挥发性有机物含量的原料和产品。

市质量技术监督管理部门应当会同市环保部门指导相关行业协会定期公布低挥发性有机物含量产品和高挥发性有机物含量产品的目录。

列入高挥发性有机物含量产品目录的产品，应当在其包装或者说明中予以标注。

第五十条 本市医院、学校及幼托机构等环境敏感区域内禁止使用高挥发性有机物含量的产品。

本市在化工、表面涂装、包装印刷等重点行业逐步推进低挥发性有机物含量产品的使用。

使用财政资金的单位应当优先采购低挥发性有机物含量的产品。

第五十一条 市环保部门应当会同市质量技术监督等部门，制定本市重点行业挥发性有机物排放标准、技术规范。相关单位应当按照挥发性有机物排放标准、技术规范的规定，制定操作规程，组织生产管理。

原油和成品油码头、加油站、储油库、油罐车、服装干洗行业等应当配备挥发性有机物回收装置。

产生含挥发性有机物废气的生产经营活动,应当在密闭空间或者设备中进行,设置废气收集和处理系统,并保持其正常使用;造船等无法在密闭空间进行的生产经营活动,应当采取有效措施,减少挥发性有机物排放。

石油化工及其他使用有机溶剂的企业应当按照环保部门的规定建立泄漏检测与修复制度,发生泄漏的应当及时修复。

石油化工、化工等排放挥发性有机物的企业在计划维修、检修过程中,应当按照环保部门的规定,对生产装置系统的停运、倒空、清洗等环节实施挥发性有机物排放控制。

第五十二条 废弃物焚烧炉必须按照国家和本市规定的标准进行建设,由市环保部门验收合格后,方可投入使用。

废弃物焚烧炉的运行,应当严格遵守操作规程,防止产生二次污染,其排放的大气污染物不得超过规定的排放标准和排放总量指标。

第五十三条 本市禁止露天焚烧秸秆、枯枝落叶等产生烟尘的物质,以及沥青、油毡、橡胶、塑料、垃圾、皮革等产生有毒有害、恶臭或强烈异味气体的物质。

乡、镇人民政府和街道办事处应当对区域内违反前款规定的行为进行巡查和监督。

市发展改革、经济信息化、农业、环保、财政等有关部门应当制定相关政策,鼓励和引导农业生产方式转变和秸秆高效综合利用,区人民政府应当予以推进落实。

第五十四条 建设单位应当在施工承包合同中明确施工单位防治扬尘污染的责任。

施工单位应当按照施工技术规范中扬尘污染防治的要求文明施工,控制扬尘污染。符合市建设行政管理部门规定条件的建设工程,施工单位应当按照规定安装扬尘在线监测设施,扬尘在线监测设施的安装和运行费用列入工程概算。

第五十五条 装卸、运输易产生扬尘污染的物料的车辆,应当采用密闭化措施。运输单位和个人应当加强对车辆机械密闭装置的维护,确保设备正常使用,运输途中的物料不得沿途泄漏、散落或者飞扬。

装卸、运输易产生扬尘污染的物料的船舶应当采取覆盖措施。

第五十六条 堆放易产生扬尘污染的物料的港口、码头、堆场、混凝土搅拌站和露天仓库等场所应当采取围挡、遮盖、密闭和其他防治扬尘污染的措施,并符合下列防尘要求:

(一)地面进行硬化处理;

(二)采用混凝土围墙或者天棚储库,库内配备喷淋或者其他抑尘措施;

(三)采用输送设备作业的,应当在落料、卸料处配备吸尘、喷淋等防尘设施,并保持防尘设施的正常使用;

(四)在出口处设置车辆清洗的专用场地,配备运输车辆冲洗保洁设施;

(五)划分料区和道路界限,及时清除散落的物料,保持道路整洁,并及时清洗。

第五十七条 道路、广场和其他公共场所进行保洁作业的单位和个人,应当按照保洁作业技术规范中的扬尘污染防治要求作业。

第五十八条 植物栽种和养护作业应当符合绿化建设和养护技术规范中的扬尘污染防治要求。

第五十九条 下列范围内裸露土地应当依本条规定进行绿化或者铺装:

(一)单位范围内的裸露土地,由所在单位进行绿化或者铺装;

(二)闲置三个月以上的建设用地,由建设单位进行绿化或者铺装;

(三)市政道路、河道沿线、公共绿地的裸露土地,分别由交通、水务、绿化行政管理部门组织进行绿化或者铺装。

第六十条 禁止在人口集中地区和其他依法需要特殊保护的区域内,贮存、加工、制造或者使用产生强烈异味、恶臭气体的物质。

第六十一条 饮食服务业的经营者应当按照市环保部门的规定安装和使用油烟净化和异味处理设施以及在线监控设施,并保持正常运行,排放的油烟、烟尘等污染物不得超过规定的标准。

饮食服务业的经营者应当定期对油烟净化和异味处理装置进行清洗维护并保存记录，防止油烟和异味对附近居民的居住环境造成污染。环保部门应当对饮食服务经营场所的油烟和异味排放状况进行监督检查。

在本市城镇范围的居民住宅楼内，不得新建饮食服务经营场所。规划配套建设的饮食服务经营场所，应当在建筑结构上设计专用烟道等污染防治措施，保证油烟排放口设置高度及与周围居民住宅楼等建筑物距离控制符合环保要求。

在前款规定范围内新建的饮食服务经营场所，应当使用清洁能源。已建的饮食服务经营场所应当按照市人民政府规定的限期改用清洁能源。

第六十二条 产生粉尘、废气的作业活动具备收集或者消除、减少污染物排放条件的，作业单位和个人应当按照规定采取相应的防治措施，不得无组织排放。

第六十三条 本市根据实际需要逐步扩大烟花爆竹的禁止燃放区域，严格限制燃放时间。

第六章 长三角区域大气污染防治协作

第六十四条 市人民政府应当根据国家有关规定，与长三角区域相关省建立大气污染防治协调合作机制，定期协商区域内大气污染防治重大事项。

环保、发展改革、经济信息化、规划国土、建设、交通、公安交通、气象、海事等相关部门应当与周边省、市、县(区)相关部门建立沟通协调机制，采取措施，优化长三角区域产业结构和规划布局，促进清洁能源替代，统筹区域交通发展，强化大气环境信息共享及污染预警应急联动，协调跨界污染纠纷，实现区域经济、社会、环境协调发展。

第六十五条 本市有关部门在制定本条例第二十一条、第二十三条规定的产业结构调整指导目录和淘汰名录时，应当统筹考虑与长三角区域相关省的协调性。

第六十六条 市人民政府应当会同长三角区域相关省，及时组织实施机动车国家排放标准。

市人民政府应当会同长三角区域相关省，根据长三角区域大气污染防治需要，研究制定区域统一的货运汽车和长途客车更新淘汰标准，并采取车辆限行等措施，加快淘汰高污染车辆。

第六十七条 市交通行政管理部门应当与国家海事部门、长三角区域相关省有关部门加强协作，在本市逐步推进进入上海港的船舶使用低硫油，靠泊船舶采用岸基供电。

第六十八条 市人民政府应当会同长三角区域相关省，建立长三角区域重污染天气应急联动机制，及时通报预警和应急响应的有关信息，并可根据需要商请相关省、市采取相应的应对措施。

第六十九条 市环保等行政管理部门应当与长三角区域相关省有关部门建立沟通协调机制，对在省、市边界建设可能对相邻省、市大气环境产生影响的重大项目，及时通报有关信息。

第七十条 市人民政府应当会同长三角区域相关省，在防治机动车污染、禁止秸秆露天焚烧等领域，探索区域大气污染联动执法。

第七十一条 市人民政府应当与长三角区域相关省协商，将下列环境信息纳入长三角区域共享：

(一)大气污染源信息；

(二)大气环境质量监测信息；

(三)气象信息；

(四)机动车排气污染检测信息；

(五)企业环境征信信息；

(六)可能造成跨界大气影响的污染事故信息；

(七)各方协商确定的其他信息。

第七十二条 市环保部门应当加强与长三角相关省的大气污染防治科研合作，组织开展区域大气污染成因、溯源和防治政策、标准、措施等重大问题的联合科研，推动节能减排、污染排放、产业准入和淘汰等方面环境标准的统一。

第七章 法律责任

第七十三条 违反本条例规定的行为，法律和行政法规已有处罚规定的，从其规定。

第七十四条 环保部门和其他有关行政管理部门应当依法履行监督管理职责，有下列违法行为的，由所在单位或者上级主管部门对直接负责的主管人员和其他直接责任人员，依法给予行政处分；构成犯罪的，依法追究刑事责任：

（一）对应当予以受理的事项不予受理的；

（二）对应当予以查处的违法行为不予查处，致使公共利益受到严重损害的；

（三）滥用职权、徇私舞弊的；

（四）违反本条例规定，查封、扣押企事业单位和其他生产经营者的设施、设备的。

第七十五条 违反本条例第十八条规定，无排放许可证排放主要大气污染物或者排放主要大气污染物超过排放总量指标的，由市或者区环保部门责令改正或者限制生产、停产整治，并处十万元以上一百万元以下罚款；情节严重的，由市或者区环保部门报请同级人民政府责令停业、关闭。

第七十六条 违反本条例第二十三条第二款规定，列入淘汰名录的行业、工艺或者设备逾期未调整或者淘汰的，相关企业由市或者区经济信息化行政管理部门报请同级人民政府责令停业、关闭。

第七十七条 违反本条例第二十四条第一款、第二款规定，有下列情形之一的，由市或者区环保部门责令停止生产，处一万元以上五万元以下的罚款：

（一）大气污染物处理设施未保持正常使用的；

（二）未经批准擅自拆除或者闲置大气污染物处理设施的；

（三）大气污染物处理设施因维修、故障等原因不能正常使用，未按照规定及时报告的。

第七十八条 违反本条例第二十五条第二款规定，接受委托的第三方机构，未按照法律、法规和相关技术规范的要求实施污染治理，或者在实施污染治理中弄虚作假的，由市或者区环保部门责令改正，处一万元以上十万元以下罚款。

第七十九条 违反本条例第二十六条第二款规定，未制订应急预案的，由市或者区环保部门责令改正；对拒不制订应急预案的单位，可以处二千元以上一万元以下罚款，并可以建议有关部门对直接负责的主管人员和其他直接责任人员给予行政处分。

第八十条 有关单位违反本条例第二十八条第三款规定，拒不执行暂停或限制生产措施的，由环保部门处二万元以上二十万元以下罚款；拒不执行扬尘管控措施的，由建设、交通、房屋等有关行政管理部门或城管执法部门依据各自职责处一万元以上五万元以下罚款；拒不执行机动车管控、禁止燃放烟花爆竹措施的，由公安机关依照有关规定予以处罚。

第八十一条 违反本条例第三十一条第一款规定，未按照规定配置大气污染物排放在线监测设备，或者拒绝纳入统一监测网络的，由市或者区环保部门责令改正，并处一万元以上十万元以下罚款。

第八十二条 违反本条例第三十二条第一款规定，未按照规定公布单位环境信息的，由市或者区环保部门责令公开，处一万元以上十万元以下罚款。

第八十三条 违反本条例第三十五条第三款、第六十一条第四款规定，在市人民政府规定的期限届满后继续使用高污染燃料的，由市或者区环保部门责令拆除或者没收燃用高污染燃料的设施。

违反本条例第三十五条第四款，使用燃料不符合国家和本市规定的有关强制性标准和要求的，由质量技术监督管理部门责令改正，可以处一万元以上十万元以下罚款。

第八十四条 违反本条例第三十六条第二

款规定，锅炉、窑炉以及单位使用的或者经营性的炉灶等设施排放明显可见黑烟的，由市或者区环保部门责令改正，可以处五千元以上五万元以下罚款。

第八十五条 违反本条例第三十八条第一款、第五款规定，在本市行驶的机动车向大气排放污染物超过规定的排放标准或者排放明显可见黑烟的，由公安交通管理部门暂扣车辆行驶证，责令维修，可以处二百元以上二千元以下罚款；维修后经有资质的检测单位检测符合排放标准的，发还车辆行驶证。

违反本条例第三十八条第一款、第五款规定，在本市行驶的机动船向大气排放污染物超过规定的排放标准或者排放明显可见黑烟的，由海事部门责令改正，可以处一千元以上一万元以下罚款；情节严重的，处一万元以上五万元以下罚款。

第八十六条 违反本条例第三十九条规定，尾气排放车载诊断系统报警后，未及时送修的，轻型车行驶超过二百公里行驶里程、重型车行驶超过二十四小时行驶时间的，由环保部门责令改正，并处三百元罚款。擅自拆除机动车尾气处理装置的，由环保部门责令改正，并处三百元罚款。

第八十七条 违反本条例第四十条规定，在本市使用的非道路移动机械向大气排放污染物超过规定排放标准或者排放明显可见黑烟的，由环保部门责令改正，可以处五百元以上五千元以下罚款。

第八十八条 违反本条例第四十一条第三款规定，将维修后污染物排放仍超过规定排放标准的机动车交付使用的，由交通行政管理部门依照有关法律、法规处理。

第八十九条 违反本条例第四十二条第一款规定，未经市环保部门委托从事机动车排气污染定期检测的，由市环保部门责令停止违法行为，没收非法所得，可以并处五千元以上五万元以下罚款。

违反本条例第四十二条第二款规定，接受委托从事机动车排气污染定期检测的单位不按规定的检测方法和技术规范进行检测，由市环保部门责令改正，可以处三千元以上三万元以下罚款；提供不实的检测报告或者不按规定检测情节严重的，处三万元以上五万元以下罚款，并可以由负责资质认定的部门取消承担机动车定期检测的资格。

第九十条 违反本条例第四十三条第三款规定，在用机动车车主或者驾驶人员，以及在航机动船经营人员或者船员拒绝、阻挠公安交通、海事或者环保部门对机动车和机动船排气污染监督抽测的，由公安交通、海事或者环保部门依照有关法律、法规处理。

第九十一条 违反本条例第四十四条第三款规定，无环保检验合格标志或者被标识为高污染的道路运输车辆在本市从事道路运输经营的，由交通行政管理部门责令改正，可以处二百元以上二千元以下罚款。

第九十二条 违反本条例第四十五条规定，污染物排放超过规定标准无法修复的在用机动车上路行驶的，公安交通管理部门应当依照有关规定予以收缴、强制报废，并对机动车驾驶人依法予以处罚。

第九十三条 违反本条例第四十七条第二款规定，在本市销售不符合规定标准的车、船、非道路移动机械燃料的，由质量技术监督管理部门依照《中华人民共和国产品质量法》的规定处理。

违反本条例第四十七条第三款规定，自备的燃料不符合规定标准的，由环保部门、海事部门按照职责分工责令改正，处一万元以上十万元以下罚款。

第九十四条 违反本条例第五十一条第一款、第五款规定，单位违反挥发性有机物排放标准、技术规范进行运行管理的，由市或者区环保部门责令改正，可以处五千元以上五万元以下的罚款。

违反本条例第五十一条第二款、第三款、第四款规定，未配备挥发性有机物回收装置的，或者未在密闭空间或者设备中进行产生含挥发性有机物废气的生产经营活动，或者未设置废气收集和处理系统，或者发生泄漏未按照规定及时修复的，由环保部门责令改正，处二万元以上二十万元以下罚款；拒不改正的，责令停产整治。

第九十五条 违反本条例第五十二条第二款规定，废弃物焚烧炉排放大气污染物超过规定的排放标准或排放总量指标的，市或者区环保部门可以责令限制生产或者停产整治，处一万元以上十万元以下罚款；情节严重的，由市或者区人民政府责令停业、关闭。

第九十六条 违反本条例第五十三条第一款规定，露天焚烧秸秆、枯枝落叶等产生烟尘的物质的，由环保部门责令改正，可以处五百元以上二千元以下罚款；露天焚烧沥青、油毡、橡胶、塑料、垃圾、皮革等产生有毒有害、恶臭或强烈异味气体物质的，由环保部门责令改正，对单位处一万元以上十万元以下罚款，对个人处五百元以上二千元以下罚款。

第九十七条 违反本条例第五十四条第二款规定，施工单位未采取有效防尘措施的，由工程有关行政管理部门责令改正，处一万元以上十万元以下罚款；

违反本条例第五十五条第一款规定，运输车辆未采用密闭化措施，或者在运输过程中泄露、散落、飞扬的，由公安交通管理部门或者绿化市容行政管理部门依照有关法律、法规处理；

违反本条例第五十五条第二款规定，船舶未采取覆盖措施的，由海事部门责令改正，处一万元以上十万元以下罚款；

违反本条例第五十六条规定，港口、码头及其堆场未采取有效扬尘防治措施的，由交通行政管理部门责令改正，处一万元以上十万元以下罚款；露天仓库和其他堆场未采取有效扬尘防治措施的，由环保部门责令改正，处一万元以上十万元以下罚款；混凝土搅拌站未采取有效扬尘防治措施的，由建设行政管理部门责令改正，处一万元以上十万元以下罚款；

违反本条例第五十七条、第五十八条规定，未按照规范进行清扫保洁作业，以及未按照规范进行植物栽种和养护作业的，由绿化市容行政管理部门责令改正，处一千元以上一万元以下罚款；

违反本条例第五十九条第一项的规定，单位未按照规定进行绿化或者铺装的，由环保部门责令改正，处一千元以上一万元以下罚款；

违反本条例第五十九条第二项规定，建设单位未按照规定进行绿化或者铺装的，由建设行政管理部门责令改正，处一万元以上十万元以下罚款；

有本条第一款至第四款规定的情形，拒不改正的，由有关行政管理部门责令停工整治或者停业整治；有本条第五款、第六款规定的情形，致使大气环境受到污染，情节严重的，由有关行政管理部门处一万元以上五万元以下罚款。

第九十八条 有下列行为之一的，由环保部门责令停止违法行为，污染较轻的可以处二百元以上三千元以下罚款；污染严重的可以处三千元以上五万元以下罚款：

（一）违反本条例第六十条规定，在人口集中地区和其他需要特殊保护的区域内，贮存、加工、制造或者使用产生强烈异味、恶臭气体的物质，造成周围环境污染的；

（二）违反本条例第六十一条第一款、第二款规定，饮食服务业的经营者未按照规定安装油烟净化和异味处理设施或在线监控设施、未保持设施正常运行或者未定期对油烟净化或异味处理设施进行清洗维护并保存记录的。

第九十九条 违反本条例第六十二条规定，作业单位和个人无组织排放粉尘或者废气的，由市或者区环保部门责令改正；拒不改正的，处五千元以上五万元以下罚款。

第一百条 为排放大气污染物的单位和个人提供生产经营场所的出租人，应当配合环保部门对出租场所内违反本条例规定行为的执法检查，提供承租人的有关信息。出租人拒不配合的，由环保部门处二千元以上两万元以下罚款。

第一百零一条 企事业单位和其他生产经营者违反本条例，除第二十八条、第三十二条、第六十一条规定的情形外，受到罚款处罚，被责令改正，拒不改正的，依法作出处罚决定的行政机关可以自责令改正之日的次日起，按照原处罚数额按日连续处罚。

第一百零二条 市或者区人民政府对排污单位作出责令停业、关闭决定的，以及市或者区环保部门对排污单位作出责令停产整治决定的，供电单位应当予以配合，停止对排污单位供电。

第一百零三条 排污单位违反本条例规定发生环境污染事故，或者违反本条例第十六条第二款、第十八条第一款和第二款、第二十八条第三款规定的，除对单位进行处罚外，环保等有关部门还可以对单位主要负责人和直接责任人员处上一年度从本单位取得收入百分之五十以下的罚款；收入难以认定的，处一万元以上十万元以下的罚款。

第一百零四条 企事业单位和其他生产经营者违法排放大气污染物，造成或者可能造成严重污染的，环保部门可以查封、扣押造成污染物排放的设施、设备。

第一百零五条 违反本条例规定，排放大气污染物，构成犯罪的，依法追究刑事责任。

环保部门与公安机关应当建立健全大气污染案件行政执法和刑事司法的衔接机制。

第一百零六条 因污染大气环境造成损害的，应当依照《中华人民共和国侵权责任法》的有关规定承担侵权责任。

对污染大气环境，损害社会公共利益的行为，符合国家法律规定的社会组织可以依法向人民法院提起诉讼。

第一百零七条 当事人对环保部门和其他有关行政管理部门的具体行政行为不服的，可以依照《中华人民共和国行政复议法》或者《中华人民共和国行政诉讼法》的规定，申请行政复议或者提起行政诉讼。

当事人对具体行政行为逾期不申请复议，不提起诉讼，又不履行的，作出具体行政行为的行政管理部门可以申请人民法院强制执行，或者依法强制执行。

第八章 附 则

第一百零八条 本条例自2014年10月1日起施行。2001年7月13日上海市第十一届人民代表大会常务委员会第二十九次会议通过的《上海市实施〈中华人民共和国大气污染防治法〉办法》同时废止。

上海市实施《中华人民共和国全国人民代表大会和地方各级人民代表大会代表法》办法

（2015年1月29日上海市第十四届人民代表大会第三次会议通过 根据2016年4月21日上海市第十四届人民代表大会常务委员会第二十八次会议《关于修改〈上海市区县和乡镇人民代表大会代表直接选举实施细则〉等5件地方性法规的决定》修正）

第一章 总 则

第一条 为了保证本市各级人民代表大会代表依法行使代表的职权，履行代表的义务，发挥代表作用，根据《中华人民共和国全国人民代表大会和地方各级人民代表大会代表法》，结合本市实际，制定本办法。

第二条 本市各级人民代表大会代表依照法律规定选举产生，是本市各级国家权力机关组成人员，代表人民的利益和意志，依照宪法和法律赋予本级人民代表大会的各项职权，参加行使国家权力。

第三条 代表享有下列权利：

（一）出席本级人民代表大会会议，参加审议各项议案、报告和其他议题，发表意见；

（二）依法联名提出议案、质询案、罢免案等；

（三）提出对各方面工作的建议、批评和意见；

（四）参加本级人民代表大会的各项选举；

（五）参加本级人民代表大会的各项表决；

（六）获得依法执行代表职务所需的信息和各项保障；

（七）法律、法规规定的其他权利。

第四条 代表应当履行下列义务：

（一）模范地遵守宪法和法律、法规，保守国家秘密，在自己参加的生产、工作和社会活动中，协助宪法和法律、法规的实施；

（二）按时出席本级人民代表大会会议，认真审议各项议案、报告和其他议题，发表意见，做好会议期间的各项工作；

（三）积极参加统一组织的视察、专题调研、执法检查等履职活动；

（四）加强履职学习和调查研究，不断提高执行代表职务的能力；

（五）与原选区选民或者原选举单位和人民群众保持密切联系，听取和反映他们的意见和要求，努力为人民服务；

（六）自觉遵守社会公德，廉洁自律，公道正派，勤勉尽责；

（七）法律、法规规定的其他义务。

第五条 代表依法在本级人民代表大会会议期间的工作和闭会期间的活动，都是执行代表职务。

本市国家机关、社会团体、企业事业单位等应当为代表执行代表职务提供保障。

代表不脱离各自的生产和工作。代表出席本级人民代表大会会议，参加闭会期间统一组织的履职活动，应当安排好本人的生产和工作，优先执行代表职务。

第六条 代表受原选区选民或者原选举单位的监督。

第二章 代表在本级人民代表大会会议期间的工作

第七条 代表应当按时出席本级人民代表大会会议。

代表因健康等特殊原因不能出席人民代表大会会议的，应当事先请假。市和区、县人民代表大会代表应当事先向本级人民代表大会常务委员会书面请假，由本级人民代表大会常务委员会主任会议委托的主任、副主任批准，乡、镇人民代表大会代表应当事先向乡、镇人民代表大会主席、副主席书面请假并得到批准。

代表在会议期间因健康等特殊原因需要临时请假的，市和区、县人民代表大会代表应当向本代表团团长请假并得到批准，乡、镇人民代表大会代表应当向乡、镇人民代表大会执行主席请假并得到批准。

第八条 代表在出席本级人民代表大会会议前，应当听取原选区选民或者原选举单位和人民群众的意见和建议，为会议期间执行代表职务做好准备。

第九条 代表应当按照本级人民代表大会会议日程的安排参加大会全体会议、代表团全体会议、小组会议、专题审议会议，审议列入会议议程的各项议案和报告。

代表可以被推选或者受邀请列席主席团会议、专门委员会会议，发表意见。

代表应当围绕会议议题发表审议意见，遵守议事规则。

第十条 市和区、县人民代表大会代表十人以上联名，乡、镇人民代表大会代表五人以上联名，有权向本级人民代表大会提出属于本级人民代表大会职权范围内的议案。代表提出的议案按照相关规定处理。

第十一条 市和区、县人民代表大会代表十人以上联名，乡、镇人民代表大会代表五人以上联名，可以按照规定对列入会议议程的议案或者准备交付大会表决的决议草案书面提出修正案。修正案由主席团决定是否提交各代表团审议和提请大会表决。

第十二条 代表要求在大会审议的全体会议上发言，可以在大会审议前向大会秘书处报名；发言的代表和顺序由大会执行主席安排。

代表在大会审议的全体会议上临时要求发言的，可以提出申请，并经大会执行主席许可。

第十三条 代表参加本级人民代表大会的各项选举时，有权依照法律规定对选举的人选提出意见。

市人民代表大会代表三十人以上联名，区、县人民代表大会代表十人以上联名，有权提出本级人民代表大会常务委员会组成人员、人民政府领导人员、人民法院院长、人民检察院检察长的人选。

市和区、县人民代表大会代表十人以上联名，有权提出上一级人民代表大会代表的人选。

乡、镇人民代表大会代表十人以上联名，有权提出本级人民代表大会主席、副主席和人民政府领导人员的人选。

本市各级人民代表大会代表有权对本级人民代表大会主席团的人选提出意见。

在选举日前，主席团根据代表的要求，可以安排本级国家机关领导人员的正式候选人与代表见面或者座谈。

代表对确定的候选人，可以投赞成票，可以投反对票，可以另选他人，也可以弃权。

第十四条 市和区、县人民代表大会代表参加表决通过本级人民代表大会各专门委员会组成人员的人选。

第十五条 代表在审议议案和报告时，可以口头或者书面向本级有关国家机关提出询问。有关国家机关应当派负责人或者由其委托的负责人员在会议期间回答代表的询问。如果询问涉及的问题比较复杂，由受询问机关提出申请，经主席团或者有关的代表团同意，可以在闭会后两个月内作出答复。

第十六条 市和区、县人民代表大会代表十人以上联名，有权书面提出对本级人民政府及其所属各部门，人民法院，人民检察院的质询案。乡、镇人民代表大会代表十人以上联名，有权书面提出对本级人民政府的质询案。质询案应当写明质询对象、质询的问题和内容。

质询案按照主席团的决定，由受质询机关负责人在主席团会议、大会全体会议或者有关的专门委员会会议上作出口头或者书面答复。

在主席团对质询案作出决定前，提出质询案的代表书面要求撤回，导致提出该质询案的代表不足法定人数的，经主席团同意，会议对该项质询案的审议即行终止。受质询机关负责人在主席团会议或者专门委员会会议上答复的，提出质询案的代表有权列席会议，发表意见。

提出质询案的代表半数以上对受质询机关的答复不满意的，可以提出再次答复的要求，由主席团交受质询机关再作答复。

市和区、县人民代表大会代表提出的质询案，受质询机关认为涉及的问题比较复杂，在会议期间答复有困难的，或者提出质询案的代表半数以上对再次答复仍不满意的，经主席团决定，可以在大会闭会后两个月内，由受质询机关负责人在人民代表大会常务委员会会议或者有关的专门委员会会议上作出答复，提出质询案的代表有权列席会议，发表意见。人民代表大会常务委员会根据答复的情况和代表的意见，必要时可以作出决定。

第十七条 市和区、县人民代表大会十分之一以上代表联名，有权书面提出对本级人民代表大会常务委员会组成人员、专门委员会成员、人民政府组成人员、人民法院院长、人民检察院检察长、由本级人民代表大会选出的上一级人民代表大会代表的罢免案。

乡、镇人民代表大会五分之一以上代表联名，有权书面提出对本级人民代表大会主席、副主席和人民政府领导人员的罢免案。

代表提出罢免案应当写明罢免的理由，并提供有关材料。

罢免案由主席团交各代表团审议后，提请大会全体会议表决；或者由主席团提议，经大会全体会议决定组织调查委员会，由本级人民代表大会下次会议根据调查委员会的调查报告审议决定。

第十八条 市和区、县人民代表大会十分之一以上代表联名，有权提议组织关于特定问题的调查委员会，由主席团提请大会全体会议决定。

调查委员会的组成人员，由主席团在本级人民代表大会代表中提名，提请大会全体会议通过。

第十九条 代表参加本级人民代表大会表决，可以投赞成票，可以投反对票，也可以弃权。

第二十条 代表有权向本级人民代表大会提出对各方面工作的建议、批评和意见。代表提出的建议、批评和意见按照相关规定处理。

第三章 代表在本级人民代表大会闭会期间的活动

第二十一条 市和区、县人民代表大会常务委员会组织本级人民代表大会代表开展闭会期间的活动。

市和区、县人民代表大会常务委员会受上一级人民代表大会常务委员会的委托，组织本级人民代表大会选举产生的上一级人民代表大会代表开展闭会期间的活动。

乡、镇人民代表大会主席、副主席根据主席团的安排，组织本级人民代表大会代表开展闭会期间的活动。

第二十二条 代表在闭会期间的活动以集体活动为主，以代表小组活动为基本形式。

市和区、县人民代表大会代表在市和区、县人民代表大会常务委员会组织或者协助下，乡、镇人民代表大会代表在本级人民代表大会主席团组织或者协助下，按照便于组织和开展活动的原则组成代表小组。

代表应当参加由本级人民代表大会代表组成的一个代表小组并参加活动，市和区、县人民代表大会代表也可以参加下级人民代表大会代表的小组活动。

每个代表小组应当推选一至三名代表为小组召集人。小组召集人负责制定小组年度活动计划，主持小组活动。

代表小组年度活动计划应当按照本级人民代表大会常务委员会代表工作机构或者乡、镇人民代表大会主席团的安排，明确活动次数、活动方式和内容。

第二十三条 代表小组可以开展以下活动：

（一）学习宪法和法律、法规以及上级和本级人民代表大会及其常务委员会的决议、决定；

（二）调研法律和法规在本行政区域内贯彻执行的情况；

（三）研究、反映人民群众的意见和要求；

（四）讨论、完善代表拟提出的议案或者建议、批评和意见，跟踪议案或者建议、批评和意见的办理和落实情况；

（五）交流执行代表职务的情况和经验等；

（六）符合法律、法规规定的其他代表活动。

第二十四条 市和区、县人民代表大会代表根据本级人民代表大会常务委员会的统一安排，对本级或者下级国家机关、组织和有关单位的工作进行视察。乡、镇人民代表大会代表根据本级人民代表大会主席团的安排，对本级人民政府和有关单位的工作进行视察。

代表按照前款规定进行视察，可以提出约见本级或者下级有关国家机关负责人。市和区、县人民代表大会常务委员会的办事机构和工作机构或者乡、镇人民代表大会主席团，联系安排约见。被约见的有关国家机关负责人或者由其委托的负责人员应当听取代表的建议、批评和意见，并及时向代表反馈有关情况。

代表持代表证在本行政区域内进行视察的，市和区、县人民代表大会常务委员会或者乡、镇人民代表大会主席团应当根据代表或者代表小组的要求负责联系安排。

代表在视察中，可以通过现场察看和同群众座谈、个别交谈等方式，了解情况，听取意见和要求,并可以向被视察单位提出建议、批评和意见,但不直接处理问题。

被视察单位应当认真接待代表,如实介绍情况,提供有关材料,听取代表的建议、批评和意见。

第二十五条 代表根据本级人民代表大会常务委员会或者乡、镇人民代表大会主席团的统一安排,围绕本行政区域内经济社会发展和关系人民群众切身利益、社会普遍关注的重大问题,开展具有针对性的专题调研。

第二十六条 代表参加统一安排的视察、专题调研形成的视察报告、调研报告,由本级人民代表大会常务委员会办事机构或者乡、镇人民代表大会主席团转交有关机关、组织研究处理。

有关机关、组织应当对视察报告、调研报告提出的意见和建议进行研究处理,并可以邀请代表参加。有关机关、组织将研究处理情况报告交办机构,交办机构应当将研究处理情况及时向代表反馈。

第二十七条 市和区、县人民代表大会代表根据本级人民代表大会常务委员会的统一安排,参加对本级人民政府及其所属各部门,人民法院,人民检察院工作的评议活动。

乡、镇人民代表大会代表根据本级人民代表大会主席团的统一安排,参加对本级人民政府工作的评议活动。

代表在评议活动中提出的建议、批评和意见,由组织评议的市和区、县人民代表大会常务委员会或者乡、镇人民代表大会主席团交被评议机关,督促其改进工作。

第二十八条 五分之一以上代表联名,可以向本级人民代表大会常务委员会或者乡、镇人民代表大会主席团提议临时召集本级人民代表大会会议。

第二十九条 市人民代表大会代表可以列席原选举单位的人民代表大会会议,可以应邀列席市人民代表大会常务委员会会议、市人民代表大会各专门委员会会议、市人民代表大会常务委员会各工作委员会会议、原选举单位的人民代表大会常务委员会会议,参加市人民代表大会常务委员会组织的有关立法和监督等活动。

区、县人民代表大会代表可以应邀列席区、县人民代表大会常务委员会会议,区、县人民代表大会各专门委员会会议和常务委员会各工作委员会会议,参加区、县人民代表大会常务委员会组织的有关监督等活动。

代表可以应邀参加市和区、县人民代表大会常务委员会和乡、镇人民代表大会主席团组织的执法检查、调研和其他活动。

第三十条 代表应当主动与原选区选民或者原选举单位和人民群众保持密切联系,宣传法律、法规、政策,可以通过走访、座谈、视察、调研、设立代表信箱或者电子邮箱等多种方式听取并反映原选区选民或者原选举单位和人民群众的意见和要求,监督本级国家机关依法履职、改进工作、解决问题,并接受人民群众监督。

代表应当参加进社区联系人民群众的活动,每年不少于两次。市和区、县人民代表大会常务委员会或者乡、镇人民代表大会主席团应当根据代表履职需要,做好组织安排。

代表可以参与市和区、县人民代表大会常务委员会和乡、镇人民代表大会的信访工作,了解、反映人民群众的意见和要求。

第三十一条 代表可以通过以下方式反映人民群众提出的意见和要求:

(一)在本级人民代表大会会议期间审议大会各项议题或者专题审议时发表审议意见;

(二)向本级人民代表大会或者其常务委员会提出议案或者建议、批评和意见;

(三)在列席和参加本级人民代表大会常务委员会或者乡、镇人民代表大会主席团组织的有关会议和活动时提出建议、批评和意见;

(四)向上一级人民代表大会代表反映;

(五)向乡、镇人民代表大会主席团或者区人民代表大会常务委员会街道工作委员会反映;

(六)向本级人民代表大会或者其常务委员会信访工作部门转交人民群众来信,或者提出建议、批评和意见；

（七）向本级人民代表大会常务委员会的办事机构或者工作机构反映；

（八）法律、法规规定的其他方式。

有关机关、组织应当对代表反映人民群众提出的意见和要求，及时研究办理，并向代表反馈。

第三十二条 代表在本级人民代表大会闭会期间，有权按照规定提出议案或者建议、批评和意见。代表提出的议案或者建议、批评和意见按照相关规定处理。

第三十三条 市和区、县人民代表大会代表根据本级人民代表大会或者本级人民代表大会常务委员会的决定，参加关于特定问题的调查委员会。

第三十四条 市和区、县人民代表大会代表在本级人民代表大会闭会期间，可以围绕本级人民代表大会常务委员会的工作，向本级人民代表大会常务委员会的办事机构或者工作机构提出约见本级人民代表大会常务委员会组成人员。

乡、镇人民代表大会代表在乡、镇人民代表大会闭会期间，可以围绕乡、镇人民代表大会的工作，提出约见乡、镇人民代表大会主席、副主席。

第四章 代表执行职务的保障

第三十五条 代表在人民代表大会各种会议上的发言和表决，不受法律追究。

第三十六条 市和区、县人民代表大会代表，在本级人民代表大会会议期间，非经本级人民代表大会主席团许可，在本级人民代表大会闭会期间，非经本级人民代表大会常务委员会许可，不受逮捕或者刑事审判和法律规定的其他人身自由的限制。如果因为是现行犯被拘留，执行拘留的机关应当在二十四小时以内向本级人民代表大会主席团或者人民代表大会常务委员会报告。

人民代表大会主席团或者常务委员会受理有关机关依照本条规定提请许可的申请，应当及时审查是否存在对代表在人民代表大会各种会议上的发言和表决进行法律追究，或者对代表提出建议、批评和意见等其他执行职务行为打击报复的情形，并据此作出决定。

乡、镇人民代表大会代表如果被逮捕、受刑事审判或者被采取法律规定的其他限制人身自由的措施，执行机关应当立即报告乡、镇人民代表大会。

第三十七条 代表执行代表职务，代表所在单位应当给予时间保障，按正常出勤对待，保证其工资和其他待遇不受影响。代表所在单位应当根据本单位实际情况为代表执行职务提供服务、帮助。

无固定工资收入的代表执行代表职务，根据实际情况由本级财政给予适当补贴。

第三十八条 代表活动经费由市和区、县人民代表大会常务委员会或者乡、镇人民代表大会主席团根据代表活动的实际需要制定计划，列入本级财政预算予以保障，专款专用。

区、县人民代表大会常务委员会受市人民代表大会常务委员会委托，组织市人民代表大会代表开展活动所需的经费，由市人民代表大会常务委员会拨付。

第三十九条 市和区、县人民代表大会常务委员会应当建立常务委员会联系代表制度，加强常务委员会组成人员与本级人民代表大会代表的联系，听取代表的建议、批评和意见。

第四十条 市和区、县人民代表大会专门委员会与常务委员会工作机构应当建立联系代表制度，听取代表的意见和要求，可以按照代表的意向邀请代表参加立法、监督等工作。

第四十一条 市和区、县人民代表大会常务委员会应当建立本市各级人民代表大会代表之间的联系制度，畅通代表了解和反映人民群众意见和要求的渠道。

第四十二条 市和区、县人民代表大会常务委员会，本市各级人民政府和人民法院、人民检察院应当采取举行报告会、通报会等方式，及时向本级人民代表大会代表通报工作情况，应当通过印发资料、网络等方式向本级人民代表大会代表提供有关信息，并根据代表的要求，为其执行代表职务提供有关信息，保障代表的知情权。

第四十三条 市和区、县人民代表大会常务委员会应当制定代表履职学习计划，组织代表参加履职学习、专题学习和专题报告会等，协助代表全面熟悉人民代表大会制度，掌握执行代表职务所需的法律知识、实务技能和其他专业知识。乡、镇人民代表大会主席、副主席根据主席团的安排应当组织本级人民代表大会代表参加履职学习。

乡、镇人民代表大会代表可以参加上级人民代表大会常务委员会组织的代表履职学习。

第四十四条 市和区、县人民代表大会常务委员会，乡、镇人民代表大会主席团应当建立代表联系原选区选民或者原选举单位和人民群众的制度。

第四十五条 市和区、县人民代表大会常务委员会应当为本行政区域内的代表执行代表职务提供必要的条件。

市和区、县人民代表大会常务委员会的办事机构和工作机构是代表执行代表职务的集体服务机构，为代表执行代表职务提供服务保障。

乡、镇人民代表大会代表联络机构、街道人大工作委员会应当为本行政区域内的各级人民代表大会代表执行代表职务提供服务保障，并向代表和社会公布联系方式。

市和区、县人民代表大会常务委员会的代表工作机构，乡、镇人民代表大会代表联络机构，街道人大工作委员会应当建立相互联系制度。

第四十六条 本市各级人民代表大会应当为本级人民代表大会代表制发代表证，方便代表执行代表职务。

第四十七条 有关机关、组织应当认真研究处理代表议案与建议、批评和意见。

代表议案与建议、批评和意见的处理情况，应当向本级人民代表大会或者其常务委员会或者乡、镇人民代表大会主席团报告，并向代表和社会公开。

第四十八条 一切组织和个人都应当尊重代表履职的权利，支持和保障代表依法执行代表职务。

有义务协助代表执行代表职务而拒绝履行义务的，有关单位应当予以批评教育，直至依法给予行政处分。

阻碍代表依法执行代表职务的，根据情节，由所在单位或者上级机关给予行政处分，或者适用《中华人民共和国治安管理处罚法》第五十条的处罚规定；以暴力、威胁方法阻碍代表依法执行代表职务的，依照刑法有关规定追究刑事责任。

对代表依法执行代表职务进行打击报复的，由所在单位或者上级机关责令改正或者给予行政处分；国家工作人员进行打击报复构成犯罪的，依照刑法有关规定追究刑事责任。

市和区、县人民代表大会及其常务委员会和乡、镇人民代表大会应当监督有关机关、单位，依法处理。有关机关、单位应当将处理结果及时报告本级人民代表大会或者其常务委员会。

第五章 对代表的监督

第四十九条 代表应当依法执行代表职务，采取多种方式经常听取原选区选民或者原选举单位和人民群众对代表履职的意见，回答原选区选民或者原选举单位对代表工作和代表活动的询问，自觉接受监督。

市人民代表大会代表应当根据原选举单位的人民代表大会常务委员会的统一安排，以口头或者书面等方式向原选举单位报告履职情况。

区、县和乡、镇人民代表大会代表应当根据区、县人民代表大会常务委员会和乡、镇人民代表大会主席团的统一安排，以口头或者书面等方式定期向原选区选民报告履职情况。

第五十条 代表的工作单位、职务、通讯方式应当向原选举单位或者原选区选民公开。

代表的工作单位、职务、通讯方式等发生变化的，市和区、县人民代表大会代表应当及时告知本级人民代表大会常务委员会的代表工作机构，乡、镇人民代表大会代表应当及时告知本级人民代表大会的代表联络机构。

第五十一条 本市各级人民代表大会或者其常务委员会，市和区、县人民代表大会专门委员会、常务委员会办事机构和工作机构组织代表参加的活动，都应当纳入代表履职活动的范围。

市和区、县人民代表大会常务委员会，乡、镇人民代表大会应当建立本级人民代表大会代表履职情况登记制度。与代表履职活动相关的信息，应当由活动的组织者及时进行登记，并定期与代表核对。代表对履职情况登记有异议的，应当在核实后予以调整。本市各级人民代表大会代表参加履职活动的情况，应当向原选举单位或者原选区选民公开。

第五十二条 代表应当正确处理从事个人职业活动与执行代表职务的关系，不得利用代表身份、执行代表职务干涉具体司法案件或者招标投标等经济活动牟取个人利益。

代表执行代表职务的活动，不得接受企业事业单位、社会团体和个人出资赞助。

第五十三条 选民或者选举单位有权依法罢免自己选出的代表。被提出罢免的代表有权出席罢免该代表的会议，口头或者书面提出申辩意见。

第五十四条 代表有下列情形之一的，暂时停止执行代表职务，由代表资格审查委员会向市和区、县人民代表大会常务委员会或者乡、镇人民代表大会主席团报告：

（一）因刑事案件被羁押正在受侦查、起诉、审判的；

（二）被依法判处管制、拘役或者有期徒刑而没有附加剥夺政治权利，正在服刑的。

前款所列情形在代表任期内消失后，恢复其执行代表职务，但代表资格终止者除外。

市人民代表大会代表暂时停止执行代表职务或者在代表任期内恢复执行代表职务的，市人民代表大会常务委员会应当通知代表本人，并通报代表原选举单位及其所在的代表小组。

区、县和乡、镇人民代表大会代表暂时停止执行代表职务或者在任期内恢复执行代表职务的，区、县人民代表大会常务委员会或者乡、镇人民代表大会主席团应当通知代表本人，并通报代表原选区及其所在的代表小组。

第五十五条 市人民代表大会代表可以向选举其的区、县人民代表大会的常务委员会书面提出辞职。区、县人民代表大会常务委员会接受其辞职的决议，应当报市人民代表大会常务委员会代表资格审查委员会备案、公告。

区、县人民代表大会代表可以向区、县人民代表大会常务委员会书面提出辞职；乡、镇人民代表大会代表可以向乡、镇人民代表大会书面提出辞职。区、县人民代表大会常务委员会或者乡、镇人民代表大会接受其辞职，应当予以公告。

第五十六条 代表有下列情形之一的，其代表资格终止：

（一）迁出或者调离本行政区域的；

（二）辞去代表职务并被接受的；

（三）未经批准两次不出席本级人民代表大会会议的；

（四）被罢免的；

（五）丧失中华人民共和国国籍的；

（六）依照法律被剥夺政治权利的；

（七）丧失行为能力的。

市和区、县人民代表大会代表资格的终止，由代表资格审查委员会报本级人民代表大会常务委员会，由本级人民代表大会常务委员会予以公告。

乡、镇人民代表大会代表资格的终止，由代表资格审查委员会报本级人民代表大会主席团，由本级人民代表大会予以公告。

第六章 附　则

第五十七条 本办法自2015年3月1日起

施行。1993 年 2 月 6 日上海市第九届人民代表大会常务委员会第四十一次会议通过、1998 年 1 月 14 日上海市第十届人民代表大会常务委员会第四十一次会议修正、2011 年 9 月 22 日上海市第十三届人民代表大会常务委员会第二十九次会议修订的《上海市实施〈中华人民共和国全国人民代表大会和地方各级人民代表大会代表法〉办法》同时废止。

上海市教育督导条例

（2015 年 2 月 11 日上海市第十四届人民代表大会
常务委员会第十九次会议通过）

第一章 总 则

第一条 为了保证教育法律、法规和国家教育方针、政策的贯彻执行，实施素质教育，提高教育质量，促进教育公平，推动教育事业科学发展，推进教育治理体系和治理能力建设，根据国务院《教育督导条例》，结合本市实际，制定本条例。

第二条 对本市行政区域内的各级各类教育实施教育督导，适用本条例。

第三条 市和区、县教育督导委员会负责统筹、协调、指导本行政区域内的教育督导工作，审议教育督导工作的重大事项，聘任督学，协调解决教育督导工作中发现的重大问题。市和区、县人民政府教育督导室是同级教育督导委员会的办事机构，承担教育督导委员会的日常工作，负责教育督导的具体实施。

市和区、县教育督导委员会及其教育督导室（以下统称教育督导机构）在本级人民政府领导下依法独立行使教育督导职能。市教育督导机构应当对区、县教育督导机构进行业务指导。

第四条 教育督导机构对人民政府相关职能部门和下级人民政府依法履行教育职责，各级各类学校和其他教育机构（以下统称学校）规范办学实施监督、指导，并对教育发展状况和教育质量组织开展评估、监测。

第五条 市和区、县人民政府应当加强对教育督导工作的领导，将教育督导经费列入本级政府财政预算，并根据本行政区域教育规模和教育督导工作需要，对开展教育督导工作的人员配备和工作条件予以保障。

第六条 本市实行市与区、县分级督导、分工负责的教育督导体制。

鼓励和支持学生及其家长、社会组织、社会公众有序参与教育督导。

第二章 督学的管理

第七条 符合国家规定条件的人员，经考核合格后可以被任命或者聘任为督学。

市教育督导机构负责制定本市督学考核的标准和规范，并通过政府网站等方式向社会公布。

第八条 市和区、县人民政府应当加强教育督导队伍建设，根据教育督导工作的性质与需要，配备专职督学。专职督学由市和区、县人民政府任命。具有专业技术职务的专职督学，按照相应专业技术职务管理办法晋升，具体办法由市教育督导机构会同市人力资源社会保障部门制定。

兼职督学由教育督导机构聘任，任期为三年，可以连续聘任，连续聘任不得超过三个任期。

第九条 教育督导机构应当定期对督学开展相关法律、法规、规章以及教育管理、教育质量评估和监测等方面的专业培训，并采取措施支持督学开展教育督导科学研究与交流，提高督学专业能力。

第十条 督学受教育督导机构的指派实施教育督导。

督学开展教育督导，应当遵守国家和本市相关规定，客观公正地反映实际情况，不得隐瞒或者虚构事实。

督学与被督导单位有利害关系或者有其他可能影响客观公正实施教育督导情形的，应当回避。

教育督导机构负责对本级督学的履职情况进行考评。考评不合格的，按照相关规定处理。

第三章 教育督导的实施

第十一条 教育督导机构对人民政府相关职能部门和下级人民政府实施的教育督导，包括下列事项：

（一）教育相关规划的部署与落实、各级各类教育协调发展情况；

（二）教育经费的投入、管理与使用情况；

（三）学校办学条件的保障与改善情况；

（四）义务教育均衡发展与教育城乡一体化的落实情况；

（五）校长队伍建设、教师配备及待遇保障情况；

（六）法律、法规和国家教育政策规定的其他事项。

第十二条 教育督导机构对学校实施的教育督导，包括下列事项：

（一）依法自主办学与民主管理情况；

（二）素质教育、课程建设与教育教学日常管理情况；

（三）教师队伍建设与专业发展情况；

（四）学生德、智、体、美等方面全面发展情况；

（五）学校与家庭、社会合作与资源共享情况；

（六）法律、法规和国家教育政策规定的其他事项。

教育督导应当结合学校特点分类实施，具体办法由市教育督导机构制定。

第十三条 实施教育督导可以采取全面、系统的综合督导，单项或者局部的专项督导和对教育督导责任区内学校教育实施的经常性督导等形式。

第十四条 区、县教育督导机构根据本行政区域内的学校布局和在校学生规模等情况设立教育督导责任区，并为责任区内每所学校指派不少于两名的责任督学。责任督学的姓名、联系方式和督导事项应当通过政府网站等方式向社会公布。学生及其家长、教师和社会公众对学校规范办学情况的意见和建议，可以直接向责任督学反映。

第十五条 教育督导机构对政府相关职能部门和下级人民政府应当每五年至少实施一次综合督导或者专项督导。

教育督导机构对所辖学校应当每三至五年至少实施一次综合督导，并根据需要就教育普遍性问题和教育重点工作等开展专项督导。

对责任区内学校实施的经常性督导每学期不得少于两次。

对于办学不规范、受学生及其家长和社会公众举报并查证属实的学校，教育督导机构应当增加对其实施专项督导或者经常性督导的次数。

第十六条 实施教育督导可以采取以下方式：

（一）听取被督导单位的情况汇报；

（二）查阅有关文件、账目、档案等资料；

（三）参加教育教学活动或者进行其他现场考察；

（四）参加有关工作会议或者组织召开座谈会；

（五）开展问卷调查、测评、个别访谈；

（六）实施教育督导时可以采取的其他方式。

第十七条 教育督导机构对人民政府相关职能部门和下级人民政府实施综合督导,应当听取有关社会公众和相关行业协会等社会组织的意见;对学校实施综合督导,应当听取学生及其家长、教师、社区单位等方面代表的意见。参与人员应当通过随机方式产生,不得指定。

第十八条 教育督导机构实施专项督导或者综合督导,应当事先确定督导事项,成立由三名以上督学组成的督导小组,并事先向被督导单位发出书面督导通知。教育督导机构要求被督导单位组织自评的,被督导单位应当在通知规定期限内报送自评报告。

责任督学实施经常性督导可以不事先通知学校;确需通知的,不应早于两个工作日。

第十九条 区、县人民政府应当对本行政区域的教育工作进行自评,并形成自评报告报送市教育督导机构。

自评报告应当包含政府依法履行教育职责、教育财政经费使用、教师队伍保障、学生发展水平、硬件设施达标、教育资源变更以及本地区居民对政府依法履行教育职责的评价等内容。

市教育督导机构对各区、县人民政府的自评情况进行核查后,通过政府网站等方式向社会公布。

第二十条 经常性督导结束后,责任督学应当及时向指派其实施督导的教育督导机构提交工作报告;责任督学在教育督导中发现违法违规办学、侵犯师生合法权益、影响正常教育教学秩序或者危及师生人身安全隐患等情况,应当及时督促学校和相关部门处理。

第二十一条 督导小组应当对被督导单位的自评报告、现场考察情况和社会公众的意见进行评议,形成初步督导意见,并在督导结束时向被督导单位反馈。

被督导单位对初步督导意见有异议的,可以自教育督导结束之日起十个工作日内向督导小组提交书面申辩意见。

教育督导机构应当根据督导小组的初步督导意见,综合分析被督导单位的申辩意见,经督导小组集体评议并征得三分之二以上成员的同意,自督导结束之日起三十日内作出督导意见书。

督导意见书应当说明事实、理由和法律法规依据,就督导事项对被督导单位作出客观公正的评价;对存在的问题,应当提出限期整改要求和建议。

第二十二条 教育督导机构作出的督导意见书,除送达被督导单位外,还应当通过政府网站等方式向社会公布。

第二十三条 被督导单位应当根据督导意见书提出的问题、整改要求和期限进行整改,并在规定时限内向作出督导意见书的教育督导机构报告整改情况。

教育督导机构应当对被督导单位的整改情况进行核查。

第四章 督导报告与评估监测

第二十四条 专项督导或者综合督导结束后,教育督导机构应当向本级人民政府提交督导报告;区、县的教育督导报告还应当报市教育督导机构备案。教育督导机构应当向本级人民政府提交年度教育督导工作报告。

督导报告应当通过政府网站等方式向社会公布。学生及其家长、社会组织、社会公众对督导报告有异议的,可以向发布督导报告的教育督导机构反映。教育督导机构接到反映后,应当及时进行调查核实,并将处理情况反馈给反映人。

第二十五条 市和区、县人民政府及其有关主管部门应当将督导报告作为对被督导单位及其主要负责人进行考核、奖惩、任免的重要依据。

第二十六条 教育督导机构应当根据教育的发展现状和实际需要,组织开展教育质量评估和监测工作,并组织专业机构发布教育质量评估报告、监测结果。

第二十七条 教育督导机构可以委托依法成立的研究机构、评估机构及其他组织,开展相关教育质量评估和监测活动。

教育督导机构应当将社会组织提供的评估报告、监测结果作为实施教育督导的重要参考。

第五章 法律责任

第二十八条 违反本条例的行为，法律、行政法规有处理规定的，依照法律、行政法规的规定处理。

第二十九条 教育督导机构违反本条例第十五条、第十七条、第二十一条、第二十二条、第二十三条、第二十四条规定，有下列情形之一的，对直接负责的主管人员和其他责任人员给予批评教育；情节严重的，依法给予处分：

（一）未按照规定周期实施教育督导的；

（二）未按照规定吸收社会公众参与督导，影响督导公正的；

（三）未按照规定作出或者公布督导意见书的；

（四）未对被督导单位的整改情况进行核查的；

（五）未按照规定提交或者公布督导报告的。

第六章 附则

第三十条 本条例自2015年5月1日起施行。

上海市预防职务犯罪工作若干规定

（2015年7月23日上海市第十四届人民代表大会常务委员会第二十二次会议通过）

第一条 为了规范和加强预防职务犯罪工作，遏制和减少职务犯罪，促进国家工作人员依法履行职责，根据有关法律、行政法规，结合本市实际，制定本规定。

第二条 本市行政区域内的预防职务犯罪工作适用本规定。

本规定所称预防职务犯罪工作，是指预防国家机关和有关单位发生贪污贿赂犯罪、渎职犯罪和利用职权实施的侵犯公民人身权利、民主权利犯罪情况以及国家工作人员实施贪污贿赂犯罪、渎职犯罪和利用职权实施的侵犯公民人身权利、民主权利犯罪而开展的工作。

本规定所称有关单位，是指国有企业、事业单位和人民团体。

本规定所称国家工作人员，是指国家机关中从事公务的人员，国有企业、事业单位和人民团体中从事公务的人员，国家机关、国有企业、事业单位委派到非国有企业、事业单位和社会团体从事公务的人员，以及其他依照法律从事公务的人员。

第三条 预防职务犯罪工作贯彻标本兼治、综合治理、惩防并举、注重预防的方针，坚持教育、制度、监督并重的原则，构建内部预防、专门预防和社会预防相结合的预防体系。

第四条 预防职务犯罪工作实行国家机关和有关单位各司其职、各负其责、相互配合，社会各界共同参与的工作机制。

国家机关和有关单位依法开展预防职务犯罪工作，建立、完善预防职务犯罪工作责任制，其主要负责人对本机关或者本单位预防职务犯罪工作承担主要责任，其他负责人根据职责分工承担相应责任。

检察机关与监察机关依法对预防职务犯罪工作履行指导、监督职责。

第五条 市和区、县人民代表大会及其常务委员会和乡、镇人民代表大会依法对预防职务犯罪工作进行监督。各级人民政府、检察机关应当定期向本级人民代表大会常务委员会报告开展预防职务犯罪工作的情况。

第六条 国家机关和有关单位应当支持和配合审判、检察、监察、审计等机关依法开展查处和预防职务犯罪工作，不得拒绝有关机关的检查和监督，不得提供虚假情况和资料，不得瞒报、谎报或者漏报职务犯罪行为。

国家工作人员应当依法履行职责，清正廉洁，勤勉尽责，不得利用职权谋取私利，不得滥用职权或者玩忽职守，不得从事依法应当回避的公务。领导干部应当如实向相关部门报告个人有关事项。

第七条 预防职务犯罪教育实行全面教育与重点教育相结合，着重加强对领导干部、关键岗位、重要部门、重点行业人员的教育。各级领导干部应当自觉接受预防职务犯罪教育，带头学法，模范守法，增强法治意识。

国家机关和有关单位应当定期对本单位工作人员进行预防职务犯罪教育。司法行政、文广影视、新闻出版等部门应当开展形式多样的预防职务犯罪宣传教育活动。公务员主管部门应当对新录用和拟晋升的国家工作人员，开展任前预防职务犯罪教育。干部培训机构应当将预防职务犯罪教育列为培训内容。

审判、检察机关应当完善重大、典型案件信息发布制度，并结合职务犯罪案件侦查、起诉、审判活动，开展预防职务犯罪宣传教育工作。

第八条 广播、电视、报刊、网络等新闻媒体应当依法对国家机关、有关单位及国家工作人员履行职责的行为进行舆论监督，相关部门应当依法及时调查处理媒体反映的违法违纪问题，依法对媒体的舆论监督予以保护。

任何单位和个人对职务犯罪行为有权进行举报。国家机关和有关单位应当公开举报电话、举报信箱或者电子邮箱、通讯地址；对举报人的相关信息和举报内容严格保密，不得打击报复举报人，对实名举报属实的举报人依照有关规定给予奖励。

第九条 各级人民政府及其部门应当依法全面履行政府职能，明确机构、职能、权限、程序、责任，实施行政权力运行规范化管理；推行政府权力清单、责任清单制度，消除权力设租寻租空间；加大行政审批制度改革力度，减少行政审批事项，规范行政审批行为，提高行政审批效率，推进政府管理由注重事先审批转为注重事中事后监管。

各级人民政府及其部门应当全面推行政务公开，依据权力清单，向社会全面公开政府职能、法律依据、实施主体、职责权限、管理流程、监督方式等事项。

各级人民政府及其部门应当加强内部权力制约，对权力集中的部门和岗位实行分事行权、分岗设权、分级授权，定期轮岗，强化内部流程控制，完善层级监督和专门监督。

各级人民政府及其部门应当健全依法决策机制，完善公众参与、专家论证、风险评估、合法性审查、集体讨论决定的重大行政决策程序，建立重大决策责任追究工作机制。

本市建立行政处罚裁量基准制度，根据法定依据、处罚种类、处罚幅度、违法情节轻重等情形，明确行政处罚裁量基准。市和区、县行政执法部门应当完善执法程序，建立执法全过程记录制度，明确操作流程，规范执法行为，全面落实行政执法责任制。

第十条 本市完善司法管理机制和司法权力运行机制，推进审判公开、检务公开、警务公开、狱务公开，保障人民群众参与司法，确保司法公正；依法加强对司法活动各环节的监督，健全司法机关内部监督制约机制；完善对限制人身自由司法措施和侦查手段的司法监督，加强对刑讯逼供、非法取证的源头预防；依法规范司法人员与当事人、律师、特殊关系人、中介组织的接触、交往行为，防止利益输送。

本市建立领导干部干预司法活动、插手具体案件处理的记录、通报和责任追究的工作制度，建立司法机关内部人员过问案件的记录、通报和责任追究的工作制度，完善确保依法独立公正行使审判权和检察权的工作机制。

第十一条 各级人民政府的全部收入和支出应当纳入预算。各级人民政府、各部门、各单位的支出应当以经过批准的预算为依据,未列入预算的不得支出。

各级人民政府应当在本级人民代表大会或者人民代表大会常务委员会批准预算、预算调整、决算后,及时向社会公开本级政府总预算、预算调整和决算情况;市和区、县人民政府各部门应当在财政部门批复预算、决算后,及时向社会公开本部门的预算、决算,涉及国家秘密的内容除外。

各级人民政府应当建立和完善财政预算管理平台,对预算编制、预算执行、会计核算等实施全过程网上监控。

财政资金安排的因公出国(境)费、车辆购置及运行费、公务接待费的预算、决算情况,应当依法向社会公开。

第十二条 市和区、县审计部门应当依法履行审计职责,对国家及本市重大经济政策措施落实情况,以及公共资金、国有资产、国有资源和领导干部履行经济责任情况进行审计,实现审计监督全覆盖,及时发现和纠正违法违纪问题,并跟踪检查审计整改情况。审计部门应当根据国家和本市有关规定,公开审计结果。

本市通过经济责任审计工作联席会议,监督检查、交流通报经济责任审计工作开展情况,协调解决工作中出现的问题。

被审计单位应当依法、及时、全面提供审计所需的财务会计、业务管理等资料及与履行职责相关的电子数据信息和技术文档;配合审计部门开展联网审计;对审计发现的问题和提出的审计意见及审计建议及时整改。被审计单位的主要负责人是整改第一责任人,其上级机关或者主管部门应当及时督促整改。审计整改情况应当书面向审计机关和同级人民政府或者主管部门报告,并向社会公开。

第十三条 本市实行制度廉洁性评估。市人民代表大会及其常务委员会的相关委员会,区、县人民代表大会常务委员会,市和区、县人民政府法制部门应当按照各自职责,在地方性法规、政府规章或者规范性文件的制定、修改和备案审查过程中开展制度廉洁性评估,防止出现以下制度廉洁性风险:

(一)部门利益制度化或者地方保护主义;

(二)法外设定权力,侵害公共利益或者公民、法人和其他组织合法权益;

(三)职权与职责不相符;

(四)内部监督制约机制、问责机制及法律责任缺失;

(五)其他制度廉洁性风险。

第十四条 审判、检察、监察、审计等机关发现国家机关和有关单位有下列情形之一的,应当依法及时提出司法建议、检察建议、监察建议、审计建议,并抄送被建议单位的上级机关或者主管部门:

(一)存在职务犯罪隐患,需要防范、消除的;

(二)发生职务犯罪行为,需要完善制度、改进管理,防止再次发生职务犯罪行为的;

(三)需要多个部门协调开展综合预防的;

(四)其他需要提出建议的情形。

被建议单位应当自收到建议书之日起三十日内,将办理情况书面反馈给提出建议的机关,同时报送其上级机关或者主管部门。提出建议的机关和被建议单位的上级机关或者主管部门应当加强对建议办理工作的督促检查。

第十五条 市和区、县人民政府应当依托市公共信用信息服务平台开展政府诚信建设,提高行政效率、效能和透明度,促进依法行政。

国家机关和有关单位应当运用科技手段和信用管理等措施,加强对权力、资源、资金、资产的内部监管,防范和控制职务犯罪风险。

行政机关和司法机关应当健全行政执法和刑事司法衔接机制,建立信息共享、案情通报、案件移送、共同预防的信息平台,加强职务犯罪线索管理,推进行政执法、行政监察和刑事司法工作衔接。

本市完善行贿犯罪档案信息查询制度,逐步拓展查询应用范围。检察机关应当无偿提供行贿犯罪档案信息查询服务。国家机关和有关单位在政府采购、工程建设等活动中应当查询供应商、投标方等是否有行贿犯罪记录。

第十六条 市和区、县人民政府应当建立健全社会保险基金、住房公积金等社会公共资金监督管理制度，依法实行严格监管，保障资金安全、有效运行。社会公共资金的收支、管理和投资运营情况，应当定期向社会公开。

市和区、县人民政府应当采取措施，鼓励和支持社会各方面参与社会公共资金的监督。

第十七条 市和区、县财政部门应当规范财政性专项资金的使用管理，加强资金使用情况的监督、检查和绩效评价。市和区、县相关部门应当加强对所属预算单位使用财政性专项资金情况的监督管理，完善并严格执行相关财务制度。

市和区、县人民政府及其部门实施财政优惠政策，应当建立健全相关资金的申请、审核、支付、使用、监管及公开等制度，依法保障财政优惠政策的公开、公平、规范、有序。财政部门应当对财政优惠政策的实施情况进行财政监督和绩效评估。

第十八条 市和区、县人民政府及其部门应当加强对收费和罚没款的管理，规范使用非税收入票据，非税收入应当分类纳入预算管理，严格执行罚缴分离和收支两条线管理制度；不得以任何方式下达收费指标或者罚没指标，不得将收费和罚没收入同部门利益直接或者变相挂钩。

市和区、县人民政府及财政、物价部门应当定期组织收费事项清理，取消不合法、不合理的收费项目。对未经市人民政府及市财政、市物价部门批准的行政事业性收费事项，任何单位和个人有权拒绝支付，并可以向政府相关部门举报，相关部门应当依法及时调查处理。

第十九条 市和区、县财政部门应当完善政府采购管理体制和政府采购信息管理平台，建立健全第三方价格评估、社会评议等制度，对集中采购机构的采购价格、节约资金效果、服务质量、信誉状况、有无违法行为等事项进行考核。考核结果有重要情况的，向本级人民政府报告。考核结果定期向社会公开。

市和区、县财政部门应当推进电子商务平台在政府采购中的应用，引入竞争机制，完善协议采购网上供货制度；协议采购网上供货的通用类货物的型号、配置、价格等，应当在公开市场上可以查询比对。

市和区、县财政部门应当会同相关部门共同规范政府购买服务行为，编制并及时更新政府购买服务目录，加强承接主体资质审查和服务质量监管，实现政府购买服务过程公开透明、公平竞争。

采购人应当依法依规合理确定采购需求，严格按照法律、法规规定的采购方式和程序进行采购，并加强履约验收管理。

第二十条 市和区、县国有资产监督管理部门应当依法履行国有出资人职责，完善国资监管体制机制，优化国资监管方式方法；监督、指导国有企业完善现代企业制度和法人治理结构；建立企业改制重组决策、审计评估、市场交易等环节的风险预警和管控机制。

国有企业应当完善重大决策、重要人事任免、重大项目安排及大额度资金运作的集体决策制度，提高决策的民主性和科学性，涉及职工切身利益的事项，应当向职工代表大会报告，依法保障职工代表大会行使职权，并依照有关规定向职工公开；加强企业战略规划、投资并购、改制重组、产权转让、资金运行、物资采购、资产处置、工程建设等方面的内控制度建设。

市和区、县国有资产监督管理及相关部门应当加强对国有企业领导人员廉洁从业的管理，完善规范国有企业领导人员薪酬待遇、履职待遇和业务支出、投资入股、兼任职务等方面的制度，规范国有企业领导人员的配偶、子女及其配偶的投资或者经营行为。

第二十一条 市和区、县规划土地管理部门应当依法实施城乡规划和土地管理，完善规划国土资源信息化管理平台，建立各类审批事项的预警报告、效能评估和问责机制，形成互相关联、互相制约的监管体系，针对管理中的突出问题定期进行专项检查和整治。

市和区、县规划土地管理部门应当依法执行经营性土地公开出让制度，健全完善统一的土地交易市场，预防违反土地供应政策、违规干预土地交易、擅自改变土地出让条件等行为。

第二十二条 市建设管理部门应当建立健全统一、分级、分类的建设市场监管体系，整合监管力量，完善市建设市场管理信息平台，利用信息化手段加强对工程建设全过程的监管。

市和区、县建设管理部门应当加强国有投资建设项目的招标投标监管，完善评标方法，建立建设工程最高投标限价、中标价、竣工结算价公开制度，预防应招标而未招标、虚假招标、串通投标等违法行为。

国有投资重大建设项目应当运用建筑信息模型技术，采用项目管理制等方式加强工程建设全过程管理、节约投资成本，预防工程建设中的职务犯罪。

第二十三条 市金融服务部门及相关部门应当依法加强对本市小额贷款公司、融资性担保机构、区域性股权市场、典当行、融资租赁公司、地方资产管理公司等机构的监督管理；配合国家金融监管部门加强对银行、证券、保险、信托、期货、基金等金融业务和国有金融机构的监督管理，维护金融秩序，促进金融创新，防范金融风险。

国有金融机构应当严格执行有关金融管理的法律法规、规章制度和业务操作规程，完善和落实岗位责任制，建立健全风险管理制度和信息披露制度，完善贷款、授信、投资等科学决策机制和风险预警机制，加强对各项金融业务的内部监督，预防金融活动中的职务犯罪。

第二十四条 各级人民政府及相关部门应当加强教育、科研、医疗卫生领域的监督管理，规范行政审批行为；指导和监督教育、科研、医疗卫生机构加强预防职务犯罪工作。

教育机构应当严格执行国家和本市有关招生录取、教育收费、图书教材和设备采购以及工程建设等方面的制度，完善重点岗位和关键环节的内控制度。

科研机构应当履行法人单位职责，加强科研项目、课题和经费的内部监督管理，严格执行科研经费规范使用、独立核算等制度，预防骗取、套取、挪用科研经费等行为。

医疗卫生机构应当严格执行药品和医疗器械采购、服务外包、社会捐赠资助等制度，完善内部监督管理，采取有针对性的措施防控廉洁风险。

第二十五条 国家机关和有关单位有下列情形之一的，由其上级机关或者主管部门责令限期改正；逾期不改正的，予以通报批评；情节严重的，由其上级机关、主管部门或者监察机关对其直接负责的主管人员和其他直接责任人员依法给予处理：

（一）不履行或者不正确履行预防职务犯罪工作职责，致使本单位发生职务犯罪案件的；

（二）明知本单位国家工作人员涉嫌职务犯罪而隐瞒不报的；

（三）拒不配合或者干扰、妨碍审判、检察、监察、审计等机关依法开展预防职务犯罪工作的；

（四）收到司法建议、检察建议、监察建议、审计建议后，不按照本规定将办理情况反馈给提出建议的机关，或者无正当理由不采纳相关建议的；

（五）其他妨碍预防职务犯罪工作的。

第二十六条 国家工作人员违反本规定造成一定后果的，由主管部门或者监察机关依法给予处理；构成犯罪的，依法追究刑事责任。

第二十七条 法律、法规授权的具有公共事务管理职能的组织、国家行政机关依法委托的组织以及村（居）民委员会等基层组织的预防职务犯罪工作，参照适用本规定。

第二十八条 本规定自2015年9月1日起施行。

上海市台湾同胞投资权益保护规定

（2015 年 9 月 24 日上海市第十四届人民代表大会常务委员会第二十三次会议通过）

第一条 为了保护台湾同胞投资权益，鼓励台湾同胞在本市投资，促进本市与台湾地区经贸往来和经济融合发展，根据《中华人民共和国台湾同胞投资保护法》以及其他法律、行政法规，结合本市实际，制定本规定。

第二条 本规定所称的台湾同胞投资，是指台湾同胞在台湾地区或者大陆其他区域、其他国家或者地区投资设立的公司、企业或者其他经济组织，以及个人作为投资者，在本市投资设立公司、企业以及其他经济组织，或者按照国家有关规定在本市的公司、企业以及其他经济组织投资参股的行为。

第三条 在本市行政区域内台湾同胞的投资权益保护，以及其他相关权益保护，适用本规定。

第四条 本市对台湾同胞投资权益保护，遵循平等、公正、透明的原则。

第五条 市和区、县人民政府应当加强对台湾同胞投资权益保护工作的领导，建立和完善相应的工作机制，促进台湾同胞投资权益保护工作。

市和区、县人民政府台湾事务主管部门负责台湾同胞投资权益保护的组织、指导、管理、协调工作。

本市发展改革、经济信息化、商务、教育、科技、公安、民政、财政、人力资源社会保障、规划国土资源、卫生计生、税务、工商行政、知识产权、住房和城乡建设管理、金融服务、文广影视等有关部门按照各自职责，共同做好台湾同胞投资权益保护工作。

第六条 台湾同胞投资者的投资、投资收益和其他合法权益依法受到保护。台湾同胞投资设立或者投资参股的公司、企业以及其他经济组织（以下统称台湾同胞投资企业），依法享有经营管理的自主权。

任何机关或者单位不得对台湾同胞投资企业进行法律、法规、规章规定之外的检查，不得违反国家规定强制或者变相强制台湾同胞投资企业参加各类培训、评比、鉴定、考核活动，不得向其摊派或者另立收费项目、提高收费标准。

台湾同胞投资企业应当依法开展生产经营活动，建立健全管理制度，开展诚信经营，承担社会责任。

第七条 依法设立的市台湾同胞投资企业协会应当依照法律、法规和协会章程开展活动，加强会员与政府有关部门的联系，为会员提供政府产业政策辅导、咨询评估、教育培训、开拓市场等服务，维护会员的投资权益。

市人民政府台湾事务主管部门以及其他有关部门为市台湾同胞投资企业协会提供指导和服务。

第八条 市台胞服务中心通过法律咨询、政策咨询、投诉和纠纷协调处理等方式，为台湾同胞和台湾同胞投资企业提供公共事务服务。

第九条 本市建立统一的台湾同胞投资公共信息服务平台，建立信息数据共享机制。商务、工商行政、公安出入境等相关部门应当向台湾同胞投资公共信息服务平台提供与台湾同胞投资相关的信息数据资料。

台湾同胞投资公共信息服务平台应当为台湾同胞和台湾同胞投资企业提供各类信息和政策咨询服务。

第十条 本市依法登记设立的仲裁机构应当依据法律、法规和国际惯例，对台湾同胞投资者与其他主体的合同争议或者其他争议进行仲裁。鼓励本市仲裁机构设立涉台仲裁服务窗口,为台湾同胞投资者提供与仲裁相关的法律服务。

符合条件的台湾同胞可以受聘为本市仲裁机构仲裁员。

第十一条 支持台湾同胞投资设立金融机构、金融专业服务机构、融资性担保机构、小额贷款公司。对台湾同胞投资的金融机构分支机构改制成法人金融机构后注册或者迁入本市的,以及在本市新注册设立或者新迁入的金融机构总部,可以给予相关政策扶持。

第十二条 台湾同胞投资企业在本市设立地区总部的,按照有关规定,在资金管理、出入境管理、就业许可、人才引进等方面给予便利。

第十三条 支持台湾同胞投资企业参与本市科技创新中心建设。鼓励台湾同胞投资企业设立研发中心,参与研发公共服务平台建设,承接政府科研项目,与相关单位联合开展产业链核心技术攻关,并在科技成果转化、创新创业人才激励等方面给予相关政策扶持。

第十四条 在中国(上海)自由贸易试验区内鼓励台湾同胞投资金融服务、航运服务、商贸服务、专业服务、文化服务、社会服务以及先进制造业等领域。

第十五条 引导和鼓励台湾同胞投资企业按照国家和本市创新转型的战略要求,加快实施产业的转型升级,支持其中的传统制造业企业开展产业结构调整、节能减排技术改造和清洁生产。支持台湾同胞投资“专精特新”(专业化、精细化、特色化、新颖化)的中小企业,在能源供应等方面予以保障。

台湾同胞投资企业可以按照有关规定利用其存量房屋和土地,兴办信息服务业、研发设计、创意产业等现代服务行业。

第十六条 支持金融机构为本市台湾同胞投资企业提供专项授信。金融机构可以通过知识产权质押、股权质押、供应链融资、出口信用保险融资等服务,支持台湾同胞投资企业发展。

支持台湾同胞投资企业拓宽直接融资渠道。鼓励台湾同胞投资企业在证券市场上市或者再融资。鼓励台湾同胞投资企业发行企业债、公司债、可转换债券、中长期票据、短期融资券等筹措资金。鼓励台湾同胞投资企业通过本市股权托管交易机构进行融资。

支持台湾同胞投资的中小企业发行集合债券和集合票据。发行集合债券和集合票据所承担的评级、审计、担保和法律咨询等中介服务费用,可以向市中小企业工作主管部门申请资金支持。

第十七条 支持台湾同胞投资企业进行专利申请、商标注册和著作权登记。

台湾同胞投资企业进行专利申请,可以按照本市有关规定获得资助。台湾同胞投资企业可以通过本市知识产权援助中心获得一般咨询、维权咨询等援助服务,符合条件的可以申请专项援助。支持台湾同胞投资企业通过知识产权转让交易市场,进行知识产权评估、登记、交易转让等活动。

市和区、县人民政府有关部门应当加强对台湾同胞投资企业知识产权的保护力度,依法处理侵犯台湾同胞投资企业知识产权的行为。

第十八条 对台湾同胞投资者的投资不实行国有化和征收;在特殊情况下,根据社会公共利益的需要,对台湾同胞投资者的投资可以依照法律程序实行征收,并给予相应的补偿。补偿相当于该投资在征收决定前一刻的价值,包括从征收之日起至支付之日止按合理利率计算的利息,并可以依法兑换外汇,汇回台湾或者汇往境外。

市和区、县人民政府及其有关部门为应对突发事件依法征用台湾同胞投资者的动产或者不动产的,应当依法予以补偿。被征用的不动产或者动产使用后,应当返还被征用人。被征用的不动产或者动产损毁、灭失的,应当依法予以补偿。

第十九条 本市设立的青年创业类基金可以为台湾青年在本市创业提供咨询服务、项目评估和资金支持。

本市各类大学生实训基地可以为在本市高校就读的台湾大学生提供实习和训练机会。

在台湾高校、其他国家和地区高校就读或

者毕业的台湾学生在本市企事业单位实习、就业的，人力资源社会保障、公安出入境等相关部门按照规定提供便利。

市台胞服务中心应当为有意愿在本市就业的台湾青年提供就业咨询和指导服务。

第二十条 台湾同胞投资者、在本市合法就业的台湾同胞，以及他们在本市共同居住的配偶、子女、父母，享有与本市常住人口同等的医疗卫生服务待遇，并按照本市有关规定，享受国家免疫规划项目的预防接种等基本公共卫生服务。医疗机构应当按照规定书写和保存医疗文书，并为就诊的台湾同胞申请台湾地区健保机构核退费用提供便利。

台湾同胞投资者在本市共同居住的子女、在本市合法就业的台湾同胞在本市共同居住的子女可以按照有关规定，进入本市幼儿园、中小学（含中等职业学校）就读，与本市学生享有同等待遇，并可以根据相关政策享受适当照顾。

在本市创业、合法就业的台湾同胞可以按照规定申请本市公共租赁住房。

第二十一条 台湾同胞投资者、在本市合法就业的台湾同胞根据相关规定参加社会保险。

台湾同胞投资者在本市共同居住的配偶、子女，在本市合法就业的台湾同胞在本市共同居住的配偶、子女，符合本市有关规定的可以参加本市城镇居民基本医疗保险。

第二十二条 拥有本市房屋所有权的台湾同胞依法享有业主的相关权益。

支持在本市居住的台湾同胞投资者和合法就业的台湾同胞参与社区公益活动，保障其依法享有社区公共事务的知情权、建议权和参与权。

第二十三条 台湾同胞投资者与其他主体发生投资权益争议，或者认为其合法权益受到侵害的，可以通过下列途径解决：

（一）协商和解或者调解解决；

（二）申请仲裁；

（三）向政府有关部门投诉；

（四）申请行政裁决、行政复议；

（五）向人民法院提起诉讼。

第二十四条 市和区、县人民政府台湾事务主管部门或者其他有关部门接到台湾同胞、台湾同胞投资企业的投诉后，除法律、法规另有规定外，应当在六十日内将处理情况回复投诉人。

对应当由政府其他有关部门处理的投诉事项，市和区、县人民政府台湾事务主管部门应当在十五日内转交其他有关部门处理。其他有关部门应当依照前款规定的时限处理投诉，并在回复投诉人的同时，将处理情况书面通报同级台湾事务主管部门。

第二十五条 市和区、县人民政府有关部门及其工作人员违反本规定，有下列行为之一的，由上级主管部门或者监察机关对直接负责的主管人员和其他责任人员，依法给予行政处分：

（一）未依法处理台湾同胞、台湾同胞投资企业投诉事项的；

（二）未按照本规定向台湾同胞投资信息公共服务平台提供信息数据的；

（三）违法对台湾同胞投资企业实施检查的；

（四）违法强制或者变相强制台湾同胞投资企业参加各类培训、评比、鉴定、考核活动的；

（五）违法向台湾同胞投资企业摊派或者另立收费项目、提高收费标准的；

（六）违法对台湾同胞投资者的投资或者动产、不动产实行征收、征用的。

第二十六条 本规定自2015年11月1日起施行。

上海市实施宪法宣誓制度办法

（2015 年 11 月 19 日上海市第十四届人民代表大会常务委员会第二十四次会议通过）

第一条 为彰显宪法权威，激励和教育国家工作人员忠于宪法、遵守宪法、维护宪法，加强宪法实施，根据《全国人民代表大会常务委员会关于实行宪法宣誓制度的决定》，结合本市实际，制定本办法。

第二条 本市各级人民代表大会选举或者表决通过，市和区、县人民代表大会常务委员会决定任命或者任命的国家工作人员，以及各级人民政府、人民法院、人民检察院任命的国家工作人员，在就职时应当公开进行宪法宣誓。

第三条 宣誓誓词如下：

我宣誓：忠于中华人民共和国宪法，维护宪法权威，履行法定职责，忠于祖国、忠于人民，恪尽职守、廉洁奉公，接受人民监督，为建设富强、民主、文明、和谐的社会主义国家努力奋斗！

第四条 市人民代表大会选举的市人民代表大会常务委员会主任、副主任、秘书长、委员，市长、副市长，市高级人民法院院长，以及表决通过的市人民代表大会专门委员会主任委员、副主任委员、委员等，在依照法定程序产生后，进行宪法宣誓。宣誓仪式由市人民代表大会会议主席团组织。

区、县人民代表大会选举的区、县人民代表大会常务委员会主任、副主任、委员，区长、副区长，县长、副县长，区、县人民法院院长，以及表决通过的区、县人民代表大会专门委员会主任委员、副主任委员、委员等，在依照法定程序产生后，进行宪法宣誓。宣誓仪式由区、县人民代表大会会议主席团组织。

乡、镇人民代表大会选举的乡、镇人民代表大会主席、副主席，乡长、副乡长，镇长、副镇长，以及表决通过的乡、镇人民代表大会代表资格审查委员会主任委员、副主任委员、委员等，在依照法定程序产生后，进行宪法宣誓。宣誓仪式由乡、镇人民代表大会主席团组织。

市和区、县人民代表大会选举的本级人民检察院检察长，经上一级人民检察院检察长提请该级人民代表大会常务委员会批准后，进行宪法宣誓。宣誓仪式由本级人民代表大会常务委员会主任会议组织。

第五条 市人民代表大会常务委员会决定任命或者任命的个别副市长，市人民代表大会专门委员会个别副主任委员、部分委员，市人民代表大会常务委员会代表资格审查委员会主任委员、副主任委员、委员，市人民代表大会常务委员会工作委员会主任、副主任、委员，市人民代表大会常务委员会副秘书长、办公厅主任、研究室主任，属于市人民政府组成人员的秘书长、委员会（办公室）主任、局长，在依照法定程序产生后，进行宪法宣誓。宣誓仪式由市人民代表大会常务委员会主任会议组织。

区、县人民代表大会常务委员会决定任命或者任命的个别副区长、副县长，区、县人民代表大会专门委员会个别副主任委员、部分委员，区、县人民代表大会常务委员会代表资格审查委员会主任委员、副主任委员、委员，区、县人民代表大会常务委员会工作委员会主任、副主任、委员，区、县人民代表大会常务委员会办公室主任等，属于区、县人民政府组成人员的委员会（办公室）主任、局长，在依照法定程序产生后，进行宪法宣誓。宣誓仪式由区、县人民代表大会常务委员会主任会议组织。

由市和区、县人民代表大会常务委员会任命的人民代表大会常务委员会工作机构的其他组成人员、办事机构的其他工作人员，在依照法定程序产生后，进行宪法宣誓。宣誓仪式由本级人民代表大会常务委员会主任会议组织。

第六条 市人民代表大会常务委员会任命的各法院院长、副院长，各检察院检察长、副检察长，在依照法定程序产生后，进行宪法宣誓。宣誓仪式由市人民代表大会常务委员会主任会议组织。

市人民代表大会常务委员会任命的各法院审判委员会委员、庭长、副庭长、审判员，各检察院检察委员会委员、检察员，在依照法定程序产生后，进行宪法宣誓。宣誓仪式由市高级人民法院、市人民检察院分别组织。

区、县人民代表大会常务委员会任命的区、县人民法院副院长，区、县人民检察院副检察长，在依照法定程序产生后，进行宪法宣誓。宣誓仪式由区、县人民代表大会常务委员会主任会议组织。

区、县人民代表大会常务委员会任命的区、县人民法院审判委员会委员、庭长、副庭长、审判员，区、县人民检察院检察委员会委员、检察员，在依照法定程序产生后，进行宪法宣誓。宣誓仪式由区、县人民法院和人民检察院分别组织。

第七条 本市各级人民政府、人民法院、人民检察院任命的国家工作人员，在就职时进行宪法宣誓。宣誓仪式由任命机关组织。

第八条 由市和区、县及乡、镇人民代表大会主席团组织的宣誓仪式，在代表大会全体会议上进行。

(一)新一届的市人民代表大会常务委员会组成人员和专门委员会组成人员的集体宣誓，由市人民代表大会常务委员会主任领誓；市长、副市长的集体宣誓，由市长领誓；市高级人民法院院长进行单独宣誓。

(二)新一届的区、县人民代表大会常务委员会组成人员和专门委员会组成人员的集体宣誓，由区、县人民代表大会常务委员会主任领誓；区长、副区长，县长、副县长的集体宣誓，由区长、县长领誓；区、县人民法院院长进行单独宣誓。

(三)新一届的乡、镇人民代表大会主席、副主席，代表资格审查委员会主任委员、副主任委员、委员的集体宣誓，由乡、镇人民代表大会主席领誓；乡长、副乡长，镇长、副镇长的集体宣誓，由乡长、镇长领誓。

(四)市和区、县人民代表大会选举以及表决通过的本办法第四条第一款、第二款、第三款所列个别国家工作人员，视不同情况进行单独宣誓或者集体宣誓。集体宣誓的，由一人领誓。

第九条 由市和区、县人民代表大会常务委员会主任会议组织的宣誓仪式，在常务委员会全体会议上进行。

(一)市和区、县人民检察院检察长进行单独宣誓。

(二)新一届的市人民代表大会常务委员会代表资格审查委员会的主任委员、副主任委员、委员，各工作委员会的主任、副主任、委员的集体宣誓，由常务委员会代表资格审查委员会主任委员领誓；属于市人民政府组成人员的秘书长、委员会(办公室)主任、局长的集体宣誓，由秘书长领誓；各法院院长的集体宣誓，由一名院长领誓；各检察院检察长的集体宣誓，由一名检察长领誓。

(三)市人民代表大会常务委员会决定任命或者任命的本办法第五条第一款、第三款所列个别国家工作人员，视不同情况进行单独宣誓或者集体宣誓。集体宣誓的，由一人领誓。

区、县人民代表大会常务委员会决定任命或者任命本办法第五条第二款、第三款所列的国家工作人员，参照前款规定进行宪法宣誓。

第十条 宣誓场所应当庄重、严肃，悬挂中华人民共和国国旗或者国徽。

宣誓仪式根据情况，可以采取单独宣誓或者集体宣誓的形式。单独宣誓时，宣誓人应当左手抚按《中华人民共和国宪法》，右手举拳，诵读誓词。集体宣誓时，由一人领誓，领誓人左手抚按《中华人民共和国宪法》，右手举拳，领诵誓词；其他宣誓人整齐排列，左手持《中华人民共和国宪法》，右手举拳，跟诵誓词。诵读誓词后，宣誓人报出自己姓名。

宣誓人应当着正装,面向中华人民共和国国旗或者国徽宣誓。

负责组织宣誓仪式的机关,可以根据本办法并结合实际情况,对宣誓的具体事项作出规定。

第十一条 本办法自2016年1月1日起施行。

上海市禁毒条例

(2015年12月30日上海市第十四届人民代表大会常务委员会第二十六次会议通过)

第一章 总 则

第一条 为了预防和惩治毒品违法犯罪行为,保护公民身心健康,维护社会秩序,根据《中华人民共和国禁毒法》、《戒毒条例》等法律、行政法规,结合本市实际,制定本条例。

第二条 本市行政区域内的禁毒宣传教育、毒品管制、戒毒管理服务、禁毒保障等工作,适用本条例。

第三条 禁毒工作贯彻预防为主,综合治理,禁种、禁制、禁贩、禁吸并举的方针,实行政府统一领导,有关部门各负其责,社会广泛参与的工作机制。

第四条 本市实行禁毒工作责任制。各级人民政府应当将禁毒工作纳入国民经济和社会发展规划,纳入政府绩效考核及城市精神文明建设、平安建设内容,将禁毒经费列入本级财政预算。

第五条 市和区、县禁毒委员会负责组织、协调、指导本行政区域内的禁毒工作,具体履行下列职责:

(一)制定禁毒工作规划、计划和政策措施;

(二)督促落实禁毒工作责任并组织开展考核;

(三)检查禁毒法律、法规、政策的贯彻实施情况;

(四)协调解决禁毒工作中的重大问题;

(五)组织开展禁毒工作调查研究,发布年度禁毒报告;

(六)上级禁毒委员会和本级人民政府授予的其他职责。

禁毒委员会下设办公室,承担委员会的日常工作。

第六条 禁毒委员会各成员单位应当将禁毒工作列入本单位、本系统的工作规划和年度计划,确定责任部门,各司其职、密切配合,并向禁毒委员会报告禁毒工作情况。

公安机关负责毒品查缉,毒品原植物禁种,吸、贩毒重点问题整治,吸毒人员查处和动态管控,易制毒化学品的相关监督管理,本系统强制隔离戒毒场所的管理,牵头组织口岸缉毒等工作。

司法行政部门负责本系统强制隔离戒毒等场所的管理、涉毒服刑人员的教育改造,组织推动禁毒法制宣传教育等工作。

卫生计生部门负责戒毒医疗机构的监督管理,会同公安、司法行政部门等制定戒毒医疗机构设置规划,指导、支持戒毒医疗服务,组织、指导吸毒所致精神障碍的防治等工作。

食品药品监督管理部门负责麻醉药品、精神药品及药品类易制毒化学品的相关监督管理,药物滥用监测等工作。

安全生产监督管理部门负责非药品类易制

毒化学品的相关监督管理工作。

人民法院、人民检察院应当履行法定职责，依法惩处毒品犯罪。

工会、共产主义青年团、妇女联合会应当结合各自工作，组织禁毒宣传教育、社会帮扶、志愿活动等，对所在地政府开展的禁毒相关工作予以协助。

教育、民政、财政、农业、商务、文广影视、工商行政管理、人力资源社会保障、科技、交通、新闻出版、邮政、海关、人民银行以及机场、铁路部门和禁毒委员会其他成员单位，按照各自职责协同做好相关禁毒工作。

第七条 禁毒是全社会的共同责任。国家机关、社会团体、企业事业单位以及其他组织和公民，应当依法履行禁毒职责或者义务。

发挥社会力量参与禁毒工作。建立健全禁毒社会工作者队伍和志愿者队伍，鼓励社会工作者组织、志愿者组织以及其他单位和个人参与禁毒预防、宣传教育、科学研究和戒毒社会服务等工作。各级人民政府应当对禁毒社会工作者和志愿者进行指导、培训，并提供必要的工作条件。

鼓励对禁毒工作的社会捐赠，并依法给予税收优惠。

第八条 本市建立与有关省、自治区、直辖市的禁毒合作机制。在国家有关部门指导下，开展禁毒执法、禁毒科研、禁毒教育等国际和地区合作交流。

第二章 禁毒宣传教育

第九条 本市建立健全由禁毒委员会牵头，社会各界广泛参与的全民禁毒宣传教育工作体系，将禁毒宣传教育与公民道德教育、普法教育、健康教育、科普教育、预防艾滋病教育等相结合，实现禁毒宣传教育全覆盖。

禁毒委员会应当完善禁毒宣传教育考核评估机制，提高禁毒宣传教育效果。

第十条 国家机关和有关单位应当组织公务员及其他工作人员接受禁毒形势与任务等教育培训。干部培训机构应当将禁毒工作列为培训内容。

禁毒委员会及其成员单位应当在国际禁毒日等重要时间节点，发动社会各方面，采取多种形式，集中开展禁毒宣传教育活动。

禁毒委员会办公室会同教育、科技、公安、司法行政、卫生计生、文广影视、新闻出版、网信等部门，建设禁毒教育基地，组织编制禁毒教育教材、知识读本、音像制品、互联网文化产品等，运用新媒体、新技术为公众提供禁毒宣传教育服务。

第十一条 新闻、出版、文化、广播、电影、电视、互联网站等有关单位，应当面向社会进行禁毒宣传教育。报刊、广播、电视、网络等大众传媒应当制定和实施禁毒公益宣传教育方案，安排宣传版面和时段，定期刊登、播放禁毒宣传广告和内容，并将相关情况报行业主管部门。

第十二条 未成年人的父母或者其他监护人应当对未成年人进行毒品危害和药物滥用危害教育，关注其社会交往，防止其吸毒或者进行其他毒品违法犯罪活动。

教育行政部门应当加强学校毒品预防专题教育，组织编制地方课程标准和教材，开展师资培训，指导和督促学校落实相关教学任务。各类中小学校应当将毒品预防专题教育纳入本校课程，落实教学计划、师资和课时；高等学校应当将禁毒知识纳入教学计划和课程内容。

工会、共产主义青年团、妇女联合会及社区组织、用人单位，应当结合各自特点，加强对社区青少年、来沪青少年、青年职工等群体的禁毒教育。

第十三条 娱乐场所和旅馆、酒吧、互联网上网服务营业场所、洗浴、会所等场所负责本场所的禁毒宣传教育，应当在场所显著位置设置禁毒警示标识，并对从业人员进行禁毒教育。

第十四条 广播影视、文艺团体及相关单位依照国家有关规定，不得邀请因吸毒行为被公安机关查处未满三年或者尚未戒除毒瘾的人员作为主创人员参与制作广播电视节目，或者举办、参与文艺演出；对前述人员作为主创人员参与制作的电影、电视剧、广播电视节目以及代言的商业广告节目,不予播出。

第三章 毒品管制

第十五条 禁止非法种植毒品原植物。

乡、镇人民政府和街道办事处应当会同公安、农业等部门加强巡查,发现非法种植毒品原植物的,立即采取措施予以制止、铲除。村民委员会、居民委员会发现非法种植毒品原植物的,应当及时予以制止、铲除,并向当地公安机关报告。

第十六条 公安、食品药品监督管理、安全生产监督管理、商务、经济信息化、工商行政管理、海关等部门应当加强易制毒化学品的监督管理,建立易制毒化学品信息共享、流向追溯、责任倒查等制度。

生产、经营、购买、运输和进口、出口易制毒化学品的单位,应当严格执行国家有关许可、备案等规定,并建立和落实单位内部管理制度。申请生产国家规定的第一类中的药品类易制毒化学品的企业,应当在仓储场所等重点区域设置电视监控设施以及与公安机关联网的报警装置。

第十七条 教育、卫生计生、科技、农业等部门以及教学科研、医疗卫生、生物制药等机构,发现可能用于制造毒品、具有成瘾性且易被滥用的物质,应当及时向市禁毒委员会报告。市禁毒委员会应当及时组织开展评估,并向市人民政府报告有关情况。

第十八条 药品零售企业应当严格执行含麻黄碱类复方制剂实名登记、限量销售、专柜专人管理等规定,发现超过正常医疗需求,大量、多次购买含麻黄碱类复方制剂的,应当立即向食品药品监督管理部门报告。

药品生产、批发企业发现出售的含麻黄碱类复方制剂被用于非法目的的,应当立即停止销售,并向食品药品监督管理部门和公安机关报告。

食品药品监督管理部门应当加强对含麻黄碱类复方制剂的监督检查,及时发现和处置市场异常销售情形,依法查处违法行为。

第十九条 公安机关应当建立健全毒品日常查缉机制,在交通要道、口岸和机场、车站、码头以及其他重点区域,对来往人员、物品、货物以及交通工具等进行毒品和易制毒化学品检查,海关、民航、铁路、交通等部门依法予以配合。

海关依法对进出口岸的人员、物品、货物以及运输工具进行检查,防止走私毒品和易制毒化学品。

相关部门在查缉毒品过程中造成单位和个人非涉毒物品损毁的,依法予以相应赔偿。

第二十条 邮政、物流寄递企业应当建立健全禁毒管理制度,配备必要的硬件设施和技术装备,提高查验技术,加强对寄递物品的验视,防止寄递毒品和非法寄递麻醉药品、精神药品、易制毒化学品。

邮政、物流寄递企业应当依照国家有关规定实行寄递实名登记制度,相关信息的保存期限不得少于一年。

邮政、物流寄递企业对用户寄递的物品应当实行收寄验视制度,发现寄递疑似毒品或者非法寄递精神药品、麻醉药品、易制毒化学品的,应当向相关主管部门和公安机关报告。

第二十一条 邮政、交通、海关等部门应当会同公安机关对邮政、物流寄递行业的有关人员进行禁毒知识培训;建立健全对邮政、物流寄递行业的禁毒联合执法机制,加强对物流寄递物品的随机抽查,相关单位和个人应当予以配合。

第二十二条 任何单位和个人不得制作、发布、传播、转载、链接包括吸毒、制毒、贩毒的方法、技术、工艺、经验、工具等在内的任何涉毒违法有害信息。

各类互联网服务提供者及网络空间的创建者、管理者,应当防止他人利用其提供的互联网服务、网络空间进行涉毒违法活动、传播涉毒违法有害信息;发现涉毒违法有害信息或者涉毒违法行为的,应当向公安机关报告,并采取停止传输、保存记录等措施。

通信管理、网络监督管理等部门应当会同公安机关加强对网络涉毒违法有害信息的监测，依法处理涉毒违法犯罪行为，互联网服务提供者及网络空间的创建者、管理者应当予以配合。

第二十三条 娱乐场所和旅馆、酒吧、互联网上网服务营业场所、洗浴、会所等场所应当建立和落实内部管理制度，加强日常巡查，防止场所内发生毒品违法犯罪行为。发现场所内有毒品违法行为的，应当向公安机关报告。

对前款所列场所，相关主管部门应当加强监督管理，公安机关应当加强禁毒检查，及时发现和查处毒品违法犯罪行为。

第二十四条 禁毒委员会应当根据实际情况，确定毒品问题重点整治地区，明确整治要求。国家和本市确定的重点整治地区所在地人民政府应当采取措施，加强综合治理，限期完成整治目标，巩固整治成果。

公安机关应当会同相关部门根据毒品违法犯罪的变化趋势，针对合成毒品贩卖、吸食等重点问题，研究完善治理对策，依法加大打击力度。

第二十五条 金融机构应当依法执行大额交易和可疑交易的报告管理制度，配合公安机关加强对毒品违法犯罪可疑资金的监测；发现涉嫌毒品违法犯罪的资金流动情况，应当向反洗钱行政主管部门和公安机关报告。

第二十六条 住宅、厂房等房屋的出租人、管理人、物业服务企业发现出租房屋内有制造、贩卖、吸食毒品等违法活动的，应当向公安机关报告。

第二十七条 三年内有吸毒行为或者解除强制隔离戒毒未满三年，或者长期服用依赖性精神药品成瘾尚未戒除的人员，不得驾驶交通运输工具。

公安、民航、交通、铁路等部门应当按照国家有关规定，加强交通运输工具驾驶资格和从业资质申领的审核、管理，防止吸毒人员驾驶交通运输工具。

交通运输企业及相关单位应当建立健全驾驶人员涉毒筛查制度，将吸毒筛查纳入驾驶人员体检项目，并主动接受公安机关的监督检查；发现驾驶人员有吸毒行为的，应当责令其停止驾驶，并向交通管理部门和公安机关报告。

第四章 戒毒管理服务

第二十八条 本市建立自愿戒毒、社区戒毒、强制隔离戒毒、社区康复相互衔接的戒毒工作机制，对吸毒人员实行分类评估、分级管理、综合干预，帮助吸毒人员戒除毒瘾，教育和挽救吸毒人员。

吸毒成瘾人员应当进行戒毒治疗。对于初次查获的吸毒人员，公安机关应当委托戒毒医疗机构开展吸毒成瘾认定。

吸毒检测样本包括被检测人的唾液、尿液、血液或者毛发等。

第二十九条 公安机关应当依法对吸毒人员进行登记，实行动态管控。吸毒人员户籍所在地与现居住地不一致的，由现居住地公安机关负责动态管控，户籍所在地公安机关应当予以配合。

公安机关对符合下列情形之一的吸毒人员不再实行动态管控，并及时更新维护相关信息，但拒绝接受社区戒毒、社区康复或者严重违反社区戒毒、社区康复协议的除外：

（一）吸毒被查获后，未被认定为吸毒成瘾，自被查获之日起三年内没有吸毒行为的；

（二）被责令社区戒毒、社区康复，自执行之日起三年内没有吸毒行为的；

（三）被解除强制隔离戒毒，自解除之日起三年内没有吸毒行为的。

对于由强制隔离戒毒变更为社区戒毒的，适用前款第（三）项的规定。

第三十条 鼓励吸毒人员自行到戒毒医疗机构、强制隔离戒毒等场所接受戒毒治疗。对自愿戒毒人员，公安机关对其原吸毒行为不予处罚。

第三十一条 吸毒成瘾人员申请参加戒毒

药物维持治疗,应当符合国家和本市规定的条件。

吸毒成瘾人员申请参加戒毒药物维持治疗的,应当向现居住地或者户籍所在地的戒毒药物维持治疗机构提出;现居住地或者户籍所在地未设立戒毒药物维持治疗机构的,可以向其他戒毒药物维持治疗机构提出。

戒毒药物维持治疗期间,戒毒人员应当遵守治疗制度,自觉接受吸毒检测和其他相关医学检测,不得干扰医疗机构正常的诊疗和管理秩序。

第三十二条 乡、镇人民政府和街道办事处负责社区戒毒工作,配备社区戒毒专职工作人员,制定社区戒毒工作计划,落实社区戒毒措施。

乡、镇人民政府和街道办事处成立由社区戒毒专职工作人员、参与社区戒毒工作的民警、社区医务人员、禁毒社会工作者、社区戒毒人员的家庭成员以及禁毒志愿者等组成的社区戒毒工作小组,具体实施社区戒毒工作。

公安、司法行政、卫生计生、民政、人力资源社会保障、教育等部门应当根据各自职责,指导、支持、协助、参与社区戒毒工作。

第三十三条 对符合强制隔离戒毒情形的吸毒成瘾人员,公安机关应当依法作出强制隔离戒毒的决定,强制隔离戒毒场所应当及时接收。

公安机关和司法行政部门所属的强制隔离戒毒场所应当完善工作衔接机制。对于公安机关强制隔离戒毒场所转送的强制隔离戒毒人员,司法行政部门的强制隔离戒毒场所应当接收;对于经由公安机关、司法行政部门共同委托的医疗机构诊断为患严重疾病不出所治疗可能危及生命的强制隔离戒毒人员,公安机关的强制隔离戒毒场所不应转送。

强制隔离戒毒场所应当根据戒毒人员的性别、年龄、患病等情况对戒毒人员实行分别管理;对吸食不同种类毒品的,有针对性地开展戒毒治疗、教育和康复训练;根据戒毒治疗的不同阶段和戒毒人员的表现,实行逐步适应社会的分级和分期管理。

强制隔离戒毒场所应当采取必要的安全保护措施,防止戒毒人员自伤、自残或者实施其他危害行为。

第三十四条 公安机关、司法行政部门应当在强制隔离戒毒场所内开辟专门区域,或者设立专门的强制隔离戒毒场所,收戒病残强制隔离戒毒人员。

本市设立专门医院,或者在有条件的医疗机构内开辟专门区域,收治强制隔离戒毒场所无法收戒的病残强制隔离戒毒人员。专门医院和专门区域由卫生计生部门负责医疗服务管理,协调医疗机构提供医疗技术支持,公安、司法行政等部门负责场所安全和戒毒人员管理。

病残强制隔离戒毒人员的具体收戒办法,由公安机关、司法行政部门会同卫生计生部门另行制定。

第三十五条 对于患有严重疾病不出所治疗可能危及生命的强制隔离戒毒人员,可以按照国家有关规定实行所外就医。公安机关、司法行政部门应当严格遵循所外就医标准,发现不符合所外就医情形,或者所外就医情形消失且强制隔离戒毒期限未满的,应当继续执行强制隔离戒毒。

所外就医期间,强制隔离戒毒人员现居住地或者户籍所在地公安机关应当落实管理责任,督促强制隔离戒毒人员遵守相关规定,防止脱管、漏管;强制隔离戒毒场所应当予以配合。

市禁毒委员会办公室应当会同公安、司法行政、卫生计生等部门建立健全所外就医标准等制度。公安机关、司法行政部门应当定期向市禁毒委员会报告所外就医情况。

第三十六条 强制隔离戒毒场所应当与强制隔离戒毒人员现居住地或者户籍所在地的有关部门和组织加强合作,开展信息对接、所内帮教、戒毒效果回访评估等活动。

强制隔离戒毒场所应当在强制隔离戒毒人员解除强制隔离戒毒的七个工作日前,告知强制隔离戒毒决定机关,并通知其家属、所在单位、现居住地或者户籍所在地公安派出所按期将其领回。

强制隔离戒毒场所应当自强制隔离戒毒人员出所之日起三个工作日内,向其现居住地或者户籍所在地的乡、镇人民政府和街道办事处移交有关法律文书和诊断评估结果等材料。

第三十七条 强制隔离戒毒决定机关对解除强制隔离戒毒的人员,可以责令其接受不超过三年的社区康复。社区康复按照国家和本市有关规定实施。

乡、镇人民政府和街道办事处应当完善戒毒康复措施,建立戒毒康复人员自我管理、自我教育、自我服务的机制,提高戒毒康复效果。

第三十八条 戒毒人员在入学、就业、享受社会保障等方面不受歧视。

戒毒人员可以按照国家和本市有关规定参加社会保险,接受职业技能培训、就业指导、就业援助,获得社会救助。戒毒诊疗费用,按照国家和本市有关规定纳入基本医疗保险和医疗救助范围。有关部门、组织和人员应当在入学、就业、享受社会保障等方面对戒毒人员给予必要的指导和帮助。

戒毒人员戒毒的个人信息依法予以保密,除法律、法规另有规定外,不得公开或者向单位、个人提供。

第五章 禁毒工作保障

第三十九条 各级人民政府应当根据禁毒工作需要,保障禁毒宣传教育、禁毒执法、戒毒康复、禁毒科研、设施建设、队伍建设、表彰奖励等经费支出。

市和区、县人民政府应当配备与禁毒任务相适应的禁毒机构和队伍,加强禁毒委员会办公室及公安、司法行政等禁毒专业力量建设。乡、镇人民政府和街道办事处应当完善禁毒工作领导小组等工作机制,配备专职工作人员。禁毒委员会各成员单位应当配备工作力量,落实专项经费。

第四十条 鼓励开展禁毒科研及成果转化运用。

禁毒委员会办公室会同公安、司法行政、卫生计生、科技、教育等部门制定禁毒科研和人才培养计划,依托高等学校、科研院所等单位加强禁毒科研和人才培养,开发、引进先进的禁毒技术、装备和戒毒方法;高等学校、科研院所等单位应当予以支持与配合。

第四十一条 市禁毒委员会应当推进禁毒信息化建设,建立毒品监测预警平台,采集、分析、研判、发布各类涉毒信息。

禁毒委员会各成员单位应当向毒品监测预警平台及时、准确地传送本单位与禁毒工作相关的信息和数据。

第四十二条 各级人民政府通过委托或者购买服务等方式,引导、培育、扶持社会组织和社会工作者开展禁毒宣传教育、戒毒康复指导、吸毒人员心理干预等专业服务。

第四十三条 鼓励单位和个人通过“110”报警电话等途径,举报毒品违法犯罪行为。各级人民政府和公安等部门应当对举报人的个人信息予以保密,保护其人身安全。

各级人民政府和有关部门对举报有功人员以及在禁毒工作中有突出贡献的单位和个人,给予表彰和奖励。

第四十四条 市和区、县人民政府及公安、司法行政、卫生计生、人力资源社会保障、财政等部门应当采取措施,加强对禁毒工作人员的职业保护,防范和减少禁毒工作中的职业风险。

禁毒工作人员因禁毒工作致伤、致残、死亡的,按照国家和本市有关规定给予抚恤和工伤待遇。

禁毒社会工作者所在单位和组织应当为其办理相应的人身保险。

第六章 法律责任

第四十五条 违反本条例规定的行为,法律、行政法规有处罚规定的,从其规定;构成犯罪的,依法追究刑事责任。

第四十六条 违反本条例第十四条规定,邀请因吸毒行为被公安机关查处未满三年或者尚未戒除毒瘾的人员作为主创人员参与制作广播电视节目、举办或者参与文艺演出，或者播出因吸毒行为被公安机关查处未满三年或者尚未戒除毒瘾的人员作为主创人员参与制作的电影、电视剧、各类广播电视节目的，对邀请方、播出方，由文化综合执法机构责令改正，处十万元以上二十万元以下的罚款。

违反本条例第十四条规定，播出因吸毒行为被公安机关查处未满三年或者尚未戒除毒瘾的人员代言的商业广告节目的，由工商行政管理部门责令停止发布广告。对知道或者应当知道代言人为因吸毒行为被公安机关查处未满三年或者尚未戒除毒瘾的人员，仍然播出商业广告节目的广告发布者，处广告费用一倍以上三倍以下的罚款，广告费用无法计算或者明显偏低的，处十万元以上二十万元以下的罚款；情节严重的，处广告费用三倍以上五倍以下的罚款，广告费用无法计算或者明显偏低的，处二十万元以上一百万元以下的罚款。

第四十七条　违反本条例第十六条第二款规定，申请生产国家规定的第一类中的药品类易制毒化学品的企业，未在仓储场所等重点区域设置电视监控设施或者未与公安机关建立联网报警装置，导致未及时发现易制毒化学品丢失、被盗、被抢的，由公安机关责令改正，对企业法定代表人给予警告；拒不改正的，对企业处一万元以上五万元以下的罚款。

第四十八条　违反本条例第十八条第一款规定，药品零售企业发现含麻黄碱类复方制剂异常销售情形，未向相关部门报告的，由食品药品监督管理部门予以警告。

违反本条例第十八条第二款规定，药品生产、批发企业发现含麻黄碱类复方制剂被用于非法目的，未立即停止销售并向相关部门报告的，由食品药品监督管理部门予以警告，处一万元以上五万元以下的罚款。

第四十九条　违反本条例第二十条第二款规定，邮政、物流寄递企业未实行寄递实名登记制度，发生涉毒案件的，由相关主管部门责令改正，予以警告，处一万元以上五万元以下的罚款。

违反本条例第二十条第三款规定，邮政、物流寄递企业发现寄递疑似毒品或者非法寄递精神药品、麻醉药品、易制毒化学品未向相关部门报告的，由相关主管部门予以警告，处一万元以上五万元以下的罚款。

第五十条　违反本条例第二十二条第一款、第二款规定，单位和个人制作、发布、传播、转载、链接涉毒违法有害信息，或者互联网服务提供者及网络空间的创建者、管理者发现他人利用其提供的互联网服务、网络空间进行涉毒违法活动、传播涉毒违法有害信息，未向公安机关报告并采取停止传输、保存记录等措施的，由公安机关予以警告，没收违法所得，对单位处一万元以上五万元以下的罚款，对个人处二千元以上一万元以下的罚款；情节严重的，对单位处五万元以上二十万元以下的罚款，对个人处一万元以上五万元以下的罚款，对互联网服务提供者可以责令停业整顿。

第五十一条　违反本条例第二十三条第一款规定，娱乐场所和旅馆、酒吧、互联网上网服务营业场所、洗浴、会所等场所未在显著位置设置禁毒警示标识，未对从业人员进行禁毒教育，未建立内部禁毒管理制度，或者未开展日常巡查的，由公安机关责令改正，予以警告。发现场所内有毒品违法行为未向公安机关报告的，由公安机关予以警告，处一万元以上二万元以下的罚款。

违反本条例第二十三条第一款规定，致使娱乐场所和旅馆、酒吧、互联网上网服务营业场所、洗浴、会所等场所内发生毒品违法行为的，由公安机关没收违法所得和非法财物，责令停业整顿三个月至六个月；情节严重的，由原发证机关依法吊销经营许可证，对直接负责的主管人员和其他直接责任人员处一万元以上二万元以下的罚款。

第五十二条　违反本条例第二十四条第一款规定，毒品问题重点整治地区所在地人民政府未采取有效措施，或者未限期完成整治目标的，由市禁毒委员会给予通报批评，并可以向相关责任人员的任免机关或者监察机关提出处分建议。

第五十三条 违反本条例第二十六条规定，房屋出租人、管理人、物业服务企业发现出租房屋内有毒品违法活动，未向公安机关报告的，对个人按照《中华人民共和国治安管理处罚法》的相关规定予以处罚；对单位由公安机关予以警告，处一万元以上五万元以下的罚款。

第五十四条 违反本条例第二十七条第一款规定，三年内有吸毒行为或者解除强制隔离戒毒未满三年，或者长期服用依赖性精神药品成瘾尚未戒除的人员驾驶机动车的，由公安机关扣留驾驶证，并进行调查核实，发现有应当注销驾驶证情形的，依法注销驾驶证；驾驶其他交通运输工具的，由相关主管部门按照有关规定处理。

违反本条例第二十七条第三款规定，交通运输企业未建立驾驶人员涉毒筛查制度的，由交通管理部门责令改正，予以警告，处五千元以上二万元以下的罚款；交通运输企业发现驾驶人员有吸毒行为，未责令其停止驾驶并向相关部门报告的，由交通管理部门责令改正，予以警告，处一万元以上五万元以下的罚款；情节严重的，处五万元以上十万元以下的罚款，并可以吊销相关许可证。

第五十五条 国家机关和有关单位不依法履行禁毒工作职责的，由同级禁毒委员会或者上级机关、主管部门责令限期改正；逾期不改正的，予以通报批评；情节严重的，由上级机关、主管部门或者监察机关对直接负责的主管人员和其他直接责任人员依法给予处理。

公安、司法行政、卫生计生、食品药品监督管理、安全生产监督管理及其他相关部门的工作人员不依法履行禁毒工作职责，尚不构成犯罪的，依法给予处分。

第七章 附 则

第五十六条 本条例自2016年4月1日起施行。

上海市供用电条例

（2015年12月30日上海市第十四届人民代表大会常务委员会第二十六次会议通过）

第一章 总 则

第一条 为了加强电力供应与使用管理，安全、经济、合理地供电和用电，保障供电、用电各方的合法权益，根据《中华人民共和国电力法》、《电力供应与使用条例》等法律、行政法规，结合本市实际，制定本条例。

第二条 本市行政区域内的电力供应与使用，以及相关的保障、管理活动，适用本条例。

第三条 市和区、县人民政府应当加强对电力供应与使用的领导，建立健全电力供应与使用的协调机制。

市经济信息化部门是本市电力运行主管部门，负责本市电力日常运行的监控、协调，并会同有关部门监督供电、用电运行安全。

市发展改革部门负责组织编制本市电网建设规划，协调推进本市电网建设和电力市场建设，统筹电网建设资金平衡，做好电价的监督管理工作。

规划国土、住房城乡建设、工商、环境保护、质量技监、公安、交通、水务、绿化等部门按照各自职责,做好电力供应与使用的相关管理工作。

国家电力监管机构的地方派出机构按照国家有关规定,负责电力监管相关工作。

第四条 供电企业应当按照法律、法规规定和供用电合同约定安全供电,接受社会监督,履行确保居民、农业、重要公用事业和公益性服务等用电的基本责任。

电力用户应当按照法律、法规规定和供用电合同约定安全有序用电,不得损害他人合法权益和社会公共利益。

第五条 供用电应当遵循安全可靠、高效有序、保障民生、节能减排、服务便利的原则,促进经济结构调整和产业转型升级,服务本市经济社会发展。

第六条 鼓励和支持供用电领域的科技创新,发展智能电网,推广应用新技术、新材料、新装置,鼓励使用节能技术和节能产品,推动电力行业发展方式转变和能源结构优化,提高电网发展的现代化水平和电能节约利用水平。

第二章 电力供应

第七条 供电企业应当在其营业场所建立办事公开制度,公示用电办理程序、办理时限、服务规范以及收费项目、标准和依据,向社会公布服务电话和相关管理部门投诉电话。

供电企业应当提供每天二十四小时的报修和投诉受理服务,简化业务办理手续,合理设置收费渠道,开展安全用电宣传,便利电力用户。

第八条 供电企业与电力用户应当按照法律、法规规定,签订供用电合同,确定各方的权利和义务。

供电企业与居民电力用户签订供用电合同采用格式条款的,不得违反法律、法规的强制性规定。在拟订格式条款时,市电力运行主管部门应当组织召开听证会听取公众、社会团体和相关利益方的意见。供电企业应当将格式合同提交市工商行政管理部门和市电力运行主管部门备案。

本条例施行前,供电企业与非居民电力用户尚未签订供用电合同的,应当自本条例施行之日起六个月内协商签订供用电合同。一方逾期不协商签订的,另一方应当进行书面催告。经催告后一方无正当理由拒绝协商签订的,双方均可以不履行供用电合同义务。

第九条 供电企业应当按照法律、法规规定和供用电合同约定的数量、质量、时间、方式供电,提供电力普遍服务,保障基本供电,无歧视地提供报装、计量、抄表、维修等各类供电服务。

在发电、供电系统正常的情况下,供电企业应当连续稳定地向电力用户供电。除法律、法规另有规定或者供用电合同另有约定外,供电企业不得擅自采取限电、停电措施。

第十条 电力用户使用的电力、电量,以计量检定机构依法检定合格的用电计量装置的记录为准。

用电计量装置应当安装在供电设施与受电设施的产权分界处。用电计量装置和供电设施由供电企业维护,受电设施由电力用户维护,当事人另有约定的从其约定。

用电计量装置投入使用后,电力用户不得在装置前放置影响抄表或者计量准确以及危及装置安全的物品。电力用户发现用电计量装置遗失、损坏或者出现故障的,应当及时告知供电企业。供电企业应当免费予以维修或者更换,但因电力用户自身原因造成的除外。

供电企业对用电计量装置进行维护时,电力用户应当给予必要的配合。

第十一条 供电企业和电力用户应当根据供电设施和受电设施的产权归属,分别安装安全保护装置。

安装安全保护装置应当符合相关技术标准。供电企业、电力用户应当定期维护,确保安全保护装置正常工作。

第十二条 市电力运行主管部门应当制定本市处置供电事故应急预案,定期开展处置供电事故应急演练,参与供电事故的调查与评估。

供电企业应当按照本市处置供电事故应急预案,制定具体实施方案,并每年至少组织一次应急演练。

因严重自然灾害或者重大事故引起大面积停电的，供电企业应当尽快抢修，优先对重点地区和重要电力用户恢复供电。

第十三条 供电企业应当在全市范围内合理布置抢修力量，对供电故障及时抢修。自接到报修之时起，到达现场抢修的时限，外环线内不超过六十分钟，外环线外不超过九十分钟。因天气、交通等特殊原因无法在规定时限内到达现场的，应当向报修人作出解释。

第十四条 市电力运行主管部门应当每年制定本市应对电力紧缺或者超负荷运行的有序用电总体方案，并会同有关部门指导、协调有序用电工作。

因电力紧缺或者超负荷运行需要实施限电、停电的，供电企业应当根据有序用电方案确定的序位和措施执行，并通知电力用户。在限电、停电原因消除且符合供电安全要求的情况下，供电企业应当恢复供电，并按照国家和本市有关规定给予电力用户补偿。

非居民电力用户应当按照国家和本市有关规定配合供电企业安装电力负荷管理系统。

第十五条 供电企业因计划检修采用公告方式通知停电的，应当至少提前七日在相关社区、供电企业网站和服务应用软件公告停电区域、停电线路和停电时间，或者通过本市媒体公告。

第十六条 电力用户有下列情形之一的，供电企业可以中止供电：

（一）用电设备对电网供电质量产生干扰与妨碍，导致供电质量不符合相关技术标准或者对供电安全造成危害，在规定期限内未整治合格的；

（二）盗窃电能的；

（三）用电设备存在严重威胁人身安全或者重大财产安全隐患，且不予改正的；

（四）拒不执行有序用电方案，扰乱供用电秩序的；

（五）拒不拆除或者逾期不拆除用于生产经营的违法建筑，拆违实施部门依法作出强制拆除决定，要求停止提供生产经营业务用电的；

（六）因违法排放污染物被市或者区、县人民政府依法作出责令停业、关闭决定，以及被市或者区、县环保部门依法作出责令停产整治决定，要求停止提供生产经营业务用电的；

（七）拒不执行房屋土地征收决定，经人民法院准予强制执行，住房城乡建设或者规划国土部门依法要求停止提供生产经营业务用电的；

（八）存在重大火灾隐患，影响公共安全，公安机关消防机构依法作出整改决定，要求停止提供生产经营业务用电的；

（九）法律、法规规定可以中止供电的其他情形。

因本条第一款第一项规定情形中止供电的，供电企业应当至少提前二十四小时告知电力用户；因第二、三、四项规定情形中止供电的，供电企业应当在中止供电的同时将中止供电的原因告知电力用户。因紧急避险或者不可抗力供电企业中止供电的，不受本款限制。

发生本条第一款第五、六、七、八项规定情形的，有关行政机关应当书面通知供电企业，并附行政处罚、执行等生效法律文书。供电企业应当至少提前二十四小时告知电力用户。

供电企业对电力用户中止供电，应当确保操作安全，不得影响其他电力用户正常用电，不得影响社会公共利益或者危害公共安全。中止供电的原因消除后，供电企业应当尽快恢复供电。

第十七条 供电企业不得实施下列损害电力用户权益的行为：

（一）无法律、法规依据，拒绝向电力用户供电；

（二）为电力用户指定电力设计、施工和设备材料供应单位；

（三）未按照国家电能质量标准供电；

（四）未按照国家和本市制定的电价标准计收电费；

（五）其他损害电力用户权益的行为。

第三章 电力使用

第十八条 电力用户的用电设备接入电网应当符合相关技术标准,不得对电网供电质量或者供电安全产生危害。电力用户对可能产生危害的用电设备应当进行整治,整治后仍不符合相关技术标准的,供电企业可以不予接入电网。

鼓励电力用户使用节能的用电设备,合理用电、节约用电。

第十九条 重要电力用户应当按照相关技术标准,配备多路电源、自备应急电源或者采取其他应急保安措施。供电企业应当建立重要电力用户档案数据库,做好用电指导和检查。重要电力用户供用电安全管理办法由市电力运行主管部门另行制定。

其他电力用户对电能质量、供电连续性的要求高于国家电能质量标准的,应当在供用电合同中予以约定。供电企业不能满足其特殊要求的,电力用户应当自行配备发电设备或者不间断电源。

因重大庆典等活动需要临时特殊供电保障的,供电企业应当参照重要电力用户相关标准,结合实际情况,与电力用户共同做好用电保障工作。

本条例所称的重要电力用户,是指在国家或者本市的社会、政治、经济中占有重要地位,中断供电可能造成人身伤亡、较大环境污染、较大政治影响、较大经济损失,社会公共秩序严重混乱的本市电网供电范围内的电力用户。

第二十条 供电企业和重要电力用户应当定期对各自所有的供电设施和受电设施进行安全隐患排查。

供电企业应当制定重要电力用户安全用电服务制度,根据重要电力用户的等级、行业特性等进行分类服务和指导,定期对重要电力用户的受电设施进行安全检查,电力用户应当予以配合。供电企业进行检查时,工作人员应当出示有效证件。安全检查涉及重要电力用户商业秘密的,供电企业及其工作人员应当保密。

供电企业发现重要电力用户存在用电安全隐患的,应当及时告知,指导、督促其整治,并按照规定报市电力运行主管部门和安全生产监督管理部门备案。

重要电力用户应当制定处置停电事件应急预案,明确人员职责、处置流程,并每年至少组织一次应急演练。

市电力运行主管部门应当组织开展重要电力用户供用电安全的日常监督检查和宣传教育。

第二十一条 供电企业应当加强对电力用户安全用电的指导。市电力运行主管部门应当通过新闻媒体等加强电力用户安全用电知识的宣传。

电力用户应当依法安全用电,对其受电设施加强维护。

第二十二条 按照国家和本市有关规定,居民生活用电施行阶梯电价。

电力用户应当按照法律、法规规定和合同约定,采用抄表付费、预购电、预存电费、分期结算等方式,及时交付电费。

第二十三条 按照法律、法规和国家有关规定,本市对下列非居民电力用户收取高于普通电价的电费:

(一)使用限制类、淘汰类装置的;

(二)使用超过单位产品能耗限额标准的装置的;

(三)因严重违法排放污染物受到行政处罚且尚未改正的。

供电企业应当根据市电力运行主管部门的通知足额收缴电费。差价部分电费单独立账管理,上缴市级财政。

非居民电力用户对征收差别电价提出异议的,由市电力运行主管部门按照本市有关规定协调处理。

第二十四条 电力用户对用电计量装置准确性有异议的,可以委托计量检定机构检定,供电企业应当配合。

经检定,异议成立的,检定费用由供电企业

承担;异议不成立的,检定费用由电力用户承担。

计量装置出现计量差错时退补电量、电费的核算,按照相关技术标准执行。

第二十五条 电力用户对供电企业中止供电有异议的,可以向供电企业查询或者向市电力运行主管部门投诉。

供电企业收到异议后,应当尽快核实,并在三个工作日内答复电力用户。异议成立的,应当立即恢复供电。逾期不答复或者电力用户对答复有异议的,电力用户可以向市电力运行主管部门投诉。

市电力运行主管部门应当按照职责依法处理投诉。

第二十六条 电力用户对其用电量、电费、电价、电能计量装置记录等用电信息享有知情权,有权向供电企业查询;除法律、法规另有规定外,供电企业有权拒绝任何单位和个人查询其他电力用户的信息。

第二十七条 电力用户对电费收取有异议的,可以向供电企业查询。

供电企业收到异议后,应当尽快核实,并在五个工作日内答复电力用户。异议成立的,供电企业应当及时返还多收的电费。逾期不答复或者电力用户对答复有异议的,电力用户可以向价格管理部门投诉。

价格管理部门应当按照职责依法处理投诉。

第二十八条 任何单位或者个人不得制造、销售盗窃电能装置。

第二十九条 任何单位和个人发现违反本条例规定的行为,有权向市电力运行主管部门举报。

市电力运行主管部门应当设置专门的举报电话和受理场所。

第四章 供用电保障

第三十条 市发展改革部门应当会同市规划国土部门组织制定本市电网建设规划,并将其纳入相应的城乡规划。本市电网建设规划应当符合本市国民经济和社会发展规划,并与国家电网规划相衔接。

规划国土部门应当结合电网建设规划,对规划控制的变电所(站)、输电线路通道等划定规划控制界线,并明确相关控制指标和要求。

经批准的电网建设规划,应当严格执行,任何单位和个人不得非法占用经规划确定的供电设施用地、输电线路通道。

第三十一条 电网新建项目的审批按照国家和本市有关规定办理。

对已经建成的输电线路通道、变电站增加容量,或者进行改建、扩建的,发展改革、规划国土、住房城乡建设、环境保护、交通、水务、绿化等部门应当根据各自职责和实际情况简化审批程序。

第三十二条 架空电力线路(包括杆、塔基础)建设必须利用他人土地的,该土地的权利人应当提供必要的便利。供电企业应当按照规定,对相关集体土地所有权人、土地承包经营权人或者建设用地使用权人给予一次性经济补偿。

规划国土部门按照项目核准文件、核定规划条件文件、委托区县或者乡镇人民政府开展经济补偿工作的协议等材料,办理建设工程规划许可证。

第三十三条 供电企业维护或者抢修供用电设施需要临时使用相邻不动产的,不动产权利人应当提供必要的便利。供电企业造成不动产权利人财产损失的,应当依法给予补偿。

第三十四条 供电企业负责电动汽车充换电设施从供电设施和受电设施的产权分界点接入公共电网的配套接网工程建设,为电动汽车充换电设施建设提供优质、便捷的配套服务。

第三十五条 供电设施是为全社会服务的公共基础设施。任何单位或者个人不得实施下列危害供电设施建设的行为:

(一)非法侵占供电设施建设用地或者规划控制用地;

(二)涂改、移动、拆除、毁损供电设施建设

测量标桩或者其他标识;

(三)破坏、封堵施工道路,截断施工水源或者电源;

(四)其他阻扰、破坏供电设施建设的行为。

第五章 法律责任

第三十六条 违反本条例的规定,法律、行政法规已有处罚规定的,从其规定。

第三十七条 供电企业违反本条例第十三条的规定,无正当理由未在规定时限内到达现场抢修的,或者违反本条例第十五条的规定,未按照要求进行停电公告的,由市电力运行主管部门责令改正,处以一万元以上十万元以下的罚款。

供电企业违反本条例第十四条的规定,未按照规定序位限电、停电的,由市电力运行主管部门责令改正,处以十万元以上一百万元以下的罚款;造成电力用户损失的,依法承担赔偿责任。

供电企业违反本条例第十七条第一、二、三项的规定,实施损害电力用户权益的行为,由国家有关机构依法处理;造成电力用户损失的,依法承担赔偿责任。

供电企业违反本条例第十七条第四项的规定,未按照国家和本市制定的电价标准计收电费的,由价格管理部门依法处理。

第三十八条 重要电力用户违反本条例第十九条第一款的规定,应当配备多路电源、自备应急电源而未配备,或者应当采取其他应急保安措施而未采取,可能造成公共秩序混乱或者他人人身伤害的,由市电力运行主管部门责令改正;逾期未改正的,处以五万元以上三十万元以下的罚款。

第三十九条 违反本条例第二十八条的规定,制造、销售盗窃电能装置的,由市电力运行主管部门责令改正,没收违法所得和盗窃电能装置及其专用生产工具,并处以一万元以上十万元以下的罚款;构成犯罪的,依法追究刑事责任。

第四十条 违反本条例第三十五条的规定,实施危害供电设施建设行为的,由市电力运行主管部门责令改正,处以一万元以上五万元以下的罚款;情节严重的,处以五万元以上三十万元以下的罚款。

第四十一条 违反本条例的规定,市电力运行等行政管理部门工作人员有下列行为之一的,由上级机关或者监察机关按照《中华人民共和国公务员法》、《行政机关公务员处分条例》等相关法律、法规给予行政处分:

(一)未按照规定实施监督管理的;

(二)违法实施行政处罚的;

(三)不依法履行职责,导致发生可以避免的供电事故的;

(四)其他玩忽职守、贻误工作的行为。

第四十二条 相关行政管理部门应当将供电企业、电力用户违反本条例规定受到行政处罚的信息纳入市公共信用信息服务平台,并将企业受到行政处罚的信息通过企业信用信息公示系统向社会公布。

供电企业应当将电力用户拖欠电费等信息纳入市公共信用信息服务平台。

第六章 附 则

第四十三条 本条例自2016年6月1日起施行。

上海市非物质文化遗产保护条例

（2015 年 12 月 30 日上海市第十四届人民代表大会
常务委员会第二十六次会议通过）

第一章 总 则

第一条 为了加强对非物质文化遗产的保护，传承和发展上海历史文脉，继承和弘扬中华民族优秀传统文化，根据《中华人民共和国非物质文化遗产法》（以下简称《非物质文化遗产法》）等法律、行政法规，结合本市实际，制定本条例。

第二条 本市行政区域内非物质文化遗产的调查、保存、认定、利用、传承、传播等保护活动及相关管理工作，适用本条例。

第三条 市和区、县人民政府应当将非物质文化遗产保护工作纳入本级国民经济和社会发展规划，将非物质文化遗产保护工作所需经费列入本级财政预算，建立与经济社会发展相适应的经费保障机制。

乡、镇人民政府和街道办事处应当配合做好非物质文化遗产保护的相关工作。

第四条 市和区、县人民政府文化行政管理部门负责本行政区域内的非物质文化遗产保护工作。

发展改革、财政、教育、人力资源社会保障、新闻出版、规划国土资源、经济信息化、商务、工商、农业、卫生计生、民族宗教、知识产权等部门在各自职责范围内，负责有关非物质文化遗产保护工作。

文化行政管理部门应当会同相关部门，建立部门联席会议制度，协调解决非物质文化遗产保护工作中的重大问题。

第五条 市文化行政管理部门所属的非物质文化遗产保护机构承担与非物质文化遗产保护相关的具体工作。

区、县人民政府应当根据本行政区域内非物质文化遗产保护工作的实际需要，建立和完善保护机构，加强专门人才培养和专业队伍建设。

第六条 本市建立非物质文化遗产保护工作专家委员会。专家委员会由历史、文化、艺术、科学等方面的人士组成，为本市非物质文化遗产保护工作提供决策咨询意见。

第七条 本市非物质文化遗产保护协会及其他相关社会组织按照各自章程，开展非物质文化遗产保护以及相关的学术交流、咨询服务、权益维护等工作。

第八条 鼓励和支持其他社会组织、公民、法人通过研究、收藏、展示、传承、捐赠、志愿服务等方式，参与非物质文化遗产保护工作。

第九条 市和区、县人民政府应当加强对非物质文化遗产保护工作的宣传，提高全社会保护非物质文化遗产的意识。

广播电台、电视台、报刊、网站等媒体应当宣传非物质文化遗产保护工作，普及非物质文化遗产保护知识。

第二章 调查与保存

第十条 市和区、县人民政府根据非物质文化遗产保护工作的需要，组织非物质文化遗产调查。

区、县文化行政管理部门具体负责本行政区域内的非物质文化遗产调查。市文化行政管理部门应当加强指导、协调，并对区、县文化行政管理部门调查难以覆盖的非物质文化遗产进行调查。

市和区、县人民政府其他有关部门可以依法对其工作领域内的非物质文化遗产进行调查。

公民、法人和其他组织可以依法进行非物质文化遗产调查。

文化行政管理部门和其他有关部门、公民、法人和其他组织开展非物质文化遗产调查的具体方法和要求,按照《非物质文化遗产法》的有关规定执行。

第十一条 文化行政管理部门和其他有关部门进行非物质文化遗产调查,应当对非物质文化遗产予以认定、记录、建档,建立健全调查信息共享机制。

文化行政管理部门和其他有关部门进行非物质文化遗产调查,应当收集属于非物质文化遗产组成部分的代表性实物,整理调查工作中取得的资料,并妥善保存,防止损毁、流失。其他有关部门取得的实物图片、资料复制件,应当汇交给同级文化行政管理部门。

第十二条 文化行政管理部门应当建立非物质文化遗产档案及相关数据库。除依法应当保密的外,非物质文化遗产档案及相关数据信息应当公开,便于公众查阅。

第三章 代表性项目名录

第十三条 市和区、县人民政府建立本级非物质文化遗产代表性项目名录,将本行政区域内体现中华民族优秀传统文化,具有历史、文学、艺术、科学价值的非物质文化遗产项目列入名录予以保护。

市文化行政管理部门应当制定统一的非物质文化遗产代表性项目认定标准和程序。

第十四条 市和区、县文化行政管理部门从通过调查或者其他途径发现的非物质文化遗产项目中,遴选拟列入本级非物质文化遗产代表性项目名录的项目。

区、县人民政府可以从本级非物质文化遗产代表性项目名录中,向市文化行政管理部门推荐列入市级非物质文化遗产代表性项目名录的项目。

公民、法人和其他组织认为某项非物质文化遗产体现中华民族优秀传统文化,具有历史、文学、艺术、科学价值,可以向市或者区、县文化行政管理部门提出列入本级非物质文化遗产代表性项目名录的建议。

第十五条 市和区、县文化行政管理部门应当从本市非物质文化遗产保护工作专家委员会中,选取五名以上相关领域的专家,按照非物质文化遗产代表性项目认定标准和程序,对拟列入或者被推荐、建议列入本级非物质文化遗产代表性项目名录的项目进行评审。

评审工作应当遵循公开、公平、公正的原则。

第十六条 市和区、县文化行政管理部门应当将经专家评审后拟列入本级非物质文化遗产代表性项目名录的项目予以公示,征求公众意见。公示时间不得少于二十日。

公示期间,公民、法人和其他组织有异议的,可以向文化行政管理部门书面提出。文化行政管理部门应当组织专家对异议情况进行核查,认为异议不成立的,在收到异议之日起二十日内,书面告知异议人并说明理由;认为异议成立的,重新进行评审。

第十七条 市和区、县文化行政管理部门根据专家评审意见和公示结果,拟订本级非物质文化遗产代表性项目名录,报本级人民政府批准、公布。

区、县非物质文化遗产代表性项目名录应当报市文化行政管理部门备案。

第四章 分类保护与合理利用

第十八条 市和区、县人民政府及其有关部门应当根据非物质文化遗产的不同状况和特点,实行分类保护,对濒临消失的或者本市特有且历史文化价值较高的非物质文化遗产代表性项目,予以重点保护。

第十九条 对濒临消失、活态传承较为困难的非物质文化遗产代表性项目,市和区、县文化行政管理部门应当采取将其内容、表现形式、技艺流程等予以记录、整理,编印图书,制作影音资料,建立档案等方式,实行抢救性保护。

第二十条 对受众较为广泛、活态传承基础较好的非物质文化遗产代表性项目,市和区、县文化行政管理部门可以通过认定代表性传承人、培养后继人才、扶持传承基地等方式,实行传承性保护。

第二十一条 对具有生产性技艺和社会需求,能够借助生产、流通、销售等手段转化为文化产品的传统技艺、传统美术、传统医药药物炮制等非物质文化遗产代表性项目,市和区、县人民政府及其有关部门应当通过扶持、引导、规范对项目的合理开发利用,实行生产性保护,使该项目的核心技艺在生产实践中得以传承。

对非物质文化遗产代表性项目实行生产性保护,应当保持非物质文化遗产的真实性、整体性和传承性,不得擅自改变其传统生产方式、传统工艺流程和核心技艺。

第二十二条 市和区、县人民政府及其有关部门应当采取措施,对非物质文化遗产代表性项目所需的濒危原材料予以保护;鼓励依法种植、养殖非物质文化遗产代表性项目所需的天然原材料,或者开发、推广、应用相关天然原材料的替代品。

第二十三条 市和区、县人民政府应当将符合条件的中华老字号和上海老字号企业的传统技艺,优先列入本级非物质文化遗产代表性项目名录,加大保护和扶持力度,促进本市工商业文化的传承与发展。

第二十四条 对非物质文化遗产代表性项目集中、特色鲜明、形式和内涵保持完整的特定区域,市和区、县文化行政管理部门可以制定专项保护规划,报经本级人民政府批准后,对非物质文化遗产代表性项目及其相关的场所和实物,实行区域性整体保护。

实行区域性整体保护涉及非物质文化遗产代表性项目集中区域空间规划的,由规划国土资源部门会同相关专业管理部门制定专项保护规划。

第二十五条 对非物质文化遗产的利用,应当以尊重其原真性、文化内涵及自然演变进程为原则,保持其原有的文化生态和文化风貌,不得歪曲、贬损、滥用。

第二十六条 鼓励和支持在有效保护的基础上,通过与文化产业发展相融合等方式,合理利用非物质文化遗产代表性项目开发具有地方、民族特色和市场潜力的文化产品和文化服务。

第二十七条 基于非物质文化遗产所产生的著作权、商标权等知识产权,依法予以保护。

第五章 传承与传播

第二十八条 市和区、县文化行政管理部门对本级人民政府批准、公布的非物质文化遗产代表性项目,可以认定代表性传承人。代表性传承人包括个人和团体。

非物质文化遗产代表性项目的代表性传承人应当符合下列条件:

(一)熟练掌握其传承的非物质文化遗产;

(二)在特定领域内具有代表性,并在一定区域内具有较大影响;

(三)积极开展传承活动。

认定非物质文化遗产代表性项目的代表性传承人,应当参照执行本条例有关非物质文化遗产代表性项目评审的规定。

市和区、县文化行政管理部门应当将认定的非物质文化遗产代表性项目的代表性传承人名单向社会公布,并建立代表性传承人档案。

第二十九条 非物质文化遗产代表性项目的代表性传承人享有下列权利:

(一)开展知识和技艺传授、艺术创作与生产、展示、表演、学术研究等活动;

(二)合理利用非物质文化遗产代表性项目,提供相关产品和服务;

(三)取得传承、传播工作或者其他活动相应的报酬;

(四)与非物质文化遗产保护相关的其他

权利。

非物质文化遗产代表性项目的代表性传承人应当履行下列义务：

（一）开展传承活动，培养后继人才；

（二）妥善保存相关的实物、资料；

（三）配合文化行政管理部门和其他有关部门进行非物质文化遗产调查；

（四）参与非物质文化遗产公益性宣传。

第三十条 非物质文化遗产代表性项目的代表性传承人丧失传承能力的，文化行政管理部门可以按照本条例规定的条件和程序，重新或者补充认定该项目的代表性传承人。

第三十一条 市和区、县文化行政管理部门可以按照国家和本市有关规定，从愿意承担某项非物质文化遗产代表性项目保护义务，具备开展保护工作所需人员、设施、场地等条件的企业事业单位、社会组织中，按照公开、公平、公正的原则和程序，认定该代表性项目的保护单位。

鼓励有条件的企业事业单位、社会组织志愿作为某项非物质文化遗产代表性项目的保护单位，享有相应的权利，承担相应的保护义务。

第三十二条 非物质文化遗产代表性项目的保护单位享有下列权利：

（一）对非物质文化遗产代表性项目进行研究；

（二）合理利用非物质文化遗产代表性项目，提供相关产品和服务；

（三）向文化行政管理部门推荐非物质文化遗产代表性项目的代表性传承人；

（四）与非物质文化遗产保护相关的其他权利。

非物质文化遗产代表性项目的保护单位应当履行下列义务：

（一）制定并实施非物质文化遗产代表性项目保护与传承计划，为代表性传承人开展传承活动提供必要条件；

（二）收集、整理非物质文化遗产代表性项目的资料、实物，对有关资料、实物、建（构）筑物和场所等予以保护；

（三）开展非物质文化遗产代表性项目的宣传、展示活动；

（四）与非物质文化遗产保护相关的其他义务。

第三十三条 市和区、县人民政府应当组织文化行政管理部门和其他有关部门，宣传、展示非物质文化遗产代表性项目，结合市民文化节、文化遗产日、传统节庆和民间习俗活动，展示非物质文化遗产代表性项目保护成果，营造保护非物质文化遗产的社会氛围。

鼓励公共交通工具及其等候区域、商业营业场所、公园、绿地等具有展示空间和条件的公共场所，对宣传、展示非物质文化遗产代表性项目给予支持、提供便利。

第三十四条 非物质文化遗产学术研究机构、保护机构，图书馆、文化馆、博物馆、科技馆、美术馆、档案馆、青少年活动中心、工人文化宫、社区文化活动中心等公共文化机构，以及利用财政性资金举办的文艺表演团体、演出场所经营单位等，应当根据各自业务范围，有计划地开展非物质文化遗产代表性项目的研究、收藏、展示、传承等活动。

鼓励和支持公民、法人和其他组织依法成立非物质文化遗产研究机构，设立展示和传承场所，举办公益性非物质文化遗产展示活动，研究、收藏、展示、传承非物质文化遗产代表性项目。

鼓励和支持公民、法人和其他组织整理、翻译、出版非物质文化遗产原始文献、典籍、资料等。

第三十五条 学校应当采取课堂教学与社会实践相结合的方法，通过将非物质文化遗产内容融入相关课程，或者与特色课程相结合、开设校本课程等方式，向学生普及非物质文化遗产知识。

鼓励和支持非物质文化遗产代表性项目的代表性传承人、保护单位参与学校开展的非物质文化遗产课程。

利用财政性资金开设的非物质文化遗产专题公共文化设施或者展室应当为学校开展教育

活动提供服务和便利。

第三十六条 鼓励和支持其他地区具有特色的非物质文化遗产代表性项目在本市传承、传播,并与本土文化融合发展。

第六章 保障措施

第三十七条 本市应当设立市级非物质文化遗产保护专项资金,用于非物质文化遗产保护工作的组织管理、非物质文化遗产代表性项目和代表性传承人的补助等。

区、县人民政府应当参照本市非物质文化遗产保护专项资金的相关规定,设立本级非物质文化遗产保护专项资金。

非物质文化遗产代表性项目保护单位属于财政拨款事业单位的,可以按照国家和本市有关规定,向财政部门申请预算经费。

文化行政管理、财政、审计等部门应当加强对非物质文化遗产保护资金的监督管理。

第三十八条 对合理利用非物质文化遗产代表性项目发展文化产业的单位和个人,符合国家文化产业发展专项资金支持方向的,在申报文化产业发展专项资金时,应当予以支持。

单位和个人合理利用非物质文化遗产代表性项目的,依法享受国家规定的税收优惠。

第三十九条 市和区、县人民政府应当根据需要,建立非物质文化遗产专题公共文化设施,或者在公共文化机构内设立专门展室,加强非物质文化遗产展示、传承、交流场所和传承基地建设。

第四十条 文化行政管理部门应当会同相关部门对濒临消失的非物质文化遗产代表性项目的代表性传承人和后继人才,予以重点扶持和培养。

教育部门应当支持和引导高等学校、中等职业学校通过开设非物质文化遗产保护专业或者课程,建立教学、传承基地,推进产教融合、校企合作等方式,培养专业人才;将与非物质文化遗产技艺传承相关专业列入职业教育奖励专业目录,实施学费减免等优惠政策。

具有一定专业技术水平的非物质文化遗产代表性项目的代表性传承人,可以按照国家和本市有关规定,申报专业技术职称。

第四十一条 鼓励公民、法人和其他组织通过设立非物质文化遗产保护基金,捐赠非物质文化遗产相关资料、实物和保护资金等方式,支持非物质文化遗产保护工作。

接受非物质文化遗产相关资料、实物捐赠的单位应当建立健全登记入库、管理使用等制度,妥善保存。

鼓励志愿服务组织和其他有关社会组织,开展与非物质文化遗产保护相关的志愿服务活动。

第四十二条 对做出显著贡献的非物质文化遗产代表性项目的代表性传承人和保护单位,按照国家和本市评比表彰的有关规定,给予表彰。

鼓励公民学习、传承非物质文化遗产代表性项目技艺,对表现优异的后继人才给予适当资助。

第四十三条 市和区、县人民政府应当将相关部门履行非物质文化遗产保护工作职责情况,纳入对其绩效考核的内容。

第四十四条 本市建立对非物质文化遗产代表性项目保护情况的定期评估制度。市和区、县文化行政管理部门应当每三年对本级非物质文化遗产代表性项目的保护情况进行评估,并向社会公开评估结果。

经评估,非物质文化遗产代表性项目的代表性传承人或者保护单位,无正当理由未履行义务的,责令限期改正;逾期不改正的,市或者区、县文化行政管理部门可以取消其代表性传承人资格或者保护单位资格,并予以重新认定。

第七章 法律责任

第四十五条 违反本条例规定的行为,《非物质文化遗产法》及其他有关法律、行政法规已有处罚规定的,从其规定。

第四十六条 文化行政管理等部门及其工

作人员违反本条例规定,有下列行为之一的,由所在单位或者监察机关依法对负有直接责任的主管人员和其他直接责任人员给予警告或者记过处分;情节较重的,给予记大过或者降级处分;情节严重的,给予撤职或者开除处分;构成犯罪的,依法追究刑事责任:

(一)对濒临消失的非物质文化遗产未及时采取抢救性保护措施,造成不良后果的;

(二)违反法定条件或者程序认定非物质文化遗产代表性项目及其代表性传承人的;

(三)挪用、挤占非物质文化遗产保护经费的。

第八章 附 则

第四十七条 本条例自2016年5月1日起施行。

上海市人民代表大会常务委员会关于修改《上海市环境保护条例》等8件地方性法规的决定

(2015年6月18日上海市第十四届人民代表大会常务委员会第二十一次会议通过)

上海市第十四届人民代表大会常务委员会第二十一次会议审议了市人民政府提出的《〈上海市建设工程材料管理条例〉等20件地方性法规修正案(草案)》,决定对《上海市环境保护条例》等8件地方性法规作如下修改:

一、对《上海市环境保护条例》的修改

1.将第二十九条修改为:"鼓励排污单位委托具有相应能力的污染治理设施运营单位实施污染治理。"

2.删去第四十九条第三款。

二、对《上海市出租汽车管理条例》的修改

将第十四条第一款修改为:"经核准从事客运服务或者车辆租赁服务的企业和个人,应当持市交通行政管理部门或者区、县交通行政管理部门核发的许可凭证,分别向有关部门办理专用车辆牌照和保险等手续。"

三、对《上海市水路运输管理条例》的修改

1.删去第十一条。

2.将第十三条修改为:"本市水路运输经营者合并、分立或者变更经营范围,应当报经原审批机关批准后换领有关许可证件;变更企业名称、住所和法定代表人等事项,在办理相应工商、税务变更登记的同时,应当到原审批机关更换有关许可证件。"

四、对《上海市实施〈中华人民共和国野生动物保护法〉办法》的修改

1.将第十一条修改为:"禁止任何单位和个人非法猎捕国家和本市重点保护的野生动物。本市有关部门或者单位因教学、科研、养殖、展览、交换、赠与、药用和其他特殊情况,需要猎捕国家重点保护野生动物的,依照《野生动物保护法》第十六条规定办理;需要猎捕本市重点保护野生动物的,必须经区、县野生动物保护机构审核,报同级野生动物行政主管部门批准并领取特许猎捕证、狩猎证或者捕捞证等许可证件。"

2.将第十五条第二款修改为:"驯养繁殖野生动物的单位和个人,应当依照下列规定办理手续:

(一)驯养繁殖国家一级保护野生动物的,必须向市野生动物行政主管部门提出申请,经审核后报请国务院野生动物行政主管部门批准。

（二）驯养繁殖国家二级保护野生动物的，由市野生动物行政主管部门审核批准并发给驯养繁殖许可证。

（三）驯养繁殖本市重点保护野生动物的，由区、县野生动物行政主管部门审核批准并发给驯养繁殖许可证。”

3. 将第二十条第一款修改为：“运输、邮寄、携带国家和本市重点保护野生动物及其产品出市境的，必须凭有关许可证件，向市野生动物行政主管部门提出申请，经批准后发给野生动物准运证。交通运输、邮政等部门凭野生动物准运证准予运输、邮寄、携带。”

五、对《上海市宗教事务条例》的修改

1. 将第二十条第一款修改为：“宗教组织可以接受个人和团体自愿的布施、乜贴、奉献和其他捐赠（包括遗赠）。接受外国宗教组织和个人的捐赠，按照国家有关规定办理。地方性宗教团体、宗教活动场所接受国（境）外捐赠宗教书刊、音像制品以及捐款，由市宗教事务部门审批。”

2. 将第二十二条修改为：“在宗教活动场所内拍摄电影、电视片，设立商业、服务性网点，应当征得宗教活动场所管理组织和市宗教团体同意。”

六、对《上海市殡葬管理条例》的修改

1. 删去第六条第四款中的“殡葬服务代理单位”。

2. 删去第六条第五款。

3. 将第八条修改为：“经批准设立的殡仪馆、公墓、骨灰堂建成后，由市殡葬管理处发给殡葬服务证。”

七、对《上海市人才流动条例》的修改

删去第二十四条、第三十六条第二项。

八、对《上海市文化娱乐市场管理条例》的修改

1. 删去第二条第一款第二项、第五项。

2. 将第十六条修改为：“开办营业性文化娱乐场所或者从事文化娱乐经营活动的，应当按照国家有关规定向所在地的工商行政管理部门申请营业执照，并按照下列规定办理审批手续：

（一）开办涉外营业性文化娱乐场所的，应当向市文化行政管理部门提出申请。市文化行政管理部门应当在接到申请书之日起二十日内作出审批决定。对符合条件的，发给《文化经营许可证》。

（二）开办非涉外营业性文化娱乐场所的，应当向所在地的区、县文化行政管理部门提出申请。区、县文化行政管理部门应当在接到申请书之日起二十日内作出审批决定。对符合条件的，发给《文化经营许可证》。

（三）组建营业性演出队或者营业性时装表演队的，应当向市文化行政管理部门提出申请，市文化行政管理部门应当在接到申请书之日起十五日内作出审批决定。对符合条件的，发给《演出许可证》。

（四）设立文化娱乐经纪机构（中外合资、合作经营的文化娱乐经纪机构除外）的，应当向市文化行政管理部门提出申请。市文化行政管理部门应当在接到申请书之日起二十日内作出审批决定。对符合条件的，发给《文化经营许可证》。

（五）个人从事文化娱乐经纪活动的，应当自领取营业执照之日起二十日内向所在地的区、县文化行政管理部门备案。

申请开办营业性文化娱乐场所的，还应当同时向卫生行政管理部门申请卫生许可证。”

3. 将第二十六条修改为：“外国或者香港特别行政区、澳门特别行政区、台湾地区表演团体和个人来本市营业性文化娱乐场所进行演出，应当向市文化行政管理部门办理相关许可手续。”

4. 将第三十五条第一款第四项修改为：“未经许可，组织外国或者香港特别行政区、澳门特别行政区、台湾地区的表演团体或者个人来本市营业性文化娱乐场所演出的。”

此外，根据本决定对相关法规的条文顺序作相应调整。

本决定自2015年7月1日起施行。《上海市环境保护条例》、《上海市出租汽车管理条例》、《上海市水路运输管理条例》、《上海市实施〈中华人民共和国野生动物保护法〉办法》、《上海市宗教事务条例》、《上海市殡葬管理条例》、《上海市人才流动条例》、《上海市文化娱乐市场管理条例》根据本决定作相应修正后重新公布。

上海市人民代表大会常务委员会关于修改《上海市建设工程材料管理条例》等12件地方性法规的决定

（2015年7月23日上海市第十四届人民代表大会常务委员会第二十二次会议通过）

上海市第十四届人民代表大会常务委员会第二十二次会议决定，对《上海市建设工程材料管理条例》等12件地方性法规作如下修改：

一、对《上海市建设工程材料管理条例》的修改

1. 将第二十一条第二款修改为："申请新型建设工程材料认定的，应当提供下列资料：

（一）申请表；

（二）采用的产品标准和施工工艺；

（三）具有相应资质的检测机构出具的产品检测合格证明或者新型材料认定证明材料；

（四）质量保证管理体系证明。"

二、对《上海市燃气管理条例》的修改

2. 将第三十四条第一款修改为："在本市销售的燃气器具、家用燃气泄漏报警器和燃气泄漏安全保护装置应当经过依法设立的检测机构的产品质量检测；燃气器具应当经过气源适配性检测，经检测合格的，检测机构应当提供检测报告。燃气器具、家用燃气泄漏报警器和燃气泄漏安全保护装置生产者或者委托的经营者，应当在销售前持产品质量检测报告、气源适配性检测报告和售后服务承诺等相关文件向市燃气管理处备案；材料齐全的，市燃气管理处应当自受理申请之日起十个工作日内予以备案。"

3. 将第三十四条第二款修改为："燃气器具生产者或者委托的经营者应当每两年委托依法设立的检测机构对产品进行气源适配性检测，并将检测结果报市燃气管理处。"

4. 将第三十八条第四款修改为："申请燃气设施改动许可的，应当按照上述条件向市燃气管理处提出申请，提供相应的资料和证明文件。市燃气管理处应当自受理申请之日起二十日内作出同意或者不同意的决定。"

5. 删去第四十八条第三项。

6. 在第四十九条增加第五项："（五）违反本条例第三十八条规定，擅自改动燃气设施的，可以处五千元以上五万元以下的罚款；情节严重的，处五万元以上十万元以下的罚款。"

三、对《上海市内河航道管理条例》的修改

7. 将第三十九条修改为："违反本条例第二十二条第一款、第三款规定，未经审查，擅自修建或者设置沿跨内河航道的建筑物、构筑物或者其他与通航有关的设施，或者擅自改变设计方案的，市港口行政管理部门或者区、县管理航道的部门可以责令限期拆除；逾期不拆除的，由市港口行政管理部门或者区、县管理航道的部门组织强制拆除，费用由责任人承担，并可处二千元以上二万元以下罚款；情节严重的，处以二万元以上五万元以下罚款。”

四、对《上海港口条例》的修改

8. 将第六条修改为：“建设港口设施需要使用港口岸线的，应当在立项前向市或者区、县港口行政管理部门提出书面申请。使用港口岸线申请应当包括岸线的使用人、使用范围、使用期限、使用功能。

对使用港口非深水岸线的，市或者区、县港口行政管理部门应当自收到申请之日起三十日内，按照上海港口总体规划和港区控制性详细规划的要求进行审批；对使用港口深水岸线的，由市港口行政管理部门报国务院交通主管部门审批。对经审查批准的，核发港口岸线使用证。”

9. 将第七条修改为：“港口岸线使用人应当按照经批准的范围和用途使用港口岸线，不得擅自改变港口岸线的使用范围和使用功能。确需改变港口岸线使用人和港口岸线使用范围、使用功能的，应当向市或者区、县港口行政管理部门提出申请，按照本条例的有关规定办理相关审批手续。

港口岸线使用人终止使用港口岸线的，应当向市或者区、县港口行政管理部门办理港口岸线使用注销手续，交回港口岸线使用证。”

10. 将第八条第一款修改为：“因港口设施建设、货物装卸等需要临时使用港口岸线的，应当向市或者区、县港口行政管理部门提出书面申请。市或者区、县港口行政管理部门应当自收到申请之日起三十日内作出审批决定。临时使用港口岸线，不得新建永久性的建筑物、构筑物和设施。”

11. 将第十六条第二款修改为：“港口设施建设工程试运行完毕，并具备国家规定的竣工验收条件的，应当向港口行政管理部门提出竣工验收申请，由港口行政管理部门组织相关部门共同对港口设施建设工程进行验收。”

12. 将第三十六条第二款修改为：“禁止在港口内擅自进行可能危及港口安全的采掘、爆破等活动。因工程建设等确需进行的，必须采取相应的安全保护措施，并报市或者区、县港口行政管理部门批准；依照规定须经海事管理机构批准的，还应当报海事管理机构批准。”

五、对《上海市公路管理条例》的修改

13. 将第二十七条修改为：“公路及公路用地范围内的树木不得任意砍伐、迁移。确实需要更新砍伐的，应当经市公路管理机构同意后，按照有关法律、法规的规定办理审批手续，并更新补种。”

14. 将第二十八条第三款修改为：“公路建筑控制区的范围经划定后，市或者区、县公路管理机构应当设置明显的标桩、界桩。”

15. 将第二十八条第四款修改为：“除公路防护和养护需要以外，禁止在公路两侧的建筑控制区内修建建筑物或者地面构筑物；需要在建筑控制区内埋设管线、电缆等设施的，应当事先征得市公路管理机构或者区、县公路行政管理部门的同意。”

16. 将第五十条修改为：“违反本条例第二十八条第四款规定，在公路建筑控制区内修建建筑物、地面构筑物或者擅自实施管线工程的，由市公路管理机构或者区、县公路行政管理部门责令其限期拆除，并可处以五万元以下的罚款；逾期不拆除的，由市公路管理机构或者区、县公路行政管理部门予以强制拆除，有关费用由责任方承担。”

六、对《上海市地名管理条例》的修改

17. 将第十三条第一款修改为：“除市规划行政主管部门实施规划管理的居住区及市重大工程项目的居住区名称由建设单位报市地名办审批外，其他居住区名称由建设单位报区、县地名办审批。”

18. 将第十八条修改为：“除市规划行政主管部门实施规划管理的项目及市重大工程项目的建筑物、构筑物名称由建设单位或产权所有人报市地名办审批外，其他建筑物、构筑物名称由建设单位或产权所有人报区、县地名办审批。”

七、对《上海市城乡规划条例》的修改

19. 将第三十八条第一款修改为：“下列建设项目免予建设工程设计方案审核：

（一）临时项目、建制镇个人建房和简棚屋建房等零星项目，其他建筑面积五百平方米以下的建设项目，但可能严重影响居民生活的建设项目除外；

（二）规划工业区块内的标准厂房、普通仓库、高度8米以下的单层工业厂房、非危险品专业仓库等规划行政管理部门确定可以免予审核的建设项目；

（三）变动主体承重结构的建筑物或者构筑物大修工程，但文物保护单位和优秀历史建筑除外；

（四）法律、法规、规章规定可以免予建设工程设计方案审核的其他建设项目。”

八、对《上海市实施〈中华人民共和国水法〉办法》的修改

20. 将第十七条第一款第四项修改为：“（四）在本款（二）、（三）项所称的港区和规划港区内兴建、改建、扩建各类工程设施及临时使用岸线，涉及滩涂利用、河势稳定和防汛安全的工程建设方案，由港务部门征求水务行政管理部门意见。违反上述规定，造成危害的，审批机关应负相应的责任。”

九、对《上海市民防条例》的修改

21. 将第十八条第四款修改为：“防空警报设施不得擅自拆除。确因城市建设需要拆迁防空警报设施的，应当报防空警报设施所在地的区、县民防办批准。重建费用由拆除单位承担。”

十、对《上海市公园管理条例》的修改

22. 将第五条第一款第一项修改为：“（一）编制本市公园的发展规划、建设计划，提出新建公园规划许可的审核意见，审批建成公园的调整规划”。

23. 将第二十二条修改为：“公园应当每天开放，因特殊情况需要停闭的，须经区、县绿化管理部门批准。”

十一、对《上海市清真食品管理条例》的修改

24. 将第九条第一款修改为：“企业和个体工商户生产、经营清真食品的，应当向区、县民族事务行政主管部门申领清真标志牌，其中在机场、火车站等生产、经营清真食品的，应当向市民族事务行政主管部门申领。”

十二、对《上海市统计管理条例》的修改

25. 删去第十六条。

此外，根据本决定对相关法规的条文顺序作相应调整。

本决定自2015年8月1日起施行。《上海市建设工程材料管理条例》、《上海市燃气管理条例》、《上海市内河航道管理条例》、《上海港口条例》、《上海市公路管理条例》、《上海市地名管理条例》、《上海市城乡规划条例》、《上海市实施〈中华人民共和国水法〉办法》、《上海市民防条例》、《上海市公园管理条例》、《上海市清真食品管理条例》、《上海市统计管理条例》根据本决定作相应修正后重新公布。

上海市人民代表大会常务委员会关于开展“证照分离”改革试点在浦东新区暂时调整实施本市有关地方性法规规定的决定

（2015 年 12 月 30 日上海市第十四届人民代表大会常务委员会第二十六次会议通过）

为了推进简政放权，优化行政服务，根据国务院批准的《上海市开展“证照分离”改革试点总体方案》，上海市第十四届人民代表大会常务委员会第二十六次会议决定：

一、在浦东新区内，本市有关地方性法规规定，凡与国务院批准的《上海市开展“证照分离”改革试点总体方案》不一致的，暂时调整实施。

二、《上海市开展“证照分离”改革试点总体方案》实施过程中，国务院对改革试点事项进行调整，本市有关地方性法规规定与其不一致的，作相应调整。

三、上述有关地方性法规调整实施的期限，与《上海市开展“证照分离”改革试点总体方案》试点期限一致。

四、市人民政府应当适时向市人民代表大会常务委员会报告“证照分离”改革试点的推进情况。

本决定自 2016 年 1 月 1 日起施行。

上海市老年人权益保障条例

（2016 年 1 月 29 日上海市第十四届人民代表大会第四次会议通过）

第一章 总 则

第一条 为了保障老年人合法权益，发展老龄事业，积极应对人口老龄化，弘扬中华民族敬老、养老、助老的美德，根据《中华人民共和国老年人权益保障法》和其他法律、行政法规，结合本市实际，制定本条例。

第二条 本市行政区域内老年人权益保障以及相关工作，适用本条例。

第三条 本市依法保障老年人享有的人身、财产等权益，从国家和社会获得物质帮助的权利，享受社会服务和社会优待的权利，参与社会发展和共享发展成果的权利。

老年人应当遵纪守法，履行法律规定的各项义务。

第四条 全社会应当重视、珍惜老年人的知识、技能、经验和优良品德，发挥老年人的专长和作用，保障老年人参与经济、政治、文化和社会生活。

第五条 积极应对老龄化是促进本市经济社会协调发展的一项长期战略任务。

本市建立健全保障老年人权益的各项制度，逐步改善保障老年人生活、健康、安全以及参与社会发展的条件，关心老年人的精神文化需求，实现老有所养、老有所医、老有所为、老有所学、老有所乐。

本市建立和完善以居家为基础、社区为依托、机构为支撑、医养相结合的社会养老服务体系。政府将基本养老服务纳入基本公共服务体系；完善政策措施，扶持社会力量提供公益性养老服务，支持企业提供市场化养老服务。

第六条 各级人民政府应当将老龄事业纳入国民经济和社会发展规划，将老龄事业经费列入财政预算，建立与经济社会发展水平和老龄化程度相适应的稳定的经费保障机制，并鼓励社会各方面投入，使老龄事业与经济社会协调发展。

市和区、县人民政府应当根据国家老龄事业发展规划，制定本行政区域内的老龄事业发展规划和年度计划，并将老龄工作纳入政府部门考核机制。

市和区、县老龄工作委员会负责组织、协调、指导、督促有关部门做好本行政区域内的老年人权益保障工作，其办事机构设在同级民政部门，配备必要的工作人员，提供工作经费。

乡、镇人民政府和街道办事处应当确定专门人员负责本辖区内的老年人权益保障工作，并提供必要的工作经费和条件。

第七条 民政、发展改革、财政、人力资源社会保障、卫生计生、规划国土资源、住房城乡建设、经济信息化、交通、商务、绿化市容、公安、司法行政、教育、文广影视、新闻出版、体育等部门应当按照各自职责，共同做好老年人权益保障工作。

第八条 老年人养老以居家为基础，家庭成员应当尊重、关心和照料老年人。

老年人的子女以及其他依法负有赡养义务的人（以下简称赡养人）、扶养人应当依法履行赡养和扶养义务。

第九条 保障老年人合法权益是全社会的共同责任，倡导全社会优待老年人。禁止歧视、侮辱、虐待或者遗弃老年人。

工会、共产主义青年团、妇女联合会应当协助、支持各级人民政府做好老年人权益保障工作。

企业事业单位、社会组织应当依法履行保障老年人权益的相关义务。

居民委员会、村民委员会和依法设立的老年人组织应当反映老年人的要求，维护老年人合法权益，组织开展为老年人服务活动。

青少年组织、学校和幼儿园应当对青少年和儿童进行敬老、养老、助老的道德教育和维护老年人合法权益的法制教育。

广播、电影、电视、报刊、网络等应当开展维护老年人合法权益的宣传，弘扬敬老、养老、助老的传统美德。

本市鼓励发展老年慈善事业，提倡为老年人提供志愿服务。

第十条 本市支持开展应对人口老龄化战略研究和老龄科学研究，支持老年医学研究。

本市实行老年人口状况和老龄事业发展情况的年度监测统计与信息发布制度。

第二章 家庭赡养与扶养

第十一条 赡养人应当履行对老年人经济上供养、生活上照料和精神上慰藉的义务，保证老年人的基本生活需求，照顾老年人的特殊需要。

赡养人的配偶应当协助赡养人履行赡养义务。

赡养人不得以放弃继承权、老年人离婚或者再婚等理由，拒绝履行赡养义务。

赡养人不得要求老年人承担力不能及的劳动。

赡养人不履行赡养义务的，老年人有要求赡养人给付赡养费的权利。

第十二条 经老年人同意，赡养人之间可以就履行赡养义务签订协议。赡养协议的内容不得违反法律的规定和老年人的意愿。

第十三条 赡养人应当使患病的老年人及时得到治疗和护理；对经济困难的老年人，应当提供医疗费用。

对生活不能自理的老年人，赡养人应当承担照料责任；不能亲自照料的，可以按照老年人的意愿委托他人或者养老机构等照料。

第十四条 老年人的家庭成员应当关心老

年人的精神需求，给予精神上的慰藉，营造和睦关爱的家庭氛围，不得忽视、冷落老年人。

与老年人分开居住的家庭成员，应当经常看望、问候老年人。

对入住养老机构的老年人，家庭成员应当经常探望；对较长时间未探望老年人的家庭成员，养老机构可以提出建议，督促其前往探望。

第十五条 老年人的婚姻自由受法律保护。子女或者其他亲属不得干涉老年人离婚、再婚以及婚后的生活。

赡养人不得因老年人离婚、再婚而索取、隐匿、扣押老年人的合法财产或者有关证件，不得限制老年人的合法居住权利。

第十六条 老年人依法享有占有、使用、收益和处分个人财产，继承遗产和接受赠与的权利。子女或者其他亲属不得干涉或者侵犯老年人的财产权益。

有独立生活能力的成年子女或者其他亲属要求老年人经济资助的，老年人有权拒绝。成年子女或者其他亲属不得以无业或者其他理由，强行索取、克扣老年人的财物。

老年人依法订立遗嘱处分个人财产或者与他人签订遗赠扶养协议，受法律保护，子女或者其他亲属不得干涉。

第十七条 赡养人应当妥善安排老年人的住房，不得强迫老年人居住或者迁居条件低劣的房屋；对老年人自有的住房，负有维修的义务。

老年人自有或者承租的住房，子女或者其他亲属不得侵占，不得擅自改变产权关系或者租赁关系。

老年人与子女或者其他亲属共同出资购买的住房，老年人依法享有相应的房屋所有权和居住权。子女或者其他亲属出资购买老年人原来承租或者居住的唯一住房，应当保证老年人继续居住的权利。

子女或者其他亲属经老年人同意，借用老年人房屋的，到约定归还期限应当及时归还，不得无故拖延。

居住在老年人自有住房中的成年子女或者其他亲属，老年人不同意其继续居住的，应当及时迁出。

征收老年人享有份额的住房，应当依法保障老年人的权利。

第十八条 具备完全民事行为能力的老年人，可以在近亲属或者其他与自己关系密切、愿意承担监护责任的个人、组织中协商确定自己的监护人，并通过公证等方式予以明确。

老年人未事先确定监护人的，其丧失或者部分丧失民事行为能力时，依照有关法律的规定确定监护人。

第十九条 老年人与配偶有相互扶养的义务。

由兄、姐扶养的弟、妹成年后，有负担能力的，对年老无赡养人的兄、姐有扶养的义务。

第二十条 本市弘扬孝亲敬老传统美德，制定完善家庭养老支持政策，为家庭成员照料老年人提供帮助，鼓励家庭成员与老年人共同生活或者就近居住。

第二十一条 赡养人、扶养人不履行赡养、扶养义务的，基层群众性自治组织、老年人组织或者赡养人、扶养人所在单位应当督促其履行。

第三章 社会保障

第二十二条 本市通过职工基本养老保险和城乡居民基本养老保险等制度，依法保障老年人的基本生活。

本市建立基本养老金正常调整机制。根据国家有关规定和本市经济发展、职工平均工资增长、物价上涨等情况，适时提高基本养老保险待遇水平。

第二十三条 本市通过职工基本医疗保险和城乡居民基本医疗保险等制度，依法保障老年人的基本医疗需求。

人力资源社会保障、卫生计生部门应当按照国家和本市有关规定，逐步扩大老年人常用药品和医疗康复项目的基本医疗保险支付范围，减轻老年人的医疗康复负担；完善社区用药政策，建立慢性病患者长处方等机制，满足老年人常见病、慢性病的基本用药需求。

第二十四条 发展改革、人力资源社会保障、民政、卫生计生、财政、金融等部门应当完善老年护理筹资、评估、支付、服务、监管等体系，探索建立符合本市实际的老年人长期护理保险制度，保障老年人的长期照料护理需求。

第二十五条 本市建立与经济社会发展水平相适应的统一的老年综合津贴制度，对符合条件的老年人，按照不同年龄段提供涵盖高龄营养、交通出行等方面需求的津贴，逐步提高老年人的社会福利水平。

第二十六条 对最低生活保障家庭中的老年人，由民政部门给予生活救助。

对无劳动能力、无生活来源且无法定赡养、扶养义务人，或者其法定赡养、扶养义务人无赡养、扶养能力的老年人，由民政部门给予特困人员供养。

本市不断完善临时救助、综合帮扶等社会救助制度，对因灾、因病或者遭遇其他特殊困难的老年人家庭给予生活救助。

第二十七条 对下列老年人，由民政部门按照国家和本市有关规定给予医疗救助，保障其获得基本医疗卫生服务：

（一）最低生活保障家庭成员；

（二）特困供养人员；

（三）低收入困难家庭成员；

（四）市和区、县人民政府规定的其他特殊困难人员。

第二十八条 住房城乡建设部门应当及时为符合条件的老年人家庭配租、配售廉租住房或者共有产权保障住房，并在选房、配房等方面给予帮助；对符合条件的无子女老年人家庭，应当优先配租廉租住房。

区、县和乡、镇人民政府在实施农村危旧房屋改造时，应当优先帮助符合条件的老年人家庭进行改造。

第二十九条 卫生计生、民政、财政、人力资源社会保障、住房城乡建设等部门应当按照国家和本市有关规定，在生活保障、养老服务、医疗服务、住房保障、精神慰藉等方面，对符合条件的独生子女伤残死亡且未再生育或者收养子女的老年人给予特别扶助。

第四章 社会服务

第三十条 本市建立老年照料护理需求评估制度。对具有照料护理需求且符合规定条件的老年人，按照全市统一的标准对其失能程度、疾病状况、照护情况等进行评估，以确定照料护理等级，作为其享受相应照料护理服务的依据；对其中高龄、无子女的老年人予以优先保障，对经济困难的老年人给予适当补贴。

全市统一的老年照料护理需求评估标准以及相应的申请条件、办理程序、监管措施，由市卫生计生、民政、人力资源社会保障等部门制定。

第三十一条 本市各级人民政府及其民政、发展改革、财政、卫生计生等有关部门应当采取措施，扶持养老服务设施和老年护理机构的建设，支持和引导社会力量参与养老服务设施和老年护理机构的建设、运营，提供适应老年人需要的相关服务。

第三十二条 市民政部门会同市规划国土资源部门根据本市人口、公共服务资源、养老服务需求状况等因素，组织编制全市养老服务设施布局专项规划，合理布局各类养老服务设施，经市人民政府批准后，纳入相应的城乡规划。区、县人民政府负责养老服务设施布局专项规划在本地区的推进落实。

各级人民政府应当将养老服务设施建设用地纳入土地利用总体规划和土地利用年度计划，合理安排用地需求；在符合规划、环保等要求的前提下，可以将闲置的公益性用地优先调整为养老服务设施用地。

第三十三条 新建居住区应当按照规划要求和建设标准，配套建设相应的养老服务设施；配套建设的养老服务设施，应当与住宅同步规划、同步建设、同步验收、同步交付使用。已建成居住区的养老服务设施未达到规划要求或者建设标准的，应当予以补充和完善。

企业事业单位和社会组织可以通过整合或者改造企业厂房、商业设施和其他社会资源，建设符合标准的养老服务设施。

第三十四条 从事社区养老服务设施建设、运营的企业事业单位、社会组织或者个人应当遵守国家和本市有关养老服务设施建设标准、社区养老服务规范；符合规定条件的，享受相应的税费减免和建设补助、运营补贴等优惠政策。

社区养老服务设施使用水、电、燃气、电话，按照居民生活类价格标准收费；使用有线电视，按照本市有关规定享受付费优惠；需要缴纳的供电配套工程收费、燃气配套工程收费、有线电视配套工程收费，按照本市有关规定享受优惠。

第三十五条 各级人民政府应当通过购买服务、委托运营等方式，发展社区养老服务，扶持专业服务机构以及其他组织和个人，为居家的老年人提供生活照料、紧急救援、医疗护理、精神慰藉、心理咨询等多种形式的服务。

乡、镇人民政府和街道办事处应当整合社区服务资源，通过社区综合为老服务平台，促进服务与需求信息的对接，方便老年人就近获取多样化的社区综合服务。

乡、镇人民政府应当扶持发展互助式养老等适合农村特点的养老模式。农村集体经济组织可以利用集体所有的房屋、设施等，为村民就近提供养老服务。

养老机构可以利用自身设施和服务资源，为社区老年人就近提供生活照料、生活护理、精神慰藉等服务，为老年人的家庭成员或者家政服务人员提供生活照料、生活护理等技能培训，向社区居民传授为老年人服务的专业知识。

第三十六条 民政等部门应当加强对社区养老服务机构以及其他相关组织的管理和服务。

社区养老服务机构提供托养、助餐、医疗等服务的，应当遵守国家和本市消防、食品安全、医疗卫生、环保等法律法规的规定，相关行业主管部门应当依法履行监督管理职责。

物价、民政等部门应当对社区养老服务的收费项目和标准等予以规范，加强监督管理。民政部门应当定期将社区养老服务机构名单向社会公布，接受社会监督。

第三十七条 乡、镇人民政府、街道办事处和民政等部门应当依托养老机构、社区老年人托养机构以及其他社会专业机构，为失能老年人的家庭照顾者提供下列服务：

（一）临时或者短期的托养照顾；

（二）生活照料、生活护理等技能培训；

（三）辅助器具租赁；

（四）其他有助于提升其家庭照顾能力或者改善其生活质量的服务。

第三十八条 市和区、县人民政府应当在政策体系、设施布局、人才培养、合作机制等方面推动医疗卫生和养老服务相结合，保障老年人的基本健康养老服务需求。

区、县人民政府应当以社区卫生服务机构为平台，整合各类医疗卫生和社会资源，与社区老年人托养机构、养老机构开展合作，为居家、社区与机构养老的老年人提供基本医疗护理服务。

第三十九条 社区卫生服务机构应当按照国家和本市有关规定，开展老年人健康管理和常见病预防工作，为辖区内符合条件的老年人提供下列服务：

（一）建立健康档案、定期免费体检等基本公共卫生服务；

（二）健康指导、保健咨询、慢性病管理等家庭医生服务；

（三）为符合相关医疗指征的老年人提供上门诊视、设立家庭病床、居家护理等服务。

第四十条 卫生计生等部门应当支持在养老机构内设置医疗机构，指导符合条件的养老机构设置老年护理床位。在养老机构内设置的医疗机构和老年护理床位，按照规定纳入医疗保险支付范围，并与医保联网结算。鼓励其他各类医疗机构为养老机构提供医疗支持。

有条件的二级以上综合医疗机构应当开设老年病科；社区卫生服务机构、二级综合医疗机构应当根据需求和规划设置老年护理床位，设置临终关怀病区或者床位。

鼓励社会力量举办提供医养结合服务的机构，满足老年人多层次、多样化的健康养老服务需求。

第四十一条 市民政部门应当建立统一的养老服务信息平台，提供养老服务信息查询、政策咨询、网上办事等服务，接受投诉、举报。

本市鼓励发展智慧养老，支持社会力量运用互联网、物联网等技术，对接老年人服务需求和各类社会养老服务供给，为老年人提供各类信息产品和服务。

第四十二条 乡、镇人民政府、街道办事处和民政部门应当采取相应的激励措施，支持社区低龄老年志愿者开展与高龄老年人的结对关爱活动。

鼓励为高龄、无子女老年人提供经常问候、居家安全检查等志愿服务。

鼓励社会工作机构、社会工作者根据老年人的需求，运用社会工作专业知识、方法和技能，为老年人提供专业化的社会服务。

第四十三条 市人力资源社会保障、发展改革、民政、卫生计生、教育、财政等部门应当制定养老服务人员队伍建设专项规划，区、县人民政府应当根据专项规划制定本地区养老服务人员队伍建设的工作计划和实施方案。

本市建立健全养老服务人员培养、使用、评价和激励机制，促进养老服务从业人员劳动报酬合理增长。

教育部门应当将养老服务专业人才培养纳入现代职业教育体系规划，将养老服务相关专业列入重点领域导向专业目录。

本市鼓励职业学校和培训机构开展养老服务职业技能培训。参加养老服务职业技能培训和鉴定的从业人员，按照本市有关规定，享受相应的补贴。

第四十四条 发展改革、民政、财政、经济信息化、商务、金融等部门应当制定支持老龄产业发展的相关政策，扶持和引导企业研发、生产、经营适合老年人需求的家居、康复辅助等产品，开发养老服务项目。

本市鼓励商业保险机构创新养老保险产品服务，为不同老年人群体提供多样化的养老保障。

第五章 社会优待

第四十五条 市和区、县人民政府应当根据本地区经济社会发展状况和老年人的特殊需求，不断完善优待政策，逐步提高优待水平。

第四十六条 各级人民政府和有关部门所属的服务窗口、社区事务受理服务机构应当为老年人办理相关事项提供咨询引导、操作指导、优先办理等服务。

房地产登记机构或者公安机关在办理老年人自有或者承租的住房转移、抵押、变更等房地产登记和更改户主、户口迁入等涉及老年人权益的重大事项时，应当核实老年人的真实意思表示；未经核实改变老年人的房屋产权、租赁关系或者更改户主、迁入户口的，老年人投诉后，经查证属实的，房地产登记机构、公安机关应当及时依法纠正。

公安机关为老年人办理居民身份证时，对行动不便的老年人，应当提供上门采集指纹、拍照、送证等便利服务。

第四十七条 医疗机构应当通过完善挂号和诊疗系统、开设专用窗口或者快速通道、提供导医服务等方式，为老年人就医提供方便和优先服务。

鼓励医疗机构减免老年人普通门诊挂号费和经济困难老年人的诊疗费。

鼓励医疗机构和医务工作志愿者为老年人提供义诊服务。

第四十八条 公共交通运营单位应当为老年人乘坐公共交通工具提供便利服务，在公共交通场所和站点设置老年人优先标志，在有条件的地方设立老年人等候专区，对无人陪同、行动不便的老年人给予照顾；根据实际需要配置方便老年人出行的无障碍公共交通工具。

第四十九条 供水、供电、燃气、通信、邮政等单位应当为老年人提供优先和便利服务，并在服务网点或者场所设置明显的优待标志、标识。

金融机构应当为老年人办理业务提供便利,设置老年人优先窗口,并提供引导服务;对办理转账、汇款等业务或者购买金融产品的老年人,应当提示相应风险。

商业银行应当按照国家有关规定,减免养老金异地取现手续费。

第五十条 实行政府定价或者政府指导价管理的公园、旅游景点等游览参观点的门票价格应当对老年人实行优惠;鼓励实行市场调节价的游览参观点参照执行。

博物馆、美术馆、科技馆、纪念馆、图书馆、文化馆、群艺馆、影剧院、体育场馆等公共文化体育设施,应当向老年人免费或者优惠开放,并提供便利服务。

公共体育场馆应当设置适合老年人体育健身活动的设施,设立安全警示标志,并采取相应的安全防护措施;实行收费的体育健身项目,应当给予老年人价格优惠。

第五十一条 老年人因其合法权益受到侵害提起诉讼,交纳诉讼费确有困难的,可以依法缓交、减交或者免交。

人民法院应当在立案、庭审、执行等环节,为老年人提供便利和优先服务;对高龄、失能等行动不便的老年人,可以上门立案。

老年人需要获得律师帮助,但无力支付律师费用的,可以依法获得法律援助。司法行政部门应当完善老年人法律援助服务网络,简化申请程序,为老年人就近申请和获得法律援助提供便利。

鼓励律师事务所、公证机构、司法鉴定机构、基层法律服务所等法律服务机构为经济困难的老年人提供免费或者优惠服务。

第六章 宜居环境

第五十二条 本市在城市规划、建设和管理中,应当适应老龄化社会的需求,为老年人提供安全、便利和舒适的环境;通过制定老年宜居社区标准,推进宜居社区建设。

第五十三条 新建、改建和扩建道路、公共建筑、公共交通设施、居住建筑、居住区,应当符合无障碍设施工程建设标准。

各级人民政府、住房城乡建设等部门应当按照国家无障碍设施工程建设标准,优先推进与老年人日常生活密切相关的公共服务设施的改造。

无障碍设施的所有人和管理人负责对无障碍设施进行维护,保证其正常使用。

第五十四条 老年公寓等专门为老年人设计的居住建筑,应当符合老年人居住建筑设计标准,满足老年人对居住场所的安全、卫生、便利、舒适等基本要求。

本市支持居民开展既有居住建筑适老性改造,方便老年人生活和出行。

本市推动老年人家庭无障碍设施改造。符合条件的经济困难老年人进行家庭无障碍设施改造的,由市和区、县人民政府给予适当补贴。

第七章 参与社会发展

第五十五条 本市加强老年人才资源开发,为老年人发挥专业知识技能创造条件。

第五十六条 乡、镇人民政府和街道办事处应当培育和扶持基层老年协会等老年人组织,加强老年人组织规范化建设,推动老年人自我管理、自我教育、自我服务,促进老年人参与社会发展。

第五十七条 本市为老年人在自愿和量力的情况下,依法参与各类社会活动创造条件、提供便利。

本市制定法规、规章和公共政策涉及老年人权益重大问题的,应当听取老年人和老年人组织的意见。

第五十八条 各级人民政府应当加大对老年教育的投入,发展老年教育。

教育部门应当将老年教育列入教育发展规划和终身教育体系,加强老年教育设施、师资力量、课程开发等方面建设,均衡配置各类老年学校和学习点,促进老年教育资源向城乡老年人公平开放;鼓励社会力量举办老年教育机构。

教育部门以及有关机构、学校应当利用现代信息技术,发展老年远程教育,建设网络学习平台,开发网络学习资源,设置适合老年人学习的课程,为老年人接受终身教育创造条件。

第五十九条 区、县以及乡、镇人民政府和街道办事处应当根据本行政区域内老年人口的分布状况,按照方便老年人的原则,合理设置老年活动室等文体娱乐场所。

绿化市容等部门应当加强公园绿地的建设和管理,为老年人提供户外交流、健身、娱乐等活动场所。

各级人民政府和文广影视、体育等部门以及居民委员会、村民委员会、老年人组织应当组织开展适合老年人的群众性文化、体育、旅游、娱乐活动,丰富老年人的精神文化生活。

社区文化活动中心、公共体育场馆等公共文化体育设施应当根据老年人的特殊需求,提供有针对性的公共文化体育服务。

第八章 法律责任

第六十条 违反本条例规定的行为,《中华人民共和国老年人权益保障法》以及其他有关法律、行政法规已有处理规定的,从其规定。

第六十一条 拒绝履行赡养、扶养老年人义务的,侮辱、虐待、遗弃老年人的,干涉老年人婚姻自由的,由行为人所在单位、基层群众性自治组织或者老年人组织给予批评教育;构成违反治安管理行为的,依法给予治安管理处罚;构成犯罪的,依法追究刑事责任。

第六十二条 违反本条例第三十四条第一款规定,建设、运营社区养老服务设施的企业事业单位、社会组织或者个人未按照国家和本市有关养老服务设施建设标准、社区养老服务规范的要求,建设社区养老服务设施或者提供社区养老服务的,由民政部门责令改正;享受政府税费减免或者建设补助、运营补贴等优惠政策的,有关部门可以中止优惠政策;情节严重的,收回已经减免的税费和发放的补助、补贴。

第六十三条 有关部门或者组织未依法履行老年人权益保障职责的,由其上级主管部门给予批评教育,责令改正。

国家工作人员未依法履行职责,损害老年人合法权益的,由其所在单位或者上级主管部门对直接负责的主管人员和其他直接责任人员依法给予处分;构成犯罪的,依法追究刑事责任。

第九章 附则

第六十四条 本条例自2016年5月1日起施行。1998年8月18日上海市第十一届人民代表大会常务委员会第四次会议通过、2010年9月17日上海市第十三届人民代表大会常务委员会第二十一次会议修正的《上海市老年人权益保障条例》同时废止。

上海市人民代表大会常务委员会关于区县和乡镇人民代表大会工作的若干规定

(2016年4月21日上海市第十四届人民代表大会常务委员会第二十八次会议通过)

第一条 根据《中华人民共和国地方各级人民代表大会和地方各级人民政府组织法》和其他有关法律法规,结合本市实际情况,制定本规定。

第二条 区、县和乡、镇人民代表大会是本行政区域的地方国家权力机关,依照法律法规的规定行使职权。

第三条 区、县人民代表大会会议每年至少举行一次,会期一般不少于三天。乡、镇人民代表大会会议一般每年举行两次,会期不少于一天。如有选举事项,会期应当适当增加。

区、县和乡、镇人民代表大会会议必须有三分之二以上的代表出席,始得举行。

区、县人民代表大会常务委员会认为必要,或者经过五分之一以上代表提议,可以临时召集区、县人民代表大会会议;乡、镇人民代表大会主席团决定,或者经过五分之一以上代表提议,可以临时召集乡、镇人民代表大会会议。

第四条 区、县人民代表大会每次会议主席团人数为区、县人民代表大会代表总数的百分之十至百分之十五。

区、县人民政府组成人员,区、县人民法院和人民检察院负责人不担任主席团成员的职务。

乡、镇人民代表大会主席团由九人至十一人组成。乡、镇人民代表大会代表名额超过七十名的,主席团人数不超过十三人。

乡、镇人民代表大会主席团成员不得担任国家行政机关的职务;如果担任国家行政机关的职务,应当向本级人民代表大会辞去主席团成员的职务。

主席团会议必须有三分之二以上的主席团成员出席,始得举行。

第五条 区、县和乡、镇人民代表大会主席团在本级人民代表大会会议期间行使下列职权:

(一)主持人民代表大会会议;

(二)领导人民代表大会各委员会的工作;

(三)决定会议日程;

(四)向会议提出议案和各项决议草案;

(五)组织审议列入会议议程的议案和有关报告;

(六)提出选举办法草案,主持选举;

(七)依法提出和确定本级国家机关领导人员等候选人;

(八)决定议案、罢免案、质询案的审议程序和处理意见;

(九)决定代表提出议案的截止时间;

(十)组织宪法宣誓仪式;

(十一)发布公告;

(十二)其他依法需由主席团讨论决定的事项。

第六条 乡、镇人民代表大会主席团在闭会期间每三个月至少召开一次主席团会议。会议由乡、镇人民代表大会主席或者主席委托的副主席召集并主持。

闭会期间的主席团会议行使下列职权:

(一)安排代表听取和讨论本级人民政府的专项工作报告,评议本级人民政府的工作;

(二)安排代表检查本级人民政府执行宪法、法律、法规以及上级人民代表大会及其常务委员会和本级人民代表大会决议、决定的情况;

(三)安排代表对政府和有关部门的工作开展视察,并根据参加视察的代表的要求,安排约见有关国家机关负责人;

(四)根据代表要求,联系安排本级或者上级人民代表大会代表持代表证就地视察;

(五)安排代表围绕经济社会发展和人民群众普遍关注的重大问题开展专题调研活动;

(六)向本级有关机关送交执法检查、视察和专题调研报告,并向代表反馈有关机关对报告中所提意见建议研究处理的情况;

(七)听取和反映代表和人民群众对本级人民政府工作的建议、批评和意见;

(八)向本级有关机关和组织交办代表提出的建议、批评和意见,对办理工作进行检查督促,受理和公开办理情况报告,并印发下一次人民代表大会会议;

(九)安排代表向原选区选民报告履职情况;

(十)听取代表资格审查委员会的代表资格审查报告,确认代表的资格或者当选无效,并公布代表名单;

(十一)对本级预算、决算草案、预算执行情况和调整方案等进行初步审查；

（十二）讨论决定召集人民代表大会会议的有关事项；

（十三）其他依法需由主席团讨论决定的事项。

主席团在闭会期间的工作，应当向本级人民代表大会报告。

第七条 区、县人民代表大会常务委员会和乡、镇人民代表大会设立代表资格审查委员会。

代表资格审查委员会由五人至九人组成，设主任委员、副主任委员若干人和委员若干人。区、县人民代表大会常务委员会代表资格审查委员会的人选，由常务委员会主任会议在常务委员会组成人员中提名，常务委员会会议通过。乡、镇人民代表大会代表资格审查委员会的人选由本级人民代表大会主席团从代表中提名，并提请大会通过，行使职权至本届人民代表大会任期届满为止。

代表资格审查委员会依法审查以下内容：

（一）当选的本级人民代表大会代表是否符合宪法、法律规定的代表的基本条件；

（二）选举是否符合法律规定的程序；

（三）是否存在破坏选举和其他当选无效的违法行为。

代表资格审查委员会应当认真受理对当选代表的举报，及时交有关方面依法调查处理；对被举报的当选代表问题线索清晰但尚未核查清楚的，由有关方面继续调查，可以延迟提出其当选有效或者当选无效的意见。

代表资格审查委员会依法进行审查后，提出代表当选是否有效的意见，向区、县人民代表大会常务委员会或者乡、镇人民代表大会主席团报告。

区、县人民代表大会常务委员会或者乡、镇人民代表大会主席团根据代表资格审查委员会提出的报告，确认代表的资格或者确定代表的当选无效，在每届人民代表大会第一次会议前公布代表名单。

对补选产生的代表，依照前款规定进行代表资格审查。对接受辞职、罢免等终止代表资格和暂停与恢复代表职务的情况向区、县人民代表大会常务委员会或者乡、镇人民代表大会主席团提出报告。

第八条 每届区、县人民代表大会第一次会议设立议案审查委员会，对议案研究提出处理意见；设立国民经济和社会发展计划、预算审查委员会，对相关草案提出审查意见。届中的区、县人民代表大会各次会议的议案由法制委员会会同相关专门委员会研究提出处理意见；国民经济和社会发展计划、预算草案等由财政经济委员会提出初步审查意见。

每次乡、镇人民代表大会会议设立议案审查委员会、财政预算审查委员会，对议案研究提出处理意见，对预算草案提出审查意见。

委员会由主任委员、副主任委员若干人和委员若干人组成。委员会组成人员由区、县人民代表大会常务委员会或者乡、镇人民代表大会主席团在代表中提名，提请预备会议通过。

第九条 区、县和乡、镇人民代表大会代表应当加强调查研究，为参加人民代表大会作准备。

人民代表大会会议举行的三日以前，区、县人民代表大会常务委员会或者乡、镇人民代表大会主席团应当将会议的主要文件送交与会代表，并组织好代表会前活动。代表应当认真准备和出席会议，并围绕议题审议发言。因病或者其他特殊原因不能出席的应当提前请假。

人民代表大会会议审议各项报告、议案时，有关国家机关负责人应当到会听取意见、回答询问，会后认真研究、积极采纳代表的意见建议，并及时向代表反馈。

第十条 区、县人民代表大会常务委员会设专职主任，并设副主任若干人、委员若干人。区、县人民代表大会常务委员会组成人员为十五人至三十五人，人口超过一百万的，常务委员会组成人员不超过四十五人。其中，常务委员会专职委员比例应当达到百分之五十以上。

第十一条 区、县人民代表大会设立法制委员会、财政经济委员会、内务司法委员会，也可以根据需要设立其他专门委员会。各专门委员会受本级人民代表大会领导;在大会闭会期间,受本级人民代表大会常务委员会领导。专门委员会设主任委员、副主任委员若干人、委员若干人。专门委员会组成人员的人选,由主席团在代表中提名,大会通过。在大会闭会期间,常务委员会可以任免专门委员会个别的副主任委员和部分委员,由主任会议提名,常务委员会会议通过。

各专门委员会履行下列职责:

(一)根据人民代表大会主席团或者常务委员会主任会议的交付,研究、审议有关议案,提出审议结果报告或者审议意见;

(二)研究、审议和拟订有关议案;

(三)对属于本级人民代表大会及其常务委员会职权范围内同本委员会有关的问题,进行调查研究,提出建议和意见;

(四)协助本级人民代表大会及其常务委员会依法开展监督工作;

(五)加强与本级人民代表大会代表的联系,为代表提出同本委员会工作有关的议案和建议、批评和意见提供服务;认真研究交由本委员会处理的代表建议、批评和意见,并负责答复代表;根据常务委员会的要求,跟踪督办交由本级人民政府和人民法院、人民检察院承办的代表建议、批评和意见。

专门委员会履行职责时,可以邀请本级人民代表大会代表列席专门委员会会议。

第十二条 区、县人民代表大会常务委员会设立办公室等办事机构和预算、人事代表等工作机构,也可以根据工作需要,设立其他办事机构和工作机构。

第十三条 区人民代表大会常务委员会在街道设立区人民代表大会常务委员会街道工作委员会。街道人大工作委员会由主任、副主任和若干委员组成,组成人员一般由街道辖区内的区人民代表大会代表担任。街道人大工作委员会组成人员由区人民代表大会常务委员会依法任免。不是区人民代表大会常务委员会组成人员的街道人大工作委员会主任应当列席区人民代表大会常务委员会会议。如有特殊情况,可以委托副主任列席。

街道人大工作委员会应当按照规定配备工作人员。街道人大工作委员会所需经费列入区级财政预算。

街道人大工作委员会履行下列职责:

(一)联系本街道辖区内的各级人民代表大会代表,做好代表履职活动的服务保障工作;

(二)组织本辖区内的市、区人民代表大会代表联系社区和原选区选民活动,听取、反映代表和人民群众的建议、批评和意见;

(三)组织区人民代表大会代表向原选区选民报告履职情况,并向选民公开代表的基本信息、联系方式和履职情况等;

(四)做好本街道辖区内的市、区人民代表大会代表履职登记工作;

(五)根据区人民代表大会常务委员会的安排,办理交办的监督、选举、视察、调研等工作;

(六)办理区人民代表大会常务委员会交办的其他工作。

街道人大工作委员会应当每年向所在区人民代表大会常务委员会报告工作。

第十四条 乡、镇人民代表大会设专职主席,工作需要的可以设一名专职副主席。副主席受主席委托或者在主席出缺的时候,履行主席的职责。不是区、县人民代表大会常务委员会组成人员的乡、镇人民代表大会主席应当列席区、县人民代表大会常务委员会会议。如有特殊情况,可以委托副主席列席。

乡、镇人民代表大会主席、副主席在本级人民代表大会闭会期间履行下列职责:

(一)联系本级人民代表大会代表,根据主席团的安排组织代表开展活动,处理主席团的日常工作,为代表执行代表职务提供必要的条件和服务;

(二)受上一级人民代表大会及其常务委员会的委托,联系在本行政区域内的上级人民代表大会代表,办理上一级人民代表大会及其常务委员会交办的事项;

(三)组织进行乡、镇人民代表大会代表的

补选或者罢免；

（四）组织代表参加履职学习；

（五）召集主席团会议，讨论有关事项。

第十五条 乡、镇人民代表大会设立办公室（代表联络室），履行下列职责：

（一）承办乡、镇人民代表大会会议和主席团决定事项的组织实施和督促、检查等工作；

（二）负责起草乡、镇人民代表大会及其主席团工作要点、总结、报告等材料，承办乡、镇人民代表大会及其主席团召开的各种会议，受理代表和人民群众的来信来访；

（三）联系本乡、镇辖区内各级人民代表大会代表，做好代表开展视察、调研、执法检查等活动的服务保障，做好代表履职情况登记工作；

（四）承办乡、镇人民代表大会主席、副主席交办的其他工作。

乡、镇人民代表大会办公室（代表联络室）主任人选由乡、镇人民代表大会主席团提名，乡、镇人民代表大会通过。

第十六条 区、县人民代表大会及其常务委员会和乡、镇人民代表大会应当结合本行政区域经济社会发展的实际情况，制定有关讨论、决定重大事项的具体办法，明确加强民主法治建设、区域发展总体规划、城镇建设、社会治理、教育卫生、环境和资源保护、重大民生工程、重大建设项目等方面涉及的重大事项的范围，建立相关运行机制和操作规范。

第十七条 区、县人民政府应当将发布的决定、命令、规定、细则、办法等规范性文件，自公布之日起三十日内报送本级人民代表大会常务委员会备案。区、县人民代表大会法制委员会会同人民代表大会有关专门委员会或者常务委员会工作机构进行审查，提出审查意见。

对规范性文件进行审查，主要审查是否存在下列情形：

（一）同宪法、法律、行政法规和本市地方性法规相抵触；

（二）同本级或者上级人民代表大会及其常务委员会的决议、决定相抵触；

（三）超越法定权限，限制或者剥夺公民、法人和其他组织合法权利，或者增加公民、法人和其他组织义务；

（四）违背法定程序；

（五）其他依法应当予以撤销的情形。

区、县人民代表大会专门委员会、常务委员会工作机构应当自收到规范性文件之日起三十日内提出书面审查意见。经过审查，认为规范性文件存在前款所列情形之一的，区、县人民代表大会常务委员会应当书面告知制定机关，并要求制定机关在指定期限内提出处理意见。制定机关在指定期限内对规范性文件仍不予修改或者废止的，区、县人民代表大会常务委员会可以依法撤销和纠正违法的规范性文件。

区、县人民代表大会常务委员会可以参照《上海市人民代表大会常务委员会关于规范性文件备案审查的规定》，制定规范性文件备案审查的实施办法。

第十八条 区、县人民代表大会常务委员会和乡、镇人民代表大会主席团应当围绕中心工作，每年选择若干事关改革发展稳定全局的重大问题、人民群众普遍关注的热点难点问题，有重点有计划地加强监督。确定监督项目、开展监督工作时，应当认真听取代表和人民群众的意见，应当将代表建议、批评和意见中普遍关注的问题列为重点监督项目。

区、县人民代表大会常务委员会应当按照《中华人民共和国各级人民代表大会常务委员会监督法》的有关规定，健全执法检查、听取讨论专项工作报告、组织代表视察等工作机制，通过开展询问、质询等方式加强对本级行政、司法机关的监督。

乡、镇人民代表大会主席团应当安排代表通过听取和讨论政府工作情况汇报或者专项工作报告、对重点工作开展视察和执法检查等方式，加强对政府工作的监督。

第十九条 区、县人民代表大会审查本级总预算草案及本级总预算执行情况的报告；批准本级预算和本级预算执行情况的报告；改变或者撤销本级人民代表大会常务委员会关于预算、决算的不适当的决议；撤销本级人民政府关于预算、决算的不适当的决定和命令。

区、县人民代表大会常务委员会监督本级总预算的执行;审查和批准本级预算的调整方案;审查和批准本级决算;撤销本级人民政府和下一级人民代表大会关于预算、决算的不适当的决定、命令和决议。

乡、镇人民代表大会审查和批准本级预算和本级预算执行情况的报告;监督本级预算的执行;审查和批准本级预算的调整方案;审查和批准本级决算;撤销本级人民政府关于预算、决算的不适当的决定和命令。经市人民政府批准由区、县人民政府代编的乡、镇本级预算草案、预算调整方案、决算草案,应当报乡、镇的人民代表大会审查和批准。

区、县人民代表大会及其常务委员会和乡、镇人民代表大会应当加强全口径预算、决算审查和监督,可以组织或者安排代表在人民代表大会召开前,开展专题调查,将本级人民政府所有收支纳入预算管理,推动政府及时公开预算、决算情况。对预算安排的合法性、完整性、可行性,以及重点支出和重大投资项目是否适当等进行重点审查。

第二十条 区、县和乡、镇行政区域内关系改革发展稳定大局和人民群众切身利益、社会普遍关注的重要工作的推进情况、重要政策的调整情况、重要改革方案以及重大突发事件等有关情况,有关国家机关应当及时向区、县人民代表大会及其常务委员会或者乡、镇人民代表大会及其主席团报告并听取意见,也可以根据情况以书面形式报告。区、县人民代表大会常务委员会和乡、镇人民代表大会可以结合本行政区域的实际情况,制定具体操作办法。

第二十一条 区、县人民代表大会及其常务委员会和乡、镇人民代表大会应当规范和完善人事选举、任命和接受辞职、罢免等相关工作程序;保障代表和常务委员会组成人员的知情权,规范被选举和任命的国家工作人员人选在会议投票表决前同代表、常务委员会组成人员见面的程序;应当采取宪法宣誓、颁发任命书等形式,增强被选举和任命的国家工作人员的宪法意识、责任意识和公仆意识;加强对被选举和任命的国家工作人员的任前审查和任后监督。

第二十二条 区、县人民代表大会常务委员会应当建立、完善常务委员会联系代表、各委员会联系代表、代表联系原选区选民和人民群众制度。乡、镇人民代表大会主席团应当建立、完善代表联系原选区选民和人民群众制度。区、县和乡、镇人民代表大会代表应当以口头或者书面等方式向原选区选民报告履职情况。

区、县人民代表大会常务委员会和乡、镇人民代表大会主席团可以通过落实代表接待日制度、开展主题活动、搭建代表履职服务平台等方式,畅通社情民意表达和反映渠道。

第二十三条 区、县和乡、镇人民政府,区、县人民法院和人民检察院应当加强与本级人民代表大会代表的联系,及时向代表通报工作情况、提供信息资料,保障代表的知情权,并通过多种形式听取代表对有关工作的意见建议。政府研究出台重大工程项目或者涉及民生的重大举措前,应当听取代表的意见建议。代表依法提出约见本级或者下级有关国家机关负责人的,区、县人民代表大会常务委员会的办事机构和工作机构,乡、镇人民代表大会主席、副主席应当及时进行联系和安排。被约见的有关国家机关负责人或者由其委托的负责人员应当听取代表的建议、批评和意见,并及时向代表反馈有关情况。

第二十四条 区、县人民代表大会常务委员会和乡、镇人民代表大会主席、副主席应当为代表了解社情民意、提出议案及建议、批评和意见提供帮助,为代表执行职务提供便利。

代表各项活动的必需经费应当列入本级财政预算。

第二十五条 本规定自2016年5月1日起施行。1995年12月29日通过的《上海市人民代表大会常务委员会关于乡镇人民代表大会工作的若干规定》同时废止。

上海市推进国际航运中心建设条例

（2016年6月23日上海市第十四届人民代表大会
常务委员会第三十次会议通过）

第一章　总　　则

第一条　为了贯彻实施建设上海国际航运中心的国家战略，对接“丝绸之路经济带”和“21世纪海上丝绸之路”建设，形成与中国（上海）自由贸易试验区建设的联动机制，营造具有国际竞争力的航运发展环境，根据有关法律、行政法规的规定，结合本市实际，制定本条例。

第二条　本市推进上海国际航运中心建设工作，适用本条例。

第三条　本市按照国家部署，推进上海国际海运枢纽和航空枢纽建设，建成水运、空运等各类航运资源高度集聚、航运服务功能健全、航运市场环境优良、现代物流服务高效，具有全球航运资源配置能力，与国家战略和经济发展相适应的国际航运中心。

第四条　市人民政府应当加强对本市推进建设上海国际航运中心工作的领导。

本市设立的上海国际航运中心建设议事协调机构，负责协调推进上海国际航运中心建设的有关工作。议事协调机构办公室设在市交通行政管理部门，负责有关日常工作。

区县人民政府和市有关部门应当加强协作配合，具体落实推进上海国际航运中心建设的各项工作。

第五条　市人民政府及其有关部门应当建立与国家有关部门、相关省市的合作和协调机制，发挥上海航运业的优势，扩大辐射带动效应，促进航运要素的整合，实现与长江经济带地区以及国内其他地区的协同发展。

本市推动与港澳台地区、世界其他国际航运中心和城市在国际航运领域的合作和交流。鼓励航运企业、航运组织开展国际交流、合作。

第六条　本市设立上海国际航运中心建设发展资金，纳入同级财政预算，为推进上海国际航运中心建设提供资金扶持。

本市鼓励境内外各种社会资本通过设立航运基金等方式参与上海国际航运中心建设，为航运业的发展提供资金服务。

第七条　航运相关行业协会应当加强行业自律和行业诚信建设，规范行业秩序，维护行业和会员的合法权益，增进与国内外相关航运组织之间的交流，促进航运行业的公平竞争和有序发展。

第二章　规划和基础设施建设

第八条　市交通行政管理部门应当会同市发展改革等行政管理部门，根据国家部署和上海国际航运中心建设总体目标，组织编制上海国际航运中心发展规划，报市人民政府批准后组织实施。编制上海国际航运中心发展规划，应当征求国家有关部门、国家驻沪机构、航运相关企业等方面的意见。

上海国际航运中心发展规划应当明确推进建设的战略部署、分阶段目标以及具体的工作措施和责任部门。

第九条　市交通行政管理部门应当会同市规划行政管理部门根据上海国际航运中心发展规划，统筹协调港口、机场、航道、公路、铁路等专项规划的编制和修订，推进航运服务集聚区的协同发展，促进形成空间布局合理、功能分工科学、资源利用高效、物流畅通快捷的国际航运枢纽。

临港经济、临空经济等产业园区的规划应当与前款规定的专项规划相协调。

第十条 市交通行政管理部门应当根据上海国际航运中心建设的发展需要，推进专业化、规模化、现代化港区的建设，优化现有港区布局和码头泊位结构。

市交通行政管理部门应当推进港口配套公共基础设施的建设。

第十一条 本市机场管理机构应当加强机场基础设施的集约化建设，增加机场设施容量，满足航空运量增长和功能品质提升的需要。

市交通等行政管理部门应当配合国家有关部门推进长三角机场群功能互补，协调发展。

第十二条 本市在国家有关部门的支持下，推进铁路疏港支线及枢纽联络线建设。

市交通行政管理部门应当根据国家流域航道规划、区域航道规划，推进建设连接长三角主要港区的高等级航道网络。

市和区县交通行政管理部门应当加强建设连接主要港区、机场、铁路站场的集疏运公路路网和轨道交通网络。

第十三条 市交通行政管理部门应当会同市有关部门推进建设各类中转设施，统筹推进中转业务发展。

第十四条 市规划国土资源、海洋等行政管理部门和区县人民政府在组织编制土地利用规划时，应当保障上海国际航运中心建设用地和水域需求，并为设立临港经济、临空经济等产业园区预留土地和水域。

第三章 航运服务体系建设

第十五条 市交通行政管理部门应当会同市有关部门采取措施，推进海运企业依托上海港口开辟覆盖全球的海运航线，建设规模适度、结构合理、技术先进的专业化船队。

本市支持海运企业与货主、港口企业开展合作经营。

符合国家有关规定的海运企业，可以经营以上海港为国际中转港的外贸进出口集装箱在国内对外开放港口与上海港之间的捎带业务。

第十六条 市交通行政管理部门应当采取措施，支持发展干支直达运输和江海直达运输。

本市按照国家推进实施内河运输船舶标准化的规定，对不符合标准化船型的船舶，采取资金补贴等措施，引导实施更新和改建。

第十七条 市旅游行政管理部门应当会同市交通等行政管理部门制定本市邮轮产业发展规划，推进上海中国邮轮旅游发展实验区建设，并制定相应的推进措施和配套政策。

市人民政府及其发展改革、交通、旅游、商务等行政管理部门应当争取国家有关部门支持，加快在邮轮旅游发展实验区复制推广中国(上海)自由贸易试验区的改革试点经验和相关政策措施。

市旅游行政管理部门应当会同交通、质量技监等行政管理部门制定与国际接轨的邮轮旅游服务标准化体系。邮轮旅游服务标准化体系包括邮轮票务销售、合同签订、码头服务、旅行社服务、应急处置等环节的操作流程、行为规范和服务要求。

在邮轮口岸推进实施特定时限内的过境和出入境免签政策，设立进境和出境双向便利的免税购物商店；推进邮轮船舶供应服务便利化，加快邮轮相关服务贸易发展。

本市鼓励境内外邮轮公司在本市注册设立经营性机构，开展经批准的国际航线邮轮业务。

第十八条 港口经营人应当在提供港口装卸、仓储、船舶供应等服务的基础上，通过各种方式拓展贸易、金融、咨询等现代港口服务功能。

港口经营人应当建立服务收费目录清单制度，公示服务内容、收费项目和收费标准，接受社会监督，为航运相关企业提供公平、优质的服务。

第十九条 引航机构应当健全完善引航服务规范，公开收费标准，为进出上海港口的船舶提供高效、安全的引航服务。

第二十条 海事部门应当简化登记手续，

完善登记内容，优化船舶登记及相关业务流程，为船舶营运、融资、保险、修造、交易等提供便捷高效的船舶登记服务。

本市应当根据国家有关规定，探索建立中国(上海)自由贸易试验区国际船舶登记制度。

船舶检验机构应当提高检验质量和水平，为航运相关企业提供法定检验和入级检验服务。

第二十一条 市交通行政管理部门应当会同有关部门采取措施，支持主运营基地在上海的航空公司构建以上海为核心、立足全国、辐射全球的枢纽航线网络。

市人民政府及其交通行政管理部门应当争取国家有关部门支持，优化调整本市空域结构，提升枢纽空域容量，合理分配航权和新增航班时刻资源，提升航线网络的通达性、衔接性和枢纽航班密度。

鼓励主运营基地在上海的航空公司以及国内外其他航空公司和航空联盟共同建设品质领先的世界级国际航空枢纽。

第二十二条 本市支持国内外航空公司以及综合物流服务商在上海机场地区建设航空物流转运中心，推广应用物联网技术，开展多式联运，加快航空货运业务发展。

第二十三条 本市支持通用航空在抢险救灾、医疗救护、城市消防等公共服务领域应用。

本市应当推进公务机基地建设，持续优化公务机基地的功能品质，满足公务机运营保障需求，吸引国内外公务航空运营机构及配套服务机构在本市开展业务。

第二十四条 本市机场管理机构和航空业相关单位应当采取措施，优化地面运行组织，推广应用运行管理新技术、新设备，提升机场安全运营效率和综合服务质量。

第二十五条 市交通行政管理部门应当会同市相关部门推动在本市开展并创新船舶和航空器交易、运价交易、运力交易等航运交易业务。

上海航运交易所等专业机构应当为航运交易业务的开展创造便利条件，规范航运交易行为，提供航运交易动态信息，拓展航运信息加工与发布等公共服务功能，维护航运交易市场公平有序，促进航运交易和相关业务的发展。

本市支持上海航运交易所按照国家规定开展集装箱班轮运价备案工作。

第二十六条 上海航运交易所等专业机构应当根据市场需要开发航运指数，提升上海航运指数的国际影响力。

上海航运交易所等专业机构应当按照国家有关规定开发航运指数衍生品。

第二十七条 航运经纪、航运代理等航运中介组织可以与技术服务中介、金融服务中介等中介组织开展合作经营，组建联合体，实现协同发展。

第二十八条 本市支持金融机构利用境内外机构网络资源和电子化手段，为航运相关企业提供融资、结算、避险、财务顾问、信息咨询等金融服务。

市金融服务等行政管理部门应当促进航运融资信息交流，支持航运相关企业通过银行贷款、发行债券和股票、融资租赁、金融租赁等方式解决资金需求问题。

第二十九条 本市通过实施航运保险产品注册制度，支持保险机构开发航运保险产品，拓展业务范围，创新服务模式。

本市推进保险机构在本市设立航运保险运营中心，培育航运保险市场和再保险市场。支持各类与航运相关的损害理赔机构落户本市，提供航运损害案件赔偿、补偿的相关服务。

本市支持航运企业开展自保、互保业务，推动船东互保组织在本市开展保赔业务。

第三十条 市交通行政管理部门应当会同市有关部门、区县人民政府采取措施，鼓励有竞争力的航运相关企业和机构落户本市。

航运相关企业和机构符合地区总部认定条件的，市、区县人民政府可以在其开办和租房等方面给予资助。对航运经济发展有突出贡献，取得良好效益的，市、区县人民政府应当给予奖励。

市人民政府应当创造条件推进建立以本市

为总部,全球主要航运企业、航运机构参加的国际航运组织。鼓励上海航运组织积极参与国际航运规则制定,提高上海国际航运中心的国际影响力。

第四章 航运科技创新建设

第三十一条 本市支持高水平航运科技研发平台建设,通过开展产、学、研协同创新,提升航运科技水平。

本市应当安排资金用于扶持和奖励航运装备关键技术、核心技术、重大新产品的研发。

市交通行政管理部门应当会同市有关部门采取措施,支持各类航运科技创新成果率先在本市推广实施。

第三十二条 市人民政府及其有关部门应当在制定产业规划、行业政策时,支持与航运相关的电子商务、通信信息、高端装备制造、新能源、新材料等新兴关联产业的发展。

本市鼓励建设高效、安全、智能的信息网络,实现航运资源集中管理与集成应用,发展基于大数据的高品质增值信息服务新业态。

第三十三条 航运相关企业应当提高装卸、运输、仓储管理等关键设备的自动化、智能化水平,逐步推进信息化与生产、服务、管理各环节的融合,建立并完善物流信息平台,提供物流全过程动态信息服务,构建智慧航运服务体系。对危险化学品的装卸、储存和运输实施全过程信息化监管,确保安全运营。

第三十四条 本市鼓励航运装备制造企业加强节能、环保等新技术、新材料的研究和产业化。市交通行政管理部门应当支持高能效、低排放的运输工具和机械设备的市场推广。航运企业应当及时更新淘汰高耗能、高污染的运输工具和机械设备。

港口经营人和机场管理机构应当实施污水处理与回收利用设施技术改造,完善污染物和废弃物的接收处理系统,加强噪声和大气污染防治工作。

本市主要港口码头配套建设岸电供电设备设施的,靠港船舶应当按照要求使用岸电。推进航空企业使用桥载能源设备供电。

本市推进与相关省市建立区域性船舶大气污染物排放控制区。

第三十五条 本市引导和支持骨干船舶制造企业建设国家级的船舶、海洋工程装备以及船用设备研发实验中心,加强基础共性技术研究,开展先进设计方法和设计软件的研发,以技术先进、成本经济、建造高效为目标,优化主流船型设计,提升船型综合技术经济性能和市场竞争力。

本市鼓励船舶制造企业重点研发大型集装箱船、液化气船、邮轮等船舶。

第三十六条 本市积极为大飞机战略服务,支持民用航空器、航空发动机、机载设备及零部件等的研发和制造,并逐步形成航空产业集群和产业链;支持航空高端维修业务发展,建设具有国际竞争力的航空维修中心;支持适航审定和航空器运行评审能力建设,推动健全适航审定组织体系。

第五章 航运营商环境建设

第三十七条 本市在上海国际航运中心建设中依法推行外商投资准入和市场准入负面清单管理制度。

市交通等行政管理部门应当建立并公布航运管理权力清单和责任清单,建设稳定、公平、透明、可预期的营商环境。

各有关行政管理部门应当依法履行监管职责,建立完善市场行为规范和服务标准。

第三十八条 市口岸服务部门应当配合海关、检验检疫、海事、边检等国家驻沪机构在上海口岸实施监管制度创新,推进国际贸易单一窗口建设,优化过境免签政策,简化通关程序,推进通关便捷化、信息化和通关一体化建设,实现口岸管理相关部门信息互换、监管互认、执法互助。

本市按照国家有关规定推进实施多式联运一次申报、指运地(出境地)一次查验,对换装地不改变施封状态的货物予以直接放行的措施，但需要在口岸实施检疫和检验的商品、运输工具和包装容器除外。

市人民政府应当为国家驻沪机构改善服务提供必要的支持。

第三十九条 市交通、经济信息化等行政管理部门应当会同国家有关驻沪机构建立上海国际航运中心信息综合服务平台，为企业和个人查询有关信息提供便利。

各有关行政管理部门制作或者获取的不涉及国家安全、商业秘密和个人隐私的航运相关数据应当按照要求接入综合服务平台，有序推进航运数据资源向社会开放，推动政府部门之间数据共享。

第四十条 市交通行政管理部门应当会同市人力资源社会保障行政管理部门制定航运人才的集聚、发展规划和培养、引进计划。

市教育、交通行政管理部门应当会同市有关部门设立航运教育与培训基地，培养各类、各层次航运专业人才。

市人民政府有关部门和区县人民政府应当完善航运人才引进配套政策，整合航运人才引进管理服务资源，健全工作和服务平台，落实航运人才在户籍办理和居留许可、住房、医疗、子女就学等方面的待遇，支持航运企业、机构通过市场机制从国内外引进各类优秀航运人才。

本市支持航运智库发展，为国际航运中心建设提供智力支持。

第四十一条 本市人民法院应当完善航运诉讼案件审理机制，加大对航运案件的执行力度。

本市依法登记设立的仲裁机构应当依据法律、法规和国际惯例完善航运仲裁规则，提高航运仲裁专业水平和国际化程度。

本市支持航运法律服务业发展，鼓励法律服务机构开展国际交流，拓展航运法律服务领域，为航运机构和相关企业、个人提供专业的航运法律服务。

第四十二条 市人民政府及其有关部门应当积极争取国家有关部门支持，推动形成有利于航运经济持续健康发展的税制环境。

税务部门应当提高税收服务效率，营造有利于企业发展、公平竞争的税收环境。

第四十三条 市交通等有关行政管理部门应当按照公共信用信息管理规定，将履行职责过程中制作或者获取的航运企业、机构及其有关责任人员的信用相关信息向市公共信用信息服务平台归集。

市、区县有关行政管理部门和国家驻沪机构应当在市场准入、货物通关、政策扶持等工作中，依法对信用良好的企业和个人实施便利措施，对信用不良的企业和个人实施约束和惩戒。

第四十四条 市交通、公安、安全生产监管等行政管理部门应当按照各自职责做好安全监管工作，并与国家有关驻沪机构共同加强对高风险危险货物的风险管控，建立高风险危险货物联合监管机制。

本市推动与长江流域其他港口城市建立区域一体化的水上交通安全监管、应急救助和生态环境保护治理体系。

第四十五条 市人民政府及其有关部门应当加大航运文化培育力度，促进形成航运文化服务设施齐全、产品丰富、特色显著，市民航运知识普遍提高的航运文化环境。

第六章　附　　则

第四十六条 本条例自2016年8月1日起施行。

上海市急救医疗服务条例

（2016年7月29日上海市第十四届人民代表大会
常务委员会第三十一次会议通过）

第一章 总 则

第一条 为了规范急救医疗服务，维护急救医疗秩序，完善急救医疗服务体系，实现救死扶伤的宗旨，制定本条例。

第二条 本市行政区域内的院前急救医疗服务、院内急救医疗服务以及社会急救等活动及其管理，适用本条例。

第三条 本条例所称的院前急救医疗服务，是指由急救中心、急救站（以下统称院前急救机构）按照统一指挥调度，在患者送达医疗机构救治前开展的以现场抢救、转运途中紧急救治和监护为主的医疗活动。

本条例所称的院内急救医疗服务，是指设置急诊科室的医疗机构（以下称院内急救机构）为院前急救机构送诊的患者或者自行来院就诊的患者提供紧急救治的医疗活动。

本条例所称的社会急救，是指在突发急症或者意外受伤现场，社会组织和个人采用心肺复苏、止血包扎、固定搬运等基础操作，及时救护伤者、减少伤害的活动或者行为。

第四条 市和区人民政府应当加强对急救医疗服务工作的领导，将急救医疗事业纳入国民经济和社会发展规划，建立完善的财政投入机制和运行经费补偿保障机制，形成平面急救站点完善、立体急救门类齐全、硬件配置先进、院前院内有序衔接的急救医疗网络和服务体系，保障急救医疗事业与经济社会协调发展，满足群众日常急救需求。

第五条 市卫生计生行政部门主管本市范围内的急救医疗服务工作；区卫生计生行政部门负责管理本辖区内的急救医疗服务工作。

发展改革、财政、规划国土资源、公安、消防、住房城乡建设、经济信息化、交通、人力资源社会保障、教育、民政、旅游、文广影视等部门按照各自职责，共同做好急救医疗服务的相关工作。

第六条 卫生计生行政部门应当组织院前急救机构、院内急救机构开展急救知识和技能的宣传、教育和培训，引导市民合理使用急救医疗资源。

报刊、电视、广播、网络等媒体应当开展急救知识和技能的公益宣传，倡导自救互救的理念，宣传救死扶伤的精神。

第七条 市民应当尊重和配合院前急救机构、院内急救机构开展的急救医疗服务活动，合理、规范、有序使用急救医疗资源，自觉维护急救医疗秩序。

第八条 鼓励单位和个人向院前急救机构、院内急救机构进行捐赠，支持急救事业发展。

第九条 院前急救服务和非急救转运服务实行分类管理。

院前急救服务由院前急救机构通过救护车提供。

非急救转运服务可以由社会力量通过专门的转运车辆提供，具体管理规范由市人民政府制定。

第二章 院前急救医疗服务

第十条 市卫生计生行政部门会同市规划国土资源部门组织编制院前急救设施建设专项

规划，合理确定急救站点的数量和布局，经市人民政府批准后，纳入相应的城乡规划。

市规划国土资源部门和区人民政府应当为院前急救设施建设预留建设用地。

区人民政府应当按照本市院前急救设施建设专项规划，建设院前急救机构的相关设施。

第十一条 院前急救机构应当按照法律、行政法规的有关规定，向市和区卫生计生行政部门申请办理院前急救医疗执业登记。

未经卫生计生行政部门批准，任何单位和个人不得擅自设置院前急救机构开展院前急救医疗服务。

第十二条 市卫生计生行政部门应当组织制定院前急救医疗工作规范和质量控制标准，建立统计报告制度。

院前急救机构应当按照院前急救医疗工作规范和质量控制标准，制定相应的管理制度，定期组织急救业务培训和考核，向卫生计生行政部门报告有关统计信息。

第十三条 院前急救机构从业人员包括急救医师、医疗急救指挥调度人员、行政管理人员、急救辅助人员和医疗急救装备专业维修维护人员。院前急救机构的岗位设置和人员配置，按照国家和本市有关规定执行。

第十四条 本市根据区域服务人口、服务半径、地理环境、交通状况以及业务需求等因素，确定合理的院前急救机构救护车（以下简称救护车）配备数量。救护车的具体配备数量由市卫生计生行政部门编制，报市人民政府批准。

救护车应当符合国家标准，有明显的行业统一规定的急救医疗标志及名称，按照有关规定安装定位系统、通讯设备和视频监控系统，配备警报器、标志灯具、急救设备和药品，并喷涂“120”等标志图案。

救护车应当专车专用。任何单位和个人不得使用救护车开展非院前急救医疗服务活动。

任何社会车辆不得使用“120”等标志图案。

第十五条 每辆救护车应当至少配备急救医师一名，驾驶员、担架员等急救辅助人员两名。

急救医师应当由医学专业毕业、经过院前急救医疗专业岗前培训和继续教育培训合格的人员担任。

急救辅助人员应当由经过急救员技能培训合格、熟练掌握基本急救医疗知识和基本操作技能的人员担任。

第十六条 院前急救人员的薪酬待遇，根据其岗位职责、工作负荷、服务质量、服务效果等因素合理确定。

第十七条 本市设置的院前急救呼叫受理和指挥调度中心，实行全年二十四小时急救呼叫受理服务，统一受理急救呼叫，合理调配急救资源。

市卫生计生行政部门、市交通部门、市公安交通管理部门应当建立道路、交通信息共享机制。

第十八条 急救呼叫专用电话号码为“120”。院前急救呼叫受理和指挥调度中心应当根据人口规模、急救呼叫业务量设置相应数量的“120”专线电话线路，配备调度人员，保障及时接听公众的急救呼叫电话。

任何单位和个人只有在出现紧急情况且需要急救医疗服务时，才可以拨打“120”专线电话；不得有虚假的急救呼叫行为，不得对“120”专线电话进行骚扰。

“120”呼叫受理和指挥调度中心与“110”指挥中心、“119”指挥中心应当完善联动协调机制。

第十九条 院前急救呼叫受理和指挥调度中心接到急救呼叫信息后，应当立即对急救呼叫信息进行分类、登记，对病情进行初步评估，并发出救护车调度指令。必要时，可以对急救呼叫人员进行现场应急救护的指导。

第二十条 院前急救人员在执行急救任务时，应当佩戴统一的院前急救医疗标识，携带相应的急救药品和设备设施。

院前急救人员根据调度指令到达现场后，应当根据患者病情采取相应的急救措施。对需要送往院内急救机构抢救的患者，院前急救人员应当通知院内急救机构做好收治抢救的准备工作。

患者家属、现场其他人员有义务协助院前急救人员做好相关工作,提供便利。

第二十一条 院前急救人员因未能与急救呼叫的患者取得联系且无法进入其住宅等现场开展急救的,可以立即向公安、消防等部门报告,请求协助进入现场。公安、消防等部门应当及时赶赴现场予以协助。

第二十二条 除通过院前急救机构为急诊患者提供转院服务的情形外,院前急救机构应当按照就近、就急以及满足专业治疗需要的原则,决定将患者送往相应的院内急救机构进行救治。患者或者其家属要求送往其他医疗机构的,院前急救医师应当告知其可能存在的风险,并要求其签字确认。

患者有下列情形之一的,一律由院前急救医师决定送往相应的院内急救机构进行救治:

(一)病情危急、有生命危险的;

(二)疑似突发传染病、严重精神障碍的;

(三)法律、行政法规有特别规定的。

第二十三条 院前急救人员在将患者送往院内急救机构的过程中,应当密切观察患者病情,进行生命体征监测,及时救治,并向患者或者其家属询问病史,做好相关记录。

第二十四条 对有危害社会治安行为、涉嫌违法犯罪或者依法需要提供保护性措施的患者,院前急救人员应当在提供急救医疗服务时,及时通知当地公安机关或者有关专业机构,由公安机关或者有关专业机构依法采取相应措施。

第二十五条 院前急救机构应当做好急救呼叫受理、现场抢救、转运途中救治、监护等过程的信息记录。

院前急救医疗病历按照医疗机构病历管理相关规定管理保存。院前急救机构的急救呼叫电话录音、派车记录资料应当至少保存两年。

第二十六条 本市建立、健全陆上、水面、空中等门类齐全的立体化院前急救网络,加大政府扶持力度,实现陆上与水面、空中急救一体化。

第二十七条 对重大或者特别重大突发事件中的急救医疗,必要时,由应急医疗专家对现场患者情况进行专业判断后,由院前急救机构送往相关的医疗机构进行救治。

第二十八条 院前急救机构应当按照市和区人民政府的要求或者突发事件应急预案的要求,为大型群众性活动做好院前急救医疗服务的准备工作。

第三章 院内急救医疗服务

第二十九条 市和区卫生计生行政部门应当制定院内急救医疗资源配置规划,完善本行政区域内的院内急救医疗资源布局,加强对院内急救机构的指导和监督。

市和区卫生计生行政部门应当建立、健全相关危重急症专业急救网络,加强区域内定点救治工作。

第三十条 市卫生计生行政部门应当根据院内急救机构的功能定位,制定院内急诊科室建设标准和管理规范。院内急救机构上级主管部门和单位应当根据建设标准和管理规范,加强急诊科室建设,并接受市卫生计生行政部门的指导和监督。

第三十一条 二级以上综合性医疗机构和卫生计生行政部门确定的专科医院应当按照急诊科室建设标准和管理规范,设置急诊科室,加强急诊学科建设和日常管理,提高院内急救医疗服务能力。未经卫生计生行政部门批准,不得关、停急诊科室。

鼓励院内急救机构开展急诊与重症监护室一体化建设。

第三十二条 院内急救机构应当按照有关标准,配备掌握急诊医学理论知识和基本操作技能的急诊科室医护人员,并加强急诊科室医护人员培训。

第三十三条 院内急救机构应当建立急诊抢救、紧急会诊等各项规章制度和应急联动机制,明确岗位职责和操作规程。院内急救人员应当遵守规章制度和诊疗技术规范,保证医疗服务质量及医疗安全。

第三十四条 市卫生计生行政部门应当制定、完善急诊分级救治标准，明确急诊分级救治的目标和措施。

院内急救机构应当依据急诊分级救治标准，制定本单位的执行制度，并向社会公示，引导急诊患者合理分流，按照患者疾病严重程度进行分级，并决定救治的优先次序。急诊患者及其家属应当遵循急诊分级救治标准，听从医护人员安排，按照院内急救机构的规范和流程有序就诊。

第三十五条 院内急救机构与院前急救机构之间应当建立工作衔接机制，规范交接工作流程，按照急诊分级救治标准的要求，实现信息互通和业务协同。

院内急救机构应当保持急救绿色通道畅通，接到院前急救人员要求做好急危重患者收治抢救准备工作的通知后，应当及时做好接诊准备。

院前急救人员将患者送达院内急救机构后，院内急救机构相关人员应当及时与院前急救人员办理患者交接的书面手续，不得以任何理由拒绝或者推诿，不得无故占用救护车的设施、设备。市和区卫生计生行政部门、院内急救机构上级主管单位应当加强对院内急救机构交接情况的监督和考核。

第三十六条 院内急救机构实行首诊负责制，不得拒绝或者推诿急诊患者；对急危重患者，应当按照先及时救治、后补交费用的原则进行救治。

确因情况特殊需要转运至其他院内急救机构进行救治的患者，由首诊的院内急救机构进行判断，对符合转运指征的，应当由首诊的院内急救机构联系、落实接收的院内急救机构。

第三十七条 院内急救机构应当根据患者病情需要进行救治、转诊或者分流。患者经急诊科室救治后需要住院继续治疗的，院内急救机构应当及时将其转入住院病房治疗；患者经急诊科室诊治后病情稳定、无需继续急诊救治，且符合出院或者转诊标准的，应当及时办理出院手续或者转诊至相关医疗机构、康复机构继续治疗康复。

第三十八条 市和区卫生计生行政部门应当完善医疗康复、护理服务体系，畅通患者双向转诊渠道。

鼓励三级医疗机构与相关医疗、康复、老年护理、养老机构开展业务协作和双向转诊。

第三十九条 市医保部门应当通过医保支付政策的倾斜，引导经过急诊处理、病情稳定的患者转诊到相关医疗机构继续治疗康复。

符合出院或者转诊标准仍无故滞留院内急救机构、占用急救资源的患者，市卫生计生行政部门应当按照有关规定将其信息提供给本市公共信用信息服务平台，记为不良信用信息。

第四十条 本市建立院内急救医师与院前急救医师、院内急救医师与其他相关科室医师联动培养机制，组织相关专业医师到院前急救机构或者急诊科室工作。

第四十一条 院内急救机构上级主管部门和单位应当根据机构功能定位、急诊规模、急诊医疗服务质量，制定合理的考核指标；考核后的奖励应当向急诊科室倾斜。

医疗机构应当对急诊科室的医护人员在个人绩效考核和职称晋升、聘任方面予以倾斜，加强急诊学科建设和人才培养。

第四章 社会急救

第四十二条 市民发现需要急救的患者，应当立即拨打“120”专线电话进行急救呼叫，可以在医疗急救指挥调度人员的指导下开展紧急救助，也可以根据现场情况开展紧急救助，为急救提供便利。

鼓励具备急救技能的市民，对急危重患者实施紧急现场救护。

在配置有自动体外除颤仪等急救器械的场所，经过培训的人员可以使用自动体外除颤仪等急救器械进行紧急现场救护。

紧急现场救护行为受法律保护，对患者造成损害的，依法不承担法律责任。

本市鼓励社会组织通过商业保险、奖励等形式,支持和引导市民参与紧急现场救护。

第四十三条 下列场所和单位应当配备必要的急救器械、药品和掌握急救器械使用知识、技能的工作人员:

(一)轨道交通站点以及机场、客运车站、港口客运码头等交通枢纽;

(二)学校、体育场馆、展览场馆、文化娱乐场所、旅馆、商场、景区(点)等人员密集场所;

(三)大型建筑施工企业的施工现场、大型工业企业。

鼓励有条件的场所和单位配备自动体外除颤仪。

第四十四条 市卫生计生行政部门、市红十字会应当组织编写急救知识和技能培训教材,组织各类急救知识和技能培训。

鼓励志愿者组织以及其他社会组织开展急救知识和技能培训,提高市民的急救意识和自救互救技能。

第四十五条 公安、消防人员、公共交通工具的驾驶员和乘务员、学校教师、保安人员、导游以及自动体外除颤仪的使用人员,应当参加红十字会、院前急救机构等具备培训能力的组织所开展的急救知识和技能培训。

第四十六条 红十字会、院前急救机构及其他医疗机构应当开展急救知识普及工作,组织市民参与社会急救培训。

国家机关、企事业单位、社会团体应当组织人员参加急救知识普及和技能培训。

各级各类学校应当开设急救知识和技能课程,组织学生开展急救知识和技能的培训。

居民委员会、村民委员会应当配合做好急救知识、技能普及工作。

第五章 保障措施

第四十七条 市和区人民政府可以采取购买公共服务等方式,支持和鼓励社会力量参与急救医疗服务。社会力量参与急救医疗服务的,应当服从卫生计生行政部门的统一组织、管理。

第四十八条 市卫生计生行政部门应当会同市人力资源社会保障、教育等部门制定符合急救行业特点的人才培养和学科队伍建设等保障措施。

第四十九条 公安交通管理部门应当保障执行急救任务的救护车优先通行,在救护车遇到交通拥堵时,应当及时进行疏导。院前急救机构、院内急救机构门前以及距离上述地点三十米以内的路段,除救护车以外,禁止停车。

第五十条 救护车执行急救任务时,可以使用警报器、标志灯具;在确保道路交通安全的前提下,不受行驶路线、行驶方向、行驶速度和交通信号灯的限制。

第五十一条 救护车执行急救任务时,其他车辆和行人应当让行,不得阻碍救护车通行。

对因让行执行急救任务的救护车而导致违反交通规则的车辆和行人,免予行政处罚。对不按照规定为执行急救任务的救护车让行的车辆和行人,院前急救机构可以将车辆或者行人阻碍救护车通行的情形通过视频记录固定证据。公安机关应当根据上述证据,依法进行处罚。

第五十二条 对执行急救任务的救护车,免收道路通行费和停车费。

第五十三条 患者及其家属应当遵从院前急救机构、院内急救机构的安排,不得干扰急救医疗服务,不得妨碍急救医疗秩序,不得殴打、辱骂急救医疗人员。

对有前款行为的人员,公安机关应当依法及时制止,并予以处理。

第五十四条 市价格主管部门应当根据急救医疗服务活动成本和居民收入水平等因素,制定急救医疗服务活动收费标准,并可以根据经济社会发展水平适时调整。收费标准及调整情况应当及时向社会公布。

第五十五条 生活无着的流浪、乞讨人员符合救助条件的,其急救医疗救治费用按照国家和本市有关规定执行。

对在本市行政区域内发生急危重病情、需

要急救且符合救助条件的患者所产生的急救费用，医疗机构可以按照国家和本市有关规定，申请从疾病应急救助基金中支付。

第五十六条 本市建立急救医疗信息系统平台，对全市院前、院内急救资源状况等进行动态监控，实现院前与院内急救资源信息即时共享。

第五十七条 市和区卫生计生行政部门建立应对突发事件的应急医疗专家库。

本市有条件的三级医院应当建立应急医疗救援队，参与重大或者特别重大突发事件中的急救医疗工作。

第六章 法 律 责 任

第五十八条 违反本条例规定的行为，法律、行政法规有处理规定的，依照有关法律、行政法规的规定处理。

第五十九条 违反本条例第十一条规定，擅自开展院前急救医疗服务的，由卫生计生行政部门责令改正，处一万元以上三万元以下的罚款；情节严重的，处三万元以上十万元以下的罚款。

第六十条 违反本条例第十四条第三款规定，使用救护车开展非院前急救医疗服务活动的，由卫生计生行政部门责令改正，处一千元以上一万元以下的罚款；情节严重的，处一万元以上五万元以下的罚款。使用救护车开展非院前急救医疗服务活动所产生的费用，由相关责任人承担。

第六十一条 违反本条例第十四条第四款规定，社会车辆使用“120”等标志图案的，由卫生计生行政部门责令改正，处一万元以上三万元以下的罚款；情节严重的，处三万元以上十万元以下的罚款。

第六十二条 违反本条例第十八条第二款规定，有虚假的急救呼叫行为，或者对“120”专线电话进行骚扰的，由公安部门依法以违反治安管理行为予以处罚。

第六十三条 违反本条例第三十五条第三款规定，院内急救机构拒绝、推诿患者交接，或者无故占用救护车的设施、设备，由卫生计生行政部门给予警告；情节严重的，处一万元以上三万元以下的罚款。

第六十四条 卫生计生等行政管理部门及其工作人员违反本条例规定，有下列行为之一，造成不良后果的，由所在单位或者监察机关依法对负有直接责任的主管人员和其他直接责任人员给予警告或者记过处分；情节较重的，给予记大过或者降级处分；情节严重的，给予撤职处分：

（一）未及时制定院前急救医疗工作规范和质量控制标准；

（二）未依法履行对急救医疗服务的保障职责；

（三）未依法开展监督、检查。

第七章 附 则

第六十五条 医疗机构开展院前急救医疗服务的，参照本条例执行。

第六十六条 本条例自 2016 年 11 月 1 日起施行。

上海市统计条例

（2016年9月14日上海市第十四届人民代表大会常务委员会第三十二次会议通过）

第一章 总 则

第一条 为了科学、有效地组织统计工作，保障统计资料的真实性、准确性、完整性和及时性，维护统计调查对象合法权益，发挥统计在服务本市经济社会发展中的重要作用，根据《中华人民共和国统计法》和相关法律、行政法规，结合本市实际，制定本条例。

第二条 本市各级人民政府及其统计机构和有关部门组织实施的统计活动，适用本条例。

本条例所称统计活动，包括统计调查和统计分析、提供统计资料和统计咨询意见、实行统计监督。

第三条 市和区人民政府应当加强对统计工作的组织领导，将统计工作纳入本地区国民经济和社会发展规划，保障统计机构和统计人员依法履行职责。

第四条 国家机关、企业事业单位和其他组织以及个体工商户和个人等统计调查对象应当按照国家和本市的规定，真实、准确、完整、及时地提供统计调查和统计检查所需的资料和证明。

统计调查对象依法享有了解统计调查项目、不受干涉提供统计资料、拒绝非法统计以及统计资料不被滥用等权利。

第五条 统计机构和统计人员依法独立行使统计调查、统计报告和统计监督的职权，任何单位和个人不得侵犯。

统计机构和统计人员对在统计工作中知悉的国家秘密、商业秘密和个人信息，应当予以保密。

第六条 市和区人民政府统计机构及有关部门应当在统计活动过程中实施质量控制，制定统计数据质量控制工作规程，加强统计数据质量监管。

第七条 本市加强统计信息化建设，构建安全、高效和便捷的统计信息化系统，提高统计信息搜集、处理、传输、共享和存储技术水平。

第八条 本市建立健全统计信用制度，完善统计信用信息记录、维护、查询、公示、异议处理以及信息安全等管理规范。

统计调查对象履行统计义务情况等统计信用信息应当按照规定纳入市公共信用信息服务平台，依法作为有关行政机关采取激励和惩戒措施的依据。

第九条 本市加强统计科学研究，建立健全反映经济社会发展特征的统计指标体系，完善本市统计技术规范，不断改进统计调查方法，提高统计的科学性。

第十条 本市对在统计工作中作出突出贡献或者对检举统计违法行为有功的单位和个人，按照国家和本市的有关规定，给予表彰、奖励。

第二章 统计机构和人员

第十一条 市人民政府统计机构是统计工作的主管部门，负责全市统计工作的组织实施、管理协调和监督检查，并与国家统计局在本市设立的派出调查机构建立统计联系协调机制。

区人民政府应当设立独立的统计机构，负责本行政区域内统计工作的组织实施、管理协调和监督检查。

第十二条 市和区人民政府有关部门设立的统计机构或者配备的统计人员应当依法组织、管理本部门职责范围内的统计工作，协助本级人民政府统计机构对统计违法行为进行查处。

第十三条 乡镇人民政府应当设置统计工作岗位，配备统计人员，负责本区域的统计工作。

街道办事处应当根据区人民政府管理和服务职能的需要，配备统计人员，负责本区域的统计工作。

本市产业园区管理机构应当根据统计任务需要，设置统计工作岗位，配备统计人员，负责本区域相关统计工作，配合市和区人民政府统计机构及有关部门做好统计工作。

村民委员会和居民委员会根据统计任务需要，协助做好相关统计工作。

第十四条 企业事业单位和其他组织根据统计任务需要，指定统计工作负责人及工作人员，完成政府统计调查任务。

第十五条 政府开展统计工作，可以通过购买服务的方式，委托依法成立的社会统计服务机构组织实施数据采集、数据核实、数据分析运用和业务培训等活动。

委托方与受托方应当签订委托合同，明确各方权利义务。委托方应当督促受托方严格履行合同。未经委托方同意，受托方不得调整统计调查方案，不得以委托方的名义进行与委托无关的统计活动。

第十六条 企业事业单位和其他组织可以根据需要，委托依法成立的社会统计服务机构承担本单位的政府统计调查任务，并将受托方、委托事项等信息书面告知市或者区人民政府统计机构。

委托方应当按照统计调查制度的规定报送统计资料，并对统计资料的真实性、准确性、完整性和及时性负责。未经委托方同意，受托方不得进行其他统计活动。

第十七条 国家机关、企业事业单位和其他组织中从事统计工作的人员应当具备相应的专业知识和业务能力。

市和区人民政府统计机构及有关部门应当对从事统计工作的人员开展业务培训和职业道德教育。作为统计调查对象的国家机关、企业事业单位和其他组织应当支持和保障从事统计工作的人员接受统计培训和教育。

第三章 统计调查

第十八条 本市对统计调查对象实行在地统计管理制度。

统计调查对象应当接受所在地的区人民政府统计机构的统计管理。对不宜按区行政区域划分生产经营活动情况的统计调查对象，由市人民政府统计机构确认并实行统计管理。

第十九条 市人民政府统计机构应当与编制、工商、人力资源社会保障、民政、税务、质监等相关部门建立信息共享机制，记录国家机关、企业事业单位和其他组织以及个体工商户的名称、行业类别、统一社会信用代码、登记注册类型等统计基本信息，完善全市统一的统计基本单位名录库。

市和区人民政府统计机构应当根据统计基本单位名录库，确立统计调查关系，向统计调查对象告知统计义务和权利。

市人民政府统计机构应当通过向统计调查对象核实、补充等方式，日常维护和更新统计基本单位名录库。

市和区人民政府有关部门可以申请查询和使用统计基本单位名录库，并依法对相关信息保密。在统计调查中发现统计基本单位信息变动的，应当及时向同级人民政府统计机构反馈。

第二十条 地方统计调查项目由市和区人民政府统计机构及有关部门分别制定或者共同制定。

制定地方统计调查项目，应当对统计调查项目的必要性、可行性、科学性进行论证。

地方统计调查项目不得与国家统计调查项目、国务院部门统计调查项目和其他地方统计调查项目重复。

第二十一条 市人民政府有关部门、区人民政府统计机构及有关部门制定地方统计调查项目,应当向有审批权的市或者区人民政府统计机构提交申请文件、统计调查制度、项目论证等材料。依法应当报国家统计局审批的,按照国家有关规定办理。

申请符合条件、材料齐全的,市或者区人民政府统计机构应当在十五个工作日内予以批准;调查项目结束后需要报送统计资料的,应当在批复中明确报送资料的期限等要求。申请不符合条件的,应当不予批准并说明理由。申请材料不齐全、调查对象和调查内容相同或者相近的,应当告知申请人进行补充或者调整。

经批准的统计调查项目变更的,应当重新报请审批。

第二十二条 市和区人民政府统计机构应当通过政府网站等渠道,公布地方统计调查项目名称、制定单位、有效期限、批准文号等信息,但涉及国家秘密的除外。

第二十三条 市人民政府有关部门、区人民政府统计机构及有关部门应当加强统计调查项目管理,根据统计调查项目批复的要求,将组织实施统计调查取得的有关资料和调查结果,报送批准统计调查项目的市或者区人民政府统计机构。

第四章 统 计 资 料

第二十四条 国家机关、企业事业单位和其他组织等统计调查对象应当以业务活动、生产经营中形成的原始记录和凭证为依据,按照统计调查制度规定的要素、内容和形式记录统计台账。原始记录、凭证和统计台账应当保存二年以上。

市和区人民政府统计机构应当指导和规范统计调查对象建立统计台账。

第二十五条 市和区人民政府统计机构及有关部门应当依托本市政务数据资源管理平台,实现各自业务领域统计数据资源的共享。涉及国家秘密、商业秘密和个人信息的,应当遵守保密规定。

市人民政府统计机构应当加强对统计数据资源共享工作的综合协调。市和区人民政府统计机构及有关部门开展统计活动时,应当利用共享的统计数据资源,避免重复采集,提升工作效率。

第二十六条 市和区人民政府统计机构可以根据统计调查、国民经济核算、统计分析、数据评估等工作需要,向有关部门调用与统计工作有关的行政记录资料、财务资料、财政资料及其他资料,有关部门应当按照统计机构的要求及时提供。

第二十七条 市和区人民政府统计机构及有关部门应当充分运用现代信息技术手段和方法,开发利用社会数据资源,丰富政府统计数据来源。

市和区人民政府统计机构及有关部门可以根据统计工作需要,通过协议合作或者购买服务等方式,获取社会数据资源。统计机构及有关部门应当与社会数据资源权利人明确数据使用目的、数据内容、使用方法、保密要求和公布方式等内容,不得损害国家利益、社会公共利益和他人合法权益。

第二十八条 本市建立健全统计资料公布制度,加强统计资料公布的统筹管理,保障公布资料的真实、准确、完整和及时。统计调查取得的统计资料,除依法应当保密的外,应当对外公布。

市和区人民政府统计机构应当制定统计资料公布计划,明确统计资料公布的时间、内容、方式和频率,按照计划向社会公布统计资料。因特殊原因不能按照计划公布的,应当提前告知并说明理由。

市和区人民政府有关部门统计调查项目取得的统计资料,按照统计调查制度的规定予以公布。

市和区人民政府统计机构及有关部门公布统计资料时,应当说明指标含义、调查范围、调查方法等情况,便于社会公众理解和使用统计数据。

调整或者修改已公布统计资料的，应当说明理由。

第二十九条 公民、法人和其他组织可以通过政府网站、信息公开咨询热线、现场查阅等方式，查询已经公布的统计资料。

除前款规定的查询方式外，公民、法人和其他组织可以根据政府信息公开的规定，向市和区人民政府统计机构及有关部门提出申请。市和区人民政府统计机构及有关部门应当依法答复。

第三十条 本市国民经济和社会发展的统计数据，以国家统计局和市人民政府统计机构公布的数据为准。

本市有关部门公布的统计数据与本级人民政府统计机构公布的相同指标的统计数据不一致的，以政府统计机构公布的统计数据为准。

第三十一条 任何单位和个人公开使用市和区人民政府统计机构及有关部门公布的统计资料，应当与公布的统计资料保持一致，并注明资料来源。

第三十二条 市和区人民政府统计机构及有关部门，应当制定统计信息安全应急处置预案，建立健全统计资料的存储备份机制，保障统计资料安全。

统计调查中取得的统计调查对象的原始资料保存期限和汇总性统计资料保存期限，按照国家有关规定执行。

第三十三条 对在统计工作中获得的下列资料，应当予以保密，不得对外提供、泄露，不得用于统计以外的目的：

（一）涉及国家秘密的资料；

（二）涉及商业秘密的资料；

（三）涉及个人信息的资料；

（四）能够识别或者推断单个统计调查对象身份的资料；

（五）通过统计调查收集的有关统计调查表。

第五章 监督检查

第三十四条 市和区人民政府统计机构在本行政区域内依法行使统计检查职权，查处统计调查对象的统计违法行为。

市和区人民政府有关部门应当协助同级人民政府统计机构加强对本部门和本业务领域统计调查对象的监督检查，督促其落实统计工作责任，查处统计违法行为，并及时移送有关统计违法案件材料。

第三十五条 市和区人民政府统计机构应当每年制定统计监督检查计划，确定年度重点监督检查领域，按照有关规定核查统计数据。

市和区人民政府统计机构应当建立监督检查记录，记录检查的内容、发现的问题、处理结果等，并由检查人员签字后保存备查。

市和区人民政府统计机构在依法履行监督检查职责时，发现企业事业单位和其他组织未落实统计工作责任的，可以约谈有关单位主要负责人，要求其采取措施提高统计工作质量。

第三十六条 市和区人民政府统计机构接到有关违反统计工作规定的举报的，应当依法及时核实处理。

第三十七条 市和区人民政府统计机构履行监督检查职责时，有关单位和个人应当予以配合，如实反映情况，不得拒绝、阻碍检查，不得包庇、纵容统计违法行为。

第三十八条 市和区人民政府统计机构中从事统计执法的人员，应当具备相关法律知识和统计业务知识，经执法培训并考试合格，取得行政执法证。

第三十九条 市人民政府统计机构可以对区人民政府统计机构和组织实施统计调查项目的市人民政府有关部门进行统计工作巡查，区人民政府统计机构可以对区人民政府有关部门和乡镇人民政府进行统计工作巡查。

统计工作巡查主要包括下列内容：

（一）统计法律、法规、规章的执行情况；

（二）国家和本市统计制度的执行情况，地方统计调查项目审批与管理的执行情况；

（三）统计数据质量和统计基础工作情况，统计数据公布制度的建立情况；

（四）统计工作的其他情况。

市和区人民政府统计机构在统计工作巡查中发现问题的,应当要求被巡查单位及时纠正,并在巡查完成后一个月内,向被巡查单位出具巡查情况报告,对其在统计工作中存在的问题提出指导意见。

第六章 法律责任

第四十条 企业事业单位或者其他组织、个体工商户违反本条例规定,法律、行政法规有处罚规定的,从其规定。

作为统计调查对象的国家机关、企业事业单位或者其他组织违反本条例规定,法律、行政法规对属于国家工作人员的直接负责的主管人员和其他直接责任人员有处分规定的,从其规定。

第四十一条 市或者区人民政府统计机构及有关部门有下列行为之一的,由本级人民政府、上级人民政府统计机构或者本级人民政府统计机构责令改正,予以通报;对直接负责的主管人员和其他直接责任人员,由任免机关或者监察机关依法给予处分:

(一)违反本条例第二十三条规定,未报送组织实施统计调查取得的有关资料和调查结果的;

(二)违反本条例第二十八条规定,未制定统计资料公布计划,未按照计划公布统计资料,公布统计资料未说明相关情况,或者调整、修改已公布统计资料未说明理由的;

(三)违反本条例第三十一条规定,公开使用的统计资料与公布的统计资料不一致,或者未注明资料来源,造成不良社会影响的;

(四)违反本条例第三十二条第一款规定,造成统计资料毁损、灭失的;

(五)统计监督检查中包庇、纵容统计违法行为的;

(六)统计监督检查中泄露统计违法案件查处情况的。

第四十二条 违反本条例第三十三条第一项规定,泄露属于国家秘密的统计资料的,按照有关保密法律法规予以处理;构成犯罪的,依法追究刑事责任。

违反本条例第三十三条第二项至第五项规定,泄露统计资料的,对直接负责的主管人员和其他直接责任人员,由任免机关或者监察机关依法给予处分;构成犯罪的,依法追究刑事责任。

第七章 附则

第四十三条 本条例自2016年12月1日起施行。1993年12月15日上海市第十届人民代表大会常务委员会第六次会议通过、根据1997年8月13日上海市第十届人民代表大会常务委员会第三十八次会议《关于修改〈上海市统计管理条例〉的决定》第一次修正、根据2015年7月23日上海市第十四届人民代表大会常务委员会第二十二次会议《关于修改〈上海市建设工程材料管理条例〉等12件地方性法规的决定》第二次修正的《上海市统计管理条例》同时废止。

上海市华侨权益保护条例

(2016年9月14日上海市第十四届人民代表大会常务委员会第三十二次会议通过)

第一条 为了保护华侨的合法权利和利益,发挥华侨在本市经济社会发展中的作用,根据宪法和有关法律、行政法规,结合本市实际,制定本条例。

第二条 本条例所称华侨，是指定居在国外的中国公民。中国公民在国外定居的认定，按照国家有关规定执行。

第三条 华侨权益保护应当遵循平等保护的原则。华侨享有宪法和法律规定的公民的权利，并履行宪法和法律规定的公民的义务。

第四条 本市各级人民政府应当重视和加强华侨权益保护工作，切实维护华侨的合法权益。

市、区人民政府侨务部门应当鼓励华侨参与本市经济社会建设，为华侨提供政策咨询和法律服务，组织、指导、协调有关部门做好华侨权益保护工作，组织开展华侨权益保护的法律、法规宣传和执行情况的监督、检查。

本市各级人民政府有关部门应当按照各自职责，为华侨参与本市经济社会发展以及在本市居住、生活提供便利，做好华侨权益保护工作。

第五条 本市各级人民政府应当结合实际工作需要，对华侨权益保护工作给予必要的经费保障。

第六条 本市各级归国华侨联合会应当宣传贯彻法律法规和侨务政策，密切与华侨的联系，反映华侨的意见和建议，依法维护其合法权益。

第七条 华侨在本市依法成立的社会团体，应当依照法律、法规和章程开展活动，其合法权益受法律保护。

第八条 鼓励华侨发挥海内外联系广泛的资源优势，参与和服务国家发展战略，在本市对外开展的经济、科技、文化、教育、卫生、体育等领域的合作交流和民间友好往来中发挥桥梁纽带作用。

鼓励和支持华侨发挥人才、技术、资金的优势，参与本市的国际经济、金融、贸易、航运中心和具有全球影响力的科技创新中心建设。

鼓励和支持华侨在中国(上海)自由贸易试验区的金融服务、航运服务、商贸服务、专业服务、文化服务、社会服务等领域，以及本市其他重点发展领域投资。

鼓励和支持华侨参与本市的国际文化大都市建设，在弘扬中华优秀文化等方面发挥作用。

第九条 鼓励华侨以本人、其设立的企业或者其他经济组织的名义在本市投资。

任何组织和个人不得非法干预和侵犯华侨投资设立的企业依法享有的经营管理自主权。未经法定程序，不得擅自查封、扣押华侨投资设立的企业的财产或者责令其停产停业。

华侨依法投资、经营获得的利润、其他收入和清算后的个人资金等各项合法收益，可以依法汇往境外。

第十条 鼓励华侨在战略性新兴产业和现代服务业、先进制造业等领域创新创业。

华侨和华侨投资设立的企业或者其他经济组织独立持有的科技成果，可以自主决定采用转让、作价入股等方式，开展成果转化活动。

市、区人民政府有关部门应当加强对华侨的知识产权保护，依法维护华侨作为知识产权申请人和权利人的合法权益。

第十一条 鼓励华侨参与国家和本市的人才创新创业类计划或者项目。

华侨来本市开展科学研究、技术开发、成果孵化和科学知识普及教育以及科技管理等活动，按照本市有关规定享受相关费用资助。

第十二条 华侨在本市就业的，可持本人的有效护照等证明材料，办理参加社会保险各项手续，按照国家和本市有关规定参保、缴费。

华侨在本市就业的，经与用人单位协商一致，可持本人的有效护照、就业证件等证明材料，按照国家和本市有关规定缴存、提取和使用住房公积金。

第十三条 华侨在出国定居前已经参加本市职工养老保险但未达到法定的领取基本养老金条件的，其个人养老保险账户事项按照国家有关规定办理；达到法定领取条件时，可以按照国家和本市规定享受相应的养老保险待遇。

在本市办理离休、退休手续后出国定居且已享受本市职工基本养老保险待遇的华侨，应当每年按规定向社会保险经办机构提供由我国驻外使领馆或者相关机构出具的“在境外居住人员领取养老金资格审核表”或者领事认证。

在出国定居前已经参加本市职工基本医疗保险且在本市办理离休、退休手续后出国定居的华侨，回国期间可以按照本市有关规定享受相应的基本医疗保险待遇。

第十四条 华侨在本市从事专业技术工作的，可以参加专业技术人员资格考试和专业技术职务任职资格评审，其在境外从事专业技术工作的年限和成果可以作为评定专业技术任职资格的参考依据。

第十五条 华侨可以按照国家和本市的有关规定在本市购买自住商品房，房产登记发证机构应当依法登记发证。

华侨对其在本市的私有房屋，依法享有占有、使用、收益和处分的权利，任何组织或者个人不得非法侵犯。

历史遗留的华侨私房问题，按照国家和本市有关规定处理。

第十六条 华侨在本市的私有房屋、华侨投资设立的企业和华侨投资开发用地因公共利益需要被征收的，应当依法给予补偿。

依法征收华侨在本市的私有房屋，征收人应当按照本市有关房屋征收管理的有关规定履行告知义务。华侨不在国内的，征收人可以通过其在本市的亲属或者代理人协助通知房屋所有权人，也可以通过公告或者邮寄送达方式通知房屋所有权人。

第十七条 华侨依法继承遗产、接受遗赠和赠与，任何组织和个人不得非法侵占。

华侨回国来本市继承遗产、接受遗赠和赠与的，有关部门应当根据华侨的合理请求，提供必要的协助。

华侨有权处分所继承的遗产、接受的遗赠和赠与，任何组织或者个人不得非法干预。

华侨在本市的投资收益、知识产权中的财产权益以及其他合法收益，可以依法被继承。

第十八条 华侨子女回国就读本市实施义务教育的学校，其父（母）在本市就业或者其有血缘关系的直系亲属监护人具有本市户籍的，与具有本市户籍的适龄儿童、少年享受同等入学待遇，由各区教育部门按照规定办理就学手续。

华侨报考本市高中阶段学校，其本人报考时具有本市初中学籍，且其父（母）出国前具有本市户籍或者其直系亲属监护人具有本市户籍的，可以参加高中阶段招生考试，与本市户籍学生享受同等待遇。

华侨可以按照国家和本市有关规定报考本市联合招收华侨、港澳台地区学生的普通高等学校。

本市侨务、教育等有关部门应当重视在华侨及华侨子女中开展中华优秀文化的教育、弘扬和交流活动，在政策、资金上支持和鼓励学校、社区等利用各种资源开展相关活动。

第十九条 鼓励华侨在本市兴办慈善公益事业或者向慈善公益事业捐赠。

华侨投资设立的企业捐赠财产用于慈善公益事业的，依法享受所得税优惠。华侨从境外向本市捐赠的物资用于慈善公益事业的，依法减征或者免征关税和进口环节的增值税。

第二十条 华侨捐赠应当遵循自愿和尊重捐赠人捐赠意愿的原则。华侨有权决定其捐赠款物的品种、数量、金额、用途、受赠对象和捐赠方式。禁止向华侨摊派或者强行募捐。

华侨直接向受赠人捐赠的，受赠人应当依据合同约定向华侨出具合法、有效的收据，对受赠的款物造册登记，并妥善管理捐赠款物，按照捐赠意愿规定的用途使用。

华侨对其捐赠款物的使用有监督检查的权利。对违反捐赠意愿的行为，华侨有权质询和投诉。

第二十一条 华侨从境外向本市捐赠物资的，市、区人民政府侨务部门可以协助办理有关入境手续，为华侨实施捐赠项目提供帮助。

经受赠人同意，华侨对其捐赠的项目可以留名纪念；由华侨单独捐赠或者主要由华侨捐资兴建的公益事业工程项目，可以冠名纪念。法律、法规规定需要批准的，从其规定。

市、区人民政府相关部门应当会同侨务部门依法对华侨捐赠财产的使用、管理情况进行监督检查。华侨捐赠的财产及其增值受法律保护,任何组织和个人不得挪用、侵占。

对在慈善公益事业中作出突出贡献的华侨,市、区人民政府或者有关部门可以给予表彰。对华侨进行公开表彰,应当事先征求其意见。

第二十二条 华侨持中华人民共和国护照或者其他旅行证件在本市出境入境,出入境边防检查机关应当依法办理。

华侨回国在本市居住的,应当按照有关出入境证件办理规定,向本市公安机关申请换发、补发护照,申请往来港澳通行证或者往来台湾通行证及签注。

第二十三条 华侨在本市区或者乡、镇人民代表大会代表选举期间在本市的,可以在本市原籍地或者出国前居住地进行选民登记,参加选举。

本市区或者乡、镇人民代表大会代表选举期间,选举委员会应当依法做好华侨选民登记工作。

第二十四条 华侨在本市办理金融、教育、医疗、交通、电信、社会保险、财产登记以及房屋租赁和买卖、投资创业、住宿登记、机动车驾驶证申领等事项,需要提供身份证明的,可以凭本人的中华人民共和国护照证明身份。

华侨持本人的中华人民共和国护照,在本市办理前款规定事项的,有关单位应当依法为其办理。

第二十五条 依照本市有关规定,华侨在本市办理子女就读、升学、照顾生育、社会救助等事务需要认定身份的,由市或者区人民政府侨务部门出具相关身份证明。

第二十六条 原户籍注销地为本市的华侨,出生在国外并且其配偶或者父母一方具有本市户籍的华侨,申请回本市定居,符合条件的,市人民政府侨务部门应当核发《华侨回国定居证》,公安机关依据《华侨回国定居证》为申请人办理常住户口登记手续。

华侨中来沪定居工作或者创新创业被认定为高层次人才、原户籍注销地非本市的,其本人、随同其回国的配偶、子女或者国内随同其调动、迁移的配偶以及其十六周岁以下或者在普通中学就读的子女,可以按照本市有关规定,向市人力资源社会保障部门申请办理本市常住户口或者《上海市居住证》。

第二十七条 在本市居住的华侨因突发原因造成临时性困难的,其居住地的街道办事处和乡、镇人民政府应当给予必要的救助,其居住地的居民委员会、村民委员会协助做好相关救助工作。

第二十八条 华侨合法权益受到侵害的,可以依法通过下列途径解决:

(一)协商和解或者调解解决;

(二)申请仲裁;

(三)向人民政府有关部门投诉;

(四)申请行政裁决、行政复议;

(五)向人民法院提起诉讼。

第二十九条 市、区人民政府侨务部门或者其他有关部门接到华侨投诉后,应当及时处理,并将处理情况回复投诉人。

对应当由政府其他有关部门处理的投诉事项,市、区人民政府侨务部门应当及时转交其他有关部门处理。其他有关部门应当及时处理投诉,并在回复投诉人的同时,将处理情况通报同级侨务部门。

第三十条 市、区人民政府有关部门及其工作人员违反本条例,有下列行为之一的,由上级主管部门或者监察机关对直接负责的主管人员和其他责任人员,依法给予行政处分;构成犯罪的,依法追究刑事责任:

(一)违法干预或者侵犯华侨投资设立企业经营管理自主权的;

(二)未经法定程序,擅自查封、扣押华侨投资设立企业的财产或者责令其停产停业的;

(三)未按照规定为华侨办理相关社会保险手续的;

(四)违法侵犯华侨对其私有房屋依法享有的占有、使用、收益和处分权利的;

(五)未按照规定为华侨及华侨子女办理相关入学、报考手续的;

（六）向华侨摊派或者强行募捐、违反华侨捐赠意愿使用捐赠款物或者挪用、侵占华侨捐赠财产的；

（七）其他侵犯华侨合法权益的行为。

第三十一条 外籍华人在本市的正当权益，按照法律、法规和本市有关规定予以保护。

第三十二条 本条例自2016年12月1日起施行。1997年4月3日上海市第十届人民代表大会常务委员会第三十五次会议通过的《上海市华侨捐赠条例》同时废止。

上海市检验检测条例

（2016年11月11日上海市第十四届人民代表大会常务委员会第三十三次会议通过）

第一章 总 则

第一条 为了规范检验检测活动，营造公平竞争的市场环境，促进检验检测行业健康有序发展，根据有关法律、行政法规，结合本市实际，制定本条例。

第二条 本市行政区域内面向社会接受委托从事检验检测以及相关的监督管理活动，适用本条例。

从事军工产品的检验检测活动，不适用本条例。

第三条 本条例所称检验检测，是指依据相关标准、技术规范或者约定的方法，利用仪器设备、环境设施等技术条件和专业技能，确定被检对象的特性，并出具数据、结果的活动。

本条例所称检验检测机构，包括依法取得检验检测资质许可的法人或者其他组织，以及其他依法成立、面向社会接受委托从事检验检测活动的法人或者其他组织。

第四条 从事检验检测活动，应当遵循守法诚信、客观独立、科学准确、公平公正的原则。

第五条 市、区人民政府应当把检验检测产业发展纳入国民经济和社会发展规划，建立检验检测工作协调机制，督促各有关部门依法履行职责，解决检验检测工作中的重大问题。

第六条 市质量技术监督部门和区承担质量技术监督职能的部门（以下统称质量技监部门）负责本行政区域内检验检测活动监督管理综合工作，指导、协调其他有关部门履行检验检测活动监督管理职责，组织实施本条例。

质量技监、司法行政、公安、住房城乡建设、农业、环保、规划国土资源、卫生计生、水务、交通、民防、安全生产监管、食品药品监管、经济信息化和气象、出入境检验检疫等依法对检验检测机构负有资质许可、行政处罚等监督管理职责的部门（以下统称检验检测监督管理部门）按照各自职责，做好检验检测活动的监督管理工作。

国家和本市对检验检测机构的监督管理部门未作明确规定的，由质量技监部门负责监督管理。

第七条 市质量技监部门应当会同有关部门按照综合协调、资源共享的原则，规划检验检测产业发展，明确产业发展目标和促进保障措施，推进检验检测市场快速健康发展。

市、区人民政府有关部门应当综合使用各类专项资金，支持检验检测产业发展，鼓励检验检测机构申请高新技术企业、技术先进型服务企业等认定。

第八条 鼓励检验检测机构开展技术研发，创新管理服务模式，参与标准制定。支持检验检测机构申请国内外实验室认可等能力认定，使其检验检测能力符合国际准则和通用要求，实现检验检测数据、结果的国际互认。

鼓励检验检测机构申请仪器设备和检验检测方法等专利，加大对检验检测机构自主知识产权的保护力度，打击侵犯检验检测知识产权的违法行为。

第九条 检验检测相关行业协会应当加强行业自律和诚信建设，制定行业服务规范和相关标准，开展业务培训，协调解决会员纠纷，规范和引导行业有序发展。

第二章 检验检测机构和人员

第十条 检验检测机构应当具备与其从事检验检测活动相适应的人员、仪器设备和环境设施，并建立相应的质量管理和安全管理等制度。

法律、行政法规对从事检验检测活动有资质许可规定的，检验检测机构应当依法取得相应资质许可；未取得资质许可的，不得从事相应的检验检测活动。

第十一条 检验检测机构应当采取必要措施，持续具备与其开展检验检测活动相适应的能力。

鼓励检验检测机构参加政府部门、国际组织、专业技术评价机构、行业协会等开展的能力验证和比对。取得资质许可的检验检测机构应当按照规定参加资质许可部门开展的能力验证和比对。

第十二条 检验检测机构应当在经营场所、官方网站、网络交易平台经营活动主页面的醒目位置，公示其取得的资质许可证书、认可证书。公示信息应当真实、完整，内容发生变化的，应当及时更新。

网络交易平台提供者应当查验入驻平台检验检测机构的资质许可证书、认可证书，督促检验检测机构在网络交易平台经营活动主页面公示相关信息。发现检验检测机构存在虚假描述、超出资质许可范围从事检验检测活动或者其他违法行为的，应当立即向检验检测监督管理部门报告。

第十三条 检验检测机构在从事检验检测活动中发现被检对象不符合法定要求或者强制性标准，可能存在严重危害环境或者公共安全情形的，应当立即向检验检测监督管理部门报告。

检验检测监督管理部门应当根据各自职责和行业管理的需要，对前款规定的严重危害环境或者公共安全的情形制定信息报告目录，并对外公布。

第十四条 鼓励检验检测机构投保机构责任保险和人员职业责任保险，提高检验检测机构的赔付能力和风险抵御水平。

第十五条 法律、行政法规对检验检测人员有执业资格规定的，检验检测人员应当符合相应的资格要求。

检验检测机构在聘用检验检测人员之前，应当通过市公共信用信息服务平台等途径查询其信用记录，不得聘用法律、法规禁止从事检验检测活动的人员。

检验检测机构应当建立必要的检验检测人员培训和考核制度，确保检验检测人员具备相应的专业技术能力。

第十六条 检验检测机构和人员应当独立开展检验检测活动，不受任何可能干扰其技术判断因素的影响。

检验检测机构和人员应当恪守职业道德，诚信自律，确保检验检测数据、结果的真实、准确、完整。

第十七条 检验检测机构和人员对其在检验检测活动中知悉的国家秘密、商业秘密、技术秘密和个人隐私负有保密义务。

第十八条 检验检测机构和人员不得从事下列行为：

（一）伪造、变造检验检测数据、结果，或者以其他方式出具虚假检验检测数据、结果；

（二）伪造、变造检验检测机构印章、资质许可标志或者检验检测人员签字；

（三）推销、监制被检对象或者其他与检验

检测活动有利益关联的产品、服务；

（四）其他影响检验检测数据、结果的真实、准确、完整的行为。

第三章 检验检测行为

第十九条 检验检测机构接受委托开展检验检测活动，应当与委托人签订检验检测服务合同，约定检验检测项目、依据、样品获取及处置方式、报告形式等内容。

第二十条 检验检测机构属于事业单位法人且面向社会接受委托的，应当向社会公布其资质许可范围内能够提供的检验检测项目。在公告的项目范围内，除下列情形外，不得拒绝提供检验检测服务；因下列情形无法提供检验检测服务的，应当说明理由：

（一）被检对象不符合样品标准或者技术规范的；

（二）对所承担的政府委托业务公正性产生影响的；

（三）因设备故障等原因暂时停止对外服务的；

（四）法律、法规规定的其他情形。

鼓励其他检验检测机构在其资质许可范围内提供前款规定的普遍服务，并向社会公布。

第二十一条 本市各级国家机关、事业单位、社会团体等因履行职责或者提供公共服务的需要，使用财政性资金委托他人进行检验检测的，应当通过政府购买服务的方式进行。

对因出具虚假检验检测数据、结果受到处罚的检验检测机构，自处罚决定作出之日起三年内，前款规定的国家机关、事业单位、社会团体等不得购买其检验检测服务。

第二十二条 检验检测机构通过采样、抽样等方式获取样品的，应当与委托人约定采样、抽样的具体要求。检验检测机构通过委托人送样获取样品的，委托人应当如实告知样品的来源、识别信息和基本状态；委托人未如实告知的，检验检测机构可以拒绝提供检验检测服务。

检验检测机构和委托人应当对样品的来源、识别信息和基本状态进行确认并做好记录，确保样品的可追溯性。

检验检测机构应当依据相关标准、技术规范或者约定的要求对样品进行保管和处置。

第二十三条 检验检测机构应当依据相关标准、技术规范或者约定的方法进行检验检测，并出具检验检测报告。检验检测报告应当注明样品获取方式、检验检测依据，以及检验检测数据、结果等信息。

任何单位和个人不得指使、利诱、胁迫检验检测机构和人员出具虚假检验检测报告。

第二十四条 任何单位和个人向社会公布检验检测数据、结果的，应当保证检验检测数据、结果的真实、完整，不得伪造、变造检验检测数据、结果，不得作误导性的解释和说明。

第二十五条 检验检测机构应当对检验检测活动的原始记录和检验检测报告建立档案，并至少保存六年。法律、法规有专门规定的，依照其规定。

委托人对检验检测数据、结果有异议的，检验检测机构应当向委托人进行解释说明；委托人有需要的，检验检测机构应当向委托人提供相关原始记录和其他证明材料。法律、法规有专门规定的，依照其规定。

第四章 监督管理

第二十六条 市质量技监部门应当会同其他资质许可部门建立联合现场评审制度，组建联合评审专家组，对检验检测机构同时申请多项资质许可或者申请相关资质许可的复审，实施联合现场评审。

联合现场评审的具体实施办法，由市质量技监部门会同其他资质许可等部门制定并发布。

第二十七条 检验检测机构申请以计量认证为前置条件的资质许可的，资质许可部门应当依法采信计量认证结果，对相同内容不再重复考核，但发现检验检测机构不再符合计量认证规定的除外。

前款所称计量认证，是指根据《中华人民共和国计量法》及其实施细则的规定，对检验检测机构的基本条件和技术能力是否符合法定要求实施的资质许可。

第二十八条 除直接涉及国家安全、公共安全、生态环境保护以及直接关系人身健康和生命财产安全的资质许可事项外，信用记录良好、无违法违规行为的检验检测机构申请资质许可变更或者延续的，资质许可部门可以依法简化现场评审或者采用书面评审等方式。

第二十九条 市质量技监部门应当会同其他资质许可部门公布取得资质许可的检验检测机构名录及其项目范围，供社会公众查询；对属于本条例第二十条第一款规定的检验检测项目，应当予以标注。

第三十条 市质量技监部门应当会同其他检验检测监督管理部门建立联合监管机制和信息共享机制，组建行业监管专家库，编制检验检测机构的专项监督检查计划。

检验检测监督管理部门应当按照各自职责和监督检查计划，对检验检测机构开展监督检查，组织能力验证和比对，依法查处违法违规行为。

第三十一条 检验检测监督管理部门应当建立分类监管制度，按照检验检测行业风险程度、能力认定结果、日常监管记录、举报投诉等情况对检验检测机构进行分类，根据分类结果对检验检测机构实施不同频次、方式的监督检查，并依法公布监督检查结果。

第三十二条 检验检测监督管理部门在监督检查过程中，可以行使下列职权：

（一）进入检验检测经营活动场所进行现场检查；

（二）向检验检测机构、委托人等有关单位及人员询问、调查有关情况；

（三）查阅、复制有关的检验检测活动档案、合同、发票、账簿及其他相关资料；

（四）根据已经取得的违法嫌疑证据或者投诉举报线索，对涉嫌出具虚假检验检测数据、结果的检验检测机构相关办公场所、仪器设备实施查封、扣押。

第三十三条 检验检测监督管理部门应当依法将检验检测机构和人员的行政处罚信息予以公开，并将其受到的行政处罚等信息纳入市公共信用信息服务平台。对于信用状况不良的检验检测机构和人员，检验检测监督管理部门应当在日常监管中将其列为重点监管对象，增加检查频次，加强现场核查。

市、区人民政府有关部门在政府购买服务、授予荣誉或者提供政策扶持时，应当查询市公共信用信息服务平台，对信用状况不良的检验检测机构和人员，依法予以限制。

第三十四条 市质量技监部门应当会同其他有关部门开展检验检测行业统计分析，并每年向社会发布本市检验检测行业发展报告，报告内容包括：

（一）检验检测机构的数量、分布、种类；

（二）检验检测行业年度业务开展情况；

（三）检验检测行业存在的问题、原因及相应对策；

（四）其他需要发布的情况。

检验检测机构应当依法向市质量技监部门报送相关统计信息。

第三十五条 能力认定机构应当对取得其认定的检验检测机构进行跟踪监督，验证其是否持续符合认定条件。检验检测机构不再符合认定条件的，能力认定机构应当撤销其能力证明文件，并予以公布。

第三十六条 检验检测相关行业协会可以制定行业规范和自律规则，对违规的会员采取警告、通告批评、开除会员资格等惩戒措施。发现检验检测机构存在违法活动的，应当及时向检验检测监督管理部门报告。

第三十七条 单位和个人发现检验检测机构有违反本条例规定的行为的，有权向检验检测监督管理部门投诉、举报。

检验检测监督管理部门接到投诉、举报，属于本部门职责的，应当依法及时处理；不属于本部门职责的，应当告知投诉、举报人，对能够确定有权处理部门的，应当在五个工作日内移交有权处理的部门。

第五章 法律责任

第三十八条 违反本条例规定的行为，法律、行政法规有处罚规定的，依照其规定处理。

第三十九条 检验检测监督管理部门和其他有关部门工作人员在检验检测监督管理工作中玩忽职守、滥用职权、徇私舞弊的，由处分机关按照《中华人民共和国公务员法》、《行政机关公务员处分条例》等法律、法规给予处分；构成犯罪的，依法追究刑事责任。

第四十条 违反本条例第十一条第一款、第十五条第一款规定，检验检测机构和人员不再符合资质许可或者执业资格条件仍继续从事相应检验检测活动的，由检验检测监督管理部门责令限期改正；逾期未按规定要求改正的，暂扣其资质许可证；情节严重的，依法吊销其资质许可证。

第四十一条 违反本条例第十二条第一款规定，检验检测机构未在经营场所、官方网站、网络交易平台经营活动主页面的醒目位置公示相关信息的，由检验检测监督管理部门责令限期改正；逾期未改正的，处一万元以上五万元以下的罚款。

违反本条例第十二条第二款规定，网络交易平台提供者未履行信息查验义务，或者未按照规定向检验检测监督管理部门报告的，由检验检测监督管理部门责令改正，可并处一万元以上五万元以下的罚款。

第四十二条 违反本条例第十三条第一款规定，检验检测机构在从事检验检测活动中发现被检对象不符合法定要求或者强制性标准，可能存在严重危害环境或者公共安全情形时，未立即向检验检测监督管理部门报告的，由检验检测监督管理部门没收其所收取的检验检测费用，并处一万元以上十万元以下的罚款。

第四十三条 违反本条例第十八条第一项规定，检验检测机构伪造、变造检验检测数据、结果，或者以其他方式出具虚假检验检测数据、结果的，由检验检测监督管理部门责令改正，没收其所收取的检验检测费用，并处检验检测费用五倍以上十倍以下的罚款；检验检测费用不足一万元的，并处五万元以上十万元以下的罚款。

对出具虚假检验检测数据、结果直接负责的主管人员和检验检测人员，处一万元以上五万元以下的罚款，并依法禁止其从事检验检测活动。

第四十四条 违反本条例第十八条第二项规定，检验检测机构伪造、变造检验检测机构印章、资质许可标志或者检验检测人员签字的，由检验检测监督管理部门责令改正，没收其所收取的检验检测费用，并处一万元以上十万元以下的罚款。

对实施伪造、变造行为的检验检测人员处二千元以上二万元以下的罚款。

第四十五条 违反本条例第二十条第一款规定，属于事业单位法人且面向社会接受委托的检验检测机构无正当理由拒绝提供检验检测服务的，由检验检测监督管理部门责令限期改正；逾期未改正的，处一万元以上五万元以下的罚款。

第四十六条 检验检测机构有下列情形之一的，由检验检测监督管理部门责令改正，并处一万元以上五万元以下的罚款：

（一）违反本条例第十五条第二款规定，聘用法律、法规禁止从事检验检测活动的人员的；

（二）违反本条例第十六条第二款规定，出具的检验检测数据、结果失实的；

（三）违反本条例第二十三条第一款规定，未按照相关标准、技术规范进行检验检测，或者出具的检验检测报告不符合要求的；

（四）违反本条例第二十五条第一款规定，未按照规定保存原始记录和检验检测报告的。

第六章 附则

第四十七条 企业、高校、科研院所等单位设立的实验室、研发中心等内部机构，面向社会接受委托从事检验检测活动，参照适用本条例。

第四十八条 本条例自2017年1月1日起施行。

上海市人民代表大会常务委员会关于修改《上海市河道管理条例》等 7 件地方性法规的决定

（2016 年 2 月 23 日上海市第十四届人民代表大会常务委员会第二十七次会议通过）

上海市第十四届人民代表大会常务委员会第二十七次会议决定，对《上海市河道管理条例》等 7 件地方性法规作如下修改：

一、对《上海市河道管理条例》的修改

1. 将第二十七条第二款修改为："确因建设需要填堵河道的，建设单位应当委托具有相应资质的水利规划设计单位进行规划论证，并报市人民政府批准。"

二、对《上海市养老机构条例》的修改

2. 将第十条修改为："设立公益性养老机构，应当在取得设立许可证后，按照有关规定，办理相关登记手续。经批准设置为事业单位的，向事业单位登记管理机关办理登记手续；符合民办非企业单位登记条件的，向民政部门办理登记手续。

设立经营性养老机构，应当在工商行政管理部门办理登记手续后，向民政部门申请行政许可。"

此外，将第十四条、第十九条中的"非营利性"修改为"公益性"；"营利性"修改为"经营性"。

三、对《上海市养犬管理条例》的修改

3. 增加一款，作为第三十七条第一款："开设犬只养殖场所、从事犬只诊疗活动，需要办理相关登记注册手续的，依法办理。"

4. 将原第三十七条第一款作为该条的第二款，修改为："开设犬只养殖场所、从事犬只诊疗活动的，应当按照动物防疫相关规定向住所地的农业主管部门提出申请，分别取得动物防疫条件合格证、动物诊疗许可证。"

四、对《上海市实施〈中华人民共和国气象法〉办法》的修改

5. 将第九条第三款修改为："新建、扩建、改建建设工程，应当避免危害气象探测环境；确实无法避免的，建设单位应当事先征得市气象主管机构的同意，并采取相应的措施后，方可建设。"

五、对《上海市安全生产条例》的修改

6. 将第二十一条第一款修改为："生产经营单位的主要负责人和安全生产管理人员等应当按照国家有关规定参加安全培训，并经考核合格。"并删去第二款。

7. 将第二十五条第二款修改为："矿山、金属冶炼建设项目和用于生产、储存、装卸危险物品的建设项目的安全设施设计应当按照国家有关规定报安全生产监管等部门审查。审查部门及其负责审查的人员对审查结果负责。"

8. 将第二十五条第三款修改为："矿山、金属冶炼建设项目和用于生产、储存危险物品的建设项目竣工投入生产或者使用前，应当由建设单位负责组织对安全设施进行验收；验收合格后，方可投入生产和使用。有关部门应当加强对建设单位验收活动和验收结果的监督核查。"

9. 删去第六十五条。

六、对《上海市新建住宅交付使用许可规定》的修改

10. 将第三条第二款修改为："区、县房屋行政管理部门负责核发和管理本行政区域内的新建住宅交付使用许可证。"

11. 将第四条修改为："新建住宅建设工程

竣工并经有关部门验收合格后，住宅建设单位应当向区、县房屋行政管理部门申请新建住宅交付使用许可。申请人申请许可时，应当提供新建住宅建设工程竣工验收备案证书，并提供配套设施符合交付使用条件的相关文件、资料。”

12. 将第六条修改为：“区、县房屋行政管理部门应当在收到申请人提出的新建住宅交付使用许可申请之日起十五日内审查完毕，对符合本规定第五条规定的交付使用条件的，准予颁发新建住宅交付使用许可证；对不符合条件的，不予颁发新建住宅交付使用许可证，并说明理由，书面通知申请人。”

13. 将第九条修改为：“住宅建设单位违反本规定，未取得新建住宅交付使用许可证擅自交付使用新建住宅的，区、县房屋行政管理部门应当责令停止交付使用，限期改正，处以交付使用住宅销售额千分之五以上千分之十以下的罚款，并可以降低其房地产开发经营资质。”

七、对《上海市实施〈中华人民共和国野生动物保护法〉办法》的修改

14. 删去第十五条第三款。

15. 将第十七条修改为：“经营本市重点保护野生动物及其产品的，应当在工商行政管理部门办理登记手续后，向市野生动物行政主管部门提出申请，由市野生动物行政主管部门批准并发给经营野生动物及其产品许可证。”

此外，根据本决定对相关法规的条文顺序作相应调整、文字作相应修改。

本决定自2016年3月1日起施行。《上海市河道管理条例》、《上海市养老机构条例》、《上海市养犬管理条例》、《上海市实施〈中华人民共和国气象法〉办法》、《上海市安全生产条例》、《上海市新建住宅交付使用许可规定》、《上海市实施〈中华人民共和国野生动物保护法〉办法》根据本决定作相应修正后，重新公布。

上海市人民代表大会常务委员会关于修改《上海市区县和乡镇人民代表大会代表直接选举实施细则》等5件地方性法规的决定

（2016年4月21日上海市第十四届人民代表大会常务委员会第二十八次会议通过）

上海市第十四届人民代表大会常务委员会第二十八次会议决定，对《上海市区县和乡镇人民代表大会代表直接选举实施细则》等5件地方性法规作如下修改：

一、对《上海市区县和乡镇人民代表大会代表直接选举实施细则》的修改

1. 删去第二十三条第四项。

2. 将第二十八条第一款第一项修改为：“（一）各政党、各人民团体，可以联合或者单独向选举委员会推荐代表候选人，并由选举委员会推荐到有关选区；被推荐的代表候选人应当参加该选区的选举。各政党、各人民团体联合或者单独推荐的代表候选人的总人数，一般不超过本级人民代表大会应选代表名额总数的百分之二十”。

3. 增加一条，作为第三十三条：“公民参加区、县和乡、镇人民代表大会代表的选举，不得直接或者间接接受境外机构、组织、个人提供的与选举有关的任何形式的资助。

违反前款规定的，由选举委员会决定不列入

代表候选人名单；已经列入代表候选人名单的，由选举委员会决定从名单中除名；已经当选的，由代表资格审查委员会提出代表当选无效的意见，报告区、县人民代表大会常务委员会或者乡、镇的人民代表大会主席团确定其当选无效。”

4. 将第三十四条修改为：“在选民选举人民代表大会代表时，选举委员会应当根据各选区选民分布状况，按照方便选民投票的原则分设若干投票站或者召开选举大会进行选举。因患有疾病或者有其他特殊原因行动不便的选民，可以在流动票箱投票。流动票箱由选举委员会统一制作，使用时应当有两名以上监票人员负责；在流动票箱投票的选民，由选举委员会登记造册，本人在登记名册上签名或盖章；投票结束后，由监票人封好投票口并签名。”

5. 将第三十九条第二款修改为：“被判处有期徒刑而没有附加剥夺政治权利的，参加所在监狱的选举。”

6. 增加一条，作为第四十六条：“代表资格审查委员会依法对当选代表是否符合宪法、法律规定的代表的基本条件，选举是否符合法律规定的程序，以及是否存在破坏选举和其他当选无效的违法行为及时进行审查，提出代表当选是否有效的意见，向区、县人民代表大会常务委员会或者乡、镇的人民代表大会主席团报告。

代表资格审查委员会收到对当选代表的举报，应当及时交有关机关依法调查处理；对于当选代表有关问题线索清晰但尚未核查清楚的，由有关机关继续调查，代表资格审查委员会可以延迟提出其当选有效或者当选无效的意见。

区、县人民代表大会常务委员会或者乡、镇的人民代表大会主席团根据代表资格审查委员会提出的报告，确认代表的资格或者确定代表的当选无效，在每届人民代表大会第一次会议前公布代表名单。”

二、对《上海市人民代表大会常务委员会任免国家机关工作人员条例》的修改

7. 将第四条第一款第四项修改为：“（四）根据市人大常委会主任会议的提名，通过市人大常委会各工作委员会的主任、副主任、委员和市人大常委会副秘书长、办公厅主任、研究室主任的任免。”

增加一款，作为第二款：“市人民代表大会各专门委员会主任委员、市人大常委会各工作委员会主任缺位或者不驻会的，根据市人大常委会主任会议的提名，由市人大常委会在副主任委员或者副主任中推选一人主持工作。”

8. 将第五条第一款第二项、第三项修改为：“（二）根据市长的提名，决定任免个别副市长，由市人民政府报国务院备案。

（三）根据市长的提名，决定任免属于市人民政府组成人员的秘书长、委员会（办公室）主任、局长，由市人民政府报国务院备案。”

第二款修改为：“市人民政府组成部门依据国务院的批复文件确定。市人民政府应当及时将市人民政府组成部门变化情况报市人大常委会备案，并提供国务院有关批复文件。”

9. 将第六条第二项修改为：“（二）根据市人大常委会主任会议的提名，决定任免市各中级人民法院、上海知识产权法院、上海铁路运输中级法院院长。”

在第六条中增加一项，作为第五项：“（五）根据上海知识产权法院院长的提名，任免上海知识产权法院副院长、庭长、审判委员会委员、审判员。”

10. 将第七条第一项修改为：“（一）在市人民检察院检察长因故不能担任职务的时候，根据市人民检察院检察长或者市人大常委会主任会议的提名，从市人民检察院副检察长中决定代理检察长，并由市人民检察院和市人大常委会分别报最高人民检察院和全国人民代表大会常务委员会备案。”

11. 将第九条修改为：“由市人大常委会任免的本市国家机关工作人员，提名人应当在市人大常委会举行会议的十五日以前向市人大常委会提出书面任免案；有特殊情况的，至迟应当在十日以前向市人大常委会提出书面任免案，并向市人大常委会主任会议说明情况。由市人大常委会任命的市人民政府组成人员，初任及提任的市高级人民法院和市各中级人民法院、上海海事法院、上海知识产权法院、上海铁路运输中级法院、上海铁路运输法院的审判人员和市人民检察院及各分院、上海铁路运输检察院的检察人员,提名人应当同时报送被提名人的简况、提名理由等书面材料,提出免职案时,提名人应当说明免职理由。”

12. 将第十条第一款修改为:“市人大常委会人事代表工作委员会应当对市长、市高级人民法院院长、市人民检察院检察长、上海海事法院院长、上海知识产权法院院长等提名人提出的任免案进行审查,并向常委会报告。”

13. 将第十二条第二款修改为:“市人大常委会会议审议市人民代表大会各专门委员会副主任委员、委员,市人大常委会各工作委员会主任、副主任、委员,市人大常委会副秘书长、办公厅主任、研究室主任,市人民政府组成人员,市高级人民法院副院长,市各中级人民法院和上海海事法院、上海知识产权法院、上海铁路运输中级法院、上海铁路运输法院的院长、副院长,市人民检察院副检察长及各分院、上海铁路运输检察院、各农场区人民检察院的检察长、副检察长的任命案时,被提名人员应当到会同市人大常委会组成人员见面。”

14. 将第十七条修改为:“市人大常委会任命的本条例第五条第一款第三项,第六条第二项、第三项、第四项、第五项,第七条第二项的人员,由市人大常委会颁发任命书。任命书由市人大常委会主任署名。”

15. 增加一条,作为第十八条:“市人大常委会决定任命或者任命的本条例第四条第二项、第三项、第四项,第五条第一款第二项、第三项,第六条第一项、第三项、第四项、第五项,第七条第二项、第三项,第八条的人员,根据《上海市实施宪法宣誓制度办法》,在就职时应当公开进行宪法宣誓。”

16. 在第二十二条中增加一款,作为第二款:“由市人大常委会任命的国家机关工作人员受到政纪处分的,作出处分决定的机关应当将处分决定及时报送市人大常委会。”

17. 将第二十四条第一款修改为:“在市人民代表大会闭会期间,市人大常委会可以决定撤销个别副市长的职务;可以撤销由市人大常委会任命的市人民政府其他组成人员的职务;可以撤销市各中级人民法院和上海海事法院、上海知识产权法院、上海铁路运输中级法院、上海铁路运输法院院长,市高级人民法院和市各中级人民法院、上海海事法院、上海知识产权法院、上海铁路运输中级法院、上海铁路运输法院副院长、庭长、副庭长、审判委员会委员、审判员的职务;可以撤销市人民检察院各分院、上海铁路运输检察院、各农场区人民检察院检察长,市人民检察院及各分院、上海铁路运输检察院、各农场区人民检察院副检察长、检察委员会委员、检察员的职务;可以撤销由市人大常委会任命的其他国家机关工作人员的职务。”

18. 将第二十五条第一款修改为:“市人民政府、市高级人民法院、市人民检察院和上海海事法院、上海知识产权法院,可以向市人大常委会提出对本条例第二十五条所列国家机关工作人员的撤职案。”

第二款修改为:“市人大常委会主任会议,可以向市人大常委会提出本条例第二十五条所列国家机关工作人员的撤职案。”

第三款修改为:“市人大常委会五分之一以上的组成人员书面联名,可以向市人大常委会提出对本条例第二十五条所列国家机关工作人员的撤职案,由主任会议决定是否提请市人大常委会会议审议;或者由主任会议提议,经全体会议决定,组织调查委员会,由以后的市人大常委会会议根据调查委员会的报告审议决定。”

三、对《上海市实施〈中华人民共和国全国人民代表大会和地方各级人民代表大会代表法〉办法》的修改

19. 将第十四条修改为:“市和区、县人民代表大会代表参加表决通过本级人民代表大会各专门委员会组成人员的人选。”

20. 将第二十一条第三款修改为:“乡、镇人民代表大会主席、副主席根据主席团的安排,组织本级人民代表大会代表开展闭会期间的活动。”

21. 将第二十四条第一款修改为:“市和区、县人民代表大会代表根据本级人民代表大会常务委员会的统一安排，对本级或者下级国家机关、组织和有关单位的工作进行视察。乡、镇人民代表大会代表根据本级人民代表大会主席团的安排，对本级人民政府和有关单位的工作进行视察。”

22. 将第二十九条第二款修改为：“区、县人民代表大会代表可以应邀列席区、县人民代表大会常务委员会会议，区、县人民代表大会各专门委员会会议和常务委员会各工作委员会会议，参加区、县人民代表大会常务委员会组织的有关监督等活动。”

23. 将第三十一条第一款第五项修改为：“（五）向乡、镇人民代表大会主席团或者区人民代表大会常务委员会街道工作委员会反映”。

24. 将第三十八条第一款修改为：“代表活动经费由市和区、县人民代表大会常务委员会或者乡、镇人民代表大会主席团根据代表活动的实际需要制定计划，列入本级财政预算予以保障，专款专用。”

25. 将第四十条修改为：“市和区、县人民代表大会专门委员会与常务委员会工作机构应当建立联系代表制度，听取代表的意见和要求，可以按照代表的意向邀请代表参加立法、监督等工作。”

26. 将第四十三条第一款修改为：“市和区、县人民代表大会常务委员会应当制定代表履职学习计划，组织代表参加履职学习、专题学习和专题报告会等，协助代表全面熟悉人民代表大会制度，掌握执行代表职务所需的法律知识、实务技能和其他专业知识。乡、镇人民代表大会主席、副主席根据主席团的安排应当组织本级人民代表大会代表参加履职学习。”

27. 将第四十五条第三款删除。

第四款改为第三款，修改为：“乡、镇人民代表大会代表联络机构、街道人大工作委员会应当为本行政区域内的各级人民代表大会代表执行代表职务提供服务保障，并向代表和社会公布联系方式。”

第五款改为第四款，修改为：“市和区、县人民代表大会常务委员会的代表工作机构，乡、镇人民代表大会代表联络机构，街道人大工作委员会应当建立相互联系制度。”

28. 将第四十九条第三款修改为：“区、县和乡、镇人民代表大会代表应当根据区、县人民代表大会常务委员会和乡、镇人民代表大会主席团的统一安排，以口头或者书面等方式定期向原选区选民报告履职情况。”

29. 将第五十条第二款修改为：“代表的工作单位、职务、通讯方式等发生变化的，市和区、县人民代表大会代表应当及时告知本级人民代表大会常务委员会的代表工作机构，乡、镇人民代表大会代表应当及时告知本级人民代表大会的代表联络机构。”

30. 将第五十一条第一款修改为：“本市各级人民代表大会或者其常务委员会，市和区、县人民代表大会专门委员会、常务委员会办事机构和工作机构组织代表参加的活动，都应当纳入代表履职活动的范围。”

31. 将第五十四条第四款修改为：“区、县和乡、镇人民代表大会代表暂时停止执行代表职务或者在任期内恢复执行代表职务的，区、县人民代表大会常务委员会或者乡、镇人民代表大会主席团应当通知代表本人，并通报代表原选区及其所在的代表小组。”

32. 将第五十六条第三款修改为：“乡、镇人民代表大会代表资格的终止，由代表资格审查委员会报本级人民代表大会主席团，由本级人民代表大会予以公告。”

33. 将第二十二条第二款，第二十四条第三款，第二十七条第二款、第三款，第二十八条，第二十九条第三款，第三十一条第一款第三项中的“大会主席、副主席”修改为“大会主席团”。

将第二十二条第五款、第二十四条第二款、第二十六条第一款中的“机构”修改为“机构或者乡、镇人民代表大会主席团”。

将第二十五条、第二十六条第一款、第三十条第二款、第三十二条中的“市和区、县人民代表大会代表”修改为“代表”。

将第二十五条、第三十条第二款、第四十七条第二款中的“常务委员会”修改为“常务委员会或者乡、镇人民代表大会主席团”。

将第四十四条,第五十四条第一款、第四款中的“乡、镇人民代表大会”修改为“乡、镇人民代表大会主席团”。

四、对《上海市人民代表大会关于代表议案的规定》的修改

34. 将第三条修改为:“处理代表议案是本市有关机关、组织的法定职责。市和区、县人民代表大会专门委员会、常务委员会的办事机构和工作机构以及本市有关机关、组织应当为代表酝酿、准备议案提供服务保障。”

35. 将第五条第四款修改为:“代表提出议案应当一事一案,使用市人民代表大会秘书处(以下简称大会秘书处)统一印制的代表议案专用纸,并通过‘上海市人大代表议案网上处理系统’提交。”

36. 将第十二条第三款修改为:“市人民代表大会主席团决定不作为议案的,由按照本规定第九条提出处理意见的市人民代表大会有关专门委员会或者议案审查委员会书面告知代表,并说明理由。”

37. 将第二十四条修改为:“代表议案审议结果的报告和办理情况的报告,应当通过‘上海人大代表履职平台’和《上海市人民代表大会常务委员会公报》等向代表和社会公开。”

五、对《上海市人民代表大会关于代表建议、批评和意见的规定》的修改

38. 将第三条第二款修改为:“市人民代表大会常务委员会应当加强对代表建议、批评和意见办理工作的督促、检查。市和区、县人民代表大会专门委员会、常务委员会的办事机构和工作机构应当为代表提出建议、批评和意见提供服务保障。”

39. 将第二十六条修改为:“代表建议、批评和意见的办理情况由市人民政府、市高级人民法院、市人民检察院和市人民代表大会常务委员会代表工作机构在每年年中和下一次市人民代表大会会议召开之前,分别向市人民代表大会常务委员会报告,并通过‘上海人大代表履职平台’和《上海市人民代表大会常务委员会公报》等向代表和社会公开。”

40. 将第七条、第十一条第二款、第二十条、第二十一条第一款、第二十二条第一款中的“网上办理系统”修改为“网上处理系统”。

此外,根据本决定对相关法规的条文顺序作相应调整、文字作相应修改。

本决定自2016年5月1日起施行。

《上海市区县和乡镇人民代表大会代表直接选举实施细则》、《上海市人民代表大会常务委员会任免国家机关工作人员条例》、《上海市实施〈中华人民共和国全国人民代表大会和地方各级人民代表大会代表法〉办法》、《上海市人民代表大会关于代表议案的规定》、《上海市人民代表大会关于代表建议、批评和意见的规定》根据本决定作相应修正后,重新公布。

上海市食品安全条例

(2017年1月20日上海市第十四届人民代表大会第五次会议通过)

第一章 总 则

第一条 为了保证食品安全,保障公众身体健康和生命安全,根据《中华人民共和国食品安全法》(以下简称《食品安全法》)等有关法律、行政法规,结合本市实际,制定本条例。

第二条 本市行政区域内食品、食品添加剂、食品相关产品的生产经营,食品生产经营者使用食品添加剂、食品相关产品,食品的贮存和运输,以及对食品、食品添加剂、食品相关产品的安全管理,应当遵守本条例。

本市行政区域内食用农产品的生产、贮存和运输、市场销售,农业投入品的经营、使用,应当遵守本条例的有关规定。

第三条 本市食品安全工作实行预防为主、风险管理、全程控制、属地监管、部门协作、社会共治的原则,建立和完善科学、严格的监督管理制度。

第四条 食品生产经营者对其生产经营食品的安全负责。

食品生产经营者应当依照法律、法规、规章和食品安全标准从事生产经营活动,建立健全食品安全管理制度,采取有效措施预防和控制食品安全风险,保证食品安全,诚信自律,主动公开相关信息,对社会和公众负责,接受社会监督,承担社会责任。

第五条 市、区人民政府对本行政区域的食品安全监督管理工作负责,统一领导、组织、协调本行政区域的食品安全监督管理工作以及食品安全突发事件应对工作,建立健全食品安全全程监督管理工作机制和信息共享机制。

区人民政府应当依照国家和本市有关规定,明确乡、镇人民政府和街道办事处的食品安全管理职责,督促、指导乡、镇人民政府和街道办事处做好食品安全日常工作,形成基层食品安全工作合力。

第六条 市、区人民政府设立食品药品安全委员会,在食品安全方面承担下列职责:

(一)研究部署、统筹指导食品安全工作;

(二)制定食品安全中长期规划和年度工作计划;

(三)组织开展食品安全重大问题的调查研究,制定食品安全监督管理的政策措施;

(四)督促落实食品安全监督管理责任,组织开展食品安全监督管理工作的督查考评;

(五)组织开展重大食品安全事故的责任调查处理工作;

(六)研究、协调、决定有关部门监督管理职责问题;

(七)市、区人民政府授予的其他职责。

市、区食品药品安全委员会下设办公室,办公室设在同级食品药品监督管理部门、市场监督管理部门,负责辖区内食品安全综合协调、监督考评、应急管理等工作,承担委员会在食品安全方面的日常工作。

乡、镇人民政府和街道办事处根据本条例和市人民政府规定建立的食品安全综合协调机构,应当做好辖区内食品安全综合协调、隐患排查、信息报告、协助执法和宣传教育等工作。

第七条 市食品药品监督管理部门负责对本市食品、食品添加剂生产经营活动实施监督管理;对食品安全事故的应急处置和调查处理进行组织指导。根据市食品药品安全委员会的要求,对突发食品安全事件处置中监管职责存在争议、尚未明确的事项,先行承担监管职责。

市质量技术监督部门负责对本市食品相关产品生产加工的质量安全实施监督管理。

区市场监督管理部门及其派出机构负责对本区域内的食品、食品添加剂及食品相关产品生产经营活动实施监督管理。

农业部门负责本市食用农产品种植、养殖以及进入批发、零售市场或者生产加工企业前的质量安全监督管理;提出本市食用农产品中农药残留、兽药残留的限量和检测方法的建议,负责生鲜乳收购的质量安全、畜禽屠宰环节和病死畜禽无害化处置的监督管理;农业投入品经营、使用的监督管理。

卫生计生部门负责组织开展本市食品安全风险监测和风险评估、食品安全地方标准制定、食品安全企业标准备案工作;配合食品药品监督管理部门开展食品安全事故调查处理工作。

商务部门负责指导协调本市食用农产品批发交易市场规划、协调城乡食品商业网点布局、酒类流通和消费领域的质量安全监督管理。

粮食部门负责粮食收购、贮存活动中粮食质量以及原粮卫生的监督管理。

绿化市容管理部门负责本市餐厨废弃油脂

和餐厨垃圾收运、处置的监督管理。

出入境检验检疫、工商行政管理、经济信息化、城市管理行政执法、公安、环境保护、教育、住房和建设、文广影视、通信管理等部门在各自职责范围内,共同做好相关食品安全工作。

市食品药品监督管理、区市场监督管理部门及其派出机构的食品安全监督管理具体职责,由市、区人民政府确定。

第八条 市、区人民政府实行食品安全监督管理责任制。市人民政府负责对区人民政府的食品安全监督管理工作进行评议、考核;市、区人民政府负责对本级食品药品监督管理或者市场监督管理部门、其他有关部门的食品安全监督管理工作进行评议、考核。

区人民政府负责对乡、镇人民政府和街道办事处履行食品安全工作职责情况进行评议、考核。

第九条 与食品有关的行业组织应当加强行业自律,按照章程建立健全行业规范和奖惩机制,提供食品安全信息、技术、培训等服务,引导和督促食品生产经营者依法生产经营,推动行业诚信建设,宣传、普及食品安全知识,为政府完善食品安全管理制度提出意见和建议。

消费者权益保护委员会和其他消费者组织对违反本条例规定,损害消费者合法权益的行为,依法进行社会监督。

第十条 市、区人民政府应当加大对食品安全的科研投入,鼓励相关部门开展食品安全科技应用研究,支持企业、科研机构、高等院校、监管部门研究、开发和应用先进的检验检测技术和方法,不断提高食品安全领域的学科建设、科研水平和监管能力。

第十一条 各级人民政府应当组织相关部门加强食品安全宣传教育,利用各类媒体向市民普及食品安全知识;在食品生产场所、食用农产品批发交易市场、标准化菜市场、超市卖场、餐饮场所、食品经营网站等开展有针对性的食品安全宣传教育。

鼓励社会组织、基层群众性自治组织、食品生产经营者、网络食品经营者开展食品安全法律、法规、规章以及食品安全标准和知识的普及工作,倡导健康的饮食方式,增强消费者食品安全意识和自我保护能力。

各级各类学校应当将食品安全知识纳入相关教育课程。

广播电台、电视台、报刊、网站等媒体应当开展食品安全法律、法规、规章以及食品安全标准和知识的公益宣传,并对食品安全违法行为进行舆论监督。有关食品安全的宣传报道应当真实、公正。

第十二条 各级人民政府应当对在食品安全工作中做出突出贡献的单位和个人,按照国家和本市有关规定给予表彰、奖励。

第二章 食品安全风险监测、评估和食品安全标准

第十三条 市卫生计生部门应当会同市食品药品监督管理、质量技术监督、农业、出入境检验检疫等部门根据国家和本市食品安全风险监测和风险评估工作的需要,加强食品安全风险监测和风险评估能力建设,建立和完善食品安全风险监测和风险评估体系。

第十四条 市卫生计生部门应当会同市食品药品监督管理、质量技术监督、农业、出入境检验检疫等部门根据国家食品安全风险监测计划和实际情况,制定、调整本市食品安全风险监测方案,报国务院卫生计生部门备案并实施。

承担食品安全风险监测工作的部门和技术机构应当根据食品安全风险监测计划和方案开展监测工作,保证监测数据真实、准确,并按照食品安全风险监测计划和方案的要求,向市卫生计生部门报送监测数据和分析结果。

市卫生计生部门应当收集、汇总风险监测数据和分析结果,并通报其他相关部门。食品安全风险监测结果表明可能存在食品安全隐患的,市卫生计生部门应当及时将相关信息通报市食品药品监督管理等部门,并报告市人民政府和国务院卫生计生部门。

市食品药品监督管理等部门接到通报后,

应当组织开展进一步调查并将调查结果报告市人民政府。

第十五条 市卫生计生部门依据国家食品安全风险评估的要求，负责组织本市食品安全风险评估工作，成立由医学、农业、食品、营养、生物、环境等方面专家组成的市食品安全风险评估专家委员会，进行食品安全风险评估。

市食品药品监督管理、质量技术监督、农业、出入境检验检疫等部门在监督管理工作中发现需要进行食品安全风险评估的，应当向市卫生计生部门提出食品安全风险评估的建议，并提供风险来源、相关检验数据和结论等信息、资料。

市卫生计生部门对需要进行食品安全风险评估的情形，应当及时组织开展评估工作，并将评估结果通报市食品药品监督管理、质量技术监督、农业、出入境检验检疫等相关部门。

第十六条 食品安全风险评估结果应当作为开展食品安全监督管理、制定和修订食品安全地方标准、发布食品安全风险警示的依据。

经食品安全风险评估，得出食品、食品添加剂、食品相关产品不安全结论的，市食品药品监督管理、质量技术监督等部门应当依据各自职责立即采取相应措施，确保食品、食品添加剂、食品相关产品停止生产经营；需要制定、修订相关食品安全地方标准的，市卫生计生部门应当会同市食品药品监督管理等部门立即制定、修订。

第十七条 市食品药品监督管理、质量技术监督、农业、卫生计生、出入境检验检疫等部门和食品安全风险评估专家委员会及其技术机构应当按照科学、客观、及时、公开的原则，组织食品生产经营者、食品检验机构、认证机构、有关行业组织、消费者权益保护委员会以及新闻媒体等，就食品安全风险评估信息和食品安全监督管理信息进行交流沟通。

第十八条 对没有食品安全国家标准的地方特色食品，由市卫生计生部门会同市食品药品监督管理部门制定、公布本市食品安全地方标准，并报国务院卫生计生部门备案。市质量技术监督部门提供地方标准编号。

制定食品安全地方标准，应当依据食品安全风险评估结果，参照相关国际和国家食品安全标准，广泛听取食品生产经营者、有关行业组织、消费者和有关部门的意见。食品安全地方标准应当供公众免费查阅。

企业生产的食品没有食品安全国家标准或者地方标准的，应当制定企业标准，作为组织生产的依据，并向社会公布。鼓励食品生产企业制定严于食品安全国家标准或者地方标准的企业标准，在本企业适用，并报卫生计生部门备案。食品相关产品的企业标准，报市质量技术监督部门或者区市场监督管理部门备案。

第三章 食品生产经营

第一节 市场准入的一般规定

第十九条 从事食品生产经营活动，应当依法取得食品生产经营许可，在生产经营场所的显著位置公示许可证明文件、营业执照和食品安全相关信息，并按照许可范围依法生产经营。

以食用农产品为原料，经清洗、切配、消毒等加工处理，生产供直接食用食品的，应当依法办理食品生产许可。

从事生猪产品及牛羊等其他家畜的产品批发、零售的，应当依法取得食品经营许可。

第二十条 对直接接触食品的包装材料等具有较高风险的食品相关产品，按照国家有关工业产品生产许可证管理的规定实施生产许可。

第二十一条 从事食品和食用农产品贮存、运输服务的经营者，应当依法向区市场监督管理部门备案。

第二十二条 鼓励外埠优质安全的食品和食用农产品进沪销售。

引导本市食用农产品批发交易市场、超市卖场、餐饮企业等食品经营企业与外埠进沪销售的食品和食用农产品生产经营企业实行食品安全信息对接，登记进沪食品和食用农产品相关信息。

本市建立进口食品安全信息监管部门相互通报制度。出入境检验检疫、食品药品监督管理等部门应当督促进口商、经营企业公布临近保质期进口食品的相关信息。

进沪食品、食用农产品信息登记、信息通报、信息公布等制度的具体办法，由市人民政府另行制定。

第二节　生产经营过程控制

第二十三条　食品生产经营者采购食品、食品添加剂、食品相关产品，应当查验供货者的相关许可证件，不得向下列生产经营者采购食品、食品添加剂、食品相关产品用于生产经营：

（一）未依法取得相关许可证件或者相关许可证件超过有效期限的生产经营者；

（二）超出许可类别和经营项目从事生产经营活动的生产经营者。

第二十四条　禁止生产经营下列食品、食品添加剂和食品相关产品：

（一）《食品安全法》禁止生产经营的食品、食品添加剂和食品相关产品；

（二）以有毒有害动植物为原料的食品；

（三）以废弃食用油脂加工制作的食品；

（四）市人民政府为防病和控制重大食品安全风险等特殊需要明令禁止生产经营的食品、食品添加剂。

禁止使用前款规定的食品、食品添加剂、食品相关产品作为原料，用于食品、食品添加剂、食品相关产品的生产经营。

第二十五条　食品相关产品生产企业应当就下列事项制定并实施控制要求，保证所生产的产品符合相关标准：

（一）原料采购、验收、投料等原料控制；

（二）生产工序、设备、贮存、包装等生产关键环节控制；

（三）原料检验、半成品检验、成品出厂检验等检验控制；

（四）运输和交付控制。

食品相关产品应当按照法律、法规、规章和食品安全标准的规定进行包装，并附有标签或者说明书；包装、标签、说明书的显著位置，应当标注“食品用”字样。

第二十六条　食品生产经营者应当严格按照食品安全标准使用食品添加剂。

食品生产经营者使用食品添加剂的，应当将食品添加剂存放于专用橱柜等设施中，标明“食品添加剂”字样，按照食品安全标准规定的品种、范围、用量使用，并建立食品添加剂的使用记录制度。

市食品药品监督管理、区市场监督管理部门应当加强对食品生产经营者使用食品添加剂的指导和监督。

第二十七条　高风险食品生产经营企业应当建立主要原料和食品供应商检查评价制度，定期或者随机对主要原料和食品供应商的食品安全状况进行检查评价，并做好记录。记录保存期限不得少于二年。

高风险食品生产经营企业可以自行或者委托第三方对主要原料和食品供应商的食品安全状况进行实地查验。发现存在严重食品安全问题的，应当立即停止采购，并向本企业、主要原料和食品供应商所在地的食品药品监督管理或者市场监督管理部门报告。

高风险食品生产经营企业的目录，由市食品药品监督管理部门编制，报市食品药品安全委员会批准后实施，并向社会公布。

第二十八条　取得食品生产许可的企业应当按照良好生产规范要求组织生产，实施危害分析与关键控制点体系，提高食品安全管理水平。

第二十九条　食品生产经营者应当建立临近保质期食品和食品添加剂管理制度，将临近保质期的食品和食品添加剂集中存放、陈列、出售，并作出醒目提示。

禁止食品生产经营者将超过保质期的食品和食品添加剂退回相关生产经营企业。食品生产经营者应当采取染色、毁形等措施对超过保质期的食品和食品添加剂予以销毁，或者进行无害化处理，并记录处置结果。记录保存期限不得少于二年。

第三十条 食品生产经营者应当对回收食品进行登记，在显著标记区域内独立保存，并依法采取无害化处理、销毁等措施，防止其再次流入市场。

前款所称的回收食品，是指符合下列情形之一的食品：

（一）由食品生产经营者回收的在保质期内的各类食品及半成品；

（二）由食品生产经营者回收的已经超过保质期的各类食品及半成品；

（三）因各种原因停止销售，由批发商、零售商退回食品生产者的各类食品及半成品；

（四）因产品质量问题而被查封、扣押、没收的各类食品及半成品。

禁止使用回收食品作为原料用于生产各类食品，或者经过改换包装等方式以其他形式进行销售或者赠送。但因标签、标志、说明书不符合食品安全标准而回收的食品，食品生产者在采取补救措施且能保证食品安全的情况下可以继续销售或者赠送；销售或者赠送时应当向消费者或者受赠人明示补救措施。

第三十一条 食品生产经营者应当自行组织或者委托社会培训机构、行业协会，对本单位的从业人员进行上岗前和在岗期间的食品安全知识培训，学习食品安全法律、法规、规章、标准和食品安全知识，并建立培训档案。参加培训的人员可以按照规定，享受本市企业职工培训补贴。

食品生产经营者应当对食品安全管理人员、关键环节操作人员及其他相关从业人员进行考核。考核不合格的，不得上岗。

相关行业协会负责制定本行业食品生产经营者培训、考核标准，并提供相应的指导和服务。

市食品药品监督管理、区市场监督管理部门应当对食品生产经营者的负责人、食品安全管理人员、关键环节操作人员及其他相关从业人员随机进行监督抽查考核并公布考核情况。监督抽查考核不得收取费用。

第三十二条 食品生产经营者应当建立并执行从业人员健康管理制度。患有国务院卫生行政管理部门制定的相关规定中的疾病的人员，不得从事接触直接入口食品的工作。从事直接入口食品工作的食品从业人员应当每年进行健康检查，取得健康证明后方可上岗。

食品生产经营者应当严格执行食品生产经营场所卫生规范制度，从业人员应当保持个人卫生、着装清洁。

第三十三条 食品生产经营者委托生产食品的，应当委托取得食品生产许可并具有相应生产条件和能力的企业。

受委托企业应当在获得生产许可的产品品种范围内，接受委托生产食品。

受委托企业应当在受委托生产的食品的标签中，标明自己的名称、地址、联系方式和食品生产许可证编号等信息。

第三十四条 提供食品和食用农产品贮存、运输服务的经营者，应当依法查验食品生产经营者的许可证件、营业执照或者身份证件、食品和食用农产品检验或者检疫合格证明等文件，留存其复印件，并做好食品和食用农产品进出库记录、运输记录。相关文件复印件和记录的保存期限不得少于产品保质期满后六个月；没有明确保质期的，保存期限不得少于二年；食用农产品相关文件复印件和记录的保存期限不得少于六个月。

贮存、运输、陈列有特殊温度、湿度控制要求的食品和食用农产品，应当进行全程温度、湿度监控，并做好监控记录，符合保证食品和食用农产品安全所需的温度、湿度等特殊要求。监控记录保存期限不得少于二年。

第三十五条 食用农产品批发交易市场、标准化菜市场等场所除履行法律、法规、规章规定的职责外，还应当合理划定功能区，加强基础设施建设，配备食品安全设施设备，保持场内环境卫生整洁，并遵守下列规定：

（一）设立食品安全信息公示牌，配备专职食品安全管理员；

（二）建立入场食品经营者档案，并查验入场经营食品相关证明材料；

（三）指导并督促入场食品经营者建立食品经营记录；

（四）与入场食品经营者签订食品安全协议；

（五）按规定将相关信息上传至本市食品安全信息追溯平台。

第三十六条 食用农产品批发交易市场、大型超市卖场、中央厨房、集体用餐配送单位应当配备检验设备和检验人员或者委托有资质的食品检验机构，按照国家和本市有关规定，对入场销售或者采购的食品、食用农产品进行抽样检验；发现不符合食品安全标准的，应当立即采取控制措施，并向所在地的区市场监督管理部门报告。

前款规定的抽样检验应当做好记录，记录的保存期限不得少于产品保质期满后六个月；没有明确保质期的，保存期限不得少于二年；食用农产品相关记录的保存期限不得少于六个月。

鼓励标准化菜市场配备食品快速检验设备和检验人员，为消费者提供检验服务。

第三十七条 生产、销售散装食品应当遵守下列要求：

（一）设立专区或者专柜；

（二）使用防尘遮盖、设置隔离设施、提供专用容器和取用工具，并定期清洗消毒；

（三）不得混装不同批次的散装食品；

（四）符合保证食品安全所需的温度、湿度等特殊要求；

（五）在散装食品的容器、外包装上标明食品的名称、生产日期或者生产批号、保质期以及生产经营者名称、地址、联系方式等内容；

（六）法律、法规、规章规定的其他要求。

食品经营者应当使用符合食品安全标准要求的包装材料销售直接入口食品。

第三十八条 餐饮服务提供者提供餐饮服务时应当符合下列要求：

（一）经营场所符合公共场所卫生要求；

（二）营业时段安排食品安全管理人员开展监督管理工作；

（三）根据消费者的要求，提供公筷、公匙等公用餐具；不得向消费者提供不符合食品安全标准和要求的餐具、饮具；

（四）法律、法规、规章规定的其他要求。

鼓励餐饮服务提供者采用电子显示屏、透明玻璃墙等方式，公开食品加工过程、食品原料及其来源信息。

第三十九条 从事餐饮配送服务的，应当遵守下列要求：

（一）送餐人员应当依法取得健康证明；

（二）配送膳食的箱（包）应当专用，定期清洁、消毒；

（三）符合保证食品安全所需的温度等特殊要求；

（四）使用符合食品安全标准的餐具、饮具、容器和包装材料；

（五）法律、法规、规章规定的其他要求。

第四十条 食品展销会的举办者应当依法审查并记录入场食品经营者的许可证件以及经营品种等相关信息，以书面形式明确其食品安全管理责任，并于举办七日前向举办地的区市场监督管理部门备案。区市场监督管理部门应当对食品展销会的食品安全进行指导。

食品展销会的举办者发现入场食品经营者有违反食品安全管理规定的，应当及时制止并立即报告举办地的区市场监督管理部门。

禁止在食品展销会上经营散装生食水产品和散装熟食卤味。

第四十一条 农村集体聚餐的举办者和承办者应当在集体聚餐举办前，将举办地点、预期参加人数等信息向所在地的乡、镇人民政府或者街道办事处报告。乡、镇人民政府、街道办事处和区市场监督管理部门的派出机构应当指派专业人员进行现场指导。

鼓励在符合食品安全条件的固定场所举办农村集体聚餐。在固定场所举办农村集体聚餐的，由该场所的经营管理者履行前款规定的报告义务。

农村集体聚餐的举办者和承办者对集体聚餐的食品安全负责。鼓励农村集体聚餐的举办者和承办者之间、承办者和厨师等加工制作人员之间签订食品安全协议，明确各自的食品安全责任。相关协议的范本由区市场监督管理部门会同相关部门拟定。

农村集体聚餐的承办者应当按照食品安全要求采购、贮存、加工制作食品，做好食品留样，并定期组织厨师等加工制作人员进行健康体检和食品安全知识培训。

农村集体聚餐发生食品安全事故的，举办者和承办者应当及时向所在地的区市场监督管理部门报告。

第四十二条 从事酒类、食用盐、粮食等生产经营活动，应当遵守法律、法规、规章和食品安全标准的要求，严禁使用工业酒精、工业盐、被污染或者发霉变质的原粮等从事食品生产经营活动。

第四十三条 区和乡、镇人民政府或者街道办事处应当按照方便群众、合理布局的原则，完善区域商业规划，加强住宅区、商务区、工业区等的餐饮服务配套建设，引导小型餐饮服务提供者改善经营条件，提高管理水平。

小型餐饮服务提供者从事食品经营活动，应当依法取得食品经营许可，并遵守食品安全法律、法规、规章和标准的要求。

未取得食品经营许可，但经营食品符合食品安全卫生要求、不影响周边居民正常生活的小型餐饮服务提供者，应当向所在地的乡、镇人民政府或者街道办事处办理临时备案。小型餐饮服务提供者办理临时备案的具体要求、标准及相应的退出机制，由市人民政府另行制定。

乡、镇人民政府或者街道办事处应当将备案信息通报所在地的区市场监督管理、环境保护、房屋管理、消防安全、城市管理行政执法等部门，相关部门应当按照各自职责加强对小型餐饮服务提供者的日常监管。

第四十四条 食品生产加工小作坊、食品摊贩从事食品生产经营活动，应当符合《食品安全法》和本条例规定的与其生产经营规模、条件相适应的食品安全要求，保证所生产经营的食品卫生、无毒、无害。

第四十五条 本市对餐厨废弃油脂实行符合产业发展导向的资源化利用，推进实行餐厨废弃油脂收运、处置的一体化经营模式。

产生餐厨废弃油脂和餐厨垃圾的食品生产经营者以及从事餐厨废弃油脂和餐厨垃圾收运和处置活动的单位应当按照国家和本市有关法律、法规、规章的规定，收集、处置餐厨废弃油脂和餐厨垃圾。

第三节　食用农产品

第四十六条 市、区人民政府应当制定食用农产品生产基地规划，加强食用农产品生产基地标准化建设。

鼓励和支持符合条件的食用农产品生产者申请无公害农产品、绿色食品、有机食品认证以及农产品地理标志登记。

第四十七条 在本市从事畜禽、畜禽产品生产经营活动的，应当遵守国家和本市有关法律、法规、规章的规定。

外省市的畜禽、畜禽产品应当通过市人民政府指定的道口，取得道口检查签章后，方可进入本市。

第四十八条 农药、兽药、饲料和饲料添加剂、肥料等农业投入品的经营者（以下简称农业投入品经营者）应当建立经营记录，如实记载购入农业投入品的名称、数量、进货日期和供货者名称、地址、联系方式，以及销售农业投入品的名称、数量、销售日期和购货者名称、地址、联系方式等内容。记录保存期限不得少于二年。

农业投入品经营者销售农业投入品时，应当向购货者提供说明书，告知其农业投入品的用法、用量、使用范围等信息。

食用农产品生产者应当依法建立农业投入品使用记录，如实记载使用农业投入品的名称、来源、用法、用量和使用、停用的日期。记录保存期限不得少于二年。

第四十九条 禁止在食用农产品生产经营活动中从事下列行为：

（一）使用国家禁止使用的农业投入品；

（二）超范围或者超剂量使用国家限制使用的农业投入品；

（三）收获、屠宰、捕捞未达到安全间隔期、休药期的食用农产品；

（四）对畜禽、畜禽产品灌注水或者其他物质；

（五）在食用农产品生产、销售、贮存和运输过程中添加可能危害人体健康的物质；

（六）法律、法规、规章规定的其他禁止行为。

第五十条 上市销售的肉类产品应当附有检疫合格证明；上市销售的其他食用农产品应当附有产地证明、检测合格证明。

食用农产品批发交易市场开办者应当查验入场销售者的身份证明，入场销售食用农产品的产地证明、检测合格证明或者检疫合格证明。

销售者无法提供食用农产品产地证明、检测合格证明的，食用农产品批发交易市场开办者应当进行抽样检验或者快速检测；抽样检验或者快速检测合格的，方可入场销售。

第四节 网络食品经营

第五十一条 网络食品交易第三方平台提供者应当按照下列规定办理备案手续：

（一）在本市注册登记的网络食品交易第三方平台提供者，应当在通信管理部门批准后三十个工作日内，向市食品药品监督管理部门备案，取得备案号；

（二）在外省市注册登记的网络食品交易第三方平台提供者，应当自在本市提供网络食品交易第三方平台服务之日起三十个工作日内，将其在本市实际运营机构的地址、负责人、联系方式等相关信息向市食品药品监督管理部门备案。

通过自建网站交易的食品生产经营者，应当在通信管理部门批准后三十个工作日内，向所在地的区市场监督管理部门备案，取得备案号。实行统一配送经营方式的食品经营企业，可以由企业总部统一办理备案手续。

第五十二条 网络食品经营者应当依法取得食品生产经营许可，并按照规定在自建交易网站或者网络食品交易第三方平台的首页显著位置或者经营活动主页面醒目位置，公示其营业执照、食品生产经营许可证件、从业人员健康证明、食品安全量化分级管理等信息。相关信息应当完整、真实、清晰，发生变化的，应当在十日内更新。

第五十三条 网络食品交易第三方平台提供者应当建立食品安全管理制度，履行下列管理责任：

（一）明确入网食品经营者的准入标准和食品安全责任；

（二）对入网食品经营者进行实名登记；

（三）通过与监管部门的许可信息进行比对、现场核查等方式，对入网食品经营者的许可证件进行审查；

（四）对平台上的食品经营行为及信息进行检查，并公布检查结果；

（五）公示入网食品经营者的食品安全信用状况；

（六）及时制止入网食品经营者的食品安全违法行为，并向其所在地的区市场监督管理部门报告；

（七）对平台上经营的食品进行抽样检验；

（八）法律、法规、规章规定的其他管理责任。

网络食品交易第三方平台提供者发现入网食品经营者存在未经许可从事食品经营、经营禁止生产经营的食品、发生食品安全事故等严重违法行为的，应当立即停止为其提供网络交易平台服务。

仅为入网食品经营者提供信息发布服务的网络第三方平台提供者，应当履行本条第一款第一项至第三项规定的管理责任，并对平台上的食品经营信息进行检查，及时删除或者屏蔽入网食品经营者发布的违法信息。

第五十四条 从事网络交易食品配送的网络食品经营者、网络食品交易第三方平台提供者、物流配送企业应当遵守有关法律、法规对贮存、运输食品以及餐具、饮具、容器和包装材料的要求，并加强对配送人员的培训和管理。从事网络订餐配送的，还应当遵守本条例第三十九条的规定。

第四章　食品生产加工小作坊和食品摊贩

第一节　食品生产加工小作坊

第五十五条　各级人民政府应当根据实际需要统筹规划、合理布局，建设适合食品生产加工小作坊从事食品生产加工活动的集中食品加工场所。鼓励食品生产加工小作坊进入集中食品加工场所从事食品生产加工活动。

区市场监督管理部门应当加强对食品生产加工小作坊食品安全的指导和监督管理。

第五十六条　本市对食品生产加工小作坊生产加工的食品实行品种目录管理；品种目录由市食品药品监督管理部门编制，报市食品药品安全委员会批准后实施，并向社会公布。

第五十七条　食品生产加工小作坊从事食品生产加工活动，应当具备下列条件：

（一）有与生产加工的食品品种、数量相适应的生产加工场所，环境整洁，并与有毒、有害场所以及其他污染源保持规定的安全距离；

（二）有与生产加工的食品品种、数量相适应的生产加工和卫生、污水及废弃物处理设备或者设施；

（三）有保证食品安全的规章制度；

（四）有合理的设备布局和工艺流程。

第五十八条　本市对食品生产加工小作坊实行准许生产制度。设立食品生产加工小作坊的，应当符合本条例第五十七条规定的条件，并向所在地的区市场监督管理部门申领《食品生产加工小作坊准许生产证》（以下简称准许生产证）。

区市场监督管理部门应当依法对申请人提交的材料进行审核，征询食品生产加工小作坊所在地的乡、镇人民政府或者街道办事处的意见，必要时对其生产加工场所进行现场核查；对符合规定条件的，决定准许生产，颁发准许生产证，并在作出准许生产决定后，通报相关乡、镇人民政府或者街道办事处；对不符合规定条件的，决定不予准许生产并书面说明理由。

食品生产加工小作坊未取得准许生产证并经工商登记，不得从事食品生产加工活动。食品生产加工小作坊应当在准许生产的食品品种范围内从事食品生产加工活动，不得超出准许生产的品种范围生产加工食品。

准许生产证的有效期为三年。有效期满需要延续的，应当在届满三十日前，向原发证部门提出申请。

第五十九条　食品生产加工小作坊的生产加工活动，应当符合食品安全地方标准，并遵循下列要求：

（一）从业人员持有有效健康证明；

（二）使用的食品原料、食品添加剂、食品相关产品应当符合食品安全标准；

（三）待加工食品与直接入口食品、原料与成品应当分开存放，防止交叉污染，避免食品接触有毒物、不洁物；

（四）使用无毒、无害、清洁的食品包装材料，销售无包装的直接入口食品，应当使用无毒、清洁的售货工具；

（五）从业人员应当保持个人卫生，生产经营食品时，应当将手洗净，穿戴清洁的工作衣、帽；

（六）食品生产经营场所与个人生活场所严格分开，食品用具、容器、设备与个人生活用品严格分开；

（七）用水应当符合国家规定的生活饮用水卫生标准；

（八）使用的洗涤剂、消毒剂应当对人体安全、无害，杀虫剂、灭鼠剂等应当妥善保管，防止对食品造成污染；

（九）法律、法规、规章和标准规定的其他要求。

第六十条　食品生产加工小作坊应当如实记录购进食品原料、食品添加剂、食品相关产品的名称、规格、数量、生产批号、生产日期、保质期、供货者名称及联系方式、进货日期等内容，并保留载有相关信息的票据凭证。记录和票据凭证的保存期限不得少于产品保质期满后六个月;没有明确保质期的，保存期限不得少于二年。

食品生产加工小作坊还应当建立食品销售记录，如实记录食品的名称、规格、数量、生产日期、购货者名称及联系方式、销售日期等内容。记录保存期限不得少于产品保质期满后六个月;没有明确保质期的，保存期限不得少于二年。

第六十一条 食品生产加工小作坊应当对生产加工的食品进行包装，并在包装上贴注标签，标明以下内容:

(一)食品名称、生产日期、保质期、贮存条件;

(二)食品生产加工小作坊的名称、地址、联系方式;

(三)准许生产证编号;

(四)成分或者配料表，所使用的食品添加剂在国家标准中的通用名称。

食品生产加工小作坊对生产加工的食品进行预包装的，还应当符合食品安全法律、法规、规章和标准对预包装食品标签的要求。

第二节 食品摊贩

第六十二条 区人民政府应当按照方便群众、合理布局的原则，确定相应的固定经营场所，并制定相关鼓励措施，引导食品摊贩进入集中交易市场、店铺等固定场所经营。

区人民政府可以根据需要，依法划定临时区域(点)和固定时段供食品摊贩经营，并向社会公布。区和乡、镇人民政府或者街道办事处应当为划定的临时区域(点)提供必要的基础设施和配套服务。划定的临时区域(点)和固定时段，不得影响安全、交通、市容环境和周边居民生活。

食品摊贩在划定的区域(点)、时段内经营的，应当向经营所在地的乡、镇人民政府或者街道办事处登记相关信息。乡、镇人民政府或者街道办事处应当向符合条件的食品摊贩发放临时经营公示卡，并将登记信息通报所在地的区市场监督管理、绿化市容、城市管理行政执法等部门。

第六十三条 食品摊贩从事食品经营，应当具备下列条件:

(一)摊位与公共厕所、倒粪池、化粪池、污水池、垃圾场(站)等污染源直线距离在二十五米以上;

(二)有与经营的食品品种、数量相适应的生产、加工、贮存、清洗、消毒、冷藏等设施或者设备;

(三)需要在现场对食品或者工具、容器进行清洗的，应当配备具有给排水条件的清洁设施或者设备;

(四)配有防雨、防尘、防污染、防虫、防蝇等设施以及加盖或者密闭的废弃物收集容器。

禁止食品摊贩在距离幼儿园、中小学校门口一百米范围内设摊经营。

第六十四条 食品摊贩从事食品经营，应当遵循下列要求:

(一)持有并公示有效健康证明;

(二)悬挂食品摊贩临时经营公示卡，并按照公示卡所载明的事项从事经营活动;

(三)不得经营生食水产品等生食类食品以及不符合法律、法规、规章或者食品安全标准规定的其他食品;

(四)使用无毒、无害、清洁的食品包装材料、容器和售货工具;

(五)从业人员应当保持个人卫生，将手洗净，穿戴清洁的工作衣、帽;

(六)用水应当符合国家规定的生活饮用水卫生标准，使用的洗涤剂、消毒剂应当对人体安全、无害，防止对食品造成污染;

(七)法律、法规、规章规定的其他要求。

食品摊贩应当在区人民政府划定的临时区域(点)和固定时段内经营，遵守市容环境卫生管理的有关规定，保证市容环境整洁。

第六十五条 食品摊贩应当保留载有所采

购的食品、食品添加剂、食品相关产品的票据凭证。票据凭证保存期限不得少于三十日。

第六十六条 区市场监督管理部门应当加强对食品摊贩遵守食品安全管理规定的指导和监督管理。

城市管理行政执法部门应当加强对食品摊贩遵守市容环境卫生管理规定的监督管理。

乡、镇人民政府和街道办事处应当协调相关部门,对辖区内的食品摊贩进行监督管理,对食品摊贩存在的违法行为依法进行查处。

第五章 食品安全事故预防与处置

第六十七条 食品生产经营者应当按照食品安全法律、法规、规章、标准或者技术规范,制定和落实食品安全事故防范措施,及时消除食品安全隐患,防止食物中毒等食品安全事故的发生。

第六十八条 鼓励食品生产经营者参加食品安全责任保险。

高风险食品生产经营企业应当根据防范食品安全风险的需要,主动投保食品安全责任保险。

第六十九条 重大公共活动的组织者应当采取有效的保障措施,保证活动期间的食品安全。鼓励重大公共活动的组织者聘请社会专业机构提供重大公共活动的食品安全保障服务。

市食品药品监督管理、区市场监督管理、农业等部门应当依法进行指导和监督。

第七十条 食品检验机构接受生产经营者委托对食品、食品相关产品进行检验时,发现存在添加违禁物质、关键性指标异常等重大食品安全问题时,应当及时向市食品药品监督管理或者质量技术监督部门报告。

第七十一条 市、区人民政府应当根据有关法律、法规的规定和上级人民政府的食品安全事故应急预案以及本行政区域的实际情况,制定本行政区域的食品安全事故应急预案,并报上一级人民政府备案。

各级人民政府及其相关部门应当按照应急预案的要求,开展食品安全事故应急处置。

第七十二条 发生食品安全事故的单位应当立即对导致或者可能导致食品安全事故的食品及原料、工具、设备等采取封存等控制措施,防止事故扩大。

事故发生单位和接收病人进行治疗的单位应当在事故发生或者接收病人后两小时内,向所在地的区市场监督管理、卫生计生部门报告。接到报告的区市场监督管理部门应当按照应急预案的规定,向区人民政府、市食品药品监督管理部门报告。

第七十三条 食品药品监督管理、市场监督管理部门接到食品安全事故报告后,应当立即会同卫生计生、质量技术监督、农业等部门进行调查处理,依法采取措施,防止或者减轻社会危害。

疾病预防控制机构接到通知后,应当对食品安全事故现场采取卫生处理等措施,并开展流行病学调查,食品药品监督管理、市场监督管理、卫生计生、公安等部门应当依法予以协助。疾病预防控制机构应当向食品药品监督管理、市场监督管理、卫生计生部门提交流行病学调查报告。

第七十四条 对经检测不符合食品安全标准和要求,可能对人体健康造成较大危害的食品,市食品药品监督管理、质量技术监督、农业、商务等部门应当按照有关法律、法规、规章的规定予以处理。必要时,经市人民政府确定,可以对相关企业、区域生产的同类食品采取相应的控制措施。

第六章 监督管理

第七十五条 市、区人民政府应当按照国家有关规定,组织本级食品药品监督管理、市场监督管理、质量技术监督、农业等部门制定本行政区域的食品安全年度监督管理计划,明确监督管理重点,向社会公布并组织实施。

食品药品监督管理、市场监督管理、质量技

术监督、农业等部门应当根据食品安全风险监测和风险评估结果、食品安全状况、食品安全年度监督管理计划等，确定监督管理的重点、方式和频次，实施风险分级管理；对消费量较大、风险较高的食品以及专供婴幼儿和其他特定人群的主辅食品，应当进行重点抽样检验。

第七十六条 食品药品监督管理、市场监督管理、质量技术监督、农业等部门应当加强执法队伍建设，采取多种措施，加强现场巡查，依法对本行政区域内食品生产经营活动进行日常监督管理，对发生食品安全事故风险较高的食品生产经营活动进行重点监督管理，及时发现处理违反食品安全法律、法规、规章的行为。

食品生产经营者应当配合相关部门进行监督检查，如实提供有关合同、票据、账簿、电子数据以及其他有关资料。

食品药品监督管理、市场监督管理、质量技术监督、农业等部门应当如实记录监督检查情况，并向社会公布监督检查结果。

第七十七条 食品药品监督管理、市场监督管理、质量技术监督、农业等部门可以利用大数据处理等现代科技手段，对食品生产经营活动实施监督管理；依法收集的视听资料、电子数据等，可以作为认定食品安全违法行为的证据。

第七十八条 食品药品监督管理、市场监督管理、质量技术监督部门在监督管理工作中发现食品相关产品存在安全隐患、可能影响食品安全的，应当及时相互通报有关信息，并按照各自职责，依法进行处理。

第七十九条 食品药品监督管理、市场监督管理部门应当建立食品生产经营者、网络食品交易第三方平台提供者食品安全信用档案，记录许可和备案、日常监督检查结果、违法行为查处等情况，依法向社会公布并实时更新。

食品药品监督管理、市场监督管理部门根据食品生产经营者、网络食品交易第三方平台提供者食品安全信用档案记录情况以及食品生产企业良好生产规范、危害分析与关键控制点体系实施情况，进行食品安全信用等级评定，并作为实施分类监督管理的依据。

对有不良信用记录或者信用等级评定较低的食品生产经营者、网络食品交易第三方平台提供者，应当增加监督检查频次；对违法行为情节严重的食品生产经营者、网络食品交易第三方平台提供者，将其有关信息纳入本市相关信用信息平台，并由相关部门按照规定在日常监管、行政许可、享受政策扶持、政府采购等方面实施相应的惩戒措施。

仅为入网食品经营者提供信息发布服务的网络第三方平台提供者的食品安全信用管理，参照对网络食品交易第三方平台提供者的有关管理规定执行。

第八十条 本市建立餐饮服务食品安全量化分级管理制度，评定结果应当向社会公布，并由餐饮服务提供者在经营场所显著位置公示。评定的具体办法由市食品药品监督管理部门制定。

第八十一条 本市建立食品安全信息追溯制度。根据食品安全风险状况，对重点监督管理的食品和食用农产品实施信息追溯管理。具体办法由市人民政府另行制定。

市食品药品监督管理部门在整合有关食品和食用农产品信息追溯系统的基础上，建立全市统一的食品安全信息追溯平台。

有关食品和食用农产品生产经营者应当按照规定，向统一的食品安全信息追溯平台报送相关信息。

第八十二条 取得食品、食品添加剂、食品相关产品生产许可的生产企业、取得准许生产证的食品生产加工小作坊以及取得食品经营许可的经营企业，在相关许可有效期内连续停止生产经营一年以上的，在恢复生产经营之前，应当向所在地的区市场监督管理部门报告。

区市场监督管理部门接到报告后，应当对相关生产经营企业或者食品生产加工小作坊的生产经营条件进行核查，对不符合生产经营要求的，应当责令其采取整改措施；经整改达到生产经营要求的，方可恢复生产经营。

第八十三条 食品药品监督管理、质量技术监督、市场监督管理等部门应当按照各自职责，对未依法取得相关许可证件或者未依法进行临时备案、信息登记，从事食品、食品添加剂、食品相关产品生产经营的行为（以下简称无证生产经营行为）进行查处。乡、镇人民政府和街道办事处应当协调相关部门做好对辖区内无证生产经营行为的查处工作。

对从事无证生产经营行为的单位和个人以及明知从事无证生产经营行为、仍为其提供生产经营场所或者其他条件的单位和个人，除依法进行处理外，将其有关信息纳入本市公共信用信息平台，由相关部门按照规定实施相应惩戒措施。

第八十四条 本市将无证生产经营行为、食品摊贩违法经营、餐饮油烟污染、餐厨废弃油脂非法处置等食品安全事件纳入城市网格化管理。

区和乡、镇人民政府、街道办事处所属的城市网格化管理机构对巡查发现的食品安全事件，应当进行派单调度、督办核查，指挥协调相关部门或者派出机构及时予以处置。

区市场监督管理、城市管理行政执法、环保等部门及其派出机构应当接受城市网格化管理机构的派单调度，及时反馈处置情况，并接受督办核查。

第八十五条 食品药品监督管理、市场监督管理等部门应当加强对幼儿园、中小学校周边食品安全的监督管理，依法查处影响儿童、中小学生身体健康和生命安全的食品生产经营行为。

第八十六条 本市设立食品安全统一举报电话，并向社会公布。任何组织或者个人发现食品生产经营中的违法行为可以向统一举报电话投诉、举报，也可以向食品药品监督管理、市场监督管理、质量技术监督、农业等部门投诉、举报。

食品药品监督管理、市场监督管理、质量技术监督、农业等部门接到咨询、投诉、举报，对属于本部门职责的，应当受理并在法定期限内及时答复、核实、处理；对不属于本部门职责的，应当在两个工作日内移交有权处理的部门，并书面通知咨询、投诉、举报人。有权处理的部门应当在法定期限内及时处理，不得推诿；属于食品安全事故的，应当依法进行处置。

有关部门应当对举报人的信息予以保密，保护举报人的合法权益；对举报经查证属实、为查处食品安全违法案件提供线索和证据的举报人，按照有关规定给予奖励。

第八十七条 本市建立食品安全信息统一公布制度，通过统一的信息平台，公布下列食品安全信息：

（一）本市食品安全总体情况；

（二）本市食品安全风险评估信息和食品安全风险警示信息；

（三）本市重大食品安全事故及其处理信息；

（四）市人民政府确定需要统一公布的其他重要食品安全信息。

食品药品监督管理、质量技术监督、农业、卫生计生、出入境检验检疫等部门应当加强监管部门间的信息共享，获知前款规定的需要统一公布的食品安全信息的，还应当立即向市食品药品安全委员会报告；市食品药品安全委员会应当及时确定需要公布的食品安全信息，由市食品药品安全委员会办公室统一公布。

食品药品监督管理、市场监督管理、质量技术监督、农业、出入境检验检疫等部门依据各自职责，建立、完善食品安全信息系统，公布食品安全日常监督管理、食品安全违法行为行政处罚等信息。

第八十八条 对涉嫌构成食品安全犯罪的，食品药品监督管理、市场监督管理、质量技术监督、农业等部门应当按照有关规定及时将案件移送同级公安机关。对移送的案件，公安机关应当及时审查；认为有犯罪事实需要追究刑事责任的，应当立案侦查。

食品药品监督管理、市场监督管理、质量技术监督、农业等部门和相关食品检验机构应当按照规定，配合公安机关、人民检察院、人民法院做好涉案食品的处置、检验、评估认定工作。

第七章 法律责任

第八十九条 违反本条例规定的行为，法律、行政法规有处理规定的，从其规定；构成犯罪的，依法追究刑事责任。

第九十条 违反本条例第二十一条规定，从事食品和食用农产品贮存、运输服务未按照规定办理备案手续的，由市食品药品监督管理部门或者区市场监督管理部门责令改正，给予警告；拒不改正的，处五千元以上五万元以下罚款。

违反本条例第三十四条规定，有下列情形之一的，由市食品药品监督管理部门或者区市场监督管理部门责令改正，给予警告；拒不改正的，责令停产停业，处五千元以上五万元以下罚款；情节严重的，吊销许可证或者准许生产证：

（一）提供食品和食用农产品贮存、运输服务的经营者，未依法查验相关文件，并留存其复印件，或者未按照规定做好进出库记录、运输记录的；

（二）贮存、运输、陈列有特殊温度、湿度控制要求的食品和食用农产品的，未进行全程温度、湿度监控的。

第九十一条 违反本条例第二十三条规定，食品生产经营者向下列生产经营者采购食品、食品添加剂用于生产经营的，由市食品药品监督管理部门或者区市场监督管理部门没收违法采购和生产经营的食品、食品添加剂，并处五千元以上五万元以下罚款；情节严重的，责令停产停业，直至吊销许可证或者准许生产证：

（一）未依法取得相关许可证件或者相关许可证件超过有效期限的生产经营者；

（二）超出许可类别和经营项目从事生产经营活动的生产经营者。

第九十二条 违反本条例第二十四条第一款规定，生产经营下列食品、食品添加剂的，由市食品药品监督管理部门或者区市场监督管理部门没收违法所得和违法生产经营的食品、食品添加剂，并可以没收用于违法生产经营的工具、设备、原料等物品；违法生产经营的食品、食品添加剂货值金额不足一万元的，并处十万元以上十五万元以下罚款；货值金额一万元以上的，并处货值金额十五倍以上三十倍以下罚款；情节严重的，吊销许可证或者准许生产证：

（一）以有毒有害动植物为原料的食品；

（二）以废弃食用油脂加工制作的食品；

（三）市人民政府为防病和控制重大食品安全风险等特殊需要明令禁止生产经营的食品、食品添加剂。

小型餐饮服务提供者违反本条例第二十四条第一款规定，生产经营禁止生产经营的食品的，由市食品药品监督管理部门或者区市场监督管理部门没收违法所得和违法生产经营的食品，并可以没收用于违法生产经营的工具、设备、原料等物品；违法生产经营的食品货值金额不足一万元的，并处一万元以上五万元以下罚款；货值金额一万元以上的，并处货值金额五倍以上十倍以下罚款；情节严重的，吊销许可证或者告知乡、镇人民政府、街道办事处注销临时备案。

明知从事前数款规定的违法行为，仍为其提供生产经营场所或者其他条件的，由市食品药品监督管理部门或者区市场监督管理部门责令停止违法行为，没收违法所得，并处十万元以上二十万元以下罚款。

违反本条例第二十四条第二款规定，使用禁止生产经营的食品、食品添加剂、食品相关产品作为原料，用于食品、食品添加剂、食品相关产品生产经营的，由市食品药品监督管理、质量技术监督部门或者区市场监督管理部门按照各自职责，没收违法所得和违法生产经营的食品、食品添加剂、食品相关产品，并可以没收用于违法生产经营的工具、设备、原料等物品；违法生产经营的食品、食品添加剂、食品相关产品货值金额不足一万元的，并处五千元以上五万元以下罚款；货值金额一万元以上的，并处货值金额五倍以上十倍以下罚款；情节严重的，责令停产停业，直至吊销许可证或者准许生产证。

第九十三条 违反本条例第二十九条第一

款规定,食品生产经营者未建立并执行临近保质期食品和食品添加剂管理制度的,由市食品药品监督管理部门或者区市场监督管理部门责令改正,给予警告;拒不改正的,处五千元以上五万元以下罚款;情节严重的,责令停产停业,直至吊销许可证或者准许生产证。

违反本条例第二十九条第二款、第三十条规定,食品生产经营者有下列情形之一的,由市食品药品监督管理部门或者区市场监督管理部门没收违法所得和违法生产经营的食品和食品添加剂,并可以没收用于违法生产经营的工具、设备、原料等物品;违法生产经营的食品、食品添加剂货值金额不足一万元的,并处五万元以上十万元以下罚款;货值金额一万元以上的,并处货值金额十倍以上二十倍以下罚款;情节严重的,责令停产停业,直至吊销许可证或者准许生产证:

(一)将超过保质期的食品和食品添加剂退回相关食品生产经营企业的;

(二)未采取染色、毁形等措施对超过保质期的食品和食品添加剂予以销毁,或者进行无害化处理的;

(三)除本条例第三十条第三款规定情形外,将回收食品经过改换包装等方式以其他形式进行销售或者赠送的。

小型餐饮服务提供者违反本条例第二十九条第二款、第三十条有关超过保质期食品和食品添加剂管理、回收食品管理规定的,由市食品药品监督管理部门或者区市场监督管理部门没收违法所得和违法生产经营的食品、食品添加剂,并可以没收用于违法生产经营的工具、设备、原料等物品;违法生产经营的食品、食品添加剂货值金额不足一万元的,并处五千元以上五万元以下罚款;货值金额一万元以上的,并处货值金额五倍以上十倍以下罚款;情节严重的,吊销许可证或者告知乡、镇人民政府、街道办事处注销临时备案。

第九十四条 违反本条例第二十七条、第三十一条、第三十二条、第三十六条、第三十八条规定,有下列情形之一的,由市食品药品监督管理部门或者区市场监督管理部门责令改正,给予警告;拒不改正的,处五千元以上五万元以下罚款;情节严重的,责令停产停业,直至吊销许可证或者准许生产证:

(一)高风险食品生产经营企业未建立并执行主要原料和食品供应商检查评价制度的;

(二)食品生产经营者未按照规定培训、考核关键环节操作人员及其他相关从业人员的;

(三)食品生产经营者的负责人、食品安全管理人员、关键环节操作人员及其他相关从业人员监督抽查考核不合格的;

(四)食品生产经营者安排未取得健康证明或者患有国务院卫生行政管理部门制定的规定中的疾病的人员从事直接接触入口食品工作的;

(五)食品生产经营者未按照规定执行食品生产经营场所卫生规范制度,从业人员未保持着装清洁的;

(六)大型超市卖场、中央厨房、集体用餐配送单位未按照规定做好抽样检验及相关记录的;

(七)餐饮服务提供者向消费者提供不符合有关食品安全标准和要求的餐具、饮具的。

第九十五条 违反本条例第三十三条第一款规定,食品生产经营者委托不符合要求的企业生产食品的,由市食品药品监督管理部门或者区市场监督管理部门责令限期改正,没收违法所得和违法生产的食品;违法生产的食品货值金额不足一万元的,并处五千元以上五万元以下罚款;货值金额一万元以上的,并处货值金额五倍以上十倍以下罚款;情节严重的,责令停产停业,直至吊销许可证。

违反本条例第三十三条第三款规定,受委托企业未在受委托生产的食品的标签中标明有关信息的,由市食品药品监督管理部门或者区市场监督管理部门责令改正,给予警告;拒不改正的,处二千元以上二万元以下罚款。

第九十六条 违反本条例第三十五条规定,食用农产品批发交易市场、标准化菜市场未执行相关规定的,由市食品药品监督管理部门或者区市场监督管理部门责令改正,给予警告;拒不改正的,处五千元以上五万元以下罚款;造成严重后果的,责令停产停业,直至吊销许可证。

第九十七条 违反本条例第三十九条第一项规定,安排未依法取得健康证明的送餐人员从事餐饮配送服务的,由市食品药品监督管理部门或者区市场监督管理部门责令改正,给予警告;拒不改正的,处五千元以上五万元以下罚款。

违反本条例第三十九条第二项、第三项和第四项规定,从事餐饮配送服务有下列情形之一的,由市食品药品监督管理部门或者区市场监督管理部门责令改正,给予警告;拒不改正的,责令停产停业,处五千元以上五万元以下罚款;情节严重的,吊销许可证:

(一)配送膳食的箱(包)未予专用,或者未定期进行清洁、消毒的;

(二)不符合保证食品安全所需的温度等特殊要求的;

(三)未使用符合食品安全标准的餐具、饮具、容器和包装材料。

违反本条例第五十四条规定,从事网络交易食品配送的网络食品经营者、网络食品交易第三方平台提供者、物流配送企业未遵守本条例第三十九条规定的,由市食品药品监督管理部门或者区市场监督管理部门按照前两款的规定进行处罚。

第九十八条 违反本条例第四十条第一款规定,食品展销会的举办者未按照规定进行备案的,由区市场监督管理部门责令改正,给予警告;拒不改正的,处五千元以上五万元以下罚款。

违反本条例第四十条第三款规定,在食品展销会上经营散装生食水产品或者散装熟食卤味的,由区市场监督管理部门处五千元以上五万元以下罚款。

第九十九条 违反本条例第四十三条第二款、第三款规定,小型餐饮服务提供者未依法取得食品经营许可或者未办理临时备案从事食品经营活动的,由市食品药品监督管理部门或者区市场监督管理部门没收违法所得、违法经营的食品和用于违法经营的工具、设备、原料等物品;违法经营的食品货值金额不足一万元的,并处一万元以上五万元以下罚款;货值金额一万元以上的,并处货值金额五倍以上十倍以下罚款。

明知从事前款规定的违法行为,仍为其提供生产经营场所或者其他条件的,由市食品药品监督管理部门或者区市场监督管理部门责令停止违法行为,没收违法所得,并处五万元以上十万元以下罚款。

除前款和本条例第九十二条第二款、第九十三条第三款、第一百零六条第二款规定情形外,小型餐饮服务提供者从事食品经营活动不符合食品安全法律、法规、规章和标准要求的,由市食品药品监督管理部门或者区市场监督管理部门责令改正,给予警告;拒不改正的,处五千元以上五万元以下罚款;情节严重的,责令停产停业,直至吊销许可证或者告知所在地乡、镇人民政府、街道办事处,由其注销临时备案。

小型餐饮服务提供者违反环境保护、房屋管理、消防安全、市容环境卫生管理等法律、法规、规章规定的,由相关部门依法进行处理,并将信息告知所在地的乡、镇人民政府、街道办事处,由其注销临时备案。

第一百条 违反本条例第四十八条第一款规定,农业投入品经营者未按照规定建立经营记录的,由农业部门责令改正,给予警告;拒不改正的,处五千元以上五万元以下罚款;情节严重的,责令停产停业,直至吊销许可证。

第一百零一条 违反本条例第四十九条规定,在食用农产品生产经营活动中,有下列行为之一的,由农业部门、市食品药品监督管理部门或者区市场监督管理部门按照各自职责,责令停止违法行为,没收违法所得、违法生产经营的食用农产品和用于违法生产经营的工具、设备等物品,并对没收的食用农产品进行无害化处理;违法生产经营的食用农产品货值金额不足一万元的,并处五万元以上十万元以下罚款;货

值金额一万元以上的,并处货值金额十倍以上二十倍以下罚款;情节严重的,吊销许可证:

(一)对畜禽、畜禽产品灌注水或者其他物质;

(二)在食用农产品生产、销售、贮存和运输过程中添加可能危害人体健康的物质。

第一百零二条 违反本条例第五十一条、第五十二条规定,有下列情形之一的,由市食品药品监督管理部门或者区市场监督管理部门责令改正,给予警告;拒不改正的,处五千元以上五万元以下罚款;情节严重的,由市食品药品监督管理部门或者区市场监督管理部门责令停业:

(一)网络食品交易第三方平台提供者、通过自建网站交易的食品生产经营者未按照规定办理备案手续的;

(二)网络食品经营者未按照规定在自建交易网站或者网络食品交易第三方平台的首页显著位置或者经营活动主页面醒目位置,公示其营业执照、食品生产经营许可证件、从业人员健康证明、食品安全量化分级管理等信息的。

第一百零三条 违反本条例第五十三条第一款规定,网络食品交易第三方平台提供者有下列情形之一的,由市食品药品监督管理部门或者区市场监督管理部门责令改正,给予警告;拒不改正的,处一万元以上五万元以下罚款;情节严重的,由市食品药品监督管理部门或者区市场监督管理部门责令停业:

(一)未明确入网食品经营者的准入标准和食品安全责任的;

(二)未对平台上的食品经营行为及信息进行检查并如实公布检查结果的;

(三)未公示入网食品经营者的食品安全信用状况的。

违反本条例第五十三条第一款、第二款规定,网络食品交易第三方平台提供者未对入网食品经营者进行实名登记、审查许可证或者未履行报告、停止提供网络交易平台服务等义务的,由市食品药品监督管理部门或者区市场监督管理部门责令改正,没收违法所得,并处五万元以上二十万元以下罚款;造成严重后果的,由市食品药品监督管理部门或者区市场监督管理部门责令停业,由通信管理部门依法吊销其互联网信息服务业务经营许可证。

违反本条例第五十三条第三款规定,仅为入网食品经营者提供信息发布服务的网络第三方平台提供者未对入网食品经营者进行实名登记、审查许可证件的,由市食品药品监督管理部门或者区市场监督管理部门责令改正,没收违法所得,并处五万元以上二十万元以下罚款;造成严重后果的,由市食品药品监督管理部门或者区市场监督管理部门责令停业,由通信管理部门依法吊销其互联网信息服务业务经营许可证。

违反本条例第五十三条第三款规定,仅为入网食品经营者提供信息发布服务的网络第三方平台提供者有下列情形之一的,由市食品药品监督管理部门或者区市场监督管理部门责令改正,给予警告;拒不改正的,处一万元以上五万元以下罚款;情节严重的,由市食品药品监督管理部门或者区市场监督管理部门责令停业:

(一)未明确入网食品经营者的准入标准和食品安全责任的;

(二)未对平台上的食品经营信息进行检查,或者未及时删除、屏蔽入网食品经营者发布的违法信息的。

第一百零四条 违反本条例第五十八条第三款规定,食品生产加工小作坊未取得准许生产证或者超出准许生产的食品品种范围,从事食品生产加工活动的,由市食品药品监督管理部门或者区市场监督管理部门没收违法所得、违法生产加工的食品和用于违法生产加工的工具、设备、原料等物品;违法生产加工的食品货值金额不足一万元的,并处五万元以上十万元以下罚款;货值金额一万元以上的,并处货值金额十倍以上二十倍以下罚款。

明知从事前款规定的违法行为,仍为其提供生产经营场所或者其他条件的,由市食品药品监督管理部门或者区市场监督管理部门责令停止违法行为,没收违法所得,并处五万元以上十万元以下罚款。

违反本条例第五十九条规定，食品生产加工小作坊生产活动不符合要求的，由市食品药品监督管理部门或者区市场监督管理部门责令改正，给予警告；拒不改正的，处五千元以上五万元以下罚款；情节严重的，责令停产停业，直至吊销准许生产证。

违反本条例第六十条、第六十一条第一款规定，食品生产加工小作坊未遵守有关进货、销售记录及其保存期限要求，食品包装和标签要求等规定的，由市食品药品监督管理部门或者区市场监督管理部门责令改正，给予警告；拒不改正的，处五千元以上五万元以下罚款。

第一百零五条 违反本条例第二十四条、第六十三条、第六十四条、第六十五条规定，食品摊贩经营禁止生产经营的食品，不符合经营条件和要求，或者未按照规定保留相关票据凭证的，由区市场监督管理部门责令改正，给予警告；拒不改正的，处五十元以上五百元以下罚款；对不符合食品安全标准和要求的食品，应当予以没收；情节严重的，告知乡、镇人民政府、街道办事处注销登记。

区市场监督管理部门可以暂扣食品摊贩经营的符合食品安全标准和要求的食品以及与违法行为有关的工具，要求其在规定期限内到指定地点接受处理。区市场监督管理部门对暂扣的食品与相关工具应当妥善保管，并在食品摊贩接受处理后及时返还；对易腐烂、变质等不宜保管的食品，可以在留存证据后进行无害化处理。

第一百零六条 违反本条例第六十七条规定，食品生产经营者造成食物中毒等食品安全事故的，由市食品药品监督管理部门或者区市场监督管理部门没收违法所得、违法生产经营的食品以及用于违法生产经营的工具、设备、原料等物品；违法生产经营的食品货值金额不足一万元的，并处五万元以上十万元以下罚款；货值金额一万元以上的，并处货值金额十倍以上二十倍以下罚款；情节严重的，吊销许可证或者准许生产证。

小型餐饮服务提供者、食品摊贩造成食物中毒等食品安全事故的，由市食品药品监督管理部门或者区市场监督管理部门没收违法所得和违法生产经营的食品，并可以没收用于违法生产经营的工具、设备、原料等物品；违法生产经营的食品货值金额不足一万元的，并处一万元以上五万元以下罚款；货值金额一万元以上的，并处货值金额五倍以上十倍以下罚款；情节严重的，吊销许可证或者告知乡、镇人民政府、街道办事处注销临时备案、登记。

第一百零七条 食品药品监督管理、市场监督管理、质量技术监督、农业等部门按照本条例第七十六条开展监督管理工作中，发现食品生产经营者不再符合法定条件、要求，仍继续从事生产经营活动的，由各部门按照各自职责分工责令限期改正；情节严重的，依法吊销许可证、准许生产证或者告知乡、镇人民政府、街道办事处注销其临时备案、登记。

第一百零八条 违反本条例第八十二条规定，取得食品、食品添加剂、食品相关产品生产许可的生产企业、取得准许生产证的食品生产加工小作坊以及取得食品经营许可的经营企业，在许可有效期内连续停止生产经营一年以上，恢复生产经营前未向所在地的区市场监督管理部门报告的，由区市场监督管理部门责令改正，给予警告；拒不改正的，处五千元以上五万元以下罚款；情节严重的，责令停产停业，直至吊销许可证或者准许生产证。

第一百零九条 本市建立食品安全严重违法生产经营者与相关责任人员重点监管名单制度。对因严重违反食品安全法律、法规、规章，受到行政处罚或者刑事处罚的食品生产经营者及其法定代表人、责任人员的有关信息，以及依法采取的相关限制措施和重点监控措施，向社会公布。具体办法由市食品药品监督管理部门制定。

对被吊销许可证、准许生产证或者注销临时备案、登记的食品生产经营者及其法定代表人、直接负责的主管人员和其他直接责任人员，自处罚决定作出之日起五年内不得申请食品生产经营许可、食品生产加工小作坊准许生产证、小型餐饮服务提供者临时备案、食品摊贩登记，或者从事食品生产经营管理工作、担任食品生产经营企业食品安全管理人员。

因食品安全犯罪被判处有期徒刑以上刑罚的，终身不得从事食品生产经营管理工作，也不得担任食品生产经营企业食品安全管理人员。

食品生产经营者聘用人员违反前两款规定的，由市食品药品监督管理部门或者区市场监督管理部门吊销许可证。

第一百一十条 消费者因不符合食品安全标准的食品受到损害的，可以依法向生产经营者要求赔偿损失。接到消费者赔偿要求的生产经营者，应当依法实行首负责任制，先行赔付，不得推诿。

第一百一十一条 违反本条例规定，拒绝、阻挠、干涉有关部门、机构及其工作人员依法开展食品安全监督检查事故调查处理、流行病学调查、风险监测和风险评估的，由有关主管部门按照各自职责分工责令停产停业，并处二千元以上五万元以下罚款；情节严重的，吊销许可证；构成违反治安管理行为的，由公安机关依法给予治安管理处罚。

第一百一十二条 食品经营者履行了《食品安全法》等法律、法规规定的进货查验等义务，并有下列证据证明其不知道所采购的食品不符合食品安全标准，且能如实说明其进货来源的，可以免予处罚，但应当依法没收其不符合食品安全标准的食品；造成人身、财产或者其他损害的，依法承担赔偿责任：

（一）进货渠道合法，提供的食品生产经营许可证、合格证明、销售票据等真实、有效；

（二）采购与收货记录、入库检查验收记录真实完整；

（三）储存、销售、出库复核、运输未违反有关规定且相关记录真实完整。

第一百一十三条 市、区人民政府未依法履行食品安全监督管理法定职责，对有关食品安全事故、问题应对和处置不力的，依法对直接负责的主管人员和其他直接责任人员给予记大过、降级、撤职或者开除的处分；造成严重后果的，其主要负责人还应当依法引咎辞职。

食品药品监督管理、市场监督管理、质量技术监督、农业等部门未依法履行食品安全监督管理法定职责或者日常监督检查不到位，滥用职权、玩忽职守、徇私舞弊的，依法对直接负责的主管人员和其他直接责任人员给予警告、记过、记大过、降级、撤职或者开除的处分；造成严重后果的，其主要负责人还应当依法引咎辞职。

第八章 附 则

第一百一十四条 本条例下列用语的含义：

食用农产品，是指来源于农业的初级产品，即在农业活动中获得的供人食用的植物、动物、微生物及其产品。农业活动，指传统的种植、养殖、采摘、捕捞等农业活动，以及设施农业、生物工程等现代农业活动。植物、动物、微生物及其产品，指在农业活动中直接获得的，以及经过分拣、去皮、剥壳、干燥、粉碎、清洗、切割、冷冻、打蜡、分级、包装等加工，但未改变其基本自然性状和化学性质的产品。

食品相关产品，是指用于食品的包装材料、容器、洗涤剂、消毒剂和用于食品生产经营的工具、设备。

小型餐饮服务提供者，是指有固定经营场所、经营面积及规模相对较小、设施简单的餐饮服务提供者。

网络食品交易第三方平台，是指在网络食品交易活动中为交易双方或者多方提供网页空间、虚拟经营场所、交易规则、交易撮合、信息发布等服务，供交易双方或者多方独立开展交易活动的信息网络系统。

高风险食品生产经营企业，是指生产经营的食品易于腐败变质，生产工艺要求较高，消费量大面广，主要供应婴幼儿、病人、老人、学生等特殊人群，容易发生食品安全问题并造成较大社会影响的食品生产经营企业。高风险食品包括婴幼儿配方食品、保健食品、特殊医学用途配方食品、乳制品、肉制品、生食水产品、生食蔬菜、冷冻饮品、食用植物油、预包装冷链膳食、集体用餐配送膳食、现制现售的即食食品等食品，同时根据对食品生产经营者监督检查、监督抽检、投诉举报、案件查处、产品召回等监督管理记录实施动态调整。

第一百一十五条 本条例自2017年3月20日起施行。2011年7月29日上海市第十三届人民代表大会常务委员会第二十八次会议通过的《上海市实施〈中华人民共和国食品安全法〉办法》同时废止。

上海市居民委员会工作条例

（2017年4月20日上海市第十四届人民代表大会常务委员会第三十七次会议通过）

第一条 为了加强居民委员会建设，服务居民群众，提高居民自治能力和自治水平，促进社区和谐，根据《中华人民共和国城市居民委员会组织法》和有关法律、行政法规的规定，结合本市实际，制定本条例。

第二条 本市行政区域内居民委员会组织运行、履行自治职能、协助相关工作及保障机制等，适用本条例。

第三条 居民委员会是居民自我管理、自我教育、自我服务、自我监督的基层群众性自治组织，依法组织居民开展自治活动，依法协助政府及其派出机关开展工作。

第四条 居民委员会工作应当坚持党的领导、政府指导、依法自治、社会参与，服务居民群众，形成居民区治理合力。

第五条 中国共产党在居民区的基层组织，按照中国共产党章程进行工作，发挥领导核心作用，领导和支持居民委员会行使职权；依照宪法和法律，支持和保障居民开展自治活动，建立健全居民区治理体系。

第六条 市和区人民政府对居民委员会的工作给予指导，其职能部门应当对居民委员会的工作给予支持和帮助。

街道办事处、乡镇人民政府应当对居民委员会的组织建设、制度建设、队伍建设、设施建设等给予具体指导、支持和帮助。

第七条 国家机关、社会组织、企业事业单位应当支持所在地的居民委员会的工作，通过多种形式共同参与居民区建设和治理。

第八条 鼓励居民委员会根据本居民区实际和居民需求，创新服务形式，拓展自治内容，不断提高居民自治能力和水平。

第九条 居民委员会根据居民居住状况、人口规模、公共服务资源配置等因素，按照便于居民自治和服务、管理的原则设置。

居民委员会的设置、撤销、规模调整，由街道办事处或者乡镇人民政府提出，报区人民政府批准。

第十条 居民委员会成员包括主任、副主任和委员，由本居民区有选举权的居民依法选举产生。

居民委员会成员应当遵守宪法、法律、法规和国家的政策，办事公道，廉洁奉公，热心为居民服务，接受居民监督。

居民委员会根据人民调解、综合治理、公共卫生与计划生育、社会保障、文化体育、环境和物业管理等工作需要设立若干委员会，依法开展自治活动，依法协助政府及其派出机关做好有关工作。

居民委员会可以分设若干居民小组，开展楼组、弄堂等组织形式的居民自治活动。

第十一条 居民委员会对居民会议负责并

报告工作。

居民会议由全体十八周岁以上的居民或者每户派代表参加，也可以由每个居民小组选举代表二至三人参加。居民会议每年至少召开一次。召集居民会议，应当提前通知居民，并公布会议议题和议程。

居民会议由居民委员会依法召集和主持，讨论决定下列事项：

（一）制定居民自治章程和居民公约；

（二）审议居民委员会年度工作计划和报告；

（三）评议居民委员会及其成员的工作；

（四）涉及全体居民利益的其他重要事项。

居民会议有权依法撤换和补选居民委员会成员，撤销或者变更居民委员会不适当的决定。

居民委员会及其成员、居民应当遵守居民会议作出的决议。

第十二条 居民委员会以服务居民为宗旨，承担下列主要任务：

（一）组织居民制定并遵守自治章程和居民公约，召集居民会议，执行居民会议决定，开展自我管理、自我教育、自我服务、自我监督；

（二）调解民间纠纷；

（三）指导和监督业主委员会开展工作，维护居民和业主的合法权益；

（四）支持和引导居民区内的社会组织、企业事业单位、志愿者等社会力量参与居民区治理，开展社区协商；

（五）依法协助政府及其派出机关做好与居民利益相关的公共服务、公共管理、公共安全等工作；

（六）组织居民对街道办事处、乡镇人民政府和区人民政府职能部门派出机构及居民区相关公共服务单位进行工作评价；

（七）向街道办事处、乡镇人民政府反映居民的意见、要求和提出建议；

（八）法律、法规规定的其他任务。

第十三条 居民委员会应当根据本居民区实际，组织居民制定居民自治章程和居民公约，经居民会议讨论通过后实施。居民自治章程和居民公约应当报街道办事处或者乡镇人民政府备案。

居民自治章程对居民委员会组织建设、居民自治制度和行为规范、监督评议等基本自治事项作出规定。居民公约对本居民区的自我管理、自我教育、自我服务、自我监督的具体事项进行规范。

居民自治章程和居民公约的内容，不得与宪法、法律、法规和国家的政策相抵触。

居民委员会及其成员、居民应当遵守居民自治章程和居民公约。

第十四条 居民委员会应当宣传宪法、法律、法规和国家的政策，开展多种形式的社会主义精神文明建设活动，弘扬社会主义核心价值观，教育居民遵守公序良俗、居民自治章程和居民公约、履行依法应尽的义务，促进社区和谐。

第十五条 居民委员会应当开展便民利民的社区服务活动，推动居民互助服务和志愿服务活动。

第十六条 居民委员会应当通过听证会、协调会、评议会等形式，对涉及居民切身利益的居民区公共事务，听取居民的意见和建议，组织、引导居民有序参与自治事务。

居民委员会应当建立健全自治议题和自治项目形成机制，广泛征集自治议题和自治项目，充分反映居民或者居民小组、群众活动团队的意见和建议。

第十七条 居民委员会应当及时、真实公布下列事项，接受居民查询和监督：

（一）居民会议讨论决定的事项及其实施情况；

（二）听证会、协调会、评议会的有关情况；

（三）社区协商成果的落实情况；

（四）居民委员会工作经费使用情况；

（五）政府拨付和接受社会捐赠的救灾救助、补贴补助等资金、物资的管理使用情况；

（六）涉及全体居民利益、居民普遍关心的其他事项。

居民委员会应当在便于居民阅览的地点设置固定的居务公开栏，并可以采取会议、社区信息平台等居务公开形式。

第十八条 街道办事处、乡镇人民政府应当建立健全居民委员会工作评价机制，提高居民评价的权重，以居民知晓度、参与度、满意度为重点，评价居民委员会及其成员的工作。

居民委员会及其成员应当接受居民会议对其履职情况的民主评议，听取居民意见，每年不得少于一次。

第十九条 居民委员会依法设立的人民调解委员会以法律、法规、国家的政策和社会公德规范为依据，通过说服、疏导等方法，在自愿、平等的基础上，及时化解与居民有关的矛盾、纠纷，促进居民区的和谐、稳定。

第二十条 居民委员会应当协助街道办事处或者乡镇人民政府、房屋行政管理部门做好业主委员会组建和换届选举的组织工作，指导业主委员会建立健全日常运作的工作制度。

因客观原因未能选举产生业主委员会的，居民委员会应当在街道办事处或者乡镇人民政府的指导和监督下，组织业主讨论决策住宅小区公共管理事务，经业主大会委托也可以暂时代行业主委员会的相关职责。房屋行政管理部门应当加强对居民委员会代行业主委员会相关职责的业务指导和服务工作。

居民委员会应当加强对业主委员会的指导和监督，引导其以自治方式规范运作。对涉及大多数居民利益的物业管理事项，居民委员会有权督促业主委员会依法召开业主大会，广泛征求业主意见并形成决议。

业主委员会应当配合居民委员会依法履行自治管理职能，支持居民委员会开展工作，接受其指导和监督；业主委员会作出的决定，应当告知相关的居民委员会。

符合条件的居民委员会成员可以经合法程序担任业主委员会成员。

第二十一条 居民委员会应当指导和监督业主委员会督促物业服务企业履行物业服务合同；对物业服务企业不履行物业服务合同或者物业管理方面存在的问题，可以报告街道办事处或者乡镇人民政府、房屋行政管理部门。街道办事处或者乡镇人民政府、房屋行政管理部门接到报告后，应当及时依法调查处理。

在尚未选聘物业服务企业且未组建业主委员会的住宅小区，居民委员会应当组织居民做好公共区域的物业管理工作。

居民委员会可以依法调解业主、业主委员会、物业服务企业之间的物业管理纠纷。

第二十二条 居民委员会应当支持和引导居民区生活服务、公益慈善、文体活动、纠纷调解等社会组织和群众活动团队、志愿者参与居民区服务和管理，动员居民区内的企业事业单位向居民开放资源、履行社会责任，共同参与居民区建设和治理。

第二十三条 居民委员会可以采取居民区联席会议等形式，组织居民代表、业主委员会、物业服务企业、社区民警、志愿者以及居民区内企业事业单位、社会组织、群众活动团队等的代表，就社区公共事务开展民主协商，并可以根据需要邀请街道办事处、乡镇人民政府或者区人民政府相关职能部门参加。

对协商确定需要居民委员会落实的事项，居民委员会应当及时组织实施，并将落实情况在规定期限内向居民公开，接受监督。受政府或者有关部门委托的协商事项，协商结果应当及时向政府或者有关部门报告；政府和有关部门无正当理由的，应当采纳协商结果，并以适当方式反馈。

第二十四条 居民委员会应当依法协助政府及其派出机关做好与居民利益相关的社会保障、劳动就业、社会救助、优待抚恤、公共卫生、计划生育、社区教育、文化体育、消费维权和老年人、残疾人、妇女、未成年人权益保障等公共服务工作。

第二十五条 居民委员会应当依法协助政府及其派出机关做好人口管理、住宅小区综合治理、社区矫正等公共管理工作。

居民委员会应当组织其成员、居民、志愿者等协助做好城市网格化综合管理工作，对在本居民区内发现的城市管理、市场监管、社区安全等问题及时予以劝阻，并报街道或者乡镇的城市网格化综合管理平台，支持、协助城市管理行政执法、市场监管、公安等执法和管理机构依法予以处置。

第二十六条 居民委员会应当组织居民参与社会治安综合治理，开展群防群治，协助政府及其派出机关做好居民区的消防安全、生产安全、食品药品安全、减灾救灾等公共安全领域的安全宣传等工作，对发现的安全隐患应当及时报告。

第二十七条 市和区人民政府应当建立居民委员会协助行政事项的准入管理机制，制定居民委员会依法协助行政事项清单；对清单以外的协助行政事项，居民委员会有权拒绝办理。市和区人民政府职能部门不得将职责范围内的事项转交给居民委员会承担或者直接给居民委员会安排工作任务。

对居民委员会依法协助的行政事项，有关政府职能部门应当为居民委员会提供必要的经费、工作条件和信息支持，并进行业务指导。

第二十八条 市和区人民政府应当建立居民委员会出具证明事项的准入管理机制，制定居民委员会出具证明事项范围清单，将法律、法规明确规定以及经审核批准的政府职能部门、企业事业单位、社会组织需要居民委员会出具的证明事项，纳入清单范围。

对清单以内的事项，居民委员会应当依法出具证明；对清单以外的事项，居民委员会有权拒绝出具证明。

第二十九条 对街道办事处、乡镇人民政府、区人民政府职能部门派出机构及其相关工作人员工作情况的考核，应当听取居民委员会的意见。居民委员会可以组织居民进行评议，评议意见应当作为考核的重要依据。

居民委员会可以组织居民对供水、供电、供气、环境卫生、园林绿化等公共服务单位的服务情况进行评议，并将评议意见反馈给相关行政主管部门，作为其对相关单位进行管理或者考核的依据。

第三十条 居民委员会应当通过多种形式收集居民的意见和建议，对居民反映的问题及时协调处理；无法协调处理的，应当及时向街道办事处、乡镇人民政府或者相关政府职能部门报告。

第三十一条 居民委员会成员应当认真学习法律、法规和国家的政策，学习社会工作知识，掌握做好群众工作的方法，不断提高服务居民和依法办事的能力。

市和区民政部门、街道办事处、乡镇人民政府应当根据居民区治理实际，通过加强分类指导、总结推广经验、开展专业培训等方式，帮助居民委员会及其成员提高组织和引导居民自治的能力。

第三十二条 居民委员会应当建立健全接待、联系、服务居民的工作制度，根据实际需要，通过错时上下班、节假日轮休等方式，保障工作运转，方便群众办事。

第三十三条 居民委员会的办公经费、社区服务经费和自治项目经费以及办公用房、居民区公共服务设施，由区或者乡镇人民政府按照国家和本市有关规定予以保障。

市财政、民政等部门应当按照规范管理、勤俭节约、高效便捷、公开透明的原则，制定和完善居民委员会经费使用、管理规定，方便居民委员会开展工作。

第三十四条 对符合条件的居民委员会成员，可以按照本市有关规定聘任为社区工作者，享受相应的待遇保障。

街道办事处、乡镇人民政府可以根据居民区服务和管理需要，安排一定数量的社区工作者协助居民委员会开展工作。

第三十五条 街道办事处、乡镇人民政府应当通过政府购买服务等方式，鼓励和支持居民区引入专业社会组织，在居民委员会的组织安排和监督下，提供法律援助、文化体育、社会工作等专业服务，满足居民多样化需求。

第三十六条 市和区人民政府应当建立和完善居民区综合管理和服务信息平台，收集、整合居民区基础数据，实现信息资源共享，为提高居民区服务和管理效率提供支撑。

鼓励居民委员会运用信息化方式，拓展自

治渠道和平台。

公安、房屋管理、规划国土资源、民政、人力资源社会保障等部门应当依法向居民委员会提供人口、房屋等基础信息和有关政务服务信息，支持居民委员会开展工作。

第三十七条 居民委员会未按照本条例规定履行义务的，由居民会议予以纠正；必要时，由街道办事处或者乡镇人民政府责令改正。

第三十八条 市和区人民政府职能部门违反本条例规定，将职责范围内的事项转交给居民委员会承担或者直接给居民委员会安排工作任务的，由本级人民政府予以纠正、通报批评；情节较重的，对负有直接责任的主管人员和其他直接责任人员给予警告或者记过处分。

第三十九条 本条例自2017年7月1日起施行。

上海市促进科技成果转化条例

（2017年4月20日上海市第十四届人民代表大会常务委员会第三十七次会议通过）

第一章 总　　则

第一条 为了促进和规范科技成果转化，加快建设具有全球影响力的科技创新中心，推动经济发展和社会进步，根据《中华人民共和国促进科技成果转化法》等法律、行政法规，结合本市实际，制定本条例。

第二条 本市行政区域内科技成果转化及相关活动，适用本条例。

本条例所称科技成果，是指通过科学研究与技术开发所产生的具有实用价值的成果。职务科技成果，是指执行研究开发机构、高等院校和企业等单位的工作任务，或者主要是利用上述单位的物质技术条件所完成的科技成果。

本条例所称科技成果转化，是指为提高生产力水平而对科技成果所进行的后续试验、开发、应用、推广直至形成新技术、新工艺、新材料、新产品，发展新产业等活动。

第三条 科技成果转化活动应当遵守法律法规，尊重科技创新规律和市场规律，遵循“自愿、互利、公平、诚实信用”原则，维护国家利益，保障参与各方的合法权益。

第四条 科技成果完成单位对其持有的科技成果，可以自主决定采用转让、许可或者作价投资等方式实施转化。除涉及国家秘密、国家安全外，不需行政机关审批或者备案。

科技成果完成单位对其取得的科技成果转化收入，可以规定或者与科技人员约定奖励和报酬的方式、数额和时限并自主实施，但国家另有规定的除外。

向境外组织或者个人转化科技成果的，应当遵守国家有关规定。

第五条 职务科技成果实施转化的，科技成果完成人享有知情权，可以按照与单位的协议，实施科技成果转化，并有权依照规定或者约定获得奖励、报酬。

职务科技成果完成人在完成科技成果后，应当向所在单位报告，并对科技成果后续试验、开发、应用、推广等工作予以配合。

第六条 市、区人民政府应当加强对科技成果转化工作的管理、指导和协调，制定和完善相关政策措施，并将科技成果转化工作纳入国民经济和社会发展规划。

本市建立促进科技成果转化议事协调机制，研究、协调科技成果转化工作中的重大事项,制定、落实科技成果转化工作目标和措施。

第七条 市科技部门应当依照市人民政府规定的职责,做好科技成果转化的促进、协调和服务工作。

市教育、发展改革、经济信息化、商务、财政、人力资源社会保障、审计、国有资产监督、税务、工商、知识产权等部门应当依法履行工作职责,加强协作配合,做好科技成果转化相关工作。

第二章 组织实施

第八条 本市设立和国家在本市设立的研究开发机构、高等院校等事业单位(以下统称"研发机构、高等院校")应当加强科技成果转化的专业化队伍建设,可以设立或者确定专门机构负责下列工作:

(一)受理科技成果研发信息披露报告;

(二)分析科技成果应用价值;

(三)自行或者指导、协助科技成果完成人开展科技成果后续试验、开发;

(四)申请、管理和保护科技成果的知识产权;

(五)制订、实施科技成果转化方案;

(六)与科技成果转化相关的其他工作。

研发机构、高等院校可以委托独立的专业服务机构,开展科技成果转化工作。

本市鼓励其他科技成果完成单位根据需要,加强本单位科技成果转化工作的专门化、专业化建设。

第九条 研发机构、高等院校应当依法通过协议定价、在技术交易市场挂牌交易、拍卖等方式,确定科技成果转让、许可或者作价投资的价格。

第十条 研发机构、高等院校可以通过下列方式,将科技成果作价投资:

(一)以本单位名义将科技成果作价投资;

(二)通过资产划拨等方式将科技成果转移至本单位独资设立的负责资产管理的法人,并以该法人名义将科技成果作价投资;

(三)单位与完成、转化职务科技成果做出重要贡献的人员对科技成果作价投资所形成股份或者出资比例的分配作出事先约定的,以本单位和相关人员名义将该科技成果作价投资。

第十一条 本市支持企业加大对科技成果转化的经费投入力度。符合条件的企业可以按照国家规定,享受研究开发费用税前加计扣除、仪器设备加速折旧、高新技术企业所得税优惠等政策。

本市国有企业对科技成果转化的经费投入,按照本市有关规定,在经营业绩考核中视同于利润。

第十二条 市、区人民政府应当建立健全技术创新市场导向机制,引导企业围绕市场需求和长远发展进行科学研究与技术开发;支持企业开展新技术、新材料、新工艺等的集成应用,推进重大科技成果产业化。

利用财政性资金设立的应用类科技项目和其他相关科技项目,政府有关部门应当发挥企业在研究开发方向选择、项目实施和成果应用中的主导作用。市场导向明确的科技项目,由企业独立实施或者联合研发机构、高等院校共同实施。

第十三条 本市通过设立创业投资引导基金、风险补偿等方式,引导和支持天使投资机构、创业投资机构投资初创期科技企业和高投入、高风险、高产出的科技成果转化项目。

第十四条 本市支持实施科技成果转化的企业利用多层次资本市场直接融资,支持企业利用公司债等债务融资工具,开展科技成果转化项目融资。

本市采取信用担保等措施,引导银行业金融机构为科技成果转化拓展融资渠道。

本市采取保费补贴等措施,鼓励保险机构提供支持科技成果转化的保险产品。

第十五条 本市鼓励研发机构、高等院校建立面向企业的技术服务网络和协同创新平台,推动科技成果与企业需求有效对接。

本市支持企业与研发机构、高等院校及其他组织采取联合建立研究开发平台、科技成果转化专业服务机构、技术创新联盟、新型研究开发机构等方式，运用市场机制集成先进技术和优质资源，共同开展研究开发、成果应用与推广、标准研究与制定等活动。

第十六条 本市支持重点实验室、工程（技术）研究中心、专业技术服务平台、新型研究开发机构、企业技术中心等研究开发平台和机构提供共性技术研究开发、中间试验、工业性试验、工程化开发等服务，提高科技成果成熟度，优化科技成果市场供给。

本市鼓励研发机构、高等院校、企业与社会共享大型科学仪器设施、实验室、科技文献等科技资源，为科技成果转化活动提供便利。以财政资金全额或者部分出资购买、建设的大型科学仪器设施，设施管理单位应当依法向社会提供共享服务。

第十七条 本市鼓励企业与研发机构、高等院校及其他组织建立科技人员双向流动、项目合作等人才合作交流机制。

研发机构、高等院校可以设立一定比例的流动岗位，通过建设产学研合作平台、实施科技成果转化项目等方式，吸引企业科技人才兼职。

研发机构、高等院校的科技人员可以按照本市有关规定，经所在单位同意，通过离岗创业、在岗创业或者到企业兼职等方式，从事科技成果转化。

本市支持企业与研发机构、高等院校联合建立学生实习实训和研究生科研实践等教学科研基地，共同培养科技成果转化人才。

第十八条 本市设立的研究开发机构、高等院校应当于每年3月30日前向其主管部门提交上一年度科技成果转化情况年度报告。年度报告应当包括科技成果取得、科技成果转化以及转化收益分配等情况。

主管部门应当在4月30日前将审核后的年度报告报送至市财政、科技部门，并将其作为对相关单位实施绩效评价、予以财政资金支持的依据之一。

国家在本市设立的研究开发机构、高等院校应当将其科技成果转化情况年度报告抄送市科技、教育部门。年度报告作为本市对相关单位予以财政资金支持的依据之一。

第三章 服务机构

第十九条 本市鼓励设立各类科技成果转化专业服务机构，为科技成果转化提供下列服务：

（一）科技成果信息的搜集、筛选、分析、加工；

（二）科技成果的交易代理；

（三）科技成果的价值评估；

（四）科技成果转化人才培训；

（五）科技创业孵化服务；

（六）科技成果转化的其他服务。

第二十条 市、区人民政府及其有关部门应当遵循市场导向和政府引导相结合的原则，综合运用平台建设、政府购买服务、人才培养等措施，加强对科技成果转化专业服务机构的扶持。

对承担本市重大科技成果转化任务或者在本市成功转化科技成果，有突出业绩的专业服务机构和个人，按照国家和本市有关规定给予表彰和奖励。

第二十一条 本市鼓励社会力量建设符合技术交易规律的科技成果交易网络平台，提供线上与线下相结合的专业化服务。

第二十二条 本市鼓励和支持各类投资主体利用开发区、高新产业园以及闲置厂房等存量房产建设众创空间等创业服务机构，为初创期科技企业和科技成果转化项目提供孵化场地、创业辅导、投融资对接、技术对接、研究开发与管理咨询。

第二十三条 本市支持科技成果转化专业服务机构开展跨境、跨区域的科技成果转化服务，在不涉及国家安全、不损害国家利益的前提下开展技术合作、技术贸易，引进、消化和吸收境外先进技术。

本市鼓励国际、国内其他地区科技成果转化专业服务机构在本市设立分支机构，集聚科技成果转化人才,开展科技成果转化合作。

第二十四条 本市引导和支持科技成果转化专业服务机构依法成立行业协会。

相关行业协会应当提供信息、培训、咨询等服务,制定科技成果转化服务规范,建立科技成果转化专业服务机构的服务与信用评价机制,加强行业自律管理。

第四章 保障措施

第二十五条 研发机构、高等院校、国有企业应当根据本单位实际,依法建立符合科技成果转化工作特点的规章制度,对实施科技成果转化的民主决策程序、合理注意义务和监督管理职责等予以明确。

研发机构、高等院校、国有企业制定相关规章制度时,应当充分听取单位科技人员的意见,并经单位职工代表大会审议通过。

第二十六条 研发机构、高等院校、国有企业的相关负责人根据法律法规和本单位依法制定的规章制度,开展科技成果转化工作,履行了民主决策程序、合理注意义务和监督管理职责的,即视为已履行勤勉尽责义务。

研发机构、高等院校、国有企业的相关负责人已履行勤勉尽责义务,未谋取非法利益的,不因科技成果转化后续价值变化而产生决策责任。

第二十七条 市科技部门应当会同有关部门以财政性资金和社会资金所建设的各类科技成果转化平台为基础,建立资源汇聚、开放共享、分工协作的科技成果转化公共服务平台。

科技成果转化公共服务平台应当建立健全科技成果信息和转化服务信息的采集、公开制度,为科技成果转化全过程提供技术、人才、资金等方面的信息和服务。

第二十八条 市、区人民政府应当加强财政支持力度,创新财政资金支持方式,引导社会资金投入,支持下列事项:

(一)科技成果转化专业服务机构的建设与发展;

(二)科技成果转化公共服务平台、研究开发平台和机构的建设和运行;

(三)科技成果的中间试验、工业性试验、工程化开发及示范应用;

(四)科技成果转化人才的培养;

(五)促进科技成果转化的其他事项。

任何单位或者个人不得虚报、冒领、贪污、挪用、截留科技成果转化财政经费。

第二十九条 本市应当加大对科技成果转化人才的培养力度,支持研发机构、高等院校、企业通过市场机制引进科技成果转化人才。科技、教育、人力资源社会保障等部门在制定科技人才相关规划、计划和政策时,应当对科技成果转化人才的培养和引进等作出规定。

对于引进的外省市科技成果转化人才,人力资源社会保障、住房城乡建设、教育、卫生计生等部门应当按照本市有关规定办理本市户籍,落实科技成果转化人才在住房、医疗、子女就学等方面的待遇。

对于引进的外籍科技成果转化人才,人力资源社会保障、公安等部门应当按照有关规定,在办理入境签证、居留许可和就业许可时,简化程序、放宽条件、提供便利。

本市支持研发机构、高等院校建立与国际规则接轨的人才招聘、绩效考核、科研管理等制度,吸引高层次人才在本市从事科技成果转化工作。

本市设立的研究开发机构、高等院校在编制限额内引进科技成果转化人才,不需行政机关审批或者前置备案。

第三十条 本市设立的研究开发机构、高等院校的主管部门以及市科技、财政等部门应当建立符合科技成果转化特点的绩效考核评价制度,将科技成果转化情况作为对相关单位评价、科研资金支持的重要依据之一。

市人力资源社会保障部门应当会同市科技、教育等部门建立有利于促进科技成果转化的专业技术职称评审体系,将科技成果转化的产值、利润等经济效益和吸纳就业、节约资源、保护环境等社会效益,作为科技成果转化人才职称评审的主要评价因素。

第三十一条 对利用财政资金设立的应用类科技项目和其他相关科技项目，项目管理部门应当将科技成果的产生和转化前景作为立项评审的重要内容，并在立项时，明确项目承担者的转化责任等事项。

项目管理部门组织项目验收时，应当将科技成果转化情况纳入项目验收范围；确有客观原因尚未转化的，可以先行验收成果完成情况，项目承担者应当在申请项目验收时提供科技成果转化的可行性方案。

利用财政资金设立的科技项目的承担者应当及时将项目产生的科技成果和相关知识产权信息汇总并报送至本市科技成果信息系统。

第三十二条 本市通过政府首购和订购等方式，采购创新产品和服务，支持科技成果转化。

本市鼓励企业通过科技成果转化形成首台（套）重大技术装备并依法参与政府采购活动。有关采购人或者采购代理机构不得以市场业绩为由限制其参与资格。

第五章 技术权益

第三十三条 职务科技成果转化后，科技成果完成单位应当按照规定或者与科技人员的约定，对完成、转化科技成果做出重要贡献的人员给予奖励和报酬。

科技成果完成单位未规定、也未与科技人员约定奖励和报酬方式和数额的，按照《中华人民共和国促进科技成果转化法》的规定执行。

第三十四条 研发机构、高等院校转化科技成果所获得的收入全部留归本单位。允许研发机构、高等院校按照以下标准，规定或者与科技人员约定奖励和报酬：

（一）将职务科技成果转让、许可给他人实施的，可以从该项科技成果转让净收入或者许可净收入中提取不低于百分之七十的比例；

（二）按照本条例第十条第一项、第二项的规定，利用职务科技成果作价投资的，可以从该项科技成果形成的股份或者出资比例中提取不低于百分之七十的比例；

（三）将职务科技成果自行实施或者与他人合作实施的，在实施转化成功投产后，可以从开始盈利的年度起连续五年，每年从实施该项科技成果产生的营业利润中提取不低于百分之五的比例。奖励期满后依据其他法律法规应当继续给予奖励或者报酬的，从其规定。

前款第一项所称的职务科技成果转让、许可净收入，是指转让、许可收入扣除相关税费、单位维护该科技成果的费用，以及交易过程中的评估、鉴定等直接费用后的余额。

第三十五条 研发机构、高等院校转化科技成果所获得的收入，在对完成、转化科技成果做出重要贡献的人员给予奖励和报酬后，主要用于科学技术研发与成果转化等相关工作，并提取一定比例用于支持本单位科技成果转化专门机构的运行和发展。

第三十六条 研发机构、高等院校依照本条例规定，对完成、转化职务科技成果做出重要贡献的人员给予奖励和报酬的支出，纳入单位收入分配管理，但不纳入当年本单位绩效工资总量。

国有企业依照本条例规定，对完成、转化职务科技成果做出重要贡献的人员给予奖励和报酬的支出，计入当年本单位工资总额，但不受当年本单位工资总额限制、不纳入本单位工资总额基数。

第三十七条 本市鼓励企业建立有利于促进科技成果转化的考核体系，建立健全科技成果转化的激励分配机制，利用股权出售、股权奖励、股票期权、项目收益分红、岗位分红等方式激励科技人员开展科技成果转化。

第三十八条 科技成果完成单位实施职务科技成果转化，以股权形式给予个人奖励和报酬，符合国家规定条件的，个人在获得股权时可以暂不纳税，递延至股权转让时缴纳个人所得税。

个人因职务科技成果转化获得现金奖励和报酬的，由本市税务部门根据国家和本市激励科技成果转化的相关规定，依法征收个人所得税。

科技成果完成单位或者个人以科技成果作价投资获得股权的，可以按照国家有关规定，在投资入股当期暂不纳税，递延至股权转让时缴纳所得税。

第三十九条 在研发机构、高等院校及其所属的具有独立法人资格单位担任领导职务的科技人员，是科技成果的主要完成人或者对科技成果转化做出重要贡献的，按照国家有关规定获得转化收益，并实行公开公示制度。

第六章 法律责任

第四十条 违反本条例规定的行为，法律、行政法规已有处罚规定的，从其规定。

第四十一条 违反本条例第二十八条第二款规定，虚报、冒领、贪污、挪用、截留本条例规定的科技成果转化财政经费的，由市科技、财政、审计等部门按照财政资金管理的有关规定处理，并将相关信息纳入本市公共信用信息服务平台；构成犯罪的，依法追究刑事责任。

有前款违法行为之一的，禁止其在五年内承担本市财政资金设立的科技项目。

第四十二条 本市财政资金设立的科技项目的承担者违反本条例第三十一条第三款规定，未汇总并报送科技成果和相关知识产权信息的，由组织实施项目的有关部门责令限期改正；逾期不改的，予以通报批评，并禁止其在二年内承担本市财政资金设立的科技项目。

第七章 附则

第四十三条 本条例自2017年6月1日起施行。

上海市社会信用条例

（2017年6月23日上海市第十四届人民代表大会常务委员会第三十八次会议通过）

第一章 总则

第一条 为了完善社会主义市场经济体制，创新社会治理机制，提高社会信用水平，增强诚信意识，根据有关法律、行政法规，结合本市实际，制定本条例。

第二条 本条例所称社会信用，是指具有完全民事行为能力的自然人、法人和非法人组织（以下统称信息主体），在社会和经济活动中遵守法定义务或者履行约定义务的状态。

本条例所称社会信用信息，是指可用以识别、分析、判断信息主体守法、履约状况的客观数据和资料。

第三条 本市行政区域内社会信用信息的归集、采集、共享和使用，信用激励与约束，信息主体权益保护，信用服务行业规范与发展等活动，适用本条例。

法律、行政法规另有规定的，从其规定。

第四条 市和区人民政府应当设立社会信用体系建设议事协调机构，将社会信用体系建设纳入国民经济和社会发展规划，统筹推进本行政区域社会信用体系建设工作。

市和区社会信用管理部门负责社会信用工作的综合协调和监督管理，组织拟订各项政策措施并负责协调实施。市和区人民政府其他部门应当在职权范围内，协同做好社会信用工作。

第五条 本市鼓励社会各方共同参与社会

信用建设,提高诚实守信意识,加强合作,共同推动信用联合奖惩,弘扬守信光荣、失信可耻的社会风气。

第六条 社会信用信息的归集、采集、共享和使用等活动,应当遵循合法、客观、必要的原则,确保信息安全,不得侵犯国家秘密、商业秘密、个人隐私和其他个人信息。

任何组织和个人不得非法收集、使用、加工、传输自然人的社会信用信息,不得非法买卖、提供或者公开自然人的社会信用信息。

第七条 本市应当根据国家总体部署,完善社会信用体系建设运行机制和地方信用信息系统信息归集功能,开展各项社会信用建设工作。

本市应当配合国家有关部门做好信用信息互联互通和信息共享工作;建立区域信用合作机制,推动与其他省(自治区、直辖市)的信用信息共享和信用评价结果互认,加强重点领域跨区域联合激励和惩戒。

第二章 社会信用信息

第八条 本条例所称社会信用信息分为公共信用信息和市场信用信息。

公共信用信息是指行政机关、司法机关、公共企业事业单位等公共信用信息提供单位,在履行职责、提供服务过程中产生或者获取的社会信用信息。

市场信用信息是指信用服务机构及其他企业事业单位等市场信用信息提供单位,在生产经营活动中产生、采集或者获取的社会信用信息。

第九条 市社会信用管理部门应当遵循合法、审慎、必要的原则,组织编制本市公共信用信息目录。

列入目录的失信信息包括下列事项:

(一)欠缴依法应当缴纳的税款、社会保险费、行政事业性收费、政府性基金的;

(二)提供虚假材料、隐瞒真实情况,侵害社会管理秩序和社会公共利益的;

(三)拒不执行生效法律文书的;

(四)适用一般程序作出的行政处罚信息,但违法行为轻微或者主动消除、减轻违法行为危害后果的除外;

(五)被监管部门处以市场禁入或者行业禁入的;

(六)法律、法规和国家规定的其他事项。

法律、法规对违法事项纳入目录已作出规定的,该法律、法规规定的其他违法事项不得纳入。

第十条 有关单位提出将相关事项纳入本市公共信用信息目录的,应当说明理由,拟纳入的事项存在较大分歧意见或者可能造成较大社会影响的,该单位还应当会同市社会信用管理部门组织评估,听取相关群体代表、专家等方面的意见。

市社会信用管理部门汇总有关单位提出的拟纳入目录的事项后,形成本市公共信用信息目录草案,并将目录草案向社会公开征求意见,报经议事协调机构审议通过后及时公布。

第十一条 市公共信用信息服务中心负责建设、运行和维护市公共信用信息服务平台。公共信用信息提供单位应当按照本市公共信用信息目录要求及时、准确、完整地提供公共信用信息,并提供该单位认定信息主体遵守法定义务、履行约定义务情况的判决书、裁定书、行政处罚决定书等生效法律文书。未纳入目录的公共信用信息不得向市公共信用信息服务平台归集。

公共信用信息的具体归集程序、标准和实施办法,由市社会信用管理部门会同有关部门共同制定,并向社会公布。

第十二条 市公共信用信息服务平台是本市社会信用体系建设的基础平台,承担信用信息互联互通的枢纽作用,对接国家信用信息共享平台和其他省(自治区、直辖市)信用信息平台,做好公共信用信息共享、发布和服务工作。

第十三条 企业事业单位、行业协会等可以依法记录自身业务活动中产生的社会信用信息,或者根据管理和服务需要依法记录其会员、入驻经营者等的社会信用信息。

鼓励信息主体以声明、自主申报、社会承诺等形式，向市公共信用信息服务平台、信用服务机构、行业协会等提供自身社会信用信息，并保证社会信用信息的合法、真实、完整。

采集市场信用信息，应当按照真实、客观、必要的原则依法进行，涉及征信业务的，还应当遵守征信管理等相关法律、法规的规定。

第十四条 采集市场信用信息，涉及个人信息的，应当经信息主体本人同意，但是依照法律、行政法规规定公开的信息除外。

不得采集自然人的收入、存款、有价证券、商业保险、不动产的信息和纳税数额信息，但是明确告知信息主体提供该信息可能产生的不利后果并取得其书面同意的除外。

禁止采集自然人的宗教信仰、基因、指纹、血型、疾病和病史信息以及法律、行政法规规定禁止采集的其他个人信息。

第十五条 行政机关应当依照国家和本市规定及时公示企业的有关信息。企业应当按照法律、法规的要求通过企业信用信息公示系统主动公示自身信息。企业信用信息公示系统公示的信息向社会公开，任何组织和个人可以查询、使用。法律、法规另有规定的除外。

公共信用信息属于主动公开的政府信息的，各级行政机关应当依照国家和本市规定，通过政府公报、新闻发布会、互联网及报刊、广播和电视等方式发布；属于依申请公开的，应当依法通过提供复制件、安排查阅相关资料等适当形式提供。

第十六条 市社会信用管理部门应当与司法机关、中央驻沪单位等加强沟通与协作，推动市公共信用信息服务平台与金融信用信息基础数据库等相关信用信息系统的开放合作，与本市网上政务大厅、事中事后综合监管平台、企业信用信息公示系统等信息系统的互通共享，满足社会应用需求。

本市建立公共信用信息和市场信用信息的互通、共享机制，鼓励各级行政机关与企业事业单位等开展信息合作，实现公共信用信息和市场信用信息的共同应用。

第十七条 信息主体享有查询自身社会信用信息的权利。

行政机关、司法机关可以依法查询社会信用信息。行政机关查询社会信用信息应当遵循合理行政的原则，根据行政管理的需要确定关联的社会信用信息查询事项，并向社会公布。

未经本人书面授权，不得查询信息主体非公开的社会信用信息。法律、行政法规另有规定的除外。

第十八条 市公共信用信息服务中心应当制定并公布服务规范，合理设置公共信用信息查询窗口，向社会提供便捷的查询服务。

市公共信用信息服务平台、企业信用信息公示系统等应当通过互联网、手机软件等向社会提供便捷的查询服务。

市社会信用管理部门应当与有关部门加强合作，推动设置综合查询窗口，向社会提供公共信用信息和金融信用信息基础数据库信息等信用信息便捷的查询服务。

第十九条 行政机关、市公共信用信息服务中心和其他企业事业单位等应当履行以下信息安全管理职责：

（一）建立信息安全管理机制，确定责任人员；

（二）建立信息查询制度规范，明确本单位工作人员的查询权限和查询程序；

（三）建立信息管理保密审查制度；

（四）遵守国家和本市有关信息安全的其他规定。

第二十条 行政机关、市公共信用信息服务中心和其他企业事业单位及其工作人员不得实施以下行为：

（一）越权查询公共信用信息；

（二）篡改、虚构、违规删除公共信用信息；

（三）泄露未经授权公开的公共信用信息；

（四）泄露涉及国家秘密、商业秘密、个人信息的公共信用信息；

（五）法律、法规禁止的其他行为。

第三章 信用激励与约束

第二十一条 本市建立行政机关、司法机关、市场主体共同参与的跨部门、跨领域、跨地区的社会信用联合激励和惩戒机制,形成守信受益、失信受限的诚信氛围。

第二十二条 市社会信用管理部门应当依照法律法规和国家有关规定,编制应用清单,列明联合激励和惩戒的具体事项、实施对象、实施手段、实施主体、实施依据等内容,并向社会公布。

第二十三条 本市鼓励各级行政机关、企业事业单位等,通过查询社会信用信息或者购买信用服务,识别、分析、判断信息主体信用状况,开展信用分类管理。

第二十四条 市人民政府及其部门可以根据履行市场监管、社会治理和公共服务等职责的需要,按照规定的程序确定严重失信行为的认定标准,并应当征求社会公众意见。国家有关部门对严重失信行为标准有规定的,从其规定。

第二十五条 行政机关根据信息主体严重失信行为的情况,可以建立严重失信主体名单。

信息主体有以下行为之一的,应当将其列入严重失信主体名单:

(一)严重损害自然人身体健康和生命安全的行为;

(二)严重破坏市场公平竞争秩序和社会正常秩序的行为;

(三)有履行能力但拒不履行、逃避执行法定义务,情节严重的行为;

(四)拒不履行国防义务,危害国防利益,破坏国防设施的行为。

行政机关公布严重失信主体名单的,应当同时公开名单的列入、移出条件和救济途径。信息主体对行政机关将其列入严重失信主体名单有权申请救济。

第二十六条 鼓励市场主体在进行生产经营、交易谈判等经济活动中参考使用信用信息、信用评分和信用评价结果。

鼓励市场主体根据信息主体的信用状况,对守信主体采取优惠便利、增加交易机会等降低市场交易成本的措施;对失信主体采取取消优惠、提高保证金等增加交易成本的措施。

鼓励金融机构对守信主体在融资授信、利率费率、还款方式等方面给予优惠或者便利;鼓励金融机构按照风险定价方法,对失信主体提高贷款利率和财产保险费率,或者限制向其提供贷款、保荐、承销、保险等服务。

第二十七条 本市各行业协会应当加强行业信用管理建设,鼓励行业协会与信用服务机构合作,开展信用等级分类和信用评价,依据协会章程对守信主体采取重点推荐、提升会员级别等激励措施,对失信主体采取业内警告、通报批评、降低会员级别、取消会员资格等惩戒措施。

第二十八条 各级行政机关根据履行职责的需要,在以下工作中查询信用信息和购买信用服务:

(一)实施行政许可、行政检查、监督抽验和大额行政处罚裁量;

(二)政府采购、招标投标、资金和项目支持、国有土地使用权出让、科研管理等;

(三)居住证管理、落户管理和居民身份证异地受理;

(四)国家工作人员招录、职务任用、职务晋升;

(五)表彰奖励;

(六)其他日常管理工作。

其他国家机关、法律法规授权具有管理公共事务职能的组织等,参照前款规定查询信用信息和购买信用服务。

第二十九条 对遵守法定义务和约定义务的守信主体,行政机关在法定权限范围内可以采取以下激励措施:

(一)在实施行政许可中,根据实际情况给予优先办理、简化程序等便利服务措施;

(二)在财政性资金和项目支持中,在同等条件下列为优先选择对象;

（三）在公共资源交易中，给予信用加分、提升信用等次；

（四）在日常监管中，对于符合一定条件的守信主体，优化检查频次；

（五）国家和本市规定可以采取的其他措施。

第三十条 对违反法定义务和约定义务的失信主体，行政机关在法定权限范围内就相关联的事项可以采取以下惩戒措施：

（一）在实施行政许可等工作中，列为重点审查对象，不适用告知承诺等简化程序；

（二）在财政资金资助等政策扶持中，作相应限制；

（三）在行政管理中，限制享受相关便利化措施；

（四）在公共资源交易中，给予信用减分、降低信用等次；

（五）在日常监管中，列为重点监管对象，增加监管频次，加强现场检查；

（六）国家和本市规定的其他措施。

第三十一条 对严重失信主体，行政机关应当严格依照法律、行政法规的规定，就相关联的事项采取以下惩戒措施：

（一）限制进入相关市场；

（二）限制进入相关行业；

（三）限制相关任职资格；

（四）限制开展相关金融业务；

（五）限制享受相关公共政策；

（六）限制获得相关荣誉称号；

（七）法律、行政法规规定的其他措施。

第三十二条 行政机关对信息主体实施信用惩戒措施的，应当与信息主体违法、违约行为的性质、情节和社会危害程度相适应，不得超越法定的许可条件、处罚种类和幅度，并告知实施的依据和理由。

未经公布的信用惩戒措施，不得实施。

第三十三条 严重失信主体是法人、非法人组织的，在记录该单位严重失信信息时，应当标明对该严重失信行为负有责任的法定代表人、主要负责人和其他直接责任人的信息。有关部门可以依法对该单位的法定代表人、主要负责人和其他直接责任人作出相应的联合惩戒措施。

第四章　信息主体权益保护

第三十四条 信息主体有权知晓与其本人社会信用信息相关的采集、使用等情况，以及本人信用报告载明的信息来源和变动理由。

自然人有权每年从归集、采集其社会信用信息的机构各免费获取两次本人的信用报告。提供个人信用报告应当注明信用信息的使用、查询情况，法律、法规另有规定的除外。

向信息主体提供相关服务的，不得将该服务与个人社会信用信息采集相捆绑，强迫或者变相强迫信息主体接受。

第三十五条 向市公共信用信息服务中心、信用服务机构等申请查询信息主体失信信息的期限为五年，法律、法规和国家另有规定的除外。

前款规定的期限自失信行为或者事件终止之日起计算，失信信息查询期限届满的，市公共信用信息服务中心、信用服务机构等不得提供查询。

第三十六条 信息主体认为社会信用信息的归集、采集、保存或者提供存在错误、遗漏等情形或者侵犯其商业秘密、个人隐私和其他个人信息等合法权益的，可以向市公共信用信息服务中心、信用服务机构等提出异议。

信息主体向市公共信用信息服务中心提出异议的，市公共信用信息服务中心应当在收到异议材料之日起的一个工作日内作出异议标注，并作出以下处理：

（一）属于市公共信用信息服务中心更正范围的，应当在收到异议材料之日起的五个工作日内作出是否更正的决定；

（二）属于信用信息提供单位更正范围的，应当在收到异议材料之日起的二个工作日内转交信用信息提供单位办理，信用信息提供单位应当在收到转交的异议材料之日起的五个工作日内作出是否更正的决定并告知市公共信用信息服务中心,市公共信用信息服务中心应当及时将处理结果告知异议提出人。

信息主体向信用服务机构提出异议的,信用服务机构应当在收到异议材料之日起的一个工作日内作出异议标注,并在七个工作日内作出是否更正的决定,并及时将处理结果和信息来源书面告知异议提出人;作出不予更正决定的,应当说明理由。

第三十七条 信息主体的公共信用信息向市公共信用信息服务平台归集后,据以认定其失信状态的具体行政行为被行政机关撤销或者被复议机关决定撤销、人民法院判决撤销的,原失信信息提供单位应当及时书面告知市公共信用信息服务中心,市公共信用信息服务中心应当在收到该书面告知之日起的三个工作日内在数据库中删除该信息。

第三十八条 在失信信息查询期限内,信息主体通过主动履行义务、申请延期、自主解释等方式减少失信损失,消除不利影响的,原失信信息提供单位可以向市公共信用信息服务中心出具信用修复记录的书面证明,市公共信用信息服务平台应当在收到该书面证明之日起的三个工作日内在平台查询界面上删除该失信信息。

第五章 规范和促进信用服务行业发展

第三十九条 市人民政府有关部门应当制定相关政策,规范和支持信用服务机构发展,支持信用服务机构积极参与国际合作,增强信用服务机构的国际影响力。

信用服务机构在境内采集的信用信息的整理、保存和加工,应当在境内进行;向境外组织或者个人提供信用信息,应当遵守法律、行政法规的规定。

本市设立的社会信用体系建设专项资金,应当支持信用服务行业发展。

第四十条 信用服务机构收集、处理社会信用信息、提供信用产品,应当遵循客观、公正和审慎的原则,依法接受监管。

信用服务机构对在业务过程中知悉的国家秘密、商业秘密、个人隐私和其他个人信息负有保密义务,不得妨碍国家安全、公共安全和公共利益,不得损害信息主体的合法权益。

第四十一条 各级行政机关在政府采购、招标投标、资金支持、人事管理、项目管理等环节使用信用报告的,相关费用不得由申报主体承担。

本市鼓励在重点行业管理中引入信用服务机构参与信用监管,为行业信用档案建设、备案、资质准入提供基础社会信用信息查询和核查服务,提供行业信用状况监测报告。

第四十二条 本市支持信用服务机构利用大数据等技术开发具有自主知识产权的信用产品,开拓用信领域,满足社会应用和行政应用需求。

本市鼓励创新示范园区、产业园区引入信用服务机构,为园区管理、入驻企业提供定制化信用产品和服务。

第四十三条 信用行业协会应当加强行业自律管理,组织制定并推行行业规范,编制行业统计报告,开展宣传培训、政策建议以及行业信息发布等,提升行业服务能力和公信力。

第四十四条 本市支持大专院校开设信用管理专业,培养信用服务专业人才;支持信用服务机构引进国内外高层次信用服务人才。

第六章 社会信用环境建设

第四十五条 本市各级国家机关应当健全权力运行制约和监督体系,加强自身信用建设和对本单位工作人员的守信教育,建立国家机关工作人员信用档案制度。本市国家工作人员应当依法办事、诚实守信,在社会信用建设中做好示范。

第四十六条 本市各级行政机关应当完善决策机制和程序,提高决策透明度;依法兑现政策承诺,履行合同义务。国民经济和社会发展规划、政府工作报告中承诺事项的履行情况应当作为评价政府诚信水平的重要内容。

本市建立健全政务诚信记录，准确记录各级行政机关诚信履职情况。市和区人民政府定期对下级人民政府和派出机关等进行政务诚信监督检查，实施政务诚信考核评价，考评结果作为绩效考核的重要参考。

本市各级司法机关应当提高司法工作的科学化、制度化和规范化水平，推进司法公开，严格公正司法，维护公平正义。

第四十七条 本市应当制定诚信教育规划，开展社会公德、职业道德、家庭美德和个人品德教育。

教育部门应当结合对学生的思想教育课程，组织编写适合不同年龄学生特点的诚信教育教材，对学生开展诚信教育。

第四十八条 本市有关部门应当结合精神文明、道德模范的评选和各行业的诚信创建活动，树立诚信典范，弘扬诚实守信的传统文化和现代契约精神。

鼓励各类媒体宣传诚实守信的典型，报道、披露各种失信行为和事件。

本市报纸、广播、电视等媒体应当在公益广告中增加诚实守信内容的宣传。

第七章 法律责任

第四十九条 违反本条例规定的行为，法律、行政法规已有处理规定的，从其规定。

第五十条 行政机关、法律法规授权的具有管理公共事务职能的企业事业单位的工作人员，在社会信用信息归集、使用以及实施信用激励和约束措施等过程中违反本条例规定，滥用职权、玩忽职守、徇私舞弊的，由处分机关根据情节轻重依法给予行政处分；构成犯罪的，依法追究刑事责任。

行政机关及其工作人员，未履行本条例第九条、第十条、第十一条、第十七条规定的职责的，由其上级主管部门或者市社会信用管理部门依照管理权限进行约谈，根据情节轻重给予责令改正、警告、通报批评。

第五十一条 市公共信用信息服务中心违反本条例第十七条规定，未尽审核义务、违规对外查询的，由市社会信用管理部门处一万元以上十万元以下罚款。

行政机关、市公共信用信息服务中心和其他企业事业单位等违反本条例第十九条规定的，由信息安全相关主管部门责令其限期改正，并依照相关管理规定予以处罚。

市公共信用信息服务中心、信用服务机构违反本条例第三十六条、第三十七条、第三十八条规定的，由市社会信用管理部门责令其限期改正，拒不改正的，可处一万元以上五万元以下罚款。

法律、行政法规对处罚主体和处罚方式另有规定的，从其规定。

第五十二条 市公共信用信息服务中心、企业事业单位等在社会信用信息采集、归集、使用等过程中侵犯信息主体合法权益的，应当依法承担相应的民事责任。

第五十三条 违反国家规定，非法获取、窃取、提供、出售个人社会信用信息，构成违反治安管理行为的，依法给予治安管理处罚；构成犯罪的，依法追究刑事责任。

第八章 附则

第五十四条 本条例所称信用服务机构，是指依法设立，向社会提供信用产品、从事信用咨询、信用风险控制等相关经营活动的专业服务机构。

第五十五条 市人民政府可以根据本条例有关规定制定具体实施办法。

第五十六条 本条例自 2017 年 10 月 1 日起施行。

上海市预算审查监督条例

（2017年6月23日上海市第十四届人民代表大会常务委员会第三十八次会议通过）

第一章 总 则

第一条 为了加强预算的审查监督，规范政府收支行为，强化预算约束，发挥预算在促进国民经济和社会发展中的作用，根据《中华人民共和国预算法》、《中华人民共和国各级人民代表大会常务委员会监督法》等有关法律、行政法规，结合本市实际，制定本条例。

第二条 市、区人民代表大会及其常务委员会，以及乡、镇人民代表大会审查和批准预算、预算调整方案、决算，监督预算执行及相关活动，适用本条例。

预算包括一般公共预算、政府性基金预算、国有资本经营预算、社会保险基金预算。

第三条 预算审查监督应当坚持依法实施、公开透明、全面规范、注重实效的原则。

第四条 市、区人民代表大会审查本级总预算草案及本级总预算执行情况的报告；批准本级预算和本级预算执行情况的报告；改变或者撤销本级人民代表大会常务委员会（以下简称人大常委会）关于预算、决算的不适当的决议；撤销本级政府关于预算、决算的不适当的决定和命令。

市、区人大常委会监督本级总预算的执行；审查和批准本级预算的调整方案；审查和批准本级决算；撤销本级政府和下一级人民代表大会及其常委会关于预算、决算的不适当的决定、命令和决议。

乡、镇人民代表大会审查和批准本级预算和本级预算执行情况的报告；监督本级预算的执行；审查和批准本级预算的调整方案；审查和批准本级决算；撤销本级政府关于预算、决算的不适当的决定和命令。经市政府批准由区政府代编的乡、镇本级预算草案、预算调整方案、决算草案，应当报乡、镇人民代表大会审查和批准。

第五条 市、区人民代表大会财政经济委员会（以下简称人大财经委）在本级人民代表大会及其常委会领导下，负责对本级预算草案初步方案及上一年预算执行情况、本级预算调整初步方案、本级决算草案进行初步审查，提出初步审查意见。

第六条 市、区人大常委会预算工作委员会（以下简称人大常委会预算工委）协助本级人大财经委承担审查预算草案、预算调整方案、决算草案和监督预算执行等方面的具体工作。

第七条 市和区人大财经委、人大常委会预算工委在对本级预算草案初步方案及上一年预算执行情况、本级预算调整初步方案、本级决算草案进行初步审查以及研究提出意见时，应当征求本级人大各专门委员会和人大常委会有关工作机构的意见。

市和区人大各专门委员会、人大常委会有关工作机构可以对其所联系部门的预算进行调研，提出意见，并由本级人大财经委、人大常委会预算工委汇总研究后，纳入预算初步审查意见。

第八条 乡、镇人民代表大会主席团（以下简称乡、镇人大主席团）对本级预算草案初步方案、预算执行情况、本级预算调整初步方案、本级决算草案等进行初步审查，提出初步审查意见。

第九条 市、区人大常委会可以采取听取和审议政府专项工作报告、执法检查、视察、专题调研、询问、质询、特定问题调查等方式，对本级和下级预算、决算进行监督。市、区人大常委会应当加强对重点支出、重大投资项目的监督，可以选择资金量大、影响面广、社会关注度高的专项资金使用情况开展专项监督，听取和审议本级政府的有关情况报告。

乡、镇人大主席团可以通过安排人大代表听取和讨论政府工作情况汇报或者专项工作报告，开展视察、专题调研、执法检查等方式，对本级预算、决算进行监督。

第十条 市、区人大常委会应当建立预算审查前听取人大代表和社会各界意见建议的机制。

市和区人大财经委、人大常委会预算工委在开展初步审查监督工作时，应当广泛听取本级人大代表和有关方面的意见，应当组织本级人大代表参加相关座谈会、通报会和预算初步审查会议等。市和区人大财经委、人大常委会预算工委，可以组织建立预算审查专业代表小组，组织本级人大代表参与预算审查监督工作；可以建立预算审查专家顾问制度，聘请预算审查监督顾问或者邀请相关专家协助开展预算审查监督工作。

市和区人大财经委、人大常委会预算工委以及各级政府相关部门应当为本级人大代表审查批准预算提供咨询和服务。

区和乡、镇人民代表大会举行会议审查预算草案前，应当采用多种形式，组织本级人大代表，听取选民和社会各界的意见。

第十一条 市、区政府应当加强对财政政策的管理，在其制定的地方重大财政政策发布前，应当向本级人大常委会报告；地方重大财政政策发布后，应当及时报本级人大常委会备案。

市、区政府财政部门制定的重大财政收支政策文件应当在发布后的十五日内送本级人大财经委、人大常委会预算工委。

第十二条 市、区和乡、镇政府及其各部门、各单位的预算信息应当依法向社会公开。

除涉及国家秘密的以外，经本级人民代表大会或者本级人大常委会批准的预算、预算调整、决算、预算执行情况的报告及报表，应当在批准后二十日内由本级政府财政部门向社会公开；经本级政府财政部门批复的部门预算、决算及报表，应当在批复后二十日内由各部门向社会公开；经本级预算主管部门批复的单位预算、决算及报表，应当在批复后二十日内由各单位向社会公开。预算决算支出应当按功能分类公开到项，一般公共预算基本支出按经济性质分类公开到款。

各级政府应当公开一般性转移支付和专项转移支付情况，对下专项转移支付预算决算全部按具体项目公开；公开经批准的本地区债务限额、债务余额和债务发行、使用、偿还等情况。各级政府应当公开各类财税制度，逐步公开重大投资项目资金安排及使用情况、政府综合财务报告等。

各部门、各单位公开的内容应当包括本部门、本单位的职责、机构设置、预算收支情况、机关运行经费情况。各部门、各单位应当公开政府采购信息，公开预算绩效信息和国有资产占有使用信息。

预算信息公开应当统一规范、便于公众查询。预算信息公开应当以政府或者部门、单位门户网站为主要平台向社会公开，各门户网站应当设立预算公开专栏，集中公开信息。

第二章 预算的审查和批准

第十三条 各级人民代表大会、人大常委会对本级政府的收入和支出是否全部纳入预算进行审查监督。

各级政府、各部门、各单位应当依法将所有政府收入、支出全部列入预算，不得隐瞒、少列。政府性基金预算、国有资本经营预算与一般公共预算应当按照国家有关规定实行统筹。

第十四条 各级人民代表大会、人大常委会审查监督本级政府是否遵循统筹兼顾、勤俭节约、量力而行、讲求绩效和收支平衡的原则编制预算。

各级政府应当建立健全预算基本支出定额标准体系、项目支出标准体系、预算绩效评价体系。

各级政府应当建立跨年度预算平衡机制。财政部门应当会同各部门编制政府中期财政规划;各部门编制部门中期财政规划。

第十五条 各级人民代表大会、人大常委会审查监督本级政府债务管理情况。

各级政府应当将政府债务纳入预算管理,建立债务风险评估和预警机制、应急处置机制以及责任追究制度。

第十六条 市、区政府财政部门应当向本级人大财经委、人大常委会预算工委通报预算编制情况,征求意见。

市和区人大财经委、人大常委会预算工委应当在预算编制阶段,了解本级预算草案和部门预算草案编制情况,通过座谈会、论证会、听证会等方式,听取有关方面对预算安排的意见,并反馈给本级政府财政部门。

第十七条 市、区政府财政部门应当在本级人民代表大会会议举行的三十日前,将本级预算草案的初步方案提交本级人大财经委进行初步审查。市和区人大财经委、人大常委会预算工委进行初步审查时,政府财政等相关部门负责人应当到会说明情况,听取审议意见。

市、区人大财经委在人民代表大会会议举行的十五日前,提出初步审查意见,反馈给本级政府财政部门办理。政府财政部门应当在人民代表大会会议举行的五日前书面反馈办理情况。初步审查意见及其办理情况的报告,在人民代表大会会议期间,印发本级人大代表。

乡、镇政府财政部门应当在人民代表大会会议举行的十五日前,将本级预算草案初步方案及上一年预算执行情况,提交乡、镇人大主席团初步审查。

第十八条 提交预算草案的初步方案,同时依法提交下列相关材料及有关说明:

(一)一般公共预算收支表、政府性基金预算收支表、国有资本经营预算收支表、社会保险基金预算收支表;

(二)部门预算表;

(三)对下级转移支付明细表;

(四)预算草案中政府确定的重点支出的类别表和重大投资项目的项目表;

(五)一般公共预算的专项资金支出表;

(六)政府采购预算情况;

(七)国有资产管理情况;

(八)预算编制的有关说明;

(九)其他材料及有关说明。

第十九条 对预算草案初步方案及上一年预算执行情况的初步审查,重点审查下列内容:

(一)上一年预算执行情况是否符合本级人民代表大会的预算决议的要求;

(二)预算安排是否合法,是否贯彻国民经济和社会发展的方针政策,收支政策是否切实可行;

(三)政府确定的重点支出和重大投资项目的预算安排是否合理、可行;

(四)预算草案编制是否完整,按功能分类的一般公共预算支出是否编列到项,按经济性质分类的一般公共预算基本支出是否编列到款;政府性基金预算、国有资本经营预算、社会保险基金预算支出,按其功能分类的,是否编列到项;

(五)对下级政府的转移性支出预算是否规范、适当;

(六)预算安排举借的债务是否合法、合理,是否有可行的偿还计划和稳定、可靠的偿还资金来源;

(七)上一年预算执行情况和本年度预算草案说明是否全面、清楚;

(八)与预算有关重要事项的说明是否清晰。

第二十条 市和区人大财经委、人大常委会预算工委应当在本级人民代表大会会议举行前,组织本级政府财政、国有资产管理、人力资源和社会保障等部门为本级人大代表解读预算草案。

第二十一条 市、区人大常委会或者主任会议在本级人民代表大会会议举行前,听取本级人大财经委、人大常委会预算工委对预算草案的初步审查情况和意见。

第二十二条 各级政府一般应当在本级人民代表大会会议举行的五日前，向本级人大常委会或者乡、镇人大主席团提交预算草案及其报告的正式文本。

第二十三条 市、区人民代表大会会议期间，市、区人大财经委应当根据本级人大代表的审议意见，结合初步审查意见，提出关于总预算草案及上一年总预算执行情况的审查结果报告。审查结果报告应当包括：对上一年度预算执行和落实本级人民代表大会预算决议情况及对本年度预算草案安排作出评价；对本级人民代表大会批准预算草案和预算报告提出建议；对执行年度预算、改进预算管理、提高预算绩效、加强预算监督等提出意见和建议。审查结果报告经大会主席团通过后，印发全体人大代表。

每届市、区人民代表大会第一次会议设立国民经济和社会发展计划、预算审查委员会，应当根据本级人大代表的审议意见，结合初步审查意见，向大会主席团提出关于总预算草案和上一年总预算执行情况的审查结果报告。

乡、镇人民代表大会会议设立财政预算审查委员会，对预算草案提出审查意见。

各级人民代表大会会议期间，人大代表审议预算草案和上一年预算执行情况报告时，本级政府财政等相关部门应当到会听取意见，回答人大代表询问。对人大代表提出的意见，应当及时予以反馈。

第二十四条 市、区人民代表大会批准本级预算后，本级政府财政部门应当将批复本级各部门预算和下达下级政府的转移支付预算，抄送本级人大财经委、人大常委会预算工委。

市、区政府应当及时汇总下一级政府的预算，报上一级政府和本级人大常委会备案。市、区政府对下一级政府报送备案的预算，认为有同法律、行政法规相抵触或者有其他不适当之处，需要撤销批准预算的决议的，应当提请本级人大常委会审议决定。

第三章 预算执行的监督

第二十五条 市、区人大常委会和乡、镇人大主席团应当加强对预算执行的监督，各级政府、各部门、各单位应当自觉接受监督，全面、真实反映预算执行情况并提供必要的材料。

第二十六条 预算执行情况监督的主要内容：

（一）执行本级人民代表大会及其常委会决议、决定的情况；

（二）组织预算收入的情况；

（三）预算批复和支出拨付的情况；

（四）各预算部门、预算单位的预算制度、预算安排和预算执行等情况；

（五）政府确定的重点支出和重大投资项目的安排和资金到位以及执行情况；

（六）超收收入的管理情况，短收及其处理情况；

（七）预备费、预算周转金、预算稳定调节基金、结转资金的使用情况；

（八）政府采购预算执行情况，政府购买服务预算管理情况；

（九）向下级财政转移支付情况；

（十）政府债务管理情况；

（十一）在预算执行中，各部门、各单位不同预算科目间的预算资金确需调剂使用的，是否按政府财政部门的规定办理；

（十二）预算执行中发生的其他重大事项和特定问题。

第二十七条 市、区人大常委会和乡、镇人民代表大会每年六月至九月期间听取和审议本级政府关于本年度上一阶段预算执行情况的报告。

市、区政府财政部门应当在本级人大常委会举行会议听取和审议本年度上一阶段预算执行情况报告的三十日前，向本级人大财经委、人大常委会预算工委提交本年度上一阶段预算执行情况的报告。乡、镇政府财政部门应当在乡、镇人民代表大会举行会议听取和审议本年度上一阶段预算执行情况报告的十日前,向乡、镇人大主席团提交本年度上一阶段预算执行情况的报告。

第二十八条 市、区人大常委会组成人员对预算执行情况报告的审议意见交由本级政府研究处理。市、区政府应当将研究处理情况向本级人大常委会提出书面报告。

预算执行情况报告、人大常委会的审议意见以及本级政府对审议意见的研究处理情况或者执行决议情况的报告,应当向本级人大代表通报并向社会公布。

第二十九条 市、区人大常委会听取并审议本级政府关于本年度上一阶段预算执行情况报告前,人大常委会预算工委应当听取本级政府有关部门关于预算执行、管理情况的汇报,并将有关情况反馈至本级政府财政部门,政府财政部门在三十日内应当提出研究处理情况的书面报告。

第三十条 市、区政府应当加强财政信息一体化平台建设,完善财政、税务等部门与本级人大财经委、人大常委会预算工委信息共享机制,推进预算联网监督工作。

市、区政府财政、税务、国有资产管理、人力资源和社会保障、统计等部门应当及时将下列预算相关资料通过预算联网等方式送本级人大财经委、人大常委会预算工委:

(一)预算管理政策的相关文件;

(二)预算执行分析情况;

(三)政府采购情况;

(四)预算信息公开情况;

(五)国有资本经营预算执行情况;

(六)社会保险基金管理情况;

(七)税务、统计方面的资料;

(八)其他与预算执行相关的重要资料。

第三十一条 市、区人大常委会监督预算执行时,可以就特定事项要求本级政府进行专项审计或者审计调查,并向人大常委会报告审计结果。

第三十二条 各级政府及其各部门、各单位应当对预算支出情况开展绩效评价。市、区政府应当将上一年开展的预算支出绩效评价情况,书面向本级人大常委会报告。

市和区人大财经委、人大常委会预算工委以及乡、镇人大主席团可以组织本级人大代表、邀请专家,共同参与、跟踪本级政府、部门、单位的预算支出事前、事中、事后绩效管理工作。

第三十三条 各级政府财政部门应当按照国家有关规定,按年度编制以权责发生制为基础的政府综合财务报告,报告政府整体财务状况、运行情况和财政中长期可持续性,报本级人大常委会和乡、镇人大主席团备案。

第四章 预算调整的审查和批准

第三十四条 经各级人民代表大会批准的一般公共预算、政府性基金预算、国有资本经营预算、社会保险基金预算,在预算执行中依照《中华人民共和国预算法》的规定必须调整的,各级政府应当编制预算调整方案,市、区政府报本级人大常委会审查和批准,乡、镇政府报本级人民代表大会审查和批准。

第三十五条 市、区政府财政部门应当及时向本级人大财经委、人大常委会预算工委通报预算调整初步方案的有关情况。市、区人大常委会举行会议审查批准预算调整方案的三十日前,政府财政部门应当将预算调整的初步方案提交本级人大财经委进行初步审查。

乡、镇政府财政部门应当在乡、镇人民代表大会举行会议审查批准预算调整方案的十五日前,将本级预算调整的初步方案提交乡、镇人大主席团初步审查。

第三十六条 市、区人大常委会和乡、镇人民代表大会对本级预算调整方案,重点审查下列内容:

(一)调整的理由和依据;

(二)调整的项目和数额;

(三)收支平衡情况;

(四)与预算调整有关重要事项的说明是否清楚。

第三十七条 市、区人大财经委向本级人大常委会提出关于本级预算调整方案的审查结果报告。

审查结果报告应当包括下列内容：

（一）对预算调整方案是否符合《中华人民共和国预算法》作出评价；

（二）预算调整收入和支出的基本情况；

（三）对调整的项目和资金安排等事项是否合理作出评价；

（四）对本级人大常委会批准预算调整方案提出建议；

（五）对执行调整后的预算提出意见和建议。

第三十八条 各级政府未经法定程序作出的预算调整决定，本级人民代表大会、本级人大常委会或者上级政府应当责令其改变或者撤销。

第五章 决算的审查和批准

第三十九条 市、区政府财政部门编制本级决算草案，经本级政府审计部门审计后，报本级政府审定，由本级政府提请本级人大常委会审查和批准，并作关于本级决算的报告。乡、镇政府编制本级决算草案，提请本级人民代表大会审查和批准。

决算报告应当重点说明本级人民代表大会批准的上一年预算执行情况、重点支出和重大投资项目的使用及绩效情况，未实现预算的主要原因及存在的主要问题。

决算草案与预算相对应，按照预算数、调整预算数、决算数分别列出，并与调整预算数作比较，变化较大的应当作出说明。

第四十条 市、区政府财政部门应当在本级人大常委会举行会议审查和批准本级决算草案的三十日前，将上一年本级决算草案送交本级人大财经委进行初步审查。

乡、镇政府财政部门应当在乡、镇人民代表大会举行会议审查和批准本级决算草案的十日前，将上一年本级决算草案送交乡、镇人民代表大会主席团进行初步审查。

第四十一条 市、区人大财经委向本级人大常委会提出关于本级决算草案的审查结果报告。

审查结果报告应当包括下列内容：

（一）本级决算收入和支出的基本情况；

（二）对本级决算的总体评价；

（三）对本级人大常委会批准决算提出建议；

（四）针对本级决算中存在的问题提出改进意见和建议。

第四十二条 市、区人大常委会批准本级决算后，政府财政部门应当在二十日内向本级各部门批复决算，同时将批复的部门决算送本级人大财经委、人大常委会预算工委。

市、区政府应当及时汇总下一级政府的决算，报上一级政府和本级人大常委会备案。上级政府对报送备案的决算认为同法律、法规相抵触或者不适当，需要撤销批准该项决算的决议的，应当提请本级人大常委会审议决定。

第四十三条 市、区政府审计部门应当在本级人大常委会举行会议审查和批准本级决算草案前，向本级人大财经委、人大常委会预算工委汇报本级预算执行和其他财政收支的审计情况。

第四十四条 市、区人大常委会应当听取和审议本级政府提出的上一年预算执行和其他财政收支的审计工作报告。

审计工作报告应当重点报告下列内容：

（一）本级预算执行和其他财政收支审计的基本情况；

（二）审计查出的问题及问题清单；

（三）审计查出问题的原因分析及审计意见和建议；

（四）其他需要报告的重要情况。

第四十五条 市、区人大常委会组成人员对审计工作报告的审议意见交由本级政府研究处理。市、区政府应当将研究处理情况向本级人大常委会提出书面报告。

市、区人大常委会听取的审计工作报告及审议意见，本级政府对审议意见研究处理情况或者执行决议情况的报告，应当向本级人大代表通报并向社会公布。

市、区人大常委会认为必要时,可以对审计工作报告作出决议。本级政府应当在决议规定的期限内,将执行决议的情况向人大常委会报告。

第四十六条 市、区人大常委会应当听取和审议本级政府关于审计查出问题整改情况的报告,可以对审计查出的突出问题整改情况进行专题询问。

市、区人大常委会应当对审计查出问题的整改情况进行跟踪监督。市和区人大财经委、人大常委会预算工委应当组织开展对审计查出问题整改情况的跟踪调研,向本级人大常委会提出跟踪调研报告。

审计查出问题整改情况报告应当与审计工作报告揭示的问题和提出的建议相对应。市、区人大常委会在审议审计查出问题整改情况报告时,有关被审计单位和政府审计部门负责人应当到会听取审议意见,并回答询问。

第六章 法律责任

第四十七条 违反本条例规定的行为,法律、行政法规有处理规定的,依照其规定处理。

第四十八条 对各级政府及有关部门违反本条例的,责令改正;对负有直接责任的主管人员和其他直接责任人员依法追究行政责任。

第四十九条 对违反本条例规定的行为,公民、法人或者其他组织可以依法向有关国家机关进行检举、控告。被检举、控告单位或者个人对检举、控告者进行压制和打击报复的,由上级主管部门或者所在单位依法给予行政处分;构成犯罪的,依法追究刑事责任。

第七章 附 则

第五十条 区人大常委会和乡、镇人民代表大会可以根据本条例的规定,结合本行政区域实际情况,制定预算审查监督具体办法。

第五十一条 本条例自2017年10月1日起施行。2001年8月20日上海市第十一届人民代表大会常务委员会第三十次会议通过的《上海市市级预算审查监督规定》同时废止。

上海市水资源管理若干规定

(2017年11月23日上海市第十四届人民代表大会常务委员会第四十一次会议通过)

第一条 为了严格保护、节约、合理开发和利用水资源,充分发挥水资源的综合效益,推进生态文明建设,保障和促进本市经济和社会可持续发展,根据《中华人民共和国水法》《中华人民共和国水污染防治法》和其他有关法律、行政法规,结合本市实际,制定本规定。

第二条 市、区人民政府应当将水资源的保护、利用,以及生活、生产和生态用水安全等纳入本级国民经济和社会发展规划,严格实行用水总量控制制度、用水效率控制制度、水功能区限制纳污制度、水资源管理责任和考核制度,保证水资源可持续利用。

第三条 市水务行政管理部门负责本市水资源的统一管理和监督工作。上海市水务局执法总队(以下简称市水务局执法总队)按照本规定实施行政处罚。

区水务行政管理部门按照管理权限,负责本行政区域的水资源管理和监督工作。

本市发展改革、规划国土资源、环保、经济信息化、住房城乡建设、交通、农业、教育、绿化市容、林业、机关事务、卫生计生等行政管理部门按照各自职责，做好水资源相关管理工作。

第四条 开发利用水资源应当严格规划管理和水资源论证，相关规划的编制、重大项目的布局要与当地水资源的承载能力相适应。

在工业园区控制性详细规划组织编制时，水务行政管理部门应当进行水资源论证。水资源论证结论经规划编制部门综合平衡后，纳入规划编制成果。

工业园区控制性详细规划组织编制过程中已经进行规划水资源论证的，该区域内建设项目水资源论证可以按照有关行政审批制度改革要求予以简化。

第五条 本市取水实行总量控制，建立取水总量控制指标体系。市水务行政管理部门应当根据取水总量控制指标，制定年度取水计划，依法对年度取水实行总量管理。

取水量已经达到控制指标的区，应当停止审批新增取水；对取水量已经达到控制指标的特大型取水单位，不再受理新增取水申请。

第六条 本市在饮用水水源保护区和准保护区外，可以根据饮用水水源保护的需要，划定一定范围的缓冲区。缓冲区的划定和调整，由市环保行政管理部门会同相关行政管理部门、区人民政府提出方案，报市人民政府批准后公布执行。缓冲区的具体管理要求，由市人民政府另行制定。

本市按照多源互补、互为备用、互联互通的原则，建立饮用水水源联合调度机制，保障饮用水供应安全。

第七条 本市应当推进自来水水厂实施深度净化处理工艺，保障公共供水水质优于国家标准的要求。

市水务行政管理部门在编制供水专项规划时，应当对自来水深度净化处理提出明确要求。区人民政府和市规划国土行政管理部门在编制控制性详细规划时，应当统筹自来水深度净化处理设施的建设用地需求。

第八条 供水企业应当根据供水管网漏损、供水管道材质和使用年限等情况，制定供水管网改造计划，并定期向水务行政管理部门报送改造实施情况。

二次供水设施管理单位应当按照本市有关规定和地方技术标准，开展二次供水设施的日常保养、清洗消毒、水质检测以及定期巡检、维修等工作。

二次供水设施管理单位应当对用于二次供水的水箱、泵房等采取加盖、加锁等必要的安全防范措施，加强设施的安全保障。

第九条 供水企业应当积极筹措资金，实施自来水深度净化处理和供水管网设施改造。市、区人民政府给予必要的财政补贴等支持。

第十条 环保、水务、卫生计生等行政管理部门应当对本行政区域内饮用水水源、公共供水、二次供水和用户水龙头出水的水质等饮用水安全状况进行监测、评估。

第十一条 本市应当制定用水效率指标体系，建立健全节水机制，支持节水技术、工艺的创新、应用，推广节水型设备、器具，培育和发展节水产业，推进节水型社会建设。

水务行政管理部门应当加强用水定额和计划管理，并对重点取水单位和重点用水单位的取水、用水情况进行实时监测。

市、区人民政府及其相关部门、学校、新闻媒体、社区、社会组织应当开展节水宣传和节水知识普及，在全社会增强节水意识，倡导节水环保的生产生活方式。

第十二条 取水单位、用水单位应当加强取水、用水设施管理，确保水量平衡。取水量、用水量达到一定规模的单位应当每五年进行一次水平衡测试；测试过程中发现问题的，应当及时整改。水平衡测试和整改情况应当自测试整改完成之日起十五日内向水务行政管理部门备案。

水务行政管理部门应当根据取水单位、用水单位实际情况和节水管理需要，每年组织专业测试机构对部分取水单位、用水单位进行水平衡测试。

水平衡测试结果可以作为取水评估和核定用水计划的依据。

第十三条 工业、服务业等行业的用水单位应当采用节水技术、工艺和设备，采取循环用水、综合利用及废水处理回用等措施，降低用水消耗，提高水的重复利用率。

本市推广喷灌、微灌、低压管道输水等高效节水灌溉技术，提高农业灌溉水有效利用系数和农业用水效率。

新建建筑应当安装使用节水型设备、器具。已建公共建筑未安装使用节水型设备、器具的，应当逐步更新改造。

本市对居民生活用水实行阶梯水价，引导居民选用节水型生活器具，养成节约用水的良好习惯。

第十四条 市水务行政管理部门会同市有关行政管理部门组织编制的水务相关专项规划，应当包括非常规水资源开发利用专项内容。

新建大型公共建筑以及绿地、公园、工业园区等，应当按照标准和规定，配建低影响开发雨水设施。建设污水处理厂的，应当按照规划和相关规定，配建再生水利用设施。

市政、绿化、环卫、建筑施工以及生态景观等用水应当优先使用符合水质标准的雨水和再生水。

第十五条 本市应当加强水功能区限制纳污管理，严格控制对水量水质产生重大影响的开发行为，严格控制入河排污口设置和污染物排放总量，保障水功能区水质达标和水生态安全，维护水域功能和生态服务功能。

第十六条 从事工业、建筑、餐饮、医疗、畜禽养殖、屠宰、有消毒排水的宾馆酒店服务、有化学实验排水的科研以及列车、轨道交通车辆、汽车的修理等活动，向城镇排水设施排放污水的企业事业单位、个体工商户（以下简称排水户），应当依法向水务行政管理部门申请领取污水排入排水管网许可证。

第十七条 排水户排放的污水应当符合国家和本市污水排放的相关标准。水务行政管理部门应当对排水户排放污水的水质进行监测。纳入重点监测的排水户，应当按照国家和本市相关规定安装自动监测设备，与水务行政管理部门的监控设备联网，保证监测设备正常运行，并对数据的真实性和准确性负责。

重点监测排水户同时被环保行政管理部门纳入重点排污单位名录的，其自动监测设备的安装、使用和管理按照《上海市环境保护条例》的相关规定执行。环保行政管理部门应当将监测数据与水务行政管理部门共享。

第十八条 市人民政府可以根据本市实际，对污水排入城镇排水设施水质国家标准未作规定的项目，制定地方标准；对国家标准已作规定的项目，需要制定地方标准的，应当严于国家标准。

第十九条 市水务行政管理部门应当严格地下水取水许可管理，对深井开凿与填没作业实施监管，防止地下水污染。地下水取水许可证有效期届满不再延续或者延续申请未获批准的，深井权属单位应当自许可证有效期届满之日起六个月内，按照国家和本市的规范要求自行组织实施填没封井作业。

地下水取水许可证有效期届满，深井经市水务行政管理部门评估需要作为回灌井或者应急供水设施使用的，市水务行政管理部门可以通过购买公共服务方式，委托权属单位运行和维护，也可以委托第三方机构运行和维护。

第二十条 市水务行政管理部门应当会同市环保行政管理部门根据水功能区对水质的要求和水体的自然净化能力，确定水域限制排污总量。

区人民政府应当把水域限制排污总量作为水污染防治和污染减排工作的重要依据，完善排污管控机制和考核体系。对未达标的水功能区，区人民政府应当制定并实施整治方案，限期达到确定的水功能区控制目标。

第二十一条 市、区人民政府应当通过水岸联动、截污治污、沟通水系、调活水体、改善水质、修复生态等措施，加强河道综合整治工作。

水务行政管理部门应当会同环保行政管理部门每年制定本区域河湖健康评估计划，重点对骨干河道、饮用水水源保护区范围内的河道以及其他需要评估的河道的水质、水文、水生生物、底泥、水资源开发利用等情况进行评估。河湖健康评估结果应当作为河道保护和治理的依据。水务行政管理部门可以委托第三方机构实施河湖健康评估。

市水务行政管理部门应当根据防洪除涝、水环境改善和突发性水污染处置的要求，制定水利控制片水资源调度方案，并组织实施。区水务行政管理部门应当根据水利控制片水资源调度方案，编制辖区水资源调度方案，报市水务行政管理部门批准后实施。

第二十二条 市水务行政管理部门应当会同市规划国土资源、绿化市容、林业、环保、农业等行政管理部门，制定市、区两级河湖水面率控制指标以及滩涂整治成陆区域的河湖水面率控制指标，并对河湖水面率的变化情况定期开展监测。

禁止擅自填堵河道。确因建设需要并按照规定经市人民政府批准填堵河道的，建设单位应当按照先完成开挖、后填堵的顺序实施，新开挖河道面积应当大于填堵面积。

第二十三条 本市实行河长制，建立市、区、街道(乡镇)三级河长体系，设立相应的总河长、河长，分级分段组织领导本行政区域内的水污染防治、水环境治理、河湖水面率控制、河湖水域岸线管理保护、水资源保护和水生态修复等工作。

各级总河长负责辖区内推行河长制的组织领导、决策部署、考核监督，解决河长制推行过程中的重大问题。各级河长主要负责组织领导相应河道的管理保护和综合整治工作，督导相关行政管理部门和下一级河长履行职责，并对目标任务完成情况进行考核问责。

区人民政府根据需要，可以设立村(居)河长，主要负责河道巡查、违法行为劝阻以及按照规定报告情况等工作。

河长名单应当通过河长公示牌和相关政府网站向社会公布。河长公示牌应当在河道显著位置竖立，标明河长姓名、职责、河道概况、管理保护目标、监督方式等内容，接受社会监督。河长相关信息发生变化的，应当及时予以更新。

第二十四条 市人民政府应当根据国家有关规定，与长三角区域相关省建立水污染防治协调合作机制，共享水污染源、水环境质量、对跨界水源地造成影响的突发水污染事故等信息，定期协商区域内水资源利用、污染排放控制等事项，协调解决突出水环境问题。

第二十五条 市人民政府应当对区人民政府落实水资源管理制度情况进行考核。考核结果作为对区人民政府主要负责人和领导班子年度综合考核评价的重要依据。

第二十六条 市水务行政管理部门应当会同有关行政管理部门建立和完善水资源管理信息系统，对水源地水质、取水水量、供水水质、排放口水量和水质、入河排污口水量和水质、重点水功能区水质等实施动态监管。

第二十七条 供水企业应当定期将企业自检的供水水质、水量、水压等信息向社会公布。供水生产服务信息数据应当按照要求，接入本市水资源管理信息系统。

水务、环保、卫生计生等行政管理部门应当按照职责分工，依法向社会公布特大型取水、重点取水、重点用水和重点监测排水等单位名单，饮用水水源、公共供水、二次供水、用户水龙头出水的监测结果以及河道治理、水环境状况等信息。

第二十八条 水务行政管理部门应当公布举报、投诉电话或者网络平台，受理举报投诉。

任何单位和个人均有权对水务行政管理部门、市水务局执法总队及其执法人员不依法履行职责等违法行为进行举报、投诉。收到举报、投诉的机关，应当依据职责及时查处，并反馈处理结果。

第二十九条 违反本规定第十二条第一款规定，取水单位、用水单位未履行相关义务的，由市水务局执法总队、区水务行政管理部门责令限期改正，并按照下列规定予以处理：

(一)未按照要求进行水平衡测试的，处一万元以上五万元以下的罚款；逾期不改正的，可由水务行政管理部门扣减其百分之三十以下的取水、用水计划指标。

(二)未按照要求备案，逾期不改正的，处五千元以上三万元以下的罚款。

第三十条 违反本规定第十六条规定，排水户未取得污水排入排水管网许可证向城镇排水设施排放污水的，由水务行政管理部门责令停止违法行为，限期采取治理措施，补办许可证，可以处五万元以上五十万元以下的罚款。

排水户违法排放水污染物，受到罚款处罚，被责令改正，拒不改正的，依法作出处罚决定的行政机关可以自责令改正之日的次日起，按照原处罚数额按日连续处罚。

第三十一条 违反本规定第十七条第一款规定，未按照要求安装、使用自动监测设备，或者未按照要求与水务行政管理部门的监控设备联网，并保证监测设备正常运行的，由市水务局执法总队、区水务行政管理部门责令限期改正，处二万元以上二十万元以下的罚款；逾期不改正的，责令停产停业整治。

第三十二条 违反本规定第十九条第一款规定，权属单位未按照规定填没封井的，由市水务局执法总队、区水务行政管理部门责令限期改正；逾期不改正的，处五万元以上三十万元以下的罚款，并由水务行政管理部门或者其委托的没有利害关系的第三人依法代为填没封井，所需费用由权属单位承担。

第三十三条 建设单位填堵河道不符合本规定第二十二条第二款要求的，由市水务局执法总队、区水务行政管理部门责令限期改正或者采取其他补救措施，可以处一万元以上五万元以下的罚款；逾期不改正或者不采取其他补救措施的，由水务行政管理部门或者其委托的没有利害关系的第三人依法代为改正或者采取其他补救措施，所需费用由建设单位承担。

第三十四条 本规定自2018年1月1日起施行。1992年10月17日上海市第九届人民代表大会常务委员会第三十七次会议通过的《上海市实施〈中华人民共和国水法〉办法》同时废止。

上海市农村集体资产监督管理条例

（2017年11月23日上海市第十四届人民代表大会常务委员会第四十一次会议通过）

第一章 总 则

第一条 为了加强和规范农村集体资产监督管理，维护农村集体经济组织及其成员的合法权益，支持和促进农村集体经济可持续发展，根据《中华人民共和国民法总则》、《中华人民共和国物权法》等法律、行政法规，结合本市实际，制定本条例。

第二条 本市行政区域内农村集体资产管理及其监督等活动，适用本条例。

本条例所称农村集体资产，是指乡镇、村、组农村集体经济组织全体成员集体所有的资产。

本条例所称农村集体经济组织，是指乡镇、村、组成员以生产资料集体所有制为基础建立的合作经营、民主管理、服务成员的组织。

第三条 农村集体经济组织应当接受所在地中国共产党基层组织领导，完善组织章程，建立健全民主管理的治理机制，依法管理农村集体资产，发展农村集体经济。

第四条 本市各级人民政府应当根据本行政区域发展实际，建立完善财政引导、多元投入的集体经济发展扶持机制，加大对农村公共服务的财政投入，支持农村集体经济发展。

市、区农业主管部门和乡镇人民政府按照

职责分工负责指导、协调和监督本行政区域内农村集体资产的管理工作。市、区和乡镇农村经营管理机构履行本条例规定的日常指导和监督管理职责。

市、区发展改革、财政、民政、公安、工商、质量技监、税务、规划国土资源、住房城乡建设管理、人力资源社会保障、水务等部门按照职责分工,共同做好有关农村集体资产管理的指导工作。

行政区域内存在农村集体资产的街道办事处,履行本条例关于乡镇人民政府的各项职责。

第五条 农村集体经济组织应当与乡镇人民政府、村民委员会实行事务分离、分账管理。

农村集体经济组织根据法律、法规和章程的规定,可以将其收益按一定比例用于本地区公共事务和公益事业。

第六条 农村集体资产受法律保护,任何单位和个人不得侵占、损害。

任何单位和个人不得强制农村集体经济组织捐助或者向农村集体经济组织摊派。财政投入实施的农村公共设施建设和公共服务项目,不得强制农村集体经济组织安排配套资金。

第七条 市、区人民代表大会及其常务委员会和乡镇人民代表大会应当加强对农村集体资产相关法律、法规实施情况的监督检查。

第二章 权属确认

第八条 下列资产依据法律规定纳入农村集体资产管理范围:

(一)成员集体所有的土地等资源性资产;

(二)成员集体所有的用于经营的建筑物、设施设备、无形资产、集体投资形成的投资权益等经营性资产;

(三)成员集体所有的用于教育、科技、文化、卫生、体育等公共服务的建筑物、设施设备等非经营性资产;

(四)政府拨款、减免税费以及接受捐赠、资助形成的资产;

(五)依法属于成员集体所有的其他资产。

前款规定的经营性资产应当以份额形式量化到本集体经济组织成员。除国家和本市另有规定外,其他资产不得以份额形式量化或者以货币等形式分配。

第九条 自农村高级农业生产合作社成立以来,在乡镇、村、组集体生产生活的人员,经农村集体经济组织民主程序确认,成为该集体经济组织成员。成员确认应当综合户籍关系、农村土地承包关系、对农村集体资产积累的贡献等因素。

农村集体经济组织成员对农村集体资产及其经营管理依法享有知情权、表决权、收益权、监督权等权利。因工作、生活等原因与农村集体经济组织不再具有生产生活关系的,不享有表决权,但农村集体经济组织章程另有规定的除外。

第十条 农村集体经济组织应当建立成员名册,记载成员的姓名、份额等基本信息,并及时向乡镇农村经营管理机构备案。

农村集体经济组织成员享有的份额,应当以户为单位记载。户内总份额一般不随户内人口增减而调整,但农村集体经济组织章程另有规定的除外。

第十一条 农村集体资产份额可以在本集体经济组织成员之间转让、赠与,也可以由本集体经济组织赎回,不得向本集体经济组织成员以外的人员转让、赠与。

农村集体资产份额可以依法继承。农村集体经济组织成员以外的人员通过继承取得份额的,不享有表决权,但农村集体经济组织章程另有规定的除外。

通过份额量化或者转让、赠与、继承等方式持有农村集体资产份额的,持有的总份额不得超过农村集体经济组织章程规定的上限。

第三章 组织机构

第十二条 乡镇农村集体经济组织可以登记为农村经济联合社,村、组农村集体经济组织可以登记为农村经济合作社。农村经济联合社和农村经济合作社(以下统称经济合作社)由区农业主管部门登记并发放证书,登记证书应当记载农村集体经济组织名称、统一社会信用代码、负责人、住所等事项。

农村集体经济组织已经登记为有限责任公司或者社区股份合作社的,符合条件可以转制为经济合作社。

农村集体经济组织依据《中华人民共和国民法总则》等法律、行政法规的规定取得法人资格。

第十三条 经济合作社的组织机构由成员大会、理事会、监事会组成,表决实行一人一票制。

经济合作社理事会成员、监事会成员任职前应当进行公示,理事会成员、监事会成员不得互相兼任。

第十四条 经济合作社应当制定章程,并向区农业主管部门备案。章程可以载明下列事项:

(一)名称、住所和负责人;

(二)经营范围;

(三)成员大会、成员代表会议、理事会、监事会的职责范围和议事规则;

(四)成员代表的组成和选举、罢免的方式;

(五)理事会、监事会的组成以及理事、理事长、监事、监事长的选举、罢免的方式;

(六)重大事项、一般事项、主要管理人员的范围;

(七)成员份额、限额、份额流转的条件与程序;

(八)收益分配办法;

(九)合并、分立以及因其他事由解散的条件;

(十)清算办法,

(十一)成员大会或者成员代表会议认为需要规定的其他事项。

区农业主管部门应当在市农业主管部门的指导下,结合本区实际情况制定示范章程。

第十五条 成员大会是经济合作社的权力机构,可以就下列事项作出决定:

(一)制定和修改章程;

(二)选举和罢免理事会、监事会成员;

(三)审议理事会、监事会工作报告;

(四)合并、分立以及因其他事由解散的实施方案;

(五)农村集体资产发展规划、经营方式、重要规章制度、重大投资项目;

(六)年度财务收支预算、决算和收益分配方案;

(七)成员的增减;

(八)法律、法规和章程规定的其他事项。

成员较多的经济合作社,可以设立由成员户代表或者成员代表参加的成员代表会议,按照章程规定履行成员大会授予的职责。

第十六条 成员大会或者成员代表会议每年至少召开一次,由理事会召集,理事长主持。经十分之一以上的成员或者理事会、监事会提议,应当召开成员大会或者成员代表会议。

成员大会由全体成员二分之一以上出席方可举行,成员代表会议由全体代表三分之二以上出席方可举行。

成员大会和成员代表会议对章程规定的重大事项的决议,应当由出席人数五分之四以上通过;对一般事项的决议,应当由出席人数三分之二以上通过。

第十七条 理事会是经济合作社的管理机构,依照章程规定履行下列职责:

(一)召集成员大会或者成员代表会议;

(二)执行成员大会或者成员代表会议的决议;

(三)制定并执行农村集体资产管理的规章制度;

(四)制订年度财务收支预算、决算和收益分配方案草案;

(五)负责农村集体资产的经营和日常管理工作;

(六)向成员大会或者成员代表会议作工作报告;

(七)法律、法规和章程规定的其他职责。

理事任期由章程规定,但每届任期不得超过五年。

第十八条 监事会是经济合作社的监督机构,依照章程规定履行下列职责:

(一)检查经济合作社财务;

(二)监督理事、主要管理人员执行职务的行为,对违反法律、法规、章程以及成员大会或者成员代表会议决议的理事、主要管理人员提出罢免建议;

(三)纠正理事、主要管理人员损害经济合作社利益的行为;

(四)提议召开成员大会或者成员代表会议,在理事会不召集会议时自行召集会议;

(五)向成员大会或者成员代表会议提出提案;

(六)法律、法规和章程规定的其他职责。

监事任期由章程规定,但每届任期不得超过五年。

第四章　经营管理

第十九条　农村集体经济组织应当建立和完善农村集体资产经营管理、责任考核和风险控制等制度。

农村集体经济组织对经营性资产可以直接经营,也可以采取发包、租赁、委托、合资、合作等方式经营。

农村集体经济组织理事、主要管理人员不得违反法律、法规和章程的规定,或者未经成员大会同意,以农村集体资产为他人提供担保。

农村土地等资源性资产的经营和使用,应当遵守有关法律、法规的规定,不得擅自改变其用途。

第二十条　农村集体经济组织应当定期开展资产清查核实工作,重点清查经营性资产、未承包到户的资源性资产以及现金、债权债务等。清查核实结果应当向成员公示,并经成员大会或者成员代表会议确认。

第二十一条　转让农村集体资产的,应当符合国家和本市关于产权公开交易的规定。出租农村集体资产的,鼓励在农村集体资产租赁平台上以公开、公正的方式择优选择承租人。

第二十二条　农村集体经济组织只能开立一个基本存款账户,可以按照有关规定开立专用存款账户。相关账户信息应当向乡镇农村经营管理机构备案。

农村集体经济组织应当建立健全财务收支预决算、开支审批、资金管理、票据管理、财务公开、坏账核销和内部控制等财务和会计制度。

农村集体经济组织与其他单位或者个人在经济往来中取得的原始凭证,应当真实、合法。农村集体经济组织以及由其设立的企业的财务档案、经济合同等资料,应当按照有关规定予以保存。

第二十三条　农村集体经济组织应当配备必要的会计人员或者委托具备资质的专业机构承担财务核算、财务会计档案保管和统计等工作。

乡镇人民政府确定的机构提供会计代理服务的,不得向农村集体经济组织收取费用。

第二十四条　农村集体经济组织应当定期向其成员公示下列信息:

(一)农村集体资产的运行情况;

(二)农村集体经济组织设立企业的资产运行情况;

(三)农村集体经济组织及其设立企业的管理人员工作报酬、经济责任审计情况;

(四)农村集体资产的清查核实结果;

(五)国家和本市规定应当公示的其他信息。

第二十五条　农村集体资产经营收益由本集体经济组织全体成员集体所有。

农村集体经济组织当年的净收益应当在弥补亏损、提取公积金和公益金后,按照本条例和章程的规定进行分配。公积金和公益金的提取比例均为当年净收益的百分之十五,鼓励农村集体经济组织在章程中规定更高的提取比例。公积金和公益金累计额达到章程规定的,可以不再提取。

公积金主要用于发展生产、转增资本、弥补亏损,公益金主要用于资助本地区公共事务和公益事业。

农村集体经济组织应当在农村经营管理机构的指导和监督下,根据本集体经济组织经济状况和发展实际,制订年度收益分配方案。年度收益分配方案应当符合国家和本市有关规定,并向农村经营管理机构报告,提交成员大会或者成员代表会议审议决定。

第二十六条 农村集体经济组织合并、分立或者因其他事由解散,需要调整农村集体资产权属或者处置农村集体资产的,应当在区农业主管部门的指导和监督下,制定具体的实施方案;村民小组、村、乡镇撤制的,农村集体经济组织应当先行对集体资产清产核资、明晰产权,制定处置方案。

前款规定的实施方案和处置方案应当提交成员大会或者成员代表会议审议决定。调整农村集体资产权属和处置农村集体资产时,对纳入经营性集体资产管理范围的土地补偿费等应当按照国家和本市的规定进行份额量化,不得损害农村集体经济组织及其成员的合法权益。

第二十七条 在农村集体产权制度改革中,因农村集体资产权利人名称变更、资产确权和变更等情形发生的相关税费,按照国家有关规定予以减免。

第二十八条 有下列情形之一的,农村集体经济组织应当委托具备法定资质的资产评估机构对农村集体资产进行评估:

(一)将农村集体资产作价出资的;

(二)转让农村集体资产达到章程规定的限额的;

(三)因村民小组、村、乡镇撤制或者农村集体经济组织解散,需要调整农村集体资产权属或者处置农村集体资产的;

(四)法律、法规规定需要进行评估的其他情形。

农村集体资产评估结果应当向本集体经济组织成员公示。

第二十九条 农村集体经济组织应当委托第三方专业机构或者建立内部审计机构,每年对本集体经济组织的经济活动开展审计。

审计结果和审计整改情况应当向本集体经济组织成员公示。

第三十条 农村集体经济组织成员有权了解本集体经济组织的经营管理情况,农村集体经济组织应当及时答复并予以解释;十户或者二十人以上联名询问或者涉及重要问题的,应当记录在册。

第五章 指导监督

第三十一条 市、区和乡镇农村经营管理机构承担农村集体资产管理的日常指导和监督工作,包括下列事项:

(一)农村集体资产、负债、损益和收益分配;

(二)农村集体资产评估的范围、程序和结果;

(三)农村集体资产承包、租赁、转让等合同的签订和履行;

(四)公积金、公益金的提取和使用;

(五)农村集体经济组织的治理结构和议事规则;

(六)农村集体经济组织的合并、分立以及因其他事由解散;

(七)法律、法规规定的其他事项。

农村经营管理机构在监督检查中,可以进行现场检查,向农村集体经济组织或者承包、承租、受托管理农村集体资产的单位和个人询问、调查有关情况,查阅、复制有关档案、合同、发票、账簿以及其他相关资料。

第三十二条 农村经营管理机构应当对农村集体经济组织开展内部审计的情况进行检查,并根据监督管理需要,派员或者委托第三方专业机构,对农村集体经济组织的资产、财务收支等情况进行审计。

市和区人民政府审计机关在职责范围内依法进行审计业务指导。

第三十三条 农村经营管理机构在监督检查中,发现农村集体经济组织存在违法违规风险或者管理疏漏的,应当发出风险预警或者整改通知,并跟踪检查。

存在重大经营风险或者其他资产管理问题,未及时整改的,农村经营管理机构可以约谈集体经济组织等有关单位主要负责人，要求其落实农村集体资产管理责任，采取有效措施消除资产经营风险。

第三十四条 农村经营管理机构应当向农村集体经济组织成员公开对该集体经济组织开展监督检查的结果，并向相关部门通报。

农村经营管理机构应当建立农村集体资产监督管理档案，记录监督检查、相关部门对农村集体经济组织进行行政处罚等情况。

第三十五条 农村集体经济组织成员及利害关系人对成员资格、份额等有异议的，可以向农村集体经济组织提出核实申请。农村集体经济组织收到申请后，应当调查核实，并及时作出答复；发现问题的，应当予以纠正。

农村经营管理机构可以根据农村集体经济组织成员及利害关系人的请求，帮助调查核实，并督促农村集体经济组织作出答复。

第三十六条 任何单位和个人发现农村集体资产流失等违法行为的，可以向相关行政管理部门、农村经营管理机构投诉举报。

相关行政管理部门、农村经营管理机构对收到的投诉举报应当在十五日内作出处理，属于本单位职责的，予以核实、答复；不属于本单位职责的，应当在五日内书面通知、移交有权处理的单位，并告知投诉举报人。

第六章 法律责任

第三十七条 违反本条例规定的行为，法律、行政法规有处罚规定的，从其规定。

第三十八条 农村集体经济组织的理事、监事、主要管理人员有下列行为之一，造成农村集体资产损失的，依法承担赔偿责任；构成犯罪的，依法追究刑事责任：

（一）收受贿赂或者取得其他非法收入和不当利益的；

（二）侵占、挪用农村集体资产的；

（三）违反法律、法规和章程规定，以农村集体资产为他人提供担保，或者将农村集体资产低价折股、转让、出租的；

（四）不如实向资产评估机构、会计代理机构提供有关情况和资料，或者与资产评估机构、会计代理机构串通出具虚假资产评估报告、审计报告的；

（五）违反法律、法规和章程规定的决策程序决定本集体经济组织重大事项的；

（六）其他违反法律、法规和章程的行为。

第三十九条 农村集体经济组织理事、监事、主要管理人员等违反本条例规定，情节严重的，市、区农业主管部门和乡镇人民政府可以向农村集体经济组织提出暂停职务或者罢免的建议。

第四十条 农村集体经济组织成员及利害关系人认为农村集体经济组织侵害其合法权益的，或者农村集体经济组织认为其他单位或者个人侵害其合法权益的，可以依法向人民法院提起民事诉讼。

农村集体经济组织及相关人员对市、区农业主管部门或者乡镇人民政府的行政行为不服的，可以依法申请行政复议或者向人民法院提起行政诉讼。

第四十一条 各级人民政府及其有关部门的工作人员违反本条例规定，有下列情形之一的，依法给予行政处分；构成犯罪的，依法追究刑事责任：

（一）侵占、损害农村集体资产，强制农村集体经济组织捐助，或者向农村集体经济组织摊派的；

（二）财政投入实施的农村公共设施建设和公共服务项目，强制农村集体经济组织安排配套资金的；

（三）收到投诉举报或者农村集体经济组织提交的报告，未及时处理，造成不良影响的；

（四）在农村集体资产监督管理工作中滥用职权、玩忽职守或者徇私舞弊的其他行为。

第七章 附 则

第四十二条 本条例自2018年4月1日起施行。

上海市高等教育促进条例

（2017 年 12 月 28 日上海市第十四届人民代表大会常务委员会第四十二次会议通过）

第一章 总 则

第一条 为了深化教育改革，加快一流大学和一流学科建设，实现高等教育内涵式发展，全面提高本市高等教育质量，提升高等教育综合实力和国际竞争力，更好地服务"四个中心"和科技创新中心建设、服务上海卓越全球城市建设、服务国家战略，根据《中华人民共和国教育法》《中华人民共和国高等教育法》等法律以及相关行政法规，结合本市实际，制定本条例。

第二条 本市行政区域内促进高等教育发展以及相关保障、服务和管理等活动，适用本条例。

第三条 促进高等教育事业发展应当把握正确政治方向、遵循高等教育规律，坚持政府统筹管理、学校自主办学和社会多方参与的原则。

高等教育应当坚持中国共产党的领导，贯彻国家的教育方针，坚持社会主义办学方向，为人民服务，为中国共产党治国理政服务，为巩固和发展中国特色社会主义制度服务，为改革开放和社会主义现代化建设服务。

第四条 高等教育应当以立德树人为根本任务，加强理想信念教育，培育和践行社会主义核心价值观，将思想价值引领贯穿于教育教学全过程，培养具有社会责任感、创新精神和实践能力，德、智、体、美全面发展的社会主义建设者和接班人。

第五条 市人民政府应当加强对本市高等教育事业的统筹管理，将高等教育事业发展纳入国民经济和社会发展规划，深化高等教育综合改革，保障高等教育财政经费投入，构建高等学校分类发展体系，优化高等教育布局结构和资源配置，实现本市高等教育事业持续健康发展。

本市建立高等教育改革发展议事协调机制，审议高等教育改革发展的重大方针和政策，协调解决高等教育发展中的重大问题和重大事项。

第六条 市教育行政部门主管本市高等教育工作，推进和实施高等教育改革和发展。

市发展改革、财政、人力资源社会保障、编制、规划国土资源、住房城乡建设、科技、国有资产监督、经济信息化、税务等部门按照各自职责，做好高等教育改革和发展的相关工作。

第七条 高等学校依法具有法人资格，依法开展自主办学，接受政府管理和社会监督。民办高等学校与公办高等学校享有同等法律地位。

高等学校应当以培养人才为中心，开展教学、科学研究、社会服务、文化传承创新和国际交流合作，建立自我发展、自我约束的内部管理体制和运行机制，并根据办学定位和社会需求，采取措施全面提高办学水平和教育质量。

第八条 企业事业单位、社会团体、行业协会和其他社会组织应当积极承担社会责任，参与和支持本市高等教育事业的发展。

第二章 规划与评价

第九条 市教育行政部门应当会同有关部门编制本市高等教育发展规划，确定本市高等教育人才培养规模、层次和结构，高等学校分类发展体系，高等学校与学科布局，以及本市高等教育发展目标、任务、措施等内容。

本市高等教育发展规划经市人民政府批准后实施。

市人民政府有关部门应当严格执行本市高等教育发展规划，将本市高等教育发展规划作为对高等学校设置调整、资源配置、基本建设和条件保障的依据。

第十条 在本市设立高等学校，应当具备法律法规规定的条件，并符合国家战略、本市城市功能定位以及本市高等教育发展规划。

市人民政府根据国家规定的普通高等学校设置标准，制定本市普通高等学校设置标准的实施办法。

第十一条 本市根据人才培养主体功能、承担科学研究类型以及学科专业设置和建设等情况，建立健全高等学校分类发展体系，引导高等学校明确办学定位，培养适应经济社会发展的特色人才。

市教育、发展改革、人力资源社会保障、编制、财政等部门应当按照市人民政府举办的高等学校(以下简称地方公办高校)在分类发展体系中的定位，确定其办学规模、人员配置标准、财政经费投入等事项，并根据办学水平分类绩效评价结果进行动态调整。

第十二条 市人民政府通过重点投入、政策支持、资源保障等措施，促进本市一流大学和一流学科建设。

本市实施高水平地方高等学校建设计划，促进地方高等学校发展，提升地方高等学校整体办学水平。

本市实施学科建设计划，重点支持基础学科、前沿学科、特色学科、新兴学科、交叉学科以及国家和区域经济社会发展急需的学科发展。

第十三条 高等学校应当根据办学定位、经济社会发展需求以及招生、人才培养和毕业生就业状况，建立科学的学科专业设置机制，优化学科专业布局结构，提高学科专业建设水平。

市教育行政部门引导和支持高等学校在国家颁布的本科专业目录外开展新专业的设置和建设，支持高等学校适时调整高等教育自学考试专业和考试科目。

市学位委员会在国务院学位委员会的授权范围内，统筹实施学位授权点的动态调整，支持高等学校根据办学定位和特色，结合社会需求，主动开展学位授权单位建设以及学位授权点的建设和调整工作。

第十四条 市教育、发展改革、人力资源社会保障、经济信息化等部门应当采取措施，促进校企合作、产教融合，引导高等专科学校和高等职业学校特色发展，推动应用型本科高等学校建设，深化专业学位研究生教育综合改革，并建立和完善高等专科和高等职业、应用型本科、专业学位研究生教育相衔接的应用型人才培养体系。

第十五条 高等学校应当建立健全教师职业培训和发展、教学岗位职责、教学工作规范、教学奖励、教授为本科生授课等制度，强化教学激励机制，并通过加大教学投入力度、创新培养模式和机制、完善教学质量保障体系等措施，提高教育教学质量。

第十六条 高等学校应当建立办学水平、教育质量的评价制度，完善内部质量保障体系和机制，及时公开相关信息，发布质量年度报告，接受社会监督。

市教育行政部门应当组织开展对本市地方高等学校办学水平、效益和教育质量的评估，并将评估结果向社会公布。

市教育督导部门依照有关规定，对本市地方高等学校规范办学实施监督、指导，对高等教育发展状况和高等教育质量组织开展评估、监测。

第十七条 高等学校落实立德树人根本任务的情况，应当作为高等教育质量评价的首要内容。

高等学校应当将师德表现作为职务评聘和考核评价的首要条件，提高教学业绩在职务评聘和考核评价中的比重。

高等学校应当开展诚信教育，加强学生思

想品德考核。

第三章 依法自主办学

第十八条 高等学校应当坚持立德树人，把人才培养作为中心工作，遵循教书育人和学生成长规律，发挥课堂教学主渠道作用，加强校风教风学风建设，提高学生的思想水平、政治觉悟、道德品质、文化素养和专业技能，培养德才兼备、全面发展的人才。

第十九条 高等学校应当依法建立和完善自主办学机制，制定内部管理制度，实施办学活动，落实自主管理事项。

高等学校依法制定章程，按照规定报核准机关核准后实施，并指定专门机构监督章程的执行情况。

第二十条 高等学校应当按照国家和本市相关规定，完善法人治理结构，健全内部管理体制。

公办高等学校应当坚持和完善党委领导下的校长负责制；应当依据学校章程，设立校务委员会或者理事会，对学校的重大事项进行咨询、协商、审议和监督。

民办高等学校应当加强党的建设，建立健全党组织参与学校决策和监督的机制；应当设立学校理事会、董事会或者其他形式的决策机构，并建立相应的监督机制。

高等学校应当建立和完善以教师为主体的教职工代表大会等组织形式，建立和完善学生参与学校管理和监督的有效机制。

第二十一条 高等学校按照规定，自主设置教学和科学研究等内部组织机构。内部组织机构的设立程序、职权以及治理结构，由高等学校的章程规定。

属于市人民政府重点支持、依托高等学校成立的教学和科学研究机构，高等学校应当在对外业务活动、经费管理、人事管理、招生以及人才培养等方面，按照国家和本市规定，给予其相对独立的自主权。

地方公办高校的教学和科学研究机构行政负责人，可以不按照行政职级进行管理。市人民政府有关部门和学校应当保障其享有相应的晋升、交流、任职、薪酬以及相关待遇。

第二十二条 地方公办高校在人员编制内自主制定岗位设置方案和管理办法，报教育、人力资源社会保障部门备案后，自主招聘录用人员，依法订立或者解除、终止聘用合同。

市编制、教育、人力资源社会保障等部门在科学核定并动态调整地方公办高校的人员编制时，应当听取高等学校的意见。

第二十三条 地方公办高校自主制定本校教师和相关专业技术人员职称评审办法和操作方案，报教育、人力资源社会保障部门备案后，在核定的岗位结构比例内，自主开展评聘工作。

市教育、人力资源社会保障等部门应当根据学校建设和发展情况，确定并动态调整地方公办高校的专业技术职务岗位结构比例。

第二十四条 高等学校根据学校办学定位以及学科领域、研究类型和岗位种类的特点，自主建立教师和其他专业技术人员分类评价制度。

高等学校实施教师和其他专业技术人员分类评价制度的，应当制定科学合理的分类评价标准，促进人才分类发展。

第二十五条 地方公办高校按照激励与约束相结合的原则，在绩效工资总量内，自主确定绩效工资分配方案。

市人民政府应当建立适应本市高等教育行业特点的收入分配制度，科学核定地方公办高校绩效工资总量，并建立正常增长机制，确保教师收入逐步增长。科技成果转化收益奖励、省部级以上教学和科技奖励、竞争性科研项目中用于人员的经费、引进高层次人才和团队所需人员经费以及捐赠收入中指定用于人员奖励等费用不列入绩效工资总量。

第二十六条 高等学校应当根据办学定位和特色，建立并完善教师准入、培训、考核和流动制度；健全公平竞争、梯队合理、多元发展的教师职业发展机制；可以根据教育教学工作需要，自主灵活用工。

高等学校的教师应当以教学和培养人才为

中心，做好本职工作，教书育人，言传身教，为人师表；应当遵守职业道德规范，加强师德师风建设，以德立身，以德立学，以德施教。

第二十七条 高等学校应当维护学校教育教学秩序和生活秩序，保障学生正常学习和生活；引导学生自觉遵守公民道德规范和学校管理制度，提高个人修养、培养审美情趣；尊重和保护学生的合法权益，教育和引导学生承担应尽的义务与责任。

第二十八条 高等学校应当健全职业指导和服务体系，加强创新创业教学和实践，提升学生就业和创业能力；通过资金支持和政策保障，支持学生开展创新创业活动；对创业学生可以实行弹性学制，或者放宽修业年限；可以建立创新创业档案、设置创新创业学分。

本市鼓励高等学校通过无偿许可专利的方式，授权学生使用科技成果，引导学生创新创业。

市教育、发展改革、科技、经济信息化、财政、人力资源社会保障等部门应当统筹协调大学科技园、产业园区、创业孵化基地、风险投资基金、社会中介机构等，为学生创业创造条件。

第二十九条 高等学校可以在部门预算中自主安排专项经费，支持教学科研人员面向基础领域、学科交叉领域等开展科学研究活动。

本市鼓励、支持和引导高等学校加强产学研合作和协同创新，促进科技成果转移转化，提高高等学校对产业转型升级的贡献力。

本市鼓励、支持和引导高等学校促进人文社会科学领域的知识创新、理论创新、方法创新，推进中国特色新型智库建设，提高决策咨询服务能力。

第三十条 市财政、教育、国有资产监督等部门应当根据有关规定和高等教育发展需求，完善政府采购和国有资产管理制度，优化政府采购审批流程，扩大并规范高等学校对国有资产的自主处置权限。

第四章 社会力量参与

第三十一条 本市实施非营利性和营利性民办高等学校分类管理，支持和引导民办高等教育的发展。设立民办教育发展专项资金，重点支持非营利性民办高等学校的发展，非营利性民办高等学校在公用事业价格、用地优惠、税收优惠等方面，与公办高等学校享受同等待遇。

第三十二条 本市鼓励社会力量依法独立或者共同举办高水平、有特色的非营利性民办高等学校。

本市鼓励和支持企业事业单位、社会组织和个人等社会力量与高等学校合作共建教学、科学研究机构；向高等学校捐资捐赠，并按照国家相关规定，给予税收优惠。

第三十三条 本市鼓励专业机构自主或者受委托开展高等教育评估。专业机构开展高等教育评估，应当遵循公开、公平、不干扰正常教学和科学研究工作等原则，并接受教育和其他相关部门的管理和监督。

第三十四条 本市鼓励行业组织参与制定学科专业建设和人才培养的方案和标准，定期发布人才需求预测，参与对学科专业的评估活动。

第三十五条 本市鼓励企业、科学研究机构、社会组织等与高等学校开展产学研合作，开展教师和科研人员的双向柔性流动，共同开展人才培养和科学研究。

本市鼓励和支持企业事业单位、社会组织设立实习和实践基地，参与高等学校学生的实践能力培养，并给予其适当的财政补贴。

第三十六条 本市鼓励社区、科技园区等与高等学校开展文化、体育、科学研究等设施的共享合作。

本市鼓励社会力量参与高等教育基础设施建设和运营管理，提供专业化服务。

第五章 统筹与保障

第三十七条 市规划国土资源、发展改革等部门应当根据国家和本市高等教育规划，科学安排高等教育发展用地，保障高等教育校舍资源。

市发展改革、教育、住房城乡建设、规划国土资源等部门应当结合本市实际，制定地方公办高校的建筑规划面积标准，适时调整高等学校建设项目造价标准。

区人民政府应当采取措施，保证本区域内高等学校用地和周边交通、医疗等公共服务设施配套建设，并加强校园和周边环境治安综合治理，创造良好的办学环境。

第三十八条 市人民政府应当根据国家和本市高等教育规划，优化高等教育拨款结构，对地方公办高校建立以经常性经费投入为主的高等教育投入机制，健全生均综合定额标准体系，建立科学合理的增长机制，确保高等教育财政经费投入持续稳定增长。

民办高等学校的举办者应当保证学校的基本办学经费，依法落实法人财产权，任何组织或者个人不得抽逃资金或者挪用办学经费。

第三十九条 公办高等学校教育收费实行政府指导价管理。市物价、财政、教育等部门应当根据学生培养成本、学校类型和层次、学科类别等事项，结合本市经济发展水平等因素，建立公办高等学校培养成本合理分担机制，制定公办高等学校教育收费标准。

民办高等学校教育收费实行市场调节价管理，可以根据教学质量、办学成本、社会需求和承受能力等因素，依法自主确定教育收费标准，并通过学校网站、招生简章和广告等向社会公示。

中外合作办学学历教育的收费标准，根据分类管理、质量导向、成本补偿等原则确定。具体办法由市物价、财政、教育等部门另行规定。

第四十条 本市鼓励高等学校通过社会捐赠、政府竞争性项目经费、企业事业单位和其他社会组织的委托性项目经费、科技成果转化收益等多种渠道，筹措办学经费。

第四十一条 本市设立高等教育投入评估咨询委员会，对高等教育重大投入政策提出咨询和评估，对经费使用情况进行督导和检查。

高等教育投入评估咨询委员会的人员组成、职权以及议事规则等具体事项，由市教育、财政等部门另行规定。

第四十二条 高等学校应当依法建立健全财务管理制度，合理使用、严格管理教育经费，并依法接受监督。

市人民政府应当建立高等教育经费使用监督检查制度，加强高等教育经费使用绩效评价。定期对其投入经费的使用情况进行审计和绩效评估，对审计整改落实情况进行监督检查。评价结果作为对高等学校财政投入的参考依据。

地方公办高校实行总会计师委派制度，对地方公办高校经费使用情况进行监管。

第四十三条 市人民政府加强与国务院教育行政部门等中央部门的合作，通过定期会商机制和部市共建协议，支持中央部门所属高等学校（以下简称部属高校）改革发展，促进地方高等学校提升办学水平。

市人民政府依据部市共建协议，引导、监督和参与部属高校的发展规划、招生与人才培养、学科布局、校园建设等工作；鼓励部属高校与地方高等学校开展合作，支持地方高等学校发展。

部属高校应当按照部市共建协议，定期向市人民政府提交本市财政经费投入使用绩效报告。

第四十四条 市教育行政部门应当建立统筹协调工作机制，促进不同类型和层次高等学校之间在人才培养、学科专业建设、科学研究、办学资源共享等方面开展合作，推进师资交流、学生流动、学分转换。

本市鼓励承担研究生教育任务的科学研究机构与高等学校通过资源整合、合作共建等方式，联合招收和培养研究生。市教育行政部门在招生人数、人才培养等方面给予政策支持。

第四十五条 本市积极构建与台湾地区高等教育合作交流平台，支持教育工作者交流教育发展理念，加强学生交流互动，做好招收台湾学生来本市学习、就业工作。

本市建立和完善与港澳高等教育合作交流机制，提升与港澳高等教育交流合作水平，推动沪港澳高等教育共同发展。

第四十六条 本市鼓励高等学校按照国家

有关规定，与境外高水平高等教育机构、科学研究机构自主开展合作办学，建立联合实验室、联合研究中心，合作开展人才培养、科学研究、学术交流和成果推广。对符合本市经济社会发展需求和高等教育规划的中外合作办学机构，市人民政府依照有关规定给予资源和政策支持。

本市鼓励高等学校采取措施支持学生赴境外学习、实习，扩大招收来华留学生规模，提高留学生教育质量。

本市鼓励和支持高等学校赴境外办学，参与国际性的教育教学评估、认证以及标准体系建设。

第四十七条 本市鼓励高等学校采取措施引进高层次人才，促进国际人才高地建设。

公安、人力资源社会保障、教育、卫生计生、住房城乡建设等部门应当为高等学校人才引进提供居留、出入境、落户、社会保障、医疗卫生、住房等方面的便利政策和服务。

第四十八条 高等学校应当支持青年教师发展，健全高等学校教师资源储备和前期职业能力考察机制，通过新进教师选聘和资格培训、新进青年教师担任助教等措施支持青年教师开展教育教学、科学研究和学术交流等活动。

本市鼓励和支持区人民政府、高等学校对符合条件的青年教师提供公共租赁住房等保障措施。

第四十九条 市教育、经济信息化等部门应当采取措施，推进本市高等教育信息化建设，建立以现代信息网络技术为支撑的教育教学和管理服务体系。

本市鼓励和支持高等学校积极推进智慧校园与智能教育，探索网络化教育新模式，推广大规模在线开放课程等网络学习模式，面向广大学习者提供优质远程开放学习服务。

本市鼓励和支持高等学校之间共享优质教育资源，并向社会开放网络课程等教育资源。

第六章 附 则

第五十条 违反本条例规定的行为，法律、行政法规有处理规定的，依照有关法律、行政法规的规定处理。

第五十一条 本条例有关高等学校的规定适用于其他高等教育机构和经批准承担研究生教育任务的科学研究机构，但是对高等学校专门适用的规定除外。

第五十二条 本条例自 2018 年 3 月 15 日起施行。

上海市人民代表大会常务委员会关于促进和保障崇明世界级生态岛建设的决定

（2017 年 6 月 23 日上海市第十四届人民代表大会常务委员会第三十八次会议通过）

崇明是上海最为珍贵、不可替代、面向未来的生态战略空间。为了积极践行创新、协调、绿色、开放、共享的发展理念，凝聚全社会共识，努力按照国际先进水平将崇明建设成为具有引领示范效应，具备生态环境和谐优美、资源集约节约利用、经济社会协调可持续发展等综合性特点的世界级生态岛，特作如下决定：

一、崇明生态岛建设是长江经济带发展国家战略和上海生态文明建设的关键环节，应当充分利用和发挥崇明独特的环境优势，把生态文明建设放在突出的战略位置，树立尊重自然、顺应自然、保护自然的生态文明理念，推进绿色发展,弘扬生态文化,倡导绿色生活,实现永续发展。

二、崇明生态岛建设,应当坚持生态立岛原则,将节约优先、保护优先作为基本方针,将绿色发展、循环发展、低碳发展作为基本途径,将深化改革和创新驱动发展作为基本动力,建立健全生态文明的制度体系,实现人与自然和谐共生。

三、市人民政府应当加强对崇明生态岛建设工作的统一领导,建立推进协调机制,加强目标管理和工作统筹,形成全市推动崇明生态岛建设的合力。市人民政府各相关部门应当根据各自职责,深化完善实施机制,积极推进崇明生态岛建设工作。

崇明区人民政府应当落实国家和本市关于生态文明建设的工作部署、任务要求,确保崇明生态岛各项建设工作有序推进。

市人民政府及其相关部门应当加强与周边省市的规划建设和管理协同,促进区域生态建设一体化发展。

四、崇明生态岛建设,应当将生态理念与新型城镇化、城乡一体化发展要求相结合,优化空间发展格局,推动生态、生产和生活空间融合发展。统筹崇明岛、长兴岛、横沙岛发展;严格控制常住人口总量、建设用地规模和建筑高度;严格划定生态保护红线,加强滩涂、湿地保护,推进崇明东滩鸟类国家级自然保护区、长江珍稀水生动物保护区建设,依法划定禁猎(渔)区,构建野生鸟类保护管理体系,建立防止外来有害生物入侵的屏障体系,保障生态安全和生物多样性。

五、崇明生态岛建设,应当按照减量化、再利用、资源化的要求,推进各类废弃物综合利用,构建覆盖全社会的资源循环和利用体系,发展循环经济;应当按照防治结合、标本兼治、综合施策的要求,加强水污染、大气污染防治,实施土壤污染治理和生态修复;应当优化公共绿化空间布局,有序增加绿地林地总量,提升生态环境品质。

六、崇明生态岛建设,应当按照生态自然优势和生态发展优势共同发展的要求,强化科技创新引领作用,开展湿地保护、生态修复等领域关键技术的研究和攻关;深入推进产业结构调整,推进产业绿色、智能升级;重点聚焦生态农业、海洋经济、旅游休闲、健康服务、文化体育、会展商务等领域,提升绿色农业现代化发展水平,推动绿色先进制造业发展,提升现代服务业功能品质,繁荣发展创新经济。

七、崇明生态岛建设,应当按照生态惠民的要求,构建绿色生产生活方式,提高生态人居环境水平。积极发展清洁能源,构建绿色能源开发利用体系;按照低碳出行、外畅内优的导向,发展绿色交通;发展绿色建筑,加强绿色建筑规划设计和建设管理,按照具有中国元素、江南韵味、海岛特色的要求,构建和谐多元的建筑风貌;提高社会事业发展水平,完善公共服务设施体系,提供优质的公共服务,拓宽就业渠道,建立城乡一体化的社会保障体系,让崇明居民享受生态岛建设的成果。

八、崇明生态岛建设,应当增强全社会的生态文明意识,健全举报、听证等公众监督制度,形成全社会共建共享的良好社会风尚;崇明居民应当率先增强生态保护理念,践行绿色生产生活方式,积极投入崇明生态岛建设;鼓励支持国内外相关科研机构、院校、企事业单位、社会组织和个人积极参与崇明生态岛建设。

九、市人民政府及其相关部门应当积极争取国家支持,围绕崇明生态岛建设的重点领域和关键环节,创新符合崇明特点的政策措施,加大财政投入力度,完善生态补偿机制,健全人才培养、交流机制,创新生态环境治理机制,推进生态文明体制改革。

十、市人大常委会根据崇明生态岛建设需要,及时制定、修改或者暂时调整、停止实施与崇明生态岛建设有关的地方性法规;在坚持国家法制统一原则和本市地方性法规基本原则的前提下,市人民政府可以先行先试,就崇明生态岛建设制定政府规章或者规范性文件,并报市人大常委会备案;崇明区人大及其常委会可以就促进和保障崇明生态岛建设工作作出相关决议、决定，并报市人大常委会备案。

十一、本市人民法院、人民检察院应当积极履行职责，依法开展生态环境领域的公益诉讼，严惩各类破坏生态环境的违法犯罪行为，为崇明生态岛建设提供司法保障。

十二、市人大常委会和崇明区人大常委会应当通过听取专项工作报告、开展执法检查等方式，加强对本决定执行情况的监督。

市人大常委会和崇明区人大常委会应当充分发挥各级人大代表作用，组织人大代表围绕崇明生态岛建设开展专项调研和视察等活动，汇集、反映人民群众的意见和建议，督促有关方面落实崇明生态岛建设的各项工作。

本决定自2017年7月1日起施行。

上海市人民代表大会常务委员会关于修改本市部分地方性法规的决定

（2017年11月23日上海市第十四届人民代表大会常务委员会第四十一次会议通过）

上海市第十四届人民代表大会常务委员会第四十一次会议决定，对《上海市绿化条例》等12件地方性法规作如下修改：

一、对《上海市绿化条例》的修改

1.将第十八条修改为："绿化工程的设计、施工、监理，应当符合国家和本市有关设计、施工、监理的技术标准和规范，法律、行政法规有资质要求的，应当由具有相应资质的单位承担。"

2.将第二十二条修改为："公共绿地和含有配套绿化、立体绿化的建设项目，组织该建设项目竣工验收的单位，应当通知市或者区绿化管理部门参加验收。建设单位应当在验收合格之日起十五个工作日内将竣工图和验收结果报送市或者区绿化管理部门。"

3.将第二十五条第二款修改为："因树木生长影响管线、交通设施等公共设施安全的，管线或者交通设施管理单位可以将修剪需求告知区绿化管理部门。区绿化管理部门应当按照兼顾设施安全使用和树木正常生长的原则组织修剪。"

将第二十五条第三款修改为："因不可抗力或者突发性事故导致树木倾斜影响管线安全的，管线权属单位可以先行扶正或者砍伐树木，并同时向所在地区绿化管理部门和绿地管理单位报告。"

4.将第二十八条第六款修改为："树木迁移，施工单位应当在适宜树木生长的季节按照移植技术规程进行。树木迁移后一年内未成活的，建设、养护单位应当补植相应的树木。"

二、对《上海市公园管理条例》的修改

5.将第十一条修改为："公园建设项目的建设单位和施工单位应当按备案的设计进行施工，不得任意改变。"

6.将第二十四条第二项修改为："（二）未按资格等级承担设计任务的；"

三、对《上海市古树名木和古树后续资源保护条例》的修改

7.将第二十条第四款修改为："古树、名木和古树后续资源的移植和移植后五年内的养护，应当由专业的绿化养护单位进行。古树、名木和古树后续资源的移植费用以及移植后五年内的养护费用，由建设单位承担。"

8.将第二十三条修改为："古树、名木和古树后续资源养护责任人发现树木衰萎、濒危的，应当及时向市绿化行政管理部门或者区管理古树名木的部门报告。市绿化行政管理部门或者区管理古树名木的部门应当及时组织专业的绿化养护单位进行复壮和抢救。”

9. 删除第二十五条第五项。

四、对《上海市计量监督管理条例》的修改

10. 将第十七条第四款修改为:“国家法定计量检定机构的计量检定人员以及被授权单位执行检定任务的人员,必须经考核合格,并使用合格的计量标准器具,按照计量检定规程及其他有关规定,公正、客观、准确地进行计量器具强制检定,不得伪造检定数据。”

11. 将第三十四条第一款修改为:“违反本条例第十七条第四款规定,计量检定人员有下列行为之一的,给予行政处分;构成犯罪的,依法追究刑事责任:

(一)伪造检定数据的;

(二)出具错误数据,给送检一方造成损失的;

(三)违反计量检定规程进行检定活动的;

(四)使用未经考核合格的计量标准器具从事检定活动的;

(五)未经考核合格执行计量检定的。”

五、对《上海市实施〈中华人民共和国防震减灾法〉办法》的修改

12. 将第十六条第一款修改为:“地震安全性评价由专业单位实施,并出具地震安全性评价报告。”

六、对《上海市档案条例》的修改

13. 将第二十八条第二款修改为:“非国家所有的档案或者其复制件,档案所有者可以向国家档案馆寄存或者出售。严禁违反国家规定,将非国家所有的档案卖给、赠送给外国人或者外国组织。”

14. 将第四十三条第四项修改为:“(四)擅自出售、赠送、交换属于国家所有的档案的;”

将第四十三条第五项修改为:“(五)违反国家规定,将档案卖给、赠送给外国人或者外国组织的;”

七、对《上海市市民体育健身管理条例》的修改

15. 将第三十九条修改为:“企业、个体工商户经营高危险性体育项目的,应当按照国家有关规定取得体育行政管理部门的许可。”

八、对《上海市防汛条例》的修改

16. 将第二十五条第一款修改为:“建设跨河、穿河、穿堤、临河的桥梁、码头、道路、渡口、管道、缆线、排(取)水等工程设施,应当符合防汛标准、岸线规划、航运要求和其他技术要求,不得危害堤防安全、妨碍行洪畅通;其工程建设方案未经有关水行政主管部门根据前述防汛要求审查同意的,建设单位不得开工建设;涉及航道的,按照《上海市内河航道管理条例》的规定办理审批手续。”

九、对《上海市河道管理条例》的修改

17. 将第十八条修改为:“河道管理范围内的建设项目,建设单位应当按照河道管理权限,将工程建设方案报送市水行政主管部门或者区河道行政主管部门审核同意。未经市水行政主管部门或者区河道行政主管部门审核同意的,建设单位不得开工建设。”

十、对《上海市拆除违法建筑若干规定》的修改

18. 将第三条第三款修改为:“市和区规划管理部门、城市管理行政执法部门(以下统称“拆违实施部门”)按照规划管理、物业管理等方面的法律、法规和市人民政府的规定,分别负责违法建筑的拆除,其具体职责分工,由市人民政府另行规定。”

19. 将第四条第三款修改为:“物业服务企业在其物业管理区域内发现搭建违法建筑的,应当予以劝阻、制止;劝阻、制止无效的,应当及时报告所在区的拆违实施部门。”

20. 删除第八条。

21. 将第九条改为第八条,修改为:“对经查证确属违法建筑需要拆除的,拆违实施部门应当作出责令限期拆除的书面决定。”

22. 将第十条改为第九条,修改为:“拆违实施部门应当依法将责令限期拆除决定送达当事人,并予以公告。当事人难以确定或者难以送达的,可以采用通告形式,告示期限自通告发布之日起不少于十日。”

23. 将第十一条改为第十条，第三款前移作为第二款，并修改为："当事人在责令限期拆除决定规定的期限内拒不拆除违法建筑的，市或者区人民政府应当催告当事人履行义务。催告应当以书面形式作出，并载明拆除违法建筑的期限、当事人依法享有的陈述和申辩权利等事项。"

新增一款，作为第三款，表述为："当事人收到催告书后，有权进行陈述和申辩。拆违实施部门应当充分听取当事人意见，并对当事人提出的事实、理由和证据进行记录、复核。当事人提出的事实、理由或者证据成立的，拆违实施部门应当采纳。"

将第二款后移作为第四款，并修改为："当事人在法定期限内不申请行政复议或者提起行政诉讼，又不拆除违法建筑的，拆违实施部门应当向市或者区人民政府报告，由市或者区人民政府作出强制拆除决定，责成拆违实施部门等有关部门依法强制拆除，并可以依法予以罚款。"

24. 删除第十九条第二款。

十一、对《上海市审计条例》的修改

25. 将第十四条第三款修改为："政府投资和以政府投资为主的建设项目，按照国家和本市规定应当经审计机关审计的，建设单位或者代建单位可以在招标文件以及与施工单位签订的合同中明确以审计结果作为工程竣工结算的依据。审计机关的审计涉及工程价款的，以招标投标文件和合同关于工程价款及调整的约定作为审计的基础。"

26. 删除第三十四条第三款。

十二、对《上海市实施〈中华人民共和国残疾人保障法〉办法》的修改

27. 将第三十二条第一款修改为："国家机关、社会团体、企业事业单位、民办非企业单位均须按照本单位在职职工总数的一定比例，安排残疾人就业；对符合其招收、招聘条件的残疾人，应当录用。安排残疾人就业的具体比例，由市人民政府根据国家有关规定和本市实际情况确定。"

将第三十二条第三款前移作为第二款，并修改为："国家机关、社会团体、企业事业单位、民办非企业单位安排残疾人就业超过前款规定比例的，按照规定标准给予经济奖励；达不到前款规定比例的，应当按照本市有关规定，缴纳残疾人就业保障金。"

此外，根据本决定将12件地方性法规中"区、县"的提法统一修改为"区"，并对部分条序、文字作相应调整。

本决定自2017年12月1日起施行。《上海市绿化条例》、《上海市公园管理条例》、《上海市古树名木和古树后续资源保护条例》、《上海市计量监督管理条例》、《上海市实施〈中华人民共和国防震减灾法〉办法》、《上海市档案条例》、《上海市市民体育健身管理条例》、《上海市防汛条例》、《上海市河道管理条例》、《上海市拆除违法建筑若干规定》、《上海市审计条例》、《上海市实施〈中华人民共和国残疾人保障法〉办法》根据本决定作相应修正后，重新公布。

上海市人民代表大会常务委员会关于修改本市部分地方性法规的决定

（2017 年 12 月 28 日上海市第十四届人民代表大会常务委员会第四十二次会议通过）

上海市第十四届人民代表大会常务委员会第四十二次会议决定，对《上海市环境保护条例》等 4 件地方性法规作如下修改：

一、对《上海市环境保护条例》的修改

1. 将第七十七条第一款修改为："违反本条例第四十九条第一款、第二款规定，直接向环境排放水污染物或者向城市污水集中处理设施排放一类水污染物超过国家或者本市规定的排放标准，由市或者区环保部门责令改正或者限制生产、停产整治，处十万元以上一百万元以下的罚款；情节严重的，报经有批准权的人民政府批准，责令停业、关闭。"

二、对《上海市饮用水水源保护条例》的修改

2. 将第二十七条修改为："违反本条例规定，有下列行为之一的，由市或者区环保部门责令停止违法行为，限期改正，并按照下列规定进行处罚：

"（一）违反本条例第十条第二款规定，移动或者损毁饮用水水源保护区界标或者警示标志的，处一万元以上二万元以下的罚款。

"（二）违反本条例第十二条第一款第三项、第四项规定，设置固体废物贮存、堆放场所或者设置畜禽养殖场的，报请同级人民政府责令限期拆除；逾期不拆除的，可以代为拆除，所需费用由违法行为人承担。

"（三）违反本条例第十二条第一款第六项、第七项、第八项、第十一项，第十四条第一款第三项规定，从事污染饮用水水源活动的，责令限期采取治理措施，消除污染，处二万元以上二十万元以下的罚款；逾期不采取治理措施的，可以指定有治理能力的单位代为治理，所需费用由违法行为人承担。

"（四）违反本条例第十二条第一款第十项规定，从事投饵养殖、逾期不改正的，可以报请同级人民政府责令限期拆除，并可以处五万元以上十万元以下的罚款。

"（五）违反本条例第十四条第一款第二项规定，设置危险废物、生活垃圾堆放场所或者处置场所的，报请同级人民政府责令限期拆除；逾期不拆除的，可以代为拆除，所需费用由违法行为人承担。

"（六）违反本条例第十四条第一款第四项规定，向水体排放含重金属、病原体、油类、酸碱类污水等有毒有害物质的，责令限期采取治理措施，消除污染，处十万元以上一百万元以下的罚款；情节严重的，报经有批准权的人民政府批准，责令停业、关闭。逾期不采取治理措施的，可以指定有治理能力的单位代为治理，所需费用由违法行为人承担。

"（七）违反本条例第十四条第一款第五项规定，堆放、倾倒和填埋固体废物的，责令限期采取治理措施，消除污染，处二万元以上二十万元以下的罚款；逾期不采取治理措施的，可以指定有治理能力的单位代为治理，所需费用由违法行为人承担。"

三、对《上海市大气污染防治条例》的修改

3. 将第五十九条第二项修改为："（二）闲置三个月以上的建设用地，由建设单位进行绿化或者铺装；"

4. 将第七十五条修改为："违反本条例第十八条规定，无排放许可证排放主要大气污染物或者排放主要大气污染物超过排放总量指标的，由市或者区环保部门责令改正或者限制生产、停产整治，并处十万元以上一百万元以下罚款；情节严重的，由市或者区环保部门报请同级人民政府责令停业、关闭。”

5. 将第九十四条修改为：“违反本条例第五十一条第一款、第五款规定，单位违反挥发性有机物排放标准、技术规范进行运行管理的，由市或者区环保部门责令改正，可以处五千元以上五万元以下的罚款。

“违反本条例第五十一条第二款、第三款、第四款规定，未配备挥发性有机物回收装置的，或者未在密闭空间或者设备中进行产生含挥发性有机物废气的生产经营活动，或者未设置废气收集和处理系统，或者发生泄漏未按照规定及时修复的，由环保部门责令改正，处二万元以上二十万元以下罚款；拒不改正的，责令停产整治。”

6. 将第九十六条修改为：“违反本条例第五十三条第一款规定，露天焚烧秸秆、枯枝落叶等产生烟尘的物质的，由环保部门责令改正，可以处五百元以上二千元以下罚款；露天焚烧沥青、油毡、橡胶、塑料、垃圾、皮革等产生有毒有害、恶臭或强烈异味气体物质的，由环保部门责令改正，对单位处一万元以上十万元以下罚款，对个人处五百元以上二千元以下罚款。”

7. 将第九十七条第一款修改为：“违反本条例第五十四条第二款规定，施工单位未采取有效防尘措施的，由工程有关行政管理部门责令改正，处一万元以上十万元以下罚款；”

第三款修改为：“违反本条例第五十五条第二款规定，船舶未采取覆盖措施的，由海事部门责令改正，处一万元以上十万元以下罚款；”

第四款修改为：“违反本条例第五十六条规定，港口、码头及其堆场未采取有效扬尘防治措施的，由交通行政管理部门责令改正，处一万元以上十万元以下罚款；露天仓库和其他堆场未采取有效扬尘防治措施的，由环保部门责令改正，处一万元以上十万元以下罚款；混凝土搅拌站未采取有效扬尘防治措施的，由建设行政管理部门责令改正，处一万元以上十万元以下罚款；”

第六款改为两款，作为第六款、第七款，修改为：“违反本条例第五十九条第一项的规定，单位未按照规定进行绿化或者铺装的，由环保部门责令改正，处一千元以上一万元以下罚款；

“违反本条例第五十九条第二项规定，建设单位未按照规定进行绿化或者铺装的，由建设行政管理部门责令改正，处一万元以上十万元以下罚款；”

第七款改为第八款，修改为：“有本条第一款至第四款规定的情形，拒不改正的，由有关行政管理部门责令停工整治或者停业整治；有本条第五款、第六款规定的情形，致使大气环境受到污染，情节严重的，由有关行政管理部门处一万元以上五万元以下罚款。”

8. 将第一百零三条修改为：“排污单位违反本条例规定发生环境污染事故，或者违反本条例第十六条第二款、第十八条第一款和第二款、第二十八条第三款规定的，除对单位进行处罚外，环保等有关部门还可以对单位主要负责人和直接责任人员处上一年度从本单位取得收入百分之五十以下的罚款；收入难以认定的，处一万元以上十万元以下的罚款。”

四、对《上海市供水管理条例》的修改

9. 将第三十七条第一款第一项修改为：“（一）供水水质或者用于人工回灌地下的自来水水质不符合国家规定标准的，责令其限期改正，并处以二万元以上二十万元以下的罚款；”

此外，根据本决定将相关地方性法规中“区（县）”、“区县”或“区、县”的提法统一修改为“区”，并对部分条序、文字作相应调整。

本决定自2018年1月1日起施行。《上海市环境保护条例》《上海市饮用水水源保护条例》《上海市大气污染防治条例》《上海市供水管理条例》根据本决定作相应修正后，重新公布。

附录一：

上海市地方性法规检索目录

人 大 工 作

基层政权建设

经 济 管 理

社会管理

权益保障

教育、科学、文化、卫生、人口、体育

城市建设和管理

环境和资源保护

法律解释和法律性问题决定

附录二：

上海市人大及其常委会通过的地方性法规、法规解释和法律性问题决定目录（1980～2017年）

1980年

上海市区、县人民代表大会代表选举暂行实施细则

（1980年3月5日上海市第七届人民代表大会常务委员会第三次会议通过　1983年9月12日起停止执行）

上海市人民代表大会常务委员会关于加强与市人民代表大会代表联系的暂行办法

（1980年5月20日上海市第七届人民代表大会常务委员会第四次会议通过　1983年5月17日起停止执行）

上海市人民代表大会常务委员会关于刑事诉讼法实施问题的决定

（1980年9月29日上海市第七届人民代表大会常务委员会第八次会议通过　自然失效）

1981年

上海市人民代表大会常务委员会关于刑事案件办案期限问题的决定

（1981年10月20日上海市第七届人民代表大会常务委员会第十五次会议通过　自然失效）

1982年

上海市水产养殖保护暂行规定

（1982年2月27日上海市第七届人民代表大会常务委员会第十九次会议批准　1986年3月1日起废止）

上海市拆迁房屋管理办法

（1982年10月20日上海市第七届人民代表大会常务委员会第二十三次会议批准　1991年8月15日起废止）

上海市人民代表大会常务委员会关于上海市第八届人民代表大会代表的选举办法

（1982年12月20日上海市第七届人民代表大会常务委员会第二十四次会议通过　1988年4月20起废止）

上海市第七届人民代表大会第五次会议关于延长本届人民代表大会任期的决议

（1982 年 12 月 30 日上海市第七届人民代表大会第五次会议通过　自然失效）

1983 年

上海市人民代表大会常务委员会关于修改《上海市第八届人民代表大会代表的选举办法》的决议

（1983 年 2 月 23 日上海市第七届人民代表大会常务委员会第二十五次会议通过　1988 年 4 月 20 日起失效）

上海市人民代表大会常务委员会关于工作制度的暂行规定

（1983 年 5 月 17 日上海市第八届人民代表大会常务委员会第一次会议通过　1992 年 6 月 19 日起废止）

上海市人民代表大会常务委员会关于加强与市人民代表大会代表联系的暂行办法

（1983 年 5 月 17 日上海市第八届人民代表大会常务委员会第一次会议通过　1993 年 2 月 6 日起废止）

上海市古树名木保护管理规定

（1983 年 9 月 12 日上海市第八届人民代表大会常务委员会第四次会议批准　2002 年 10 月 1 日起废止）

上海市人民代表大会常务委员会关于本市县级以下人民代表大会代表直接选举的实施细则

（1983 年 9 月 12 日上海市第八届人民代表大会常务委员会第四次会议通过　1987 年 1 月 8 日起废止）

上海市人民代表大会常务委员会关于免去市八届人大常务委员会组成人员原任国家行政机关职务的决议

（1983 年 5 月 17 日上海市第八届人民代表大会常务委员会第一次会议通过　自然失效）

上海市人民代表大会常务委员会关于离休退休干部免职问题的决议

（1983 年 5 月 17 日上海市第八届人民代表大会常务委员会第一次会议通过　自然失效）

1984 年

上海港口货物疏运管理暂行规定

（1984 年 2 月 25 日上海市第八届人民代表大会常务委员会第八次会议批准　1995 年 1 月 1 日起废止）

上海市医疗事故处理暂行规定

（1984 年 12 月 28 日上海市第八届人民代表大会常务委员会第十二次会议批准　1988 年 11 月 10 日起终止执行）

1985 年

上海市保护妇女、儿童合法权益的若干规定

（1985 年 2 月 28 日上海市第八届人民代表大会常务委员会第十三次会议通过　1990 年 3 月 8

日起停止执行）

上海市严禁赌博条例

（1985 年 2 月 28 日上海市第八届人民代表大会常务委员会第十三次会议批准　2000 年 7 月 13 日起废止）

上海市工业企业节约能源暂行规定

（1985 年 4 月 18 日上海市第八届人民代表大会常务委员会第十四次会议批准　1998 年 10 月 15 日起废止）

上海市黄浦江上游水源保护条例

（1985 年 4 月 19 日上海市第八届人民代表大会常务委员会第十四次会议通过　2010 年 3 月 1 日起废止）

上海市城乡集市贸易管理规定

（1985 年 7 月 4 日上海市第八届人民代表大会常务委员会第十五次会议批准　2004 年 8 月 19 日起废止）

上海市城乡集市贸易食品卫生管理规定

（1985 年 7 月 5 日上海市第八届人民代表大会常务委员会第十五次会议批准　2012 年 4 月 17 日起废止）

上海市普及义务教育条例

（1985 年 7 月 28 日上海市第八届人民代表大会第四次会议通过　1993 年 3 月 1 日起废止）

上海市水产养殖保护规定

（1985 年 12 月 27 日上海市第八届人民代表大会常务委员会第十九次会议批准）

1986 年

上海市滩涂管理暂行规定

（1986 年 6 月 20 日上海市第八届人民代表大会常务委员会第二十二次会议批准　1997 年 1 月 1 日起废止）

上海市中外合资经营企业、中外合作经营企业、外资企业的申请和审批规定

（1986 年 6 月 20 日上海市第八届人民代表大会常务委员会第二十二次会议通过　1996 年 10 月 1 日起废止）

上海市人民代表大会常务委员会关于市人大代表视察的试行办法

（1986 年 6 月 21 日上海市第八届人民代表大会常务委员会第二十二次会议通过　1993 年 2 月 6 日起废止）

上海市人民代表大会常务委员会关于修改《上海市普及义务教育条例》的决议

（1986 年 8 月 28 日上海市第八届人民代表大会常务委员会第二十三次会议通过　1993 年 3 月 1 日起失效）

上海市监护治疗管理肇事肇祸精神病人条例

（1986 年 8 月 29 日上海市第八届人民代表大会常务委员会第二十三次会议通过）

上海市人民代表大会常务委员会制定地方性法规程序的暂行规定

（1986 年 8 月 30 日上海市第八届人民代表大会常务委员会第二十三次会议通过　1992 年 3 月 4 日起废止）

1987年

上海市人民代表大会常务委员会关于修改《上海市拆迁房屋管理办法》的决定

(1987年1月6日上海市第八届人民代表大会常务委员会第二十五次会议通过　1991年8月15日起失效)

上海市人民代表大会常务委员会关于本市区、县及乡、镇人民代表大会代表直接选举的实施细则

(1987年1月8日上海市第八届人民代表大会常务委员会第二十五次会议通过)

上海市植树造林绿化管理条例

(1987年1月8日上海市第八届人民代表大会常务委员会第二十五次会议通过　2007年5月1日起废止)

上海市劳动保护监察暂行条例

(1987年3月11日上海市第八届人民代表大会常务委员会第二十七次会议通过　1998年1月1日起废止)

上海市青少年保护条例

(1987年6月20日上海市第八届人民代表大会常务委员会第二十九次会议通过　2005年3月1日起废止)

上海市鼓励引进技术消化吸收暂行规定

(1987年6月20日上海市第八届人民代表大会常务委员会第二十九次会议批准　2000年3月1日起废止)

上海市发展新兴技术和新兴工业暂行条例

(1987年8月14日上海市第八届人民代表大会常务委员会第三十次会议通过　2002年1月30日起废止)

上海市公民游行示威暂行条例

(1987年9月23日上海市第八届人民代表大会常务委员会第三十一次会议通过　1990年1月9日起废止)

上海市职业技术教育暂行条例

(1987年9月24日上海市第八届人民代表大会常务委员会第三十一次会议通过　2004年7月15日起废止)

上海市中外合资经营企业劳动人事管理条例

(1987年12月19日上海市第八届人民代表大会常务委员会第三十三次会议通过　2002年9月24日起废止)

1988年

上海市职工教育条例

(1988年1月9日上海市第八届人民代表大会常务委员会第三十四次会议通过　2004年7月15日起废止)

上海市保护和发展邮电通信规定

（1988 年 4 月 7 日上海市第八届人民代表大会常务委员会第三十六次会议通过）

上海市人民代表大会关于代表议案的规定

（1988 年 4 月 20 日上海市第九届人民代表大会第一次会议通过）

上海市人民代表大会关于代表书面意见的规定

（1988 年 4 月 20 日上海市第九届人民代表大会第一次会议通过）

上海市人大常委会关于决定任命本届市人民政府组成人员职务的程序

（1988 年 7 月 19 日上海市第九届人民代表大会常务委员会第二次会议通过　1990 年 4 月 8 日起废止）

上海市老年人保护条例

（1988 年 7 月 21 日上海市第九届人民代表大会常务委员会第二次会议通过　1999 年 1 月 1 日起废止）

上海市经济技术开发区条例

（1988 年 11 月 10 日上海市第九届人民代表大会常务委员会第四次会议通过）

上海市人民代表大会常务委员会议事规则

（1988 年 11 月 10 日上海市第九届人民代表大会常务委员会第四次会议通过）

上海市人民代表大会常务委员会关于修改《上海市水产养殖保护规定》的决定

（1988 年 11 月 10 日上海市第九届人民代表大会常务委员会第四次会议通过）

上海市人民代表大会常务委员会关于终止执行《上海市医疗事故处理暂行规定》的决定

（1988 年 11 月 10 日上海市第九届人民代表大会常务委员会第四次会议通过）

上海市保护消费者合法权益条例

（1988 年 12 月 22 日上海市第九届人民代表大会常务委员会第五次会议通过　2003 年 1 月 1 日起废止）

上海市环境卫生管理条例

（1988 年 12 月 22 日上海市第九届人民代表大会常务委员会第五次会议通过　2002 年 4 月 1 日起废止）

上海市人民代表大会常务委员会关于本市“三资”企业申请和审批规定实施中有关问题的决定

（1988 年 6 月 4 日上海市第九届人民代表大会常务委员会第一次会议通过　1996 年 10 月 1 日起失效）

1989 年

上海市人民代表大会常务委员会对《关于修改〈上海市水产养殖保护规定〉的决定》的修改决定

（1989 年 1 月 28 日上海市第九届人民代表大会常务委员会第六次会议通过）

上海市严禁赌博条例

（1989 年 1 月 28 日上海市第九届人民代表大会常务委员会第六次会议修正　2000 年 7 月 13 日起废止）

上海市乡人民政府工作暂行条例

（1989 年 1 月 28 日上海市第九届人民代表大会常务委员会第六次会议通过　2010 年 7 月 30 日起废止）

上海市公民义务献血条例

（1989 年 1 月 28 日上海市第九届人民代表大会常务委员会第六次会议通过　1998 年 10 月 1 日起废止）

上海市城市建设规划管理条例

（1989 年 6 月 22 日上海市第九届人民代表大会常务委员会第九次会议通过　1995 年 7 月 15 日起废止）

上海市中外合资经营企业工会条例

（1989 年 8 月 11 日上海市第九届人民代表大会常务委员会第十次会议通过　2003 年 1 月 1 日起废止）

上海市人民代表大会常务委员会关于修改《关于本市区、县及乡、镇人民代表大会代表直接选举的实施细则》的决定

（1989 年 11 月 18 日上海市第九届人民代表大会常务委员会第十二次会议通过）

1990 年

上海市实施《中华人民共和国集会游行示威法》办法

（1990 年 1 月 9 日上海市第九届人民代表大会常务委员会第十四次会议通过）

上海市妇女儿童保护条例

（1990 年 2 月 15 日上海市第九届人民代表大会常务委员会第十五次会议通过　1995 年 3 月 8 日起废止）

上海市计划生育条例

（1990 年 3 月 14 日上海市第九届人民代表大会常务委员会第十六次会议通过　2004 年 4 月 15 日起废止）

上海市人民代表大会常务委员会监督司法工作条例

（1990 年 3 月 14 日上海市第九届人民代表大会常务委员会第十六次会议通过　2007 年 4 月 26 日起废止）

上海市城镇公有房屋管理条例

（1990 年 3 月 14 日上海市第九届人民代表大会常务委员会第十六次会议通过　2000 年 7 月 1 日起废止）

上海市城镇房屋纠纷仲裁条例

（1990 年 3 月 14 日上海市第九届人民代表大会常务委员会第十六次会议通过　1997 年 5 月 27 日起废止）

上海市漕河泾新兴技术开发区暂行条例

（1990 年 4 月 8 日上海市第九届人民代表大会常务委员会第十七次会议通过）

上海市人民代表大会常务委员会任免国家机关工作人员条例

（1990 年 4 月 8 日上海市第九届人民代表大会常务委员会第十七次会议通过）

上海市人民代表大会议事规则

（1990 年 4 月 30 日上海市第九届人民代表大会第三次会议通过）

上海市人民代表大会关于修改《上海市人民代表大会关于代表议案的规定》的决定

（1990 年 4 月 30 日上海市第九届人民代表大会第三次会议通过）

上海市人民代表大会常务委员会关于修改《上海市黄浦江上游水源保护条例》的决定

（1990 年 9 月 28 日上海市第九届人民代表大会常务委员会第二十一次会议通过　2010 年 3 月 1 日起失效）

上海市人民代表大会常务委员会主任会议议事规则

（1990 年 12 月 22 日上海市第九届人民代表大会常务委员会第二十三次会议通过）

1991 年

上海市图书报刊市场管理条例

（1991 年 3 月 14 日上海市第九届人民代表大会常务委员会第二十五次会议通过　2003 年 1 月 1 日起废止）

上海市第九届人民代表大会常务委员会关于贯彻实施《城市房屋拆迁管理条例》，废止《上海市拆迁房屋管理办法》的决定

（1991 年 8 月 15 日上海市第九届人民代表大会常务委员会第二十八次会议通过）

上海市外商投资企业清算条例

（1991 年 8 月 16 日上海市第九届人民代表大会常务委员会第二十八次会议通过　2000 年 4 月 12 日起废止）

上海市收容遣送管理条例

（1991 年 12 月 29 日上海市第九届人民代表大会常务委员会第三十次会议通过　2003 年 8 月 5 日起废止）

上海市人民代表大会常务委员会关于修改《上海市植树造林绿化管理条例》的决定

（1991 年 12 月 29 日上海市第九届人民代表大会常务委员会第三十次会议通过　2007 年 5 月 1 日起失效）

1992 年

上海市人民代表大会常务委员会制定地方性法规程序的规定

（1992 年 2 月 19 日上海市第九届人民代表大会常务委员会第三十一次会议通过　2001 年 3 月 1 日起废止）

上海市社会治安防范责任条例

（1992 年 4 月 11 日上海市第九届人民代表大会常务委员会第三十三次会议通过　2011 年 3 月 1 日起废止）

上海市罢免和补选各级人民代表大会代表程序的规定

（1992 年 6 月 19 日上海市第九届人民代表大会常务委员会第三十四次会议通过）

上海市人民代表大会常务委员会关于修改《关于本市区、县及乡、镇人民代表大会代表直接选举的实施细则》的决定

（1992 年 8 月 19 日上海市第九届人民代表大会常务委员会第三十五次会议通过）

上海市国防教育条例

（1992 年 8 月 20 日上海市第九届人民代表大会常务委员会第三十五次会议通过）

上海市人民代表大会常务委员会关于修改《上海市计划生育条例》的决定

(1992 年 10 月 17 日上海市第九届人民代表大会常务委员会第三十七会议通过　2004 年 4 月 15 日起失效)

上海市实施《中华人民共和国水法》办法

(1992 年 10 月 17 日上海市第九届人民代表大会常务委员会第三十七次会议通过　2018 年 1 月 1 日起废止)

上海市实施《中华人民共和国归侨侨眷权益保护法》办法

(1992 年 11 月 27 日上海市第九届人民代表大会常务委员会第三十八次会议通过)

上海市人民代表大会常务委员会关于在本市部分地区实行人民警察综合执法的决定

(1992 年 6 月 19 日上海市第九届人民代表大会常务委员会第三十四次会议通过　自然失效)

1993 年

上海市人民代表大会关于修改《上海市人民代表大会议事规则》若干条款的决定

(1993 年 1 月 9 日上海市第九届人民代表大会第六次会议通过)

上海市实施《中华人民共和国全国人民代表大会和地方各级人民代表大会代表法》办法

(1993 年 2 月 6 日上海市第九届人民代表大会常务委员会第四十一次会议通过　2015 年 3 月 1 日起废止)

上海市实施《中华人民共和国义务教育法》办法

(1993 年 2 月 6 日上海市第九届人民代表大会常务委员会第四十一次会议通过)

上海市实施《中华人民共和国残疾人保障法》办法

(1993 年 2 月 6 日上海市第九届人民代表大会常务委员会第四十一次会议通过)

上海市人民代表大会关于废止《上海市普及义务教育条例》的决定

(1993 年 2 月 24 日上海市第十届人民代表大会第一次会议通过)

上海市人民警察巡察条例

(1993 年 7 月 7 日上海市第十届人民代表大会常务委员会第三次会议通过　2010 年 7 月 30 日起废止)

上海市信访条例

(1993 年 10 月 22 日上海市第十届人民代表大会常务委员会第五次会议通过)

上海市实施《中华人民共和国野生动物保护法》办法

(1993 年 10 月 22 日上海市第十届人民代表大会常务委员会第五次会议通过)

上海市统计管理条例

(1993 年 12 月 15 日上海市第十届人民代表大会常务委员会第六次会议通过　2016 年 12 月 1 日起废止)

1994 年

上海市实施《中华人民共和国土地管理法》办法

(1994 年 2 月 4 日上海市第十届人民代表大会常务委员会第七次会议通过)

上海市人民代表大会常务委员会关于修改《上海市保护和发展邮电通信规定》的决定

（1994年6月14日上海市第十届人民代表大会常务委员会第十次会议通过）

上海市人民代表大会常务委员会关于修改《上海市青少年保护条例》的决定

（1994年6月14日上海市第十届人民代表大会常务委员会第十次会议通过　2005年3月1日起失效）

上海港口货物疏运管理条例

（1994年7月22日上海市第十届人民代表大会常务委员会第十一次会议通过　2006年3月1日起废止）

上海市演出市场管理条例

（1994年7月22日上海市第十届人民代表大会常务委员会第十一次会议通过　2000年7月14日起废止）

上海市公园管理条例

（1994年7月22日上海市第十届人民代表大会常务委员会第十一次会议通过）

上海市城市道路桥梁管理条例

（1994年8月25日上海市第十届人民代表大会常务委员会第十二次会议通过）

上海市产品质量监督条例

（1994年8月26日上海市第十届人民代表大会常务委员会第十二次会议通过　2012年9月1日起废止）

上海市征兵工作条例

（1994年10月20日上海市第十届人民代表大会常务委员会第十三次会议通过）

上海市烟花爆竹安全管理条例

（1994年10月20日上海市第十届人民代表大会常务委员会第十三次会议通过）

上海市环境保护条例

（1994年12月8日上海市第十届人民代表大会常务委员会第十四次会议通过）

上海市人民代表大会常务委员会关于修改《上海市中外合资经营企业劳动人事管理条例》的决定

（1994年12月9日上海市第十届人民代表大会常务委员会第十四次会议通过　2002年9月24日起失效）

上海市人民代表大会常务委员会关于修改《上海市保护消费者合法权益条例》的决定

（1994年12月9日上海市第十届人民代表大会常务委员会第十四次会议通过　2003年1月1日起失效）

上海市人民代表大会常务委员会关于修改《上海市公民义务献血条例》的决定

（1994年12月9日上海市第十届人民代表大会常务委员会第十四次会议通过　1998年10月1日起失效）

上海市少数民族权益保障条例

（1994年12月9日上海市第十届人民代表大会常务委员会第十四次会议通过）

上海市实施《中华人民共和国妇女权益保障法》办法

（1994年12月8日上海市第十届人民代表大会常务委员会第十四次会议通过）

1995年

上海市人民代表大会常务委员会关于修改《上海市人民代表大会关于代表议案的规定》的决定

(1995年1月16日上海市第十届人民代表大会常务委员会第十五次会议通过)

上海市人民代表大会常务委员会关于修改《上海市职业技术教育暂行条例》的决定

(1995年1月18日上海市第十届人民代表大会常务委员会第十五次会议通过　2004年7月15日起失效)

上海市工会条例

(1995年2月8日上海市第十届人民代表大会常务委员会第十六次会议通过)

上海市技术市场条例

(1995年4月7日上海市第十届人民代表大会常务委员会第十七次会议通过)

上海市城市规划条例

(1995年6月16日上海市第十届人民代表大会常务委员会第十九次会议通过　2011年1月1日起废止)

上海市档案条例

(1995年6月16日上海市第十届人民代表大会常务委员会第十九次会议通过)

上海市出租汽车管理条例

(1995年6月16日上海市第十届人民代表大会常务委员会第十九次会议通过)

上海市红十字会条例

(1995年6月16日上海市第十届人民代表大会常务委员会第十九次会议通过)

上海市人民代表大会常务委员会关于修改《上海市计划生育条例》的决定

(1995年6月16日上海市第十届人民代表大会常务委员会第十九次会议通过　2004年4月15日起失效)

上海市人民代表大会常务委员会关于修改《上海市人民代表大会常务委员会关于本市区、县及乡、镇人民代表大会直接选举的实施细则》的决定

(1995年8月23日上海市第十届人民代表大会常务委员会第二十次会议通过)

上海市反不正当竞争条例

(1995年9月28日上海市第十届人民代表大会常务委员会第二十一次会议通过)

上海市人民代表大会常务委员会关于修改《上海市植树造林绿化管理条例》的决定

(1995年9月28日上海市第十届人民代表大会常务委员会第二十一次会议通过　2007月5月1日起失效)

上海市消防条例

(1995年10月27日上海市第十届人民代表大会常务委员会第二十二次会议通过)

上海市文化娱乐市场管理条例

(1995年10月27日上海市第十届人民代表大会常务委员会第二十二次会议通过)

上海市宗教事务条例

(1995年11月30日上海市第十届人民代表大会常务委员会第二十三次会议通过)

上海市房地产登记条例

(1995年11月30日上海市第十届人民代表大会常务委员会第二十三次会议通过　2003年5

月1日起废止）

上海市公证条例

（1995年12月29日上海市第十届人民代表大会常务委员会第二十四次会议通过 2010年7月30日起废止）

上海市人民代表大会常务委员会关于乡镇人民代表大会工作的若干规定

（1995年12月29日上海市第十届人民代表大会常务委员会第二十四次会议通过 2016年5月1日起废止）

上海市测绘管理条例

（1995年12月29日上海市第十届人民代表大会常务委员会第二十四次会议通过）

1996年

上海市道路运输管理条例

（1996年1月26日上海市第十届人民代表大会常务委员会第二十五次会议通过）

上海市实施《中华人民共和国农业技术推广法》办法

（1996年1月26日上海市第十届人民代表大会常务委员会第二十五次会议通过）

上海市职业病防治条例

（1996年1月26日上海市第十届人民代表大会常务委员会第二十五次会议通过）

上海市住房公积金条例

（1996年4月12日上海市第十届人民代表大会常务委员会第二十七次会议通过 2006年1月1日起废止）

上海市价格管理条例

（1996年6月20日上海市第十届人民代表大会常务委员会第二十八次会议通过）

上海市科学技术进步条例

（1996年6月20日上海市第十届人民代表大会常务委员会第二十八次会议通过）

上海市供水管理条例

（1996年6月21日上海市第十届人民代表大会常务委员会第二十八次会议通过）

上海市外商投资企业审批条例

（1996年8月23日上海市第十届人民代表大会常务委员会第二十九次会议通过）

上海市外来流动人员管理条例

（1996年9月26日上海市第十届人民代表大会常务委员会第三十次会议通过 2010年7月30日起废止）

上海市人民代表大会常务委员会关于市人民政府制定规章设定行政处罚罚款限额的规定

（1996年9月26日上海市第十届人民代表大会常务委员会第三十次会议通过）

上海市滩涂管理条例

（1996年10月31日上海市第十届人民代表大会常务委员会第三十一次会议通过）

上海市人民代表大会常务委员会关于修改《上海市城乡集市贸易食品卫生管理规定》的决定

（1996年10月31日上海市第十届人民代表大会常务委员会第三十一次会议通过）

上海市排水管理条例

（1996年12月19日上海市第十届人民代表大会常务委员会第三十二次会议通过）

上海市人才流动条例

(1996 年 12 月 19 日上海市第十届人民代表大会常务委员会第三十二次会议通过)

上海市母婴保健条例

(1996 年 12 月 19 日上海市第十届人民代表大会常务委员会第三十二次会议通过)

上海外高桥保税区条例

(1996 年 12 月 19 日上海市第十届人民代表大会常务委员会第三十二次会议通过 2014 年 8 月 1 日起废止)

1997 年

上海市人民代表大会常务委员会关于授予外国人“上海市荣誉市民”称号的办法

(1997 年 1 月 15 日上海市第十届人民代表大会常务委员会第三十三次会议通过)

上海市街道办事处条例

(1997 年 1 月 15 日上海市第十届人民代表大会常务委员会第三十三次会议通过)

上海市华侨捐赠条例

(1997 年 4 月 3 日上海市第十届人民代表大会常务委员会第三十五次会议通过 2016 年 12 月 1 日起废止)

上海市人民代表大会常务委员会关于修改《上海市实施〈中华人民共和国妇女权益保障法〉办法》的决定

(1997 年 5 月 27 日上海市第十届人民代表大会常务委员会第三十六次会议通过)

上海市人民代表大会常务委员会关于修改《上海市青少年保护条例》的决定

(1997 年 5 月 27 日上海市第十届人民代表大会常务委员会第三十六次会议通过 2005 年 3 月 1 日起失效)

上海市人民代表大会常务委员会关于修改《上海市工会条例》的决定

(1997 年 5 月 27 日上海市第十届人民代表大会常务委员会第三十六次会议通过)

上海市人民代表大会常务委员会关于修改《上海市烟花爆竹安全管理条例》的决定

(1997 年 5 月 27 日上海市第十届人民代表大会常务委员会第三十六次会议通过)

上海市人民代表大会常务委员会关于修改《上海市植树造林绿化管理条例》的决定

(1997 年 5 月 27 日上海市第十届人民代表大会常务委员会第三十六次会议通过 2007 年 5 月 1 日起失效)

上海市人民代表大会常务委员会关于修改《上海市城镇公有房屋管理条例》的决定

(1997 年 5 月 27 日上海市第十届人民代表大会常务委员会第三十六次会议通过 2000 年 7 月 1 日起失效)

上海市人民代表大会常务委员会关于修改《上海市实施〈中华人民共和国土地管理法〉办法》的决定

(1997 年 5 月 27 日上海市第十届人民代表大会常务委员会第三十六次会议通过)

上海市人民代表大会常务委员会关于修改《上海市公园管理条例》的决定

(1997 年 5 月 27 日上海市第十届人民代表大会常务委员会第三十六次会议通过)

上海市人民代表大会常务委员会关于修改《上海市城市道路桥梁管理条例》的决定

(1997 年 5 月 27 日上海市第十届人民代表大会常务委员会第三十六次会议通过)

上海市人民代表大会常务委员会关于修改《上海市环境保护条例》的决定

（1997 年 5 月 27 日上海市第十届人民代表大会常务委员会第三十六次会议通过）

上海市人民代表大会常务委员会关于修改《上海市城市规划条例》的决定

（1997 年 5 月 27 日上海市第十届人民代表大会常务委员会第三十六次会议通过）

上海市人民代表大会常务委员会关于修改《上海市出租汽车管理条例》的决定

（1997 年 5 月 27 日上海市第十届人民代表大会常务委员会第三十六次会议通过）

上海市人民代表大会常务委员会关于修改《上海市测绘管理条例》的决定

（1997 年 5 月 27 日上海市第十届人民代表大会常务委员会第三十六次会议通过）

上海市人民代表大会常务委员会关于修改《上海市住房公积金条例》的决定

（1997 年 5 月 27 日上海市第十届人民代表大会常务委员会第三十六次会议通过 2006 年 1 月 1 日起失效）

上海市人民代表大会常务委员会关于废止《上海市城镇房屋纠纷仲裁条例》的决定

（1997 年 5 月 27 日上海市第十届人民代表大会常务委员会第三十六次会议通过）

上海市音像制品管理条例

（1997 年 5 月 28 日上海市第十届人民代表大会常务委员会第三十六次会议通过）

上海市居住物业管理条例

（1997 年 5 月 28 日上海市第十届人民代表大会常务委员会第三十六次会议通过 2004 年 11 月 1 日起废止）

上海市人民代表大会常务委员会关于修改《上海市工业企业节约能源暂行规定》的决定

（1997 年 7 月 7 日上海市第十届人民代表大会常务委员会第三十七次会议通过 1998 年 10 月 15 日起失效）

上海市人民代表大会常务委员会关于修改《上海市城乡集市贸易管理规定》的决定

（1997 年 7 月 7 日上海市第十届人民代表大会常务委员会第三十七次会议通过 2004 年 8 月 19 日起失效）

上海市人民代表大会常务委员会关于修改《上海市技术市场条例》的决定

（1997 年 7 月 7 日上海市第十届人民代表大会常务委员会第三十七次会议通过）

上海市人民代表大会常务委员会关于修改《上海市文化娱乐市场管理条例》的决定

（1997 年 7 月 7 日上海市第十届人民代表大会常务委员会第三十七次会议通过）

上海市人民代表大会常务委员会关于修改《上海市演出市场管理条例》的决定

（1997 年 7 月 7 日上海市第十届人民代表大会常务委员会第三十七次会议通过 2000 年 7 月 14 日起失效）

上海市道路交通管理条例

（1997 年 7 月 10 日上海市第十届人民代表大会常务委员会第三十七次会议通过）

上海市人民代表大会常务委员会关于修改《上海市水产养殖保护规定》的决定

（1997 年 7 月 10 日上海市第十届人民代表大会常务委员会第三十七次会议通过）

上海市人民代表大会常务委员会关于修改《上海市图书报刊市场管理条例》的决定

（1997 年 7 月 10 日上海市第十届人民代表大会常务委员会第三十七次会议通过 2003 年 1 月 1 日起失效）

上海市殡葬管理条例

（1997 年 8 月 20 日上海市第十届人民代表大会常务委员会第三十八次会议通过）

上海市劳动保护监察条例

（1997 年 8 月 20 日上海市第十届人民代表大会常务委员会第三十八次会议通过　2005 年 3 月 1 日起废止）

上海市人民代表大会常务委员会关于修改《上海市保护和发展邮电通信规定》的决定

（1997 年 8 月 20 日上海市第十届人民代表大会常务委员会第三十八次会议通过）

上海市人民代表大会常务委员会关于修改《上海市实施〈中华人民共和国水法〉办法》的决定

（1997 年 8 月 20 日上海市第十届人民代表大会常务委员会第三十八次会议通过　2018 年 1 月 1 日起失效）

上海市人民代表大会常务委员会关于修改《上海市实施〈中华人民共和国野生动物保护法〉办法》的决定

（1997 年 8 月 20 日上海市第十届人民代表大会常务委员会第三十八次会议通过）

上海市人民代表大会常务委员会关于修改《上海市统计管理条例》的决定

（1997 年 8 月 20 日上海市第十届人民代表大会常务委员会第三十八次会议通过　2016 年 12 月 1 日起失效）

上海市人民代表大会常务委员会关于修改《上海市反不正当竞争条例》的决定

（1997 年 8 月 20 日上海市第十届人民代表大会常务委员会第三十八次会议通过）

上海市人民代表大会常务委员会关于修改《上海市道路运输管理条例》的决定

（1997 年 8 月 20 日上海市第十届人民代表大会常务委员会第三十八次会议通过）

上海市人民代表大会常务委员会关于修改《上海市征兵工作条例》的决定

（1997 年 10 月 17 日上海市第十届人民代表大会常务委员会第三十九次会议通过）

上海市人民代表大会常务委员会关于修改《上海市消防条例》的决定

（1997 年 10 月 17 日上海市第十届人民代表大会常务委员会第三十九次会议通过）

上海市人民代表大会常务委员会关于修改《上海市公证条例》的决定

（1997 年 10 月 17 日上海市第十届人民代表大会常务委员会第三十九次会议通过　2010 年 7 月 30 日起失效）

上海市酒类商品产销管理条例

（1997 年 10 月 21 日上海市第十届人民代表大会常务委员会第三十九次会议通过）

上海市实施《中华人民共和国教师法》办法

（1997 年 10 月 21 日上海市第十届人民代表大会常务委员会第三十九次会议通过）

上海市水路运输管理条例

（1997 年 10 月 21 日上海市第十届人民代表大会常务委员会第三十九次会议通过）

上海市建筑市场管理条例

（1997 年 10 月 21 日上海市第十届人民代表大会常务委员会第三十九次会议通过）

上海市人民代表大会常务委员会关于修改《上海市人民警察巡察条例》的决定

（1997 年 10 月 21 日上海市第十届人民代表大会常务委员会第三十九次会议通过　2010 年 7 月 30 日起失效）

上海市人民代表大会常务委员会关于修改《上海市水产养殖保护规定》的决定

（1997 年 10 月 21 日上海市第十届人民代表大会常务委员会第三十九次会议通过）

上海市人民代表大会常务委员会关于修改《上海市档案条例》的决定

（1997 年 12 月 10 日上海市第十届人民代表大会常务委员会第四十次会议通过）

上海市人民代表大会常务委员会关于修改《上海市计划生育条例》的决定

（1997 年 12 月 10 日上海市第十届人民代表大会常务委员会第四十次会议通过　2004 年 4 月 15 日起失效）

上海市人民代表大会常务委员会关于修改《上海市实施〈中华人民共和国义务教育法〉办法》的决定

（1997 年 12 月 10 日上海市第十届人民代表大会常务委员会第四十次会议通过）

上海市人民代表大会常务委员会关于修改《上海市职业技术教育条例》的决定

（1997 年 12 月 10 日上海市第十届人民代表大会常务委员会第四十次会议通过　2004 年 7 月 15 日起失效）

上海市人民代表大会常务委员会关于修改《上海市公民义务献血条例》的决定

（1997 年 12 月 10 日上海市第十届人民代表大会常务委员会第四十次会议通过　1998 年 10 月 1 日起失效）

上海市特种行业和公共场所治安管理条例

（1997 年 12 月 11 日上海市第十届人民代表大会常务委员会第四十次会议通过）

上海市河道管理条例

（1997 年 12 月 11 日上海市第十届人民代表大会常务委员会第四十次会议通过）

上海市地下铁道管理条例

（1997 年 12 月 12 日上海市第十届人民代表大会常务委员会第四十次会议通过　2002 年 7 月 1 日起废止）

1998 年

上海市人民代表大会常务委员会关于修改《上海市人民代表大会议事规则》的决定

（1998 年 1 月 14 日上海市第十届人民代表大会常务委员会第四十一次会议通过）

上海市人民代表大会常务委员会关于修改《上海市实施〈中华人民共和国全国人民代表大会和地方各级人民代表大会代表法〉办法》的决定

（1998 年 1 月 14 日上海市第十届人民代表大会常务委员会第四十一次会议通过　2015 年 3 月 1 日起失效）

上海市人民代表大会常务委员会关于修改《上海市产品质量监督条例》的决定

（1998 年 6 月 24 日上海市第十一届人民代表大会常务委员会第三次会议通过　2012 年 9 月 1 日起失效）

上海市老年人权益保障条例

（1998 年 8 月 18 日上海市第十一届人民代表大会常务委员会第四次会议通过　2016 年 5 月 1 日起废止）

上海市人民代表大会常务委员会关于修改《上海市人民代表大会常务委员会关于授予外国人“上海市荣誉市民”称号的办法》的决定（法规现名：上海市授予荣誉市民称号规定）

（1998 年 8 月 18 日上海市第十一届人民代表大会常务委员会第四次会议通过）

上海市人民代表大会常务委员会关于修改《上海市罢免和补选各级人民代表大会代表程序的规定》的决定

（1998 年 8 月 18 日上海市第十一届人民代表大会常务委员会第四次会议通过）

上海市节约能源条例

(1998 年 9 月 22 日上海市第十一届人民代表大会常务委员会第五次会议通过)

上海市献血条例

(1998 年 9 月 22 日上海市第十一届人民代表大会常务委员会第五次会议通过)

上海市发展中医条例

(1998 年 9 月 22 日上海市第十一届人民代表大会常务委员会第五次会议通过)

上海市地名管理条例

(1998 年 9 月 22 日上海市第十一届人民代表大会常务委员会第五次会议通过)

上海市人民代表大会常务委员会关于加强本市城镇职工养老保险费征缴的若干规定

(1998 年 9 月 22 日上海市第十一届人民代表大会常务委员会第五次会议通过　2000 年 12 月 1 日起废止)

上海市居民同外国人、华侨、香港特别行政区居民、澳门地区居民、台湾地区居民婚姻登记和婚姻咨询管理若干规定

(1998 年 11 月 5 日上海市第十一届人民代表大会常务委员会第六次会议通过　2010 年 7 月 30 日起废止)

上海市人民代表大会常务委员会关于修改《上海市文化娱乐市场管理条例》的决定

(1998 年 11 月 5 日上海市第十一届人民代表大会常务委员会第六次会议通过)

1999 年

上海市燃气管理条例

(1999 年 1 月 22 日上海市第十一届人民代表大会常务委员会第八次会议通过)

上海市民防条例

(1999 年 6 月 1 日上海市第十一届人民代表大会常务委员会第十次会议通过)

上海市民用机场地区管理条例

(1999 年 6 月 1 日上海市第十一届人民代表大会常务委员会第十次会议通过)

上海市拆除违法建筑若干规定

(1999 年 6 月 1 日上海市第十一届人民代表大会常务委员会第十次会议通过)

上海市村民委员会选举办法

(1999 年 6 月 1 日上海市第十一届人民代表大会常务委员会第十次会议通过)

上海市人民代表大会常务委员会关于修改《上海市道路交通管理条例》的决定

(1999 年 7 月 12 日上海市第十一届人民代表大会常务委员会第十一次会议通过)

上海市人民代表大会常务委员会关于修改《上海市实施〈中华人民共和国残疾人保障法〉办法》的决定

(1999 年 7 月 12 日上海市第十一届人民代表大会常务委员会第十一次会议通过)

上海市人民代表大会常务委员会关于修改《上海市实施〈中华人民共和国归侨侨眷权益保护法〉办法》的决定

(1999 年 7 月 12 日上海市第十一届人民代表大会常务委员会第十一次会议通过)

上海市建设工程材料管理条例

(1999 年 11 月 26 日上海市第十一届人民代表大会常务委员会第十四次会议通过)

上海市公路管理条例

（1999 年 11 月 26 日上海市第十一届人民代表大会常务委员会第十四次会议通过）

上海市房屋租赁条例

（1999 年 12 月 27 日上海市第十一届人民代表大会常务委员会第十五次会议通过）

上海市人民代表大会常务委员会关于本市实行交通警察和巡察警察在道路上统一执法的决定

（1999 年 1 月 22 日上海市第十一届人民代表大会常务委员会第八次会议通过　2005 年 2 月 24 日起废止）

2000 年

上海市人民代表大会常务委员会关于修改《上海市消防条例》的决定

（2000 年 1 月 25 日上海市第十一届人民代表大会常务委员会第十六次会议通过）

上海市鼓励引进技术的吸收与创新规定

（2000 年 1 月 25 日上海市第十一届人民代表大会常务委员会第十六次会议通过）

上海市人民代表大会常务委员会关于修改《上海市道路交通管理条例》的决定

（2000 年 4 月 10 日上海市第十一届人民代表大会常务委员会第十七次会议通过）

上海市人民代表大会常务委员会关于废止《上海市外商投资企业清算条例》的决定

（2000 年 4 月 11 日上海市第十一届人民代表大会常务委员会第十七次会议通过）

上海市人民代表大会常务委员会关于修改《上海市人民代表大会常务委员会任免国家机关工作人员条例》的决定

（2000 年 5 月 24 日上海市第十一届人民代表大会常务委员会第十八次会议通过）

上海市人民代表大会常务委员会关于加强本市基础通信管线管理的决定

（2000 年 7 月 13 日上海市第十一届人民代表大会常务委员会第二十次会议通过）

上海市合同格式条款监督条例

（2000 年 7 月 13 日上海市第十一届人民代表大会常务委员会第二十次会议通过）

上海市人民代表大会常务委员会关于修改《上海市文化娱乐市场管理条例》的决定

（2000 年 7 月 13 日上海市第十一届人民代表大会常务委员会第二十次会议通过）

上海市人民代表大会常务委员会关于修改《上海市科学技术进步条例》的决定

（2000 年 7 月 13 日上海市第十一届人民代表大会常务委员会第二十次会议通过）

上海市人民代表大会常务委员会关于废止《上海市严禁赌博条例》的决定

（2000 年 7 月 13 日上海市第十一届人民代表大会常务委员会第二十次会议通过）

上海市人民代表大会常务委员会关于废止《上海市演出市场管理条例》的决定

（2000 年 7 月 13 日上海市第十一届人民代表大会常务委员会第二十次会议通过）

上海市清真食品管理条例

（2000 年 8 月 11 日上海市第十一届人民代表大会常务委员会第二十一次会议通过）

上海市公共汽车和电车客运管理条例

（2000 年 9 月 22 日上海市第十一届人民代表大会常务委员会第二十二次会议通过）

上海市实施《中华人民共和国村民委员会组织法》办法

（2000 年 9 月 22 日上海市第十一届人民代表大会常务委员会第二十二次会议通过）

上海市计量监督管理条例

（2000年9月22日上海市第十一届人民代表大会常务委员会第二十二次会议通过）

上海市植树造林绿化管理条例

（2000年9月22日上海市第十一届人民代表大会常务委员会第二十二次会议修订 2007年5月1日起废止）

上海市实施《中华人民共和国土地管理法》办法

（2000年11月17日上海市第十一届人民代表大会常务委员会第二十三次会议修订）

上海市城镇职工社会保险费征缴若干规定

（2000年11月17日上海市第十一届人民代表大会常务委员会第二十三次会议通过）

上海市经纪人条例

（2000年12月15日上海市第十一届人民代表大会常务委员会第二十四次会议通过）

上海市遗体捐献条例

（2000年12月15日上海市第十一届人民代表大会常务委员会第二十四次会议通过）

上海市人民代表大会常务委员会关于修改《上海市特种行业和公共场所治安管理条例》的决定

（2000年12月15日上海市第十一届人民代表大会常务委员会第二十四次会议通过）

上海市市民体育健身条例

（2000年12月15日上海市第十一届人民代表大会常务委员会第二十四次会议通过）

上海市人民代表大会常务委员会关于同意在本市进行城市管理综合执法试点工作的决定

（2000年7月13日上海市第十一届人民代表大会常务委员会第二十次会议通过 2004年2月1日起终止执行）

2001年

上海市人民代表大会常务委员会关于修改《上海市出租汽车管理条例》的决定

（2001年1月17日上海市第十一届人民代表大会常务委员会第二十五次会议通过）

上海市制定地方性法规条例

（2001年2月12日上海市第十一届人民代表大会第四次会议通过）

上海市人民代表大会常务委员会关于修改《上海市道路交通管理条例》的决定

（2001年5月24日上海市第十一届人民代表大会常务委员会第二十八次会议通过）

上海市中小学校学生伤害事故处理条例

（2001年7月13日上海市第十一届人民代表大会常务委员会第二十九次会议通过）

上海市实施《中华人民共和国大气污染防治法》办法

（2001年7月13日上海市第十一届人民代表大会常务委员会第二十九次会议通过 2014年10月1日起废止）

上海市人民代表大会常务委员会关于修改《上海市排水管理条例》的决定

（2001年8月20日上海市第十一届人民代表大会常务委员会第三十次会议通过）

上海市市级预算审查监督规定

（2001年8月20日上海市第十一届人民代表大会常务委员会第三十次会议通过 2017年10月1日起废止）

上海市人民代表大会常务委员会关于修改《上海市人民代表大会议事规则》的决定

(2001 年 10 月 24 日上海市第十一届人民代表大会常务委员会第三十二次会议通过)

上海市人民代表大会常务委员会关于修改《上海市人民代表大会常务委员会议事规则》的决定

(2001 年 10 月 24 日上海市第十一届人民代表大会常务委员会第三十二次会议通过)

上海市市容环境卫生管理条例

(2001 年 11 月 14 日上海市第十一届人民代表大会常务委员会第三十三次会议通过)

上海市内河航道管理条例

(2001 年 11 月 15 日上海市第十一届人民代表大会常务委员会第三十三次会议通过)

上海市劳动合同条例

(2001 年 11 月 15 日上海市第十一届人民代表大会常务委员会第三十三次会议通过)

上海市标准化条例

(2001 年 12 月 28 日上海市第十一届人民代表大会常务委员会第三十五次会议通过)

上海市专利保护条例

(2001 年 12 月 28 日上海市第十一届人民代表大会常务委员会第三十五次会议通过)

上海市精神卫生条例

(2001 年 12 月 28 日上海市第十一届人民代表大会常务委员会第三十五次会议通过)

上海市人民代表大会常务委员会关于修改《上海市人民代表大会常务委员会关于乡镇人民代表大会工作的若干规定》的决定

(2001 年 12 月 28 日上海市第十一届人民代表大会常务委员会第三十五次会议通过　2016 年 5 月 1 日起失效)

上海市人民代表大会常务委员会关于中止执行部分以地方性法规为依据的行政审批事项的决定

(2001 年 10 月 24 日上海市第十一届人民代表大会常务委员会第三十二次会议通过　2003 年 12 月 31 日起失效)

2002 年

上海市人民代表大会常务委员会关于废止《上海市发展新兴技术和新兴工业暂行条例》的决定

(2002 年 1 月 29 日上海市第十一届人民代表大会常务委员会第三十六次会议通过)

上海市人民代表大会常务委员会关于修改《上海市测绘管理条例》的决定

(2002 年 2 月 1 日上海市第十一届人民代表大会常务委员会第三十六次会议通过)

上海市人民代表大会常务委员会关于修改《上海市鼓励引进技术的吸收与创新规定》的决定

(2002 年 2 月 1 日上海市第十一届人民代表大会常务委员会第三十六次会议通过)

上海市人民代表大会常务委员会讨论、决定重大事项的规定

(2002 年 4 月 9 日上海市第十一届人民代表大会常务委员会第三十八次会议通过)

上海市轨道交通管理条例

(2002 年 5 月 21 日上海市第十一届人民代表大会常务委员会第三十九次会议通过)

上海市人民代表大会常务委员会关于修改《上海市征兵工作条例》的决定

(2002 年 6 月 20 日上海市第十一届人民代表大会常务委员会第四十次会议通过)

上海市历史文化风貌区和优秀历史建筑保护条例

(2002 年 7 月 25 日上海市第十一届人民代表大会常务委员会第四十一次会议通过)

上海市古树名木和古树后续资源保护条例

(2002 年 7 月 25 日上海市第十一届人民代表大会常务委员会第四十一次会议通过)

上海市人民代表大会常务委员会关于修改《上海市工会条例》的决定

(2002 年 9 月 24 日上海市第十一届人民代表大会常务委员会第四十三次会议通过)

上海市人民代表大会常务委员会关于废止《上海市外商投资企业劳动人事管理条例》的决定

(2002 年 9 月 24 日上海市第十一届人民代表大会常务委员会第四十三次会议通过)

上海市出版物发行管理条例

(2002 年 10 月 28 日上海市第十一届人民代表大会常务委员会第四十四次会议通过)

上海市消费者权益保护条例

(2002 年 10 月 28 日上海市第十一届人民代表大会常务委员会第四十四次会议通过)

上海市人民代表大会常务委员会关于废止《上海市中外合资经营企业工会条例》的决定

(2002 年 10 月 28 日上海市第十一届人民代表大会常务委员会第四十四次会议通过)

上海市房地产登记条例

(2002 年 10 月 31 日上海市第十一届人民代表大会常务委员会第四十四次会议通过)

上海市促进行业协会发展规定

(2002 年 10 月 31 日上海市第十一届人民代表大会常务委员会第四十四次会议通过)

上海市人民代表大会常务委员会关于中止执行以地方性法规为依据的 11 项行政审批事项的决定

(2002 年 1 月 30 日上海市第十一届人民代表大会常务委员会第三十六次会议通过　2003 年 12 月 31 日起失效)

2003 年

上海市人民代表大会常务委员会关于修改《上海市市容环境卫生管理条例》的决定

(2003 年 4 月 24 日上海市第十二届人民代表大会常务委员会第三次会议通过)

上海市人民代表大会常务委员会关于修改《上海市民防条例》的决定

(2003 年 6 月 26 日上海市第十二届人民代表大会常务委员会第五次会议通过)

上海市人民代表大会常务委员会关于修改《上海市消防条例》的决定

(2003 年 6 月 26 日上海市第十二届人民代表大会常务委员会第五次会议通过)

上海市人民代表大会常务委员会关于修改《上海市特种行业和公共场所治安管理条例》的决定

(2003 年 6 月 26 日上海市第十二届人民代表大会常务委员会第五次会议通过)

上海市人民代表大会常务委员会关于修改《上海市职业病防治条例》的决定

(2003 年 6 月 26 日上海市第十二届人民代表大会常务委员会第五次会议通过)

上海市人民代表大会常务委员会关于修改《上海市市民体育健身条例》的决定

(2003 年 6 月 26 日上海市第十二届人民代表大会常务委员会第五次会议通过)

上海市人民代表大会常务委员会关于修改《上海市文化娱乐市场管理条例》的决定

(2003 年 6 月 26 日上海市第十二届人民代表大会常务委员会第五次会议通过)

上海市人民代表大会常务委员会关于修改《上海市音像制品管理条例》的决定

(2003年6月26日上海市第十二届人民代表大会常务委员会第五次会议通过)

上海市人民代表大会常务委员会关于修改《上海市技术市场条例》的决定

(2003年6月26日上海市第十二届人民代表大会常务委员会第五次会议通过)

上海市人民代表大会常务委员会关于修改《上海市人才流动条例》的决定

(2003年6月26日上海市第十二届人民代表大会常务委员会第五次会议通过)

上海市人民代表大会常务委员会关于废止《上海市收容遣送管理条例》的决定

(2003年8月5日上海市第十二届人民代表大会常务委员会第六次会议通过)

上海市防汛条例

(2003年8月8日上海市第十二届人民代表大会常务委员会第六次会议通过)

上海市信访条例

(2003年8月8日上海市第十二届人民代表大会常务委员会第六次会议修订)

上海市人民代表大会常务委员会关于修改《上海市民用机场地区管理条例》的决定

(2003年10月10日上海市第十二届人民代表大会常务委员会第七次会议通过)

上海市人民代表大会常务委员会关于修改《上海市河道管理条例》的决定

(2003年10月10日上海市第十二届人民代表大会常务委员会第七次会议通过)

上海市人民代表大会常务委员会关于修改《上海市燃气管理条例》的决定

(2003年10月10日上海市第十二届人民代表大会常务委员会第七次会议通过)

上海市人民代表大会常务委员会关于修改《上海市公路管理条例》的决定

(2003年10月10日上海市第十二届人民代表大会常务委员会第七次会议通过)

上海市人民代表大会常务委员会关于修改《上海市城市道路桥梁管理条例》的决定

(2003年10月10日上海市第十二届人民代表大会常务委员会第七次会议通过)

上海市人民代表大会常务委员会关于修改《上海市建筑市场管理条例》的决定

(2003年10月10日上海市第十二届人民代表大会常务委员会第七次会议通过)

上海市人民代表大会常务委员会关于修改《上海市水路运输管理条例》的决定

(2003年10月10日上海市第十二届人民代表大会常务委员会第七次会议通过)

上海市人民代表大会常务委员会关于修改《上海市公共汽车和电车客运管理条例》的决定

(2003年10月10日上海市第十二届人民代表大会常务委员会第七次会议通过)

上海市人民代表大会常务委员会关于修改《上海市出租汽车管理条例》的决定

(2003年10月10日上海市第十二届人民代表大会常务委员会第七次会议通过)

上海市人民代表大会常务委员会关于修改《上海市公园管理条例》的决定

(2003年10月10日上海市第十二届人民代表大会常务委员会第七次会议通过)

上海市人民代表大会常务委员会关于修改《上海市植树造林绿化管理条例》的决定

(2003年10月10日上海市第十二届人民代表大会常务委员会第七次会议通过 2007年5月1日起失效)

上海市人民代表大会常务委员会关于修改《上海市供水管理条例》的决定

(2003年10月10日上海市第十二届人民代表大会常务委员会第七次会议通过)

上海市人民代表大会常务委员会关于修改《上海市排水管理条例》的决定

(2003年10月10日上海市第十二届人民代表大会常务委员会第七次会议通过)

上海市人民代表大会常务委员会关于修改《上海市道路运输管理条例》的决定

(2003 年 11 月 13 日上海市第十二届人民代表大会常务委员会第八次会议通过)

上海市人民代表大会常务委员会关于修改《上海市城市规划条例》的决定

(2003 年 11 月 13 日上海市第十二届人民代表大会常务委员会第八次会议通过　2011 年 1 月 1 日起失效)

上海市人口与计划生育条例

(2003 年 12 月 31 日上海市第十二届人民代表大会常务委员会第九次会议通过)

上海市旅游条例

(2003 年 12 月 31 日上海市第十二届人民代表大会常务委员会第九次会议通过)

关于控制传染性非典型肺炎传播的决定

(2003 年 5 月 14 日上海市第十二届人民代表大会常务委员会第四次会议通过　2003 年 8 月 5 日起终止执行)

上海市人民代表大会常务委员会关于终止执行《关于控制传染性非典型肺炎传播的决定》的决定

(2003 年 8 月 5 日上海市第十二届人民代表大会常务委员会第六次会议通过)

上海市人民代表大会常务委员会关于终止执行《上海市人民代表大会常务委员会关于同意在本市进行城市管理综合执法试点工作的决定》的决定

(2003 年 12 月 29 日上海市第十二届人民代表大会常务委员会第九次会议通过)

2004 年

上海市人民代表大会常务委员会关于修改《上海市房地产登记条例》的决定

(2004 年 4 月 14 日上海市第十二届人民代表大会常务委员会第十一次会议通过)

上海市职业教育条例

(2004 年 5 月 20 日上海市第十二届人民代表大会常务委员会第十二次会议通过)

上海市住宅物业管理规定

(2004 年 8 月 19 日上海市第十二届人民代表大会常务委员会第十四次会议通过)

上海市人民代表大会常务委员会关于修改《上海市村民委员会选举办法》的决定

(2004 年 8 月 19 日上海市第十二届人民代表大会常务委员会第十四次会议通过)

上海市人民代表大会常务委员会关于废止《上海市城乡集市贸易管理规定》的决定

(2004 年 8 月 19 日上海市第十二届人民代表大会常务委员会第十四次会议通过)

上海市人民代表大会常务委员会关于修改《上海市制定地方性法规条例》的决定

(2004 年 10 月 19 日上海市第十二届人民代表大会常务委员会第十五次会议通过)

上海市未成年人保护条例

(2004 年 11 月 25 日上海市第十二届人民代表大会常务委员会第十六次会议通过)

上海市人民代表大会常务委员会关于修改《上海市档案条例》的决定

(2004 年 11 月 25 日上海市第十二届人民代表大会常务委员会第十六次会议通过)

上海市人民代表大会常务委员会关于消费者权益保护委员会行使《上海市消费者权益保护条例》赋予消费者协会职能的解释

（2004 年 2 月 19 日上海市第十二届人民代表大会常务委员会第十次会议通过）

上海市人民代表大会常务委员会关于停止执行本市地方性法规设定的若干行政许可事项的决定

（2004 年 6 月 23 日上海市第十二届人民代表大会常务委员会第十三次会议通过）

上海市人民代表大会常务委员会关于确认市政府规章设定的公共安全防范工程设计施工单位的核准等 12 项行政许可事项继续实施的决定

（2004 年 6 月 23 日上海市第十二届人民代表大会常务委员会第十三次会议通过）

2005 年

上海市安全生产条例

（2005 年 1 月 6 日上海市第十二届人民代表大会常务委员会第十七次会议通过）

上海市机动车道路交通事故赔偿责任若干规定

（2005 年 2 月 24 日上海市第十二届人民代表大会常务委员会第十八次会议通过）

上海市人民代表大会常务委员会关于修改《上海市制定地方性法规条例》的决定

（2005 年 2 月 24 日上海市第十二届人民代表大会常务委员会第十八次会议通过）

上海市人民代表大会常务委员会关于修改《上海市宗教事务条例》的决定

（2005 年 4 月 21 日上海市第十二届人民代表大会常务委员会第十九次会议通过）

上海市人民代表大会常务委员会关于修改《上海市民用机场地区管理条例》的决定

（2005 年 4 月 22 日上海市第十二届人民代表大会常务委员会第十九次会议通过）

上海市企业名称登记管埋规定

（2005 年 6 月 16 日上海市第十二届人民代表大会常务委员会第二十次会议通过）

上海市住房公积金管理若干规定

（2005 年 9 月 23 日上海市第十二届人民代表大会常务委员会第二十二次会议通过）

上海市环境保护条例

（2005 年 10 月 28 日上海市第十二届人民代表大会常务委员会第二十三次会议修订）

上海市道路运输管理条例

（2005 年 10 月 28 日上海市第十二届人民代表大会常务委员会第二十三次会议修订）

上海市商品交易市场管理条例

（2005 年 11 月 25 日上海市第十二届人民代表大会常务委员会第二十四次会议通过）

上海市新建住宅交付使用许可规定

（2005 年 11 月 25 日上海市第十二届人民代表大会常务委员会第二十四次会议通过）

上海市促进就业若干规定

（2005 年 12 月 29 日上海市第十二届人民代表大会常务委员会第二十五次会议通过）

上海市实施《中华人民共和国国家通用语言文字法》办法

（2005 年 12 月 29 日上海市第十二届人民代表大会常务委员会第二十五次会议通过）

上海市人民代表大会常务委员会关于修改《上海市区县及乡镇人民代表大会代表直接选举实

施细则》的决定(法规原名:上海市人民代表大会常务委员会关于本市区、县及乡、镇人民代表大会代表直接选举的实施细则)

(2005 年 12 月 29 日上海市第十二届人民代表大会常务委员会第二十五次会议通过)

上海市动物防疫条例

(2005 年 12 月 29 日上海市第十二届人民代表大会常务委员会第二十五次会议通过)

上海港口条例

(2005 年 12 月 29 日上海市第十二届人民代表大会常务委员会第二十五次会议通过)

上海市人民代表大会关于废止《上海市人民代表大会常务委员会关于本市实行交通警察和巡察警察在道路上统一执法的决定》的决定

(2005 年 2 月 24 日上海市第十二届人民代表大会常务委员会第十八次会议通过)

2006 年

上海市法律援助若干规定

(2006 年 4 月 26 日上海市第十二届人民代表大会常务委员会第二十七次会议通过)

上海市人民代表大会常务委员会关于修改《上海市河道管理条例》的决定

(2006 年 6 月 22 日上海市第十二届人民代表大会常务委员会第二十八次会议通过)

上海市人民代表大会常务委员会关于修改《上海市供水管理条例》的决定

(2006 年 6 月 22 日上海市第十二届人民代表大会常务委员会第二十八次会议通过)

上海市人民代表大会常务委员会关于修改《上海市排水管理条例》的决定

(2006 年 6 月 22 日上海市第十二届人民代表大会常务委员会第二十八次会议通过)

上海市人民代表大会常务委员会关于修改《上海市出租汽车管理条例》的决定

(2006 年 6 月 22 日上海市第十二届人民代表大会常务委员会第二十八次会议通过)

上海市人民代表大会常务委员会关于修改《上海市轨道交通管理条例》的决定

(2006 年 6 月 22 日上海市第十二届人民代表大会常务委员会第二十八次会议通过)

上海市人民代表大会常务委员会关于修改《上海市公共汽车和电车客运管理条例》的决定

(2006 年 6 月 22 日上海市第十二届人民代表大会常务委员会第二十八次会议通过)

上海市人民代表大会常务委员会关于修改《上海市人民代表大会常务委员会关于市人民政府制定规章设定行政处罚罚款限额的规定》的决定

(2006 年 8 月 11 日上海市第十二届人民代表大会常务委员会第二十九次会议通过)

上海市城市道路管理条例(法规原名:上海市城市道路桥梁管理条例)

(2006 年 10 月 26 日上海市第十二届人民代表大会常务委员会第三十一次会议修订)

上海市实施《中华人民共和国气象法》办法

(2006 年 10 月 26 日上海市第十二届人民代表大会常务委员会第三十一次会议通过)

2007 年

上海市绿化条例

(2007 年 1 月 17 日上海市第十二届人民代表大会常务委员会第三十三次会议通过)

上海市人民代表大会常务委员会关于修改《上海市实施〈中华人民共和国妇女权益保障法〉办法》的决定

（2007 年 4 月 26 日上海市第十二届人民代表大会常务委员会第三十五次会议通过）

上海市人民代表大会常务委员会关于修改《上海市人民代表大会常务委员会任免国家机关工作人员条例》的决定

（2007 年 4 月 26 日上海市第十二届人民代表大会常务委员会第三十五次会议通过）

上海市人民代表大会常务委员会关于修改《上海市罢免和补选各级人民代表大会代表程序的规定》的决定

（2007 年 4 月 26 日上海市第十二届人民代表大会常务委员会第三十五次会议通过）

上海市人民代表大会常务委员会关于废止《上海市人民代表大会常务委员会监督司法工作条例》的决定

（2007 年 4 月 26 日上海市第十二届人民代表大会常务委员会第三十五次会议通过）

上海市集体合同条例

（2007 年 8 月 16 日上海市第十二届人民代表大会常务委员会第三十八次会议通过）

上海市促进大型科学仪器设施共享规定

（2007 年 8 月 16 日上海市第十二届人民代表大会常务委员会第三十八次会议通过）

上海市民兵预备役工作条例

（2007 年 10 月 10 日上海市第十二届人民代表大会常务委员会第三十九次会议通过）

上海市促进农业科技进步若干规定

（2007 年 10 月 10 日上海市第十二届人民代表大会常务委员会第三十九次会议通过）

上海市人民代表大会常务委员会关于修改《上海市实施〈中华人民共和国大气污染防治法〉办法》的决定

（2007 年 10 月 10 日上海市第十二届人民代表大会常务委员会第三十九次会议通过　2014 年 10 月 1 日起失效）

上海市燃气管理条例

（2007 年 10 月 10 日上海市第十二届人民代表大会常务委员会第三十九次会议修订）

上海市人民代表大会常务委员会关于修改《上海市出版物发行管理条例》的决定

（2007 年 11 月 28 日上海市第十二届人民代表大会常务委员会第四十次会议通过）

上海市人民代表大会常务委员会关于促进和保障浦东新区综合配套改革试点工作的决定

（2007 年 4 月 26 日上海市第十二届人民代表大会常务委员会第三十五次会议通过）

2008 年

上海市保护电力设施和维护用电秩序规定

（2008 年 8 月 21 日上海市第十三届人民代表大会常务委员会第五次会议通过）

上海市人民代表大会常务委员会关于修改《上海市人民代表大会常务委员会议事规则》的决定

（2008 年 8 月 21 日上海市第十三届人民代表大会常务委员会第五次会议通过）

上海市促进电子商务发展规定

（2008 年 11 月 26 日上海市第十三届人民代表大会常务委员会第七次会议通过）

上海市人民代表大会常务委员会关于修改《上海市人民代表大会常务委员会任免国家机关工作人员条例》的决定

（2008年11月26日上海市第十三届人民代表大会常务委员会第七次会议通过）

上海市房地产登记条例

（2008年12月25日上海市第十三届人民代表大会常务委员会第八次会议修订）

上海市人民代表大会常务委员会关于修改《上海市人民代表大会关于代表议案的规定》的决定

（2008年12月25日上海市第十三届人民代表大会常务委员会第八次会议通过）

上海市人民代表大会常务委员会关于停止执行两件地方性法规中涉及有关行政事业性收费规定的决定

（2008年4月24日上海市第十三届人民代表大会常务委员会第三次会议通过）

上海市人民代表大会常务委员会关于本市促进和保障世博会筹备和举办工作的决定

（2008年6月19日上海市第十三届人民代表大会常务委员会第四次会议通过）

2009年

上海市实施《中华人民共和国义务教育法》办法

（2009年2月24日上海市第十三届人民代表大会常务委员会第九次会议修订）

上海市人民代表大会常务委员会关于修改《上海市市容环境卫生管理条例》的决定

（2009年2月24日上海市第十三届人民代表大会常务委员会第九次会议通过）

上海市志愿服务条例

（2009年4月23日上海市第十三届人民代表大会常务委员会第十次会议通过）

上海市节约能源条例

（2009年4月23日上海市第十三届人民代表大会常务委员会第十次会议修订）

上海市推进国际金融中心建设条例

（2009年6月25日上海市第十三届人民代表大会常务委员会第十二次会议通过）

上海市拆除违法建筑若干规定

（2009年6月25日上海市第十三届人民代表大会常务委员会第十二次会议修订）

上海市实施《中华人民共和国防震减灾法》办法

（2009年10月22日上海市第十三届人民代表大会常务委员会第十四次会议通过）

上海市人民代表大会常务委员会关于修改《上海市旅游条例》的决定

（2009年10月22日上海市第十三届人民代表大会常务委员会第十四次会议通过）

上海市饮用水水源保护条例

（2009年12月10日上海市第十三届人民代表大会常务委员会第十五次会议通过）

上海市公共场所控制吸烟条例

（2009年12月10日上海市第十三届人民代表大会常务委员会第十五次会议通过）

2010年

上海市消防条例

(2010 年 1 月 13 日上海市第十三届人民代表大会常务委员会第十六次会议修订)
上海市人民代表大会常务委员会关于修改《上海市动物防疫条例》的决定
(2010 年 5 月 27 日上海市第十三届人民代表大会常务委员会第十九次会议通过)
上海市人民代表大会常务委员会关于修改《上海市促进行业协会发展规定》的决定
(2010 年 7 月 30 日上海市第十三届人民代表大会常务委员会第二十次会议通过)
上海市人民代表大会常务委员会关于修改《上海市公共汽车和电车客运管理条例》的决定
(2010 年 7 月 30 日上海市第十三届人民代表大会常务委员会第二十次会议通过)
上海市建筑节能条例
(2010 年 9 月 17 日上海市第十三届人民代表大会常务委员会第二十一次会议通过)
上海市科学技术进步条例
(2010 年 9 月 17 日上海市第十三届人民代表大会常务委员会第二十一次会议修订)
上海市社会治安综合治理条例
(2010 年 11 月 11 日上海市第十三届人民代表大会常务委员会第二十二次会议通过)
上海市城乡规划条例
(2010 年 11 月 11 日上海市第十三届人民代表大会常务委员会第二十二次会议通过)
上海市实施《中华人民共和国归侨侨眷权益保护法》办法
(2010 年 11 月 11 日上海市第十三届人民代表大会常务委员会第二十二次会议修订)
上海市职工代表大会条例
(2010 年 12 月 23 日上海市第十三届人民代表大会常务委员会第二十三次会议通过)
上海市住宅物业管理规定
(2010 年 12 月 23 日上海市第十三届人民代表大会常务委员会第二十三次会议修订)

上海市人民代表大会常务委员会关于废止本市部分地方性法规的决定
(2010 年 7 月 30 日上海市第十三届人民代表大会常务委员会第二十次会议通过)
1. 上海市乡人民政府工作暂行条例
2. 上海市人民警察巡察条例
3. 上海市公证条例
4. 上海市外来流动人员管理条例
5. 上海市居民同外国人、华侨、香港特别行政区居民、澳门地区居民、台湾地区居民婚姻登记和婚姻咨询管理若干规定
上海市人民代表大会常务委员会关于修改本市部分地方性法规的决定
(2010 年 9 月 17 日上海市第十三届人民代表大会常务委员会第二十一次会议通过)
1. 上海市水产养殖保护规定
2. 上海市保护和发展邮电通信规定
3. 上海市罢免和补选各级人民代表大会代表程序的规定
4. 上海市国防教育条例
5. 上海市实施《中华人民共和国水法》办法(2018 年 1 月 1 日起废止)
6. 上海市实施《中华人民共和国野生动物保护法》办法
7. 上海市实施《中华人民共和国土地管理法》办法
8. 上海市公园管理条例

9. 上海市城市道路管理条例
10. 上海市征兵工作条例
11. 上海市工会条例
12. 上海市档案条例
13. 上海市红十字会条例
14. 上海市文化娱乐市场管理条例
15. 上海市测绘管理条例
16、上海市道路运输管理条例
17. 上海市实施《中华人民共和国农业技术推广法》办法
18. 上海市价格管理条例
19. 上海市供水管理条例
20. 上海市滩涂管理条例
21. 上海市排水管理条例
22. 上海市母婴保健条例
23. 上海市音像制品管理条例
24. 上海市殡葬管理条例
25. 上海市酒类商品产销管理条例
26. 上海市水路运输管理条例
27. 上海市建筑市场管理条例
28. 上海市河道管理条例
29. 上海市老年人权益保障条例(2016 年 5 月 1 日起废止)
30. 上海市献血条例
31. 上海市地名管理条例
32. 上海市燃气管理条例
33. 上海市村民委员会选举办法
34. 上海市房屋租赁条例
35. 上海市人民代表大会常务委员会关于加强本市基础通信管线管理的决定
36. 上海市鼓励引进技术的吸收与创新规定
37. 上海市计量监督管理条例
38. 上海市遗体捐献条例
39. 上海市市民体育健身条例
40. 上海市内河航道管理条例
41. 上海市精神卫生条例
42. 上海市轨道交通管理条例
43. 上海市历史文化风貌区和优秀历史建筑保护条例
44. 上海市古树名木和古树后续资源保护条例
45. 上海市出版物发行管理条例
46. 上海市防汛条例
47. 上海市新建住宅交付使用许可规定
48. 上海港口条例

2011 年

上海市终身教育促进条例

(2011 年 1 月 5 日上海市第十三届人民代表大会常务委员会第二十四次会议通过)

上海市养犬管理条例

(2011 年 2 月 23 日上海市第十三届人民代表大会常务委员会第二十五次会议通过)

上海市促进中小企业发展条例

(2011 年 4 月 12 日上海市第十三届人民代表大会常务委员会第二十六次会议通过)

上海市区县和乡镇人民代表大会代表直接选举实施细则(法规原名:上海市区县及乡镇人民代表大会代表直接选举实施细则)

(2011 年 4 月 12 日上海市第十三届人民代表大会常务委员会第二十六次会议修订)

上海市实施《中华人民共和国食品安全法》办法

(2011 年 7 月 29 日上海市第十三届人民代表大会常务委员会第二十八次会议通过　2017 年 3 月 20 日起废止)

上海市安全生产条例

(2011 年 9 月 22 日上海市第十三届人民代表大会常务委员会第二十九次会议修订)

上海市民用机场地区管理条例

(2011 年 9 月 22 日上海市第十三届人民代表大会常务委员会第二十九次会议修订)

上海市实施《中华人民共和国全国人民代表大会和地方各级人民代表大会代表法》办法

(2011 年 9 月 22 日上海市第十三届人民代表大会常务委员会第二十九次会议修订　2015 年 3 月 1 日起废止)

上海口岸服务条例

(2011 年 11 月 17 日上海市第十三届人民代表大会常务委员会第三十次会议通过)

上海市人民代表大会常务委员会关于修改《上海市中小学校学生伤害事故处理条例》的决定

(2011 年 11 月 17 日上海市第十三届人民代表大会常务委员会第三十次会议通过)

上海市建设工程质量和安全管理条例

(2011 年 12 月 22 日上海市第十三届人民代表大会常务委员会第三十一次会议通过)

上海市人民代表大会常务委员会关于修改本市部分地方性法规的决定

(2011 年 12 月 22 日上海市第十三届人民代表大会常务委员会第三十一次会议通过)

1. 上海市出租汽车管理条例
2. 上海市公共汽车和电车客运管理条例
3. 上海市内河航道管理条例
4. 上海市河道管理条例
5. 上海市反不正当竞争条例
6. 上海市环境保护条例
7. 上海市历史文化风貌区和优秀历史建筑保护条例
8. 上海市街道办事处条例
9. 上海市道路运输管理条例

10. 上海市实施《中华人民共和国水法》办法(2018 年 1 月 1 日起废止)
11. 上海市地名管理条例
12. 上海市拆除违法建筑若干规定

2012 年

上海市人民代表大会常务委员会关于废止《上海市城乡集市贸易食品卫生管理规定》的决定
(2012 年 4 月 17 日上海市第十三届人民代表大会常务委员会第三十三次会议通过)
上海市人民代表大会常务委员会关于规范性文件备案审查的规定
(2012 年 4 月 19 日上海市第十三届人民代表大会常务委员会第三十三次会议通过)
上海市产品质量条例
(2012 年 4 月 19 日上海市第十三届人民代表大会常务委员会第三十三次会议通过)
上海市城市管理行政执法条例
(2012 年 4 月 19 日上海市第十三届人民代表大会常务委员会第三十三次会议通过)
上海市市民体育健身条例
(2012 年 4 月 19 日上海市第十三届人民代表大会常务委员会第三十三次会议修订)
上海市募捐条例
(2012 年 6 月 7 日上海市第十三届人民代表大会常务委员会第三十四次会议通过)
上海市人民代表大会关于代表书面意见的规定
(2012 年 7 月 27 日上海市第十三届人民代表大会常务委员会第三十五次会议修订)
上海市国防教育条例
(2012 年 9 月 26 日上海市第十三届人民代表大会常务委员会第三十六次会议修订)
上海市审计条例
(2012 年 9 月 26 日上海市第十三届人民代表大会常务委员会第三十六次会议通过)
上海市实施《中华人民共和国邮政法》办法
(2012 年 9 月 26 日上海市第十三届人民代表大会常务委员会第三十六次会议通过)
上海市人民代表大会常务委员会关于修改《上海市人民代表大会常务委员会任免国家机关工作人员条例》的决定
(2012 年 9 月 26 日上海市第十三届人民代表大会常务委员会第三十六次会议通过)
上海市商品包装物减量若干规定
(2012 年 11 月 21 日上海市第十三届人民代表大会常务委员会第三十七次会议通过)
上海市推进国际贸易中心建设条例
(2012 年 11 月 21 日上海市第十三届人民代表大会常务委员会第三十七次会议通过)
上海市社区公共文化服务规定
(2012 年 11 月 21 日上海市第十三届人民代表大会常务委员会第三十七次会议通过)
上海市安置帮教工作规定
(2012 年 11 月 21 日上海市第十三届人民代表大会常务委员会第三十七次会议通过)
上海市实施《中华人民共和国突发事件应对法》办法
(2012 年 12 月 26 日上海市第十三届人民代表大会常务委员会第三十八次会议通过)
上海市信访条例

（2012 年 12 月 26 日上海市第十三届人民代表大会常务委员会第三十八次会议修订）

上海市人民代表大会常务委员会关于促进创新驱动、转型发展的决定

（2012 年 6 月 7 日上海市第十三届人民代表大会常务委员会第三十四次会议通过）

2013 年

上海市地面沉降防治管理条例

（2013 年 4 月 17 日上海市第十四届人民代表大会常务委员会第三次会议通过）

上海市实施《中华人民共和国残疾人保障法》办法

（2013 年 11 月 21 日上海市第十四届人民代表大会常务委员会第九次会议修订）

上海市轨道交通管理条例

（2013 年 11 月 21 日上海市第十四届人民代表大会常务委员会第九次会议修订）

上海市地下空间规划建设条例

（2013 年 12 月 27 日上海市第十四届人民代表大会常务委员会第十次会议通过）

上海市人民代表大会常务委员会关于修改《上海市未成年人保护条例》的决定

（2013 年 12 月 27 日上海市第十四届人民代表大会常务委员会第十次会议通过）

上海市人民代表大会常务委员会关于促进改革创新的决定

（2013 年 6 月 19 日上海市第十四届人民代表大会常务委员会第四次会议通过）

上海市人民代表大会常务委员会关于在中国（上海）自由贸易试验区暂时调整实施本市有关地方性法规规定的决定

（2013 年 9 月 26 日上海市第十四届人民代表大会常务委员会第八次会议通过）

2014 年

上海市养老机构条例

（2014 年 2 月 25 日上海市第十四届人民代表大会常务委员会第十一次会议通过）

上海市人民代表大会常务委员会关于修改《上海市人口与计划生育条例》的决定

（2014 年 2 月 25 日上海市第十四届人民代表大会常务委员会第十一次会议通过）

上海市人民代表大会常务委员会关于修改《上海市人民代表大会常务委员会关于市人民政府制定规章设定行政处罚罚款限额的规定》的决定

（2014 年 4 月 23 日上海市第十四届人民代表大会常务委员会第十二次会议通过）

上海市文物保护条例

（2014 年 6 月 19 日上海市第十四届人民代表大会常务委员会第十三次会议通过）

上海市查处车辆非法客运若干规定

（2014 年 6 月 19 日上海市第十四届人民代表大会常务委员会第十三次会议通过）

上海市村民委员会选举办法

（2014 年 6 月 19 日上海市第十四届人民代表大会常务委员会第十三次会议修订）

中国（上海）自由贸易试验区条例

（2014 年 7 月 25 日上海市第十四届人民代表大会常务委员会第十四次会议通过）
上海市大气污染防治条例
（2014 年 7 月 25 日上海市第十四届人民代表大会常务委员会第十四次会议通过）
上海市建筑市场管理条例
（2014 年 7 月 25 日上海市第十四届人民代表大会常务委员会第十四次会议修订）
上海市人民代表大会常务委员会关于修改《上海市防汛条例》的决定
（2014 年 7 月 25 日上海市第十四届人民代表大会常务委员会第十四次会议通过）
上海市精神卫生条例
（2014 年 11 月 20 日上海市第十四届人民代表大会常务委员会第十六次会议修订）
上海市人民代表大会常务委员会关于修改《上海市消费者权益保护条例》的决定
（2014 年 11 月 20 日上海市第十四届人民代表大会常务委员会第十六次会议通过）
上海市人民代表大会常务委员会关于修改《上海市旅游条例》的决定
（2014 年 12 月 25 日上海市第十四届人民代表大会常务委员会第十七次会议通过）

2015 年

上海市实施《中华人民共和国全国人民代表大会和地方各级人民代表大会代表法》办法
（2015 年 1 月 29 日上海市第十四届人民代表大会第三次会议通过）
上海市人民代表大会关于代表议案的规定
（2015 年 1 月 29 日上海市第十四届人民代表大会第三次会议修订）
上海市人民代表大会关于代表建议、批评和意见的规定（法规原名：上海市人民代表大会关于代表书面意见的规定）
（2015 年 1 月 29 日上海市第十四届人民代表大会第三次会议修订）
上海市教育督导条例
（2015 年 2 月 11 日上海市第十四届人民代表大会常务委员会第十九次会议通过）
上海市人民代表大会常务委员会关于修改《上海市集体合同条例》的决定
（2015 年 6 月 18 日上海市第十四届人民代表大会常务委员会第二十一次会议通过）
上海市人民代表大会常务委员会关于修改《上海市城市管理行政执法条例》的决定
（2015 年 6 月 18 日上海市第十四届人民代表大会常务委员会第二十一次会议通过）
上海市预防职务犯罪工作若干规定
（2015 年 7 月 23 日上海市第十四届人民代表大会常务委员会第二十二次会议通过）
上海市人民代表大会常务委员会关于修改《上海市绿化条例》的决定
（2015 年 7 月 23 日上海市第十四届人民代表大会常务委员会第二十二次会议通过）
上海市台湾同胞投资权益保护规定
（2015 年 9 月 24 日上海市第十四届人民代表大会常务委员会第二十三次会议通过）
上海市实施宪法宣誓制度办法
（2015 年 11 月 19 日上海市第十四届人民代表大会常务委员会第二十四次会议通过）
上海市人民代表大会常务委员会关于修改《上海市制定地方性法规条例》的决定
（2015 年 11 月 19 日上海市第十四届人民代表大会常务委员会第二十四次会议通过）
上海市禁毒条例

（2015 年 12 月 30 日上海市第十四届人民代表大会常务委员会第二十六次会议通过）

上海市供用电条例

（2015 年 12 月 30 日上海市第十四届人民代表大会常务委员会第二十六次会议通过）

上海市非物质文化遗产保护条例

（2015 年 12 月 30 日上海市第十四届人民代表大会常务委员会第二十六次会议通过）

上海市烟花爆竹安全管理条例

（2015 年 12 月 30 日上海市第十四届人民代表大会常务委员会第二十六次会议修订）

上海市人民代表大会常务委员会关于修改《上海市环境保护条例》等 8 件地方性法规的决定

（2015 年 6 月 18 日上海市第十四届人民代表大会常务委员会第二十一次会议通过）

1. 上海市环境保护条例
2. 上海市出租汽车管理条例
3. 上海市水路运输管理条例
4. 上海市实施《中华人民共和国野生动物保护法》办法
5. 上海市宗教事务条例
6. 上海市殡葬管理条例
7. 上海市人才流动条例
8. 上海市文化娱乐市场管理条例

上海市人民代表大会常务委员会关于修改《上海市建设工程材料管理条例》等 12 件地方性法规的决定

（2015 年 7 月 23 日上海市第十四届人民代表大会常务委员会第二十二次会议通过）

1. 上海市建设工程材料管理条例
2. 上海市燃气管理条例
3. 上海市内河航道管理条例
4. 上海港口条例
5. 上海市公路管理条例
6. 上海市地名管理条例
7. 上海市城乡规划条例
8. 上海市实施《中华人民共和国水法》办法（2018 年 1 月 1 日起废止）
9. 上海市民防条例
10. 上海市公园管理条例
11. 上海市清真食品管理条例
12. 上海市统计管理条例（2016 年 12 月 1 日起废止）

上海市人民代表大会常务委员会关于开展“证照分离”改革试点在浦东新区暂时调整实施本市有关地方性法规规定的决定

（2015 年 12 月 30 日上海市第十四届人民代表大会常务委员会第二十六次会议通过）

2016 年

上海市老年人权益保障条例

（2016年1月29日上海市第十四届人民代表大会第四次会议通过）
上海市人民代表大会常务委员会关于修改《上海市人口与计划生育条例》的决定
（2016年2月23日上海市第十四届人民代表大会常务委员会第二十七次会议通过）
上海市人民代表大会常务委员会关于区县和乡镇人民代表大会工作的若干规定
（2016年4月21日上海市第十四届人民代表大会常务委员会第二十八次会议通过）
上海市推进国际航运中心建设条例
（2016年6月23日上海市第十四届人民代表大会常务委员会第三十次会议通过）
上海市人民代表大会常务委员会关于修改《上海市燃气管理条例》的决定
（2016年6月23日上海市第十四届人民代表大会常务委员会第三十次会议通过）
上海市急救医疗服务条例
（2016年7月29日上海市第十四届人民代表大会常务委员会第三十一次会议通过）
上海市环境保护条例
（2016年7月29日上海市第十四届人民代表大会常务委员会第三十一次会议修订）
上海市统计条例
（2016年9月14日上海市第十四届人民代表大会常务委员会第三十二次会议通过）
上海市华侨权益保护条例
（2016年9月14日上海市第十四届人民代表大会常务委员会第三十二次会议通过）
上海市街道办事处条例
（2016年9月14日上海市第十四届人民代表大会常务委员会第三十二次会议修订）
上海市检验检测条例
（2016年11月11日上海市第十四届人民代表大会常务委员会第三十三次会议通过）
上海市人民代表大会常务委员会关于修改《上海市公共场所控制吸烟条例》的决定
（2016年11月11日上海市第十四届人民代表大会常务委员会第三十三次会议通过）
上海市道路交通管理条例
（2016年12月29日上海市第十四届人民代表大会常务委员会第三十四次会议修订）

上海市人民代表大会常务委员会关于修改《上海市河道管理条例》等7件地方性法规的决定
（2016年2月23日上海市第十四届人民代表大会常务委员会第二十七次会议通过）
1. 上海市河道管理条例
2. 上海市养老机构条例
3. 上海市养犬管理条例
4. 上海市实施《中华人民共和国气象法》办法
5. 上海市安全生产条例
6. 上海市新建住宅交付使用许可规定
7. 上海市实施《中华人民共和国野生动物保护法》办法

上海市人民代表大会常务委员会关于修改《上海市区县和乡镇人民代表大会代表直接选举实施细则》等5件地方性法规的决定
（2016年4月21日上海市第十四届人民代表大会常务委员会第二十八次会议通过）
1. 上海市区县和乡镇人民代表大会代表直接选举实施细则
2. 上海市人民代表大会常务委员会任免国家机关工作人员条例

3. 上海市实施《中华人民共和国全国人民代表大会和地方各级人民代表大会代表法》办法

4. 上海市人民代表大会关于代表议案的规定

5. 上海市人民代表大会关于代表建议、批评和意见的规定

上海市人民代表大会常务委员会关于修改《上海市人民代表大会常务委员会关于在中国(上海)自由贸易试验区暂时调整实施本市有关地方性法规规定的决定》的决定

(2016 年 12 月 29 日上海市第十四届人民代表大会常务委员会第三十四次会议通过)(决定现名:上海市人民代表大会常务委员会关于在中国(上海)自由贸易试验区调整实施本市有关地方性法规规定的决定)

2017 年

上海市食品安全条例

(2017 年 1 月 20 日上海市第十四届人民代表大会第五次会议通过)

上海市实施《中华人民共和国村民委员会组织法》办法

(2017 年 2 月 22 日上海市第十四届人民代表大会常务委员会第三十五次会议修订)

上海市居民委员会工作条例

(2017 年 4 月 20 日上海市第十四届人民代表大会常务委员会第三十七次会议通过)

上海市促进科技成果转化条例

(2017 年 4 月 20 日上海市第十四届人民代表大会常务委员会第三十七次会议通过)

上海市社会信用条例

(2017 年 6 月 23 日上海市第十四届人民代表大会常务委员会第三十八次会议通过)

上海市预算审查监督条例

(2017 年 6 月 23 日上海市第十四届人民代表大会常务委员会第三十八次会议通过)

上海市水资源管理若干规定

(2017 年 11 月 23 日上海市第十四届人民代表大会常务委员会第四十一次会议通过)

上海市农村集体资产监督管理条例

(2017 年 11 月 23 日上海市第十四届人民代表大会常务委员会第四十一次会议通过)

上海市高等教育促进条例

(2017 年 12 月 28 日上海市第十四届人民代表大会常务委员会第四十二次会议通过)

上海市人民代表大会常务委员会关于修改《上海市职工代表大会条例》的决定

(2017 年 11 月 23 日上海市第十四届人民代表大会常务委员会第四十一次会议通过)

上海市人民代表大会常务委员会关于促进和保障崇明世界级生态岛建设的决定

(2017 年 6 月 23 日上海市第十四届人民代表大会常务委员会第三十八次会议通过)

上海市人民代表大会常务委员会关于修改本市部分地方性法规的决定

(2017 年 11 月 23 日上海市第十四届人民代表大会常务委员会第四十一次会议通过)

1. 上海市绿化条例

2. 上海市公园管理条例

3. 上海市古树名木和古树后续资源保护条例

4. 上海市计量监督管理条例

5. 上海市实施《中华人民共和国防震减灾法》办法
6. 上海市档案条例
7. 上海市市民体育健身管理条例
8. 上海市防汛条例
9. 上海市河道管理条例
10. 上海市拆除违法建筑若干规定
11. 上海市审计条例
12. 上海市实施《中华人民共和国残疾人保障法》办法

上海市人民代表大会常务委员会关于修改本市部分地方性法规的决定
(2017 年 12 月 28 日上海市第十四届人民代表大会常务委员会第四十二次会议通过)
1. 上海市环境保护条例
2. 上海市饮用水水源保护条例
3. 上海市大气污染防治条例
4. 上海市供水管理条例

图书在版编目(CIP)数据

上海市地方性法规汇编:2017年版/上海市人民代表大会常务委员会法制工作委员会编. -- 北京:法律出版社,2018
ISBN 978-7-5197-1897-8

Ⅰ.①上… Ⅱ.①上… Ⅲ.①地方法规-汇编-上海 Ⅳ.①D927.51.09

中国版本图书馆CIP数据核字(2018)第002131号

上海市地方性法规汇编:2017年版
SHANGHAI SHI DIFANGXING FAGUI HUIBIAN:2017 NIAN BAN

上海市人民代表大会常务委员会
法制工作委员会 编

策划编辑 沈小英
责任编辑 刘 莹
装帧设计 汪奇峰

出版 法律出版社
总发行 中国法律图书有限公司
经销 新华书店
印刷 北京通州皇家印刷厂
责任校对 马 丽
责任印制 吕亚莉

编辑统筹 财经出版分社
开本 787毫米×1092毫米 1/16
印张 57.75
字数 1500千
版本 2018年1月第1版
印次 2018年1月第1次印刷

法律出版社/北京市丰台区莲花池西里7号(100073)
网址/www.lawpress.com.cn
投稿邮箱/info@lawpress.com.cn
举报维权邮箱/jbwq@lawpress.com.cn
销售热线/010 63939792
咨询电话/010-63939796

中国法律图书有限公司/北京市丰台区莲花池西里7号(100073)
全国各地中法图分、子公司销售电话:
统一销售客服/400-660-6393
第一法律书店/010-63939781/9782
西安分公司/029-85330678
重庆分公司/023-67453036
上海分公司/021-62071639/1636
深圳分公司/0755-83072995

书号:ISBN 978-7-5197-1897-8
定价:160.00元